L'année de Tle

SPÉCIALITÉS
PHYSIQUE-CHIMIE / MATHS

+ ENSEIGNEMENTS COMMUNS

Cet ouvrage a été rédigé par une équipe de professeurs de lycée.

Physique-Chimie ▶ David Dubus, Denis Regaud, Sandrine Schreyeck

Maths ▶ Fabien Aoustin

Philosophie ▶ Dominique Boissier

Histoire-Géographie ▶ Laurent Coulomb, Magali Domain, Loïc Hamandjian, Sébastien Piecuch, Bénédicte Zielewski

Enseignement scientifique ▶ Fabien Aoustin, Pascal Chauvel, Bernard Msihid, Sandrine Schreyeck

Anglais ▶ Claire Vittecoq-Laurelli

Maths expertes ▶ Fabien Aoustin

Et en +
ton livre sur mobile

1. Flashe ce code ou va sur **www.editions-bordas.fr/revisions-mobile.html**
2. Crée ton compte et réponds à la question posée.
3. Tu reçois un mail pour télécharger ton appli. Biblio MANUELS bordas
4. Ouvre l'appli, ça y est, ton livre est sur ton mobile !

bordas

Sommaire

Pour des révisions encore plus efficaces, accède facilement à des ressources complémentaires : AUDIOS en anglais et sujets d'épreuves corrigés en maths, physique-chimie et philo.

1. Télécharge l'application Flash PAGE sur Android ou Apple
2. Flashe les pages marquées de ce logo Flash PAGE
3. Lance ta ressource !

PHYSIQUE-CHIMIE

bordas Flash PAGE

CONSTITUTION ET TRANSFORMATIONS DE LA MATIÈRE

MOUVEMENT ET INTERACTIONS

L'ÉNERGIE : CONVERSIONS ET TRANSFERTS

ONDES ET SIGNAUX

MATHS

bordas Flash PAGE

ANALYSE

ALGÈBRE ET GÉOMÉTRIE

PROBABILITÉS

ALGORITHMIQE ET VOCABULAIRE ENSEMBLISTE

PHILOSOPHIE

bordas Flash PAGE

MÉTHODE DE L'EXAMEN

NOTIONS

HISTOIRE-GÉOGRAPHIE

MÉTHODE

HISTOIRE

FRAGILITÉS DES DÉMOCRATIES, TOTALITARISMES ET SECONDE GUERRE MONDIALE (1929-1945)

LA MUTLIPLICATION DES ACTEURS INTERNATIONAUX DANS UN MONDE BIPOLAIRE

LES REMISES EN CAUSE ÉCONOMIQUE, POLITIQUE ET SOCIALE DES ANNÉES 1970 À 1991

LE MONDE, L'EUROPE ET LA FRANCE DEPUIS 1990, ENTRE COOPÉRATIONS ET CONFLITS

GÉOGRAPHIE

MERS ET OCÉANS : AU CŒUR DE LA MONDIALISATION

DYNAMIQUES TERRITORIALES, COOPÉRATIONS ET TENSIONS DANS LA MONDIALISATION

L'UNION EUROPÉENNE DANS LA MONDIALISATION : DES DYNAMIQUES COMPLEXES

LA FRANCE ET SES RÉGIONS DANS L'UNION EUROPÉENNE ET DANS LA MONDIALISATION : LIGNES DE FORCE ET RECOMPOSITIONS

ENSEIGNEMENT SCIENTIFIQUE

SCIENCES, CLIMAT ET SOCIÉTÉ

LE FUTUR DES ÉNERGIES

UNE HISTOIRE DU VIVANT

ANGLAIS

AUDIO bordas Flash PAGE

MATHS EXPERTES

NOMBRES COMPLEXES

ARITHMÉTIQUE

GRAPHES ET MATRICES

Nouveau BAC

Le programme de terminale

À partir de la rentrée 2019, les programmes de première et terminale de la voie générale comprennent :
- **des enseignements communs**, suivis par tous les élèves ;
- **des enseignements de spécialité**, à choisir parmi une liste de 12 disciplines ;
- **des enseignements optionnels**. 4 sont accessibles dès la première, 3 autres les complètent en terminale.

1 Les enseignements communs

	première	terminale
Français	4h/semaine	
Philosophie		4h/semaine
Histoire-Géographie	3h/semaine	3h/semaine
Enseignement moral et civique	0h30/semaine	0h30/semaine
Langue vivante A et langue vivante B	4h30/semaine	4h/semaine
Éducation physique et sportive	2h/semaine	2h/semaine
Enseignement scientifique	2h/semaine	2h/semaine

Pour le bac, les enseignements communs sont évalués par des épreuves communes de contrôle continu en première et en terminale (voir le calendrier ci-contre). En Français, les épreuves orale et écrite ont lieu en fin d'année de première.

2 Les enseignements de spécialité

Les 12 spécialités disponibles sont les suivantes :

Art
Biologie, écologie
Histoire-géographie, géopolitique et sciences politiques
Humanités, littérature et philosophie
Langue, littérature et cultures étrangères
Littérature, langues et cultures de l'antiquité
Mathématiques
Numérique et sciences informatiques
Physique-Chimie
Sciences de la vie et de la Terre
Sciences de l'ingénieur
Sciences économiques et sociales

Dans chacune de tes spécialités, tu auras 6 heures de cours par semaine en **terminale**.
Tu as choisi trois spécialités en fin de seconde. À la fin de l'année de première, tu as dû en abandonner une. Tu n'en as donc plus que deux en terminale.
La spécialité que tu as choisi d'abandonner a été évaluée par une épreuve en fin de première. Les deux autres donneront lieu à des épreuves finales au cours du second semestre de terminale.

3 Les enseignements optionnels

Si tu le souhaites, tu peux choisir de suivre deux matières optionnelles en terminale, parmi la liste suivante :
- **Mathématiques expertes**
- **Mathématiques complémentaires**
- **Droits et grands enjeux du monde contemporain**

Nouveau BAC

Le baccalauréat

1 Les deux modes d'évaluation

CONTRÔLE CONTINU

10 % de la note finale :
- Les bulletins scolaires de première et de terminale

30 % de la note finale :
Épreuves communes du contrôle continu
- 2 sessions en première
- 1 session en terminale

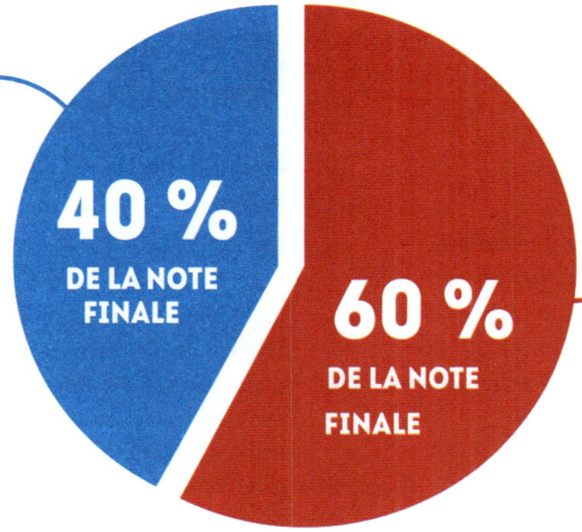

ÉPREUVES FINALES

2 épreuves anticipées en première
- Français écrit et oral

4 épreuves finales en terminale
- 2 enseignements de spécialité
- Philosophie
- Oral final

2 Le calendrier des épreuves

	2ᵉ trimestre	3ᵉ trimestre	Juin
1re	**ÉPREUVES COMMUNES DU CONTRÔLE CONTINU** • Histoire-Géographie • LVA et LVB	**ÉPREUVES COMMUNES DU CONTRÔLE CONTINU** • Histoire-géographie • LVA et LVB • Enseignement scientifique • Enseignement de spécialité non poursuivi en terminale	**ÉPREUVES DE FRANÇAIS** • Écrit • Oral
Tle	**ÉPREUVES FINALES** • Enseignement de spécialité A • Enseignement de spécialité B	**ÉPREUVES COMMUNES DU CONTRÔLE CONTINU** • Histoire-géographie • LVA et LVB • Enseignement scientifique	**ÉPREUVES FINALES** • Philosophie • Oral final
	• L'EPS est évaluée tout au long de l'année de terminale		

Nouveau BAC

Les épreuves communes de contrôle continu

HISTOIRE-GÉOGRAPHIE

▶ Épreuve écrite de 2 heures

Structure

1re partie : réponse à une question problématisée.
2de partie : analyse de document(s) ou réalisation d'une production graphique (croquis, fond de carte à compléter).

Remarque :
Si la première partie du sujet porte sur l'histoire, la seconde porte sur la géographie et inversement.

Notation

Chaque partie est notée sur 10 points.

ENSEIGNEMENT SCIENTIFIQUE

▶ Épreuve écrite de 2 heures

Structure

L'épreuve est constituée de deux exercices interdisciplinaires. Chaque exercice présente une cohérence thématique et porte sur un ou deux thèmes du programme. L'épreuve porte sur deux des trois thèmes du programme de terminale travaillés avant l'épreuve. Chaque sujet précise si l'usage de la calculatrice est autorisé.

Notation

Chaque exercice est noté sur 10 points.

LANGUES VIVANTES A ET B

Première partie

▶ Épreuve écrite de 2 heures

Structure

– La compréhension de l'oral est évaluée à partir d'un document audio ou vidéo dont la durée n'excède pas 1 minute 30. Le document est écouté trois fois, les écoutes étant espacées d'une minute. N'hésite pas à prendre des notes pendant les écoutes, tu y es autorisé. À l'issue de la troisième écoute, tu utilises le temps dont tu disposes comme tu le souhaites pour rendre compte du document oral, en français, de manière libre ou guidée, puis pour traiter la compréhension de l'écrit et le sujet d'expression écrite.
– La compréhension de l'écrit est évaluée à partir d'un ou deux textes. Tu devras en rendre compte dans la langue cible. Les textes sont guidés par des questions.
– Le sujet d'expression écrite, à traiter en langue cible, se fonde sur une ou deux questions, en lien avec la thématique générale du document support de l'évaluation de la compréhension de l'oral.

Deuxième partie

▶ Épreuve orale de 10 minutes

Structure

La seconde partie consiste en une épreuve orale individuelle sans temps de préparation. Tu auras le choix entre trois axes culturels du programme. L'examinateur te proposera ensuite des pistes de discussion : deux documents iconographiques, ou deux citations, ou un document iconographique et une citation. Tu devras alors expliquer en anglais en cinq minutes quel document ou quelle citation illustre selon toi le mieux l'axe que tu as choisi et pourquoi.

Notation

La note globale est sur 20 points. Chaque partie est évaluée sur 10 points, à partir des fiches d'évaluation et notation.

Nouveau BAC

Les épreuves finales

Spécialité PHYSIQUE-CHIMIE

Première partie

▶ Épreuve écrite de 3 heures 30

Structure

L'épreuve comporte trois exercices indépendants et s'appuie de manière équilibrée sur différents thèmes du programme. Le sujet accorde une place significative à la modélisation et à la résolution de questions avec prise d'initiative.

Les sujets traités lors de cette épreuve portent sur des situations contextualisées, peuvent contenir des documents et inclure des questions relatives aux aspects expérimentaux de la discipline et aux capacités numériques identifiées dans le programme.

Le sujet précise si l'usage de la calculatrice est autorisé.

Notation

L'épreuve est notée sur 20 points.

Deuxième partie

▶ Épreuve pratique d'1 heure

Structure

La partie pratique vise à évaluer les compétences expérimentales. Dans un contexte de laboratoire de physique et chimie, le candidat doit s'approprier une problématique de nature expérimentale, mettre en œuvre ou élaborer un protocole, réaliser une ou plusieurs expériences, valider sa démarche et communiquer ses résultats. L'autonomie et l'initiative seront valorisées.

À l'entrée dans la salle d'examen, le candidat tire au sort sa situation d'évaluation parmi un sous-ensemble d'au moins deux situations à dominante physique et deux situations à dominante chimie.

Structure

Cette partie est notée sur 20 points. Chaque partie de l'épreuve compte pour 10 points.

Spécialité MATHÉMATIQUES

▶ Épreuve écrite de 4 heures

Structure

L'épreuve est composée de trois à cinq exercices indépendants les uns des autres qui abordent une grande variété de contenus et de capacités du programme, à l'exception des sections suivantes du programme de spécialité de terminale :
- fonctions sinus et cosinus ;
- calcul intégral ;
- concentration, loi des grands nombres.

Le sujet précise si l'usage de la calculatrice est autorisé.

Notation

L'épreuve est notée sur 20 points. Chaque exercice est noté entre 4 et 8 points.

PHILOSOPHIE

▶ Épreuve écrite de 4 heures

Structure

L'épreuve propose trois sujets au choix. Les deux premiers sont des sujets de dissertation avec une question simple qu'il est demandé au candidat de traiter en mobilisant la culture philosophique acquise et en développant un raisonnement critique. Les questions appellent une discussion rigoureuse sur une ou plusieurs notions du programme. Le troisième sujet est constitué d'un texte dont l'auteur figure dans la liste des auteurs au programme et qu'il est demandé au candidat d'expliquer.

Notation

L'épreuve est notée sur 20 points.

Flashe cette page avec bordas Flash PAGE pour télécharger des sujets de type BAC de physique-chimie, mathématiques et philosophie et leurs corrigés.

Nouveau BAC

Le Grand oral

1 Le Grand oral : qu'est-ce que c'est ?

L'épreuve du « Grand oral » est l'une des cinq épreuves terminales du baccalauréat et compte pour **10 % de la note finale.** Elle a lieu **à la fin de l'année de Terminale.**

Cette épreuve se démarque des autres car on **utilise les savoirs acquis dans ses enseignements de spécialité pour soutenir une prise de parole originale.** C'est l'occasion de montrer qu'on est capable de s'exprimer de façon claire et convaincante sur un sujet qui nous intéresse. Cette épreuve est donc très utile non seulement pour le bac, mais aussi parce qu'elle anticipe les attentes des études supérieures et de sa future vie professionnelle. Tes professeurs t'accompagneront dans la préparation de cet exercice que l'on peut choisir de travailler seul(e) ou avec des camarades.

Cette année, tu as choisi deux enseignements de spécialité : tu as travaillé avec ton professeur à partir de différents axes d'étude et tu as pu pressentir les multiples **enjeux** liés à ces matières. Le Grand oral permet d'approfondir une ou deux thématique(s) de ton choix, liées à ces deux spécialités, et qui ont éveillé ta curiosité lorsque tu as réfléchi à ton orientation : comme s'il te revenait de faire deux enquêtes dont on attend que tu délivres les résultats. Tu « prépares le terrain » de tes études supérieures et tu montres que tu t'es informé(e) sur telle ou telle perspective.

Le jour J, on présente au jury sa (ou ses deux) question(s) : **le jury en choisit une** et on doit s'exprimer durant **20 minutes** pour montrer la façon dont on s'est **personnellement investi pour y répondre.**

a. Le premier temps de l'épreuve consiste à présenter la réponse à sa question pendant 5 minutes.

Quand on t'écoute, on doit comprendre d'où tu es parti(e), comment a progressé ta réflexion et le (ou les) résultat(s) à l'arrivée qui te permet(tent) de répondre à la question de départ. L'objectif est de rendre compte de tes résultats de façon **claire, argumentée et synthétique.** Tu n'auras **pas de notes écrites**, mais tu auras eu le temps pendant l'année de digérer tes découvertes et d'en proposer une version condensée. Attention : on juge **tout autant la solidité de tes connaissances que ta capacité à les transmettre** de façon pertinente et stimulante.

Comme toute prise de parole, ton discours est **adressé** : tu auras en face de toi deux professeurs de disciplines différentes que tu dois intéresser, dont un **expert** d'un des deux enseignements de spécialité que tu as choisi. Ton discours va devoir « parler » à tout le monde !

Le jour J

Au moment de la préparation précédant ton passage, tu peux si tu le souhaites réaliser un support sur papier que tu remettras au jury. Ce support peut t'être utile pour remettre à plat les éléments principaux de ton discours, mais il peut également servir au jury pour te relancer en cas de blanc.

b. Puis, dans un deuxième temps, un échange de 10 minutes a lieu avec le jury.

Rassure-toi : ce temps est d'abord **un échange** avec le jury qui t'invite à **préciser et approfondir** des éléments que tu as abordés. Durant ces 10 minutes, il t'interroge sur ta présentation mais il peut aussi élargir le propos au programme de tes enseignements de spécialité : il est donc tout à fait possible que l'on te pose une question sur d'autres notions moins liées à ton sujet de départ. On évalue aussi ta capacité d'adaptation : sois très attentif(ve) aux questions qu'on te pose et ne considère pas que ce sont des questions pièges pour te déstabiliser.

Cet échange ne peut t'apporter que des avantages !

Avec une présentation réussie, on peut se permettre d'aller encore plus loin et de revenir sur des éléments plus en profondeur. Si on a le sentiment d'avoir échoué, **cela peut être l'occasion de se rattraper** en montrant qu'on a bel et bien travaillé la question pour cette épreuve, et qu'on maîtrise bien les connaissances acquises dans ses deux spécialités.

c. Enfin, un dernier temps de 5 minutes permet d'échanger sur son projet d'orientation.

La question présentée est **liée aux études que tu aimerais poursuivre** : elle est le reflet de ta curiosité et de ta motivation sur le long terme. Il est évident que se projeter et imaginer le chemin qu'on va emprunter dans la voie professionnelle est complexe : c'est pour cela qu'on doit s'être préparé en amont à cette étape pour en parler avec assurance.

Imagine que tu poses une question que personne ne s'est jamais posée, et tu es le (la) seul(e) à en détenir la réponse. C'est comme si tu lançais un débat dans l'intention de donner envie à ton public d'interagir avec toi. Mieux vaut pour cela **maîtriser ton sujet**, et le prouver en utilisant un vocabulaire adapté qui montre que tu sais de quoi tu parles !

Nouveau BAC

2 Préparer son projet et organiser ses idées

Le discours doit être une synthèse dynamique de sa recherche mise en œuvre tout au long de l'année. **Plus on s'y sera préparé à l'avance, plus on est sûr de maîtriser son sujet et d'en parler sans ennuyer son auditoire.**

a. Choisir une question et la débroussailler

Tout d'abord, on doit trouver une question sur chacun de ses enseignements de spécialité ou une question en lien avec ses deux enseignements de spécialité. Le programme de l'enseignement de spécialité permet d'approfondir des questions en classe, et c'est dans ce réservoir qu'on va puiser pour orienter son choix. Il est important de te demander si cette question se rapproche de tes envies d'orientation professionnelle : tu n'as pas besoin de connaître forcément le métier que tu veux faire mais il te faudra savoir vers quels études et domaines d'activités tu souhaites t'orienter. En effet, on évaluera le lien du discours avec ton orientation. Après avoir défini les enjeux de l'étude, on doit rendre compte de la façon dont elle a été réalisée et justifier ses choix mis en œuvre : prends donc bien le temps de réfléchir lors de cette étape préparatoire.

Cette liberté de choix est une chance, mais aussi un défi : parfois, plus les idées foisonnent, moins on réussit à s'arrêter à l'une d'entre elles. Une fois ta décision prise, il faut éviter de changer d'avis en cours de route ! Le plus important est cette notion d'« envie » : sans ce moteur, on n'aura pas le sentiment que tu réponds à une question que tu as choisie parce que tu t'es senti concerné(e) par elle. Fais-toi confiance !

Cible un sujet qui t'a interpellé(e) lors de ton année d'enseignement. Y a-t-il un événement récent qui aurait suscité ta curiosité ? As-tu vécu une expérience particulière ou as-tu réfléchi à quelque chose, mais sans avoir le temps de le mûrir suffisamment ? As-tu été interpellé(e) par une information, une émission, un article, un cours que tu souhaiterais approfondir ?

Exercice 1 • Choisir un sujet

1 Les idées foisonnent, et tu vas devoir en choisir une et évacuer les autres. Comment faire ? Choisis-en une, celle qui t'intrigue le plus, dont tu penses qu'elle est la plus stimulante. Réfléchis : qu'est-ce qui t'intéresse le plus dans ce domaine ? Qu'est-ce qui te questionne ? Pourquoi ?

2 Prends quelques minutes pour partager les raisons de ton choix à quelqu'un de ton entourage. Pour cela, imagine que tu dois le convaincre d'être ton associé(e) pour réaliser une expérience, et que sa présence est essentielle à sa mise en œuvre. Après avoir pris la parole, demande à ton (ta) partenaire de reformuler ton propos, et de te poser des questions sur le sujet.

Rien ne vaut l'avis des autres ! Prends soin de noter ce que ton (ta) partenaire a retenu de l'exposé de ton idée : quels éléments n'a-t-il (n'a-t-elle) pas rappelés ? As-tu suffisamment insisté là-dessus quand tu en as parlé ?

Il ne s'agit pas d'énoncer ton projet, de parler de ce que tu vas chercher à démontrer (tu ne le sais pas encore !). Il s'agit plutôt de sentir si tu es spontanément et suffisamment intéressé(e) par un thème pour susciter la curiosité de quelqu'un d'autre et lancer une discussion.

b. Organiser son temps et orienter ses recherches

Choisir l'angle de son projet de recherche : la question.

En faisant l'inventaire des sources d'information disponibles, on peut se rendre compte que certaines questions posées par la communauté scientifique ou le grand public sont souvent loin d'être évidentes ou que des opinions peuvent diverger pour y répondre. D'autres questions sont parfois complexes ou demandent à être mises en perspective. L'objectif est de **faire sa propre enquête** : à partir d'hypothèses, on doit faire une recherche pour tenter d'apporter ses réponses.

Autrement dit, la présentation n'est ni une définition ni un catalogue : on ne doit pas avoir l'impression d'entendre une liste d'informations, mais quelqu'un qui donne **une réponse argumentée à une question.** On doit trouver un cheminement logique dans ce qui est dit : un point de départ et un point d'arrivée. Le propos

Au cours du travail, ton sujet et ta problématique évoluent. C'est tout à fait normal ! Il peut arriver que ta question prenne du temps pour se stabiliser. Néanmoins, il est essentiel de réussir à en formuler une première version dès le départ puisqu'elle est le fil rouge qui orientera toute la logique de ton argumentation.

Nouveau BAC

est donc **personnel, construit et appuyé sur des exemples précis** qui témoignent de la solidité du raisonnement. En un mot, l'objectif est d'être **clair(e) et convaincant(e)** !

Éviter de s'éparpiller et être stratégique. Pour cela, on **liste toutes les étapes de son travail**, et on détermine dès le départ **le temps qu'on va consacrer** à chacune d'elles. On doit essayer d'être le plus précis possible, en comptant toujours plusieurs temps vides : en effet, on oublie toujours des choses. Ces échéances sont très importantes pour **ne pas se retrouver enfoui sous les échéances à la dernière minute** !

Rassembler la matière et les supports associés à son sujet : il peut s'agir de faits (événements historiques, événements de société), d'articles de journaux, de résultats d'expériences (actuelles ou anciennes), de connaissances (données scientifiques, théories, modèles, données culturelles) ou de différents points de vue sur la question. On veille à **diversifier ses sources** : manuel, livres, revues, vidéos, sites Internet, cours, exercices et TP réalisés avec son professeur au lycée... Il ne s'agit pas de les démultiplier, mais de **sélectionner les plus pertinentes** en gardant toutefois en tête les autres. Même si on ne garde pas tout pour la version finale, **ces informations pourront éventuellement être utiles lorsqu'il s'agira de répondre aux questions au cours de l'entretien.**

Garde bien **la source de tous ces documents** et classe-les dans un dossier bien rangé pour uite les retrouver.

On doit avoir des connaissances solides sur son sujet, et maîtriser les notions qui lui sont liées : assure-toi d'**être bien avisé(e) des éléments du programme** (Terminale, mais aussi Première) et de **connaître le vocabulaire** mobilisé pour la présentation. Pour s'exprimer clairement, on doit être à l'aise avec ce « langage », et donc **en avoir appris les définitions.**

Si des éléments te paraissent un peu flous, **ne les évite pas** : aborde-les avant ta présentation, pour ne pas prendre le risque d'être mis en difficulté lors de l'échange avec le jury.

Tu veux en savoir plus sur tel métier / telle entreprise ? Tu voudrais interviewer un professionnel ? Réaliser un sondage en ligne ? Visiter un lieu ? Profite de cette occasion du Grand oral pour enquêter sur le terrain : le discours sera d'autant plus convaincant !

Exercice 2 • Repérer et sélectionner les idées essentielles d'une information

Podcast Science est une émission hebdomadaire qui couvre chaque semaine un sujet scientifique. Tu peux la trouver ici : https://www.podcastscience.fm/. Son objectif ? Faire aimer la science au plus grand nombre par le biais d'une communication accessible et dynamique.

1 **Avec un(e) camarade, réserve une heure pour écouter un de ces podcasts en ligne. Chacun(e) de vous prend en note le maximum d'éléments-clés : des références (date, auteur, thématique principale de l'émission), les grands axes du sujet, les questions soulevées, les axes du débat, quelques données chiffrées et des exemples.**

2 **Compare ta prise de notes avec celle de ton (ta) camarade : avez-vous relevé les mêmes informations ? Mettez-vous d'accord sur le plus utile afin d'aboutir à un relevé commun.**

Le jour J

Pour t'aider, sois attentif(ve) à la répétition de certains propos, à leur intonation, et à l'emploi des mots d'articulation qui indiquent les différents moments de synthèse. Ce sont comme des indices d'écoute que tu devras t'efforcer de mettre en valeur lorsque tu prendras la parole à ton tour !

3 Structurer son discours

a. Construire un plan pertinent

Il existe différents plans pour organiser un discours.

Pour aller au-delà des plans classiques thématiques, on peut suivre cette méthode :

A – Accroche

B – Annonce de la question et explication : on définit son sujet et on explique pourquoi on a choisi de préparer cette question.

Nouveau BAC

C – Développement progressif de la question : on informe, discute le sujet au moyen de données et de connaissances précises, détaillées et variées. On démontre la cohérence de son idée en justifiant ses arguments par des exemples :
- données chiffrées, schémas, illustrations concrètes ;
- applications, expériences menées ;
- témoignages.

D – Conclusion : réponse à la question.

Le jour J

Pour éviter toute monotonie dans ton discours, il peut être utile d'avoir en tête différents types d'arguments :
- argument par la cause : on s'appuie sur la cause d'un phénomène ;
- argument par la conséquence : on s'appuie sur les effets d'un phénomène et on montre ses avantages et ses inconvénients ;
- argument par la comparaison : on établit un parallèle entre deux situations ;
- argument d'autorité : on peut citer les propos d'un expert, d'un scientifique reconnu ;
- argument de valeur : on fait appel aux grands principes fondant la société (écologie, éthique...).

b. Formuler une accroche percutante

L'accroche est la première phrase qu'on prononce dans son introduction : elle doit être **très courte** (15 secondes maximum), percutante et pertinente par rapport à son sujet. Son rôle est d'**interpeller l'auditoire** et d'attirer son attention : il faut donc éviter le plus possible les lieux communs ou les banalités. On peut :

– faire un état des lieux de la question : on situe le sujet dans le contexte actuel ;

– relater un fait surprenant, marquant, une anecdote ;

– poser une question : cette question n'attend pas de réponse, mais a pour objectif d'interpeller le jury ; comme s'il était directement concerné. Exemple : « Avez-vous déjà pensé à... ? », « Vous êtes-vous déjà retrouvé(e) dans une situation où... ? »... ;

– faire une remarque personnelle qui montre sa motivation et les raisons du choix de son sujet.

Le jour J

Essaye toujours de connaître une anecdote, la dernière étude sur ton sujet ou la façon dont la presse et les médias en ont parlé, etc. Rien de mieux qu'un savoir actualisé pour montrer que tu es au courant de l'évolution de la recherche scientifique.

c. Soigner son discours

Un propos doit être fluide pour être agréable à entendre. Fais des phrases simples et courtes, avec une seule idée par phrase. Associe à **chaque argument** une **articulation logique du discours**, ces petits mots sont essentiels pour signifier à son jury :

– **qu'on commence, qu'on développe une nouvelle idée** : *commençons par, d'abord, avant tout, en premier lieu, d'une part, certes, s'il est vrai que, sait-on que...*

– **qu'on marque un lien** entre ce qui précède et ce qui suit : *puis, aussi, ensuite, d'autre part, de plus, ainsi, par conséquent, c'est pourquoi, cependant, toutefois, pourtant, au contraire, d'ailleurs...*

– **qu'on rappelle** ce qui a été dit, en fait le bilan : *ainsi, de même, de là, d'où, pour cela...*

– **qu'on conclut** : *donc, enfin, en résumé, en définitive, pour conclure...*

Le jour J

Sois conscient(e) de tes tics de langage. Interdis-toi les « du coup », « en fait », tout comme « euh », « voilà » ou « genre ». S'il t'arrive de faire une faute de français, excuse-toi et corrige-toi : ne fais pas comme si personne ne l'avait entendue.

Exercice 3 • Varier son vocabulaire

Sans notes, répète ta présentation avec un(e) camarade. Son rôle est de relever toutes les fois où tu as recouru aux verbes passe-partout « être », « avoir », « faire », « voir », « dire » ou « mettre ».

Une fois la présentation terminée, cherche un autre terme pour remplacer chacun d'entre eux.

Nouveau BAC

d. Travailler sa conclusion

La conclusion doit être soignée : ce temps laisse une impression définitive de son enthousiasme sur l'auditoire. On fait un **bilan très bref** de ce qu'on vient d'exposer et on peut faire une **ouverture** : en montrant que les enjeux de son sujet sont aussi liés à tel autre sujet, en mentionnant une appropriation de sa thématique dans un autre domaine (cinéma, enjeu de société...). **Le jury doit sentir qu'on s'apprête à terminer son discours** : on peut marquer un temps de pause, ralentir le débit de sa voix et faire entendre dans le ton la clôture de son intervention.

Le jour J

Tu n'as aucune idée d'ouverture pour ta conclusion ? Eh bien ce n'est pas grave ! Contente-toi de faire une synthèse de ton intervention : il vaut mieux éviter une conclusion « remplissage » qui pourrait tout gâcher !

4 Préparer sa prise de parole

a. Quelle est mon expérience de l'oral ?

Tu as déjà eu une expérience de prise de parole en public au lycée.

– **L'épreuve orale de français** avec la lecture à haute voix d'un texte : tu as lu l'extrait de façon expressive si tu t'en es emparé(e) et si tu l'as doté d'une intention.

– **L'expérimentation en équipe :** lorsque tu as dû exprimer ton point de vue, te positionner et prendre en charge une partie d'un travail et donc négocier avec tes camarades et argumenter.

– **L'exposé ou la restitution d'un travail en classe :** tu as déjà fait des exposés devant la classe et résolu des exercices au tableau.

Si tout le monde a la parole, très peu de personnes la prennent. Dans la parole, la différence ne se fait pas entre celui qui se tait et celui qui parle, mais entre celui qui ne fait que parler, et celui qui s'exprime comme il faut. On pense souvent que bien parler est d'emblée une qualité qu'on a la chance d'avoir toujours eue... On entend dire que c'est « tout un art » : « si l'on n'est pas naturellement doué pour cela, on ne sera jamais capable de se sentir à l'aise ». Bref, l'oral fait peur. Il n'y a pourtant pas de quoi, car, comme dans les autres matières, **l'oral s'apprend** avec des techniques fondamentales à maîtriser. Quelle que soit la façon dont on se situe, on a tous forcément quelque chose à améliorer avec la parole... La question c'est : quoi ?

b. Apprendre à gérer son temps

On peut prévoir à l'avance le temps de pause de sa voix en le marquant d'un coup de crayon sur son brouillon. Le stress de l'intervention en temps réel fait très souvent légèrement accélérer le débit initial de la voix. Pour éviter le risque de parler trop longtemps, on distingue à l'avance les principaux moments : le début (1 min 30 s), les arguments (3 min) et la conclusion (30 s). **On peut s'entraîner avec un(e) camarade** à dire chacun des morceaux de son intervention l'un après l'autre sans dépasser le temps qu'on a déterminé.

c. Mémoriser son discours

On l'a bien compris : **l'objectif n'est pas de réciter** son discours, mais de se sentir libéré(e) du texte pour être pleinement dans sa présentation au jury. N'oublie pas que tu n'auras pas de notes avec toi.

Commence par te concentrer sur le début et la fin : il est essentiel de garder comme horizon mental la conclusion de sa démonstration pour faire sentir qu'on sait où l'on va.

Tu peux recopier le contenu entier de ton exposé sur des feuilles en plusieurs exemplaires. **Fixe-les sur des murs stratégiques de chez toi :** ce sont les murs des lieux où tu passes beaucoup de temps (la salle de bains, ta chambre, les toilettes...).

N'hésite pas à réaliser une fiche aide-mémoire de poche où tu auras inscrit tes arguments et exemples sous forme de mots-clés, ainsi que les articulations de liaison qui font passer d'une idée à l'autre.

Enregistre-toi sur ton téléphone et écoute-toi régulièrement lors de tes déplacements.

Nouveau BAC

Exercice 4 • Mémoriser par le corps

Quand tu te sens prêt(e), répète ton discours en déclamant chacune de ses parties dans une pièce différente de chez toi :

- **la porte d'entrée : l'accroche ;**
- **le couloir : l'introduction ;**
- **la première pièce : le premier axe, etc.**

À chaque fois que tu oublies un élément ou que tu butes sur une information, fais demi-tour et reprends la parole à la pièce précédente.

d. Travailler sur son apparence et sa posture

Travailler sa posture pour être regardé(e) : avant même de formuler des phrases, une intervention commence dès qu'on se présente devant le public. Des études ont montré que plus de 60 % de l'efficacité d'une prise de parole repose sur le langage corporel. Il faut donc travailler sa posture.

• **Se tenir bien.** Avant de commencer à parler, on **s'ancre** bien dans le sol, les pieds écartés de manière à se sentir stable. Imaginer qu'on tire un fil de marionnette au-dessus de son crâne et qu'il tend tout son corps est un bon exercice. Si on est bien d'aplomb, le « trac » se voit moins.

Tu peux utiliser une salle de classe vide pour te mettre en situation. Demande à un(e) camarade de se placer au fond de la salle puis, tout en t'écoutant faire un discours, de bouger de temps en temps : tu dois réussir à faire ton discours sans être perturbé(e).

• **Contrôler les gestes** qui peuvent parasiter son auditoire : on évite de se balancer, de passer d'une jambe sur l'autre, de fermer les poings, de se tripoter les mains ou de les mettre dans ses poches. On fait en sorte que ses mains soient toujours visibles : elles permettent de mettre en valeur ses paroles.

• **Regarder son public bien en face.** Ne pas le fuir. Le regard est déterminant car il permet de capter l'attention de ceux qui nous écoutent. Il nous permet aussi de nous adapter : si on sent que le public n'est pas attentif, on peut prendre un ton plus animé. On peut penser aussi à balayer du regard tous les membres de l'auditoire.

• **Être souriant(e)**, montrer son envie, sa détermination !

Travailler son expression pour être écouté(e) : on n'écrit pas comme l'on parle. Le style oral a ses règles : **les phrases courtes et les moments où on hausse le ton, on ralentit ou on marque des pauses sont essentiels.**

• **Faire un court temps de silence** avant de prendre la parole. Cela te permettra de te concentrer, et de vérifier que ton auditoire est attentif. **Ne parle pas trop vite :** le plus souvent, sous l'effet du stress, on a tendance à accélérer le rythme de sa parole.

• **Faire des pauses entre ses phrases** quand on parle. Les silences te permettent de reprendre ton souffle, contrôler ta parole, mais aussi de capter l'attention ou de susciter une attente.

• **Articuler.** Si tu manges tes mots, tu donneras l'impression que tu veux te débarrasser de ton discours, et l'auditoire n'aura pas le temps de comprendre ce que tu dis.

Si tu as tendance à ne pas parler assez fort, c'est peut-être parce que tu n'es pas sûr(e) de toi ou parce que tu as le trac : un simple exercice de respiration abdominale peut te permettre de gérer ton stress et de projeter ta voix comme il faut dans l'espace.

• **Varier le ton pour ne pas ennuyer :** il peut être tantôt fort, tantôt doux, tantôt grave, tantôt drôle. Il suffit de varier le volume de ta voix ainsi que son débit pour réveiller ton public.

Le jour J

Adopte une tenue qui te ressemble mais que tu auras réservée pour le Grand oral : cela peut t'aider à te mettre en conditions, comme l'acteur qui enfile son costume !

Nouveau BAC

Exercice 5 • Se filmer avec la caméra du smartphone

Fais un petit discours à un(e) camarade : tu peux, par exemple, raconter une expérience que tu as vécue ou défendre un point de vue sur un sujet d'actualité. Demande-lui de te filmer avec ton smartphone : une première fois assis(e), face à lui (elle), autour de la même table et une deuxième fois debout, à quelques mètres de distance.

1 Commence par demander à ton ami(e) de relever les éléments positifs de ta prise de parole. Visualise la vidéo pour en tirer des conseils pour t'améliorer.

2 Note les moments où tu sens que l'information est la plus audible.

Pour quelles raisons, selon toi ?

3 À l'inverse, essaye de comprendre les éléments de ton langage responsables de l'imprécision ou de la confusion des idées que tu exprimes :

- **Est-ce dit trop rapidement ?**
- **T'entend-on suffisamment ?**
- **As-tu une voix trop monocorde ?**

Sois bienveillant(e) ! Cet exercice est difficile, mais tu dois garder en tête que l'image amplifie toujours les défauts : ce n'est pas une image fidèle de la réalité, et dis-toi que c'est plus une loupe qu'un miroir de ton apparence. Pour t'aider, imagine que tu analyses quelqu'un d'autre.

5 Se préparer à l'entretien avec le jury

a. Préparer un support pour le jury

Durant les 20 minutes de préparation, on doit **mettre en ordre ses idées** sur la question choisie par le jury. L'exposé se fait **sans notes**, mais on a la possibilité de remettre au jury un support. Celui-ci est utile pour plusieurs raisons : il peut **illustrer ce qu'on décrit**, **concrétiser une idée** ou la démontrer. Cela peut aussi être une occasion de proposer **une interprétation graphique** qu'on peut citer comme un raccourci efficace pour faciliter la compréhension de la démonstration. Tout dépend donc de l'objectif qui est visé. Quoi qu'il en soit, cette fiche doit être très lisible et la plus simple possible à comprendre.

Réalise à plusieurs reprises ton support avant le Grand oral pour l'avoir bien en tête le jour J et ne pas perdre trop de temps à le réaliser.

Le jour J

Tu peux faire figurer ton plan sur ton support avec les principaux enjeux de ta prise de parole : les réécrire peut te permettre de te les remémorer visuellement une dernière fois, mais c'est aussi un aperçu que tu donnes au jury qui pourra s'y référer lors de l'entretien. Prends soin de le rédiger lisiblement.

Le jour J

Tu peux ajouter quelques sources d'information précises que tu as peur d'oublier comme une source, un résultat d'expérience, des formules, des chiffres clés : si jamais tu oublies de les dire, il restera une trace de ton travail à partir de laquelle on pourra t'interroger.

b. Distinguer les différents types de questions du jury

À la suite de sa présentation, on doit réagir aux questions des examinateurs pendant 10 minutes. Si tu le souhaites, tu peux t'asseoir : cela t'aidera à laisser redescendre la pression. Rassure-toi : tu ne vas pas subir un interrogatoire ! Le jury n'est pas là pour te mettre en difficulté mais pour t'encourager à approfondir. Il n'y a pas de questions pièges. Dans cet échange, on montre surtout la **solidité de ses connaissances** et sa capacité à prendre de la distance, à **argumenter** et à **élargir son exposé** à d'autres parties du programme.

Prends le temps d'évaluer les réactions du jury et de cerner la nature de la question : mieux vaut quelques secondes de silence plutôt qu'une réponse toute faite ou précipitée.

Nouveau BAC

L'examinateur peut poser plusieurs types de questions qu'on doit bien écouter pour orienter ses réponses. Il pourra ainsi demander de :

• **Préciser, clarifier :** il peut arriver qu'on soit passé trop vite sur une information et qu'on se soit exprimé de façon confuse. En te demandant de préciser ou de clarifier, le jury veut vérifier que tu maîtrises bien ton information.

• **Développer :** le jury veut obtenir une information manquante ou vérifier si on a suffisamment de connaissances sur un sujet abordé pendant la question. Il peut te suggérer de développer une idée pour t'orienter dans ta démarche ou pour voir les liens que tu tisses avec d'autres entrées du programme. **N'oublie pas que tu peux être interrogé(e) sur des notions de ton enseignement de spécialité que tu as apprises lors du 3e trimestre !**

• **Justifier :** on peut être questionné sur son choix personnel de sujet, sur la façon dont on a préparé son exposé ou sur l'origine de son contenu.

c. Justifier ses choix d'orientation

L'épreuve se termine avec un échange de 5 minutes sur son projet d'orientation.

Tu dois expliquer en quoi la question traitée éclaire ton projet de poursuite d'études, voire ton projet professionnel : au cours de la préparation de ta question, as-tu pris conscience des attentes de tes études l'année prochaine ? En quoi ton projet a-t-il été **l'occasion pour toi de te préparer aux enjeux de la profession** que tu envisages pour ton avenir ?

Le jury est conscient de la difficulté à se positionner dès maintenant avec assurance sur l'avenir. Il n'attend pas que tu lui prouves que tu es sûr(e) à 100 % de tes orientations ! Tu dois rendre compte de la **curiosité** et du **sérieux** avec lesquels tu t'es posé des questions concrètes sur tes projets possibles. Autrement dit : tu as **5 minutes pour exprimer tes motivations.**

Commence par exposer les différentes étapes de la maturation de ton projet : pour te renseigner sur ton orientation, tu as pu faire des rencontres inspirantes, enquêter auprès de ton entourage, t'engager dans des actions ponctuelles, dans des activités extra-scolaires… Tu as peut-être eu la chance de partir à l'étranger ou de faire un stage en lien avec ton projet d'études. Tu peux aussi avoir développé ton intérêt pour un métier par le biais d'un enseignement, et l'avoir approfondi dans le choix de ta spécialité.

Ton envie de démarrer telles ou telles études est née par hasard ? Aucun problème ! Tu peux très bien commencer par l'annoncer ainsi, du moment que par la suite tu montres de façon convaincante que tu t'es personnellement renseigné(e) sur ce sujet (en allant par exemple sur le site de l'ONISEP www.onisep.fr qui est très complet).

Explique la manière dont tu souhaites mener ton projet après le baccalauréat : as-tu choisi de faire une licence ? Un BTS ou un DUT ? Une classe préparatoire ? Une école ? Sais-tu d'ores et déjà le nombre d'années d'études qui t'attend pour obtenir ton diplôme ? **Explique les moyens que tu veux mettre en œuvre pour faire aboutir ton projet.**

Ne sois pas dupe de toi-même : il est inutile d'inventer des histoires pour te mettre en valeur. Le jury n'est pas là pour te juger, mais pour t'entendre en toute honnêteté rendre compte d'un projet. Celui-ci ne doit pas être exceptionnel ! Il doit seulement te correspondre.

Transformations acide-base

Cours

1 Exemple de réaction acide-base

Une réaction acide – base est une réaction qui implique un transfert d'un ou plusieurs ions H^+ entre les réactifs.

Exemple : Action d'une solution d'acide éthanoïque $C_2H_4O_{2(aq)}$ sur une solution aqueuse d'ammoniac $NH_{3(aq)}$:

$$C_2H_4O_{2(aq)} + NH_{3(aq)} \rightarrow C_2H_3O^-_{2(aq)} + NH^+_{4(aq)}$$

Chaque molécule d'acide éthanoïque $C_2H_4O_{2(aq)}$ perd un ion H^+ et se transforme en ions éthanoate $C_2H_3O^-_{2(aq)}$. L'ion H^+ est capté par une molécule d'ammoniac $NH_{3(aq)}$ qui se transforme en ion ammonium $NH^+_{4(aq)}$.

2 Couples acide-base

a. Théorie de Brönsted des acides et des bases

▶ Un acide est une espèce chimique capable de céder au moins un ion H^+ (c'est-à-dire un proton).

Exemple :

L'acide éthanoïque $C_2H_4O_2$ est un acide au sens de Brönsted.

▶ Une base est une espèce chimique capable de capter au moins un ion H^+.

Exemple :

L'ammoniac $NH_{3(aq)}$ est une base au sens de Brönsted.

b. Couples acide-base

▶ Deux espèces chimiques qui se transforment l'une en l'autre par transfert de protons H^+ forment un couple acide-base. À chaque couple acide-base on peut associer une demi-équation :

$$\text{acide} = H^+ + \text{base}$$

Par commodité, on note parfois un acide AH et sa base conjuguée A^- : $AH = H^+ + A^-$

Exemples : $C_2H_4O_{2(aq)}$ est la forme acide du couple $C_2H_4O_{2(aq)}/C_2H_3O^-_{2(aq)}$ et $C_2H_3O^-_{2(aq)}$ est la forme basique de ce même couple.

▶ La demi-équation s'écrit :

$$C_2H_4O_{2(aq)} = C_2H_3O^-_{2(aq)} + H^+$$

Remarque

Dans l'écriture d'un couple acide-base, l'acide est toujours noté en premier. En revanche, une demi-équation peut s'écrire dans le sens $AH = H^+ + A^-$ ou $A^- + H^+ = AH$.

c. Équation d'une réaction acide-base

▶ Un acide ne peut céder un ion H^+ que si une espèce chimique accepte de le lui prendre : un acide peut donc réagir avec une base, mais deux acides ne réagissent pas entre eux. De même, deux bases ne réagissent pas entre elles.

▶ Une réaction acide-base fait intervenir l'acide d'un couple A_1H/A_1^- qui donne un ion H^+ à la base d'un autre couple A_2H/A_2^-.

$$A_1H = A_1^- + H^+$$

$$A_2^- + H^+ = A_2H$$

L'équation de la réaction acide-base s'écrit donc :

$$A_1H + A_2^- \rightarrow A_1^- + A_2H.$$

Remarque

L'ion H^+ échangé n'apparaît pas dans l'équation traduisant la réaction entre l'acide AH_1 et la base A_2^-

▶ La flèche simple → indique que la réaction est supposée totale pour le réactif limitant ou pour les deux réactifs s'ils sont pris dans des proportions stœchiométriques.

Exemple : $C_2H_4O_{2(aq)} + OH^-_{(aq)} \rightarrow C_2H_3O^-_{2(aq)} + H_2O_{(aq)}$

Cependant, certaines réactions acide-base ne sont pas totales : dans ce cas, on remplace la flèche par une double flèche ⇌.

3 Couples acide-base particuliers

a. Les indicateurs colorés acide-base

Un indicateur coloré est un couple acide-base AH/A^- dont les deux formes conjuguées ont des couleurs différentes.

Exemple : Le bleu de bromothymol, ou BBT, est un indicateur coloré : sa forme acide est jaune et sa forme basique est bleue.

b. Couples acide-base de l'eau

▶ L'eau peut se comporter comme une base, puisqu'elle est susceptible de capter un ion H^+ :

$$H_3O^+_{(aq)} = H_2O_{(l)} + H^+$$

▶ L'eau peut se comporter comme un acide, puisqu'elle est susceptible de céder un ion H^+ :

$$H_2O_{(l)} = HO^-_{(aq)} + H^+$$

▶ L'eau appartient donc à deux couples différents, elle constitue à la fois la forme basique du couple H_3O^+/H_2O et la forme acide du couple H_2O/HO^-. On dit que l'eau est une espèce amphotère.

Remarque

On appelle parfois ampholyte une espèce chimique amphotère.

c. Couple acide-base d'acides carboxyliques

Un acide carboxylique est un composé organique possédant un groupe caractéristique carboxyle COOH. Il a des propriétés acides, sa base conjuguée est un ion carboxylate.

Exemple : acide éthanoïque/ion éthanoate :

Schéma de Lewis		Formule semi-développée	
Acide éthanoïque	Ion éthanoate	Acide éthanoïque	Ion éthanoate
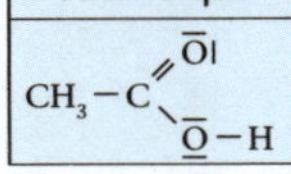	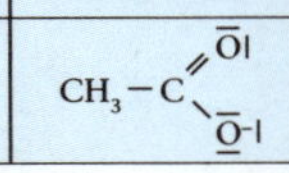	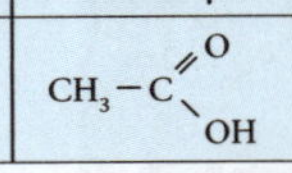	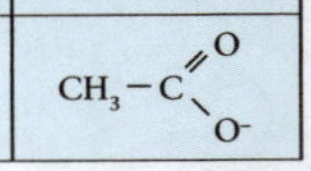

Rappel

Sur le schéma de Lewis figurent tous les doublets d'électrons de valence, liants et non liants. Une formule semi-développée est une simplification d'une formule développée, dans laquelle les liaisons avec les atomes d'hydrogène ne sont pas représentées.

d. Couple acide-base de l'acide carbonique

▶ L'acide carbonique est une espèce chimique de formule $H_2CO_{3(aq)}$. Il se forme spontanément lors de la dissolution du dioxyde de carbone $CO_{2(g)}$ dans l'eau :

$$CO_{2(g)} + H_2O_{(l)} = H_2CO_{3(aq)}$$

> **Remarque**
> L'écriture $H_2CO_{3(aq)}$ est parfois remplacée par l'écriture $CO_2, H_2O_{(aq)}$.

▶ La molécule d'acide carbonique est dite diacide, car elle peut se dissocier deux fois de suite en solution aqueuse et donc donner des anions bicarbonate (HCO_3^-), puis carbonate (CO_3^{2-}). Un ion H^+ est libéré lors de chaque transformation.

$$H_2CO_{3(aq)} = HCO^-_{3(aq)} + H^+$$

$$HCO^-_{3(aq)} = CO_3^{2-}{}_{(aq)} + H^+$$

▶ L'ion hydrogénocarbonate HCO_3^- est une espèce chimique amphotère, car il est l'acide du couple $HCO^-_{3(aq)}/CO^{2-}_{3(aq)}$ et la base du couple $H_2CO_{3(aq)}/HCO^-_{3(aq)}$.

> **Remarque**
> L'ion hydrogénocarbonate $HCO^-_{3(aq)}$ est aussi appelé ion bicarbonate.

e. Couple acide-base d'amines

Les amines sont des composés azotés qui dérivent de l'ammoniac NH_3 par remplacement d'un ou plusieurs atomes d'hydrogène par des groupes carbonés. Les amines ont des propriétés basiques, leur acide conjugué est un ion ammonium.

Exemples : la méthylamine $CH_3\text{-}NH_2$, le couple acide-base : $CH_3\text{-}NH^+_{3(aq)}/CH_3\text{-}NH_2$.

Schéma de Lewis		Formule semi-développée	
Méthylamine	Ion méthylammonium	Méthylamine	Ion méthylammonium
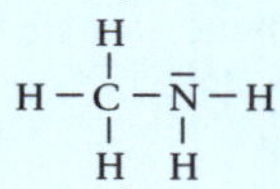	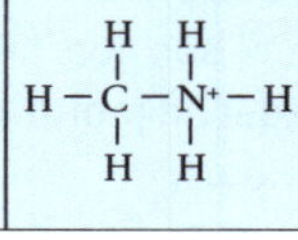	$CH_3\text{-}NH_2$	$CH_3\text{-}NH_3^+$

SYNTHÈSE

Transformations acide-base

Couples acide-base

Définition

- Un acide est une espèce chimique capable de céder un ou plusieurs protons (ions H^+).
- Une base est une espèce chimique capable de capter un ou plusieurs protons (ion H^+).
- Un couple acide-base désigne deux espèces qui se transforment l'une en l'autre par un transfert de protons H^+.

Couples à connaître

- Ion ammonium/amine 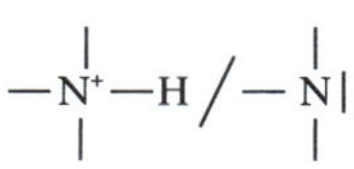
- Eau/ion hydroxyde H_2O/OH^-
- Ion oxonium/eau H_3O^+/H_2O
- Acide carboxylique/ion carboxylate 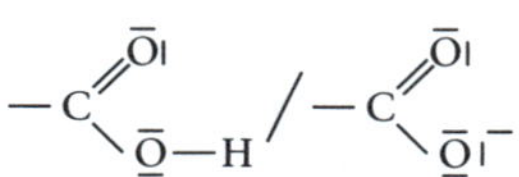
- Acide carbonique/ion hydrogénocarbonate H_2CO_3/HCO_3^- ou $CO_2,H_2O/HCO_3^-$

Réaction acide-base

Définition

Transfert de proton entre l'acide d'un couple et la base d'un autre couple.

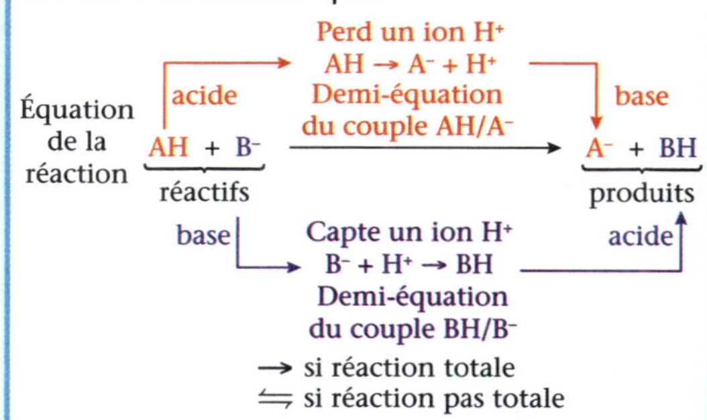

Méthode

1 Établir l'équation d'une réaction acide-base

L'acide butanoïque $C_4H_8O_{2(aq)}$ est l'un des composés responsables de l'odeur très forte et du goût piquant de certains fromages et du beurre rance. Il réagit avec les ions hydroxyde $OH^-_{(aq)}$ provenant de la soude.
Identifier les couples acide-base mis en jeu et établir l'équation de la réaction.

▶ On identifie les espèces chimiques qui réagissent en solution et on détermine les couples acide–base mis en jeu.
L'acide butanoïque est, comme son nom l'indique, un acide. Il est donc susceptible de céder un proton H^+. C'est la forme acide du couple $C_4H_8O_2/\ C_4H_7O_2^-$.
L'ion hydroxyde OH^- est une base, le couple correspondant est H_2O/HO^-.
L'acide s'écrit toujours en premier.
▶ On écrit les demi-équations en respectant le modèle : acide = base + H^+ ou base + H^+ = acide.
On place, pour chaque couple engagé, les réactifs à gauche du signe « = » :

$$C_4H_8O_{2(aq)} = C_4H_7O^-_{2(aq)} + H^+$$

$$HO^-_{(aq)} + H^+ = H_2O_{(l)}$$

▶ La réaction consiste en un transfert d'un ion H^+ de l'acide butanoïque à l'ion hydroxyde. L'équation de la réaction est la combinaison (ou la superposition) des deux demi-équations écrites précédemment. Les ions H^+ n'apparaissent pas dans le bilan puisqu'ils sont juste transférés de l'acide butanoïque à l'ion hydroxyde :

$$C_4H_8O_{2(aq)} + HO^-_{(aq)} \rightarrow C_4H_7O^-_{2(aq)} + H_2O_{(l)}$$

▶ On précise l'état physique des espèces chimiques.

2 Représenter un schéma de Lewis

L'acide butanoïque est un acide carboxylique à chaîne linéaire comptant 4 atomes de carbone.
Représenter le schéma de Lewis de l'acide butanoïque $C_4H_8O_2$.

Données : C : $Z = 6$; O : $Z = 8$; H : $Z = 1$.
▶ On détermine la configuration électronique des atomes constituant la molécule.
Atome de carbone : $1s^2\,2s^2\,2p^2$.
Atome d'oxygène : $1s^2\,2s^2\,2p^4$.
Atome d'hydrogène : $1s^1$.
▶ On détermine le nombre d'électrons de valence de chaque atome.
L'atome de carbone possède 4 électrons de valence (2 + 2), l'atome d'oxygène 6 (2 + 4), et l'atome d'hydrogène 1 seul.
▶ On donne le schéma de Lewis de chaque atome.
Jusqu'à 4 électrons de valence, l'atome est entouré d'électrons célibataires. Au-delà, les électrons supplémentaires s'ajoutent aux électrons célibataires pour former des doublets.

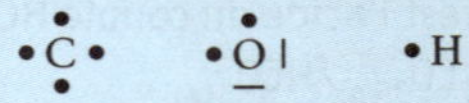

▶ On écrit l'enchaînement des atomes, en commençant par les atomes de carbone, qui constituent la chaîne carbonée de la molécule et qui vont créer le plus de liaisons : C – C – C – C.
▶ On ajoute le groupe carboxyle caractéristique, puis les atomes d'hydrogène. On associe les électrons célibataires pour former des liaisons covalentes.

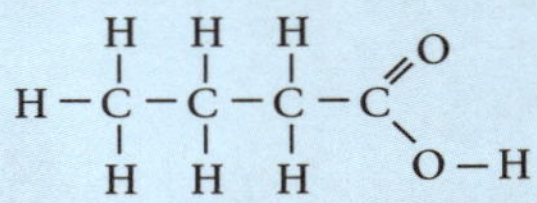

▶ On place les doublets non liants autour des atomes qui en possèdent.

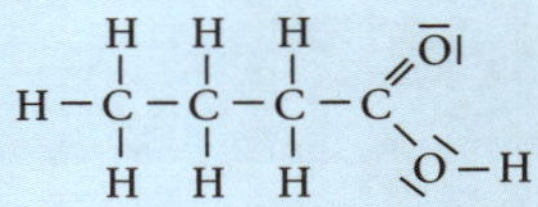

▶ On vérifie que chaque atome a bien acquis la configuration stable du gaz noble le plus proche dans la classification périodique, c'est à dire que chaque atome est bien entouré de 4 doublets (excepté l'hydrogène qui ne s'entoure que de 1 doublet).
Les atomes de carbone sont entourés de 4 doublets liants, les atomes d'oxygène de 2 doublets liants et 2 non liants.

Exercices

1 ★ 5 min **Écrire les formes acides ou basiques manquantes des couples suivants.**

$H_3O^+_{(aq)}$ / …	… / $NO_2^-{}_{(aq)}$	$HF_{(g)}$ / …
… / $ClO^-_{(aq)}$	$HC_2O_4^-{}_{(aq)}$ / …	… / $SO_4^{2-}{}_{(aq)}$
$CO_2 + H_2O$ / …	$HS^-_{(aq)}$ / …	$NH_4^+{}_{(aq)}$ / …

2 ★ 5 min **L'éthylamine CH_3-CH_2-NH_2 est une base au sens de Brönsted.**
a. Donner le couple acide–base mettant en jeu l'éthylamine.
b. Écrire l'équation de la réaction entre l'éthylamine et l'eau.

3 ★ 5 min **L'ion hydrogénocarbonate appartient à deux couples : HCO_3^-/CO_3^{2-} et H_2CO_3/HCO_3^-.**

a. Pourquoi l'ion hydrogénocarbonate peut-il être qualifié d'amphotère ?

b. Donner l'équation de la réaction de l'ion hydrogénocarbonate sur lui-même.

4 ★★ 10 min **On considère une molécule de formule C_2H_7N.**

Données : Numéros atomiques du carbone ($Z = 6$), de l'azote ($Z = 7$) et de l'hydrogène ($Z = 1$).

a. Déterminer la configuration électronique de chacun des atomes constituant cette molécule.

b. Combien d'électrons de valence possèdent ces atomes ? Combien de liaisons covalentes ces atomes doivent-ils établir pour obtenir la structure électronique du gaz noble de numéro atomique le plus proche ?

c. Proposer deux schémas de Lewis différents de la molécule C_2H_7N.

d. À quelle famille appartiennent ces molécules ?

5 ★★ 10 min **On mélange une solution d'acide chlorhydrique ($H_3O^+_{(aq)} + Cl^-_{(aq)}$) et une solution d'hydroxyde de potassium ($K^+_{(aq)} + OH^-_{(aq)}$). Une élévation de température montre qu'une réaction chimique a lieu.**

a. Quelles sont les espèces chimiques susceptibles de réagir ensemble ?

b. À quels couples acide-base appartiennent-elles ? Écrire les demi-équations associées.

c. Écrire l'équation de la réaction.

d. Quelles sont les espèces chimiques ne participant pas à la réaction ?

6 ★★★ 30 min Type Bac

L'acide ascorbique, communément appelé vitamine C, est un antioxydant présent dans de nombreux fruits et légumes. Une carence prolongée provoque des pathologies qui peuvent conduire un médecin à prescrire un complément sous forme de comprimés effervescents.

Doc. 1 Extrait de l'emballage d'une boîte de comprimés effervescents de vitamine C

Substance active : acide ascorbique 1 000 mg pour un comprimé effervescent
Autres composants : bicarbonate de sodium, acide citrique anhydre, saccharose, saccharine sodique, macrogol 6000, benzoate de sodium, arome orange, jaune orangé S.

Doc. 2 Acide ascorbique $C_6H_8O_{6(s)}$

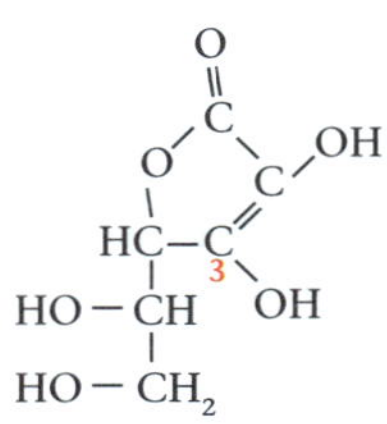

Doc. 3 Le bicarbonate de sodium

L'hydrogénocarbonate de sodium est appelé couramment bicarbonate de sodium. Sa formule est $NaHCO_{3(s)}$. Dans l'eau, ce solide se dissocie et donne les ions hydrogénocarbonate HCO_3^- et sodium Na^+.

Doc. 4 « Pur jus d'orange – 100 % pur fruit pressé » (brique)

Valeurs nutritionnelles moyennes pour	100 mL	1 verre (20 cL)
Énergie	171 kJ (40 kcal)	342 kJ (81 kcal)
Matières grasses dont acides gras saturés	0,1 g Traces	0,2 g Traces
Glucides dont sucres	9,5 g 9,5 g	19 g 19 g
Fibres alimentaires	0,5 g	1 g
Protéines	0,1 g	0,2 g
Sel	0,010 g	0,020 g
Vitamine C % des AJR*	25 mg 31 %	50 mg 62 %

Données :
Volume molaire des gaz à 20 °C et 1 013 hPa : $V_m = 24\ L \cdot mol^{-1}$.
Masse molaire : $M(C) = 12,0\ g \cdot mol^{-1}$; $M(O) = 16,0\ g \cdot mol^{-1}$; $M(H) = 1,0\ g \cdot mol^{-1}$.

a. Quel volume de jus d'orange doit-on boire pour obtenir la même masse d'acide ascorbique qu'un comprimé de vitamine C ?

b. La molécule d'acide ascorbique a des propriétés acido-basiques dues à l'hydrogène porté par l'oxygène du groupe caractéristique associé à l'atome de carbone en position 3.
Représenter la formule semi-développée de l'ion ascorbate, base conjuguée de l'acide ascorbique.
Lors de la mise en solution aqueuse d'un comprimé effervescent de vitamine C, un dégagement gazeux se produit. La transformation chimique observée est totale, elle peut être modélisée par la réaction d'équation :
$C_6H_8O_{6(aq)} + HCO_3^-{}_{(aq)} \rightarrow C_6H_7O_6^-{}_{(aq)} + CO_{2(aq)} + H_2O_{(l)}$.
Le volume de la solution obtenue est de 250 mL.

c. Écrire les couples acide-base mis en jeu.

d. Calculer la masse molaire moléculaire de l'acide ascorbique.

e. L'acide ascorbique étant le réactif limitant, calculer le volume de dioxyde de carbone dégagé lors de la mise en solution du comprimé à 20 °C et 1 013 hPa.

f. Quelle est la concentration en quantité de matière de l'ion ascorbate dans la solution obtenue ?

Écrire la concentration des ions ascorbate entre crochets : $[C_6H_7O_6^-]$.

Analyse d'un système chimique par des méthodes physiques

Cours

1 Mesure du pH d'une solution

▶ Le pH est une grandeur sans unité qui dépend de la concentration en ions oxonium H_3O^+ d'une solution aqueuse. Le terme pH est l'abréviation de « potentiel hydrogène ».
Pour des concentrations faibles, on a la relation :

$$\mathrm{pH} = -\log\frac{[H_3O^+]}{c^0}$$

avec $[H_3O^+]$ en $mol \cdot L^{-1}$;
c^0 est la concentration standard ($c^0 = 1\ mol \cdot L^{-1}$) ;
« log » désigne le logarithme décimal.
Réciproquement : $[H_3O^+] = c^0 \times 10^{-pH}$.

À savoir

La concentration standard c^0 est parfois omise pour simplifier la notation en $\mathrm{pH} = -\log([H_3O^+])$. C'est un abus d'écriture, car la relation n'est alors pas homogène.

▶ Plus la concentration en ion H_3O^+ est élevée, plus le pH est faible.

solution	acide	neutre	basique
pH	Entre 0 et 7,0	pH = 7,0	Entre 7,0 et 14

▶ Le pH d'une solution peut être évalué à l'aide d'un indicateur coloré acidobasique (espèce chimique dont la couleur varie en fonction de la valeur du pH), à l'aide de papier pH ou, de manière plus précise, à l'aide d'un pH-mètre (que l'on doit préalablement étalonner).

2 Dosage spectrophotométrique

▶ L'absorbance représente la proportion de lumière qui est absorbée par une solution à une longueur d'onde donnée. Elle est notée A et n'a pas d'unité.
▶ On mesure l'absorbance avec un spectrophotomètre. Le spectre d'absorption d'une solution est le graphe représentant l'absorbance en fonction de la longueur d'onde.
▶ Pour des solutions suffisamment diluées (inférieures à $10^{-2}\ mol \cdot L^{-1}$), l'absorbance A d'une solution colorée est proportionnelle à la concentration c de l'espèce chimique responsable de sa couleur.
C'est la loi de Beer Lambert : $A = \varepsilon \times l \times c$
avec ε coefficient d'absorption molaire (en $L \cdot mol^{-1} \cdot cm^{-1}$) ;
l la largeur de la cuve (en cm) ;
c la concentration de l'espèce chimique (en $mol \cdot L^{-1}$).

À savoir

Le coefficient ε dépend de la nature de l'espèce chimique, de la température, du solvant, et de la longueur d'onde utilisée.

▶ Cette relation de proportionnalité n'est vraie que si :
– la lumière utilisée est monochromatique ;
– la concentration n'est pas trop élevée ($< 10^{-2}\ mol \cdot L^{-1}$) pour que les interactions entre molécules soient négligeables ;
– le rayonnement incident ne donne pas lieu à des réactions chimiques ;
– la solution est limpide (pas de précipité ou de troubles qui entraîneraient une diffusion de la lumière).
▶ Un dosage est une méthode qui permet de déterminer la concentration d'une espèce en solution. Pour réaliser un dosage spectrophotométrique par étalonnage, il faut
– régler le spectrophotomètre sur la longueur d'onde λ_{max} correspondant au maximum d'absorption.
– mesurer l'absorbance A de plusieurs solutions de concentrations connues de l'espèce à doser et tracer une droite d'étalonnage. Cette droite illustre la relation de proportionnalité existant entre A et c : $A = k \cdot c$;
– mesurer l'absorbance de la solution à doser, puis, à l'aide de la droite d'étalonnage, en déduire la valeur de la concentration du soluté en solution.

3 Dosage conductimétrique

▶ Une portion de solution électrolytique (contenant des ions), contenue entre deux plaques métalliques plongées dans la solution, est un récepteur électrique qui se comporte comme une résistance.
La tension U et l'intensité I du courant sont reliées par la loi d'Ohm.

Tension en volts (V) ⟶ $U = R \cdot I$ ← Intensité en ampères (A) ; ← Résistance en ohms (Ω)

La conductance G de la solution est l'inverse de sa résistance R :

Conductance en Siemens (S) ⟶ $G = \frac{1}{R}$ ← Résistance en ohms (Ω)

D'après la loi d'Ohm, on a donc :

Conductivité en Siemens (S) ⟶ $G = \frac{1}{R} = \frac{I}{U}$ ← Intensité en ampères (A) ; ← Tension en volts (V)

▶ La conductance d'une solution électrolytique augmente lorsque la surface S des plaques immergées augmente, mais elle diminue lorsque la distance L entre les plaques augmente.
G est donc proportionnelle à $\frac{S}{L}$.

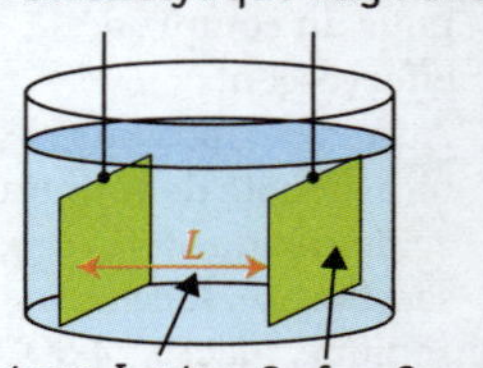

Cellule de conductimétrie

Le facteur de proportionnalité est appelé conductivité de la solution σ. Elle s'exprime en $S \cdot m^{-1}$ (siemens par mètre).

$$G = \sigma \cdot \frac{S}{L}$$

Conductance (S) ; Conductivité ($S \cdot m^{-1}$) ; Surface (m^2) ; Distance (m)

La conductivité d'une solution se mesure à l'aide d'un conductimètre. Elle dépend de la température.

▶ Pour les solutions suffisamment diluées (inférieures à 10^{-2} $mol \cdot L^{-1}$), on montre que la conductivité d'une solution obéit à la loi de Kohlrausch :

$$\sigma = \sum_{ions} \lambda_i \cdot [X_i]$$

La conductivité d'une solution dépend donc :
– de la concentration $[X_i]$ (en $mol \cdot m^{-3}$) de chacun de ses ions ;
– d'une grandeur λ_i caractéristique de chacun des ions et indépendante de la concentration, d'autant plus grande que l'ion est plus mobile. λ_i est appelé conductivité molaire ionique de l'ion X_i. Son unité est le $S \cdot m^2 \cdot mol^{-1}$.

▶ Pour une solution qui ne contient qu'un seul soluté ionique, la loi de Kohlrausch peut s'écrire plus simplement : $\sigma = k \times c$
Elle indique que la conductivité σ est proportionnelle à la concentration des ions en solution.

▶ Pour réaliser un dosage conductimétrique il faut :
– mesurer la conductivité (ou la conductance) de plusieurs solutions de concentrations connues ;
– Tracer une droite d'étalonnage $G = f(c)$ ou $\sigma = f(c)$;
Cette droite illustre la relation de proportionnalité existant entre σ et c : $\sigma = k \times c$;
– mesurer de la conductivité (ou la conductance) de la solution à doser puis, à l'aide de la droite d'étalonnage, en déduire la valeur de la concentration du soluté en solution.

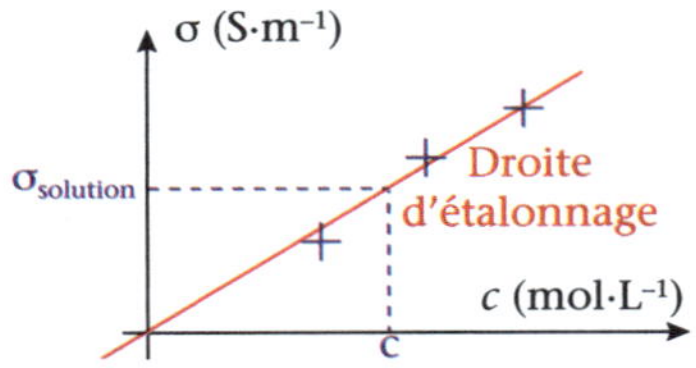

Courbe d'étalonnage d'un dosage conductimétrique

4 Équation d'état du gaz parfait

▶ À faible pression, inférieure à 10 bars, tous les gaz ont un comportement identique, celui d'un gaz idéal appelé gaz parfait.

▶ Dans le cas d'un gaz parfait, les quatre paramètres – pression P, volume V, température absolue T et quantité de matière n – sont liés par une relation appelée équation d'état du gaz parfait :

$$P \times V = n \times R \times T$$

P la pression du gaz en pascals (Pa) ;
V le volume du gaz en mètres cube (m^3) ;
n la quantité de matière en moles (mol) ;
T la température absolue en kelvin (K).
R est la constante du gaz parfait : $R \approx 8{,}31$ $J \cdot K^{-1} \cdot mol^{-1}$.

Info

La température absolue, notée T, est une grandeur qui caractérise l'agitation thermique des particules. Son unité est le kelvin, de symbole K. Lorsque la température diminue, la vitesse moyenne des molécules diminue : l'agitation thermique diminue. Lorsque les molécules sont immobiles, il n'y a plus d'agitation thermique (les molécules ont une vitesse nulle) : c'est le zéro absolu (0 K qui correspond à – 273 °C). Le zéro absolu est la température la plus basse que l'on puisse envisager.
La température absolue T en K et la température θ en °C sont liées par la relation : θ (°C) = T (K) – 273.

5 Spectroscopie

a. Spectroscopie UV-visible

▶ Le spectre UV-visible représente l'absorbance A (en ordonnée) en fonction de la longueur d'onde λ (en abscisse) entre 200 et 800 nm.

▶ Le spectre d'une espèce unique dans un solvant donné contient une ou plusieurs bandes d'absorption. Chaque bande est caractérisée par l'abscisse de son maximum λ_{max} correspondant à l'absorbance maximale.

b. Spectroscopie infrarouge

▶ Par convention, sur un spectre IR, on porte en abscisse le nombre d'onde σ, inverse de la longueur d'onde λ, exprimé en cm^{-1}. En ordonnée figure la transmittance T, qui est le rapport entre l'intensité lumineuse transmise par l'échantillon analysé et l'intensité lumineuse de la radiation incidente. Elle est exprimée en pourcentage.

Remarque

Une transmittance de 100 % signifie qu'il n'y a pas d'absorption. Les bandes d'absorption d'un spectre IR pointent donc vers le bas.

▶ Les nombres d'onde correspondant aux bandes d'absorption qui apparaissent dans le spectre IR permettent de reconnaître la présence de liaisons (C=O, O-H ...) dans la molécule.

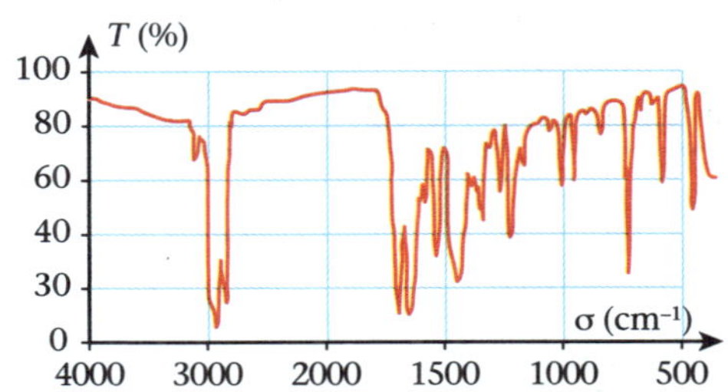

Spectre infrarouge de la caféine

L'identification de groupes caractéristiques est alors possible.

Liaison	O-H alcool	O-H acide carboxylique	C=O	N-H amine
σ (cm^{-1})	3 200–3 450	2 500–3 200	1 650–1 750	3 100–3 500
Aspect	Bande forte et large	Bande forte et large	Bande fine et forte	Bande moyenne

SYNTHÈSE

Analyse d'un système chimique par des méthodes physiques

Analyse quantitative : détermination de concentration ou quantité de matière

Mesure de l'absorbance A
- Avec un spectrophotomètre
- Loi de Beert-Lambert :

$$A = \varepsilon \cdot l \cdot c$$

avec A l'absorbance de la solution,
ε le coefficient d'absorption molaire,
c la concentration de l'espèce
et l la largeur de la cuve.

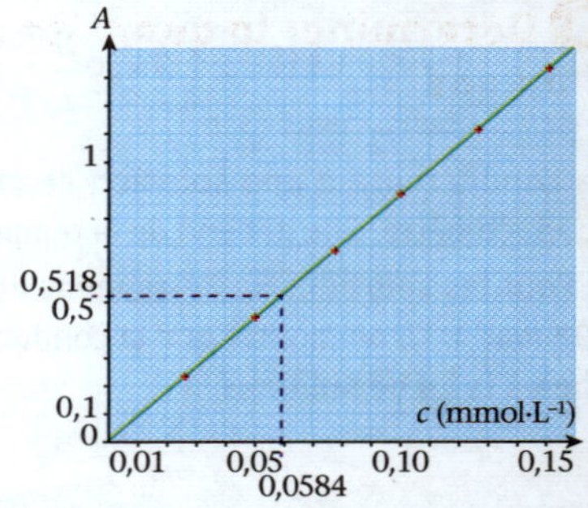

Mesure de la conductance G ou de la conductivité σ
- Avec un conductimètre

$$G = \sigma \cdot \frac{S}{L}$$

- Loi de Kohlrausch :

$$\sigma = k \cdot c$$

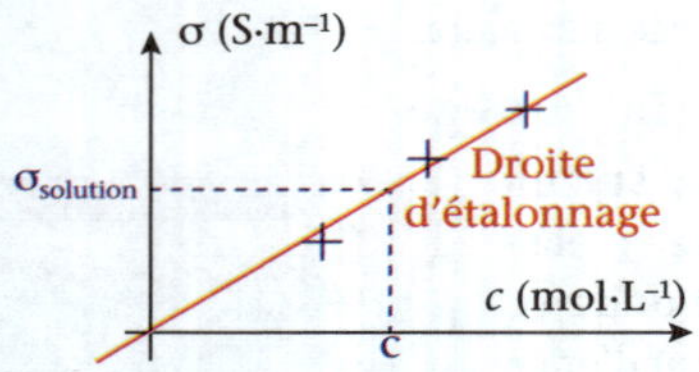

Mesure de pression P, température T, volume V
- Loi des gaz parfaits :

$$P \times V = n \times R \times T$$

P en Pa, V en m³, n en mol, T en K.
R, constante des gaz parfaits.

Mesure du pH
- Avec un pH-mètre, un indicateur coloré, du papier pH.

$$\text{pH} = -\log\frac{[H_3O^+]}{c^0} \quad \text{et} \quad [H_3O^+] = c^0 \times 10^{-\text{pH}}$$

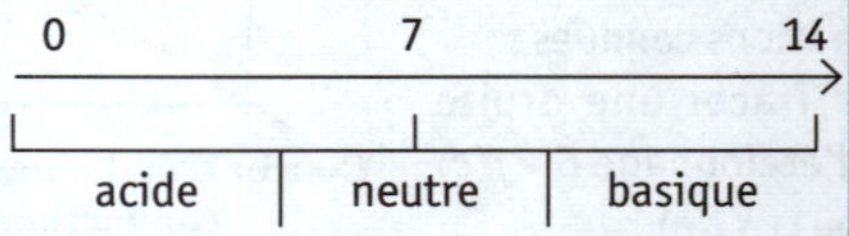

Analyse qualitative : identification de groupes caractéristiques

Spectroscopie IR
- Transmittance T
- Nombre d'onde σ

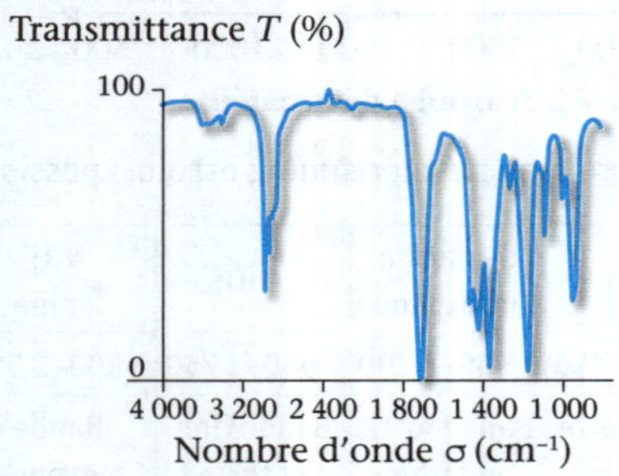

Spectroscopie UV-Vis
- Absorbance A
- Longueur d'onde λ
- Coefficient d'absorption molaire ε :

$$\varepsilon_{max} = \frac{A_{max}}{l \cdot c}$$

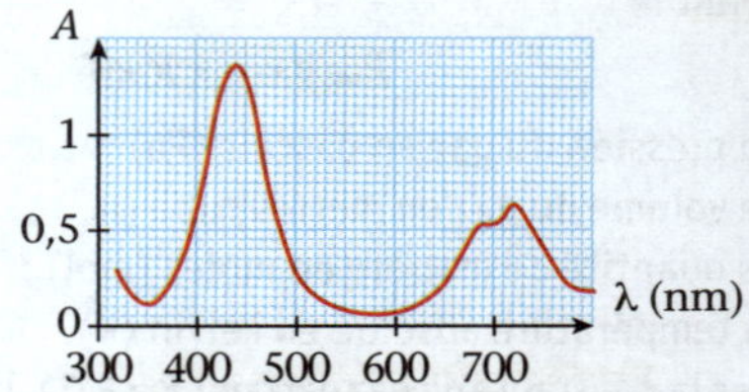

Méthode

1 Déterminer la quantité de matière d'un gaz

Une bombe aérosol contient 50 mL de gaz (considéré parfait) à une pression de 1,0 × 10⁷ Pa et à une température de 20 °C.
Calculer la quantité de matière (en mol) de ce gaz.
Donnée : $R = 8{,}31\ \text{J}\cdot\text{K}^{-1}\cdot\text{mol}^{-1}$.

▶ On utilise l'équation d'état des gaz parfaits : $P \times V = n \times R \times T$ soit $n = \frac{P \cdot V}{R \cdot T}$.

On exprime le volume en m³ : $V = 50 \times 10^{-3}\ \text{L} = 50 \times 10^{-6}\ \text{m}^3$.
On exprime la température en K : $T = 273 + 20 = 293$ K.

▶ On fait l'application numérique :

$$n = \frac{P \cdot V}{R \cdot T} = \frac{1{,}0 \times 10^7 \times 50 \times 10^{-6}}{8{,}31 \times 293} = 0{,}21\ \text{mol}.$$

La bombe contient 0,21 mol de gaz.

2 Exploiter un spectre d'absorption IR

Déterminer si le spectre infrarouge représenté ci-contre correspond à la molécule d'éthanol CH_3-CH_2-OH ou d'éthanal CH_3-CHO.

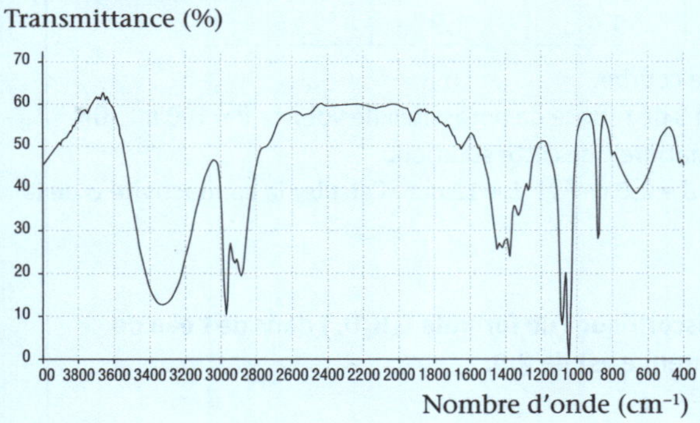

Données :

Liaison	C=O	C-H	O-H
Nombre d'onde (cm⁻¹)	1 650-1 740	2 800-3 000	3 200-3 700
Bande	Forte	Moyenne à forte	Forte et large

▶ On repère les nombres d'onde correspondant aux bandes d'absorption supérieures à 1 400 cm⁻¹. À l'aide des données spectroscopiques, on associe ces nombres d'onde à des liaisons.

▶ On repère une bande très large vers 3 300 cm⁻¹ qui correspond, d'après le tableau à une liaison O-H.
On repère également des pics entre 2 800 et 3 000 cm⁻¹ qui sont dus aux vibrations associées aux liaisons C-H.

▶ On en déduit le groupe caractéristique de la molécule et on identifie celle-ci.
La molécule possède donc un groupe caractéristique hydroxyle OH, c'est un alcool, c'est l'éthanol.

3 Exploiter la loi de Kohlrausch

On souhaite déterminer la concentration d'une solution aqueuse de chlorure de calcium injectable, utilisée dans les hypocalcémies (diminution importante de la quantité de calcium dans le sang). Ce médicament est d'abord dilué 500 fois, puis on mesure sa conductivité :

$$\sigma = 0{,}48\ \text{mS}\cdot\text{cm}^{-1}.$$

Par ailleurs, on a mesuré dans les mêmes conditions, la conductivité de solutions de chlorure de calcium de concentrations connues :

Concentration c (mol·L⁻¹)	1,0 × 10⁻³	2,0 × 10⁻³	3,0 × 10⁻³	4,0 × 10⁻³	5,0 × 10⁻³	6,0 × 10⁻³
Conductivité σ (mS·cm⁻¹)	0,27	0,54	0,81	1,08	1,36	1,63

Déterminer la concentration en quantité de matière de chlorure de calcium du médicament.

▶ On trace la courbe d'étalonnage représentant σ en fonction de c (σ en ordonnée et c en abcisse).

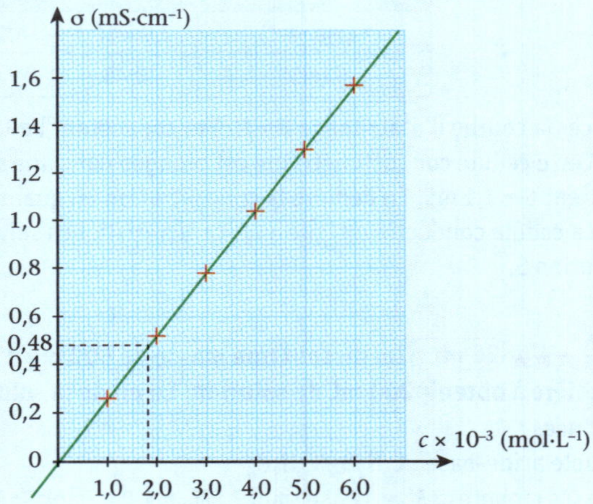

▶ On détermine graphiquement la concentration c' en chlorure de calcium dans la solution diluée. On reporte la valeur de la conductivité de la solution diluée sur le graphique pour obtenir sa concentration : on lit $c' = 1{,}8 \times 10^{-3}\ \text{mol}\cdot\text{L}^{-1}$.

▶ On en déduit la concentration en chlorure de calcium dans le médicament. Le médicament ayant été dilué 500 fois :

$$c = 500 \times 1{,}8 \times 10^{-3} = 0{,}90\ \text{mol}\cdot\text{L}^{-1}.$$

Exercices

1 ★ 10 min **On dispose d'une solution S_1 d'acide chlorhydrique de pH égal à 1,1.**
Quel est le pH de la solution S_2 que l'on a obtenue en diluant dix fois S_1 ?

2 ★★★ 20 min **On veut déterminer, par conductimétrie, la concentration d'une solution de nitrate de potassium. Le schéma du montage permettant de mesurer la conductance d'une portion de solution électrolytique est représenté ci-contre.**

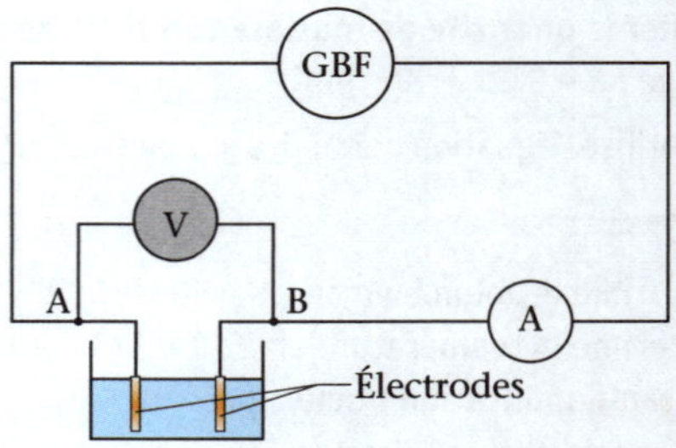

a. Écrire l'équation de dissolution dans l'eau du nitrate de potassium $KNO_{3(s)}$.
b. On plonge la cellule conductimétrique dans une solution aqueuse de nitrate de potassium S_0 de concentration $c_0 = 1{,}0 \times 10^{-2}$ mol · L⁻¹. On applique une tension $U = 1{,}68$ V. On relève alors une intensité $I = 4{,}1$ mA.
Calculer la valeur de la conductance G_0 de la portion de solution située entre les électrodes.
c. On étalonne la cellule conductimétrique en mesurant la conductance de solutions titrées de nitrate de potassium (voir le tableau ci-dessous). La température est de 25 °C. La conductance G_0 est à compléter avec le résultat de la question b.

Solution	S_4	S_3	S_2	S_1	S_0
c (mol · L⁻¹)	$2{,}0 \times 10^{-3}$	$4{,}0 \times 10^{-3}$	$6{,}0 \times 10^{-3}$	$8{,}0 \times 10^{-3}$	$1{,}0 \times 10^{-2}$
G (mS)	0,48	0,97	1,4	1,9	

Tracer la courbe d'étalonnage $G = f(c)$ et commenter l'allure de la courbe.
d. Cette cellule conductimétrique est plongée dans une solution S de nitrate de potassium de volume $V = 100$ mL. On obtient $G = 1{,}1$ mS. En déduire la concentration en quantité de matière c de cette solution.
e. La cellule conductimétrique a les caractéristiques suivantes : $S = 2{,}0$ cm² et $L = 12$ mm. Calculer la conductivité σ de la solution S.

3 ★★★ 20 min **On dissout une masse de 500 mg d'acide ascorbique (de formule $C_6H_8O_6$) dans de l'eau de manière à obtenir 200 mL de solution. Le pH de la solution obtenue est de 2,9.**
Données :
Couple acide-base : $C_6H_8O_6/C_6H_7O_6^-$
Masses molaires : $M_C = 12{,}0$ g · mol⁻¹ ; $M_H = 1{,}0$ g · mol⁻¹ ; $M_O = 16$ g · mol⁻¹.
$M(C_6H_8O_6) = 176$ g · mol⁻¹.
a. Écrire l'équation bilan de la réaction de cet acide avec l'eau.
b. Déterminer l'avancement final de la réaction.
c. Déterminer l'avancement maximal de la réaction.
d. Cette réaction est-elle totale ?

On peut s'aider d'un tableau d'avancement.

4 ★★★ 30 min Type Bac
Le sérum physiologique est une solution pharmaceutique utilisée pour nettoyer le nez, les yeux... Elle contient de l'eau et du chlorure de sodium. Le pourcentage en masse de chlorure de sodium (Na^+, Cl^-) est indiqué sur chaque flacon : 0,9 %, c'est-à-dire que 100 g de sérum physiologique contiennent 0,9 g de chlorure de sodium.
On souhaite vérifier cette indication grâce à un dosage par étalonnage avec un conductimètre. Pour cela, on prépare différentes solutions étalon dont on mesure la conductivité. La courbe d'étalonnage représentant σ en fonction de la concentration c en chlorure de sodium est tracée, puis modélisée par une droite d'équation $\sigma = 126 \times c$, où c est en mol · L⁻¹ et σ en mS · cm⁻¹.
On mesure la conductivité de la solution de sérum physiologique diluée 20 fois, on obtient $\sigma = 0{,}95$ mS · cm⁻¹.
Données : $M(NaCl) = 58{,}4$ g · mol⁻¹ ; $\rho_{sérum} = 1{,}00$ g · mL⁻¹.

a. On dispose d'une fiole jaugée de 100,0 mL et de pipettes jaugées de 5,0 mL, 10,0 mL, 20,0 mL, 25,0 mL et 50,0 mL. Proposer un protocole qui permette de diluer 20 fois la solution de sérum physiologique.
b. Pourquoi est-il nécessaire de diluer la solution de sérum physiologique ?
c. Déterminer la concentration en quantité de matière de la solution diluée de sérum physiologique.
d. En déduire la concentration en quantité de matière, puis le pourcentage en masse de chlorure de sodium dans le sérum physiologique.
e. Les résultats des différents groupes ont été mis en commun dans le tableau ci-dessous.

Groupe	1	2	3	4	5	6	7	8	9
% en masse	0,88	0,87	0,95	0,93	0,98	0,84	0,97	0,91	0,95

- Calculer la moyenne $\overline{g}$, l'écart-type expérimental σ et l'incertitude-type $u(g)$.
- Écrire le résultat du calcul sous la forme : $g = \overline{g} \pm u(g)$.
- Le pourcentage en masse indiqué par le fabriquant est-il conforme à celui déterminé expérimentalement ?

5 ★★★ 30 min **Type Bac**

Le guarana est une liane originaire de la forêt amazonienne qui produit des graines riches en caféine, oligo-éléments et vitamines. Le guarana, recommandé pour favoriser la concentration mentale, est commercialisé sous différentes formes : graines, gélules, poudres, infusettes, comprimés...
L'Agence européenne pour la sécurité des aliments (EFSA) a publié une recommandation de dose journalière au-delà de laquelle la caféine peut présenter un risque pour la santé. Pour les adolescents, la dose journalière de caféine est fixée à 3 mg par kilogramme de masse corporelle.
L'objectif de cet exercice est de déterminer le nombre de gélules de guarana qui pourrait être consommé quotidiennement, sans risque pour la santé.
Pour déterminer la quantité de caféine contenue dans une gélule, on prépare six solutions de concentrations différentes, on mesure leur absorbance pour une longueur d'onde donnée et on trace la courbe $A = f(c)$ ci-contre (figure 1). On dissout une gélule de guarana dans 500 mL d'eau distillée. Le spectrophotomètre ne fournissant des mesures exploitables que pour des absorbances inférieures à 2, la solution obtenue, trop concentrée, est diluée d'un facteur 10. L'absorbance de la solution diluée, notée S, est mesurée : $A = 0{,}518$. Le spectre d'absorption de la caféine en solution aqueuse est donné ci-contre (figure 2).

Données : masse molaire de la caféine $M(\text{caféine}) = 194{,}0\ \text{g.mol}^{-1}$.

a. À quelle longueur d'onde doit-on régler le spectrophotomètre pour effectuer l'analyse quantitative de la caféine dans la gélule ? Peut-on utiliser un spectrophotomètre visible pour réaliser cette analyse ?
b. Combien de gélules un adolescent de 60 kg peut-il ingérer sans aucun risque pour sa santé ?

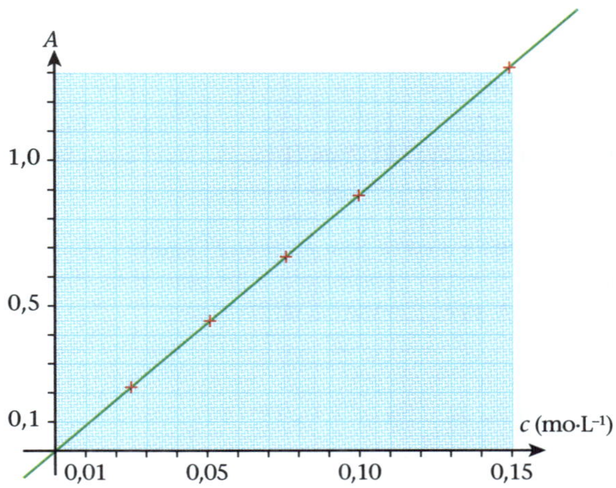

Figure 1 Représentation graphique de l'absorbance en fonction de la concentration

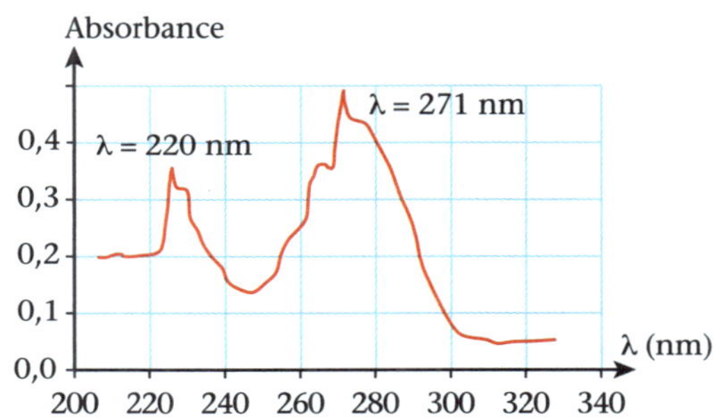

Figure 2 Spectre d'absorption de la caféine

Le candidat est invité à prendre des initiatives et à présenter la démarche suivie, même si elle n'a pas abouti. La démarche est évaluée et nécessite d'être correctement présentée.

Analyse d'un système chimique par des méthodes chimiques

Cours

1 Principe d'un dosage par titrage

a. Définition et mise en œuvre

▶ Un dosage par titrage permet de déterminer la quantité de matière d'une espèce chimique présente en solution. Il met en jeu une réaction chimique, la réaction support de tirage, consommant totalement l'espèce chimique à titrer.

▶ On réalise le titrage du réactif titré A, de volume V_A connu, en versant à la burette un volume de réactif titrant B, dont la concentration C_B est connue, selon la réaction suivante :

$$aA + bB \rightarrow \text{produits}.$$

Cette réaction appelée réaction support de titrage doit être totale, rapide et unique.

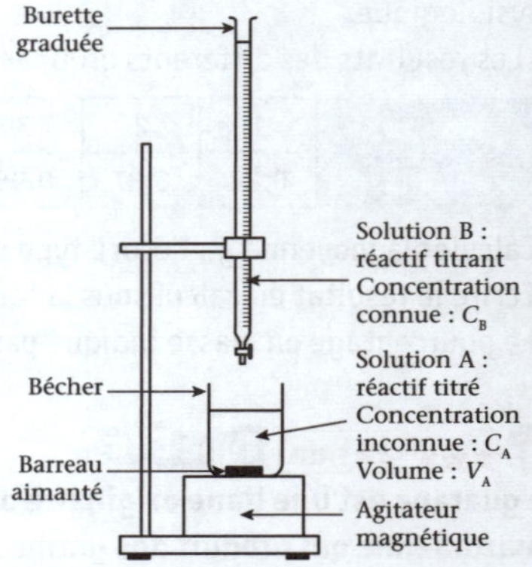

Schéma expérimental d'un titrage

b. L'équivalence

▶ L'équivalence caractérise l'état du système pour lequel les réactifs ont été introduits en proportions stœchiométriques. Pour l'exemple considéré, elle est atteinte lorsque : $\frac{n_A}{a} = \frac{n_{B \text{ versé à l'équivalence}}}{b}$.

▶ Le volume de B versé pour atteindre l'équivalence s'appelle le volume équivalent. C'est sa détermination qui permet de trouver la quantité de matière de A, sa concentration ou sa masse.

L'équivalence correspond également au changement de réactif limitant : avant l'équivalence, c'est le réactif titrant qui est en défaut, tandis qu'après celle-ci, il est en excès.

Remarque

Il existe d'autres types de dosage, le dosage par étalonnage, le dosage par titrage colorimétrique.

Remarque

Sur les étiquettes des flacons de solution commerciale, on trouve :

- le titre massique en soluté $w = \frac{m_{\text{soluté}}}{m_{\text{solution}}}$ sans unité mais souvent exprimé en pourcentage.
- la densité d'une solution : $d = \frac{\rho_{\text{solution}}}{\rho_{\text{eau}}}$ sans unité.

2 Repérage de l'équivalence d'un titrage

a. Par pHmétrie

▶ L'équivalence se repère par une brusque variation de pH appelée saut de pH.

On présente les deux principales méthodes de détermination du volume équivalent.

▶ La méthode des tangentes parallèles consiste à :

1. tracer une première tangente à la courbe (un peu avant le saut de pH) ;
2. tracer une seconde tangente après le saut, parallèle à la première ;
3. tracer une perpendiculaire aux deux tangentes ;
4. tracer la parallèle aux deux tangentes passant par le milieu de la perpendiculaire.

Le point d'intersection de la parallèle et de la courbe correspond au point équivalent E (V_E, pH_E).

▶ La méthode de la dérivée : le point équivalent E est le point où dpH/dV passe par un extremum.

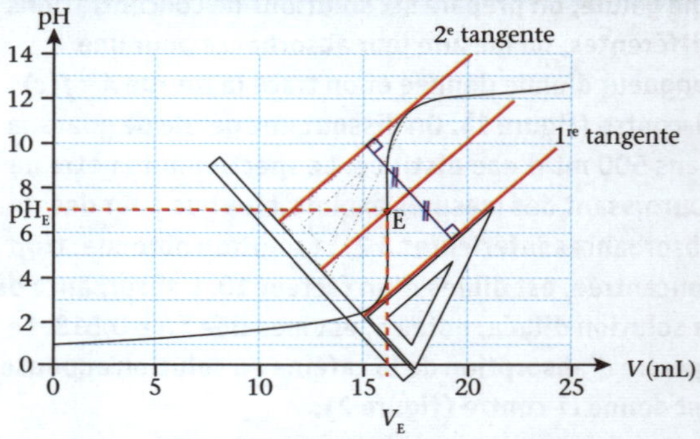

Construction des tangentes parallèles

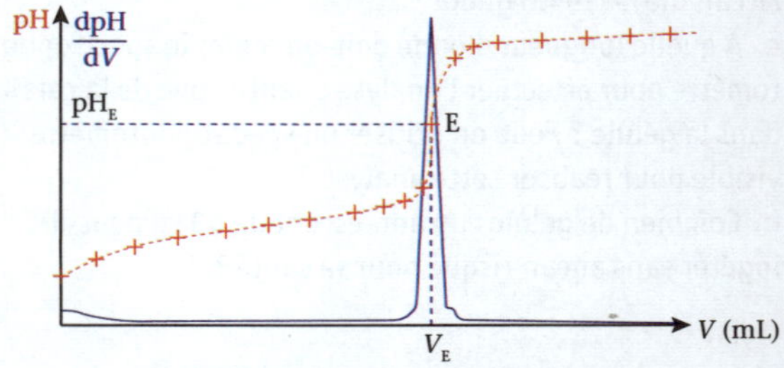

Détermination du point d'équivalence

b. Par conductimétrie

▶ Les solutions ioniques conduisent le courant électrique généré par le déplacement des ions.

Un titrage conductimétrique consiste à suivre l'évolution de la conductance G ou de la conductivité σ d'une solution suite à l'ajout de solution titrante.

La conductivité d'une solution traduit sa capacité à conduire le courant électrique. Plus elle est grande, plus celle-ci conduit le courant.

Les mesures sont réalisées à l'aide d'un conductimètre associé à une sonde conductimétrique.

▶ Loi de Kohlrausch : la conductivité σ d'une solution ionique diluée dépend de la nature et des concentrations $[X_i]$ des n ions X_i présents dans la solution. La grandeur λ_i est appelée conductivité molaire ionique.

Remarque

Les solutions utilisées sont diluées ($C < 10^{-2}$ mol·L^{-1}) pour que la conductivité varie linéairement avec la concentration.

$$\sigma = \sum_{i=1}^{n} \lambda_i [X_i]$$

avec σ en S·m^{-1} ; λ_i en S·m^2·mol^{-1} et $[X_i]$ en mol·m^{-3}.

▶ Dans le cas de réaction faisant intervenir des espèces ioniques, on peut suivre le titrage par conductimétrie. L'équivalence est déterminée par un changement de pente de la courbe représentant la conductivité σ du mélange en fonction du volume de solution titrante versée. En effet, l'évolution de la pente de la courbe avant et après l'équivalence dépend de l'évolution de la composition et donc de la conductivité du mélange.

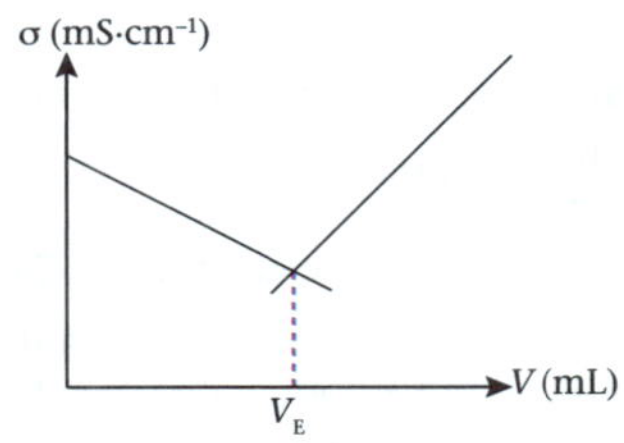

Courbe de titrage conductimétrique

Attention

Tous les porteurs de charge participent à la conductivité de la solution même ceux qui n'apparaissent pas dans l'équation de la réaction support de titrage, les ions spectateurs.

SYNTHÈSE

Analyse d'un système chimique par des méthodes chimiques

Dosage par titrage

- Technique expérimentale destructive qui permet de déterminer la quantité de matière d'une espèce A en solution (réactif titré, de volume connu) à l'aide d'une espèce B en solution, de concentration connue (réactif titrant).
- La réaction mise en jeu est : $\alpha A + \beta B \rightarrow$ produits.

Titrage par suivi pH-métrique

- Cette méthode s'utilise dans le cas où la réaction support du titrage est une réaction acido-basique.
- La courbe d'évolution du pH présente un « saut de pH ».

Titrage par suivi conductimétrique

- Cette méthode s'utilise dans le cas où l'espèce chimique à titrer est un ion.
- On mesure la conductance G ou la conductivité σ en fonction du volume de solution titrante versé.

La courbe de titrage conductimétrique doit présenter une rupture de pente.

Résultats du titrage

- **Objectif** : déterminer le volume de solution titrante versé à l'équivalence.

Permet de déterminer la quantité de matière de A, sa concentration ou sa masse.

À l'équivalence, les réactifs sont introduits dans les proportions stœchiométriques : $\frac{n_A}{\alpha} = \frac{n_{B\,eq}}{\beta}$

- **Applications** : à l'aide de cette technique, sont effectués des contrôles de qualités, par exemple de l'eau, des denrées alimentaires, ou des médicaments.

Méthode

Obtenir une concentration à l'aide d'un titrage

On réalise le titrage d'une solution d'ammoniac (NH_3) de volume Vb = 20,0 mL, de concentration inconnue Cb, par une solution d'acide chlorhydrique de concentration $Ca = 1{,}0 \times 10^{-1}\ mol \cdot L^{-1}$. L'équation de la réaction support de titrage s'écrit :

$$NH_{3(aq)} + H_3O^+_{(aq)} \rightarrow NH^+_{4(aq)} + H_2O_{(l)}$$

Un logiciel permet de tracer les courbes pH = $f(Va)$ et $\frac{dpH}{dVa} = g(Va)$

Quelle est la concentration Cb de la solution d'ammoniac ?

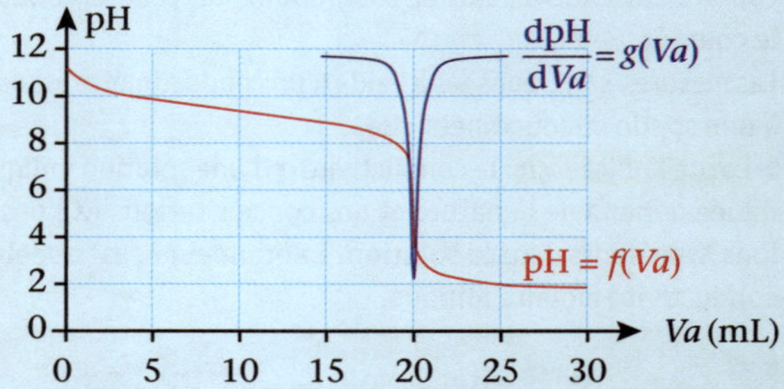

▶ On détermine le volume équivalent de solution titrante.

Le volume à l'équivalence est déterminé grâce à la courbe : il correspond à l'abscisse du point d'ordonnée minimale de la dérivée $\frac{dpH}{dVa} = g(Va)$.

On lit Va_E = 20,0 mL.

▶ On utilise la relation liant les quantités de matière de réactifs titrant et titré à l'équivalence.

À l'équivalence, les réactifs ont été introduits dans les proportions stœchiométriques :

$$\frac{n_{NH_3}}{1} = \frac{n_{H_3O^+ \text{ versé à l'équivalence}}}{1}$$

$$Ca \cdot Va_E = Cb \cdot Vb \text{, soit, } Cb = \frac{Ca \cdot Va_E}{Vb}$$

> **Remarque**
> On aurait pu utiliser la méthode des tangentes.

Application numérique :

$$Cb = \frac{1{,}0 \times 10^{-1}\ mol \cdot L^{-1} \times 20{,}0\ mL}{20{,}0\ mL} = 1{,}0 \times 10^{-1}\ mol \cdot L^{-1}.$$

La solution d'ammoniac a une concentration de $1{,}0 \times 10^{-1}\ mol \cdot L^{-1}$.

> **Remarque**
> Il est inutile dans un tel calcul de convertir les volumes en litres, puisqu'ils apparaissent au numérateur et au dénominateur.

Exercices

1 ★ 10 min **On suit par conductimétrie le dosage des ions oxonium d'une solution d'acide chlorhydrique par une solution d'hydroxyde de sodium.**

L'équation de la réaction support de titrage est la suivante : $H_3O^+ + HO^- \rightarrow 2\ H_2O$

Données :

Ion	λ ($S \cdot m^2 \cdot mol^{-1}$) à 25 °C
H^+	$35{,}0 \times 10^{-3}$
OH^-	$19{,}9 \times 10^{-3}$
Cl^-	$7{,}63 \times 10^{-3}$
Na^+	$5{,}008 \times 10^{-3}$

a. Quel est le réactif limitant au début du titrage ?

b. Quelles sont les espèces ioniques présentes dans la solution avant l'équivalence ? (On néglige l'autoprotolyse de l'eau).

c. Prévoir, en la justifiant, l'évolution de la conductivité de la solution avant l'équivalence.

d. Quelles sont les espèces ioniques présentes dans la solution après l'équivalence ?

e. Prévoir l'évolution de la conductivité de la solution après l'équivalence.

2 ★★ 20 min **Pour déterminer la pureté de l'acide citrique dans un détartrant commercial en poudre, un laboratoire réalise le protocole suivant : peser un peu de détartrant, mesurer sa masse et vérifier la masse de l'acide citrique que contient ce produit ménager à l'aide d'un titrage pH-métrique. La pesée indique 0,053 g. L'acide citrique est titré par une solution aqueuse d'hydroxyde de sodium de concentration $C = 5,0 \times 10^{-2}$ mol · L⁻¹ selon l'équation de la réaction support de titrage suivante :**

$$C_6H_8O_{7(aq)} + 3\ HO^-_{(aq)} \rightarrow C_6H_5O_{7(aq)}^{3-} + 3\ H_2O_{(aq)}$$

Les mesures réalisées permettent d'obtenir les courbes ci-contre.

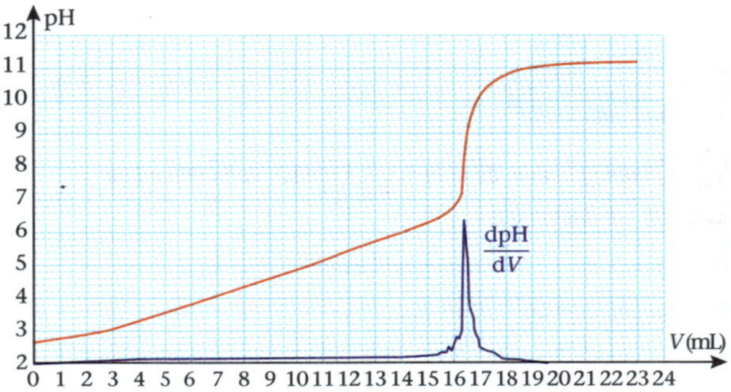

Donnée : Masse molaire de l'acide citrique anhydre : $M = 192$ g · mol⁻¹.

a. Déterminer la valeur V_E du volume de solution d'hydroxyde de sodium versée à l'équivalence.

b. Déterminer le pourcentage massique d'acide citrique anhydre du détartrant. En déduire sa pureté.

3 ★★★ 25 min **Afin de connaître le titre massique en ion sulfate d'une eau minérale, on réalise son titrage conductimétrique à l'aide du protocole suivant :**

• Prélever un volume $V = 50$ mL de cette eau minérale, l'introduire dans un bécher de 250 mL. Ajouter dans le bécher un volume de 150 mL d'eau distillée.

Plonger dans ce milieu une cellule conductimétrique.

• À l'aide d'une burette graduée, ajouter progressivement, mL par mL, une solution aqueuse S_2 de chlorure de baryum ($Ba^{2+}_{(aq)} + 2\ Cl^-_{(aq)}$) de concentration $C_2 = 5,0 \times 10^{-2}$ mol · L⁻¹.

La courbe d'évolution de la conductance G du mélange en fonction du volume V_2 versé de la solution de chlorure de baryum est donnée ci-contre.

Le principe de ce titrage consiste à faire précipiter les ions sulfate par les ions baryum. L'équation de la réaction s'écrit :

$$Ba^{2+}_{(aq)} + SO^{2-}_{4(aq)} \rightarrow BaSO_{4(s)}$$

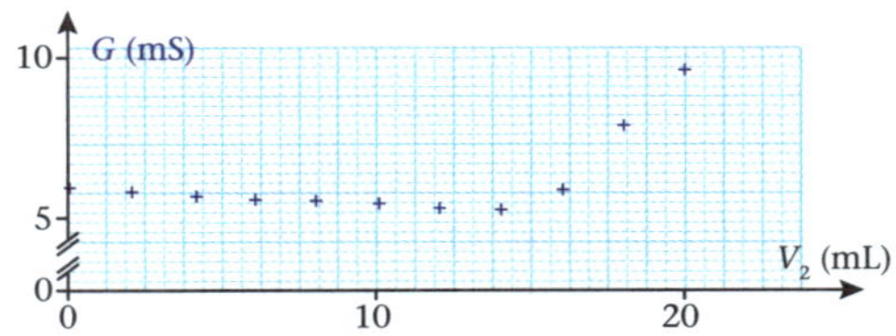

Données :

Conductivités molaires ioniques (en mS · m² · mol⁻¹) :

$\lambda(SO_4^{2-}) = 16$; $\lambda(Ba^{2+}) = 18$; $\lambda(Cl^-) = 7,6$; $\lambda(H_3O^+) = 35$; $\lambda(OH^-) = 20$.

Masses molaires : $M(S) = 32,0$ g · mol⁻¹ ; $M(O) = 16,0$ g · mol⁻¹.

a. Donner deux arguments pour justifier l'ajout d'environ 150 mL d'eau distillée à la prise d'essai.

b. Interpréter qualitativement le changement de pente.

c. Quelle est la concentration en masse des ions sulfate dans l'eau minérale ?

4 ★★★ 20 min **On souhaite déterminer la concentration en ions chlorure dissous dans la phase hydroalcoolique d'une lotion capillaire.**

Pour cela, on prélève un volume $V_{ESSAI} = 5,0$ mL de la phase hydroalcoolique que l'on verse dans un bécher. On ajoute environ 200 mL d'eau, puis on réalise un titrage par une solution de nitrate d'argent ($Ag^+_{(aq)} + NO^-_{3(aq)}$) de concentration molaire en soluté apportée $C = 1,0 \times 10^{-2}$ mol · L⁻¹.

On obtient la courbe ci-contre.

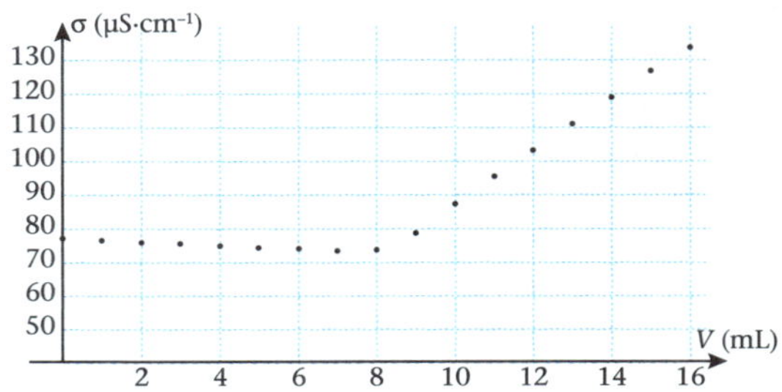

a. Avec quelle verrerie a-t-on prélevé le volume d'essai $V_{ESSAi} = 5,0$ mL ?

b. Faire un schéma légendé du montage de titrage conductimétrique.

c. Écrire l'équation de la réaction de titrage.

d. Calculer la concentration en quantité d'ions chlorure C' dans la lotion capillaire.

Évolution temporelle d'une transformation chimique

Cours

1 Évolution d'un système chimique dans le temps

a. Transformations lentes et rapides

▶ La cinétique chimique étudie l'évolution dans le temps des systèmes chimiques. C'est l'observation qui permet de caractériser les transformations chimiques d'un point de vue cinétique.

▶ Les transformations lentes sont observables à l'œil nu.

▶ À l'opposé, une transformation est rapide, si elle paraît achevée dès que les réactifs entrent en contact.

b. Durée d'une transformation chimique

▶ Un système atteint son état final, caractérisé par son avancement final x_f, lorsqu'il cesse d'évoluer.

▶ En pratique, le suivi temporel de l'évolution d'une transformation chimique peut nécessiter l'utilisation d'un capteur.

Attention

L'avancement maximal correspond à l'avancement atteint lorsqu'un réactif est entièrement consommé ; x_f n'est donc pas toujours égal à x_{max}.

c. Influence des facteurs cinétiques

▶ Lorsqu'on augmente la température du milieu réactionnel, la durée de la transformation chimique diminue : la température est donc un facteur cinétique. De nombreuses synthèses industrielles sont réalisées à températures élevées (celle de l'ammoniac, d'arômes de synthèse...)

Inversement, la conservation des aliments (réfrigérateur), des cellules biologiques (sperme, ovule...) s'effectue à basse température pour ralentir les réactions d'oxydation et les attaques des micro-organismes. De même, pour étudier l'évolution d'un système chimique, on le bloque à un instant choisi en ajoutant brusquement de l'eau glacée au milieu réactionnel : c'est la trempe chimique.

▶ Plus la concentration des réactifs est grande, plus l'évolution du système chimique est rapide. La concentration des réactifs est un facteur cinétique.

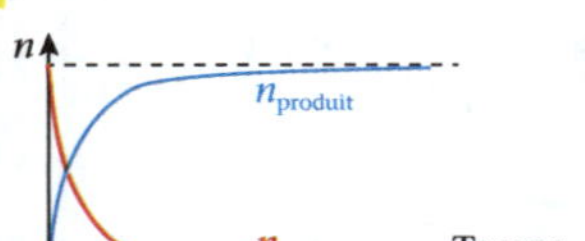

Évolution de $n_{réactif}$ et $n_{produit}$ au cours du temps

Dans la représentation graphique ci-dessus, on observe une pente très forte au début de la transformation : celle-ci est rapide lorsque les réactifs sont concentrés. Puis la pente devient faible et la vitesse de réaction également lorsque les réactifs sont moins abondants.

▶ D'autres facteurs peuvent influer sur la vitesse d'une réaction chimique, comme l'état physique des réactifs, la pression, la lumière...

d. La catalyse

▶ Un catalyseur est une substance solide, liquide ou gazeuse que l'on peut introduire dans un milieu réactionnel afin qu'il accélère ou oriente une transformation chimique sans modifier l'état final du système.

▶ Le catalyseur est consommé mais régénéré en proportion égale au cours de la transformation. Il n'apparaît donc jamais dans l'équation-bilan de la réaction chimique.

▶ Selon la nature du catalyseur, un système chimique peut évoluer différemment : on parle de sélectivité du catalyseur.

▶ On distingue trois types de catalyse :
– la catalyse homogène : lorsque le catalyseur et les réactifs ne forment qu'une seule phase fluide.
– la catalyse hétérogène : lorsque le catalyseur et les réactifs forment deux phases distinctes.
– la catalyse enzymatique : lorsque le catalyseur est une enzyme c'est-à-dire une macromolécule biologique.

Info

Comme il est régénéré au cours de la transformation, une petite quantité de catalyseur permet de transformer une grande quantité de réactifs.

À savoir

Le catalyseur est souvent indiqué au-dessus de la flèche de l'équation de réaction.

Attention

Il ne faut pas considérer un catalyseur comme un facteur cinétique. Un catalyseur est une espèce chimique ajoutée qui n'influence qu'à la hausse la vitesse de réaction. Ce n'est pas un paramètre physique.

2 Vitesse volumique

a. Vitesse volumique de formation d'un produit

▶ Soit la réaction : $a\mathrm{A} + b\mathrm{B} \rightarrow c\mathrm{C} + d\mathrm{D}$.

La vitesse volumique instantanée v_c de formation de C, à l'instant t, est égale à la valeur, à cet instant, de la dérivée par rapport au temps de sa concentration.

$$v_C(t) = \frac{|d[C]|}{dt} = \frac{d[C]}{dt}$$

La quantité de C, produit de la transformation chimique, augmente au cours du temps. Sa dérivée par rapport au temps est donc positive : le signe valeur absolue est facultatif.

▶ La vitesse volumique instantanée de formation de C, à l'instant t, est égale au coefficient directeur de

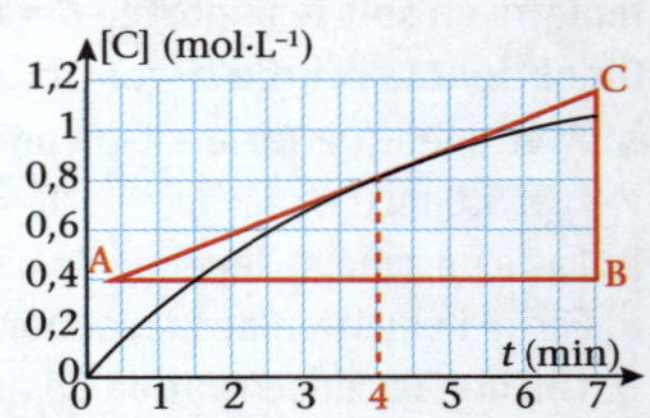

Courbe [C] = f(t) et sa tangente au point t = 4 min

>> la tangente à la courbe $[C] = f(t)$ au point d'abscisse t. Dans l'exemple ci-contre, pour avoir la vitesse v_C (à 4 min), on calcule le coefficient directeur de (AC), soit $\frac{BC}{AB}$.

▶ La vitesse volumique moyenne de formation de C entre les instants t_1 et t_2 est :

$$v_{moyenne}(C) = \frac{[C]_2 - [C]_1}{t_2 - t_1}$$

Elle est égale au coefficient directeur de la sécante à la courbe $[C] = f(t)$ passant par les points de la courbe d'abscisses t_1 et t_2.

b. Vitesse volumique de disparition d'un réactif

▶ La vitesse volumique instantanée de disparition du réactif A est :

$$v_A(t) = \frac{|d[A]|}{dt} \text{ ou } v_A(t) = -\frac{d[A]}{dt}$$

La concentration A diminue au cours de la transformation, sa dérivée par rapport au temps est donc négative. En chimie, cependant, les vitesses doivent être positives, d'où l'emploi de la valeur absolue ou du signe négatif.

▶ La vitesse volumique instantanée de disparition du réactif A, à l'instant t, est égale à la valeur absolue du coefficient directeur de la tangente à la courbe $[A] = g(t)$ au point d'abscisse t.

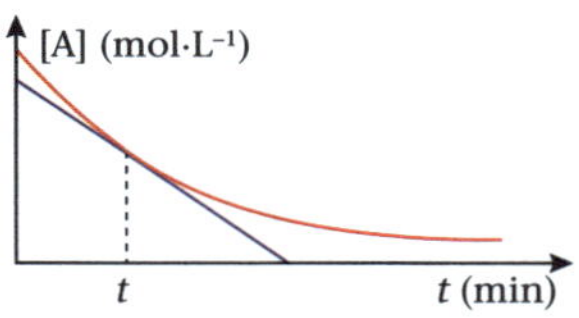

Courbe [A] = g(t) et sa tangente au point d'abcisse t

▶ La vitesse volumique moyenne de disparition de A entre les instants t_1 et t_2 est :

$$v_{moyenne}(A) = \left|\frac{[A]_2 - [A]_1}{t_2 - t_1}\right|$$

▶ La vitesse de disparition d'un réactif ou de formation d'un produit a une unité. Si la concentration est exprimée en $mol \cdot L^{-1}$ et le temps en s, l'unité de la vitesse est le $mol \cdot L^{-1} \cdot s^{-1}$.

c. Temps de demi-réaction

▶ Le temps de demi-réaction $t_{1/2}$ d'un système est la durée nécessaire pour consommer la moitié du réactif limitant initialement présent.

▶ Le temps de demi-réaction $t_{1/2}$ est le moment où l'avancement de la réaction a atteint la moitié de sa valeur finale. Sa connaissance permet d'évaluer la durée d'une réaction.

d. Loi de vitesse d'ordre 1

▶ Souvent, la vitesse volumique d'une réaction chimique dépend de la concentration des réactifs. Dans certains cas, on peut écrire : $v = k[A]_p \times [B]_q$.

On dit alors que la réaction admet un ordre. p pour A et q pour B sont les ordres partiels. Ce sont des constantes indépendantes des concentrations et du temps. L'ordre global de la réaction est égal à la somme des ordres partiels $(p + q)$.

▶ k est la constante de vitesse de la réaction. C'est une grandeur caractéristique de la réaction qui dépend de la température.

▶ Pour une réaction d'ordre 1, la vitesse volumique de disparition d'un réactif A est proportionnelle à sa concentration.

$$v = -\frac{1}{a} \cdot \frac{d[A]}{dt} = k[A]$$

On intègre cette expression en $\ln\frac{[A]}{[A]_0} = -akt$ ou $\ln\frac{[A]_0}{[A]} = akt$, avec k en s^{-1}, [A] la concentration de A à l'instant t et $[A]_0$ la concentration initiale de A.

De l'expression précédente, on obtient la relation qui permet de calculer la concentration de A à un instant t :

$$[A] = [A]_0 e^{-akt}$$

Méthode

1 Étudier l'influence de facteurs cinétiques

La réaction entre des ions peroxodisulfate et des ions iodures permet de former du diiode (I_2).
On compare deux expériences réalisées avec les mêmes mélanges initiaux placés à des températures différentes : un à 20 °C et l'autre à 35 °C.
Les mesures réalisées sont notées dans ce tableau ci-contre.

		Δt_1 de 0 à 60 s	Δt_2 de 60 à 120 s	Δt_3 de 120 à 180 s
Expérience (I)	$n(I_2)$ (mmol) à 20 °C	20	16	13
Expérience (II)	$n(I_2)$ (mmol) à 35 °C	30	20	14

Préciser l'influence de la température sur l'évolution temporelle de la transformation.

▶ À partir des valeurs expérimentales, on vérifie l'action de la température en tant que facteur cinétique.
Pour une même durée Δt_1, Δt_2, ou Δt_3, il se forme davantage de diiode à 35 °C qu'à 20 °C.
Une température plus élevée permet d'accélérer une réaction.

2 Vérifier que la réaction est d'ordre 1

On souhaite vérifier que la réaction d'isomérisation de A en B est d'ordre 1. Pour ce faire, on a regroupé dans un tableau la concentration de A à différents instants.

t (min)	10	30	60	90	120	180	230
[A] (mol·L⁻¹)	0,239	0,206	0,161	0,128	0,103	0,064	0,04

▶ On vérifie que la réaction est d'ordre 1 en traçant l'évolution de ln[A] en fonction de *t*.

Lorsqu'une réaction est d'ordre 1, la loi de vitesse sous sa forme intégrée s'écrit : $\ln\frac{[A]_0}{[A]} = kt$.

On peut écrire la loi de vitesse ainsi : $\ln[A] = \ln[A]_0 - kt$.

Cette écriture montre que, si la réaction est d'ordre 1, la courbe représentative de la fonction ln[A] = *f*(*t*) est une droite de pente −*k* et d'ordonnée à l'origine $\ln[A]_0$.

▶ Les valeurs de ln[A] sont consignées dans le tableau suivant :

t (min)	10	30	60	90	120	180	230
ln[A]	−1,431	−1,58	−1,826	−2,056	−2,273	−2,749	−3,147

On trace la représentation graphique de la fonction ln[A] = *f*(*t*).

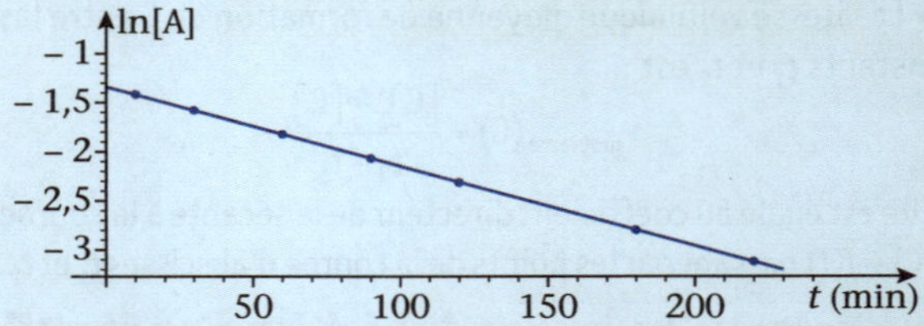

▶ Les points étant alignés, la fonction tracée est bien caractéristique d'une réaction d'ordre 1.

SYNTHÈSE

Évolution temporelle d'une transformation chimique

Facteurs cinétiques

Ils influencent la vitesse d'une transformation.
- Température : son augmentation accélère la réaction.
- Concentration : son augmentation accélère la réaction.
- Autres : pression, lumière, etc.

Catalyseurs

Définition

Substance solide, liquide ou gazeuse introduite dans le milieu réactionnel pour accélérer ou orienter la transformation.

Propriétés
- Ne modifie pas l'état final du système.
- N'apparaît pas dans l'équation bilan.
- Se régénère au cours de la transformation.

La catalyse peut être : homogène, hétérogène, enzymatique.

Fonctionnement d'une pile électrochimique

Vitesse de transformation

- Rapide : l'évolution ne se voit pas à l'œil nu.
- Lente : se voit et peut être mesurée.

Vitesse volumique de disparition et d'apparition d'un produit

$$aA + bB \rightarrow cC + dD$$

- Vitesse instantanée : dérivée de la concentration par rapport au temps.
- Vitesse moyenne : $v_{\text{moyenne}}(A) = \frac{[A]_2 - [A]_1}{t_2 - t_1}$
- Temps de demi-réaction : Durée nécessaire pour consommer la moitié du réactif limitant initialement présent : $x_{t_{1/2}} = \frac{x_f}{2}$
- Loi de vitesse d'ordre 1 : $v = k[A]$

Exercices

1 ★ 5 min **Une solution incolore d'acide oxalique est mélangée à une solution violette de permanganate de potassium, en milieu acide. La seule espèce colorée du système étudié est l'ion permanganate, $MnO_{4(aq)}^-$ de couleur violette. On verse le mélange réactionnel dans deux béchers. Dans l'un des deux, on ajoute une spatule de sulfate de manganèse $MnSO_{4(s)}$ et la coloration violette de la solution disparaît plus rapidement.**

Données : Couples redox : $CO_{2(aq)}/H_2C_2O_{4(aq)}$ et $MnO_{4(aq)}^-/Mn^{2+}_{(aq)}$.

a. Écrire l'équation de la transformation chimique entre l'acide oxalique et les ions permanganate.

b. Pourquoi cette réaction porte-t-elle le qualificatif d'« autocatalytique » ?

2 ★ 10 min **Le phéromone d'alarme pour les abeilles a pour formule brute $C_7H_{14}O$. On peut réaliser sa synthèse grâce à la réaction entre l'acide éthanoïque et le 3-méthylbutan-1-ol selon l'équation :**

$$H_3C\text{-}COOH + C_5H_{11}OH \rightarrow C_7H_{14}O_2 + H_2O$$

On prépare dix ampoules identiques, contenant chacune un mélange de 0,10 mol de chacun des réactifs et trois gouttes d'acide sulfurique. Les ampoules sont ensuite fermées et placées dans une enceinte à température constante de 80 °C, à une date prise comme date initiale ($t = 0$). Puis on les extrait une par une à des instants donnés et on les plonge dans un bain d'eau glacée. L'avancement de la réaction déterminé, on trace la représentation graphique de la fonction $x = f(t)$.

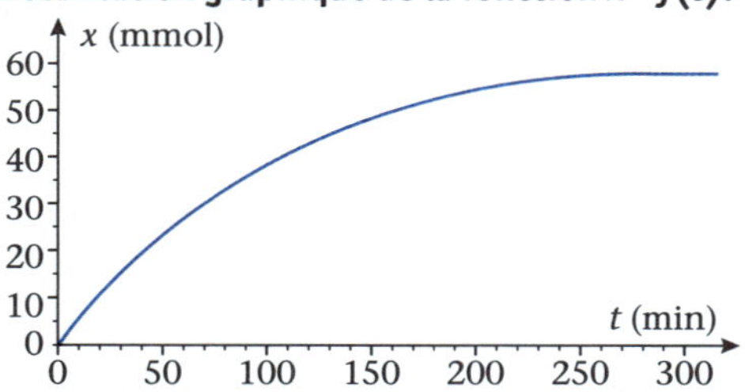

a. Pour quelle raison maintient-on le milieu réactionnel à 80 °C plutôt qu'à température ambiante ? Quel est le rôle de l'acide sulfurique ?

b. Pourquoi plonge-t-on avant chaque mesure l'ampoule dans un bain d'eau glacée ?

c. Quelle est la valeur de l'avancement final x_f ?

d. Quelle est la valeur du temps de demi-réaction $t_{1/2}$?

e. À une température de 90 °C, qu'observerait-on ?

f. Tracer l'allure de la courbe $x = f(t)$ que l'on obtiendrait alors.

3 ★★ 15 min **On suit la décomposition du pentaoxyde de diazote N_2O_5 qui s'effectue selon l'équation de réaction suivante : $2\ N_2O_{5(g)} \rightarrow 2\ N_2O_{4(g)} + O_{2(g)}$**

On a regroupé dans le tableau ci-dessous la vitesse de disparition volumique du pentaoxyde de diazote en fonction de sa concentration.

N_2O_5 (10^{-4} mol·L^{-1})	2,00	4,00	6,00	8,00	10,0
v (10^{-8} mol·L^{-1}·s^{-1})	0,680	1,36	2,04	2,72	3,40

a. Montrer que l'évolution de la concentration de pentaoxyde de diazote suit une loi de vitesse d'ordre 1.

b. Quelle est la valeur de k, constante volumique de vitesse ?

4 ★★★ 30 min Type Bac

La dismutation du peroxyde d'hydrogène est une réaction lente, qui peut être accélérée par des catalyseurs comme les ions fer III présents dans une solution de chlorure de fer III, un fil de platine ou de la catalase (enzyme se trouvant dans le sang).

L'équation de la réaction associée à cette transformation est : $2\ H_2O_{2(aq)} \rightarrow 2\ H_2O_{(l)} + O_{2(g)}$

Données : Couples rédox : $H_2O_{2(aq)}/H_2O_{(l)}$ et $O_{2(g)}/H_2O_{2(aq)}$.

a. Écrire les deux demi-équations d'oxydoréduction des deux couples auxquels le peroxyde d'hydrogène appartient.

b. À quel type de catalyse correspond celle qui est réalisée par un fil de platine ?

c. On réalise cette transformation en utilisant le protocole suivant. On mélange 10,0 mL de la solution commerciale d'eau oxygénée avec 85 mL d'eau. À l'instant $t = 0$ s, on introduit dans le système 5 mL d'une solution de chlorure de fer III.

Pour suivre l'évolution de la concentration en peroxyde d'hydrogène, on prélève, à intervalles de temps réguliers, 10 mL du mélange réactionnel que l'on verse dans un bécher d'eau glacé. On titre ensuite le contenu de celui-ci par une solution de permanganate de potassium.

t (min)	0	5	10	20	30	35
$[H_2O_2]$ (mol·L^{-1})	7,30 × 10^{-2}	5,25 × 10^{-2}	4,20 × 10^{-2}	2,35 × 10^{-2}	1,21 × 10^{-2}	0,90 × 10^{-2}

Tracer sur une feuille de papier millimétré la représentation graphique de l'évolution de la concentration en peroxyde d'hydrogène en fonction du temps.

d. En utilisant un tableau d'avancement, exprimer $n_t(H_2O_2)$, quantité de peroxyde d'hydrogène présent à l'instant t en fonction de l'avancement de la transformation $x(t)$, et de $n_0(H_2O_2)$, quantité initiale de peroxyde d'hydrogène.

e. Calculer la vitesse de disparition moyenne de l'eau oxygénée entre $t_1 = 0$ et $t_2 = 10$ min.

f. Comment évolue la vitesse instantanée de disparition de l'eau oxygénée au cours du temps ? Que peut-on en déduire ?

g. La réaction de dismutation est considérée comme totale. Donner la valeur du temps de demi-réaction.

h. Si la transformation chimique étudiée avait été réalisée à une température plus élevée, comment aurait évolué le temps de demi-réaction ? Justifier.

Modélisation microscopique d'une transformation chimique

Cours

1 Mécanisme réactionnel

a. Définitions

▶ On considère l'équation de réaction suivante :

$$N_2 + 3\ H_2 \rightarrow 2\ NH_3.$$

Si cette équation de réaction représentait ce qui se passe à l'échelle moléculaire, elle traduirait la rencontre simultanée de quatre molécules au même endroit au même instant, ce qui est hautement improbable.

▶ L'équation de réaction « macroscopique » ne traduit donc pas la réalité « microscopique ». À l'échelle microscopique, cette réaction se déroule en plusieurs étapes appelées actes élémentaires mettant en jeu un nombre réduit d'entités chimiques réactives (une, deux ou plus rarement trois).

▶ Un acte élémentaire est une réaction se déroulant au niveau moléculaire en une seule étape, c'est-à-dire sans formation d'espèces chimiques intermédiaires. Un mécanisme réactionnel est l'enchaînement des actes élémentaires, par lequel un changement chimique se produit :

Mécanisme réactionnel	$2\ A \rightarrow A_1 + D$ $A_1 + B \rightarrow 2\ C$
Bilan	$2\ A + B \rightarrow 2\ C + D$

b. Intermédiaires réactionnels

Entre l'étape initiale et finale d'une réaction chimique se forment des intermédiaires réactionnels, peu stables, à durée de vie très courte. Ces espèces chimiques sont formées au cours d'un acte élémentaire, puis consommées au cours d'un autre. On ne peut considérer ces espèces, présentes dans le milieu réactionnel lors de la réaction, ni comme des réactifs, ni comme des produits. Elles n'apparaissent donc pas dans l'équation bilan.

c. Formalisme de la flèche courbe

▶ Lors de l'écriture d'un mécanisme réactionnel, le formalisme de la flèche courbe permet de mettre en évidence la réorganisation de doublets d'électrons au cours d'un acte élémentaire.

▶ Lors de la création d'une liaison covalente, le transfert s'effectue entre un site donneur ou nucléophile (riche en électrons) et un site accepteur de doublet d'électrons ou électrophile (pauvre en électrons).

▶ Lors de la rupture d'une liaison, le transfert du doublet électronique se schématise par une flèche courbe provenant de la liaison rompue et dirigée vers l'atome le plus électronégatif de celle-ci.

Exemple :

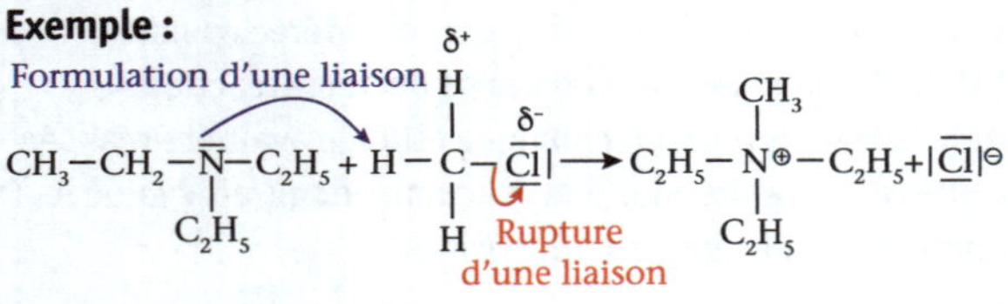

Apparition de charges + : la couche externe de l'atome d'azote comporte 5 électrons [He] ($2s^2\ 2p^3$). Or dans le cation $C_7H_{18}N^+$, l'atome d'azote possède 4 doublets non liants (soit 4 électrons). Il lui manque 1 e^- ce qui est indiqué par le +.

Apparition de charges – : la couche externe de l'atome de chlore comporte 7 électrons [Ne] ($3s^2\ 3p^5$). Or l'ion chlorure possède 4 doublets non liants (soit 8 électrons). Il a un électron supplémentaire indiqué par le –.

▶ Ainsi, lors de la déshydratation d'un alcool en milieu acide (milieu riche en ions hydrogène H^+) :

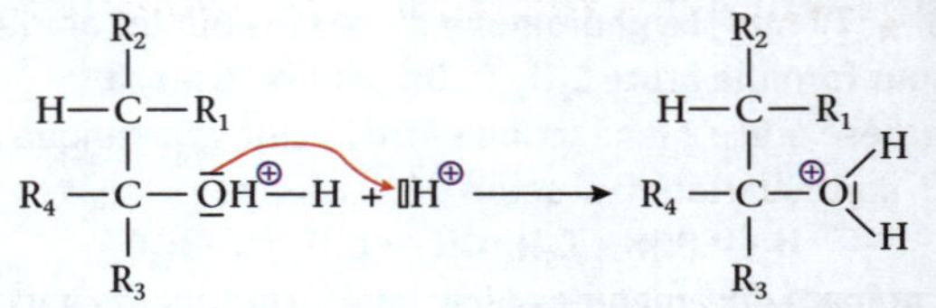

Les groupements R représentent des groupements alkyles. L'un des doublets non liants de l'atome d'oxygène, site donneur, va attaquer le site accepteur d'un proton : la flèche courbe part du doublet non liant vers la lacune électronique de l'ion hydrogène formant ainsi un intermédiaire réactionnel.

▶ Cet édifice, instable, va se réarranger : le transfert du doublet d'électrons est schématisé par une flèche courbe pointant vers l'oxygène, atome le plus électronégatif de la liaison.

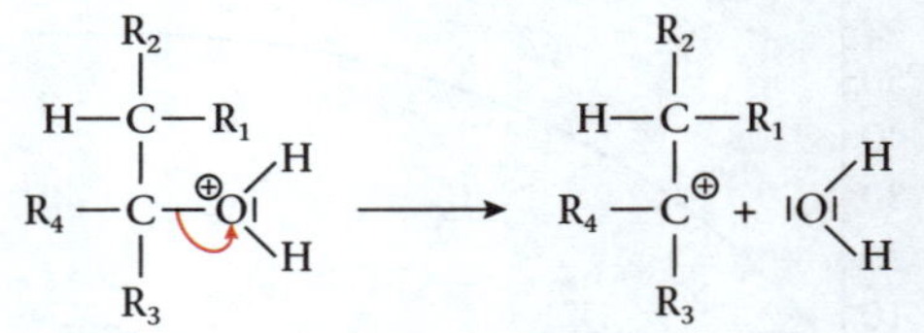

▶ Le carbocation ainsi formé va se réarranger afin de se stabiliser : un proton est éliminé tandis que, simultanément, se forme une double liaison C=C.

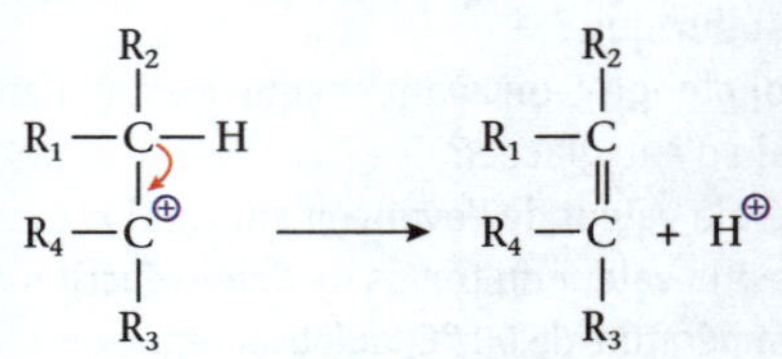

▶ L'équation bilan de cette réaction est :

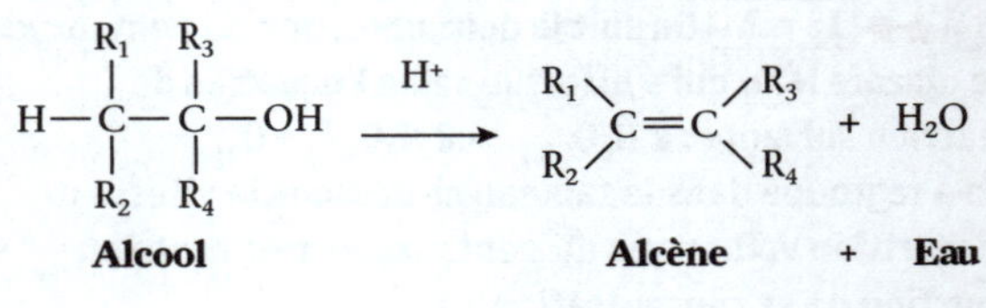

d. Modification du mécanisme par ajout d'un catalyseur

▶ Un catalyseur modifie le mécanisme réactionnel de la réaction étudiée, c'est-à-dire la nature des étapes permettant de passer des réactifs aux produits (une étape lente est remplacée par plusieurs étapes plus rapides). En aucun cas il ne pourra modifier le sens d'évolution d'un système ni son état d'équilibre.

▶ Ne subissant pas de modification permanente au cours de la réaction, le catalyseur, H^+ dans notre exemple, apparaît dans le mécanisme réactionnel : il est consommé puis régénéré au cours de la réaction. En revanche, il n'apparaît pas dans le bilan de la réaction. Il est souvent indiqué au-dessus ou en dessous de la flèche de l'équation bilan d'une réaction.

2 Interprétation microscopique de l'influence des facteurs cinétiques

a. Choc efficace

▶ Pour qu'une réaction ait lieu, il faut que les entités chimiques des réactifs subissent des chocs efficaces, c'est-à-dire des chocs capables de briser certaines liaisons et d'en former de nouvelles.

Pour qu'un choc soit efficace, les entités constituant les réactifs doivent se heurter avec suffisamment de violence : l'énergie nécessaire à la rupture de certaines liaisons chimiques est prélevée sur l'énergie cinétique que les entités possèdent au moment du choc.

▶ Parmi tous les chocs, seuls peuvent être efficaces les chocs entre entités chimiques réactives où celles-ci ont la disposition géométrique convenable.

b. Influence de la température et de la concentration

▶ En cas d'augmentation de la température du système, la vitesse d'agitation des entités chimiques augmente, la fréquence et la violence des chocs également. Parmi ces chocs, les chocs efficaces deviennent plus probables et la réaction s'effectue beaucoup plus rapidement.

▶ Lorsque les réactifs sont plus concentrés, la fréquence des collisions augmente ainsi que la vitesse de l'acte élémentaire.

SYNTHÈSE

Modélisation microscopique d'une transformation chimique

Acte élémentaire et facteurs cinétiques

- Pour qu'un **acte élémentaire** ait lieu, il faut que les molécules puissent réagir et donc qu'elles se rencontrent.
- Une **réaction** a lieu uniquement quand les réactifs subissent des chocs efficaces.

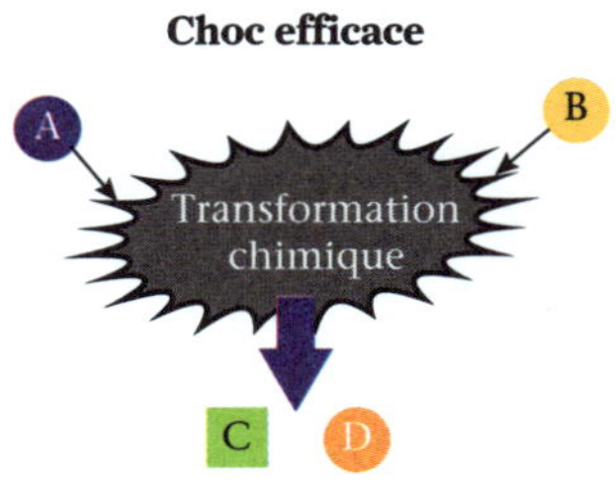

- **La température augmente :**
– l'agitation thermique ;
– la fréquence des chocs efficaces ;
– l'énergie cinétique moyenne des entités.
- **La concentration augmente :**
– la fréquence des chocs ;
– la probabilité que le choc soit efficace.
- Un catalyseur modifie les étapes d'un mécanisme réactionnel pour rendre plus rapide la transformation chimique.

Mécanisme réactionnel

Définition

- Le mécanisme réactionnel décrit le déroulement de chaque étape d'une transformation chimique à l'échelle **microscopique**.
- Chaque étape est un **acte élémentaire.**
- Un intermédiaire est une espèce chimique formée au cours d'une étape élémentaire et consommé lors d'une étape ultérieure.

Formalisme de la flèche courbe

- La **flèche courbe** représente la réorganisation de doublets d'électrons au cours d'un acte élémentaire.
- Lors de la formation d'une liaison et du transfert du doublet d'électrons, la flèche courbe part d'un site donneur de doublet d'électrons et pointe vers un site accepteur.

Méthode

1 Expliquer la formation ou la rupture de liaisons lors d'une réaction

L'ion méthanoate réagit avec le chloroéthane en une étape pour former du méthoxyéthane selon la réaction suivante :

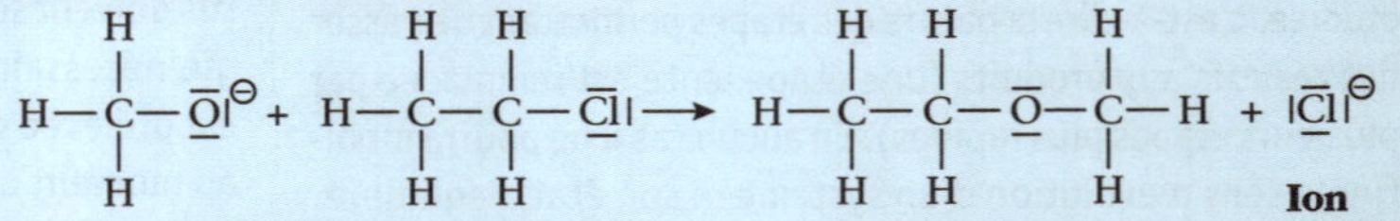

Ion méthanoate — Chloroéthane — Méthoxyéthane — Ion chlorure

a. Indiquer le site donneur de doublet d'électrons dans l'ion méthanoate, puis identifier le site accepteur dans la molécule de chloroéthane.

b. Représenter par des flèches courbes les mouvements des doublets d'électrons.

a. ▶ On fait apparaître les charges partielles (δ^+ et δ^-, en tenant compte de l'électronégativité).

▶ On reconnaît les sites donneurs et les sites accepteurs de doublets d'électrons. Dans l'ion méthanoate, l'atome d'oxygène possédant des doublets non liants est un site donneur.

Dans la molécule de chloroéthane, le chlore est plus électronégatif que le carbone. La liaison C-Cl est donc polarisée. Le carbone porte une charge partielle positive : il est le site accepteur.

b. ▶ On représente la migration des électrons.

La flèche courbe 1, orientée d'un doublet non liant de l'atome d'oxygène vers l'atome de carbone du chloroéthane, représente le mouvement du doublet d'électrons mis en jeu : elle permet d'expliquer la formation de la nouvelle liaison C-O.

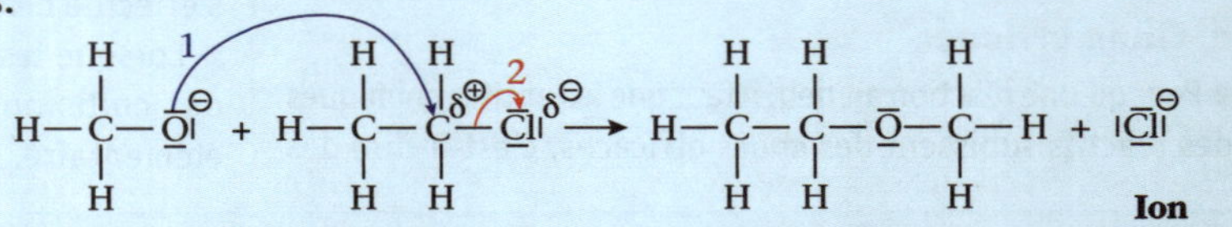

Ion méthanoate — Chloroéthane — Méthoxyéthane — Ion chlorure

▶ Dans le même temps a lieu la rupture de la liaison C-Cl modélisée par la flèche courbe 2. Le chlore étant plus électronégatif que le carbone, c'est lui qui récupérera le doublet lors de la rupture de la liaison C-Cl.

2 Identifier un intermédiaire réactionnel ou un catalyseur

La synthèse du propan-2-ol se produit selon le mécanisme réactionnel suivant :

Étape 1 :

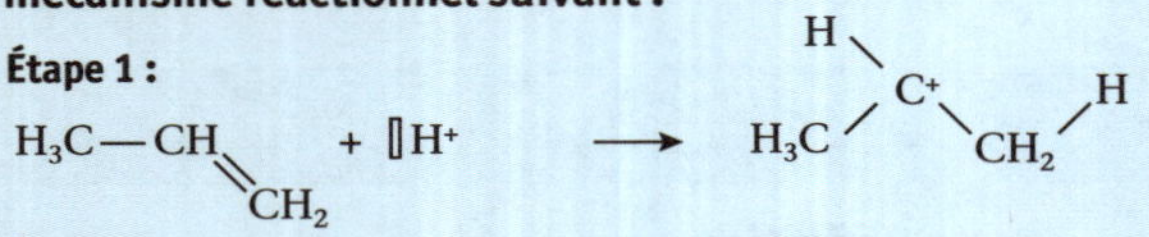

Étape 2 :

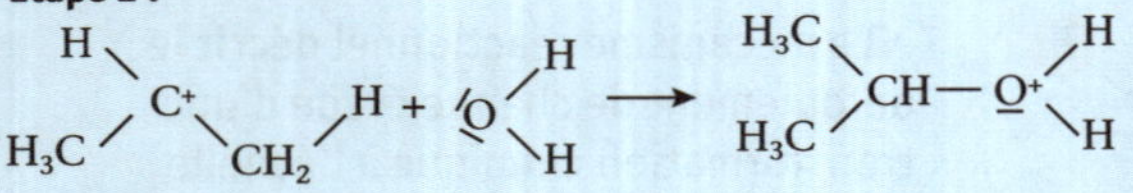

Étape 3 :

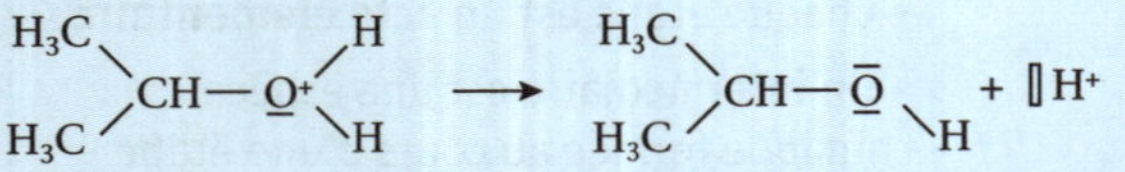

a. Représenter toute flèche courbe expliquant la formation ou la rupture de liaison.

b. Quel rôle 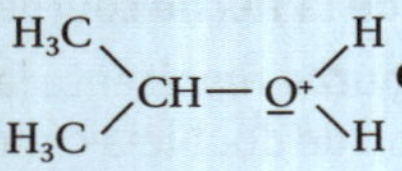 **et H^+ jouent dans ce mécanisme réactionnel ?**

a. On reconnaît les sites donneurs et les sites accepteurs.

▶ **Étape 1 :** le site donneur de doublet d'électrons est la double liaison C=C ; le site accepteur de doublet d'électrons est l'ion d'hydrogène porteur d'une charge entière positive. Une flèche courbe les relie.

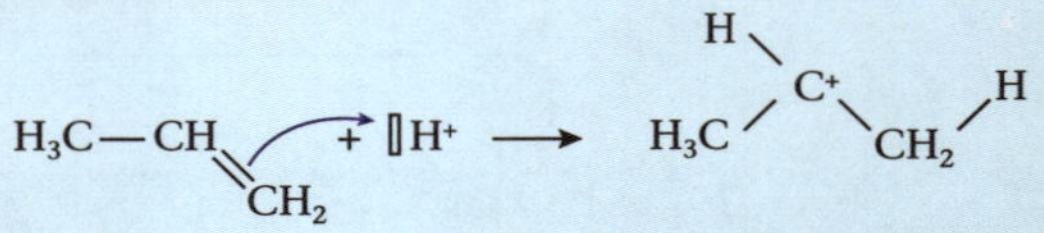

▶ **Étape 2 :** il y a formation d'une liaison C-O. Le doublet non liant porté par l'atome d'oxygène en fait un site donneur tandis que l'atome de carbone portant une charge positive est un site accepteur.

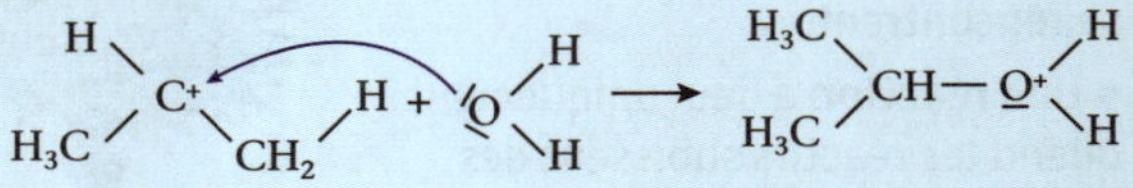

▶ **Étape 3 :** la liaison O-H se rompt, son doublet d'électrons liant est capté par l'atome d'oxygène plus électronégatif que l'hydrogène.

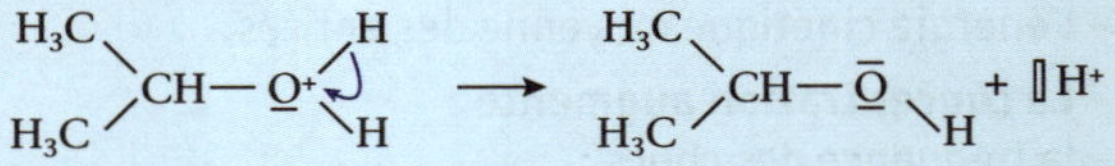

b. Dans ce mécanisme réactionnel 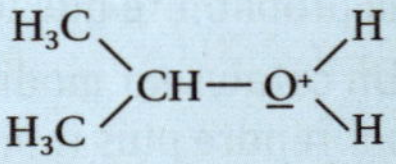 est formé au cours de l'étape 2 et est consommé lors de l'étape 3 : c'est un intermédiaire réactionnel.

L'ion H^+ est utilisé dans la première étape et régénéré dans la dernière : c'est un catalyseur.

Exercices

1 ★ 5 min Les représentations de Lewis du chlorométhane et du propan-1-ol sont les suivantes. Respectivement :

Données : Électronégativités : $\chi(\text{H}) = 2,2$; $\chi(\text{C}) = 2,5$; $\chi(\text{O}) = 3,4$; $\chi(\text{Cl}) = 3,2$.

a. Déterminer le signe des charges partielles éventuelles des atomes de ces molécules.

b. Identifier dans chaque molécule les sites donneurs ou accepteurs de doublets d'électrons.

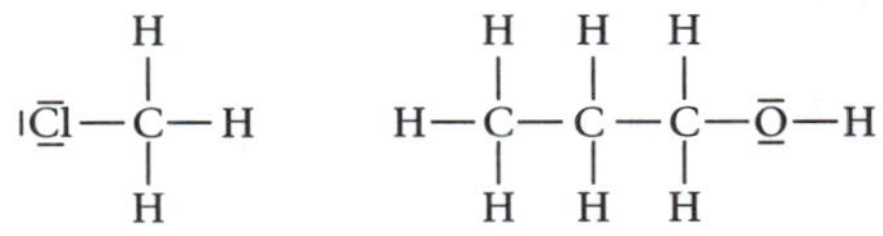

Chlorométhane Propan-1-ol

2 ★ 10 min La réaction de décomposition du pentaoxyde de diazote met en jeu les étapes suivantes.

Étape 1 : $N_2O_5 \rightleftharpoons NO_2 + NO_3$.

Étape 2 : $NO_2 + NO_3 \rightarrow NO_2 + O_2 + NO$.

Étape 3 : $N_2O_5 + NO \rightarrow 3\ NO_2$.

a. Après avoir défini ce qu'est un intermédiaire réactionnel, en repérer un dans cette réaction.

b. Quelle est l'équation-bilan de la décomposition du pentaoxyde de diazote ?

3 ★ 10 min Une transestérification est la réaction d'un ester sur un alcool pour donner un autre ester. Le mécanisme réactionnel de la transestérification d'un ester simple est donné ci-contre.

a. Compléter les étapes 1 et 2 à l'aide de flèches courbes.

b. Comment qualifier l'espèce A dans la réaction ?

c. Pourquoi associe-t-on le terme de catalyse basique à cette transestérification ? Quelle espèce chimique en est à l'origine ?

d. Établir l'équation-bilan de la réaction modélisant cette transformation.

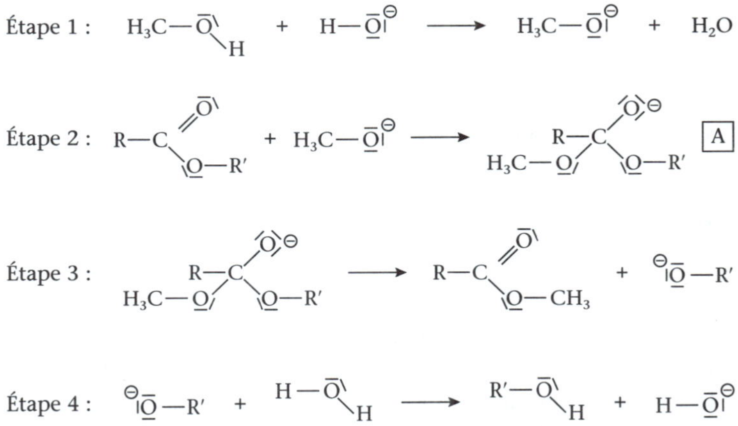

4 ★★ 20 min L'arôme de cerise est formé entre autres d'un ester dont le nom en nomenclature officielle est le benzoate d'éthyle représenté ici.

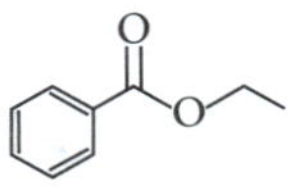

a. Quel est le nom de la représentation utilisée pour le benzoate d'éthyle ?

b. Recopier la formule de la molécule de benzoate d'éthyle. Entourer et nommer son groupe caractéristique.

Pour préparer le benzoate d'éthyle, on utilise comme réactifs de l'acide benzoïque et de l'éthanol selon la réaction d'estérification suivante :

Acide benzoïque + Éthanol ⇄ Benzoate d'éthyle + X

Le mécanisme réactionnel est proposé ci-contre.

c. Représenter la formule de Lewis de l'éthanol.

d. Déterminer la formule brute de la molécule X produite lors de la réaction d'estérification.

e. Utiliser le modèle de la flèche courbe, pour rendre compte de l'étape 2.

f. Quel rôle joue l'ion H^+ dans cette réaction ?

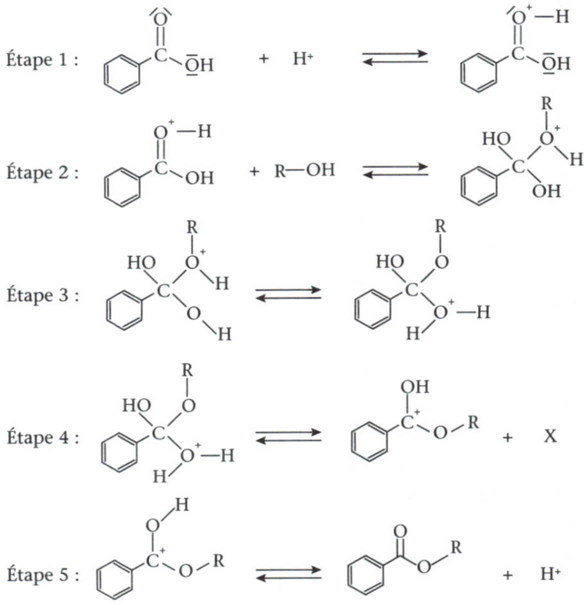

Radioactivité, décroissance radioactive

Cours

1 Réactions nucléaires spontanées : radioactivité

a. Radioactivité naturelle et artificielle

▶ On appelle radioactivité la transformation d'un noyau atomique au cours de laquelle un rayonnement est émis.

▶ Il existe de nombreux éléments radioactifs dans la nature, comme l'uranium 238 ou 235 présents dans la croûte terrestre ou le potassium 40 et le carbone 14 contenus dans la matière organique.

▶ Un exemple d'application de la radioactivité naturelle est la datation au carbone 14 d'une matière animale ou végétale.

▶ La radioactivité est dite artificielle si les isotopes radioactifs sont fabriqués par l'Homme. Différentes applications existent, par exemple dans le domaine médical, comme l'imagerie TEP (tomographie par émission de positons).

b. Lois de conservation

▶ Lors de la désintégration nucléaire, il y a conservation du nombre de charge Z et du nombre de nucléons A. La désintégration d'un noyau X (appelé noyau père) conduit à un noyau Y (appelé noyau fils) et à l'expulsion d'une ou plusieurs particules. L'équation de la désintégration s'écrit :

$$^{A}_{Z}\mathrm{X} \rightarrow \, ^{A_1}_{Z_1}\mathrm{Y} + \, ^{A_2}_{Z_2}\mathrm{P}$$

▶ Les lois de conservation de Soddy s'écrivent ainsi :

– loi de conservation du nombre de masse A : $A = A_1 + A_2$;

– loi de conservation du nombre de charges Z : $Z = Z_1 + Z_2$.

Le nombre de masse se conserve mais pas la masse totale. En effet, la masse des produits est plus petite que la masse du noyau de départ.

c. Les différentes radioactivités

▶ Dans la nature, la plupart des noyaux sont stables. Dans un diagramme (N, Z), les noyaux stables occupent une zone appelée la vallée de stabilité. Les noyaux instables possèdent un excès ou un défaut de neutrons par rapport aux isotopes stables de même numéro atomique.

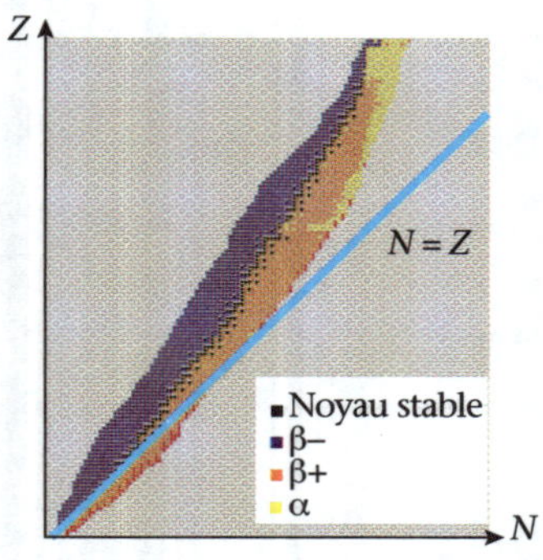

▶ La radioactivité α, naturelle, est l'émission de noyaux d'hélium $^{4}_{2}\mathrm{He}$ par certains noyaux radioactifs. On les désigne indifféremment particules ou rayons α. Ils ont un pouvoir de pénétration faible et sont facilement arrêtés par quelques centimètres d'air ou une feuille de papier. Du fait de leur taille et de leur double charge positive, le rayonnement α est le plus ionisant.

Cette radioactivité concerne les noyaux lourds, instables en raison d'un excès de nucléons, qui ont un nombre de masse et de charge élevés.

La radioactivité α se traduit par une réaction nucléaire d'équation :

$$^{A}_{Z}\mathrm{X} \rightarrow \, ^{A-4}_{Z-2}\mathrm{X} + \, ^{4}_{2}\mathrm{He}.$$

▶ La radioactivité β⁻, naturelle, concerne les nucléides instables en raison d'un excès de neutrons. Elle se traduit par l'émission d'un électron $^{0}_{-1}\mathrm{e}$, qui est la particule β⁻, et d'un antineutrino $^{0}_{0}\overline{\nu}$.

Lors d'une désintégration β⁻, un neutron se transforme en proton. La réaction nucléaire β⁻ est représentée par l'équation :

$$^{A}_{Z}\mathrm{X} \rightarrow \, ^{A}_{Z+1}\mathrm{X} + \, ^{0}_{-1}\mathrm{e} + \, ^{0}_{0}\overline{\nu}.$$

▶ La radioactivité β⁺, artificielle, concerne des nucléides obtenus artificiellement en laboratoire. Elle est caractéristique de noyaux instables trop riches en protons. Ceux-ci se désintègrent en émettant un positon $^{0}_{1}\mathrm{e}$, appelé particule β⁺, et un neutrino $^{0}_{0}\nu$. Lors d'une désintégration β⁺, un proton se transforme en neutron. La réaction a pour équation :

$$^{A}_{Z}\mathrm{X} \rightarrow \, ^{A}_{Z-1}\mathrm{X} + \, ^{0}_{1}\mathrm{e} + \, ^{0}_{0}\nu.$$

> **À noter**
> L'antineutrino et le neutrino sont des particules élémentaires qui n'ont pas de charge électrique et qui possèdent une masse très faible.

Le rayonnement β a un faible pouvoir pénétrant et est arrêté par une simple feuille de quelques millimètres d'aluminium.

▶ À la suite d'une désintégration, lorsque le noyau fils est dans un état excité, il libère l'excédent d'énergie en émettant un rayonnement électromagnétique de grande énergie. Ce rayonnement γ, très pénétrant, n'est arrêté que par une grande épaisseur de béton ou de plomb.

2 Décroissance radioactive

a. Évolution temporelle d'une population de noyaux

▶ Un noyau instable peut, à tout instant, de manière complètement imprévisible, subir une désintégration lui permettant de se transformer en un noyau fils plus stable. Ce phénomène est aléatoire : pour un ensemble de noyaux instables, on ne peut prévoir lesquels seront transformés et à quel moment.

▶ Chaque radionucléide est caractérisé par une constante radioactive λ qui représente, pour un noyau radioactif, la probabilité de se désintégrer pendant une unité de temps. >>

b. Loi de décroissance radioactive

▶ Pour une population N de noyaux radioactifs, il se désintégrera $\Delta N = -\lambda \Delta t \times N$ noyaux atomiques (le signe moins représentant la diminution du nombre de noyaux au cours du temps).

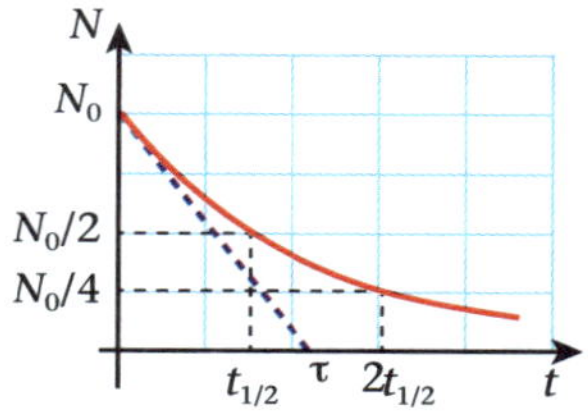

Proportion de noyaux radioactifs N au cours du temps

▶ En faisant tendre Δt vers 0, on obtient une relation entre la dérivée par rapport au temps de N et la fonction $N(t)$ elle-même. Cette équation différentielle du premier ordre régissant la variation du nombre de noyaux radioactifs au cours du temps est :

$$\frac{dN(t)}{dt} = -\lambda N(t) .$$

▶ La solution de cette équation différentielle donne la loi de décroissance radioactive $N(t) = N_0 e^{-\lambda t}$, où N_0 est le nombre de noyaux initialement présents dans l'échantillon.

c. Constante de temps et demi-vie

▶ La constante de temps radioactive τ est égale à l'inverse de sa probabilité de désintégration par seconde : $\tau = \frac{1}{\lambda}$.

Pour la déterminer graphiquement, il faut tracer la tangente à la courbe $N(t)$, qui coupe l'axe des temps en $t = \tau$.

▶ La demi-vie $t_{1/2}$ d'un nucléide radioactif est le temps au bout duquel la moitié des noyaux radioactifs initialement présents se sont désintégrés.

$$t_{1/2} = \tau \times \ln 2 = \frac{\ln 2}{\lambda}$$

d. Activité d'un échantillon radioactif

▶ L'activité A en becquerel (Bq) d'un échantillon radioactif désigne le nombre de désintégrations s'y produisant par seconde :

$$A(t) = \lambda N(t) = -\frac{dN(t)}{dt} = -\frac{d(N_0 e^{-\lambda t})}{dt} = \lambda N_0 e^{-\lambda t}$$

▶ Cette dernière expression peut s'écrire, en posant $A_0 = \lambda N_0$:

$$A(t) = A_0 e^{-\lambda t}$$

SYNTHÈSE

Radioactivité, décroissance radioactive

Radioactivité

- Transformation d'un noyau atomique au cours de laquelle un rayonnement est émis.
- Peut être naturelle (carbone 14) ou artificielle.

Loi de conservation

– conservation du nombre de masse A : $A = A_1 + A_2$;
– conservation du nombre de charges Z : $Z = Z_1 + Z_2$.

- Les noyaux stables se situent dans la **vallée de stabilité.**

Les noyaux instables sont :
– les noyaux lourds $Z > 82$;
– les noyaux qui ont un excès ou un défaut de neutrons par rapport aux isotopes stables portant le même nombre de charges.

Types de radioactivité

Radioactivité α
Émission de noyaux d'hélium
$${}^{A}_{Z}X \rightarrow {}^{A-4}_{Z-2}X + {}^{4}_{2}He.$$

Radioactivité β⁻
Émission d'électrons
$${}^{A}_{Z}X \rightarrow {}^{A}_{Z+1}X + {}^{0}_{-1}e$$

Radioactivité β⁺
Émission de positrons
$${}^{A}_{Z}X \rightarrow {}^{A}_{Z-1}X + {}^{0}_{1}e$$

Radioactivité γ
Si le noyau fils est dans un état excité, il retrouve son état fondamental en émettant des photons γ. ${}^{A}_{Z}X^* \rightarrow {}^{A}_{Z}X$ + un ou plusieurs photons γ.

Évolution temporelle

Loi de décroissance radioactive

- $N(t) = N_0 e^{-\lambda t}$ avec λ, la constante radioactive
- Constante de temps radioactive τ : $\tau = \frac{1}{\lambda}$
- Temps de demi-vie d'un nucléide radioactif $t_{1/2}$: $t_{1/2} = \tau \cdot \ln 2 = \frac{\ln 2}{\lambda}$

Activité d'un échantillon radioactif

- Nombre de désintégrations par seconde dans l'échantillon : $A(t) = \lambda N_0 e^{-\lambda t}$

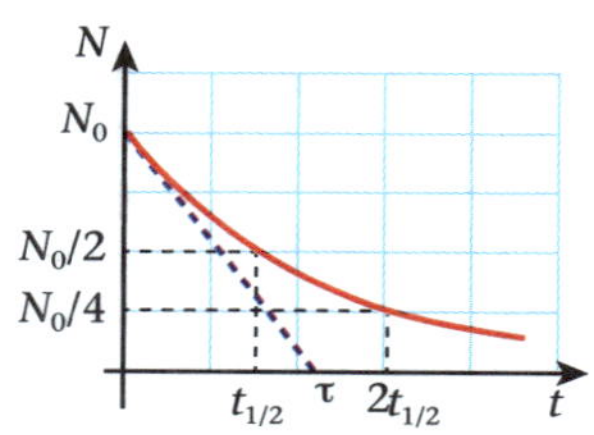

Méthode

1 Calculer une période radioactive

Un noyau instable d'astate $^{211}_{85}\text{At}$ se désintègre par radioactivité en un noyau de bismuth 83, $^{207}_{83}\text{Bi}$.
On étudie l'évolution d'un échantillon d'astate de masse m = 10^{-5} g.
Après avoir donné l'équation de désintégration de ce nucléide et identifié le type de radioactivité auquel il est soumis, calculer sa demi-vie sachant que $2{,}7 \times 10^{15}$ particules sont émises lors de la première heure.

Donnée : $N_A = 6{,}02 \times 10^{23}$ mol^{-1}.

▶ D'après les lois de conservation, lors d'une réaction radioactive, le nombre de nucléons et le nombre de charge se conservent : $^{211}_{85}\text{At} \rightarrow {}^{207}_{83}\text{Bi} + {}^{4}_{2}\text{He}$.
La particule émise est donc une particule α.

▶ On exploite ensuite la loi de décroissance radioactive. Soit N_0 le nombre initial de noyaux d'astate. D'après l'équation, le nombre de particules alpha émises N_α est égal au nombre de noyaux d'astate désintégrés. Ainsi, le nombre de noyaux d'astate restants au bout de $t = 1$ h est $N = N_0 - N_\alpha$.
De la loi de décroissance radioactive $N(t) = N_0 e^{-\lambda t}$, on peut déduire λ et $t_{1/2}$.
Nombre initial de noyaux d'astate : $N_0 = n \times N_A = \frac{m}{M} \times N_A$.

Application numérique :

$$N_0 = \frac{10^{-5}\text{ g}}{211\text{ g}\cdot\text{mol}^{-1}} \times 6{,}02 \times 10^{23}\text{ mol}^{-1} = 2{,}9 \times 10^{16}\text{ noyaux.}$$

Nombre de noyaux restants au bout d'une heure :
$N = 2{,}9 \times 10^{16} - 2{,}7 \times 10^{15} = 2{,}6 \times 10^{16}$ noyaux.

▶ On calcule la constante radioactive : $\lambda = -\frac{1}{t} \times \ln\left(\frac{N}{N_0}\right)$ et sa période radioactive : $t_{1/2} = \frac{\ln 2}{\lambda}$.

Application numérique :

$$\lambda = -\frac{1}{1\text{ h}} \times \ln\left(\frac{2{,}6 \times 10^{16}}{2{,}9 \times 10^{16}}\right) = 9{,}9 \times 10^{-2}\text{ h}^{-1}\text{ et}$$

$$t_{1/2} = \frac{\ln 2}{9{,}9 \times 10^{-2}\text{ h}^{-1}} = 7\text{ h.}$$

Info

Démonstration :

$$N(t) = N_0 e^{-\lambda t}$$

$$\frac{N(t)}{N_0} = e^{-\lambda t}$$

$$-\lambda t = \ln\frac{N(t)}{N_0}$$

$$t = -\frac{1}{\lambda} \times \ln\frac{N(t)}{N_0}$$

2 Dater au carbone 14

L'isotope ^{14}C de l'élément carbone se désintègre en azote ^{14}N et se régénère régulièrement dans la haute atmosphère à partir de l'azote de l'air : il se retrouve donc en proportion constante dans les milieux et les êtres vivants. Le dioxyde de carbone absorbé par les végétaux lors de la photosynthèse comprend les isotopes 12 et 14 du carbone, avec une proportion de carbone 14 par rapport au carbone 12 de $\alpha_0 = 1{,}0 \times 10^{-12}$.
Calculer l'âge maximal t_{max} des objets identifiables par la datation au carbone-14, sachant que la proportion minimale mesurable de carbone 14 est de $\alpha_{min} = 1{,}0 \times 10^{-15}$ par rapport au carbone 12.
Citer deux limites de cette méthode.

Donnée : demi-vie du carbone 14 : 5 730 ans.

▶ Lorsqu'un être vivant meurt, son métabolisme s'interrompt et son carbone n'est plus renouvelé. La quantité de carbone 12 dans l'organisme reste constante, puisque celui-ci n'est pas radioactif. En revanche, la quantité de carbone 14 décroît au cours du temps en raison de sa désintégration radioactive.
Ainsi, le rapport $\frac{N({}^{14}_{6}\text{C})}{N({}^{12}_{6}\text{C})} = \alpha(t)$ diminue depuis α_0, sa valeur au moment de la mort de l'organisme.

▶ D'après la loi de décroissance radioactive, pour le radionucléide ^{14}C : $N({}^{14}_{6}\text{C})(t) = N({}^{14}_{6}\text{C})(t=0)e^{-\lambda t}$ avec λ la constante radioactive de ^{14}C.
Or $N({}^{12}_{6}\text{C})(t) = $ constante, on obtient donc :

$$\left(\frac{N({}^{14}_{6}\text{C})}{N({}^{12}_{6}\text{C})}\right)_t = \left(\frac{N({}^{14}_{6}\text{C})}{N({}^{12}_{6}\text{C})}\right)_{t=0} \times e^{-\lambda t}$$

qu'on remplace par :

$$\alpha(t) = \alpha_0 \times e^{-\lambda t}$$

d'où :

$$t = -\frac{1}{\lambda}\ln\left(\frac{\alpha(t)}{\alpha_0}\right) = \frac{t_{1/2}}{\ln 2} \times \ln\left(\frac{\alpha_0}{\alpha(t)}\right)$$

Ainsi, les plus anciens objets identifiables par cette méthode auront comme âge maximal :

$$t_{max} = \frac{t_{1/2}}{\ln 2} \times \ln\left(\frac{\alpha_0}{\alpha_{min}}\right)$$

Application numérique :

$$t_{max} = \frac{5730\text{ ans}}{\ln 2} \times \ln\left(\frac{1{,}0 \times 10^{-12}}{1{,}0 \times 10^{-15}}\right) = 5{,}7 \times 10^4\text{ ans.}$$

▶ Cette méthode ne pourra permettre de dater des objets plus anciens que 57 000 ans. En outre, l'élément que l'on souhaite dater doit avoir incorporé du carbone dans des proportions équivalentes à celles de l'atmosphère. Ceci implique que cette technique ne peut s'appliquer qu'aux matériaux organiques et non aux minéraux.

Exercices

1 ★ 10 min **Le 26 avril 1986, le réacteur numéro 4 de la centrale nucléaire de Tchernobyl en Ukraine explose lors d'un essai technique. Une très grande quantité d'éléments radioactifs, tel que l'iode 131, est alors libérée dans l'atmosphère. On peut considérer qu'au moment de l'explosion environ 2×10^{20} particules d'iode 131 furent dispersées. On note λ la constante radioactive de l'iode.**

Donnée : $\lambda_I = 8{,}5 \times 10^{-2}$ jour^{-1}.

a. Écrire l'équation différentielle à laquelle satisfait $N(t)$ le nombre de noyaux présents dans l'atmosphère à l'instant t. En déduire son expression, sachant que la quantité d'éléments radioactifs initialement libérés est notée N_0.

b. Combien de temps faut-il pour que la moitié des particules se désintègrent ?

c. Combien reste-t-il d'atomes d'iode au bout d'une durée de deux demi-vies ?

2 ★★ 5 min **Le phosphore 32 de demi-vie 14,3 jours est utilisé comme traceur radioactif dans la détection de certaines tumeurs.**

Des préparations cellulaires marquées au ^{32}P ont une activité initiale de $5{,}9 \times 10^7$ Bq.

Calculer leur durée d'utilisation, sachant qu'elles sont jetées lorsque leur activité n'est plus que de $3{,}7 \times 10^5$ Bq.

3 ★★ 15 min **Dans certaines roches volcaniques, on retrouve du potassium $^{40}_{19}K$ radioactif. Celui-ci peut se désintégerer en donnant de l'argon. Lors d'une éruption volcanique, comme celle du Piton de la Fournaise survenue en août 2004, sous l'effet de la température et de la pression, tout l'argon s'évapore. Ainsi, à l'instant initial $t = 0$, la lave solidifiée ne contient pas d'argon.**

On réalise un échantillonnage de roches sur un ancien site volcanique à l'instant t. Ce prélèvement contient notamment $m_K = 1{,}57$ mg de $^{40}_{19}K$ et $m_{Ar} = 82{,}0$ µg de $^{40}_{18}Ar$.

Données : $M(K) \approx M(Ar) = 40{,}0$ g·mol^{-1}.

$N_A = 6{,}02 \times 10^{23}$ mol^{-1}.

Demi-vie du potassium 40 : $t_{1/2} = 1{,}2 \times 10^9$ ans.

1. Écrire l'équation de désintégration du potassium en argon.

2. De quel type de désintégration s'agit-il ?

3. Déterminer le nombre d'atomes de potassium 40 (N_K) et le nombre d'atomes d'argon (N_{Ar}) présents dans l'échantillon à la date du prélèvement.

4. Soit N_0 le nombre d'atomes de potassium 40 contenus à l'instant initial dans la roche prélevée, justifier la relation $N_0 = N_K + N_{Ar}$.

5. Quel est l'âge de l'échantillon prélevé ?

4 ★★★ 35 min Type Bac

Deux observations ont joué un rôle important dans l'évolution des techniques de datation des minéraux. D'une part, des minéraux d'une même couche géologique, donc du même âge, contiennent des proportions constantes d'uranium 238 et de plomb 206 ; d'autre part, la quantité de plomb dans un minéral augmente proportionnellement à son âge.

On peut donc déterminer l'âge d'un échantillon de roche ancienne en mesurant la quantité de plomb 206 qu'il contient (en considérant qu'il n'y en avait pas initialement), et en utilisant la courbe de décroissance radioactive de l'uranium 238.

On étudie un échantillon de roche dont l'âge, noté t_{Terre}, correspond à celui de la Terre.

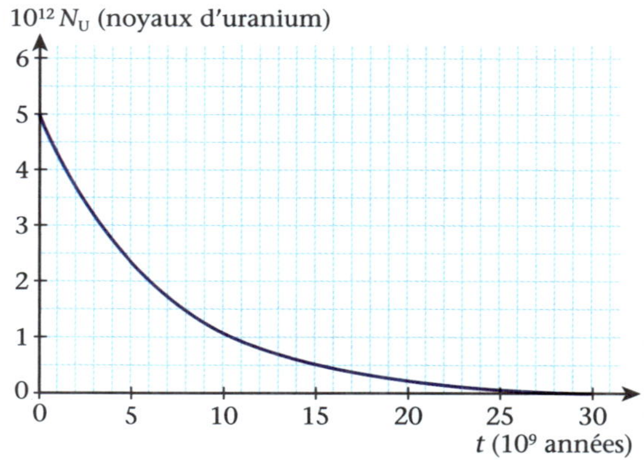

Courbe de décroissance radioactive de l'uranium 238

A. On considère la courbe de décroissance radioactive du nombre $N_U(t)$ de noyaux d'uranium 238 dans un échantillon de roche ancienne.

a. Indiquer la quantité initiale $N_U(0)$ de noyaux d'uranium.

b. Déterminer graphiquement la valeur de la constante de temps τ de l'uranium 238. En déduire la valeur de sa constante de radioactivité λ.

c. Calculer le nombre de noyaux d'uranium 238 qui restent dans la roche à la date $t_1 = 1{,}5 \times 10^9$ années. Vérifier graphiquement le résultat.

d. Déterminer graphiquement le temps de demi-vie $t_{1/2}$ de l'uranium 238.

B. L'équation globale du processus de transformation d'un noyau d'uranium 238 en un noyau de plomb 206 est :

$^{238}_{92}U \rightarrow {}^{206}_{82}Pb + 8\,{}^{4}_{2}He + 6\,{}^{0}_{1}e$.

La quantité de plomb mesurée dans la roche à la date t_{Terre}, notée $N_{Pb}(t_{Terre})$, est égale à $2{,}5 \times 10^{12}$ atomes.

a. Établir la relation entre $N_U(t_{Terre})$, $N_U(0)$ et $N_{Pb}(t_{Terre})$. Calculer la quantité $N_U(t_{Terre})$ de noyaux d'uranium.

b. Déterminer l'âge t_{Terre} de la Terre.

PHYSIQUE-CHIMIE

Sens spontané d'une réaction chimique

Cours

Rappel

Un acide de Brönsted est une substance susceptible de libérer un proton H^+.

1 Transformations chimiques non totales

▶ L'acidité du vinaigre est due à la présence d'acide éthanoïque de formule CH_3CO_2H. Le proton H^+ situé en fin de chaîne peut être libéré, ce qui confère la propriété acide à cette entité.

▶ On considère un volume $V = 100$ mL d'une solution aqueuse d'acide éthanoïque de concentration apportée $c = 1{,}0 \times 10^{-2}$ mol · L^{-1}. On mesure le pH de cette solution. Le pH-mètre donne 3,4 au lieu de la valeur $pH = -\log[H_3O^+] = -\log[1{,}0 \times 10^{-2}] = 2{,}0$ attendue.

▶ On calcule chaque quantité de matière à partir des valeurs fournies ou obtenues par mesure :

– quantité initiale d'acide : $n_i(CH_3CO_2H_{(aq)}) = c \cdot V = 1{,}0 \times 10^{-2} \times 0{,}100 = 1{,}0 \times 10^{-3}$ mol ;

– quantité d'ions H_3O^+ en solution : $[H_3O^+_{(aq)}] = \dfrac{n(H_3O^+_{(aq)})}{V} = 10^{-pH}$

donne $n(H_3O^+_{(aq)}) = V \times 10^{-pH} = 0{,}100 \times 10^{-3{,}4} = 1{,}6 \times 10^{-5}$ mol.

On construit le tableau d'avancement correspondant :

x (mol)	CH_3CO_2H	+ H_2O	⇌ $CH_3CO_2^-$	+ H_3O^+
État initial	$1{,}0 \times 10^{-3}$		0	0
État intermédiaire	$1{,}0 \times 10^{-3} - x$		x	x
État final	$9{,}8 \times 10^{-4}$		$x_f = 1{,}6 \times 10^{-5}$	$x_f = 1{,}6 \times 10^{-5}$
État maximal	0		$x_{max} = 1{,}0 \times 10^{-3}$	$x_{max} = 1{,}0 \times 10^{-3}$

▶ Les quantités à l'état final sont toutes déduites de la valeur du pH mesuré, en remplaçant x par la valeur de x_f. Les valeurs maximales sont calculées à partir des quantités à l'état initial.

▶ On remarque que $x_f \neq x_{max}$, ce qui signifie que la réaction n'est pas totale. Elle est dite équilibrée, d'où l'écriture d'une double flèche ⇌ dans l'équation de réaction. La simple flèche est réservée aux réactions totales.

▶ La réaction de gauche à droite s'appelle la réaction directe, celle de droite à gauche la réaction inverse. Ces deux réactions se produisent avec des vitesses de réaction identiques. Le système est dit dans un équilibre dynamique.

Remarque

De nombreuses réactions ne sont pas totales, mais seulement des équilibres.

▶ Le taux d'avancement τ (en %) permet de quantifier l'avancement effectif d'une réaction chimique comparée à l'avancement attendu. Il est défini par le quotient :

$$\tau = \frac{x_f}{x_{max}}$$

2 Sens d'évolution spontané d'un système chimique

a. Quotient de réaction

▶ L'activité a d'une substance est une grandeur physique, sans dimension, caractéristique de sa réactivité. Dans le cas des solutions aqueuses, l'activité d'un soluté $A_{(aq)}$ est définie comme le quotient :

$$a = \frac{[A_{(aq)}]}{c^0}$$

c^0 étant la concentration standard égale à 1 mol · L^{-1}.

▶ Les solides et les liquides ont pour activités : $a_{(sol)} = a_{(liq)} = 1$.

▶ Dans le cas général, une réaction chimique peut s'écrire sous la forme :

$$\alpha A + \beta B \rightleftharpoons \gamma C + \delta D$$

α, β, γ et δ étant les nombres stœchiométriques des réactifs et des produits présents dans la solution.

Rappel

Les nombres stœchiométriques sont obtenus en équilibrant l'équation de réaction.

▶ Le quotient de réaction Q_r est défini pour des solutés comme le quotient sans unité :

$$Q_r = \frac{a(C)^\gamma \cdot a(D)^\delta}{a(A)^\alpha \cdot a(B)^\beta} = \frac{[C]^\gamma \cdot [D]^\delta}{[A]^\alpha \cdot [B]^\beta \cdot c^{0(\gamma+\delta-\alpha-\beta)}}$$

En retenant que Q_r est sans unité, on écrira plus simplement :

$$Q_r = \frac{[C]^\gamma \cdot [D]^\delta}{[A]^\alpha \cdot [B]^\beta}$$

>>

b. Constante d'équilibre

▶ La constante d'équilibre notée K est la valeur de Q_r à l'état final : $K = Q_{r,éq}$

▶ K est une grandeur dépendant de la température. Elle ne dépend pas de la composition initiale du système.

c. Critère d'évolution d'un système chimique

▶ Réaliser une transformation chimique consiste à mettre des réactifs en présence et à les faire réagir entre eux. Dans le cas d'un équilibre, la réaction directe est en compétition avec la réaction inverse.

▶ Le système réagit en modifiant Q_r afin que cette valeur se rapproche de la constante d'équilibre K :

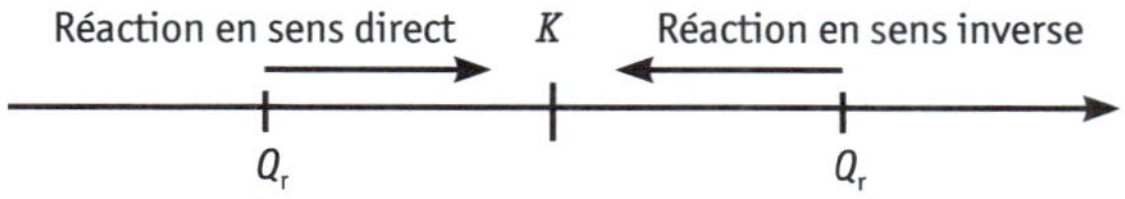

Évolution d'un système chimique

Si $Q_r < K$, le système évolue dans le sens direct.
Si $Q_r > K$, le système évolue dans le sens inverse.

▶ Une fois l'équilibre atteint, le rajout d'un réactif ou d'un produit modifie la valeur de Q_r. Le système réagit en évoluant afin de retrouver la valeur de la constante d'équilibre.

Remarque

Une réaction totale est une réaction pour laquelle un des réactifs a disparu, alors que la valeur du quotient de réaction n'a pas encore atteint la valeur de la constante d'équilibre : le taux d'avancement est alors de 100 %.

PHYSIQUE-CHIMIE

SYNTHÈSE

Sens spontané d'une réaction chimique

Les transformations chimiques non totales

Observation

Beaucoup de réactions chimiques atteignent un avancement final inférieur à l'avancement maximal. La réaction n'est alors pas totale. Elle est dite équilibrée.

Taux d'avancement : $\tau = \dfrac{x_f}{x_{max}}$.

Cause

Le système est en **équilibre dynamique** : la réaction directe se déroule à la même vitesse que la réaction inverse.

Sens d'évolution spontané d'un système chimique

Quotient de réaction

- Pour une réaction du type $\alpha A + \beta B \rightleftharpoons \gamma C + \delta D$: $Q_r = \dfrac{[C]^\gamma \cdot [D]^\delta}{[A]^\alpha \cdot [B]^\beta}$.
- Q_r est sans dimension.

Constante d'équilibre

Le quotient de réaction Q_r évolue vers la constante d'équilibre K ne dépendant que de la température. À l'équilibre : $Q_{r,éq} = K$.

Sens d'évolution

Suivant les positions relatives de Q_r et de K, le système évolue dans le sens direct ou le sens inverse : une modification du système provoque une variation de Q_r afin de retrouver la valeur de K.

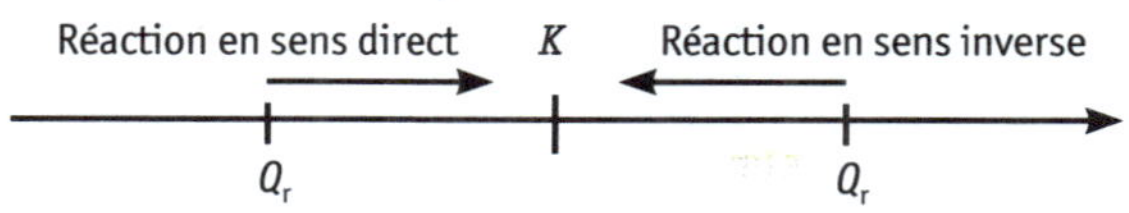

Évolution d'un système chimique

Méthode

1 Utiliser un tableau d'avancement volumique pour déterminer une constante d'équilibre

De nombreux produits ménagers utilisent de l'ammoniac. C'est un gaz de formule NH_3 qui, une fois dissous dans l'eau, forme une solution basique nettoyante et détachante : l'ammoniaque.
On considère une solution d'ammoniaque à la concentration apportée $c = 1{,}0 \times 10^{-2}$ mol·L⁻¹. Le pH de cette solution est de 10,6.
Écrire l'équation de la réaction entre l'ammoniac et l'eau.
Construire le tableau d'avancement volumique correspondant à la situation.
Déterminer l'expression et la valeur de la constante de cette réaction.

▶ On écrit une équation de réaction acido-basique.
L'ammoniaque étant une espèce basique, elle capte un proton provenant de la molécule d'eau. L'équation s'écrit donc ainsi, avec une double-flèche par défaut : $NH_3 + H_2O \rightleftharpoons NH_4^+ + HO^-$

▶ On construit un tableau d'avancement en concentrations.
Les tableaux d'avancement sont souvent exprimés en quantités de matière. Pour avoir un tableau en concentrations, il suffit de diviser toutes les expressions par le volume de la solution V.
La concentration en ions oxonium est donnée par le pH : $[H_3O^+]_f = 10^{-pH} = 10^{-10{,}6} = 2{,}5 \times 10^{-11}$ mol·L⁻¹.
On obtient $[HO^-_{(aq)}]_f$ en utilisant $K_e = 1{,}0 \times 10^{-14}$: $[HO^-_{(aq)}]_f = \frac{1{,}0\times10^{-14}}{[H_3O^+]_f} = \frac{1{,}0\times10^{-14}}{2{,}5\times10^{-11}} = 4{,}0 \times 10^{-4}$ mol·L⁻¹.

Info
K_e se trouve dans la table des constantes, cf. Chap. 9.

▶ On place ces valeurs dans le tableau :

x_V (mol·L⁻¹)	NH_3	+ H_2O	$\rightleftharpoons NH_4^+$	+ HO^-
État initial	$1{,}0 \times 10^{-2}$		0	0
État intermédiaire	$1{,}0 \times 10^{-2} - x_V$		x_V	x_V
État final	$9{,}6 \times 10^{-3}$		$4{,}0 \times 10^{-4}$	$4{,}0 \times 10^{-4}$

$[NH_3]_f$ et $[NH_4^+]_f$ sont obtenues en remplaçant x_V par l'avancement volumique final $x_{f,V} = [HO^-]_f$ dans les cases de la dernière ligne du tableau.

▶ On calcule une constante d'équilibre.
La constante d'équilibre de cette réaction est : $K = \frac{[NH_4^+]_f \cdot [HO^-]_f}{[NH_3]_f} = \frac{\mathbf{4{,}0\times10^{-4} \times 4{,}0\times10^{-4}}}{\mathbf{9{,}6\times10^{-3}}} = \mathbf{1{,}7\times10^{-5}}$

2 Exprimer un quotient de réaction

L'acide ascorbique de formule $C_6H_8O_6$, appelé aussi vitamine C, est un acide présent dans de nombreux fruits.
Son apport permet de lutter contre le scorbut, terme dont il tire son nom.
Une solution de volume $V = 100{,}0$ mL contient une fraction d'un cachet de vitamine C du commerce, soit 10 mmol de cet acide et 10 mmol de sa base conjugée, l'ion ascorbate $C_6H_7O^-_{6(aq)}$.
Donner l'équation de la réaction de l'acide ascorbique avec l'eau.
Écrire l'expression littérale du quotient de réaction.
Construire le tableau d'avancement correspondant à la réaction.
Exprimer ce quotient de réaction en fonction de l'avancement de la réaction.

▶ On écrit l'équation de la réaction avec l'eau. La vitamine C étant un acide, elle perd un proton : $C_6H_8O_6 + H_2O \rightleftharpoons C_6H_7O_6^- + H_3O^+$.

▶ On écrit l'expression littérale du quotient de réaction : $Q_r = \frac{[C_6H_7O_6^-] \cdot [H_3O^+]}{[C_6H_8O_6]}$.

Le tableau d'avancement donne :

x (mmol)	$C_6H_8O_6$	+ H_2O	$\rightleftharpoons C_6H_7O_6^-$	+ H_3O^+
État initial	10		10	0
État intermédiaire	$10 - x$		$10 + x$	x

On écrit le quotient de réaction en fonction de l'avancement de la réaction : $Q_r = \frac{\frac{10+x}{V} \cdot \frac{x}{V}}{\frac{10-x}{V}} = \frac{(10+x)\cdot x}{V\cdot(10-x)}$.

Exercices

1 ★ 5 min **L'acide propanoïque de formule $C_2H_5CO_2H$ est un acide faible.**

a. Écrire l'équation de la réaction de l'acide propanoïque avec l'eau.

b. Donner l'expression, puis la valeur du quotient de réaction à l'état initial $Q_{r,i}$.

c. Donner l'expression littérale de la constante d'équilibre associée à la réaction précédente.

2 ★ 10 min **Les ions argent en solution réagissent sur le fer métallique en formant un dépôt métallique d'argent à sa surface.**

a. Écrire les demi-équations correspondant aux couples oxydant/réducteur Ag^+/Ag et Fe^{2+}/Fe en plaçant les réactifs à gauche.

b. En déduire l'équation de la réaction se produisant entre les entités.

c. Donner l'expression de la constante d'équilibre associée à cette réaction.

3 ★★ 15 min **L'acide benzoïque est un acide souvent utilisé comme conservateur. On le trouve aussi dans quelques plantes et il est utilisé dans certains encens. Il a pour formule $C_6H_5CO_2H$.**

a. Écrire l'équation de la réaction chimique entre l'acide benzoïque et l'eau.

b. La dissolution de cet acide dans l'eau à la concentration apportée $c = 1{,}00 \times 10^{-3}$ mol · L^{-1} conduit, après analyse, à un équilibre pour lequel la concentration en acide n'est plus que $[C_6H_5CO_2H]_f = 7{,}8 \times 10^{-4}$ mol · L^{-1}.
Construire le tableau d'avancement en concentrations correspondant à cet état d'équilibre.

c. En déduire la constante d'équilibre de cette réaction.

d. Quelle est la valeur du taux d'avancement de cette réaction ?

e. Quelle est la valeur du pH de la solution ?

4 ★★★ 25 min Type Bac

L'acidité du vinaigre est due à la présence d'acide éthanoïque de formule CH_3CO_2H. C'est un acide faible. Lors de sa dissolution dans l'eau, il s'établit un équilibre chimique. Dans le cadre d'une séance de travaux pratiques, un élève mesure à 25 °C un pH de 3,7 pour un volume de 50,0 mL de solution d'acide éthanoïque à la concentration apportée $c = 2{,}7 \times 10^{-3}$ mol · L^{-1}.

a. Rappeler la définition d'un acide selon Brönsted.

b. Écrire l'équation de la réaction entre l'acide éthanoïque et l'eau.

c. Exprimer littéralement le quotient de réaction correspondant à cette réaction ainsi que sa constante d'équilibre.

d. À partir de la valeur du quotient de réaction à l'état initial $Q_{r,i}$, déterminer le sens prévisible de cette réaction.

e. Construire le tableau d'avancement correspondant à cette réaction.

f. En déduire la valeur de sa constante d'équilibre à 25 °C.

g. Quelle est la valeur du taux d'avancement de cette réaction ?

h. Afin de diminuer le pH de la solution obtenue, l'élève rajoute 10,0 mL d'acide chlorhydrique de formule $(H_3O^+_{(aq)} + Cl^-_{(aq)})$ à la concentration apportée $c = 1{,}0 \times 10^{-3}$ mol · L^{-1}.
Écrire l'équation de la réaction se produisant.

i. Donner l'expression du nouveau quotient de réaction $Q_{r,i}$ et sa position par rapport à K.

j. En déduire le sens de la réaction et indiquer quelles entités apparaissent et quelles entités disparaissent.

Les piles

Cours

1 Oxydants et réducteurs usuels

▶ Dans l'alimentation, certains réducteurs comme l'acide ascorbique sont ajoutés aux aliments pour retarder leur détérioration par le dioxygène, oxydant, de l'air.

▶ L'eau de Javel est fréquemment utilisée comme désinfectant et comme décolorant. Ses propriétés sont dues au caractère oxydant des ions hypochlorites ClO^-. On la prépare par dismutation du dichlore en milieu basique : celui-ci est à la fois réduit et oxydé.

▶ Les éléments du bloc s sont des éléments du tableau périodique qui, dans leur état fondamental ont comme dernière sous-couche occupée une sous-couche s. Ces éléments possèdent un caractère réducteur, car leurs électrons externes, du fait de leur faible électronégativité, sont faiblement liés. Ces éléments réduisent ainsi l'eau en dihydrogène.

Période \ Colonne	1	2
1	1 — 1,0 — H — Hydrogène	
2	3 — 6,9 — Li — Lithium	4 — 9,0 — Be — Béryllium
3	11 — 23,0 — Na — Sodium	12 — 24,3 — Mg — Magnésium
4	19 — 39,1 — K — Potassium	20 — 40,1 — Ca — Calcium
5	37 — 85,5 — Rb — Rubidium	38 — 87,6 — Sr — Strontium
6	55 — 132,9 — Cs — Césium	56 — 137,3 — Ba — Baryum
7	87 — (223) — Fr — Francium	88 — (226) — Ra — Radium

2 Description d'une pile électrochimique

a. Transfert spontané d'électrons

▶ Lorsque l'on introduit un fil de cuivre dans un bécher contenant une solution incolore de nitrate d'argent, il se produit un transfert spontané direct d'électrons, du réducteur vers l'oxydant, représenté par l'équation :

$$Cu_{(s)} + 2\,Ag^+_{(aq)} \rightarrow Cu^{2+}_{(aq)} + 2\,Ag_{(s)}$$

Cette réaction est exothermique : la production d'énergie se traduit par une élévation de la température, donc un transfert d'énergie sous forme de chaleur vers l'extérieur.

▶ Une pile est un dispositif dans lequel on « oblige » les électrons à circuler dans un circuit extérieur à la pile. Les deux espèces chimiques ne sont pas en contact : le transfert d'électrons est dans ce cas indirect.

▶ Une partie de l'énergie chimique des réactifs de la réaction d'oxydo-réduction est transférée au circuit sous forme électrique : c'est le principe de la pile électrochimique.

Remarque
L'expression « énergie électrique » est impropre en physique mais demeure très utilisée.

b. Constitution

▶ Une pile (générateur électrochimique) est constituée de deux demi-piles composées chacune d'une électrode métallique et d'une solution électrolytique contenant des ions du même métal : pour l'une, le métal M_1 et des ions $M_1^{n_1+}$; pour l'autre, le métal M_2 et des ions $M_2^{n_2+}$.

▶ Chacun des compartiments de la pile met en jeu un couple oxydant/réducteur : $M_1^{n_1+}/M_1$ et $M_2^{n_2+}/M_2$. Une jonction électrochimique entre les deux compartiments est réalisée à l'aide d'un pont salin imbibé d'une solution ionique.

▶ La représentation formelle de la pile est obtenue ainsi : (–) $M_1/M_1^{n_1+}$ // $M_2^{n_2+}/M_2$ (+), où // représente le pont salin.

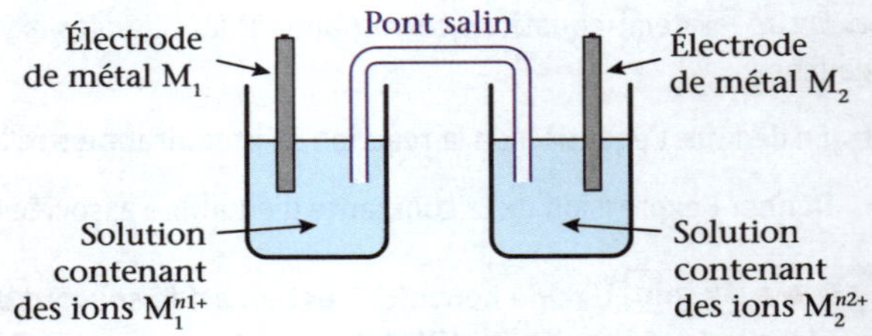

Schéma d'une pile

c. Mouvements des porteurs de charge

▶ Dans le circuit extérieur à la pile, des électrons circulent de la borne négative vers la borne positive.

Dans une pile cuivre-zinc :

– à la cathode (électrode de cuivre), on a une réduction. Les ions Cu^{2+} captent les électrons provenant du circuit extérieur et se transforment en cuivre métal : $Cu^{2+}_{(aq)} + 2\,e^- \rightarrow Cu_{(s)}$. La solution perd alors sa couleur bleue caractéristique et un dépôt de cuivre apparaît sur l'électrode ;

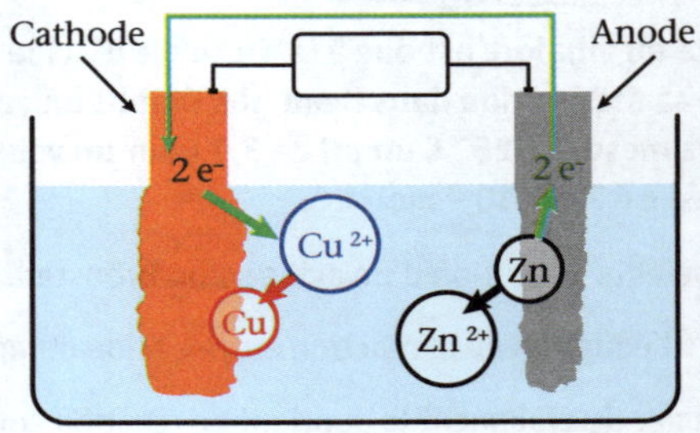

Circulation des porteurs de charge dans une pile cuivre-zinc

– à l'anode (électrode de zinc), on a une oxydation. Le zinc cède des électrons au circuit extérieur et libère des ions Zn^{2+} en solution : $Zn_{(s)} = Zn^{2+}_{(aq)} + 2\,e^-$. L'électrode de zinc est ainsi consommée.

▶ Il n'y a pas d'électrons libres dans une solution électrolytique.

▶ À l'intérieur de la pile, les ions sont les porteurs de charge. Le pont salin qui relie les deux demi-piles assure la circulation du courant à l'intérieur de la pile, ainsi que la neutralité électrique des solutions ioniques.

▶ Dans certaines piles, c'est une membrane poreuse qui est utilisée pour séparer les deux compartiments de la pile. >>

PHYSIQUE-CHIMIE

3 Fonctionnement de la pile

a. Tension à vide

▶ La tension à vide d'un générateur est sa force électromotrice. Elle est notée E, en volts, et est égale à la tension entre ses bornes lorsqu'elle ne débite aucun courant ($I = 0$ A).
Pour la mesurer, on utilise un voltmètre branché aux bornes de la pile.

▶ La tension à vide d'une pile dépend des couples oxydoréducteurs utilisés ainsi que de la concentration des espèces mises en jeu.

b. Usure d'une pile

La pile en fonctionnement évolue spontanément vers son état d'équilibre. Lorsqu'il est atteint, la pile ne débite plus, elle est dite usée. Le quotient de réaction Q_r est alors égal à la constante d'équilibre K.
Avant cela, la pile a fonctionné en fournissant un courant d'intensité I supposée constante.

c. Quantité d'électricité débitée et capacité d'une pile

▶ Une pile débitant un courant d'intensité I (en ampères, A) pendant une durée Δt (en secondes, s) fournit une quantité d'électricité Q (en coulombs, C) telle que :

$$Q = I \cdot \Delta t$$

▶ Q est directement reliée à la quantité d'électrons (en moles) qui a transité dans le circuit par la formule :

$$Q = n(e^-) \cdot \mathcal{F}$$

On note $\mathcal{F}$ (constante de Faraday) la charge électrique d'une mole d'électrons : $1\ \mathcal{F} = 96\ 500\ C \cdot mol^{-1}$.
La capacité Q_{max} est la quantité maximale d'électricité qu'une pile peut fournir avant d'être usée :

$$Q_{max} = I \cdot \Delta t_{max}.$$

Elle peut être également exprimée en ampèreheure :

$$1\ Ah = 3\ 600\ C.$$

SYNTHÈSE

Capacité de la pile

- Quantité maximale d'électricité que la pile peut fournir :
$$Q_{max} = I \cdot \Delta t_{max}.$$
- $Q = n(e^-) \cdot \mathcal{F}$ avec $1\ \mathcal{F} = 96\ 500\ C \cdot mol^{-1}$

Usure de la pile

- La pile en fonctionnement évolue spontanément vers son état d'équilibre.
- Lorsqu'il est atteint, la pile ne débite plus, elle est dite usée.

Les piles

Fonctionnement d'une pile électrochimique

- Représentation formelle de la pile :
(–) $M_1^{n_1+}/M_1$ // $M_2^{n_2+}/M_2$ (+), où // représente le pont salin.
- Déplacement des porteurs de charge :
– **à l'extérieur de la pile** : les électrons vont de l'anode à la cathode ;
– **dans le pont salin** : les anions vont vers l'anode et les cations vers la cathode.

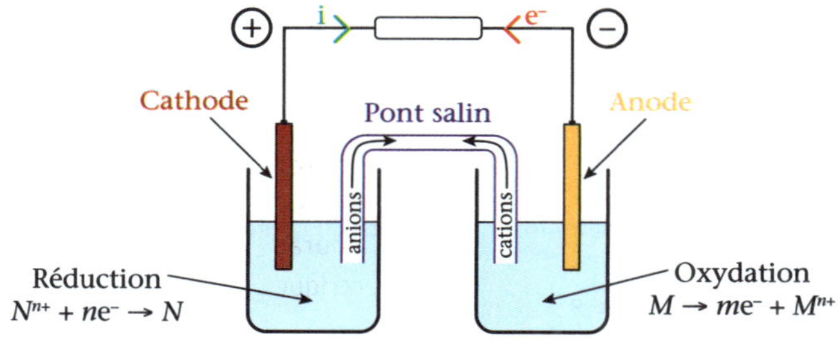

Schéma d'une pile

Méthode

Déterminer la capacité d'une pile

On considère une pile mettant en jeu deux demi-piles et un pont salin constitué d'une solution de chlorure de potassium. Le volume de chaque demi-pile est V = 50 mL. Les solutions électrolytiques ont une concentration initiale en ions métalliques égale à $5{,}0 \times 10^{-1}$ mol · L^{-1}.

La première demi-pile est constituée d'une lame d'aluminium de masse m_1 = 2,0 g plongée dans une solution de sulfate d'aluminium ($2\,Al^{3+}_{(aq)} + 3\,SO^{2-}_{4(aq)}$), tandis que la seconde est formée par une lame de cuivre de masse m_2 = 7,8 g plongée dans une solution de sulfate de cuivre ($Cu^{2+}_{(aq)} + SO^{2-}_{4(aq)}$).

Données :

$F = 9{,}6 \times 10^4$ C · mol^{-1} ; M(Al) = 27,0 g · mol^{-1} ; M(Cu) = 63,5 g · mol^{-1}.

Couples redox : $Cu^{2+}_{(aq)}/Cu_{(s)}$, $Al^{3+}_{(aq)}/Al_{(s)}$.

a. L'équation d'oxydoréduction de fonctionnement de la pile est : $3\,Cu^{2+}_{(aq)} + 2Al_{(s)} \rightarrow 3\,Cu_{(s)} + 2\,Al^{3+}_{(aq)}$

Écrire les réactions d'oxydoréduction et indiquer à quelle électrode elles se produisent.

b. Déterminer les quantités de matière initiales des réactifs de l'équation chimique.

c. Dresser un tableau d'avancement de la réaction et déterminer l'avancement maximal.

d. Calculer la capacité Q_{max} de cette pile.

a. On commence par déterminer les équations des réactions électrochimiques aux électrodes.

D'après l'équation de transformation, on a $Cu^{2+}_{(aq)} + 2\,e^- \rightarrow Cu_{(s)}$. Il y a une consommation d'électrons, c'est donc une réduction, qui se produit à la cathode.

On a aussi $Al_{(s)} \rightarrow Al^{3+}_{(aq)} + 3\,e^-$. Il y a une libération d'électrons, c'est donc une oxydation, qui se produit à l'anode.

b. La quantité initiale en ions cuivre est égale à : $n(Cu^{2+})_0 = [Cu^{2+}]_0 \times V$.

Application numérique : $n[Cu^{2+}]_0 = 5{,}0 \times 10^{-1}$ mol · L^{-1} $\times 50 \times 10^{-3}$ L $= 2{,}5 \times 10^{-2}$ mol.

La quantité initiale d'aluminium est égale à : $n(\text{Al})_0 = \dfrac{m_1}{M(\text{Al})}$

Application numérique : $n(\text{Al})_0 = \dfrac{2{,}0\,\text{g}}{27{,}0\,\text{g} \cdot \text{mol}^{-1}} = 7{,}4 \times 10^{-2}$ mol.

c. On détermine la capacité électrique d'une pile à partir de sa constitution initiale.

Équation		$3\,Cu^{2+}_{(aq)}$ +	$2\,Al_{(s)}$ →	$3\,Cu_{(s)}$ +	$2\,Al^{3+}_{(aq)}$
État du système	Avancement (mol)	Quantité de matière (mol)			
État initial	0	$2{,}5 \times 10^{-2}$	$7{,}4 \times 10^{-2}$	12×10^{-2}	$2{,}5 \times 10^{-2}$
État intermédiaire	x	$2{,}5 \times 10^{-2} - 3x$	$7{,}4 \times 10^{-2} - 2x$	$12 \times 10^{-2} + 3x$	$2{,}5 \times 10^{-2} + 2x$
État final	x_{max}	$2{,}5 \times 10^{-2} - 3x_{max}$	$7{,}4 \times 10^{-2} - 2x_{max}$	$12 \times 10^{-2} + 3x_{max}$	$2{,}5 \times 10^{-2} + 2x_{max}$

Hypothèse 1 : si Cu^{2+} est le réactif limitant, alors il est totalement consommé, donc $2{,}5 \times 10^{-2} - 3x_{max} = 0$, soit $x_{max} = 8{,}3 \times 10^{-3}$ mol.

Hypothèse 2 : si Al est le réactif limitant, alors il est totalement consommé, donc $7{,}4 \times 10^{-2} - 2x_{max} = 0$, soit $x_{max} = 3{,}7 \times 10^{-2}$ mol.

On choisit l'hypothèse qui nous donne le plus petit avancement maximal.

C'est donc l'hypothèse 1 qui est la bonne : le réactif limitant est l'ion cuivre et l'avancement maximal x_{max} est égal à $8{,}3 \times 10^{-3}$ mol.

d. À partir des demi-équations d'oxydoréduction, on obtient l'équation de réaction :

$$Cu^{2+}{}_{(aq)} + 2\,e^- \rightarrow Cu_{(s)} \quad \times 3$$
$$Al_{(s)} \rightarrow Al^{3+}{}_{(aq)} + 3\,e^- \quad \times 2$$

D'où :

$$3\,Cu^{2+}{}_{(aq)} + 2\,Al_{(s)} \rightarrow 3\,Cu_{(s)} + 2\,Al^{3+}{}_{(aq)}$$

D'après ces équations, lorsque la réaction se produit, six électrons sont échangés. Lorsque la pile sera usée, $6\,x_{max}$ électrons auront été échangés.

Une mole d'électrons porte une charge de $\mathcal{F}$ coulombs. La capacité de la pile est donc : $Q_{max} = 6x_{max} \cdot \mathcal{F}$.

Application numérique :

$Q_{max} = 6 \times 8{,}3 \times 10^{-3}$ mol $\times 9{,}6 \times 10^4$ C · mol^{-1} $= 4{,}8 \times 10^3$ C.

Exercices

1 ★ 10 min **On constitue une pile électrochimique dans laquelle une des électrodes en nickel est plongée dans une solution de sulfate de nickel, et l'autre en fer est plongée dans une solution de sulfate de fer, les deux solutions étant séparées par une paroi poreuse. Cette pile est représentée par : (–) Fe/Fe^{2+} // Ni^{2+}/Ni (+).**

a. Faire un schéma légendé de la pile.

b. Écrire les équations des réactions aux électrodes. En déduire l'équation de l'oxydoréduction qui se produit dans la pile.

c. Indiquer sur le schéma le sens du courant ainsi que le sens de déplacement de circulation des ions et des électrons.

2 ★★ 15 min **On constitue une pile en solution aqueuse dans laquelle le méthanol liquide est dissous dans l'eau. Il est oxydé en dioxyde de carbone gazeux à l'une des électrodes, tandis que le dioxygène gazeux est réduit en eau à l'autre électrode. Ce type de pile n'est pas très puissant, mais possède une grande autonomie, ce qui explique son utilisation pour des appareils portables comme les téléphones.**
Dans ce genre de pile, les électrodes sont en graphite, en métal ou en matériau composite. L'électrolyte est une solution aqueuse d'acide sulfurique.
Les deux compartiments sont séparés par une membrane poreuse imperméable au méthanol, mais perméable à l'acide sulfurique.

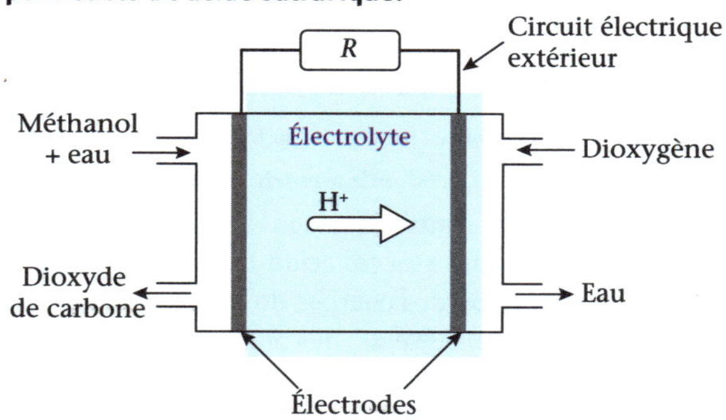

Les couples oxydant/réducteur mis en jeu sont : $CO_{2(g)}/CH_3OH_{(aq)}$ et $O_{2(g)}/H_2O_{(l)}$.

a. Donner le nom des électrodes et le sens de circulation des électrons dans le circuit extérieur.

b. Écrire les demi-équations redox rendant compte des transformations se produisant à chaque électrode. En déduire l'équation de la transformation qui se produit lorsque la pile débite.

c. Quel est le rôle de l'acide sulfurique ?

3 ★★★ 30 min Type Bac **Pour réaliser une pile cuivre-zinc, on plonge une lame de cuivre dans un bécher contenant 100 mL d'une solution aqueuse de sulfate de cuivre (II) ($Cu^{2+}_{(aq)} + SO^{2-}_{4(aq)}$) à 0,10 mol · L⁻¹ et une lame de zinc dans un bécher contenant 100 mL d'une solution de sulfate de zinc (II) ($Zn^{2+}_{(aq)} + SO^{2-}_{4(aq)}$) à 0,10 mol · L⁻¹. On relie les deux béchers par une bande de papier-filtre imbibée de solution concentrée de nitrate d'ammonium ($NH^{+}_{4(aq)} + NO^{-}_{3(aq)}$). Un voltmètre branché aux bornes de cette pile en reliant l'électrode de zinc à la borne COM du voltmètre affiche la valeur 1,10 V.**

a. Quelle est la valeur de la tension à vide de la pile ainsi constituée ?

b. Quelle est la polarité des électrodes ?

c. Donner le schéma conventionnel de cette pile.

d. Écrire les équations des réactions se produisant à la surface des électrodes et préciser leur nature.

e. Les concentrations en ions cuivre et en ions zinc varient-elles dans les béchers ?

f. Comment est assurée l'électroneutralité des solutions électrolytiques contenues dans le bécher ?

g. Écrire l'équation de la transformation qui se produit dans la pile.

h. Donner l'expression du quotient de réaction relatif au système constituant la pile. Déterminer sa valeur à l'instant initial. Que peut-on dire de la constante d'équilibre correspondant à l'équation de la réaction de fonctionnement écrite à la question précédente ?

4 ★★★ 30 min Type Bac **Une pile zinc-argent est formée en associant les couples oxydoréducteurs $Zn^{2+}_{(aq)}/Zn_{(s)}$ et $Ag^{+}_{(aq)}/Ag_{(s)}$.**
Les béchers dans lesquels sont placées les électrodes contiennent un volume V = 100 mL de solutions électrolytiques de concentration initiales en ions métallique C = 0,20 mol · L⁻¹. Lors du fonctionnement de cette pile, la masse de l'électrode d'argent augmente, alors que celle de l'électrode de zinc diminue. La partie immergée de l'électrode de zinc pesait initialement $m_i(Zn)$ = 2,0 g.
La pile ainsi formée peut débiter un courant continu d'intensité constante I = 0,15 A durant une durée totale Δt.

Données : $M(Zn) = 65{,}4\ g \cdot mol^{-1}$.
Une mole d'électrons possède une charge électrique $q = 9{,}65 \times 10^4$ C.

a. Écrire l'équation de fonctionnement de cette pile en précisant le sens d'évolution du système.

b. La constante d'équilibre de l'équation de transformation se produisant dans la pile ayant pour valeur $K = 1{,}0 \times 10^{52}$, vérifier le sens d'évolution spontané de cette transformation.

c. Une pile est déchargée lorsque le réactif limitant est consommé. Quel est-il pour cette pile ? S'aider d'un tableau d'avancement.

d. Calculer Δt_{max}.

Force des acides et des bases

Cours

1 Des acides et des bases

a. Acide faible et base faible

▶ Un acide AH est un acide faible si sa réaction avec l'eau n'est pas totale.

L'équation chimique est : $AH_{(aq)} + H_2O_{(l)} \rightleftharpoons A^-_{(aq)} + H_3O^+_{(aq)}$.

▶ Une base est faible si sa réaction avec l'eau n'est pas totale.

L'équation chimique est : $A^-_{(aq)} + H_2O_{(l)} \rightleftharpoons AH_{(aq)} + OH^-_{(aq)}$.

b. Acide fort et base forte

▶ Un acide est fort si sa réaction avec l'eau est totale.

L'équation chimique est :

$$AH_{(aq)} + H_2O_{(l)} \rightarrow A^-_{(aq)} + H_3O^+_{(aq)}.$$

$$pH = -\log[AH]$$

À savoir

Si un acide est faible, sa base conjuguée est une base faible.

▶ Une base est forte si sa réaction avec l'eau est totale.

L'équation chimique est :

$$A^-_{(aq)} + H_2O_{(l)} \rightarrow AH_{(aq)} + OH^-_{(aq)}.$$

$$pH = pK_e + \log[A^-]$$

pK_e étant le produit ionique de l'eau (voir 2. b.)

c. Solutions courantes d'acides et de bases

Solutions aqueuses d'acides et de bases	Formules des espèces dissoutes associées
Acide chlorhydrique	$H_3O^+_{(aq)}$, $Cl^-_{(aq)}$
Acide nitrique	$H_3O^+_{(aq)}$, $NO^-_{3(aq)}$
Acide éthanoïque	$CH_3COOH_{(aq)}$
Soude ou hydroxyde de sodium	$Na^+_{(aq)}$, $HO^-_{(aq)}$
Ammoniac	$NH_{3(aq)}$

2 Constante d'acidité

a. Définition

▶ Pour un couple AH/A⁻, la constante d'acidité K_A est définie par :

$$K_A = \frac{[A^-]_{éq} \times [H_3O^+]_{éq}}{[HA]_{éq}}$$

Le pK_A de ce couple est défini par la relation : $pK_A = -\log K_A$.

Remarques

La force d'un acide ou d'une base correspond à sa capacité à réagir avec l'eau.
Plus la constante d'acidité K_A est petite (plus son pK_A est élevé), plus l'acide est faible et la réaction limitée.
Une base est d'autant moins forte que le pK_A est faible. Elle accepte plus difficilement un proton.

▶ On peut également relier sa valeur à celle du pH de la solution par la relation :

$$pH = pK_A + \log\frac{[A^-]_{éq}}{[AH]_{éq}}$$

b. Produit ionique de l'eau

▶ L'eau étant un ampholyte, il existe une réaction entre H_2O acide et H_2O basique d'équation bilan :

$$H_2O_{(l)} + H_2O_{(l)} \rightleftharpoons HO^-_{(aq)} + H_3O^+_{(aq)}$$

Cette réaction très limitée, appelée autoprotolyse de l'eau, est caractérisée par une constante d'équilibre K_e appelée produit ionique de l'eau :

$$K_e = [H_3O^+]_{éq} \times [HO^-]_{éq}$$

K_e ne dépend que de la température.

▶ On lui associe la grandeur pK_e, donnée par la relation, $pK_e = -\log K_e$.

À 25 °C, $K_e = 1{,}0 \times 10^{-14}$ et $pK_e = 14$.

c. Domaines de prédominance

▶ Pour les acides et bases forts :

– si pH < 7, alors $[H_3O^+] > [HO^-]$: la solution est dite acide ;

– si pH > 7, alors $[H_3O^+] < [HO^-]$: la solution est dite basique.

▶ Pour les acides et les bases faibles :

– si $pH = pK_A$, l'acide et la base conjuguée ont la même concentration ;

– si $pH > pK_A$, la base est l'espèce prédominante ;

– si $pH < pK_A$, l'acide est l'espèce prédominante.

Le diagramme de prédominance d'un couple AH/A⁻ :

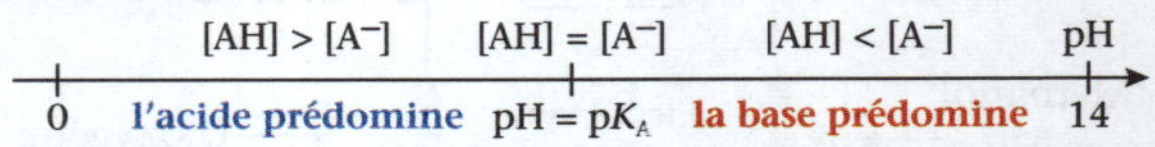

Diagramme de prédominance du couple AH/A⁻

▶ Un diagramme de distribution donne le pourcentage des différentes formes des espèces acido-basiques en fonction du pH. L'intersection des courbes de AH et A⁻ permet de déterminer le pK_A du couple pK_A du couple.

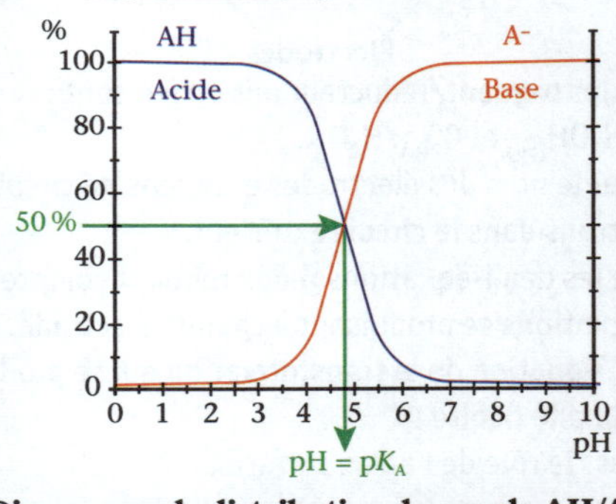

Diagramme de distribution du couple AH/A⁻

d. Cas des acides α-aminé

▶ Un acide α-aminé est un acide carboxylique dans lequel le groupe amino est porté par le carbone adjacent (en α) du >>

>> groupe carboxyle. Il possède des propriétés acido-basiques particulières conférées par la présence au sein de la même molécule de deux groupements antagonistes, l'un acide -COOH, l'autre basique $-NH_2$.

▶ De ce fait les acides α-aminé existent sous trois formes :

AH_2^+	AH	A^-
$H_3N^+-CHR-COOH$	$H_3N^+-CHR-COO^-$	$H_2N-CHR-COO^-$

Celles-ci constituent deux couples acide/ base de pK_A différents : AH_2^+/AH de pK_{A1} et AH/A^- de pK_{A2}.

Le diagramme de prédominance d'un acide α-aminé est :

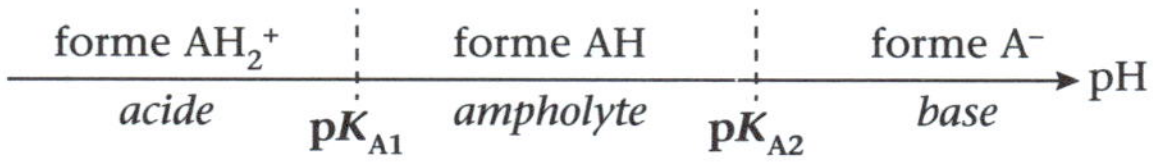

e. Les indicateurs colorés

▶ Les indicateurs colorés sont des couples acide/base dont la forme acide est d'une couleur différente de la forme basique. Ils permettent de déterminer l'équivalence dans un dosage acido-basique.

▶ Pour cela, le pH du point d'équivalence doit être situé dans la zone de virage de l'indicateur coloré. Cette zone correspond à l'intervalle de pH situé entre $pK_A - 1$ et $pK_A + 1$ pour lequel l'indicateur coloré prend une teinte intermédiaire.

Pour $pH < pK_A - 1$, l'indicateur a sa couleur acide.

Pour $pH > pK_A + 1$, l'indicateur a sa couleur basique.

f. Solution tampon

▶ Une solution tampon est une solution dont le pH varie peu par un apport modéré d'acide ou de base ou par dilution de cette solution.

▶ Une solution tampon peut être obtenue en mélangeant un acide faible AH et sa base conjuguée A^- à des concentrations voisines. C'est au voisinage du pK_A du couple AH/A^- que les propriétés tampon sont les meilleures.

▶ Les solutions tampons sont utilisées pour étalonner les pH-mètres.

▶ Les milieux biologiques sont pour la plupart tamponnés, car les enzymes ne fonctionnent que dans des intervalles de pH restreints.

SYNTHÈSE

Produit ionique de l'eau

- $K_e = [H_3O^+]_{éq} \times [HO^-]_{éq}$ • $pK_e = -\log K_e$

La réaction d'autoprotolyse de l'eau est très limitée.

Constante d'acidité et pK_A

Le pK_A permet de déterminer la force d'un acide.

- $K_A = \dfrac{[A^-]_{éq}[H_3O^+]_{éq}}{[AH]_{éq}}$ • $pK_A = -\log K_A$

Réaction avec l'eau

- Acide faible/base faible

Un acide AH est faible si sa réaction avec l'eau n'est **pas totale**.

Une base A^- est faible si sa réaction avec l'eau n'est **pas totale**.

- Acide fort/base forte

Un acide AH est fort si sa réaction avec l'eau est **totale**.

Une base A^- est forte si sa réaction avec l'eau est **totale**.

Force des acides et des bases

Domaine de prédominance

$$pH = pK_A + \log\frac{[A^-]}{[AH]}$$

Si $pH = pK_A$, $[AH] = [A^-]$

Si $pH < pK_A$, $[AH] > [A^-]$

Si $pH > pK_A$, $[AH] < [A^-]$

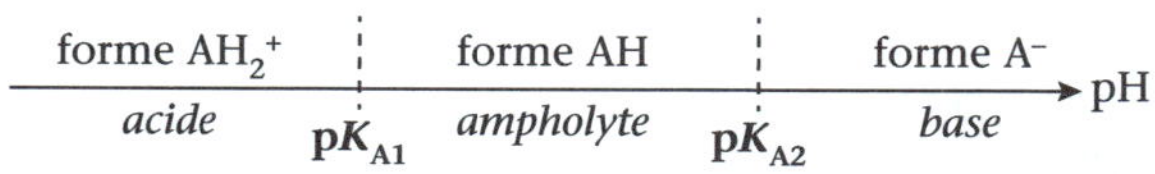

Solution tampon

$pH = pK_A$, $[AH] = [A^-]$

Solution dont le pH varie peu, par ajout d'acide, de base ou d'eau.

Méthode

1 Établir le domaine de prédominance d'un couple acide/base

On considère le couple acide/base formé par l'acide lactique, acide carboxylique, CH_3-CH(OH)-CO_2H et sa base conjuguée l'ion lactate CH_3-CH(OH)-CO_2^-.

a. Déterminer pour quelle valeur de pH les concentrations en acide lactique et en ion lactate sont égales.

b. Sachant que le pH du lait de vache est proche de 6,6, sous quelle forme l'acide lactique est-il majoritairement présent dans le lait ?

Donnée : pK_A du couple acidelactique/ion lactate = 3,9.

a. On écrit l'expression de la constante d'acidité du couple : $K_A = \dfrac{[CH_3\text{-}CH(OH)\text{-}CO_2^-]_{éq} \times [H_3O^+]_{éq}}{[CH_3\text{-}CH(OH)\text{-}CO_2H]_{éq}}$

▶ On écrit ensuite l'expression du pH en fonction du pK_A et des concentrations des espèces du couple.

Or $pK_A = -\log K_A = -\log \dfrac{[CH_3\text{-}CH(OH)\text{-}CO_2^-]_{éq} \times [H_3O^+]_{éq}}{[CH_3\text{-}CH(OH)\text{-}CO_2H]_{éq}} = -\log \dfrac{[CH_3\text{-}CH(OH)\text{-}CO_2^-]_{éq}}{[CH_3\text{-}CH(OH)\text{-}CO_2H]_{éq}} - \log[H_3O^+]_{éq}$

On obtient donc : $pK_A = -\log \dfrac{[CH_3\text{-}CH(OH)\text{-}CO_2^-]_{éq}}{[CH_3\text{-}CH(OH)\text{-}CO_2H]_{éq}} + pH$

Lorsque les concentrations en acide lactique et ion lactate sont égales, on a : $\dfrac{[CH_3\text{-}CH(OH)\text{-}CO_2^-]_{éq}}{[CH_3\text{-}CH(OH)\text{-}CO_2H]_{éq}} = 1.$

Ainsi $\log \dfrac{[CH_3\text{-}CH(OH)\text{-}CO_2^-]_{éq}}{[CH_3\text{-}CH(OH)\text{-}CO_2H]_{éq}} = 0$ et pH = pK_A = 3,9.

b. On utilise ensuite un diagramme de prédominance.

Pour un pH de 6,6, pH > pK_A, $\dfrac{[CH_3\text{-}CH(OH)\text{-}CO_2^-]_{éq}}{[CH_3\text{-}CH(OH)\text{-}CO_2H]_{éq}} > 1$, l'ion lactate prédomine.

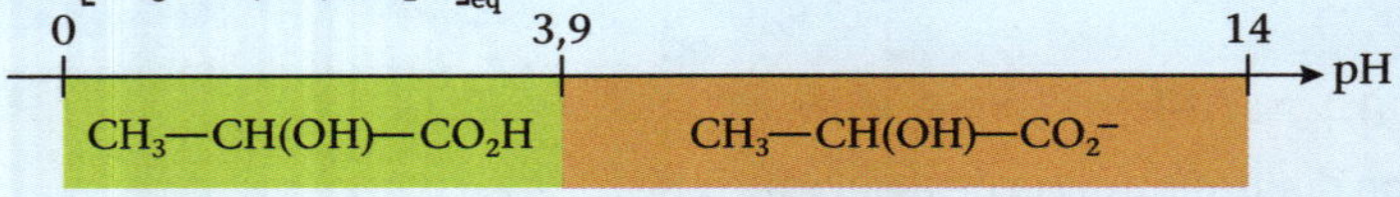

2 Déterminer le pK_A d'un couple acido-basique

L'eau de Javel souvent utilisée comme désinfectant contient comme espèce active une base, l'ion hypochlorite : ClO^-.

a. Déterminer la formule de son acide conjugué, l'acide hypochloreux, puis identifier chacune des deux courbes sur le diagramme ci-contre.

b. À partir de ce dernier, déterminer le pK_A du couple auquel appartient l'ion hypochlorite.

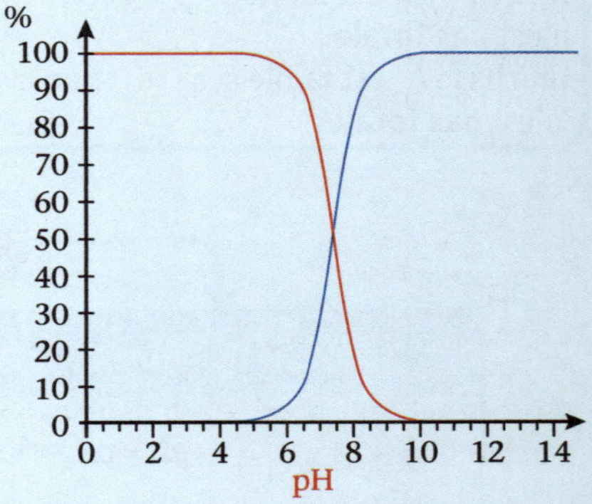

a. On rappelle la définition de l'acide selon Brönsted. Un acide selon Brönsted est une espèce chimique capable de céder un proton. L'acide hypochloreux possède donc un atome d'hydrogène et une charge positive de plus que l'ion hypochloreux. Il a pour formule : ClOH.

▶ La courbe bleue voit son pourcentage augmenter avec le pH, c'est donc celle de la forme basique du couple l'ion hypochlorite.

Inversement, la courbe rouge voit son pourcentage diminuer avec le pH. C'est donc celle de la forme acide : l'acide hypochloreux.

b. Pour déterminer le pK_A du couple, on exploite la relation liant la forme acide et la forme basique d'un couple lorsque pH = pK_A.

Soit la relation :

$$pH = pK_A + \log \frac{[ClO^-]_{éq}}{[ClOH]_{éq}}$$

Lorsque $[ClO^-]_{éq} = [ClOH]_{éq}$, on a pH= pK_A.

Cette égalité est obtenue lorsque le pourcentage de chaque espèce vaut 50 %.

Par lecture graphique du diagramme de distribution, on lit : pK_A= 7,5.

PHYSIQUE-CHIMIE

Exercices

1 ★ 10 min Le bleu de bromothymol (BBT) est un indicateur coloré acido-basique que l'on peut noter ainsi : HInd/Ind⁻. Sa forme acide est jaune et sa forme basique bleue.

Donnée : HInd/Ind⁻ : pKa = 7.

a. Quelle est la couleur de l'indicateur coloré lorsque le pH du milieu dans lequel il est ajouté est égal à 2, à 7 et à 10 ?

b. Donner le diagramme de prédominance de la forme acide et basique de cet indicateur en fonction du pH. Indiquer sur celui-ci sa zone de virage.

2 ★ 10 min On dissout une masse m = 3,20 g d'hydroxyde de sodium dans un volume V = 4,00 L d'eau distillée.

Données : À 25 °C, pK_e = 14 ; M(NaOH) = 40,0 g · mol⁻¹.

a. Quelle est la concentration de la solution obtenue ?

b. En déduire le pH de la solution de soude formée.

3 ★★ 15 min L'acide formique, ou acide méthanoïque, CH_2O_2, est utilisé par les fourmis pour se défendre. Une solution d'acide formique de concentration $C = 1{,}0 \times 10^{-3}$ mol · L⁻¹ et de volume V = 50,0 mL a pour pH 3,5.

a. Donner le schéma de Lewis de l'acide méthanoïque et de sa base conjuguée.

b. Écrire l'équation de la réaction se produisant entre l'acide méthanoïque et l'eau.

c. Déterminer l'avancement maximal en utilisant un tableau d'avancement.

d. Calculer le taux d'avancement de la réaction. L'acide formique est-il un acide faible ?

4 ★★★ 25 min Un comprimé d'aspirine contient une masse m = 500 mg d'acide acétylsalicylique de formule brute $C_9H_8O_4$. Il est dissous dans de l'eau afin d'obtenir une solution homogène de volume V = 200,0 mL. Le pH de la solution obtenue vaut 2,7.

Données : Masse molaire : $M(C_9H_8O_4)$ = 180 g · mol⁻¹.

$CO_2,H_2O/HCO_3^-$ (pK_{A1} = 6,2) ; HCO_3^-/CO_3^{2-} (pK_{A2} = 10,4).

a. Déterminer la concentration en quantité de matière C de cette solution en acide acétylsalicylique.

b. Écrire l'équation de la réaction de l'acide acétylsalicylique avec l'eau.

c. À l'aide d'un tableau d'avancement, montrer que l'acide acétylsalicylique est un acide faible.

d. Déterminer la constante d'acidité K_A associée à cette équation. Vérifier que le pK_A du couple acide acétylsalicylique/ion acétylsalicylate vaut 3,5.

e. Sachant que le pH de l'estomac est voisin de 2 et celui de l'intestin proche de 8, sous quelle forme l'organisme assimile-t-il l'aspirine dans l'estomac et dans l'intestin ?

f. L'aspirine peut également être vendue sous forme de cachets effervescents qui renferment le principe actif, mais aussi de l'hydrogénocarbonate de sodium $NaHCO_{3(s)}$. Lorsque le cachet est placé dans un verre d'eau, des ions hydrogénocarbonate et les ions sodium sont libérés et une effervescence est observée.
Écrire l'équation de la réaction acido-basique entre l'aspirine et l'ion hydrogénocarbonate.

g. Comment qualifie-t-on l'ion hydrogénocarbonate ?

5 ★★★ 35 min Type Bac

Pour comparer la force de l'acide chloroéthanoïque avec celle de l'acide éthanoïque, on prépare deux solutions aqueuses notées respectivement A et B de même concentration C, en introduisant $n = 1{,}00 \times 10^{-3}$ mol d'acide dans un volume V = 100 mL d'eau distillée. Le pH de la solution d'acide chloroéthanoïque pH_A est égal à 2,5, tandis que le pH de la solution d'acide éthanoïque pH_B est égal à 3,4.

Donnée : Produit ionique de l'eau à 25 °C : $K_e = 10^{-14}$.

a. Calculer la concentration C des solutions A et B.

b. Écrire les équations des réactions des deux acides avec l'eau.

c. Calculer le pK_A du couple acide chloroéthanoïque/ion chloroéthanoate.

d. Calculer le pK_A du couple acide éthanoïque/ion éthanoate.

e. De la forme acide ou basique, quelle est celle qui prédomine dans les deux solutions ?

f. Des deux acides considérés, lequel est le plus fort ?

g. La solution A formée peut-elle être qualifiée de solution tampon ?

Transformation forcée : l'électrolyse

Cours

1 Passage forcé du courant : transformation chimique

▶ La statue de la Liberté aux États-Unis a dû être réparée en 1986. Ses rivets étaient constitués de fer et de cuivre. Par oxydation, le cuivre s'est transformé en ions cuivre II. Ces ions ont réagi avec le fer selon la réaction d'oxydoréduction :

$$Cu^{2+}_{(aq)} + Fe_{(s)} \rightarrow Cu_{(s)} + Fe^{2+}_{(aq)}$$

Rappel

Lors d'une oxydoréduction, des électrons sont transférés d'une entité à une autre.

▶ Cette réaction est spontanée, avec une forte constante de réaction comme souvent dans le cas d'une oxydoréduction, rendant la réaction totale. Dans cet exemple, la constante de réaction a pour valeur $K = 4{,}3 \times 10^3$.

▶ Les réactions spontanées peuvent être renversables par électrolyse. Une électrolyse est une réaction chimique forcée par transfert d'électrons circulant en sens inverse de la réaction naturelle, à l'aide d'un générateur de tension ou de courant. La réaction d'oxydoréduction étant inversée, les demi-équations de la réaction se déroulent aussi en sens inverse.

2 Constitution et fonctionnement d'un électrolyseur

a. Fonctionnement d'un électrolyseur

Rappel

L'oxydation se déroule à l'anode, la réduction à la cathode.

▶ Un électrolyseur est constitué de deux électrodes métalliques trempant dans une solution ionique. L'électrode reliée à la borne + du générateur est appelée anode, celle reliée à la borne – la cathode. Les ions chargés négativement ou anions sont attirés par l'anode. Les ions chargés positivement ou cations sont attirés par la cathode.

▶ Les électrons ne peuvent pas se déplacer dans une solution car l'espace entre les entités est trop important. En revanche, des réactions électrochimiques par transfert d'électrons, soit des oxydoréductions, peuvent se dérouler à la surface des électrodes. Les ions métalliques peuvent ainsi être réduits en formant un dépôt métallique sur la cathode, tandis que l'anode peut disparaître en se transformant en ions dissous. La solution n'est neutre électriquement que si les quantités d'électrons transférées sont égales à chaque instant.

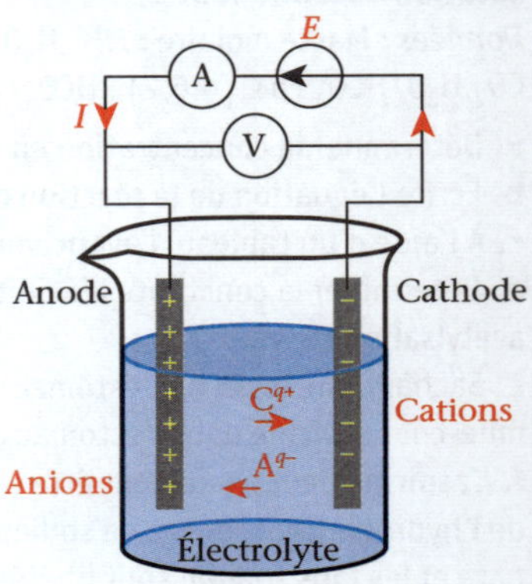

Fonctionnement d'un électrolyseur

▶ Lors d'une électrolyse, les quantités de matière dépendent de la charge électrique échangée (en coulombs C) :

$$Q = \Delta n(e^-) \cdot \mathcal{F} = I \cdot \Delta t$$

I est l'intensité du courant en ampères (A) et Δt la durée de fonctionnement en secondes (s). Le Faraday $\mathcal{F}$ est la charge électrique transportée par une mole d'électrons :

$$1\ \mathcal{F} = e \cdot N_A = 1{,}60 \times 10^{-19} \times 6{,}023 \times 10^{23}\text{, soit environ } 9{,}65 \times 10^4\ C \cdot mol^{-1}.$$

b. Caractéristique d'un électrolyseur

▶ Le relevé de la tension aux bornes de l'électrolyseur en fonction de l'intensité le traversant fournit la courbe ci-contre.
C'est une droite d'équation de la forme $y = ax + b$.
y est représentée par la tension U en volts (V), x par l'intensité I en ampères (A).
L'ordonnée à l'origine s'appelle la force contre-électromotrice E' : c'est la tension nécessaire au démarrage de l'électrolyse.

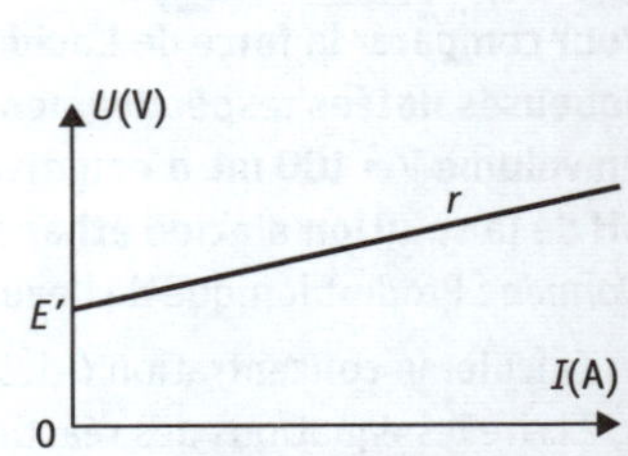

Caractéristique tension-intensité d'un électrolyseur

▶ Le coefficient directeur représente une tension divisée par une intensité : c'est la résistance interne r de l'électrolyseur en ohms (Ω).

▶ On obtient ainsi l'équation représentative du fonctionnement de l'électrolyseur :

$$U = E' + r \cdot I$$

>> 3 Stockage et conversion d'énergie chimique

▶ Un électrolyseur fonctionne par conversion d'énergie électrique en énergie chimique. Il peut donc être considéré comme un réservoir d'énergie électrique. On multiplie chaque terme de l'équation de fonctionnement de l'électrolyseur par $I \cdot \Delta t$ pour faire apparaître des énergies :

$$U \cdot I \cdot \Delta t = E' \cdot I \cdot \Delta t + r \cdot I^2 \cdot \Delta t$$

U et E' sont en volts (V), I en ampères (A), et Δt en secondes (s).
Chacun de ces termes représente une énergie. Cette équation représente donc un bilan d'énergie :

$$E_{électrique\ reçue} = E_{chimique} + E_{thermique}$$

$E_{thermique}$ est de l'énergie perdue par effet Joule due à la résistance interne.

▶ L'énergie électrique reçue par un électrolyseur est convertie en énergie chimique utilisée par la réaction chimique et en énergie thermique dissipée.

▶ De nombreux dispositifs utilisent des conversions et des stockages d'énergie chimiques :
– les piles sont des réservoirs d'énergie chimique. Les réactions d'oxydoréduction s'y déroulant fournissent de l'énergie électrique ;
– les accumulateurs sont des piles réversibles. Ils peuvent être rechargés par électrolyse. Ce sont les réservoirs énergétiques rechargeables de beaucoup de nos appareils (téléphones, ordinateurs portables...) ;
– la chlorophylle, située dans les chloroplastes des cellules végétales, intervient dans la photosynthèse. Elle convertit l'énergie lumineuse en énergie chimique.

SYNTHÈSE

Principe d'une transformation chimique forcée

• Une réaction d'**oxydoréduction spontanée** se produit naturellement par transfert d'électrons.
• La réaction spontanée peut être inversée par **électrolyse**, en forçant le passage du courant en sens inverse sous l'effet d'une tension électrique. De l'**énergie électrique** peut ainsi être **stockée** sous forme d'énergie chimique.

Transformation forcée : l'électrolyse

Constitution et fonctionnement d'un électrolyseur

• Un électrolyseur est constitué d'une **anode** et d'une **cathode** trempant dans une solution ionique (électrolyte) et reliée à un générateur de courant.
• Charge électrique échangée dans l'électrolyseur :

$$Q = \Delta n(e^-) \cdot \mathcal{F} = I \cdot \Delta t$$

• Caractéristique tension-intensité de l'électrolyseur :

$$U = E' + r \cdot I$$

E' est la **force contre-électromotrice** de l'électrolyseur, r sa résistance interne.

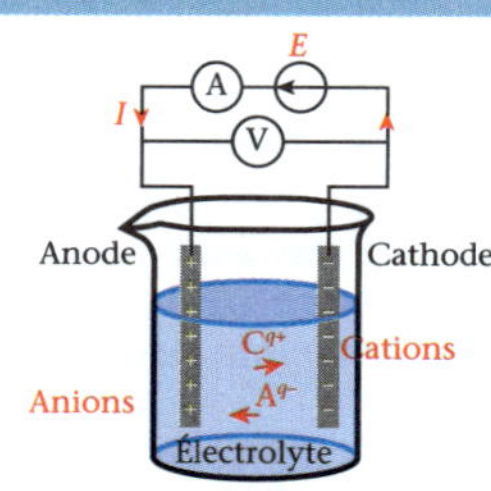

Applications : stockage et conversion d'énergie chimique

Bilan d'énergie
• $U \cdot I \cdot \Delta t = E' \cdot I \cdot \Delta t + r \cdot I^2 \cdot \Delta t$
• $E_{électrique\ reçue} = E_{chimique} + E_{thermique}$

Utilisations
• Dispositifs utilisant des conversions et/ou le stockage d'énergie chimiques : piles, accumulateurs, chlorophylle...

Méthode

Déterminer la masse d'un produit formé lors d'une électrolyse

Une opération de métallisation est une opération courante qui permet de former un dépôt métallique sur un support conducteur. Ce dépôt peut se faire par électrolyse.
On considère l'électrolyse d'une solution de volume V = 100 mL contenant des ions cuivre II à la concentration apportée $[Cu^{2+}_{(aq)}]_i = 1{,}0 \times 10^{-2}\ mol \cdot L^{-1}$.
Un dépôt métallique de cuivre apparaît progressivement sur la cathode.
Écrire la demi-équation électronique correspondant au dépôt de cuivre métallique.
Quelle intensité électrique I est nécessaire pour réaliser l'opération en $\Delta t = 10$ min, avec dépôt de la totalité du cuivre disponible ?
Quelle masse de cuivre apparaît sur l'électrode à la fin de cette opération ?
Quelle aurait été la durée de l'opération pour une intensité du courant électrique égale à 500 mA ?
Données : 1 $\mathcal{F} = 9{,}65 \times 10^4\ C \cdot mol^{-1}$; $M(Cu) = 63{,}5\ g \cdot mol^{-1}$.

▶ On écrit la demi-équation électronique de la réaction se produisant sur l'électrode concernée. La réaction se déroule à la cathode, car c'est l'électrode sur laquelle se passe la réduction des ions cuivre II. La demi-équation électronique s'écrit :

$$Cu^{2+}_{(aq)} + 2\,e^- \rightarrow Cu_{(s)}$$

▶ On détermine la quantité d'électrons échangée. La demi-équation électronique indique la relation de proportionnalité entre la quantité d'ions cuivre II présents et la quantité d'électrons échangés : une mole d'ions $Cu^{2+}_{(aq)}$ se transforme en métal $Cu_{(s)}$ avec échange de deux moles d'électrons :

$$\Delta n(e^-) = 2n_i(Cu^{2+}_{(aq)}) = 2[Cu^{2+}_{(aq)}]_i \cdot V$$

Application numérique :
$\Delta n(e^-) = 2 \times 1{,}0 \times 10^{-2} \times 0{,}100 = 2{,}0 \times 10^{-3}$ mol.

▶ On calcule l'intensité du courant électrique ou la durée de l'opération en utilisant les deux relations sur la charge électrique :

$$Q = \Delta n(e^-) \cdot \mathcal{F} = I \cdot \Delta t$$

On peut ainsi en déduire l'intensité du courant électrique nécessaire :

$$I = \frac{\Delta n(e^-) \cdot \mathcal{F}}{\Delta t}$$

Application numérique :

$$I = \frac{2{,}0 \times 10^{-3} \times 9{,}65 \times 10^4}{10 \times 60} = 0{,}32\ A.$$

▶ Pour déterminer la quantité de cuivre formée, on utilise les relations entre les quantités de matière :
$n(Cu_{(s)}) = n_i(Cu^{2+}_{(aq)}) = 2{,}0 \times 10^{-3}$ mol.
On détermine la masse de produit formé :
$m(Cu_{(s)}) = n(Cu_{(s)}) \cdot M(Cu_{(s)})$
Application numérique : $m(Cu_{(s)}) = 2{,}0 \times 10^{-3} \times 63{,}5 = 0{,}13$ g.

▶ Pour déterminer la nouvelle durée, on utilise à nouveau la relation entre les charges électriques échangées :

$$Q = \Delta n(e^-) \cdot \mathcal{F} = I \cdot \Delta t$$

On en déduit la durée attendue :

$$\Delta t = \frac{\Delta n(e^-) \cdot \mathcal{F}}{I} = \frac{2{,}0 \times 10^{-3} \times 9{,}65 \times 10^4}{0{,}500}$$

$$\approx 390\ s = 6\ min\ 30\ s.$$

Exercices

Donnée commune aux exercices : 1 $\mathcal{F} = 9{,}65 \times 10^4\ C \cdot mol^{-1}$.

1 ★ 5 min Au cours d'une expérience de classe, on réalise l'électrolyse d'une solution aqueuse de chlorure de cuivre II avec des électrodes inattaquables en graphite. On observe un dépôt rougeâtre à l'une des électrodes. Les seuls couples mis en jeu sont les couples $Cu^{2+}_{(aq)}/Cu_{(s)}$ et $Cl_{2(g)}/Cl^-_{(aq)}$.

a. Quelle électrode prend la coloration rouge ? Justifier.
b. Schématiser l'expérience. Légender le schéma en indiquant les électrodes constituant l'anode et la cathode.
c. Écrire les demi-équations électroniques se déroulant à chacune des électrodes.
d. Écrire l'équation de la réaction de fonctionnement de l'électrolyseur.

2 ★ 10 min **Par électrolyse, on souhaite déposer une masse de cuivre de 200 mg sur un objet métallique auquel on souhaite donner un aspect cuivré. Des solutions contenant du chlorure de cuivre II, du sulfate de fer et du nitrate d'argent sont à disposition.**

Donnée : $M(\text{Cu}) = 63{,}5\ \text{g} \cdot \text{mol}^{-1}$.

a. Déterminer la demi-équation de la réaction qu'il est nécessaire de réaliser.
b. À quelle électrode faut-il brancher cet objet métallique pour réaliser l'opération ? À quelle borne du générateur cette électrode est-elle reliée ? Justifier.
c. Quelle quantité d'électrons doit transiter pour réaliser le dépôt ?
d. Déterminer la charge électrique transférée.
e. Pour un courant électrique d'intensité égale à 300 mA, quelle sera la durée minimale de l'électrolyse ?

3 ★★ 10 min **L'aluminium est extrait d'un minerai appelé bauxite, en raison de sa découverte en 1821 dans le village des Baux-de-Provence. Le minérai contient de l'alumine de formule Al_2O_3. Le métal aluminium est produit par électrolyse de cette alumine. Les électrolyseurs industriels utilisent des tensions de l'ordre de $U = 4{,}5$ V et des intensités d'environ $I = 120$ kA. La force contre-électromotrice a pour valeur $E' = 2{,}0$ V.**

a. Exprimer puis calculer l'énergie électrique ΔE reçue quotidiennement par l'électrolyseur au cours de cette électrolyse.
b. Exprimer puis déterminer l'énergie chimique utilisée lors de la réaction d'électrolyse.
c. Déterminer l'énergie thermique dissipée quotidiennement par effet Joule.
d. En déduire la résistance interne r de l'électrolyseur.

4 ★★ 15 min **Les garde-boue des motocyclettes sont nickelés au moyen d'un dépôt électrolytique de nickel sur un métal. On considère par exemple le cuivre comme métal support du nickel. Le couple concerné lors de cette électrolyse est : $Ni^{2+}_{(aq)}/Ni_{(s)}$.**

Données : $M(\text{Ni}) = 58{,}7\ \text{g} \cdot \text{mol}^{-1}$; masse volumique du nickel : $8\,900\ \text{kg} \cdot \text{m}^{-3}$.

a. Décrire un modèle d'électrolyseur. Indiquer en particulier les noms des électrodes.
b. L'aire du garde-boue à nickeler est $S = 400\ \text{cm}^2$. L'épaisseur du dépôt souhaité a pour valeur $e = 20\ \mu\text{m}$.
Quelle est la masse de nickel nécessaire pour couvrir le garde-boue ?
c. Quelle quantité d'électrons faut-il transférer pour réaliser cette opération ?
d. Déterminer la durée du nickelage pour une intensité électrique $I = 2{,}0$ A.

5 ★★★ 25 min **Un élève a retrouvé dans le grenier de ses grands-parents une vieille montre à gousset en argent très usée. Un bijoutier lui propose de ré-argenter extérieurement le boîtier de la montre. Cela revient à rajouter une couche d'argent de 40 µm d'épaisseur sur l'équivalent d'un disque de 25 mm de diamètre. Il effectue l'opération par électrolyse. Le boîtier constitue une des deux électrodes, alors que l'électrolyte utilisé est un volume V = 100,0 mL d'une solution de nitrate d'argent de formule $Ag^+_{(aq)} + NO^-_{3(aq)}$.**

Données : $M(\text{Ag}) = 108\ \text{g} \cdot \text{mol}^{-1}$; $\rho(\text{Ag}) = 10{,}5\ \text{g} \cdot \text{cm}^{-3}$.

a. Écrire la demi-équation électronique de la réaction se produisant sur le boîtier. S'agit-il d'une oxydation ou d'une réduction ? Justifier.
b. Calculer le volume d'argent à déposer sur le boîtier.
c. En déduire sa masse.
d. Déterminer la quantité d'argent à déposer.
e. Quelle doit être la concentration molaire apportée minimale de la solution de nitrate d'argent ?
f. L'électrolyse dure 12 minutes sous une tension de 9,0 volts. Déterminer l'intensité du courant électrique utilisé.
g. Calculer l'énergie électrique transférée à l'électrolyseur au cours de cette opération.

Structure et propriétés des molécules organiques

Cours

1 Structure des molécules organiques

a. Formules topologiques des molécules

▶ Les molécules possédant beaucoup d'atomes nécessitent d'être représentées par des dessins de grande taille. Pour limiter ce problème, leur formule topologique est à privilégier.

▶ Les chaînes carbonées sont représentées par des chaînes brisées, chaque extrémité correspondant à la position d'un atome de carbone. Les atomes d'hydrogène liés aux atomes de carbone ne sont pas représentés mais « sous-entendus ».

Exemple : le butane.

Formules

semi-développée **topologique**

▶ La présence d'un autre atome que le carbone impose de faire apparaître les atomes d'hydrogène concernés.

Exemple : le butan-2-ol.

Formules

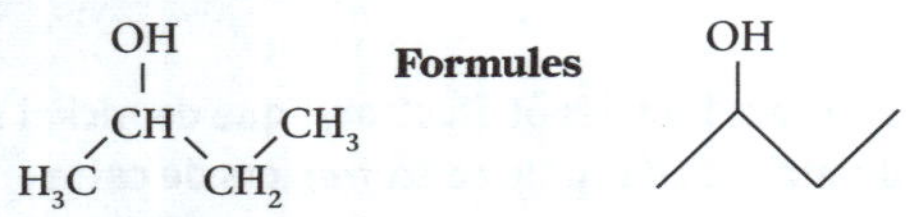

semi-développée **topologique**

b. Familles fonctionnelles

▶ Un ester est une molécule résultant de la réaction entre un acide carboxylique et un alcool selon l'équation générale :

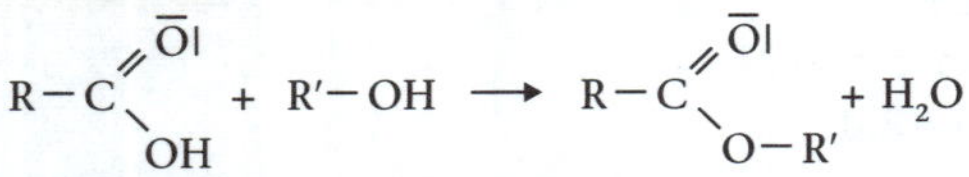

Acide carboxylique **Alcool** **Ester**

Le nom de l'ester a pour nomenclature : nom de l'ion conjugué de l'acide carboxylique + « de » ou « d' » + nom de l'alcool.

Exemple d'ester : le méthanoate d'éthyle

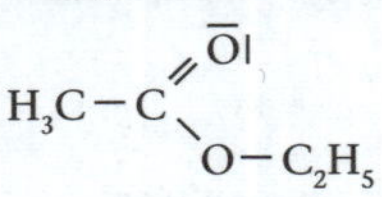

Méthanoate d'éthyle (méthanoate vient de acide méthanoïque et éthyle vient de éthanol)

Les esters sont essentiellement présents dans les parfums et les arômes.

▶ Une amine a pour formule générale :

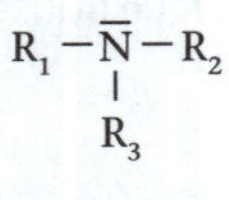

Rappel

Quelques formules générales :
alcools : R-OH,
aldéhydes : R-COH,
cétones : R-CO-R′ et
acides carboxyliques : R-CO_2H.

Son nom est donné par la chaîne carbonée la plus longue, les autres radicaux étant considérés comme des ramifications.

Exemple d'amine : la diméthyléthylamine

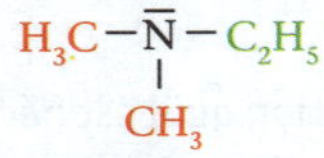

Deux groupes « méthyl- » liés à N et la « longue » chaîne « éthyl- » reliée à N

▶ Un amide est la molécule obtenue par réaction entre un acide carboxylique et une amine :

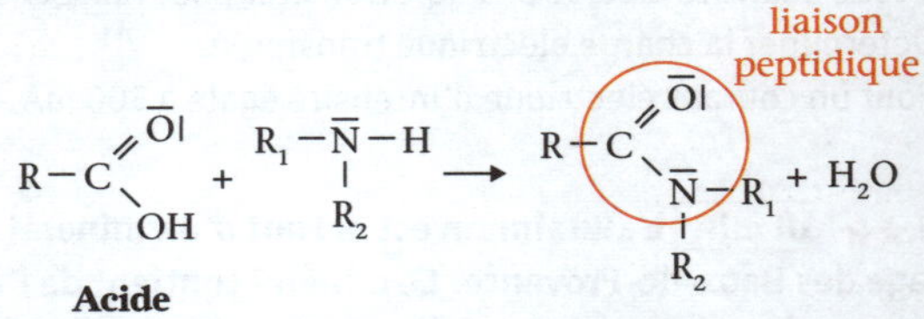

Acide carboxylique **Amine** **Amide**

Le nom de l'amide a pour nomenclature : N-nom des radicaux dans l'ordre alphabétique sans « e » + nom de la chaîne de l'acide sans « e » + « amide ».

Exemple : la N-éthyl-N-méthyléthanamide

N-éthyl-N-méthyléthanamide
(un groupe « éthyl- » lié à N, un groupe « méthyl- » lié au N de l'éthanamide)

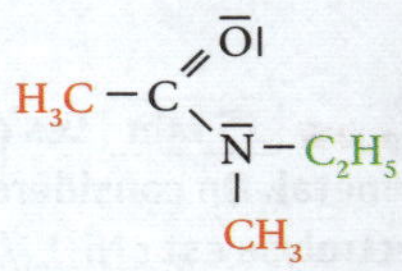

Les amides possèdent une liaison peptidique responsable de la liaison entre les différents acides aminés formant les protéines.

▶ Un halogénoalcane a pour formule générale R-X, X étant de la famille des halogènes : F, Cl, Br ou I.

Exemple : 2-chloropropane

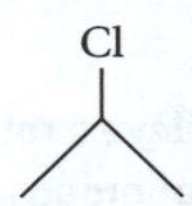

Ces entités sont souvent utilisées en chimie de synthèse.

2 Propriétés des molécules organiques

a. Squelettes carbonés insaturés et cycliques

▶ Les squelettes carbonés sont dits saturés lorsqu'ils ne sont formés que de simples liaisons C-C.

Or, certains squelettes contiennent des doubles ou des triples liaisons. Ils sont insaturés. C'est le cas des alcènes de formule C_nH_{2n} et des alcynes de formule C_nH_{2n-2}.

Exemples :

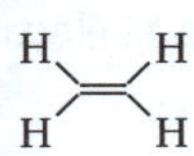

Un alcène : l'éthène (ou éthylène)

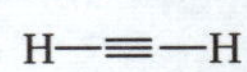

Un alcyne : l'éthyne (ou acétylène)

▶ Les squelettes cycliques sont formés de chaînes carbonées refermées sur elles-mêmes. Elles portent le nom de la chaîne carbonée linéaire en rajoutant le préfixe « cyclo ».

Exemples :

Cyclohexane

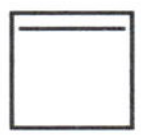

Cyclobutène

b. Isomérie de constitution

▶ Deux molécules isomères possèdent la même formule brute mais des formules semi-développées différentes.

Exemples :

Le pent-1-ène est isomère de constitution du cyclopentane. Ils ont tous deux pour formules brute C_5H_{10} :

Pent-1-ène

Cyclopentane

Le propanal et la propanone sont isomères de constitution. Ces deux molécules ont pour formule brute C_3H_6O :

Propanal

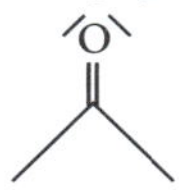

Propanone

▶ La double liaison des alcènes empêche la rotation des groupes autour de l'axe central. Pour définir l'isomérie, on considère le plan de symétrie de la molécule. Si les atomes de numéro atomique le plus élevé reliés aux atomes de carbone de la double liaison sont situés du même côté, l'isomère possède l'appellation (Z). Sinon, il possède l'appellation (E).

Exemple :

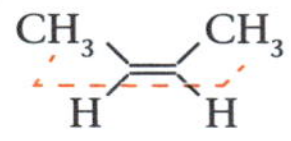

(Z)-but-2-ène

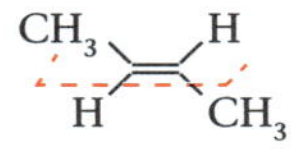

(E)-but-2-ène

c. Polymères

▶ Les polymères sont des macromolécules naturelles, comme l'ARN ou la cellulose, ou synthétiques, comme les matières plastiques, les caoutchoucs, les colles, les peintures ou les résines.

▶ On les obtient en additionnant un grand nombre de motifs de base, souvent formés à partir d'alcènes. L'une des liaisons de la double liaison C=C s'ouvre par apport d'une faible quantité d'énergie, par exemple lumineuse (voir schéma), pour donner un radical. Les radicaux peuvent s'additionner les uns aux autres en formant des chaînes :

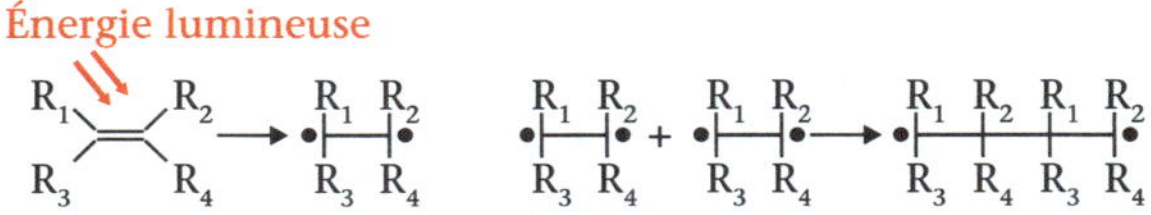

Formation d'un radical — Allongement de la chaîne

Au final, on obtient :

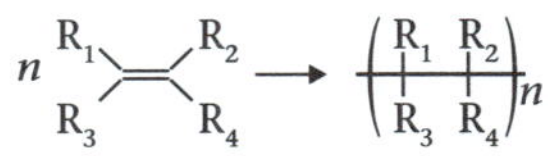

n représente le nombre moyen de motifs par molécule et s'appelle le degré de polymérisation. Le groupe entre parenthèse est un motif.

SYNTHÈSE

Structure et propriétés des molécules organiques

Structure

Les molécules comportant beaucoup d'atomes sont représentées par leur **formule topologique.**

- Chaîne carbonée : chaîne en ligne brisée 
- Atomes d'hydrogène : « sous-entendus »

Familles fonctionnelles :

Ester 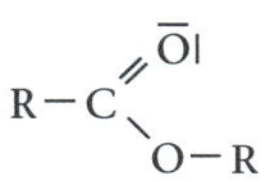

Amine 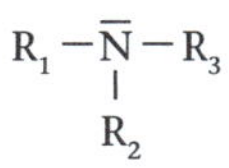

Amide 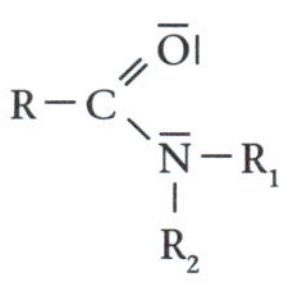

Halogénoalcane R − X

Propriétés

- Un squelette formé uniquement de simples liaisons C–C est **saturé.** S'il est formé de liaisons multiples, il est **insaturé.**
- Un squelette **cyclique** est refermé sur lui-même (cyclo).
- Des **isomères de constitution** ont les mêmes formules brutes, mais des chaînes carbonées de structure différente ou des groupes non positionnés au même endroit sur la molécule.
- Les alcènes possèdent des **isoméries (Z)** et **(E).**
- Les **polymères** sont des macromolécules naturelles ou synthétiques constituées par l'association de **monomères :**

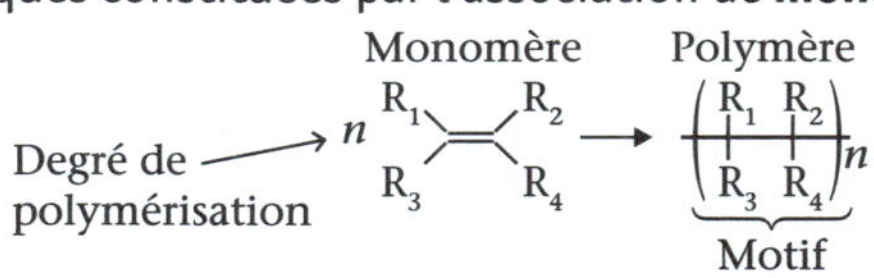

Méthode

1 Savoir nommer un ester en nomenclature officielle

La molécule ci-dessous est un ester utilisé comme arôme alimentaire, souvent en remplacement de l'arôme de banane :

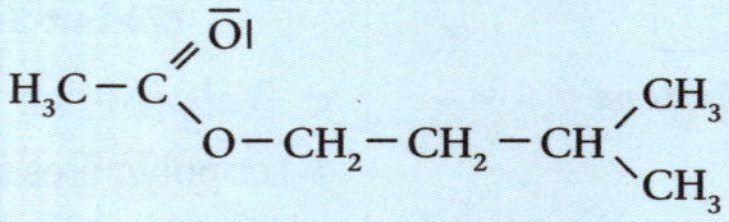

Quel est le nom de cette molécule en nomenclature officielle ?

▶ On découpe « par la pensée » la molécule en deux parties : l'atome d'oxygène d'une part, l'atome de carbone de la chaîne provenant de l'alcool d'autre part.

▶ On numérote les deux chaînes carbonées en partant de l'atome de C relié à un atome d'oxygène O :

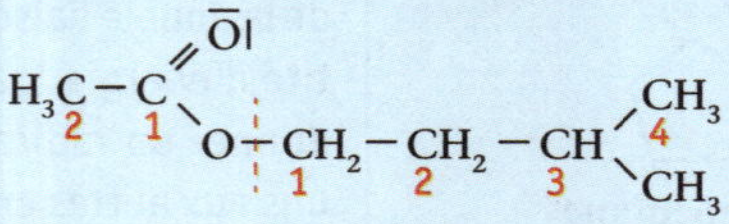

▶ On détermine le nom de la partie dérivée de l'acide carboxylique.
La partie gauche de la molécule est dérivée de l'ion carboxylate correspondant à l'acide carboxylique : cette chaîne comporte deux atomes de carbone, c'est un ion éthanoate.

▶ On déterminer le nom correspondant à la partie alcool.
La partie droite de la molécule est le radical alkyle dérivé du 3-méthylbutan-1-ol.

▶ On déduit le nom de l'ester en combinant les deux noms précédents.
Cet ester est de l'éthanoate de 3-méthylbutyle.

2 Savoir nommer un amide en nomenclature officielle

Les amides trouvent leur importance dans la biochimie. La liaison peptidique entre un acide et une amine permet de relier des chaînes de protéines. La molécule ci-dessous est un amide obtenu par réaction entre un acide carboxylique et une amine :

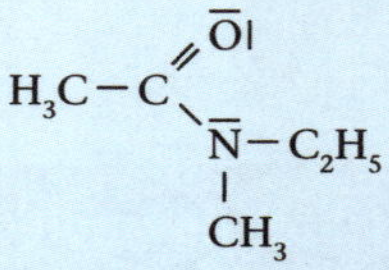

Quel est le nom de cette molécule en nomenclature officielle ?

▶ On découpe « par la pensée » la molécule en deux parties :
– l'atome de carbone d'une part,
– et l'atome d'azote provenant de l'amine d'autre part.

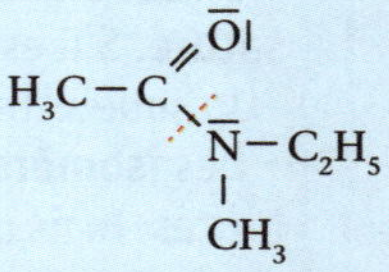

▶ On détermine le nom de la partie gauche, dérivée de l'acide carboxylique.
La partie gauche de la molécule est dérivée de l'ion carboxylate correspondant à l'acide carboxylique. Cette chaîne comporte deux atomes de C, c'est un ion éthanoate.

▶ On détermine le nom de la partie droite, correspondant à la partie amine.
La partie droite de la molécule est dérivée d'une amine, la méthyléthylamine.

▶ On déduit le nom de l'amide en combinant les deux noms précédents.
Dans le cas de l'amide, on indique où se trouvent placés les radicaux liés à l'atome d'azote, pour éviter toute confusion.
Cet amide est de l'éthanoate de N-éthyl-N-méthyléthanamide.

Exercices

1 ★ 5 min **Représenter les formules topologiques des molécules suivantes :**

a. Le pentane.
b. Le 2-méthylpropane.
c. Le 2,3-diméthylhexan-1-ol.
d. La 3-éthyl-4-méthylpentan-2-one.

2 ★ 5 min **Donner les noms des molécules suivantes :**

a. 

b. 

c. 

d. 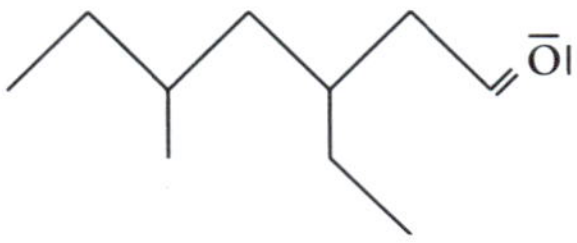

3 ★ 5 min **Indiquer, pour chaque couple de molécules, si elles sont isomères de constitution ou pas. Justifier dans chacun des cas.**

a. Le butane et le cyclobutane.
b. Le propène et le propane.
c. Le but-1-ène et le cyclobutane.
d. Le butanal et la butan-2-one.

4 ★ 5 min **Indiquer le type d'isomérie de ces molécules : Z ou E.**

a. 

c. 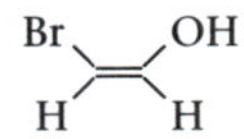

b. 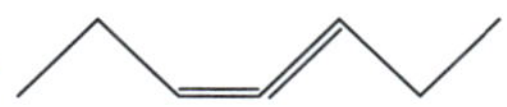

d. 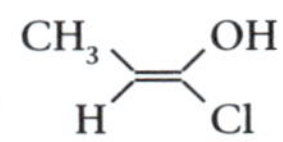

5 ★★ 15 min **Le polypropylène, ou polypropène, est un polymère plastique fréquemment utilisé dans l'automobile, comme emballage alimentaire ou comme tissu après avoir été tissé en fibres. Le monomère est du propène.**

Données : $M(\text{C}) = 12{,}0\ \text{g}\cdot\text{mol}^{-1}$; $M(\text{H}) = 1{,}0\ \text{g}\cdot\text{mol}^{-1}$.

a. Déterminer la formule semi-développée puis topologique du propène.
b. Donner la formule chimique du motif obtenu lors de la polymérisation du propène.
c. Écrire l'équation de la réaction de polymérisation du propène.
d. La masse molaire du polypropène est de $84{,}0\ \text{kg}\cdot\text{mol}^{-1}$. En déduire le degré de polymérisation du polypropène.

6 ★★★ 25 min Type Bac

Le plexiglas est une excellente alternative au verre. C'est un matériau plastique léger, possédant une bonne transparence. Il résiste bien aux agents atmosphériques ainsi qu'aux rayonnements UV solaires.
Le plexigas est un polymère obtenu par polymérisation du métacrylate de méthyle. L'ion métacrylate est lui-même la forme basique de l'acide métacrylique, appelé aussi l'acide 2-méthyl-2-propénoïque et de formule brute $C_3H_6O_2$.

Données : $M(\text{C}) = 12{,}0\ \text{g}\cdot\text{mol}^{-1}$; $M(\text{O}) = 16{,}0\ \text{g}\cdot\text{mol}^{-1}$; $M(\text{H}) = 1{,}0\ \text{g}\cdot\text{mol}^{-1}$; $N_A = 6{,}02 \times 10^{23}\ \text{mol}^{-1}$.

a. Représenter la formule topologique de l'acide métacrylique.

b. Le monomère de la polymérisation peut être obtenu par réaction entre l'acide métacrylique et le méthanol. Écrire l'équation de la réaction se produisant entre ces deux entités. À quelle famille appartient le produit principal ?

c. Écrire la réaction de polymérisation se produisant à partir du métacrylate de méthyle. Quel est le nom chimique du polymère obtenu ?

d. La masse volumique du plexiglas est de $1{,}188\ \text{g}\cdot\text{cm}^{-3}$. Quel serait le degré de polymérisation de la molécule si $1\ \text{cm}^3$ de plexiglas n'était constitué que d'une seule chaîne de polymère ?

Synthèse chimique

Cours

1 Optimisation de la vitesse d'une synthèse chimique

a. Vitesse d'une réaction

▶ Les réactions chimiques se déroulent naturellement plus ou moins rapidement. Une réaction est dite lente si on peut suivre son évolution à l'œil nu ou en mesurant un paramètre physico-chimique comme le pH ou la conductivité. Une réaction peut durer de quelques secondes à plusieurs jours.

▶ La mesure d'une grandeur physico-chimique permet de caractériser l'avancement de la réaction au cours du temps. La vitesse d'une réaction est définie comme la variation de cet avancement au cours du temps en $mol \cdot s^{-1}$: $v = \frac{dx(t)}{dt}$

En divisant l'avancement par le volume de la solution, on obtient une concentration notée [A], grandeur indépendante du volume. On définit la vitesse volumique de réaction d'une espèce A en $mol \cdot L^{-1} \cdot s^{-1}$: $\mathcal{V} = \frac{d[A](t)}{dt}$

▶ Pour caractériser une vitesse de réaction, on utilise souvent le temps de demi-réaction noté $t_{1/2}$. C'est la durée nécessaire pour qu'une réaction atteigne la moitié de son avancement maximal $\frac{x_{max}}{2}$: plus une réaction est rapide et plus $t_{1/2}$ est petit.

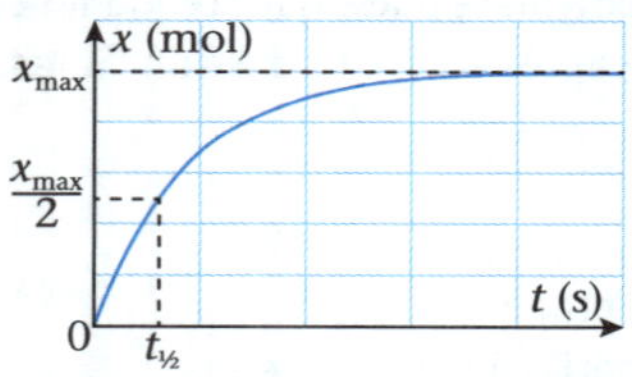

Temps de demi-réaction $t_{1/2}$

b. Facteurs cinétiques

Une réaction a naturellement d'autant plus de chance de se produire que les entités présentes ont des probabilités de se rencontrer. Les paramètres physiques externes favorisant les réactions sont appelés les facteurs cinétiques. Par exemple :
- la température (plus les molécules sont agitées, plus la probabilité de rencontre des entités augmente) ;
- la concentration d'une entité en solution (plus les molécules sont proches, plus la probabilité de rencontre augmente).

c. La catalyse

▶ Un catalyseur est une entité intervenant dans une réaction chimique sans être consommée. Il n'apparaît donc pas dans l'équation de la réaction. Un de ses rôles est d'augmenter la vitesse de réaction.

▶ La catalyse est dite homogène si les réactifs et le catalyseur ne forment qu'une seule phase.

Exemple : l'eau oxygénée H_2O_2 liquide est décomposée en dioxygène et en dihydrogène en présence des ions Fe^{3+} dissous dans la solution liquide.

Info

Plus un catalyseur solide est divisé (par ex. réduit en poudre) plus il est efficace, car sa surface réactive augmente.

▶ La catalyse est dite hétérogène si les réactifs et le catalyseur forment deux phases distinctes.

Exemple : l'eau oxygénée H_2O_2 liquide est décomposée en dioxygène et en dihydrogène au contact du platine solide.

▶ En biologie, les catalyseurs sont les enzymes et la catalyse est qualifiée d'enzymatique. Leur rôle est d'accélérer les réactions et de favoriser certains produits aux dépens d'autres. La catalyse est alors sélective.

Exemple : la catalase, une enzyme présente dans le sang, catalyse elle aussi la décomposition de l'eau oxygénée.

2 Optimisation du rendement d'une synthèse chimique

▶ Dans le cas général, une réaction chimique en solution peut s'écrire sous la forme : $\alpha A + \beta B \rightleftharpoons \gamma C + \delta D$.

α, β, γ et δ sont les nombres stœchiométriques des réactifs et des produits présents dans la solution. Chaque réaction possède sa constante d'équilibre définie par le quotient sans unité : $K = \frac{[C]_{éq}^{\gamma} \cdot [D]_{éq}^{\delta}}{[A]_{éq}^{\alpha} \cdot [B]_{éq}^{\beta}}$.

K ne dépend que de la température.

▶ Cette grandeur permet de caractériser le déplacement d'une réaction chimique. Tout avancement de la réaction est caractérisé par un quotient de réaction Q_r défini par :

$$Q_r = \frac{[C]^{\gamma} \cdot [D]^{\delta}}{[A]^{\alpha} \cdot [B]^{\beta}}.$$

Q_r évolue naturellement pour se rapprocher de K :

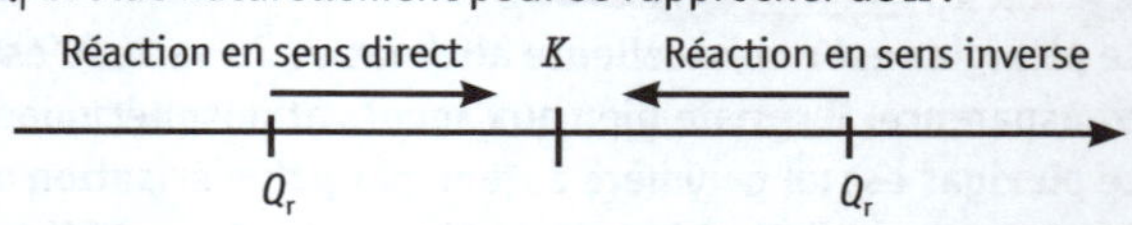

▶ Quand Q_r diminue, le système réagit et fabrique plus de produit pour que Q_r tende à se rapproche de K. Pour cela, on peut :
- augmenter la concentration d'un des réactifs. Un réactif en excès augmente le rendement.
- éliminer un produit au cours de la réaction. Une élimination d'un produit augmente le rendement.

3 Stratégie de synthèse multi-étapes

a. Modifications de groupes et de chaînes

▶ La fabrication d'un produit peut nécessiter plusieurs étapes en fonction des réactifs à disposition. Elles consistent en des modifications successives de groupes et/ou de chaînes, ou en séquences de polymérisation. Ce sont des séquences >>

>> réactionnelles. Chaque étape correspond à une réaction élémentaire provenant de réactions typiques.

▶ Les étapes des séquences réactionnelles peuvent être des réactions d'oxydoréduction, des réactions acido-basiques, des additions, des éliminations, des réactions de substitution…

Exemple :

Synthèse de la N-méthyléthanamide à partir d'éthène :

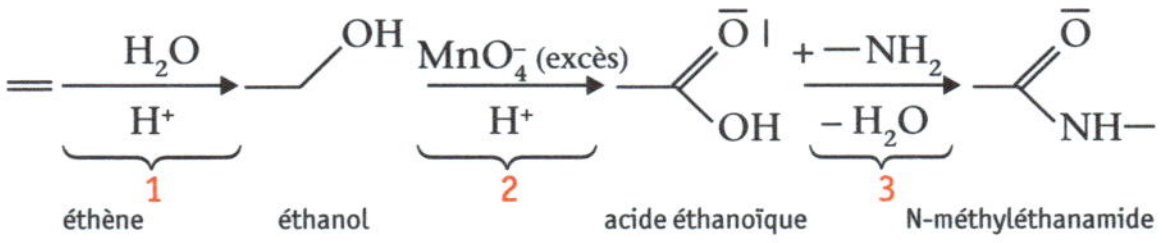

1 : addition d'eau, ou hydratation de l'éthène en milieu acide afin de fabriquer de l'éthanol.

2 : oxydation en milieu acide de l'éthanol en acide éthanoïque.

3 : substitution, en toute rigueur une addition suivie d'une élimination, du groupe OH de l'acide éthanoïque par le groupe -NH-CH_3.

b. Protection et déprotection lors d'une synthèse

Il arrive parfois que certaines entités possèdent plusieurs groupes fonctionnels pouvant réagir avec le réactif à disposition. Afin de favoriser la réaction avec un groupe particulier, il devient nécessaire de protéger les groupes pouvant réagir. Cette protection est réalisée à l'aide d'une réaction renversable afin de revenir en arrière une fois la réaction souhaitée réalisée. Cette opération s'appelle une déprotection.

c. Écoresponsabilité d'une synthèse

Une synthèse doit répondre à des comportements en direction de l'écoresponsabilité :

– concevoir le produit présentant le moins de risque pour l'environnement ;

– économiser les ressources de matières premières en utilisant le moins de réactifs possible et les moins dangereux ;

– limiter l'usage des solvants, choisir les moins toxiques et les moins polluants ;

– limiter les dépenses énergétiques lors de la réaction ;

– limiter les déchets en favorisant leur recyclage.

PHYSIQUE-CHIMIE

SYNTHÈSE

Cinétique et équilibre

- La fabrication d'une molécule se déroule **plus ou moins rapidement**, avec un **rendement** généralement inférieur à 100 %.
- La réaction est caractérisée par :

– sa vitesse : $v = \dfrac{dx(t)}{dt}$

– sa vitesse volumique : $\mathcal{V} = \dfrac{d[A](t)}{dt}$

– le temps de demi-réaction $t_{1/2}$ nécessaire pour qu'une réaction atteigne la moitié de son avancement maximal : $\dfrac{x_{max}}{2}$

– le quotient de réaction : $Q_r = \dfrac{[C]^\gamma \cdot [D]^\delta}{[A]^\alpha \cdot [B]^\beta}$

– la constante de réaction : $K = Qr$ à l'équilibre.

Synthèse chimique

Optimisation

Optimisation de la vitesse

Les facteurs cinétiques augmentent la vitesse d'une réaction.

- Facteurs intervenant sur la **probabilité de rencontre** des entités :

– température ;

– concentration.

- Facteur intervenant sur les **mécanismes de réaction** :

– présence d'un catalyseur (non consommé au bilan de la synthèse).

Optimisation du rendement

- Réactif en excès.
- Élimination d'un produit.

Stratégie multi-étapes

- Une synthèse peut avoir lieu en différentes étapes constituées de **modification de groupes**, de chaînes carbonées ou de **polymérisations.**
- Certaines réactions peuvent être favorisées en utilisant la **protection** et la **déprotection** des groupes pouvant provoquer des réactions non souhaitées.
- Les synthèses doivent respecter l'environnement en suivant un comportement **écoresponsable.**

Méthode

1 Élaborer une séquence réactionnelle à partir d'une banque de réactions

Le propanoate de potassium est utilisé comme conservateur. En utilisant la banque de réactions et de réactifs donnés ci-dessous, élaborer les différentes séquences réactionnelles de synthèse de ce conservateur à partir de propène.

- L'addition d'un groupe hydroxyle sur un alcène se fait préférentiellement sur l'atome de carbone le plus substitué.
- L'oxydation ménagée d'un alcool primaire par le permanganate de potassium produit un aldéhyde si l'oxydant est en défaut et un acide carboxylique si l'oxydant est en excès.
- L'oxydation ménagée d'un alcool secondaire produit une cétone.
- L'oxydation ménagée d'un alcool tertiaire ne produit rien de particulier.
- Bases couramment utilisées : soude ($Na^+ + HO^-$) et potasse ($K^+ + HO^-$).

▶ On analyse chaque possibilité de réaction afin de choisir les plus économiques et les plus écoresponsables.

▶ En partant de la plus simple : l'addition du groupe hydroxyle sur le propène donne préférentiellement le propan-2-ol. L'oxydation du propan-2-ol donne une cétone. On ne peut pas aller plus loin.

▶ Il faut donc envisager de protéger l'atome de carbone de la double liaison la plus substituée. L'addition du groupe hydroxyle se fait alors sur l'atome de carbone le moins substitué et on produit du propan-1-ol.

L'oxydation en excès du propan-1-ol avec le permanganate de potassium produit de l'acide propanoïque. L'acide propanoïque devient l'ion propanoate en présence de potasse. Les choix de cette base et du permanganate de potassium permettent de garder des ions potassium, constituant du produit souhaité.

▶ On utilise l'analyse pour construire une carte mentale de la synthèse :

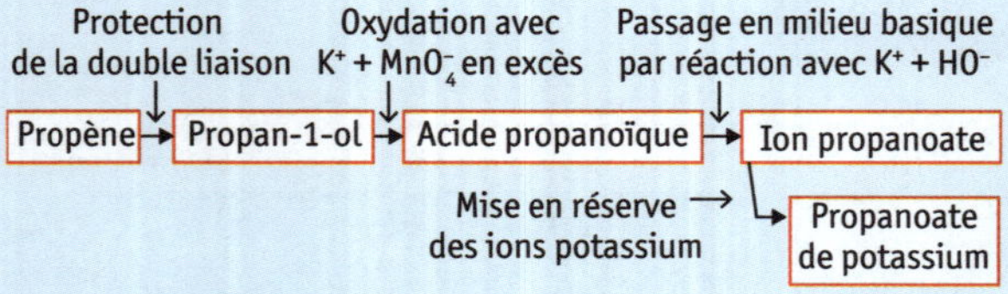

2 Exploiter une courbe d'avancement en fonction du temps

Après avoir mesuré une grandeur physique et l'avoir convertie en avancement en fonction du temps, un expérimentateur obtient la courbe suivante pour un volume V = 100,0 mL de solution.

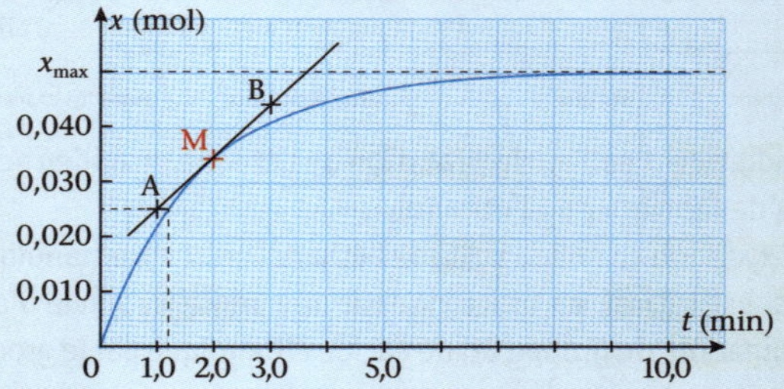

Quel est le temps de demi-réaction $t_{1/2}$?
Quelle est la valeur de la vitesse volumique de réaction en M ?

▶ On utilise la courbe représentant $x(t)$.

x_{max} a pour valeur 0,050 mol. Pour déterminer $t_{1/2}$, on calcule $\frac{x_{max}}{2} = 0{,}025$ mol. On reporte sur la courbe et on lit sur l'axe des abscisses la valeur de $t_{1/2}$: $t_{1/2} = 1{,}4$ min.

Le temps de remi-réaction, aussi appelé demi-vie, est d'environ 1 min 24 s.

▶ La vitesse de réaction est définie par $v = \frac{dx(t)}{dt}$ en $mol \cdot s^{-1}$.

Une dérivée mathématique est aussi le coefficient directeur de la tangente au point considéré. Il suffit donc de choisir deux points de la droite A et B et de calculer le taux de variation $a = \frac{y_B - y_A}{x_B - x_A}$.

On adapte la notation à la courbe ci-dessus : $v = \frac{x_B - x_A}{t_B - t_A}$

Application numérique : $v = \frac{0{,}048 - 0{,}025}{3{,}0 - 1{,}0} = 0{,}012\ mol \cdot min^{-1}$.

La réaction a une vitesse de 12 $mmol \cdot min^{-1}$ au point M.

La vitesse volumique s'obtient en divisant par le volume :

$$\mathcal{V} = \frac{0{,}012}{0{,}100} = 0{,}12\ mmol \cdot min^{-1}.$$

Exercices

1 ★ 10 min **Au cours d'une expérience, on relève, après traitement des données, la courbe ci-contre représentant l'avancement au cours du temps.**

a. Quelle est la valeur la plus probable de l'avancement maximal x_{max} ?

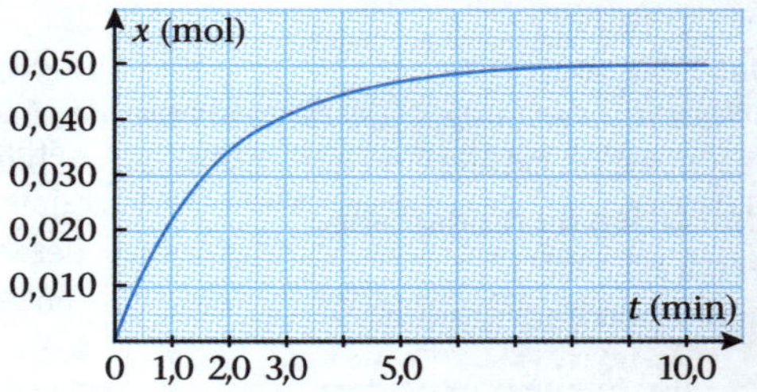

b. Définir le temps de demi-réaction $t_{1/2}$ et déterminer sa valeur expérimentale.
c. Définir la vitesse de la réaction considérée.
d. Déterminer la vitesse de cette réaction à $t = 3{,}0$ min.
e. La réaction se passe dans une solution de volume 50 mL. Définir la vitesse volumique de cette réaction, puis donner sa valeur à $t = 3{,}0$ min.

2 ★★ 15 min **La leucine et la sérine sont deux acides aminés de formules topologiques :**

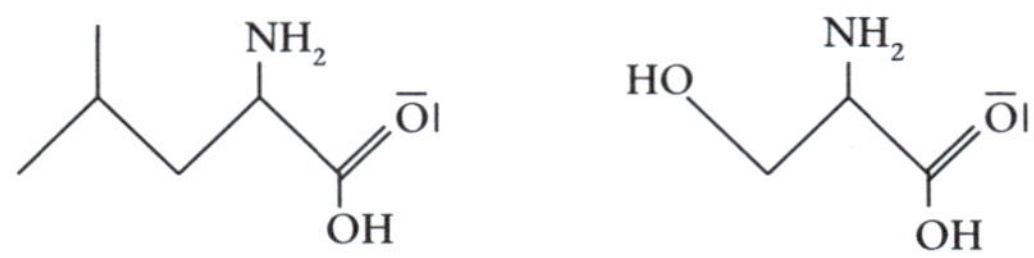

Les acides aminés sont courants en biologie. Ils sont formés d'un groupe carboxyle et d'un groupe amino, souvent placé sur l'atome de carbone voisin du groupe carboxyle.
a. En les mélangeant et en ne tenant compte que des réactions entre molécules différentes, combien de dipeptides est-il possible d'obtenir ? Justifier.
b. Écrire les formules topologiques de ces différents dipeptides.
c. Le composé Leu-Ser, constitué d'une partie provenant de la leucine et d'une partie provenant de la sérine, est représenté ci-dessous :

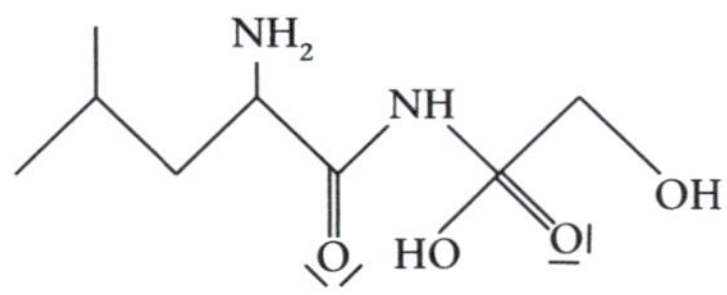

Entourer sur les formules de la leucine et de la sérine les groupes qu'il est nécessaire de protéger pour synthétiser le composé Leu-Ser.

3 ★★★ 25 min Type Bac
On étudie l'évolution et les facteurs cinétiques de la réaction entre l'acide éthanoïque et l'éthanol, de rendement 67 %.
Données :

Entité	Densité	Masse molaire
Acide éthanoïque	1,05	60,05 g · mol⁻¹
Éthanol	0,79	46,07 g · mol⁻¹
Acide sulfurique	1,82	98,07 g · mol⁻¹

a. Écrire l'équation de réaction entre l'acide éthanoïque et l'éthanol. Donner les noms des produits obtenus.
b. Un expérimentateur mélange 11,4 mL d'acide éthanoïque avec 11,6 mL d'éthanol. À ce mélange, il ajoute quelques gouttes d'acide sulfurique concentré. Déterminer les quantités de matière initiales d'acide et d'alcool. Quelle est la particularité de ce mélange ?

c. La courbe ci-après représente la concentration de l'ester synthétisé au cours du temps.
• Déterminer la valeur de la vitesse volumique à $t = 20$ min.
• Quelle est l'évolution de cette vitesse au cours du temps ? Justifier.
• Déterminer la valeur de $t_{1/2}$.
• Quelle serait l'évolution de $t_{1/2}$ en diminuant la température ?

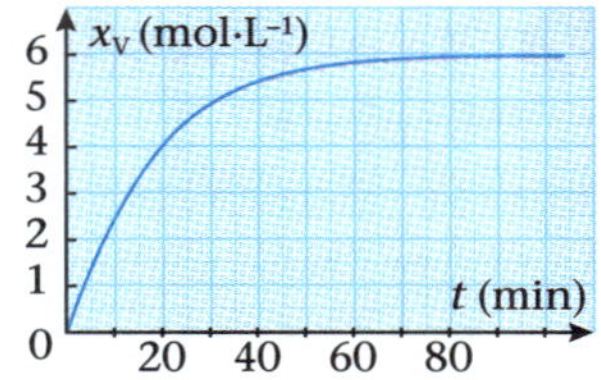

4 ★★★ 25 min Type Bac
L'acide gallique est une molécule qu'il est possible d'extraire du tanin contenu dans les gousses des fruits du tara, un arbuste du Pérou.
L'acide gallique a pour formule semi-développée :

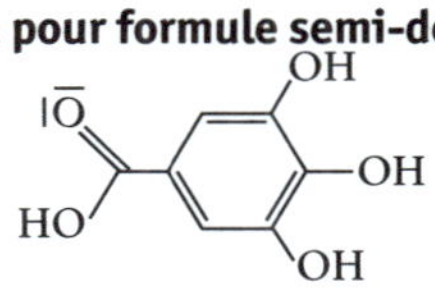

Données : Formule de l'acide benzoïque :

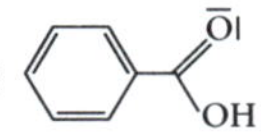

Masses molaires en g · mol⁻¹ : C : 12,0 ; H : 1,0 : O : 16,0.
a. Donner le nom de l'acide gallique en nomenclature officielle.
b. L'acide gallique réagit en présence de quelques millilitres d'acide sulfurique avec le propanol pour donner du gallate de propyle. Écrire en représentation topologique l'équation de la réaction entre l'acide gallique et le propanol. Nommer la fonction chimique obtenue.
c. Avec un mélange équimolaire d'acide gallique et d'alcool, le rendement de cette synthèse est de 70,0 %. Quelle masse de gallate de propyle peut-on espérer obtenir à partir de 21,0 g d'acide gallique ?
d. Pour améliorer le rendement de cette synthèse, il peut être intéressant d'utiliser un appareil de Dean-Stark schématisé ci-contre :
Quelle méthode utilise ce dispositif afin d'améliorer le rendement de cette synthèse ?
e. Quelle autre méthode peut être utilisée pour augmenter le rendement ? Justifier.
f. Quel est le rôle de l'acide sulfurique utilisé lors de cette synthèse ?

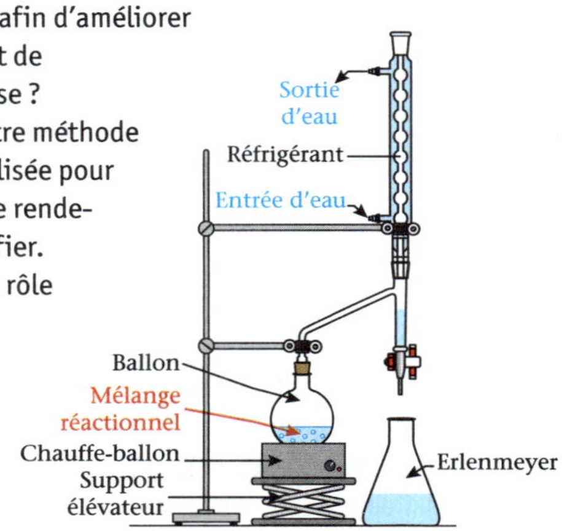

Montage de Dean-Stark

La mécanique de Newton

Cours

1 Vitesse et accélération

a. Définitions

▶ Dans un référentiel donné, à tout instant t, un point M est repéré par son vecteur position : $\overrightarrow{OM}(t)$.
L'ensemble des positions occupées successivement par le point M au cours du temps constitue la trajectoire de ce point.

▶ Le vecteur vitesse à l'instant t d'un point M est défini comme la dérivée du vecteur position $\overrightarrow{OM}(t)$ par rapport au temps :

$$\vec{v}(t) = \frac{d\overrightarrow{OM}(t)}{dt}.$$

Ce vecteur $\vec{v}(t)$ est porté par la tangente à la trajectoire et orienté dans le sens du mouvement. L'unité de sa norme est le mètre par seconde ($m \cdot s^{-1}$).

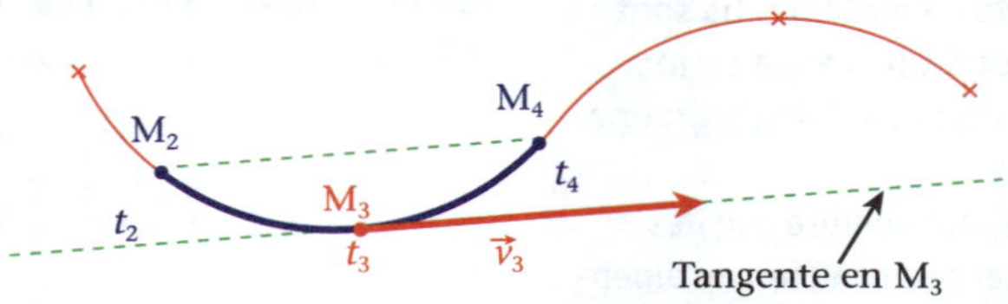

Vecteur vitesse $\vec{v}_3$ à l'instant t_3

▶ Dans la plupart des mouvements, la vitesse varie au cours du temps en norme, en direction, en sens ou les trois à la fois. On caractérise cette variation par le vecteur accélération $\vec{a}(t)$ du point. À un instant t, au point M, ce vecteur est égal à la dérivée du vecteur vitesse par rapport au temps :

$$\vec{a}(t) = \frac{d\vec{v}(t)}{dt} = \frac{d^2\overrightarrow{OM}(t)}{dt^2}$$

Remarque

Le vecteur vitesse étant la dérivée du vecteur position, le vecteur accélération est la dérivée seconde de celui-ci.

b. Repère cartésien

▶ Un repère cartésien est un repère fixe lié à une origine et disposant de vecteurs de base unitaires qui permettent de repérer un point vis-à-vis de l'origine.

▶ Dans le repère cartésien $(O;\vec{i},\vec{j},\vec{k})$, les coordonnées des vecteurs sont :

	vecteur position	vecteur vitesse	vecteur accélération
Coordonnées	$\overrightarrow{OM}(t)\begin{cases}x(t)\\y(t)\\z(t)\end{cases}$	$\vec{v}(t)\begin{cases}v_x(t)=\frac{dx}{dt}\\v_y(t)=\frac{dy}{dt}\\v_z(t)=\frac{dz}{dt}\end{cases}$	$\vec{a}(t)\begin{cases}a_x(t)=\frac{dv_x}{dt}=\frac{d^2x}{dt^2}\\a_y(t)=\frac{dv_y}{dt}=\frac{d^2y}{dt^2}\\a_z(t)=\frac{dv_z}{dt}=\frac{d^2z}{dt^2}\end{cases}$
Valeurs	$OM=\sqrt{x^2+y^2+z^2}$	$v=\sqrt{v_x^2+v_y^2+v_z^2}$	$a=\sqrt{a_x^2+a_y^2+a_z^2}$

Attention

Les normes des vecteurs vitesse et accélération sont positives ; en revanche, leurs coordonnées peuvent être négatives.

c. Repère de Frenet

▶ L'étude des mouvements circulaires s'effectue dans le repère de Frenet $(M;\vec{u}_N,\vec{u}_T)$.
Il est constitué du point M où se trouve le mobile à l'instant t et de deux vecteurs orthonormés $\vec{u}_N$ et $\vec{u}_T$.

▶ Le vecteur unitaire $\vec{u}_T$ est tangent à la trajectoire au point M et est orienté arbitrairement (pas nécessairement dans le sens du mouvement). Le vecteur $\vec{u}_N$ est normal à la trajectoire et est orienté vers l'intérieur de la courbe.

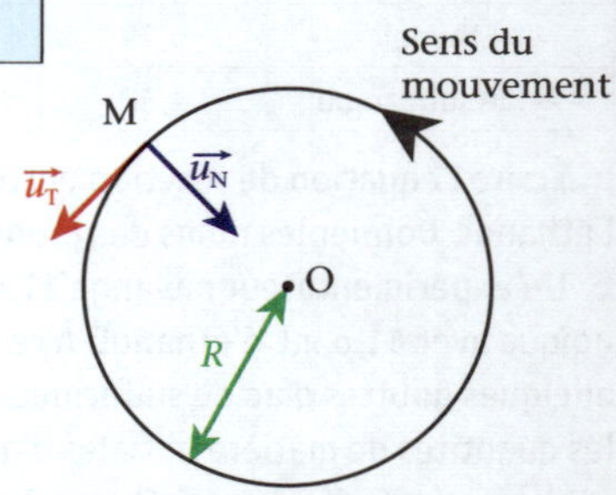

Repère de Frenet

▶ Dans la base de Frenet, les coordonnées des vecteurs vitesse et accélération sont :

$$\vec{v} = v\vec{u}_T$$

$$\vec{a} = a_N\vec{u}_N + a_T\vec{u}_T = \frac{v^2}{R}\vec{u}_N + \frac{dv}{dt}\vec{u}_T$$

▶ a_N représente la composante normale et a_T la composante tangentielle du vecteur accélération.

d. Caractérisation des mouvements

▶ Un mouvement est rectiligne uniforme si le vecteur vitesse est constant : $\vec{v}$ conserve la même direction, le même sens et la même norme. Le vecteur accélération du mobile est donc nul : $\vec{a}(t) = \vec{0}$.

▶ Le vecteur accélération d'un point en mouvement rectiligne uniformément varié est constant : sa direction est celle de la trajectoire du point en mouvement ; sa norme et son sens sont constants.

▶ Lorsque $\vec{a}(t)$ et $\vec{v}(t)$ sont de même sens, le mouvement du point est accéléré. S'ils sont de sens contraire, le mouvement est décéléré.

▶ Un point M est en mouvement circulaire uniforme si la valeur v de la vitesse est constante et si la trajectoire est une portion de cercle de rayon R. Le vecteur accélération est alors centripète et ses coordonnées sont, dans la base de Frenet :

$$\vec{a}(t)\begin{cases} a_N = \dfrac{v^2}{R} \\ a_T = \dfrac{dv}{dt} = 0 \end{cases}$$ puisque la vitesse est constante.

2 La deuxième loi de Newton

a. Le centre de masse

▶ Pour simplifier l'étude du mouvement d'un système, on utilise le centre de masse de celui-ci. Il est le point auquel on associe toute la masse du système. Lorsque le système est un solide de masse volumique homogène, son centre de masse coïncide avec le centre géométrique.

b. Référentiel galiléen

▶ Un référentiel galiléen est un référentiel dans lequel le principe d'inertie est vérifié. Le centre de masse d'un système isolé est donc soit au repos, soit en mouvement rectiligne uniforme.

▶ Un référentiel en mouvement de translation rectiligne uniforme par rapport à un autre référentiel galiléen est un référentiel galiléen.

▶ À l'échelle des expériences humaines, le référentiel héliocentrique est considéré comme galiléen. Il est formé du centre du Soleil, origine du repère, associé à trois axes pointant vers des étoiles « fixes » (très éloignées du système solaire).

▶ Le référentiel géocentrique est formé du centre de masse de la Terre, origine du repère, et d'axes pointant vers trois étoiles fixes. Pendant un temps très court devant la période de révolution de la Terre, on peut le considérer comme un référentiel galiléen.

> **À savoir**
> Le référentiel galiléen absolument parfait n'existe pas.

▶ La grande majorité des expériences étudiées se font sur Terre. Le référentiel terrestre, pour des expériences d'une durée très inférieure à 24 h, peut être considéré comme galiléen.

c. Énoncé de la deuxième loi de Newton (principe fondamental de la dynamique)

Dans un référentiel galiléen, la résultante des forces extérieures appliquées à un système de masse m constante est égale au produit de sa masse par le vecteur accélération $\vec{a}_G$ de son centre de masse G : $\sum\vec{F}_{ext} = m\vec{a}_G$.

d. Équilibre d'un point matériel

Un point matériel est en équilibre dans un référentiel s'il s'y trouve au repos, c'est-à-dire si la résultante des forces qui lui sont appliquées est nulle.

La condition d'équilibre s'écrit donc : $\sum_i \vec{F}_i = \vec{0}$.

> **Remarque**
> $$\vec{a}_G = \frac{\sum\vec{F}_{ext}}{m}$$
> Si $\sum\vec{F}_{ext} = \vec{0}$, alors $\vec{a} = \vec{0}$ et, par conséquent, $\vec{v}$ est constant en direction, sens et norme. On retrouve le principe d'inertie.

SYNTHÈSE

La mécanique de Newton

Référentiel

Terrestre, Géocentrique, Héliocentrique } Supposés galiléens

Système réduit à son centre de masse G

- Bilan des forces extérieures s'exerçant sur le système.
- Deuxième loi de Newton : $\sum \vec{F}_{ext} = m\vec{a}_G$

Accélération

Le vecteur accélération est la dérivée du vecteur vitesse : $\vec{a}(t) = \dfrac{d\vec{v}(t)}{dt} = \dfrac{d^2\overrightarrow{OM}(t)}{dt^2}$

Mouvement

Rectiligne : repère cartésien
- Uniforme : vecteur vitesse constant.
- Uniformément varié : vecteur accélération constant.

Circulaire : repère de Frenet
- Uniforme : la vitesse est constante, l'accélération est constante.

Vitesse

Le vecteur vitesse est la dérivée du vecteur position :
$\vec{v}(t) = \dfrac{d\overrightarrow{OM}(t)}{dt}$

Position

- Dans un repère cartésien :

$\overrightarrow{OM}\begin{cases} x \\ y \\ z \end{cases}$

Méthode

1 Exploiter le repère de Frenet dans le cas des mouvements circulaires

Un mobile ponctuel M retenu par un fil de longueur 3,0 m et de masse négligeable tourne autour d'un axe vertical.
Le mouvement s'effectue sans frottement à vitesse constante v = 5,0 m · s⁻¹ sur un plan horizontal.
Déterminer les coordonnées du vecteur accélération du point M.

▶ Le mobile étudié a une trajectoire circulaire, on se place donc dans le repère de Frenet.

▶ Dans le repère de Frenet $(M ; \vec{T}, \vec{N})$, le vecteur accélération s'écrit :

$$\vec{a} = \frac{dv}{dt}\vec{T} + \frac{v^2}{R}\vec{N}$$

Les coordonnées du vecteur accélération du point M sont donc :

– sur $(M, \vec{N})$, $a_N = \dfrac{v^2}{R} = \dfrac{5{,}0^2}{3{,}0} = 8{,}3 \text{ m} \cdot \text{s}^{-2}$;

– sur $(M, \vec{T})$, $a_T = \dfrac{dv}{dt} = 0$, car la vitesse est constante.

L'accélération $\vec{a}$ de M est radiale (dirigée selon le rayon de la trajectoire) : elle a pour direction la droite (OM), O étant le centre de la trajectoire.

Son sens est vers O, on dit que l'accélération est centripète.

Sa norme est $a = 8{,}3 \text{ m} \cdot \text{s}^{-2}$.

Rappel

On peut avoir une vitesse constante et une accélération. Il ne faut pas confondre la vitesse v et le vecteur vitesse $\vec{v}$. Dans le cas d'un mouvement circulaire uniforme, la vitesse est constante, mais le vecteur vitesse, lui, ne l'est pas. L'accélération n'est donc pas nulle.

2 Utiliser la deuxième loi de Newton

Une automobile de masse m = 1 600 kg roule à une vitesse constante v = 90 km · h⁻¹ en ligne droite sur une route horizontale quand le conducteur décide de freiner et de l'arrêter.
La force de freinage $\vec{F}$ est supposée constante et égale à $F = 3{,}2 \times 10^3$ N.
La résistance à l'avancement due aux différents frottements est modélisée par une force $\vec{f}$ de valeur $f = 8{,}0 \times 10^2$ N.
Durant la phase de freinage, le vecteur accélération du centre de masse M est supposé constant. Quelle est sa valeur ?
Déterminer le vecteur accélération du centre de masse.

▶ On définit le système étudié auquel la deuxième loi de Newton s'applique : la voiture réduite à son centre de masse G.

▶ Le référentiel d'étude est le référentiel terrestre : il est supposé galiléen.

▶ On effectue le bilan des forces extérieures auxquelles est soumis le système, ici l'automobile : son poids $\vec{P}$, la force de freinage $\vec{F}$, la force modélisant les frottements $\vec{f}$ et la réaction normale de la route $\vec{R}$.

▶ On écrit la relation vectorielle traduisant la deuxième loi de Newton.

Dans un référentiel galiléen, la résultante des forces extérieures appliquées à un solide est égale au produit de la masse du solide par le vecteur accélération $\vec{a}_G$ de son centre de masse :

$$\sum \vec{F}_{ext} = m\vec{a}_G \text{ d'où } \vec{P}+\vec{R}+\vec{F}+\vec{f}=m\vec{a}_G$$

Sachant que $\vec{F}$ et $\vec{f}$ sont des vecteurs horizontaux orientés dans le sens opposé à celui du mouvement, par projection sur l'axe Ox orienté dans le sens du mouvement, on obtient, $0+0-F-f=ma_{Gx}$.

On a alors $a_{Gx}=-\dfrac{F+f}{m}=-\dfrac{3{,}2\times10^3+8{,}0\times10^2}{1600}=-2{,}5 \text{ m·s}^{-2}$

La valeur de l'accélération du centre de masse G est : $a = 2{,}5 \text{ m·s}^{-2}$;

PHYSIQUE-CHIMIE

Exercices

Donnée commune aux exercices : g = 9,8 m · s^{-2}.

1 ★ 5 min **Les fusées européennes Ariane, utilisées pour le lancement des satellites de télécommunications, sont tirées depuis le centre spatial guyanais. L'une d'elles, à un instant particulier de son ascension verticale, possède une masse de 35 tonnes et une accélération de 8,6 m · s^{-2}.**

Quelle devrait être la valeur de la poussée à cette altitude sachant que la résistance de l'air est négligée ?

2 ★ 15 min **Dans un repère $R(0;\vec{i},\vec{j})$, le vecteur position d'un point M mobile est :**

$$\overrightarrow{OM}(t)\begin{cases}x(t)=3t-6\\ y(t)=0\end{cases}$$

a. Donner l'équation de la trajectoire de ce point et caractériser celle-ci.

b. Calculer sa vitesse v et son accélération a. Caractériser alors le mouvement.

c. À quel instant le mobile passe-t-il en $x(t) = 3$ m ?

3 ★★ 20 min **La luge est inscrite au programme des Jeux olympiques d'hiver depuis l'édition de 1964 à Innsbruck en Autriche. Elle se pratique en position allongée sur le dos, seul ou à deux personnes. Les spécialistes peuvent atteindre des vitesses de 130 km · h^{-1}. L'enregistrement suivant donne des positions d'un lugeur toutes les 270 ms dans un virage au cours d'une descente.**

Données : Échelle : 1/800

Pour le tracé des vecteurs vitesse, 1 cm sur l'enregistrement correspond à 20 m · s^{-1}.

Pour le tracé des vecteurs accélération, 1 cm sur l'enregistrement correspond à 10 m · s^{-2}.

a. Quelle est la nature du mouvement ?

b. Tracer les vecteurs vitesse $\vec{v}_5$ et $\vec{v}_7$ de la luge, aux points G_5 et G_7.

c. Tracer le vecteur accélération $\vec{a}_6$ au point G_6.

d. En déduire la direction et le sens de la résultante des forces en G_6.

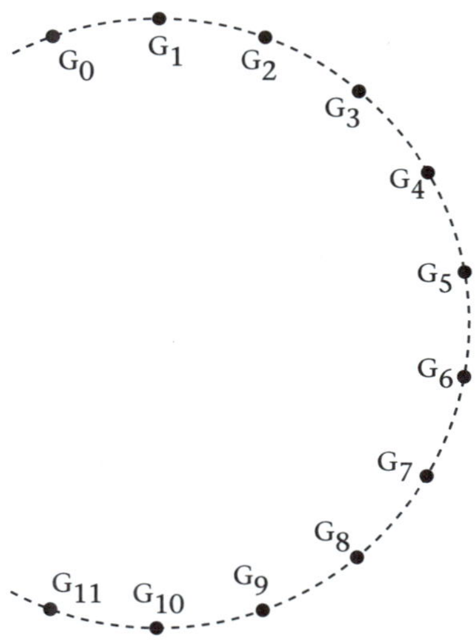

4 ★★★ 15 min Type Bac

On étudie le mouvement d'un skieur de masse m = 90 kg le long d'une piste supposée parfaitement rectiligne, inclinée d'un angle α = 20° par rapport à l'horizontale. On négligera les frottements de l'air sur cet athlète.

a. Représenter la situation sur un schéma.

b. Donner les expressions des coordonnées du vecteur accélération $\vec{a}$ du skieur lors de la descente.

c. Le skieur remonte maintenant la pente à vitesse constante, tiré vers le haut par une perche inclinée de β = 40° par rapport à la verticale, la tension exercée par la perche valant T = 800 N. Quelles sont les composantes normale et tangentielle de la force de contact entre les skis et la piste ?

14 MOUVEMENT ET INTERACTIONS
Mouvement dans un champ uniforme

Cours

1 Mouvement dans un champ de pesanteur uniforme

a. Champ de pesanteur uniforme

▶ Le champ de pesanteur $\vec{g}$ est le champ vectoriel créé par un astre qui exerce sur un objet massique, placé en un point, une action mécanique attractive modélisée par son poids $\vec{P}$.

▶ Dans un domaine limité de l'espace (de l'ordre de quelques kilomètres), le champ de pesanteur peut être considéré comme uniforme : la direction et le sens de $\vec{g}$ sont les mêmes en tout point de cette région, le vecteur champ de pesanteur $\vec{g}$ est constant.

b. Mouvement d'un point matériel

▶ Soit un système soumis à son seul poids $\vec{P}$. D'après la deuxième loi de Newton, $m\vec{g} = m\vec{a}$, ainsi $\vec{g} = \vec{a}$.

▶ Le vecteur accélération d'un système en mouvement dans un champ de pesanteur uniforme est égal au vecteur champ de pesanteur $\vec{g}$. Il ne dépend pas de la masse m de ce solide. Les coordonnées du vecteur accélération sont :

$$\vec{a}(t)\begin{cases} a_x(t) = 0 \\ a_y(t) = 0 \\ a_z(t) = -g \end{cases}$$

▶ À l'instant $t_0 = 0$ s, le point matériel M est lancé avec une vitesse initiale $\vec{v_0}$.

Dans le référentiel terrestre, le repère $(0; \vec{i}, \vec{j}, \vec{k})$ est choisi tel que le vecteur $\vec{v_0}$ soit dans le plan $(0; \vec{i}, \vec{k})$.

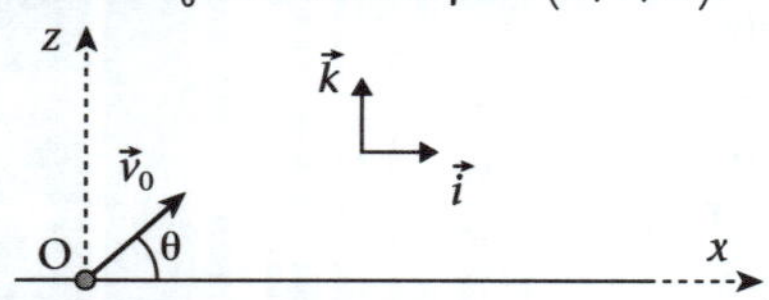

Vecteur vitesse initiale $\vec{v}_0$ dans le plan $(O ; \vec{i}, \vec{k})$

L'angle que fait ce vecteur avec l'horizontale est noté θ.

Il a pour coordonnées : $\vec{v_0}\begin{cases} v_0\cos\theta \\ 0 \\ v_0\sin\theta \end{cases}$

▶ Comme le vecteur accélération est la dérivée du vecteur vitesse par rapport au temps, le vecteur vitesse $\vec{v}(t)$ est une primitive du vecteur accélération.

D'où, en tenant compte des conditions initiales :

$$\vec{v}(t)\begin{cases} v_x(t) = v_0\cos\theta \\ v_y(t) = 0 \\ v_z(t) = -gt + v_0\sin\theta \end{cases}$$

▶ Le vecteur position vecteur position $\overrightarrow{OM}(t)$ est une primitive du vecteur vitesse. Le système étant en O à l'instant $t = 0$.

$$\overrightarrow{OM}(t)\begin{cases} x(t) = v_0\cos\theta \cdot t \\ y(t) = 0 \\ z(t) = -\frac{1}{2}gt^2 + (v_0\sin\theta)\cdot t \end{cases}$$

Les coordonnées du vecteur position indiquent :
- pour $x(t) = v_0\cos\theta \times t$, que le mouvement du projeté de M sur (Ox) est rectiligne uniforme ;
- pour $y(t) = 0$, que le mouvement de M s'effectue dans le plan (xOz) contenant le vecteur vitesse $\vec{v_0}$;
- pour $z(t) = -\frac{1}{2}gt^2 + (v_0\sin\theta)\times t$, que le mouvement du projeté de M sur (Oz) est rectiligne uniformément varié.

▶ L'équation de la trajectoire du système est de la forme : $z = f(x)$. Pour l'obtenir, il faut éliminer la variable t : de l'équation $x(t) = v_0\cos\theta \times t$, on tire $t = \frac{x}{v_0\cos\theta}$; en remplaçant dans l'équation $z(t)$, on obtient : $z(x) = -\frac{1}{2}\times\frac{gx^2}{v_0{}^2\cos^2\theta} + (\tan\theta)\times x$

Cette trajectoire est une parabole car son équation est du type : $z(x) = ax^2 + bx + c$.

À savoir

La trajectoire parabolique d'un système en chute libre est toujours tournée vers la Terre, dans le sens du champ de pesanteur.

▶ La trajectoire est caractérisée par deux grandeurs : la flèche et la portée.

La portée correspond à la distance entre le point de lancement O et le point d'impact sur l'axe horizontal. En ce point : $z = 0$. Il faut résoudre l'équation du second degré $z(x) = 0$. Elle est maximale pour $\theta = 45°$.

La flèche est la hauteur maximale atteinte par le système. Elle est obtenue pour $v_z = 0$.

2 Mouvement dans un champ électrique uniforme

a. Principe de l'accélérateur linéaire

Un accélérateur linéaire de particules comporte une source de particules chargées, des champs électriques accélérateurs, ainsi que des détecteurs ou une cible. Il permet de communiquer de l'énergie aux particules qui le traversent.

b. Équations du mouvement et trajectoire

▶ Dans le schéma ci-dessous, on a représenté une particule positive de charge q et de masse m placée dans un champ électrique uniforme $\vec{E}$ égal à $\vec{E} = -\frac{U}{d}\vec{k}$. ($U$: tension entre les armatures (V) ; d : distance entre les armatures ; $\vec{E}$ champ électrique de norme E ($V \cdot m^{-1}$)).

On peut obtenir les coordonnées du vecteur accélération de la particule puis celle de ses vecteurs vitesse et position par intégration de la même façon qu'au 1.b. en remplaçant le vecteur $\vec{g}$ par $\frac{q\vec{E}}{m}$.

$$\vec{a}(t)\begin{cases} a_x(t) = 0 \\ a_y(t) = 0 \\ a_z(t) = -\frac{qE}{m} \end{cases} \qquad \vec{v}(t)\begin{cases} v_x(t) = v_0\cos\theta \\ v_y(t) = 0 \\ v_z(t) = -\frac{qE}{m}t + v_0\sin\theta \end{cases}$$

>>

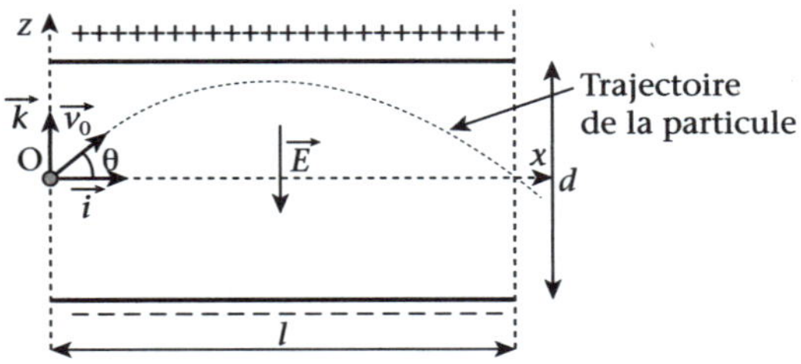

Mouvement d'une particule positive dans un condensateur plan.

D'où les équations horaires des coordonnées du vecteur position : $\overrightarrow{OM}(t)\begin{cases} x(t) = v_0 \cos\theta \cdot t \\ y(t) = 0 \\ z(t) = -\dfrac{qE}{2m}t^2 + (v_0 \sin\theta)\cdot t \end{cases}$

Le mouvement d'une particule chargée dans un champ électrostatique avec un vecteur vitesse initiale non nul $\overrightarrow{v_0}$ s'effectue dans un plan formé par les vecteurs $\overrightarrow{v_0}$ et $\vec{E}$.

c. Caractéristique de la trajectoire

Dans le plan (xOz), l'équation de la trajectoire est :

$$z(x) = -\frac{qE}{2m}\cdot\frac{x^2}{v_0^2\cos^2\theta} + (\tan\theta)\cdot x$$

La trajectoire d'une particule circulant dans un champ électrostatique avec un vecteur vitesse initiale non nul $\overrightarrow{v_0}$ est une parabole dont la concavité dépend du signe de la charge de la particule.

3 Aspects énergétiques

a. Théorème de l'énergie cinétique

La variation de l'énergie cinétique d'un système de masse m entre un point A et un point B est égale à la somme des travaux des forces s'exerçant sur le système entre ces points :

$$\Delta E_c = E_c(B) - E_c(A) = \sum W_{AB}(\vec{F})$$

b. Conservation ou non de l'énergie mécanique

▶ L'énergie mécanique d'un système en un point est la somme de l'énergie cinétique et de l'énergie potentielle de ce système en ce point :

$$E_m = E_p + E_c$$

▶ La variation de l'énergie mécanique d'un système, en mouvement entre deux points A et B, est égale à la somme des travaux des forces non conservatives qu'il subit au cours du mouvement :

$$\Delta E_m = E_m(B) - E_m(A) = \sum\left[W_{AB}(\vec{F}_{nc})\right]$$

▶ Lorsqu'un système n'est soumis au cours de son mouvement qu'à des forces conservatives et/ou des forces dont le travail est nul, son énergie mécanique reste constante. L'énergie cinétique se transforme alors en énergie potentielle et inversement au cours du mouvement.

SYNTHÈSE

Mouvement dans un champ uniforme

Système

2e loi de Newton

Champ de pesanteur : $m\vec{g} = m\vec{a}$ et $\vec{a} = \vec{g}$

Champ électrique : $\vec{a} = \dfrac{\vec{F}_e}{m} = q\dfrac{\vec{E}}{m}$

Équations horaires du mouvement

Champ de pesanteur	Champ électrique
Accélération	
• $\vec{a}(t)\begin{cases} a_x(t) = 0 \\ a_z(t) = -g \end{cases}$	• $\vec{a}(t)\begin{cases} a_x(t) = 0 \\ a_z(t) = \dfrac{qE}{m} \end{cases}$
Vitesse	
• $\vec{v}(t)\begin{cases} v_x(t) = v_0\cos\theta \\ v_z(t) = -gt + v_0\sin\theta \end{cases}$	• $\vec{v}(t)\begin{cases} v_x(t) = v_0\cos\theta \\ v_z(t) = \dfrac{qE}{m}t + v_0\sin\theta \end{cases}$
Position	
• $\overrightarrow{OM}(t)\begin{cases} x(t) = v_0\cos\theta\cdot t \\ z(t) = -\dfrac{1}{2}gt^2 + (v_0\sin\theta)\cdot t \end{cases}$	• $\overrightarrow{OM}(t)\begin{cases} x(t) = v_0\cos\theta\cdot t \\ z(t) = -\dfrac{qE}{2m}t^2 + (v_0\sin\theta)\cdot t \end{cases}$

Équations de la trajectoire

• $z(x) = -\dfrac{1}{2}\cdot\dfrac{g\cdot x^2}{v_0^2\cos^2\theta} + (\tan\theta)\cdot x$	• $z(x) = -\dfrac{qE}{2m}\cdot\dfrac{x^2}{v_0^2\cos^2\theta} + (\tan\theta)\cdot x$

Aspects énergétiques

Théorème de l'énergie cinétique

$$\Delta E_c = E_c(B) - E_c(A) = W_{AB}(\vec{F})$$

Variation de l'énergie mécanique

$$\Delta E_m = E_m(B) - E_m(A) = \sum W_{AB}(\vec{F}_{nc})$$

Méthode

1 Déterminer la trajectoire d'une particule dans un champ électrique uniforme

Un électron de masse m et de charge négative $-e$ pénètre en un point O entre les plaques d'un condensateur plan où règne un champ électrostatique uniforme $\vec{E} = E\vec{k}$.

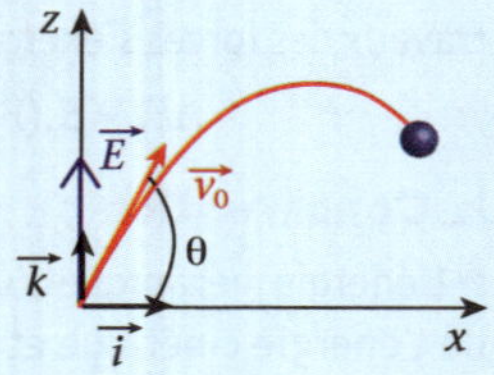

Sa vitesse initiale $\vec{v}_0$ s'écrit $\vec{v}_0 = v_0\cos\theta\vec{i} + v_0\sin\theta\vec{k}$ dans le référentiel du laboratoire considéré comme galiléen pendant la durée de l'expérience.
Son poids peut être négligé.
Sa vitesse initiale $\vec{v}_0$ s'écrit $\overrightarrow{v_0} = v_0\cos\theta\vec{i} + v_0\sin\theta\vec{k}$ où $\vec{i}$ et $\vec{k}$ sont les vecteurs unitaires des axes Ox et Oz.
Déterminer les équations horaires et l'équation de la trajectoire du mouvement de l'électron.

▶ On considère comme système d'étude l'électron. L'étude s'effectue dans le référentiel du laboratoire considéré comme galiléen. Le système n'est soumis qu'à la force électrique $\vec{F}_e$.
D'après la 2e loi de Newton : $\sum\vec{F}_{ext} = m\vec{a}$, d'où $\vec{F}_e = m\vec{a}$.

Or $\vec{F}_e = -e\vec{E}$, donc $-e\vec{E} = m\vec{a}$ et $\vec{a} = \dfrac{-e\vec{E}}{m}$.

$\vec{a}$ et $\vec{E}$ sont colinéaires et de sens opposés.

▶ Dans le repère $(O;\vec{i},\ \vec{j},\ \vec{k})$, les **coordonnées du vecteur accélération** sont donc :

$$\vec{a}\begin{cases}a_x = 0\\ a_y = 0\\ a_z = \dfrac{-eE}{m}\end{cases}$$

▶ Comme le vecteur accélération est la dérivée du vecteur vitesse par rapport au temps, le **vecteur vitesse est une primitive du vecteur accélération :**

$$\vec{v}(t)\begin{cases}v_x(t) = C_1\\ v_y(t) = C_2\\ v_z(t) = -\dfrac{e}{m}t + C_3\end{cases}$$

avec C_1, C_2 et C_3 constantes d'intégration que l'on détermine à l'aide des conditions initiales.

$$\text{à } t = 0\text{, on a : } \vec{v}(t=0)\begin{cases}v_x(0) = C_1\\ v_y(0) = C_2\\ v_z(0) = -\dfrac{e}{m}\times 0 + C_3\end{cases} = \begin{cases}C_1\\ C_2\\ C_3\end{cases}$$

$$\text{Et } \vec{v}(t=0) = \vec{v}_0 \text{ avec } \vec{v}_0\begin{cases}v_{0x} = v_0\cos\theta\\ v_{0y} = 0\\ v_{0z} = v_0\sin\theta\end{cases}$$

Donc $C_1 = v_0\cos\theta$, $C_2 = 0$ et $C_3 = v_0\sin\theta$.

$$\text{D'où : } \vec{v}(t)\begin{cases}v_x(t) = v_0\cos\theta\\ v_y(t) = 0\\ v_z(t) = -\dfrac{eE}{m}t + v_0\sin\theta\end{cases}$$

▶ Comme le vecteur vitesse est la dérivée du vecteur position par rapport au temps, le **vecteur position est une primitive du vecteur vitesse.** Ainsi, en intégrant le vecteur vitesse par rapport au temps, on obtient :

$$\overrightarrow{OM}(t)\begin{cases}x(t) = v_0\cos\theta\cdot t + C_4\\ y(t) = C_5\\ z(t) = -\dfrac{eE}{2m}t^2 + (v_0\sin\theta)\cdot t + C_6\end{cases}$$

avec C_4, C_5 et C_6 constantes.

Or, à $t = 0$, l'électron est en O (0, 0, 0), donc $C_4 = 0$, $C_5 = 0$ et $C_6 = 0$.

$$\text{D'où : } \overrightarrow{OM}(t)\begin{cases}x(t) = v_0\cos\theta\cdot t\\ y(t) = 0\\ z(t) = -\dfrac{eE}{2m}t^2 + (v_0\sin\theta)\cdot t\end{cases}$$

▶ Pour obtenir l'**équation de la trajectoire** (de la forme $y = f(x)$), il faut éliminer la variable t :

$$x(t) = v_0\cos\theta\cdot t \Leftrightarrow t = \frac{x}{v_0\cos\theta}$$

En remplaçant dans $z(t)$ et en simplifiant, on obtient :

$$z(x) = -\frac{eE}{2m}\times\frac{x^2}{v_0^2\cos^2\theta} + (\tan\theta)\times x$$

2 Déterminer la vitesse d'un ion à la sortie d'un accélérateur de particules

Un ion aluminium Al^{3+} quitte la chambre d'ionisation d'un accélérateur avec une vitesse initiale négligeable. Il est alors attiré par une électrode percée d'un trou A qu'il traverse. Son poids peut être négligé.

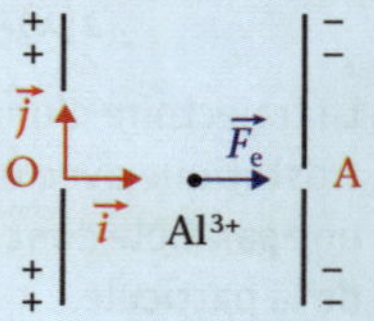

Calculer la vitesse de l'ion aluminium en A.

Données : $e = 1{,}6\times10^{-19}$ C ; $N_A = 6{,}02\times10^{23}$ mol^{-1} ; $U_{AO} = -1\,500$ V ; $M_{Al} = 27$ g·mol^{-1}.

▶ On considère comme système d'étude l'ion aluminium. L'étude s'effectue dans le référentiel du laboratoire considéré comme galiléen. Le système n'est soumis qu'à la force électrique $\vec{F}_e = q\vec{E}$.

▶ Selon le théorème de la variation de l'énergie cinétique, dans un référentiel galiléen, la variation de l'énergie cinétique d'un solide, entre deux positions O et A, est égale à la somme des travaux des forces extérieures appliquées au solide entre ces deux positions. On a ici : $\frac{1}{2}mv_A^2 - \frac{1}{2}mv_0^2 = W_{OA}(\vec{F}_e)$.

Le travail de la force électrique constante $\vec{F}_e$ ne dépend que de la tension entre les deux plaques : $W_{OA}(\vec{F}_e) = qU_{OA} = -qU_{AO}$.

Ainsi : $\frac{1}{2}mv_A^2 = -qU_{AO}$, d'où

$$v_A^2 = \frac{-2qU_{AO}}{m} = \frac{-2qU_{AO}}{\frac{M_{Al}}{N_A}} = \frac{-2qU_{AO}\cdot N_A}{M_{Al}}$$

Or $q = 3e$, donc $v_A = \sqrt{\dfrac{-6eU_{AO}\cdot N_A}{M_{Al}}}$.

▶ Application numérique :

$$v_A = \sqrt{\frac{-6\times1{,}6\times10^{-19}\ \text{C}\times1500\ \text{V}\times6{,}02\times10^{23}\ \text{mol}^{-1}}{27\times10^{-3}\ \text{kg}\cdot\text{mol}^{-1}}}$$

$= 1{,}8\times10^5$ m·s^{-1}.

Exercices

Données communes aux exercices : $g = 9,8 \text{ m} \cdot \text{s}^{-2}$.
$e = 1,6 \times 10^{-19}$ C.

1 ★ 5 min **Un électron se déplace entre les deux plaques d'un condensateur plan éloignées d'une distance $d = 12$ cm. La tension entre ces plaques est $U = 600$ V.**

Déterminer la valeur de l'accélération $\vec{a}$ de l'électron en supposant son poids négligeable devant la force électrique.

On rappelle que la relation entre la tension U et la valeur E du champ électrique entre les plaques du condensateur plan est $E = \dfrac{U}{d}$.

Donnée : Masse de l'électron : $m = 9,1 \times 10^{-31}$ kg.

2 ★ 10 min **Une balle est lancée verticalement vers le haut, depuis une hauteur de 2,2 m par rapport au sol, avec une vitesse $v = 10 \text{ m} \cdot \text{s}^{-1}$. On néglige pour cette étude l'interaction entre la balle et l'air.**

a. Quelle est la hauteur maximale atteinte par la balle ?

b. Quelle est sa vitesse lorsqu'elle retombe au sol ?

3 ★★★ 20 min **On applique, entre deux plaques conductrices de longueur L, séparées par une distance d, une différence de potentiel U. Un électron de masse m pénètre en O avec une vitesse horizontale $\vec{v}_0$ entre les deux plaques de ce condensateur plan.**

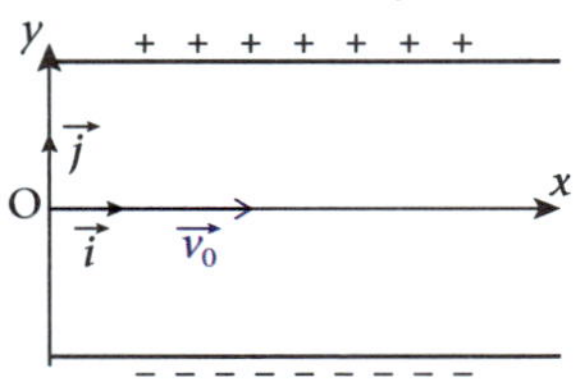

Données :
$L = 3,0$ cm ; $d = 2,0$ cm ; $U = 120$ V ; $v_0 = 10^7 \text{ m} \cdot \text{s}^{-1}$;
$m = 9,1 \times 10^{-31}$ kg.

a. Faire le bilan des forces exercées sur l'électron. Quelle hypothèse peut-on faire en comparant les valeurs des forces ?

b. Déterminer les coordonnées du vecteur accélération de l'électron.

c. L'électron va-t-il toucher les plaques avant de quitter le condensateur ?

4 ★★★ 50 min Type Bac
Une mouche est posée sur une feuille située à une hauteur $H = 75$ cm au-dessus de la surface de l'eau dans laquelle nage un poisson archer. Celui-ci projette vers l'insecte un jet d'eau avec un vecteur vitesse initiale $\vec{v}_0$ incliné d'un angle α par rapport à l'horizontale. Le comportement du jet d'eau sera assimilé à celui d'une goutte d'eau de masse m.
Le jet touche l'insecte au moment où l'eau atteint le sommet de sa trajectoire.
Soient G le centre de masse de la goutte d'eau et I celui de la mouche. On supposera que l'action de l'air est négligeable. L'origine des temps est l'instant où le poisson archer projette l'eau ; le point G se trouve alors au point O pris comme origine du repère.

Donnée : $v_0 = 4,0 \text{ m} \cdot \text{s}^{-1}$

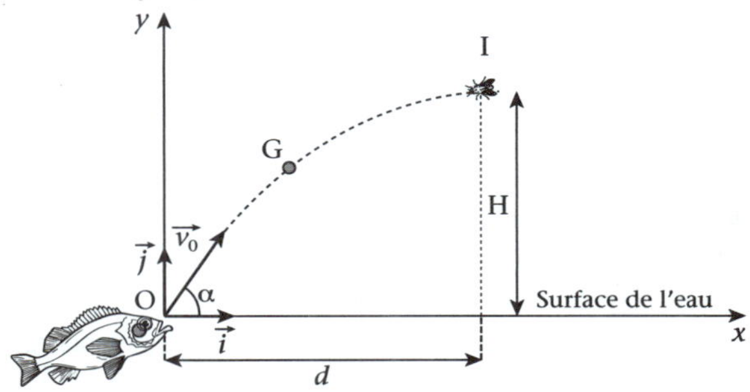

A a. Comment s'interprète la phrase : « L'action de l'air est négligeable » ?

b. En déduire les coordonnées du vecteur accélération du centre de masse G de la goutte.

B a. Exprimer les coordonnées du vecteur vitesse initiale $\vec{v}_0$ dans le repère.

b. Montrer qualitativement que v_x, coordonnée horizontale du vecteur vitesse, garde une valeur constante au cours du mouvement.

C. Quelles sont les équations du mouvement du centre de masse G de la goutte ?

D. Dessiner, sans souci d'échelle, le vecteur vitesse $\vec{v}_S$ du centre de masse G de la goutte, au moment de l'impact avec l'insecte immobile au point représenté sur la figure.

E. Exprimer les coordonnées de $\vec{v}_S$ en fonction de v_0 et α.

F. Utiliser la conservation de l'énergie mécanique pour vérifier que la valeur de l'angle α permettant au jet d'eau d'atteindre la mouche vaut 73°.

G. Montrer que, pour échapper au jet, la mouche doit avoir un temps de réaction t_R inférieur ou égal à 0,39 s.

Mouvement dans un champ de gravitation

Cours

1 Mouvement des satellites et des planètes.

a. Référentiel d'étude

▶ Pour étudier le mouvement d'un système autour d'un astre, dans un champ de gravitation newtonien (champ de forces régi par la loi d'attraction de Newton), on utilise un référentiel astrocentrique lié au solide imaginaire contenant le centre de cet astre et dont les axes pointent trois étoiles éloignées. Ce référentiel est considéré comme galiléen durant l'étude.

▶ Pour les satellites terrestres, on choisira un référentiel géocentrique ; pour ceux de Jupiter, un référentiel jovicentrique.

b. Étude dynamique

▶ Une orbite est la trajectoire décrite par un objet se déplaçant dans l'espace autour d'un astre attracteur.

▶ Le mouvement d'un objet en orbite autour d'un astre est une ellipse. Dans certains cas, cette ellipse se rapproche fortement d'un cercle, comme par exemple l'orbite de la Terre dans le référentiel héliocentrique.

▶ Dans le cadre de l'approximation des trajectoires circulaires, un satellite A de masse m parcourt une orbite circulaire de rayon R.

▶ **Système étudié** : {satellite A} de masse m.
Référentiel d'étude : astrocentrique, supposé galiléen.
Bilan des forces extérieures :
La force d'attraction gravitationnelle $\vec{F}$ exercée par l'astre est :

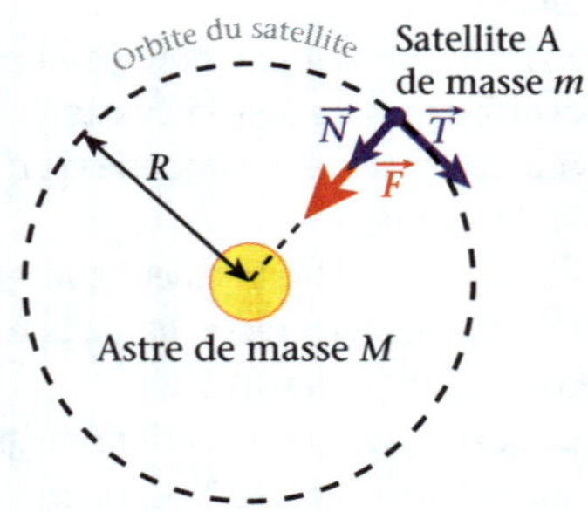

Mouvement d'un satellite A autour d'un astre attracteur

$$\vec{F} = G \cdot \frac{m \cdot M}{R^2} \vec{N}$$

avec G (constante de gravitation) = 6,67 × 10^{-11} m^3 · kg^{-1} · s^{-2}, F en newtons, m en kilogrammes, R en mètres.
D'après la deuxième loi de Newton, on a :

$$\sum \vec{F} = \vec{F} = m\vec{a}$$

avec $\vec{a}$ le vecteur accélération du satellite.
Dans le repère de Frenet $\vec{a} = a_N \vec{N} + v_T \vec{T}$
D'où :

$$G \cdot \frac{m \cdot M}{R^2} \vec{N} = m \cdot \left(a_N \vec{N} + a_T \vec{T}\right) \Leftrightarrow G \cdot \frac{m \cdot M}{R^2} \vec{N} = m a_N \vec{N} + m a_T \vec{T}$$

Donc, par identification :

$$\begin{cases} m a_N = G \cdot \dfrac{m \cdot M}{R^2} \\ m a_T = 0 \end{cases} \Leftrightarrow \begin{cases} a_N = G \cdot \dfrac{M}{R^2} \\ a_T = 0 \end{cases}$$

Comme le mouvement est circulaire, les coordonnées de l'accélération de A s'écrivent aussi : $a_T = \dfrac{dv}{dt}$ et $a_N = \dfrac{v^2}{R}$.

▶ **Nature du mouvement**
L'égalité des coordonnées de $\vec{a}$ sur $(A ; \vec{T})$ conduit à la relation $\dfrac{dv}{dt} = 0$ à chaque instant, alors v = constante. Le mouvement est donc uniforme.

▶ **Valeur de la vitesse**
L'égalité des coordonnées de $\vec{a}$ sur $(A ; \vec{N})$ conduit à la relation $\dfrac{v^2}{R} = G \cdot \dfrac{M}{R^2}$, soit $v = \sqrt{G \cdot \dfrac{M}{R}}$.

▶ **Période de révolution**
La période de révolution T d'un satellite est la durée mise par celui-ci pour accomplir une révolution complète autour de l'astre.
La longueur L d'une orbite est égale à la circonférence du cercle, soit $L = 2\pi R$.
D'où : $v = \dfrac{d}{\Delta t} = \dfrac{L}{T} = \dfrac{2\pi R}{T}$.

Soit : $v = \sqrt{G \cdot \dfrac{M}{R}} = \dfrac{2\pi R}{T} \Leftrightarrow T = 2\pi \sqrt{\dfrac{R^3}{GM}}$.

c. Cas des satellites géostationnaires

▶ Un satellite est dit géostationnaire s'il reste en permanence à la verticale d'un point de la surface terrestre. Il est :
– fixe par rapport à un référentiel terrestre ;
– mobile par rapport au référentiel géocentrique.

▶ Un satellite ne peut être géostationnaire que :
– si le plan de son orbite est confondu avec le plan de l'équateur ;
– si sa période de révolution est exactement égale à la période de rotation de la Terre autour de l'axe de ses pôles, le jour sidéral : 23 h 56 min 4 s ;
– s'il décrit un mouvement circulaire uniforme dans un plan perpendiculaire à l'axe des pôles terrestres ;
– s'il tourne dans le même sens que la Terre autour de l'axe de ses pôles.

2 Lois de Kepler

a. Première loi : loi des orbites

Le centre d'une planète décrit une ellipse dont le centre du Soleil occupe un des foyers.

>>

b. Deuxième loi : loi des aires

▶ La trajectoire de la planète P est une ellipse. Le segment reliant le centre du soleil S au centre de la planète P balaye des aires A_i égales pendant des durées Δt égales.

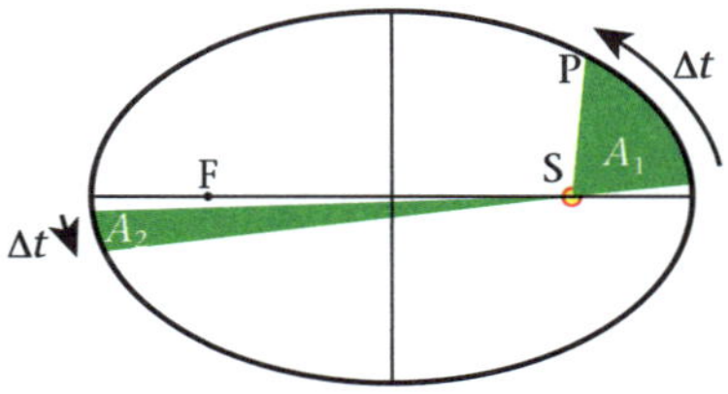

La loi des aires, $A_1 = A_2$

Rappel

Une ellipse est l'ensemble des points P dont la somme des distances à deux points fixes S et F, dits foyers, est constante : PF + PS = 2a (voir ci-dessus).

Le demi-grand axe, de longueur a, correspond à la moitié du grand axe et joint le centre au bord de l'ellipse à travers l'un des foyers.

Le cercle est un cas particulier d'ellipse dont les foyers sont confondus en son centre.

▶ La vitesse d'une planète n'est pas constante. Elle augmente en s'approchant du Soleil.

c. Troisième loi : loi des périodes

▶ Le rapport entre le carré de la période de révolution T (temps mis par une planète pour faire le tour de son orbite) d'une planète et le cube du demi-grand axe a de son orbite est une constante pour toutes les planètes du système solaire.

$$\frac{T^2}{a^3} = k$$

▶ Si la trajectoire est circulaire, alors « $a = R$ »

$$\Rightarrow \frac{T^2}{R^3} = k \text{ et } k = \frac{4\pi^2}{Gm}.$$

La constante k ne dépend pas de la planète considérée. Elle ne dépend que de la masse m de l'astre autour duquel les corps sont en orbite.

Les lois de Kepler, bien qu'écrites pour les planètes de notre système solaire, s'appliquent pour tout corps en orbite elliptique autour d'un astre.

SYNTHÈSE

Mouvement dans un champ de gravitation

Mouvement des satellites et des planètes

- Système étudié : satellite de masse m.
- Référentiel astrocentrique : supposé galiléen.
- Bilan des forces extérieures :

$$\vec{F} = G \cdot \frac{m \cdot M}{R^2} \vec{N}$$

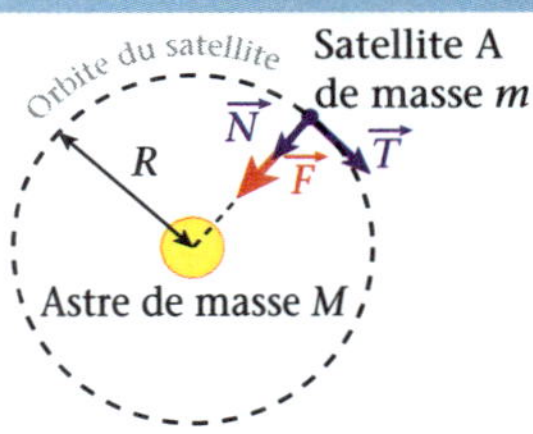

Orbite circulaire : repère de Frenet

Accélération tangentielle $a_T = \frac{dv}{dt}$

Accélération normale $a_N = \frac{v^2}{R}$

Mouvement uniforme $a_T = 0$

Vitesse $v = \sqrt{G \cdot \frac{M}{R}}$

Période $T = 2\pi\sqrt{\frac{R^3}{GM}}$

Satellite géostationnaire

T = 1 jour, le satellite est :
– fixe dans un référentiel terrestre ;
– mobile dans un référentiel géocentrique.

Orbite elliptique : lois de Kepler

Valables pour tout corps en orbite elliptique autour d'un astre.

- **1re loi : loi des orbites**

Le centre d'une planète décrit une ellipse dont le centre du Soleil est l'un des foyers.

- **2e loi : loi des aires**

$A_1 = A_2$ pendant des durées Δt égales.

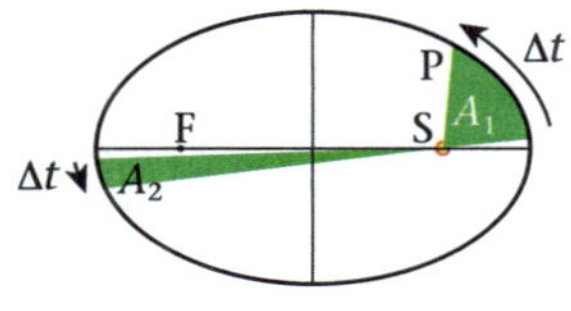

- **3e loi : loi des périodes**

$$\frac{T^2}{a^3} = k$$

avec a, demi-grand axe de l'ellipse, et T, temps mis par la planète pour faire le tour de son orbite.

Méthode

1 Obtenir la vitesse d'un système en orbite circulaire

Dans le référentiel héliocentrique, la planète Mars M de masse *m* possède une orbite circulaire autour du Soleil S de masse *M*. Soit *R* la distance entre les centres de masse de la planète Mars et du Soleil.
Montrer que le mouvement du centre de masse de Mars est uniforme et calculer sa vitesse.

Données :
$G = 6{,}67 \times 10^{-11}\ \text{m}^3 \cdot \text{kg}^{-1} \cdot \text{s}^{-2}$; $R = 2{,}28 \times 10^{11}\ \text{m}$;
$M = 1{,}99 \times 10^{30}\ \text{kg}$; $m = 6{,}39 \times 10^{23}\ \text{kg}$.

▶ On précise le système étudié.
Mars est le système étudié dans le référentiel héliocentrique supposé galiléen. Il y est soumis à la force d'attraction gravitationnelle que le Soleil exerce sur lui :

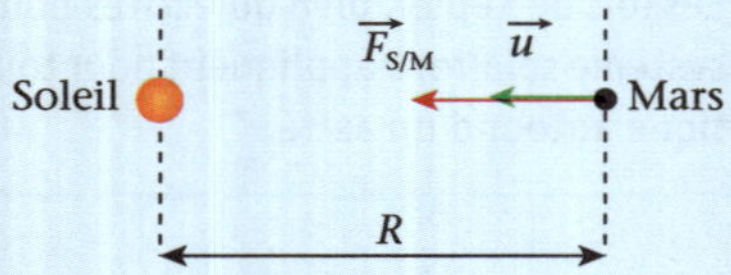

$$\vec{F}_{S/M} = G \cdot \frac{m \cdot M}{R^2} \vec{u}$$

Un vecteur unitaire $\vec{u}$ est orienté de Mars M vers le Soleil S.

▶ On applique la **deuxième loi de Newton**, on a :

$$\sum \vec{F} = \vec{F}_{S/M} = m\vec{a}_M$$

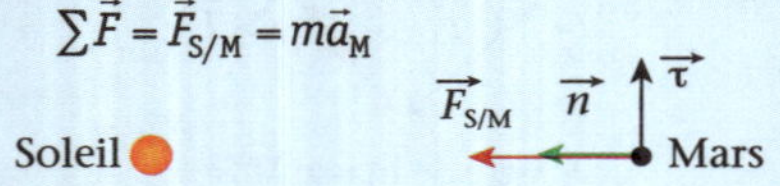

D'où :

$$G \cdot \frac{m \cdot M}{R^2} \vec{u} = m\vec{a}_M \Leftrightarrow \vec{a}_M = G \cdot \frac{M}{R^2} \vec{u}$$

Remarque

On peut qualifier la direction et le sens du vecteur accélération respectivement de **radiale** (qui est dirigé selon un rayon) et de **centripète**.

▶ Pour montrer que le mouvement d'une planète est uniforme on utilise le **repère de Frenet**.
Dans le repère de Frenet $(\text{M}, \vec{n}, \vec{\tau})$, le vecteur accélération s'écrit :

$$\vec{a}_M = \frac{v^2}{R} \vec{n} + \frac{\text{d}v}{\text{d}t} \vec{\tau}$$

Avec $\vec{n} = \vec{u}$, on a :

$$\vec{a}_M = \frac{v^2}{R} \vec{u} + \frac{\text{d}v}{\text{d}t} \vec{\tau}$$

En égalant les deux expressions de l'accélération, il vient :

$$G \cdot \frac{M}{R^2} \vec{u} = \frac{v^2}{R} \vec{u} + \frac{\text{d}v}{\text{d}t} \vec{\tau}$$

▶ On en déduit :

$$0 = \frac{\text{d}v}{\text{d}t} \Rightarrow v = \text{constante} \quad \text{et} \quad G \cdot \frac{M}{R^2} = \frac{v^2}{R}$$

La première égalité montre que la vitesse est constante et donc que le mouvement circulaire est uniforme.

▶ La seconde égalité permet d'obtenir une expression pour la vitesse soit : $v = \sqrt{G\frac{M}{R}}$.

Application numérique :

$$v = \sqrt{6{,}67 \times 10^{-11}\ \text{m}^3 \cdot \text{kg}^{-1} \cdot \text{s}^{-2} \times \frac{1{,}99 \times 10^{30}\ \text{kg}}{2{,}28 \times 10^{11}\ \text{m}}}$$
$$= 2{,}41 \times 10^4\ \text{m} \cdot \text{s}^{-1}.$$

2 Déterminer la masse d'un astre attracteur

On modélise les trajectoires des planètes du système solaire dans le référentiel héliocentrique par des cercles de rayon *r* dont le centre O est le Soleil de masse *M*.
Le graphe représente l'évolution du carré de la période de révolution des planètes Terre, Mars et Jupiter en fonction du cube du rayon de leur orbite.
Le graphe est-il en accord avec la troisième loi de Kepler : $\frac{T^2}{r^3} = \frac{4\pi^2}{GM}$?
En déduire la masse du Soleil.

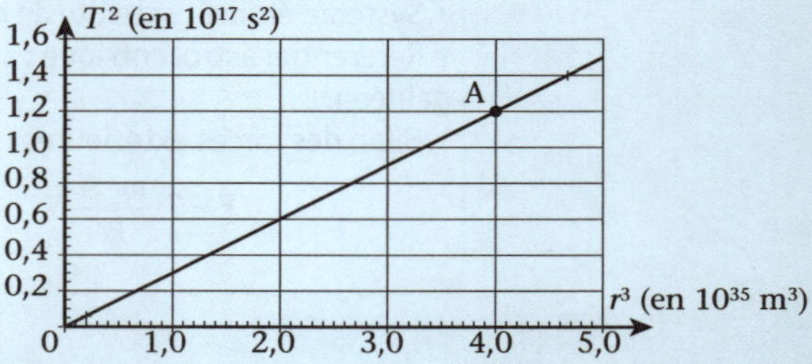

Données : $G = 6{,}67 \times 10^{-11}\ \text{m}^3 \cdot \text{kg}^{-1} \cdot \text{s}^{-2}$; 1 an = 365 jours.

▶ La troisième loi de Kepler énonce que le carré de la période de révolution T d'une planète est proportionnel au cube du rayon de son orbite : $\frac{T^2}{r^3} = k$.

▶ La courbe représentative de la fonction $T^2 = f(r^3)$ est une droite passant par l'origine. T^2 est donc bien proportionnel à r^3. La troisième loi de Kepler est donc vérifiée et k est le coefficient directeur de la droite du graphe.

▶ Soient les points A $(4{,}0 \times 10^{35}, 1{,}2 \times 10^{17})$ et O (0,0) du graphique :

$$k = \frac{T_A^2 - T_O^2}{r_A^3 - r_O^3} = \frac{1{,}2 \times 10^{17}\ \text{s}^2 - 0\ \text{s}^2}{4{,}0 \times 10^{35}\ \text{m}^{-3} - 0\ \text{m}^{-3}} = 3{,}0 \times 10^{-19}\ \text{s}^2 \cdot \text{m}^{-3}.$$

Or, $k = \frac{4\pi^2}{GM}$ et $M = \frac{4\pi^2}{G \cdot k}$.

Application numérique :

$$M = \frac{4\pi^2}{6{,}67 \times 10^{-11}\ \text{m}^3 \cdot \text{kg}^{-1} \cdot \text{s}^{-2} \times 3{,}0 \times 10^{-19}\ \text{s}^2 \cdot \text{m}^{-3}}$$
$$= 2{,}0 \times 10^{30}\ \text{kg}.$$

Exercices

Données : $G = 6{,}67 \times 10^{-11}\ m^3 \cdot kg^{-1} \cdot s^{-2}$; Masse de la Terre, $M = 5{,}98 \times 10^{24}\ kg$; Rayon de la Terre, $R = 6{,}38 \times 10^6\ m$.

1 ★ 5 min **La découverte d'Éris en 2005 entraîna la rétrogradation de Pluton au rang de planète naine. Éris parcourt une orbite elliptique autour du Soleil avec une période de révolution T_E d'environ 557 années terrestres.**

Donnée :
Période de révolution de Pluton : $T_P = 248$ ans.
Justifier qualitativement si l'orbite d'Éris se situe au-delà ou en deçà de celle de Pluton ?

Lorsqu'il est demandé de montrer quelque chose qualitativement, cela implique qu'il ne faut pas faire de calcul, mais souvent d'interpréter le sens des relations mathématiques connues ou données.

2 ★ 10 min **Europe fait partie des quatre lunes de Jupiter (avec Io, Ganymède et Callisto) observées pour la première fois en 1610 par Galilée au moyen d'une lunette astronomique de son invention. Ce sont les premiers objets découverts par l'astronomie télescopique.**

Données : $T = 3{,}55$ jours ;
Masse de Jupiter : $M = 1{,}898 \times 10^{27}$ kg.

a. Dans quel référentiel doit-on se placer pour étudier le mouvement d'Europe ?
b. Énoncer la troisième loi de Kepler pour cette lune de Jupiter.
c. En déduire la valeur du rayon r de l'orbite circulaire d'Europe.

3 ★★ 20 min **Dans le référentiel géocentrique supposé galiléen, un satellite géostationnaire S possède une orbite circulaire située dans le plan de l'équateur à l'altitude *h*.**

Données : Masse du satellite : $m = 250$ kg.
Intensité de la pesanteur : $g = 9{,}8\ m \cdot s^{-2}$
Période de rotation de la terre ou jour sidéral : $8{,}62 \times 10^4$ s.

a. Qu'est-ce qu'un satellite géostationnaire ?
b. Dans quel référentiel doit-on se placer pour étudier un tel satellite ?
c. Représenter sur un schéma :
– la Terre et le satellite S ;
– un vecteur unitaire $\vec{u}$ orienté du satellite S vers la Terre ;
– la force d'interaction gravitationnelle exercée par la Terre sur le satellite S.
d. Que peut-on dire sur le mouvement du centre de masse du satellite ?
e. Établir les expressions de la vitesse v et de la période T du satellite en fonction de son altitude h.
f. Calculer l'altitude h à laquelle doit se trouver le satellite pour qu'il soit géostationnaire.

4 ★★★ 40 min Type Bac **Les systèmes de lanceurs Soyouz permettent de mettre des modules habités et des satellites en orbite autour de la Terre. Au bout d'environ dix minutes de vol, à une altitude de près de 220 km, le module Soyouz atteint son orbite basse considérée comme circulaire. Il subit ensuite diverses corrections orbitales avant de rejoindre l'orbite de la station spatiale internationale (ISS).**

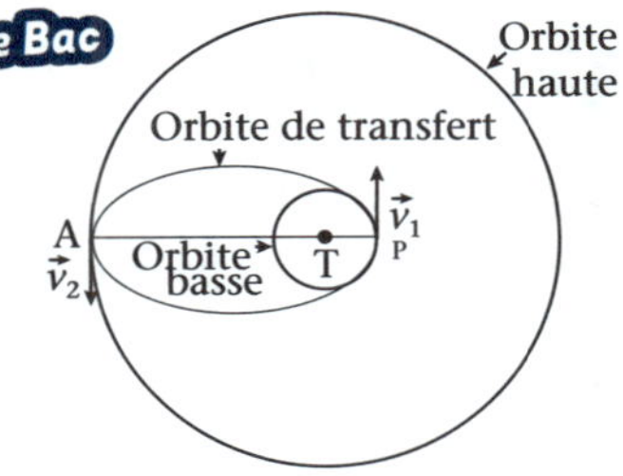

Données :
Altitude de l'orbite basse du Soyouz : $h_S = 220$ km ;
Période orbitale du Soyouz sur son orbite basse : $T_S = 88{,}66$ min ;
Altitude de l'orbite haute du Soyouz : $H_S = 320$ km ;
Altitude de la station spatiale internationale : $h_{ISS} = 400$ km.

A. Orbite basse

a. Dans quel référentiel doit-on se placer pour étudier les mouvements du module Soyouz et de l'ISS ?
b. Déterminer la valeur de la vitesse v_S du module Soyouz sur son orbite basse.
c. Les orbites du module Soyouz et de l'ISS étant considérées comme circulaires, démontrer l'égalité suivante :

$$\frac{T_S^2}{(R_T + h_S)^3} = \frac{T_{ISS}^2}{(R_T + h_{ISS})^3}$$

d. Déterminer la valeur de la vitesse v_{ISS} de la station spatiale internationale sur son orbite.

B. Orbite haute

Soyouz connaît ensuite plusieurs corrections orbitales. Au point P, on modifie la valeur de sa vitesse pour qu'elle atteigne une valeur v_1. Soyouz parcourt alors son orbite de transfert. En A, sa vitesse est v_2. Elle est modifiée jusqu'à atteindre v_F, valeur finale, qui lui permet de rester sur son orbite haute.

a. Sur quelle orbite le module est-il le plus rapide ?
b. L'expression de l'énergie potentielle E_P du module Soyouz, est la suivante : $E_P = -\dfrac{G \cdot m \cdot M_T}{R_T + h}$
avec m, la masse du satellite ; G, la constante de gravitation ; M_T, la masse de la Terre ; h, l'altitude du vaisseau Soyouz.
Justifier que l'énergie mécanique du module Soyouz sur son orbite de transfert entre les points P et A ne varie pas.
c. Donner la relation littérale permettant de calculer l'énergie mécanique du module Soyouz au point P.
d. La vitesse v_1 étant égale à $7{,}80 \times 10^3\ m \cdot s^{-1}$, déterminer la valeur de la vitesse v_2. Ce résultat est-il en accord avec celui trouvé en a. ?
e. Comment le module peut-il ensuite atteindre la station spatiale ISS ?

PHYSIQUE-CHIMIE

16

MOUVEMENT ET INTERACTIONS

Modéliser l'écoulement d'un fluide

Cours

1 La poussée d'Archimède

▶ Nous ressentons la poussée d'Archimède par exemple lors d'une baignade. Le phénomène a été expliqué par le Grec Archimède : plongés dans un liquide, nous « pesons » moins lourd. Les sous-marins tirent parti de cette poussée pour plonger ou remonter à la surface de l'eau. Il en est de même des montgolfières, qui montent et descendent dans l'atmosphère.

> **Attention**
> Lors d'un bilan des forces appliquées à un système, il ne faut pas oublier la poussée d'Archimède.

▶ Lorsqu'un objet est placé dans un fluide, il subit une poussée $\vec{P}_A$ de bas en haut. La cause de cette poussée est la résultante des forces pressantes exercées sur cet objet, force d'autant plus importante que la surface sur laquelle s'exerce cette force est grande.

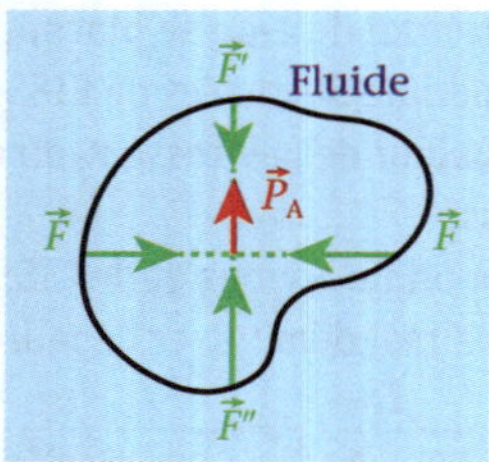

Modélisation de la poussée d'Archimède

▶ Les deux points à la même profondeur subissent des forces pressantes qui se compensent. Ainsi, la résultante des forces latérales est nulle. En revanche, $F' < F''$, car la surface subissant $\vec{F}''$ est à plus grande profondeur que celle subissant $\vec{F}'$.

▶ La poussée d'Archimède est égale et opposée au poids du fluide « déplacé » :

$$\vec{P}_A = -\vec{P}_{\text{fluide}} = -m_{\text{fluide}} \cdot \vec{g} = -\rho_{\text{fluide}} \cdot V_{\text{fluide}} \cdot \vec{g}$$

$$\vec{P}_A = -\rho_{\text{fluide}} \cdot V \cdot \vec{g}$$

$\vec{P}_A$ est la poussée d'Archimède en newtons (N), ρ_{fluide} désigne la masse volumique du fluide en $\text{kg} \cdot \text{m}^{-3}$, V le volume du fluide déplacé égal au volume occupé par l'objet en m^3 et $\vec{g}$ l'intensité de la pesanteur de valeur : $g = 9{,}81\ \text{N} \cdot \text{kg}^{-1}$.

2 Écoulement d'un fluide en régime permanent

▶ Afin de déterminer les lois utilisables concernant les mouvements des fluides, il est nécessaire de rechercher les grandeurs qui se conservent.

▶ On considère par exemple un fluide circulant dans un tube. Pour des durées identiques, le volume de liquide traversant la section S_1 (en m^2) est égal au volume traversant la section S_2.

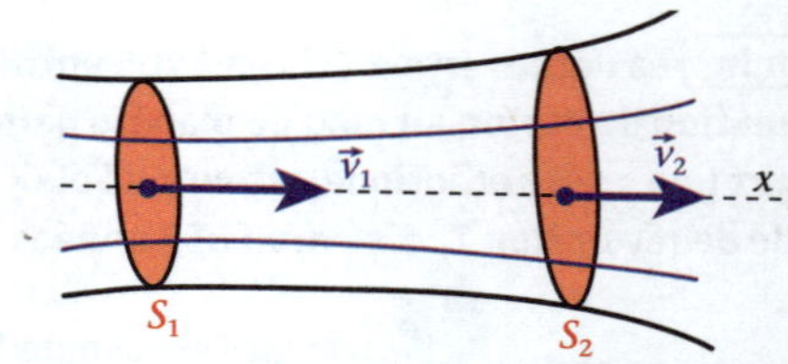

Lignes de courant et vecteurs vitesse du fluide dans un tube de section variable

Par conséquent, le débit volumique défini par le quotient de la variation du volume au cours du temps $D_V = \dfrac{dV}{dt}$ en $\text{m}^3 \cdot \text{s}^{-1}$ se conserve. On a : $\dfrac{dV}{dt}$ = constante.

En exprimant le volume sous la forme $S \cdot x$:

$$\frac{d(S \cdot x)}{dt} = S \cdot \frac{dx}{dt} = \text{constante}$$

Ce qui donne $S \cdot v$ = constante, v étant la vitesse du fluide en $\text{m} \cdot \text{s}^{-1}$.

$$D_V = S_1 \cdot v_1 = S_2 \cdot v_2$$

Cette relation traduit la conservation du débit volumique.

3 Caractéristiques d'un fluide incompressible

a. Fluide incompressible

▶ Un fluide est dit incompressible si son volume ne varie pas sous l'effet d'une force pressante. Sa masse volumique est alors constante et on peut écrire :

$$\rho = \text{constante}.$$

▶ Le débit volumique d'un fluide incompressible se conserve.

b. Relation de Bernoulli

▶ La relation de Bernoulli fait appel à la conservation de l'énergie volumique (ou énergie par unité de volume de matière) du fluide entre deux instants.

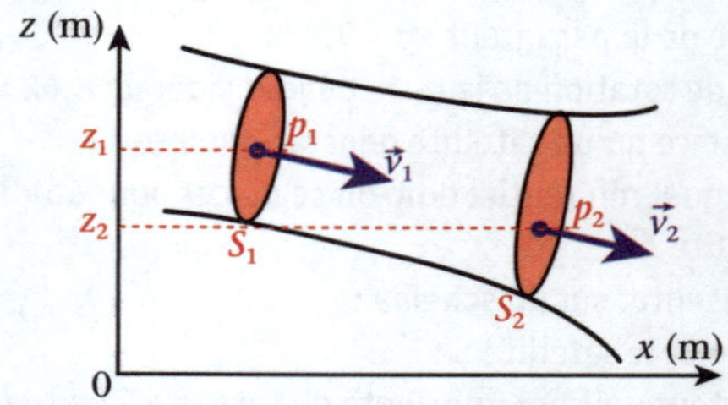

Conservation de l'énergie du fluide

▶ Pour un fluide incompressible et isolé, l'énergie volumique du fluide se conserve entre les sections S_1 et S_2 :

$$p_1 + \rho \cdot g \cdot z_1 + \frac{1}{2}\rho \cdot v_1^2 = p_2 + \rho \cdot g \cdot z_2 + \frac{1}{2}\rho \cdot v_2^2$$

p est la pression en un point (en Pa), z l'altitude (en m), g l'intensité de la pesanteur, ρ la masse volumique du fluide (en $\text{kg} \cdot \text{m}^{-3}$) et v la vitesse du fluide (en $\text{m} \cdot \text{s}^{-1}$).

>>

c. Effet Venturi

▶ En chimie, la filtration sur Buchner est accélérée grâce à la baisse de pression occasionnée par la circulation rapide de l'eau dans un tuyau de section variable. C'est l'effet Venturi.

▶ Cet effet apparaît lorsqu'une conduite de fluide présente un étranglement. La conduite passe d'une section S_A à une section S_B :

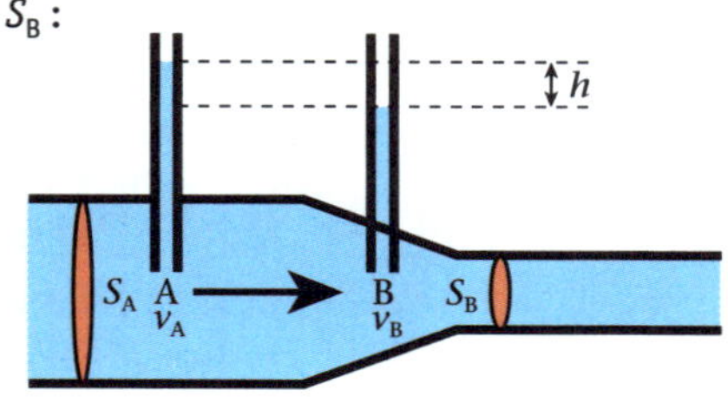

Modélisation de l'effet Venturi

À savoir

$\rho \cdot g \cdot z$ et $\frac{1}{2}\rho \cdot v^2$ sont de l'énergie potentielle et de l'énergie cinétique volumiques, grandeurs homogènes à des pressions.

▶ On applique alors la relation de Bernoulli pour deux points de même altitude z :

$$p_A + \frac{1}{2}\rho \cdot v_A^2 = p_B + \frac{1}{2}\rho \cdot v_B^2$$

On en déduit que si $v_B > v_A$, alors $p_B < p_A$.

▶ Le rétrécissement du tube se traduit ainsi par une augmentation de la vitesse du fluide et par une chute de la pression. Elle est mise en évidence par la hauteur d'eau h entre les deux « prises » A et B.

Rappel

L'unité légale de pression est le pascal (Pa) avec 1 bar = 1×10^5 Pa.

PHYSIQUE-CHIMIE

SYNTHÈSE

La poussée d'Archimède

Observation

Tout corps placé dans un fluide subit une poussée de bas en haut égale au poids du fluide déplacé.

⇒ Phénomène : **poussée d'Archimède**

$$\vec{P}_A = -\rho_{\text{fluide}} \cdot V \cdot \vec{g}$$

Cause

La poussée d'Archimède est due à la variation de **pression** avec la profondeur ou l'altitude.

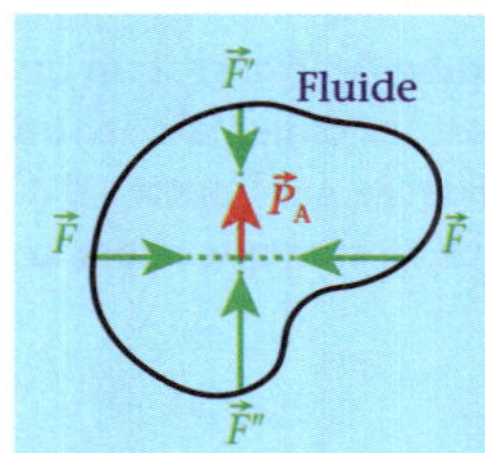

Modéliser l'écoulement d'un fluide

Écoulement d'un fluide en régime permanent et relation de Bernoulli

- Un fluide **incompressible** possède une masse volumique constante.
- En régime permanent, le **débit volumique** d'un fluide en mouvement se conserve :

$$D_V = S_1 \cdot v_1 = S_2 \cdot v_2$$

- Relation de **Bernoulli** (conservation de l'énergie) :

$$p_1 + \rho \cdot g \cdot z_1 + \frac{1}{2}\rho \cdot v_1^2 = p_2 + \rho \cdot g \cdot z_2 + \frac{1}{2}\rho \cdot v_2^2$$

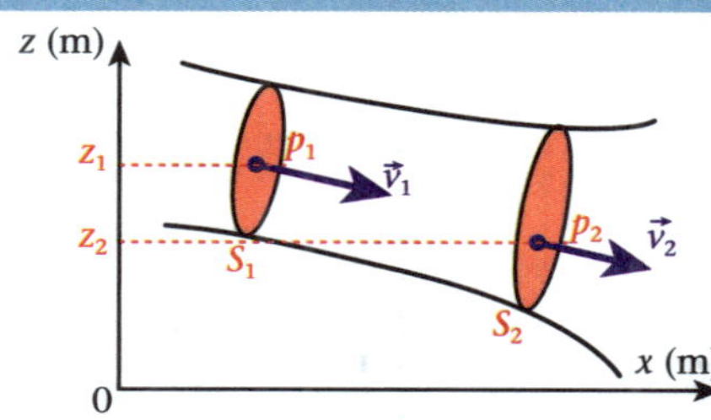

Application à l'effet Venturi

Lors de la circulation d'un fluide dans une canalisation, une **diminution** de sa **section** s'accompagne :
- d'une **augmentation** de la **vitesse du fluide** ;
- d'une **diminution** de la **pression dans la canalisation**.

Méthode

1 Évaluer la poussée d'Archimède

Un tube bouché de 100 cm³ rempli d'air de masse volumique 1,3 kg · m⁻³ est retourné sur un récipient contenant de l'eau de masse volumique 1 000 kg · m⁻³. Il plonge partiellement en repoussant l'eau comme représenté ci-dessous.

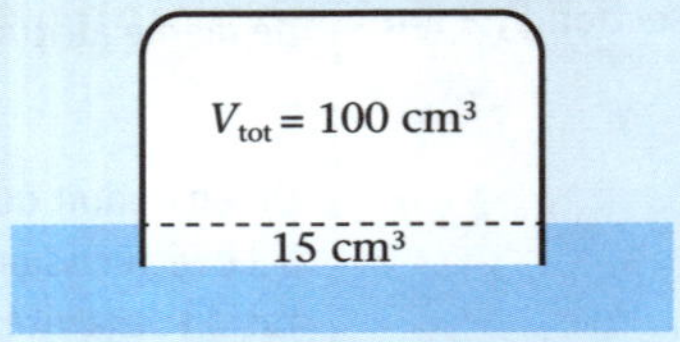

Rappel

- La masse volumique en $kg \cdot m^{-3}$ a pour expression $\rho = \frac{m}{V}$.
- *N* représente l'unité de force, le newton.

Quelle est la valeur de la poussée d'Archimède subie par le tube ?

Donnée : $g = 9{,}81\ N \cdot kg^{-1}$.

▶ On analyse la situation en déterminant quel fluide est déplacé et de quel volume.

La poussée d'Archimède est égale et opposée au poids du fluide déplacé. Dans ce cas, le fluide est l'eau, qui se déplace d'un volume de 15 cm³ comme représenté sur la figure.

▶ On exprime littéralement la poussée d'Archimède.

La poussée d'Archimède s'écrit : $\vec{P}_A = -\rho_{fluide} \cdot V \cdot \vec{g}$. Sa norme a pour expression : $P_A = \rho_{fluide} \cdot V \cdot g$.

▶ On effectue l'application numérique, en faisant attention aux unités et aux chiffres significatifs.

$P_A = \rho_{fluide} \cdot V \cdot g = 1\,000 \times 15 \times 10^{-6} \times 9{,}81 = 0{,}15\ N$

Le tube subit une poussée d'Archimède de 0,15 N.

2 Utiliser la relation de Bernoulli

Un tube de Pitot est un instrument utilisé en aviation. Il permet de connaître la vitesse d'un avion en mesurant des pressions dans l'air, le fluide d'étude. Le tube ci-après mesure dans un premier compartiment la pression totale p_t exercée par l'entrée d'air et dans un second, la pression « statique » p_s provenant de prises d'air latérales. La pression statique p_s est la pression du fluide immobile, qui ne tient pas compte du mouvement de l'air à la vitesse *v*.

Quelle est la vitesse de l'avion dans l'air, soit la vitesse de l'air par rapport à l'avion, si on mesure un écart de pression $\Delta p = p_t - p_s = 30$ mbar ?

Donnée : masse volumique de l'air : $1{,}3\ kg \cdot m^{-3}$.

▶ On fait correspondre chaque valeur de la relation de Bernoulli avec la situation donnée.

Dans le cas général, la relation de Bernoulli est donnée par l'expression :

$$p_1 + \rho \cdot g \cdot z_1 + \frac{1}{2}\rho \cdot v_1^2 = p_2 + \rho \cdot g \cdot z_2 + \frac{1}{2}\rho \cdot v_2^2$$

La pression statique p_S est représentée à droite et à gauche de l'équation par les termes de pression correspondant à de l'air fixe : $p_s = p + \rho \cdot g \cdot z$.

La pression dynamique est donnée par : $p_d = \frac{1}{2}\rho \cdot v^2$.

La somme de la pression statique et de la pression dynamique constitue la pression totale : $p_t = p_d + p_s$.

▶ On fait apparaître les données de l'énoncé :

$$p_t = \frac{1}{2}\rho \cdot v^2 + p_s \text{ donne } v = \sqrt{\frac{2(p_t - p_s)}{\rho}}.$$

▶ On effectue l'application numérique en faisant attention aux unités et aux chiffres significatifs.

$$v = \sqrt{\frac{2 \times 30 \times 10^2}{1{,}3}} = 68\ m \cdot s^{-1}.$$

L'avion vole à $68\ m \cdot s^{-1}$, c'est-à-dire à environ 245 km/h.

Exercices

Données communes aux exercices :
Intensité de la pesanteur : $g = 9{,}81\ \text{N} \cdot \text{kg}^{-1}$; $\rho_{eau} = 1\ 000\ \text{kg} \cdot \text{m}^{-3}$; $\rho_{air} = 1{,}3\ \text{kg} \cdot \text{m}^{-3}$.

1 ★ 5 min **Un être humain de masse égale à 76 kg occupe dans l'eau un volume moyen de 75 L.**

a. Lors d'une plongée, quelle est la valeur de la poussée d'Archimède qu'il subit ?
b. Comparer cette valeur avec son poids. Conclure à propos de sa flottaison.

2 ★ 10 min **Dans un robinet, l'eau s'écoule avec un débit volumique de $8{,}0\ \text{L} \cdot \text{min}^{-1}$. Le diamètre du robinet en sortie est de 15 mm, il alimente un tuyau d'arrosage de diamètre 12 mm.**

a. Quelle est la vitesse de l'eau dans le robinet ?
b. En déduire la vitesse de l'eau dans le tuyau d'arrosage.

3 ★ 10 min **Une conduite cylindrique fait monter de l'eau dans un champ afin d'alimenter des animaux avec un débit volumique de $100\ \text{L} \cdot \text{min}^{-1}$. La dénivellation entre la partie basse et la partie haute de la conduite est de 3,0 m. La pression au point bas est de 0,80 bar.**

a. Exprimer la relation de Bernoulli dans cette situation.
b. En déduire la pression de l'eau à l'arrivée dans la partie haute.

4 ★★ 10 min **Les montgolfières ont un volume moyen de 2 200 m³. Elles sont conçues pour transporter une charge maximale en passagers et en matériel.**

a. Déterminer la poussée d'Archimède exercée par l'air sur une montgolfière de ce volume.
b. Lors d'un vol stationnaire, indiquer la valeur du poids total maximal que la montgolfière est susceptible d'avoir, charge comprise.
c. En déduire la masse maximale de la montgolfière, charge comprise.

5 ★★★ 25 min **Un barrage hydroélectrique est constitué d'un réservoir d'eau et souvent, d'une retenue. Comme le niveau de l'eau fluctue avec les saisons, une conduite connectée plus bas que la surface amène l'eau vers la turbine au point D. La conduite est considérée comme cylindrique, de diamètre constant $d = 45{,}0$ cm et de longueur $L = 80{,}0$ m. Elle se termine horizontalement à 130 m au-dessous de la surface libre de l'eau du barrage. Le départ de la conduite est à 30 m au-dessous de la surface.**

Données :
Pression atmosphérique moyenne $p_{atm} = 1013$ hPa.
L'eau se vaporise pour une pression inférieure à 12,4 hPa.

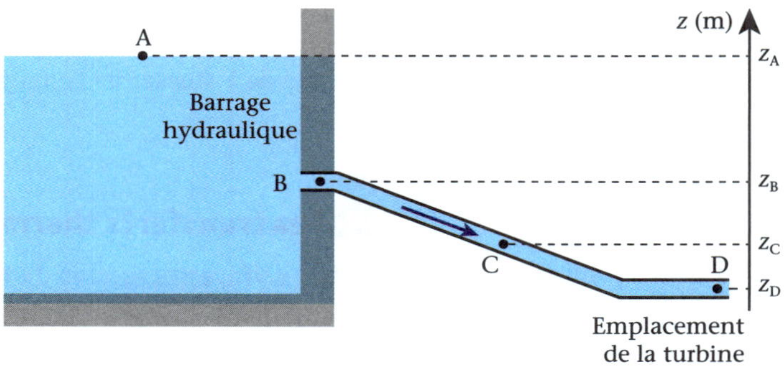

a. Exprimer la vitesse v_D de l'eau à la sortie de la conduite. En déduire la valeur de cette vitesse.
b. Calculer le débit volumique de l'eau dans la conduite.
c. Le point C a une altitude variable. Exprimer la pression p_C au point C en fonction de l'altitude z.
d. Représenter l'allure de la pression p_C en fonction de z.
e. Pour quelles valeurs de z la pression de l'eau devient-elle inférieure à la pression de vaporisation de l'eau ?
f. Qu'observerait-on si la pression de l'eau dans la conduite était supérieure à celle de la vaporisation de l'eau ?

Thermodynamique et gaz parfait

Cours

1 Le modèle du gaz parfait

Un gaz est dit parfait lorsque les entités le constituant sont considérées comme ponctuelles et sans interactions entre elles, ce qui est courant au vu de leurs dimensions et des distances qui les séparent.

a. Masse volumique

▶ Un ballon de baudruche ou de football est un système fermé contenant un volume V d'entités constituant le gaz.

▶ La masse volumique ρ de ce système gazeux d'entités est le quotient en $kg \cdot m^{-3}$ de la masse des entités par le volume occupé par les entités :

$$\rho = \frac{m}{V} = \frac{n \cdot M}{V}$$

Rappel
La masse volumique de l'air tient compte du pourcentage des entités présentes et vaut approximativement 1,3 $kg \cdot m^{-3}$.

b. Température thermodynamique

▶ À l'échelle microscopique, plus un système a une température élevée et plus ses entités sont agitées. Cette température d'agitation en kelvins (K) est appelée la température thermodynamique, ou absolue. Elle s'annule lorsque cesse l'agitation.

▶ La température en kelvins est liée à la température en °Celsius par la relation :

$$T\,(\text{K}) = \theta\,(°\text{C}) + 273{,}15$$

D'après cette définition, il existe un zéro absolu des températures pour lequel l'agitation est nulle. Cette température a pour valeur – 273,15 °C.

c. Pression

▶ Les entités formant le gaz choquent fréquemment la paroi du ballon. Ces chocs exercent globalement une pression en liaison avec leur vitesse. La pression résultante s'appelle la pression cinétique p_c.

▶ Par ailleurs, certaines entités subissent des répulsions de natures différentes de la paroi du ballon, appelée pression moléculaire p_m.

La pression totale, en pascals (Pa), exercée par le gaz, est la somme de ces deux termes :

$$p = p_c + p_m$$

Rappel
On utilise également le bar, avec 1 bar = 1×10^5 Pa.

2 Équation d'état du gaz parfait

▶ Un gaz parfait a pour équation d'état :

$$p \cdot V = n \cdot R \cdot T$$

avec p en Pa, V en m^3, n en mol et T en K.

▶ R est une constante de proportionnalité entre les unités appelée constante des gaz parfaits. R = 8,314 USI.

3 Énergie interne et premier principe

a. Énergie interne d'un système

▶ Chaque entité du gaz possède une énergie cinétique microscopique $E_{c,mic}$ et une énergie potentielle microscopique $E_{p,mic}$.

L'énergie interne U en joules (J) d'un système est la somme de toutes ces énergies microscopiques :

$$U = \sum_i E_{c,mic,i} + \sum_i E_{p,mic,i}$$

▶ U représente l'état énergétique du système.

b. Premier principe de la thermodynamique

▶ Un système isolé n'échange pas d'énergie avec l'extérieur. Par conservation de l'énergie, on peut écrire $\Delta U = 0$.

▶ En revanche, un système non isolé peut échanger de l'énergie avec l'extérieur sous forme de transfert thermique ou de chaleur Q et/ou de travail W, à condition que son énergie interne U varie.

Cette loi de conservation de l'énergie constitue le premier principe de la thermodynamique :

$$\Delta U = Q + W$$

c. Capacité thermique et énergie interne d'un système incompressible

▶ Pour un système incompressible, c'est-à-dire de volume quasiment constant, $W = -p \cdot \Delta V = 0$. La variation d'énergie interne se traduit uniquement par un transfert thermique. U augmente si la température du système augmente, et diminue si sa température diminue. On peut alors écrire :

$$\Delta U = m \cdot c \cdot \Delta T$$

c est la capacité thermique massique (en $J \cdot kg^{-1} \cdot K^{-1}$) et représente la capacité d'un kilogramme de la substance considérée à stocker de l'énergie thermique.

Info
Si c est exprimée en $J \cdot mol^{-1} \cdot K^{-1}$, on considère alors la relation : $\Delta U = n \cdot c \cdot \Delta T$.

4 Les transferts thermiques

a. Les différents modes de transferts thermiques

▶ Une casserole d'eau chauffée subit différentes formes de transferts thermiques :

– la flamme fournit de l'énergie thermique par contact ou conduction ;

– les différences de température existant à l'intérieur du liquide entraînent une circulation du fluide ou convection ;

– comme tout corps chaud, l'ensemble fournit de l'énergie par rayonnement.

>>

▶ Conduction, convection et rayonnement sont les trois modes de transfert d'énergie thermique.

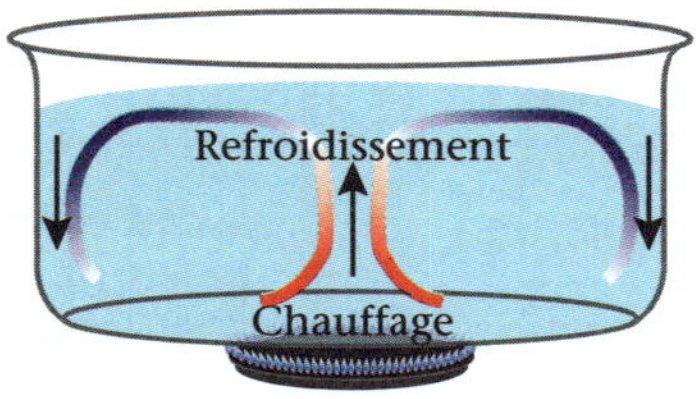

Illustration de la convection dans une casserole

b. Flux thermique et résistance thermique

▶ On considère une paroi de surface S et d'épaisseur e séparant deux milieux de température T_1 et T_2. Si $T_1 > T_2$, on constate qu'un transfert thermique Q a toujours lieu de la partie chaude vers la partie froide.

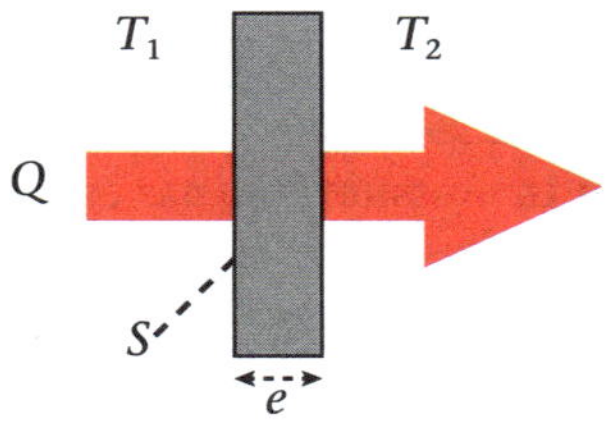

Transfert thermique Q

▶ Le flux thermique φ est la puissance thermique transférée en watts (W). C'est aussi de l'énergie thermique transférée par seconde :

$$\varphi = \frac{Q}{\Delta t}$$

avec Q en joules (J) et Δt en secondes (s).

▶ Ce flux thermique est d'autant plus important que la différence de température $T_1 - T_2$ est importante. Par ailleurs, la présence de la paroi empêche un transfert maximal. Ce transfert augmente lorsque la surface S augmente ou lorsque l'épaisseur e diminue.

▶ Il dépend aussi du matériau considéré. On appelle λ la conductivité thermique spécifique d'un matériau. On peut alors écrire :

$$\varphi = \frac{\lambda \cdot S}{e} \cdot (T_1 - T_2)$$

avec S en m², e en m, T en K et λ en $W \cdot m^{-1} \cdot K^{-1}$.

▶ Le flux thermique est la conséquence d'une différence de température. Par analogie avec la loi d'Ohm, on appelle résistance thermique R_{th} la grandeur (en $K \cdot W^{-1}$) définie par :

$$R_{th} = \frac{e}{\lambda \cdot S}$$

5 Le bilan thermique dans l'atmosphère

▶ La Terre reçoit de l'énergie par rayonnement provenant du Soleil et perd de l'énergie par rayonnement en suivant la loi de Stefan-Boltzmann :

$$P = \sigma \cdot S \cdot T^4$$

avec P, la puissance rayonnée (en W) par un corps à la température T (en K), S en m² et σ la constante de Stefan de valeur $\sigma = 5{,}67 \times 10^{-8}\ W \cdot m^{-2} \cdot K^{-4}$.

▶ Par ailleurs, des échanges existent entre l'atmosphère et l'espace, ainsi qu'entre l'atmosphère et le sol.

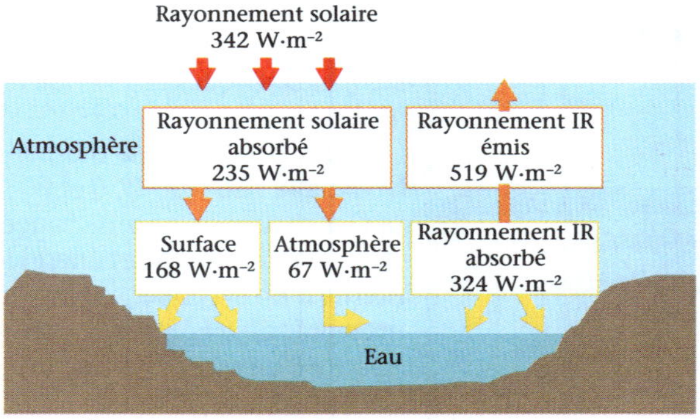

Échanges thermiques au sein de l'atmosphère

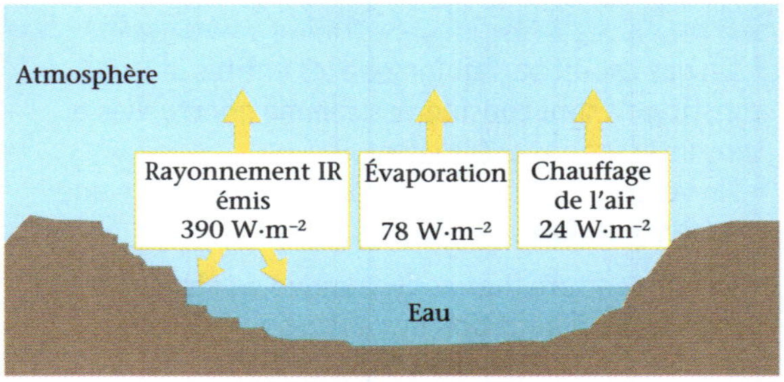

Pertes thermiques au niveau du sol

▶ L'albédo A (valeur comprise entre 0 et 1) est le quotient de la puissance solaire diffusée et réfléchie par l'atmosphère, par la puissance solaire reçue. L'albédo terrestre est de 0,3.

▶ La présence de gaz à effet de serre a pour effet de conserver l'énergie thermique dans l'atmosphère.

▶ Le bilan radiatif global, c'est-à-dire la somme des énergies thermiques reçues et fournies, est équilibré. La température moyenne de la Terre est ainsi de l'ordre de 15 °C. Une baisse de l'albédo et/ou une augmentation de la concentration en gaz à effet de serre a pour conséquence une augmentation de cette température moyenne.

6 Loi de Newton

▶ La loi de Newton sur les échanges thermiques est une modélisation de l'évolution de la température d'un système, souvent un solide, au contact d'un thermostat.

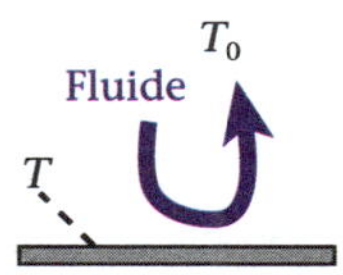

▶ On considère des échanges thermiques ayant lieu à la surface de contact entre un corps à la température $T(t)$ (T est une fonction dépendant du temps) et un fluide constituant le thermostat à la température T_0, de l'air par exemple.

▶ La loi de Newton indique que la variation temporelle de la température est proportionnelle à la différence de température entre le corps et le thermostat :

$$\frac{dT(t)}{dt} = -K \cdot (T(t) - T_0)$$

avec K une constante de proportionnalité homogène à l'inverse d'un temps, $K = \frac{1}{\tau}$. τ est une constante de temps.

SYNTHÈSE

Thermodynamique et gaz parfait

Énergie interne et premier principe

- **Énergie interne U :** somme des énergies cinétiques et potentielles microscopiques.
- **Premier principe de la thermodynamique :** $\Delta U = Q + W$. Q et W sont les chaleur et travail échangés.
- **Capacité thermique et énergie interne d'un système incompressible :** $\Delta U = m \cdot c \cdot \Delta T$. Capacité d'un corps à conserver l'énergie thermique reçue.

Transferts thermiques

- **Les différents modes de transfert :** conduction, convection et rayonnement.
- **Flux thermique en watts (W) :**
$\varphi = \frac{Q}{\Delta t} = \frac{\lambda \cdot S}{e} \cdot (T_1 - T_2)$.
λ est la conductivité thermique spécifique d'un matériau.
- **Résistance thermique :** $R_{th} = \frac{e}{\lambda \cdot S}$
- **Loi de Newton :** $\frac{dT(t)}{dt} = -K \cdot (T(t) - T_0)$ avec K constante de proportionnalité.
- **Bilan thermique du système Terre-atmosphère :** voir cours.

Le modèle du gaz parfait

- Un gaz est dit parfait lorsque les entités le constituant sont considérées comme ponctuelles et sans interactions entre elles.
- Un volume V d'entités à l'état gazeux possède une **masse volumique** $\rho = \frac{m}{V}$.
- La température thermodynamique ou absolue est la température d'agitation des entités :
$$T(\text{K}) = \theta\ (°\text{C}) + 273{,}15.$$
- La pression d'un gaz est la somme de la pression cinétique et de la pression moléculaire : $p = p_c + p_m$.
- L'état d'un gaz parfait se traduit par :
$$p \cdot V = n \cdot R \cdot T$$
p en pascals, V en m^3, n en mol, T en K et $R = 8{,}314$ USI.

Méthode

1 Établir l'expression de la température d'un système en fonction du temps

Un corps à la température initiale T_1 est laissé à l'air libre. L'air est à la température fixe T_0 et constitue ainsi un thermostat, avec $T_1 > T_0$. Quelle est la variation temporelle de la température de ce corps avec le temps ?

▶ On comprend que ce problème répond à la loi de Newton :
$$\frac{dT(t)}{dt} = -K \cdot (T(t) - T_0)$$
▶ On résout l'équation différentielle en séparant les variables :
$$\frac{dT(t)}{T(t) - T_0} = -K \cdot dt$$
▶ On intègre cette équation en prenant une primitive de chaque côté de l'équation. On rajoute une constante d'intégration A, car il existe une infinité de primitives respectant, après dérivation, l'équation différentielle ci-dessus.

Par intégration : $\ln|T(t) - T_0| = -K \cdot t + A$.

▶ On obtient : $T(t) - T_0 = \text{C} \cdot e^{-K \cdot t} = \text{C} \cdot e^{-\frac{t}{\tau}}$

▶ On détermine la constante C avec la condition initiale :

$T_1 - T_0 = \text{C} \cdot e^{-\frac{0}{\tau}} = \text{C}$.

On obtient ainsi : $T(t) = T_0 + (T_1 - T_0) \cdot e^{-\frac{t}{\tau}}$.

2 Effectuer un bilan d'énergie

Une personne emporte 150 mL de café à 65 °C dans une bouteille thermos. Au moment de se servir, elle le refroidit en ajoutant 20 mL d'eau à température de 10 °C. Quelle sera la température $T_{éq}$ du mélange à l'équilibre, soit lorsque la température deviendra stable ?

Donnée : $\rho_{café} \approx \rho_{eau} \approx 1{,}0$ g·mL^{-1}.

▶ On définit précisément le système étudié : le thermos limite les échanges thermiques avec l'extérieur. On considère donc le système formé par le café et l'eau ajoutée.

▶ On applique le premier principe de la thermodynamique au système : $\Delta U = Q + W$.

▶ On exprime les échanges thermiques de chaque élément du système. Comme le système n'échange pas de travail avec l'extérieur, $W = 0$. Le système est isolé, donc $\Delta U = 0 = Q_{café} + Q_{eau}$.

Or, $Q_{café} = U_{café} = m_{café} \cdot c \cdot (T_{éq} - T_{café})$.

De même, $Q_{eau} = U_{eau} = m_{eau} \cdot c \cdot (T_{éq} - T_{eau})$.

Ainsi : $0 = m_{café} \cdot c \cdot (T_{éq} - T_{café}) + m_{eau} \cdot c \cdot (T_{éq} - T_{eau})$.

En simplifiant par c : $0 = m_{café} \cdot (T_{éq} - T_{café}) + m_{eau} \cdot (T_{éq} - T_{eau})$.

On isole la température d'équilibre : $T_{éq} = \frac{m_{café} \cdot T_{café} + m_{eau} \cdot T_{eau}}{m_{café} + m_{eau}}$

Application numérique : $T_{éq} = \frac{150 \times 338 + 20 \times 283}{150 + 20} = 332\ \text{K} = 59\ °\text{C}$.

La température d'équilibre est de 59 °C, ce qui rend le café plus facile à boire.

Exercices

1 ★★ 5 min **La Terre, de rayon moyen R_T = 6 370 km, a une température moyenne d'environ 15 °C. La loi de Stefan-Boltzmann indique que la puissance thermique émise a pour expression : $P = \sigma \cdot S \cdot T^4$.**

Donnée :
Constante de Stefan-Boltzmann : $\sigma = 5{,}67 \times 10^{-8}$ W · m^{-2} · K^{-4}.

La surface d'une sphère est : $S = 4\pi R^2$.

a. Quelle est la puissance thermique émise par la Terre ?

b. La puissance thermique surfacique, soit la puissance thermique par unité de surface reçue au niveau du sol, est de l'ordre de 340 W · m^{-2}. Comparer la puissance surfacique émise avec la puissance surfacique reçue en ne considérant que la loi de Stefan-Boltzmann.

2 ★★ 15 min **Un calorimètre est un dispositif expérimental comparable à une bouteille thermos standard du commerce. Son rôle est d'éviter le plus possible les échanges thermiques avec l'extérieur. Ce système est dit adiabatique.**
Dans un calorimètre, on verse m_1 = 150 g d'eau à la température θ_1 = 15,0 °C. Après équilibre du système, on rajoute une masse m_2 = 200 g d'eau à la température θ_2 = 40,0 °C. Une fois le nouvel équilibre atteint, la température du mélange a pour valeur $\theta_{éq}$ = 27,0 °C.

Donnée : c_{eau} = 4,18 kJ · kg^{-1} · K^{-1}.

a. Faire un bilan des transferts d'énergie pour le système constitué du calorimètre et de ses accessoires.

b. Donner l'expression de l'énergie thermique Q_1 reçue par l'eau froide.

c. Exprimer l'énergie thermique Q_2 cédée par l'eau chaude.

d. Le calorimètre, le thermomètre et l'agitateur reçoivent une énergie thermique Q_3 telle que Q_3 est proportionnelle à la variation de température du système : $Q_3 = C \cdot (\theta_{éq} - \theta_1)$. Quelle est la valeur de la capacité thermique C du calorimètre et des accessoires utilisés ?

3 ★★★ 20 min **Un logement à la température intérieure θ_i = 19,0 °C est isolé de l'extérieur par une couche de polystyrène isolante et par un mur en béton. La température extérieure a pour valeur θ_e = 4,0 °C. Le polystyrène a pour épaisseur e_1 = 5,0 cm. Le mur en béton a pour aire S = 12,0 m² et pour épaisseur e_2 = 15,0 cm.**

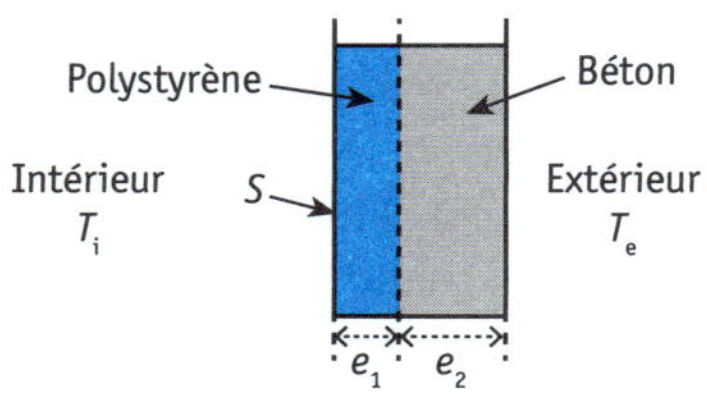

Données :
Valeurs de λ :
polystyrène, 0,040 W · m^{-1} · K^{-1} ;
béton : 1,0 W · m^{-1} · K^{-1}.

On rappelle l'expression de la résistance thermique : $R_{th} = \dfrac{e}{\lambda \cdot S}$.

a. Rappeler l'expression du flux thermique traversant une épaisseur e de matériau d'aire S. Exprimer cette expression en fonction de la résistance thermique.

b. Un système formé par des couches de matériaux empilés les uns sur les autres a une résistance thermique égale à la somme des résistances thermiques des matériaux pris séparément. Déterminer la puissance thermique perdue à travers le mur isolé.

c. Donner l'expression et la valeur du flux thermique traversant le polystyrène.

d. En déduire la valeur de la température θ entre l'isolant et le béton.

e. Quelle serait la puissance thermique perdue en l'absence d'isolant ? Conclure.

4 ★★★ 25 min Type Bac **Le marathon de Rome a lieu par temps sec à une température atmosphérique de 28,0 °C. Un marathonien démarre la course. Il a une température au repos de 37 °C et une surface de peau d'aire moyenne S = 1,9 m².**

Données :
Masses molaires : H : 1,0 g · mol^{-1} ; O : 16,0 g · mol^{-1}.
R = 8,314 USI ;
Constante de Stefan-Boltzmann :
$\sigma = 5{,}67 \times 10^{-8}$ W · m^{-2} · K^{-4}.

a. Quelle est la puissance thermique produite uniquement par rayonnement du corps humain si sa température est constante ?

b. On considère que le corps humain émet une puissance thermique de l'ordre de 1,0 kW. Quel type de transfert thermique est responsable de l'évacuation de l'énergie thermique produite pendant la course ?

c. On considère la sueur comme formée uniquement d'eau liquide. L'évaporation d'un gramme de sueur nécessite une énergie biologique de 2 430 J. Pour que la température du corps humain reste constante, quelle masse de sueur doit être évaporée chaque seconde ?

d. En déduire le volume de vapeur d'eau produit chaque seconde si toute la sueur devait se transformer en vapeur.

e. 1,0 g d'eau émis à la température du corps humain met 2,0 min pour atteindre la température de 35 °C. Déterminer la loi suivie par la température en fonction du temps de 1,0 g d'eau liquide assimilée à de la sueur.

Ondes sonores

Cours

1 Intensité et niveau sonores

a. Intensité sonore

▶ Les ondes sonores sont des ondes mécaniques. Elles transportent de l'énergie. C'est le transfert d'une partie de cette énergie au système auditif qui est responsable de l'audition du son.

▶ Certains sons captés par l'oreille sont perçus de manière désagréable, voire douloureuse, selon l'intensité sonore. L'intensité sonore I caractérise la puissance énergétique reçue par l'oreille. Elle correspond à l'énergie transportée par une onde sonore par unité de temps et de surface :

$$I = \frac{P}{S}$$

avec P en watts (W), I en watts par mètre carré ($W \cdot m^{-2}$), S en mètres carrés (m^2).

▶ L'oreille humaine normale perçoit des sons d'intensité aussi faible que le seuil d'audibilité $I_0 = 10^{-12}\ W \cdot m^{-2}$ et peut supporter des intensités jusqu'à environ $1\ W \cdot m^{-2}$ (seuil de douleur).

L'écart entre ces deux valeurs étant très grand, une nouvelle grandeur a été créée, qui utilise une échelle logarithmique, appelée niveau d'intensité sonore, noté L.

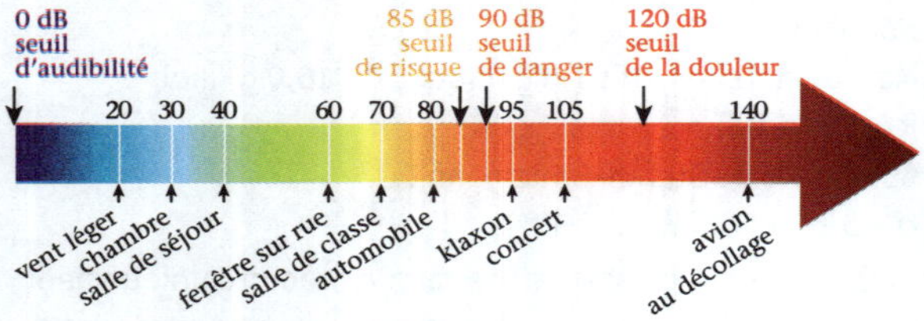

Échelle de niveau sonore (en dB)

b. Niveau d'intensité sonore

▶ La sensation auditive n'est pas proportionnelle à l'intensité sonore. En effet, lorsque l'on assiste à un concert, les intensités sonores dues à chaque instrument s'ajoutent, mais le son ne paraît pas proportionnellement plus fort.

▶ Le niveau sonore ou niveau d'intensité sonore L exprime donc la sensation perçue par l'oreille. Pour une intensité sonore I donnée, le niveau sonore L exprimé en décibels acoustiques (décibel, dB, sans dimension) est déterminé par la relation :

$$L = 10 \log \frac{I}{I_0}$$

avec I en watts par mètre carré ($W \cdot m^{-2}$) et I_0 l'intensité sonore de référence : $I_0 = 1{,}0 \times 10^{-12}\ W \cdot m^{-2}$.

Le niveau d'intensité sonore se mesure avec un sonomètre.

Rappels

$\log(ab) = \log a + \log b$

$\log \frac{a}{b} = \log a - \log b$

$y = \log x$

donc $x = 10^{\log y}$

c. Variation du niveau d'intensité sonore avec la distance à la source

▶ L'atténuation d'un son et, plus généralement, d'une vibration est le rapport de la puissance existant entre deux points de mesure.

▶ Plus on s'éloigne de la source sonore, plus l'intensité diminue, car l'énergie produite par la source se répartit sur une surface plus grande. On parle d'atténuation géométrique.

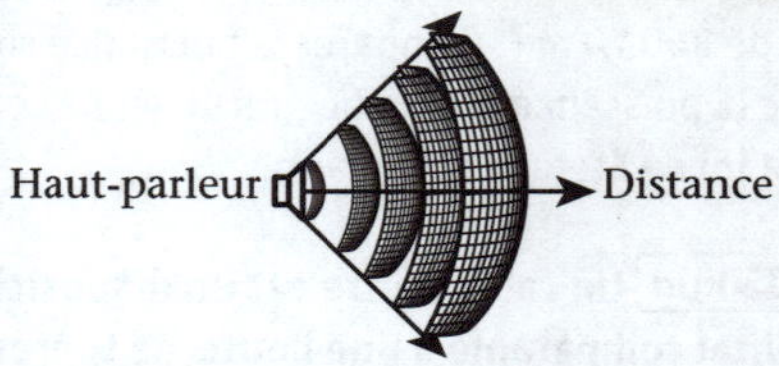

Dispersion de l'intensité sonore

▶ Les sources ponctuelles émettent des ondes sphériques : il y a une relation entre la puissance de la source (P) et l'intensité (I) en un point à la distance r de cette source :

$$I = \frac{P}{4\pi r^2}$$

À noter : Une source est dite ponctuelle si l´émission peut être considérée localisée en un seul point. Pour cela, ses dimensions doivent être petites devant la longueur d'onde des sons émis.

▶ De nombreux milieux sont dissipatifs : la propagation des vibrations s'accompagne donc de dissipation d'énergie acoustique sous forme de chaleur, qui s'ajoute à l'atténuation géométrique. Cette atténuation par dissipation augmente avec la fréquence. Elle est due aux « chocs » inélastiques entre molécules.

2 Effet Doppler

a. Description

▶ Une illustration de l'effet Doppler est l'exemple de la sirène d'un véhicule de secours. Celui-ci avance à vitesse constante v. L'observateur A est le conducteur ou les passagers du véhicule. Les observateurs B et C sont immobiles à l'extérieur du véhicule.

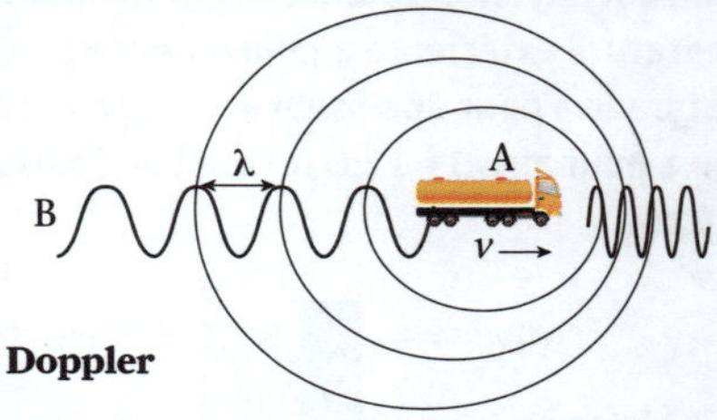

Effet Doppler

▶ Les courbes représentent des zones identiquement perturbées (par exemple des zones de compression) : ce sont des fronts d'ondes. La distance qui les sépare est la longueur d'onde λ.

▶ B voit le véhicule s'éloigner de lui. Les zones de compression s'éloignent les unes des autres (augmentation de la longueur d'onde λ). B « capte » chaque zone de compression moins fréquemment : il perçoit donc un son plus grave.
C, en revanche, à mesure que le véhicule s'approche de lui, perçoit un son plus aigu.

▶ **L'effet Doppler** correspond à un **décalage de la fréquence** $\Delta f = f_R - f_S$ non nul entre la fréquence f_R du signal reçu par un récepteur R et la fréquence f_S du signal émis par la source S, lorsque **la source et le récepteur sont en déplacement relatif l'un par rapport à l'autre**.

▶ Plus la vitesse relative est grande, plus le décalage Doppler est important :
- si R et S se rapprochent, $\Delta f > 0$ et $f_R > f_S$;
- si R et S s'éloignent, $\Delta f < 0$ et $f_R < f_S$;
- lorsque R et S sont immobiles, la variation est nulle : il n'y a pas d'effet Doppler.

b. Applications

▶ L'effet Doppler s'applique dans tous les milieux, aussi bien aux ondes mécaniques qu'aux ondes électromagnétiques. Il permet de **mesurer la vitesse relative d'un émetteur par rapport à un récepteur**.

▶ Les utilisations par l'Homme sont multiples :
- en sécurité routière, mesure de la vitesse des véhicules par les radars routiers (cinémomètres) au moyen d'ondes électromagnétiques ;
- en imagerie médicale, détermination de la vitesse d'écoulement sanguin à l'aide d'ondes ultrasonores ;
- en météorologie, le radar Doppler permet d'analyser la vitesse et le mouvement des perturbations ;
- en astronomie, le décalage des raies d'absorption (dues aux éléments chimiques) permet de calculer la vitesse d'une source lumineuse par rapport à la Terre. Le décalage spectral sera observé soit vers le rouge (*redshift*), soit vers le bleu (*blueshift*), selon que les objets astronomiques s'éloignent où se rapprochent.

SYNTHÈSE

Ondes sonores

Effet Doppler

- Il s'applique à toutes les ondes et tous les milieux.
- Décalage fréquence : $\Delta f = f_R - f_E$

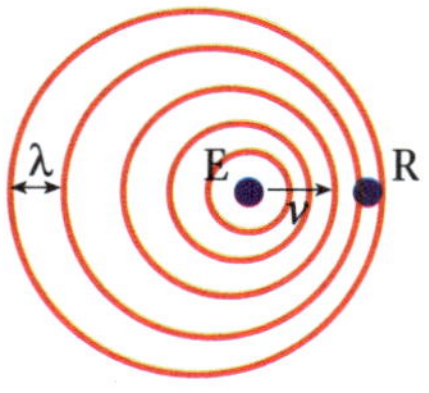

$F_R > F_E$, $\lambda_R < \lambda_E$

- L'émetteur se rapproche du récepteur.

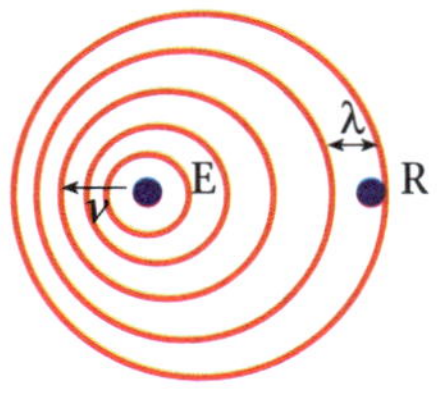

$F_R < F_E$, $\lambda_E < \lambda_R$

- L'émetteur s'éloigne du récepteur.

- Si l'émetteur et le récepteur sont au repos, il n'y a pas d'effet Doppler.

Applications
- Radar (cinémomètre) avec ondes électromagnétiques.
- Imagerie médicale : échographie avec ondes ultrasonores.
- Astronomie, météorologie, etc.

Intensité et niveau d'intensité sonore

- Onde sonore : onde mécanique longitudinale de compression-dilatation à trois dimensions.
- Intensité sonore I : énergie transportée par l'onde sonore par unité de temps et de surface (en $W \cdot m^{-2}$).
- Niveau d'intensité sonore L : exprime la sensation perçue par l'oreille humaine (en dB).

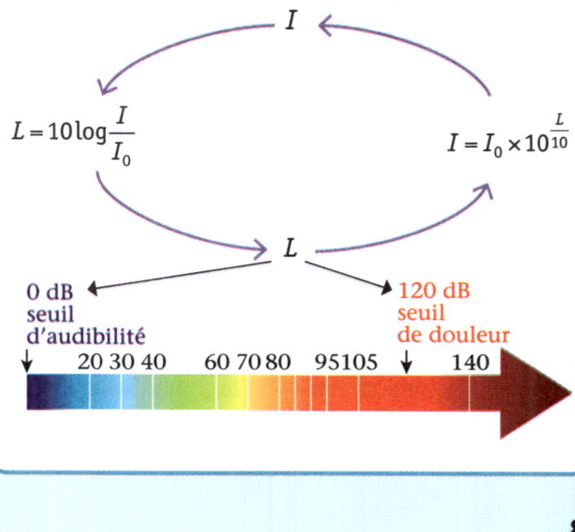

Méthode

1 Déterminer un niveau d'intensité sonore

On considère trois instruments qui émettent, chacun, une note de niveau d'intensité sonore L = 60 dB.
Quel sera le niveau d'intensité sonore si les trois instruments jouent ensemble ?

Donnée :
Intensité sonore de référence : $I_0 = 1{,}0 \times 10^{-12}\ \text{W}\cdot\text{m}^{-2}$.

▶ On commence par calculer l'intensité sonore d'un seul instrument à partir du niveau d'intensité sonore :

$L = 10\log\frac{I}{I_0}$, soit $\frac{L}{10} = \log\frac{I}{I_0}$, d'où $\frac{I}{I_0} = 10^{\frac{L}{10}}$ en utilisant la fonction logarithme et sa réciproque.

Ainsi $I = I_0 \times 10^{\frac{L}{10}}$

Application numérique :
$I = 1{,}0 \times 10^{-12}\ \text{W}\cdot\text{m}^{-2} \times 10^{\frac{60}{10}} = 1{,}0 \times 10^{-6}\ \text{W}\cdot\text{m}^{-2}$.

Chaque instrument émet une intensité sonore de $1{,}0 \times 10^{-6}\ \text{W}\cdot\text{m}^{-2}$.

▶ Si trois instruments jouent ensemble, l'intensité sonore sera trois fois plus forte : $I' = 3{,}0 \times 10^{-6}\ \text{W}\cdot\text{m}^{-2}$.

On calcule le nouveau niveau d'intensité sonore L' :

$$L' = 10\log\frac{I'}{I_0}$$

Application numérique :

$$L' = 10\log\frac{3{,}0\times10^{-6}\ \text{W}\cdot\text{m}^{-2}}{1{,}0\times10^{-12}\ \text{W}\cdot\text{m}^{-2}}$$
$$= 10\log 3{,}0\times10^{6}\ \text{W}\cdot\text{m}^{-2} = 65\ \text{dB}.$$

Le niveau d'intensité sonore émis par les trois instruments est de 65 dB.

Remarque

Les intensités sonores s'ajoutent numériquement, mais pas les niveaux d'intensité sonore.

2 Déterminer une vitesse

La sirène d'une ambulance E de fréquence 400 Hz se rapproche d'une personne immobile R sur la chaussée. Celle-ci perçoit une fréquence de 415 Hz pour le son de la sirène.
Quelle est la vitesse de l'ambulance ?

Donnée :
Vitesse du son : $v_{son} = 340\ \text{m}\cdot\text{s}^{-1}$.

▶ **À la date $t = 0$**, E et R sont séparés par la distance d. E émet alors une onde.
À l'instant t_1, elle est reçue par R : $t_1 = \frac{d}{v_{son}}$.

Le son émis par la sirène a une période T_E.

▶ **À la date $t = T_E$**, l'ambulance a parcouru une distance d_E la rapprochant du piéton : $d_E = v \cdot T_E$.
La distance entre E et R est maintenant de $d' = d - d_E = d - v\cdot T_E$.
La sirène émet alors une nouvelle onde. Celle-ci est reçue par le piéton à la date t_2 : $t_2 = T_E + \frac{d - v\cdot T_E}{v_{son}}$.

La durée séparant deux signaux consécutifs captés par le récepteur représente T_R la période de l'onde reçue par le piéton :

$$T_R = t_2 - t_1 = T_E + \frac{d - v\cdot T_E}{v_{son}} - \frac{d}{v_{son}} = T_E - \frac{v\cdot T_E}{v_{son}}$$

La vitesse de l'ambulance a donc pour expression :

$$v = v_{son}\frac{T_E - T_R}{T_E} = v_{son}\frac{f_R - f_E}{f_R}$$

Application numérique :

$$v = 340\ \text{m}\cdot\text{s}^{-1} \times \frac{415\ \text{Hz} - 400\ \text{Hz}}{415\ \text{Hz}} = 12{,}3\ \text{m}\cdot\text{s}^{-1}.$$

L'ambulance se déplace à une vitesse de $12{,}3\ \text{m}\cdot\text{s}^{-1}$, soit $44{,}3\ \text{km}\cdot\text{h}^{-1}$.

Exercices

1 ★ 10 min

a. Lorsque l'on triple l'intensité sonore, qu'advient-il du niveau d'intensité sonore correspondant ?
b. Comment évolue l'intensité sonore lorsque le niveau d'intensité sonore augmente de 70 à 90 dB ?
c. Expliquer l'intérêt d'utiliser le niveau d'intensité sonore plutôt que l'intensité sonore.

Donnée : Intensité sonore de référence : $I_0 = 1{,}0 \times 10^{-12}\ \text{W}\cdot\text{m}^{-2}$.

2 ★★ 10 min **Pour régler le niveau sonore d'une salle de concert, un ingénieur du son doit tenir compte de certaines règles afin de protéger l'audition du public. En effet, l'exposition à un niveau sonore trop élevé peut provoquer des acouphènes, bourdonnements ou sifflements parasites qu'une personne entend sans que ces bruits n'existent réellement. L'ingénieur règle le son de telle sorte qu'un sonomètre placé au point A situé à 16 m d'une l'enceinte affiche un niveau d'intensité sonore de 98 dB.**

Donnée : Intensité sonore de référence : $I_0 = 1{,}0 \times 10^{-12}\ \text{W}\cdot\text{m}^{-2}$.

Relation entre la puissance de la source P et l'intensité en un point à la distance r de cette source : $I = \dfrac{P}{4\pi r^2}$.

A. Quelle est l'intensité I_A du son en A à 16 m de l'enceinte ?

B. On modélise l'enceinte par une source sonore ponctuelle située en O. On suppose que l'air n'est pas absorbant.

a. I_1 et I_2 étant les intensités sonores aux distances r_1 et r_2 de O, montrer que $\dfrac{I_1}{I_2} = \left(\dfrac{r_2}{r_1}\right)^2$.

b. Montrer que l'intensité sonore est quatre fois plus grande pour les spectateurs situés à 8 mètres de l'enceinte.

c. Montrer que le niveau d'intensité sonore augmente de 6 dB chaque fois que l'on divise la distance par deux.

C. L'ingénieur installe dix enceintes identiques côte à côte sur scène, quel est le niveau d'intensité sonore L_2 à 16 m ?

3 ★★★ 50 min **Type Bac**

Un radar permet de déterminer la vitesse v d'un véhicule grâce à l'effet Doppler. Le dispositif utilise une antenne qui émet une onde électromagnétique de fréquence 24,125 GHz, puis capte sa réflexion par le véhicule en mouvement. Une chaîne de traitement électronique compare alors le signal émis et le signal reçu, ce qui permet d'obtenir la vitesse du véhicule.

La vitesse v du véhicule (en $m \cdot s^{-1}$) est donnée par l'expression : $v = c \cdot \dfrac{|\Delta f|}{2 \times f_R \cdot \cos 25{,}0}$

où c est la célérité de l'onde (en $m \cdot s^{-1}$), f_R la fréquence de l'onde reçue (en Hz).

$\Delta f = f_R - f_E$, f_E est la fréquence de l'onde émise (en Hz).

Données : $c = 3{,}00 \times 10^8\ m \cdot s^{-1}$; $v_{son} = 340\ m \cdot s^{-1}$.

Variation relative de fréquence entre deux sons : $\dfrac{\Delta f}{f}$.

L'écart d'un demi-ton entre deux notes successives correspond à une variation relative de fréquence de 6 %.

Sur l'autoroute, la vitesse réglementaire est de 130 $km \cdot h^{-1}$.

A. a. Expliquer l'effet Doppler. Donner un exemple d'application de cet effet.

b. Quelle grandeur doit-on comparer pour remonter à la vitesse du véhicule ?

B. On considère un radar fixe automatisé émettant des ondes électromagnétiques de fréquence f_E et un véhicule mobile se rapprochant de l'émetteur à la vitesse constante v. Durant la période T_E, l'onde parcourt la distance λ_E et le récepteur la distance d.

a. Donner la relation littérale liant la distance d et la période T_E.

b. Montrer que la longueur d'onde apparente du point de vue du récepteur vérifie la relation : $\lambda_R = \lambda_E - v \cdot T_E$.

c. Montrer que $v = \dfrac{c \cdot |\Delta f|}{f_R}$.

C. Quel sera le signe de Δf quand le véhicule s'approchera du radar ?

D. Si le radar automatique, sur l'autoroute, mesure une différence de fréquence de 5 690 Hz par rapport à la fréquence émise, le véhicule est-il en excès de vitesse ?

E. En médecine, l'échographe Doppler fonctionne ainsi : un faisceau d'ultrasons traverse les cavités cardiaques ou les vaisseaux pour être renvoyé par les éléments du sang (qui deviennent des émetteurs). La sonde Doppler recueille ensuite un écho dont la fréquence diffère de la fréquence d'émission.

Comparer cette méthode au principe du radar.

F. Sur une voie rapide, le véhicule se déplace en ligne droite et s'approche à 90 $km \cdot h^{-1}$ d'un autostoppeur stationnant immobile sur le bord de la route. Le conducteur de la voiture actionne son klaxon. Le son émis a pour fréquence $f_E = 400$ Hz.

On considère trois référentiels :

– le référentiel dans lequel l'onde sonore se propage ;
– le référentiel lié à l'émetteur ;
– le référentiel lié au récepteur.

f_E étant la fréquence de l'onde émise dans le référentiel lié à l'émetteur, la fréquence de l'onde f_R dans le référentiel lié au récepteur aura pour expression : $f_R = \dfrac{v - v_R}{v \pm v_E} \cdot f_E$

avec v la vitesse du son, v_R la vitesse du récepteur et v_E celle de l'émetteur.

Calculer la fréquence du son que perçoit l'autostoppeur.

G. Serait-il capable de percevoir la différence si la voiture s'éloignait à la même vitesse ?

Diffraction des ondes

Cours

1 La diffraction

a. Définition

▶ La diffraction (comme les interférences du chapitre 20) est un phénomène caractéristique des ondes, qu'elles soient électromagnétiques ou mécaniques. Il se manifeste par un étalement des directions de propagation de l'onde quand celle-ci rencontre une ouverture. L'onde diffractée présente alors des maxima et des minima d'amplitudes.

▶ Si le milieu de propagation est le même de part et d'autre de l'ouverture, l'onde conserve la même célérité. Elle subit un changement de direction, mais pas de fréquence et donc pas de longueur d'onde.

▶ Lorsqu'une onde mécanique plane et rectiligne rencontre une ouverture de dimension convenable, c'est-à-dire suffisamment large, l'onde se propage sans être modifiée.
Si l'ouverture est de petite dimension, après celle-ci, l'onde n'est plus rectiligne. Si la fente est très petite, l'onde devient circulaire, l'ouverture jouant le rôle d'une source ponctuelle.

▶ Lorsqu'une onde électromagnétique rencontre une fente, on observe sur l'écran placé derrière la fente une tache centrale très lumineuse encadrée de taches secondaires moins intenses.

Franchissement par une onde d'une ouverture large

Franchissement d'une ouverture de petite dimension

b. Conditions d'observation

▶ L'importance du phénomène de diffraction est liée au rapport entre la dimension de la longueur d'onde λ et celle de l'ouverture a.

▶ Ce phénomène est davantage marqué, pour toutes les ondes, lorsque la dimension de l'ouverture est du même ordre de grandeur ou inférieure à celui de la longueur d'onde.

▶ Dans le cas des ondes lumineuses, le phénomène de diffraction demeure, même pour des ouvertures cent fois plus grandes que la longueur d'onde.

> **Remarque**
> Une onde qui rencontre une ouverture sera toujours diffractée. Ce qui peut arriver, en revanche, est que cette diffraction ne donne rien de spectaculaire ou de facilement détectable.

c. L'angle caractéristique de diffraction

▶ L'angle caractéristique de diffraction θ permet de mesurer l'importance du phénomène de diffraction. Il représente l'angle entre la direction rectiligne de propagation de l'onde en l'absence de diffraction et la direction définie par le premier minimum d'amplitude.

▶ Cet angle augmente lorsque la dimension de l'ouverture a diminue ou que la longueur d'onde de l'onde progressive sinusoïdale augmente λ.

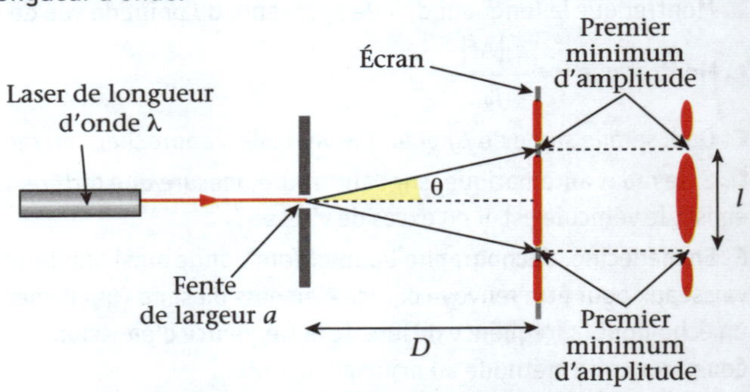

Diffraction d'une onde lumineuse monochromatique

2 Diffraction des ondes lumineuses

▶ Une fente placée sur le chemin d'un faisceau lumineux provoque un étalement de celui-ci dans une direction normale à celle de la fente.

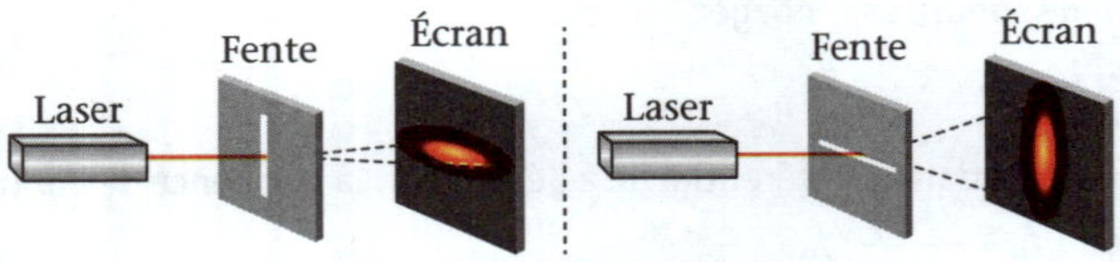

Figures de diffraction d'un laser

▶ La propagation rectiligne de la lumière n'est alors plus respectée pour un grand nombre de rayons émergeant de la fente.

▶ La lumière diffractée a les mêmes caractéristiques que la lumière émise par le laser, hormis la forme du faisceau. Le faisceau lumineux est formé de rayons parallèles avant la fente ; il est divergent après la fente.

>>

▶ L'angle caractéristique de diffraction représente la moitié de l'angle sous lequel on voit la tache centrale de diffraction depuis la fente. Il a pour expression : $\theta = \frac{\lambda}{a}$, avec a et λ en mètres et θ en radians.

▶ Les taches observées sur l'écran sont de tailles identiques, sauf la tache centrale qui est deux fois plus large que les autres. En outre, celle-ci concentre presque la totalité de l'intensité lumineuse.

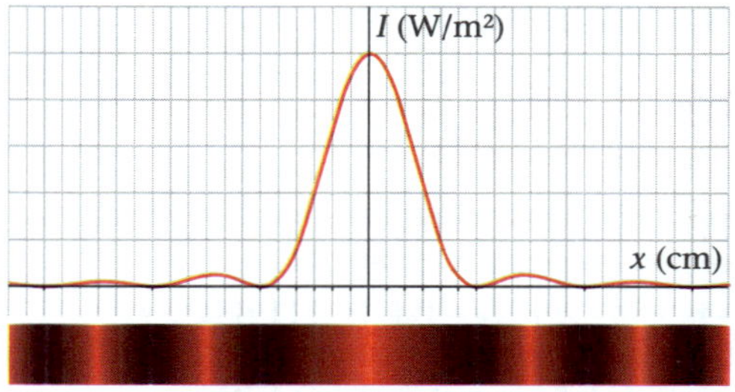

Figure de diffraction et intensité lumineuse

Remarque

Dans le cas de la lumière blanche, chaque radiation ayant un angle caractéristique de diffraction θ différent, on observe un phénomène d'irisation.

SYNTHÈSE

Diffraction des ondes

Définition

- Le phénomène de diffraction est une propriété des ondes se caractérisant par un étalement des directions de propagation de l'onde après que celle-ci a rencontré une ouverture.
- Toutes les ondes peuvent être diffractées.
- Le phénomène est davantage marqué lorsque la dimension de l'ouverture est du même ordre de grandeur ou inférieure à celui de la longueur d'onde.
- Rappel : $\lambda = \frac{v}{f}$.

Caractéristiques

- Le phénomène de diffraction ne modifie pas la fréquence de l'onde concernée.
Si le milieu de propagation est le même de part et d'autre de l'ouverture, la célérité de l'onde reste la même.
- Angle caractéristique de diffraction :
$\theta = \frac{\lambda}{a}$ avec θ en radian et λ et a en m.
Cette formule est applicable en optique, en acoustique, pour les ondes se propageant à la surface de l'eau d'une cuve à ondes…

Ondes mécaniques

- Lorsqu'une onde mécanique progressive plane rencontre une ouverture dont la dimension est voisine de celle de sa longueur d'onde, elle devient une onde mécanique progressive circulaire.

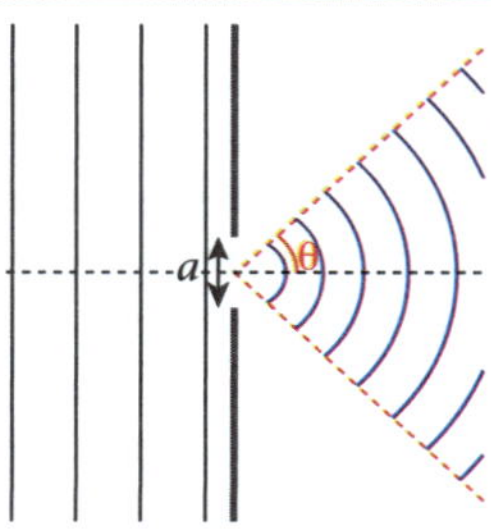

Ondes lumineuses

- Le phénomène de diffraction demeure observable, même pour des ouvertures cent fois plus grandes que la longueur d'onde.
- Pour un faisceau lumineux diffracté par une fente, on observe un étalement du faisceau dans une direction perpendiculaire à celle de la fente.
- Pour des angles de diffraction faible : $\lambda = \frac{L \cdot a}{2D}$.

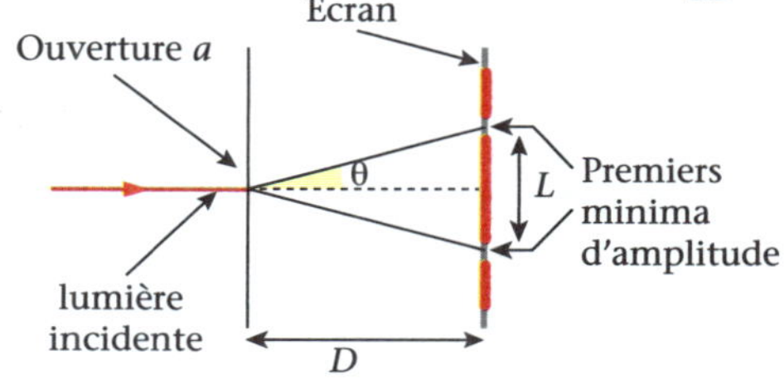

Méthode

1 Identifier une conséquence de la diffraction

Les ondes sonores audibles ont des fréquences comprises entre 20 Hz et 20 kHz.
Expliquer pourquoi le son se propage facilement d'une pièce à une autre, et pourquoi il est si difficile au quotidien de se protéger du bruit.

Donnée : Célérité du son dans l'air : 340 m · s⁻¹.

▶ On utilise la relation $\lambda = \frac{v}{f}$ pour calculer la longueur des ondes sonores audibles.

Pour f = 20 Hz, $\lambda = \frac{340\ \text{m}\cdot\text{s}^{-1}}{20\ \text{Hz}} = 17\ \text{m}$.

Pour f = 20 kHz, $\lambda = \frac{340\ \text{m}\cdot\text{s}^{-1}}{2{,}0\times10^{4}\ \text{Hz}} = 1{,}7\times10^{-2}\ \text{m}$.

Les ondes sonores audibles ont une longueur d'onde λ comprise entre 17 mm et 17 m.

▶ On identifie si les conditions permettent le phénomène de diffraction. Nombre d'ouvertures dans la vie quotidienne, comme les portes par exemple, ont des dimensions d'un ordre de grandeur compris entre ces deux valeurs, il y a donc constamment diffraction du son. C'est pour cette raison qu'il est difficile de se protéger du bruit.

2 Calculer la largeur d'une ouverture

Un laser rouge de longueur d'onde λ = 635 nm éclaire une fente et permet d'observer sur un écran placé à la distance *D* = 2,50 m de l'ouverture une figure de diffraction ayant une tache centrale de largeur *l* = 5,3 cm.
Quelle doit être la largeur de la fente éclairée par le laser ?
L'angle θ est assez petit pour qu'on puisse confondre par approximation tan θ et θ.

▶ On commence par représenter, sur un schéma (vu de dessus), la largeur l de la tache centrale, la largeur a de la fente, D la distance fente-écran et θ l'angle de diffraction.

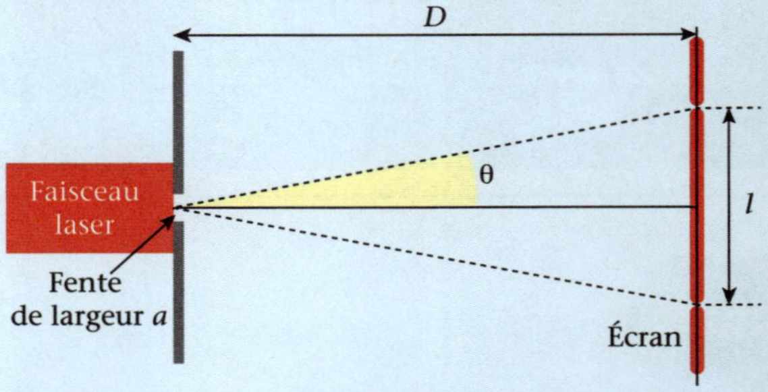

▶ On exploite la relation exprimant l'angle caractéristique de diffraction en fonction de la longueur d'onde et de la taille de l'ouverture : $\theta = \frac{\lambda}{a}$.

▶ Par trigonométrie, $\tan\theta = \frac{l}{2D}$.

Avec l'approximation sur les petits angles, $\theta = \frac{l}{2D}$.

On obtient ainsi $\frac{\lambda}{a} = \frac{l}{2D}$ et $a = \frac{2D\cdot\lambda}{l}$.

Application numérique :

$$a = \frac{2\times2{,}50\ \text{m}\times635\times10^{-9}\ \text{m}}{5{,}3\times10^{-2}\ \text{m}} = 6{,}0\times10^{-5}\ \text{m}.$$

Exercices

1 ★ 5 min **Lors d'un concert, l'ouvreuse reste assise près de la porte de la salle restée ouverte. Elle ne voit pas les musiciens, mais, bien que les parois soient parfaitement insonorisées, elle entend la musique.**

Données :
Ouverture de la porte, a = 1,00 m.
Célérité du son : c = 340 m · s⁻¹.

a. Quel phénomène permet à l'ouvreuse d'entendre la musique ?

b. Ce phénomène sera-t-il davantage marqué dans le cas d'un la dièse grave de fréquence F_G = 117 Hz ou pour la même note plus aiguë de fréquence F_A = 3 730 Hz ?

2 ★ 10 min **La houle est un mouvement ondulatoire de la surface de la mer qui se forme loin des côtes sous l'effet du vent. Un vent de 65 km · h⁻¹ engendre des vagues de 1 mètre de hauteur espacées de 150 mètres. Elles arrivent toutes les 12 secondes sur l'entrée d'un port dont l'ouverture a une largeur *a* = 120 m.**

a. Calculer la célérité des vagues.

b. Le bateau ressentira-t-il les effets de la houle ? Justifier la réponse en exploitant le schéma et en utilisant un rapporteur.

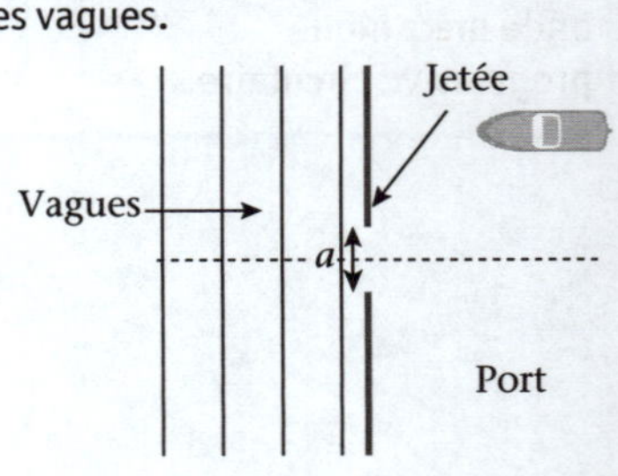

3 ★★ 20 min **On éclaire une fente de largeur a. La figure de diffraction est observée sur un écran blanc placé à une distance D de la fente.**

Données :

$a = 0{,}200 \pm 0{,}005$ mm.

$D = 2{,}00 \pm 0{,}01$ m.

$l = 12{,}6 \pm 0{,}1$ mm.

L'incertitude relative sur λ est donnée par la formule :

$$\frac{U(\lambda)}{\lambda} = \sqrt{\left(\frac{U(a)}{a}\right)^2 + \left(\frac{U(l)}{l}\right)^2 + \left(\frac{U(D)}{D}\right)^2}$$

a. Sur un schéma, faire apparaître : la largeur a de la fente, la distance fente-écran D et la largeur l de la tache centrale.

b. Quelle relation existe-t-il entre θ, λ et a ?

c. L'angle étant petit, $\tan\theta = \theta$. Exprimer θ en fonction de l et de D et calculer la valeur de l'angle caractéristique de la diffraction.

d. Déterminer la valeur de λ avec son incertitude absolue $U(\lambda)$.

4 ★★★ 15 min **L'échographie est une méthode d'exploration non invasive qui utilise des ondes ultrasonores. Les échos renvoyés par les organes permettent de les visualiser.**

La qualité de l'image obtenue est cependant limitée par les phénomènes de diffraction intervenant lorsque les ultrasons rencontrent des objets de taille comparable à leur longueur d'onde. Par exemple, dans les tissus mous, une onde ultrasonore de fréquence 1 MHz ne pourra pas révéler des détails inférieurs à environ $1{,}6 \times 10^{-3}$ m.

Données :

Vitesses de propagation des ondes ultrasonores dans quelques milieux :

$v_{air} = 340$ m·s^{-1} ; $v_{eau} = 1{,}5 \times 10^3$ m·s^{-1} ;

$v_{tissus\ mous} = 1{,}45$ à $1{,}7 \times 10^3$ m·s^{-1} ; $v_{os} = 3$ à 4×10^3 m·s^{-1}.

a. Quelle est la nature des ondes ultrasonores ?

b. Ces ondes sont-elles audibles ?

c. Pourquoi une onde ultrasonore de 1 MHz ne peut-elle révéler des détails inférieurs à $1{,}6 \times 10^{-3}$ m ?

d. Des ondes ultrasonores de 2,00 MHz sont utilisées pour réaliser l'échographie du cœur. Elles s'y propagent avec une vitesse de l'ordre de 1,5 km·s^{-1}. Ces ondes peuvent-elles être diffractées par le cœur humain qui mesure de 14 à 16 cm ?

5 ★★★ 50 min Type Bac

On éclaire une fente circulaire de diamètre a (a est de l'ordre du dixième de millimètre) par une lumière monochromatique de longueur d'onde λ. Un écran est placé à une distance D de l'ouverture.

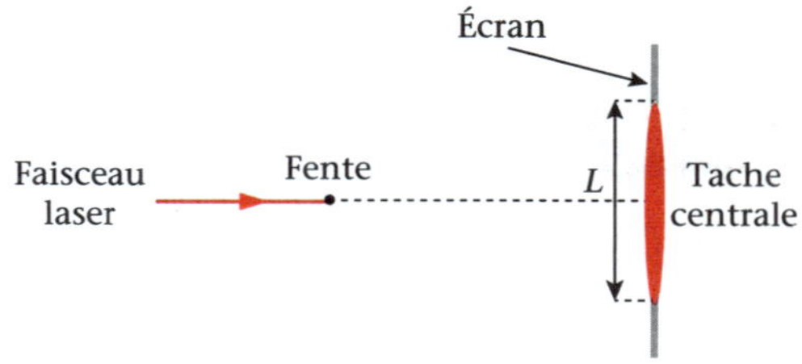

a. La figure ci-dessus présente l'expérience vue de dessus. Quelle propriété de la lumière cette expérience caractérise-t-elle ?

b. La lumière émise par la source laser est dite monochromatique. Que signifie ce terme ?

c. Indiquer sur la figure l'angle caractéristique de diffraction θ. Exprimer θ en fonction des grandeurs L et D sachant que, pour de petits angles, $\tan\theta = \theta$.

d. Quelle expression mathématique lie les grandeurs θ, λ et a ? Préciser les unités respectives de ces grandeurs physiques.

e. Montrer que la largeur L de la tâche centrale de diffraction s'exprime par la relation : $L = \frac{2\lambda \cdot D}{a}$.

Vérifier la pertinence de cette relation à l'aide d'une analyse dimensionnelle.

f. On place successivement deux fentes verticales de largeur respective $a_1 = 60$ µm et $a_2 = 80$ µm dans le même dispositif. On obtient, sur l'écran, deux figures de diffraction notées A et B. Associer, en le justifiant, à chacune des deux fentes, la figure de diffraction qui lui correspond.

Figure A
Figure B

g. On cherche à déterminer expérimentalement la longueur d'onde dans le vide λ de la lumière monochromatique émise par la source laser utilisée. Pour cela, on place devant le faisceau laser des fentes verticales de différentes largeurs. Les figures de diffraction obtenues successivement sont observées sur l'écran blanc situé à une distance $D = 2{,}0$ m des fentes. Pour chacune, on mesure la largeur L de la tâche centrale de diffraction. On obtient les valeurs suivantes :

a (mm)	0,040	0,050	0,080	0,100	0,120	0,150
L (mm)	60	50	35	25	20	16

Déterminer la longueur d'onde du laser utilisé.

h. Dans la notice du laser, on découvre la valeur indiquée par le constructeur : $\lambda_{théo} = 633$ nm. Calculer l'écart relatif avec la valeur trouvée, sachant que l'écart relatif r sur une mesure m vaut :

$$r = \left|\frac{m_{mesuré} - m_{référence}}{m_{référence}}\right| \times 100$$

La valeur est-elle en accord avec l'indication du constructeur ?

20 ONDES ET SIGNAUX
Interférences

Cours

1 Interférences de deux ondes de même fréquence

a. Superposition de deux ondes

▶ Lorsque deux ondes se croisent, leurs amplitudes s'additionnent algébriquement. Après s'être croisées, les deux perturbations continuent sur leur lancée sans être modifiées.

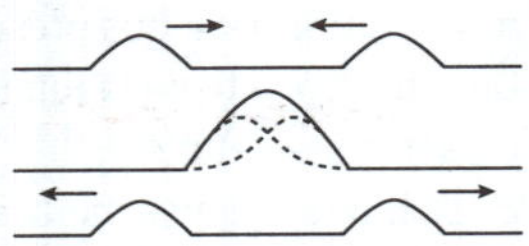

Deux ondes se croisent

▶ Des interférences peuvent être observées en un point où se superposent deux (ou plusieurs) ondes cohérentes.

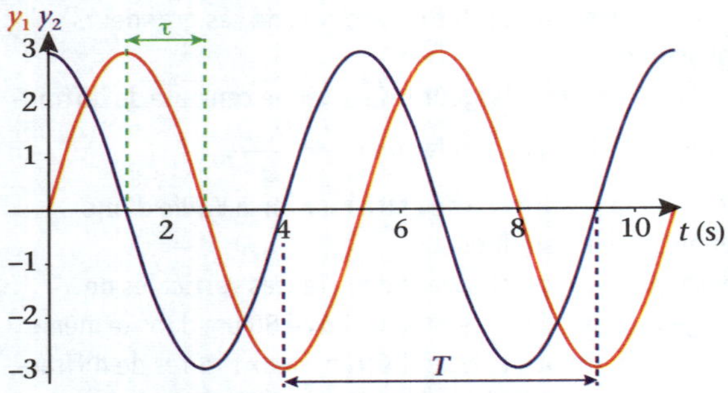

Deux courbes de même fréquence avec un déphasage constant

▶ Ces ondes sont de même fréquence et le retard τ de l'une par rapport à l'autre ne doit pas varier au cours du temps : elles gardent alors un déphasage constant.

▶ Le phénomène d'interférence se rencontre dans de très nombreux domaines : ondes sonores (casque anti-bruit), ondes radio, ondes à la surface de l'eau, ondes lumineuses (couleurs des bulles de savon, iridescence des ailes de papillons).

b. Interférences destructives et constructives

▶ Lorsque les deux ondes arrivent en un point, avec un décalage nul ou multiple de la période T de l'onde, les courbes sont superposées : elles sont en phase.
Les interférences sont alors constructives et l'amplitude de la vibration résultante en ce point est maximale.

▶ Lorsque les deux ondes arrivent en opposition de phase en un point (le maximum de l'une coïncide avec le minimum de l'autre), les interférences sont destructives. L'amplitude de la vibration résultante en ce point est minimale voire nulle.

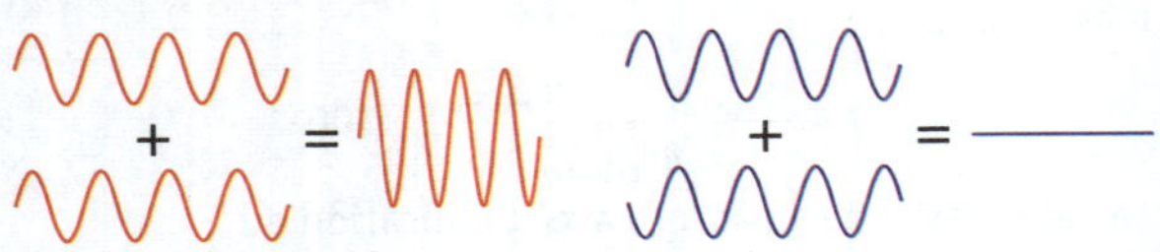

Interférences constructives et destructives

2 Interférences de deux ondes lumineuses

a. Dispositif des trous de Young

▶ Pour obtenir expérimentalement une figure d'interférence stable et observable, deux ondes de même fréquence et de différence de phase à l'origine constante, seront produites à l'aide d'un dispositif permettant de créer deux sources secondaires à partir d'une même source primaire.

▶ Une source de lumière quasi monochromatique (par exemple une lampe à décharge) est placée derrière un écran percé d'un trou de petite dimension : ce trou joue le rôle d'une source S. Il diffracte la lumière émise et éclaire deux trous très petits et très proches. Ces trous diffractent la lumière et se comportent comme deux sources cohérentes S_1 et S_2.

▶ L'écran d'observation est placé à une distance D du plan portant les deux trous. Cette distance D est très grande par rapport à la distance a entre les sources secondaires.

b. Différence de chemin optique

▶ La différence de chemin optique entre deux rayons lumineux, appelée également différence de marche, permet d'évaluer le retard ou le déphasage (en cas d'onde monochromatique) de l'un des rayons par rapport à l'autre. La différence de chemin optique est une distance qui a pour symbole δ.

▶ La différence de chemin optique δ en un point P de l'écran correspond à la différence entre les distances parcourues par les rayons issus des sources S_1 et S_2 jusqu'au point P :

$$\delta = PS_2 - PS_1.$$

δ peut prendre des valeurs positives ou négatives.

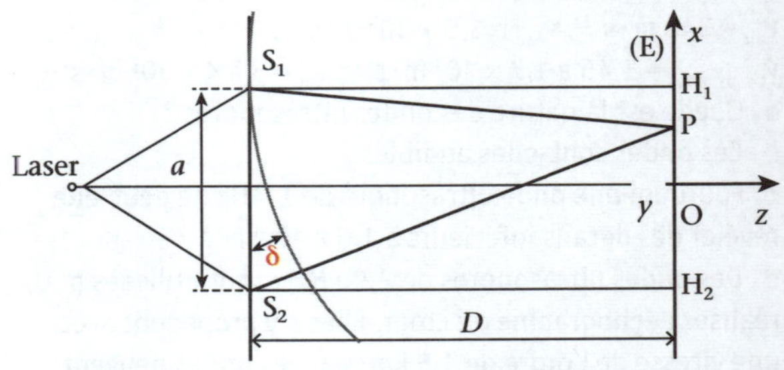

Différence de chemin optique

▶ En utilisant le théorème de Pythagore dans les triangles S_1PH_1 et S_2PH_2, on obtient pour un point P d'abscisse x la différence de chemin optique $\delta = \dfrac{x \cdot a}{D}$.

Remarque

L'expression de la différence de chemin optique ne dépendant pas de y, les trous de Young peuvent être remplacés par des fentes permettant d'augmenter l'éclairement sur l'écran.

>>

c. Franges d'interférence

▶ On observe sur l'écran une succession de bandes (ou **franges**) équidistantes, alternativement sombres et brillantes, perpendiculaires à la droite S_1S_2.

Comparaison des écrans observés à l'aide des dispositifs des trous de Young (en haut) et des fentes de Young (en bas)

▶ Les franges d'interférences obtenues avec le dispositif des trous de Young sont observables en tout point du **champ d'interférences** (intersection des deux faisceaux lumineux issus des sources secondaires S_1 et S_2).

▶ Si la différence de chemin optique est telle que : $\delta = k\lambda$, avec k entier relatif, les interférences sont **constructives**, au point P, les deux ondes arrivent en phase.

Le point P se trouve dans une **frange lumineuse**.
k, l'ordre d'interférence, est alors un **entier**.

▶ $\delta = \left(k + \frac{1}{2}\right)\lambda$, avec k entier relatif, alors les interférences sont **destructives**, les deux ondes arrivent en opposition de phase.

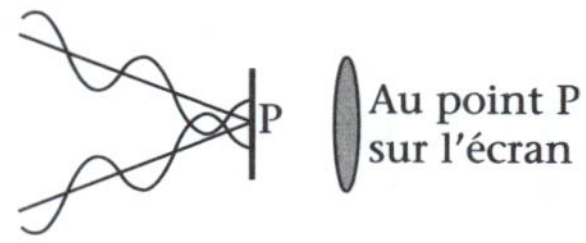

Le point P se trouve dans une **frange sombre**.

L'**ordre d'interférence** $k + \frac{1}{2}$ est alors un **demi-entier**.

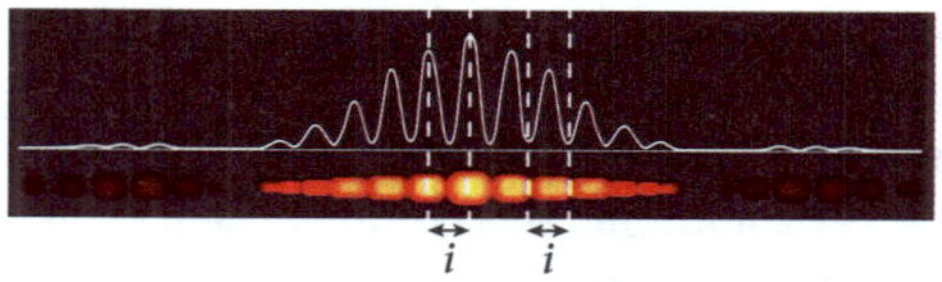

Interfranges

▶ La distance séparant les milieux de deux franges brillantes (ou sombres) consécutives est l'**interfrange i**. Sa valeur (en m) est donnée par la relation : $i = \frac{\lambda \cdot D}{S_1S_2}$.

avec λ la longueur d'onde dans le milieu (m), D la distance (m) entre les fentes et l'écran, $a = S_1S_2$ la distance (m) entre les fentes.

d. Cas de la lumière blanche

En lumière blanche, on peut considérer que chacune des longueurs d'onde du spectre visible constitue un système de franges qui se superposent. La position de ces franges étant différente, une décomposition de la lumière se produit, laissant apparaître plusieurs couleurs dites interférentielles.

SYNTHÈSE

Conditions d'interférences

Les deux ondes sont cohérentes :
- fréquence identique ;
- déphasage τ constant.

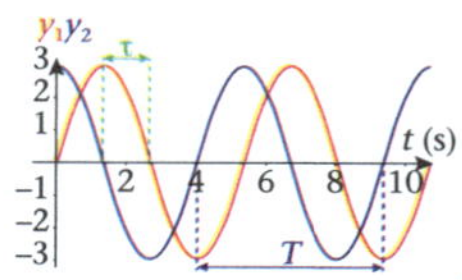

Types d'interférence

- **Constructive :** en un point, les deux ondes arrivent en phase. $\tau = 0$ ou kT, T étant la période de l'onde.

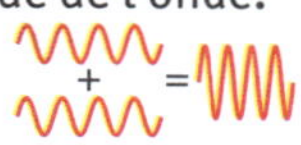

- **Destructive :** en un point, les deux ondes arrivent en opposition de phase.

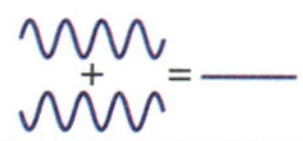

Interférences

Interférences des ondes lumineuses

- Différence de chemin optique : $\delta = \frac{x \cdot a}{D}$

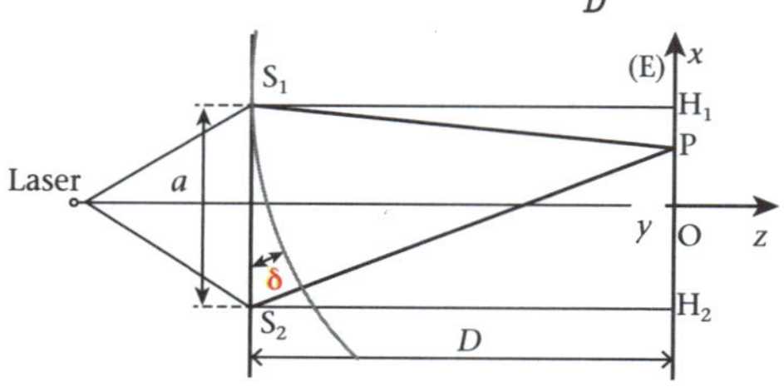

- Interfrange : $i = \frac{\lambda \cdot D}{S_1S_2}$

Distance séparant les milieux de deux franges brillantes (ou sombres) consécutives.
- $\delta = k\lambda$, alors l'interférence est constructive.

La frange est lumineuse.
- $\delta = \left(k + \frac{1}{2}\right)\lambda$, alors l'interférence est destructive.

La frange est sombre.

Méthode

Pour les deux méthodes le schéma du dispositif d'étude est celui de la synthèse.

1 Déterminer les positions des franges brillantes et sombres.

Une expérience a été réalisée à l'aide d'un écran percé de deux trous S_1 et S_2 de dimension négligeable, séparés par une distance a = 1,0 mm et éclairés par une onde lumineuse monochromatique de longueur d'onde λ = 589 nm. Une figure d'interférence est observée sur un écran situé à une distance D = 1,20 m de l'écran portant les deux trous.

a. Déterminer l'abscisse d'un point P situé au centre de la frange brillante d'ordre d'interférence $k = 4$.

b. Déterminer la longueur d'onde de l'onde lumineuse monochromatique éclairant les deux trous si le point P se retrouvait au centre d'une frange sombre d'ordre d'interférence $k = \frac{7}{2}$.

a. ▶ Pour déterminer l'abscisse d'un point d'une frange, on utilise l'expression de la différence du chemin optique : $\delta = \frac{a \cdot x}{D}$.

Au point P situé au centre de la frange brillante d'ordre d'interférence $k = 4$, on a $\delta = 4 \times \lambda$.

On obtient ainsi : $\frac{a \cdot x}{D} = 4 \cdot \lambda$, soit $x = \frac{4 \cdot \lambda \cdot D}{a}$.

Application numérique :

$$x = \frac{4 \times 589 \times 10^{-9}\ \text{m} \times 1{,}20\ \text{m}}{1{,}0 \times 10^{-3}\ \text{m}} = 2{,}8 \times 10^{-3}\ \text{m}.$$

Le point P est situé à $2{,}8 \times 10^{-3}$ m du centre de la figure d'interférences.

b. ▶ Pour déterminer la longueur d'onde, on utilise de nouveau la relation : $\delta = \frac{a \cdot x}{D}$.

Au point P situé au centre de la frange sombre d'ordre d'interférence $k = \frac{7}{2}$, on a $\delta = \frac{7}{2} \cdot \lambda$.

On obtient ainsi : $\frac{a \cdot x}{D} = \frac{7}{2} \cdot \lambda$, soit $\lambda = \frac{2 \cdot x \cdot a}{7 \cdot D}$.

Application numérique :

$$\lambda = \frac{2 \times 2{,}8 \times 10^{-3}\ \text{m} \times 1{,}0 \times 10^{-3}\ \text{m}}{7 \times 1{,}20\ \text{m}} = 6{,}7 \times 10^{-7}\ \text{m}.$$

La longueur d'onde du laser est de $6{,}7 \times 10^{-7}$ m.

2 Déterminer le type de frange et l'interfrange sur un écran

On considère deux sources cohérentes S_1 et S_2 distantes de a = 5,0 mm. Elles émettent des radiations de longueur d'onde 0,60 mm. L'écran sur lequel on observe la figure d'interférence est placé à une distance D = 1,35 cm du plan de ces deux sources.

a. Sachant qu'un point P de l'écran se trouve à 1,56 cm de la source S_1 et à 1,38 cm de la source S_2, déterminer s'il appartient à une frange d'amplitude maximale ou minimale.

b. Calculer l'interfrange observée sur l'écran après avoir établi son expression en supposant $D \gg a$ et $D \gg x$.

a. ▶ On utilise l'expression de la différence de chemin optique pour savoir si un point appartient à une frange claire ou sombre. Pour chaque point de l'écran, la différence de chemin optique δ des deux ondes incidentes s'écrit : $\delta = PS_2 - PS_1$.

Application numérique : δ = 1,56 – 1,38 cm = 0,18 cm.

▶ Si $\delta = k \cdot \lambda$, les deux ondes arrivent au point P en phase. Elles ajoutent leurs effets ; les interférences sont constructives.

▶ Si $\delta = \left(k + \frac{1}{2}\right) \cdot \lambda$, les deux ondes arrivent au point P en opposition de phase. Elles annulent leurs effets ; les interférences sont destructives.

▶ On calcule le rapport $\frac{\delta}{\lambda}$ pour déterminer k.

$\frac{\delta}{\lambda} = \frac{1{,}8\ \text{mm}}{0{,}60\ \text{mm}} = 3$, valeur entière.

Le point P est donc au centre d'une frange d'amplitude maximale.

> **Remarque**
> Les deux grandeurs du rapport $\frac{\delta}{\lambda}$ étant des longueurs, le résultat est sans unité.

b. On établit l'expression de l'interfrange. En utilisant le théorème de Pythagore dans les triangles S_1H_1P et S_2H_2P, on obtient :

$$S_1P^2 = D^2 + \left(\frac{a}{2} - x\right)^2 \text{ et } S_2P^2 = D^2 + \left(x + \frac{a}{2}\right)^2$$

$$S_2P^2 - S_1P^2 = \left(x + \frac{a}{2}\right)^2 - \left(\frac{a}{2} - x\right)^2$$

$$S_2P^2 - S_1P^2 = \left(x + \frac{a}{2} - \frac{a}{2} + x\right) \cdot \left(x + \frac{a}{2} + \frac{a}{2} - x\right) = 2x \cdot a$$

Or, $S_2P^2 - S_1P^2 = (S_2P - S_1P) \times (S_2P + S_1P) = \delta \times 2D$, car $2D \approx S_2P + S_1P$.

On obtient donc l'expression suivante :

$$\delta \times 2D = 2x \cdot a \text{ et } \delta = \frac{x \cdot a}{D}.$$

Le point P est au centre d'une frange d'amplitude maximale si la différence de chemin optique est un multiple entier de la longueur d'onde, soit $\delta = k \cdot \lambda$.

Donc, $\frac{x \cdot a}{D} = k \cdot \lambda$ et $x = \frac{k \cdot \lambda \cdot D}{a}$.

Le point au centre de la frange d'amplitude maximale suivante aura pour abscisse x' telle que :

$$x' = \frac{(k+1) \cdot \lambda \cdot D}{a}$$

L'interfrange correspond à la distance entre deux franges d'amplitudes maximales consécutives, il y a donc :

$$i = x' - x = \frac{(k+1) \cdot \lambda \cdot D}{a} - \frac{k \cdot \lambda \cdot D}{a} = \frac{\lambda \cdot D}{a}$$

$$i = \frac{\lambda \cdot D}{a} = \frac{0{,}60 \times 10^{-3}\ \text{m} \times 1{,}35 \times 10^{-2}\ \text{m}}{5{,}0 \times 10^{-3}\ \text{m}} = 1{,}6 \times 10^{-3}\ \text{m}.$$

L'interfrange est de $1{,}6 \times 10^{-3}$ m.

Exercices

1 ★ 10 min **La figure de diffraction de la lumière par un trou est formée d'une tache circulaire très lumineuse appelée tache d'Airy, entourée d'anneaux de moins en moins lumineux à mesure qu'ils s'éloignent du centre de la tache. On souhaite réaliser des interférences en utilisant un laser rouge, des trous de Young et un écran pour les observations.**

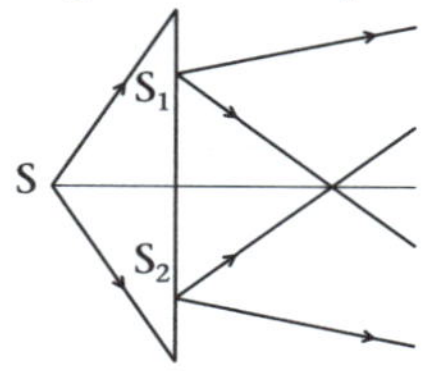

Dispositif des trous de Young

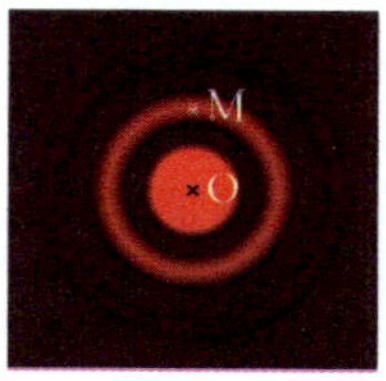

Figure de diffraction

a. Pourquoi ce dispositif permet-il d'obtenir des interférences ?
b. Les deux trous étant situés à égale distance du laser, que vaut la différence de chemin optique au centre O de la figure de diffraction ? Sur quel type de frange se trouve le point O ?
c. Sur quel type de frange se trouve le point M situé sur la verticale passant par O ?
d. En déduire la figure d'interférence et la tracer sans souci d'échelle.

2 ★★ 20 min **Deux fentes de Young S_1 et S_2 de largeur $a = 70$ µm, éclairées par une source monochromatique rouge de longueur d'onde dans le vide $\lambda = 650$ nm. Les deux fentes sont placées sur l'axe Ox et séparées d'une distance b. La distance des fentes à l'écran est $D = 1{,}2$ m.**
Sur l'écran, on dénombre huit franges brillantes à l'intérieur de la tache centrale brillante.
Données : Relation (1) donnant l'interfrange : $i = \lambda\dfrac{D}{b}$.
Relation (2) donnant la largeur de la tache centrale de diffraction : $L = \dfrac{2\lambda \cdot D}{a}$.
a. Faire un schéma des deux faisceaux émergents de S_1 et S_2 colorés en rose et colorer en rose foncé la zone dans laquelle on observe les interférences.
b. Grâce à quel phénomène ces ondes peuvent-elles interférer constructivement ou destructivement ?
c. Montrer que la distance b entre S_1 et S_2 vaut 0,25 mm.
d. Quelle est la nature de la frange observée au point d'abscisse $x = 9{,}4$ mm ? On donne l'expression de la différence de marche entre deux ondes provenant de S_1 et S_2 :
$$\delta = \frac{b \cdot x}{D}.$$
e. Le montage restant le même que précédemment, on remplace simplement le laser rouge par un laser vert. Indiquer comment évoluent l'interfrange et la largeur de la figure d'interférence.

3 ★★★ 35 min Type Bac
Pour observer des interférences, on perce deux petits trous dans un carton. Ces trous sont ensuite éclairés avec une source laser rouge. Des raies lumineuses et sombres sont alors visibles sur un écran placé loin du carton.
Les deux trous S_1 et S_2 de même diamètre sont placés à égale distance de la source. Ils sont distants de $a = 500$ µm.
La source émettrice S est un laser hélium-néon, de longueur d'onde $\lambda = 633$ nm.
Le carton est placé à une distance $d = 20$ cm de la source et l'écran à une distance $D = 4{,}0$ m du carton.

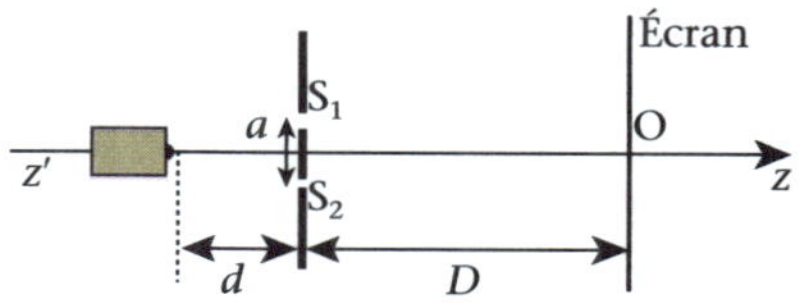

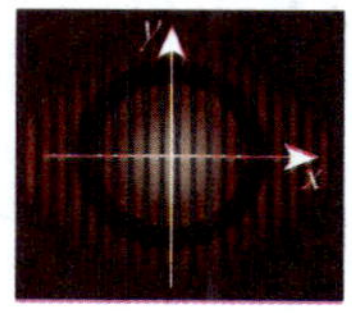

A. Pourquoi le dispositif décrit permet-il l'observation d'interférences ?
B. Les franges brillantes sont équidistantes. La distance, qui en sépare deux consécutives, est appelée interfrange et notée i. On cherche à connaître les paramètres dont peut dépendre i et à choisir une expression parmi les propositions suivantes :

A. $i = \lambda \cdot D^2$; B. $i = \dfrac{a \cdot \lambda}{D}$;

C. $i = \dfrac{d \cdot \lambda}{D}$; D. $i = \dfrac{a \cdot D}{\lambda}$;

E. $i = \dfrac{\lambda \cdot D}{a}$.

a. Qu'est-ce que la dimension d'une grandeur ? Peut-on affirmer qu'une relation est juste si elle est homogène ?
b. Par une analyse dimensionnelle, éliminer l'une des propositions.
c. Expérimentalement, on effectue les constatations suivantes :
– avec un laser vert, l'interfrange diminue ;
– si on éloigne l'écran, l'interfrange augmente ;
– une position différente du laser S par rapport au plan comportant S_1 et S_2 ne modifie pas l'interfrange ;
– les deux trous étant rapprochés l'un de l'autre, les franges s'écartent les unes des autres.
Déduire de ces observations l'expression correcte de l'interfrange i.
C. Donner la valeur de i obtenue avec ce laser hélium-néon.

La lunette astronomique

Cours

Rappel

La distance focale notée f' est la distance comptée positivement entre une lentille O et son foyer image F.

1 Présentation de la lunette astronomique

▶ Une lunette astronomique est un instrument utilisé pour observer les astres ou les objets éloignés.

▶ Elle comporte deux systèmes optiques :
- un objectif de distance focale $f_1' = O_1F_1'$ de l'ordre du mètre ;
- un oculaire de courte distance focale utilisé comme loupe.

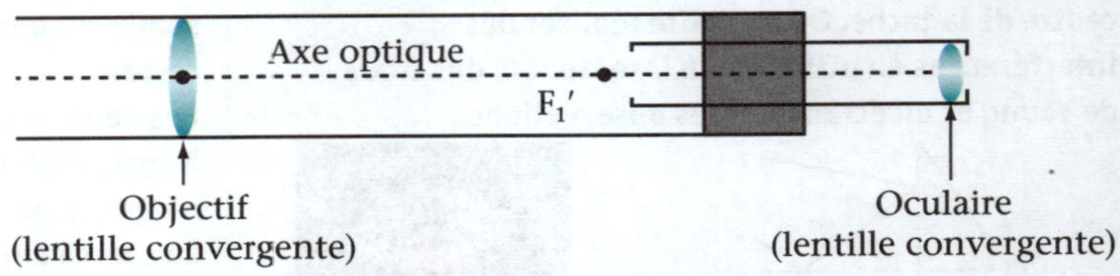

Schéma d'une lunette astronomique

2 Modélisation d'une lunette astronomique

L'objet AB est à grande distance de la lunette. Il peut être considéré comme étant à l'infini. L'objectif donne de l'objet AB une image intermédiaire A_1B_1 dans son plan focal image.

▶ Le réglage de l'oculaire permet de faire la mise au point sur l'image. Pour cela, on fait coïncider les foyers F'_1 et F_2. L'oculaire joue le rôle d'une loupe et, comme cette dernière, fabrique une image virtuelle, c'est-à-dire ne pouvant être observée sur un écran.

▶ L'image intermédiaire A_1B_1 sert d'objet pour l'oculaire. Cette image est située dans le plan focal objet, plan contenant le foyer objet de l'oculaire. L'image définitive est rejetée à l'infini et elle apparaît renversée.

▶ La position de chaque image peut être déterminée pour chaque lentille en utilisant la relation de conjugaison des lentilles convergentes : $\dfrac{1}{\overline{OA'}} - \dfrac{1}{\overline{OA}} = \dfrac{1}{f'}$

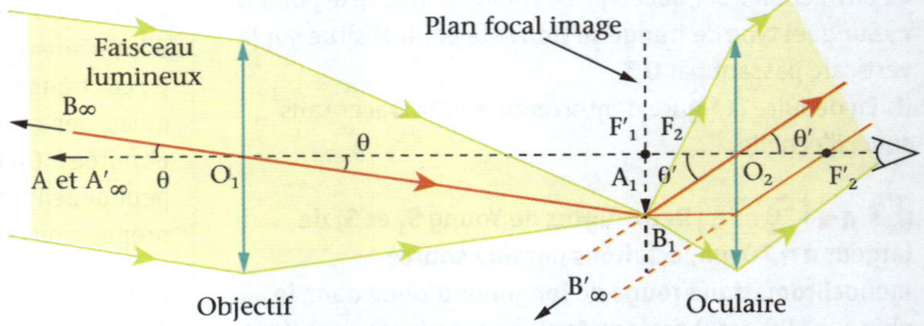

Modélisation de la lunette astronomique

$\overline{OA}$ est la position algébrique de l'objet, $\overline{OA'}$ la position algébrique de l'image, et f' la distance focale. Toutes ces grandeurs sont en m.

A_1 est l'image de A à travers l'objectif, et A' l'image de A_1 à travers l'oculaire.

▶ D'un objet à l'infini, la lunette forme une image à l'infini. La lunette astronomique est dite afocale, car le système ne possède pas de foyer.

3 Grossissement d'une lunette afocale

▶ Un objet vu à grande distance est observé sous un angle θ appelé aussi diamètre apparent.

Par exemple, la Lune a pour diamètre apparent 31′ (1° = 60′) :

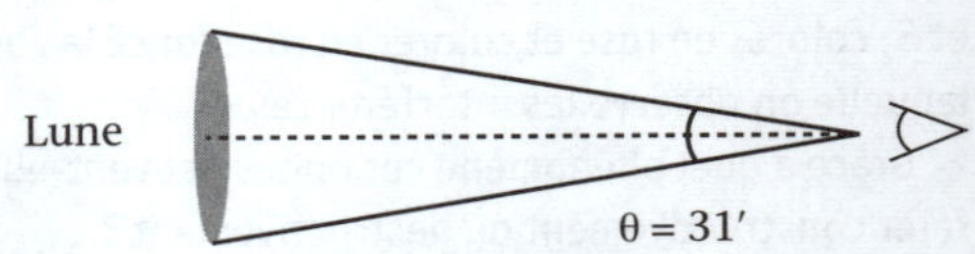

Représentation du diamètre apparent

▶ En regardant à travers la lunette astronomique, l'image est vue sous un angle θ′. Le grossissement G (sans unité) est le quotient de ces deux angles :

$$G = \frac{\theta'}{\theta}.$$

▶ En exprimant les angles précédents, et en utilisant pour de petits angles l'approximation θ(rad) ≈ tanθ, ce grossissement peut aussi être écrit en fonction des distances focales de l'instrument :

$$\theta \approx \tan\theta = \frac{A_1B_1}{O_1A_1} = \frac{A_1B_1}{f_1'} \qquad \theta' \approx \tan\theta' = \frac{A_1B_1}{O_2A_1} = \frac{A_1B_1}{f_2'}$$

▶ En effectuant le quotient : $G = \dfrac{\theta'}{\theta} = \dfrac{A_1B_1}{f_2'} \cdot \dfrac{f_1'}{A_1B_1}$ d'où $G = \dfrac{f_1'}{f_2'}$.

>>

4 Données caractéristiques d'une lunette commerciale

▶ Les lunettes astronomiques du commerce affichent des indications comme, par exemple, « × 160 ». Cette donnée n'est pas le grossissement mais le grossissement commercial.

▶ L'œil humain possède une vision normale nette entre le *punctum remotum* (PR) et le *punctum proximum* (PP) de distance minimale $d_m = 25$ cm.

▶ Le grossissement commercial $G_C = \dfrac{\theta'}{\theta}$ est défini pour une image située au PR à travers l'instrument, par exemple un astre lointain, et un objet vu au PP pour l'œil normal.

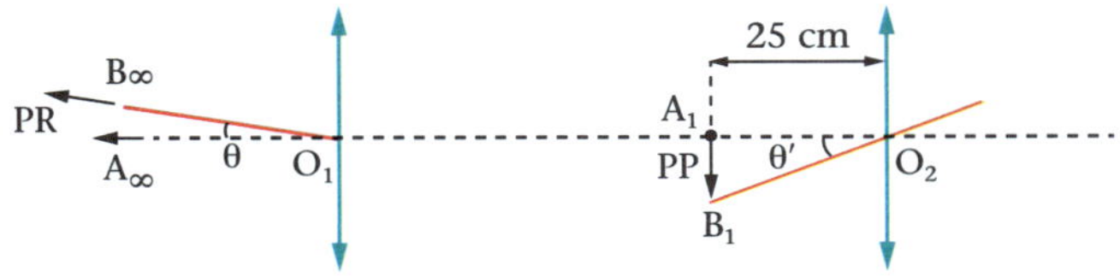

Position des *punctum remotum* (PR) et *punctum proximum* (PP)

▶ Le grossissement commercial compare un objet placé à 25 cm de l'œil, vu en direct, sans instrument, et son image à travers l'appareil. Il a alors sa valeur la plus importante possible.

Info

La vision normale est une vue théorique sans défaut. Les défauts les plus courants de la vue sont par exemple la myopie, l'hypermétropie ou la presbytie.

Info

Lors d'une observation, l'œil de l'observateur est quasiment collé à l'oculaire. La distance d_m est alors pratiquement égale à la distance A_1O_2.

PHYSIQUE-CHIMIE

SYNTHÈSE

La lunette astronomique

Définitions

La lunette astronomique :
- s'utilise pour observer des objets éloignés ;
- est constituée de deux systèmes optiques :

– un objectif de **distance focale** d'environ 1 m ;
– un oculaire de courte distance focale, utilisé comme loupe.

Grossissement

- Calcul : $G = \dfrac{\theta'}{\theta} = \dfrac{f'_1}{f'_2}$
- Grossissement « commercial » : l'objet virtuel est supposé à 25 cm de l'œil.

Modélisation

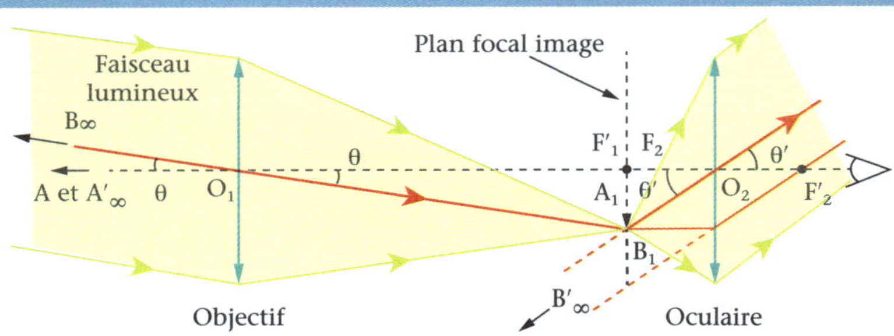

Méthode

1 Représenter le faisceau traversant une lunette astronomique afocale

La planète Mars est observée par un astronome amateur à travers une lunette astronomique. Représenter la situation modélisée ainsi que le faisceau parvenant à l'œil de l'observateur.

▶ On modélise la lunette astronomique avec ses éléments caractéristiques, puis on représente l'image de l'objet situé à l'infini à travers l'objectif.

▶ Dans le cas d'une **lunette afocale**, le foyer image de l'objectif est confondu avec le foyer objet de l'oculaire. Tout rayon passant par le centre n'est pas dévié. Un point situé à l'infini a pour image un point situé dans le **plan focal** de l'**objectif**.

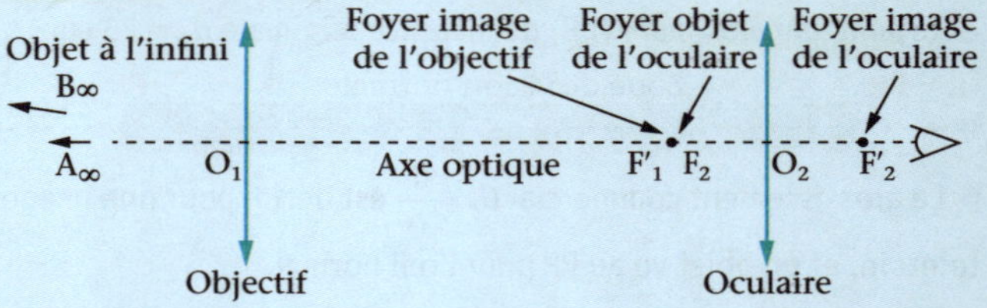

▶ On représente l'image intermédiaire A_1B_1.
B a pour image B_1. L'objet AB placé à l'infini forme ainsi une image intermédiaire A_1B_1.

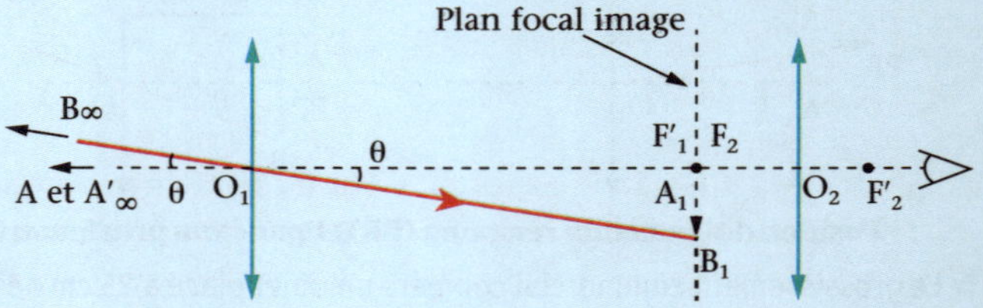

▶ Le rayon issu de B_1 et passant par O_2 n'est pas dévié. Le rayon parallèle à l'axe passe par F'_2 après sa traversée de l'oculaire.

L'observateur regardant dans l'oculaire voit les rayons se croiser en B' à l'infini. B' est l'image de B_1.

▶ On représente la direction de A'B', image de A_1B_1 à travers l'oculaire.

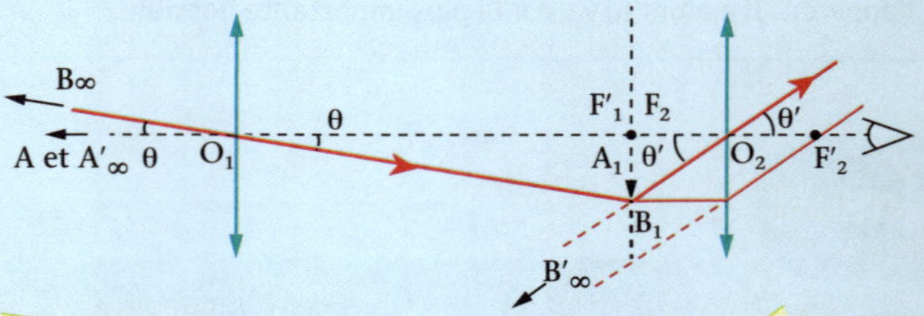

▶ On représente le faisceau lumineux complet entre l'objet et l'œil de l'observateur.
Le faisceau provenant de B converge en B_1. Le faisceau issu de B_1 traverse l'oculaire. Il est formé de rayons parallèles et parvient enfin à l'œil de l'astronome.

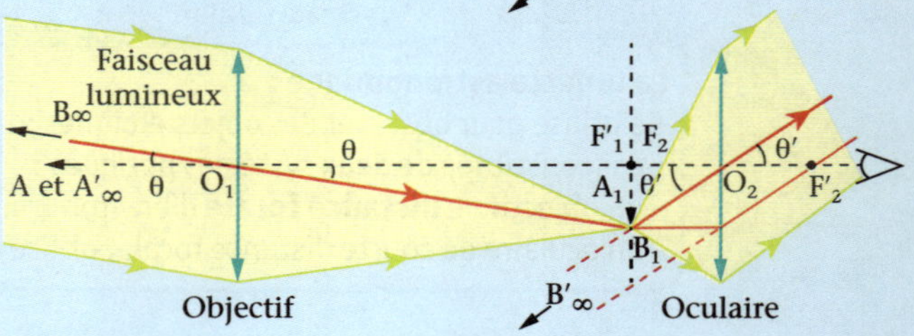

2 Utiliser les relations des lentilles convergentes

Une lentille convergente de centre O a pour distance focale 10,0 cm.
Quelles sont la position et la taille de l'image A'B' correspondant à un objet AB de 20,0 cm placé à 50,0 cm à gauche de la lentille ?

▶ On utilise la relation de conjugaison appliquée à la lentille convergente :

$$\frac{1}{\overline{OA'}}-\frac{1}{\overline{OA}}=\frac{1}{f'}.$$

Rappel
La relation de conjugaison relie la position de l'image OA' à celle de l'objet OA.

▶ On isole l'expression permettant d'obtenir $\overline{OA'}$:

$$\frac{1}{\overline{OA'}}=\frac{1}{f'}+\frac{1}{\overline{OA}}.$$

▶ On remplace par les valeurs. Les éléments à gauche de la lentille ont des mesures négatives et réciproquement :

$$\frac{1}{\overline{OA'}}=\frac{1}{10,0}+\frac{1}{-50,0}=0,0800\,\delta.$$

L'unité de l'inverse d'une distance est la dioptrie δ.
$\overline{OA'}$ = 0,125 m = 12,5 cm.
L'image est à 12,5 cm à droite du point O.

▶ On écrit la définition du grandissement de la lentille convergente et on applique le théorème de Thalès :

$$\gamma=\frac{\overline{A'B'}}{\overline{AB}}=\frac{\overline{OA'}}{\overline{OA}}.$$

D'où : $\overline{A'B'}=\frac{\overline{OA'}}{\overline{OA}}\cdot\overline{AB}$.

▶ On fait l'application numérique en tenant compte des signes, des chiffres significatifs et des unités :

$$\overline{A'B'}=\frac{12,5}{-50,0}\times 20,0 = -5,00\text{ cm}.$$

Rappel
Le grandissement est le quotient de la taille de l'objet par la taille de l'image.

Exercices

1 ★ 15 min **Une étoile est observée à travers une lunette astronomique à distance suffisamment importante pour être considérée comme infinie. Le diamètre apparent selon lequel elle est vue est noté θ. Le schéma modélisant la situation est donné ci-dessous.**

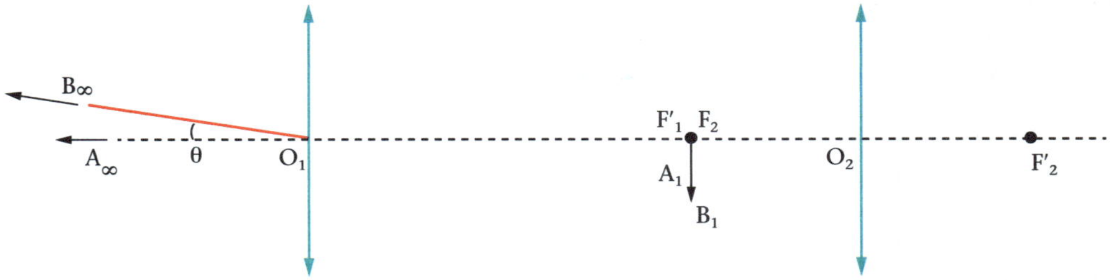

Reproduire ce schéma et construire le rayon caractéristique représenté en rouge, ainsi que le faisceau lumineux provenant de B.

2 ★ 5 min **Une lunette astronomique du commerce possède une distance focale de 120 cm. Elle est vendue avec différents oculaires de distances focales respectives 25,0 mm, 8,0 mm et 5,0 mm.**

Quels sont les différents grossissements possibles de cette lunette astronomiques ?

3 ★ 15 min **Une lunette astronomique modélisée dans le cadre d'un travail pratique par deux lentilles placées sur un banc d'optique, est constituée d'un objectif de distance focale $f_1' = 1{,}0$ m et d'un oculaire de distance focale $f_2' = 10{,}0$ cm.**

a. Construire la figure représentant la situation avec pour échelle horizontale 1,0 m ↔ 10 cm.

b. Déterminer le grossissement de cette lunette astronomique.

4 ★★ 10 min **Un oculaire de lunette astronomique est constitué d'une lentille de distance focale égale à 4,0 cm.**

a. Construire la figure de la situation afin que l'image se forme à 25 cm à gauche de la lentille.

b. Retrouver la position de l'image intermédiaire en utilisant la relation de conjugaison.

5 ★★ 5 min **Afin d'observer la Lune, de diamètre apparent θ = 31′, un astronome amateur utilise une lunette astronomique constituée d'un objectif de distance focale 1,20 m et d'un oculaire sur lequel figure l'indication 40 ×.**

Sous quel diamètre apparent pourra-t-il voir la Lune à travers l'instrument dans le cas d'une image nette située au PP, si sa vision est normale ?

6 ★★ 15 min **Une lunette astronomique achetée dans le commerce possède un objectif de distance focale égale à 120 cm et un oculaire de distance focale égale à 8,0 cm.**

a. Déterminer la position de l'image d'une étoile observée à très grande distance.

b. Quelle doit être la distance entre l'image intermédiaire formée par l'objectif et la lentille convergente constituant l'oculaire afin que l'image définitive se forme à l'infini ?

7 ★★★ 20 min Type Bac **Un élève réalise une lunette astronomique de sa conception en utilisant deux lentilles convergentes. La première a pour distance focale 50,0 cm et la deuxième 10,0 cm. Ayant quelques problèmes de vue, il voit l'image intermédiaire se former à la distance de 40,0 cm de l'oculaire.**

a. À quelle distance de l'oculaire se forme en fait l'image intermédiaire A_1B_1 ?

b. L'objet AB est vu sous un angle $\theta = 1{,}5 \times 10^{-2}$ rad.

Déterminer la taille de l'image A_1B_1.

c. En déduire la taille de A′B′.

d. Après avoir choisi des échelles de représentation, réaliser le schéma de la situation.

Ajouter sur ce schéma l'objet AB, ainsi que les images intermédiaire et définitive.

e. Déterminer l'angle sous lequel est observé A′B′.

f. En déduire le grossissement de cette lunette.

g. Déterminer le grossissement commercial de cette lunette artisanale.

Aspect particulaire de la lumière

Cours

1 L'effet photoélectrique

Certains dispositifs, lorsqu'ils sont éclairés par une onde électromagnétique, et sous certaines conditions, produisent du courant électrique. Cet effet est appelé l'effet photoélectrique.

a. Expérience de Heinrich Hertz (1887)

▶ Un électroscope est un appareil possédant deux tiges métalliques, une tige fixe et verticale, et une tige mobile autour d'un point d'attache central. Par contact avec un objet possédant des charges électriques, l'électroscope se charge et la tige mobile tourne alors par répulsion. Un électroscope est chargé négativement. Lorsque cet électroscope est relié à une lame de zinc éclairée par une lampe, les lames se déchargent et se rapprochent.

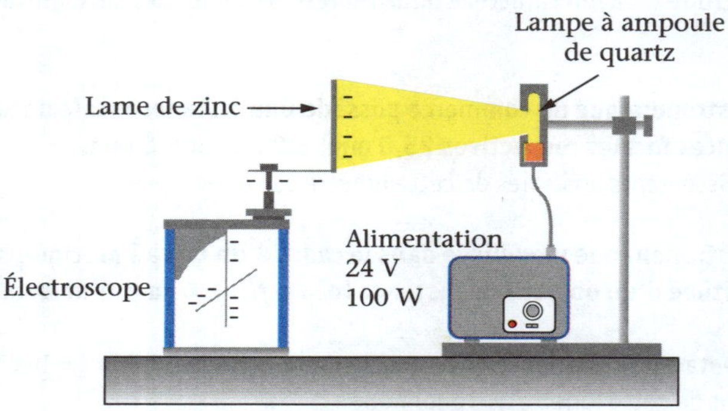

L'expérience de Hertz avec un électroscope

▶ En interposant une lame de verre, matériau absorbant le rayonnement UV, entre la lampe et la lame de zinc, la décharge ne se produit pas. Le fait que des électrons soient arrachés au métal sous l'effet de la lumière constitue l'effet photoélectrique.

Rappel

Les rayons ultraviolets (UV) ont des longueurs d'onde inférieures à celles du visible. Le spectre du visible s'étend de 380 à 780 nm.

b. Interprétation

▶ L'interprétation de cette expérience a été fournie en 1905 par Albert Einstein, qui a obtenu pour cela le prix Nobel de physique en 1921.

▶ La lumière est constituée de particules appelées photons, de masse nulle et de célérité $c \approx 3{,}00 \times 10^8$ m·s^{-1}. Chaque photon transporte une quantité élémentaire d'énergie appelée quantum, dont la valeur est donnée par la relation de Planck :

$$E = \mathrm{h} \cdot \nu$$

avec E l'énergie en joules (J), ν la fréquence de l'onde en hertz (Hz) et h une constante de proportionnalité appelée constante de Planck qui a pour valeur $\mathrm{h} = 6{,}625 \times 10^{-34}$ J·s.

▶ Pour arracher un électron au métal, l'énergie du photon doit être supérieure à une énergie minimale appelée travail d'extraction W_0 d'un électron du métal.
Cela se traduit par $\mathrm{h} \cdot \nu > W_0$.

▶ En raisonnant sur un bilan d'énergie, on en déduit une relation entre la fréquence de la lumière reçue et l'énergie cinétique de l'électron émis $E_c = \frac{1}{2} m \cdot v^2$:

$$E_{\text{photon}} = E_{\text{électron}}$$

$$\mathrm{h} \cdot \nu = W_0 + \frac{1}{2} m \cdot v_e^2$$

Remarque

Cette relation ne dépend que de la fréquence et ne dépend pas de l'intensité lumineuse. En effet, éclairer plus intensément ne permet pas de produire de l'effet photoélectrique.

▶ Une cellule photoélectrique utilise l'effet photoélectrique. C'est un dispositif qui, lorsqu'il est éclairé, produit de l'énergie électrique, donc du courant électrique.

>> 2 Applications de l'interaction photon-matière

L'interaction photon-matière fonctionne dans les deux sens. Certains dispositifs produisent de l'énergie électrique lorsqu'ils sont éclairés par une onde électromagnétique, d'autres produisent de l'énergie lumineuse à partir d'énergie électrique.

a. Dispositifs utilisant l'effet photoélectrique

Ces dispositifs absorbent des photons.

▶ les photodiodes reçoivent de l'énergie lumineuse qu'elles convertissent en énergie électrique. Elles sont utilisées dans les capteurs CCD (ou *Charge Coupled Device* pour « dispositif à transfert de charges ») des appareils photographiques ou des caméras numériques. Les CCD en constituent le capteur de lumière.

▶ Les panneaux solaires sont formés de cellules photovoltaïques qui convertissent l'énergie lumineuse en énergie électrique. L'inconvénient de ces cellules est leur rendement de conversion qui atteint aujourd'hui péniblement une vingtaine de pourcents.

b. Autres dispositifs produisant de la lumière à partir d'énergie électrique

▶ D'autres dispositifs émettent des photons à partir d'énergie électrique. Les diodes électroluminescentes (DEL ou LED en anglais) convertissent l'énergie électrique en énergie lumineuse. Elles sont utilisées dans un très grand nombre d'appareils car elles dépensent peu d'énergie électrique. Les DEL produisent par elles-mêmes peu d'énergie lumineuse mais la luminosité globale peut devenir intense en regroupant un grand nombre de ces diodes lumineuses.

▶ Dans un souci de développement durable, de plus en plus de dispositifs utilisent des DEL : voyants, feux de voiture, feux de signalisation, lampes...

PHYSIQUE-CHIMIE

SYNTHÈSE

L'expérience de Hertz (1887) : l'effet photoélectrique

Observations

- Les lames métalliques chargées négativement d'un électroscope se déchargent sous l'effet de la lumière.
- Quand on interpose une lame de verre absorbant les rayons UV, la décharge ne se produit pas.

⇒ Phénomène : **effet photoélectrique**

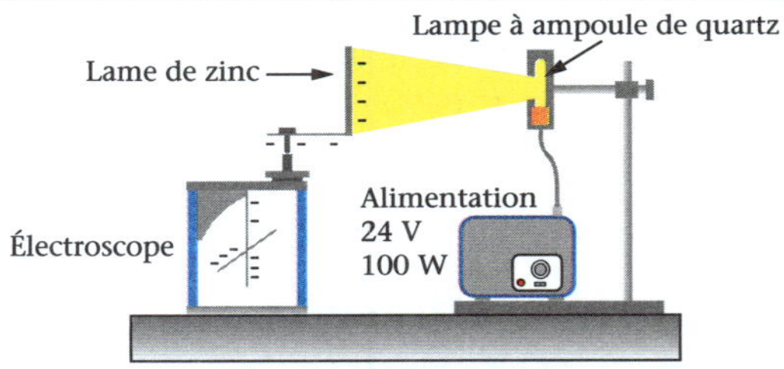

L'interprétation d'Einstein (1921) : l'interaction photon-matière

- La lumière est composée de particules appelées **photons**.
- La lumière arrache des électrons au métal.

⇒ Un électron est extrait si l'énergie lumineuse du photon est supérieure à une valeur seuil W_0 : le **travail d'extraction.**

⇒ Relation entre la fréquence de la lumière et l'énergie cinétique de l'électron : $E_{photon} = E_{électron}$

$$h \cdot \nu = W_0 + \frac{1}{2} m \cdot v_e^2$$

Aspect particulaire de la lumière

Applications : interaction lumière-matière

Conversion énergie lumineuse ⇒ énergie électrique

- Photodiodes
- Panneaux solaires avec cellules photovoltaïques

Conversion énergie électrique ⇒ énergie lumineuse

Diodes électroluminescentes (DEL)

Méthode

1 Passer d'une unité d'énergie à une autre

Un photon a pour énergie 2,4 eV. Quelle est la valeur de cette énergie dans son unité légale ?

Donnée :
$E = 1{,}6 \times 10^{-19}$ J.

▶ À l'échelle macroscopique, l'unité légale est le joule (J).

▶ Cependant, à l'échelle microscopique, les électrons-volts (eV) sont plus adaptés.

Le passage à l'échelle macroscopique se fait en multipliant par *e* :

$$2{,}4 \times 1{,}6 \times 10^{-19} = 3{,}8 \times 10^{-19}\ \text{J}.$$

L'énergie d'un photon est donc de $3{,}8 \times 10^{-19}$ J.

▶ Le passage à l'échelle macroscopique se fait donc en multipliant par *e* et le passage à l'échelle microscopique en divisant par *e*.

2 Passer d'une énergie à la longueur d'onde associée

Un photon a pour énergie *E* exprimée en eV.
Quelle est la relation entre cette énergie et la longueur d'onde de l'onde associée ?

Données :
Constante de Planck : $h = 6{,}625 \times 10^{-34}$ J·s ;
célérité de la lumière : $c = 3{,}00 \times 10^{8}$ m·s^{-1}.

▶ On va simplifier une expression littérale en faveur d'une autre expression, plus courante.

On utilise la relation de Planck : $E = h \cdot \nu$.

▶ On remplace l'expression de la fréquence dans la relation de Planck :

$$E = \frac{h \cdot c}{\lambda}$$

▶ L'énergie obtenue est en joules.

On la convertit en électrons-volts en la divisant par $e = 1{,}6 \times 10^{-19}$:

$$E\,(\text{eV}) = \frac{h \cdot c}{e \cdot \lambda}$$

On exprime alors la longueur d'onde :

$$\lambda = \frac{h \cdot c}{e \cdot E\,(\text{eV})}$$

La longueur d'onde obtenue est exprimée en mètres.

Or les valeurs des longueurs d'onde dans les domaines des ultraviolets ou du visible sont couramment des nanomètres (nm).

La longueur d'onde peut donc s'exprimer en nanomètres en divisant par 1×10^{-9} :

$$\lambda\,(\text{nm}) = \frac{h \cdot c}{e \cdot E\,(\text{eV}) \times 1 \times 10^{-9}}$$

Application numérique : $\lambda\,(\text{nm}) = \dfrac{6{,}625 \times 10^{-34} \times 3{,}00 \times 10^{8}}{1{,}6 \times 10^{-19} \cdot E\,(\text{eV}) \times 1 \times 10^{-9}} = \dfrac{1{,}24 \times 10^{3}}{E\,(\text{eV})}$.

Cette dernière expression relie numériquement la longueur d'onde de l'onde associée et l'énergie du photon. Elle est très pratique et peut être retenue pour être employée telle quelle.

> **Rappel**
>
> Une onde lumineuse est une onde périodique progressive. Sa longueur d'onde et sa période sont liées par la relation : $\lambda = c \cdot T$.
> La fréquence étant l'inverse de la période, on a $T = \dfrac{1}{\nu}$.
> On obtient donc $\lambda = \dfrac{c}{\nu}$ ou, en exprimant la fréquence, $\nu = \dfrac{c}{\lambda}$.

3 Exprimer la conservation de l'énergie dans le cas de l'effet photoélectrique

Une onde lumineuse possédant une longueur d'onde λ éclaire un matériau. Le travail d'extraction d'un électron de ce matériau a pour valeur W_0.
Exprimer littéralement l'énergie cinétique de l'électron émis.

La conservation de l'énergie indique que l'énergie lumineuse est entièrement convertie en énergie mécanique de l'électron si le matériau ne dissipe pas une partie de cette énergie :

$$E_{\text{photon}} = E_{\text{électron}} \Rightarrow h \cdot \nu = W_0 + E_c.$$

On en déduit l'énergie cinétique de l'électron : $E_c = h \cdot \nu - W_0$.

> **Rappel**
>
> La conservation de l'énergie impose à l'énergie d'un système d'être constante au cours des différentes conversions qu'elle subit.

Exercices

Données communes aux exercices :
Célérité de la lumière dans le vide : $c = 3{,}00 \times 10^8\ \text{m} \cdot \text{s}^{-1}$;
constante de Planck : $h = 6{,}625 \times 10^{-34}\ \text{J} \cdot \text{s}$;
charge élémentaire : $e = 1{,}6 \times 10^{-19}$ C ;
masse de l'électron : $m = 9{,}1 \times 10^{-31}$ kg.

1 ★ 5 min **Les caméras numériques possèdent des capteurs CCD. Une photodiode utilisée dans l'un de ces capteurs est éclairée par une lumière jaune de longueur d'onde égale à 589 nm.**

a. Déterminer la fréquence de l'onde associée.
b. Déterminer l'énergie en eV du photon associé.

2 ★ 10 min **Une cellule photoélectrique utilisée pour repérer le passage des personnes est éclairée par un laser He-Ne de longueur d'onde 632,8 nm.**

a. Quelle est la valeur de la fréquence de cette onde lumineuse ?
b. En déduire l'énergie du photon associé en joules.
c. Exprimer cette énergie en électrons-volts.

3 ★ 10 min **Un photon se déplace avec une énergie de 1,8 eV.**

a. Déterminer la fréquence de l'onde électromagnétique associée.
b. Quelle est la longueur d'onde correspondante pour une onde se déplaçant dans le vide ?
c. À quel domaine appartient cette onde ?

4 ★★ 15 min **À l'occasion d'un projet en sciences de l'ingénieur, un élève souhaite installer une cellule photoémissive destinée à piloter un dispositif.**
Il en a trois à disposition, dont les cathodes sont respectivement recouvertes par du lithium (Li), du potassium (K) et du césium (Cs).
Les énergies d'extraction d'un électron de ces métaux sont données par le tableau ci-dessous :

Métal	Li	K	Cs
W_0 (en eV)	2,39	2,26	1,87

Afin de les tester, il éclaire successivement chaque cellule par un rayonnement monochromatique de longueur d'onde $\lambda = 590$ nm.

a. Calculer, en eV, l'énergie transportée par chaque photon.
b. Pour quel métal obtient-il un effet photoélectrique ?
c. Calculer, en joules, l'énergie cinétique maximale d'un électron à la sortie de la cathode.
d. En déduire, dans ce cas, la vitesse de l'électron à la sortie de la cathode.
e. L'énergie à disposition du dispositif électronique n'est que de 0,42 eV par photon reçu. En déduire le rendement de la cellule photovoltaïque.

5 ★★ 15 min **Le rayon laser bleu utilisé dans les lecteurs blu-ray a pour longueur d'onde dans le vide 460 nm. Le lithium est un métal possédant une énergie d'extraction de valeur 2,39 eV.**

a. Déterminer l'énergie lumineuse transportée par ce rayon laser.
b. Dans le cas d'une cellule photoélectrique dont la cathode est recouverte de lithium, déterminer l'énergie cinétique de l'électron émis.
c. En déduire la vitesse de cet électron.

6 ★★★ 25 min Type Bac

L'Univers est constitué en grande proportion d'hydrogène : 75 % en masse et 92 % en nombre d'atomes. C'est le composant principal présent dans les étoiles et dans les nébuleuses.
Les atomes d'hydrogène du milieu interstellaire reçoivent en permanence un rayonnement électromagnétique provenant des différentes sources présentes, comme, entre autres, les étoiles.
Le diagramme énergétique ci-dessous est le diagramme simplifié de l'atome d'hydrogène. Cet atome ne possède qu'un seul électron.

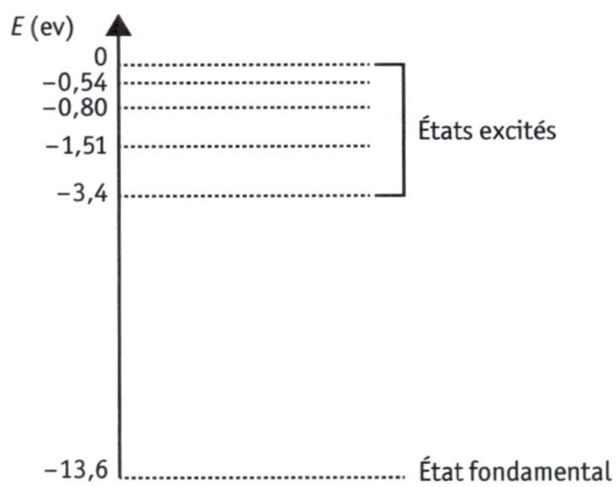

a. Quel est le travail d'extraction à fournir à un atome d'hydrogène afin de libérer son électron à partir de son état fondamental ?
b. Déterminer la fréquence de la radiation nécessaire pour réaliser cette extraction.
c. D'après la loi de Wien, la longueur d'onde maximale d'émission d'une étoile est liée à sa température de surface par l'expression :

$$\lambda_m \cdot T = 2{,}898 \times 10^{-3}\ \text{USI}$$

Le Soleil a une température de surface de 5 500 K.
Un photon émis par le Soleil peut-il extraire l'électron de l'atome d'hydrogène ? Justifier.

Dynamique d'un système électrique

Cours

1 Le modèle du condensateur

a. Intensité d'un courant électrique en régime variable

▶ On considère un conducteur cylindrique dans lequel se déplacent des charges électriques q à la vitesse moyenne v. Chaque seconde, la section S est traversée par des charges électriques et le volume du cylindre voit sa charge globale changer.

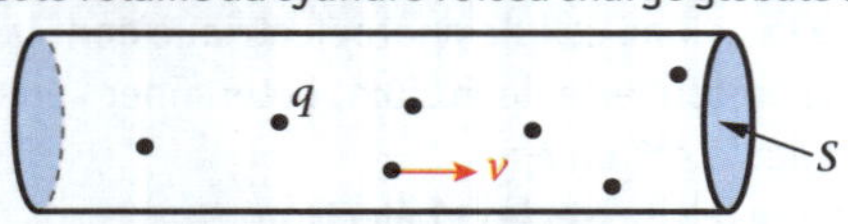

Schéma d'un conducteur électrique

▶ On appelle intensité du courant électrique la variation de la charge électrique au cours du temps. Comme il s'agit d'une variation instantanée, l'intensité i s'exprime comme la dérivée de cette charge au cours du temps :

$$i=\frac{\mathrm{d}q}{\mathrm{d}t}$$

avec i en ampères (A), q en coulombs (C) et t en secondes (s).

b. Comportement capacitif

Le comportement capacitif intervient chaque fois que des charges électriques de charges opposées s'accumulent sur des surfaces en regard. Par exemple, lors d'un orage, des charges négatives s'accumulent à la base du ou des nuage(s), alors que des charges positives s'accumulent dans le sol en regard des charges négatives. En biologie, le comportement capacitif permet de comprendre le fonctionnement de systèmes complexes comme le cœur.

c. Le modèle du condensateur

▶ Le condensateur modélisé correspond à la situation précédente. Il est constitué de deux plaques métalliques en regard l'une de l'autre. Chaque plaque se charge en fonction de l'intensité du courant électrique $i=\frac{\mathrm{d}q}{\mathrm{d}t}$ reçu par la plaque positive :

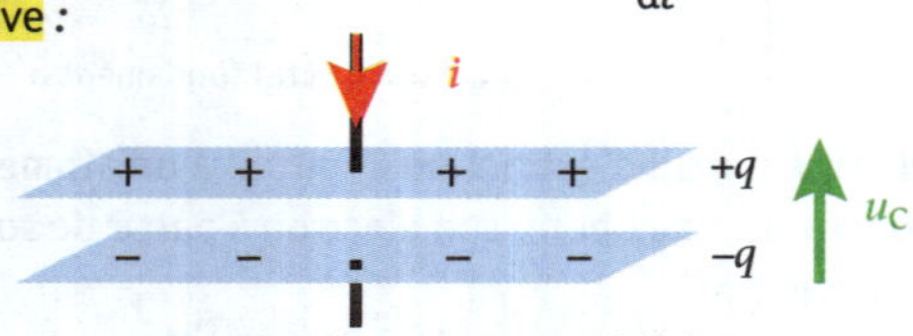

Condensateur modélisé

▶ Il apparaît alors une tension u_C aux bornes du condensateur. La charge électrique est proportionnelle à cette tension :

$$q=C\cdot u_C$$

C est la capacité du condensateur ; son unité est le farad de symbole F.

▶ Les capacités courantes des condensateurs du commerce sont de l'ordre du microfarad (1 µF = 10^{-6} F) ou du nanofarad (1 nF = 10^{-9} F).

2 Le modèle du circuit RC série

a. Charge d'un condensateur

▶ On considère le circuit série ci-après pour lequel le condensateur n'est pas chargé à l'état initial. En position 1, l'interrupteur K est ouvert et u_C comme u_R sont nulles. Si l'on bascule l'interrupteur K en position 2, un courant électrique peut circuler à travers la résistance R en chargeant le condensateur C.

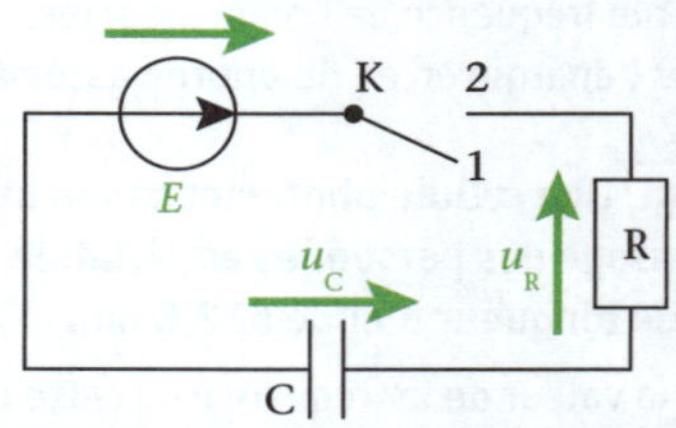

Circuit de charge d'un condensateur C

▶ On applique la loi des mailles à ce circuit :

$$E-u_R-u_C=0$$

D'où : $E=u_R+u_C$

En faisant intervenir i et q :

$$E=R\cdot i+\frac{q}{C}$$

Comme $i=\frac{\mathrm{d}q}{\mathrm{d}t}$, on obtient :

$$R\cdot\frac{\mathrm{d}q}{\mathrm{d}t}+\frac{q}{C}=E$$

D'où :

$$\frac{\mathrm{d}q}{\mathrm{d}t}+\frac{q}{R\cdot C}=\frac{E}{R}$$

Rappel

La loi des mailles indique qu'en parcourant une boucle de circuit la somme des tensions appliquées est nulle. E est la force électromotrice d'un générateur idéal de tension.

▶ Cette équation est une équation différentielle du premier ordre avec second membre constant. Elle a pour solution (voir méthode ci-après) :

$$q=C\cdot E\left(1-\mathrm{e}^{-\frac{t}{R\cdot C}}\right).$$

Rappel

e^x est la fonction exponentielle.

▶ Le produit $R\cdot C$ est homogène à un temps. On l'appelle le temps caractéristique et on note :

$$\tau=R\cdot C$$

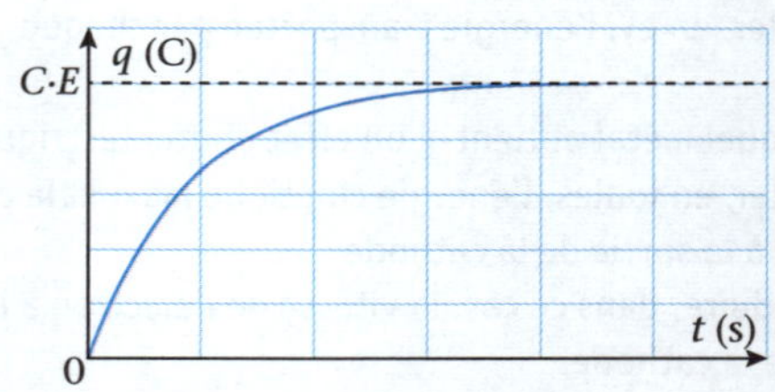

Charge d'un condensateur

b. Décharge d'un condensateur

▶ Le condensateur est chargé à l'instant $t = 0$, avec pour charge initiale $q(0) = C \cdot E$.
La loi des mailles a la même expression que lors de la charge car il s'agit du même circuit. Seules changent, dans la résolution de l'équation différentielle, les conditions initiales. On obtient :

$$q = C \cdot E \cdot e^{-\frac{t}{R \cdot C}}$$

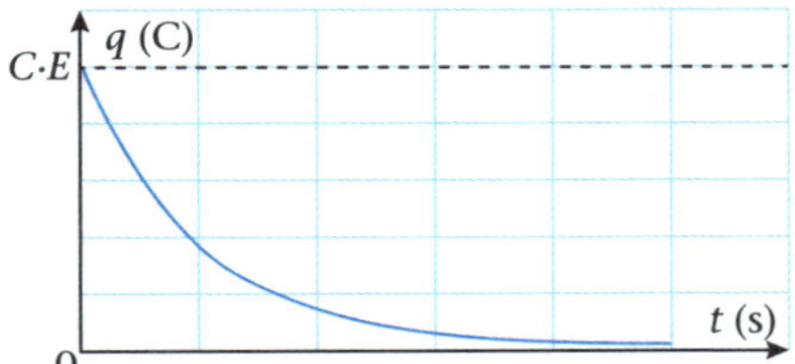

Décharge d'un condensateur

▶ La charge, comme la décharge d'un condensateur, constituent des régimes transitoires. Une fois le régime transitoire terminé, le régime devient stationnaire, indépendant du temps.

c. Capteurs capacitifs

▶ De nombreux dispositifs utilisent des capteurs capacitifs, comme les écrans tactiles des téléphones ou des tablettes, certains modèles de microphones.

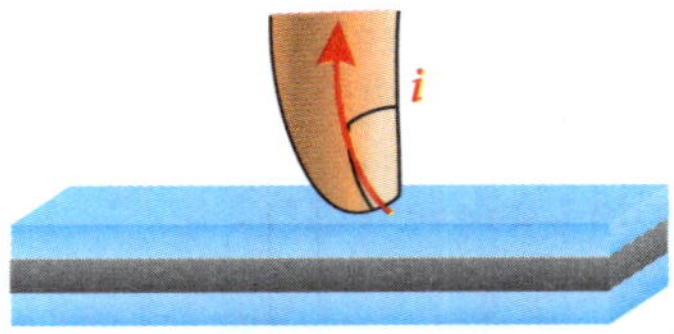

Fonctionnement d'un capteur capacitif

▶ Par exemple, l'écran d'un téléphone tactile est constitué d'un grand nombre de condensateurs, tous chargés à la même tension. Lorsqu'un doigt entre en contact avec l'écran, une partie de la charge électrique du condensateur touché est évacuée sous la forme d'un micro-courant électrique i dans le corps humain. Les coordonnées de ce point, dont la capacité change, sont traitées par un circuit programmé.

SYNTHÈSE

Le modèle du condensateur

- Un **condensateur** modélisé est formé par deux plaques chargées séparées par un isolant.
- Les plaques ont les charges opposées $+q$ et $-q$.
- La charge de la plaque positive est proportionnelle à la tension à ses bornes.
- C : **capacité** du condensateur.

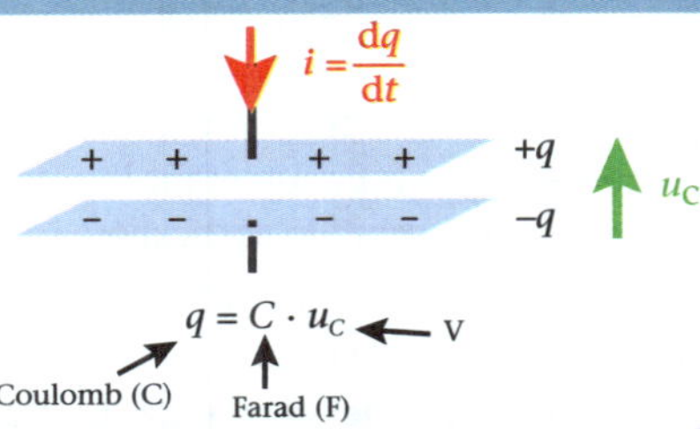

Charge et décharge d'un condensateur par une source idéale de tension

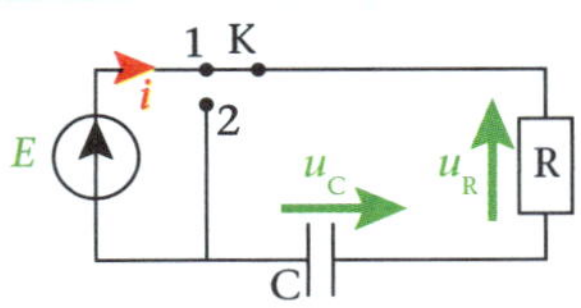

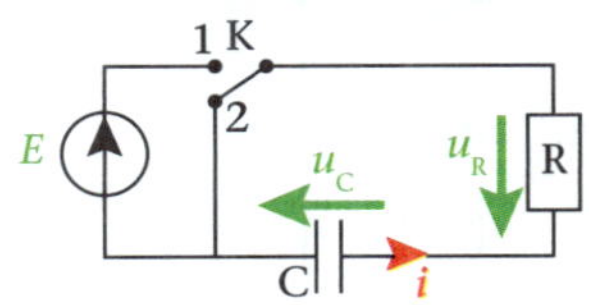

- Loi suivie lors de la charge

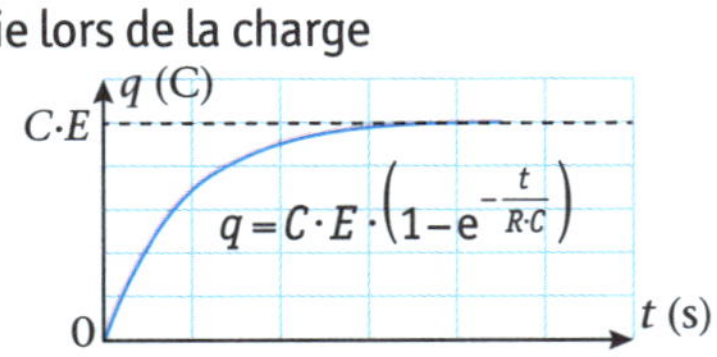

- Loi suivie lors de la décharge

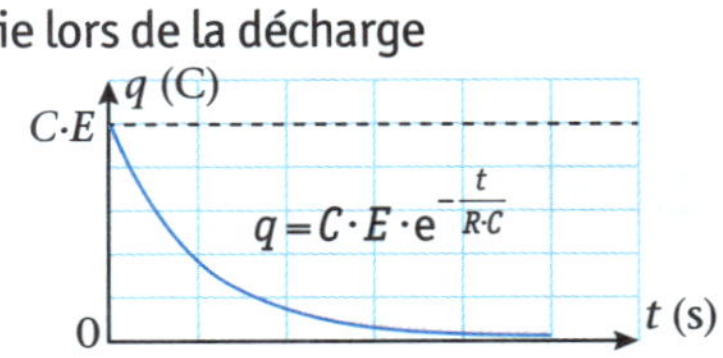

- $\tau = R \cdot C$ est la constante de temps

Dynamique d'un système électrique

Applications : les capteurs capacitifs

Ils utilisent la variation de la capacité d'un condensateur.
- Écrans tactiles des téléphones, des tablettes et des ordinateurs
- Microphones

Méthode

1 Résoudre l'équation de la charge d'un condensateur

Lors de la charge du condensateur, on aboutit à l'équation différentielle $\frac{dq}{dt}+\frac{q}{\tau}=\frac{E}{R}$ dans laquelle q est une fonction de t. Que vaut $q(t)$?

▶ La solution est la somme de la solution générale sans second membre et de la solution particulière :

$$q(t) = q_G(t) + q_P(t)$$

▶ On recherche la solution générale en annulant le second membre. La solution générale répond à l'équation :

$$\frac{dq_G}{dt}+\frac{q_G}{\tau}=0$$

On vérifie que $q_G(t)=A\cdot e^{-\frac{t}{\tau}}$ est solution de cette équation :

$$\frac{dq_G}{dt}=-\frac{A}{\tau}\cdot e^{-\frac{t}{\tau}}$$

En remplaçant $-\frac{A}{\tau}\cdot e^{-\frac{t}{\tau}}+\frac{A}{\tau}\cdot e^{-\frac{t}{\tau}}=0$, on obtient bien 0, donc la fonction $q_G(t)$ ci-avant convient.

▶ On recherche la solution particulière, c'est à dire une fonction constante dont la dérivée s'annule. Il reste :

$$q_P=\frac{E\cdot\tau}{R}=\frac{E\cdot R\cdot C}{R}=C\cdot E$$

▶ On détermine la solution totale sans déterminer la constante ; cette fonction étant la somme de la solution générale et de la solution particulière :

$$q(t)=C\cdot E+A\cdot e^{-\frac{t}{\tau}}$$

▶ On détermine A en utilisant les conditions initiales :
À $t=0$, $q(0)=0$, car le condensateur est déchargé.
On obtient : $0=C\cdot E+A\cdot e^{-\frac{0}{\tau}}=A+C\cdot E$, donc $A=-C\cdot E$.

▶ En remplaçant la valeur de A dans la solution totale on obtient :

$$q(t)=C\cdot E+A\cdot e^{-\frac{t}{\tau}}$$

Cela donne, après factorisation :

$$q(t)=C\cdot E\left(1-e^{-\frac{t}{\tau}}\right)$$

2 Flécher un circuit de décharge sans générateur

Flécher le circuit de décharge d'un condensateur initialement chargé avec la charge q_0 positive, représenté ci-dessous :

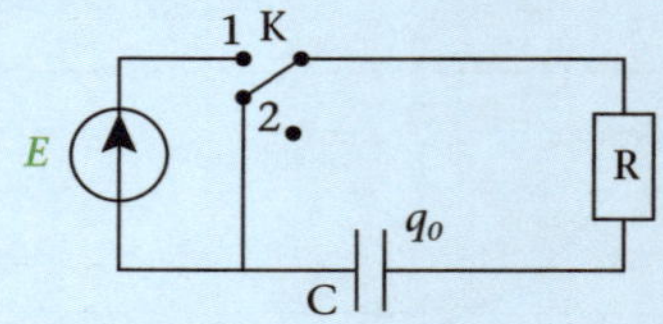

Flécher le courant électrique.
Flécher les tensions en sens inverse des intensités.

▶ Un générateur de tension impose le sens du courant électrique dans le circuit. Il est donc tout à fait naturel de flécher les tension et intensité du générateur dans le même sens. La pointe de la flèche de la tension indique la borne + de ce générateur.

▶ Un récepteur est traversé par le courant imposé par le générateur. Le sens du courant reste le même. En revanche, la pointe de la flèche des tensions doit montrer le + du générateur. Pour un récepteur, les flèches des intensités et des tensions sont en sens inverses l'une de l'autre.

▶ Lorsque l'interrupteur est en position 2, les électrons se déplacent de la plaque du condensateur chargée négativement vers la plaque chargée positivement. La flèche du courant doit montrer cette circulation.

▶ Les tensions aux bornes du condensateur et de la résistance doivent être fléchées en sens inverse du sens du courant car ces dipôles sont des récepteurs. On a ainsi le résultat du fléchage :

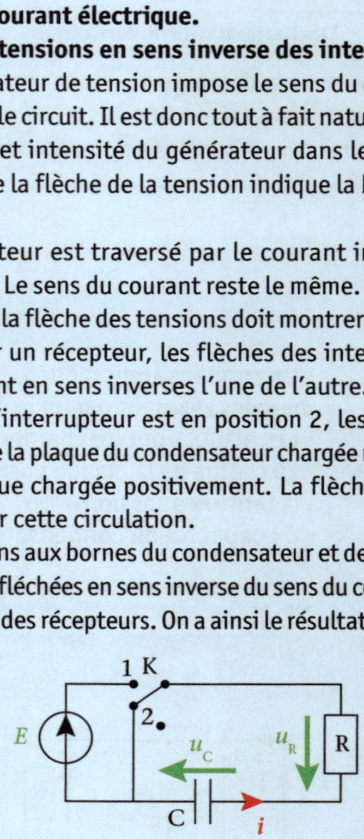

Exercices

1 ★ 5 min **Un circuit électrique comportant un générateur de courant idéal fournissant une intensité constante de 30,0 mA alimente un condensateur de grande capacité pendant 2,1 s.**
Quelle est la valeur de la charge électrique transférée à ce condensateur ?

2 ★ 10 min **Un condensateur de capacité $C = 68$ µF est chargé de façon continue par un générateur de courant. Au bout de 3,5 s, la tension à ses bornes atteint la valeur de 6,0 V.**

a. Représenter le schéma de la situation en fléchant le courant et la tension aux bornes de ce condensateur.
b. Quelle est la valeur de la charge électrique portée par la plaque positive du condensateur ?
c. Quelle était l'intensité du courant lors de la charge de ce condensateur ?

3 ★★ 10 min **La charge d'un condensateur de capacité C = 68 µF à travers une résistance de valeur R = 220 Ω est donnée par la fonction $q(t) = C \cdot E \cdot \left(1 - e^{-\frac{t}{R \cdot C}}\right)$.**

a. Déterminer l'expression de la tension aux bornes de ce condensateur.
b. Donner l'expression de l'intensité du courant électrique au cours de la charge de ce condensateur.
c. Déterminer la valeur de la constante de temps de ce circuit.

4 ★★ 15 min **En utilisant le circuit schématisé ci-après, un condensateur de capacité C = 33 µF a été chargé au travers d'une résistance R = 330 Ω par l'intermédiaire d'une tension continue idéale de valeur E = 6,0 V jusqu'à sa valeur maximale.**

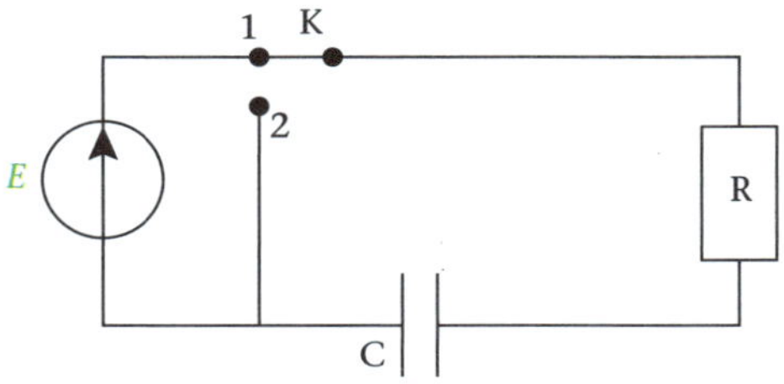

a. Quelle était la position de l'interrupteur lors de la charge ?
b. Déterminer la valeur de la charge électrique maximale portée par la plaque positive du condensateur.
c. En quelle position faut-il placer l'interrupteur pour décharger ce condensateur ?
d. Recopier le schéma et flécher l'intensité et les différentes tensions au cours de la décharge.
e. Écrire l'équation différentielle à laquelle répond cette maille en appliquant la loi des mailles.
f. Résoudre l'équation différentielle sur la charge q de la plaque positive lors de la décharge du condensateur. Donner son expression littérale.

5 ★★★ 30 min Type Bac

Le circuit électronique du flash d'un appareil photographique contient un condensateur de valeur C = 150 mF et une résistance de valeur R = 1,0 kΩ. Il est chargé par un dispositif électronique permettant d'obtenir une tension maximale u_C = 300 V.

a. Quelle est la constante de temps de ce circuit lors de la charge du condensateur ?
b. Le condensateur est considéré chargé au bout de 5 τ. À quelle durée correspond cette charge ?
c. Un condensateur est un réservoir d'énergie de valeur $E_{cond} = \frac{1}{2} C \cdot u_C^2$.
Quelle énergie maximale peut restituer ce condensateur ?
d. Un flash est utilisé pendant 0,15 s. Quelle puissance lumineuse maximale est à disposition dans ce système ?

La charge de ce condensateur a pour équation $q(t) = C \cdot E \cdot \left(1 - e^{-\frac{t}{R \cdot C}}\right)$ et pour graphe la courbe ci-contre.

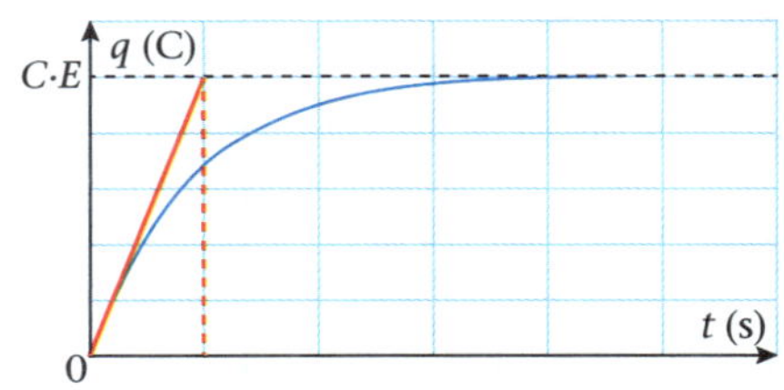

e. Déterminer l'équation de la tangente à la courbe représentée ci-contre.
f. Déterminer les coordonnées du point d'intersection entre cette tangente et la droite horizontale en pointillés.
g. En déduire une méthode expérimentale de mesure de la constante de temps d'un circuit.

6 ★★★ 20 min Type Bac

Lors d'une séance de TP, un élève relève la courbe de tension ci-dessous aux bornes d'un condensateur. L'échelle horizontale est de 1,0 ms/division, alors que l'échelle verticale est de 0,10 V/division.

a. Pour un condensateur de capacité 33 µF, quelle sera la charge électrique maximale emmagasinée par ce condensateur ?
b. Déterminer l'intensité du courant électrique reçu pendant le temps de charge de ce condensateur.

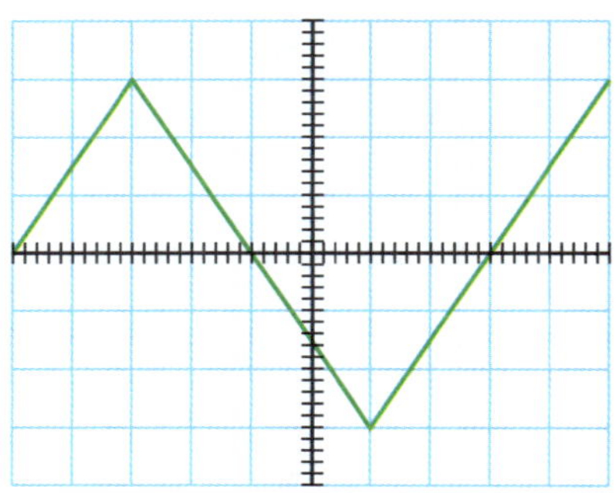

***A.N. :** Application numérique.*

1 Page 20

1 Pour passer de l'acide à la base, on enlève un ion H^+ (et inversement).

$H_3O^+_{(aq)} / H_2O_{(l)}$	$HNO_{2(aq)} / NO^-_{2(aq)}$	$HF_{(g)} / F^-_{(aq)}$
$HClO_{(aq)} / ClO^-_{(aq)}$	$HC_2O^-_{4(aq)} / C_2O^{2-}_{4(aq)}$	$HSO^-_{4(aq)} / SO^{2-}_{4(aq)}$
$CO_2 + H_2O / HCO^-_{3(aq)}$	$HS^-_{(aq)} / S^{2-}_{(aq)}$	$NH^+_{4(aq)} / NH_{3(aq)}$

2 a. Le couple acide-base mettant en jeu l'éthylamine est : $CH_3\text{-}CH_2\text{-}NH_3^+/CH_3\text{-}CH_2\text{-}NH_2$. L'éthylamine NH_2OH est la forme basique du couple, elle est notée en second. La forme acide est obtenue en lui ajoutant un ion H^+.

b. L'équation de la réaction entre l'éthylamine et l'eau s'écrit : $CH_3\text{-}CH_2\text{-}NH_{2(aq)} + H_2O_{(l)} \rightleftharpoons CH_3\text{-}CH_2\text{-}NH^+_{3(aq)} + OH^-_{(aq)}$.
Vis-à-vis de l'éthylamine, qui est une base, l'eau se comporte comme un acide qui cède un proton pour former l'ion OH^-.

3 a. L'ion HCO_3^- est amphotère, car il peut réagir comme un acide ou comme une base.

b. Il est amphotère, donc on peut écrire deux demi-équations : $HCO^-_{3(aq)} = CO_3{}^{2-}{}_{(aq)} + H^+$ et $HCO^-_{3(aq)} + H^+ = H_2CO_{3(aq)}$.
Deux ions hydrogénocarbonate peuvent donc réagir entre eux. En ajoutant les deux demi-équations, on obtient :

$$2\ HCO^-_{3(aq)} = CO^{2-}_{3(aq)} + H_2CO_{3(aq)}$$

4 a. C $1s^2\ 2s^2\ 2p^2$ N $1s^2\ 2s^2\ 2p^3$ H $1s^1$

b. L'atome de carbone possède 4 électrons de valence, il établira 4 liaisons. L'atome d'azote possède 5 électrons de valence, il établira 3 liaisons. L'atome d'hydrogène possède 1 électron de valence, il établira 1 liaison.

c.

Remarque : Ces molécules qui ont la même formule brute mais des formules développées ou semi-développées différentes sont des isomères.

d. Ces deux molécules sont des amines.

5 a. L'ion H_3O^+ est un acide et l'ion hydroxyde OH^- est une base. Ils peuvent réagir ensemble.

b. L'ion H_3O^+ appartient au couple H_3O^+/H_2O et l'ion OH^- au couple H_2O/OH^-.
$H_3O^+_{(aq)} = H_2O_{(l)} + H^+$ et $OH^-_{(aq)} + H^+ = H_2O_{(l)}$.

c. En combinant les deux demi-équations, on obtient :

$$H_3O^+_{(aq)} + OH^-_{(aq)} \rightarrow 2\ H_2O_{(l)}.$$

d. Les ions chlorure et potassium ne participent pas à la réaction. Ils sont présents à l'état initial et à l'état final, ils n'ont pas de propriétés acides ou basique.

Remarque : On dit que ce sont des ions spectateurs.

6 a. D'après le doc 4, 100 mL de jus d'orange fournissent 25 mg de vitamine C. Pour obtenir 1 000 mg de vitamine C, il faut donc $\frac{1000}{25} \times 100 = 4\,000$ mL soit 4,0 L.

b.

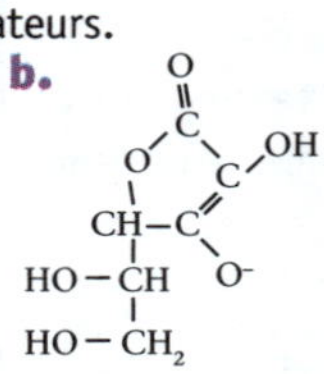

c. L'acide ascorbique $C_6H_8O_{6(aq)}$ perd un proton H^+ ; il se comporte comme un acide. L'ion hydrogénocarbonate $HCO_3{}^-{}_{(aq)}$ se comporte ici comme une base.
$C_6H_8O_{6(aq)}/C_6H_7O_6{}^-{}_{(aq)}$ et $CO_{2(aq)}$, $H_2O/HCO_3{}^-{}_{(aq)}$

d. $M(C_6H_8O_6) = 6\,M(C) + 8\,M(H) + 6\,M(O) = 176\ g \cdot mol^{-1}$.

e. Selon les nombres stœchiométriques de l'équation de la réaction, la quantité de matière de CO_2 formé est égale à la quantité de matière d'acide ascorbique présent au départ.

Remarque : On pourrait s'aider d'un tableau d'avancement.

$$n_i(C_6H_8O_6) = \frac{m(C_6H_8O_6)}{M(C_6H_8O_6)} = \frac{1{,}000}{176} = 5{,}68 \times 10^{-3}\ mol.$$

$n_f(CO_2) = n_i(C_6H_8O_6) = 5{,}68 \times 10^{-3}$ mol.
Pour un gaz, la quantité de matière n et le volume V sont reliés par la relation : $V_m = \frac{V}{n}$, soit $V = n \times V_m$.
On a donc : $V_f(CO_2) = 5{,}68 \times 10^{-3} \times 24 = 0{,}14$ L.

f. La concentration des ions ascorbate est donnée par la relation : $[C_6H_7O_6{}^-] = \frac{n(C_6H_7O_6^-)}{V_{solution}}$

Il se forme autant d'ions ascorbate qu'il y avait d'acide ascorbique au départ. $[C_6H_7O_6{}^-] = \frac{5{,}68 \times 10^{-3}}{0{,}250} = 2{,}27 \times 10^{-3}\ mol \cdot L^{-1}$.

2 Page 26

1 On détermine d'abord la concentration en ions oxonium de la solution S_1 en utilisant la relation $[H_3O^+] = c^0 \times 10^{-pH}$.
Initialement, $[H_3O^+]_{S1} = 1 \times 10^{-1{,}1} = 10^{-1{,}1}\ mol \cdot L^{-1}$.
On utilise ensuite le facteur de dilution pour déterminer la concentration en ions oxonium de la solution S_2.
Après la dilution par 10, la concentration est divisée par 10 :
$F = \frac{c_{mère}}{c_{fille}}$, donc ici $F = \frac{[H_3O^+]_{S1}}{[H_3O^+]_{S2}}$.

F valant 10, on a : $[H_3O^+]_{S2} = \frac{[H_3O^+]_{S1}}{10} = \frac{10^{-1{,}1}}{10} = 10^{-2{,}1}\ mol \cdot L^{-1}$.

Enfin, on utilise la relation $pH = -\log\frac{[H_3O^+]}{c^0}$ pour obtenir le pH de S_2.
Le pH de la solution S_2 vaut : $pH = -\log\frac{[H_3O^+]}{c^0} = -\log\frac{10^{-2{,}1}}{c^0} = 2{,}1$.
Lorsque l'on dilue par 10 une solution d'acide, le pH de la solution augmente d'une unité.
Le pH de la solution va donc augmenter de 1 unité : pH = 2,1.

2 a. L'équation de dissolution du nitrate de potassium s'écrit :

$$KNO_{3(S)} \rightarrow K^+_{(aq)} + NO^-_{3(aq)}$$

b. La valeur de la conductance de la portion de solution S_0 située entre les électrodes est égale à :

$$G_0 = \frac{I}{U} = \frac{4{,}1 \times 10^{-3}}{1{,}68} = 2{,}4 \times 10^{-3}\ S.$$

c. La représentation de la variation de la conductance G en fonction de la concentration c est une droite passant par l'origine : G et c sont proportionnelles. La loi de Kohlrausch est vérifiée.

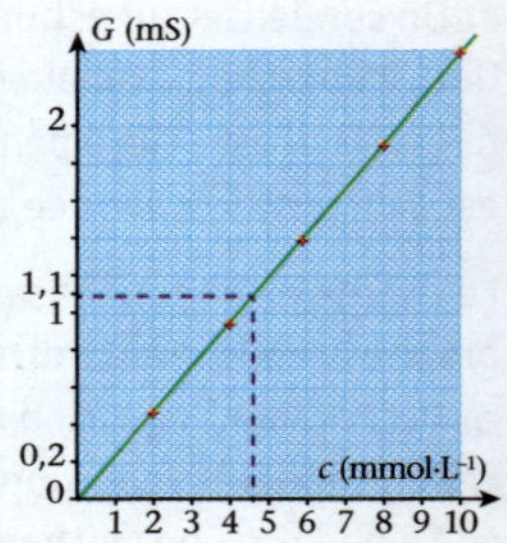

Conseil : Écrire sur chaque axe la grandeur représentée et son unité. Graduer les axes et indiquer clairement l'échelle choisie. Choisir des échelles correctes en abscisse et en ordonnée. Donner un titre au graphique.

d. Sur le graphe, on cherche l'abscisse du point ayant $G = 1{,}1$ mS en ordonnée. On lit : $c = 4{,}6 \times 10^{-3}\ mol \cdot L^{-1}$.

e. La conductivité d'une solution et la conductance de la portion de solution comprise entre les électrodes sont liées par :
$\sigma = G \cdot \frac{L}{S}$ avec σ en $S \cdot m^{-1}$, G en S, L en m, S en m^2.
$S = 2{,}0\ cm^2 = 2{,}0 \times 10^{-4}\ m^2$ et $L = 12\ mm = 12 \times 10^{-3}$ m.

$$\sigma = 1{,}1 \times 10^{-3} \times \frac{12 \times 10^{-3}}{2{,}0 \times 10^{-4}} = 6{,}6 \times 10^{-2}\ S \cdot m^{-1}.$$

3 a. L'eau se comporte avec l'acide ascorbique comme une base. L'équation de la réaction entre l'acide ascorbique et l'eau s'écrit : $C_6H_8O_{6(aq)} + H_2O_{(l)} \rightleftharpoons C_6H_7O^-_{6(aq)} + H_3O^+_{(aq)}$.

Remarque : Ne pas oublier la notation (aq) qui signifie que les espèces sont en solution aqueuse.

b. On calcule la quantité de matière initiale d'acide ascorbique.

$n_i(C_6H_8O_6) = \frac{m}{M} = \frac{0,500}{176} = 2,84 \times 10^{-3}$ mol.

		$C_6H_8O_{6(aq)} + H_2O_{(l)} \rightleftharpoons C_6H_7O^-_{6(aq)} + H_3O^+_{(aq)}$			
	Avancement	Quantités de matière			
État initial	0	$2,84 \times 10^{-3}$	En excès	0	0
État intermédiaire	x	$2,84 \times 10^{-3} - x$	En excès	x	x
État final	x_f	$2,84 \times 10^{-3} - x_f$	En excès	x_f	x_f

$[H_3O^+]_f = c° \times 10^{-pH} = 1 \times 10^{-2,9} = 1,26 \times 10^{-3}$ mol·L^{-1}.
Remarque : La concentration standard est connue sans incertitude ; on traite ce nombre exact comme s'il comportait une infinité de chiffres significatifs.
$n_f(H_3O^+) = [H_3O^+]_f \times V = 1,26 \times 10^{-3} \times 0,200 = 2,52 \times 10^{-4}$ mol.
D'après le tableau d'avancement, on a donc :

$x_f = 2,52 \times 10^{-4}$ mol.

c. Si la réaction est totale, tout l'acide ascorbique est consommé, donc $x_{max} = 2,84 \times 10^{-3}$ mol.
d. $x_f < x_{max}$, donc la réaction n'est pas totale.

4 a. Le facteur de dilution est $F = 20$. Or $F = \frac{V_{fille}}{V_{mère}}$, soit $V_{mère} = \frac{V_{fille}}{F}$.
V_{fille} correspond au volume de la fiole jaugée dans laquelle on va réaliser la dilution : $V_{fille} = 100$ mL.
$V_{mère} = \frac{100,0}{20} = 5,0$ mL.
Protocole de dilution : Prélever 5,0 mL de sérum physiologique à l'aide d'une pipette jaugée de 5,0 mL. Verser le volume prélevé dans une fiole jaugée de 100 mL. Ajouter de l'eau distillée jusqu'à ce que le bas du ménisque soit confondu avec le trait de jauge. Agiter pour homogénéiser la solution.
b. Le sérum physiologique étant trop concentré, il est nécessaire de trouver une dilution permettant de ramener la conductivité de la solution dans la gamme de mesures réalisées.
Remarque : Sans dilution, la conductivité serait environ 20 fois plus grande, soit $20 \times 0,95 = 19$ mS·cm^{-1}, ce qui est bien plus élevé que les mesures réalisées avec les solutions étalons.
c. À l'aide de la relation $\sigma = 126 \times c$, on peut déterminer la concentration pour laquelle la conductivité est égale à 0,95 mS·cm^{-1}. On trouve une concentration pour le sérum dilué 20 fois : $c' = \frac{0,95}{126} = 7,5 \times 10^{-3}$ mol·L^{-1}.
d. On en déduit la concentration du sérum non dilué : $c = 0,15$ mol·L^{-1}, soit une concentration en masse $t = C \cdot M = 0,15 \times 58,4 = 8,8$ g·L^{-1}. Il y a 8,8 g de chlorure de sodium dans 1 L de solution. Or, 1 L de sérum physiologique pèse 1,0 kg puisque la masse volumique du sérum physiologique est de 1,0 g·mL^{-1} (ou, ce qui revient au même, 1,0 kg·L^{-1}).
Le pourcentage massique vaut donc : $\frac{8,8}{1000} \times 100 = 0,88$ %.
e. • La moyenne est 0,92, avec un écart type de $4,55 \times 10^{-2}$ (utilisation de la fonction « statistiques » de la calculatrice).
L'incertitude type est de $\frac{4,55 \times 10^{-2}}{\sqrt{9}} = 2 \times 10^{-2}$.
• On peut écrire le résultat sous la forme : $p = 0,92 \pm 2 \times 10^{-2}$.
• On trouve donc un pourcentage en masse compris dans l'intervalle [0,90 ; 0,94]. La valeur affichée sur l'étiquette est dans cet intervalle.

5 a. Il faut choisir la longueur d'onde pour laquelle l'absorbance est maximale. Ainsi, l'incertitude relative sur la mesure de l'absorbance est réduite. La lecture du spectre montre qu'une longueur d'onde égale à 271 nm conviendrait. Cette longueur d'onde appartient au domaine UV, ainsi on ne pourrait pas utiliser un spectrophotomètre visible pour réaliser cette analyse.
b. D'après les données, un adolescent ne doit pas consommer plus de 3 mg de caféine par jour et par kilogramme de masse corporelle. Pour un adolescent de 60 kg, cela correspond à une masse de maximale de $60 \times 3 = 180$ mg/jour. Afin de pouvoir évaluer le nombre maximal de gélules consommables par jour, il faut déterminer la masse de caféine contenue dans une gélule. Il faut d'abord déterminer la concentration molaire de la solution S, qui peut être obtenue par lecture graphique.

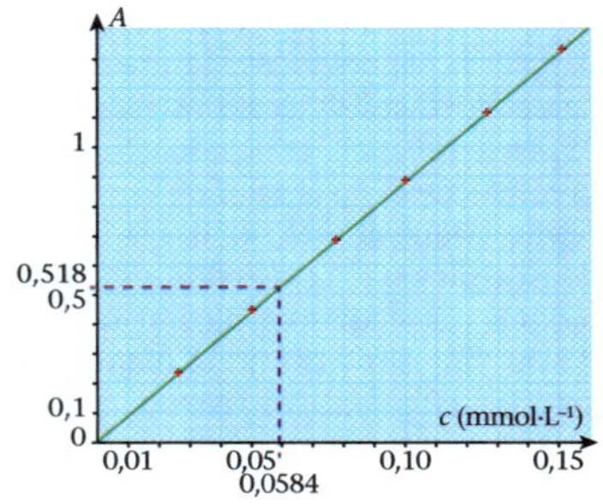

Pour la solution S, on a $A = 0,518$, ce qui correspond, sur la figure 2, à une concentration $c = 5,84 \times 10^{-2}$ mmol·L^{-1}.
La solution qui contenait la gélule est 10 fois plus concentrée.
$c_{gélule} = 10 \times c = 0,584$ mmol·L^{-1}.
On peut alors calculer la masse de caféine contenue dans la gélule dissoute dans $V = 0,500$ L.
$n = \frac{n}{M}$, donc $m = n \cdot M$. Et comme $n = c \cdot V$, alors $m = c \cdot V \cdot M$.
$M = 0,584$ mmol·L^{-1} × 0,500 L × 194 g·mol^{-1} = 56,6 mg par gélule. Comme $\frac{180}{56,6} = 3,18$. L'adolescent ne doit pas consommer plus de trois gélules par jour.

3 Page 30

1 a. Le titrage est réalisé par les ions OH^-. Ces ions, introduits depuis une burette graduée, sont consommés par les ions H_3O^+.
b. Avant l'équivalence, les ions oxonium, les ions chlorures et les ions sodium ajoutés sont présents en solution.
c. Avant l'équivalence, tout se passe comme si les ions oxonium étaient remplacés par des ions sodium de conductivité très inférieure. La conductivité diminue donc fortement.
d. Après l'équivalence, on trouve les ions sodium, les ions chlorure et les ions hydroxyde.
e. Les ions hydroxyde et les ions sodium voient leur quantité augmenter au fur et à mesure des ajouts : la conductivité augmente.

2 a. Lors d'un titrage pH-métrique, le volume de réactif titrant versé à l'équivalence peut se déterminer par la méthode de la dérivée. À l'équivalence, il se produit un saut de pH, alors V_E correspond à l'abscisse du maximum de la courbe de la dérivée. Par lecture graphique, $V_E = 16,4$ mL.
b. Lors d'un titrage, à l'équivalence, les réactifs sont dans les proportions stœchiométriques.
À l'équivalence, $n_{acide\ citrique} = \frac{n_{OH^-\ versé}}{3}$, $\frac{m}{M} = \frac{C \cdot V_E}{3}$, soit $m = \frac{M \cdot C \cdot V_E}{3}$.
A.N. : $m = \frac{192\ g \cdot mol^{-1} \times 5,0 \times 10^{-2} mol^{-1} \times 16,4 \times 10^{-3}\ L}{3} = 5,2 \times 10^{-2}$ g.
La pesée indiquait $m = 0,053$ g. Le pourcentage massique d'acide citrique anhydre contenu dans le détartrant est donc : $\frac{5,2 \times 10^{-2}}{5,3 \times 10^{-2}} \times 100 = 99$ %. L'acide citrique anhydre semble pur.

3 a. L'ajout d'eau distillée permet d'immerger convenablement la cellule conductimétrique tout en ne modifiant pas la quantité de matière d'ions présents dans la solution. Il permet également de négliger la dilution qui a lieu au cours du titrage.

b. Avant l'équivalence, les ions baryum, espèce titrante, sont absents de la solution. Celle-ci contient uniquement des ions sulfate, oxonium, hydroxyde et chlorure.

Au fur et à mesure du titrage, les ions sulfate disparaissent. Ils sont remplacés par des ions chlorure provenant de la solution titrante. La conductivité de ces ions étant un peu plus faible ($2 \times 7{,}6 = 15{,}2$ mS · m² · mol⁻¹ contre 16 mS · m² · mol⁻¹ pour les ions sulfates), la conductivité de la solution va faiblement diminuer.

Après l'équivalence, il n'y a quasiment plus d'ions sulfate consommés par la réaction de précipitation. Les ions baryum ajoutés ne réagissent plus et restent en solution. La quantité d'ions chlorures continue d'augmenter. La conductivité de la solution augmente fortement.

c. Soit C la concentration en ions sulfate. À l'équivalence, les ions baryum et les ions sulfate ont été introduits dans les proportions stœchiométriques. On a donc : $n_{Ba^{2+}E} = n_{SO_4^{2-}}$.

$C \cdot V = C_2 \cdot V_{2E}$ et $C = \dfrac{C_2 \cdot V_{2E}}{V}$. On cherche le titre massique :

$$C_m = C \cdot M(SO_4^{2-}) = \frac{C_2 \cdot V_{2E}}{V} \cdot [M(S) + 4 \times M(O)].$$

On détermine le volume équivalent à l'intersection des deux droites :

on trouve $V_{2E} = 15{,}3$ mL.

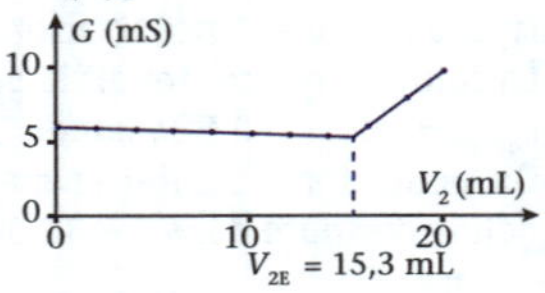

***A.N.* :**

$$C_m = \frac{5{,}0 \times 10^{-2}\ \text{mol} \cdot \text{L}^{-1} \times 15{,}3\ \text{mL}}{50\ \text{mL}} \times \left(32{,}0\ \text{g} \cdot \text{mol}^{-1} + 4 \times 16{,}0\ \text{g} \cdot \text{mol}^{-1}\right)$$
$$= 1{,}47\ \text{g} \cdot \text{L}^{-1}.$$

4 a. Le volume d'essai doit être prélevé avec la plus grande précision possible. Pour cela, on utilise une pipette jaugée de 5,0 mL.

b. Schéma ci-contre.

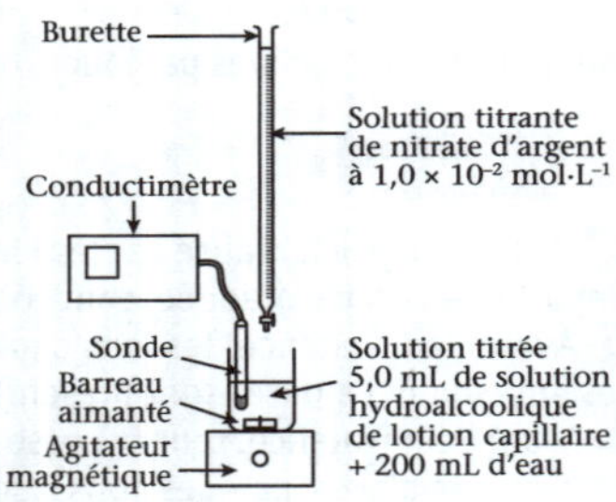

c. On titre les ions chlorure : $Ag^+ + Cl^- \rightarrow AgCl$.

d. À l'équivalence, les réactifs ont été introduits dans les proportions stœchiométriques.

Soit C' la concentration en ion chlorure. On détermine par lecture graphique le volume de solution titrante versé à l'équivalence. Pour cela, on lit l'abscisse du point d'intersection des deux droites de la courbe de titrage : $V_E = 8{,}2$ mL.

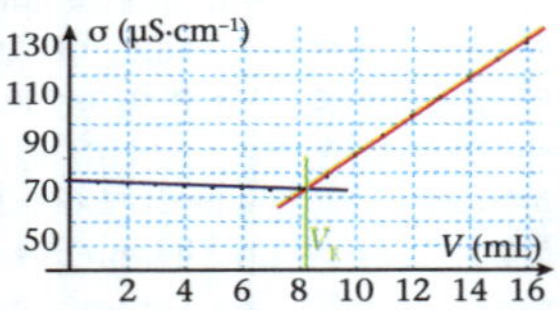

À l'équivalence, on a la relation suivante :

$n(Cl^-_{\text{titré}}) = n(Ag^+_{\text{versé}})$ soit, $C' \cdot V_{ESSAI} = C \cdot V_E$ d'où $C' = \dfrac{C \cdot V_E}{V_{ESSAI}}$

***A.N.* :** $C' = \dfrac{1{,}0 \times 10^{-2}\ \text{mol} \cdot \text{L}^{-1} \times 8{,}2\ \text{mL}}{5{,}0\ \text{mL}} = 1{,}6 \times 10^{-2}\ \text{mol} \cdot \text{L}^{-1}$.

4 Page 35

1 a. C'est une réaction d'oxydoréduction. Il faut donc commencer par écrire les demi-équations redox.

$H_2C_2O_{4(aq)} \rightarrow 2\ CO_{2(aq)} + 2\ H^+_{(aq)} + 2\ e^-$ (×5)

$MnO_4^-{}_{(aq)} + 8\ H^+_{(aq)} + 5\ e^- \rightarrow Mn^{2+}_{(aq)} + 4\ H_2O_{(l)}$ (×2)

L'équation de la réaction d'oxydoréduction qui se déroule est :

$2\ MnO^-_{4(aq)} + 6\ H^+_{(aq)} + 5\ H_2C_2O_{4(aq)} \rightarrow 2\ Mn^{2+}_{(aq)} + 8\ H_2O_{(l)} + 10\ CO_{2(aq)}$

Rappel : chaque demi-équation doit être multipliée par le nombre d'électrons de l'autre demi-équation. Aucun électron ne doit apparaître dans l'équation finale.

b. La coloration violette disparaît plus rapidement dans le bécher dans lequel on a introduit une pointe de spatule de sulfate de manganèse. Ce dernier joue donc le rôle de catalyseur pour la transformation chimique entre l'acide oxalique et les ions permanganate.

Les ions manganèse étant produits par cette réaction, on peut penser qu'elle est catalysée par l'un de ses produits, d'où le qualificatif utilisé.

2 a. La température est un facteur cinétique : une augmentation de température accélère la réaction.

L'acide sulfurique n'apparaît pas dans le bilan. C'est un catalyseur : il diminue la durée de réaction.

b. L'ampoule est plongée dans de l'eau glacée pour réaliser une trempe avant le dosage : la diminution de la température permet de ralentir fortement voire d'arrêter l'évolution de la réaction, ce qui laisse le temps de déterminer son avancement.

c. Pour t supérieur à 250 min, l'avancement de la réaction est constant : $x_f = 60$ mmol.

d. Le temps de demi-réaction $t_{1/2}$ est la durée pour laquelle l'avancement est égal à la moitié de l'avancement final.

Pour $\dfrac{x_f}{2} = 30$ mmol, on obtient par lecture graphique $t_{1/2} = 70$ min.

e. L'état final ne sera pas modifié, mais il sera atteint plus rapidement car la température est plus élevée et donc la transformation plus rapide.

f. La courbe $x = f(t)$ pour $T = 90$ °C, est tracée en vert.

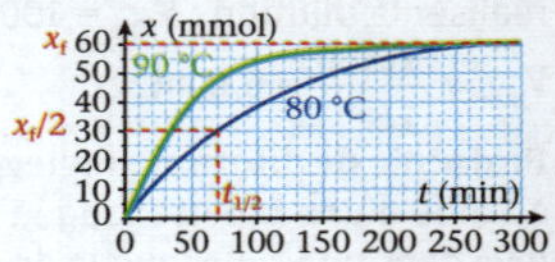

3 a. On trace la représentation graphique de la fonction $v = f[N_2O_5]$. On constate que les points s'alignent sur une droite passant par l'origine.

La vitesse volumique de disparition et la concentration du pentaoxyde de diazote sont proportionnelles : $v = k \cdot [N_2O_5]$. L'ordre de la réaction est bien 1.

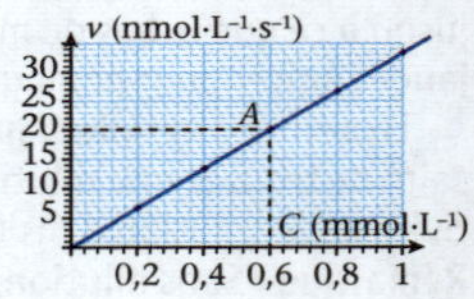

b. La courbe représentative a une pente égale à la constante de vitesse. k est le coefficient directeur de la droite : $k = \dfrac{v_A - v_0}{C_A - C_0}$

$$k = \frac{2{,}0 \times 10^{-8} - 0\ \text{mol} \cdot \text{L}^{-1} \cdot \text{s}^{-1}}{6{,}0 \times 10^{-4} - 0\ \text{mol} \cdot \text{L}^{-1}} = 3{,}4 \times 10^{-5}\ \text{s}^{-1}.$$

4 a. a. Les deux demi-équations sont :

$H_2O_{2(aq)} + 2\ e^- + 2\ H^+_{(aq)} \rightarrow 2\ H_2O_{(l)}$

$H_2O_{2(aq)} \rightarrow O_{2(g)} + 2\ e^- + 2\ H^+_{(aq)}$

b. Le fil de platine, solide, et le peroxyde d'hydrogène, en solution aqueuse, forment deux phases distinctes. Il s'agit donc d'une catalyse hétérogène.

c. Schéma ci-contre.

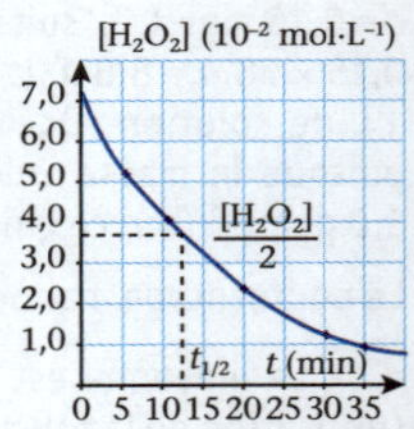

d.

Équation chimique		2 $H_2O_{2(aq)} \rightarrow 2\ H_2O_{(l)} + O_{2(g)}$		
État du système	Avancement (mol)	Quantité de matière (mol)		
État initial	$x = 0$	$n_0(H_2O_2)$	☒	$n_0(O_2) = 0$

En cours de transformation	$x(t)$	$n_t(H_2O_2) = n_0(H_2O_2) - 2x(t)$	☒	$n(O_2) = x$
État final	x_{max}	$n(H_2O_2) = n_0(H_2O_2) - 2x_{max}$	☒	x_{max}

L'expression de la quantité de peroxyde d'hydrogène présent à l'instant t, $n_t(H_2O_2)$ en fonction de l'avancement de la transformation $x(t)$ et de $n_0(H_2O_2)$, quantité initiale de peroxyde d'hydrogène est donc : $n_t(H_2O_2) = n_0(H_2O_2) - 2x(t)$

e. Vitesse de disparition moyenne de l'eau oxygénée entre 0 et 10 minutes :

$$v\left([H_2O_2]_{(aq)}\right)_{moyenne} = \left|\frac{[H_2O_2]_{(aq)}(10\,min) - [H_2O_2]_{(aq)}(0\,min)}{t_2 - t_1}\right|$$

A.N. : $v\left([H_2O_2]_{(aq)}\right)_{moyenne} = \left|\frac{4{,}20\times10^{-2}\ mol\cdot L^{-1} - 7{,}30\times10^{-2}\ mol\cdot L^{-1}}{10-0}\right|$

$$= 3{,}10\times10^{-3}\ mmol\cdot L^{-1}\cdot min^{-1}.$$

f. Expression de la vitesse instantanée de disparition de l'eau oxygénée au cours du temps : $v\left([H_2O_2]_{(aq)}\right) = \frac{\left|d[H_2O_2]_{(aq)}\right|}{dt}$

La vitesse instantanée de disparition du réactif H_2O_2, à la date t, est égale à la valeur absolue du coefficient directeur de la tangente à la courbe $[H_2O_2]_{(aq)} = f(t)$ au point d'abscisse t.

À $t = 0$ min, la courbe décroît fortement. La valeur absolue du coefficient directeur est très grande : la vitesse volumique de disparition est la plus élevée.

Au cours du temps, la tangente à la courbe devient de moins en moins inclinée, traduisant une diminution de la vitesse.

On s'aperçoit ainsi que la vitesse volumique instantanée de disparition du réactif H_2O_2 diminue avec la concentration de ce dernier. La concentration en réactifs est donc un facteur cinétique.

g. Le temps de demi-réaction est la durée au bout de laquelle l'avancement a atteint la moitié de sa valeur finale. La transformation est totale. On a donc :

$$x\left(t_{1/2}\right) = \frac{x_{max}}{2}$$

Le peroxyde d'hydrogène est totalement consommé, donc $n_0(H_2O_2) - 2x_{max} = 0$, alors $x_{max} = \frac{n_0(H_2O_2)}{2}$.

D'après c., on a $n_t(H_2O_2) = n_0(H_2O_2) - 2x(t)$

Soit, à $t_{1/2}$, $n_{t_{1/2}}(H_2O_2) = n_0(H_2O_2) - 2x(t_{1/2}) = n_0(H_2O_2) - 2\frac{x_{max}}{2}$

$$= n_0(H_2O_2) - x_{max}$$

Or, $x_{max} = \frac{n_0(H_2O_2)}{2}$, l'expression devient :

$$n_{t_{1/2}}(H_2O_2) = n_0(H_2O_2) - \frac{n_0(H_2O_2)}{2} = \frac{n_0(H_2O_2)}{2}$$

On a donc $\frac{n_{t_{1/2}}(H_2O_2)}{V} = \frac{\frac{1}{2}n_0(H_2O_2)}{V}$, avec V volume du mélange réactionnel.

On obtient : $[H_2O_2]_{(t_{1/2})} = \frac{1}{2}[H_2O_2]_{(0)}$

A.N. : $[H_2O_2]_{(t_{1/2})} = \frac{1}{2} \times 7{,}30 \times 10^{-2}\ mol\cdot L^{-1} = 3{,}65 \times 10^{-2}\ mol\cdot L^{-1}$.

On peut maintenant déterminer $t_{1/2}$ par lecture graphique. C'est l'abscisse du point d'ordonnée :

$[H_2O_2]_{(t_{1/2})} = 3{,}65 \times 10^{-2}\ mol\cdot L^{-1}$.

On obtient ainsi : $t_{1/2} = 13$ minutes.

h. La température d'un mélange réactionnel est un facteur cinétique. De façon générale, l'évolution d'un système chimique est d'autant plus rapide que la température du mélange réactionnel est élevée. Le temps de demi-réaction serait plus court.

5 Page 39

1 a. Pour le chlorométhane : $\chi(C) < \chi(Cl)$, donc $\overset{\delta^+}{C}-\overset{\delta^-}{Cl}$.

Pour le propan-1-ol : $\chi(C) < \chi(O)$, donc $\overset{\delta^+}{C}-\overset{\delta^-}{O}$.

$\chi(H) < \chi(O)$, donc $\overset{\delta^+}{H}-\overset{\delta^-}{O}$.

b. Dans la molécule de chlorométhane, le site accepteur est l'atome de carbone et le site donneur est l'atome de chlore. Dans la molécule de propan-1-ol, les sites accepteurs sont l'atome de carbone et l'atome d'hydrogène du groupe hydroxyle ; le site donneur est l'atome de d'oxygène.

2 a. Au cours d'actes élémentaires successifs, des intermédiaires réactionnels sont formés au cours d'un acte élémentaire, puis consommés lors d'un autre : ils sont présents dans le milieu réactionnel pendant que la réaction se déroule, mais ils n'apparaissent pas dans l'équation bilan de la réaction. Ici, par exemple, on trouve comme intermédiaire réactionnel NO_3.

b. En additionnant les différentes étapes on obtient :

$$2\ N_2O_{5(g)} \rightarrow 4\ NO_{2(g)} + O_{2(g)}$$

3 a.

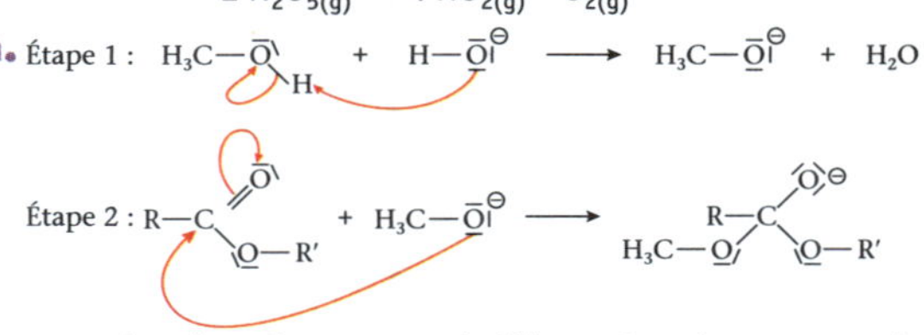

b. Cette espèce formée au cours de l'étape 2, puis consommée au cours de l'étape 3, est un intermédiaire réactionnel.

c. Le mécanisme réactionnel montre que l'ion hydroxyde HO^- consommé à l'étape 1, est régénéré lors de l'étape 4. Cet ion est donc un catalyseur pour cette réaction. OH^- étant une base selon Brönsted, la catalyse est basique.

d. L'équation chimique de la réaction modélisant cette transformation est : $H_3C\text{-}OH + R'\text{-}O\text{-}CO\text{-}R \rightarrow R'\text{-}OH + H_3C\text{-}O\text{-}CO\text{-}R$

4 a. C'est la représentation topologique.

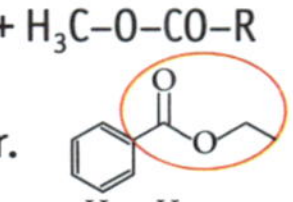

b. Le groupe caractéristique est le groupe ester.

c. La formule de Lewis de l'éthanol est :

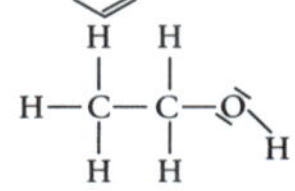

d. Les réactifs ont pour formule brute : l'acide benzoïque $C_7H_6O_2$, l'éthanol C_2H_6O. Le benzoate d'éthyle a pour formule brute : $C_9H_{10}O_2$.

X a une formule brute de la forme $C_nH_mO_z$.

D'après la conservation de la matière au cours de la réaction, le nombre d'atomes de C, H et O doit être identique dans les réactifs et les produits.

Conservation des carbones : $7 + 2 = 9 + n$, soit $n = 0$.

Conservation des hydrogènes : $6 + 6 = 10 + m$, soit $m = 2$.

Conservation des oxygènes : $2 + 1 = 2 + z$, soit $z = 1$.

Le produit X a pour formule brute H_2O : c'est de l'eau.

e. On commence par ajouter les doublets non liants.

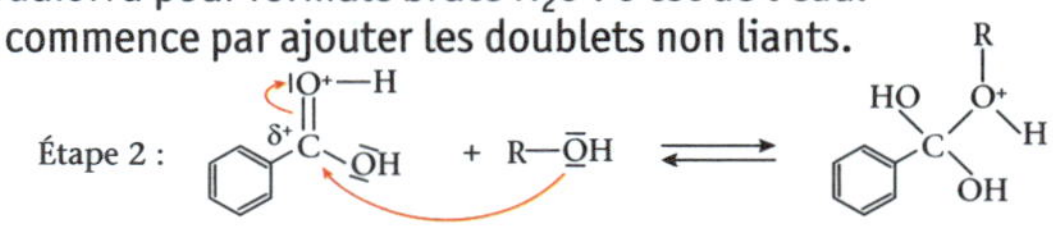

Puis on repère les sites donneurs et accepteurs pour la liaison qui se forme. L'oxygène de l'éthanol possédant deux doublets non liants jouera le rôle de site donneur. Tandis que le carbone du groupe carboxyle sera le site accepteur.

f. Il participe à l'étape 1, puis est régénéré lors de la dernière étape : il joue le rôle de catalyseur.

6 Page 43

1 a. L'équation différentielle vérifiée par $N(t)$ s'écrit :

$$\frac{dN(t)}{dt}+\lambda N(t)=0$$

La solution de cette équation donne la loi de décroissance radioactive : $N(t) = N_0 e^{-\lambda t}$, soit $N(t) = 2 \times 10^{20} e^{-8,5 \times 10^{-2} t}$.

b. La demi-vie de l'iode 131 est définie comme le temps nécessaire pour que la moitié des particules émises au temps $t = 0$ se désintègre.

Pour $t_{1/2}$, $N=\frac{N_0}{2}$. On a donc $\frac{N_0}{2}=N_0 e^{-\lambda t_{1/2}}$, ce qui implique $\frac{1}{2}=e^{-\lambda t_{1/2}}$ et, en passant au logarithme,

$$t_{1/2}=\frac{\ln 2}{\lambda}=\frac{\ln 2}{8,5\times 10^{-2}\ \text{jour}^{-1}}=8,2 \text{ jours.}$$

c. Après une durée de deux demi-vies, il reste :

$$N\left(2t_{1/2}\right)=N_0 e^{-2\lambda t_{1/2}}=N_0 e^{-2\lambda\frac{\ln 2}{\lambda}}=N_0 e^{-2\ln 2}=\frac{N_0}{4}$$

A.N. : $N\left(2t_{1/2}\right)=\frac{2\times 10^{20}}{4}=5\times 10^{19}$ particules d'iode.

2 L'activité d'un échantillon est le nombre de désintégrations par seconde : $A(t) = A_0 e^{-\lambda t}$. De cette relation, on tire t tel que :

$$t=-\frac{1}{\lambda}\times\ln\frac{A}{A_0}=-\frac{t_{1/2}}{\ln 2}\times\ln\frac{A}{A_0}$$

A.N. : $t=-\frac{14,3\ \text{j}}{\ln 2}\times\ln\frac{3,7\times 10^{5}\ \text{Bq}}{5,9\times 10^{7}\ \text{Bq}}=105$ jours.

3 a. À l'aide des lois de conservation des nombres de masse et de charge, on obtient : ${}^{40}_{19}\text{K}\rightarrow {}^{40}_{18}\text{Ar}+{}^{0}_{1}\text{e}$.

b. Un positon est produit, c'est une désintégration β^+.

c. On a $m = n \times M$ et $n=\frac{N}{N_A}$, N représentant le nombre de noyaux de l'échantillon. On obtient : $N=N_A\times\frac{m}{M}$.

Pour le potassium :

$$N_K=N_A\times\frac{m_K}{M_K}=6,02\times 10^{23}\ \text{mol}^{-1}\times\frac{1,57\times 10^{-3}\ \text{g}}{40,0\ \text{g}\cdot\text{mol}^{-1}}=2,36\times 10^{19} \text{ atomes.}$$

Pour l'argon :

$$N_{Ar}=N_A\times\frac{m_{Ar}}{M_{Ar}}=6,02\times 10^{23}\ \text{mol}^{-1}\times\frac{82,0\times 10^{-6}\ \text{g}}{40,0\ \text{g}\cdot\text{mol}^{-1}}=1,23\times 10^{18} \text{ atomes.}$$

4. Un noyau de potassium donne un noyau d'argon en se désintégrant. On vérifie donc : $N_0 = N_K + N_{Ar}$.

5. La loi de décroissance radioactive a pour expression : $N_K(t) = N_0 e^{-\lambda t}$.

Soit $\frac{N_K(t)}{N_0}=e^{-\lambda t}$, c'est-à-dire $\ln\frac{N_K(t)}{N_0}=-\lambda t$. Or, $N_0=N_K+N_{Ar}$ et

$N_0 = 2,36 \times 10^{19} + 1,23 \times 10^{18} = 2,48 \times 10^{19}$ noyaux.

$$\text{Ainsi : } t=\frac{-\ln\frac{N_K(t)}{N_0}}{\lambda}=-\frac{1}{\lambda}\times\ln\frac{N_K(t)}{N_0}=-\frac{t_{1/2}}{\ln 2}\times\ln\frac{N_K(t)}{N_0}$$

A.N. : $t=\frac{-1,2\times 10^{9}\ \text{ans}}{\ln 2}\times\ln\frac{2,36\times 10^{19}}{2,48\times 10^{19}}=8,6\times 10^{7}$ ans.

4 a. Par lecture graphique (rouge), on obtient : $N_U(0) = 5 \times 10^{12}$ noyaux d'uranium.

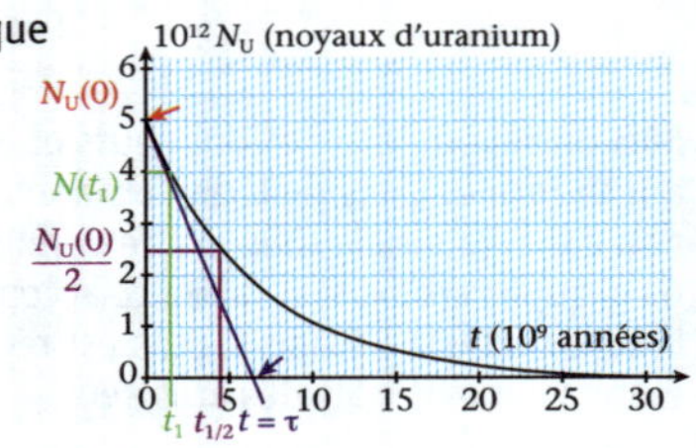

b. Le tracé de la tangente à l'origine (tracé bleu) rencontre l'axe des abscisses au point $6,5 \times 10^9$ ans.

Remarque : La lecture graphique n'est pas très précise et ne permet pas d'obtenir davantage de chiffres significatifs.

La constante de radioactivité est : $\lambda=\frac{1}{\tau}$.

A.N. : $\lambda=\frac{1}{6,5\times 10^{9}\ \text{ans}}=1,5\times 10^{-10}\ \text{an}^{-1}$.

c. La loi de décroissance radioactive a pour expression : $N_U(t) = N_U(0) \times e^{-\lambda t}$. À la date $t_1 = 1,5 \times 10^9$ années, cette relation devient : $N_U(t_1) = N_U(0) \times e^{-\lambda t_1}$

A.N. : $N_U(t_1)=5\times 10^{12}\times e^{-1,5\times 10^{-10}\ \text{an}^{-1}\times 1,5\times 10^{9}\ \text{ans}}=4\times 10^{12}$ noyaux.

On vérifie ce résultat graphiquement (tracé vert).

d. La demi-vie correspond à la durée nécessaire à la désintégration de la moitié de la population initiale en uranium 238. On a $N_U(t_{1/2}) = N_U(0)/2$. Par lecture graphique (tracé violet), $t_{1/2} = 4,5 \times 10^9$ ans.

B. a. À $t = 0$, il n'y a que des noyaux d'uranium. D'après l'équation de désintégration, ceux-ci se transforment en noyaux de plomb au fil du temps, le nombre total de noyaux restant constant.

$N_U(0) = N_U(t_{Terre}) + N_{Pb}(t_{Terre})$ et $N_U(t_{Terre}) = N_U(0) - N_{Pb}(t_{Terre})$

$N_U(t_{Terre}) = 5 \times 10^{12} - 2,5 \times 10^{12} = 2,5 \times 10^{12}$ noyaux.

b. La loi de décroissance radioactive a pour expression : $N_U(t_{Terre}) = N_U(0) \times e^{-\lambda t_{Terre}}$

Cette relation devient :

$$\frac{N_U(t_{Terre})}{N_U(0)}=e^{-\lambda t_{Terre}} \text{ et } -\lambda t_{Terre}=\ln\frac{N_U(t_{Terre})}{N_U(0)}$$

$$t_{Terre}=-\frac{1}{\lambda}\times\ln\frac{N_U(t_{Terre})}{N_U(0)}$$

A.N. : $t_{Terre}=\frac{-1\times 10^{9}}{1,5\times 10^{-15}\ \text{ans}^{-1}}\times\ln\frac{1}{2}=4,5\times 10^{9}$ ans.

La Terre est âgée d'environ 4,5 milliards d'années.

7 Page 47

1 a. La réaction entre l'acide propanoïque et l'eau est une réaction acido-basique par transfert de proton H^+ de l'acide à l'eau : $C_2H_5CO_2H + H_2O \rightleftharpoons C_2H_5CO_2^- + H_3O^+$.

b. L'expression littérale du quotient de réaction à l'état initial est : $Q_{r,i}=\frac{[C_2H_5CO_2^-]_i\cdot[H_3O^+]_i}{[C_2H_5CO_2H]_i}$.

L'eau est à l'état liquide et ne figure pas dans l'expression. Le quotient de réaction reste toutefois sans unité. Le quotient de réaction initial a pour valeur 0, car aucun des produits n'est encore présent en tout début de réaction. Le numérateur est nul.

c. La constante d'équilibre a la même expression que le quotient de réaction, mais c'est sa valeur à l'état d'équilibre final :

$$K=\frac{[C_2H_5CO_2^-]_f\cdot[H_3O^+]_f}{[C_2H_5CO_2H]_f}.$$

2 a. D'après l'énoncé, les réactifs sont les ions argent $Ag^+_{(aq)}$ et le fer métallique $Fe_{(s)}$. On les place à gauche dans les demi-équations d'oxydoréduction : $Ag^+_{((aq)} + e^- = Ag_{(s)}$

$Fe_{(s)} = Fe^{2+}_{(aq)} + 2\ e^-$

b. Au cours d'une réaction d'oxydoréduction, les électrons cédés par le réducteur sont ceux qui sont captés par l'oxydant. Ces électrons doivent disparaître. On multiplie donc la première équation par 2 et on additionne les deux demi-équations :

$Ag^+_{(aq)} + e^- = Ag_{(s)} \quad \times 2$

$Fe_{(s)} = Fe^{2+}_{(aq)} + 2\ e^-$

On obtient ainsi l'équation de la réaction :

$$2\ Ag^+_{(aq)} + Fe_{(s)} \rightleftharpoons 2\ Ag_{(s)} + Fe^{2+}_{(aq)}$$

c. Expression de la constante d'équilibre associée à cette réaction : $K=\frac{[Fe^{2+}_{(aq)}]_f}{[Ag^+_{(aq)}]_f^2}$.

Remarque : le fer et l'argent sous forme métallique n'y figurent pas, car ce sont des solides. Leur activité est égale à 1.

3 a. L'équation de la réaction entre l'acide benzoïque et l'eau s'écrit : $C_6H_5CO_2H + H_2O \rightleftharpoons C_6H_5CO_2^- + H_3O^+$.

b. On construit le tableau d'avancement en concentrations :

x_V (mol·L⁻¹)	$C_6H_5CO_2H$	$+ H_2O \rightleftharpoons$	$C_6H_5CO_2^-$ +	H_3O^+
État initial	$1{,}00 \times 10^{-3}$		0	0
État intermédiaire	$1{,}00 \times 10^{-3} - x_V$		x_V	x_V
État final	$7{,}8 \times 10^{-4}$		$x_{f,V}$	$x_{f,V}$

L'avancement volumique final de l'acide benzoïque est trouvé en écrivant : $1{,}00 \times 10^{-3} - x_{f,V} = 7{,}8 \times 10^{-4}$.
On en déduit :
$x_{f,V} = 1{,}00 \times 10^{-3} - 7{,}8 \times 10^{-4} = 0{,}22 \times 10^{-3}$ mol·L⁻¹.

c. La constante d'équilibre correspondante est :

$$K = \frac{[C_6H_5CO_2^-]_f \cdot [H_3O^+]_f}{[C_6H_5CO_2H]_f} = \frac{(0{,}22\times10^{-3})^2}{7{,}8\times10^{-4}} = 6{,}2\times10^{-5}.$$

d. Le taux d'avancement est : $\tau = \frac{x_f}{x_{max}} = \frac{x_{f,V}}{x_{max,V}} = \frac{0{,}22\times10^{-3}}{1{,}00\times10^{-3}} = 0{,}22.$

La réaction a avancé de 22 %.

e. Pour déterminer le pH, on utilise la valeur de $[H_3O^+]_f$ dans le tableau : pH $= -\log[H_3O^+]_f = -\log(0{,}22 \times 10^{-3}) = 3{,}7$.
Le pH de la solution est donc de 3,7.

4 a. Selon Brönsted, un acide est une entité susceptible de libérer un proton H^+.

b. Équation de la réaction entre l'acide éthanoïque et l'eau :

$$CH_3CO_2H + H_2O \rightleftharpoons CH_3CO_2^- + H_3O^+$$

c. Quotient de réaction : $Q_r = \frac{[CH_3CO_2^-]\cdot[H_3O^+]}{[CH_3CO_2H]}$

Constante d'équilibre correspondant à cette réaction :

$$K = \frac{[CH_3CO_2^-]_f \cdot [H_3O^+]_f}{[CH_3CO_2H]_f}$$

d. Le quotient de réaction initial est égal à 0, car il n'y a pas de produit à l'état initial, seulement des réactifs. Le numérateur est nul dans l'expression du quotient de réaction. La réaction ne peut donc avoir lieu que dans le sens direct.

e. Pour construire le tableau d'avancement de cette réaction, on utilise les données de l'énoncé. Il est plus simple d'écrire un tableau d'avancement en concentrations molaires. Le pH de 3,7 donne la valeur de la concentration en ions H_3O^+ à l'équilibre : $[H_3O^+]_f = 10^{-pH} = 10^{-3,7}$. D'où $[H_3O^+]_f = 2{,}0 \times 10^{-4}$ mol·L⁻¹.
Tableau d'avancement :

x_V (mol·L⁻¹)	CH_3CO_2H	$+ H_2O \rightleftharpoons$	$CH_3CO_2^-$ +	H_3O^+
État initial	$2{,}7 \times 10^{-3}$		0	0
État intermédiaire	$2{,}7 \times 10^{-3} - x$		x	x
État final	$2{,}5 \times 10^{-3}$		$2{,}0 \times 10^{-4}$	$2{,}0 \times 10^{-4}$

La dernière ligne est complétée en remplaçant $x_{f,V}$ par sa valeur.

f. Valeur de la constante d'équilibre correspondante :

$$K = \frac{[CH_3CO_2^-]_f \cdot [H_3O^+]_f}{[CH_3CO_2H]_f} = \frac{(2{,}0\times10^{-4})^2}{2{,}5\times10^{-3}} = 1{,}6\times10^{-5}.$$

La constante d'équilibre est de $1{,}6 \times 10^{-5}$.

g. Taux d'avancement : $\tau = \frac{x_f}{x_{max}} = \frac{2{,}0\times10^{-4}}{2{,}7\times10^{-3}} = 0{,}074 = 7{,}4\,\%.$

La réaction a avancé de 7,4 %. L'équilibre est peu déplacé.

h. Les ions oxonium réagissent avec la base en solution dans l'eau :

$$CH_3CO_2^- + H_3O^+ \rightleftharpoons CH_3CO_2H + H_2O$$

Remarque : Les ions chlorure sont spectateurs.

i. Pour déterminer $Q_{r,i}$, on peut construire les deux premières lignes d'un tableau d'avancement correspondant à ce nouvel état initial, en tenant compte de la dilution. Le volume du mélange est maintenant de :
$n_i(CH_3CO_2^-) = 2{,}00 \times 10^{-4} \times 60{,}0 \times 10^{-3} = 12$ µmol.
Quantité ajoutée d'ions oxonium :
$n = 1{,}0 \times 10^{-3} \times 10{,}0 \times 10^{-3} = 10 \times 10^{-6}$ mol $= 10$ µmol.
La quantité totale d'ions oxonium est donc de 22 µmol.
Quantité initiale d'acide éthanoïque :
$n_i(CH_3CO_2H) = 2{,}5 \times 10^{-3} \times 60 \times 10^{-3} = 1{,}5 \times 10^{-4}$ mol.

x (µmol)	$CH_3CO_2^-$ +	H_3O^+ $\rightleftharpoons$	CH_3CO_2H +	H_2O
État initial	12	22	150	

Dans ce nouvel état initial, le quotient de réaction a pour expression et pour valeur : $Q_r = \frac{[CH_3CO_2H]}{[CH_3CO_2^-]\cdot[H_3O^+]} = \frac{150}{12\times12} = 1{,}0$

j. On constate que $Q_{r,i} > K$, donc la réaction entre l'acide et l'eau a lieu en sens inverse. Il se forme de plus en plus d'acide éthanoïque et d'ions oxonium, alors que les ions éthanoate disparaissent.

8 Page 51

1 a. Schéma ci-contre.

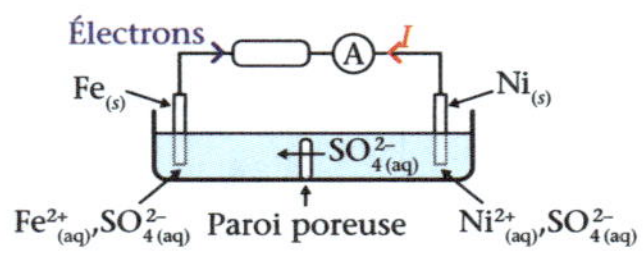

b. L'oxydation se déroule à l'anode :
$Fe_{(s)} \rightarrow 2\ e^- + Fe^{2+}_{(aq)}$.
À la cathode, il y a réduction : $Ni^{2+}_{(aq)} + 2\ e^- \rightarrow Ni_{(s)}$.
L'équation de la transformation est : $Fe_{(s)} + Ni^{2+}_{(aq)} \rightarrow Ni_{(s)} + Fe^{2+}_{(aq)}$.

c. De façon à maintenir l'électroneutralité, des ions doivent migrer à travers la paroi poreuse. En effet, des ions Fe^{2+} se forment à l'électrode de fer pendant que des ions Ni^{2+} disparaissent. Pour rétablir l'équilibre en charge électrique, les ions sulfates ($SO^{2-}_{4(aq)}$) migrent vers la demi-pile fer.

2 a. À l'électrode de gauche se produit l'oxydation du méthanol : c'est l'anode. Le méthanol étant oxydé, il cède des électrons dans le circuit extérieur. L'électrode constitue donc le pôle négatif de la pile.
L'électrode de droite est le siège de la réduction du dioxygène : c'est la cathode. Les électrons l'atteignent depuis le circuit extérieur. Cette électrode représente donc le pôle positif de la pile.

b. Oxydation du méthanol :

$$CH_3OH_{(aq)} + H_2O_{(l)} \rightarrow CO_{2(g)} + 6\ e^- + 6\ H^+_{(aq)} \quad \times 2$$

Réduction du dioxygène : $O_{2(g)} + 4\ e^- + 4\ H^+_{(aq)} \rightarrow 2\ H_2O_{(l)} \quad \times 3$
Équation associée à la réaction lorsque la pile débite :

$$2\ CH_3OH_{(aq)} + 3\ O_{2(g)} \rightarrow 2\ CO_{2(g)} + 4\ H_2O_{(l)}$$

c. L'acide sulfurique permet d'acidifier le milieu en apportant des ions $H^+_{(aq)}$ et accélère ainsi la transformation. N'apparaissant pas dans l'équation bilan de la réaction, on le définit comme un catalyseur de la réaction d'oxydoréduction qui se produit dans la pile.

3 a. Un voltmètre électronique possède une grande résistance interne. De ce fait, lors de la mesure, la pile débite un courant d'intensité quasi nulle. La tension mesurée est sensiblement égale à la tension à vide de la pile, soit ici 1,10 V.

b. Le voltmètre affichant une valeur positive, la borne COM est reliée à la borne négative de la pile, c'est-à-dire à l'électrode de zinc.

c. Le schéma conventionnel de la pile ainsi formée est :

(–) Zn/Zn^{2+} // Cu^{2+}/Cu (+)

d. Les électrons se déplacent de l'électrode de zinc vers l'électrode de cuivre. Ils sont libérés lors de la réaction d'oxydation du zinc, $Zn_{(s)} \rightarrow Zn^{2+}_{(aq)} + 2\ e^-$, puis sont consommés lors de la réaction de réduction du cuivre, $Cu^{2+}_{(aq)} + 2\ e^- \rightarrow Cu_{(s)}$.

e. La concentration en ions cuivre diminue, car ceux-ci sont consommés, tandis que la concentration en ions zinc augmente, car ces derniers sont produits au cours du fonctionnement de la pile.

f. L'électroneutralité des solutions est assurée par le pont salin constitué par le papier-filtre imbibé de solution de nitrate d'ammonium. Celui-ci permet la circulation des ions entre les deux béchers (ions ammonium vers le côté cuivre et ions nitrates vers le côté zinc).

g. L'équation de la transformation se produisant dans la pile est : $Zn_{(s)} + Cu^{2+}_{(aq)} \rightarrow Zn^{2+}_{(aq)} + Cu_{(s)}$.

h. Le quotient de réaction initial s'écrit : $Q_{r,i} = \dfrac{[Zn^{2+}]_i}{[Cu^{2+}]_i}$

A.N. : $Q_{r,i} = \dfrac{0{,}10\,mol \cdot L^{-1}}{0{,}10\,mol \cdot L^{-1}} = 1$.

Le système chimique constituant la pile évolue spontanément dans le sens de l'équation, le quotient de réaction initial est donc inférieur à la constante d'équilibre K associée à cette équation. On a donc : $K > 1$.

4 a. L'électrode de zinc voit sa masse diminuer. La réaction qui s'y produit est donc : $Zn_{(s)} \rightarrow Zn^{2+}_{(aq)} + 2\,e^-$.

La masse de l'électrode d'argent augmente,

donc $Ag^+_{(aq)} + e^- \rightarrow Ag_{(s)}$.

L'équation de fonctionnement de la pile est donc :

$Zn_{(s)} + 2Ag^+_{(aq)} \rightarrow Zn^{2+}_{(aq)} + 2Ag_{(s)}$.

b. Le quotient de réaction initial associé à l'équation de la réaction s'écrit : $Q_{r,i} = \dfrac{[Zn^{2+}]_i}{[Ag^+]_i^2}$. ***A.N. :*** $Q_{r,i} = \dfrac{0{,}20\,mol \cdot L^{-1}}{\left(0{,}20\,mol \cdot L^{-1}\right)^2} = 5 < 1{,}0 \times 10^{52}$.

Puisque le quotient de réaction initial est inférieur à la constante d'équilibre K associée à cette équation, le système chimique constituant la pile évolue spontanément dans le sens de l'équation établie en **a**.

c. La quantité initiale d'ions argent est égale à : $n_i(Ag^+) = C \cdot V$

A.N. : $n_i(Ag^+) = 0{,}20\,mol \cdot L^{-1} \times 100 \times 10^{-3}\,L = 2{,}0 \times 10^{-2}\,mol$.

Celle de la partie immergée de l'électrode de zinc : $n_i(Zn) = \dfrac{m_i(Zn)}{M(Zn)}$

A.N. : $n_i(Zn) = \dfrac{2{,}0\,g}{65{,}4\,g \cdot mol^{-1}} = 3{,}1 \times 10^{-2}\,mol$.

Équation bilan		$Zn_{(s)}$	+ $2\,Ag^+_{(aq)}$	$\rightarrow$ $Zn^{2+}_{(aq)}$	+ $2\,Ag_{(s)}$
État initial	$x = 0$	$n_i(Zn)$	$n_i(Ag^+)$	$n_i(Zn^{2+})$	$n_i(Ag)$
État d'avancement	x	$n_i(Zn) - x$	$n_i(Ag^+) - 2x$	$n_i(Zn^{2+}) + x$	$n_i(Ag) + 2x$

Hypothèse 1 : si Zn est le réactif limitant, alors il est totalement consommé, donc $n_i(Zn) - x = 0$ et $x = 3{,}1 \times 10^{-2}$ mol.

Hypothèse 2 : si Ag^+ est le réactif limitant, alors il est totalement consommé, donc $n_i(Ag^+) - 2x = 0$ et

$x_{max} = \dfrac{n_i(Ag^+)}{2} = \dfrac{2{,}0 \times 10^{-2}\,mol}{2} = 1{,}0 \times 10^{-2}\,mol$.

On choisit l'hypothèse qui nous donne le plus petit avancement maximal.

Donc c'est l'hypothèse 2 qui est la bonne, le réactif limitant est l'ion argent et l'avancement maximal x_{max} est égal à $1{,}0 \times 10^{-2}$ mol.

d. D'après les réactions aux électrodes : $2\,Ag^+_{(aq)} + 2\,e^- \rightarrow 2\,Ag_{(s)}$. $Zn_{(s)} \rightarrow Zn^{2+}_{(aq)} + 2\,e^-$, pour un avancement x_{max}, $2x_{max}$ moles d'électrons sont échangées.

La charge électrique échangée au cours de la réaction est donc :

$$Q_{max} = 2\,x_{max} \cdot q.$$

L'intensité I d'un courant électrique s'exprime ainsi en fonction de la charge électrique Q échangée au cours de la réaction pendant une durée Δt : $I = \dfrac{Q}{\Delta t}$. On a donc : $\Delta t_{max} = \dfrac{Q_{max}}{I} = \dfrac{2x_{max} \cdot q}{I}$.

A.N. : $\Delta t = \dfrac{2 \times 1{,}0 \times 10^{-2}\,mol \times 9{,}65 \times 10^4\,C}{0{,}15\,A} = 12{,}9 \times 10^3\,s$.

9 Page 55

1 a. Pour le bleu de bromothymol, on utilise la relation :

$$pH = pK_A + \log\frac{[Ind^-]}{[HInd]}$$

Lorsque pH = 2, on obtient :

$2 = 7 + \log\dfrac{[Ind^-]}{[HInd]}$, soit $\dfrac{[Ind^-]}{[HInd]} = 10^{-5}$, donc $[Ind^-] < [HInd]$.

La forme acide prédomine. La couleur est jaune.

En procédant de même, lorsque pH = 10, la forme basique prédomine et la couleur est bleue.

Lorsque pH = 7, $[Ind^-] = [HInd]$, l'indicateur coloré teinte la solution d'une couleur intermédiaire entre la teinte acide et basique, le vert.

b. La zone de virage de l'indicateur coloré correspond à l'intervalle de pH : $pK_A - 1 < pH < pK_A + 1$.

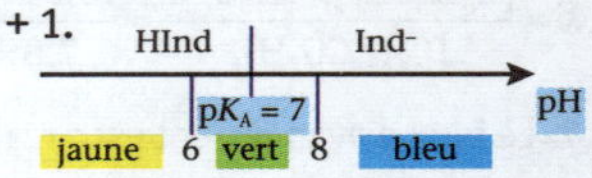

2 a. On utilise : $C = \dfrac{n}{V} = \dfrac{m}{MV}$

A.N. : $C = \dfrac{3{,}20\,g}{40{,}0\,g \cdot mol^{-1} \times 4{,}00\,L} = 2{,}00 \times 10^{-2}\,mol \cdot L^{-1}$.

b. L'hydroxyde de sodium est une base forte. On a donc la relation : $pH = pK_e + \log C$.

A.N. : $pH = 14 + \log(2{,}00) \times 10^{-2}\,mol \cdot L^{-1} = 12{,}3$.

3 a. La base conjuguée de l'acide méthanoïque 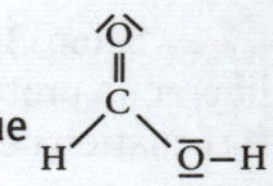

est l'ion méthanoate : 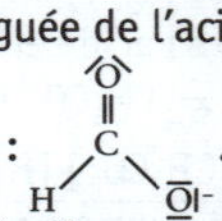.

b. L'équation de la réaction se produisant entre l'acide méthanoïque et l'eau est : $CHO_2H_{(aq)} + H_2O_{(l)} \rightleftharpoons CHO^-_{2(aq)} + H_3O^+_{(aq)}$

c.

État système	Avancement	$CHO_2H_{(aq)}$	+ $H_2O_{(l)}$	$\rightleftharpoons CHO^-_{2(aq)}$	+ $H_3O^+_{(aq)}$
Initial	$x = 0$	n_0	Excès	0	0
Intermédiaire	x	$n_0 - x$	Excès	x	x
État final si la réaction était totale	x_f	$n_0 - x_{max}$	Excès	x_{max}	x_{max}

L'eau étant le solvant, le réactif limitant est donc l'acide méthanoïque.

Si la réaction est totale, le réactif limitant est entièrement consommé. On a alors : $n_0 - x_{max} = 0$ et $x_{max} = n_0 = C \cdot V$.

A.N. : $x_{max} = 1{,}0 \times 10^{-3}\,mol \cdot L^{-1} \times 50{,}0 \times 10^{-3}\,L = 5{,}0 \times 10^{-5}\,mol$.

d. Un acide faible est une espèce susceptible de réagir sur l'eau en libérant des protons, mais selon une réaction qui n'est pas totale. Le taux d'avancement de la réaction a pour expression : $\tau = \dfrac{x_f}{x_{max}}$. Or $x_f = n_f(H_3O^+)$. On a donc $x_f = [H_3O^+] \times V = 10^{-pH} \times V$.

A.N. : $x_f = 10^{-3{,}5} \times 50{,}0 \times 10^{-3}\,L = 1{,}6 \times 10^{-5}\,mol$.

On a donc : $\tau = \dfrac{1{,}6 \times 10^{-5}\,mol}{5{,}0 \times 10^{-5}\,mol} = 0{,}32$.

Comme $\tau < 1$, la transformation n'est pas totale, elle aboutit à un équilibre. L'acide méthanoïque est donc un acide faible.

4 a. Puisqu'on a dissous le cachet pour obtenir une solution de volume $V = 200{,}0$ mL, la concentration de cette solution est :

$$C = \frac{n}{V} = \frac{m}{M \cdot V}.$$

A.N. : $C = \dfrac{500 \times 10^{-3}\,g}{180\,g \cdot mol^{-1} \times 200{,}0 \times 10^{-3}\,L} = 1{,}39 \times 10^2\,mol \cdot L^{-1}$.

b. L'équation de la réaction de l'acide acétylsalicylique avec l'eau est : $C_9H_8O_{4(s)} + H_2O_{(l)} \rightleftharpoons C_9H_7O^-_{4(aq)} + H_3O^+_{(aq)}$

c.

État système	Avancement	$C_9H_8O_{4(s)}$ +	$H_2O_{(l)}$ ⇌	$C_9H_7O^-_{4(aq)}$ +	$H_3O^+_{(aq)}$
Initial	$x = 0$	$C \cdot V$	Excès	0	0
État final si la transformation est limitée	x_f	$C \cdot V - x_f$	Excès	x_f	x_f
État final si la réaction était totale	x_{max}	$C \cdot V - x_{max}$	Excès	x_{max}	x_{max}

Si la transformation est totale, l'acide acétylsalicylique est le réactif limitant. On a donc : $x_{max} = C \cdot V$.

A.N. : $x_{max} = 1{,}39 \times 10^{-2}$ mol·L^{-1} × 200,0 × 10^{-3} L = 2,78 × 10^{-3} mol.
Comme pH = 2,7, $[H_3O^+]_f = 10^{-2{,}7} = 2{,}0 \times 10^{-3}$ mol·L^{-1}.

$[H_3O^+]_f = \dfrac{x_f}{V}$ et $x_f = [H_3O^+]_f \cdot V$

A.N. : $x_f = 2{,}0 \times 10^{-3}$ mol·L^{-1} × 200,0 × 10^{-3} L = 4,0 × 10^{-4} mol.
$x_f < x_{max}$, la réaction de l'aspirine avec l'eau n'est donc pas une réaction totale, mais une réaction limitée : l'acide acétylsalicylique est un acide faible.

d. Expression de K_A : $K_A = \dfrac{[C_9H_7O_4^-]_{éq} \times [H_3O^+]_{éq}}{[C_9H_8O_4]_{éq}}$

D'après le tableau d'avancement précédent :
$C_9H_8O_{4(s)} + H_2O_{(l)} \rightleftharpoons C_9H_7O^-_{4(aq)} + H_3O^+_{(aq)}$

$[C_9H_7O_4^-]_{éq} = [H_3O^+]_{éq} = 2{,}0 \times 10^{-3}$ mol·L^{-1}.

$$[C_9H_8O_4]_{éq} = \frac{2{,}78 \times 10^{-3}\ \text{mol} - 4{,}0 \times 10^{-4}\ \text{mol}}{200{,}0 \times 10^{-3}\ \text{L}} = 1{,}2 \times 10^{-2}\ \text{mol} \cdot \text{L}^{-1}.$$

A.N. : $K_A = \dfrac{2{,}0 \times 10^{-3}\ \text{mol}\cdot\text{L}^{-1} \times 2{,}0 \times 10^{-3}\ \text{mol}\cdot\text{L}^{-1}}{1{,}2 \times 10^{-2}\ \text{mol}\cdot\text{L}^{-1}} = 3{,}3 \times 10^{-4}.$

On en déduit la valeur : $pK_A = -\log K_A = -\log(3{,}3 \times 10^{-4}) = 3{,}5$.

e. Dans l'estomac, le pH est inférieur au pK_A de l'acide acétylsalicylique. C'est l'espèce acide, l'acide acétylsalicylique, qui prédomine. Dans l'intestin, le pH est supérieur au pK_A de l'acide acétylsalicylique. C'est l'espèce basique, l'ion acétylsalicylate, qui prédomine.

f. L'équation de la réaction acido-basique entre l'aspirine et l'ion hydrogénocarbonate est :

$$C_9H_8O_{4(aq)} + HCO^-_{3(aq)} \rightleftharpoons C_9H_7O^-_{4(aq)} + CO_{2(aq)}, H_2O_{(l)}$$

g. L'ion hydrogénocarbonate est un ampholyte, une espèce chimique pouvant se comporter à la fois comme un acide et une base.

5 a. On utilise : $C = \dfrac{n}{V}$.

A.N. : $C = \dfrac{1{,}00 \times 10^{-3}\ \text{mol}}{100 \times 10^{-3}\ \text{L}} = 1{,}00 \times 10^{-2}\ \text{mol}\cdot\text{L}^{-1}.$

b. Équation de la réaction de l'acide chloroéthanoïque avec l'eau :

$$CH_2Cl\text{-}CO_2H_{(s)} + H_2O_{(l)} \rightleftharpoons CH_2Cl\text{-}CO^-_{2(aq)} + H_3O^+_{(aq)}$$

Équation de la réaction de l'acide éthanoïque avec l'eau :

$$CH_3\text{-}CO_2H_{(s)} + H_2O_{(l)} \rightleftharpoons CH_3\text{-}CO^-_{2(aq)} + H_3O^+_{(aq)}$$

c. La constante d'acidité a pour expression :

$$K_A = \frac{[H_3O^+]_{éq} \times [CH_2Cl\text{-}CO_2^-]_{éq}}{[CH_2Cl\text{-}CO_2H]_{éq}}$$

À l'aide d'un tableau d'avancement :

État système	Avancement	$CH_2Cl\text{-}CO_2H_{(s)}$ +	$H_2O_{(l)}$ ⇌	$CH_2Cl\text{-}CO_{2(aq)}$ +	$H_3O^+_{(aq)}$
Initial	$x = 0$	$C \cdot V$	Excès	0	0
Final	x_f	$C \cdot V - x_f$	Excès	x_f	x_f

Or $[H_3O^+]_f = 10^{-pH} = 10^{-2{,}5} = 3{,}2 \times 10^{-3}$ mol·L^{-1}.
Donc : $x_f = [H_3O^+] \cdot V = 3{,}2 \times 10^{-3}$ mol·L^{-1} × 100 × 10^{-3} L
= 3,2 × 10^{-4} mol.

Et : $K_A = \dfrac{[H_3O^+]_{éq} \times [CH_2Cl\text{-}CO_2^-]_{éq}}{[CH_2Cl\text{-}CO_2H]_{éq}} = \dfrac{[H_3O^+]^2_{éq}}{[CH_2Cl\text{-}CO_2H]_{éq}}$

$$= \frac{\dfrac{x_f^{\,2}}{V^2}}{\dfrac{C \cdot V - x_f}{V}} = \frac{x_f^{\,2}}{V \cdot (C \cdot V - x_f)}$$

A.N. : $K_A = \dfrac{(3{,}1 \times 10^{-4}\ \text{mol})^2}{(1{,}00 \times 10^{-2}\ \text{mol}\cdot\text{L}^{-1} \times 100 \times 10^{-3}\ \text{L} - 3{,}2 \times 10^{-4}\ \text{mol}) \times 100 \times 10^{-3}\ \text{L}}$
$= 1{,}5 \times 10^{-3}$.

Le pK_A de l'acide chloroéthanoïque a pour valeur :

$$pK_A = -\log K_A = -\log(1{,}5 \times 10^{-3}) = 2{,}8.$$

d. La constante d'acidité a pour expression :

$$K_A = \frac{[H_3O^+]_{éq} \times [CH_3\text{-}CO_2^-]_{éq}}{[CH_3\text{-}CO_2H]_{éq}}$$

À l'aide d'un tableau d'avancement :

État système	Avancement	$CH_3\text{-}CO_2H_{(s)}$ +	$H_2O_{(l)}$ ⇌	$CH_3\text{-}CO^-_{2(aq)}$ +	$H_3O^+_{(aq)}$
Initial	$x = 0$	$C \cdot V$	Excès	0	0
Final	x_f	$C \cdot V - x_f$	Excès	x_f	x_f

Or $[H_3O^+]_f = 10^{-pH} = 10^{-3{,}4} = 4{,}0 \times 10^{-4}$ mol·L^{-1}.
Donc : $x_f = [H_3O^+] \cdot V = 4{,}0 \times 10^{-4}$ mol·L^{-1} × 100 × 10^{-3} L
= 4,0 × 10^{-5} mol.

et : $K_A = \dfrac{[H_3O^+]_{éq} \times [CH_3\text{-}CO_2^-]_{éq}}{[CH_3\text{-}CO_2H]_{éq}} = \dfrac{[H_3O^+]^2_{éq}}{[CH_3\text{-}CO_2H]_{éq}}$

$$= \frac{\dfrac{x_f^{\,2}}{V^2}}{\dfrac{CV - x_f}{V}} = \frac{x_f^{\,2}}{V \cdot (CV - x_f)}$$

A.N. : $K_A = \dfrac{(4{,}0 \times 10^{-5}\ \text{mol})^2}{(1{,}00 \times 10^{-2}\ \text{mol}\cdot\text{L}^{-1} \times 100 \times 10^{-3}\ \text{L} - 4{,}0 \times 10^{-5}\ \text{mol}) \times 100 \times 10^{-3}\ \text{L}}$
$= 1{,}6 \times 10^{-5}$.

Le pK_A de l'acide éthanoïque a pour valeur :

$$pK_A = -\log K_A = -\log(1{,}6 \times 10^{-5}) = 4{,}8.$$

e. Dans les solutions, pH < pK_A, c'est l'espèce acide qui prédomine.

f. Le pK_A du couple acide chloroéthanoïque/ion chloroéthanoate est inférieur à celui du couple acide éthanoïque/ion éthanoate, l'acide chloroéthanoïque est donc un acide plus fort.

g. On utilise la relation suivante : $pH = pK_A + \log \dfrac{[CH_2Cl\text{-}CO_2^-]_{éq}}{[CH_2Cl\text{-}CO_2H]_{éq}}$

Elle devient : $\dfrac{[CH_2Cl\text{-}CO_2^-]_{éq}}{[CH_2Cl\text{-}CO_2H]_{éq}} = 10^{pH - pK_A} = 10^{2{,}5 - 2{,}8} = 0{,}5.$

Les concentrations sont du même ordre de grandeur, la solution A est donc une solution tampon.

10 Page 58

1 a. L'électrode prenant la coloration rouge est la cathode, c'est-à-dire la borne – de l'électrolyseur, car les ions cuivre II y sont réduits en cuivre métallique.

b. Schéma légendé de l'expérience :

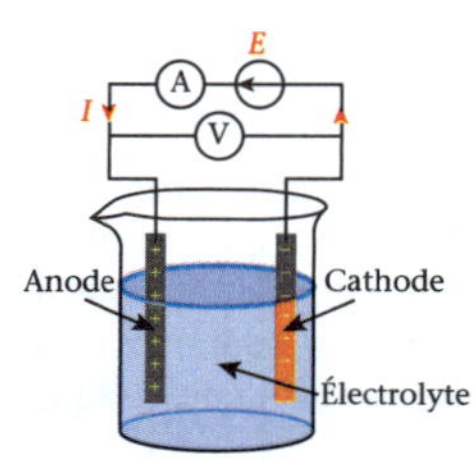

c. Une oxydation se produit à l'anode et une réduction à la cathode :
Anode : $2Cl^-_{(aq)} = Cu_{2(g)} + 2e^-$;
Cathode : $Cu^{2+}_{(aq)} + 2e^- = Cu_{(s)}$.

d. Au cours de la réaction, les électrons sont échangés. Ils doivent donc disparaître de l'équation de la réaction : $Cu^{2+}{}_{(aq)} + 2Cl^-{}_{(aq)} \rightarrow Cu_{(s)} + Cl_{2(s)}$.

2 **a.** On souhaite réaliser un dépôt de cuivre métallique. Il faut donc réduire les ions cuivre II de la solution de chlorure de cuivre II. La demi-équation correspondante est : $Cu^{2+}_{(aq)} + 2e^- = Cu_{(s)}$.

b. L'opération attendue est une réduction ; il faut donc la faire à la cathode de l'électrolyseur, c'est-à-dire à l'électrode reliée à la borne – du générateur.

c. La masse à déposer permet de déterminer la quantité de cuivre correspondante :

$$n(\text{Cu}) = \frac{m(\text{Cu})}{M(\text{Cu})} = \frac{0{,}200}{63{,}5} = 3{,}15 \times 10^{-3}\ \text{mol} = 3{,}15\ \text{mmol}.$$

D'après la demi-équation, il faut deux fois plus d'électrons pour réaliser l'opération : $\Delta n(e^-) = 2 \times 3{,}15 = 6{,}30$ mmol.

d. Pour calculer la charge électrique transférée, on multiplie la quantité d'électrons échangées par le Faraday :

$Q = \Delta n(e^-) \cdot \mathcal{F} = 6{,}30 \times 10^{-3} \times 9{,}65 \times 10^4 = 608$ C.

e. La charge électrique transférée peut aussi être exprimée comme le produit de l'intensité du courant par la durée de fonctionnement : $Q = I \cdot \Delta t$. On en déduit la durée minimale de fonctionnement : $\Delta t = \frac{Q}{I} = \frac{608}{0{,}300} = 2{,}03 \times 10^3\ \text{s} \approx 38$ min 20 s.

La valeur de la résistance interne est très faible, ce qui n'empêche pas les fortes pertes thermiques inévitables, l'intensité du courant étant par ailleurs très élevée.

3 **a.** Énergie électrique reçue quotidiennement par l'électrolyseur : $\Delta E = U \cdot I \cdot \Delta t$.

A.N. : $\Delta E = 4{,}5 \times 120 \times 10^3 \times 24 \times 60 \times 60 = 47$ GJ.

L'énergie électrique nécessaire quotidiennement à l'électrolyse est de 47 GJ.

NB : Dans les unités légales, la durée doit être exprimée en secondes.

b. L'énergie chimique utilisée pour réaliser l'opération d'électrolyse a pour expression : $\Delta E_{ch} = E' \cdot I \cdot \Delta t$.

A.N. : $\Delta E_{ch} = 2{,}0 \times 120 \times 10^3 \times 24 \times 60 \times 60 = 21$ GJ.

21 GJ sont donc utilisés quotidiennement pour cette électrolyse.

c. L'énergie électrique consommée est utilisée en partie pour réaliser la réaction chimique et est en partie perdue par effet Joule : $\Delta E = \Delta E_{ch} + \Delta E_J$. On en déduit l'énergie perdue par effet Joule : $\Delta E_J = \Delta E - \Delta E_{ch} = 47 - 21 = 26$ GJ.

d. On écrit l'expression de l'énergie perdue par effet Joule : $\Delta E_J = r \cdot I^2 \cdot \Delta t$. On en déduit l'expression de la résistance interne : $r = \frac{\Delta E_J}{I^2 \cdot \Delta t}$.

$$\textit{A.N. :}\ r = \frac{26 \times 10^9}{\left(120 \times 10^3\right)^2 \times 24 \times 60 \times 60} = 21\ \mu\Omega.$$

La valeur de la résistance interne est très faible, ce qui n'empêche pas les fortes pertes thermiques inévitables, l'intensité du courant étant par ailleurs très élevée.

4 **a.** Pour nickeler le garde-boue, il faut que celui-ci soit le support du dépôt. Il faut donc qu'il constitue la cathode de l'électrolyseur, une autre électrode d'un métal inerte pouvant être utilisé comme anode. Le garde-boue est alors placé dans la solution contenant des ions Ni^{2+}.

Remarque : Un métal inerte est utile, car il n'est pas consommé à l'autre électrode. Ce peut être par exemple du platine.

b. Pour calculer la masse de nickel nécessaire, on utilise la masse volumique du nickel : $\rho = \frac{m}{V}$, avec m en kg et V en m³.

Le volume V en m³ est le produit de la surface S en m² par l'épaisseur e en m, d'où : $m = \rho \cdot V = \rho \cdot S \cdot e$.

A.N. : $m = 8\,900 \times 400 \times 10^{-4} \times 20 \times 10^{-6} = 7{,}1$ mg.

La masse à déposer est donc de 7,1 mg.

c. On écrit la demi-équation électronique de la réaction se produisant à la cathode : $Ni^{2+}_{(aq)} + 2e^- = Ni_{(s)}$.

D'après cette demi-équation, il faut deux fois plus d'électrons que de nickel à fabriquer :

$$\Delta n(e^-) = 2\frac{m(\text{Ni})}{M(\text{Ni})} = 2 \times \frac{7{,}1 \times 10^{-3}}{58{,}7} = 0{,}24\ \text{mmol}.$$

d. Pour déterminer la durée de l'électrolyse, on combine les deux relations donnant la charge électrique transférée :

$\Delta n(e^-) \cdot \mathcal{F} = I \cdot \Delta t$ d'où : $\Delta t = \frac{\Delta n(e^-) \cdot \mathcal{F}}{I}$

$$\textit{A.N. :}\ \Delta t = \frac{0{,}24 \times 10^{-3} \times 9{,}65 \times 10^4}{2{,}0} = 12\ \text{s}.$$

Cette électrolyse est assez rapide. Elle est de l'ordre de 12 s.

5 **a.** Le bijoutier va faire un dépôt d'argent métallique sur le boîtier. Il va donc réduire les ions argent Ag^+ du nitrate d'argent selon la demi-équation : $Ag^+_{(aq)} + e^- = Ag_{(s)}$.

b. Les dimensions géométriques données permettent de déterminer le volume d'argent à déposer sur le boîtier : $V = S \cdot e = \pi \frac{d^2}{4} \cdot e$.

$$\textit{A.N. :}\ V = \pi \frac{\left(25 \times 10^{-3}\right)^2}{4} \times 40 \times 10^{-6} = 20 \times 10^{-9}\ \text{m}^3.$$

c. Pour déterminer la masse correspondante, on utilise la masse volumique : $\rho = \frac{m}{V}$. Cela donne : $m = \rho \cdot V$.

$m = 10{,}5 \times 10^3 \times 20 \times 10^{-9} = 0{,}21 \times 10^{-3}\ kg = 0{,}21$ g.

d. La quantité d'argent à déposer est :

$$n(\text{Ag}) = \frac{m(\text{Ag})}{M(\text{Ag})} = \frac{0{,}21}{108} = 1{,}9\ \text{mmol}.$$

e. D'après la demi-équation de la réaction se produisant à la cathode, la quantité d'argent nécessaire est la même que la quantité d'argent métallique déposé : $n(Ag^+) = 1{,}9$ mmol.

Comme une mole de nitrate d'argent produit une mole d'ions argent en solution, on en déduit la concentration molaire apportée de la solution : $c = \frac{n\left(\text{AgNO}_3\right)}{V} = \frac{1{,}9 \times 10^{-3}}{100{,}0 \times 10^{-3}} = 19\ \text{mmol} \cdot \text{L}^{-1}$.

f. Pour déterminer la durée de la réaction, on combine les deux expressions de la charge électrique transférée : $\Delta n(e^-) \cdot \mathcal{F} = I \cdot \Delta t$

D'où : $\Delta t = \frac{\Delta n(e^-) \cdot \mathcal{F}}{I}$. D'après la demi-équation, la quantité d'électrons échangés est aussi la quantité d'ions argent réduits.

On a donc : $I = \frac{n(Ag^+) \cdot \mathcal{F}}{\Delta t} = \frac{1{,}9 \times 10^{-3} \times 9{,}65 \times 10^4}{12 \times 60} = 0{,}25$ A.

L'intensité du courant utilisé a pour valeur 0,25 A.

g. L'énergie électrique transférée à l'électrolyseur est :

$\Delta E = U \cdot I \cdot \Delta t = 9{,}0 \times 0{,}25 \times 12 \times 60 = 1{,}6$ kJ.

L'énergie transférée a pour valeur 1,6 kJ.

11 Page 63

1 Pour les représentations topologiques de chacune des molécules, on représente les liaisons C-C sous la forme de lignes brisées. Les atomes d'hydrogène liés à ces atomes sont sous-entendus. Les autres atomes sont représentés normalement ainsi que les atomes d'hydrogène liés à ces atomes.

a. Représentation du pentane :

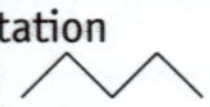

b. Représentation du 2-méthylpropane :

c. Représentation du 2,3-diméthylhexan-1-ol :

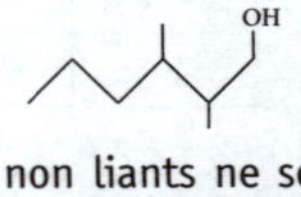

d. Représentation de la 3-éthyl-4-méthylpentan-2-one :

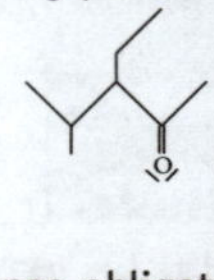

Remarque : les doublets non liants ne sont pas obligatoires mais il est fortement conseillé de les écrire car c'est souvent à cet endroit que se passe la réaction chimique.

2 **a.** Butane : alcane linéaire formé d'une chaîne comportant quatre atomes de carbone.
b. 2-méthylbutane : alcane ramifié comportant quatre atomes de carbone sur la chaîne principale et un groupe méthyle sur le carbone numéro 2.
c. 2-méthylbutan-2-ol : alcool ramifié comportant quatre atomes de carbone sur la chaîne principale, un groupe méthyle sur le carbone numéro 2, et le groupe hydroxyle de l'alcool sur ce même carbone.
d. 3-éthyl-5-méthylhexanal : aldéhyde ramifié comportant six atomes de carbone sur la chaîne principale, un groupe éthyle sur le carbone numéro 3, un groupe méthyle sur le carbone numéro 5.
3 Deux molécules sont isomères si elles possèdent la même formule brute mais pas la même formule semi-développée. Elles sont isomères de constitutions si elles possèdent aussi des structures différentes.
a. Le butane a pour formule brute C_4H_{10} et le cyclobutane C_4H_8. Ces deux molécules ne sont pas isomères.
b. Le propène a pour formule brute C_3H_6 et le propane C_3H_8. Ces deux molécules ne sont pas isomères.
c. Le but-1-ène a pour formule brute C_4H_8 et le cyclobutane C_4H_8. Les chaînes sont différentes. Ce sont donc des isomères de constitution.
d. Le butanal et la butan-2-one sont deux haînes carbonées à 4 atomes de carbone et possédant un groupe carbonyle à des positions différentes. Ce sont donc des isomères de constitution.
4 L'isomérie Z ou E est définie par la comparaison des groupes prioritaires, de numéro atomique le plus élevé de chaque côté de la double liaison.
a. Sur la gauche du dessin de la molécule, -CH_3 est prioritaire devant -H, car l'atome de carbone a pour numéro atomique 6, alors que l'atome d'hydrogène 1. Sur la droite, -C_2H_5 est prioritaire devant H pour la même raison. C'est donc un isomère Z.
b. Les deux groupes prioritaires sont du même côté de la double liaison. C'est donc un isomère Z.
c. À gauche, Br est prioritaire devant H. À droite, OH est prioritaire devant H. C'est donc un isomère Z.
d. À gauche, le groupe -CH_3 est prioritaire devant -H. À droite, -Cl est prioritaire devant -OH. C'est donc un isomère E.
5 **a.** Le propène fait partie de la famille des alcènes. Il possède trois atomes de carbone, donc sa formule semi-développée est : $H_2C{=}CH{-}CH_3$ Formule topologique : 

b. Lors de la polymérisation, la double liaison s'ouvre de façon à former des motifs pouvant se lier les uns aux autres.
Formule d'un motif : 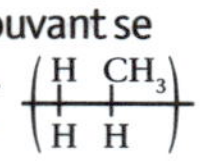

c. Équation de la réaction de polymérisation du propène :

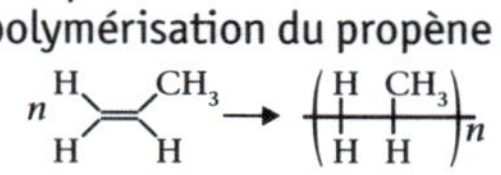

d. On calcule la masse molaire d'un motif :
$M = 3 \times 12{,}0 + 6 \times 1{,}0 = 42{,}0\ g \cdot mol^{-1}$.
On en déduit le degré de polymérisation :
$$n = \frac{M(\text{polymère})}{M(\text{motif})} = \frac{84{,}0 \times 10^3}{42{,}0} = 2000.$$
En moyenne, chaque polymère est formé de 2 000 motifs. Ceux-ci sont de grande taille et finissent par se refermer sur eux-mêmes.
6 **a.** Formule topologique de l'acide métacrylique ou 2-méthyl-2-propénoïque :

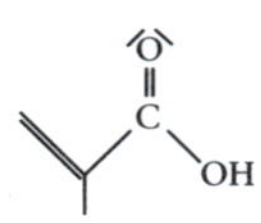

b. Cet acide carboxylique donne par réaction avec le méthanol. Équation de la réaction d'estérification correspondante :

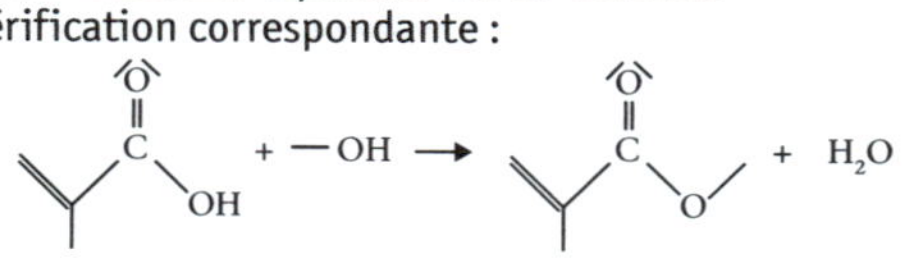

c. Le métacrylate de méthyle possède la double liaison d'un alcène. Cette liaison peut s'ouvrir en formant un polymère selon la réaction :

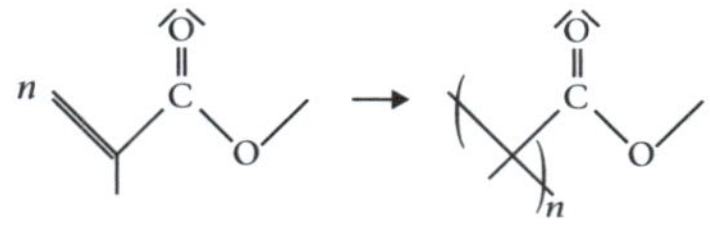

Le nom chimique du polymère obtenu est le polymétacrylate de méthyle.
d. 1 cm³ de plexiglas a pour masse 1,188 g. Il possède n motifs si la molécule n'est formée que d'une seule chaîne.
Un motif a pour masse :
$$m = \frac{M}{N_A} = \frac{4 \times 12{,}0 + 2 \times 16{,}0 + 8 \times 1{,}0}{6{,}02 \times 10^{23}} = 1{,}46 \times 10^{-22}\ g.$$
On en déduit le nombre de motifs : $N = \frac{1{,}188}{1{,}46 \times 10^{-22}} = 8{,}14 \times 10^{21}$.
Cette valeur montre qu'un très grand nombre de motifs sont présents dans un petit volume de matière.

12 Page 66

1 **a.** La valeur la plus probable au vu de la courbe est $x_{max} = 0{,}050$ mol.
b. Le temps de demi-réaction est le temps au bout duquel l'avancement de la réaction atteint $\frac{x_{max}}{2}$.

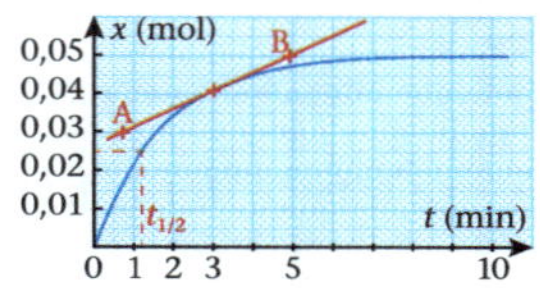

La mesure sur la courbe donne la valeur expérimentale $t_{1/2} = 1{,}2$ min ≈ 1 min 12 s.
c. La définition de la vitesse de réaction est : $v = \frac{dx(t)}{dt}$.
d. Pour calculer cette vitesse en un point, on mesure le coefficient directeur de la tangente représentée sur la courbe ci-avant à $t = 3$ min :
$$v = \frac{x_B - x_A}{t_B - t_A} = \frac{0{,}050 - 0{,}030}{4{,}9 - 0{,}7} = 4{,}8\ mmol \cdot min^{-1}.$$
La vitesse en ce point est de 4,8 mmol · min⁻¹.
e. La vitesse volumique est définie comme la variation de la concentration au cours du temps, ce qui revient à la variation de l'avancement volumique : $v = \frac{1}{V} \cdot \frac{dx(t)}{dt} = \frac{1}{50 \times 10^{-3}} \times 4{,}8 \times 10^{-3}$
$= 96\ mmol \cdot L^{-1} \cdot min^{-1}$.
La vitesse volumique en ce point est de 96 $mmol \cdot L^{-1} \cdot min^{-1}$.
2 **a.** La molécule de leucine possède un groupe amino et un groupe carboxyle. La molécule de sérine possède un groupe hydroxyle, un groupe amino et un groupe carboxyle. Les réactions intermoléculaires possibles sont ci-contre.

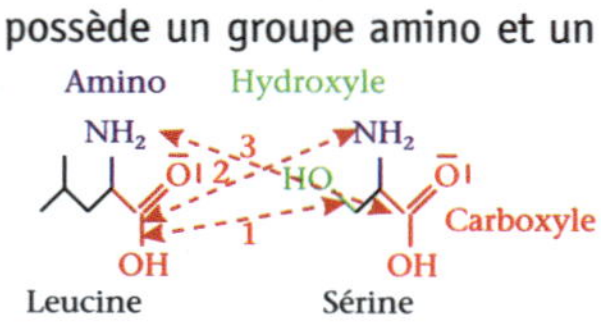

Ces réactions sont soit des réactions d'estérification entre le groupe hydroxyle de la sérine et le groupe carboxyle de la leucine (réaction 1), soit des formations de liaisons peptidiques entre les groupes carboxyles et les groupes amino (réactions 2 et 3). Au bilan, trois réactions sont possibles entre les deux molécules.
b. Formules topologiques de ces trois composés (réactions 1, 2 et 3) :

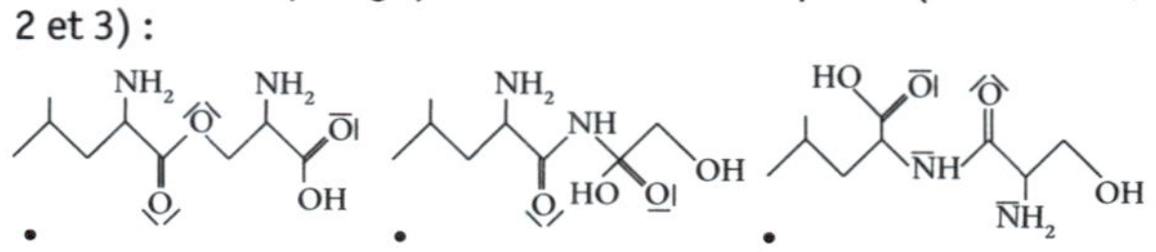

c. On entoure les groupes qu'il est nécessaire de protéger pour synthétiser le composé Leu-Ser (composé 2) souhaité :

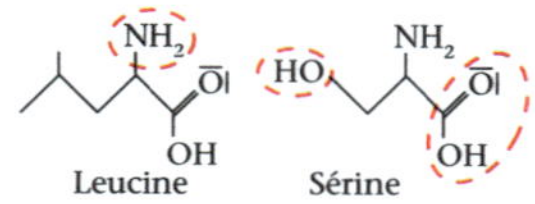

3 **a.** Équation de réaction :

$$CH_3CO_2H + C_2H_5OH \rightleftharpoons CH_3CO_2C_2H_5 + H_2O$$

Les produits obtenus sont l'éthanoate d'éthyle et l'eau.

b. Quantités initiales de réactifs :

Acide : $n_i(\text{ac}) = \dfrac{m_i(\text{ac})}{M(\text{ac})} = \dfrac{\rho(\text{ac})\cdot V(\text{ac})}{M(\text{ac})} = \dfrac{1{,}05\times 11{,}4}{60{,}05} = 0{,}20\,\text{mol}.$

Alcool : $n_i(ol) = \dfrac{m_i(ol)}{M(ol)} = \dfrac{\rho(ol)\cdot V(ol)}{M(ol)} = \dfrac{0{,}79\times 11{,}6}{46{,}07} = 0{,}20\,\text{mol}.$

On constate que les réactifs ont été introduits dans les proportions stœchiométriques de la réaction car $\dfrac{n_i(\text{ac})}{1} = \dfrac{n_i(ol)}{1}$.

c. • On mesure la vitesse volumique en considérant deux points de la tangente au point de la courbe d'abscisse 20 min :

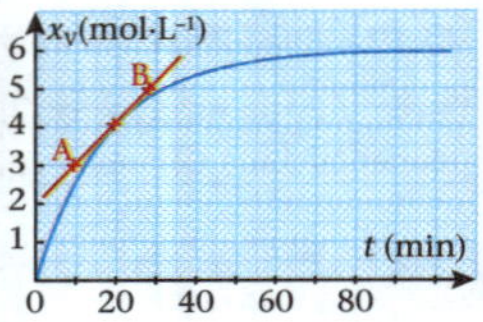

$v = \dfrac{x_{VB} - x_{VA}}{t_B - t_A} = \dfrac{5{,}0 - 3{,}0}{20{,}8 - 10{,}0}$

$= 0{,}19\,\text{mol}\cdot\text{L}^{-1}\cdot\text{min}^{-1}$

Cette valeur est la valeur de la vitesse volumique d'apparition de l'ester.

• Cette vitesse est décroissante, car le coefficient directeur de la tangente diminue au cours du temps.

• Pour déterminer $t_{1/2}$, il faut d'abord déterminer $x_{V,max}$. Si les réactifs disparaissent en totalité, il se forme 0,20 mol d'ester. Concentration correspondante :

$[\text{ester}] = \dfrac{n(\text{ester})}{V} = \dfrac{0{,}20}{(11{,}4+11{,}6)\times 10^{-3}} = 8{,}7\,\text{mol}\cdot\text{L}^{-1}$

La moitié de cette valeur est de 4,4 mol·L⁻¹. On détermine $t_{1/2}$ en lisant la valeur correspondante sur l'axe des abscisses : $t_{1/2} \approx 24$ min.

• La température étant un facteur cinétique favorisant la réaction, si on diminue la température, $t_{1/2}$ augmente.

4 **a.** La fonction la plus oxydée est prioritaire et donne son nom à la molécule, ici l'acide benzoïque. Trois groupes hydroxyle sont présents sur les atomes de carbone numérotés 3, 4 et 5 en partant de l'atome de carbone du groupe carboxyle. Par conséquent, l'acide gallique s'appelle aussi l'acide 3,4,5-trihydroxybenzoïque.

b. Équation de la réaction :

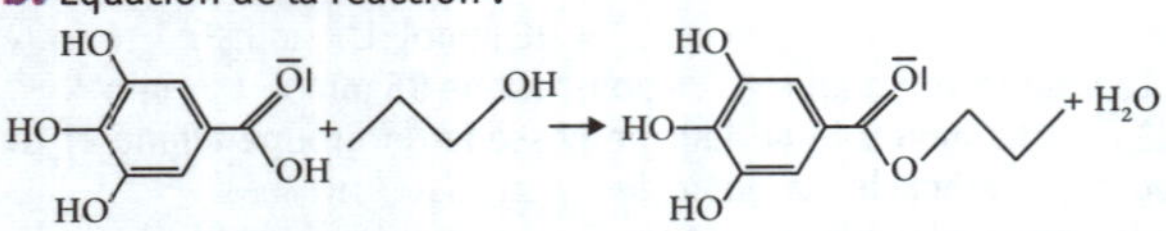

La fonction chimique obtenue est un ester, car c'est le résultat de la réaction entre une fonction acide et une fonction alcool.

c. On calcule la quantité d'acide à disposition :

$n_i = \dfrac{m_i}{M} = \dfrac{21{,}0}{(7\times 12{,}0 + 6\times 1{,}0 + 5\times 16{,}0)} = 0{,}124\,\text{mol}.$

Si l'acide disparaît en totalité, il se forme 0,124 mol d'ester. Comme le rendement est de 70,0 %, il se forme au maximum $0{,}700 \times 0{,}124 = 0{,}0868$ mol d'ester. Masse correspondante :

$m(\text{ester}) = n(\text{ester}) \cdot M(\text{ester})$

$= 0{,}0868 \times (10 \times 12{,}0 \times 12 \times 1{,}0 + 5 \times 16{,}0) = 18{,}4$ g.

On peut espérer obtenir 18,4 g d'ester à partir de 21,0 g d'acide.

d. L'appareil de Dean-Stark enlève un produit de la réaction, l'eau en l'occurrence, au cours de la synthèse. Il permet ainsi d'augmenter le rendement de la réaction.

e. Une autre méthode pour augmenter le rendement est de mettre un réactif en excès. Dans ce cas, ce serait le propan-1-ol.

f. L'acide sulfurique joue le rôle de catalyseur afin d'augmenter la vitesse de la réaction.

13 Page 71

1 Système étudié : la fusée.

Référentiel d'étude : terrestre, supposé galiléen.

La fusée est soumise à : – son poids $\vec{P}$; – la force de poussée $\vec{F}$ exercée par ses moteurs.

Deuxième loi de Newton : dans un référentiel galiléen, la résultante des forces extérieures appliquées à un système de masse m constante est égale au produit de sa masse par le vecteur accélération $\vec{a}_G$ de son centre de masse G : $\sum \vec{F}_{ext} = m\vec{a}_G$ soit $\vec{P} + \vec{F} = m\vec{a}_G$.

On projette cette égalité vectorielle sur l'axe Oz. On obtient ainsi : $F - mg = ma_{G_z}$ et $F = m(g + a_{G_z})$.

A.N. **:** $F = 35 \times 10^3$ kg $\times (9{,}8 + 8{,}6)$ m·s⁻² $= 6{,}4 \times 10^5$ N.

La poussée devrait être de $6{,}4 \times 10^5$ N.

2 **a.** On peut constater que $y = 0$ à tout instant. La trajectoire du mobile est incluse dans l'axe Ox. Le mouvement est donc rectiligne.

b. Dans un référentiel donné, le vecteur vitesse instantanée à l'instant t d'un point M du système, noté $\vec{v}$, est égal à la dérivée du vecteur position par rapport au temps : $\vec{v}\begin{cases} v_x = 3 \\ v_y = 0 \end{cases}$

$v = \sqrt{{v_x}^2 + {v_y}^2} = 3$ m·s⁻¹.

La valeur de la vitesse est constante : le mouvement est uniforme.

Le vecteur accélération $\vec{a}(t)$ du point est égal à la dérivée du vecteur vitesse par rapport au temps.

$\vec{a}\begin{cases} a_x = 0 \\ a_y = 0 \end{cases}$ d'où $a = \sqrt{{a_x}^2 + {a_y}^2} = 0\,\text{m}\cdot\text{s}^{-1}$.

Remarque : le fait que l'accélération soit nulle suffit à conclure qu'un mouvement est rectiligne uniforme.

c. Le mobile passe en $x(t) = 3$ m, c'est-à-dire $3t - 6 = 3$.

$3t = 9$ et $t = 3$ s.

3 **a.** Système étudié : {le lugeur et sa luge assimilés à leur centre de masse G}

Référentiel d'étude : la piste, référentiel terrestre supposé galiléen.

Bilan des forces :

– le poids $\vec{P}$ du lugeur et de sa luge ;

– la réaction de la piste $\vec{R}$.

Les points sont équidistants, donc la vitesse a une valeur constante ; de plus, la trajectoire de la luge forme un arc de cercle : le mouvement est circulaire uniforme.

b. Pour tracer les vecteurs vitesse $\vec{v}_5$ et $\vec{v}_7$, il faut calculer leur norme. Pour cela, on mesure $G_{i-1}G_{i+1}$ sur l'enregistrement.

$v_7 = \dfrac{G_6G_8}{2\cdot\Delta t} = \dfrac{2{,}3\times 8\,\text{m}}{2\times 270\times 10^{-3}\,\text{s}} = 34\,\text{m}\cdot\text{s}^{-1}.$

$v_5 = \dfrac{G_4G_6}{2\cdot\Delta t} = \dfrac{2{,}3\times 8\,\text{m}}{2\times 270\times 10^{-3}\,\text{s}} = 34\,\text{m}\cdot\text{s}^{-1}.$

Les vecteurs seront représentés par un segment fléché de $\dfrac{34}{20} = 1{,}7\,\text{cm}$.

c. Dans ce genre d'exercice, pour tracer le vecteur accélération, il faut d'abord obtenir le vecteur $\Delta\vec{v}_6$ par lecture graphique.

Pour tracer le vecteur accélération $\Delta\vec{v}_6$ par la méthode des triangles :

– tracer en G_6 le vecteur $\vec{v}_7$;

– à son extrémité, tracer le vecteur $-\vec{v}_5$;

– tracer ensuite $\Delta\vec{v}_6$ entre G_6 et la flèche de $-\vec{v}_5$.

$\vec{a}_6 = \dfrac{\Delta\vec{v}_6}{2\cdot\Delta t}$.

On détermine la norme de $\Delta\vec{v}_6$ en mesurant le vecteur tracé. Ici on trouve 1,2 cm. On a donc $\Delta\vec{v}_6 = 24\,\text{m}\cdot\text{s}^{-1}$.

Remarque : des étudiants sont parfois tentés pour obtenir Δv_6

de soustraire directement v_5 à v_7. C'est une erreur. Particulièrement visible ici puisque le résultat est 0.

$a_6 = \dfrac{\Delta v_6}{2 \cdot \Delta t} = \dfrac{24 \times 10 \text{ m} \cdot \text{s}^{-1}}{2 \times 270 \times 10^{-3} \text{ s}} = 44 \text{ m} \cdot \text{s}^{-2}$

représenté par un segment fléché de $\dfrac{44}{10} = 4{,}4 \text{cm}$.

Schéma sans échelle

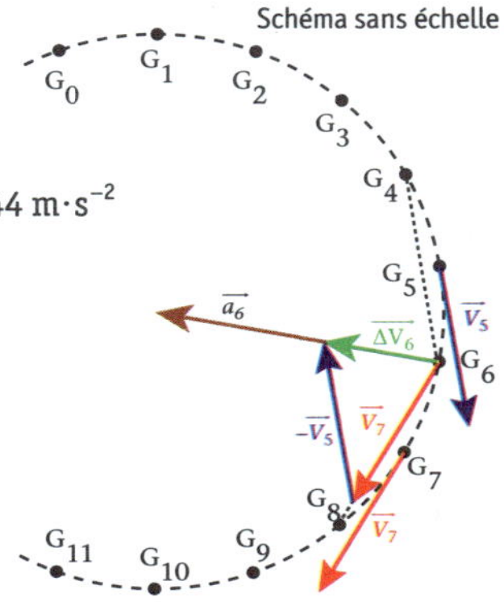

d. D'après la 2e loi de Newton : $\sum \vec{F}_{ext} = m\vec{a}_6$

Les deux vecteurs $\vec{a}_6$ et $\sum \vec{F}_{ext}$ sont colinéaires.

La résultante des forces $\sum \vec{F}_{ext}$ a la même direction et le même sens que le vecteur accélération $\vec{a}_6$; elle est donc radiale et centripète (orientée vers le centre de la trajectoire).

4 a. Système étudiée : l'ensemble {skieur+ ski}.

Référentiel d'étude : terrestre, supposé galiléen.

Bilan des forces extérieures appliquées au système :

– le poids du système $\vec{P}$;

– la réaction de la pente composée de la réaction normale $\vec{N}$ et de la réaction tangentielle due aux frottements de la pente $\vec{f}$.

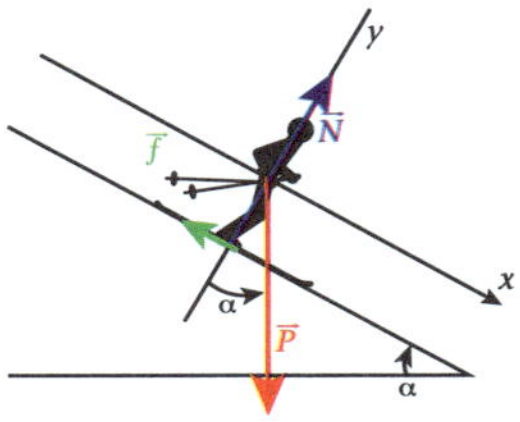

b. D'après la 2e loi de Newton : dans un référentiel galiléen, la résultante des forces extérieures appliquées à un solide est égale au produit de la masse du solide par le vecteur accélération $\vec{a}_G$ de son centre de masse G : $\sum \vec{F}_{ext} = m\vec{a}_G$ soit $\vec{P} + \vec{f} + \vec{N} = m\vec{a}_G$

En projetant sur Ox et Oy, on a donc : $\begin{cases} P\sin\alpha - f = ma_{Gx} \\ -P\cos\alpha + N = 0 \end{cases}$

Le skieur reste au sol. Il n'y a donc pas de mouvement selon Oy. On a donc $a_{G_y} = 0$ et $a_{G_x} = a$.

Le vecteur accélération $\vec{a}_G$ a donc pour coordonnées :

$$\vec{a}_G \begin{cases} a_{Gx} = \dfrac{m \times g \times \sin\alpha - f}{m} \\ a_{Gy} = 0 \end{cases}$$

c. Bilan des forces extérieures appliquées au système : aux forces précédemment mentionnées s'ajoute la tension de la perche $\vec{T}$.

D'après la deuxième loi de Newton, on peut écrire :

$$\vec{P} + \vec{f} + \vec{N} + \vec{T} = m\vec{a}_G$$

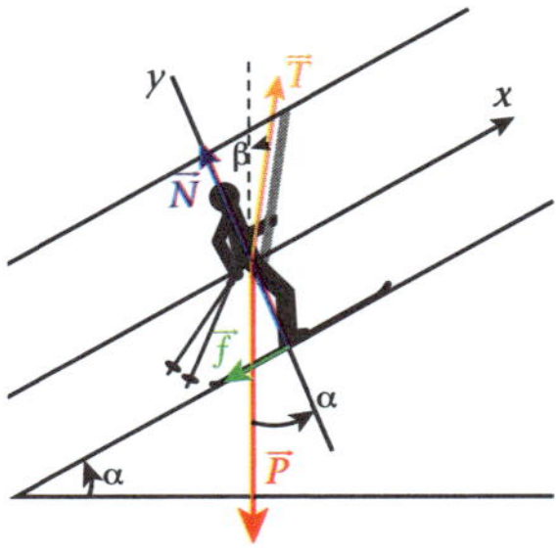

Remarque : Pour effectuer correctement les projections il est nécessaire de s'appuyer sur un schéma.

En projetant sur Ox et Oy, on a:

$$\begin{cases} -P\sin\alpha - f + 0 + T\sin(\alpha + \beta) = m_{G_x} \\ -P\cos\alpha + 0 + N + T\cos(\alpha + \beta) = 0 \end{cases}$$

Le skieur remonte la pente droite à vitesse constante. Son mouvement est donc rectiligne uniforme et son accélération nulle. On obtient donc :

$$\begin{cases} -P\sin\alpha - f + T\sin(\alpha + \beta) = 0 \\ -P\cos\alpha + N + T\cos(\alpha + \beta) = 0 \end{cases}$$

et $\begin{cases} f = -P\sin\alpha + T\sin(\alpha + \beta) \\ N = -T\cos(\alpha + \beta) + P\cos\alpha \end{cases}$

A.N. :

$$\begin{cases} f = -90 \text{ kg} \times 9{,}8 \text{ m} \cdot \text{s}^{-2} \times \sin(20) + 800 \text{ N} \times \sin(20 + 40) = 3{,}9 \times 10^2 \text{ N} \\ N = -800 \text{ N} \times \cos(20 + 40) + 90 \text{ kg} \times 9{,}8 \text{ m} \cdot \text{s}^{-2} \times \cos(20) = 4{,}3 \times 10^2 \text{ N} \end{cases}$$

14 Page 75

1 Système étudié : {un électron}

Référentiel d'étude : terrestre supposé galiléen

Inventaire des forces extérieures :

La force électrique $\vec{F}_e = q\vec{E}$. Pour l'électron $\vec{F}_e = -e\vec{E}$.

D'après la deuxième loi de Newton : $\sum \vec{F}_{ext} = m\vec{a}$.

$\vec{F}_e = m\vec{a}$, ainsi $\vec{a} = \dfrac{-e\vec{E}}{m}$.

La norme d'un vecteur est toujours positive, l'accélération de l'électron a alors pour valeur : $a = \dfrac{e \cdot E}{m}$.

Avec $E = \dfrac{U}{d}$, on a donc $a = \dfrac{e \cdot U}{d \cdot m}$.

A.N. : $a = \dfrac{1{,}6 \times 10^{-19} \text{ C} \times 600 \text{ V}}{12 \times 10^{-2} \text{ m} \times 9{,}1 \times 10^{-31} \text{ kg}} = 8{,}8 \times 10^{14} \text{ m} \cdot \text{s}^{-2}$.

2 a. À l'état initial, au point A, on a $z_A = 2{,}2$ m et $v_A = 10 \text{ m} \cdot \text{s}^{-1}$.

Selon le théorème de l'énergie cinétique, la variation de l'énergie cinétique d'un système de masse m entre un point A et un point B est égale à la somme du travail des forces extérieures au système. Ici, la balle n'étant soumise qu'à son poids, on a :

$\Delta E_c = E_c(\text{B}) - E_c(\text{A}) = W_{AB}(\vec{P})$ et $\dfrac{1}{2}mv_B^2 - \dfrac{1}{2}mv_A^2 = mg(z_A - z_B)$

À l'état final, au point B (z_B), hauteur maximale atteinte par la balle, on a $v_B = 0 \text{ m} \cdot \text{s}^{-1}$.

$-\dfrac{1}{2}mv_A^2 = mg(z_A - z_B)$ d'où $-\dfrac{1}{2}v_A^2 = g(z_A - z_B)$ et $z_B = \dfrac{1}{2} \cdot \dfrac{v_A^2}{g} + z_A$.

A.N. : $z_B = \dfrac{1}{2} \times \dfrac{(10 \text{ m} \cdot \text{s}^{-1})^2}{9{,}8 \text{ m} \cdot \text{s}^{-2}} + 2{,}2 \text{ m} = 7{,}3 \text{ m}$.

La hauteur atteinte par la balle est de 7,3 m.

b. À l'état initial, devenu le point B, hauteur maximale atteinte par la balle, on a $z_B = 7{,}3$ m et $v_B = 0 \text{ m} \cdot \text{s}^{-1}$.

À l'état final, au point C, où la balle retombe sur le sol, on a $z_C = 0$ m et $v_C = x \text{ m} \cdot \text{s}^{-1}$.

Selon le théorème de l'énergie cinétique, on a :

$$\Delta E_c = E_c(\text{C}) - E_c(\text{B}) = W_{BC}(\vec{P})$$

$$\frac{1}{2}mv_C^2 - \frac{1}{2}mv_B^2 = mg(z_B - z_C) \text{ d'où } \frac{1}{2}mv_C^2 = mg(z_B - z_C).$$

$v_C = \sqrt{2 \cdot g \cdot z_B}$

A.N. : $v_C = \sqrt{2 \times 9{,}8 \text{ m} \cdot \text{s}^{-2} \times 7{,}3 \text{ m}} = 12 \text{ m} \cdot \text{s}^{-1}$.

La vitesse de la balle arrivant sur le sol est de $12 \text{ m} \cdot \text{s}^{-1}$.

3 a. Bilan des forces :

– poids de l'électron $\vec{P}$ vertical dirigé vers le bas ;

– force électrique $\vec{F}_e$ perpendiculaire aux plaques dirigée vers la plaque positive. En effet, l'électron, négatif, est attiré par cette plaque.

Pour comparer les valeurs des deux forces, on fait leur rapport :

$$\frac{F_e}{P} = \frac{qE}{m \cdot g} = \frac{\frac{eU}{d}}{m \cdot g} = \frac{eU}{d \cdot m \cdot g}$$

A.N. : $\dfrac{F_e}{P} = \dfrac{1{,}6 \times 10^{-19} \text{ C} \times 120 \text{ V}}{2{,}0 \times 10^{-2} \text{ m} \times 9{,}1 \times 10^{-31} \text{ kg} \times 9{,}8 \text{ m} \cdot \text{s}^{-2}} = 1{,}1 \times 10^{14}$,

soit un ordre de grandeur de 10^{14}.

La valeur de la force électrique est 10^{14} fois plus grande que celle du poids. Le poids est donc négligeable dans l'étude du mouvement de l'électron.

b. On applique la deuxième loi de Newton au système électron dans le référentiel du laboratoire, terrestre, supposé galiléen.

$$\sum\vec{F}_{ext}=m\vec{a}.\ \vec{F}_e=m\vec{a}\text{, ainsi, }\vec{a}=\frac{\vec{F}_e}{m}.$$

L'accélération de l'électron a pour coordonnées :

$$\vec{a}(t)\begin{cases}a_x(t)=0\\a_y(t)=\dfrac{eU}{m\cdot d}\end{cases}$$

c. L'accélération étant la dérivée du vecteur vitesse, on intègre le vecteur accélération pour trouver le vecteur vitesse :

$$\vec{v}(t)\begin{cases}v_x(t)=C_1\\v_y(t)=\dfrac{eUt}{m\cdot d}+C_2\end{cases}$$ avec C_1 et C_2, constantes.

Or, à $t=0$, on a $\vec{v}(0)\begin{cases}v_0\\0\end{cases}=\begin{cases}C_1\\C_2\end{cases}$

Donc $C_1=v_0$ et $C_2=0$, et $\vec{v}(t)\begin{cases}v_x(t)=v_0\\v_y(t)=\dfrac{eUt}{m\cdot d}.\end{cases}$

En intégrant le vecteur vitesse par rapport au temps, on obtient : $\overrightarrow{OM}(t)\begin{cases}x(t)=v_0\cdot t+C_3\\y(t)=\dfrac{1}{2}\cdot\dfrac{eUt^2}{m\cdot d}+C_4\end{cases}$ avec C_3 et C_4, constantes.

Or, à $t=0$, l'électron se trouve à l'origine du repère.

Donc $C_3=0$ et $C_4=0$, et $\overrightarrow{OM}(t)\begin{cases}x(t)=v_0\cdot t\\y(t)=\dfrac{1}{2}\cdot\dfrac{eUt^2}{md}.\end{cases}$

L'électron sort du condensateur en $x=L$, soit à l'instant $t=\dfrac{L}{v_0}$.

À cet instant, l'expression de l'ordonnée de l'électron est :

$$y=\frac{1}{2}\cdot\frac{eU\left(\dfrac{L}{v_0}\right)^2}{md}$$

A.N. : $y=\dfrac{1}{2}\times\dfrac{1{,}6\times10^{-19}\ \text{C}\times120\ \text{V}\left(\dfrac{3{,}0\times10^{-2}\ \text{m}}{10^7\ \text{m}\cdot\text{s}^{-1}}\right)^2}{9{,}1\times10^{-31}\ \text{kg}\times2{,}0\times10^{-2}\ \text{m}}=4{,}7\times10^{-3}\ \text{m}.$

Ainsi, l'électron ne touchera pas la plaque qui est à 1,0 cm de l'axe Ox.

4 A a. L'action de l'air étant négligeable, le bilan des forces ne prend en compte ni les forces de frottement de l'air, ni la poussée d'Archimède.

b. Système étudié : {goutte d'eau de centre de masse G}.
Référentiel terrestre supposé galiléen.

Deuxième loi de Newton : $\sum\vec{F}_{ext}=m\vec{a}$, $\vec{P}=m\vec{a}$.

Soit $m\vec{g}=m\vec{a}$, ainsi $\vec{g}=\vec{a}$.

Dans le repère $(0;\vec{i},\vec{j})$, les coordonnées du vecteur accélération $\vec{a}$ sont : $\vec{a}(t)\begin{cases}a_x(t)=0\\a_y(t)=-g\end{cases}$

B a. Vecteur vitesse initiale : $\vec{v}_0\begin{cases}v_{0x}=v_0\cos\alpha\\v_{0y}=v_0\sin\alpha\end{cases}$

b. a_x est la dérivée de v_x par rapport au temps. Or $a_x=0$. La dérivée d'une fonction constante est nulle donc $v_x(t)=$ Cte.

C. Comme $\vec{a}=\dfrac{d\vec{v}}{dt}$, par intégration, on obtient :

$$\vec{v}(t)\begin{cases}v_x(t)=C_1\\v_y(t)=-gt+C_2\end{cases}$$

Or $\vec{v}_0(t=0)\begin{cases}v_0\cos\alpha=C_1\\v_0\sin\ \alpha\ =0+C_2\end{cases}$. Ainsi, $\vec{v}(t)\begin{cases}v_x(t)=v_0\cos\alpha\\v_y(t)=-gt+v_0\sin\alpha\end{cases}$

Le vecteur position est une primitive du vecteur vitesse.

On a donc : $\overrightarrow{OG}(t)\begin{cases}x(t)=v_0\cos\alpha\cdot t+C_3\\y(t)=-\dfrac{1}{2}gt^2+v_0\sin\alpha\cdot t+C\end{cases}$

La position initiale de la goutte est l'origine du repère, les constantes d'intégration C_3 et C_4 sont donc nulles et :

$$\overrightarrow{OG}(t)\begin{cases}x(t)=v_0\cos\alpha\cdot t\\y(t)=-\dfrac{1}{2}gt^2+v_0\sin\alpha\cdot t\end{cases}$$

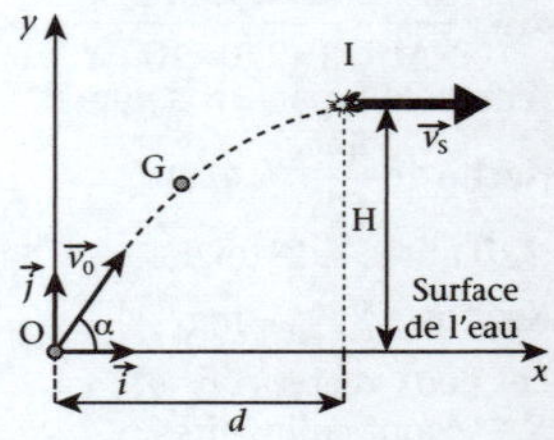

D. Le jet atteint la mouche lorsqu'il est au sommet de sa trajectoire. Le vecteur vitesse $\vec{v}_S$ de l'eau, tangent à la trajectoire est alors horizontal.

E. La composante horizontale de la vitesse est une constante.

On a donc : $v_x(t)=v_0\cos\alpha$ et $v_{Sx}=v_0\cos\alpha$.

$\vec{v}_S$ étant horizontal, $v_{Sy}=0$: $\vec{v}_S\begin{cases}v_0\cos\alpha\\0\end{cases}$

F. Au point 0, on a $E_m(0)=E_c(0)+E_{pp}(0)$.

$E_m(0)=\dfrac{1}{2}m\cdot v_0^2+m\cdot g\cdot y_0=\dfrac{1}{2}m\cdot v_0^2$, l'origine des altitudes étant prise en 0. Au point I : $E_m(\text{I})=\dfrac{1}{2}m\cdot v_S^2+m\cdot g\cdot H$

$E_m(\text{I})=\dfrac{1}{2}m\cdot v_0^2\cos^2\alpha+m\cdot g\cdot H$

L'énergie mécanique se conserve puisque l'action de l'air est négligeable : $E_m(0)=E_m(\text{I})$.

$$\frac{1}{2}m\cdot v_0^2=\frac{1}{2}m\cdot v_0^2\cos^2\alpha+m\cdot g\cdot H$$

On obtient : $v_0^2=v_0^2\cos^2\alpha+2\cdot g\cdot H$ et $v_0^2\left(1-\cos^2\alpha\right)=2\cdot g\cdot H$

Or $\sin^2\alpha+\cos^2\alpha=1$, alors $1-\cos^2\alpha=\sin^2\alpha$.

On a donc : $v_0^2\cdot\sin^2\alpha=2\cdot g\cdot H$

$\sin^2\alpha=\dfrac{2\cdot g\cdot H}{v_0^2}$ d'où $\sin\alpha=\sqrt{\dfrac{2\cdot g\cdot H}{v_0^2}}=\dfrac{\sqrt{2\cdot g\cdot H}}{v_0}$, donc

$\alpha=\arcsin\dfrac{\sqrt{2\cdot g\cdot H}}{v_0}$.

A.N. : $\alpha=\arcsin\dfrac{\sqrt{2\times9{,}8\ \text{m}\cdot\text{s}^{-2}\times0{,}75\ \text{m}}}{4{,}0\ \text{m}\cdot\text{s}^{-1}}=73°$.

G. La mouche doit réagir avant que la goutte d'eau n'arrive au sommet de la trajectoire. Le vecteur vitesse est alors horizontal et la composante verticale de la vitesse est nulle.

On a alors $v_y(t_I)=0$, soit $-g\cdot t_I+v_0\sin\alpha=0$. $t_I=\dfrac{v_0\sin\alpha}{g}$

A.N. : $t_I=\dfrac{(4{,}0\ \text{m}\cdot\text{s}^{-1})\sin73°}{9{,}8\ \text{m}\cdot\text{s}^{-2}}=0{,}39\ \text{s}.$

Le jet peut atteindre la mouche en 0,39 s ; celle-ci doit donc avoir réagi avant pour y échapper.

15 Page 79

1 D'après la troisième loi de Kepler, le rapport entre le carré de la période de révolution T et le cube de la longueur a du demi grand axe est égal à la même constante. On a donc pour Éris et Pluton, $\dfrac{T_E^2}{a_E^3}=\dfrac{T_P^2}{a_P^3}=$ constante, soit $\dfrac{a_E^3}{a_P^3}=\dfrac{T_E^2}{T_P^2}$.

Or, d'après les données de l'énoncé, $T_E>T_P$, donc $\dfrac{T_E^2}{T_P^2}>1$ et $\dfrac{a_E^3}{a_P^3}>1$, d'où $a_E^3>a_P^3$ et finalement $a_E>a_P$.

L'orbite d'Éris se situe donc au-delà de celle de Pluton.

2 a. Il faut se placer dans un repère joviocentrique supposé galiléen.

b. Selon la troisième loi de Kepler ou loi des périodes, le carré de la période de révolution T d'Europe est proportionnel au cube du rayon r de son orbite circulaire : $\frac{T^2}{r^3}=k$

k étant une constante ne dépendant que de l'astre attracteur, Jupiter, égale à $k=\frac{4\pi^2}{GM}$.

c. On a : $\frac{T^2}{r^3}=\frac{4\pi^2}{GM}$ et $r=\sqrt[3]{\frac{T^2\cdot G\cdot M}{4\pi^2}}$

A.N. :

$$r=\sqrt[3]{\frac{(3{,}55\times24\times3600\text{ s})^2\times6{,}67\times10^{-11}\text{ m}^3\cdot\text{kg}^{-1}\cdot\text{s}^{-2}\times1{,}898\times10^{27}\text{ kg}}{4\pi^2}}$$
$$=6{,}71\times10^8\text{ m}.$$

3 a. Un satellite géostationnaire est un satellite qui se déplace de manière synchrone avec la planète Terre, restant ainsi constamment au-dessus du même point de sa surface. Pour cela, le satellite doit se trouver dans le plan de l'équateur.

b. On doit se placer dans un référentiel géocentrique galiléen.

c.

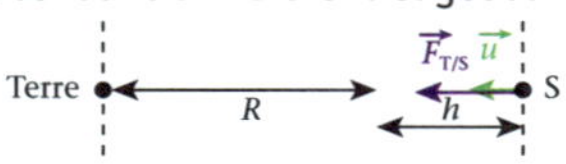

d. Système étudié : {satellite S}.

Bilan des forces extérieures : force d'attraction gravitationnelle $\vec{F}_{T/S}$ exercée par la Terre sur le satellite S : $\vec{F}_{T/S}=G\cdot\frac{m\cdot M}{(R+h)^2}\vec{u}$

$\vec{u}$ étant un vecteur unitaire orienté du satellite S vers la Terre T.

D'après la deuxième loi de Newton, on a : $\sum\vec{F}=\vec{F}_{T/S}=m\vec{a}_S$

D'où : $G\cdot\frac{m\cdot M}{(R+h)^2}\vec{u}=m\vec{a}_S \Leftrightarrow \vec{a}_S=G\cdot\frac{M}{(R+h)^2}\vec{u}$

Dans le repère de Frenet$(S,\vec{n},\vec{\tau})$, le vecteur accélération s'écrit :

$$\vec{a}_S=\frac{v^2}{(R+h)^2}\vec{n}+\frac{dv}{dt}\vec{\tau}$$

Avec $\vec{n}=\vec{u}$, on a :

$$\vec{a}_S=\frac{v^2}{(R+h)^2}\vec{u}+\frac{dv}{dt}\vec{\tau}$$

En égalant les deux expressions de l'accélération, il devient :

$$G\cdot\frac{M}{(R+h)^2}\vec{u}=\frac{v^2}{R+h}\vec{u}+\frac{dv}{dt}\vec{\tau}$$

Par identification, on obtient :

$$\begin{cases}\text{sur }(S\,;\vec{u}) : G\cdot\frac{M}{(R+h)^2}=\frac{v^2}{R+h}\\ \text{sur }(S\,;\vec{\tau}) : 0=\frac{dv}{dt}\Rightarrow v=\text{constante}\end{cases}$$

La valeur de la vitesse du satellite est constante, donc son mouvement est uniforme.

e. Expression de la vitesse

L'égalité des coordonnées de $\vec{a}_S$ sur $(S\,;\vec{u})$ conduit à la relation :

$$\frac{v^2}{R+h}=G\cdot\frac{M}{(R+h)^2}\text{, soit : }v=\sqrt{G\cdot\frac{M}{R+h}}$$

Expression de la période :

La période de révolution T d'un satellite est la durée nécessaire au satellite pour faire un tour complet de son orbite.

La longueur L d'une orbite est égale au périmètre du cercle, soit : $L=2\pi(R+h)$.

D'où : $v=\frac{d}{\Delta t}=\frac{L}{T}=\frac{2\pi(R+h)}{T}$.

Soit $\sqrt{G\frac{M}{R+h}}=\frac{2\pi(R+h)}{T}\Leftrightarrow T=2\pi\sqrt{\frac{(R+h)^3}{G\cdot M}}$

f. Calcul de l'altitude. Pour que le satellite soit géostationnaire, sachant que sa période est une journée, il aura pour altitude :

$$T=2\pi\sqrt{\frac{(R+h)^3}{G\cdot M}}\Leftrightarrow(R+h)^3=\frac{T^2G\cdot M}{4\pi^2}$$

Soit : $R+h=\sqrt[3]{\frac{T^2G\cdot M}{4\pi^2}}$ et $h=\sqrt[3]{\frac{T^2G\cdot M}{4\pi^2}}-R$

A.N. :

$$h=\sqrt[3]{\frac{(8{,}62\times10^4\text{ s})^2\times6{,}67\times10^{-11}\text{m}^3\cdot\text{kg}^{-1}\cdot\text{s}^{-2}\times5{,}98\times10^{24}\text{ kg}}{4\pi^2}}-6{,}38\times10^6$$
$$=3{,}58\times10^7\text{ m}.$$

4 A. Orbite basse

a. L'étude est conduite dans le référentiel géocentrique ayant pour origine le centre de la Terre et dont les axes pointent vers trois étoiles lointaines. Ce référentiel est supposé galiléen.

b. En une période T_S, le module Soyouz parcourt son orbite circulaire de circonférence $d=2\pi\,(R_T+h_S)$, soit : $v_S=\frac{2\pi(R_T+h_S)}{T_S}$

A.N. : $v_S=\frac{2\times\pi\times(6\,380\times10^3\text{ m}+220\times10^3\text{ m})}{88{,}66\times60\text{ s}}=7{,}80\text{ km}\cdot\text{s}^{-1}$.

c. La troisième loi de Kepler énonce que le rapport entre le carré de la période de révolution T d'une planète et le cube du rayon de son orbite est constant.

Les orbites de l'ISS et de Soyouz étant considérées comme circulaires, on peut écrire l'égalité proposée :

$$\frac{T_S^2}{(R_T+h_S)^3}=\frac{T_{ISS}^2}{(R_T+h_{ISS})^3}$$

d. En une période T_{ISS}, l'ISS parcourt son orbite circulaire de circonférence $d=2\pi\,(R_T+h_{ISS})$, soit : $v_{ISS}=\frac{2\pi(R_T+h_{ISS})}{T_{ISS}}$

Remarque : La question précédente indique comment répondre. En effet, elle n'avait pour but que de donner une relation mathématique permettant d'obtenir la période de révolution de l'ISS.

De c. on tire : $T_{ISS}^2=\frac{T_S^2(R_T+h_{ISS})^3}{(R_T+h_S)^3}$, d'où $T_{ISS}=T_S\sqrt{\frac{(R_T+h_{ISS})^3}{(R_T+h_S)^3}}$.

On obtient donc pour la vitesse de l'ISS :

$$v_{ISS}=\frac{2\pi(R_T+h_{ISS})}{T_S\sqrt{\frac{(R_T+h_{ISS})^3}{(R_T+h_S)^3}}}\text{, soit }v_{ISS}=\frac{2\pi\sqrt{(R_T+h_S)^3}}{T_S\sqrt{(R_T+h_{ISS})}}$$

A.N. :

$$v_{ISS}=\frac{2\times\pi\times\sqrt{(6\,380\times10^3\text{ m}+220\times10^3\text{ m})^3}}{88{,}66\times60\text{ s}\times\sqrt{(6\,380\times10^3\text{ m}+400\times10^3\text{ m})}}=7{,}69\text{ km}\cdot\text{s}^{-1}.$$

B Orbite haute

a. La deuxième loi de Kepler indique que le segment reliant le centre de la Terre T au centre de Soyouz balaye des aires égales pendant des durées égales.

Sachant que $TA>TP$, il faut que $v_1>v_2$ pour que le rayon vecteur balaie la même aire en une même durée.

b. Le module Soyouz n'est soumis qu'à son poids, une force conservative.

c. Énergie mécanique du module Soyouz au point P :

$$E_M(P)=E_C(P)+E_P(P)$$
$$E_M(P)=\frac{1}{2}m\times v_1^2-\frac{G\cdot m\cdot M_T}{R_T+h_S}$$

d. $\Delta E_M = 0 \Leftrightarrow E_M(P) = E_M(A)$

$$\frac{1}{2}mv_1^2 - \frac{G \cdot m \cdot M_T}{R_T + h_S} = \frac{1}{2}mv_2^2 - \frac{G \cdot m \cdot M_T}{R_T + H_S}$$

$$\frac{1}{2}mv_2^2 = \frac{1}{2}mv_1^2 - \frac{G \cdot m \cdot M_T}{R_T + h_S} + \frac{G \cdot m \cdot M_T}{R_T + H_S}$$

$$v_2^2 = v_1^2 - \frac{2 \cdot G \cdot M_T}{R_T + h_S} + \frac{2 \cdot G \cdot M_T}{R_T + H_S}$$

$$v_2 = \sqrt{v_1^2 + 2 \cdot G \cdot M_T \cdot \left(\frac{1}{R_T + H_S} - \frac{1}{R_T + h_S}\right)}$$

***A.N.* :**

$$v_2 = \sqrt{\left(7{,}80 \times 10^3\right)^2 + 2 \times 6{,}67 \times 10^{-11} \times 5{,}98 \times 10^{24} \times \left(\frac{1}{6{,}70 \times 10^6} - \frac{1}{6{,}60 \times 10^6}\right)}$$

$$= 7{,}68 \times 10^3 \text{ m} \cdot \text{s}^{-1}.$$

On vérifie bien que $v_1 > v_2$.

e. Il faut procéder à des corrections orbitales. On peut augmenter ou diminuer la vitesse du module en « jouant » sur son altitude. Soyoz parvient ainsi à rejoindre l'ISS à la même vitesse orbitale.

16 Page 83

1 a. La valeur de la poussée d'Archimède est donnée par : $P_A = \rho_{\text{fluide}} \cdot V \cdot g$ avec ρ en $\text{kg} \cdot \text{m}^{-3}$, V en m^3.

***A.N.* :** $P_A = 1\,000 \times 75 \times 10^{-3} \times 9{,}81 = 7{,}4 \times 10^2$ N.

La poussée d'Archimède subie par le plongeur est de 0,74 kN.

b. Le poids du plongeur est donné par :
$P = m \cdot g = 76 \times 9{,}81 = 0{,}75$ kN.

Le poids du plongeur est proche de la valeur de la poussée d'Archimède. Le corps humain flotte quasiment naturellement, car ces deux forces se compensent pratiquement.

2 a. On convertit dans les unités légales :
$8{,}0 \text{ L} \cdot \text{min}^{-1} = 8{,}0 \times 10^{-3} \text{ m}^3 \cdot \text{min}^{-1} = 1{,}3 \times 10^{-4} \text{ m}^3 \cdot \text{s}^{-1}$.

On appelle S_1 la section interne du robinet.

Rappel : L'aire d'un disque a pour valeur πR^2.

$$S_1 = \pi r_1^2 = \pi\left(\frac{d_1}{2}\right)^2 = \pi\frac{d_1^2}{4}$$

D'après la définition du débit volumique : $D_V = S_1 \cdot v_1$.

$$\text{D'où } v_1 = \frac{D_V}{S_1} = \frac{D_V}{\pi \cdot \frac{d_1^2}{4}} = \frac{1{,}3 \times 10^{-4}}{\pi \cdot \frac{\left(1{,}5 \times 10^{-3}\right)^2}{4}} = 0{,}73 \text{ m} \cdot \text{s}^{-1}.$$

La vitesse de l'eau dans le robinet est donc de $0{,}73 \text{ m} \cdot \text{s}^{-1}$.

b. On appelle S_2 la section interne du tuyau. On utilise la conservation du débit volumique : $S_1 \cdot v_1 = S_2 \cdot v_2$.

$$\text{D'où } v_2 = \frac{S_1 \cdot v_1}{S_2} = \frac{\pi \cdot \frac{d_1^2}{4} \cdot v_1}{\pi \cdot \frac{d_2^2}{4}} = \left(\frac{d_1}{d_2}\right)^2 \cdot v_1 = \left(\frac{15}{12}\right)^2 \times 0{,}73 = 1{,}1 \text{ m} \cdot \text{s}^{-1}.$$

Le tuyau étant plus étroit, la vitesse de l'eau dans le tuyau d'arrosage augmente. Elle est de $1{,}1 \text{ m} \cdot \text{s}^{-1}$.

3 a. L'expression de la relation de Bernoulli dans cette situation : $p_1 + \rho \cdot g \cdot z_1 + \frac{1}{2}\rho \cdot v_1^2 = p_2 + \rho \cdot g \cdot z_2 + \frac{1}{2}\rho \cdot v_2^2$.

L'indice 1 fait référence au point initial, l'indice 2 au point final.

b. La conduite étant cylindrique, la section est constante, la conservation du débit volumique impose que $v_1 = v_2$, donc :

$$p_1 + \rho \cdot g \cdot z_1 = p_2 + \rho \cdot g \cdot z_2.$$

On en déduit l'expression de p_2 : $p_2 = p_1 + \rho \cdot g \cdot (z_1 - z_2)$.

***A.N.* :** $p_2 = 0{,}8 \times 10^5 + 1\,000 \times 9{,}81 \times (-3) = 0{,}51 \times 10^5$ Pa $= 0{,}51$ bar.

La pression de l'eau à l'arrivée dans la partie haute n'est plus que de 0,51 bar.

4 a. La poussée d'Archimède exercée sur une montgolfière :
$P_A = \rho_{\text{fluide}} \cdot V \cdot g = 1{,}3 \times 2\,200 \times 9{,}81 = 28$ kN.

L'air exerce une poussée d'Archimède de 28 kN, ce qui permet à la montgolfière de voler.

b. Lors d'un vol stationnaire, la poussée d'Archimède et le poids exercés sur la montgolfière avec ses équipements et ses passagers se compensent et ont donc la même valeur. On en déduit : $P = 28$ kN.

Le poids de l'ensemble formé du ballon, des équipements et des passagers vaut aussi 28 kN.

c. On applique la relation entre le poids et la masse :

$$P = m \cdot g \Rightarrow m = \frac{P}{g} = \frac{28 \times 10^3}{9{,}81} = 2{,}9 \text{ t}.$$

La masse maximale de l'ensemble est donc de 2,9 t.

5 a. On applique la relation de Bernoulli entre les points A et D : $p_A + \rho \cdot g \cdot z_A + \frac{1}{2}\rho \cdot v_A^2 = p_D + \rho \cdot g \cdot z_D + \frac{1}{2}\rho \cdot v_D^2$

Comme $p_A \approx p_D \approx p_{\text{atm}}$ et $v_A \approx 0$, on peut écrire :

$$\rho \cdot g \cdot z_A = \rho \cdot g \cdot z_D + \frac{1}{2}\rho \cdot v_D^2$$

On simplifie par g et on isole v_D dans l'expression précédente :

$$v_D = \sqrt{2g \cdot (z_A - z_D)} \quad v_D = \sqrt{2g \cdot L}$$

***A.N.* :** $v_D = \sqrt{2 \times 9{,}81 \times 80{,}0} = 39{,}6 \text{ m} \cdot \text{s}^{-1}$.

Le fluide sort de la canalisation à la vitesse de $39{,}6 \text{ m} \cdot \text{s}^{-1}$.

b. Le débit volumique vaut : $D_V = S \cdot v_D = \frac{\pi d^2}{4} \cdot v_D$.

***A.N.* :** $D_V = \frac{\pi \times 0{,}450^2}{4} \times 39{,}6 = 6{,}30 \text{ m}^3 \cdot \text{s}^{-1}$.

Le débit volumique est de $6{,}30 \text{ m}^3 \cdot \text{s}^{-1}$.

c. On applique la relation de Bernoulli entre C d'altitude variable et D :

$$p_C + \rho \cdot g \cdot z_C + \frac{1}{2}\rho \cdot v_C^2 = p_D + \rho \cdot g \cdot z_D + \frac{1}{2}\rho \cdot v_D^2$$

Comme $p_C = p$, $p_D = p_{\text{atm}}$, $z_C = z$, $z_D = 0$ et $v_D = v_C$, on peut écrire : $p = p_{\text{atm}} - \rho \cdot g \cdot z$.

d. On représente la pression en fonction de z :

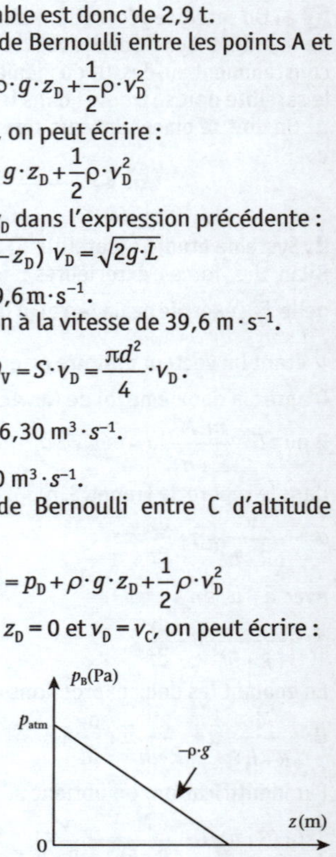

Rappel : Une droite a pour équation générale $y = ax + b$. p_B est la grandeur à placer en y, z la grandeur à placer en x. Le terme $p_{\text{atm}} - \frac{1}{2}\rho \cdot v_C^2$ représente l'ordonnée à l'origine b. La droite a pour coefficient directeur le terme $-\rho \cdot g$ placé devant z.

e. Soit p_{vap} la pression de vaporisation de l'eau. La condition recherchée est : $p < p_{\text{vap}}$.

On en déduit $p_{\text{atm}} - \rho \cdot g \cdot z < p_{\text{vap}}$, d'où : $z > \frac{p_{\text{atm}} - p_{\text{vap}}}{\rho \cdot g}$.

***A.N.* :** $z > \frac{1013 \times 10^2 - 12{,}4 \times 10^2}{1000 \times 9{,}81} = 9{,}1$ m.

La pression est inférieure à la pression de vaporisation pour une différence d'altitude de 9,1 m.

f. Si la pression dans la canalisation est inférieure à la pression de vaporisation, le liquide se vaporise et il se forme des bulles d'air.

17 Page 87

1 a. On applique la loi de Stefan-Boltzmann à la Terre supposée sphérique : $P = \sigma \cdot S \cdot T^4 = 4\pi \cdot R_T^2 \cdot T^4$

A.N. **:** $P = 5{,}67 \times 10^{-8} \times 4\pi \times (6370 \times 10^3)^2 \times (273 + 15)^4$
$= 1{,}99 \times 10^{17}$ J.

La puissance thermique émise par la Terre est élevée et loin d'être négligeable.

b. Afin de comparer avec la puissance reçue, on calcule la puissance surfacique en $W \cdot m^{-2}$ donnée par le quotient :

$$P_S = \frac{P}{S} = \sigma \cdot T^4 = 5{,}67 \times 10^{-8} \times (273 + 15)^4 = 390\ W \cdot m^{-2}.$$

On constate que cette valeur est du même ordre de grandeur que la puissance surfacique reçue du Soleil au niveau du sol. L'écart n'est pas très important, d'où la possibilité d'avoir un équilibre thermique en tenant compte des échanges thermiques atmosphériques.

2 a. L'eau à basse température ainsi que le calorimètre et ses accessoires reçoivent de l'énergie thermique, tandis que l'eau chaude cède son énergie thermique au système. Comme le système est adiabatique, sa variation d'énergie interne est nulle. On applique le premier principe de la thermodynamique : $\Delta U = Q + W$. Comme le système est incompressible car c'est un liquide, $W = 0$ et on peut écrire $Q = 0$, ce qui signifie que la somme des énergies thermiques échangées est nulle. L'énergie thermique échangée par l'eau 1 est notée Q_1, l'énergie thermique échangée par l'eau 2 est notée Q_2 : $Q_1 + Q_2 + Q_{cal} = 0$

b. L'eau 1 a son énergie interne qui augmente en recevant l'énergie thermique Q_1 : $Q_1 = m_1 \cdot c_{eau} \cdot (T_{éq} - T_1)$.

c. L'eau 2 a son énergie interne qui diminue en cédant l'énergie thermique Q_2 : $Q_2 = m_2 \cdot c_{eau} \cdot (T_{éq} - T_2)$.

d. Dans l'équation de la question a., on a $Q_{cal} = Q_3$. On peut donc écrire : $Q_1 + Q_2 + Q_3 = 0$.

On remplace par les expressions trouvées et par l'expression fournie pour le calorimètre et ses accessoires :

$$m_1 \cdot c_{eau} \cdot (T_{éq} - T_1) + m_2 \cdot c_{eau} \cdot (T_{éq} - T_2) + C \cdot (T_{éq} - T_1) = 0.$$

On isole C à partir de l'expression précédente :

$$C = \frac{m_1 \cdot c_{eau} \cdot (T_{éq} - T_1) + m_2 \cdot c_{eau} \cdot (T_{éq} - T_2)}{-(T_{éq} - T_1)}.$$

Comme on n'a que des différences de températures, on peut remplacer T en K par θ en °C :

$$C = \frac{m_1 \cdot c_{eau} \cdot (\theta_{éq} - \theta_1) + m_2 \cdot c_{eau} \cdot (\theta_{éq} - \theta_2)}{-(\theta_{éq} - \theta_1)}$$

Rappel : T désigne une température en kelvins (K) et θ une température en degrés Celsius (°C). Une différence en K est égale à une différence en °C.

A.N. **:**

$$C = \frac{0{,}150 \times 4{,}18 \times 10^3 \times (27{,}0 - 15{,}0) + 0{,}200 \times 4{,}18 \times 10^3 \times (27{,}0 - 40{,}0)}{-\ (27{,}0 - 15{,}0)}$$

$$= 279\ J \cdot K^{-1}$$

On constate que le calorimètre possède une capacité thermique non négligeable. Si cette valeur n'est pas fournie, il est nécessaire de la mesurer préalablement à toute expérience.

3 a. L'expression du flux thermique traversant une épaisseur e de matériau d'aire S est : $\varphi = \frac{\lambda \cdot S}{e} \cdot (T_1 - T_2) = \frac{T_1 - T_2}{R_{th}}$.

b. On utilise le fait que la résistance thermique de l'ensemble est égale à la somme des résistances thermiques : $R_{th} = R_{th,PS} + R_{th,Bét}$.

On en déduit le flux thermique global :

$$\varphi = \frac{T_1 - T_2}{R_{th}} = \frac{T_1 - T_2}{\frac{e_1}{\lambda_{PS} \cdot S} + \frac{e_2}{\lambda_{Bét} \cdot S}} = \frac{S \cdot (\theta_1 - \theta_2)}{\frac{e_1}{\lambda_{PS}} + \frac{e_2}{\lambda_{Bét}}}.$$

A.N. **:** $\varphi = \dfrac{12{,}0 \times (19{,}0 - 4{,}0)}{\frac{5{,}0 \times 10^{-2}}{0{,}040} + \frac{15{,}0 \times 10^{-2}}{1{,}0}} = 129$ W.

La puissance thermique perdue, soit le flux thermique passant à travers la surface du mur est de 129 W.

c. L'expression du flux thermique à travers le polystyrène est : $\varphi_{PS} = \frac{\lambda_{PS} \cdot S}{e_1} \cdot (\theta_1 - \theta)$. Le flux thermique est le même à travers toute la paroi. La valeur du flux thermique traversant le polystyrène est donc de 129 W.

d. De l'équation précédente on déduit la valeur de θ :

$$\theta = \theta_1 - \frac{\varphi_{PS} \cdot e_1}{\lambda_{PS} \cdot S} = 19{,}0 - \frac{129 \times 5{,}0 \times 10^{-2}}{0{,}040 \times 12{,}0} = 13{,}4\ °C.$$

La température est passée de 19,0 °C à 13,4 °C à travers l'isolant.

e. On calcule le flux thermique perdu en l'absence d'isolant :

$$\varphi = \frac{\lambda_{Bét} \cdot S}{e_2} \cdot (\theta_1 - \theta_2).$$

A.N. **:** $\varphi = \dfrac{1{,}0 \times 12{,}0}{15{,}0 \times 10^{-2}} \times (19{,}0 - 4{,}0) = 1{,}2\ kW$.

Sans isolant, le flux thermique perdu est environ dix fois plus important. On limite donc fortement les pertes thermiques par une bonne isolation.

4 a. On utilise la loi de Stefan-Boltzmann : $P = \sigma \cdot S \cdot T^4$.

A.N. **:** $P = 5{,}67 \times 10^{-8} \times 1{,}9 \times (273 + 37)^4 = 9{,}9 \times 10^2$ W.

b. L'évacuation de l'énergie thermique pendant une course est essentiellement due à de la convection car l'énergie thermique est évacuée par la circulation de la sueur.

c. On calcule l'énergie produite chaque seconde :
$\Delta E = P \cdot \Delta t = 1{,}0 \times 10^3 \times 1{,}0 = 1{,}0$ kJ.

D'après l'énoncé, 1,0 g de sueur utilise une énergie biologique de 2 430 J donc la masse m pour une énergie biologique de $1{,}0 \times 10^3$ J. Par proportionnalité : $m = \dfrac{1{,}0 \times 1{,}0 \times 10^3}{2\,430} = 0{,}41$ g.

d. On utilise la loi des gaz parfaits : $p \cdot V = n \cdot R \cdot T$.

D'où : $V = \dfrac{n \cdot R \cdot T}{p} = \dfrac{m \cdot R \cdot T}{M \cdot p}$

A.N. **:** $V = \dfrac{0{,}41 \times 10^{-3} \times 8{,}314 \times (273 + 28)}{(16{,}0 + 2 \times 1{,}0) \times 10^{-3} \times 1013 \times 10^2} = 0{,}56 \times 10^{-3}\ m^3 = 0{,}56\ L$.

e. On utilise la loi de Newton : $\dfrac{dT(t)}{dt} = -K \cdot (T(t) - T_0)$.

D'où : $\dfrac{dT(t)}{T(t) - T_0} = -K \cdot dt$.

On intègre cette équation : $\ln|T(t) - T_0| = -K \cdot t + A$.

D'où : $|T(t) - T_0| = B \cdot e^{-K \cdot t}$ avec $B = e^A$.

Comme la température de l'eau diminue, la différence $T(t) - T_0$ est positive, donc on peut supprimer les valeurs absolues en écrivant : $T(t) - T_0 = B \cdot e^{-K \cdot t} = B \cdot e^{-\frac{t}{\tau}}$.

La condition initiale indique que la température initiale vaut T_1.

On remplace T par T_1 dans cette équation : $T_1 - T_0 = B \cdot e^{-\frac{0}{\tau}} = B$

On obtient ainsi : $T(t) = T_0 + (T_1 - T_0) \cdot e^{-\frac{t}{\tau}}$

A.N. **:** $T(t) = 28{,}0 + (37{,}0 - 28{,}0) \cdot e^{-\frac{t}{\tau}} = 28{,}0 + 9{,}0 \times e^{-\frac{t}{\tau}}$.

Pour déterminer la valeur de τ, on utilise le fait qu'au bout de 2,0 minutes la température atteint 35 °C : $35 = 28{,}0 + 9{,}0 \times e^{-\frac{2{,}0}{\tau}}$.

D'où : $e^{-\frac{2{,}0}{\tau}} = \dfrac{35{,}0 - 28{,}0}{9{,}0} = 0{,}78$.

On extrait le logarithme népérien de chaque côté de l'équation : $-\dfrac{2{,}0}{\tau} = \ln(0{,}78)$, ce qui donne : $\tau = -\dfrac{-2{,}0}{\ln(0{,}78)} = 8{,}0\ min^{-1}$.

D'où l'expression définitive de la température en fonction du temps : $T(t) = 28{,}0 + 9{,}0 \times e^{-\frac{t}{8{,}0}}$ avec t en minutes.

18 Page 90

1 a. Lorsque l'intensité sonore I est multipliée par trois ($I' = 3I$), le niveau d'intensité sonore correspondant devient :

$$L' = 10\log\frac{I'}{I_0} = 10\log\frac{I}{I_0} + 10\log 3$$

D'où : $L' = L + 5$ dB.

Lorsque l'intensité sonore est multipliée par 3, le niveau d'intensité sonore augmente de 5 dB.

b. Le niveau d'intensité sonore augmente de $L_1 = 70$ dB à $L_2 = 90$ dB.

Pour l'intensité sonore, on a : $I_2 = I_0 \times 10^{\frac{L_2}{10}} = I_0 \times 10^{\frac{L_1+20}{10}}$

Soit $I_2 = I_0 \times 10^{\frac{L_1}{10}} \times 10^{\frac{20}{10}}$ et $I_2 = I_0 \times 10^{\frac{L_1}{10}} \times 100$

Pour une augmentation de 20 décibels, l'intensité sonore est multipliée par 100.

c. La sensation auditive varie comme le niveau d'intensité sonore dans des proportions différentes de l'intensité sonore.

2 A. En A, la relation suivante permet d'obtenir l'intensité sonore : $I_A = I_0 \times 10^{\frac{L_A}{10}}$

A.N. : $I_A = 1{,}0 \times 10^{-12}\ \text{W}\cdot\text{m}^{-2} \times 10^{\frac{98\,\text{dB}}{10}} = 6{,}3 \times 10^{-3}\ \text{W}\cdot\text{m}^{-2}$.

B. a. Les relations suivantes lient I_1 et I_2 à respectivement r_1 et r_2 :

$$I_1 = \frac{P}{4\pi r_1^2} \text{ et } I_2 = \frac{P}{4\pi r_2^2}$$

Le rapport $\frac{I_1}{I_2}$ s'écrit $\frac{I_1}{I_2} = \frac{\frac{P}{4\pi r_1^2}}{\frac{P}{4\pi r_2^2}} = \frac{P}{4\pi r_1^2} \cdot \frac{4\pi r_2^2}{P}$.

On obtient ainsi : $\frac{I_1}{I_2} = \frac{r_2^2}{r_1^2} = \left(\frac{r_2}{r_1}\right)^2$.

b. On utilise la relation trouvée précédemment avec $r_2 = 16$ m et $r_1 = 8$ m.

On obtient $\frac{r_2^2}{r_1^2} = \frac{16^2}{8^2} = 4$, donc : $\frac{I_1}{I_2} = 4$.

Un spectateur deux fois plus près (8 m au lieu de 16) fera face à une intensité sonore quatre fois plus grande.

c. Soit I_B l'intensité sonore en un point B quelconque situé à une certaine distance r_B de la source. En C, situé deux fois plus près, on a une intensité I_C quatre fois plus grande : $I_C = 4\,I_B$. On a donc :

$$L_C = 10 \times \log\frac{I_C}{I_0} = 10 \times \log\frac{4 \times I_B}{I_0} = 10 \times \log 4 + 10 \times \log\frac{I_B}{I_0}$$

Le niveau d'intensité sonore en C vaut donc :

$$L_C = L_B + 10 \times \log 4 = L_B + 6 \text{ dB}.$$

C. Les intensités sonores s'ajoutent : $I_{tot} = 10 \times I_A$. On obtient donc le niveau d'intensité sonore L total suivant :

$$L_{tot} = 10 \times \log\frac{10 \times I_A}{I_0} = 10\log 10 + L_A$$

A.N. : $L_{tot} = 10 + 98 = 108$ dB.

À 16 m, le niveau d'intensité sonore total est de 108 dB.

3 A. a. L'effet Doppler correspond à une variation de fréquence de l'onde perçue par un observateur si la source est en mouvement. Par exemple, le son perçu d'une sirène d'ambulance paraît plus aigu quand elle se rapproche de nous et plus grave quand elle s'éloigne.

b. On compare la fréquence reçue (réfléchie par le véhicule) à celle émise par le radar.

B. a. Distance parcourue par le récepteur pendant T_E : $d = v \cdot T_E$.

b. On note λ_R la longueur d'onde apparente vue du récepteur. Si le récepteur R est au repos, $\lambda_E = \lambda_R$.

Lorsque R se déplace vers le radar, la longueur d'onde réfléchie par le récepteur est inférieure à la longueur d'onde émise ($\lambda_R < \lambda_E$). La différence correspond à la distance parcourue par R pendant T_E, soit $v \cdot T_E$. D'où : $\lambda_R = \lambda_E - v \cdot T_E$.

c. À partir de cette relation, on obtient : $v = \frac{\lambda_E - \lambda_R}{T_E}$.

Or $f = \frac{1}{T}$, donc v devient : $v = f_E(\lambda_E - \lambda_R)$

Et $\lambda = \frac{c}{f}$ donc $v = f_E \cdot \left(\frac{c}{f_E} - \frac{c}{f_R}\right) = f_E\left(\frac{c \cdot f_R - c \cdot f_E}{f_E \cdot f_R}\right)$.

Enfin on obtient : $v = \frac{c(f_R - f_E)}{f_R} = \frac{c \cdot \Delta f}{f_R}$

C. Si le véhicule se rapproche du radar, $f_R > f_E$, donc $\Delta f > 0$.

D. $\Delta f = 5\,690$ Hz et $f_R = \Delta f + f_E$.

$$v = c \cdot \frac{|\Delta f|}{2 \cdot (\Delta f + f_E) \cdot \cos 25{,}0}$$

A.N. :

$$v = 3{,}00 \times 10^8\ \text{m}\cdot\text{s}^{-1} \times \frac{|5690\ \text{Hz}|}{2 \times (5690\ \text{Hz} + 2{,}4125 \times 10^{10}\ \text{Hz}) \times \cos 25{,}0}$$

$$= 39{,}0\ \text{m}\cdot\text{s}^{-1} = 140\ \text{km}\cdot\text{h}^{-1}$$

La vitesse est supérieure à 130 km · h⁻¹, le conducteur est donc en excès de vitesse.

E. Le fonctionnement de l'échographie Doppler ou écho Doppler repose sur le même principe que celui du radar. Elle utilise cependant des ultrasons plutôt que des ondes électromagnétiques.

F. L'auto-stoppeur est immobile : $v_R = 0\ \text{m}\cdot\text{s}^{-1}$.

L'expression de la fréquence reçue a pour expression :

$$f_R = \frac{v}{v - v_E} \cdot f_E$$

A.N. : $f_R = \frac{340\ \text{m}\cdot\text{s}^{-1}}{340\ \text{m}\cdot\text{s}^{-1} - \frac{90}{3{,}6}\ \text{m}\cdot\text{s}^{-1}} \times 400\ \text{Hz} = 4{,}3 \times 10^2\ \text{Hz}$.

Attention : Il ne faut pas oublier de convertir la vitesse en $\text{m}\cdot\text{s}^{-1}$.

G. Pour savoir si la différence est perceptible, il faut commencer par calculer la fréquence reçue lorsque la voiture s'éloigne. L'expression devient :

$$f_R = \frac{v}{v + v_E} \times f_E$$

A.N. : $f_R = \frac{340\ \text{m}\cdot\text{s}^{-1}}{340\ \text{m}\cdot\text{s}^{-1} + \frac{90}{3{,}6}\ \text{m}\cdot\text{s}^{-1}} \times 400\ \text{Hz} = 3{,}7 \times 10^2\ \text{Hz}$.

La variation relative de fréquence est donc :

$$\frac{\Delta f}{f} \times 100 = \frac{4{,}3 \times 10^2\ \text{Hz} - 3{,}7 \times 10^2\ \text{Hz}}{4{,}3 \times 10^2\ \text{Hz}} \times 100 = 14\ \%.$$

La variation relative de la fréquence est supérieure à l'écart de 6 % correspondant à un demi-ton entre deux notes. La différence est donc perceptible.

19 Page 94

1 a. C'est le phénomène de diffraction qui permet à l'ouvreuse d'entendre la musique. Après avoir franchi la porte, l'onde se propage dans plusieurs directions.

b. Le phénomène de diffraction s'amplifie à mesure que la dimension de l'onde est grande par rapport à celle de l'ouverture.

Il faut donc calculer la longueur d'onde pour les deux ondes $\lambda = \frac{c}{F}$, puis les comparer à la dimension a de l'ouverture.

Pour la note la plus aiguë,

$$\lambda_A = \frac{340\ \text{m}\cdot\text{s}^{-1}}{3730\ \text{Hz}} = 9{,}12 \times 10^{-2}\ \text{m} \Rightarrow \lambda_A < a.$$

Pour la note la plus grave, $\lambda_G = \dfrac{340\ \text{m}\cdot\text{s}^{-1}}{117\ \text{Hz}} = 2{,}91\ \text{m} \Rightarrow \lambda_G > a$.
Le phénomène de diffraction se manifestera nettement plus pour la note aiguë. Un son grave a une longueur d'onde plus grande qu'un son aigu. Il est plus facilement diffracté que le son aigu, donc plus facilement audible derrière la porte.

2 a. La célérité de l'onde a pour expression $c = \dfrac{\lambda}{T}$, avec λ la longueur d'onde de l'onde (en m), c la célérité de l'onde (en m · s^{-1}) et T la période temporelle de l'onde (en s).

A.N. : La vitesse des vagues est : $c = \dfrac{150\ \text{m}}{12\ \text{s}} = 13\ \text{m}\cdot\text{s}^{-1}$.

b. Soit a, la largeur de l'entrée du port et λ, la longueur d'onde des vagues ; on a $\lambda > a$. Il est donc nécessaire de prendre en compte le phénomène de diffraction. L'ouverture diffracte l'onde incidente et se comporte alors comme une source ponctuelle émettant des ondes dans différentes directions.

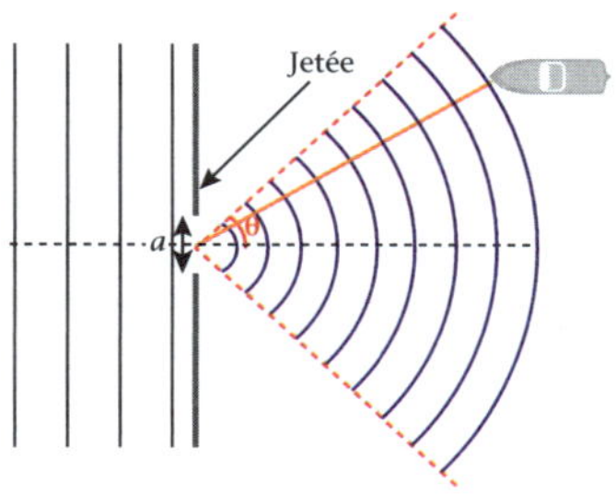

On a la relation : $\theta = \dfrac{\lambda}{a}$.

A.N. : $\theta = \dfrac{150}{120} = 1{,}25$ rad soit 71,6°.

Sur le schéma, le bateau, se trouve à un angle de 30° par rapport à la normale à l'ouverture, c'est-à-dire avant le premier minimum d'amplitude. Le bateau est donc affecté par la houle.

3 a. Schéma ci-contre.

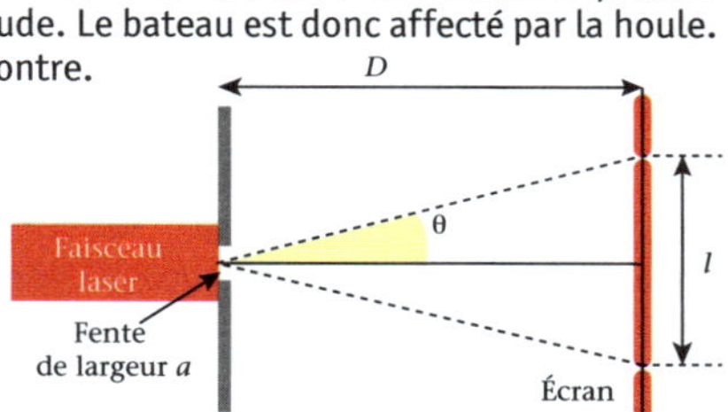

b. L'angle de diffraction est donné par la relation : $\theta = \dfrac{\lambda}{a}$.

c. On utilise la relation : $\tan\ \theta = \dfrac{l}{2 \times D}$.

En utilisant l'approximation sur les petits angles, on obtient :

$$\theta = \frac{l}{2 \times D}.$$

A.N. : L'écart angulaire vaut : $\theta = \dfrac{12{,}6 \times 10^{-3}\ \text{m}}{2 \times 2{,}00\ \text{m}} = 3{,}15 \times 10^{-3}$ rad.

d. Calcul de la longueur d'onde : $\lambda = \theta \times a$.

A.N. : $\lambda = 3{,}15 \times 10^{-3}$ rad $\times\ 0{,}200 \times 10^{-3}$ m $= 6{,}30 \times 10^{-7}$ m.

L'incertitude sur λ est donnée par la relation :

$$\frac{U(\lambda)}{\lambda} = \sqrt{\left(\frac{U(a)}{a}\right)^2 + \left(\frac{U(l)}{l}\right)^2 + \left(\frac{U(D)}{D}\right)^2}$$

A.N. : $U(\lambda) = \lambda \times \sqrt{\left(\dfrac{0{,}005 \times 10^{-3}}{0{,}200 \times 10^{-3}}\right)^2 + \left(\dfrac{0{,}1 \times 10^{-3}}{12{,}6 \times 10^{-3}}\right)^2 + \left(\dfrac{0{,}01}{2{,}00}\right)^2}$

$= 1{,}7 \times 10^{-8}$ m.

La longueur d'onde aura donc comme expression :
$\lambda = 6{,}30 \pm 0{,}2 \times 10^{-7}$ m.

4 a. Ce sont des ondes mécaniques progressives périodiques longitudinales.

b. Les ondes ultrasonores ne sont pas audibles, car leur fréquence est supérieure à 20 kHz.

c. La diffraction limite la résolution, soit la taille des plus petits détails qu'il est possible d'observer avec cette technique.

On utilise la relation $\lambda = \dfrac{v}{f}$ pour déterminer la longueur d'onde de l'onde ultrasonore.

Pour $v_{\text{tissus mous}} = 1{,}45 \times 10^3$ m · s^{-1}, on a :

$$\lambda = \frac{1{,}45 \times 10^3\ \text{m}\cdot\text{s}^{-1}}{1{,}0 \times 10^6\ \text{Hz}} = 1{,}5 \times 10^{-3}\ \text{m}.$$

Pour $v_{\text{tissus mous}} = 1{,}7 \times 10^3$ m · s^{-1}, on a :

$$\lambda = \frac{1{,}7 \times 10^3\ \text{m}\cdot\text{s}^{-1}}{1{,}0 \times 10^6\ \text{Hz}} = 1{,}7 \times 10^{-3}\ \text{m}.$$

On a donc une longueur d'onde λ comprise entre 1,5 et 1,7 × 10^{-3} m. La dimension de l'obstacle étant du même ordre de grandeur que la longueur d'onde utilisée, le phénomène de diffraction est très important et empêche de révéler les détails de l'objet à étudier.

d. Pour savoir si un objet peut diffracter des ondes, il faut comparer sa taille à la longueur d'onde de celles-ci.

On utilise : $\lambda = \dfrac{v}{f}$.

A.N. : $\lambda = \dfrac{1{,}5 \times 10^3\ \text{m}\cdot\text{s}^{-1}}{2{,}0 \times 10^6\ \text{Hz}} = 7{,}5 \times 10^{-4}$ m.

La longueur d'onde est de l'ordre du millimètre. L'ordre de grandeur de la taille du cœur est 100 fois plus grand que celui de la longueur d'onde du faisceau utilisé. Les ondes ultrasonores de l'échographie ne sont donc pas diffractées par le cœur. En revanche, du fait de la diffraction, le plus petit détail visible du cœur sera de l'ordre du millimètre.

5 a. L'expérience de diffraction observée est caractéristique du caractère ondulatoire de la lumière.

b. La lumière laser est constituée d'un rayonnement de fréquence (ou de longueur d'onde dans le vide) bien précise.

c. Par trigonométrie, on obtient : $\tan\theta = \dfrac{\frac{1}{2}L}{D}$.

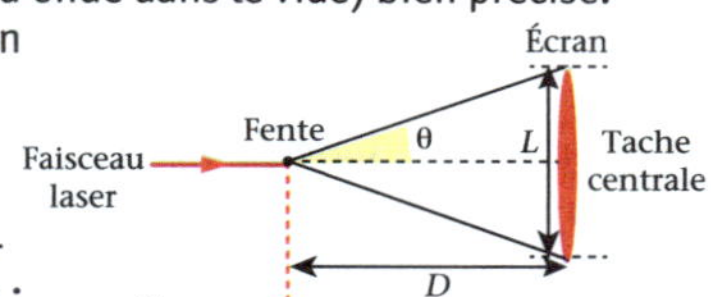

En utilisant l'approximation sur les petits angles :

$$\theta = \frac{L}{2D}.$$

d. L'angle caractéristique de diffraction θ est donné par la relation $\theta = \dfrac{\lambda}{a}$. θ est en radians, λ et a sont en mètres.

e. On a deux expressions pour l'angle θ. En égalant celles-ci, on obtient : $\theta = \dfrac{L}{2D} = \dfrac{\lambda}{a}$, d'où $a \times L = 2D \times \lambda$ donc $L = \dfrac{2 \times \lambda \times D}{a}$.

La largeur de la tache centrale est homogène à une longueur [L] = L. La formule doit donc, elle aussi, être homogène à une longueur. $\left[\dfrac{2 \times \lambda \times D}{a}\right] = \dfrac{[\lambda] \times [D]}{[a]} = \dfrac{L^2}{L} = L$

L'expression trouvée est bien homogène à une longueur.

f. λ et D étant fixés, d'après la relation trouvée à la question **e.**, la largeur L de la tache centrale est inversement proportionnelle à la largeur a de la fente. Donc, la tache centrale la plus grande correspond à la fente de diamètre le plus petit : la figure de diffraction A résultera de la fente de largeur a_1 ; la figure B résultera de la fente de largeur a_2.

g. Pour obtenir la valeur de la longueur d'onde de la lumière émise par le laser, on utilise une représentation graphique de la fonction linéaire $L = f\left(\dfrac{1}{a}\right)$. Pour cela, il faut d'abord calculer les différentes valeurs de $\dfrac{1}{a}$ et les ajouter au tableau :

a (mm)	0,040	0,050	0,080	0,100	0,120	0,150
$\frac{1}{a}$ (mm^{-1})	25	20	13	10	8,3	6,7
L (mm)	60	50	35	25	20	16

Ensuite, on trace la courbe $L = f\left(\frac{1}{a}\right)$.

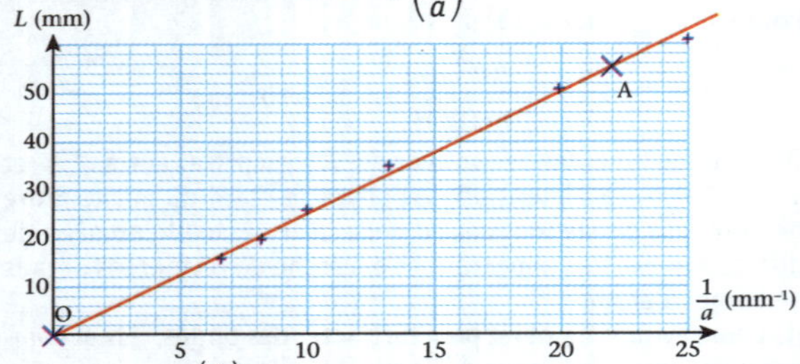

Le graphe $L = f\left(\frac{1}{a}\right)$ obtenu montre une droite qui passe par l'origine. L'équation modélisant cette droite est de la forme $L = k\left(\frac{1}{a}\right)$, avec k le coefficient directeur de cette droite. Ceci est en accord avec l'expression $L = \frac{2\lambda \cdot D}{a}$, puisque D et λ sont constantes.

On obtient $k = 2 \times \lambda \times D$. Pour calculer k, on utilise les coordonnées des points O et A : $k = \dfrac{L_A - L_0}{\frac{1}{a_A} - \frac{1}{a_0}}$

A.N. : $k = \dfrac{55\ \text{mm} - 0}{22\ \text{mm}^{-1} - 0} = 2{,}5\ \text{mm}^2 = 2{,}5 \times 10^{-6}\ \text{m}^2$.

Attention, il ne faut pas oublier que le coefficient directeur a une unité.

Puis on calcule $\lambda = \dfrac{k}{2 \times D}$. ***A.N. :*** $\lambda = \dfrac{2{,}5 \times 10^{-6}\ \text{m}^2}{2 \times 2{,}0\ \text{m}} = 6{,}3 \times 10^{-7}\ \text{m}$.

h. On applique la formule de l'écart relatif :

$$r = \left|\frac{630\ \text{nm} - 633\ \text{nm}}{633\ \text{nm}}\right| \times 100 = 0{,}47\ \%.$$

Le résultat trouvé expérimentalement est conforme à la valeur annoncée par le fabriquant.

Remarque : pour un écart-type sur une mesure, on considère que :
- si $r < 10\ \%$, la mesure est acceptable ;
- si $r < 5\ \%$, la mesure est effectuée avec précision.

20 Page 99

1 a. Les trous sont des sources secondaires créées à partir d'une source unique de lumière monochromatique. Les deux trous se comportent comme deux sources S_1 et S_2 cohérentes. Les faisceaux diffractés par les deux trous interfèrent dans leur partie commune.

b. Le laser se trouve sur l'axe de symétrie du dispositif. Les deux sources S_1 et S_2, en plus d'être cohérentes, sont en phase. Le centre O de la figure de diffraction se trouve également sur l'axe de symétrie des deux sources. Les distances S_1O et S_2O sont égales. Elles n'introduisent pas de déphasage. La différence de chemin optique est nulle : $\delta = OS_2 - OS_1 = 0$. Le point O se trouve donc sur une frange brillante.

c. Le point M se trouve dans le plan de symétrie des sources secondaires. Les distances S_1M et S_2M sont donc égales. La différence de chemin optique est donc nulle et M se trouve sur une frange brillante.

d. On en déduit que les franges d'interférence sont des droites verticales réparties sur la figure de diffraction.

2 a.

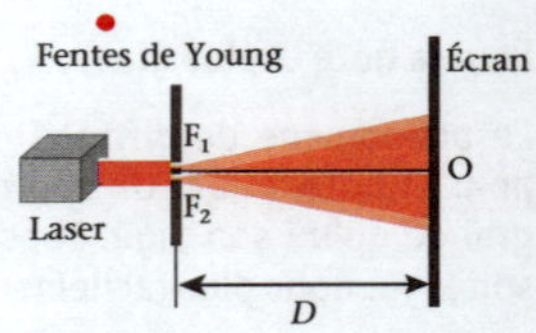

b. Les fentes se comportent comme des sources secondaires. Grâce au phénomène de diffraction qui se manifeste par un étalement de la direction de propagation de l'onde, les lumières issues de ces sources peuvent se superposer. Étant cohérentes dans la mesure où elles sont issues de la même source, les ondes peuvent interférer constructivement ou destructivement, car il s'agit du même train d'onde qui a été divisé en deux parties identiques.

En un point M de l'écran, les ondes ont parcouru des chemins optiques différents. Si cette différence est proportionnelle à la longueur d'onde de la lumière, les ondes qui se superposent sont en phase et les interférences sont constructives. Si cette différence est proportionnelle à un multiple impair de la demi-longueur d'onde, les ondes sont en opposition de phase et les interférences sont destructives.

c. Puisqu'on observe huit franges brillantes, il y a sept interfranges, on peut écrire : $7 \times i = L$.

En utilisant la relation (1), on obtient $7 \times i = 7 \times \lambda \dfrac{D}{b} = L$.

Puis, avec la relation (2), l'expression devient : $7 \times \lambda \cdot \dfrac{D}{b} = \dfrac{2D \cdot \lambda}{a}$, d'où $b = \dfrac{7}{2} \times a$.

A.N. : $b = \dfrac{7}{2} \times 70 \times 10^{-6}\ \text{m} = 2{,}5 \times 10^{-6}\ \text{m}$. On obtient $b = 0{,}25$ mm.

d. Pour déterminer la nature de la frange, brillante ou non, il faut calculer le rapport $\dfrac{\delta}{\lambda}$ soit : $\dfrac{\delta}{\lambda} = \dfrac{b \cdot x}{\lambda \cdot D}$

A.N. : $\dfrac{\delta}{\lambda} = \dfrac{0{,}25 \times 10^{-3}\ \text{m} \times 9{,}4 \times 10^{-3}\ \text{m}}{650 \times 10^{-9}\ \text{m} \times 1{,}2\ \text{m}} = 3$.

Il s'agit d'une frange brillante, puisque la différence de marche est un multiple entier de la longueur d'onde λ.

e. La longueur d'onde diminuée (car λ (vert) < λ (rouge)), les franges d'interférences seront rapprochées. En effet i est proportionnelle à λ.

3 A. Le laser est une source de lumière monochromatique qui éclaire deux trous très proches l'un de l'autre. Ceux-ci se comportent alors comme deux sources S_1 et S_2 cohérentes. Les faisceaux, diffractés par les deux trous, interfèrent dans leur partie commune : la zone d'interférence.

B. a. La dimension d'une grandeur est son expression en fonction des grandeurs de base du système international.

Une équation est homogène lorsque ses deux membres ont la même dimension. Une relation homogène n'est pas forcément juste. En revanche, si une expression est non homogène elle est nécessairement fausse.

b. En optique ondulatoire, l'interfrange est la distance séparant deux franges successives : elle est donc homogène à une longueur : $[i] = L$. a, D, d et λ sont des paramètres physiques homogènes à une longueur.

A. $i = \lambda \cdot D^2 \Rightarrow [\lambda \cdot D^2] = L^3$: cette expression est homogène à un volume et non une longueur. **B.** $i = \dfrac{a \cdot \lambda}{D} \Rightarrow \left[\dfrac{a \cdot \lambda}{D}\right] = \dfrac{L^2}{L} = L$: cette expression est homogène à une longueur.

C. $i = \dfrac{d \cdot \lambda}{a} \Rightarrow \left[\dfrac{d \cdot \lambda}{D}\right] = \dfrac{L^2}{L} = L$: cette expression est homogène à une longueur. **D.** $i = \dfrac{a \cdot D}{\lambda} \Rightarrow \left[\dfrac{a \cdot \lambda}{D}\right] = \dfrac{L^2}{L} = L$: cette expression

est homogène à une longueur. **E.** $i=\frac{\lambda\cdot D}{a}\Rightarrow\left[\frac{a\cdot\lambda}{D}\right]=\frac{L^2}{L}=$: cette expression est homogène à une longueur.
On peut donc exclure l'expression A.

c. • Avec un laser vert, l'interfrange diminue. La longueur d'onde du vert est inférieure à celle du rouge. Si on diminue la longueur d'onde de la source utilisée, l'interfrange diminue également : l'interfrange est donc proportionnelle à la longueur d'onde de la source utilisée. On peut donc éliminer l'expression D. (interfrange inversement proportionnelle à la longueur d'onde).

• Si on éloigne l'écran, l'interfrange augmente.
L'interfrange est proportionnelle à la distance entre les trous et l'écran : i est donc proportionnelle à D. On peut donc éliminer les expressions B. (i inversement proportionnelle à D) et C. (car D n'apparaît pas dans cette relation).

• La position du laser S sur l'axe zz' ne modifie pas l'interfrange. Cette observation confirme l'élimination de la relation C. En effet, d n'intervient pas dans la valeur de l'interfrange.

• Les deux trous étant rapprochés de l'axe zz', les franges s'écartent les unes des autres.
L'interfrange est inversement proportionnelle à la distance entre les trous : i est donc inversement proportionnelle à a. On peut donc éliminer l'expression D. (i proportionnelle à a).
La relation correcte est donc la E.

C. La relation donnant l'interfrange est : $i=\frac{\lambda\cdot D}{a}$

A.N. : $i=\frac{633\times10^{-9}\text{ m}\times4{,}0\text{ m}}{500\times10^{-6}\text{ m}}=5{,}1\times10^{-3}\text{ m}.$

La valeur de l'interfrange est de $5{,}1\times10^{-3}$ m.

21 Page 103

1 Le schéma attendu est celui du cours.

2 Dans chaque cas, on applique la relation $G=\frac{f_1'}{f_2'}$:

Pour le premier calcul par exemple : $G=\frac{1\,200}{25}=48.$

On obtient, en ayant pris soin de conserver les mêmes unités pour les distances focales :

f_2'	25 mm	8,0 mm	5,0 mm
G	48,0	150	240

3 a. On schématise la situation en considérant, pour le tracé des rayons, que B_1 doit être aligné avec B_∞ :

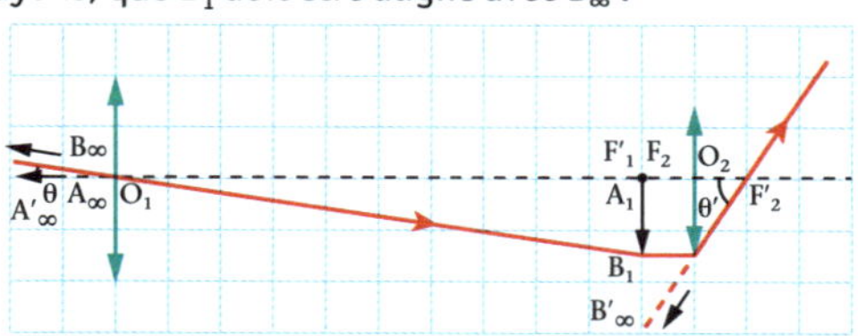

b. Le grossissement est défini comme le quotient $G=\frac{\theta'}{\theta}$.

Par construction, c'est aussi le quotient $G=\frac{f_1'}{f_2'}=\frac{1{,}0}{0{,}100}=10.$

Remarque : l'échelle choisie ne modifie pas le grossissement.

4 a. On modélise uniquement l'oculaire. Cela revient à représenter l'image formée par une loupe :

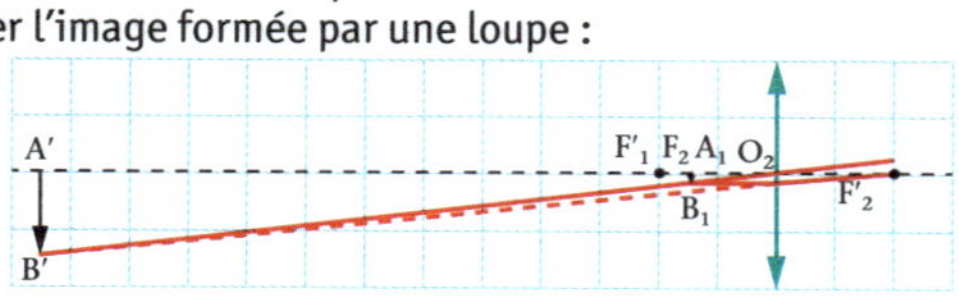

b. On applique la relation de conjugaison à la lentille 2 :
$\frac{1}{\overline{O_2A'}}-\frac{1}{\overline{O_2A_1}}=\frac{1}{f_2'}$. On isole $\overline{O_2A_1}$: $\frac{1}{\overline{O_2A_1}}=\frac{1}{\overline{O_2A'}}-\frac{1}{f_2'}$

A.N. : $\frac{1}{\overline{O_2A_1}}=\frac{1}{-25\times10^{-2}}-\frac{1}{4{,}0\times10^{-2}}$. D'où $\overline{O_2A_1}=-1{,}5\text{ cm}$.

5 Si l'astronome voit la Lune au PP, cela signifie qu'il peut utiliser le grossissement commercial :

$G_C=\frac{\theta'}{\theta}$ donne $\theta'=G_C\cdot\theta=40\times31=1240'=21°$.

Il verra ainsi la Lune sous un angle de 21°.

6 a. L'étoile étant considérée comme étant à l'infini, l'image intermédiaire est dans le plan focal de l'objectif.

b. Pour que l'image définitive se forme à l'infini, il faut que l'image intermédiaire soit dans le plan focal de l'oculaire, c'est-à-dire à la distance focale de ce dernier.

7 a. Une lunette astronomique permet d'observer une étoile lointaine considérée à distance infinie. L'image intermédiaire se forme dans le plan focal de l'objectif, soit à la distance $\overline{O_1A_1}=50{,}0$ cm.

b. D'après la définition de la tangente : $\tan\theta=\frac{A_1B_1}{f_1'}$.

D'où $A_1B_1=f_1'\times\tan\theta=50{,}0\times\tan\left(1{,}5\times10^{-2}\right)=0{,}75$ cm
$=7{,}5$ mm.

c. On utilise le grandissement de l'oculaire :
$\gamma_2=\frac{\overline{A'B'}}{\overline{A_1B_1}}=\frac{\overline{O_2A'}}{\overline{O_2A_1}}$ donne $\overline{A'B'}=\frac{\overline{O_2A'}}{\overline{O_2A_1}}\times\overline{A_1B_1}$.

Pour trouver $\overline{O_2A_1}$, on utilise la relation de conjugaison appliquée à l'oculaire : $\frac{1}{\overline{O_2A'}}-\frac{1}{\overline{O_2A_1}}=\frac{1}{f_2'}$.

On isole $\overline{O_2A_1}$: $\frac{1}{\overline{O_2A_1}}=\frac{1}{\overline{O_2A'}}-\frac{1}{f_2'}=\frac{1}{-40{,}0\times10^{-2}}-\frac{1}{10{,}0\times10^{-2}}$

A.N. : $\overline{O_2A_1}=-8{,}00\text{ cm}$.

On remplace la valeur trouvée dans l'expression utilisant le grandissement : $\overline{A'B'}=\frac{-40{,}0}{-8{,}00}\times(-7{,}5)=3{,}8\text{ cm}$.

d. On schématise la situation :

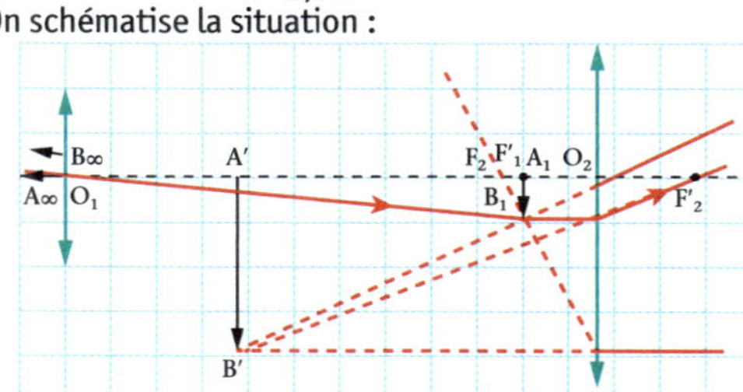

e. Pour déterminer l'angle demandé, on passe par la définition de la tangente : $\tan\theta'=\frac{A'B'}{A'O_2}=\frac{3{,}8}{40{,}0}=0{,}095$.

On en déduit l'angle θ' : $\theta'=0{,}094$ rad $=5{,}4°$.

f. On détermine le grossissement à partir de sa définition :
$$G=\frac{\theta'}{\theta}=\frac{0{,}094}{1{,}5\times10^{-2}}=6{,}3.$$

g. Pour déterminer le grossissement commercial, l'image définitive doit se former à 25 cm au lieu des 40,0 cm précédents. En reprenant les mêmes calculs que dans les questions **b.**, **e.** et **f.** et en remplaçant 40,0 par 25 dans chacun des résultats, on obtient : $\overline{O_2A_1}=-7{,}1\text{ cm}$, A'B' = 4,2 cm, $\theta'=0{,}10$ rad et enfin $G_C=7$.

22 Page 107

1 a. On utilise la relation entre la longueur d'onde et la période d'une onde périodique : $\lambda = c \cdot T \Rightarrow \lambda = \frac{c}{\nu}$.

On en déduit la fréquence de l'onde associée : $\nu = \frac{c}{\lambda}$

A.N. : $\nu = \frac{3{,}00 \times 10^{8}}{589 \times 10^{-9}} = 5{,}09 \times 10^{14}$ Hz.

La fréquence de l'onde reçue par le capteur CCD est de $5{,}09 \times 10^{14}$ Hz.

b. Pour calculer l'énergie du photon associé, on utilise la relation de Planck : $E = h \cdot \nu$

A.N. : $E = 6{,}625 \times 10^{-34} \times 5{,}09 \times 10^{14} = 3{,}37 \times 10^{-19}$ J.

On convertit le résultat en électrons-volts :

$$E = \frac{3{,}37 \times 10^{-19}}{1{,}6 \times 10^{-19}} = 2{,}1 \text{ eV}.$$

L'énergie de ce photon « jaune » est de 2,1 eV.

2 a. La longueur d'onde et la période d'une onde progressive périodique sont reliées par : $\lambda = c \cdot T = \frac{c}{\nu}$

A.N. : $\nu = \frac{c}{\lambda} = \frac{3{,}00 \times 10^{8}}{632{,}8 \times 10^{-9}} = 4{,}74 \times 10^{14}$ Hz.

L'onde lumineuse possède une fréquence de $4{,}74 \times 10^{14}$ Hz.

b. La relation de Planck entre l'énergie et la fréquence a pour expression : $E = h \cdot \nu$

A.N. : $E = 6{,}625 \times 10^{-34} \times 4{,}74 \times 10^{14} = 3{,}14 \times 10^{-19}$ J.

Le photon associé à cette onde a pour énergie $3{,}14 \times 10^{-19}$ J dans l'unité légale d'énergie.

c. La conversion en électrons-volts se fait en divisant E en J par la valeur de e : $E = \frac{3{,}14 \times 10^{-19}}{1{,}6 \times 10^{-19}} = 2{,}0$ eV.

Le photon a donc une énergie de 2,0 eV en se plaçant à l'échelle microscopique.

3 a. Pour calculer la fréquence de l'onde électromagnétique associée, on utilise la relation de Planck : $E = h \cdot \nu \Rightarrow \nu = \frac{E}{h}$

A.N. : $\nu = \frac{1{,}8 \times 1{,}6 \times 10^{-19}}{6{,}625 \times 10^{-34}} = 4{,}35 \times 10^{14}$ Hz.

b. On applique la relation liant la longueur d'onde et la période d'une onde périodique : $\lambda = c \cdot T = \frac{c}{\nu}$

A.N. : $\lambda = \frac{c}{\nu} = \frac{3{,}00 \times 10^{8}}{4{,}35 \times 10^{14}} = 690$ nm.

La longueur d'onde de cette onde est donc de 690 nm.

c. Cette onde électromagnétique appartient au domaine du visible. Pour rappel, le domaine du visible est l'intervalle [380 ; 780 nm].

4 a. On applique la relation de Planck et la relation liant la longueur d'onde de l'onde lumineuse et sa fréquence :

$$E = h \cdot \nu = \frac{h \cdot c}{\lambda}.$$

A.N. : $E = \frac{6{,}625 \times 10^{-34} \times 3{,}00 \times 10^{8}}{590 \times 10^{-9} \times 1{,}6 \times 10^{-19}} = 2{,}1$ eV.

Chaque photon transporte donc une énergie de 2,1 eV.

b. Seul le césium possède une valeur inférieure et reçoit donc l'énergie suffisante pour extraire son électron.

c. On applique la conservation de l'énergie : $h \cdot \nu = W_0 + E_c$.

On en déduit l'énergie cinétique de l'électron : $E_c = h \cdot \nu - W_0$.

A.N. : $E_c = 2{,}1 - 1{,}87 = 0{,}2$ eV $= 3 \times 10^{-20}$ J.

Chaque électron possède une énergie cinétique de 3×10^{-20} J.

d. On déduit la vitesse de l'électron de la définition de l'énergie cinétique : $E_c = \frac{1}{2} m v_e^2 \Rightarrow v_e = \sqrt{\frac{2 E_c}{m}}$.

A.N. : $v_e = \sqrt{\frac{2 \times 3 \times 10^{-20}}{9{,}1 \times 10^{-31}}} = 3 \times 10^{5}$ m·s^{-1}.

L'électron a pour vitesse 3×10^{5} m·s^{-1}.

e. Le rendement de la cellule est aussi le rendement moyen de conversion par photon reçu.

Rendement de la cellule : $\eta = \frac{E_{\text{utile}}}{E_{\text{reçue}}} = \frac{0{,}42}{2{,}1} = 0{,}20 = 20$ %

Le rendement des cellules photoélectriques est assez faible.

5 a. On applique la relation de Planck et on utilise la relation reliant la longueur d'onde et la fréquence d'une onde périodique $\nu = \frac{c}{\lambda}$: $E = h \cdot \nu = \frac{h \cdot c}{\lambda}$

A.N. : $E = \frac{6{,}625 \times 10^{-34} \times 3{,}00 \times 10^{8}}{460 \times 10^{-9}} = 4{,}32 \times 10^{-19}$ eV.

L'énergie lumineuse transportée par un photon laser du lecteur blu-ray est de $4{,}32 \times 10^{-19}$ Hz.

b. On applique le bilan d'énergie entre l'énergie lumineuse et l'énergie de l'électron émis :

$E_{\text{photon}} = E_{\text{électron}} \Rightarrow h \cdot \nu = W_0 + \frac{1}{2} m \cdot v_e^2$

Le dernier terme est l'énergie cinétique de l'électron. On a donc : $E_c = h \cdot \nu - W_0$

A.N. : $E_c = 4{,}32 \times 10^{-19} - 2{,}39 \times 1{,}6 \times 10^{-19} = 0{,}50 \times 10^{-19}$ J.

L'électron possède ainsi une énergie cinétique de $0{,}50 \times 10^{-19}$ J.

c. On déduit la vitesse de l'électron à partir de la valeur de l'énergie cinétique : $E_c = \frac{1}{2} m \cdot v_e^2$ donc $v_e = \sqrt{\frac{2 E_c}{m}}$

A.N. : $v_e = \sqrt{\frac{2 \times 0{,}50 \times 10^{-19}}{9{,}1 \times 10^{-31}}} = 3{,}3 \times 10^{5}$ m·s^{-1}.

L'électron émis possède une vitesse de valeur $3{,}3 \times 10^{5}$ m·s^{-1}.

6 a. L'atome d'hydrogène ne possède qu'un seul électron. À l'état fondamental, il possède une énergie de –13,6 eV. Le travail d'extraction nécessaire pour l'extraire est donc $W_0 = 13{,}6$ eV.

b. On utilise la conservation de l'énergie et on isole la fréquence de l'onde dans le cas d'une vitesse nulle de l'électron extrait : $h \cdot \nu = W_0 + \frac{1}{2} m v_e^2 = W_0 \Rightarrow \nu = \frac{W_0}{h}$

A.N. : $\nu = \frac{1{,}94 \times 1{,}6 \times 10^{-19}}{6{,}625 \times 10^{-34}} = 4{,}68 \times 10^{14}$ Hz.

La fréquence de l'onde lumineuse est de $4{,}68 \times 10^{14}$ Hz.

c. On utilise la relation fournie reliant la longueur d'onde de la radiation émise par la surface du Soleil et la température de sa surface : $\lambda_m \cdot T = 2{,}898 \times 10^{-3}$

On isole la longueur d'onde maximum : $\lambda_m = \frac{2{,}898 \times 10^{-3}}{T}$

A.N. : $\lambda_m = \frac{2{,}898 \times 10^{-3}}{5500} = 527$ nm.

Le Soleil émet une lumière de surface dont la longueur d'onde maximum est de 527 nm.

On utilise la relation liant la longueur d'onde et la période d'une onde périodique dans le cas de l'atome d'hydrogène :

$$\lambda' = c \cdot T = \frac{c}{\nu}$$

A.N. : $\lambda' = \frac{3{,}00 \times 10^{8}}{4{,}68 \times 10^{14}} = 641$ nm.

La longueur d'onde de la lumière émise par le Soleil est inférieure à celle nécessaire pour extraire un électron, donc l'énergie d'un photon solaire est suffisante pour extraire un électron de l'atome d'hydrogène.

23 Page 110

1 D'après la définition de l'intensité électrique : $i = \frac{dq}{dt} = \frac{\Delta q}{\Delta t}$
On a donc : $\Delta q = I \cdot \Delta t = 30{,}0 \times 10^{-3} \times 2{,}1 = 63$ mC.
La valeur de la charge électrique transférée à ce condensateur est de 63 mC.

2 a. Le schéma de la situation est :

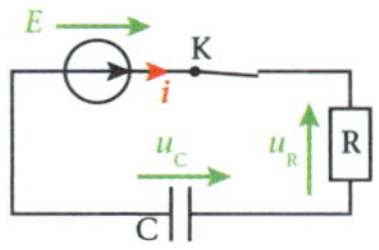

b. La charge électrique portée par la plaque positive est :
$q = C \cdot u_C = 68 \times 10^{-6} \times 6{,}0 = 0{,}41$ mC.
La valeur de la charge électrique est de 0,41 mC.
c. L'intensité du courant à la charge est :
$$i = \frac{dq}{dt} = \frac{\Delta q}{\Delta t} = \frac{0{,}41 \times 10^{-3}}{3{,}5} = 0{,}12 \text{ mA}.$$
L'intensité du courant de charge était de 0,12 mA.

3 a. La charge du condensateur est reliée à la tension à ses bornes : $q(t) = C \cdot u_C(t)$.
$$\text{Ainsi : } u_C(t) = \frac{q(t)}{C} = \frac{C \cdot E\left(1 - e^{-\frac{t}{R \cdot C}}\right)}{C} = E\left(1 - e^{-\frac{t}{R \cdot C}}\right)$$
À partir de la charge électrique, on obtient ainsi la tension aux bornes du condensateur.
b. L'intensité du courant électrique est reliée à la charge q par la relation $i = \frac{dq}{dt}$. On a donc :
$$i = \frac{dq}{dt} = \frac{d\left(C \cdot E\left(1 - e^{-\frac{t}{R \cdot C}}\right)\right)}{dt} = C \cdot E \cdot e^{-\frac{t}{R \cdot C}}$$
La charge électrique permet ainsi d'obtenir l'intensité du courant électrique.
c. Constante de temps : $\tau = R \cdot C = 220 \times 68 \times 10^{-6} = 15$ ms.
Ce circuit a une constante de temps de 15 ms.

4 a. Pour charger le condensateur à travers la résistance, l'interrupteur devait être en position 1. C'est la position de l'interrupteur pour laquelle le générateur de tension idéal fait partie de la maille.
b. La charge maximale portée par la plaque + du condensateur est : $q = C \cdot u_C = 33 \times 10^{-6} \times 6{,}0 = 0{,}20$ mC.
La charge maximale a pour valeur 0,20 mC.
c. Pour décharger le condensateur, il faut placer l'interrupteur en position 2 afin de ne plus avoir le générateur de tension idéal dans le circuit.
d. On flèche ainsi les tensions et intensité :

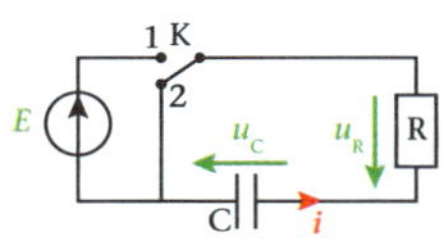

e. On applique la loi des mailles dans le circuit de décharge : $u_R + u_C = 0$.
En fonction de la charge électrique :
$$R \cdot i + \frac{q}{C} = 0$$
En utilisant la définition de l'intensité $i = \frac{dq}{dt}$, il vient donc :
$$R \cdot \frac{dq}{dt} + \frac{q}{C} = 0 \text{ ou } \frac{dq}{dt} + \frac{q}{R \cdot C} = 0$$
On pose $\tau = R \cdot C$: $\frac{dq}{dt} + \frac{q}{\tau} = 0$
Cette équation différentielle est celle correspondant au fonctionnement de cette maille.
f. Pour résoudre cette équation différentielle, on recherche la solution générale $q_G(t)$ et la solution particulière $q_P(t)$:
La solution générale est de la forme : $q_G(t) = A \cdot e^{-\frac{t}{\tau}}$.
La solution particulière est : $q_P(t) = 0$.
La charge électrique est donc de la forme : $q(t) = A \cdot e^{-\frac{t}{\tau}}$.
On détermine la constante A en utilisant la condition initiale :
$$q(0) = C \cdot E = A \cdot e^0 = A.$$
On a ainsi le résultat définitif : $q(t) = C \cdot E \cdot e^{-\frac{t}{\tau}}$.

5 a. Constante de temps du circuit :
$\tau = R \cdot C = 1{,}0 \times 10^3 \times 150 \times 10^{-3} = 0{,}15$ s.
Ce circuit a une constante de temps de 0,15 s.
b. Durée de la charge du condensateur :
$\Delta t = 5\,\tau = 5 \times 0{,}15 = 0{,}75$ s.
Le condensateur est chargé au bout de 0,75 s.
c. Énergie stockée dans le condensateur et restituable :
$$E_{cond} = \frac{1}{2} C \cdot u_C^2 = \frac{1}{2} \times 150 \times 10^{-3} \times 300^2 = 2{,}25 \text{ kJ}.$$
Ce condensateur peut restituer une énergie de 2,25 kJ.
d. Si le condensateur restitue toute l'énergie reçue, il fournit toute l'énergie stockée à la lampe. On utilise la relation entre la puissance et l'énergie au cours de cette restitution :
$$P = \frac{\Delta E_{cond}}{\Delta t}$$
A.N. : $P = \frac{2{,}25 \times 10^3}{0{,}15} = 15$ kW.
La lampe a une puissance maximale de 15 kW.
e. Rappel : En mathématiques, la tangente en a a pour équation $y = f'(a) \cdot (x - a) + f(a)$. C'est la même définition ici.
L'équation de la tangente est donnée dans le cas général par l'expression : $q = \left(\frac{dq}{dt}\right)(0) \cdot (t - 0) + q(0)$.
Or, $\frac{dq}{dt} = C \cdot E \cdot e^{-\frac{t}{R \cdot C}}$. On a donc : $\left(\frac{dq}{dt}\right)(0) = \frac{C \cdot E}{R \cdot C} = \frac{C \cdot E}{\tau}$.
Par ailleurs, $q(0) = 0$.
On obtient donc l'équation de la tangente à l'origine : $q = \frac{C \cdot E}{\tau} \cdot t$
f. Pour déterminer le point d'intersection, on égalise les deux expressions de la charge q : $\frac{C \cdot E}{\tau} \cdot t = C \cdot E$
On obtient finalement $t = \tau$.
g. Expérimentalement, on recherche le point d'intersection entre la tangente et l'asymptote horizontale. L'abscisse de ce point permet d'estimer la constante de temps.

6 a. Le graphe représente une tension en fonction du temps. La tension maximale est de trois carreaux. En utilisant l'échelle fournie, on obtient $U_{max} = 3 \times 0{,}10 = 0{,}30$ V.
La charge maximale est obtenue à partir de la relation entre la charge et la tension aux bornes du condensateur : $q = C \cdot U_{max}$
A.N. : $U_{max} = 33 \times 10^{-6} \times 0{,}30 = 10$ µC.
La charge maximale de ce condensateur est de 10 µC.
b. La charge du condensateur correspond à la partie croissante de chaque segment de droite. On utilise la définition de l'intensité du courant électrique : $i = \frac{dq}{dt} = \frac{\Delta q}{\Delta t}$.
Il suffit de calculer le coefficient directeur de la droite lors de sa croissance de 0 à 10 µC. D'après le graphique, la charge varie donc de 10 µC pendant une durée de $2 \times 1{,}0 = 2{,}0$ ms. On en déduit : $i = \frac{\Delta q}{\Delta t} = \frac{10 \times 10^{-6} - 0}{2{,}0 \times 10^{-3} - 0} = 0{,}50$ mA
L'intensité du courant de charge est donc de 0,50 mA.

1

ANALYSE

Suites

Cours

1 Rappels sur les suites

Remarque

$u_n \leq u_{n+1} \Leftrightarrow u_{n+1} - u_n \geq 0$ et $u_n \geq u_{n+1} \Leftrightarrow u_{n+1} - u_n \leq 0$.

▶ On dit qu'une suite (u_n) est croissante si on a $u_n \leq u_{n+1}$ pour tout entier naturel n et qu'elle est décroissante si on a $u_n \geq u_{n+1}$ pour tout entier naturel n.

▶ Une suite (u_n) est dite arithmétique s'il existe un réel r (appelé raison) tel que $u_{n+1} = u_n + r$ pour tout entier naturel n.

On a alors $u_n = u_0 + nr$, $u_n = u_1 + (n-1)r$ et on a aussi :

$$\sum_{k=0}^{k=n} u_k = u_0 + u_1 + \cdots + u_n = \frac{(u_0 + u_n)(n+1)}{2}.$$

▶ Une suite (u_n) est dite géométrique s'il existe un réel q (appelé raison) tel que $u_{n+1} = q \times u_n$ pour tout entier naturel n.

On a alors, $u_n = u_0 \times q^n$, $u_n = u_1 \times q^{n-1}$ et si $q \neq 1$, on a aussi :

$$\sum_{k=0}^{k=n} u_k = u_0 + u_1 + \cdots + u_n = u_0 \times \frac{1-q^{n+1}}{1-q}.$$

2 Raisonnement par récurrence

Soit $\mathcal{P}_n$ une propriété dépendant d'un entier naturel n.

▶ Si, à chaque fois que $\mathcal{P}_k$ est vraie pour un certain entier k, on peut montrer que $\mathcal{P}_{k+1}$ est vraie aussi, alors on dit que cette propriété est héréditaire.

▶ Raisonnement par récurrence : Si $\mathcal{P}_m$ est vraie pour un certain entier naturel m et si cette propriété est héréditaire, alors elle vraie pour tout entier $n \geq m$.

3 Limite d'une suite

▶ On dit que u_n tend vers le réel ℓ quand n tend vers $+\infty$ si tout intervalle ouvert contenant ℓ contient toutes les valeurs u_n à partir d'un certain rang. On note cela $\lim\limits_{n \to +\infty} u_n = \ell$; la suite (u_n) est dite alors convergente de limite ℓ.

Exemples : $\lim\limits_{n \to +\infty} \frac{1}{n} = 0$, $\lim\limits_{n \to +\infty} \frac{1}{n^2} = 0$ et $\lim\limits_{n \to +\infty} \frac{1}{\sqrt{n}} = 0$.

▶ On dit que u_n tend vers $+\infty$ quand n tend vers $+\infty$ si tout intervalle ouvert de la forme $[A\,;+\infty[$ contient toutes les valeurs u_n à partir d'un certain rang. On note cela $\lim\limits_{n \to +\infty} u_n = +\infty$.

De même, on peut définir ce qu'est une suite tendant vers $-\infty$.

Exemples : $\lim\limits_{n \to +\infty} n = +\infty$, $\lim\limits_{n \to +\infty} n^2 = +\infty$ et $\lim\limits_{n \to +\infty} \sqrt{n} = +\infty$.

▶ On dit qu'une suite qui n'a pas de limite ou qui a une limite infinie est divergente.

4 Propriétés des limites

Les tableaux suivants donnent respectivement les limites d'une somme, d'un produit ou d'un quotient (à condition qu'ils soient bien définis).

$\lim\limits_{n \to +\infty} u_n$	ℓ	ℓ	ℓ	$+\infty$	$-\infty$
$\lim\limits_{n \to +\infty} v_n$	ℓ'	$+\infty$	$-\infty$	$+\infty$	$-\infty$
$\lim\limits_{n \to +\infty} (v_n + v_n)$	$\ell + \ell'$	$+\infty$	$-\infty$	$+\infty$	$-\infty$

$\lim\limits_{n \to +\infty} u_n$	ℓ	$\ell > 0$	$\ell < 0$	$+\infty$	$+\infty$
$\lim\limits_{n \to +\infty} v_n$	ℓ'	$+\infty$	$+\infty$	$+\infty$	$-\infty$
$\lim\limits_{n \to +\infty} (v_n \times v_n)$	$\ell\ell'$	$+\infty$	$-\infty$	$+\infty$	$-\infty$

$\lim\limits_{n \to +\infty} u_n$	ℓ	ℓ	$+\infty$	$+\infty$	$\ell > 0$ ou $+\infty$	$\ell > 0$ ou $+\infty$
$\lim\limits_{n \to +\infty} u_n$	$\ell' \neq 0$	$\pm\infty$	$\ell' > 0$	$\ell' < 0$	0 en restant positif	0 en restant négatif
$\lim\limits_{n \to +\infty} \frac{u_n}{v_n}$	$\frac{\ell}{\ell'}$	0	$+\infty$	$-\infty$	$+\infty$	$-\infty$

▶ Une suite (u_n) est majorée par le réel M si, pour tout entier naturel n, on a $u_n \leq M$. On dit que M est un majorant de la suite.

▶ Une suite (u_n) est minorée par le réel m si, pour tout entier naturel n, on a $u_n \geq m$. On dit que m est un minorant de la suite.

▶ Une suite à la fois majorée et minorée est une suite bornée.

▶ Propriété de comparaison : Soient (u_n) et (v_n) deux suites telles que $u_n \leq v_n$ pour tout entier n assez grand.

Si $\lim\limits_{n \to +\infty} u_n = +\infty$, alors $\lim\limits_{n \to +\infty} v_n = +\infty$.

Si $\lim\limits_{n \to +\infty} v_n = -\infty$, alors $\lim\limits_{n \to +\infty} u_n = -\infty$.

▶ Théorème des gendarmes : Si $u_n \leq v_n \leq w_n$ pour tout entier naturel n et si $\lim\limits_{n \to +\infty} u_n = \lim\limits_{n \to +\infty} w_n = \ell$, alors (v_n) converge et $\lim\limits_{n \to +\infty} v_n = \ell$.

▶ Propriété : Toute suite croissante non majorée a pour limite $+\infty$.

▶ Théorème de convergence des suites monotones :

Toute suite croissante et majorée est convergente.

De même, toute suite décroissante et minorée est convergente.

Rappel

Une suite est monotone si elle n[e] change pas de sens de variatior[n] (elle est soit croissante, soit décroissante).

▶ **Propriétés :**

Si $q > 1$, alors $\lim\limits_{n \to +\infty} q^n = +\infty$.

Si $q = 1$, alors $\lim\limits_{n \to +\infty} q^n = 1$.

Si $-1 < q < 1$, alors $\lim\limits_{n \to +\infty} q^n = 0$.

Si $q \leq -1$, alors la suite définie par $u_n = q^n$ n'a pas de limite.

En particulier, comme $e \approx 2{,}718 > 1$, on a $\lim\limits_{n \to +\infty} e^n = +\infty$.

Rappel

Soit $u_n = Q_n$. Si $q > 1$, alors (u_n) est croissant[e]. Si $0 < q < 1$, alors (u_n) es[t] décroissante.

Exos résolus

1 Mener un raisonnement par récurrence

Soit (u_n) la suite définie par $u_0=0$ et $u_{n+1}=\sqrt{4+u_n}$ pour tout entier naturel n.
Pour tout entier naturel n, on note $\mathcal{P}_n$ la propriété :

$$u_n \leq u_{n+1} \leq 3.$$

Montrer par récurrence que $\mathcal{P}_n$ est vraie pour tout entier naturel n.

RÉSOLUTION

On commence par l'initialisation : on démontre ici que $\mathcal{P}_0$ est vraie.
On démontre ensuite que la propriété est héréditaire : on suppose que $\mathcal{P}_k$ est vraie pour un certain entier k et on en déduit que $\mathcal{P}_{k+1}$ est vraie aussi.
On rédige enfin une conclusion.

Astuce

Écrire l'énoncé $\mathcal{P}_{k+1}$ est souvent d'une bonne aide ! Cela permet de voir clairement ce qu'on veut démontrer.

▶ *Initialisation :* On a $u_1=\sqrt{4+u_0}=\sqrt{4+0}=\sqrt{4}=2$.
On a donc bien $u_0 \leq u_1 \leq 3$. Autrement dit, $\mathcal{P}_0$ est vraie.

▶ *Hérédité :* On suppose $\mathcal{P}_k$ vraie pour un certain entier k.
Autrement dit, on a : $u_k \leq u_{k+1} \leq 3$.
Montrons que $\mathcal{P}_{k+1}$ est vraie, c'est-à-dire que $u_{k+1} \leq u_{k+2} \leq 3$.
On a :

$u_k \leq u_{k+1} \leq 3 \Rightarrow 4+u_k \leq 4+u_{k+1} \leq 7$ (en ajoutant 4 à chaque membre)

$\Rightarrow \sqrt{4+u_k} \leq \sqrt{4+u_{k+1}} \leq \sqrt{7}$ (car la fonction racine carrée est croissante sur $[0\,;+\infty[$)

$\Rightarrow u_{k+1} \leq u_{k+2} \leq 3$ car $\sqrt{7} \leq 3$.

Autrement dit, $\mathcal{P}_{k+1}$ est vraie.

Remarque

Il n'est souvent pas utile de raisonner par équivalence dans une démonstration d'hérédité, une implication est suffisante pour appliquer le raisonnement par récurrence.

▶ *Conclusion :* La propriété $\mathcal{P}_n$ est vraie pour $n=0$ et est héréditaire donc elle est vraie pour tout entier naturel.

2 Calculer la limite d'une suite

a. Soit (v_n) la suite définie par $v_n=n^2-n+2$ pour tout entier naturel n.
Calculer la limite de (v_n) en factorisant par n^2.

RÉSOLUTION

On a $v_n=n^2-n+2=n^2\left(1-\frac{1}{n}+\frac{2}{n^2}\right)$.

Comme $\lim\limits_{n\to+\infty} n^2=+\infty$ et $\lim\limits_{n\to+\infty}\left(1-\frac{1}{n}+\frac{2}{n^2}\right)=1$,

on obtient, par produit des limites, $\lim\limits_{n\to+\infty} v_n=+\infty$.

b. Calculer la limite de la suite (u_n) définie par :

$$u_n=\frac{3+100\times 0{,}9^n}{5n+1{,}01^n}.$$

RÉSOLUTION

Ici, on peut étudier la limite du numérateur et du dénominateur.
0,9 est compris entre −1 et 1, donc $\lim\limits_{n\to+\infty} 0{,}9^n=0$.

On a donc $\lim\limits_{n\to+\infty}(3+100\times 0{,}9^n)=3+100\times 0=3$.

1,01 est supérieur à 1, donc $\lim\limits_{n\to+\infty} 1{,}01^n=+\infty$.

On a aussi $\lim\limits_{n\to+\infty} 5n=+\infty$, donc on a $\lim\limits_{n\to+\infty}(5n+1{,}01^n)=+\infty$.

Finalement, par quotient des limites, $\lim\limits_{n\to+\infty} u_n=0$.

c. Calculer la limite de la suite (S_n) définie pour tout entier naturel n par :

$$S_n=\sum_{k=0}^{k=n} 0{,}8^n=1+0{,}8+0{,}8^2+\cdots+0{,}8^n.$$

RÉSOLUTION

S_n est la somme des $n+1$ premiers termes de la suite géométrique de premier terme 1 et de raison 0,8.
On a donc :

$S_n=1\times\frac{1-0{,}8^{n+1}}{1-0{,}8}=\frac{1-0{,}8^{n+1}}{0{,}2}$.

Comme $0{,}8\in]-1\,;1[$,
$\lim\limits_{n\to+\infty} 0{,}8^{n+1}=\lim\limits_{n\to+\infty} 0{,}8^n=0$.

On a donc

$\lim\limits_{n\to+\infty} S_n=\frac{1-0}{0{,}2}=\frac{1}{0{,}2}=5$.

Astuce

En cas de doute sur le nombre de termes, on peut contrôler s'il y en a n ou $n+1$ pour de petites valeurs de n. Ici, on a par exemple $S_2=1+0{,}8+0{,}8^2$: cette somme compte 3 termes.

3 Étudier la convergence d'une suite

Soit (u_n) la suite définie par $u_0=0$ et $u_{n+1}=\sqrt{4+u_n}$ pour tout entier naturel n.
On a déjà démontré à l'exo résolu 1 que $u_n \leq u_{n+1} \leq 3$ pour tout entier naturel n.
Montrer que la suite (u_n) est convergente.

RÉSOLUTION

On a démontré dans l'exo résolu 1 que $u_n \leq u_{n+1}$ pour tout entier naturel n. Cela signifie que (u_n) est une suite croissante.
On a aussi démontré dans l'exo résolu 1 que $u_n \leq 3$ pour tout entier naturel n. Cela signifie que (u_n) est une suite majorée (par 3).
(u_n) est croissante et majorée donc elle converge.

Remarque

La limite de (u_n) ne vaut pas 3 ! On peut montrer qu'elle vaut $\frac{1+\sqrt{17}}{2}$.

MATHS

SYNTHÈSE

Sens de variation

Pour tout entier naturel n,
- (u_n) est croissante si $u_n \leq u_{n+1}$.
- (u_n) est décroissante si $u_n \geq u_{n+1}$.

Suites arithmétiques

- $u_{n+1} = u_n + r$, r étant la raison.
- $u_n = u_0 + nr = u_1 + (n-1)r$
- $\sum_{k=0}^{k=n} u_k = u_0 + u_1 + \cdots + u_n = \frac{(u_0 + u_n)(n+1)}{2}$

Suites géométriques

- $u_{n+1} = u_n \times q$, q étant la raison.
- $u_n = u_0 \times q^n = u_1 \times q^{n-1}$
- $\sum_{k=0}^{k=n} u_k = u_0 + u_1 + \cdots + u_n = u_0 \times \frac{1-q^{n+1}}{1-q}$
- Si $q \in]-1 ; 1[$, alors $\lim\limits_{n \to +\infty} q^n = 0$.
- Si $q > 1$, alors $\lim\limits_{n \to +\infty} q^n = +\infty$.

Suites

Théorèmes de convergence

Soient trois suites telles que, pour tout entier n assez grand, $u_n \leq v_n \leq w_n$.

Comparaison

Si $\lim\limits_{n \to +\infty} u_n = +\infty$, alors $\lim\limits_{n \to +\infty} v_n = +\infty$.

Théorème des gendarmes

Si $\lim\limits_{n \to +\infty} u_n = \lim\limits_{n \to +\infty} v_n = \ell$, alors (v_n) converge et $\lim\limits_{n \to +\infty} v_n = \ell$.

Toute suite croissante non majorée a pour limite $+\infty$.

Convergence des suites monotones

Toute suite croissante et majorée est convergente.

Toute suite décroissante et minorée est convergente.

Raisonnement par récurrence

Si $\mathcal{P}_m$ est vraie pour un certain entier naturel m et si cette propriété est héréditaire, alors elle est vraie pour tout entier $n \geq m$.

Exercices

1 ★ 10 min **On pose $u_0 = 0$ et $u_{n+1} = 2u_n + 1$ pour tout entier naturel n.**

Montrer que $u_n = 2^n - 1$ pour tout entier naturel n.

2 ★ 15 min **Pour tout entier naturel n, on note**

$$v_n = \sum_{k=1}^{k=n} u_k = u_1 + u_2 + \cdots + u_n \text{, où } u_n = 2n - 1.$$

a. Donner u_1, u_2, u_3, u_4, u_5 et v_1, v_2, v_3, v_4, v_5.

b. Émettre une conjecture, puis la démontrer par récurrence.

3 ★★ 30 min **Soient (T_n), (S_n) et (C_n) les suites définies pour tout entier naturel n par :**

$$T_n = \frac{1}{2}n(n+1),\ S_n = \frac{1}{6}n(n+1)(2n+1) \text{ et } C_n = T_n{}^2.$$

Pour tout entier naturel n, démontrer que :

a. $T_n = \sum_{k=0}^{k=n} k = 0 + 1 + 2 + \cdots + n$

b. $S_n = \sum_{k=0}^{k=n} k^2 = 0^2 + 1^2 + 2^2 + \cdots + n^2$

c. $C_n = \sum_{k=0}^{k=n} k^3 = 0^3 + 1^3 + 2^3 + \cdots + n^3$

4 ★ 5 min **Pour tout entier naturel n, on note $u_n = \frac{2n^2 + 3n + 4}{3n^2 + 2n + 1}$.**

Calculer la limite de la suite (u_n).

Factoriser par n^2 au numérateur et au dénominateur.

5 ★ 15 min **Pour tout entier naturel n, on note $u_n = \frac{3^n - 1}{3^n + 1}$ et $v_n = \frac{2^n + 3}{5^n + 4}$.**

a. Calculer la limite de la suite (u_n) en factorisant par 3^n au numérateur et au dénominateur.

b. Calculer la limite de la suite (v_n).

6 ★★ 15 min

a. Déterminer la limite de la suite (u_n) définie pour tout entier naturel n par $u_n = n + 1 + (-1)^n$.
Cette suite est-elle croissante ? Justifier.
b. Déterminer la limite de la suite (u_n) définie pour tout entier naturel n par $u_n = 2 + \cos(n) \times 0,5^n$.

7 ★★ 20 min **On pose $u_0 = 0$, et pour tout entier naturel n, $u_{n+1} = 0,4u_n + 1$.**

a. Calculer u_1, u_2 et u_3.
b. Démontrer que $u_n \leq u_{n+1} \leq 2$ pour tout entier naturel n.
c. Montrer que (u_n) est convergente et calculer sa limite.

8 ★★ 30 min Type Bac

D'après Bac S, Polynésie, septembre 2019.

Des scientifiques étudient l'évolution d'une population de grenouilles autour d'un étang. Une étude menée en 2018 a permis d'estimer le taux de disponibilité des ressources pour le développement de la population de grenouilles autour de l'étang à 0,9 : cela signifie que 90% des ressources sont disponibles. On modélise le taux de disponibilité des ressources par la suite (T_n) qui, à tout entier naturel n, associe le taux de disponibilité des ressources n années après 2018. On a ainsi $T_0 = 0,9$. Le modèle choisi est tel que, pour tout entier naturel n, on a $T_{n+1} = T_n - 0,1T_n^2$.

A. Certains spécialistes en environnement estiment qu'en 2022, le taux de disponibilité des ressources sera proche de 0,4. Cette affirmation est-elle conforme au modèle ? Pourquoi ?

B. On définit la fonction f sur l'intervalle $[0 ; 1]$ par $f(x) = x - 0,1x^2$. Ainsi, la suite (T_n) vérifie, pour tout entier naturel n, $T_{n+1} = f(T_n)$.
a. Étudier les variations de la fonction f sur l'intervalle $[0 ; 1]$.
b. Montrer que pour tout entier naturel n, on a $0 \leq T_{n+1} \leq T_n \leq 1$.
c. La suite (T_n) est-elle convergente ? Justifier la réponse.
d. Le groupe de spécialistes en environnement affirme que, selon ce modèle, le taux de disponibilité des ressources peut être inférieur à 0,4 au cours des vingt premières années qui suivent le début de l'étude et qu'il est possible de déterminer en quelle année ce seuil serait atteint pour la première fois. Cette affirmation est-elle conforme au modèle ? Pourquoi ?

9 ★★★ 15 min **Soit n un entier non nul. On note :**

$$u_n = \sum_{k=1}^{k=n} \frac{1}{k^2} = \frac{1}{1^2} + \frac{1}{2^2} + \cdots + \frac{1}{n^2}.$$

a. Montrer que $\frac{1}{n} - \frac{1}{n+1} > \frac{1}{(n+1)^2}$ pour tout entier naturel $n \geq 1$.
b. Démontrer que $u_n \leq 2 - \frac{1}{n}$ pour tout entier naturel $n \geq 1$.
c. Montrer que (u_n) est convergente.

Histoire des maths

Le calcul de la limite de cette suite est une célèbre question appelée « problème de Bâle ». Posé à la fin du XVIIe siècle, il a été notamment étudié par des natifs de Bâle comme **Jacques Bernoulli** et **Leonhard Euler**. C'est ce dernier qui trouve la réponse en 1735 : la limite vaut $\frac{\pi^2}{6}$.

10 ★★★ 45 min ALGORITHME APPROFONDISSEMENT

On se propose ici d'étudier la méthode de Héron pour calculer une valeur approchée de $\sqrt{a}$ pour un réel a positif. On se limite au cas $a > 1$ (le cas $a < 1$ se traite de façon analogue). Héron cherche un carré d'aire a. Pour cela, il considère un rectangle d'aire a et calcule la moyenne m des longueurs de ses côtés. Il réitère ensuite le processus avec le rectangle de côté m et d'aire a.

Histoire des maths

Héron d'Alexandrie a présenté cette méthode au Ier siècle ap. J.-C. dans le premier tome des *Métriques*. Il y propose de choisir comme premier terme (c'est-à-dire comme première approximation de $\sqrt{a}$) la racine du carré parfait le plus proche de a. La méthode de Héron est extrêmement efficace et s'avère être un cas particulier de la méthode de Newton (voir le chapitre 5).

A. On note u_n les valeurs successives obtenues par la méthode de Héron avec un rectangle d'aire a en posant $u_0 = a$.
a. Expliquer pourquoi, pour tout entier naturel n, on a $u_{n+1} = f(u_n)$ où f est la fonction définie sur $]0 ; +\infty[$ par :

$$f(x) = \frac{1}{2}\left(x + \frac{a}{x}\right).$$

b. Étudier les variations de la fonction f sur $]0 ; +\infty[$.
c. Montrer que (u_n) est convergente et calculer sa limite.
d. Si on applique cette méthode avec $a = 2$, en combien d'étapes obtient-on une approximation de $\sqrt{2}$ avec huit décimales exactes ?

B. Écrire en langage Python une fonction qui, étant donné un réel a plus grand que 1, renvoie une approximation de $\sqrt{a}$ obtenue après quatre itérations de la méthode de Héron avec pour valeur initiale a.

11 ★★ 15 min DÉMONSTRATION

a. Démontrer que toute suite croissante non majorée tend vers $+\infty$.
Est-ce qu'une suite non majorée tend toujours vers $+\infty$?
b. Soient (u_n) et (v_n) deux suites telles que, pour tout entier n, $u_n \leq v_n$ et $\lim_{n \to +\infty} u_n = +\infty$. Montrer que $\lim_{n \to +\infty} v_n = +\infty$.

12 ★★ 30 min DÉMONSTRATION

a. Soit x un réel strictement positif. Démontrer l'inégalité de Bernoulli $(1+x)^n > 1 + nx$ pour tout entier naturel $n \geq 2$.
b. En déduire que $\lim_{n \to +\infty} q^n = +\infty$ pour tout réel $q > 1$.

MATHS

Opérations sur les limites

Cours

1 Définition et interprétation graphique

a. Limites en l'infini

Soit f une fonction définie sur un intervalle de la forme $]a\,;+\infty[$. On note $\mathscr{C}_f$ sa courbe représentative.

▶ On dit que f admet pour limite le réel ℓ lorsque x tend vers $+\infty$ si tout intervalle ouvert centré sur ℓ contient toutes les valeurs de $f(x)$ à partir d'une certaines valeur k de x. On note cela :

$$\lim_{x\to+\infty} f(x)=\ell.$$

▶ La droite d'équation $y=\ell$ est une asymptote horizontale à $\mathscr{C}_f$ en $+\infty$. La courbe $\mathscr{C}_f$ se rapproche de plus en plus de la droite d'équation $y=\ell$ quand x tend vers $+\infty$.

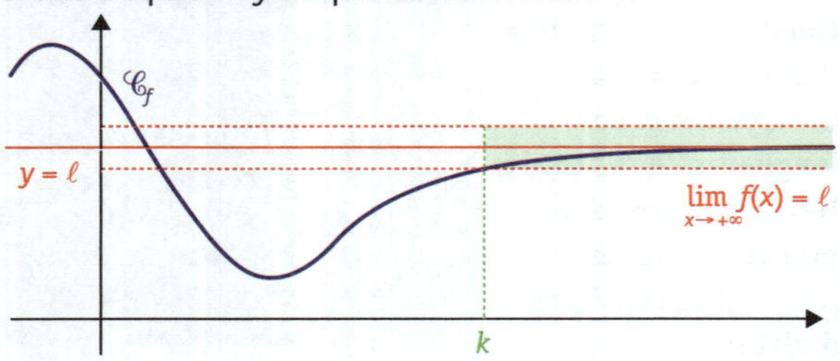

▶ De même, on peut également définir la limite finie d'une fonction en $-\infty$.

Exemples : La courbe de la fonction exponentielle a pour asymptote en $-\infty$ l'axe des abscisses car $\lim_{x\to-\infty} e^x=0$.

Rappel

L'axe des abscisses a pour équation $y=0$.

▶ On dit que f admet pour limite $+\infty$ lorsque x tend vers $+\infty$ si tout intervalle de la forme $]a\,;+\infty[$ contient toutes les valeurs de $f(x)$ à partir d'une certaine valeur k de x.

On note cela : $\lim_{x\to+\infty} f(x)=+\infty$.

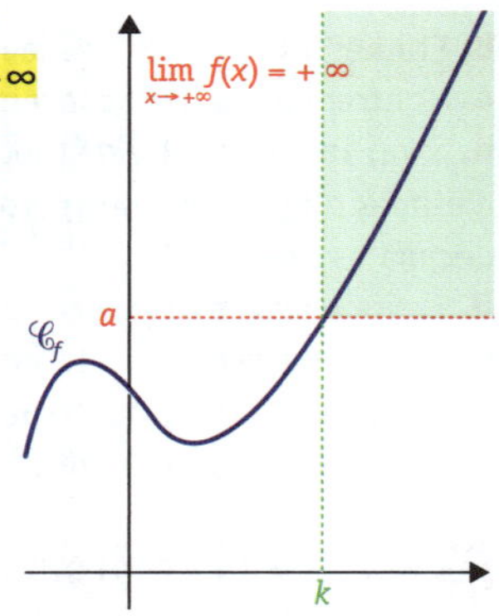

Exemples :

$\lim_{x\to+\infty} x^2=+\infty$ et $\lim_{x\to+\infty} e^x=+\infty$.

Pour tout entier naturel n non nul, on a $\lim_{x\to+\infty} x^n=+\infty$, $\lim_{x\to-\infty} x^n=-\infty$ si n est impair et $\lim_{x\to-\infty} x^n=-\infty$ si n est pair.

b. Limites en un point

▶ Soit f une fonction définie sur $]a\,;a+r[$ avec $r>0$.

On dit que f admet pour limite $+\infty$ lorsque x tend vers a, à droite de a si tout intervalle de la forme $]k\,;+\infty[$ contient toutes les valeurs de $f(x)$ dès que x est assez proche de a.

On note cela $\lim_{\substack{x\to a\\ x>a}} f(x)=+\infty$ ou $\lim_{x\to a^+} f(x)=+\infty$.

▶ De même, on peut définir la limite à gauche.

▶ Graphiquement, on dit que la droite d'équation $x=a$ est une asymptote verticale à $\mathscr{C}_f$ en a. La courbe $\mathscr{C}_f$ se rapproche de plus en plus de la droite d'équation $x=a$ quand x tend vers a.

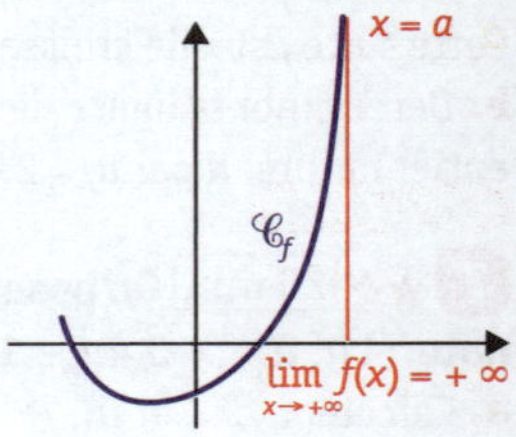

Exemples : $\lim_{x\to0^+}\dfrac{1}{x}=+\infty$ et $\lim_{x\to0^-}\dfrac{1}{x}=-\infty$.

2 Opérations sur les limites

a désigne ici un nombre réel ou $+\infty$ ou $-\infty$.

$\lim_{x\to a} f(x)$	ℓ	ℓ	ℓ	$+\infty$	$-\infty$
$\lim_{x\to a} g(x)$	ℓ'	$+\infty$	$-\infty$	$+\infty$	$-\infty$
$\lim_{x\to a} (f(x)+g(x))$	$\ell+\ell'$	$+\infty$	$-\infty$	$+\infty$	$-\infty$

$\lim_{x\to a} f(x)$	ℓ	$\ell>0$	$\ell<0$	$+\infty$	$+\infty$
$\lim_{x\to a} g(x)$	ℓ'	$+\infty$	$+\infty$	$+\infty$	$-\infty$
$\lim_{x\to a} (f(x)\times g(x))$	$\ell\ell'$	$+\infty$	$-\infty$	$+\infty$	$-\infty$

$\lim_{x\to a} f(x)$	ℓ	ℓ	$+\infty$	$+\infty$	$\ell>0$ ou $+\infty$	$\ell>0$ ou $+\infty$
$\lim_{x\to a} g(x)$	$\ell'\neq0$	$\pm\infty$	$\ell'>0$	$\ell'<0$	0^-	0^+
$\lim_{x\to a} \dfrac{f(x)}{g(x)}$	$\dfrac{\ell}{\ell'}$	0	$+\infty$	$-\infty$	$+\infty$	$-\infty$

À noter

On écrit $\lim_{x\to a} f(x)=0^+$ si $\lim_{x\to a} f(x)=0$ et si $f(x)$ reste positif au voisinage de a. De même, on écrit $\lim_{x\to a} f(x)=0^-$ si $\lim_{x\to a} f(x)=0$ et si $f(x)$ reste négatif au voisinage de a.

▶ Il existe quatre formes indéterminées :

$$« \frac{0}{0} », « \frac{\infty}{\infty} », « \infty-\infty » \text{ et } « 0\times\infty ».$$

Dans ces cas, une étude particulière est nécessaire.

▶ Si $\lim_{x\to a} f(x)=b$ et si $\lim_{X\to b} g(X)=c$, alors $\lim_{x\to a} g(f(x))=c$.

3 Comparaisons de limites

a désigne ici un nombre réel ou $+\infty$ ou $-\infty$.

▶ Théorème des gendarmes :

Soient f, g et h trois fonctions définies sur un même intervalle.

Si $f\leq g\leq h$ et si $\lim_{x\to a} f(x)=\lim_{x\to a} h(x)=\ell$, alors $\lim_{x\to a} g(x)=\ell$.

▶ **Théorème :** Soient f et g deux fonctions définies sur $[k\,;+\infty[$.

Si $f\leq g$ et si $\lim_{x\to+\infty} f(x)=+\infty$, alors $\lim_{x\to+\infty} g(x)=+\infty$ aussi.

▶ Soit n un entier naturel non nul. On a :

$$\lim_{x\to+\infty}\frac{e^x}{x^n}=+\infty\,,\ \lim_{x\to+\infty}\frac{x^n}{e^x}=0 \ \text{ et } \lim_{x\to-\infty} x^n e^x=0.$$

Exos résolus

1 Étudier une forme indéterminée

a. **Soit f la fonction définie sur $\mathbb{R}$ par $f(x) = 2x^3 - 6x^2 - 4x$. Déterminer $\lim\limits_{x \to +\infty} f(x)$.**

RÉSOLUTION

On a $\lim\limits_{x \to +\infty} 2x^3 = +\infty$ et $\lim\limits_{x \to +\infty} -6x^2 - 4x = -\infty$.

On est donc face à la forme indéterminée « $\infty - \infty$ ».

On peut factoriser par le terme de plus haut degré ; ici, $2x^3$. Ainsi :

$$\lim_{x \to +\infty} f(x) = \lim_{x \to +\infty} 2x^3\left(\frac{2x^3}{2x^3} - \frac{6x^2}{2x^3} - \frac{4x}{2x^3}\right)$$

$$= \lim_{x \to +\infty} 2x^3\left(1 - \frac{3}{x} - \frac{2}{x^2}\right).$$

Or $\lim\limits_{x \to +\infty} 2x^3 = +\infty$ et

$$\lim_{x \to +\infty}\left(1 - \frac{3}{x} - \frac{2}{x^2}\right) = 1 - 0 - 0 = 1,$$

donc on a $\lim\limits_{x \to +\infty} f(x) = +\infty$.

À savoir

Le calcul effectué ici se généralise à tout polynôme. On peut retenir que la limite en $+\infty$ (ou $-\infty$) d'une fonction polynômiale est égale à la limite en $+\infty$ (ou $-\infty$) de son terme de plus haut degré.

b. **Soit g la fonction définie sur $\mathbb{R}$ par $g(x) = \dfrac{6x^2 + x - 10}{2x^2 + 2x + 1}$.**

Déterminer $\lim\limits_{x \to +\infty} g(x)$. Interpréter graphiquement.

RÉSOLUTION

On a $\lim\limits_{x \to +\infty} 6x^2 + x - 10 = +\infty$ et $\lim\limits_{x \to +\infty} 2x^2 + 2x + 1 = +\infty$.

On est donc face à la forme indéterminée « $\dfrac{\infty}{\infty}$ ».

On peut factoriser par les termes de plus haut degré.

$$\lim_{x \to +\infty} g(x) = \lim_{x \to +\infty} \frac{6x^2\left(\frac{6x^2}{6x^2} + \frac{x}{6x^2} - \frac{10}{6x^2}\right)}{2x^2\left(\frac{2x^2}{2x^2} + \frac{2x}{2x^2} + \frac{1}{2x^2}\right)}$$

$$= \lim_{x \to +\infty} \frac{6\cancel{x^2}\left(1 + \frac{1}{6x} - \frac{5}{3x^2}\right)}{2\cancel{x^2}\left(1 + \frac{1}{x} + \frac{1}{2x^2}\right)}$$

$$= \lim_{x \to +\infty} \frac{6\left(1 + \frac{1}{6x} - \frac{5}{3x^2}\right)}{2\left(1 + \frac{1}{x} + \frac{1}{2x^2}\right)}$$

$$= \lim_{x \to +\infty} 3 \times \frac{1 + \frac{1}{6x} - \frac{5}{3x^2}}{1 + \frac{1}{x} + \frac{1}{2x^2}}.$$

À savoir

Le calcul effectué ici se généralise à tout quotient de polynômes. On peut retenir que la limite en $+\infty$ (ou $-\infty$) d'un quotient de polynôme est égale à la limite en $+\infty$ (ou $-\infty$) du quotient des termes de plus haut degré.

Comme $\lim\limits_{x \to +\infty} 1 + \dfrac{1}{6x} - \dfrac{5}{3x^2} = 1 + 0 - 0 = 1$ et

$\lim\limits_{x \to +\infty} 1 + \dfrac{1}{x} + \dfrac{1}{2x^2} = 1 + 0 + 0 = 1$, on a $\lim\limits_{x \to +\infty} g(x) = 3 \times \dfrac{1}{1} = 3$.

Comme $\lim\limits_{x \to +\infty} g(x) = 3$, la courbe représentative de la fonction g a une asymptote horizontale en $+\infty$ d'équation $y = 3$.

2 Déterminer une limite en un point

Soit f la fonction définie sur $]-\infty\,;2[\cup]2\,;+\infty[$ par :

$$f(x) = \frac{x - 3}{x - 2}.$$

Calculer les limites à gauche et à droite de f en 2.
Interpréter graphiquement les résultats précédents.

RÉSOLUTION

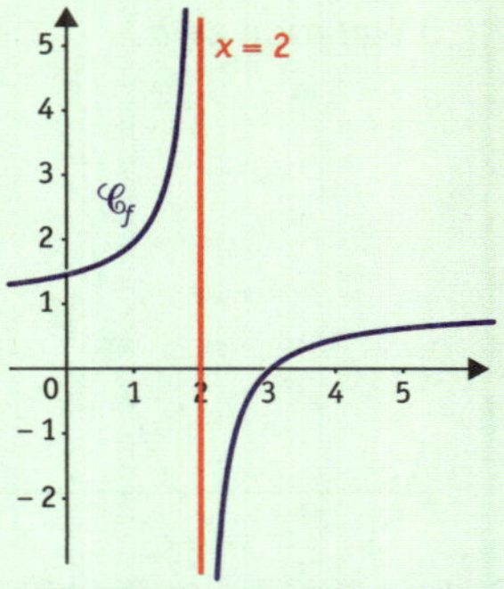

On a $\lim\limits_{x \to 2} x - 3 = 2 - 3 = -1$.

Lorsque x est inférieur à 2, $x - 2$ est négatif donc $\lim\limits_{x \to 2^-} x - 2 = 0^-$.

Lorsque x est supérieur à 2, $x - 2$ est positif donc $\lim\limits_{x \to 2^-} x - 2 = 0^+$.

On a donc $\lim\limits_{x \to 2^-} f(x) = +\infty$ et $\lim\limits_{x \to 2^+} f(x) = -\infty$.

La courbe représentative de f a une asymptote verticale d'équation $x = 2$.

Aide

On peut penser :

« $\dfrac{-1}{0^-} = +\infty$ » et « $\dfrac{-1}{0^+} = -\infty$ ».

3 Déterminer la limite d'un enchaînement de fonctions

Calculer $\lim\limits_{x \to +\infty} e^{-x^2}$.

RÉSOLUTION

On identifie les différentes fonctions enchaînées dans le calcul. On cherche successivement la limite de chacune de ces fonctions en tenant compte à chaque étape du résultat trouvé précédemment.

On a $\lim\limits_{x \to +\infty} (-x^2) = -\infty$ et $\lim\limits_{X \to -\infty} e^X = 0$ donc $\lim\limits_{x \to +\infty} e^{-x^2} = 0$.

4 Déterminer une limite par encadrement

Calculer $\lim\limits_{x \to +\infty} \dfrac{\sin(x)}{x^2 + 1}$.

RÉSOLUTION

On a $\dfrac{-1}{x^2 + 1} \leqslant \dfrac{\sin(x)}{x^2 + 1} \leqslant \dfrac{1}{x^2 + 1}$ pour tout réel x.

De plus $\lim\limits_{x \to +\infty} \dfrac{-1}{x^2 + 1} = \lim\limits_{x \to +\infty} \dfrac{1}{x^2 + 1} = 0$.

D'après le théorème des gendarmes, on a donc $\lim\limits_{x \to +\infty} \dfrac{\sin(x)}{x^2 + 1} = 0$.

Rappel

Pour tout réel x, on a :
$-1 \leqslant \sin(x) \leqslant 1$.

MATHS

SYNTHÈSE

Interprétations graphiques

- Si $\lim\limits_{x \to +\infty} f(x) = \ell$ ou $\lim\limits_{x \to -\infty} f(x) = \ell$, alors $\mathscr{C}_f$ a une asymptote horizontale d'équation $y = \ell$.
- Si $\lim\limits_{x \to a} f(x) = \pm\infty$, alors $\mathscr{C}_f$ a une asymptote verticale d'équation $x = a$.

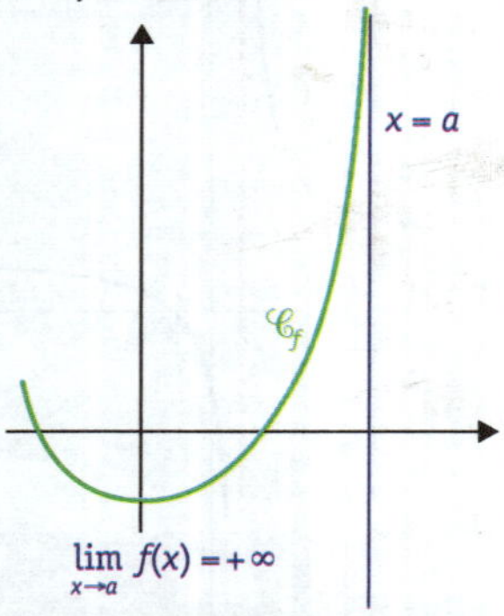

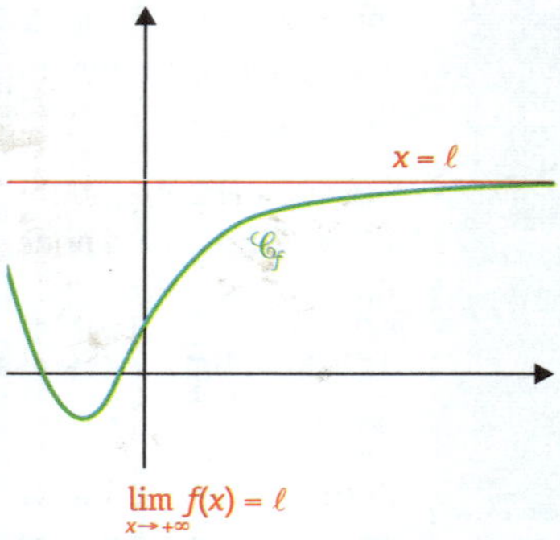

Limites usuelles

- $\lim\limits_{x \to 0^+} \frac{1}{x} = +\infty$ et $\lim\limits_{x \to 0^-} \frac{1}{x} = -\infty$.

  $\lim\limits_{x \to +\infty} \frac{1}{x} = \lim\limits_{x \to -\infty} \frac{1}{x} = 0$
- Soit n un entier naturel non nul.

  $\lim\limits_{x \to +\infty} x^n = +\infty$

  $\lim\limits_{x \to -\infty} x^n = -\infty$ si n est impair.

  $\lim\limits_{x \to -\infty} x^n = +\infty$ si n est pair.
- $\lim\limits_{x \to +\infty} e^x = +\infty$ et $\lim\limits_{x \to -\infty} e^x = 0$.
- Soit n un entier naturel.

  $\lim\limits_{x \to +\infty} \frac{e^x}{x^n} = +\infty$, $\lim\limits_{x \to +\infty} \frac{x^n}{e^x} = 0$ et $\lim\limits_{x \to -\infty} x^n e^x = 0$.

Limites de fonction

Définitions formelles

Limites en l'infini

- On dit que f admet pour **limite** le réel ℓ **lorsque x tend vers** $+\infty$ si tout intervalle ouvert centré sur ℓ contient toutes les valeurs de $f(x)$ à partir d'une certaine valeur k de x. On écrit cela : $\lim\limits_{x \to +\infty} f(x) = \ell$.
- On dit que f admet pour **limite** $+\infty$ **lorsque x tend vers** $+\infty$ si tout intervalle de la forme $]a\,;+\infty[$ contient toutes les valeurs de $f(x)$ à partir d'une certaine valeur k de x.

  On écrit cela : $\lim\limits_{x \to +\infty} f(x) = +\infty$.

Limites en un point

- Soit f une fonction définie sur l'intervalle $]a\,;a+r[$ avec $r > 0$.

  On dit que f admet pour limite $+\infty$ lorsque x tend vers a, à droite de a si tout intervalle de la forme $]k\,;+\infty[$ contient toutes les valeurs de $f(x)$ dès que x est assez proche de a.

  On note cela $\lim\limits_{\substack{x \to a \\ x > a}} f(x) = +\infty$ ou $\lim\limits_{x \to a^+} f(x) = +\infty$.

Opérations sur les limites

- Voir tableaux du cours.

Formes indéterminées

« $\frac{0}{0}$ », « $\frac{\infty}{\infty}$ », « $\infty - \infty$ » et « $0 \times \infty$ ».

- Dans le cas des polynômes ou des quotients de polynômes, les limites en $\pm\infty$ s'obtiennent en considérant les termes de plus haut degré.
- Si $\lim\limits_{x \to a} f(x) = b$

  et si $\lim\limits_{X \to b} g(X) = c$,

  alors $\lim\limits_{x \to a} g(f(x)) = c$.

Comparaisons et limites

a désigne ici un nombre réel pouvant être remplacé par $+\infty$ ou $-\infty$.

Théorème des gendarmes

Si $f \leq g \leq h$ et si $\lim\limits_{x \to a} f(x) = \lim\limits_{x \to a} h(x) = \ell$, alors $\lim\limits_{x \to a} g(x) = \ell$.

- **Théorème**

  Si $f \leq g$ et si $\lim\limits_{x \to +\infty} f(x) = +\infty$, alors $\lim\limits_{x \to +\infty} g(x) = +\infty$ aussi.

Exercices

1 ★ 5 min **On donne ci-dessous la courbe représentative $\mathscr{C}_f$ d'une fonction f définie sur $]-\infty\,;-2[\cup]-2\,;+\infty[$ et la courbe représentative $\mathscr{C}_g$ d'une fonction g définie sur $]-\infty\,;-1[\cup]-1\,;+\infty[$.**
Déterminer par lecture graphique les limites de f et g aux bornes de leur ensemble de définition et donner les équations des asymptotes correspondantes lorsqu'il y en a.

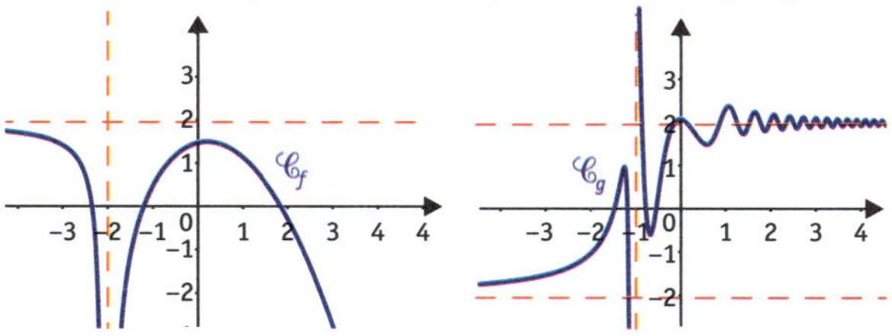

2 ★★ 10 min **Calculer les limites suivantes.**

a. $\lim\limits_{x\to+\infty}(3x^2+2x+1)$ b. $\lim\limits_{x\to+\infty}(3x^2-2x+1)$

c. $\lim\limits_{x\to-\infty}\dfrac{x^2-5x+3}{x^3+2x+8}$ d. $\lim\limits_{x\to+\infty}\dfrac{3x^2-5x+3}{4x^2+7x-1}$

On peut penser à utiliser les termes de plus haut degré.

3 ★★ 15 min **Calculer les limites suivantes.**

a. $\lim\limits_{x\to+\infty}\left(e^x+\dfrac{2}{x}\right)$ b. $\lim\limits_{x\to-\infty}(e^x-x^3-2x)$

c. $\lim\limits_{x\to+\infty}(e^x-x^3-2x)$ d. $\lim\limits_{x\to-\infty}\dfrac{e^x+6}{e^x+2}$

e. $\lim\limits_{x\to+\infty}\dfrac{e^x+6}{e^x+2}$ f. $\lim\limits_{x\to+\infty}(e^{3x}-e^{2x})$

Factoriser permet de lever des indéterminations !

4 ★★ 15 min **Calculer les limites suivantes.**

a. $\lim\limits_{x\to0^+}\sqrt{4+\dfrac{5}{x}}$ b. $\lim\limits_{x\to+\infty}\sqrt{4+\dfrac{5}{x}}$

c. $\lim\limits_{x\to+\infty}e^{-2x+3}$ d. $\lim\limits_{x\to0^+}xe^{\frac{1}{x}}$

Il faut identifier des enchaînements de fonctions connues.

5 ★★ 10 min
Soit f la fonction définie sur $\mathbb{R}^+$ par $f(x)=\dfrac{x^2+5x}{2x+1}-\dfrac{1}{2}x$.
Conjecturer la valeur de $\lim\limits_{x\to+\infty}f(x)$, puis démontrer ce résultat.

6 ★★ 20 min **Calculer les limites suivantes.**

a. $\lim\limits_{x\to2^+}\dfrac{4}{x-2}$ b. $\lim\limits_{x\to2^-}\dfrac{4}{x-2}$

c. $\lim\limits_{x\to1}\dfrac{2}{(x-1)^2}$ d. $\lim\limits_{x\to3^+}\dfrac{2x-8}{x-3}$

Il faut faire attention aux signes pour les limites en un point.

7 ★★ 20 min **Soit f la fonction définie par :**

$$f(x)=\frac{x}{x^2+x-6}.$$

a. Pour quelles valeurs réelles de x cette fonction peut-elle être définie ? On note J cet ensemble de définition.
b. Donner le signe du dénominateur de f sur $\mathbb{R}$.
Calculer alors les limites de f aux bornes de son ensemble de définition et interpréter graphiquement ces résultats.

8 ★★ 10 min Type Bac
On note f la fonction définie sur l'intervalle $]0\,;+\infty[$ par :

$$f(x)=\frac{1}{x^2}e^{\frac{1}{x}}.$$

On note $\mathscr{C}$ sa courbe représentative.
a. Déterminer la limite de la fonction f quand x tend vers 0.
b. Déterminer la limite de la fonction f quand x tend vers $+\infty$.
c. Quelles conséquences peut-on déduire de ces deux résultats pour la courbe $\mathscr{C}$?

9 ★★ 15 min
a. Soit f une fonction telle que, pour tout réel $x>1$, $x^2\leq f(x)$.
Déterminer $\lim\limits_{x\to+\infty}f(x)$.
b. Soit f une fonction telle que, pour tout réel $x<-1$, $g(x)\leq x^3$. Déterminer $\lim\limits_{x\to-\infty}f(x)$.
c. Soit f une fonction telle que, pour tout réel strictement positif x, on a $2-\dfrac{1}{x}\leq f(x)\leq\dfrac{2x^2+3}{x^2+1}$.
Déterminer $\lim\limits_{x\to+\infty}f(x)$.

Un encadrement doit faire penser au théorème des gendarmes.

10 ★★ 15 min **Soit f la fonction définie sur $]0\,;+\infty[$ par $f(x)=\dfrac{\sqrt{x(x+1)}}{x^2}$.**

Il peut être utile de remarquer que $x<x+1$.

a. Démontrer que, pour tout $x>0$, $x\leq\sqrt{x(x+1)}\leq x+1$.
b. Déterminer alors la limite de f en $+\infty$.

11 ★★★ 40 min DÉMONSTRATION Type Bac
A. a. En étudiant les variations de la fonction h définie sur $\mathbb{R}$ par $h(x)=e^x-x$, montrer que $e^x>x$ pour tout réel x.
b. Démontrer alors que $\lim\limits_{x\to+\infty}e^x=+\infty$.
En déduire la limite de la fonction exponentielle en $-\infty$.
B. Soit g la fonction définie sur $\mathbb{R}$ par $g(x)=e^x-\dfrac{1}{2}x^2$.
a. Montrer que g est strictement croissante sur $\mathbb{R}$.
b. En déduire que, pour tout réel positif x, on a $e^x>\dfrac{1}{2}x^2$.
c. En déduire que $\lim\limits_{x\to+\infty}\dfrac{e^x}{x}=+\infty$.
C. Pour tout nombre entier naturel non nul n, on note f_n la fonction définie sur $]0\,;+\infty[$ par $f_n(x)=\dfrac{e^x}{x^n}$. Conjecturer la valeur de $\lim\limits_{x\to+\infty}f_n(x)$, puis démontrer cette conjecture.

MATHS

Dérivation et fonctions composées

Cours

1 Notion de dérivée

▶ Le nombre dérivé de f en a est la limite, si elle existe, du taux d'accroissement $\dfrac{f(a+h)-f(a)}{h}$ lorsque h tend vers 0.
On le note $f'(a)$. On dit alors que f est dérivable en a.

▶ Soit f une fonction définie sur un intervalle I et dérivable en $a \in I$. On note $\mathscr{C}_f$ sa courbe représentative dans un repère. Soit A le point de $\mathscr{C}_f$ d'abscisse a et soit M le point de $\mathscr{C}_f$ d'abscisse $a+h$.
Lorsque h tend vers 0, M se rapproche de A et la droite (AM) se rapproche de la tangente à $\mathscr{C}_f$ au point A. Le coefficient directeur de la sécante (AM) se rapproche de $f'(a)$.
Autrement dit, la tangente à $\mathscr{C}_f$ en A est la droite T passant par A et de coefficient directeur $f'(a)$. Elle a pour équation :

$$y=f'(a)(x-a)+f(a).$$

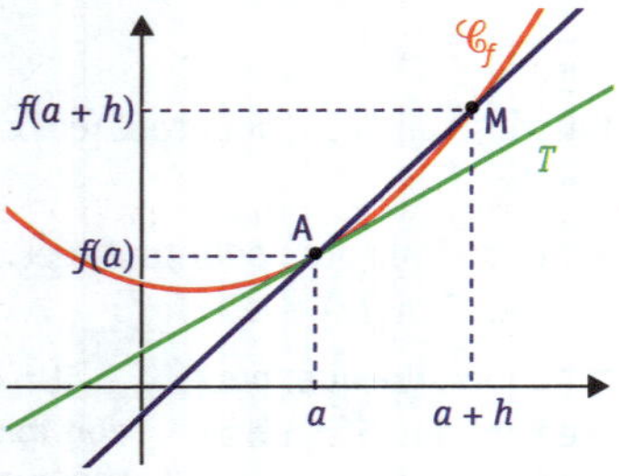

▶ Soit f une fonction définie sur un intervalle I. Si f est dérivable en tout réel x de I, on dit que f est dérivable sur I.
La fonction dérivée de f est la fonction f' qui à tout x de I associe le nombre $f'(x)$.

2 Dérivation d'une fonction

a. Formules usuelles de dérivation

▶ On dispose des formules de dérivation suivantes :

Rappel
On peut utiliser les notations suivantes : $\mathbb{R}^* =]-\infty ; 0[\cup]0 ; +\infty[$ et $\mathbb{R}_+^* =]0 ; +\infty[$.

$f(x) = \ldots$	Intervalle I	$f'(x) = \ldots$
k (k est une constante)	$\mathbb{R}$	0
ax, $a \in \mathbb{R}$	$\mathbb{R}$	a
x^n ($n \in \mathbb{N}^*$)	$\mathbb{R}$	nx^{n-1}
$\dfrac{1}{x}$	$\mathbb{R}^*$	$\dfrac{-1}{x^2}$
$\sqrt{x}$	$\mathbb{R}_+^*$	$\dfrac{1}{2\sqrt{x}}$
e^x	$\mathbb{R}$	e^x

b. Opérations sur les dérivées

Soient u et v deux fonctions dérivables sur un intervalle I et soit λ un réel.

▶ Somme : la fonction $u+v$ est dérivable sur I et $(u+v)'=u'+v'$.

▶ Produit par un réel : la fonction λu est dérivable sur I et $(\lambda u)'=\lambda u'$.

▶ Produit : la fonction uv est dérivable sur I et $(uv)'=u'v+uv'$.
Si, de plus, v ne s'annule pas sur I, on a les formules suivantes :

▶ Inverse : la fonction $\dfrac{1}{v}$ est dérivable et $\left(\dfrac{1}{v}\right)'=\dfrac{-v'}{v^2}$.

▶ Quotient : la fonction $\dfrac{u}{v}$ est dérivable et $\left(\dfrac{u}{v}\right)'=\dfrac{u'v-uv'}{v^2}$.

3 Dérivation et variations de fonctions

▶ f est croissante sur I si, et seulement si, f' est positive sur I.

▶ f est décroissante sur I si, et seulement si, f' est négative sur I.

▶ f est constante sur I si, et seulement si, f' est nulle sur I.

▶ Si $f'(a)=0$ et si f' change de signe en a, alors f admet un extremum local en ce point.

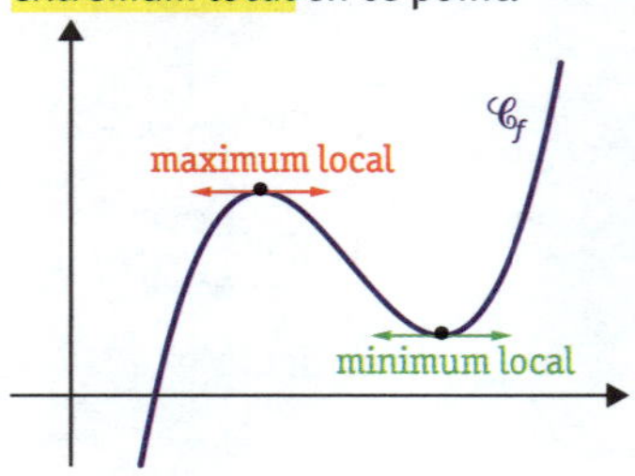

Rappel
Un extremum est un minimum ou un maximum.

4 Composition de fonction

▶ Soit u une fonction définie sur un intervalle I et à valeur dans un intervalle J. Soit v une fonction définie sur J.
La composée des fonctions u et v est la fonction notée $v \circ u$ (se lit « v rond u ») et définie sur I par $v \circ u(x)=v(u(x))$.

$$\begin{array}{ccccc} I & \xrightarrow{u} & J & \xrightarrow{v} & \mathbb{R} \\ x & \mapsto & u(x) & \mapsto & v(u(x)) \end{array}$$

▶ Si u est dérivable sur I et à valeur dans J et si v est dérivable sur J, alors $v \circ u$ est dérivable sur I et $(v \circ u)'=u' \times (v' \circ u)$.

▶ Cas particuliers de dérivation d'une fonction composée

Fonction	Dérivée
$v(ax+b)$	$av'(ax+b)$
e^u	$u'e^u$
u^n ($n \in \mathbb{N}^*$)	$nu'u^{n-1}$
$\sqrt{u}$ ($u>0$)	$\dfrac{u'}{2\sqrt{u}}$

Exos résolus

1 Lire graphiquement un nombre dérivé

On donne ci-contre la courbe représentative $\mathscr{C}_f$ d'une fonction f définie sur $[-3\ ;10]$ et trois de ses tangentes. Déterminer graphiquement $f'(0)$, $f'(4)$ et $f'(7)$.

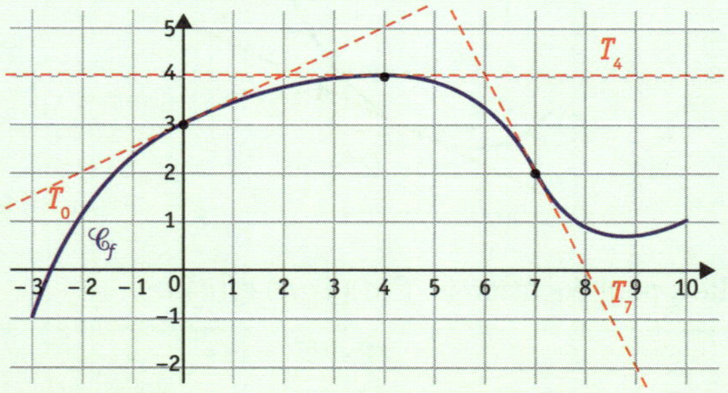

RÉSOLUTION

Lire graphiquement le nombre dérivé $f'(a)$ consiste à lire le coefficient directeur de la tangente à $\mathscr{C}_f$ au point d'abscisse a.
Pour déterminer $f'(0)$, on calcule le coefficient directeur de la tangente à $\mathscr{C}_f$ au point d'abscisse 0, c'est-à-dire de T_0.
Pour cela, on choisit deux points sur cette tangente et on calcule le quotient « $\dfrac{\text{déplacement vertical}}{\text{déplacement horizontal}}$ ».

Ici, on obtient $f'(0)=\dfrac{1}{2}$.

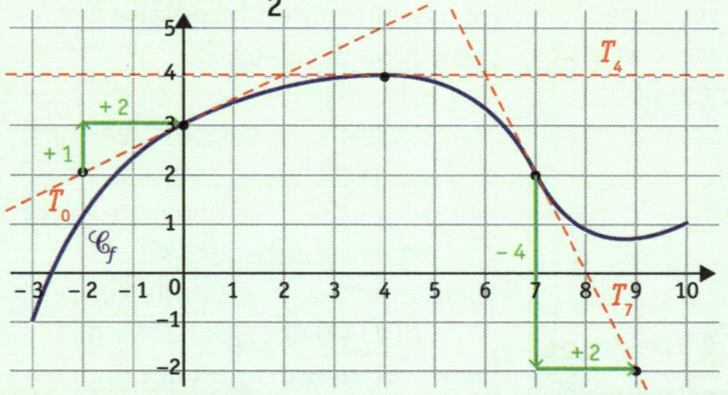

Remarque

Le choix des points sur la tangente n'a pas d'importance mais il faut bien faire attention au sens des déplacements.

La tangente au point d'abscisse 4 est horizontale donc $f'(4)=0$.

Enfin, $f'(7)=\dfrac{-4}{2}=-2$.

Attention !

Il ne faut pas confondre $f(a)$ et $f'(a)$!

2 Calculer des dérivées usuelles

a. Dériver la fonction f définie sur $\mathbb{R}$ par :

$$f(x)=(3x+2)e^x.$$

RÉSOLUTION

f est de la forme $u\times v$ avec $u(x)=3x+2$ et $v(x)=e^x$.

On a donc $u'(x)=3$ et $v'(x)=e^x$. Ainsi, on a :

$f'(x)=u'(x)v(x)+u(x)v'(x)$
$=3e^x+(3x+2)e^x=(3+(3x+2))e^x=(3x+5)e^x$.

b. Dériver la fonction h définie sur $\mathbb{R}$ par :

$$h(x)=\frac{e^x+6}{e^x+2}.$$

RÉSOLUTION

h est de la forme $\dfrac{u}{v}$ avec $u(x)=e^x+6$ et $v(x)=e^x+2$.

On a donc $u'(x)=e^x$ et $v'(x)=e^x$. Ainsi, on a :

$$h'(x)=\frac{u'(x)v(x)-u(x)v'(x)}{(v(x))^2}=\frac{e^x(e^x+2)-(e^x+6)e^x}{(e^x+2)^2}$$

$$=\frac{\cancel{e^xe^x}+2e^x-\cancel{e^xe^x}-6e^x}{(e^x+2)^2}=\frac{-4e^x}{(e^x+2)^2}.$$

Attention !

Il faut prendre garde au signe moins dans la formule de dérivation d'un quotient !

3 Dériver une fonction composée

a. Dériver la fonction f définie sur $\mathbb{R}$ par $f(x)=\sqrt{x^2+1}$.

RÉSOLUTION

f est de la forme $v\circ u$ avec $u(x)=x^2+1$ et $v(x)=\sqrt{x}$.

Comme $u'(x)=2x$ et $v'(x)=\dfrac{1}{2\sqrt{x}}$, on a :

$$f'(x)=u'(x)\times v'(u(x))=2x\times\frac{1}{2\sqrt{u(x)}}$$

$$=\frac{2x}{2\sqrt{x^2+1}}=\frac{x}{\sqrt{x^2+1}}.$$

Remarque

On peut utiliser directement la formule $\left(\sqrt{u}\right)'=\dfrac{1}{2\sqrt{u}}$.

b. Dériver la fonction g définie sur $\mathbb{R}$ par $g(x)=e^{x^2}-2x^3$.

RÉSOLUTION

g est de la forme $v\circ u$ avec $u(x)=x^2-2x^3$ et $v(x)=e^x$.

Comme $u'(x)=2x-6x^2$ et $v'(x)=e^x$, on a :

$g'(x)=u'(x)\times v'(u(x))=(2x-6x^2)\times e^{u(x)}$
$=(2x-6x^2)\times e^{\{\{x2}-2x^3}$.

Remarque

On peut utiliser directement la formule $(e^u)'=u'e^u$.

c. Dériver la fonction h définie sur $\mathbb{R}$ par $h(x)=(x+1)^{10}$.

RÉSOLUTION

h est de la forme $v\circ u$ avec $u(x)=x+1$ et $v(x)=x^{10}$.

Comme $u'(x)=1$ et $v'(x)=10x^9$, on a :

$h'(x)=u'(x)\times v'(u(x))$
$=1\times 10(u(x))^9=10(x+1)^9$.

Remarque

On peut utiliser directement la formule $(u^n)'=nu'u^{n-1}$.

MATHS

SYNTHÈSE

Définition du nombre dérivé

Sous réserve d'existence, le nombre dérivé de f en a est défini par :

$$f'(a)=\lim_{h\to 0}\frac{f(a+h)-f(a)}{h}.$$

Tangente à une courbe

La tangente à $\mathscr{C}_f$ en A est la droite T passant par A et de coefficient directeur $f'(a)$.

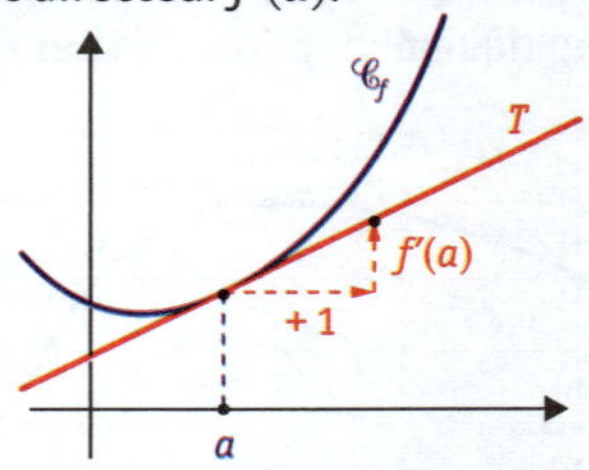

Elle a pour équation $y=f'(a)(x-a)+f(a)$.

Dérivation et fonctions composées

Calculs de dérivées

Dérivées usuelles

Voir les tableaux du cours pour les formules de Première.

Dérivée d'une fonction composée

- La composée des fonctions u et v est la fonction notée $v\circ u$ (se lit « v rond u ») et définie par :

$$v\circ u(x)=v(u(x)).$$

- $(v\circ u)'=u'\times(v'\circ u)$ et en particulier : $(e^u)=u'e^u$, $(u^n)'=nu'u^{n-1}$ et $\left(\sqrt{u}\right)'=\dfrac{u'}{2\sqrt{u}}$.

Dérivation et variations de fonctions

Soit f une fonction définie et dérivable sur un intervalle I et soit f' sa dérivée.

- f est croissante sur I si, et seulement si, f' est positive sur I.
- f est décroissante sur I si, et seulement si, f' est négative sur I.
- f est constante sur I si, et seulement si, f' est nulle sur I.
- Si $f'(a)=0$ et si f' change de signe en a, alors f admet un **extremum local** en ce point.

Exercices

1 ★ 5 min

On donne ci-contre la courbe représentative $\mathscr{C}_f$ d'une fonction f et quelques-unes de ses tangentes.

a. Déterminer graphiquement $f'(-3)$, $f'(-1)$, $f'(2)$, $f'(6)$, $f'(8)$ et $f'(11)$ ainsi que $f(-3)$ et $f(6)$.

b. Déterminer les équations réduites de T_{-3} et T_6.

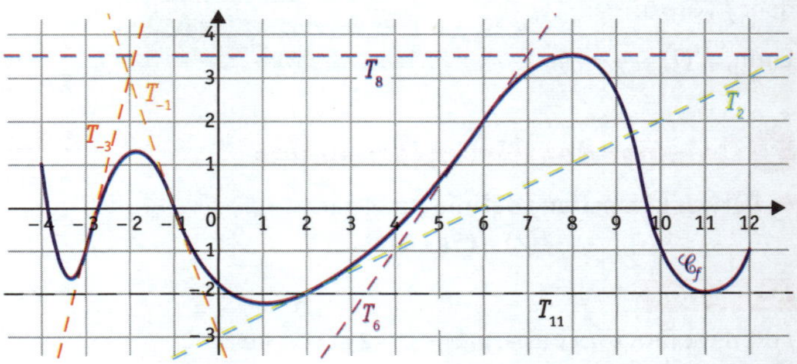

2 ★ 5 min **Donner l'équation réduite de la tangente à la courbe de :**
a. la fonction carré au point d'abscisse 1 ;
b. la fonction inverse au point d'abscisse 1 ;
c. la fonction exponentielle au point d'abscisse 0.

3 ★ 15 min **Donner les dérivées des fonctions suivantes là où elles sont définies.**
a. $f(x)=(7x-3)e^x$
b. $g(x)=\dfrac{3x+2}{5-2x}$
c. $h(x)=\dfrac{1}{3-4x}$
d. $s(x)=\dfrac{e^x}{e^x-4}$

4 ★★ 10 min **Soit f la fonction définie sur $[0\,;+\infty[$ par $f(x)=x\sqrt{x}$.**
Cette fonction est-elle dérivable en 0 ?

5 ★★★ 15 min **On rappelle que la fonction valeur absolue est définie sur $\mathbb{R}$ par :**
$|x|=x$ si x est positif ou nul et $|x|=-x$ si x est négatif.
a. Étudier la dérivabilité de la fonction valeur absolue sur $\mathbb{R}$.
b. Soit g la fonction définie sur $\mathbb{R}$ par $g(x)=x|x|$.
Étudier la dérivabilité de la fonction g en 0.

6 ★★★ 5 min
Rappeler la valeur du nombre dérivé de la fonction exponentielle en 0, puis calculer $\lim\limits_{x\to 0}\dfrac{e^x-1}{x}$.

7 ★★ 15 min
a. Pour tout x strictement positif on pose :
$$u(x)=\frac{1}{x} \text{ et } v(x)=\frac{x+2}{x+3}.$$
Donner les expressions simplifiées de $u\circ v(x)$ et de $v\circ u(x)$.
b. Soit f la fonction affine définie sur $\mathbb{R}$ par $f(x)=ax+b$.
Déterminer les valeurs de a et b telles que $f\circ g=g\circ f$ où g désigne la fonction carré.

8 ★★ 20 min
A. Donner les dérivées des fonctions suivantes définies $\mathbb{R}$:
a. $f(x)=e^{4-2x}$
b. $g(x)=\sqrt{1+4e^x}$
c. $h(x)=(3x+1)e^{-2x}$
d. $s(x)=(x^2+x+1)^3$
B. Soit t la fonction définie sur $\mathbb{R}$ par $t(x)=x^2(x+1)^8$.
Montrer que $t'(x)=2x(5x+1)(x+1)^7$ pour tout réel x.

9 ★ 15 min **Soit f la fonction définie sur $\mathbb{R}$ par :**
$$f(x)=\frac{x-1}{1+x^2}.$$
a. Calculer $f'(x)$ pour tout réel x.
b. On note g la fonction définie sur $\mathbb{R}$ par $g(x)=f(x^2)$.
Exprimer $g'(x)$ en fonction du réel x.
c. On note h la fonction définie sur $\mathbb{R}$ par $h(x)=f(\sqrt{x})$.
Exprimer $h'(x)$ en fonction du réel x.
d. On note s la fonction définie sur $\mathbb{R}$ par $s(x)=(f(x))^2$.
Exprimer $s'(x)$ en fonction du réel x.

10 ★★★ 40 min **Soit Γ la parabole d'équation $y=x^2$. Soit A le point de coordonnées $(0\,;2)$. Soit M le point de Γ d'abscisse x.**
a. Exprimer la longueur AM en fonction de x.
b. Déterminer les coordonnées exactes des points de Γ les plus proches du point A.

11 ★★★ 40 min **Type Bac**
A. La formule donnant la dérivée du produit de deux fonctions dérivables est supposée connue. On a énoncé ci-dessous deux propositions désignées par $\mathscr{P}$ et $\mathscr{Q}$. Dire pour chacune d'elles si elle est vraie ou fausse et justifier.
Dans cet exercice, n désigne un entier naturel supérieur ou égal à 2.
▶ $\mathscr{P}$: Soit f la fonction définie sur $\mathbb{R}$ par $f(x)=x^n$; alors f est dérivable sur $\mathbb{R}$, de dérivée f' donnée sur $\mathbb{R}$ par $f'(x)=nx^{n-1}$.
▶ $\mathscr{Q}$: Soit u une fonction dérivable sur $\mathbb{R}$ et soit f la fonction définie sur $\mathbb{R}$ par $f=u^n$; alors f est dérivable sur $\mathbb{R}$, de dérivée f' donnée par $f'=nu^{n-1}$.
B. On désigne par g la fonction définie sur $I=]-1\,;1[$ par :
$$g(0)=0 \text{ et } g'(x)=\frac{1}{\sqrt{1-x^2}}$$
où g' désigne la dérivée de la fonction g sur I.
On ne cherchera pas à expliciter $g(x)$.
On considère alors la fonction composée h définie sur $]-\pi\,;0[$ par $h(x)=g(\cos(x))$.
a. Démontrer que, pour tout x de $]-\pi\,;0[$, on a $h'(x)=1$, où h' désigne la dérivée de h.
b. Calculer $h\left(-\dfrac{\pi}{2}\right)$, puis donner l'expression de $h(x)$.

On a $\cos'=-\sin$. Pour plus d'informations sur les fonctions sinus et cosinus, voir le chapitre 7.

Histoire des maths

Leibniz et Newton se sont disputés la paternité de la notion de dérivée. L'un et l'autre s'appuyaient sur une approche intuitive de l'infiniment petit.

MATHS

4

ANALYSE

Convexité

Cours

1 Fonctions convexes

a. Définition de la convexité

▶ Soit f une fonction définie sur un intervalle I de $\mathbb{R}$.
On note $\mathscr{C}$ sa courbe représentative dans un repère.
On dit que f est convexe sur I si pour tous points distincts A et B de $\mathscr{C}$, le segment [AB] est au-dessus de $\mathscr{C}$.
On dit que f est concave sur I si pour tous points distincts A et B de $\mathscr{C}$, le segment [AB] est en dessous de $\mathscr{C}$.

Remarque
On peut aussi dire que $\mathscr{C}$ est convexe ou concave.

Exemples : La fonction carré et la fonction exponentielle sont des fonctions convexes sur $\mathbb{R}$.

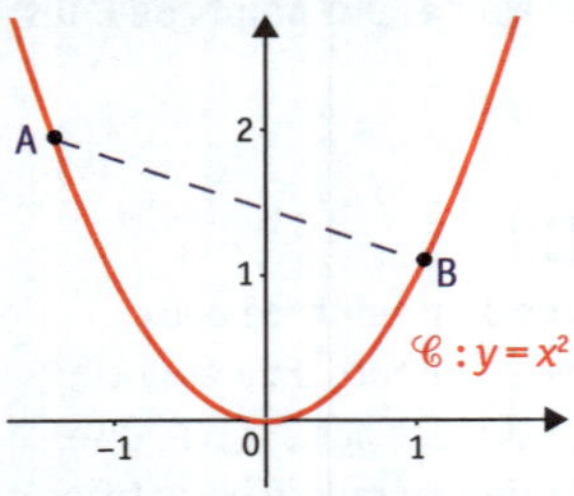

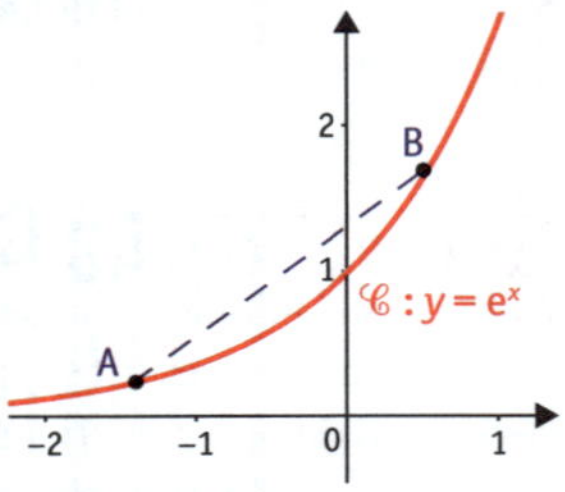

La fonction racine carrée est concave sur $[0\,;+\infty[$.

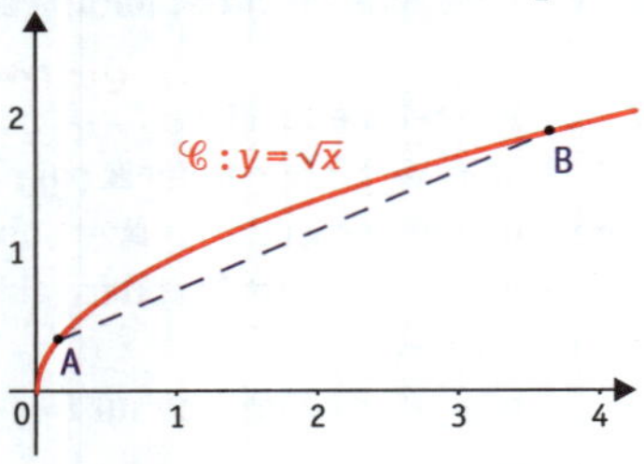

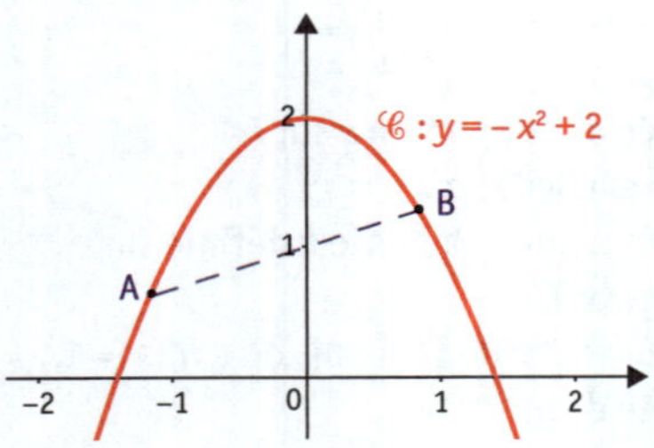

Info
Le segment [AB] est une corde de la courbe et la droite (AB) est une sécante de la courbe.

b. Dérivée seconde et propriétés des fonctions convexes

▶ Soit f une fonction dérivable sur un intervalle I dont la dérivée f' est aussi dérivable.
On appelle dérivée seconde de f la dérivée de f' et on la note f''.
▶ Soit f une fonction deux fois dérivable sur un intervalle I.
On note $\mathscr{C}$ sa courbe représentative dans un repère.
On a les équivalences suivantes :
f est convexe sur I si, et seulement si, $\mathscr{C}$ est au-dessus de chacune de ses tangentes ;
f est convexe sur I si, et seulement si, f' est croissante sur I ;
f est convexe sur I si, et seulement si, f'' est positive sur I.
▶ Ces équivalences peuvent aussi s'écrire en termes de concavité :
f est concave sur I si, et seulement si, $\mathscr{C}$ est en dessous de chacune de ses tangentes ;
f est concave sur I si, et seulement si, f' est décroissante sur I ;
f est concave sur I si, et seulement si, f'' est négative sur I.

À savoir
Le signe de f'' donne bien les variations de f'.

2 Point d'inflexion

▶ Soit f une fonction définie sur un intervalle I de $\mathbb{R}$.
On note $\mathscr{C}$ sa courbe représentative dans un repère.
Un point d'inflexion de $\mathscr{C}$ est un point où $\mathscr{C}$ traverse sa tangente. En ce point, f change de convexité.
▶ Soit f une fonction deux fois dérivable sur I et soit a un réel de I.
Si $f''(a)=0$ et si f'' change de signe en a, alors la courbe représentative $\mathscr{C}$ de f a un point d'inflexion de coordonnées $(a\,;f(a))$.

Exemple : L'origine du repère est un point d'inflexion de la courbe représentative de la fonction cube. En ce point, la courbe traverse sa tangente (qui est ici l'axe des abscisses).

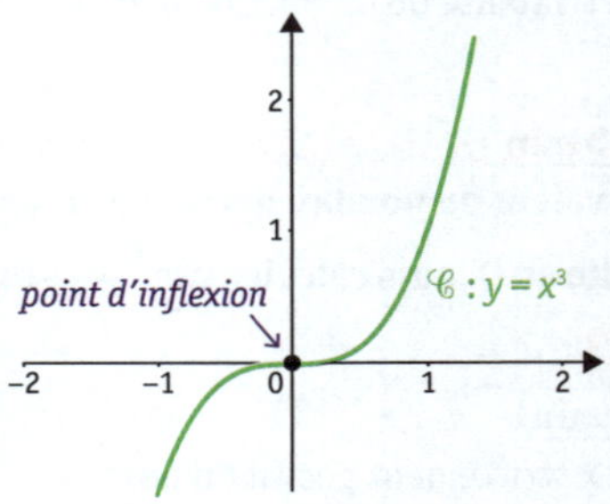

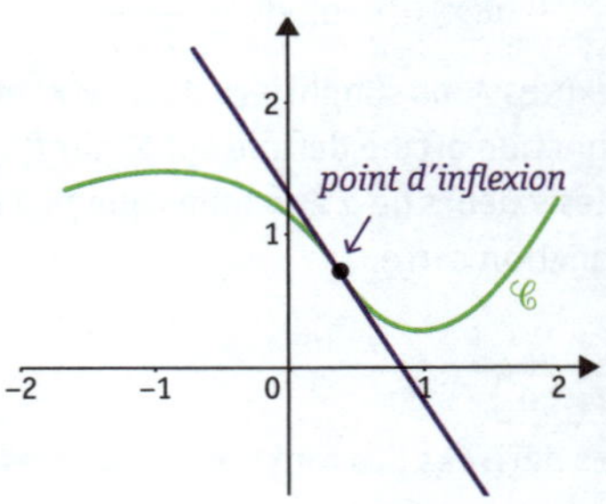

Attention
La condition $f''(a)=0$ seule n'est pas suffisante pour établir l'existence d'un point d'inflexion.

Exos résolus

1 Déterminer graphiquement la convexité d'une fonction

On donne ci-dessous la courbe $\mathscr{C}$ d'une fonction f définie et deux fois dérivable sur $[-2\ ;10]$.

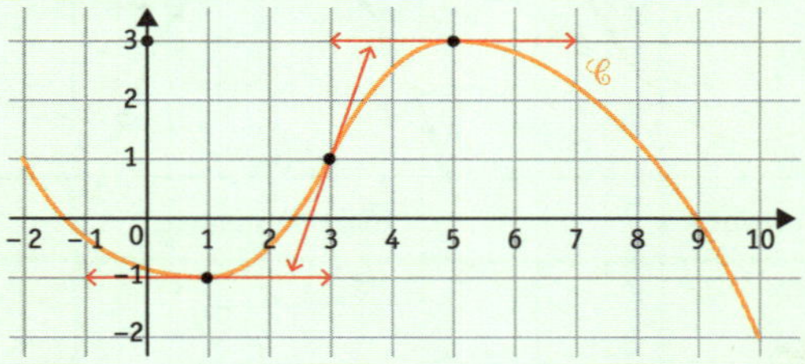

Pour chacune des affirmations suivantes, indiquer si elle est vraie ou fausse, puis justifier.

a. f **est convexe sur** $[-2\ ;5]$.

b. f' **est décroissante sur** $[3\ ;5]$.

c. $f''(5)=0$

d. f'' **est négative sur** $[3\ ;9]$.

RÉSOLUTION

a. Faux : $\mathscr{C}$ est en dessous de ses tangentes sur $[3\ ;5]$. En fait, f est convexe sur $[-2\ ;3]$ et concave sur $[3\ ;10]$.

b. Vrai : f est concave sur $[3\ ;5]$, donc f' est décroissante sur cet intervalle.

c. Faux : $\mathscr{C}$ ne change pas de convexité en 5 mais en 3 (la courbe traverse sa tangente). On a donc $f''(3)=0$. En revanche, la tangente en 5 étant horizontale, on a bien $f'(5)=0$.

d. Vrai : f est concave sur $[3\ ;9]$, donc $f''\leq 0$ sur cet intervalle.

2 Étudier la convexité d'une fonction

Soit f la fonction définie sur $\mathbb{R}$ par $f(x)=x^3-9x^2+28x-15$.

a. Calculer la dérivée et la dérivée seconde de f.

RÉSOLUTION

La dérivée seconde de f s'obtient en dérivant f'. Pour tout réel x, on a $f'(x)=3x^2-18x+28$ et $f''(x)=6x-18$.

b. Étudier la convexité de f sur $\mathbb{R}$.

RÉSOLUTION

On étudie le signe de f''.

$f''(x)\geq 0 \Leftrightarrow 6x-18\geq 0 \Leftrightarrow 6x\geq 18 \Leftrightarrow x\geq 3$

x	$-\infty$	3	$+\infty$
Signe de $f''(x)$	$-$	0	$+$
Convexité de f	concave		convexe

3 Déterminer les coordonnées d'un point d'inflexion par le calcul

Soit f la fonction définie sur $\mathbb{R}$ par $f(x)=0{,}5xe^x$.

On note $\mathscr{C}$ sa courbe représentative dans un repère du plan.

a. Montrer, que pour tout réel x, on a $f''(x)=(1+0{,}5x)e^x$.

RÉSOLUTION

f est de la forme $u\times v$ avec $u(x)=0{,}5x$ et $v(x)=e^x$.

On a donc $u'(x)=0{,}5$ et $v'(x)=e^x$. Il s'en suit que :

$$f'(x)=u'(x)\times v(x)+u(x)\times v'(x)=0{,}5\times e^x+0{,}5x\times e^x =(0{,}5+0{,}5x)\times e^x.$$

f' est de la forme $u\times v$ avec $u(x)=0{,}5+0{,}5x$ et $v(x)=e^x$.

On a donc $u'(x)=0{,}5$ et $v'(x)=e^x$. Il s'en suit que :

$$f''(x)=u'(x)\times v(x)+u(x)\times v'(x)=0{,}5\times e^x+(0{,}5+0{,}5x)\times e^x =(0{,}5+(0{,}5+0{,}5x))e^x=(1+0{,}5x)e^x.$$

b. Démontrer que $\mathscr{C}$ a un point d'inflexion et donner ses coordonnées.

RÉSOLUTION

Pour déterminer un point d'inflexion on cherche en quel réel f'' s'annule et change de signe. On détermine le signe de f''.

On a $1+0{,}5x=0 \Leftrightarrow x=-2$. On a donc le tableau suivant :

x	$-\infty$	-2	$+\infty$
Signe de $1+0{,}5x$	$-$	0	$+$
Signe de e^x	$+$		$+$
Signe de $f''(x)$	$-$	0	$+$

f'' s'annule et change de signe en -2, donc $\mathscr{C}$ a un point d'inflexion de coordonnées $(-2\ ;f(-2))=(-2\ ;-e^{-2})$.

4 Démontrer une inégalité en utilisant la convexité d'une fonction

Soit f la fonction définie sur $]0\ ;+\infty[$ par $f(x)=2\sqrt{x}$.

On note $\mathscr{C}$ sa courbe représentative dans un repère du plan.

a. Démontrer que la tangente T à $\mathscr{C}$ au point d'abscisse 1 a pour équation $y=x+1$.

RÉSOLUTION

Pour tout réel strictement positif, on a $f'(x)=2\times\dfrac{1}{2\sqrt{x}}=\dfrac{1}{\sqrt{x}}$.

T a donc pour équation :

$y=f'(1)(x-1)+f(1) \Leftrightarrow y=1(x-1)+2 \Leftrightarrow y=x+1$.

b. Étudier la convexité de f sur $]0\ ;+\infty[$.
En déduire, que pour tout réel positif x, on a $2\sqrt{x}\leq x+1$.

RÉSOLUTION

On détermine la convexité de f en étudiant le signe de f''.

f' est de la forme $\dfrac{1}{v}$ avec $v(x)=\sqrt{x}$. Ainsi, pour $x>0$, on a :

$$f''(x)=\frac{-v'(x)}{(v(x))^2}=\frac{-\frac{1}{2\sqrt{x}}}{\left(\sqrt{x}\right)^2}=\frac{-\frac{1}{2\sqrt{x}}}{x}=\frac{-1}{2x\sqrt{x}}.$$

f'' est négative sur $]0\ ;+\infty[$, donc f est concave sur $]0\ ;+\infty[$.
f est concave sur $]0\ ;+\infty[$, donc $\mathscr{C}$ est en dessous de toutes ses tangentes et en particulier T qui a pour équation $y=x+1$.
Pour tout réel strictement positif x, on a donc $f(x)\leq x+1$.
Autrement dit, on a bien $2\sqrt{x}\leq x+1$ pour tout réel positif x.

SYNTHÈSE

Définition de la convexité

Soit f une fonction définie sur I et de courbe $\mathscr{C}$.
f est **convexe** sur I si, pour tous points A et B de $\mathscr{C}$, [AB] est **au-dessus** de $\mathscr{C}$.
f est **concave** sur I si, pour tous points A et B de C, [AB] est **en dessous** de $\mathscr{C}$.

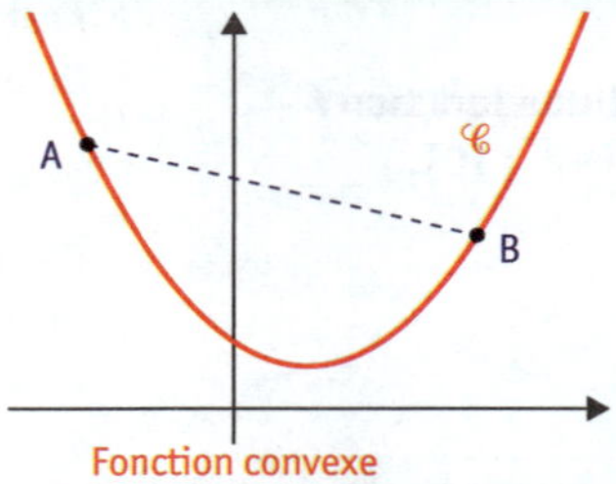

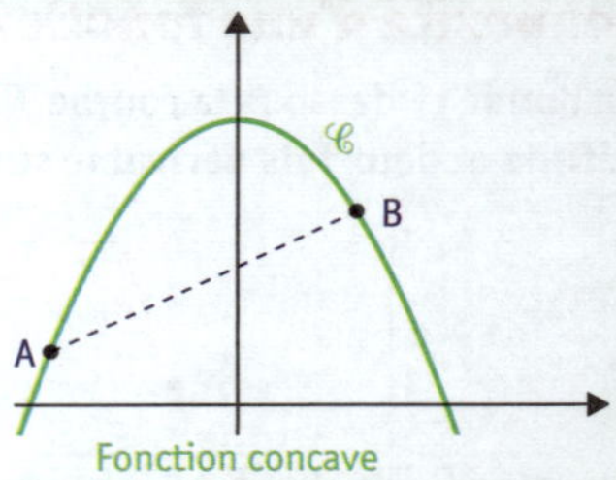

Convexité

Dérivée seconde et propriétés

- On appelle **dérivée seconde** de f la dérivée de f' et on la note f''.
- Soit f une fonction deux fois dérivable sur I.
f est convexe sur I si, et seulement si, $\mathscr{C}$ est au-dessus de chacune de ses tangentes.
f est convexe sur I si, et seulement si, f' est croissante sur I.
f est convexe sur I si, et seulement si, f'' est positive sur I.

Point d'inflexion

Soit f une fonction définie sur I et de courbe $\mathscr{C}$.
- Un **point d'inflexion** de $\mathscr{C}$ est un point où $\mathscr{C}$ traverse sa tangente.
En ce point, f change de convexité.
- La courbe de f a un point d'inflexion si : $f''(a) = 0$ **et** f'' change de signe en a.
- Les coordonnées de ce point d'inflexion sont $(a\,; f(a))$.

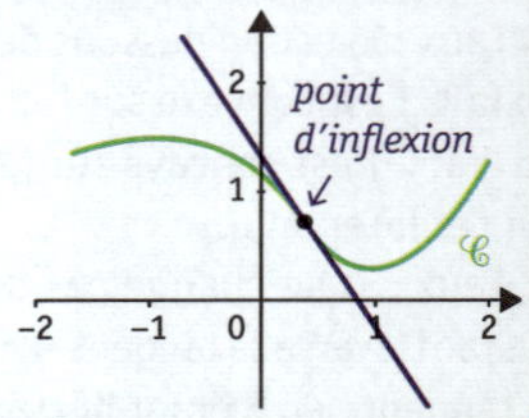

Exercices

1 ★ 5 min **Soit f une fonction deux fois dérivable sur l'intervalle [−2 ; 12]. On donne ci-dessous la courbe représentative $\mathscr{C}$ de la fonction f.**

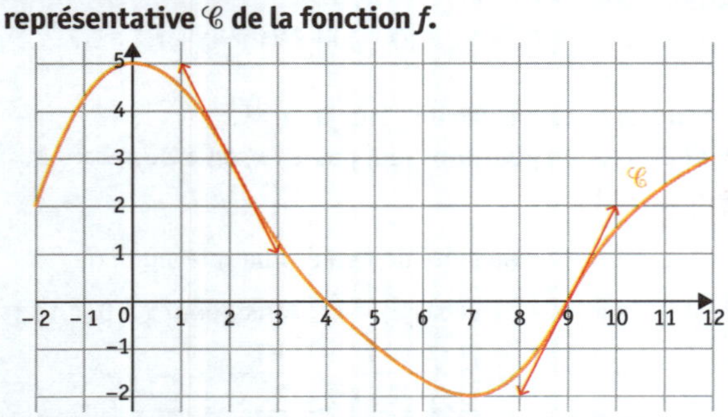

Indiquer si chacune des affirmations est vraie ou fausse.
a. f est convexe sur [2 ; 9]. **b.** f' est positive sur [7 ; 9].
c. f' est croissante sur [2 ; 5]. **d.** f'' est positive sur [9 ; 12].
e. $\mathscr{C}$ a un point d'inflexion d'abscisse 2.

2 ★★ 5 min **Soit f une fonction deux fois dérivable sur $\mathbb{R}$. On donne ci-après la courbe $\mathscr{C}$ de sa dérivée f'.**

Parmi les courbes 1, 2 et 3, laquelle peut être celle de f ? laquelle peut être celle de f'' ? Justifier.

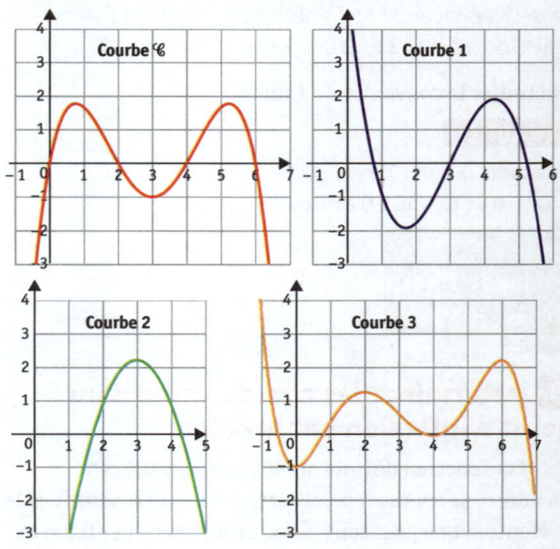

3 ★ 5 min

Soit f une fonction deux fois dérivable sur l'intervalle [−4 ; 10] de courbe représentative $\mathscr{C}$.
On donne ci-dessous la courbe représentative de f''.

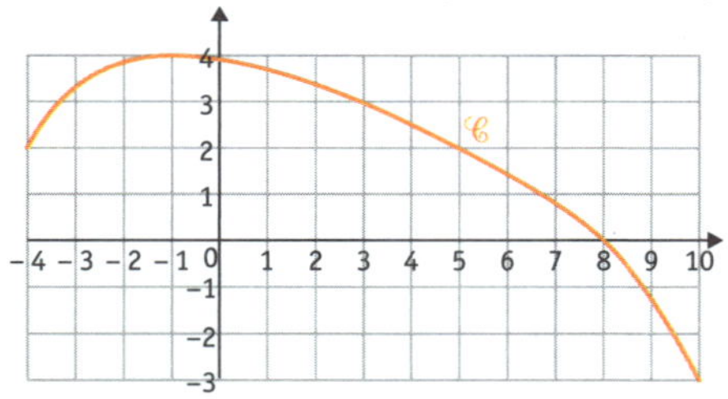

Indiquer si chacune des affirmations suivantes est vraie ou fausse.

a. f est concave sur [−4 ; 10].
b. f' est croissante sur [−4 ; 8].
c. f'' est positive sur [−4 ; 8].
d. $\mathscr{C}$ a un point d'inflexion d'abscisse 8.

4 ★ 5 min **Soit f une fonction deux fois dérivable sur [−2 ; 12] de courbe représentative $\mathscr{C}$.**
On donne ci-dessous la courbe représentative de f'.

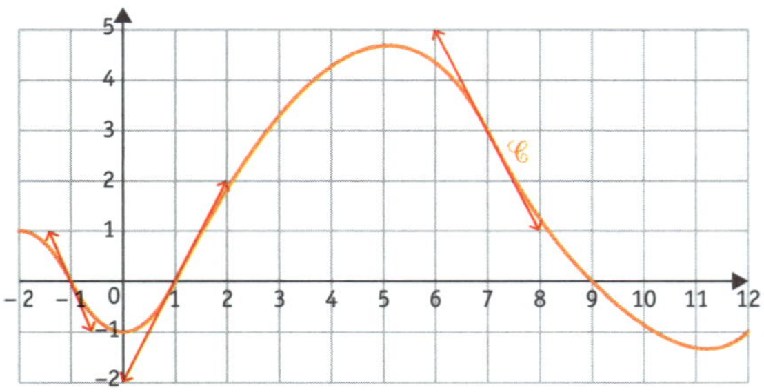

Indiquer si chacune des affirmations suivantes est vraie ou fausse.

a. f est convexe sur [1 ; 5].
b. f' est croissante sur [−1 ; 5].
c. f'' est positive sur [7 ; 9].
d. $\mathscr{C}$ a un point d'inflexion d'abscisse 9.

> Attention : il ne faut pas confondre f, f' et f''.

5 ★★ 10 min **Soit f la fonction définie sur $\mathbb{R}$ par :**

$$f(x) = x^3 - 0{,}9x^2 - 66x + 3.$$

a. Donner les expressions de $f'(x)$ et de $f''(x)$ pour tout réel x.
b. Étudier les variations et la convexité de f sur $\mathbb{R}$.
c. Déterminer les coordonnées des éventuels points d'inflexion de la courbe représentative de f.

6 ★★ 15 min **Soit f la fonction définie sur $\mathbb{R}$ par :**

$$f(x) = 3x^5 - 10x^4.$$

A. a. Donner l'expression de $f'(x)$ pour tout réel x.
b. Montrer que $f''(x) = 60x^2(x-2)$.
B. Étudier la convexité de la fonction f sur $\mathbb{R}$.
C. Déterminer les coordonnées des éventuels points d'inflexion de la courbe représentative de f.

7 ★★ 20 min Type Bac

Soit f la fonction définie sur $\mathbb{R}$ par $f(x) = (x+1)e^x$.

A. Donner les expressions de $f'(x)$ et de $f''(x)$ pour tout réel x.
B. Étudier les variations et la convexité de f sur $\mathbb{R}$.
C. Montrer que la courbe représentative $\mathscr{C}$ de f a un point d'inflexion M et donner les coordonnées exactes de ce point.
D. a. Déterminer l'équation réduite de la tangente T à $\mathscr{C}$ en M.
b. Quelle est la position relative de T par rapport à $\mathscr{C}$?
E. Représenter T et $\mathscr{C}$ sur l'intervalle [−6 ; 0] dans un repère orthogonal en prenant pour unité 2 cm en abscisse et 20 cm en ordonnée.

> Étudier la position relative de deux courbes consiste à déterminer laquelle est au-dessus (ou en dessous) de l'autre.

8 ★★ 10 min **Soit f une fonction deux fois dérivable sur $\mathbb{R}$ et soit $\mathscr{P}$ la proposition : « Si la courbe $\mathscr{C}_f$ de f admet un point d'inflexion au point d'abscisse 0, alors $f''(0) = 0$. »**

Énoncer la réciproque de cette proposition.
Cette réciproque est-elle vraie ?

> La réciproque d'un énoncé de la forme « *Si $\mathscr{P}$ alors $\mathscr{Q}$* » est « *Si $\mathscr{Q}$ alors $\mathscr{P}$* ». Pour montrer qu'une implication est fausse, il suffit de trouver un contre-exemple.

9 ★★ 30 min **On rappelle que les fonctions sinus et cosinus sont dérivables sur $\mathbb{R}$ et que, pour tout réel x, on a $\cos'(x) = -\sin(x)$ et $\sin'(x) = \cos(x)$.**

A. a. Déterminer l'équation réduite de la tangente en l'origine à la courbe de la fonction sinus.
b. Montrer que la fonction sinus est concave sur $[0 ; \pi]$.
c. Quelle inégalité peut-on en déduire ?

> Pour plus d'informations sur les fonctions trigonométriques, voir le chapitre **7**.

B. Soit la fonction g définie sur $[0 ; \pi]$ par :

$$g(x) = \sin(x) - x + \frac{1}{6}x^3.$$

a. Calculer $g'(x)$ et $g''(x)$ pour tout réel x de $[0 ; \pi]$.
b. Déterminer le sens de variation de g' sur $[0 ; \pi]$.
c. Calculer $g'(0)$ et en déduire le sens de variation de g sur l'intervalle $[0 ; \pi]$.
d. Calculer $g(0)$ et en déduire le signe de g sur $[0 ; \pi]$.
C. Déduire un encadrement de $\sin(x)$ par deux expressions polynômiales pour tout réel x de $[0 ; \pi]$.
Contrôler graphiquement la pertinence du résultat à l'aide d'une calculatrice.

10 ★★★ 20 min DÉMONSTRATION

Soit f une fonction deux fois dérivable sur un intervalle I. Montrer que si f'' est positive, alors la courbe représentative de f est au-dessus de ses tangentes.

MATHS

Cours

1 Fonction continue

a. Continuité d'une fonction sur un intervalle

▶ Soit f une fonction définie sur un intervalle I de $\mathbb{R}$.

On dit que f est **continue en un point a** de I si f a une limite en a et si $\lim\limits_{x \to a} f(x) = f(a)$.

▶ On dit que f est **continue sur un intervalle** si elle est continue en tout point de cet intervalle.

Remarque

Intuitivement, une fonction est continue si on peut tracer sa courbe sans lever le crayon.

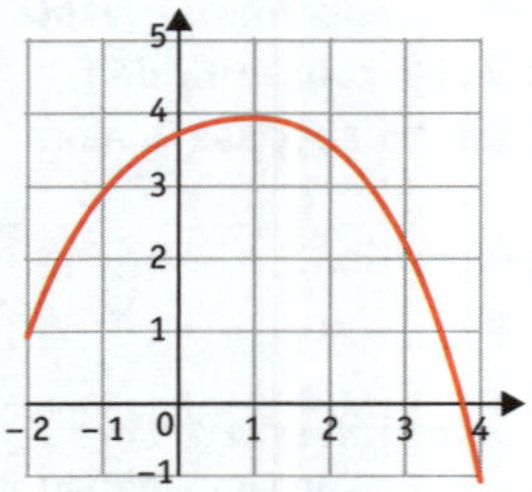

Courbe d'une fonction continue sur [− 2 ; 4]

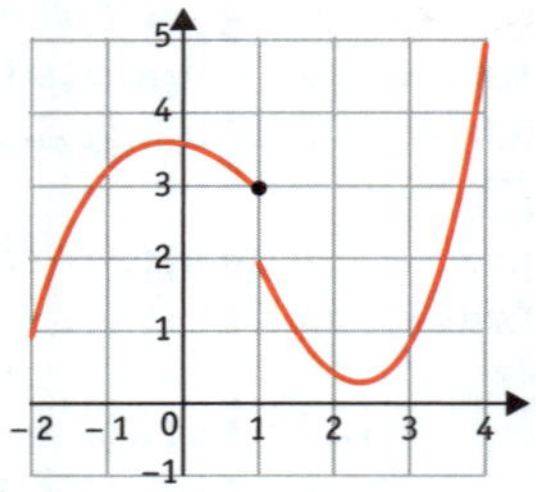

Courbe d'une fonction discontinue en 1

Histoire des maths

La notion de continuité a émergé petit à petit au XVIIIe siècle mais il a fallu attendre les travaux du tchèque **Bernard Bolzano** en 1816 pour aboutir à une définition précise du phénomène. Le concept a été encore affiné par la suite par **Eduard Heine** à la fin du XIXe siècle.

b. Exemples

▶ Les fonctions polynômes, exponentielle, sinus et cosinus sont continues sur $\mathbb{R}$; la fonction racine carrée est continue sur $[0\,;+\infty[$; la fonction inverse est continue sur $]-\infty\,;0[$ et sur $]0\,;+\infty[$.

▶ La fonction partie entière, notée E, est la fonction qui, à tout réel x, associe le plus grand entier qui lui est inférieur ou égal. Cette fonction n'est pas continue en 1 car $E(1)=1$, alors que $E(x)=0$ pour tout x compris entre 0 et 1 donc $\lim\limits_{x \to 1^-} E(x) = 0 \neq E(1)$.

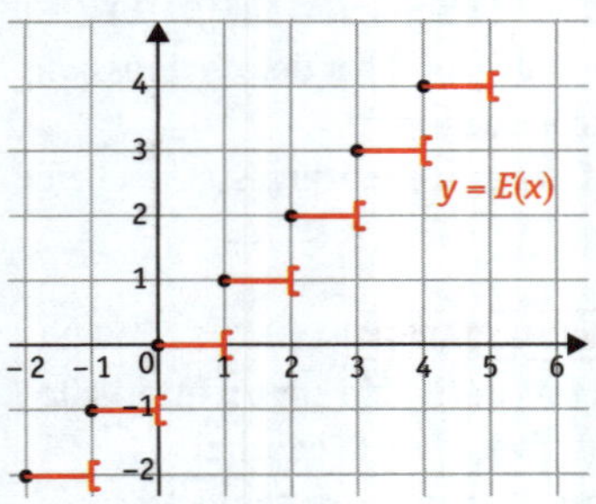

Remarque

La fonction partie entière est celle qui est utilisée dans le langage courant pour donner l'âge d'une personne !

Cette fonction n'est en fait continue en aucune valeur entière, mais elle est continue partout ailleurs.

c. Quelques propriétés liées à la continuité

▶ Toute fonction dérivable est continue.

▶ La somme, le produit et la composée de fonctions continues sont des fonctions continues.

▶ L'inverse d'une fonction continue qui ne s'annule pas est continue.

▶ Soit f est une fonction continue sur I et soit (u_n) une suite convergente de limite ℓ appartenant à I. On a alors $\lim\limits_{x \to +\infty} f(u_n) = f(\ell)$.

Attention

La réciproque est fausse ! La fonction valeur absolue est continue en 0 mais n'y est pas dérivable.

2 Théorème des valeurs intermédiaires

a. Cas général

▶ **Théorème des valeurs intermédiaires** : Soit f une fonction continue sur un intervalle $[a\,;b]$. Si k est compris entre $f(a)$ et $f(b)$, alors l'équation $f(x)=k$ a *au moins* une solution x_0.

▶ Ce théorème reste valable sur un intervalle ouvert $]a\,;b[$ en remplaçant dans l'énoncé précédent $f(a)$ et $f(b)$ par $\lim\limits_{x \to a} f(x)$ et $\lim\limits_{x \to b} f(x)$. On peut même alors remplacer a et b par $-\infty$ et $+\infty$.

Attention

Le théorème des valeurs intermédiaires permet d'assurer l'existence d'une solution mais n'indique pas sa valeur !

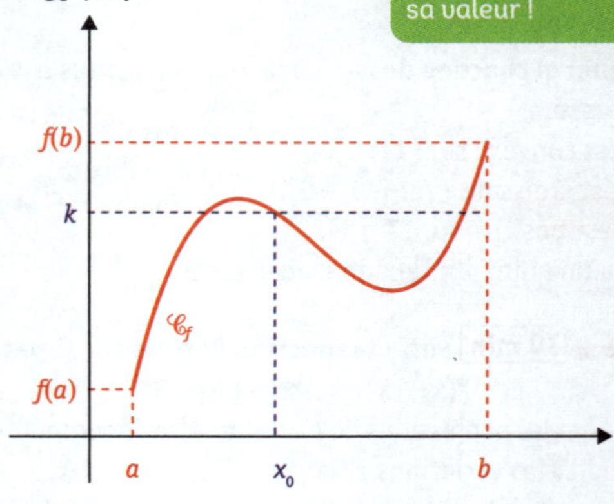

b. Cas particulier

▶ Soit f une fonction continue sur un intervalle $[a\,;b]$. Si k est compris entre $f(a)$ et $f(b)$, et si f est *strictement* monotone, alors l'équation $f(x)=k$ a une *unique* solution x_0.

Rappel

Une fonction est dite monotone si elle ne change pas de sens de variation.

Exos résolus

1 Étudier les solutions d'une équation $f(x) = k$

Soit f la fonction définie sur $[0 ; 3]$ par $f(x) = x^3 - 4x^2 + 6x$.

a. Étudier les variations de f sur $[0 ; 3]$.

RÉSOLUTION

On détermine les variations de la fonction f en étudiant le signe de sa dérivée f'.
Pour tout réel x de $[0 ; 3]$, on a $f'(x) = 3x^2 - 8x + 6$.
On résout l'équation du second degré $3x^2 - 8x + 6 = 0$.
On a $a = 3$, $b = -8$ et $c = 6$. Ainsi, le discriminant est donné par $\Delta = b^2 - 4ac = (-8)^2 - 4 \times 3 \times 6 = -8$.
Δ est négatif donc f' ne s'annule pas et est du signe de a. Ainsi :

x	0		3
Signe de $f'(x)$		+	
Variations de f	0	↗	9

On a $f(0) = 0^3 - 4 \times 0^2 + 6 \times 0 = 0$ et $f(3) = 3^3 - 4 \times 3^2 + 6 \times 3 = 9$.

b. Montrer que l'équation $f(x) = 2$ a une unique solution α dans l'intervalle $[0 ; 3]$.

RÉSOLUTION

On utilise le théorème des valeurs intermédiaires.
f est continue et strictement croissante sur $[0 ; 3]$ et 2 est compris entre $f(0) = 0$ et $f(3) = 9$.
D'après le théorème des valeurs intermédiaires, l'équation $f(x) = 2$ a donc une unique solution dans $[0 ; 3]$.

Remarque

Sans l'hypothèse de continuité, l'existence d'une solution n'est pas assurée. C'est l'hypothèse de stricte monotonie qui implique l'unicité de la solution.

c. Déterminer un encadrement d'amplitude 0,001 de α.

RÉSOLUTION

L'idée générale est de dresser un tableau de valeurs de la fonction f entre 0 et 3 avec un pas de 0,001. Hélas, il arrive parfois (et c'est le cas ici) que certaines calculatrices n'acceptent pas de calculer autant de valeurs.
On peut donc dresser un tableau de valeurs de f entre 0 et 3 avec un pas plus grand, par exemple 0,1. On trouve alors les résultats ci-contre.

x	$f(x)$
0,3	1,467
0,4	1,824
0,5	2,125
0,6	2,376

On en déduit que la solution α de $f(x) = 2$ est comprise entre 0,4 et 0,5.
On peut alors dresser un tableau de valeurs de f avec un pas de 0,001 entre 0,4 et 0,5. On obtient alors les résultats ci-contre.

x	$f(x)$
0,455	1,996
0,456	1,999
0,457	2,002
0,458	2,005

On en déduit que la solution α de $f(x) = 2$ est comprise entre 0,456 et 0,457.

2 Étudier une suite définie par une relation de récurrence du type $u_{n+1} = f(u_n)$

Soit f la fonction définie sur $]-1 ; +\infty[$ par :

$$f(x) = \frac{4x+1}{x+1}.$$

Soit (u_n) la suite définie par $u_0 = 0$ et $u_{n+1} = f(u_n)$.
On admet que f est croissante sur $]-1 ; +\infty[$.

a. Démontrer que, pour tout entier naturel n, on a :

$$0 \leq u_n \leq u_{n+1} \leq 4.$$

RÉSOLUTION

On utilise le raisonnement par récurrence pour établir qu'une propriété est vraie pour tout entier naturel.
Pour tout entier naturel n, on note $\mathcal{P}_n$: « $0 \leq u_n \leq u_{n+1} \leq 4$ ».

▶ *Initialisation :* $u_1 = f(u_0) = f(0) = \frac{4 \times 0 + 1}{0 + 1} = 1$.

On a $0 \leq u_0 \leq u_1 \leq 4$ donc $\mathcal{P}_0$ est vraie.

▶ *Hérédité :* Supposons que $\mathcal{P}_k$ est vraie pour un certain entier k.
On a donc $0 \leq u_k \leq u_{k+1} \leq 4$. Comme f est croissante sur $]-1 ; +\infty[$, on a $f(0) \leq f(u_k) \leq f(u_{k+1}) \leq f(4)$.
Or $f(0) = 1$ et $f(4) = \frac{4 \times 4 + 1}{4 + 1} = 3,4$.
On a donc $1 \leq u_{k+1} \leq u_{k+2} \leq 3,4$.
Il s'en suit que $0 \leq u_{k+1} \leq u_{k+2} \leq 4$, c'est-à-dire que $\mathcal{P}_{k+1}$ est vraie. La propriété est donc héréditaire.

▶ *Conclusion :* $\mathcal{P}_0$ est vraie et la propriété est héréditaire, donc $\mathcal{P}_n$ est vraie pour tout entier naturel n.

b. En déduire que (u_n) est convergente et calculer sa limite.

RÉSOLUTION

Pour tout entier naturel n, on a $u_n \leq u_{n+1}$, donc (u_n) est croissante.
Pour tout entier naturel n, on a $u_n \leq 4$ donc (u_n) est majorée.
La suite (u_n) est croissante et majorée, donc elle converge.
On a $\ell = \lim\limits_{n \to +\infty} u_n = \lim\limits_{n \to +\infty} u_{n+1} = \lim\limits_{n \to +\infty} f(u_n)$.
f est une fonction continue sur $I =]-1 ; +\infty[$ et ℓ appartient à I.
On a donc $\lim\limits_{x \to +\infty} f(u_n) = f(\ell)$. Ainsi, $\ell = f(\ell)$. On a alors :

$$x = f(x) \Leftrightarrow x = \frac{4x+1}{x+1}$$

$$\Leftrightarrow x(x+1) = 4x + 1 \text{ et } x + 1 \neq 0$$

$$\Leftrightarrow x^2 + x = 4x + 1 \text{ et } x + 1 \neq 0 \Leftrightarrow x^2 - 3x - 1 = 0 \text{ et } x + 1 \neq 0.$$

On résout cette équation du second degré à l'aide du discriminant (qui vaut ici 13) et on trouve deux solutions :

$$x_1 = \frac{3 - \sqrt{13}}{2} \text{ et } x_2 = \frac{3 + \sqrt{13}}{2}.$$

Comme $0 \leq u_n$ pour tout entier naturel n, on en déduit que $\ell = x_2$.

MATHS

SYNTHÈSE

Définition de la continuité

Soit f une fonction définie sur un intervalle I de $\mathbb{R}$.

- f est **continue en** $a \in I$ si $\lim\limits_{x \to a} f(x) = f(a)$.
- f est **continue sur** I si elle est continue en tout réel a de l'intervalle I.
- Les fonctions polynômes, exponentielle, sinus et cosinus sont continues sur $\mathbb{R}$, la fonction racine carrée est continue sur $[0\,;+\infty[$, la fonction inverse est continue sur $]-\infty\,;0[$ et sur $]0\,;+\infty[$.

Propriétés des fonctions continues

- Toute fonction dérivable est continue.
La réciproque est fausse ! (Penser à la valeur absolue en 0.)
- La somme, le produit et la composée de fonctions continues sont continus.
- L'inverse d'une fonction continue qui ne s'annule pas est continue.
- Si f est continue sur I et si (u_n) est convergente de limite ℓ appartenant à I, alors $\lim\limits_{n \to +\infty} f(u_n) = f(\ell)$.

Continuité

Théorème des valeurs intermédiaires

- Si f est continue sur $[a\;;b]$ et si k est compris entre $f(a)$ et $f(b)$, alors l'équation $f(x) = k$ a *au moins* une solution x_0.
- Si f est aussi strictement monotone sur $[a\;;b]$, alors l'équation $f(x) = k$ a une *unique* solution.
- Ce théorème reste valable sur un intervalle ouvert $]a\;;b[$ en remplaçant $f(a)$ et $f(b)$ par $\lim\limits_{x \to a} f(x)$ et $\lim\limits_{x \to b} f(x)$.
On peut aussi remplacer a et b par $-\infty$ et $+\infty$.

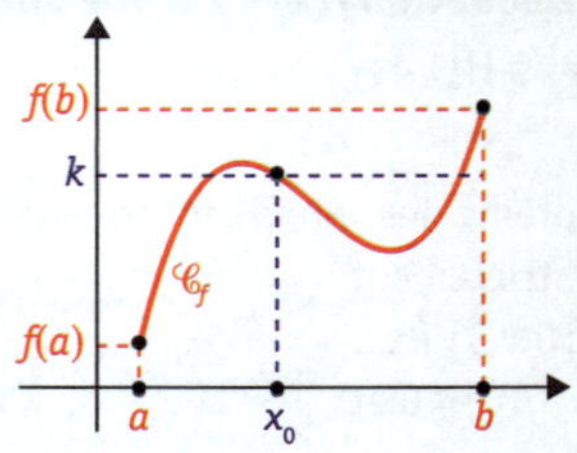

Exercices

1 ★ 5 min **Soit f la fonction définie sur $\mathbb{R}$ par :**

$$f(x) = \begin{cases} 3 - 0{,}5x & \text{si } x \leq 2 \\ 0{,}5x - 1 & \text{si } x > 2 \end{cases}.$$

a. Représenter graphiquement la fonction f.

b. Cette fonction est-elle continue sur $\mathbb{R}$? Pourquoi ?

> Pour étudier la continuité d'une fonction en un réel a, on regarde si $\lim\limits_{x \to a} f(x) = f(a)$.
> Graphiquement, on constate qu'on est obligé de lever le crayon pour tracer la courbe de f en a.

2 ★ 15 min **Soit f la fonction définie sur $\mathbb{R}$ par :**

$$f(x) = x^3 - 3x^2 - 6.$$

a. Dresser le tableau de variations de f sur $\mathbb{R}$.
Préciser les valeurs des limites et des images.

b. Montrer que l'équation $f(x) = 0$ a une unique solution.

c. Donner un encadrement d'amplitude 0,001 de la solution.

3 ★★ 50 min ALGORITHME Type Bac

Frédéric se lance dans la production industrielle d'une succulente sauce tomate parfumée au basilic pour garnir des pizzas.

Le coût de production de x tonnes de sauce tomate, exprimé en dizaines de milliers d'euros, est donné par la fonction C définie sur $[0\,;15]$ par :

$$C(x) = 0{,}02x^3 - 0{,}36x^2 + 2{,}7x + 1.$$

Frédéric décide de vendre sa délicieuse sauce à 15 € le kilogramme.

On note B la fonction qui à x associe le bénéfice réalisé par l'entreprise pour la production et la vente de x tonnes de sauce tomate (exprimé en dizaines de milliers d'euros).

On note R la fonction qui à x associe la recette réalisée par Frédéric pour la vente de x tonnes de sauce tomate (exprimée en dizaines de milliers d'euros).

On rappelle que, pour tout x appartenant à l'intervalle $[0\,;15]$, on a $B(x)=R(x)-C(x)$.

A. Montrer que $B(x)=-0,02x^3+0,36x^2-1,2x-1$.

B. a. Calculer la dérivée de la fonction B sur $[0\,;15]$.

b. Dresser le tableau de variations de B sur $[0\,;15]$.

C. Montrer que l'équation $B(x)=0$ admet exactement deux solutions dans l'intervalle $[0\,;15]$.

On notera α la plus petite solution et β la plus grande.

D. On considère maintenant le programme Python suivant.

```
x=0
y=-1
while y<0:
    x=x+1
    y=-0.02*x**3+0.36*x**2-1.2*x-1
print(x-1,x)
```

a. Déterminer le résultat affiché par ce programme.

b. Donner une version modifiée de ce programme afin d'obtenir un encadrement d'amplitude 0,001 de β.

Dans la suite, on admettra que $\beta\in[11,146\,;11,147]$.

c. Donner un encadrement d'amplitude 0,001 de α.

E. a. Quelle quantité de sauce doit produire Frédéric dans son usine pour être bénéficiaire ? On donnera le résultat au kilogramme près.

b. Quel est le bénéfice maximal de l'entreprise (en euros) ?

4 ★★ 20 min ALGORITHME

Soit f la fonction définie sur $\mathbb{R}$ par $f(x)=x^3-2$.

A. Montrer que l'équation $f(x)=0$ admet une unique solution α et qu'elle est située dans l'intervalle $[1\,;2]$.

B. On souhaite trouver un encadrement aussi précis que possible de α. Pour cela, on utilise des encadrements successifs à l'aide du théorème des valeurs intermédiaires en appliquant la méthode de « dichotomie ».

On part d'un intervalle $[a\,;b]$ dans lequel se trouve la solution α et on calcule la valeur du milieu m de cet intervalle. On détermine ensuite si α se trouve dans l'intervalle $[a\,;m]$ ou dans l'intervalle $[m\,;b]$ en calculant $f(m)$, puis on répète le processus.

> **Info**
>
> Le mot **dichotomie** vient du grec et signifie « coupe ou division en deux parties ». À chaque étape, l'amplitude de l'encadrement obtenu par cette méthode est divisée par deux.

a. Exprimer m en fonction de a et b.

b. On suppose que $f(m)>0$. Dans quel intervalle se trouve α ?

c. On suppose que $f(m)\leq 0$. Dans quel intervalle se trouve α ?

d. Compléter le programme de la fonction Python ci-contre qui, étant donné une précision voulue notée eps, renvoie un encadrement d'amplitude inférieure ou égale à eps de la solution α.

```
def dichotomie(eps):
    a=1
    b=2
    while b-a>eps:
        m=________
        if m**3-2>0:
            ___=___
        else:
            ___=___
    return(a,b)
```

5 ★★★ 30 min ALGORITHME

Cet exercice fait suite au précédent mais peut être traité indépendamment.

Soit f la fonction définie sur $\mathbb{R}$ par $f(x)=x^3-2$. On note $\mathscr{C}$ sa courbe représentative. On souhaite trouver une approximation de la solution de l'équation $f(x)=0$. Pour cela, on pose $x_0=2$. On définit x_1 comme étant l'abscisse du point d'intersection de la tangente à $\mathscr{C}$ au point d'abscisse x_0 avec l'axe des abscisses. On réitère le processus et on définit ainsi une suite (x_n).

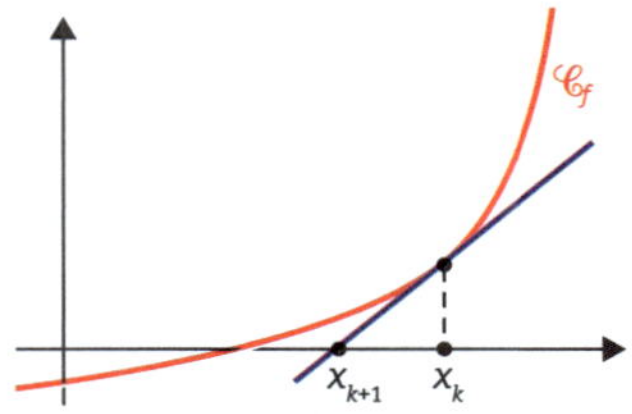

a. Montrer que la tangente au point d'abscisse a de $\mathscr{C}$ a pour équation $y=3a^2x-2a^3-2$.

b. En déduire, que pour tout entier n, $x_{n+1}=\dfrac{2x_n^{\,3}+2}{3x_n^{\,2}}$.

c. Compléter les instructions ci-contre afin d'obtenir la liste L des 8 premières valeurs de (x_n).

```
L=[2]
for k in range(0,7):
    x=...
    L.append(x)
```

d. Donner le résultat obtenu en saisissant ces instructions.

> **Info**
>
> La méthode d'approximation mise en œuvre ici s'appelle « **méthode de Newton** ». C'est une méthode particulièrement efficace pour calculer des valeurs approchées de solutions d'équations avec précision et beaucoup plus rapide que la méthode de dichotomie.

6 ★★ 30 min Type Bac

On pose $u_0=0$ et, pour tout entier naturel n, $u_{n+1}=\sqrt{u_n+3}$.

A. Calculer les valeurs approchées de u_1, u_2 et u_3.

B. a. Montrer par récurrence que (u_n) est croissante et majorée par 3.

b. Que peut-on en déduire pour la suite (u_n) ?

C. Calculer la limite ℓ de la suite (u_n).

7 ★★ 20 min Type Bac

Soit (u_n) la suite définie par $u_0=0$ et, pour tout entier naturel n, $u_{n+1}=\sqrt{u_n^{\,2}+2}$.

a. Calculer les valeurs approchées de u_1, u_2 et u_3.

b. On suppose que (u_n) converge vers une limite ℓ. Quelle équation est vérifiée par le réel ℓ ? Pourquoi ?

c. Étudier finalement la convergence de la suite (u_n).

8 ★★ 10 min APPROFONDISSEMENT

Soit f une fonction définie sur $\mathbb{R}$ et dérivable en a.

a. Simplifier l'expression $\dfrac{f(a+h)-f(a)}{h}\times h+f(a)$.

b. En déduire que f est continue en a.

6 ANALYSE

Fonction logarithme népérien

Cours

1 Définition et conséquences immédiates

a. Définition du logarithme népérien

▶ Soit x un réel strictement positif. Comme la fonction exponentielle est continue et strictement croissante sur $\mathbb{R}$ et à valeur dans $]0\,;+\infty[$, il existe un unique nombre réel y tel que $e^y=x$.
Ce nombre est appelé logarithme népérien de x et on le note $\ln(x)$.
Pour tout réel y et tout réel strictement positif x, on a donc :

$$x=e^y \Leftrightarrow \ln(x)=y.$$

▶ Cette relation permet de définir la fonction logarithme népérien, notée ln, et qui à tout réel x de $]0\,;+\infty[$ associe $\ln(x)$.
▶ On dit que les fonctions exponentielle et logarithme népérien sont réciproques l'une de l'autre.
▶ $\ln(1)=0$ car $e^0=1$ et $\ln(e)=1$ car $e^1=e$.
▶ Pour tout réel x, on a $\ln(e^x)=x$ et, si x est strictement positif,

$$e^{\ln(x)}=x.$$

▶ Les courbes représentatives des fonctions exponentielle et logarithme népérien sont symétriques l'une de l'autre par rapport à la droite d'équation $y=x$.

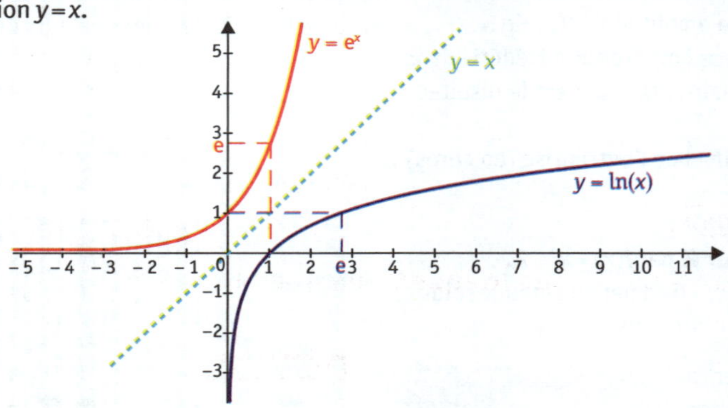

Remarque

Lorsqu'il n'y a pas d'ambiguïté possible, on écrit parfois $\ln x$ plutôt que $\ln(x)$.

b. Propriétés algébriques du logarithme népérien

Soient a et b deux nombres réels strictement positifs.

▶ $\ln(ab)=\ln(a)+\ln(b)$

▶ $\ln\left(\frac{a}{b}\right)=\ln(a)-\ln(b)$

En particulier, $\ln\left(\frac{1}{b}\right)=\ln(1)-\ln(b)=-\ln(b)$.

▶ Pour tout entier naturel n, $\ln(a^n)=n\ln(a)$.

▶ $\ln(\sqrt{a})=\frac{1}{2}\ln(a)$

Info

Toutes ces propriétés découlent de la définition du logarithme népérien et de la relation fonctionnelle de la fonction exponentielle : pour tous réels x et y, on a $e^{x+y}=e^x\times e^y$.

2 Dérivée et sens de variation de la fonction ln

▶ La fonction logarithme népérien est dérivable sur $]0\,;+\infty[$ et sa dérivée est la fonction inverse.
Pour tout réel strictement positif x, $\ln'(x)=\frac{1}{x}$.

▶ Soit u une fonction dérivable et strictement positive sur un intervalle I.
La fonction $\ln(u)$ (ou $\ln\circ u$) est dérivable sur I et $(\ln(u))'=\frac{u'}{u}$.

▶ La dérivée de la fonction logarithme népérien étant strictement positive sur $]0\,;+\infty[$, on en déduit que ln est strictement croissante sur $]0\,;+\infty[$.

▶ Soient a et b deux réels strictement positifs. On a donc :

$$\ln(a)=\ln(b)\Leftrightarrow a=b \quad \text{et} \quad \ln(a)<\ln(b)\Leftrightarrow a<b.$$

▶ Voici les tableaux de variation et de signes de la fonction ln.

Tableau de variation

x	0	1	$+\infty$
Variation de ln	↗	0	↗

Tableau de signes

x	0		1		$+\infty$
Signe de $\ln(x)$		$-$	0	$+$	

3 Limites et fonction ln

a. Limites de la fonction ln en 0 et en $+\infty$

▶ On a $\lim\limits_{x \to +\infty} \ln(x) = +\infty$ et $\lim\limits_{x \to 0} \ln(x) = -\infty$.

b. Croissance comparée de ln et de $x \mapsto x^n$

Soit n un entier naturel non nul.

▶ $\lim\limits_{x \to +\infty} \dfrac{\ln(x)}{x^n} = 0$ et $\lim\limits_{x \to +\infty} \dfrac{x^n}{\ln(x)} = +\infty$.

▶ $\lim\limits_{x \to 0} x^n \ln(x) = 0$

À savoir

La courbe de la fonction ln a donc l'axe des ordonnées pour asymptote verticale en 0.

Remarque

Ces limites portent sur des formes indéterminées qui peuvent être levées grâce aux croissances comparées de la fonction exponentielle et de $x \mapsto x^n$ établies au chapitre 2.

MATHS

Exos résolus

1 Résoudre des équations et des inéquations avec ln

a. Résoudre l'équation (E) : $12 - 4\ln(2x) = 0$.

RÉSOLUTION

On utilise le fait que les fonctions logarithme népérien et exponentielle sont réciproques l'une de l'autre.

(E) $\Leftrightarrow 12 - 4\ln(2x) = 0$

$\Leftrightarrow -4\ln(2x) = -12$ en retranchant 12 de chaque côté ;

$\Leftrightarrow \ln(2x) = 3$ en divisant par -4 de chaque côté ;

$\Leftrightarrow 2x = e^3$ en appliquant exp de chaque côté ;

$\Leftrightarrow x = \dfrac{e^3}{2}$ en divisant par 2 de chaque côté.

b. Résoudre l'équation (E) : $e^{4x-3} - 2 = 1$.

RÉSOLUTION

$e^{4x-3} - 2 = 1 \Leftrightarrow e^{4x-3} = 3$ en ajoutant 2 de chaque côté ;

$\Leftrightarrow 4x - 3 = \ln(3)$ en appliquant ln de chaque côté ;

$\Leftrightarrow 4x = 3 + \ln(3)$ en ajoutant 3 de chaque côté ;

$\Leftrightarrow x = \dfrac{3 + \ln(3)}{4}$ en divisant par 4 de chaque côté.

Attention

Il faut toujours garder à l'esprit que ln n'est définie que sur $]0\,;+\infty[$ et non sur $\mathbb{R}$ en entier.

c. Résoudre l'inéquation (I) : $6 - 2\ln(x) < 0$.

RÉSOLUTION

L'inéquation est écrite pour toute valeur strictement positive de x car la fonction ln est définie sur $]0\,;+\infty[$.

$6 - 2\ln(x) < 0 \Leftrightarrow 6 < 2\ln(x)$ en ajoutant $2\ln(x)$ de chaque côté ;

$\Leftrightarrow 3 < \ln(x)$ en divisant par 2 de chaque côté

$\Leftrightarrow e^3 < x$ en appliquant exp de chaque côté

$\Leftrightarrow x \in]e^3\,;+\infty[$.

d. Résoudre l'inéquation (I) : $\ln(2x+6) \leq \ln(4-x)$.

RÉSOLUTION

On identifie tout d'abord pour quelles valeurs de x l'inéquation a un sens. En effet, le logarithme népérien n'est défini que sur $]0\,;+\infty[$. On doit donc avoir :

$2x + 6 > 0 \Leftrightarrow 2x > -6 \Leftrightarrow x > -3$ et $4 - x > 0 \Leftrightarrow -x > -4 \Leftrightarrow x < 4$

L'inéquation n'a de sens que pour un réel x compris entre -3 et 4. Pour tout réel de $]-3\,;4[$, on a :

(I) $\Leftrightarrow \ln(2x+6) \leq \ln(4-x)$

$\Leftrightarrow 2x + 6 \leq 4 - x$ en appliquant exp de chaque côté ;

$\Leftrightarrow 3x + 6 \leq 4 \Leftrightarrow 3x \leq -2$

$\Leftrightarrow x \leq -\dfrac{2}{3}$.

Finalement l'ensemble des solutions est $\left]-3\,;-\dfrac{2}{3}\right]$.

2 Simplifier des expressions avec ln

Simplifier l'expression $A = \ln(2^7) + \ln(3) + \ln(6) - \ln(9)$.

RÉSOLUTION

On identifie et on applique les propriétés algébriques en jeu dans le calcul :

$\ln(ab) = \ln(a) + \ln(b)$; $\ln(a) - \ln(b) = \ln\left(\frac{a}{b}\right)$; $\ln(a^n) = n\ln(a)$; etc.

On a $A = \ln(2^7) + \ln(3) + \ln(6) - \ln(9)$.

En appliquant la formule $\ln(a^n) = n\ln(a)$, on a :

$$A = 7\ln(2) + \ln(3) + \ln(6) - \ln(9).$$

En appliquant la formule $\ln(a) + \ln(b) = \ln(ab)$, on a :

$$A = 7\ln(2) + \ln(18) - \ln(9).$$

En appliquant la formule $\ln(a) - \ln(b) = \ln\left(\frac{a}{b}\right)$, on a :

$$A = 7\ln(2) + \ln\left(\frac{18}{9}\right) = 7\ln(2) + \ln(2) = 8\ln(2).$$

Remarque

Simplifier une expression logarithmique consiste souvent à l'écrire sous la forme $a + b\ln(c)$ où c est un entier, le plus petit possible.

Attention

Il faut toujours rester vigilant sur les priorités des opérations et éviter les erreurs de signe !

3 Résoudre une inéquation dont l'inconnue est en exposant

Déterminer le plus petit entier naturel n tel que $1\,000 \times 0{,}999^n \leq 1$.

RÉSOLUTION

On utilise la formule $\ln(a^n) = n\ln(a)$ afin de ne plus faire apparaître l'inconnue en exposant.

(I) $\Leftrightarrow 1\,000 \times 0{,}999^n \leq 1$

$\Leftrightarrow 0{,}999^n \leq 0{,}001$ en divisant par 1 000 de chaque côté

$\Leftrightarrow \ln(0{,}999^n) \leq \ln(0{,}001)$ en appliquant ln de chaque côté

$\Leftrightarrow n\ln(0{,}999) \leq \ln(0{,}001)$

$\Leftrightarrow n \geq \dfrac{\ln(0{,}001)}{\ln(0{,}999)}$

Comme $\dfrac{\ln(0{,}001)}{\ln(0{,}999)} \approx 6\,904{,}3$, on cherche donc le plus petit entier n supérieur ou égal à 6 904,3. L'entier cherché est donc 6 905.

Attention

Quand on multiplie ou divise les deux membres d'une inéquation par un nombre négatif, cela change le sens de l'inégalité !

Rappel

$\ln(x)$ est négatif pour tout réel x compris entre 0 et 1.

Attention

Il faut donner du sens à l'inéquation ; il n'est pas question d'arrondir un résultat ici !

4 Étudier une fonction avec ln

Soit f la fonction définie sur $]0\,;+\infty[$ par :

$$f(x) = 3\ln(x) - 2x + 1.$$

a. Calculer les limites de f aux bornes de son ensemble de définition.

RÉSOLUTION

On utilise les limites usuelles mettant en jeu la fonction logarithme népérien, quitte à factoriser certaines expressions pour lever des indéterminations.

$$\lim_{x\to 0} f(x) = \lim_{x\to 0}(3\ln(x) - 2x + 1) = \underbrace{\lim_{x\to 0} 3\ln(x)}_{-\infty} + \underbrace{\lim_{x\to 0}(-2x+1)}_{1} = -\infty$$

Pour la limite en $+\infty$, on est face à une forme indéterminée : « $\infty - \infty$ ». On factorise pour lever l'indétermination :

$$\lim_{x\to+\infty} f(x) = \lim_{x\to+\infty} x\left(3\frac{\ln(x)}{x} - \frac{2x}{x} + \frac{1}{x}\right) = \lim_{x\to+\infty} x\left(3\frac{\ln(x)}{x} - 2 + \frac{1}{x}\right)$$

$$= \underbrace{\lim_{x\to+\infty} x}_{+\infty} \times \underbrace{\lim_{x\to+\infty}\left(3\frac{\ln(x)}{x} - 2 + \frac{1}{x}\right)}_{3\times 0-2+0=-2} = -\infty.$$

b. Calculer la dérivée de f sur $]0\,;+\infty[$.

RÉSOLUTION

On utilise le fait que la dérivée de ln est la fonction inverse.

$$f'(x) = 3 \times \frac{1}{x} - 2 + 0 = \frac{3}{x} - \frac{2x}{x} = \frac{3-2x}{x}$$

c. Dresser le tableau de variations de f.

RÉSOLUTION

On étudie le signe de f'. On a $3 - 2x > 0 \Leftrightarrow -2x > -3$

$$\Leftrightarrow x < \frac{-3}{-2} = 1{,}5.$$

x	0		1,5		$+\infty$
Signe de $3-2x$		+	0	−	
Signe de x		+	|	+	
Signe de $f'(x)$		+	0	−	
Variations de f	$-\infty$	↗	$3\ln(1{,}5)-2$	↘	$-\infty$

On indique les limites dans le tableau et on calcule l'image de l'extremum : $f(1{,}5) = 3\ln(1{,}5) - 2 \times 1{,}5 + 1 = 3\ln(1{,}5) - 2$.

SYNTHÈSE

Propriétés algébriques

Soient a et b deux nombres réels strictement positifs.

- $\ln(ab)=\ln(a)+\ln(b)$
- $\ln\left(\frac{a}{b}\right)=\ln(a)-\ln(b)$
- $\ln\left(\frac{1}{b}\right)=-\ln(b)$
- $\ln(a^n)=n\ln(a)$
- $\ln(\sqrt{a})=\frac{1}{2}\ln(a)$

Courbe, signe et variations de ln

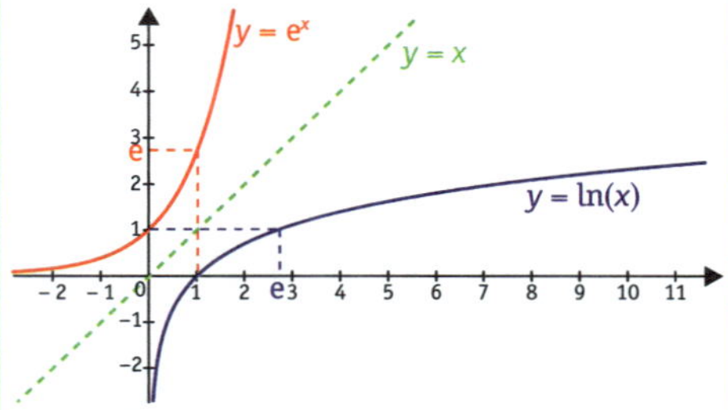

x	0	1	$+\infty$
Variations de ln	↗	0	↗

x	0		1		$+\infty$
Signe de $\ln(x)$		$-$	0	$+$	

Définition

- Pour tout réel strictement positif x, $\ln(x)=y \Leftrightarrow x=e^y$.
- Pour tout réel x, $\ln(e^x)=x$ et si $x>0$, $e^{\ln(x)}=x$.
- $\ln(1)=0$ et $\ln(e)=1$.

Fonction logarithme népérien

Dérivation et fonction ln

- Pour tout réel strictement positif x, $\ln'(x)=\frac{1}{x}$.
- Pour toute fonction u dérivable et strictement positive, $(\ln(u))'=\frac{u'}{u}$.

Limites et fonction ln

- $\lim\limits_{x\to+\infty}\ln(x)=+\infty$ et $\lim\limits_{x\to0}\ln(x)=-\infty$
- Pour tout entier naturel n non nul : $\lim\limits_{x\to+\infty}\frac{\ln(x)}{x^n}=0$ et $\lim\limits_{x\to0}x^n\ln(x)=0$.

Exercices

1 ★ 5 min **Donner une expression de chacun des nombres suivants en n'utilisant qu'une seule fois la fonction logarithme népérien.**

$A=6\ln(2)-\ln(8)+\ln(4)$

$B=\ln\left(\sqrt{3}-1\right)+\ln\left(\sqrt{3}+1\right)$

2 ★ 5 min **Simplifier l'écriture des nombres suivants.**

$A=\ln(e^2)-\ln(e^7)+\ln\left(\frac{1}{e}\right)$

$B=\ln\left(e\sqrt{e}\right)+\ln\left(\frac{1}{\sqrt{e}}\right)$

3 ★★ 5 min
Exprimer les nombres réels suivants en fonction de ln(2).

$A=\ln(8)$

$B=\ln(32)$

$C=-2\ln(0,5)$

$D=\ln(64e^3)$

4 ★★ 5 min

Démontrer que $\sum\limits_{k=1}^{k=99}\ln\left(\frac{k}{k+1}\right)=-\ln(100)$.

MATHS

5 ★★ 5 min **On note T la période de révolution d'une planète autour de son étoile et d sa distance moyenne à cette étoile. La troisième loi de Kepler affirme que T^2 et d^3 sont proportionnels.**

Montrer que, dans un repère du plan, les points de coordonnées $(\ln T ; \ln d)$ pour toutes les planètes de cette étoile sont alignés.

Histoire des maths

C'est au développement de l'astronomie, des calculs d'intérêts bancaires composés et de la navigation à travers les grands océans au début du XVIe siècle que l'on doit le développement des logarithmes. En effet, tous ces domaines nécessitaient le calcul (rapide) de grands produits ; changer les multiplications par des additions s'avérait donc particulièrement efficace !

Pierre-Simon de Laplace (1749-1827) écrira plus tard : *« L'invention des logarithmes, en réduisant le temps passé aux calculs de quelques mois à quelques jours, double pour ainsi dire la vie des astronomes. »*

6 ★ 10 min

Résoudre les équations suivantes.

$(E_1) : e^x = 7$ $(E_2) : e^{2x-8} = 4$

$(E_3) : 4e^{-x} - 1 = 0$ $(E_4) : \ln(x) = 3$

$(E_5) : 2\ln(x) - 1 = 0$ $(E_6) : 3\ln(2x) = 12$

7 ★★ 20 min

Résoudre les équations suivantes.

$(E_1) : \ln(3-x) = 2$ $(E_2) : \ln(x^2-8) = 0$

$(E_3) : \ln(5x) = \ln(x^2)$ $(E_4) : \ln(3x) = \ln(x^2-4)$

8 ★★ 20 min

Résoudre les inéquations suivantes.

$(I_1) : e^{2-x} \leq 5$ $(I_2) : 2e^{0,5x} - 14 > 0$

$(I_3) : \ln(x) < 1$ $(I_4) : \ln(6-2x) > 0$

$(I_5) : 2 - \ln(x+1) > 0$ $(I_6) : \ln(x^2-x) \leq \ln(2x)$

9 ★★ 15 min **Soit P la fonction définie sur $\mathbb{R}$ par :**

$$P(x) = x^2 + 3x - 10.$$

A. Résoudre dans $\mathbb{R}$ l'équation $P(x) = 0$.

B. a. Résoudre dans $\mathbb{R}$ l'équation $(\ln(x))^2 + 3\ln(x) - 10 = 0$.

b. Résoudre dans $\mathbb{R}$ l'équation $e^x + 3 - 10e^{-x} = 0$.

10 ★ 10 min **À partir de sa mise en culture, l'évolution d'une population de bactéries en fonction du temps est donnée par $g(t) = 10^6 e^{0,25t}$, où t est exprimé en heures.**

Au bout de combien de temps (à la minute près), la population initiale sera-t-elle multipliée par 3 ?

11 ★★ 10 min **Résoudre dans $]0 ; +\infty[$ les équations suivantes. Arrondir à 10^{-4} si nécessaire.**

$(E_1) : x^{12} = 2$ $(E_2) : (1+x)^{12} = 1,25$ $(E_3) : (1+x)^6 = 0,7$

12 ★★ 15 min **Résoudre les inéquations suivantes où n est un entier naturel.**

$(I_1) : 1,3^n \geq 2\times10^6$ $(I_2) : 0,8^n < 10^{-5}$ $(I_3) : 300\times0,82^n \geq 0,9$

13 ★★ 15 min **Au recensement de 2018, l'Inde comptait 2 967 tigres sauvages. En 2014, elle en comptait 2 226.**

a. Calculer le taux d'évolution annuel moyen de cette population de tigres de 2014 à 2018. Arrondir à 0,01 % près.

b. Des études amènent à penser que cette population de tigres comptait 100 000 individus à la fin du XIXe siècle. Si la population continue à croître au même rythme que de 2014 à 2018, en quelle année dépassera-t-elle les 100 000 individus ?

14 ★★ 10 min **Enzo a gagné cinq euros en tondant les 1 000 mètres carrés de pelouse en pente de son voisin. La voiture de ses rêves est vendue 10 000 € et perd 11 % de sa valeur chaque année.**

Combien d'années devra attendre Enzo avant de pouvoir s'offrir cette voiture avec ses cinq euros ?

15 ★★ 30 min **Dans chaque cas, dresser le tableau de variations de f sur l'ensemble indiqué et calculer les limites aux bornes de cet ensemble.**

a. $f(x) = x - \ln(x)$ sur $I =]0 ; +\infty[$.

b. $f(x) = \dfrac{x}{\ln(x)}$ sur $I =]1 ; +\infty[$.

c. $f(x) = 3x - 2 - 2x\ln(x)$ sur $I =]0 ; +\infty[$.

16 ★★ 30 min **Dans chaque cas, dresser le tableau de variation de f sur l'ensemble indiqué et calculer les limites aux bornes de cet ensemble.**

a. $f(x) = \ln(6-2x)$ sur $I =]-\infty ; 3[$.

b. $f(x) = \ln(\ln(x))$ sur un intervalle à déterminer.

c. $f(x) = \ln\dfrac{x+1}{x+2}$ sur $I =]1 ; +\infty[$.

17 ★★ 20 min **Soit f la fonction définie sur $]0 ; +\infty[$ par $f(x) = x^2 - (x+1)\ln(x)$.**

a. Calculer $f'(x)$ et $f''(x)$.

b. En déduire la convexité de f.

c. Calculer $f'(1)$ puis dresser le tableau de variations de f.

18 ★★ 20 min Type Bac

Soit f la fonction définie sur $]0 ; +\infty[$ par :

$$f(x) = x(1 - \ln(x)).$$

On note $\mathscr{C}_f$ sa courbe représentative dans un repère orthonormé et T la tangente à $\mathscr{C}_f$ au point d'abscisse 1. Quelle est la position relative de $\mathscr{C}_f$ par rapport à T ?

19 ★★★ 50 min ALGORITHME Type Bac

A. a. Déterminer l'équation réduite de la tangente T à la courbe de la fonction logarithme népérien en son point d'abscisse 1.

b. En déduire une approximation affine de $\ln(x)$ pour x proche de 1.

B. Soit u_0 un nombre réel strictement plus grand que 1. Pour tout entier naturel n, on pose $u_{n+1} = \sqrt{u_n}$.

a. Montrer que, pour tout entier naturel n, $1 \leq u_{n+1} \leq u_n$.

b. En déduire que la suite (u_n) converge et calculer sa limite.

C. Henry Briggs a mis au point un algorithme de calcul de valeurs approchées de logarithmes s'appuyant sur les résultats précédents.

a. Montrer que, pour tout entier naturel n, $\ln(u_n) = \frac{1}{2^n}\ln(u_0)$.

b. En déduire que si l'entier n est assez grand, on peut considérer que l'on a $\ln(u_0) \approx 2^n(u_n - 1)$.

c. Compléter le programme de la fonction Python ci-dessous qui, étant donné un nombre positif $x = u_0$ et une précision ε (qu'on notera eps dans le programme), renvoie la valeur approchée de $\ln(x)$ obtenue par la méthode de Briggs dès que $0 \leq u_n - 1 \leq \varepsilon$.

```
from math import*
def lnBriggs(x,eps):
    n=0
    while __________:
        x=__________
        n=__________
    return(2**n*(x-1),n)
```

Histoire des maths

Henry Briggs est un mathématicien anglais qui s'est passionné pour la découverte de **John Napier** qu'il a rencontré deux fois à Édimbourg. Il suggère de choisir une autre base pour les applications concrètes (le logarithme décimal) et publie plusieurs tables de logarithmes dont une à 14 décimales pour tous les nombres de 1 à 20 000 et de 90 000 à 100 000 !

20 ★★★ 20 min APPROFONDISSEMENT

Pour tout entier naturel n non nul et tout réel x, on pose $u_n = \left(1+\frac{x}{n}\right)^n$.

a. Conjecturer la limite de la suite (u_n) dans le cas où x est égal à 1.

b. Donner la dérivée de la fonction logarithme népérien, puis en déduire la valeur de $\lim\limits_{h\to 0}\frac{\ln(1+h)}{h}$.

c. Pour tout entier naturel n non nul, on pose $v_n = \ln(u_n)$. Calculer la limite de la suite (v_n) et en déduire celle de (u_n).

21 ★★ 20 min APPROFONDISSEMENT

On appelle logarithme décimal la fonction log définie sur $]0\,;+\infty[$ par $\log(x) = \frac{\ln(x)}{\ln(10)}$.

A. Calculer $\log(1)$, $\log(10)$ et $\log(10^n)$ où n est un entier naturel.

B. Soit y un nombre réel quelconque. Déterminer une expression la plus simple possible de la solution de l'équation $\log(x) = y$.

C. Pour mesurer l'intensité sonore, on utilise souvent les décibels, notés dB. L'intensité en décibels d'un son de puissance P (en $\text{W}\cdot\text{m}^{-2}$) est donnée par la formule

$$d(P) = 10(\log(P) - \log(P_0)),$$

où P_0 est la puissance correspondant au seuil d'audibilité de l'oreille humaine et vaut $10^{-12}\ \text{W}\cdot\text{m}^{-2}$.

a. À combien de décibels s'élève l'intensité du son correspondant au seuil d'audibilité de l'oreille humaine ?

b. Lors d'une interprétation de la *Symphonie fantastique* d'Hector Berlioz, la puissance sonore est montée à $10^{-1}\ \text{W}\cdot\text{m}^{-2}$.

On considère qu'il y a un risque auditif lorsque l'intensité du son dépasse les 90 dB. Est-il nécessaire que les musiciens de cet orchestre mettent en place un dispositif protecteur (utilisation de bouchons d'oreille ou de pare-sons) ?

D. a. On met en route un vieil aspirateur. Le bruit de cet aspirateur correspond à une intensité de 80 dB. Déterminer la puissance sonore de l'appareil.

b. On a mis en route un deuxième aspirateur identique. La puissance sonore a alors été multipliée par deux. De combien de décibels s'est élevée l'intensité sonore, à 0,01 près ?

Info

Le **logarithme décimal** présente les mêmes propriétés algébriques que la fonction logarithme népérien. Il est cependant plus commode dans certains domaines d'application : en sismologie (échelle de Richter), en chimie (étude du pH pour l'acidité), en astronomie (magnitude des corps célestes) ou encore en acoustique.

MATHS

22 ★★★ 30 min APPROFONDISSEMENT

Le but de cet exercice est de déterminer quel est le plus grand des deux nombres suivants :

2020^{2021} ou 2021^{2020} ?

a. Étudier les variations de la fonction f définie pour tout réel x strictement supérieur à 1 par $f(x) = \frac{x}{\ln(x)}$.

b. Répondre alors au problème initial.

Histoire des maths

Le logarithme népérien doit son nom à **John Napier** (1550-1617), francisé en « Neper », un mathématicien écossais. Personnage atypique, il est surtout connu en son temps pour ses positions théologiques protestantes et sa mise en garde au futur roi d'Angleterre face au catholicisme. Il a mis plus de vingt ans à mettre au point ses logarithmes qui transforment des progressions arithmétiques en progressions géométriques.

Fonctions trigonométriques

Cours

1 Sinus et cosinus d'un nombre réel

On se place dans un repère $(0\,;\vec{\imath},\,\vec{\jmath})$.

▶ Le cercle trigonométrique $\mathscr{C}$ est le cercle centré en 0, de rayon 1, et orienté dans le sens positif ou direct, c'est-à-dire dans le sens inverse des aiguilles d'une montre.

▶ Si on enroule la droite des réels sur le cercle trigonométrique $\mathscr{C}$ à partir du point I(1 ; 0), tout réel x vient s'appliquer sur un point M de $\mathscr{C}$. Ce point est l'image du réel x sur le cercle trigonométrique.

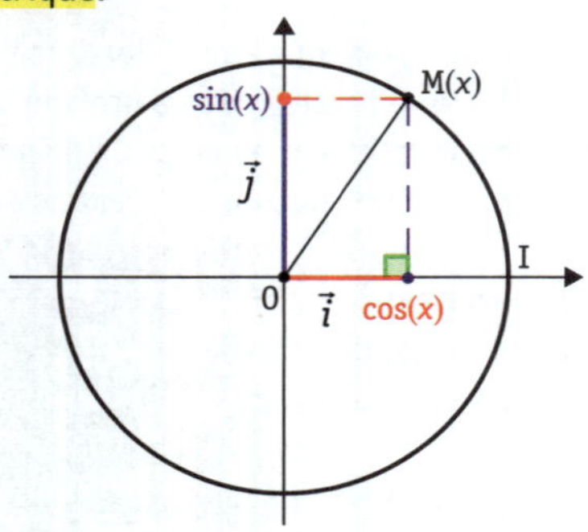

▶ Le cosinus de x, noté $\cos(x)$, est l'abscisse du point M.

▶ Le sinus de x, noté $\sin(x)$, est l'ordonnée du point M.

▶ Pour tout réel x, on a $-1 \leq \cos(x) \leq 1$ et $-1 \leq \sin(x) \leq 1$.

▶ Pour tout réel x, on a $\cos^2(x)+\sin^2(x)=1$.

▶ Les valeurs remarquables de sinus et cosinus sont données par le cercle ci-dessous.

Rappel

$\cos^2(x)$ est une notation pour désigner le carré de $\cos(x)$.

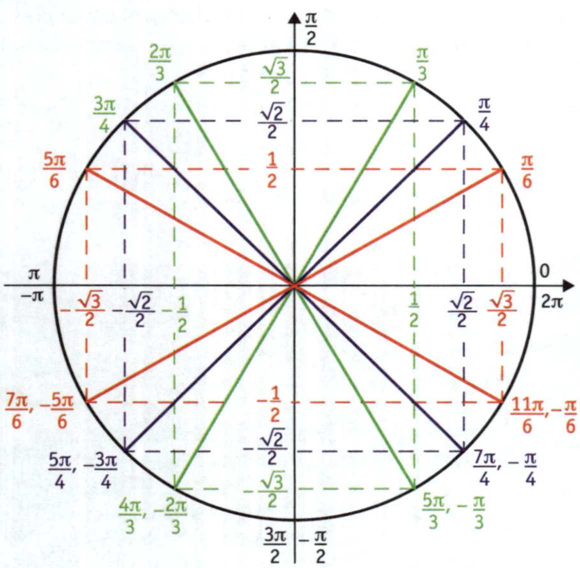

2 Fonctions sinus et cosinus

▶ La fonction cosinus est la fonction définie sur $\mathbb{R}$, qui à tout réel x, associe son cosinus.

La fonction sinus est la fonction définie sur $\mathbb{R}$, qui à tout réel x, associe son sinus.

▶ La fonction sinus et la fonction cosinus sont périodiques de période 2π.

Pour tout réel x, on a $\cos(x+2\pi)=\cos(x)$ et $\sin(x+2\pi)=\sin(x)$.

▶ Pour tout réel x, on a $\cos(-x)=\cos(x)$.

On dit que la fonction cosinus est paire.

▶ Pour tout réel x, on a $\sin(-x)=-\sin(x)$.

On dit que la fonction sinus est impaire.

▶ Les fonctions sinus et cosinus sont dérivables sur $\mathbb{R}$ et, pour tout réel x, on a $\sin'(x)=\cos(x)$ et $\cos'(x)=-\sin(x)$.

▶ Étant donné que les fonctions sinus et cosinus sont périodiques de période 2π, on peut se contenter d'étudier leurs variations sur l'intervalle $[0\,;2\pi]$.

x	0	π	2π
Variations de cos	1 ↘	-1 ↗	1

x	0	$\frac{\pi}{2}$	$\frac{3\pi}{2}$	2π
Variations de sin	0 ↗	1 ↘	-1 ↗	0

Voici les courbes représentatives des fonctions sinus et cosinus.

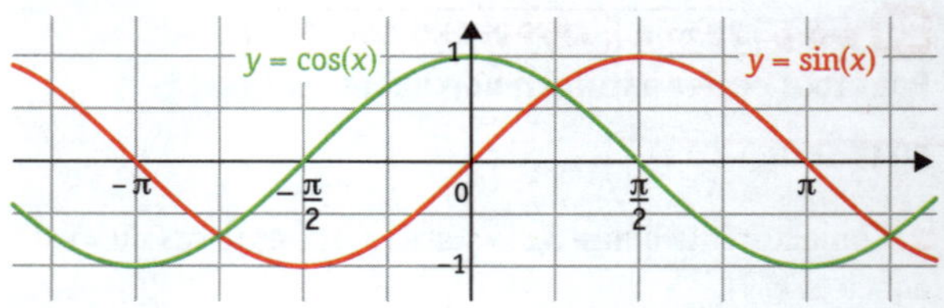

À savoir

Comme la fonction sinus est impaire, sa courbe est symétrique par rapport à l'origine du repère. Comme la fonction cosinus est paire, sa courbe est symétrique par rapport à l'axe des ordonnées.

Info

Pour tout réel x, on a :

$$\cos\left(x-\frac{\pi}{2}\right)=\sin(x).$$

La courbe de la fonction sinus s'obtient donc par translation (ou déphasage) de celle de la fonction cosinus.

Exos résolus

1 Résoudre une équation ou une inéquation trigonométrique

Dans chaque cas, déterminer toutes les solutions de l'équation ou de l'inéquation donnée dans l'intervalle $[-\pi\,;\pi]$.

a. $\cos(x)=-\frac{\sqrt{2}}{2}$

RÉSOLUTION

Le cosinus d'un nombre placé sur le cercle trigonométrique se lit sur l'axe des abscisses. On cherche donc ici les intersections du cercle trigonométrique et de la droite d'équation $x=-\frac{\sqrt{2}}{2}$.

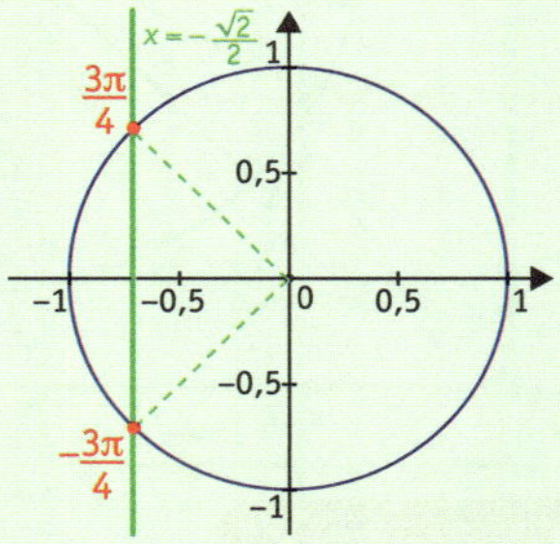

Les solutions cherchées sont : $-\frac{3\pi}{4}$ et $\frac{3\pi}{4}$.

b. $\sin(x)=\frac{1}{2}$

RÉSOLUTION

Le sinus d'un nombre placé sur le cercle trigonométrique se lit sur l'axe des ordonnées. On cherche donc ici les intersections du cercle trigonométrique et de la droite d'équation $y=\frac{1}{2}$.

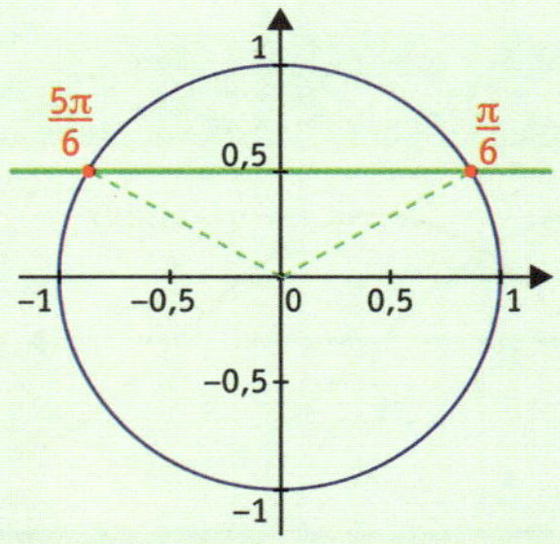

Les solutions cherchées sont $\frac{\pi}{6}$ et $\frac{5\pi}{6}$.

Info

On peut en fait trouver ainsi toutes les solutions réelles. Ce sont exactement les réels de la forme $\frac{\pi}{6}+2k\pi$ et $\frac{5\pi}{6}+2k\pi$, où k est un entier relatif.

c. $\cos(x)\geq-\frac{1}{2}$

RÉSOLUTION

On surligne la partie du cercle trigonométrique constituée des points dont l'abscisse est supérieure ou égale à $-\frac{1}{2}$.

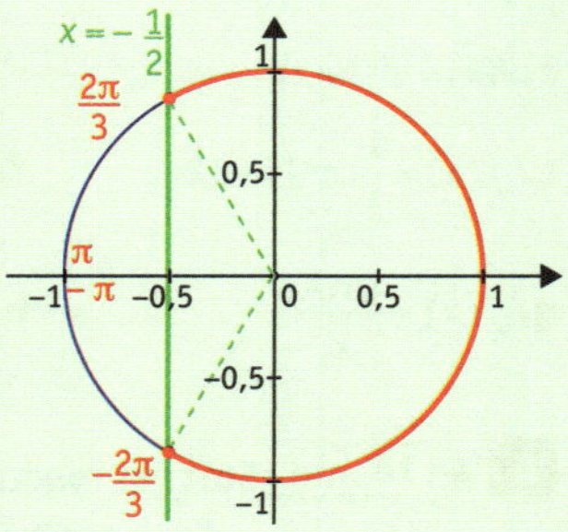

On lit alors l'ensemble des solutions en parcourant le cercle de $-\pi$ à π.

L'ensemble des solutions de l'inéquation $\cos(x)\geq-\frac{1}{2}$ est :

$$\left[-\frac{2\pi}{3}\,;\frac{2\pi}{3}\right].$$

2 Étudier une fonction circulaire

Soit f la fonction définie sur $[-\pi\,;\pi]$ par :

$$f(x)=\sin^2(x)-\cos(x).$$

a. Montrer que, pour tout réel x de $[-\pi\,;\pi]$, on a :

$$f'(x)=\sin(x)(2\cos(x)+1).$$

RÉSOLUTION

Pour dériver « $\sin^2(x)$ » on peut utiliser la formule

$$(u^n)'=nu'u^{n-1},$$

soit $(\sin^2(x))'=2\cos(x)\sin(x)$. On trouve alors :

$f'(x)=2\cos(x)\sin(x)-(-\sin(x))$
$\quad=2\cos(x)\sin(x)+\sin(x)$
$\quad=(2\cos(x)+1)\sin(x)$ en factorisant par $\sin(x)$.

À savoir

Pour dériver « $\sin^2(x)$ », on peut aussi utiliser la formule de dérivation d'un produit uv en posant $u(x)=v(x)=\sin(x)$. On trouve alors le même résultat.

b. Résoudre dans $[-\pi\,;\pi]$ l'inéquation $2\cos(x)+1\geq0$. En déduire le tableau de variations de la fonction f.

RÉSOLUTION

Pour tout réel x de $[-\pi\,;\pi]$, on a :

$2\cos(x)+1\geq0\Leftrightarrow2\cos(x)\geq-1\Leftrightarrow\cos(x)\geq-\frac{1}{2}$.

Cette inéquation a été résolue dans l'exercice résolu précédent.

L'ensemble des solutions est $\left[-\frac{2\pi}{3}\,;\frac{2\pi}{3}\right]$.

On étudie le signe de f' pour en déduire les variations de f.

x	$-\pi$		$-\frac{2\pi}{3}$		0		$\frac{2\pi}{3}$		π
Signe de $\sin(x)$	0	−	|	−	0	+	|	+	0
Signe de $2\cos(x)+1$		−	0	+	|	+	0	−	
Signe de $f'(x)$	0	+	0	−	0	+	0	−	0
Variations de f	1	↗	$\frac{5}{4}$	↘	−1	↗	$\frac{5}{4}$	↘	1

Les images se calculent ainsi :

$f(-\pi)=\sin^2(-\pi)-\cos(-\pi)=0^2-(-1)=1$;

$f\left(-\frac{2\pi}{3}\right)=\sin^2\left(-\frac{2\pi}{3}\right)-\cos\left(-\frac{2\pi}{3}\right)=\left(-\frac{\sqrt{3}}{2}\right)^2-\left(-\frac{1}{2}\right)=\frac{5}{4}$;

$f(0)=\sin^2(0)-\cos(0)=0^2-1=-1$;

$f\left(\frac{2\pi}{3}\right)=\sin^2\left(\frac{2\pi}{3}\right)-\cos\left(\frac{2\pi}{3}\right)=\left(\frac{\sqrt{3}}{2}\right)^2-\left(-\frac{1}{2}\right)=\frac{3}{4}+\frac{1}{2}=\frac{5}{4}$;

$f(\pi)=\sin^2(\pi)-\cos(\pi)=0^2-(-1)=1$.

MATHS

SYNTHÈSE

Propriétés des fonctions circulaires

Pour tout réel x, on a :

- $\sin'(x) = \cos(x)$
- $\cos'(x) = -\sin(x)$
- $-1 \leq \cos(x) \leq 1$ et $-1 \leq \sin(x) \leq 1$
- $\cos^2(x) + \sin^2(x) = 1$
- Les fonctions sinus et cosinus sont périodiques de période 2π : $\cos(x + 2\pi) = \cos(x)$ et $\sin(x + 2\pi) = \sin(x)$.
- La fonction cosinus est paire : $\cos(-x) = \cos(x)$.
- La fonction sinus est impaire : $\sin(-x) = -\sin(x)$.

Valeurs remarquables

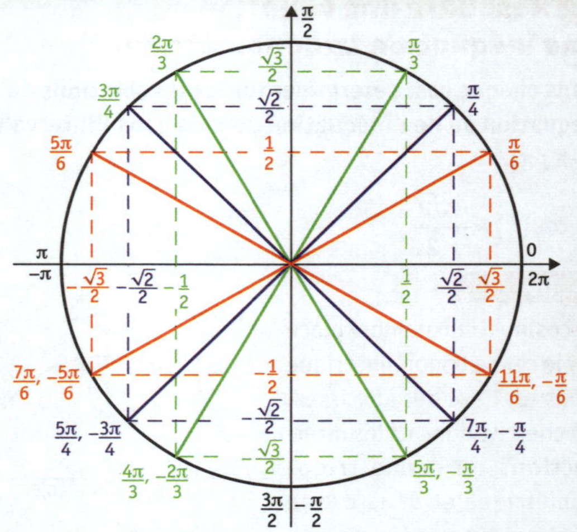

Fonctions trigonométriques

Courbes représentatives

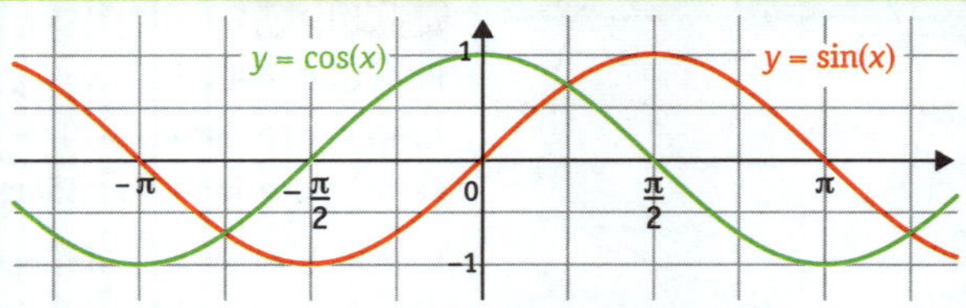

Exercices

1 ★ 10 min **Résoudre les équations trigonométriques suivantes dans $[-\pi\,;\pi]$.**

a. $\cos(x) = -\dfrac{1}{2}$

b. $2\cos(x) = \sqrt{3}$

c. $2\cos(x) + \sqrt{3} = 0$

d. $\sin(x) = -\dfrac{\sqrt{2}}{2}$

e. $2\sin(x) - 1 = 0$

f. $3\cos(x) - 4 = 0$

2 ★ 10 min **Résoudre les inéquations trigonométriques suivantes dans $[-\pi\,;\pi]$.**

a. $2\cos(x) - 1 \geq 0$

b. $\sqrt{3} - 2\cos(x) \geq 0$

c. $\cos(x) \geq \cos\left(\dfrac{\pi}{5}\right)$

d. $\sin(x)\cos(x) \geq 0$

Pour la dernière inéquation, on peut penser à s'aider d'un tableau de signes.

3 ★ 20 min **Donner les dérivées des fonctions suivantes là où elles sont définies.**

a. $f(x) = 3x - \sin(x)$

b. $f(x) = x\cos(x)$

c. $f(x) = x^2\sin(x)$

d. $f(x) = \sin^2(x)$

e. $f(x) = \dfrac{1}{3}\cos(5 - 12x)$

f. $f(x) = \sin\left(\dfrac{1}{x}\right)$

g. $f(x) = \dfrac{\sin x}{x}$

h. $f(x) = \cos(x)e^x$

4 ★ 10 min **Soit f la fonction définie sur $[0\,;2\pi]$ par : $f(x) = \cos(x) + x\sin(x)$.**

a. Montrer que, pour tout réel x de $[0\,;2\pi]$, on a : $f'(x) = x\cos(x)$.

b. Dresser alors le tableau de variations de f sur $[0\,;2\pi]$.

5 ★★ 15 min **Soit f la fonction définie sur $\mathbb{R}$ par :**

$$f(x) = \cos(x) - 1 + \frac{x^2}{2}.$$

a. Donner l'expression de f' et l'expression de f''.
b. Calculer $f'(0)$. En déduire le signe de f'.
c. Dresser le tableau de variations de f sans donner les limites.
d. Déduire de cette étude de fonction un encadrement de $\cos(x)$ pour tout réel x.
e. Illustrer graphiquement dans un repère cet encadrement au voisinage de 0.

6 ★★ 20 min **Soit f la fonction définie sur $[0 ; 2\pi]$ par $f(x) = \cos(x)e^{-x}$.**

A. a. Montrer que $f'(x) = (-\sin(x) - \cos(x))e^{-x}$ pour tout réel x de l'intervalle $[0 ; 2\pi]$.
b. Montrer que $f''(x) = 2\sin(x)e^{-x}$ pour tout réel x de $[0 ; 2\pi]$.
B. Calculer $f'\left(\frac{3\pi}{4}\right)$ et $f'\left(\frac{7\pi}{4}\right)$.
C. Étudier finalement la convexité et les variations de f.
On pourra résumer tous les résultats dans un tableau.

> **Pour étudier la convexité d'une fonction, on peut étudier le signe de sa dérivée seconde. Voir le chapitre 4.**

7 ★★★ 50 min ALGORITHME Type Bac
On considère la fonction f définie pour tout réel $x \in [0 ; 2\pi]$ par $f(x) = \cos x$. On note $\mathscr{C}_f$ la courbe représentative de f dans un repère orthogonal du plan. On note T_α et T_β les deux tangentes à $\mathscr{C}_f$ aux points d'abscisses α et β avec $\alpha < \beta$ qui passent par l'origine du repère.

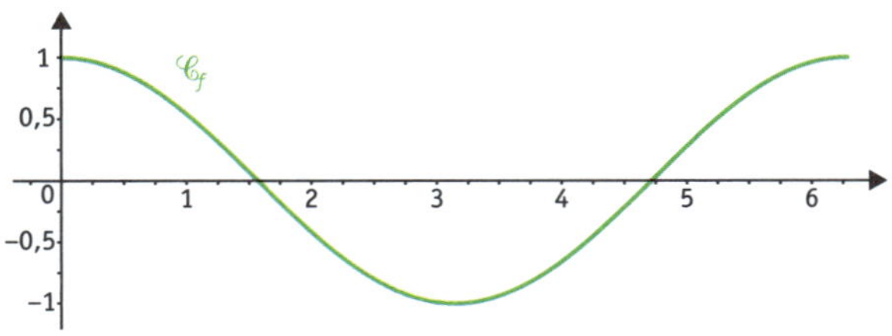

A. Sur la représentation de $\mathscr{C}_f$ donnée ci-dessus, tracer au mieux T_α et T_β. En déduire des valeurs approchées de α et β.
B. a. On note T_a la tangente à $\mathscr{C}_f$ au point d'abscisse a.
Montrer que T_a a pour équation réduite :

$$y = -\sin(a) \times x + a\sin(a) + \cos(a).$$

b. Soit g la fonction définie sur $[0 ; 2\pi]$ par :

$$g(x) = x\sin(x) + \cos(x).$$

Montrer que α et β sont solutions de l'équation $g(x) = 0$.
C. a. Montrer que $g'(x) = x\cos x$.
b. Dresser le tableau de variations de g en indiquant les images.
D. a. Montrer que l'équation $g(x) = 0$ admet effectivement bien exactement deux solutions dans $[0 ; 2\pi]$.
b. Déterminer un encadrement d'amplitude 0,01 de α et de β.
E. On considère maintenant le programme ci-contre où la bibliothèque math a été ouverte.

```
a=pi/2
b=3*pi/2
for i in range(1,n+1):
    m=(a+b)/2
    if m*sin(m)+cos(m)>0:
        a=m
    else:
        b=m
```

On admet qu'en fin d'exécution de l'algorithme, les variables a et b fournissent un encadrement du réel α.
a. Déterminer les valeurs contenues dans les variables a et b à 10^{-4} près si on applique ce programme avec $n = 4$.
b. Quelle est l'influence de la variable n sur le résultat final ?
c. Quelle plus petite valeur de n faut-il saisir en entrée pour que la longueur ε de l'encadrement obtenu en sortie soit inférieure à 0,001 ? Expliquer brièvement.

8 ★★ 10 min **Calculer les limites suivantes.**

a. $\lim_{x \to +\infty} (\cos(x) + x^2)$ **b.** $\lim_{x \to +\infty} \sin(x)e^{-x}$

9 ★★ 20 min APPROFONDISSEMENT

La fonction tangente est définie par $\tan(x) = \dfrac{\sin(x)}{\cos(x)}$.

a. Calculer les images par la fonction tangente de :

$$0, \frac{\pi}{6}, \frac{\pi}{4} \text{ et } \frac{\pi}{3}.$$

b. Pour quelles valeurs de x la fonction tangente est-elle définie ?
c. Montrer que la fonction tangente est impaire.
d. Montrer que la fonction tangente est périodique de période π.
e. Montrer que, là où la fonction tangente est définie, on a $\tan'(x) = 1 + \tan^2(x) = \dfrac{1}{\cos^2(x)}$.
f. Dresser le tableau de variations complet (en indiquant les limites) de la fonction tangente sur $\left]-\frac{\pi}{2} ; \frac{\pi}{2}\right[$.
g. Tracer dans un repère la courbe représentative de la fonction tangente en indiquant les asymptotes éventuelles et la tangente en 0.

Histoire des maths

L'usage de la trigonométrie est apparu dès l'Antiquité, notamment en astronomie. Son étude s'est ensuite développée en Inde et dans le monde arabe. C'est au XVIIIe siècle que s'est ensuite imposée grâce à **Leonhard Euler** une approche de la trigonométrie par les fonctions. Ce point de vue analytique a permis au mathématicien **Joseph Fourier** (1768-1830) de démontrer que, sous certaines conditions, tout phénomène périodique peut être vu comme une somme de fonctions sinus et cosinus. Les applications de ces travaux sont de plus en plus nombreuses dans des domaines aussi variés que le traitement du signal, les neurosciences, la géologie, et même la compression de données avec la création des formats JPEG ou MPEG.

MATHS

Primitives et équations différentielles

Cours

1 Primitives d'une fonction

▶ Soit f une fonction définie sur un intervalle I.
Une primitive de f sur I est une fonction F dérivable sur I telle que $F'(x) = f(x)$ pour tout réel x de l'intervalle I.

Exemple : La fonction f définie sur $\mathbb{R}$ par $f(x) = 3x^2 + 4$ admet pour primitive la fonction F définie sur $\mathbb{R}$ par $F(x) = x^3 + 4x$.

▶ **Théorème :** Si F est une primitive de f sur un intervalle I, alors f admet une infinité de primitives et elles sont toutes de la forme $G(x) = F(x) + k$ où k est un réel quelconque.

Remarque

On dit que deux primitives d'une même fonction sur un intervalle I diffèrent d'une constante.

▶ Soit x_0 un réel de I et soit y_0 un réel. Si f admet des primitives sur I, alors il existe une unique primitive F de f telle que $F(x_0) = y_0$.

▶ Toute fonction continue admet des primitives.

À noter

Certaines fonctions n'admettent pas de primitives explicites. C'est le cas par exemple de la fonction f définie par $f(x) = e^{x^2}$.

▶ Soient f et g deux fonctions définies sur I et admettant respectivement comme primitives F et G. Soit λ un nombre réel.
La fonction $f + g$ admet pour primitive $F + G$.
La fonction λf admet pour primitive λF.
Dans le tableau ci-dessous, les primitives sont données à une constante près et n désigne un entier naturel.

Fonction f	Primitive F	Intervalle
a	ax	$\mathbb{R}$
x	$\frac{1}{2}x^2$	$\mathbb{R}$
x^2	$\frac{1}{3}x^3$	$\mathbb{R}$
x^n	$\frac{1}{n+1}x^{n+1}$	$\mathbb{R}$
$\frac{1}{\sqrt{x}}$	$2\sqrt{x}$	$]0 ; +\infty[$
$\frac{1}{x^n}$ avec $n \geq 2$	$\frac{-1}{(n-1)x^{n-1}}$	$]-\infty ; 0[$ ou $]0 ; +\infty[$
$\frac{1}{x}$	$\ln(x)$	$]0 ; +\infty[$
e^x	e^x	$\mathbb{R}$
$\sin(x)$	$-\cos(x)$	$\mathbb{R}$
$\cos(x)$	$\sin(x)$	$\mathbb{R}$

Dans le tableau ci-dessous, u est une fonction dérivable sur un intervalle I et a est un réel non nul.

Fonction f	Primitive F
$u'u^n$ avec $n \in \mathbb{Z}$, $n \neq -1$ et $u(x) \neq 0$ si $n < -1$	$\frac{1}{n+1}u^{n+1}$
$\frac{u'}{u^n}$ avec $n \geq 2$ et $u(x) \neq 0$ s	$\frac{-1}{(n-1)u^{n-1}}$
$\frac{u'}{\sqrt{u}}$ avec $u > 0$ sur I	$2\sqrt{u}$
$\frac{u'}{u}$ avec $u > 0$ sur I	$\ln(u)$
$u'e^u$	e^u
$u(ax+b)$	$\frac{1}{a}U(ax+b)$
e^{ax+b}	$\frac{1}{a}e^{ax+b}$
$\sin(ax+b)$	$\frac{-1}{a}\cos(ax+b)$
$\cos(ax+b)$	$\frac{1}{a}\sin(ax+b)$

2 Équations différentielles

▶ Une équation différentielle est une égalité mettant en relation une fonction inconnue et ses dérivées successives.

▶ Soit f une fonction définie sur un intervalle I.
Les solutions de l'équation différentielle $y' = f$ d'inconnue y sont les primitives de la fonction f.

▶ **Théorème :** Soit a un nombre réel non nul. Les solutions de l'équation différentielle $y' = ay$ sont les fonctions définies sur $\mathbb{R}$ par $f(x) = \lambda e^{ax}$, où λ est une constante réelle.

À noter

On peut établir un résultat un peu plus général. Les solutions de l'équation différentielle $y' = ay + b$ où a et b sont des nombres réels, a étant non nul, sont les fonctions définies sur $\mathbb{R}$ par :

$$f(x) = \lambda e^{ax} - \frac{b}{a}$$

où λ est une constante réelle.

MATHS

Exos résolus

1 Calculer des primitives

a. Déterminer une primitive de $f(x) = 8x^3 + 5x^2 - 2x + 1$ sur $\mathbb{R}$.

RÉSOLUTION

En appliquant les formules de primitives usuelles, on a :

$$F(x) = 8 \times \frac{1}{4}x^4 + 5 \times \frac{1}{3}x^3 - 2 \times \frac{1}{2}x^2 + x$$
$$= 2x^4 + \frac{5}{3}x^3 - x^2 + x$$

b. Déterminer une primitive de $g(x) = 4e^x - \frac{2}{x^2}$ sur $]0\,;+\infty]$.

RÉSOLUTION

En appliquant les formules de primitives usuelles, on a :

$$G(x) = 4e^x - 2 \times \frac{-1}{(2-1)x^{2-1}} = 4e^x + \frac{2}{x}.$$

c. Déterminer une primitive de $h(x) = 5e^{3x-2}$ sur $\mathbb{R}$.

RÉSOLUTION

En utilisant la formule donnant une primitive de $x \mapsto e^{ax+b}$, on a $H(x) = 5 \times \frac{1}{3}e^{3x-2} = \frac{5}{3}e^{3x-2}$.

d. Déterminer la primitive de la fonction $p(x) = \frac{6x}{x^2+1}$ sur $\mathbb{R}$ qui s'annule en 1.

RÉSOLUTION

On peut faire apparaître une expression de la forme $\frac{u'}{u}$ avec $u(x) = x^2 + 1$ et $u'(x) = 2x$.

$$p(x) = \frac{6x}{x^2+1} = \frac{6}{2} \times \frac{2x}{x^2+1} = 3 \times \frac{2x}{x^2+1}$$

On a alors $P(x) = 3\ln(x^2+1)$.

Toutes les primitive de p sont de la forme $P(x) = 3\ln(x^2+1) + k$, où k est un nombre réel.

On a $P(1) = 0 \Leftrightarrow 3\ln(1^2+1) + k = 0$
$\Leftrightarrow 3\ln(2) + k = 0$
$\Leftrightarrow k = -3\ln(2)$.

La seule primitive de p qui s'annule en 1 est donc définie sur $\mathbb{R}$ par $P(x) = 3\ln(x^2+1) - 3\ln(2)$.

Attention

Il ne faut pas inventer de formules ! *UV* n'est pas une primitive de *uv*.

2 Résoudre une équation différentielle du type $y' = ay$

a. Résoudre l'équation différentielle (E) : $y' + 0,5y = 0$.

RÉSOLUTION

On a $y' + 0,5y = 0 \Leftrightarrow y' = -0,5y$.

Les solutions de l'équation (E) sont donc définies sur $\mathbb{R}$ par $f(x) = \lambda e^{-0,5x}$ où λ est une constante réelle.

b. Donner l'allure des courbes des solutions de l'équation (E).

RÉSOLUTION

Voici dans la figure ci-dessous les courbes des solutions de (E) pour des valeurs entières de λ entre – 10 et 10.

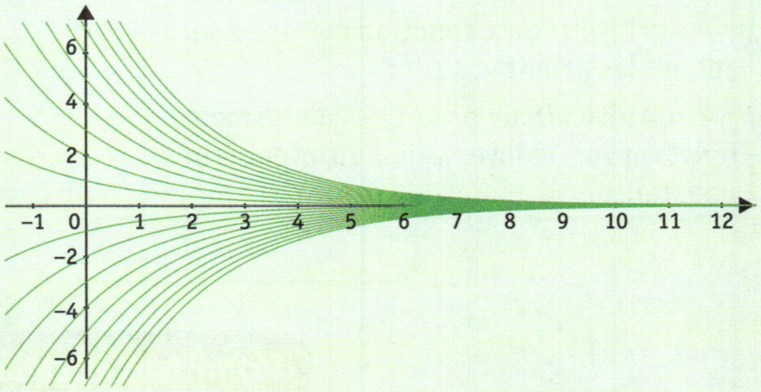

c. Déterminer la solution de (E) vérifiant $y(0) = 3$.

RÉSOLUTION

Soit f une solution de (E).

$f(0) = 3 \Leftrightarrow \lambda e^{-0,5 \times 0} = 3 \Leftrightarrow \lambda = 3$ (car $e^0 = 1$).

La solution cherchée est définie sur $\mathbb{R}$ par $f(x) = 3e^{-0,5x}$.

3 Résoudre une équation différentielle du type $y' = ay + b$

Soit (E) l'équation différentielle $y' = 2y - 3$.

a. Déterminer une solution constante h de (E).

RÉSOLUTION

Si h est constante, alors $h'(x) = 0$ pour tout réel x.

Dire que h est solution de (E) revient donc à dire que :

$h'(x) = 2h(x) - 3 \Leftrightarrow 0 = 2h(x) - 3 \Leftrightarrow h(x) = 1,5$.

b. Montrer que y est solution de l'équation différentielle (E_0) : $y' = 2y$ si, et seulement si, $y + h$ est solution de (E).

RÉSOLUTION

Dire que $y + h$ est une solution de (E) revient à affirmer que :

$(y+h)' = 2(y+h) - 3 \Leftrightarrow y' + h' = 2y + 2h - 3$
$\Leftrightarrow y' = 2y + 2 \times 1,5 - 3 \Leftrightarrow y' = 2y$.

Autrement dit, y est une solution de (E_0).

c. En déduire toutes les solutions de (E).

RÉSOLUTION

Les solutions de (E_0) sont les fonctions définies sur $\mathbb{R}$ par $f(x) = \lambda e^{-2x}$, où λ est une constante réelle.

D'après la question précédente, les solutions de (E) sont donc les fonctions définies sur $\mathbb{R}$ par $y(x) = \lambda e^{-2x} + 1,5$ où λ est une constante réelle.

Remarque

Le résultat donné dans le cours de ce chapitre donne le même ensemble de solutions.

SYNTHÈSE

Primitives et équations différentielles

Primitive d'une fonction

- **Définition :** Une **primitive** de f sur $[a\,;b]$ est une fonction F dérivable sur $[a\,;b]$ telle que $F'=f$.
- **Propriété :** Toute fonction continue sur I admet des primitives sur I.
- **Propriété :** Deux primitives d'une même fonction sur un intervalle I diffèrent d'une constante.

Opérations sur les primitives

Soient f et g deux fonctions définies sur le même intervalle et admettant respectivement comme primitives F et G. Soit λ un nombre réel.

- La fonction $f+g$ admet pour primitive $F+G$.
- La fonction λf admet pour primitive λF.

Équations différentielles

- **Définition :** Une **équation différentielle** est une égalité mettant en relation une fonction inconnue et ses dérivées successives et dont l'inconnue est cette fonction.
- **Théorème :** Soit a un nombre réel non nul. Les solutions de l'équation différentielle $y'=ay$ sont les fonctions définies sur $\mathbb{R}$ par $f(x)=\lambda e^{ax}$, où λ est une constante réelle.

Calcul de primitives

Voir les tableaux de formules de la partie Cours.

Exercices

1 ★ 10 min

A. Dans chaque cas, déterminer une primitive de la fonction donnée là où elle est définie.

a. $f(x)=4x^3-2x+1$

b. $g(x)=7x-e^x$

c. $h(x)=\dfrac{3}{x}-\dfrac{2}{x^3}$

d. $r(x)=\dfrac{3}{\sqrt{x}}+3e^x-1$

e. $s(x)=3e^{0,5x-2}+2$

f. $t(x)=3\sin(x)$

g. $u(x)=\cos\left(2x-\dfrac{\pi}{6}\right)$

h. $v(x)=\dfrac{1}{3}\cos(3x+1)$

B. Donner la primitive de s sur $\mathbb{R}$ qui s'annule en 4.

2 ★★ 20 min

A. Dans chaque cas, déterminer une primitive de la fonction donnée là où elle est définie.

a. $f(x)=\cos(x)\sin(x)$

b. $g(x)=(3x+2)^7$

c. $h(x)=\dfrac{2x}{\left(x^2+1\right)^3}$

d. $r(x)=\dfrac{1}{\sqrt{4x-2}}$

e. $s(x)=xe^{x^2}$

f. $t(x)=\dfrac{3}{e^x}$

g. $v(x)=\dfrac{\cos(x)}{\sin(x)+2}$

h. $w(x)=\dfrac{\ln(x)}{x}$

B. Donner la primitive de s sur $\mathbb{R}$ qui s'annule en 0.

3 ★★ 5 min Type Bac

Soit f la fonction définie sur $]0\,;+\infty[$ par $f(x)=x\ln(x)$.

a. Déterminer l'expression de la dérivée de f.

b. Déterminer alors la primitive de ln qui s'annule en 1.

4 ★★ 5 min **Soient F et G les fonctions définies sur $\mathbb{R}$ par $F(x)=\cos^2(x)$ et $G(x)=3-\sin^2(x)$.**

a. Les fonctions F et G sont-elles égales ? Justifier.

b. F et G sont-elles des primitives d'une même fonction ?

5 ★★ 5 min Type Bac

On donne ci-dessous la représentation graphique d'une fonction f.

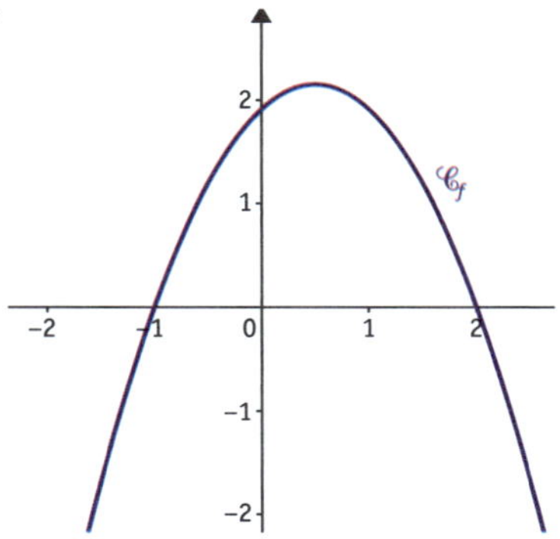

Parmi les courbes $\mathscr{C}_1$, $\mathscr{C}_2$ et $\mathscr{C}_3$ ci-dessous, laquelle peut être celle d'une primitive de f ?

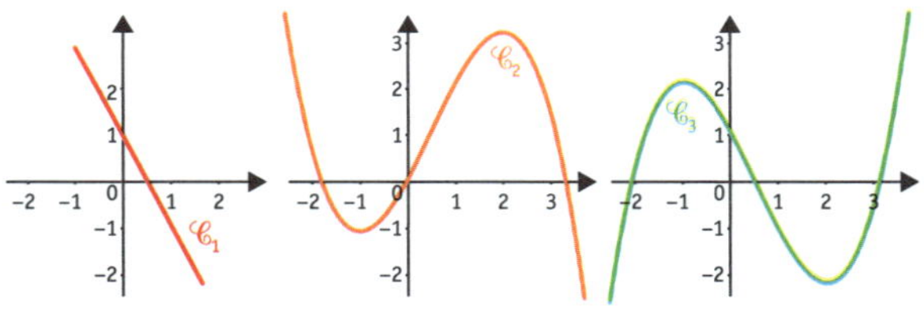

6 ★ 15 min

a. Résoudre chacune des équations différentielles ci-dessous.

$(E_1): y'-3y=0$ $(E_2): y'+2y=0$ $(E_3): 2y'-y=0$

b. Déterminer la solution de (E_3) qui prend la valeur 5 en 0.

c. Déterminer le sens de variation des solutions de (E_2).

d. Déterminer la limite en $+\infty$ des solutions de (E_2).

7 ★★ 15 min **La tour Eiffel a été construite sur le principe d'égale résistance : chaque point y est soumis à la même pression. On peut établir que la fonction S qui, à la hauteur x (en mètres) associe l'aire de la section (en m²), vérifie l'équation (E) : $S'+0{,}0152S=0$.**

Toutes les sections de la tour Eiffel sont carrées. La base mesure 125 m de côté et l'édifice culmine à 309 m.

a. Résoudre l'équation (E) et déterminer l'expression de S.

b. Selon ce modèle, quelle est la largeur de la section carrée de la tour Eiffel à son point culminant ?

c. À quelle hauteur l'aire de la section de la tour Eiffel est-elle égale à la moitié de l'aire de sa base ?

8 ★★ 20 min Type Bac

Myriam a préparé un délicieux fondant au chocolat. Elle sort son gâteau du four à une température de 180° C à 15 h 30. La loi de Newton indique que la vitesse de refroidissement du gâteau est proportionnelle à la différence de température entre le gâteau et l'air ambiant, qui est dans la cuisine à 20° C.

On note y la fonction définie sur $[0\,;+\infty[$ qui, au temps écoulé t (en heures) depuis la sortie du four associe la température du gâteau. y est donc solution de l'équation (E) : $y'=k(y-20)$ où k est un réel.

a. Déterminer une solution constante h de (E).

b. Montrer que y est solution de (E) si, et seulement si, $y-h$ est solution de l'équation $(E_0): y'=ky$.

c. En déduire finalement l'expression de y en fonction de t.

d. À 16 h 00, la température du gâteau est de 60° C. Montrer alors que $k=-\ln(16)$.

e. La dégustation du gâteau est idéale à une température de 30° C. À quelle heure Juliette et Margaux vont-elle pouvoir savourer le gâteau de Myriam dans des conditions optimales de dégustation ?

9 ★★ 20 min Type Bac

On s'intéresse à l'équation différentielle (E) : $y'=2y+f$, où y est une fonction de variable x dérivable sur $\mathbb{R}$ et f est définie pour tout réel x par $f(x)=3e^{0,5x}$.

a. Montrer que la fonction h définie sur $\mathbb{R}$ par $h(x)=-2e^{0,5x}$ est une solution particulière de (E).

b. Montrer que y est solution de (E) si, et seulement si, $y-h$ est solution de l'équation $(E_0): y'=2y$.

c. Déterminer alors l'unique solution de (E) qui s'annule en 0.

10 ★★★ 40 min APPROFONDISSEMENT Type Bac

On étudie une population de bactéries cultivées en milieu clos. La population initiale est de 1 000 bactéries. La fonction N qui, au temps t (en heures), associe le nombre de bactéries présentes dans le milieu vérifie l'équation différentielle (E) : $y'=0{,}4y(1-0{,}0001y)$. Le but est de déterminer combien de bactéries seront présentes au bout de dix heures. On suppose ici que la fonction N ne s'annule pas et on pose $f=\dfrac{1}{N}$.

a. Montrer que f est solution de l'équation différentielle :

$$(E'): y'=4\times10^{-5}-0{,}4y.$$

b. Déterminer une solution constante h de (E′).

c. Montrer que y est solution de (E′) si, et seulement si, $y-h$ est solution de l'équation $(E'_0): y'=-0{,}4y$.

d. Montrer alors que $N(t)=\dfrac{10\,000}{1+9e^{-0,4t}}$.

e. En déduire le nombre de bactéries présentes dans le milieu au bout de 10 heures.

f. Déterminer le sens de variation de N sur $[0\,;+\infty[$, puis calculer sa limite en $+\infty$.

MATHS

ANALYSE

9 Calcul intégral

Cours

1 Intégrale et aire sous une courbe

▶ Dans un repère orthogonal $(0\,;\vec{i},\,\vec{j})$, on appelle unité d'aire (notée u. a.) l'aire du rectangle engendré par les vecteurs $\vec{i}$ et $\vec{j}$.

▶ Soit f une fonction continue et positive sur un intervalle $[a\,;b]$ de courbe représentative $\mathscr{C}_f$.

L'intégrale de f de a à b, notée $\int_a^b f(x)\mathrm{d}x$, est l'aire du domaine $\mathscr{D}$ (en vert) délimité par l'axe des abscisses, la courbe $\mathscr{C}_f$ et les droites d'équations $x=a$ et $x=b$, exprimée en unités d'aire.

Les nombresréels a et b sont les bornes de l'intégrale.

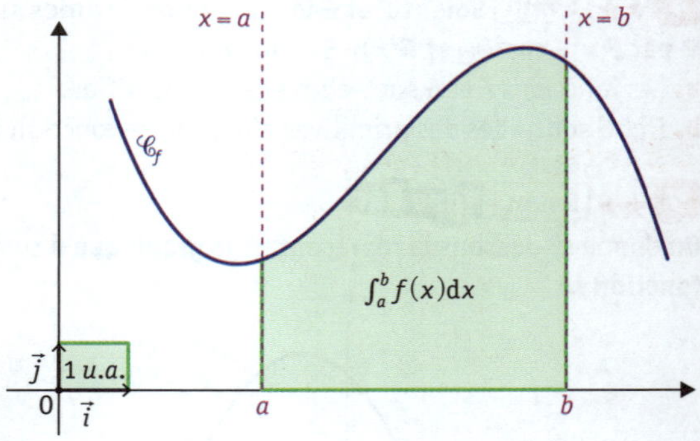

À noter

La variable x est muette : on peut aussi écrire l'intégrale $\int_a^b f(t)\mathrm{d}t$ ou $\int_a^b f(u)\mathrm{d}u$ par exemple. L'histoire de la notation de l'intégrale est expliquée dans l'exercice **10**.

2 Intégrales et primitives

a. Primitives et intégrale d'une fonction continue positive

▶ **Théorème :** Si f est une fonction continue positive sur $[a\,;b]$, alors la fonction F_a définie sur $[a\,;b]$ par $F_a(x)=\int_a^x f(t)\,\mathrm{d}t$ est la primitive de f qui s'annule en a.

▶ **Théorème :** Si f est une fonction continue positive sur $[a\,;b]$, alors on a $\int_a^b f(x)\mathrm{d}x = F(b)-F(a)$, où F est une primitive quelconque de f. La différence $F(b)-F(a)$ se note $\left[F(x)\right]_a^b$.

Ainsi, on a $\int_a^b f(x)\mathrm{d}x = \left[F(x)\right]_a^b = F(b)-F(a)$.

▶ **Théorème :** Toute fonction continue sur un intervalle I admet des primitives sur cet intervalle.

À noter

Ce théorème indique l'existence de primitives mais n'affirme pas qu'elles puissent s'exprimer à l'aide de fonctions connues. C'est par exemple le cas de la fonction $x \mapsto e^{x^2}$.

b. Intégrale d'une fonction continue de signe quelconque

▶ Soient f une fonction continue sur un intervalle $[a\,;b]$ et F une primitive de f sur cet intervalle.

L'intégrale de f sur $[a\,;b]$, notée $\int_a^b f(x)\mathrm{d}x$, est le nombre $F(b)-F(a)$.

▶ Géométriquement, $\int_a^b f(x)\mathrm{d}x$ est la somme des aires (en u. a.) des surfaces comprises entre la courbe représentative de f et l'axe des abscisses, en comptant positivement les aires des surfaces au-dessus de l'axe des abscisses et négativement celles des surfaces situées en dessous.

c. Propriétés des intégrales

Soient f et g des fonctions continues sur un intervalle I.
Soient a, b et c des réels de l'intervalle I.

▶ Relation de Chasles : $\int_a^b f(x)\mathrm{d}x + \int_b^c f(x)\mathrm{d}x = \int_a^c f(x)\mathrm{d}x$.

▶ Linéarité : $\int_a^b (f(x)+g(x))\mathrm{d}x = \int_a^b f(x)\mathrm{d}x + \int_a^b g(x)\mathrm{d}x$ et, pour tout réel λ, on a $\int_a^b \lambda f(x)\mathrm{d}x = \lambda\int_a^b f(x)\mathrm{d}x$.

▶ Comparaison et encadrement :

Si on a $f(x)\leq g(x)$ pour tout x de $[a\,;b]$, on a :

$$\int_a^b f(x)\mathrm{d}x \leq \int_a^b g(x)\,\mathrm{d}x.$$

En particulier, si f a pour minimum m et pour maximum M sur $[a\,;b]$, on a $m(b-a)\leq\int_a^b f(x)\mathrm{d}x\leq M(b-a)$.

3 Valeur moyenne d'une fonction

▶ La valeur moyenne d'une fonction continue f sur un intervalle $[a\ ;\ b]$ est le réel $\mu = \frac{1}{b-a}\int_a^b f(x)\,dx$.

▶ Géométriquement, dans le cas où f est positive, μ est la hauteur du rectangle construit sur $[a\ ;\ b]$ de même aire que le domaine délimité par l'axe des abscisses, la courbe représentative de f et les droites d'équation $x = a$ et $x = b$.

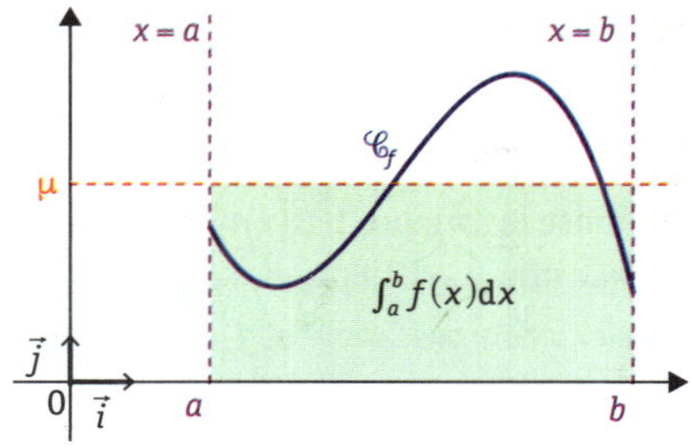

4 Intégration par parties

▶ **Théorème :** Soient u et v deux fonctions dérivables sur un intervalle $[a\ ;\ b]$ et dont les dérivées sont continues sur cet intervalle. On a alors :

$$\int_a^b u(x)v'(x)\,dx = \left[u(x)v(x)\right]_a^b - \int_a^b u'(x)v(x)\,dx.$$

Remarque

L'intégration par parties est utile quand on ne sait pas donner directement une primitive de la fonction intégrée.

MATHS

Exos résolus

1 Estimer graphiquement une intégrale

Dans un repère orthonormé ayant pour unité le centimètre, on considère la courbe représentative de la fonction f définie sur $[1\ ;\ 4]$ par $f(x) = -x^2 + 6x - 4$. En considérant les polygones ABCD et BCFE dessinés dans la figure ci-contre, donner un encadrement de $\int_1^4 f(x)\,dx$.

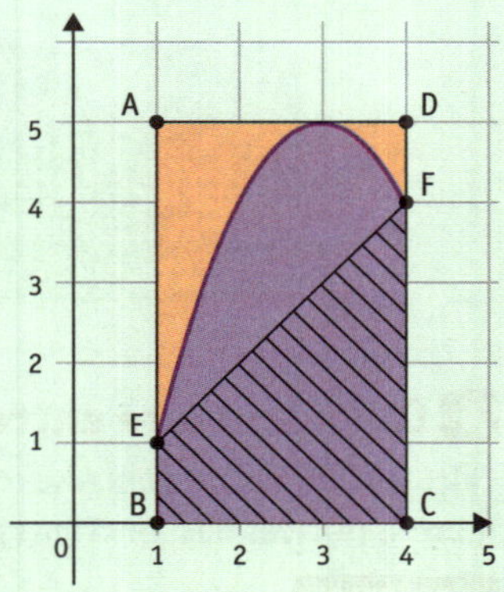

RÉSOLUTION

L'intégrale que l'on cherche à encadrer est égale à l'aire du domaine compris entre l'axe des abscisses, la courbe représentative de f et les droites d'équations $x = 1$ et $x = 4$.
On approche le domaine étudié par des polygones dont on sait calculer l'aire.
Ce domaine est à l'intérieur du rectangle ABCD et il contient le trapèze BCFE.
L'aire du rectangle ABCD vaut $AB \times BC = 5 \times 3 = 15\ cm^2$.
L'aire du trapèze BCFE vaut :
$\frac{(BE + CF) \times BC}{2} = \frac{(1+4) \times 3}{2} = 7{,}5\ cm^2$.
Finalement, on a $7{,}5 \leq \int_1^4 f(x)\,dx \leq 15$.

Rappel

L'aire d'un trapèze est donnée par : $\frac{(\text{petite base} + \text{grande base}) \times \text{hauteur}}{2}$.

2 Calculer une intégrale à l'aide d'une primitive

**Soit f la fonction définie sur $[1\ ;\ 4]$ par $f(x) = -x^2 + 6x - 4$.
Calculer l'intégrale $\int_1^4 f(x)\,dx$.**

RÉSOLUTION

Une primitive de $f(x) = -x^2 + 6x - 4$ est donnée par : $F(x) = -\frac{1}{3}x^3 + 6 \times \frac{1}{2}x^2 - 4x = -\frac{1}{3}x^3 + 3x^2 - 4x$.

On a donc : $\int_1^4 f(x)\,dx = \left[-\frac{1}{3}x^3 + 3x^2 - 4x\right]_1^4 = F(4) - F(1) = -\frac{1}{3} \times 4^3 + 3 \times 4^2 - 4 \times 4 - \left(-\frac{1}{3} \times 1^3 + 3 \times 1^2 - 4 \times 1\right) = 12$

On peut aussi vérifier le résultat à la calculatrice.
▶ Sur Casio, on procède ainsi :
Dans le menu courant, appuyer sur la touche OPTN, puis sélectionner CALC (touche F4), puis sélectionner $\int dx$ (touche F4) et compléter les champs.
▶ Sur Texas Instruments, on procède ainsi :
Dans le menu courant, appuyer sur la touche math, puis descendre jusqu'au choix **9:** (fnInt ou intégrFonct() et compléter les champs.

Attention

Les erreurs de signes sont fréquentes lors des calculs d'intégrales ; il ne faut pas oublier les parenthèses autour du calcul de $F(a)$.

3 Calculer une intégrale à l'aide d'une intégration par parties

Calculer $\int_0^1 (2x+1)e^x\,dx$ à l'aide d'une intégration par parties.

RÉSOLUTION

On utilise la formule $\int_a^b u(x)v'(x)\,dx = \left[u(x)v(x)\right]_a^b - \int_a^b u'(x)v(x)\,dx$.

On identifie u et v' dans l'intégrale à calculer en sachant qu'il doit être facile de trouver v connaissant v' et $\int_a^b u'(x)v(x)\,dx$ est souvent plus facile à calculer que l'intégrale initiale.

On pose $u(x) = 2x+1$ et $v'(x) = e^x$.

On a alors $u'(x) = 2$ et $v(x) = e^x$.

Les fonctions u et v sont dérivables et leurs dérivées sont continues donc :

$$\int_0^1 (2x+1)e^x\,dx = \left[(2x+1)e^x\right]_0^1 - \int_0^1 2\times e^x\,d$$

On sait que $x \mapsto 2e^x$ est une primitive de $x \mapsto 2\times e^x$ donc on peut calculer la deuxième intégrale à l'aide de cette primitive. Ainsi :

$$\begin{aligned}\int_0^1 (2x+1)e^x\,dx &= \left[(2x+1)e^x\right]_0^1 - \left[2e^x\right]_0^1\\ &= (2\times1+1)e^1 - (2\times0+1)e^0 - (2e^1 - 2e^0)\\ &= 3e - 1\times1 - (2e-2)\\ &= 1+e.\end{aligned}$$

Attention

Il faut être très vigilant sur les erreurs de signes et adapter le parenthésage des calculs aux priorités des opérations !

Rappel

$e^0 = 1$ et $e^1 = e$.

Remarque

La calculatrice donne $\int_0^1 (2x+1)e^x\,dx \approx 3{,}718$ ce qui est cohérent car on aussi $1+e \approx 3{,}718$.
Les calculatrices ne donnent souvent qu'une valeur approchée des intégrales, mais cela permet tout de même de contrôler le résultat obtenu à la main.

4 Calculer l'aire entre deux courbes

Calculer l'aire $\mathscr{A}$ du domaine coloré ci-contre où $\mathscr{C}_f$ et $\mathscr{C}_g$ sont les courbes représentatives des fonctions f et g définies par $f(x) = x$ et $g(x) = x^2$.

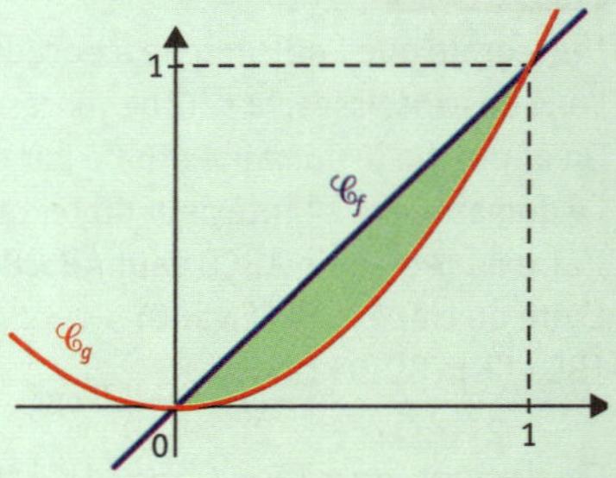

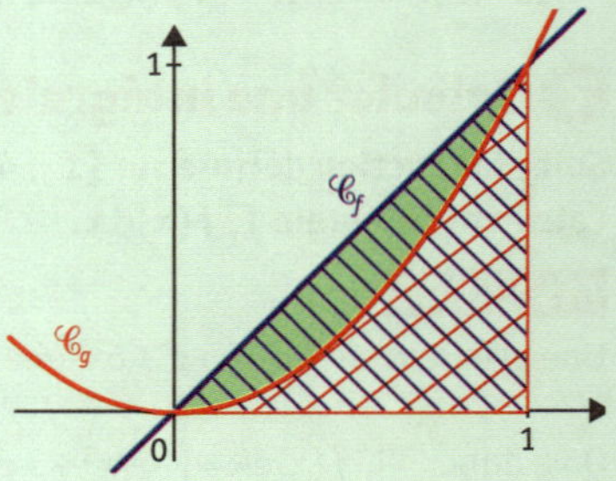

RÉSOLUTION

L'aire domaine coloré est égale à la différence entre l'aire du domaine hachuré en bleu et l'aire du domaine hachuré en rouge.

On a donc :

$$\begin{aligned}\mathscr{A} &= \int_0^1 x\,dx - \int_0^1 x^2\,dx\\ &= \int_0^1 (x - x^2)\,dx \quad \text{(par linéarité)}\\ &= \left[\frac{1}{2}x^2 - \frac{1}{3}x^3\right]_0^1\\ &= \frac{1}{2}\times1^2 - \frac{1}{3}\times1^3 - \left(\frac{1}{2}\times0^2 - \frac{1}{3}\times0^3\right) = \frac{1}{6}\text{ u. a.}\end{aligned}$$

Remarque

Utiliser la linéarité permet de ne calculer qu'une seule intégrale et limite souvent les erreurs de signe.

Remarque

Le résultat obtenu ici se généralise.
Si f et g sont deux fonctions continues de signe quelconque sur l'intervalle $[a\,;b]$ telle que $f(x) \geq g(x)$ pour tout réel x de $[a\,;b]$, alors l'aire du domaine compris entre $\mathscr{C}_f$, $\mathscr{C}_g$ et les droites d'équations $x=a$ et $x=b$ est donnée par :

$$\int_a^b (f(x) - g(x))\,dx.$$

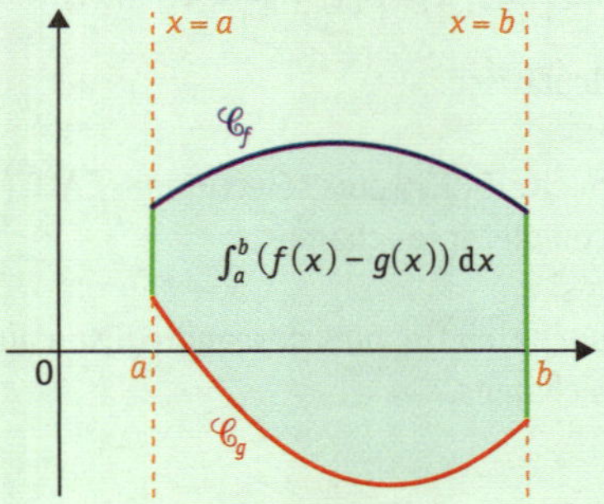

SYNTHÈSE

Calcul intégral

Interprétation géométrique

- Si f est une fonction continue et positive sur un intervalle $[a\ ;b]$ de courbe représentative $\mathscr{C}_f$, $\int_a^b f(x)\,\mathrm{d}x$ est l'aire du domaine D délimité par l'axe des abscisses, la courbe $\mathscr{C}_f$ et les droites d'équations $x=a$ et $x=b$ exprimée en unités d'aires.

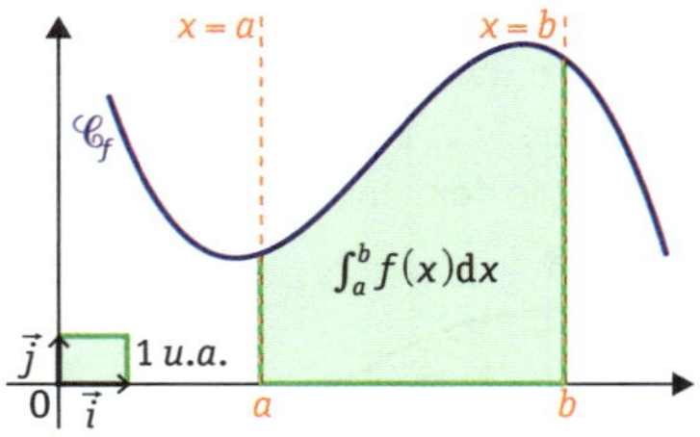

- Si f est continue et de signe quelconque, $\int_a^b f(x)\,\mathrm{d}x$ est la somme des aires (en unités d'aires) des surfaces comprises entre $\mathscr{C}_f$, l'axe des abscisses et les droites d'équations $x=a$ et $x=b$, en comptant positivement les aires des surfaces au-dessus de l'axe des abscisses et négativement celles des surfaces situées en dessous.

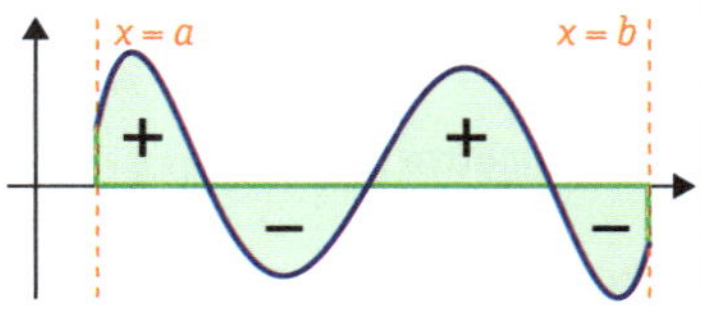

Valeur moyenne

La valeur moyenne d'une fonction continue f sur un intervalle $[a\ ;b]$ est le réel $\mu=\dfrac{1}{b-a}\int_a^b f(x)\,\mathrm{d}x$.

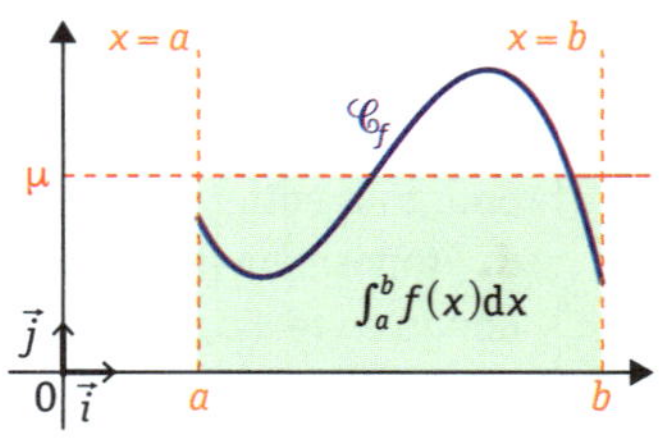

Calculs d'intégrales

- $\int_a^b f(x)\,\mathrm{d}x=\left[F(x)\right]_a^b=F(b)-F(a)$, où F est une primitive quelconque de f.
- **Théorème :** Toute fonction continue sur $[a\ ;b]$ y admet des primitives, par exemple $x\mapsto\int_a^x f(t)\,\mathrm{d}t$.
- **Intégration par parties**
Si u et v sont deux fonctions dérivables à dérivée continues sur $[a\ ;b]$, alors :
$\int_a^b u(x)v'(x)\,\mathrm{d}x=\left[u(x)v(x)\right]_a^b-\int_a^b u'(x)v(x)\,\mathrm{d}x.$

Propriétés des intégrales

- **Relation de Chasles**
$\int_a^b f(x)\,\mathrm{d}x+\int_b^c f(x)\,\mathrm{d}x=\int_a^c f(x)\,\mathrm{d}x$
- **Linéarité**
$\int_a^b(f(x)+g(x))\mathrm{d}x=\int_a^b f(x)\,\mathrm{d}x+\int_a^b g(x)\,\mathrm{d}x$
et, pour tout réel λ, on a :
$\int_a^b\lambda f(x)\,\mathrm{d}x=\lambda\int_a^b f(x)\,\mathrm{d}x.$
- **Comparaison**
Si on a $f(x)\leq g(x)$ pour tout x de $[a\ ;b]$, alors
$\int_a^b f(x)\,\mathrm{d}x\leq\int_a^b g(x)\,\mathrm{d}x.$
- **Encadrement**
Si f a pour minimum m et pour maximum M sur $[a\ ;b]$, on a $m(b-a)\leq\int_a^b f(x)\,\mathrm{d}x\leq M(b-a)$.

MATHS

Exercices

1 ★ 5 min **On donne ci-dessous la représentation graphique d'une fonction f affine par morceaux.**

Calculer $\int_1^8 f(x)\mathrm{d}x$.

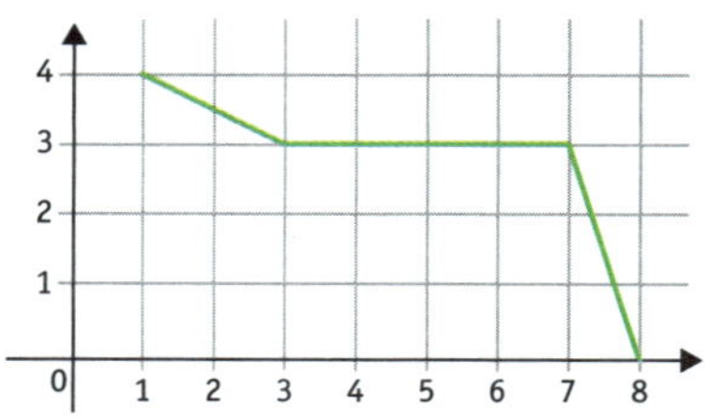

2 ★ 5 min **On donne ci-dessous la représentation graphique d'une fonction f définie sur [1 ; 8].**

Déterminer graphiquement un encadrement de $\int_1^8 f(x)\mathrm{d}x$.

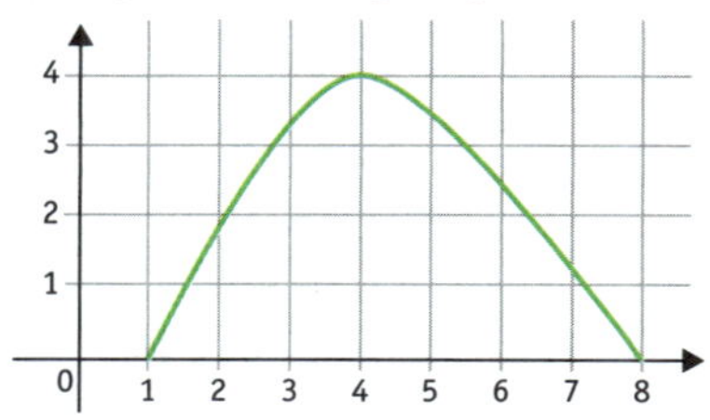

3 ★ 20 min **Calculer les intégrales suivantes.**

a. $I = \int_0^3 x^2\,dx$ **b.** $J = \int_0^1 e^{2x}\,dx$

c. $K = \int_1^2 \frac{1}{x}\,dx$ **d.** $L = \int_0^{\pi} \sin x\,dx$

e. $M = \int_1^3 \frac{t^4+2}{t^2}\,dt$ **f.** $N = \int_0^{\frac{\pi}{2}} \cos\left(2t - \frac{\pi}{4}\right)dt$

g. $R = \int_0^{\frac{\pi}{2}} 2\cos(x)\sin(x)\,dx$ **h.** $S = \int_0^1 \frac{e^x}{e^x+1}\,dx$

4 ★ 20 min **Calculer les intégrales suivantes par intégration par parties.**

$I = \int_0^1 xe^x\,dx$ $J = \int_0^2 (2-x)e^{-x}\,dx$

$K = \int_0^{\pi} x\sin(x)\,dx$ $L = \int_0^1 t \times 2e^{-2t}\,dt$

5 ★ 10 min **En remarquant que $\ln(x) = 1 \times \ln(x)$, calculer $\int_1^e \ln(x)\,dx$.**

6 ★ 5 min **On a représenté ci-contre la fonction carré dans un repère orthonormé ayant pour unité le centimètre.**

Calculer l'aire du domaine coloré.

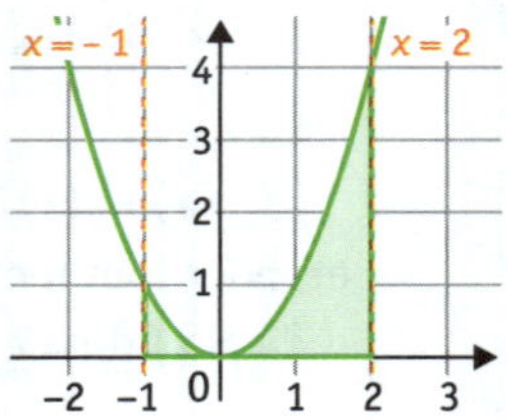

7 ★ 5 min

On a représenté ci-contre la fonction sinus dans un repère orthonormé ayant pour unité le centimètre.

Calculer l'aire du domaine coloré.

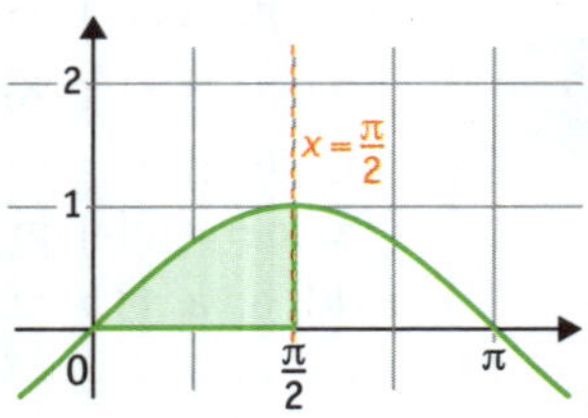

8 ★★ 5 min **On a représenté ci-contre la fonction cube dans un repère orthogonal ayant pour unité le centimètre en abscisse et le millimètre en ordonnée.**

Calculer l'aire du domaine coloré.

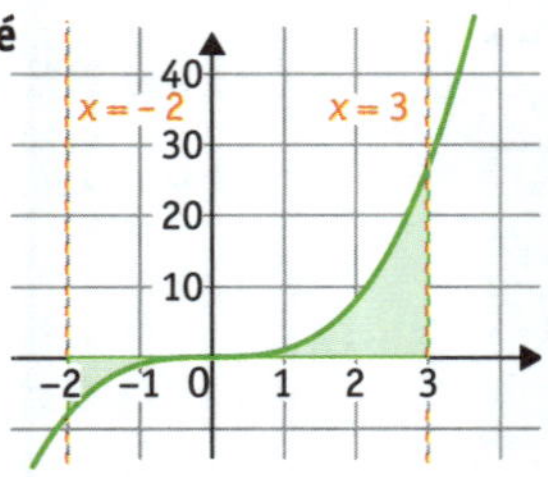

9 ★ 10 min **Calculer l'aire du domaine coloré en vert.**

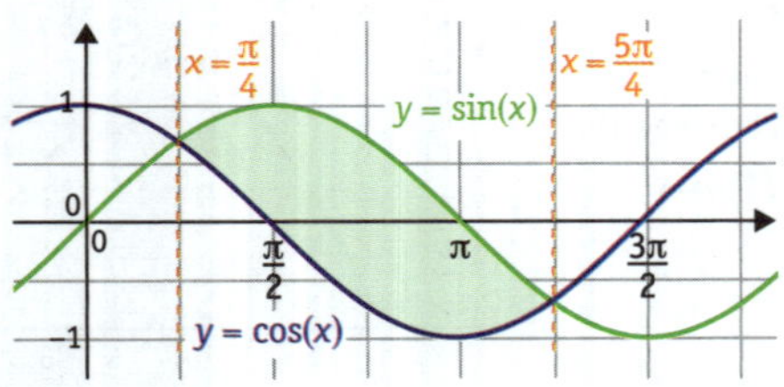

10 ★★★ 45 min ALGORITHMIQUE

Soit f la fonction définie sur $\mathbb{R}$ par $f(x) = e^{-0,5x^2}$. Soit F la primitive de f qui s'annule en 0 avec $F(x) = \int_0^x f(t)\,dt$.

Il n'est pas possible d'exprimer F avec des fonctions usuelles. On décide donc de chercher des valeurs de F numériquement.

On admet que f est décroissante sur $[0\,;+\infty[$.

Soit a un nombre réel strictement positif. Pour évaluer $F(a)$, on découpe l'intervalle $[0\,;a]$ en n sous-intervalles et on approche le domaine dont on veut calculer la surface par des rectangles. Pour tout entier naturel n non nul, on note u_n la somme des aires des rectangles situés sous la courbe et v_n celle des rectangles qui recouvrent complètement le domaine comme sur le schéma qui suit.

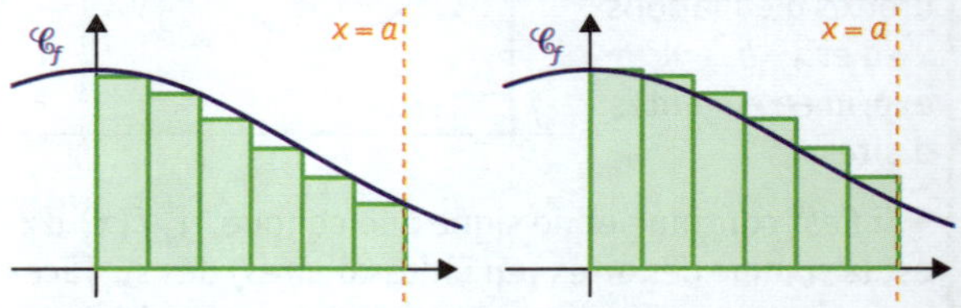

Illustration du calcul de u_6 (à gauche) et de v_6 (à droite).

a. Expliquer pourquoi $u_n = \frac{a}{n}\sum_{k=1}^{k=n} f\left(k \times \frac{a}{n}\right)$.

On admettra de même que $v_n = \frac{a}{n}\sum_{k=1}^{k=n} f\left((k-1)\times\frac{a}{n}\right)$.

b. Montrer que $v_n - u_n = \frac{a}{n}\left(1 - e^{-0,5a^2}\right)$ pour tout entier naturel n non nul. En déduire $\lim\limits_{n\to+\infty}(v_n - u_n)$.

Cela éclaire l'origine de la notation $\int_a^b f(x)\,dx$.

En effet, le symbole d'intégration est un « S » déformé pour « Somme » ; dx désigne la longueur de la base de chaque petit rectangle.

c. Exprimer en fonction de a le plus petit entier n_a tel que, pour tout entier supérieur ou égal à n_a : $0 < v_n - u_n < 10^{-2}$.

d. Proposer un programme de fonction Python qui, étant donné un réel a, renvoie une valeur de $F(a)$ par défaut à 10^{-2} près.

Histoire des maths

C'est en s'intéressant à la gestion des erreurs de mesure que **Carl Friedrich Gauss** (1777-1855) a étudié cette fonction, très utilisée en probabilité. Sa courbe est appelée « courbe en cloche » ou « gaussienne ».

On peut montrer que $\int_{-\infty}^{+\infty} e^{-0,5x^2}\,dx = \sqrt{2\pi}$.

Remarque

D'autres méthodes de calcul numérique approché d'intégrales permettent d'obtenir des résultats plus précis que la méthode des rectangles en effectuant moins de calculs. Il s'agit par exemple de la méthode des trapèzes et de la méthode de Simpson où, au lieu d'approcher la fonction sur chaque sous-intervalle par des fonctions constantes, on l'approche par des fonctions affines ou des fonctions du second degré.

11 ★ 5 min **Un patient ingère un médicament qui est éliminé au fur et à mesure par les reins.**
La quantité de médicament présente dans l'organisme en milligrammes à l'instant t (en heures) est donnée par la fonction f définie sur $]0\,;+\infty[$ par $f(t)=1\,000\mathrm{e}^{-2t}$.
Calculer la quantité moyenne de médicament présente dans l'organisme au cours des six heures suivant son ingestion.

12 ★★ 10 min **La fonction f définie sur $[0\,;30]$ par $f(t)=\dfrac{1}{1+99\mathrm{e}^{-0{,}4t}}$ modélise la proportion de personnes consommant une nouvelle tablette de chocolat dans un pays donné au bout de t années après sa mise sur le marché.**
a. Quelle est la proportion de consommateurs dans la population au lancement de ce nouveau produit ? et au bout de 30 années ?
b. Montrer $f(t)=\dfrac{\mathrm{e}^{0{,}4t}}{\mathrm{e}^{0{,}4t}+99}$ pour tout réel t de $[0\,;30]$.
En déduire alors la proportion moyenne de consommateurs sur les 30 premières années à 0,01 % près.

13 ★★ 20 min **Pour tout entier naturel n, on note $\mathscr{C}_n$ la courbe représentative de la fonction f_n définie sur $\mathbb{R}$ par $f_n(x)=x+\mathrm{e}^{-nx}$.**

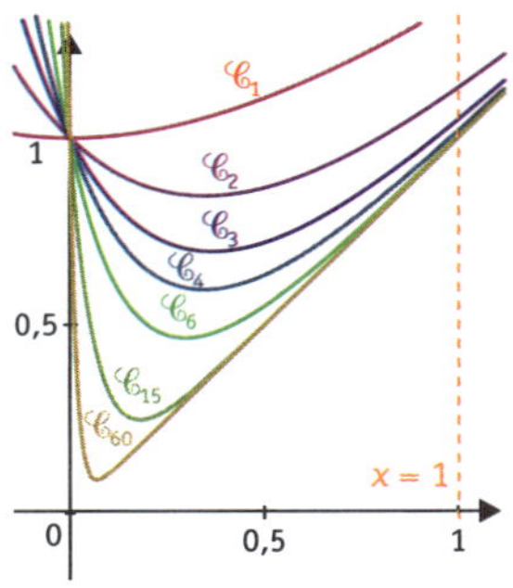

On donne ci-contre les courbes $\mathscr{C}_n$ pour quelques valeurs de n.
On pose $I_n=\int_0^1\left(x+\mathrm{e}^{-nx}\right)\mathrm{d}x$.
a. Conjecturer le sens de variation et la limite éventuelle de la suite (I_n).
b. Démontrer ces conjectures en calculant directement I_n.

14 ★★ 20 min **Pour tout entier naturel n non nul, on pose $I_n=\int_n^{n+1}\dfrac{1}{x}\mathrm{d}x$.**
a. Démontrer que, pour tout entier naturel n, on a : $\dfrac{1}{n+1}\leq I_n\leq\dfrac{1}{n}$. En déduire la limite de la suite (I_n).
b. Retrouver ce résultat en calculant directement I_n.

15 ★★★ 45 min APPROFONDISSEMENT
La courbe de Lorenz est la courbe représentative de la fonction f qui, à la part x des individus les moins riches d'une population, associe la part des richesses qu'ils perçoivent. Mathématiquement, cette fonction doit vérifier les conditions suivantes : $f(0)=0$ et $f(1)=1$; pour tout réel x compris entre 0 et 1, $0\leq f(x)\leq x$; f est croissante et convexe sur $[0\,;1]$.
a. Dans un article de presse, on lit que « l'ensemble des possessions des 50 % les plus pauvres ne représente que 8 % du patrimoine total, alors qu'à l'autre bout de l'échelle sociale, 1 % des Français les plus riches concentrent 17 % des richesses ». Par quels points passe la courbe de Lorenz associée à cette situation ?
b. Pour une courbe de Lorenz donnée comme ci-contre, on appelle coefficient de Gini G le rapport entre l'aire colorée et celle du triangle OAB.

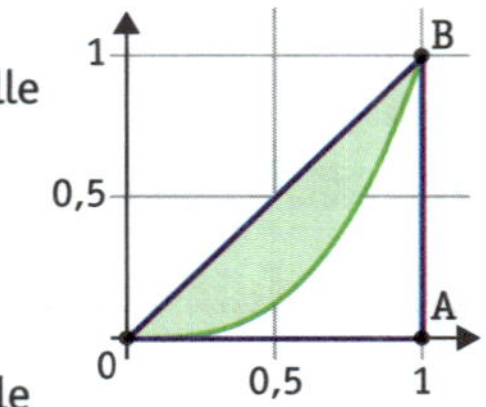

Montrer que $G=1-2\int_0^1 f(x)\,\mathrm{d}x$.
c. Vers quelle valeur se rapproche le coefficient de Gini d'un pays inégalitaire ? et celui d'un pays le plus égalitaire possible ?
d. Soient les fonctions f_n définies par $f_n(x)=0{,}3x+0{,}7x^n$ où n est un entier naturel supérieur ou égal à 2.
Montrer que f_n définit bien une courbe de Lorenz pour tout entier naturel n supérieur ou égal à 2.
e. Pour tout entier naturel n supérieur ou égal à 2, on note G_n le coefficient de Gini associé à f_n. Déterminer $\lim\limits_{n\to+\infty} G_n$.
f. En 2014, l'indice de Gini de l'Afrique du Sud valait 0,63. Si la courbe de Lorenz associée était décrite par une des fonctions f_n, quel entier n correspondrait à cette situation ?

Histoire des maths

Max Otto Lorenz est un économiste du début du XXe siècle. Le coefficient de Gini doit son nom au sociologue Corrado Gini (1884-1965). Une étude fine des inégalités ne peut pas être résumée par la simple donnée du coefficient de Gini, car des inégalités dans les bas ou les hauts revenus peuvent donner des coefficients égaux.

16 ★★★ 20 min DÉMONSTRATION
Soit f une fonction continue positive et croissante sur un intervalle $[a\,;b]$. Pour tout réel x de $[a\,;b]$, on pose : $G(x)=\int_a^x f(t)\mathrm{d}t$.
a. Soient x un réel de $[a\,;b]$ et soit h un réel positif tel que $a+h$ appartiennent à $[a\,;b]$.

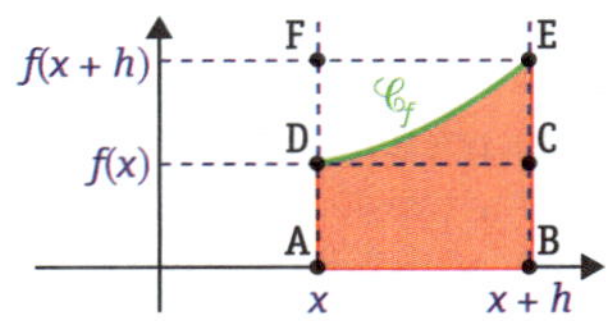

Montrer que :
$hf(x)\leq G(x+h)-G(x)\leq hf(x+h)$. On pourra s'aider de la figure.
b. Montrer alors que $\lim\limits_{h\to0^+}\dfrac{G(x+h)-G(x)}{h}=f(x)$.
c. On admet de même que $\lim\limits_{h\to0^-}\dfrac{G(x+h)-G(x)}{h}=f(x)$.
Que peut-on en déduire quant à la fonction G ?
d. Montrer alors que pour toute primitive F de f sur l'intervalle $[a\,;b]$, on a la formule :
$$\int_a^b f(x)\,\mathrm{d}x=F(b)-F(a).$$

17 ★★★ 10 min DÉMONSTRATION
Soient u et v deux fonction dérivables sur l'intervalle $[a\,;b]$ et dont les dérivées sont continues.
a. Rappeler la formule donnant la dérivée de $u\times v$.
b. Démontrer alors la formule d'intégration par parties :
$$\int_a^b u(x)v'(x)\,\mathrm{d}x=\left[u(x)v(x)\right]_a^b-\int_a^b u'(x)v(x)\mathrm{d}x.$$

Cours

1 Produit cartésien et k-uplets

a. Définitions

Soient E et F deux ensembles. Soit k un entier naturel non nul.

▶ Un **couple** d'éléments de E (éventuellement identiques) est une liste $(x ; y)$ de deux éléments de E.
Dans le cas d'une liste de trois éléments $(x ; y ; z)$, on parle de **triplet** et dans le cas d'une liste de k éléments, on parle de **k-uplet**.

▶ Le **produit cartésien** de E et F, noté $E \times F$, est l'ensemble des couples $(a ; b)$ où a appartient à E et b appartient à F.
On peut aussi définir le produit cartésien de k ensembles à l'aide de k-uplets.

▶ Le produit cartésien $E \times E$ se note aussi E^2.
De même, l'ensemble des k-uplets d'éléments de E se note E^k.

b. Dénombrement et k-uplets

On considère maintenant des ensembles contenant un nombre fini d'éléments.

▶ Le nombre d'éléments d'une réunion d'ensembles disjoints deux à deux est égal à la somme des nombres d'éléments de ces ensembles.

▶ Soient E et F deux ensembles comptant respectivement n et m éléments. Soit k un entier naturel non nul.
Le nombre d'éléments de $E \times F$ est égal à $n \times m$.
Le nombre d'éléments de E^k est n^k.

▶ Une **permutation** d'un ensemble E à n éléments ($n \geq 1$) est une liste des n éléments de E.
Il y a n choix possibles pour le premier élément, puis $n-1$ choix possibles pour le deuxième, puis $n-2$ choix possibles pour le troisième, et ainsi de suite... jusqu'au dernier élément pour lequel il ne reste qu'un seul choix possible. Finalement, le nombre de permutations d'un ensemble à n éléments est égal à :

$$n! = n \times (n-1) \times (n-2) \times \cdots \times 2 \times 1.$$

> **À savoir**
> Le nombre $n!$ se lit « factorielle n ».
> On pose $0! = 1$.

Exemple : Le nombre de permutation de $E = \{a ; b ; c\}$ est égal à $3! = 3 \times 2 \times 1 = 6$. En effet, les permutations sont : $(a ; b ; c)$, $(a ; c ; b)$, $(b ; a ; c)$, $(b ; c ; a)$, $(c ; a ; b)$ et $(c ; b ; a)$.

▶ **Propriété :** Soit E un ensemble à n éléments et soit k un entier naturel tel que $1 \leq k \leq n$. Le **nombre de listes** de k éléments de E deux à deux distincts est égal à :

$$n \times (n-1) \times (n-2) \times \cdots \times (n-(k-1)).$$

Exemple : Si $E = \{a ; b ; c ; d\}$, on a 4 choix possibles pour le premier élément de la liste, puis 3 pour le deuxième élément et 2 pour le troisième. Il y a donc en tout $4 \times 3 \times 2 = 24$ triplets d'éléments distincts de E.

> **Info**
> Le nombre $n \times (n-1) \times (n-2) \times \cdots \times (n-(k-1))$ s'exprime facilement à l'aide des factorielles :
> $$n \times (n-1) \times (n-2) \times \cdots \times (n-(k-1)) = \frac{n \times (n-1) \times \cdots \times 1}{(n-k) \times \cdots \times 2 \times 1} = \frac{n!}{(n-k)!}.$$

▶ **Propriété :** Soit E un ensemble à n éléments et soit k un entier naturel non nul. Le nombre de listes de k éléments de l'ensemble E (éventuellement identiques) est égal à n^k.

▶ **Propriété :** Soit E un ensemble à n éléments.
Le **nombre de parties** de l'ensemble E est égal à 2^n.

2 Combinaisons

Soit n un entier naturel non nul et soit k un entier tel que $0 \leq k \leq n$.

▶ Une **combinaison** de k éléments d'un ensemble E à n éléments est un sous-ensemble de E contenant k éléments.

▶ Le nombre de combinaisons de k éléments d'un ensemble à n éléments est le **coefficient binomial** $\binom{n}{k}$.

Le coefficient binomial $\binom{n}{k}$ se lit « k parmi n ».

Exemple : $\binom{3}{2} = 3$. En effet, si $E = \{a ; b ; c\}$, les sous-ensembles à 2 éléments de E sont : $\{a ; b\}$, $\{a ; c\}$ et $\{b ; c\}$.

> **Remarque**
> L'ordre des éléments n'a ici pas d'importance.

▶ **Propriété :** On a $\binom{n}{k} = \dfrac{n!}{k!(n-k)!}$.

▶ Pour tout entier naturel $n \geq 1$,
$\binom{n}{0} = 1$, $\binom{n}{1} = n$ et $\binom{n}{2} = \dfrac{n(n-1)}{2}$.

▶ **Propriété de symétrie** : Soient n et k des entiers tels que $0 \leq k \leq n$. On a la propriété de symétrie suivante :

$$\binom{n}{n-k} = \binom{n}{k}.$$

▶ **Formule de Pascal** : Soient n et k des entiers tels que $0 \leq k \leq n-1$. On a la relation : $\binom{n-1}{k-1} + \binom{n-1}{k} = \binom{n}{k}$.

Cette propriété peut être schématisée par le triangle de Pascal dans lequel chaque nombre d'une ligne donnée est obtenu en additionnant les deux nombres du dessus. La dernière ligne donne ici les coefficients $\binom{7}{0}, \binom{7}{1}, \binom{7}{2}, \ldots, \binom{7}{7}$.

En prenant les trois cases roses, on obtient $\binom{6}{3} + \binom{6}{4} = \binom{7}{4}$.

1							
1	1						
1	2	1					
1	3	3	1				
1	4	6	4	1			
1	5	10	10	5	1		
1	6	15	20	15	6	1	
1	7	21	35	35	21	7	1

Exos résolus

1 Dénombrer des objets ordonnés

a. Arnaud pioche successivement et en les remettant à chaque fois en jeu des jetons de Scrabble©. Si on ne tient compte que des 26 lettres (et pas des jokers), combien de mots de 5 lettres ayant un sens ou non peut-il former ?

RÉSOLUTION

Dans cette situation, les répétitions sont autorisées grâce à la remise en jeu et l'ordre est important. Par exemple, les mots OPERA et APERO ne sont pas identiques même s'ils sont constitués des mêmes lettres.
Il y a 26 choix possibles pour la première lettre, 26 pour la deuxième, 26 pour la troisième, etc.
En tout, il y a donc $26^5 = 11\,881\,376$ mots possibles.

**b. Sandra joue au Scrabble© et dispose devant elle des lettres R, O, N, S, A, R et D. On s'intéresse à la formation de mots ayant un sens ou non.
Combien peut-elle former de mots de 4 lettres ?**

RÉSOLUTION

Sandra dispose de sept lettres différentes. L'ordre est important et les répétitions ne sont pas autorisées, car on ne peut utiliser une lettre qu'une seule fois.
On peut schématiser la situation ainsi :

7 choix	6 choix	5 choix	4 choix
1re lettre	2e lettre	3e lettre	4e lettre

Sandra peut donc former $7 \times 6 \times 5 \times 4 = 840$ mots de 4 lettres.

Remarque

Pour s'aider, on peut aussi imaginer construire les listes à l'aide d'arbres. Dans la pratique, il est cependant vite impossible de dessiner des arbres assez grands.

2 Dénombrer des objets non ordonnés

On tire au hasard une main de 5 cartes d'un jeu de 32 cartes.

a. Combien y a-t-il de mains possibles ?

RÉSOLUTION

Le nombre de mains de 5 cartes à envisager est $\binom{32}{5} = 201\,376$.

b. Combien de mains contiennent la reine de cœur ?

RÉSOLUTION

Pour obtenir une main contenant la reine de cœur, on choisit la reine de cœur, puis on choisit quatre cartes parmi les trente-et-une restantes.
Le nombre de mains contenant la reine de cœur est :

$$\binom{31}{4} = 31\,465.$$

c. Combien de mains contiennent exactement 3 trèfles ?

RÉSOLUTION

Pour obtenir une main contenant trois trèfles, on choisit 3 trèfles parmi les 8 cartes trèfle et 2 cartes parmi les 24 cartes restantes.
Le nombre de mains cherché est ici $\binom{8}{3} \times \binom{24}{2} = 15\,456$.

d. Combien de mains comptent au moins un as ?

RÉSOLUTION

Une erreur fréquente consiste ici à penser prendre un des 4 as, puis 4 cartes parmi les 31 cartes restantes (car on peut prendre plusieurs as) ; une réponse erronée serait alors $4 \times \binom{31}{4} = 125\,860$. Cette méthode compte cependant deux fois une main contenant 2 as.
On passe par l'événement contraire, c'est-à-dire une main ne contenant aucun as.
Cela revient à choisir 5 cartes parmi les 28 restantes.
Finalement, le nombre de mains contenant au moins un as est :

$$\underbrace{\binom{32}{5}}_{\text{nombre total de mains}} - \underbrace{\binom{28}{5}}_{\text{nombre de mains sans as}} = 201\,376 - 98\,280 = 103\,096.$$

Rappel

L'événement contraire d'un événement A est l'ensemble de *toutes* les issues envisageables qui ne réalisent pas A.

3 Utiliser l'expression des coefficients binomiaux

Démontrer la formule de Pascal par le calcul :

$$\binom{n-1}{k-1} + \binom{n-1}{k} = \binom{n}{k}.$$

RÉSOLUTION

Soient n et k des entiers tels que $0 \leq k \leq n-1$.
On utilise la formule exprimant les coefficients binomiaux à l'aide des factorielles : $\binom{n}{k} = \dfrac{n!}{(n-k)!k!}$.

$$\begin{aligned}
\binom{n-1}{k-1} + \binom{n-1}{k} &= \frac{(n-1)!}{(k-1)!(n-1-(k-1))!} + \frac{(n-1)!}{k!(n-1-k)!} \\
&= \frac{(n-1)!}{(k-1)!(n-k)!} + \frac{(n-1)!}{k!(n-k-1)!} \\
&= \frac{k \times (n-1)!}{k!(n-k)!} + \frac{(n-k) \times (n-1)!}{k!(n-k)!} \\
&= \frac{k \times (n-1)! + (n-k) \times (n-1)!}{k!(n-k)!} \\
&= \frac{(k+n-k) \times (n-1)!}{k!(n-k)!} \\
&= \frac{n \times (n-1)!}{k!(n-k)!} = \frac{n!}{k!(n-k)!} \\
&= \binom{n}{k}.
\end{aligned}$$

Rappel

$k! = k \times (k-1)$ et
$(n-k)! = (n-k) \times (n-k-1)$.

MATHS

SYNTHÈSE

Produit cartésien et n-uplets

- Produit cartésien $A \times B$ de deux ensembles A et B : ensemble des couples $(a\,;b)$ avec $a \in A$ et $b \in B$.
- On note E^n l'ensemble des n-uplets d'éléments de E.

Dénombrement de listes

- **Éléments ordonnés avec répétitions autorisées**
Nombre de listes de p éléments choisis parmi n : n^p
- **Éléments ordonnés sans répétitions**
Nombre d'arrangements de p éléments choisis parmi n :
$$n\times(n-1)\times(n-2)\times\cdots\times(n-p+1)=\frac{n!}{(n-p)!}$$
- **Cas particulier :** Une permutation de n éléments est une liste ordonnée de ces éléments.
Nombre de permutations de n éléments : $n!$
- Penser à utiliser un schéma avec des cases pour dénombrer des listes.

Combinaisons

- Une combinaison est une parties à p éléments d'un ensemble à n éléments.
Cela correspond au tirage simultané de p éléments distincts et non ordonnés parmi n.
- **Nombre de combinaisons de p éléments parmi n**
coefficient binomial
$$\binom{n}{p}=\frac{n!}{p!(n-p)!}$$

Combinatoire

Propriétés des combinaisons

- $\binom{n}{0}=1$, $\binom{n}{1}=n$ et $\binom{n}{2}=\frac{n(n-1)}{2}$.
- **Propriété de symétrie**
$$\binom{n}{n-p}=\binom{n}{p}$$
- **Formule de Pascal**
$$\binom{n-1}{p-1}+\binom{n-1}{p}=\binom{n}{p}$$

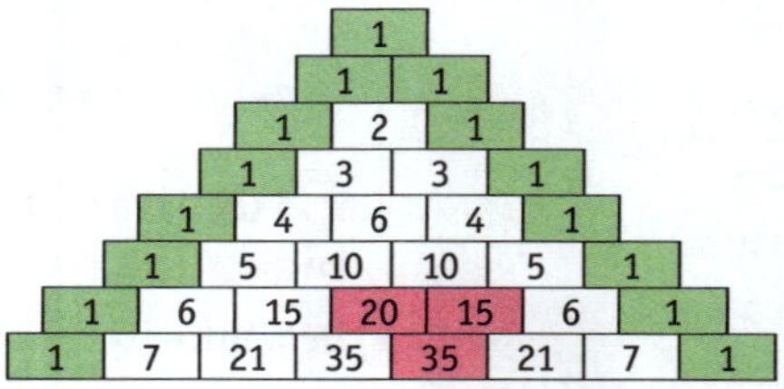

Nombre de parties

Le **nombre de parties** (ou sous-ensembles) d'un ensemble à n éléments est :
$$\binom{n}{0}+\binom{n}{1}+\binom{n}{2}+\cdots+\binom{n}{n}=2^n.$$

Exercices

1 ★★ 15 min **Claire et Louis jouent à un jeu de 56 cartes numérotées de 1 à 8 dans sept couleurs différentes. Chaque joueur a en main 9 cartes. Le but du jeu est d'obtenir 5 cartes d'une même couleur et 5 cartes de même valeur (une carte pivot étant commune à ces deux ensembles de 5 cartes).**

a. Combien de mains différentes est-il possible de constituer ?
b. Combien de mains permettent de remplir l'objectif du jeu ?
c. Combien de mains comptent exactement 5 cartes d'une même couleur ? au moins 5 cartes d'une même couleur ?

2 ★★ 15 min **En 2002, Anne Baraou et Vincent Sardon ont publié un objet littéraire constitué de trois dés non ordonnés à six faces sur lesquelles figurent des cases de BD toutes différentes. Les trois dés peuvent être disposés par le lecteur les uns à côté des autres dans une boîte de façon à former un *strip* (une bande) de trois cases.**

a. Combien de *strips* différents sont ainsi engendrés ?
b. Si les auteurs avaient ajouté un quatrième dé, combien aurait-on pu construire de *strips* de 3 cases ? de 4 cases ?

3 ★★ 10 min **Clément se promène à pied à New-York. Il souhaite se rendre de l'angle de Central Park, noté A, au centre sportif situé en C. On admet que les plus courts chemins sont obtenus en marchant toujours vers la droite ou vers le bas du plan ci-contre.**

a. Combien de plus courts chemins mènent de A à C ?

b. Parmi ces chemins, combien passent par le café situé en B ?

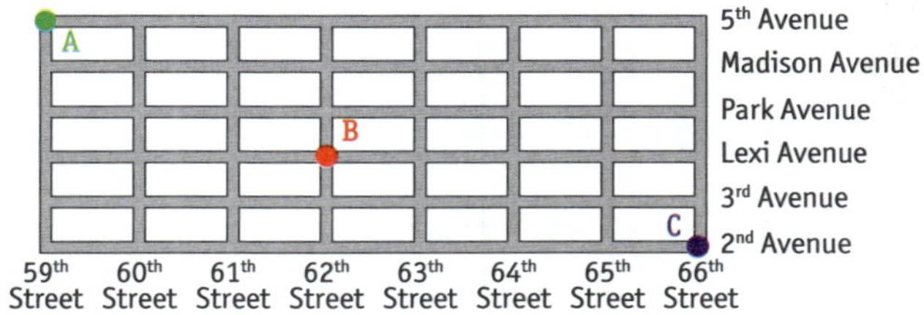

4 ★★ 30 min

Benjamin est un as du poker. Le jeu se joue avec un jeu de 52 cartes et chaque main de 5 cartes peut contenir une certaine configuration appelée « annonce ». Les différentes annonces, de la plus forte à la plus faible, sont :

– la *quinte flush* : cinq cartes consécutives d'une même couleur ;
– le *full* : trois cartes d'une même valeur d'une part et deux cartes de même valeur d'autre part ;
– la *couleur* : cinq cartes non consécutives d'une même couleur ;
– le *carré* : quatre cartes d'une même valeur ;
– la *quinte* : cinq cartes consécutives mais pas de la même couleur ;
– le *brelan* : trois cartes de même valeur qui ne sont ni dans un carré, ni dans un full.

Benjamin remarque une anomalie dans ce classement. Retrouver cette anomalie en déterminant le nombre de mains correspondant à chaque annonce.

Rappel

Dans les jeux de cartes, il y a quatre couleurs : cœur, carreau, pique, trèfle.

5 ★★★ 10 min **Une anagramme est une permutation des lettres d'un mot ou d'un groupe de mots. Par exemple, « ASPIRINE » est une anagramme de « PARISIEN ».**

a. Combien d'anagrammes (ayant un sens ou non) peut-on former avec les lettres de « ANANAS » ?

b. Combien d'anagrammes (ayant un sens ou non) peut-on former avec les lettres de « MISSISSIPPI » ?

6 ★★★ 30 min DÉMONSTRATION

On remarque que l'ensemble à un seul élément $E_1 = \{a\}$ possède deux sous-ensembles : l'ensemble vide et lui-même.

a. Donner tous les sous-ensembles de $E_2 = \{a\ ;\ b\}$ et $E_3 = \{a\ ;\ b\ ;\ c\}$.

b. Quelle conjecture peut-on émettre quant au nombre de sous-ensembles d'un ensemble à n éléments ?

c. Démontrer cette conjecture par récurrence.

d. En considérant le nombre d'éléments de chaque sous-ensemble d'un ensemble E_n à n éléments, montrer que :

$$\binom{n}{0} + \binom{n}{1} + \binom{n}{2} + \dots + \binom{n}{n} = 2^n.$$

e. Redémontrer cette égalité à l'aide d'un raisonnement par récurrence et en utilisant la formule de Pascal.

Histoire des maths

Le triangle de Pascal est en fait connu depuis des siècles dans les mathématiques indiennes et chinoises. Les problèmes de combinatoires sont souvent liés aux mathématiques dites « récréatives » et dont **Édouard Lucas** (1842-1891) ou **Pal Erdős** (1913-1996) sont des représentants éminents. Ces questions de mathématiques discrètes ont cependant connu un véritable essor et bien des problèmes demeurent irrésolus alors que les applications sont de plus en plus nombreuses en informatique et en intelligence artificielle.

7 ★★★ 15 min APPROFONDISSEMENT ALGORITHMIQUE

a. Exécuter à la main le programme ci-dessous en langage Python avec la liste L=[1,4,6,4,1].

```
def ligne_suivante(L):
    L.insert(0,0)
    L2=[L[k]+L[k+1] for k in range(0,len(L)-1)]
    L2.append(1)
    return(L2)
```

b. Compléter alors le programme ci-dessous afin de pouvoir calculer le coefficient binomial $\binom{n}{k}$.

```
def coeff_bin(n,k):
    L=[1,1]
    for i in range(1,n):
        L=________________
    return(________)
```

Vecteurs, droites et plans de l'espace

Cours

1 Vecteurs de l'espace

▶ Dans l'espace comme dans le plan, une **translation** transforme sans déformation une figure en la faisant glisser parallèlement à une droite dans un sens et une direction donnée.

Soient A et B deux points de l'espace. Le **vecteur** $\overrightarrow{AB}$ est associé à la translation qui transforme A en B. Il est caractérisé par sa **direction** (celle de la droite (AB)), son **sens** (de A vers B) et sa **norme** (la longueur AB).

> **À savoir**
> La norme de $\overrightarrow{AB}$ se note $\|\overrightarrow{AB}\|$.

▶ La somme $\vec{u}+\vec{v}$ est le vecteur résultant de l'enchaînement des translations de vecteur $\vec{u}$ et de vecteur $\vec{v}$.

Relation de Chasles : Soient A, B et C trois points de l'espace. On a la relation : $\overrightarrow{AB}+\overrightarrow{BC}=\overrightarrow{AC}$.

▶ Soit $\vec{u}$ un vecteur et soit k un nombre réel. Le vecteur $k\vec{u}$ a :
la même direction que $\vec{u}$;
le même sens que $\vec{u}$ si $k>0$, et le sens contraire si $k<0$;
une norme égale à $|k|\times\|\vec{u}\|$

> **Rappel**
> Pour tout réel x, $|x|=x$ si x est positif, et $|x|=-x$ si x est négatif.

▶ Deux vecteurs non nuls $\vec{u}$ et $\vec{v}$ sont **colinéaires** s'il existe un nombre réel k tel que $\vec{v}=k\vec{u}$.
Le vecteur nul est colinéaire à tous les autres.

▶ Toute **droite d de l'espace** est caractérisée par un point A et un **vecteur directeur** $\vec{u}$; la droite d est alors l'ensemble des points M tels que $\overrightarrow{AM}=t\vec{u}$, où t est un réel quelconque.
La droite (AB) est dirigée par le vecteur $\overrightarrow{AB}$ et par tout vecteur non nul colinéaire à $\overrightarrow{AB}$.

▶ Deux droites sont parallèles si, et seulement si, leurs vecteurs directeurs sont colinéaires.

▶ Un point A et deux vecteurs de l'espace non colinéaires $\vec{u}$ et $\vec{v}$ tels que $\vec{u}=\overrightarrow{AB}$ et $\vec{v}=\overrightarrow{AC}$ définissent le **plan** (ABC). Les vecteurs $\vec{u}$ et $\vec{v}$ sont des **vecteurs directeurs de (ABC)**.

▶ Tout point M de l'espace appartient au plan (ABC) si, et seulement si, il existe deux réels α et β tels que $\overrightarrow{AM}=\alpha\vec{u}+\beta\vec{v}$.

> **Attention !**
> Il ne faut pas confondre le plan (ABC) et le triangle ABC !

2 Repérage dans l'espace

▶ On dit qu'un vecteur $\vec{w}$ est une **combinaison linéaire** des vecteurs $\vec{u}$ et $\vec{v}$ s'il existe des réels α et β tels que $\vec{w}=\alpha\vec{u}+\beta\vec{v}$.
De même, on peut définir une combinaison linéaire de trois vecteurs.

▶ Trois vecteurs sont dits **coplanaires** s'ils ont chacun un représentant dans le même plan.

▶ Trois vecteurs sont coplanaires si, et seulement si, l'un est une combinaison linéaire des deux autres.

▶ On dit que trois vecteurs $\vec{i}$, $\vec{j}$, $\vec{k}$ de l'espace forment une **base** de l'espace s'ils ne sont pas coplanaires. Dans ce cas, pour tout vecteur $\vec{u}$, il existe un unique triplet $(x\,;y\,;z)$ de réels tel que $\vec{u}=x\vec{i}+y\vec{j}+z\vec{k}$. Ce triplet forme les coordonnées du vecteur $\vec{u}$ dans la base $(\vec{i},\ \vec{j},\ \vec{k})$.

▶ Un **repère de l'espace** est la donnée d'un point O et de trois vecteurs $\vec{i}$, $\vec{j}$, $\vec{k}$ non coplanaires.

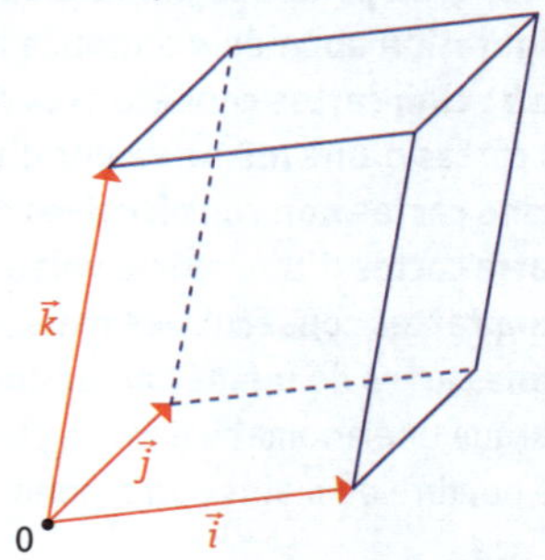

▶ Soient $(O\,;\vec{i},\ \vec{j},\ \vec{k})$ un repère de l'espace et M un point. Il existe un unique triplet $(x\,;y\,;z)$ de réels tel que $\overrightarrow{OM}=x\vec{i}+y\vec{j}+z\vec{k}$. Ce triplet forme les **coordonnées du point M** ; x est l'**abscisse**, y l'**ordonnée** et z la **cote** du point M.

▶ Soient $A(x_A\,;y_A\,;z_A)$ et $B(x_B\,;y_B\,;z_B)$ deux points.

Les coordonnées du vecteur $\overrightarrow{AB}$ sont $\begin{pmatrix} x_B-x_A \\ y_B-y_A \\ z_B-z_A \end{pmatrix}$.

Les coordonnées du milieu de [AB] sont :

$$\left(\frac{x_A+x_B}{2}\,;\frac{y_A+y_B}{2}\,;\frac{z_A+z_B}{2}\right).$$

3 Positions relatives dans l'espace

a. Positions relatives de deux droites

▶ Deux droites de l'espace sont dites **coplanaires** si elles sont contenues dans un même plan.
Elles sont soit **sécantes**, soit **parallèles**.

Droites sécantes	Droites parallèles	
	Strictement parallèles	Confondues
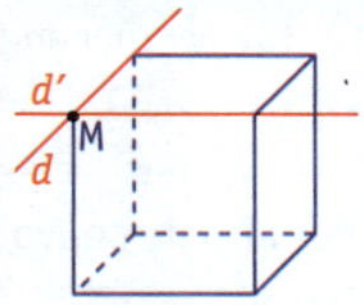	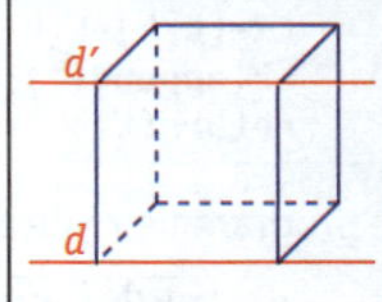	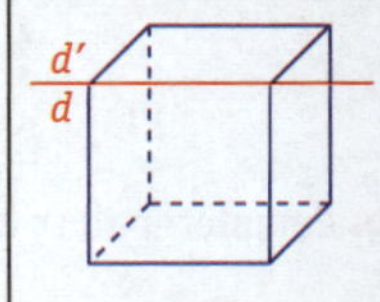
$d\cap d'=M$	$d\cap d'=\varnothing$	$d\cap d'=d=d'$

▶ Deux droites d et d' qui ne sont pas contenues dans le même plan sont dites **non coplanaires**. On a alors $d\cap d'=\varnothing$.

b. Positions relatives d'une droite et d'un plan

Une droite d est parallèle à un plan $\mathcal{P}$ si, et seulement si, une droite Δ du plan $\mathcal{P}$ est parallèle à d.

Droite et plan sécants	Droite et plan parallèles	
	Droite et plan Strictement parallèles	Droite contenue dans un plan
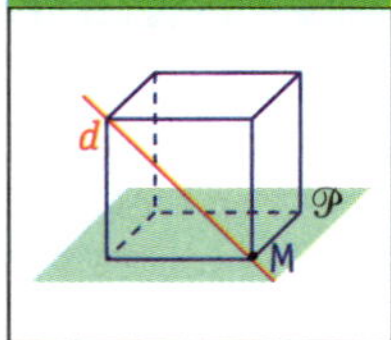	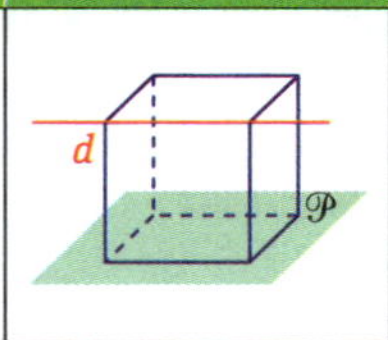	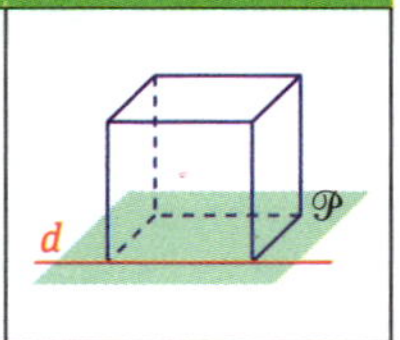
$d \cap \mathcal{P} = M$	$d \cap \mathcal{P} = \varnothing$	$d \subset \mathcal{P}$ et $d \cap \mathcal{P} = d$

c. Positions relatives de deux plans

Plans sécants	Plan parallèles	
	Strictement parallèles	Plans confondus
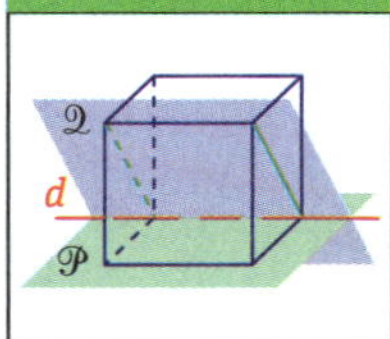	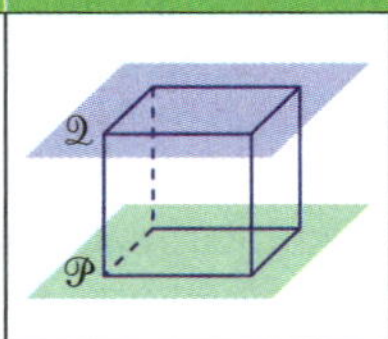	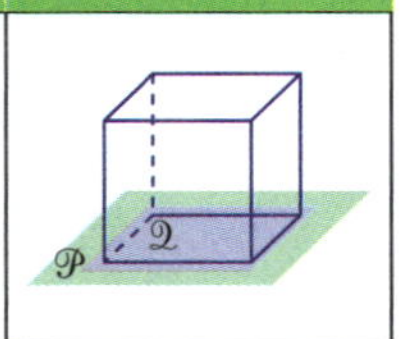
$\mathcal{P} \cap \mathcal{Q} = d$	$\mathcal{P} \cap \mathcal{Q} = \varnothing$	$\mathcal{P} \cap \mathcal{Q} = \mathcal{P} = \mathcal{Q}$

d. Théorèmes de parallélisme dans l'espace

▶ Si deux droites sécantes d et Δ d'un plan $\mathcal{P}$ sont parallèles à deux droites sécantes d' et Δ' d'un plan $\mathcal{P}'$, alors $\mathcal{P}$ et $\mathcal{P}'$ sont parallèles.

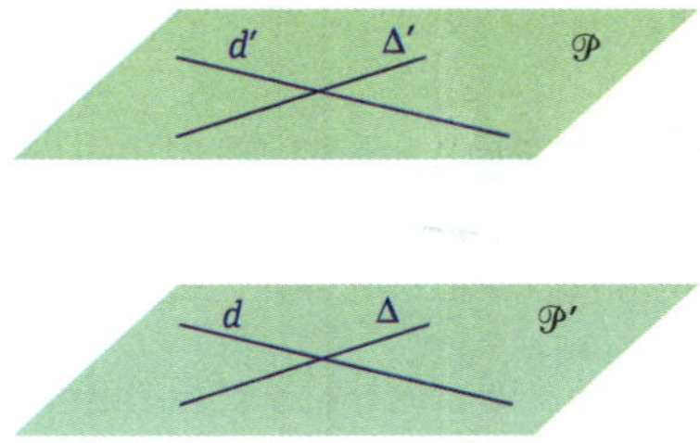

▶ Si deux plans sont parallèles, alors tout plan sécant avec l'un est aussi sécant avec l'autre et les deux droites d'intersection (en rouge) sont parallèles.

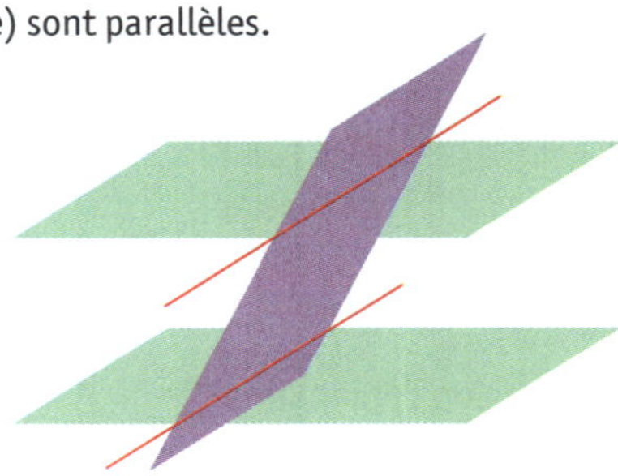

Remarque

Voir aussi le théorème du toit dans l'exercice **7**.

MATHS

Exo résolu

Étudier géométriquement une configuration dans l'espace

ABCDEFGH est un cube.
K est le point défini par :

$$\overrightarrow{BK} = \frac{2}{3}\overrightarrow{BD} + \frac{1}{3}\overrightarrow{DE}.$$

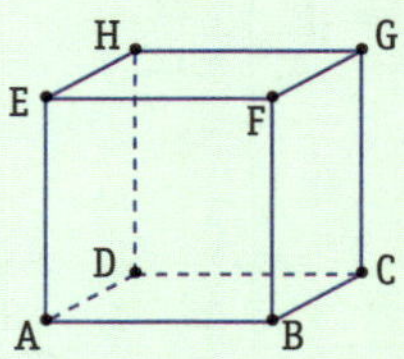

a. Démontrer que $3\overrightarrow{AK} = \overrightarrow{AB} + \overrightarrow{AD} + \overrightarrow{AE}$.

RÉSOLUTION

$3\overrightarrow{AK} = 3(\overrightarrow{AB} + \overrightarrow{BK})$

$= 3\left(\overrightarrow{AB} + \frac{2}{3}\overrightarrow{BD} + \frac{1}{3}\overrightarrow{DE}\right)$

$= 3\overrightarrow{AB} + 2\overrightarrow{BD} + \overrightarrow{DE}$

$= 3\overrightarrow{AB} + 2(\overrightarrow{BA} + \overrightarrow{AD}) + \overrightarrow{DA} + \overrightarrow{AE}$

$= 3\overrightarrow{AB} + 2\overrightarrow{BA} + 2\overrightarrow{AD} + \overrightarrow{DA} + \overrightarrow{AE}$

$= 3\overrightarrow{AB} - 2\overrightarrow{AB} + 2\overrightarrow{AD} - \overrightarrow{AD} + \overrightarrow{AE}$

$= \overrightarrow{AB} + \overrightarrow{AD} + \overrightarrow{AE}$

Rappel

On utilise la relation de Chasles plusieurs fois pour faire apparaître les vecteurs figurant dans l'expression à trouver.

b. Démontrer que $\overrightarrow{AG} = \overrightarrow{AB} + \overrightarrow{AD} + \overrightarrow{AE}$.

RÉSOLUTION

On a $\overrightarrow{AG} = \overrightarrow{AB} + \overrightarrow{BC} + \overrightarrow{CG}$.

Or ABCDEFGH est un cube, donc $\overrightarrow{BC} = \overrightarrow{AD}$ et $\overrightarrow{CG} = \overrightarrow{AE}$.

Ainsi, $\overrightarrow{AG} = \overrightarrow{AB} + \overrightarrow{AD} + \overrightarrow{AE}$.

c. Que peut-on dire des points A, K et G ? Justifier.

RÉSOLUTION

$\overrightarrow{AG} = 3\overrightarrow{AK}$ donc $\overrightarrow{AG}$ et $\overrightarrow{AK}$ sont colinéaires.

Les points A, K et G sont donc alignés.

SYNTHÈSE

Vecteurs, droites et plans de l'espace

Vecteurs de l'espace

- La définition des vecteurs de l'espace est la même que pour les vecteurs du plan.
- Deux vecteurs non nuls $\vec{u}$ et $\vec{v}$ sont **colinéaires** s'il existe un nombre réel k tel que $\vec{v}=k\vec{u}$.

Droites et plans

- La droite passant par A et de vecteur directeur $\vec{u}$ est l'ensemble des points M tels que $\overrightarrow{AM}=t\vec{u}$, où t est un réel.
- Le plan passant par A et de vecteurs directeurs $\vec{u}$ et $\vec{v}$ est l'ensemble des points M tels que $\overrightarrow{AM}=\alpha\vec{u}+\beta\vec{v}$, où α et β sont des réels.

Repérage et formules

- Trois vecteurs sont coplanaires si, et seulement si, l'un est une combinaison linéaire des deux autres.
- Trois vecteurs non coplanaires forment une base de l'espace et permettent de définir un repère.
- Soient A et B deux points de coordonnées $(x_A\,;y_A\,;z_A)$ et $(x_B\,;y_B\,;z_B)$.

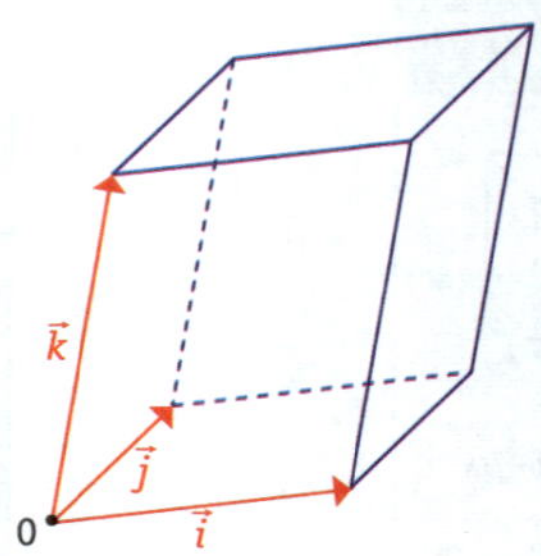

Coordonnées de $\overrightarrow{AB}$: $\begin{pmatrix} x_B-x_A \\ y_B-y_A \\ z_B-z_A \end{pmatrix}$.

Coordonnées du milieu de [AB] : $\left(\dfrac{x_A+x_B}{2}\,;\dfrac{y_A+y_B}{2}\,;\dfrac{z_A+z_B}{2}\right)$.

Positions relatives

Voir les dessins dans la partie cours.

- Deux droites sont soit coplanaires (sécantes, strictement parallèles ou confondues) soit non coplanaires.
- Une droite peut être sécante ou parallèle à un plan (éventuellement contenue dans ce plan).
- Deux plans sont sécants suivant une droite ou parallèles (éventuellement confondus).

Exercices

1 ★ 10 min

A. a. Recopier la figure ci-contre, puis dessiner les vecteurs $\overrightarrow{HU}$ et $\overrightarrow{FV}$ tels que $\overrightarrow{HU}=-\overrightarrow{AB}-\overrightarrow{AD}$ et $\overrightarrow{FV}=\overrightarrow{AB}+2\overrightarrow{AC}+\overrightarrow{AD}$.

b. Donner quatre vecteurs égaux à $\overrightarrow{UC}$.

B. On se place dans le repère $\left(A\,;\overrightarrow{AB},\overrightarrow{AC},\overrightarrow{AD}\right)$.

Placer les points suivants :

K(2 ; 3 ; 1)
L(−2 ; 1 ; 1)
M(1 ; 1 ; −1)
N(1 ; − 2 ; 0)
R(4 ; 0 ; 2)
S(0 ; 4 ; 1)
T(0 ; −2 ; 2)

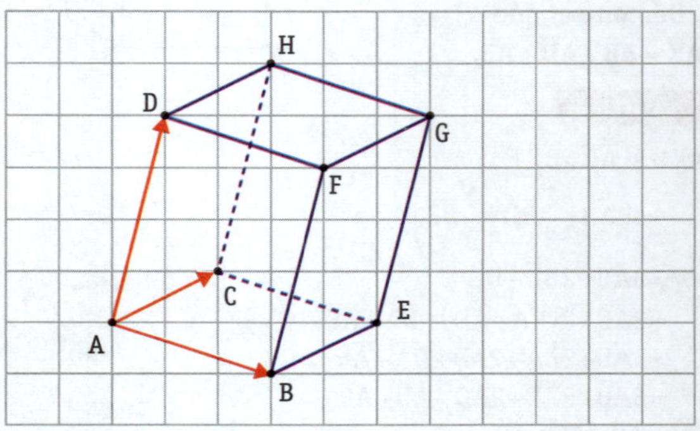

2 ★ 15 min
On considère un cube ABCDEFGH et les milieux de quelques unes de ses arêtes ou faces comme indiqué sur la figure ci-contre.

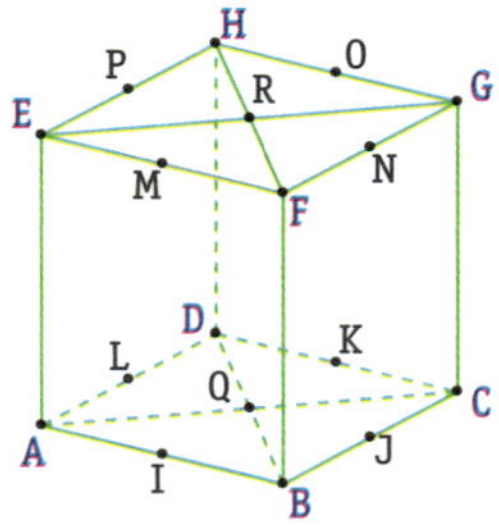

Compléter les égalités suivantes :

a. $\overrightarrow{E\ldots}=\frac{1}{2}\overrightarrow{EF}$
b. $\overrightarrow{H\ldots}=-2\overrightarrow{BJ}$
c. $\overrightarrow{D\ldots}=\overrightarrow{DC}+\overrightarrow{DH}$
d. $\overrightarrow{A\ldots}=\overrightarrow{AD}+\overrightarrow{CG}$
e. $\overrightarrow{B\ldots}=\overrightarrow{DH}+\overrightarrow{QK}$
f. $\overrightarrow{A\ldots}=\overrightarrow{AD}+\frac{1}{2}\overrightarrow{AB}+\overrightarrow{AE}$
g. $\overrightarrow{K\ldots}=\frac{1}{2}\overrightarrow{AB}-\overrightarrow{BC}+\overrightarrow{AE}$
h. $\overrightarrow{K\ldots}=\overrightarrow{BN}-\frac{1}{2}\overrightarrow{EF}+\overrightarrow{HE}$
i. $\overrightarrow{\ldots R}=\frac{1}{2}\overrightarrow{GH}+\overrightarrow{BF}+\frac{1}{2}\overrightarrow{AD}$
j. $\overrightarrow{A\ldots}=2\overrightarrow{LO}+\frac{1}{2}\overrightarrow{HE}-\overrightarrow{AE}$

3 ★★ 10 min **On reprend la figure de l'exercice 2. Dans chaque cas, indiquer si les vecteurs sont coplanaires ou non.**

a. $\overrightarrow{DK}$, $\overrightarrow{EH}$ et $\overrightarrow{AC}$.
b. $\overrightarrow{PN}$, $\overrightarrow{KH}$ et $\overrightarrow{PJ}$.
c. $\overrightarrow{AP}$, $\overrightarrow{DN}$ et $\overrightarrow{CG}$.
d. $\overrightarrow{IG}$, $\overrightarrow{LR}$ et $\overrightarrow{EP}$.

4 ★ 5 min **On reprend la figure de l'exercice 2. Donner les positions relatives des objets suivants.**

a. (EH) et (BC).
b. (EI) et (GJ).
c. (EFC) et (ABD).
d. (POJ) et (ACG).

5 ★ 10 min **ABCDEFGH est un parallélépipède rectangle. M est le centre du rectangle EFGH. K est le milieu de [DH] et L est le milieu de [BF].**

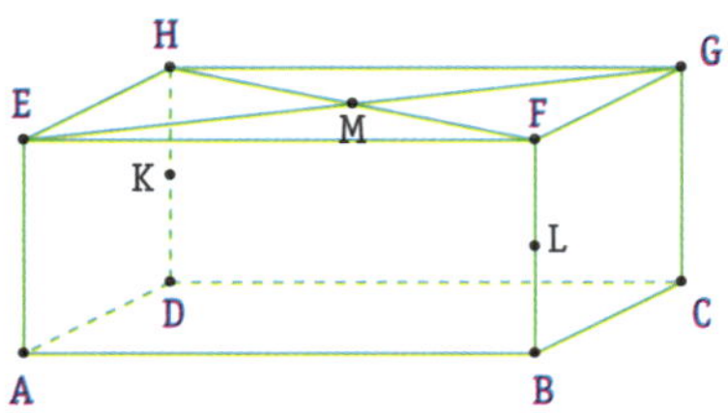

A. Donner les positions relatives des objets suivants.
a. (CE) et (DF).
b. (BE) et (LM).
c. (DEH) et (AKM).
d. (CE) et (ADH).
e. (CFG) et (AEH).
f. (LK) et (EHG).

B. Dans chaque cas, donner l'intersection des objets considérés.
a. (HGL) et (BCF).
b. (CGF) et (ADC).
c. (DC) et (AEH).
d. (ABC) et (FG).

6 ★ 20 min **Dans un repère de l'espace, on considère les points A(3 ; 9 ; 1), B(11 ; 7 ; 4), C(27 ; 3 ; 10), D(7 ; 8 ; 3) et E(19 ; 5 ; 8).**

A. a. Calculer les coordonnées de $\overrightarrow{AB}$, $\overrightarrow{AC}$ et $\overrightarrow{AD}$.
b. Les points A, B et C sont-ils alignés ?
c. Les points A, B et D sont-ils alignés ?

B. a. Montrer que $\overrightarrow{AE}=\overrightarrow{AB}+2\overrightarrow{AD}$.
b. Que peut-on en déduire pour les points A, B, D et E ?
c. Les droites (BD) et (EC) sont-elles parallèles ?

7 ★★★ 45 min Type Bac
Soient d_1 et d_2 deux droites strictement parallèles de l'espace. Soient $\mathscr{P}_1$ et $\mathscr{P}_2$ deux plans sécants suivant une droite Δ et contenant respectivement les droites d_1 et d_2. On note $\vec{u}$ un vecteur directeur de la droite d_1.

A. a. Pourquoi $\vec{u}$ est-il aussi un vecteur directeur de d_2 ?
b. On note $\vec{w}$ un vecteur directeur de Δ. Après avoir exprimé $\vec{w}$ dans une base de $\mathscr{P}_1$ et dans une base de $\mathscr{P}_2$, montrer que la droite Δ est parallèle à d_1 et d_2.

> **À noter**
> Le théorème démontré ici est appelé « théorème du toit ».

B. On considère maintenant la pyramide ABCDS représentée ci-contre, où les droites (AB) et (CD) sont parallèles.

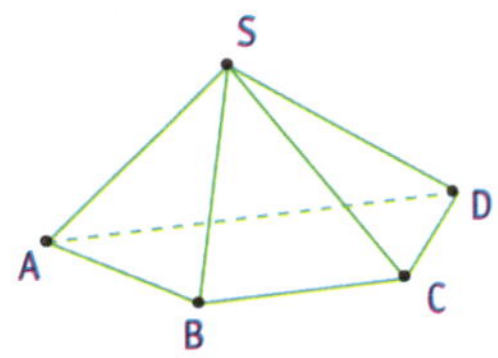

a. Donner les positions relatives des droites (CD) et (SB), puis des droites (AC) et (BD).
b. Construire l'intersection des plans (SAB) et (SCD) et justifier.
c. Même question avec les plans (SAD) et (SBC).

8 ★★★ 30 min Type Bac
ABCD est un tétraèdre. On note K le milieu de [AD] et E le point tel que BDCE est un parallélogramme. Soit G le point tel que $\overrightarrow{GA}+\overrightarrow{GB}+\overrightarrow{GC}=\vec{0}$.

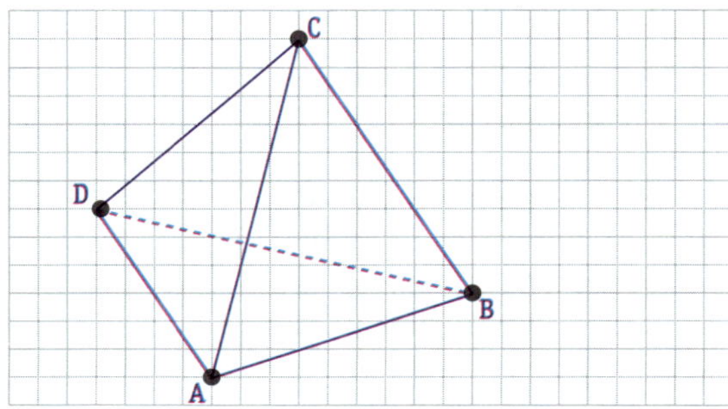

A. a. Montrer que $\overrightarrow{AG}=\frac{1}{3}\overrightarrow{AB}+\frac{1}{3}\overrightarrow{AC}$.
b. Exprimer $\overrightarrow{KG}$ et $\overrightarrow{KE}$ en fonction de $\overrightarrow{AB}$, $\overrightarrow{AC}$ et $\overrightarrow{AD}$.
c. Après avoir recopié la figure, placer les points K, E et G.

B. Montrer que les points K, E et G sont alignés.

C. Dessiner la droite (KG).

Produit scalaire et orthogonalité

Cours

1 Extension du produit scalaire à l'espace

▶ Soient $\vec{u}$ et $\vec{v}$ deux vecteurs non nuls de l'espace.
On pose $\vec{u} = \overrightarrow{AB}$ et $\vec{v} = \overrightarrow{AC}$.
Le **produit scalaire** de $\vec{u}$ et $\vec{v}$ est le nombre réel $\vec{u} \cdot \vec{v}$ défini par :

$$\vec{u} \cdot \vec{v} = \|\vec{u}\| \times \|\vec{v}\| \times \cos(\widehat{BAC}) = AB \times AC \times \cos(\widehat{BAC}).$$

Si l'un des deux vecteurs est nul, l'angle $\widehat{BAC}$ n'est pas défini. Dans ce cas, on convient que le produit scalaire $\vec{u} \cdot \vec{v}$ est égal à 0.

> **Rappel**
> La définition du produit scalaire implique que $\vec{u}^2 = \vec{u} \cdot \vec{u} = \|\vec{u}\|^2$, où $\|\vec{u}\|$ désigne la norme de $\vec{u}$.

▶ Soient $\vec{u}$, $\vec{v}$ et $\vec{w}$ trois vecteurs et soit k un nombre réel.
Le produit scalaire est **symétrique** : on a $\vec{u} \cdot \vec{v} = \vec{v} \cdot \vec{u}$.
Le produit scalaire est **bilinéaire** :

$$\vec{u} \cdot (\vec{v} + \vec{w}) = \vec{u} \cdot \vec{v} + \vec{u} \cdot \vec{w} \text{ et } (k\vec{u}) \cdot \vec{v} = \vec{u} \cdot (k\vec{v}) = k \times (\vec{u} \cdot \vec{v}).$$

▶ On a $\|\vec{u} + \vec{v}\|^2 = (\vec{u} + \vec{v})^2 = \vec{u}^2 + 2\vec{u} \cdot \vec{v} + \vec{v}^2$
$= \|\vec{u}\|^2 + 2\vec{u} \cdot \vec{v} + \|\vec{v}\|^2$.

On en déduit que $\vec{u} \cdot \vec{v} = \frac{1}{2}\left(\|\vec{u} + \vec{v}\|^2 - \|\vec{u}\|^2 - \|\vec{v}\|^2\right)$.

▶ De même, $\vec{u} \cdot \vec{v} = \frac{1}{2}\left(\|\vec{u}\|^2 + \|\vec{v}\|^2 - \|\vec{u} - \vec{v}\|^2\right)$.

▶ On a aussi $(\vec{u} + \vec{v})(\vec{u} - \vec{v}) = \vec{u}^2 - \vec{v}^2$.

> **Remarque**
> Ces identités sont parfois appelées « formules de polarisation ».

▶ On dit que deux vecteurs $\vec{u}$ et $\vec{v}$ de l'espace sont **orthogonaux** si leur produit scalaire est égal à 0.

2 Calculs dans un repère orthonormé

▶ Trois vecteurs de l'espace forment une **base orthonormée** s'ils sont non coplanaires, orthogonaux deux à deux et tous de norme égale à 1.

▶ Un repère $(0 ; \vec{i}, \vec{j}, \vec{k})$ de l'espace est un **repère orthonormé** si $(\vec{i}, \vec{j}, \vec{k})$ est une base orthonormée.

> **Info**
> Si les vecteurs sont orthogonaux deux à deux sans tous être de même norme, alors la base ou le repère sont dits orthogonaux.

▶ Soient $\vec{u}$ et $\vec{v}$ deux vecteurs de l'espace de coordonnées respectives $\begin{pmatrix} x \\ y \\ z \end{pmatrix}$ et $\begin{pmatrix} x' \\ y' \\ z' \end{pmatrix}$ dans un repère orthonormé.

On a $\vec{u} \cdot \vec{v} = xx' + yy' + zz'$ et $\|\vec{u}\| = \sqrt{x^2 + y^2 + z^2}$.

▶ Soient $A(x_A ; y_A ; z_A)$ et $B(x_B ; y_B ; z_B)$ deux points dans un repère orthonormé.
On a $AB = \sqrt{(x_B - x_A)^2 + (y_B - y_A)^2 + (z_B - z_A)^2}$.

3 Orthogonalité dans l'espace

▶ Un vecteur non nul $\vec{n}$ est **normal** à un plan $\mathscr{P}$ s'il est orthogonal à tout vecteur de ce plan.
Tout vecteur non nul colinéaire à $\vec{n}$ est aussi normal au plan $\mathscr{P}$.

▶ Un vecteur non nul $\vec{n}$ est **normal** à un plan $\mathscr{P}$ s'il est orthogonal à deux vecteurs non colinéaires de ce plan.

▶ Le plan passant par A et de vecteur normal (non nul) $\vec{n}$ est l'ensemble des points M tels que $\overrightarrow{AM} \cdot \vec{n} = 0$.

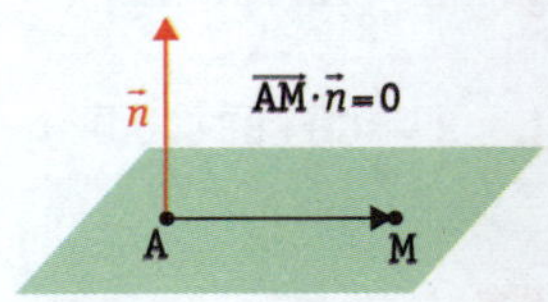

▶ Deux **plans** sont **parallèles** si, et seulement si, leurs vecteurs normaux sont colinéaires.

▶ Deux **plans** sont **perpendiculaires** si, et seulement si, leurs vecteurs normaux sont orthogonaux.

▶ Deux **droites** sont **orthogonales** si elles sont dirigées par des vecteurs orthogonaux.

▶ Deux **droites** sont **perpendiculaires** si elles sont sécantes et orthogonales.

▶ Une droite est orthogonale (ou perpendiculaire) à un plan si elle est dirigée par un vecteur colinéaire à un vecteur non nul normal au plan.

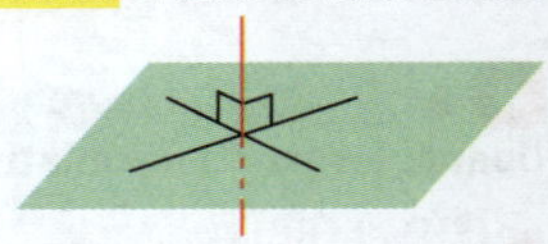

Une droite est orthogonale à un plan si elle est orthogonale à deux droites sécantes de ce plan.

▶ Le plan médiateur $\mathscr{P}$ d'un segment [AB] est l'ensemble des points de l'espace situés à égale distance de A et B. $\mathscr{P}$ est perpendiculaire à la droite (AB) et passe par le milieu de [AB].

▶ Le **projeté orthogonal d'un point A sur un plan** $\mathscr{P}$ est l'intersection H entre ce plan et la droite qui lui est perpendiculaire et qui passe par A.
AH est la distance du point A au plan $\mathscr{P}$.

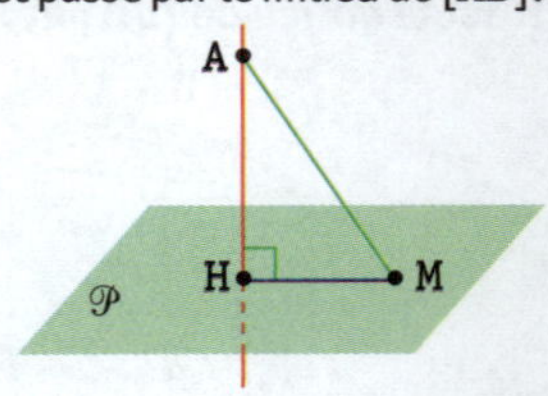

Pour tout point M de P, on a $\overrightarrow{AH} \cdot \overrightarrow{HM} = \vec{0}$ et $AM \geq AH$.

▶ Le **projeté orthogonal d'un point A sur une droite** d est l'intersection H entre cette droite et le plan qui lui est perpendiculaire et qui passe par A.
AH est la distance du point A à la droite d.

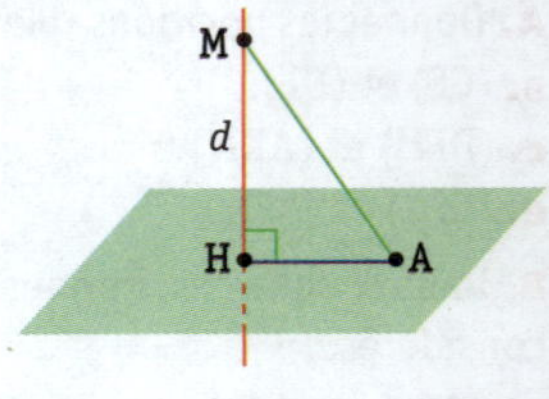

Pour tout point M de d, on a $\overrightarrow{AH} \cdot \overrightarrow{HM} = \vec{0}$ et $AM \geq AH$.

Exos résolus

1 Calculer une longueur ou un angle dans l'espace

Dans un repère orthonormé, on considère les points A, B et C de coordonnées respectives :

$(1\,;4\,;3)$, $(5\,;2\,;7)$ et $(4\,;0\,;9)$.

Calculer les longueurs AB et AC, puis déterminer une mesure de l'angle $\widehat{BAC}$ à 0,1 degré près.

RÉSOLUTION

$$AB=\sqrt{(x_B-x_A)^2+(y_B-y_A)^2+(z_B-z_A)^2}$$
$$=\sqrt{(5-1)^2+(2-4)^2+(7-3)^2}=6$$

De même, $AC=\sqrt{(x_C-x_A)^2+(y_C-y_A)^2+(z_C-z_A)^2}=\sqrt{61}$.

Pour calculer la mesure d'un angle, on détermine d'abord son cosinus en calculant $\overrightarrow{AB}\cdot\overrightarrow{AC}$ de deux façons différentes.

On a $\overrightarrow{AB}\cdot\overrightarrow{AC}=AB\times AC\times\cos(\widehat{BAC})=6\sqrt{61}\cos(\widehat{BAC})$.

Par ailleurs, $\overrightarrow{AB}$ et $\overrightarrow{AC}$ ont pour coordonnées respectives :

$$\begin{pmatrix}x_B-x_A\\y_B-y_A\\z_B-z_A\end{pmatrix}=\begin{pmatrix}5-1\\2-4\\7-3\end{pmatrix}=\begin{pmatrix}4\\-2\\4\end{pmatrix}\text{ et }\begin{pmatrix}x_C-x_A\\y_C-y_A\\z_C-z_A\end{pmatrix}=\begin{pmatrix}4-1\\0-4\\9-3\end{pmatrix}=\begin{pmatrix}3\\-4\\6\end{pmatrix}$$

On a donc $\overrightarrow{AB}\cdot\overrightarrow{AC}=4\times3+(-2)\times(-4)+4\times6=44$.

De ces deux expressions du même produit scalaire, on en déduit qu'on a $6\sqrt{61}\cos(\widehat{BAC})=44$ et donc que $\cos(\widehat{BAC})=\dfrac{44}{6\sqrt{61}}$.

La calculatrice donne alors $\widehat{BAC}\approx20{,}1°$.

Rappel

Il faut penser à vérifier si la calculatrice est en mode radian ou en mode degré !

2 Démontrer que des objets sont orthogonaux

Dans un repère orthonormé, on considère les points $A(3\,;4\,;5)$, $B(5\,;5\,;2)$, $C(5\,;7\,;3)$, $D(8\,;13\,;7)$ et $E(1\,;1\,;11)$.

a. Montrer que les droites (AB) et (CD) sont orthogonales.

RÉSOLUTION

$\overrightarrow{AB}$ et $\overrightarrow{CD}$ ont pour coordonnées respectives :

$$\begin{pmatrix}x_B-x_A\\y_B-y_A\\z_B-z_A\end{pmatrix}=\begin{pmatrix}5-3\\5-4\\2-5\end{pmatrix}=\begin{pmatrix}2\\1\\-3\end{pmatrix}\text{ et }\begin{pmatrix}x_D-x_C\\y_D-y_C\\z_D-z_C\end{pmatrix}=\begin{pmatrix}8-5\\13-7\\7-3\end{pmatrix}=\begin{pmatrix}3\\6\\4\end{pmatrix}$$

On a donc $\overrightarrow{AB}\cdot\overrightarrow{CD}=2\times3+1\times6+(-3)\times4=0$.

$\overrightarrow{AB}$ et $\overrightarrow{CD}$ sont orthogonaux, donc (AB) et (CD) sont orthogonales.

b. On admet que B, C et D ne sont pas alignés.
La droite (AE) est-elle perpendiculaire au plan (BCD) ?

RÉSOLUTION

$\overrightarrow{AE}$ et $\overrightarrow{BC}$ ont pour coordonnées respectives :

$$\begin{pmatrix}x_E-x_A\\y_E-y_A\\z_E-z_A\end{pmatrix}=\begin{pmatrix}1-3\\1-4\\11-5\end{pmatrix}=\begin{pmatrix}-2\\-3\\6\end{pmatrix}\text{ et }\begin{pmatrix}x_C-x_B\\y_C-y_B\\z_C-z_B\end{pmatrix}=\begin{pmatrix}5-5\\7-5\\3-2\end{pmatrix}=\begin{pmatrix}0\\2\\1\end{pmatrix}$$

On a $\overrightarrow{AE}\cdot\overrightarrow{BC}=-2\times0+(-3)\times2+6\times1=0$.

On a aussi $\overrightarrow{AE}\cdot\overrightarrow{CD}=-2\times3+(-3)\times6+6\times4=0$.

$\overrightarrow{AE}$ est donc orthogonal à deux vecteurs non colinéaires de (BCD). Ainsi, la droite (AE) est perpendiculaire au plan (BCD).

3 Utiliser une projection orthogonale

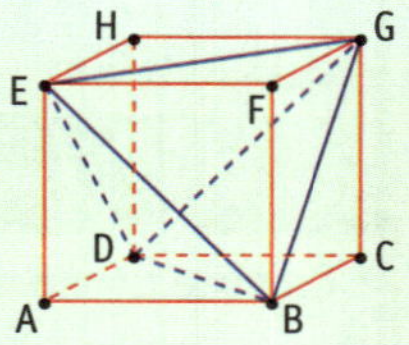

On considère un cube ABCDEFGH et on se place dans le repère orthonormé d'origine A tel que B, D et E ont pour coordonnées respectives :

$(6\,;0\,;0)$, $(0\,;6\,;0)$ et $(0\,;0\,;6)$.

L'unité est le centimètre.

Soit K le point de coordonnées $(2\,;2\,;2)$.

a. Montrer que $\overrightarrow{EK}=\dfrac{1}{3}\overrightarrow{ED}+\dfrac{1}{3}\overrightarrow{EB}$.

Que peut-on en déduire ?

RÉSOLUTION

$\overrightarrow{EK}$, $\overrightarrow{ED}$ et $\overrightarrow{EB}$ ont pour coordonnées respectives

$$\begin{pmatrix}x_K-x_E\\y_K-y_E\\z_K-z_E\end{pmatrix}=\begin{pmatrix}2-0\\2-0\\2-6\end{pmatrix}=\begin{pmatrix}2\\2\\-4\end{pmatrix},\ \begin{pmatrix}x_D-x_E\\y_D-y_E\\z_D-z_E\end{pmatrix}=\begin{pmatrix}0-0\\6-0\\0-6\end{pmatrix}=\begin{pmatrix}0\\6\\-6\end{pmatrix}$$

$$\text{et }\begin{pmatrix}x_B-x_E\\y_B-y_E\\z_B-z_E\end{pmatrix}=\begin{pmatrix}6-0\\0-0\\0-6\end{pmatrix}=\begin{pmatrix}6\\0\\-6\end{pmatrix}$$

On a bien $\begin{pmatrix}2\\2\\-4\end{pmatrix}=\dfrac{1}{3}\begin{pmatrix}0\\6\\-6\end{pmatrix}+\dfrac{1}{3}\begin{pmatrix}6\\0\\-6\end{pmatrix}$ d'où $\overrightarrow{EK}=\dfrac{1}{3}\overrightarrow{ED}+\dfrac{1}{3}\overrightarrow{EB}$.

K est donc un point du plan (BDE).

b. Montrer que K est le projeté orthogonal de G sur (BDE).
En déduire le volume du tétraèdre BDEG.
On admettra que l'aire du triangle BDE est de $18\sqrt{3}$ cm².

RÉSOLUTION

$\overrightarrow{KG}$ a pour coordonnées $\begin{pmatrix}x_G-x_K\\y_G-y_K\\z_G-z_K\end{pmatrix}=\begin{pmatrix}6-2\\6-2\\6-2\end{pmatrix}=\begin{pmatrix}4\\4\\4\end{pmatrix}$

On a $\overrightarrow{ED}\cdot\overrightarrow{KG}=0\times4+6\times4-6\times4=0$.

On a aussi $\overrightarrow{EB}\cdot\overrightarrow{KG}=6\times4+0\times4-6\times4=0$.

$\overrightarrow{KG}$ est donc orthogonal à deux vecteurs non colinéaires du plan (BDE) et K est un point de (BDE), donc K est le projeté orthogonal de G sur (BDE).

On a $KG=\|\overrightarrow{KG}\|=\sqrt{4^2+4^2+4^2}=4\sqrt{3}$ cm.

Le volume de BDEG est égal à :

$$\frac{1}{3}\times18\sqrt{3}\times KG=\frac{1}{3}\times18\sqrt{3}\times4\sqrt{3}=72\text{ cm}^3.$$

Rappel

Le volume d'une pyramide est donné par la formule : $\dfrac{1}{3}\times\text{base}\times\text{hauteur}$.

MATHS

SYNTHÈSE

Orthogonalité et produit scalaire dans l'espace

Vecteurs orthogonaux

Deux vecteurs sont **orthogonaux** si leur produit scalaire est nul.

Vecteur normal à un plan

- $\vec{n}$ est **normal** à un plan $\mathcal{P}$ s'il est non nul et orthogonal à tout vecteur de ce plan.
- $\vec{n}$ est **normal** à un plan $\mathcal{P}$ s'il est non nul et orthogonal à deux vecteurs non colinéaires de ce plan.
- Le plan passant par A et de vecteur normal (non nul) $\vec{n}$ est l'ensemble des points M tels que $\overrightarrow{AM}\cdot\vec{n}=0$.

Droites orthogonales

- Deux droites sont orthogonales si elles sont dirigées par des vecteurs orthogonaux.
- Deux droites sont perpendiculaires si elles sont sécantes et orthogonales.

Produit scalaire

- On pose $\vec{u}=\overrightarrow{AB}$ et $\vec{v}=\overrightarrow{AC}$.

$$\vec{u}\cdot\vec{v}=\|\vec{u}\|\times\|\vec{v}\|\times\cos(\widehat{BAC})$$
$$=AB\times AC\times\cos(\widehat{BAC})$$

- Soient $\vec{u}\begin{pmatrix}x\\y\\z\end{pmatrix}$ et $\vec{v}\begin{pmatrix}x'\\y'\\z'\end{pmatrix}$ deux vecteurs de l'espace dans un repère orthonormé.

$\vec{u}\cdot\vec{v}=xx'+yy'+zz$ et $\|\vec{u}\|=\sqrt{x^2+y^2+z^2}$.

- $AB=\sqrt{(x_B-x_A)^2+(y_B-y_A)^2+(z_B-z_A)^2}$

- **Propriétés**

$\vec{u}\cdot\vec{v}=\vec{v}\cdot\vec{u}$.

$\vec{u}\cdot(\vec{v}+\vec{w})=\vec{u}\cdot\vec{v}+\vec{u}\cdot\vec{w}$

$(k\vec{u})\cdot\vec{v}=k\times(\vec{u}\cdot\vec{v})$

$\vec{u}\cdot\vec{v}=\frac{1}{2}\left(\|\vec{u}+\vec{v}\|^2-\|\vec{u}\|^2-\|\vec{v}\|^2\right)$

$\vec{u}\cdot\vec{v}=\frac{1}{2}\left(\|\vec{u}\|^2+\|\vec{v}\|^2-\|\vec{u}-\vec{v}\|^2\right)$

Droites et plans orthogonaux

- Une droite est perpendiculaire à un plan si elle est dirigée par un vecteur colinéaire à un vecteur non nul normal au plan.
- Une droite est orthogonale à un plan si elle est orthogonale à deux droites sécantes de ce plan.

Projections orthogonales

- Le **projeté orthogonal d'un point A sur un plan** $\mathcal{P}$ est l'intersection H entre ce plan et la droite qui lui est perpendiculaire et qui passe par A.
- Le **projeté orthogonal d'un point A sur une droite** d est l'intersection H entre cette droite et le plan qui lui est perpendiculaire et qui passe par A.

Exercices

1 ★ 15 min

On considère un cube ABCDEFGH de côté 2 cm et on note K le milieu de [CG].

A. Calculer les longueurs du triangle DBK.

B. a. Déterminer $\overrightarrow{BD}\cdot\overrightarrow{BC}$ et $\overrightarrow{BD}\cdot\overrightarrow{CK}$.

b. En déduire $\overrightarrow{BD}\cdot\overrightarrow{BK}$.

C. Déterminer une valeur approchée de l'angle $\widehat{DBK}$.

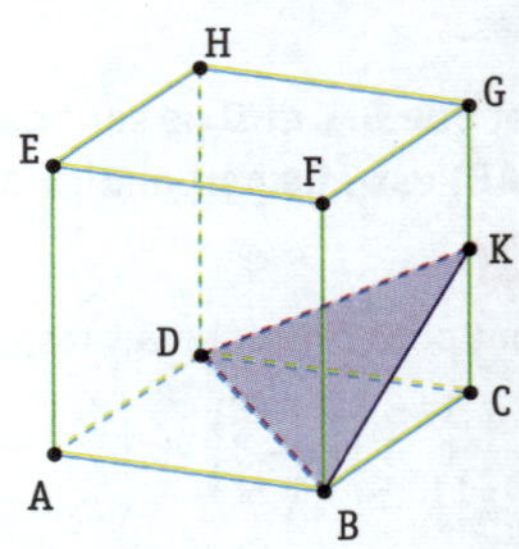

2 ★★ 10 min

Soit ABCD un tétraèdre régulier de côté *a*.

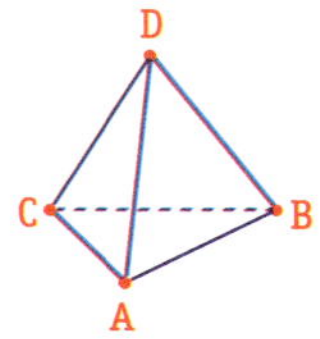

a. Calculer $\overrightarrow{AB} \cdot \overrightarrow{AC}$ et $\overrightarrow{AB} \cdot \overrightarrow{AD}$ et en déduire que $\overrightarrow{AB} \cdot \overrightarrow{CD} = 0$.

b. Que dire alors des droites (AB) et (CD) ?

Les quatre faces d'un tétraèdre régulier sont des triangles équilatéraux. On peut donc utiliser les propriétés de ces triangles.

3 ★★ 20 min **Dans un repère orthonormé de l'espace, on considère les points :**

A(3 ; 1 ; 1), B(5 ; 0 ; 4), C(7 ; 4 ; 4) et D(13 ; 1 ; 5).

a. Montrer que les droites (AB) et (BC) sont orthogonales.

b. Montrer que les droites (BC) et (CD) sont orthogonales.

c. Quelle est la position relative de (AB) et (CD) ?

d. Quelle est la position relative de (CD) par rapport à (ABC) ?

4 ★★★ 15 min **Soit ABCDEFGH un cube.**

On note I, J, K, L, M et N les milieux respectifs des arêtes [AB], [BC], [CG], [GH], [HE] et [EA] comme indiqué dans la figure ci-dessous.

Les points I, J, K, L, M et N sont-ils coplanaires ?

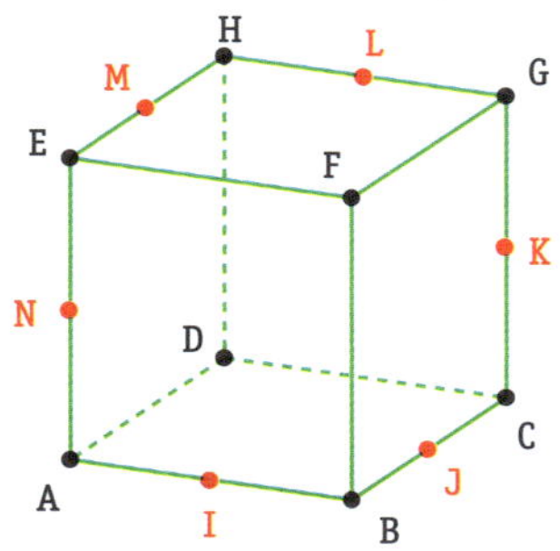

5 ★★ 10 min DÉMONSTRATION

Montrer que le projeté orthogonal H d'un point A sur un plan $\mathscr{P}$ est le point de $\mathscr{P}$ le plus proche de A.

6 ★★ 30 min Type Bac

Dans un repère orthonormé de l'espace d'origine O, on considère les points :

A(60 ; 0 ; 0), B(0 ; 100 ; 0), C(0 ; 0 ; 75).

On choisit comme unité le centimètre.

a. Calculer le volume de OABC.

b. Soit H le point de coordonnées (30 ; 18 ; 24).

Montrer que $\overrightarrow{AH} = 0{,}18\overrightarrow{AB} + 0{,}32\overrightarrow{AC}$. Que peut-on en déduire ?

c. Montrer que H est le projeté orthogonal de O sur (ABC).

d. Calculer la longueur OH. En déduire l'aire de ABC.

e. Vérifier que le carré de l'aire de ABC est égal à la somme des carrés des aires des trois autres faces de OABC.

Histoire des maths

Le résultat précédent est en fait vrai pour tout tétraèdre trirectangle (c'est-à-dire tel que trois de ses faces sont des triangles rectangles en un même sommet).

Ce théorème a été démontré par **Jean-Paul de Gua** en 1783. Ce savant remarquable est aussi connu pour avoir été l'initiateur de *l'Encyclopédie* de Diderot et d'Alembert.

MATHS

7 ★★★ 50 min Type Bac

On se place dans un repère orthonormé $(O ; \vec{i}, \vec{j}, \vec{k})$.

On considère le tétraèdre OABC où A, B et C ont pour coordonnées respectives :

(1 ; 0 ; 0), (0 ; 1 ; 0) et (0 ; 0 ; 1).

On note K le milieu du segment [AB].

Soit M un point de l'arête [AC] et soit N le point d'intersection de l'arête [OB] avec le plan perpendiculaire à (KM) passant par K.

On se propose ici de déterminer où placer le point M pour que la distance MN soit la plus petite possible.

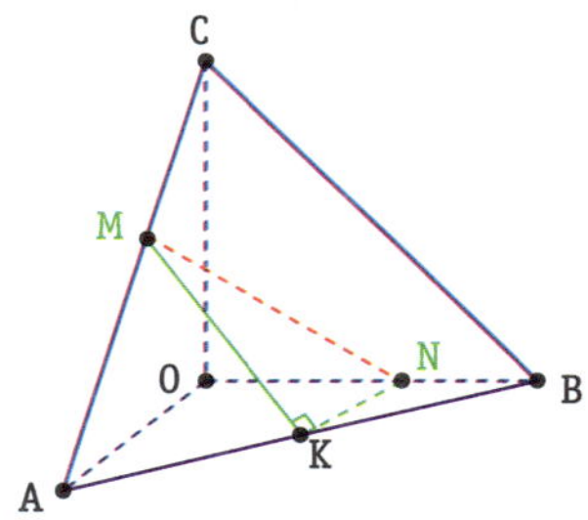

A. a. Donner sans justifier la position du point N lorsque M est en A.

b. Donner sans justifier la position du point N lorsque M est en C.

B. Justifier l'existence d'un réel λ tel que $\overrightarrow{AM} = \lambda\overrightarrow{AC}$.

C. Démontrer que N a alors pour coordonnées $(0 ; \lambda ; 0)$.

D. a. Soit f la fonction qui au réel λ associe le carré de MN. Montrer que $f(\lambda) = 3\lambda^2 - 2\lambda + 1$.

b. Déterminer finalement les coordonnées du point N permettant de minimiser la distance MN, puis donner la valeur de ce minimum.

8 ★★★ 30 min APPROFONDISSEMENT

Dans un repère orthonormé de l'espace, on considère les points A et B de coordonnées respectives :

(1 ; 5 ; 4) et (2 ; 3 ; 9).

On note I le milieu du segment [AB] et *E* l'ensemble des points M de l'espace tels que $MA^2 - MB^2 = 30$.

a. Montrer que $MA^2 - MB^2 = 30$ si, et seulement si, $\overrightarrow{IM} \cdot \overrightarrow{AB} = 15$.

b. Montrer que *E* est le plan perpendiculaire à (AB) passant par B.

Configurations de l'espace

Cours

1 Représentation paramétrique d'une droite

▶ Soit d la droite de l'espace passant par le point $A(x_A\,;y_A\,;z_A)$ et de vecteur directeur $\vec{u}$ de coordonnées $\begin{pmatrix} a \\ b \\ c \end{pmatrix}$.

Un point M de coordonnées $(x\,;y\,;z)$ appartient à d si, et seulement si, il existe un réel k tel que $\begin{cases} x = x_A + ka \\ y = y_A + kb \\ z = z_A + kc \end{cases}$.

Il s'agit d'une représentation paramétrique de la droite d.

Remarque

Une droite n'a pas une seule représentation paramétrique. Celle-ci dépend du choix du point de la droite et du vecteur directeur.

2 Équation cartésienne d'un plan

On se place dans un repère orthonormé $(0\,;\vec{i}, \vec{j}, \vec{k})$ de l'espace.

▶ Une équation cartésienne d'un plan est une égalité vérifiée par les coordonnées des points de ce plan, et uniquement ceux-là.

▶ Soit $\mathcal{P}$ le plan passant par A et de vecteur normal $\vec{n}\begin{pmatrix} a \\ b \\ c \end{pmatrix}$.

▶ Un point M appartient au plan $\mathcal{P}$ si, et seulement si,

$$\overrightarrow{AM} \cdot \vec{n} = 0.$$

▶ Le plan $\mathcal{P}$ a une équation cartésienne de la forme :

$$ax + by + cz + d = 0.$$

▶ Réciproquement, toute équation de la forme $ax + by + cz + d = 0$, où a, b et c ne sont pas tous nuls, est une équation cartésienne d'un plan de vecteur normal $\vec{n}\begin{pmatrix} a \\ b \\ c \end{pmatrix}$.

Rappel

Un plan n'admet pas qu'une seule équation cartésienne, mais elles sont toutes équivalentes.

Exos résolus

Dans tous les exercices qui suivent, on se place dans un repère orthonormé de l'espace $(0\,;\vec{i}, \vec{j}, \vec{k})$.

1 Exploiter une représentation paramétrique de droite

a. Soit d la droite de représentation paramétrique :

$$\begin{cases} x = 3 + 2k \\ y = -4k \\ z = 2 + k \end{cases}, \text{ où } k \in \mathbb{R}.$$

Donner les coordonnées d'un point et d'un vecteur directeur de cette droite.

RÉSOLUTION

d a pour représentation paramétrique $\begin{cases} x = 3 + 2k \\ y = 0 - 4k \\ z = 2 + 1k \end{cases}$, avec $k \in \mathbb{R}$.

d passe donc par A(3 ; 0 ; 2) et a pour vecteur directeur $\vec{u}\begin{pmatrix} 2 \\ -4 \\ 1 \end{pmatrix}$.

b. Soient B(5 ; –4 ; 3) et C(–1 ; 8 ; 0) deux points de l'espace.
Donner une représentation paramétrique de la droite (BC).

RÉSOLUTION

Le vecteur $\overrightarrow{BC}$ a pour coordonnées $\begin{pmatrix} x_C - x_B \\ y_C - y_B \\ z_C - z_B \end{pmatrix} = \begin{pmatrix} -1-5 \\ 8-(-4) \\ 0-3 \end{pmatrix} = \begin{pmatrix} -6 \\ 12 \\ -3 \end{pmatrix}$.

(BC) passe par B(5 ; –4 ; 3) et est dirigée par $\overrightarrow{BC}$, donc elle admet pour représentation paramétrique $\begin{cases} x = 5 - 6k \\ y = -4 + 12k \\ z = 3 - 3k \end{cases}$, avec $k \in \mathbb{R}$.

c. Montrer que les droites d et (BC) sont confondues.

RÉSOLUTION

On a $\begin{cases} x_B = 3 + 2k \\ y_B = -4k \\ z_B = 2 + k \end{cases} \Leftrightarrow \begin{cases} 5 = 3 + 2k \\ -4 = -4k \\ 3 = 2 + k \end{cases} \Leftrightarrow \begin{cases} 2 = 2k \\ 1 = k \\ 1 = k \end{cases} \Leftrightarrow 1 = k.$

B est donc un point de d.

De même, on peut montrer que C correspond à $k = -2$.

B et C sont deux points de d, donc (BC) et d sont confondues.

2 Déterminer une équation cartésienne d'un plan

Soit $\mathcal{P}$ le plan passant par le point A(2 ; 7 ; 5) et de vecteur normal $\vec{n}\begin{pmatrix} 4 \\ 1 \\ 2 \end{pmatrix}$.

Déterminer une équation cartésienne de $\mathcal{P}$.

RÉSOLUTION

▶ **Première méthode**

Comme $\mathcal{P}$ a pour vecteur normal $\vec{n}\begin{pmatrix} 4 \\ 1 \\ 2 \end{pmatrix}$, il a une équation cartésienne de la forme $4x + 1y + 2z + d = 0$.

$A \in \mathcal{P} \Leftrightarrow 4x_A + 1y_A + 2z_A + d = 0$
$\Leftrightarrow 4 \times 2 + 1 \times 7 + 2 \times 5 + d = 0$
$\Leftrightarrow 25 + d = 0$
$\Leftrightarrow d = -25$

Finalement, $\mathcal{P}$ a pour équation cartésienne $4x + y + 2z - 25 = 0$.

▶ Deuxième méthode

Soit M un point de coordonnées $(x\,;y\,;z)$.

$\overrightarrow{AM}$ a pour coordonnées $\begin{pmatrix} x_M - x_A \\ y_M - y_A \\ z_M - z_A \end{pmatrix} = \begin{pmatrix} x-2 \\ y-7 \\ z-5 \end{pmatrix}$.

$$\begin{aligned} M \in \mathcal{P} &\Leftrightarrow \overrightarrow{AM}\cdot\vec{n} = 0 \\ &\Leftrightarrow (x-2)\times 4 + (y-7)\times 1 + (z-5)\times 2 = 0 \\ &\Leftrightarrow 4x - 8 + y - 7 + 2z - 10 = 0 \\ &\Leftrightarrow 4x + y + 2z - 25 = 0 \end{aligned}$$

$\mathcal{P}$ a pour équation cartésienne $4x+y+2z-25=0$.

3 Déterminer l'intersection d'une droite et d'un plan

Soit $\mathcal{P}$ le plan d'équation cartésienne $x-3y-5z+10=0$ et soit d la droite de représentation paramétrique :

$$\begin{cases} x = 7+3k \\ y = 1+k \\ z = 4-k \end{cases}, \text{ avec } k \in \mathbb{R}.$$

Déterminer l'intersection éventuelle de $\mathcal{P}$ et d.

RÉSOLUTION

Soit $M(x\,;y\,;z)$ un point de l'espace. Si M appartient à d, alors il existe un réel k tel que $x=7+3k$, $y=1+k$ et $z=4-k$.

Si M appartient aussi à $\mathcal{P}$ alors les coordonnées de M vérifient l'équation cartésienne $x-3y-5z+10=0$. On a donc :

$$\begin{aligned} M \in d \cap \mathcal{P} &\Leftrightarrow (7+3k) - 3(1+k) - 5(4-k) + 10 = 0 \\ &\Leftrightarrow 7 + 3k - 3 - 3k - 20 + 5k + 10 = 0 \\ &\Leftrightarrow 5k - 6 = 0 \Leftrightarrow 5k = 6 \Leftrightarrow k = \frac{6}{5} = 1{,}2. \end{aligned}$$

En injectant cette valeur dans la représentation paramétrique de d donnée, on a donc $\begin{cases} x = 7+3\times 1{,}2 \\ y = 1+1{,}2 \\ z = 4-1{,}2 \end{cases} \Leftrightarrow \begin{cases} x = 10{,}6 \\ y = 2{,}2 \\ z = 2{,}8 \end{cases}$.

Finalement, $\mathcal{P}$ et d sont sécants et leur point d'intersection a pour coordonnées $(10{,}6\,;2{,}2\,;2{,}8)$.

4 Déterminer les coordonnées du projeté orthogonal d'un point sur un plan

Soit A le point de coordonnées $(5\,;21\,;12)$ et soit $\mathcal{P}$ le plan d'équation cartésienne $x+7y+3z-11=0$.

a. Donner un vecteur normal à $\mathcal{P}$, puis en déduire une représentation paramétrique de la droite d perpendiculaire à $\mathcal{P}$ passant par A.

RÉSOLUTION

$\mathcal{P}$ a pour équation cartésienne $1x+7y+3z-11=0$, donc $\vec{n}\begin{pmatrix} 1 \\ 7 \\ 3 \end{pmatrix}$ est un vecteur normal à ce plan.

Ainsi d a pour représentation paramétrique :

$$\begin{cases} x = x_A + 1k \\ y = y_A + 7k \\ z = z_A + 3k \end{cases} \Leftrightarrow \begin{cases} x = 5+k \\ y = 21+7k \\ z = 12+3k \end{cases}, \text{ avec } k \in \mathbb{R}.$$

b. Déterminer les coordonnées du projeté orthogonal H du point A sur $\mathcal{P}$.

RÉSOLUTION

Soit $M(x\,;y\,;z)$ un point de l'espace. Si M appartient à d, alors il existe un réel k tel que $x=5+k$, $y=21+7k$ et $z=12+3k$.

Si M appartient aussi à $\mathcal{P}$ alors les coordonnées de M vérifient l'équation cartésienne $x+7y+3z-11=0$. On a donc :

$$\begin{aligned} M \in d \cap \mathcal{P} &\Leftrightarrow (5+k) + 7(21+7k) + 3(12+3k) - 11 = 0 \\ &\Leftrightarrow 5 + k + 147 + 49k + 36 + 9k - 11 = 0 \\ &\Leftrightarrow 59k + 177 = 0 \Leftrightarrow 59k = -177 \Leftrightarrow k = \frac{-177}{59} = -3. \end{aligned}$$

En injectant cette valeur dans la représentation paramétrique de d donnée, on a donc : $\begin{cases} x = 5+(-3) \\ y = 21+7\times(-3) \\ z = 12+3\times(-3) \end{cases} \Leftrightarrow \begin{cases} x = 2 \\ y = 0 \\ z = 3 \end{cases}$.

Finalement, le projeté orthogonal H du point A sur le plan $\mathcal{P}$ a pour coordonnées $(2\,;0\,;3)$.

5 Déterminer les coordonnées du projeté orthogonal d'un point sur une droite

Soit A le point de coordonnées $(9\,;-7\,;3)$ et soit Δ la droite de représentation paramétrique $\begin{cases} x = 2+2k \\ y = 3+k \\ z = 16-6k \end{cases}$ avec $k \in \mathbb{R}$.

a. Donner un vecteur directeur de Δ en déduire une équation cartésienne du plan $\mathcal{P}$ perpendiculaire à Δ passant par A.

RÉSOLUTION

Δ a pour représentation paramétrique $\begin{cases} x = 2+2k \\ y = 3+1k \\ z = 16-6k \end{cases}$, avec $k \in \mathbb{R}$.

Elle est donc dirigée par le vecteur $\vec{u}\begin{pmatrix} 2 \\ 1 \\ -6 \end{pmatrix}$.

On en déduit que le plan $\mathcal{P}$ a donc une équation cartésienne de la forme $2x+1y-6z+d=0$.

$$\begin{aligned} \text{Par ailleurs : } A \in \mathcal{P} &\Leftrightarrow 2x_A + y_A - 6z_A + d = 0 \\ &\Leftrightarrow 2\times 9 - 7 - 6\times 3 + d = 0 \Leftrightarrow d = 7. \end{aligned}$$

Le plan $\mathcal{P}$ a pour équation cartésienne $2x+y-6z+7=0$.

b. Déterminer les coordonnées du projeté orthogonal H de A sur Δ.

RÉSOLUTION

Soit $M(x\,;y\,;z)$ un point de l'espace. Si M appartient à Δ, alors il existe un réel k tel que $x=2+2k$, $y=3+k$ et $z=16-6k$.

Si M appartient aussi à $\mathcal{P}$, alors les coordonnées de M vérifient l'équation cartésienne $2x+y-6z+7=0$. On a donc :

$$\begin{aligned} M \in \Delta \cap \mathcal{P} &\Leftrightarrow 2(2+2k) + (3+k) - 6(16-6k) + 7 = 0 \\ &\Leftrightarrow 4 + 4k + 3 + k - 96 + 36k + 7 = 0 \\ &\Leftrightarrow 41k - 82 = 0 \Leftrightarrow 41k = 82 \Leftrightarrow k = \frac{82}{41} = 2. \end{aligned}$$

En injectant cette valeur dans la représentation paramétrique de Δ donnée, on a donc $\begin{cases} x = 2+2\times 2 \\ y = 3+2 \\ z = 16-6\times 2 \end{cases} \Leftrightarrow \begin{cases} x = 6 \\ y = 5 \\ z = 4 \end{cases}$.

MATHS

Finalement, le projeté orthogonal H du point A sur la droite d a pour coordonnées (6 ; 5 ; 4).

6 Déterminer les coordonnées d'un vecteur dans une base

On considère les vecteurs $\vec{u}\begin{pmatrix}2\\0\\1\end{pmatrix}$, $\vec{v}\begin{pmatrix}0\\3\\1\end{pmatrix}$, $\vec{w}\begin{pmatrix}0\\0\\4\end{pmatrix}$ et $\vec{s}\begin{pmatrix}8\\-6\\6\end{pmatrix}$.

a. Montrer que $\vec{u}$, $\vec{v}$ et $\vec{w}$ forment une base de l'espace.

RÉSOLUTION

S'il existe un réel k tel que $\vec{u}=k\vec{v}$, la première coordonnée donne $2=k\times 0$, ce qui n'est pas possible.
Les vecteurs $\vec{u}$ et $\vec{v}$ ne sont donc pas colinéaires.

Par ailleurs, on a $\vec{w}=\alpha\vec{u}+\beta\vec{v} \Leftrightarrow \begin{cases}0=2\alpha+0\beta\\0=0\alpha+3\beta\\4=1\alpha+1\beta\end{cases}$

$\Leftrightarrow \begin{cases}\alpha=0\\\beta=0\\4=0+0\end{cases}$

On ne peut pas exprimer $\vec{w}$ en fonction de $\vec{u}$ et $\vec{v}$.
Ces trois vecteurs forment donc une base de l'espace.

b. Exprimer les coordonnées du vecteur $\vec{s}$ dans la base $(\vec{u}, \vec{v}, \vec{w})$.

RÉSOLUTION

On cherche a, b et c tels que $a\vec{u}+b\vec{v}+c\vec{w}=\vec{s}$. On a donc :

$$\begin{cases}2a+0b+0c=8\\0a+3b+0c=-6\\1a+1b+4c=6\end{cases} \Leftrightarrow \begin{cases}2a=8\\3b=-6\\a+b+4c=6\end{cases}$$

$$\Leftrightarrow \begin{cases}a=4\\b=-2\\4-2+4c=6\end{cases}$$

$$\Leftrightarrow \begin{cases}a=4\\b=-2\\4c=4\end{cases}$$

$$\Leftrightarrow \begin{cases}a=4\\b=-2.\\c=1\end{cases}$$

Les coordonnées de $\vec{s}$ dans la base $(\vec{u}, \vec{v}, \vec{w})$ sont $\begin{pmatrix}4\\-2\\1\end{pmatrix}$.

Remarque

Si vous suivez l'option « Maths expertes », vous pouvez utiliser les méthodes matricielles de résolution de systèmes.

SYNTHÈSE

Configurations de l'espace

Représentation paramétrique d'une droite

- Soit d la droite de l'espace passant par le point $A(x_A ; y_A ; z_A)$ et de vecteur directeur $\vec{u}$ de coordonnées $\begin{pmatrix}a\\b\\c\end{pmatrix}$.

d a pour représentation paramétrique :

$$\begin{cases}x=x_A+ka\\y=y_A+kb,\ k\in\mathbb{R}.\\z=z_A+kc\end{cases}$$

Équation cartésienne d'un plan

- Une **équation cartésienne de plan** est une égalité vérifiée par les coordonnées des points de ce plan, et uniquement ceux-là.
- On se place dans un repère orthonormé $(0 ; \vec{i}, \vec{j}, \vec{k})$ de l'espace.

Soit $\mathcal{P}$ le plan passant par A et de vecteur normal $\vec{n}\begin{pmatrix}a\\b\\c\end{pmatrix}$.

$\mathcal{P}$ a une équation cartésienne de la forme $ax+by+cz+d=0$.

- Toute équation de la forme $ax+by+cz+d=0$ où a, b et c ne sont pas tous nuls est une équation cartésienne d'un plan de vecteur normal $\vec{n}\begin{pmatrix}a\\b\\c\end{pmatrix}$.

Résolutions de problèmes dans l'espace

Les représentations paramétriques et les équations cartésiennes permettent de traduire des problèmes d'intersection par des systèmes linéaires qu'il suffit alors de résoudre.

Exercices

1 ★ 15 min **Soit d une droite de l'espace de représentation paramétrique :**

$$\begin{cases} x=4+3k \\ y=7-5k \\ z=12+k \end{cases}, \text{ avec } k\in\mathbb{R}.$$

a. Donner les coordonnées d'un point et d'un vecteur directeur de d.

b. Les points B et C de coordonnées respectives $(-5 ; 22 ; 9)$ et $(3 ; 26 ; 5)$ appartiennent-ils à la droite d ?

c. Le vecteur $\vec{u}\begin{pmatrix} 7,2 \\ -12 \\ 2,4 \end{pmatrix}$ est-il un vecteur directeur de d ?

d. Donner une représentation paramétrique de la droite (BC).

e. Les droites (BC) et d sont-elles orthogonales ?

2 ★ 15 min **On se place dans un repère orthonormé de l'espace. Soit $\mathcal{P}$ le plan de l'espace d'équation cartésienne :**

$$3x-y+2z+4=0.$$

a. Donner un vecteur $\vec{n}$ normal au plan $\mathcal{P}$.

b. Les points $A(0 ; 8 ; 2)$ et $B(3 ; 2 ; 1)$ appartiennent-ils à $\mathcal{P}$?

c. Le vecteur $\vec{u}\begin{pmatrix} 4 \\ 6 \\ -3 \end{pmatrix}$ est-il normal à $\mathcal{P}$?

d. Donner une équation cartésienne du plan passant par A et perpendiculaire à la droite (AB).

3 ★★ 20 min **On se place dans un repère orthonormé de l'espace. Soit A le point de coordonnées $(2 ; 8 ; 19)$ et soit d la droite de représentation paramétrique :**

$$\begin{cases} x=5+6t \\ y=4+3t \\ z=9+2t \end{cases}, \text{ avec } t\in\mathbb{R}.$$

a. Donner un vecteur directeur de d.

b. Déterminer une équation cartésienne du plan $\mathcal{P}$ passant par A et perpendiculaire à la droite d.

c. En déduire les coordonnées du projeté orthogonal H du point A sur la droite d.

d. Calculer finalement la distance de A à d.

4 ★★ 20 min **On se place dans un repère orthonormé de l'espace. Soit A le point de coordonnées $(4 ; 8 ; 17)$ et soit $\mathcal{P}$ le plan d'équation cartésienne $x-4y+8z+54=0$.**

a. Donner les coordonnées d'un vecteur normal à $\mathcal{P}$.

b. Déterminer une représentation paramétrique de la droite d passant par A et perpendiculaire à $\mathcal{P}$.

c. En déduire les coordonnées du projeté orthogonal H de A sur $\mathcal{P}$.

d. Calculer finalement la distance de A à $\mathcal{P}$.

5 ★★ 50 min **Type Bac**

D'après Bac S, Pondichéry, mai 2018.

Dans l'espace muni du repère orthonormé $(O ; \vec{i}, \vec{j}, \vec{k})$ d'unité 1 cm, on considère les points A, B, C et D de coordonnées respectives $(2 ; 1 ; 4)$, $(4 ; -1 ; 0)$, $(0 ; 3 ; 2)$ et $(4 ; 3 ; -2)$.

A. Déterminer une représentation paramétrique de la droite (CD).

B. Soit M un point de la droite (CD).

a. Déterminer les coordonnées du point M tel que la distance BM soit minimale.

b. On note H le point de (CD) ayant pour coordonnée $(3 ; 3 ; -1)$.
Vérifier que les droites (BH) et (CD) sont perpendiculaires.

c. Montrer que l'aire du triangle BCD est égale à 12 cm².

C. a. Démontrer que le vecteur $\vec{n}\begin{pmatrix} 2 \\ 1 \\ 2 \end{pmatrix}$ est normal au plan (BCD).

b. Déterminer une équation cartésienne du plan (BCD).

c. Déterminer une représentation paramétrique de la droite Δ passant par A et orthogonale au plan (BCD).

d. Démontrer que le point I, intersection de la droite Δ et du plan (BCD) a pour coordonnées $\left(\frac{2}{3} ; \frac{1}{3} ; \frac{8}{3}\right)$.

D. Calculer le volume du tétraèdre ABCD.

6 ★★★ 20 min APPROFONDISSEMENT

On se place dans un repère orthonormé de l'espace.

Soient $\vec{u}\begin{pmatrix} x \\ y \\ z \end{pmatrix}$ et $\vec{v}\begin{pmatrix} x' \\ y' \\ z' \end{pmatrix}$ deux vecteurs non nuls.

On appelle produit vectoriel de $\vec{u}$ et $\vec{v}$ le vecteur noté $\vec{u}\wedge\vec{v}$ dont les coordonnées sont : $\begin{pmatrix} yz'-y'z \\ -xz'+x'z \\ xy'-x'y \end{pmatrix}$.

a. Montrer que $\vec{u}\wedge\vec{v}$ est orthogonal à $\vec{u}$ et à $\vec{v}$.

b. On admet que $\vec{u}$ et $\vec{v}$ sont colinéaires si, et seulement si, leur produit vectoriel est égal au vecteur nul.
À l'aide du produit vectoriel, montrer que les points $A(0 ; 1 ; 3)$, $B(2 ; 4 ; 7)$ et $C(5 ; 1 ; 10)$ définissent un plan.

c. Donner une équation cartésienne du plan (ABC).

Histoire des maths

Le produit vectoriel défini ici est un outil très utile en géométrie et en physique. Ce concept est introduit en 1843 par **William Hamilton**. **Hermann Grassmann** publie en 1844 un ouvrage dans lequel il développe de nouvelles idées d'algèbre mais son œuvre est difficile d'accès. À la lecture des travaux d'Hamilton, il clarifie son propos puis leurs résultats sont utilisés par le physicien **Josiah Gibbs** qui met toutes ces notions d'analyse vectorielle à la portée de ses étudiants en 1881.

MATHS

14 PROBABILITÉS

Successions d'épreuves indépendantes

Cours

1 Successions d'épreuves

a. Variables aléatoires et successions d'épreuves

▶ Soit Ω l'ensemble des issues d'une expérience aléatoire. Définir une variable aléatoire X sur Ω, c'est associer un nombre réel à chaque issue de Ω

On note Ω' l'ensemble des valeurs prises par la variable aléatoire X. La loi de probabilité de la variable aléatoire X est la donnée de toutes les probabilités $P(X=x_i)$ où x_i prend toutes les valeurs de Ω'.

▶ Si on note $E_1, E_2, \dots, E_n$ les ensembles des valeurs prises par des variables aléatoires $X_1, X_2, \dots, X_n$, on peut représenter le résultat de la succession des épreuves par un n-uplet $(x_1, x_2, \dots, x_n)$ de $E_1 \times E_2 \times \dots \times E_n$.

Si les épreuves sont indépendantes, la probabilité de l'issue $(x_1, x_2, \dots, x_n)$ est égale au produit des probabilités des composantes x_i.

Rappel

Deux événements A et B de probabilités non nulles sont indépendants si $P(A \cap B) = P(A) \times P(B)$.

b. Schéma de Bernoulli et loi binomiale

▶ Une épreuve de Bernoulli est une expérience aléatoire n'ayant que deux issues (souvent appelées succès et échec). La variable aléatoire qui prend la valeur 1 en cas de succès, et 0 en cas d'échec, est appelée variable aléatoire de Bernoulli. La loi de probabilité de cette variable aléatoire est appelée loi de Bernoulli de paramètre p et est donnée ci-dessous.

k	0	1
$P(X=k)$	$1-p$	p

Info

On note souvent $q = 1 - p$.

▶ Lorsqu'on répète n fois de façon indépendante une épreuve de Bernoulli, on parle d'un schéma de Bernoulli.

▶ La loi de probabilité de la variable aléatoire X, égale au nombre de succès au cours des n épreuves d'un schéma de Bernoulli, est appelée loi binomiale de paramètres n et p. On la note souvent $\mathcal{B}(n\,;p)$.

▶ Soit $n \geq 1$ et soit k un entier compris entre 0 et n. Soit X une variable aléatoire qui suit la loi binomiale $\mathcal{B}(n\,;p)$. Chaque issue d'un schéma de Bernoulli peut-être vue comme un élément de l'ensemble $\{0\,;1\}^n$, c'est-à-dire un n-uplet de 0 et de 1, où chaque 1 représente un succès.

Il y en a $\binom{n}{k}$ qui réalisent l'événement « $X=k$ », car c'est le nombre de façons de placer k chiffres 1 dans un tel n-uplet.

La probabilité de chacune de ces issues est égale au produit des probabilités de ses composantes, soit k chiffres 1 (de probabilité p) et $n-k$ chiffres 0 (de probabilité $q = 1-p$), ce qui donne finalement $\underbrace{p\times\cdots\times p}_{k \text{ fois}}\times\underbrace{q\times\cdots\times q}_{n-k \text{ fois}} = p^k q^{n-k}$.

Finalement, on a $P(X=k) = \binom{n}{k} p^k q^{n-k}$ où $q = 1-p$.

2 Sommes de variables aléatoires

a. Espérance, variance et écart type

▶ Loi de la somme de deux variables aléatoires : Soient X et Y deux variables aléatoires. La probabilité $P(X+Y=k)$ est égale à la somme des probabilités $P((X=i)\cap(Y=j))$ pour toutes les valeurs i et j telles que $i+j=k$.

▶ Linéarité de l'espérance : Soient X et Y deux variables aléatoires et soit a un nombre réel. On a :

$$E(X+Y)=E(X)+E(Y) \text{ et } E(aX)=aE(X).$$

▶ Additivité de la variance : Soient X et Y deux variables aléatoires indépendantes. On a alors $V(X+Y)=V(X)+V(Y)$.

Remarque

Cette égalité n'est plus garantie si les variables aléatoires X et Y ne sont pas indépendantes.

▶ Soient X est une variable aléatoire et a un réel. On a $V(aX)=a^2V(X)$.

b. Cas de la loi binomiale

Dans un schéma de Bernoulli, le nombre de succès peut être vu comme la somme de variables de Bernoulli indépendantes et de même paramètre p.

Ainsi, si X est une variable aléatoire qui suit la loi $\mathcal{B}(n\,;p)$, on a :

$E(X)=np$, $V(X)=npq$ et

$\sigma(X)=\sqrt{npq}$, où $q=1-p$.

Rappel

L'écart type d'une variable aléatoire X est la racine carrée de sa variance.

Histoire des maths

Dans *De ratiociniis in ludi aleae (À propos des calculs dans les jeux de hasard)* publié en 1657, Christiaan Huygens reprend et complète les premiers jalons de la théorie des probabilités posés par Blaise Pascal et Pierre de Fermat dans leur correspondance. Cet ouvrage occupe une place considérable dans la diffusion de cette nouvelle branche des mathématiques et y introduit, pour la première fois, la notion d'espérance. En 1713, le suisse Jakob Bernoulli approfondit considérablement toutes ces questions en publiant *Ars conjectandi (L'art de conjecturer)* : on y trouve une présentation complète de la loi binomiale et la première démonstration de la loi des grands nombres pour le jeu de pile ou face (voir le chapitre 15).

Exos résolus

1 Effectuer des calculs dans le cadre d'une loi binomiale

Soit X une variable aléatoire qui suit la loi $\mathscr{B}(20\,;0{,}7)$.

a. Calculer $P(X=18)$ à l'aide de la formule du cours.

RÉSOLUTION

On utilise la formule $P(X=k)=\binom{n}{k}p^kq^{n-k}$, où $q=1-p$.

$P(X=18)=\binom{20}{18}\times0{,}7^{18}\times0{,}3^{20-18}=190\times0{,}7^{18}\times0{,}3^2\approx0{,}028$.

Rappel

Pour revoir les calculs des coefficients binomiaux, se reporter au chapitre 10.

b. Calculer $P(X=12)$ et $P(X\leq15)$ avec la calculatrice.

RÉSOLUTION

Pour calculer $P(X=k)$ ou $P(X\leq k)$ dans le cadre d'une loi binomiale à l'aide de la calculatrice, on procède comme suit.

▶ Avec Casio

Appuyer sur OPTN, puis choisir STAT, DIST, BINOMIAL, puis Bpd ou Bcd.

Syntaxe pour $P(X=k)$: BinomialPD(k,n,p).

Syntaxe pour $P(X\leq k)$: BinomialCD(k,n,p).

Pour calculer $P(X=12)$, on saisit BinomialPD(12,20,0.7).

On trouve environ 0,114.

Pour calculer $P(X\leq15)$ on saisit BinomialCD(15,20,0.7).

On trouve environ 0,762.

▶ Avec Texas Instruments

Aller dans le menu **distrib** (touches 2nd et var) puis, en faisant défiler avec le curseur tous les choix proposés, choisir **binomFdp** pour calculer une probabilité du type $P(X=k)$ ou **binomFRép** pour calculer une probabilité du type $P(X\leq k)$. Entrer dans l'ordre les paramètres n, p et k. Appuyer sur enter pour effectuer le calcul dans le menu courant.

Attention !

Sur la calculatrice, il ne faut pas confondre la touche pour le point et celle pour la virgule !

Pour calculer $P(X=12)$, on saisit binomFdp(20,0.7,12).

On trouve environ 0,114.

Pour calculer $P(X\leq15)$, on saisit binomFRép(20,0.7,15).

On trouve environ 0,762.

c. Calculer $P(X\geq13)$ et $P(5\leq X\leq15)$.

RÉSOLUTION

La calculatrice ne propose pas toujours de calculer directement une probabilité de la forme $P(X\geq k)$. On passe alors par l'événement contraire.

Rappel

Pour tout événement A, on a $P(\overline{A})=1-P(A)$.

Le contraire de « $X\geq13$ » est « $X<13$ », soit « $X\leq12$ », car X ne prend que des valeurs entières.

On peut s'aider d'un schéma pour représenter la situation :

0 1 2 3 4 5 6 7 8 9 10 11 12 | 13 14 15 16 17 18 19 20

$X\leq12$ | $X\geq13$

On a alors : $P(X\geq13)=1-P(X\leq12)\approx0{,}772$.

La calculatrice ne propose pas de calculer directement une probabilité de la forme $P(a\leq X\leq b)$. On exprime alors cette probabilité à l'aide de probabilités de la forme $P(X\leq k)$.

On peut s'aider d'un schéma pour représenter la situation :

0 1 2 3 4 | 5 6 7 8 9 10 11 12 13 14 15 | 16 17 18 19 20

$X\leq4$ | $5\leq X\leq15$

$X\leq15$

On a donc : $P(5\leq X\leq15)=P(X\leq15)-P(X\leq4)\approx0{,}762$.

3 Résoudre un problème de seuil dans le cadre d'une loi binomiale

À chaque fois que Michel fait ses courses, son hypermarché lui donne un ticket pour un tirage au sort quotidien.

On note X la variable aléatoire égale au nombre de succès à ce jeu pour n participations et on admet que X suit la loi binomiale de paramètres n et $p=0{,}6$.

Combien de fois au minimum Michel doit-il participer au jeu pour que la probabilité de gagner au moins cinq fois soit supérieure à 90 % ?

RÉSOLUTION

On cherche ici la plus petite valeur de l'entier n telle que $P(X\geq5)$ soit supérieure à 0,9. On a $P(X\geq5)=1-P(X\leq4)$.

On peut ainsi dresser un tableau de valeurs à la calculatrice.

▶ Sur Casio, on saisit dans le mode **table** :

Y1=1-BinomialCD(4,x,0.6).

▶ Sur Texas Instruments, après avoir pressé la touche f(x) on saisit : 1-binomFRép(X,0.6,4).

n	$P(X\geq5)$
5	0,0778
6	0,2333
7	0,4199
8	0,5941
9	0,7334
10	0,8338
11	0,9006
12	0,9427

Attention !

Lorsqu'on dresse un tableau de valeurs à la calculatrice, le nom de la variable à utiliser n'est pas n, mais x.

On choisit ensuite un début de table à 5 (il faut jouer au moins 5 fois pour pouvoir gagner au moins 5 fois) et un pas de 1 (le nombre n de parties à jouer est un nombre entier). Les résultats obtenus sont donnés dans le tableau ci-dessus. On constate que Michel doit jouer au moins 12 fois pour avoir plus de 90 % de chance de gagner au moins 5 fois.

MATHS

SYNTHÈSE

Successions d'épreuves indépendantes

Variables aléatoires

- Définir une **variable aléatoire** X, c'est associer un nombre réel à chaque issue d'une expérience aléatoire.
- La **loi de probabilité de** X est la donnée de toutes les probabilités $P(X=x_i)$.
- Le résultat de la succession d'épreuves indépendantes peut être représenté par un n-uplet $(x_1, x_2, ..., x_n)$ dont la probabilité est égale au produit des probabilités des composantes x_i.

Loi binomiale

- Une **épreuve de Bernoulli** est une expérience aléatoire n'ayant que deux issues (succès ou échec).
- Un **schéma de Bernoulli** est la succession d'épreuves de Bernoulli identiques et indépendantes.
- La **loi binomiale** $\mathcal{B}(n\,;p)$ est la loi de la variable égale au nombre de succès au cours des n épreuves d'un schéma de Bernoulli ; p désigne la probabilité du succès.
- Si X suit la loi $\mathcal{B}(n\,;p)$, alors $P(X=k)=\binom{n}{k}p^kq^{n-k}$ où $q=1-p$.

Espérance, variance, écart type

- **Linéarité de l'espérance :** $E(X+Y)=E(X)+E(Y)$ et $E(aX)=aE(X)$.
- **Additivité de la variance :** Si X et Y sont deux variables aléatoires indépendantes, alors $V(X+Y)=V(X)+V(Y)$.
- $V(aX)=a^2V(X)$

Si X suit la loi $\mathcal{B}(n\,;p)$, on a : $E(X)=np$, $V(X)=npq$ et $\sigma(X)=\sqrt{npq}$ où $q=1-p$.

Exercices

1 ★ 10 min **Pour toutes leurs vacances, Frédéric et Marie-Ange choisissent une destination au hasard parmi les 12 régions françaises métropolitaines autres que la leur (les Hauts-de-France). On s'intéresse à une succession de quatre choix de destination et on regarde à chaque fois si la destination choisie est une région bordée par la mer Méditerranée ou non (Occitanie, Provence-Alpes-Côte-d'Azur ou Corse).**

a. Représenter la situation par un arbre pondéré.

b. Quelle est la probabilité que Frédéric et Marie-Ange partent au moins deux fois sur les quatre dans une région méditerranéenne ?

2 ★ 5 min **Soit X une variable aléatoire qui suit la loi binomiale $\mathcal{B}(50\,;0{,}8)$.**

Calculer les probabilités suivantes au millième près.

a. $P(X=40)$

b. $P(X\leq 35)$

c. $P(X\geq 45)$

d. $P(35\leq X\leq 45)$

3 ★ 10 min **Nicole a remarqué que seulement 10 % des appels reçus sur son téléphone fixe ne concernent pas du démarchage publicitaire. On note X la variable aléatoire égale au nombre d'appels publicitaires sur les 20 prochains appels. On admet que X suit une loi binomiale.**

a. Quels sont les paramètres de la loi suivie par la variable X ?

b. À combien d'appels publicitaires Nicole peut-elle s'attendre sur les 20 prochains appels ?

c. Quelle est la probabilité que Nicole reçoive moins de 15 appels publicitaires ? au moins 18 appels publicitaires ? entre 15 et 18 ?

4 ★★ 10 min **Joseph aime beaucoup jouer sur son simulateur de vol aérien. On évalue à 65 % la probabilité qu'il termine son trajet sans incident technique.**
On admet que la variable aléatoire X égale au nombre de voyages effectués sans incident technique parmi les 20 prochains vols suit une loi binomiale.

À partir de quel entier m la probabilité que le nombre de trajets sans incident parmi les 20 prochains soit supérieur ou égal à m est inférieure à 90 % ?

5 ★★★ 20 min **Ysé et Marie jouent aux dames. Les parties jouées jusqu'à maintenant ont permis d'établir que Ysé gagne dans 65 % des cas. On organise une partie en n manches et on admet que la variable aléatoire Y_n égale au nombre de manches gagnées par Ysé suit la loi binomiale $\mathcal{B}(n\,;0{,}65)$.**
On supposera n impair.
a. Quelle est la probabilité que Marie gagne une partie en trois manches ? en neuf manches ?
b. Combien de manches doit compter la partie pour qu'Ysé ait au moins 95 % de chances de gagner ?

6 ★★ 10 min
Charlotte élève des bulldogs anglais. Elle a 50 femelles et il a été établi que, pour cette race, les chiennes doivent mettre bas par césarienne dans 80 % des cas. On note X la variable aléatoire égale au nombre de chiennes devant donner naissance ainsi.
On admet que X suit la loi binomiale $\mathcal{B}(50\,;0{,}8)$.
On souhaite déterminer un intervalle $I=[a\,;b]$ à bornes entières tel que le nombre de chiennes de Charlotte devant mettre bas par césarienne soit compris dans cet intervalle avec une probabilité d'au moins 95 %.
Pour cela, on définit a comme étant le plus grand entier tel que $P(X<a)\leq 2{,}5\ \%$ et b comme étant le plus petit entier tel que $P(X>b)\leq 2{,}5\ \%$. Déterminer l'intervalle I.

7 ★★★ 30 min DÉMONSTRATION
a. Donner l'espérance et la variance d'une variable aléatoire X suivant une loi de Bernoulli de paramètre p.
b. Soit X une variable aléatoire suivant la loi binomiale $B(n\,;p)$.
On admet que X peut être vue comme la somme de n variables aléatoires indépendantes $X_1, X_2, \ldots, X_n$ suivant une loi de Bernoulli de paramètre p.
En déduire les valeurs de $E(X)$, $V(X)$ et $\sigma(X)$.
c. On souhaite maintenant déterminer $E(X)$ par un calcul direct.
On admet qu'on peut démontrer la formule du binôme :
Pour tout entier naturel n et tous réels a et b, on a :
$$(a+b)^n=\sum_{k=0}^{k=n}\binom{n}{k}a^k b^{n-k}.$$

Rappel
Dans cette situation, $E(X)=\sum_{k=0}^{k=n} kP(X=k)$.

Montrer que $k\binom{n}{k}=n\binom{n-1}{k-1}$ où n et k sont des entiers naturels non nuls, puis en déduire le résultat attendu.

On pourra remarquer que le premier terme de la somme qui intervient dans le calcul de $E(X)$ est nul puis penser à un changement de variable en posant $k=i+1$.

8 ★ 15 min **On considère les variables aléatoires indépendantes X et Y dont on donne les lois de probabilités ci-dessous.**

k	0	1	2
$P(X=k)$	0,5	0,3	0,2

k	1	2
$P(Y=k)$	0,4	0,6

a. Donner la loi de probabilité de $Z=X+Y$.
b. En déduire l'espérance et la variance de Z.
c. Ces résultats sont-ils en conformité avec les propriétés d'additivité de l'espérance et de la variance ?

9 ★ 10 min **On note X_1 et X_2 les variables aléatoires indépendantes égales respectivement au résultat obtenu par le lancer d'un dé cubique et d'un dé dodécaédrique (à 12 faces) bien équilibrés.**
a. Calculer l'espérance et la variance de X_1 et X_2.
b. Calculer l'espérance et la variance de la variable $S=X_1+X_2$.
c. Même question avec la variable aléatoire $M=\dfrac{X_1+X_2}{2}$.

10 ★★★ 40 min Type Bac
Un hôtel parisien dispose de 200 chambres. Il a été établi que 10 % des clients annulent leur réservation au dernier moment. On note X la variable aléatoire égale au nombre de clients se présentant effectivement à l'hôtel sur un total de n réservations.
On admet que X suit une loi binomiale.
a. Quels sont les paramètres de la loi suivie par X ?
b. Quelle est la probabilité que l'hôtel ne soit pas complet s'il prend 210 réservations ?
c. Quel est le nombre maximum de réservations que cet hôtel peut prendre pour que la probabilité que chaque client dispose effectivement d'une chambre soit supérieure ou égale à 99,9 % ?
d. Compléter le programme de la fonction Python ci-dessous qui, étant donné le nombre de chambres k d'un hôtel, la proportion habituelle p de clients n'annulant pas sa réservation et le nombre t, détermine le nombre maximum de réservations que l'hôtel peut prendre pour que la probabilité que chaque client dispose effectivement d'une chambre soit supérieure ou égale à t.
Par exemple, la commande maxireserv(200,0.9,0.999) renvoie le résultat : 209.
La commande binomial(n,k) (accessible via la bibliothèque lycee) renvoie le coefficient binomial $\binom{n}{k}$.

```
from lycee import*
def maxireserv(k,p,t):
    n=k
    proba=1
    while ____________:
        n=n+1
        proba=sum([________________ for i in range(0,k+1)])
    return(n-1)
```

MATHS

Concentration - Loi des grands nombres

Cours

1 Inégalité de Bienaymé-Tchebychev

▶ Inégalité de Bienaymé-Tchebychev : Soit X une variable aléatoire d'espérance μ et de variance V. Pour tout réel strictement positif δ, on a $P(|X-\mu| \geq \delta) \leq \frac{V}{\delta^2}$.

▶ L'inégalité $|X-\mu| \geq \delta$ permet de juger de l'éloignement de la valeur prise par une variable aléatoire par rapport à son espérance.

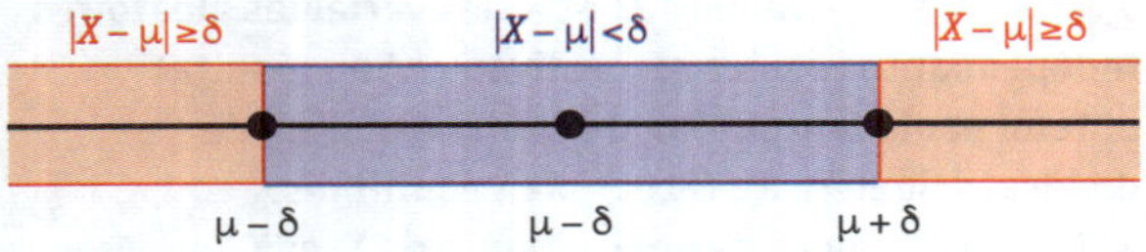

▶ L'inégalité de Bienaymé-Tchebychev permet d'expliquer dans quelle mesure une variable aléatoire prend, avec une faible probabilité, une valeur éloignée de son espérance.

2 Théorèmes de concentration

▶ Soit n un entier naturel non nul. On appelle échantillon de taille n d'une variable aléatoire X une liste $(X_1, ..., X_n)$ de variables indépendantes identiques suivant la même loi que cette variable aléatoire X.

▶ On considère un échantillon $(X_1, ..., X_n)$ d'une variable aléatoire d'espérance μ, de variance V et d'écart-type σ.

Soit $S_n = X_1 + ... + X_n$ la variable aléatoire somme de cet échantillon. On a $E(S_n) = n\mu$, $V(S_n) = nV$ et $\sigma(S_n) = \sqrt{n} \times \sigma$.

Soit $M_n = \frac{X_1 + \cdots + X_n}{n}$ la variable aléatoire moyenne de cet échantillon. On a $E(M_n) = \mu$, $V(M_n) = \frac{V}{n}$ et $\sigma(M_n) = \frac{\sigma}{\sqrt{n}}$.

▶ Inégalité de concentration : Soit M_n la variable aléatoire moyenne d'un échantillon de taille n d'une variable aléatoire d'espérance μ et de variance V.

Pour tout réel strictement positif δ, on a $P(|M_n - \mu| \geq \delta) \leq \frac{V}{n\delta^2}$.

▶ Loi des grands nombres : Soit Mn la variable aléatoire moyenne d'un échantillon de taille n d'une variable aléatoire d'espérance μ.
Pour tout réel strictement positif ε, on a $\lim\limits_{n \to +\infty} P(|M_n - \mu| < \varepsilon) = 1$.

Remarque

C'est ce théorème qui permet de justifier une approche « fréquentiste » des probabilités : la moyenne calculée sur les valeurs d'un échantillon converge vers l'espérance lorsque la taille de l'échantillon tend vers l'infini.

Exo résolu

Utiliser l'inégalité de Bienaymé-Tchebychev pour définir une taille d'échantillon

Sylvain est cadre infirmier et souhaite mener une étude sur certains patients atteints d'une grave maladie.
On sait qu'en général, 60 % de ces patients guérissent en moins d'un mois. On constitue un échantillon de *n* patients et on admet que le sort de chaque patient est indépendant de celui des autres.
On note *X* la variable aléatoire égale au nombre de patients guéris en moins d'un mois dans cet échantillon.

a. Donner la loi suivie par *X*. En déduire *E*(*X*) et *V*(*X*).

RÉSOLUTION

X suit la loi binomiale $\mathscr{B}(n\,;0{,}6)$. On a donc $E(X) = np = 0{,}6n$ et $V(X) = npq = n \times 0{,}6 \times (1-0{,}4) = 0{,}24n$.

b. Déterminer la taille de l'échantillon de façon à ce que la probabilité que la fréquence des patients guéris dans l'échantillon soit comprise entre 0,5 et 0,7 soit supérieure ou égale à 95 %.

RÉSOLUTION

On note F la variable aléatoire égale à la fréquence de patients guéris dans l'échantillon. On a donc $F = \frac{1}{n}X$.

On en déduit que $E(F) = \frac{1}{n}E(X) = \frac{1}{n} \times 0{,}6n = 0{,}6$.

On a aussi $V(F) = \frac{1}{n^2}V(X) = \frac{1}{n^2} \times 0{,}24n = \frac{0{,}24}{n}$.

On souhaite donc que la probabilité que F soit comprise entre 0,5 et 0,7 soit supérieure ou égale à 95 %.

On a $0{,}5 < F < 0{,}7 \Leftrightarrow -0{,}1 < F - 0{,}6 < 0{,}1 \Leftrightarrow |F - 0{,}6| < 0{,}1$.

Ainsi, on a $P(0{,}5 < F < 0{,}7) = P(|F-0{,}6| < 0{,}1)$ et :

$$P(0{,}5 < F < 0{,}7) \geq 0{,}95 \Leftrightarrow P(|F-0{,}6| < 0{,}1) \geq 0{,}95$$
$$\Leftrightarrow 1 - P(|F-0{,}6| \geq 0{,}1) \geq 0{,}95$$
$$\Leftrightarrow P(|F-0{,}6| \geq 0{,}1) \leq 0{,}05$$

Comme $E(F) = 0{,}6$, on reconnaît ici l'inégalité de Bienaymé-Tchebychev appliquée à la variable F : $P(|F-0{,}6| \geq \delta) \leq \frac{V(F)}{\delta^2}$.

On a $\delta = 0{,}1$ et $\frac{V(F)}{\delta^2} = 0{,}05$, d'où $V(F) = 0{,}05 \times \delta^2 = 0{,}0005$.

Comme on a trouvé $V(F) = \frac{0{,}24}{n}$, on a :

$$V(F) = \frac{0{,}24}{n} \Leftrightarrow 0{,}0005 = \frac{0{,}24}{n} \Leftrightarrow n = \frac{0{,}24}{0{,}0005} = 480.$$

Si l'échantillon comprend 480 patients ou plus, la fréquence de patients guéris sera comprise entre 50 % et 70 % avec une probabilité supérieure ou égale à 95 %.

SYNTHÈSE

Concentration et loi des grands nombres

Inégalité de Bienaymé-Tchebychev

Soit X une variable aléatoire.
On pose $\mu = E(X)$ et $V = V(X)$.
Pour tout nombre réel strictement positif δ, on a $P(|X-\mu| \geq \delta) \leq \frac{V}{\delta^2}$.

Échantillon d'une variable aléatoire

- Un **échantillon de taille n d'une variable aléatoire X** est une liste $(X_1, \dots X_n)$ de variables indépendantes identiques suivant la même loi que X.
- Si $S_n = X_1 + \dots + X_n$, alors $E(S_n) = n\mu$; $V(S_n) = nV$; $\sigma(S_n) = \sqrt{n} \times \sigma$.
- Si $M_n = \frac{X_1 + \dots + X_n}{n}$, alors $E(M_n) = \mu$; $V(M_n) = \frac{V}{n}$; $\sigma(M_n) = \frac{\sigma}{\sqrt{n}}$.

Inégalité de concentration

Pour tout réel strictement positif δ, on a :

$$P(|M_n - \mu| \geq \delta) \leq \frac{V}{n\delta^2}.$$

Loi des grands nombres

Pour tout réel strictement positif ε, on a :

$$\lim_{n \to +\infty} P(|M_n - \mu| < \varepsilon) = 1.$$

MATHS

Exercices

1 ★ 10 min **Soit X une variable aléatoire d'espérance 100 et d'écart-type 5.**

a. Minorer les probabilités $P(95 < X < 105)$, $P(90 < X < 110)$ et $P(85 < X < 115)$ à l'aide de l'inégalité de Bienaymé-Tchebychev.

b. Montrer que pour une variable aléatoire quelconque d'espérance μ et d'écart-type σ, on a :

$$P(\mu - k\sigma < X < \mu + k\sigma) \geq 1 - \frac{1}{k^2}.$$

> **On voit que les résultats de la question a (qui correspondent aux cas $k = 1$, $k = 2$ et $k = 3$) ne dépendent en fait pas de μ et σ. Voilà une des raisons qui justifie l'emploi de l'écart-type et le sens qu'on peut lui donner dans la maîtrise de la dispersion.**

2 ★★★ 30 min **On lance n fois un dé cubique bien équilibré dont les faces sont numérotées de 1 à 6.**

a. Quel résultat moyen peut-on espérer pour cette expérience ?

b. À l'aide de l'inégalité de Bienaymé-Tchebychev, déterminer un nombre de lancers n à partir duquel la probabilité d'obtenir un résultat moyen compris entre 3,4 et 3,6 est supérieure à 95 %.

3 ★ 10 min **On considère les variables aléatoires X_1, X_2, X_3 et X_4 indépendantes qui suivent la même loi d'espérance 60 et de variance 9.**

On note $S = X_1 + X_2 + X_3 + X_4$ et $M = \frac{X_1 + X_2 + X_3 + X_4}{4}$.

a. Calculer $E(S)$, $V(S)$ et $\sigma(S)$.

b. Calculer $E(M)$, $V(M)$ et $\sigma(M)$.

4 ★★★ 30 min DÉMONSTRATION

A. Soit X une variable aléatoire d'espérance μ et de variance V. On se propose de démontrer l'inégalité de Bienaymé-Tchebychev ci-dessous :

Pour tout réel strictement positif δ, $P(|X - \mu| \geq \delta) \leq \frac{V}{\delta^2}$.

On note $x_1, \dots, x_n$ les valeurs prises par la variable X de façon à ce que les valeurs $x_1, \dots, x_m$ pour un certain entier m compris entre 0 et n soient exactement celles qui vérifient $|x_i - \mu| \geq \delta$.

a. Rappeler la définition de V.

b. Exprimer $P(|X - \mu| \geq \delta)$ comme une somme de probabilités.

c. Démontrer alors l'inégalité de Bienaymé-Tchebychev.

B. Soit M_n la variable aléatoire moyenne d'un échantillon $(X_1, \dots, X_n)$ de la variable aléatoire X.

a. Appliquer l'inégalité de Bienaymé-Tchebychev à la variable M_n.

b. En déduire alors la loi des grands nombres : pour tout réel strictement positif ε, on a $\lim_{n \to +\infty} P(|M_n - \mu| < \varepsilon) = 1$.

Algorithmique et programmation

Cours

1 Algorithme et langage Python

a. Algorithme, programme, variables et fonctions

▶ Un **algorithme** est une **suite finie et ordonnée d'instructions** à réaliser, qui s'appliquent à un nombre fini de données, afin de produire un résultat.

▶ Un algorithme se décompose en trois grandes parties : l'**entrée** des données, leur **traitement** et, enfin, la **sortie** qui fournit le résultat.

Histoire des maths

Le mot algorithme vient de la latinisation du nom d'**Al-Khwarizmi**, célèbre représentant de l'école de Bagdad, sous le califat d'**Al-Mamoun** (vers l'an 800).

▶ Un **programme** est la **traduction d'un algorithme dans un langage informatique** permettant de le faire exécuter par un ordinateur.

▶ Les programmes s'appuient sur la notion de **variable**.
Une variable informatique peut être vue comme un emplacement de mémoire dans lequel on stocke une valeur qu'il est possible de modifier.
Les variables peuvent être de plusieurs types :
nombre entier,
nombre flottant (avec une virgule),
chaîne de caractères,
booléen (type de variable destiné à représenter une valeur de vérité et ne prenant que deux valeurs possibles : vrai ou faux).

▶ Pour indiquer qu'on donne une valeur a à une variable x, on écrit « **x ← a** » ce qui se lit « x prend la valeur a ».
On dit qu'on a **affecté** la valeur a à la variable x.

▶ Une **fonction** est un bloc d'instructions qui a reçu un nom. Le résultat renvoyé par une fonction dépend des paramètres d'entrée, appelés **arguments** de la fonction.

Histoire des maths

Ada Lovelace (1815-1852) a écrit les premiers véritables programmes informatiques. Ils étaient destinés à une machine inventée par Charles Babbage et qui peut être vue comme l'ancêtre de l'ordinateur... mais qui n'a hélas pas été construite du vivant de son concepteur.

b. Langage Python

Voici les traductions de certaines opérations classiques en langage Python.

▶ L'affectation $a \leftarrow b$ s'écrit `a=b`.

▶ Le test d'égalité s'écrit `==`. Le symbole $\neq$ s'écrit `!=`.

▶ Les opérations +, −, × et / s'écrivent `+`, `-`, `*` et `/`.

▶ a^n s'écrit `a**n`.

▶ `a%b` donne le reste dans la division du nombre a par le nombre b.

▶ $\sqrt{a}$ s'écrit `sqrt(a)`.

▶ `len(C)` donne la longueur de la chaîne de caractères `C`.

▶ `C[k]` donne le $(k+1)$-ième élément de la chaîne de caractères `C`.

▶ Pour séparer des commandes, on passe à la ligne.

Histoire des maths

Le langage Python a été développé à la fin des années 1980 par le développeur hollandais **Guido van Rossum** (né en 1956) et a été nommé ainsi en clin d'œil à la série humoristique *Monty Python's flying circus*.

2 Instructions conditionnelles

Voici la structure « **Si... Alors... Sinon** » et sa traduction en langage Python.

Algorithme	Python

Si *condition C*
Alors *liste d'instructions 1*
Sinon *liste d'instructions 2*
Fin Si
	if condition C:
	    instructions A
	else:
	    instructions B

▶ Si la *condition C* est vérifiée, alors on applique uniquement la *liste d'instructions 1*.

▶ Si la *condition C* n'est pas vérifiée alors on applique uniquement la *liste d'instructions 2*.
Il est possible de ne pas prévoir de partie **Sinon**. Dans ce cas, si la *condition C* n'est pas vérifiée, alors on passe directement aux instructions qui suivent le **Fin Si**.
Dans le langage Python, il n'y a pas d'instruction particulière pour signaler la fin d'une instruction conditionnelle : on n'écrit donc pas de **Fin Si**.

▶ C'est **l'indentation** des lignes de code vers la droite (les espaces, au nombre de quatre) qui permet de délimiter les blocs d'instructions.

3 Boucle « Pour »

Lorsqu'on désire répéter un certain nombre de fois, connu à l'avance, un bloc d'instructions donné, on peut utiliser une boucle **Pour**.

Algorithme	Python
Pour *k* variant de *d* à *n* **faire** *Bloc d'instructions à répéter* **Fin Pour**	for k in range(d,n+1): instructions à répéter

Dans le langage Python, le début des instructions à répéter est repéré par les deux points : et la fin est signalée par l'indentation (le décalage des instructions vers la droite).
Lorsque l'on veut répéter les instructions pour *k* allant de 0 à *n*, on peut saisir for k in range(n+1) plutôt que for k in range(0,n+1).

Remarque

Parcourir les entiers de 0 à n amène à considérer $n+1$ valeurs, c'est pourquoi on indique n+1 dans le langage Python (et non n).

4 Boucle « Tant que »

▶ Lorsqu'on désire répéter un certain nombre de fois un bloc d'instructions donné et ce, jusqu'à ce qu'une certaine condition ne soit plus vérifiée, on peut utiliser une boucle **Tant que**.

Algorithme	Traduction en Python
Tant que *condition C* *Bloc d'instructions à répéter* **Fin Tant que**	while condition C: instructions à répéter

Ici, on arrête d'exécuter le bloc d'instructions dès que la *condition C* n'est plus vérifiée.
Cette condition permet de contrôler le nombre de répétitions.

▶ Dans le langage Python, le début des instructions à répéter est repéré par les deux points : et la fin est signalée par l'indentation (le décalage des instructions vers la droite).

5 Traitement des listes

a. Notion de liste

▶ Dans le langage Python, une liste est une série de valeurs séparées par des virgules placées entre crochets.
L'indexation des valeurs commence à 0.
Exemple : si L=[1,6,8,5], L[0] est égal à 1 et L[3] est égal à 5.

Remarque

Il est possible d'avoir accès aux éléments d'une liste en partant de la fin. Par exemple, **L[-1]** renvoie le dernier élément d'une liste **L** et **L[-2]** renvoie l'avant-dernier élément.

▶ La commande list(range(d,n+1)) permet de construire une liste d'entiers allant de *d* jusqu'à *n*.
Exemple : list(range(1,4)) renvoie la liste [1,2,3].
▶ La liste vide, qui se note [ ], permet souvent de construire une liste sans connaître à l'avance son nombre d'éléments.

Info

range n'est, en fait, pas du même type qu'une liste.

b. Manipulation de liste

Sous Python, on peut utiliser différentes méthodes pour agir sur les listes.
Dans tous les exemples qui suivent, on a L=[1,6,8,5].
▶ Ajouter un élément à la fin :
en saisissant L.append(4), L devient [1,6,8,5,4].
▶ Ajouter plusieurs éléments à la fin :
en saisissant L.extend([4,5]), L devient [1,6,8,5,4,5].
▶ Insérer un élément :
en saisissant L.insert(2,12), L devient [1,6,12,8,5].
▶ Supprimer un élément de rang n :
en saisissant L.pop(2), L devient [1,6,5].

Attention

L'indexation des éléments commence à 0.

▶ Renverser une liste :
en saisissant L.reverse(), L devient [5,8,6,1].
▶ Trier une liste :
en saisissant L.sort(), L devient [1,5,6,8].
▶ Compter le nombre d'élément de L égaux à x :
en saisissant L.count(8), on obtient 1.
▶ Obtenir le minimum ou le maximum des éléments :
min(L) donne 1 et max(L) donne 8.
▶ Additionner les éléments :
sum(L) donne 20.
▶ Obtenir la longueur d'une liste :
len(L) donne 4.

c. Construction des listes par compréhension

La construction d'une liste par compréhension est un mécanisme qui permet de construire une liste à partir d'une autre.
Exemple :

```
Lx=[3,7,2,9,8,0,1]
Ly=[x**2 for x in Lx]
```

La liste Ly est [9,49,4,81,64,0,1].
Il est possible de restreindre l'instruction à certains éléments.
Exemple :

```
Lz=[x**2 for x in Lx if x>4]
```

La liste Lz est [49,81,64], l'instruction n'a été appliquée qu'aux éléments vérifiant la condition x>4.

Remarque

La construction de liste par compréhension est souvent plus intuitive et beaucoup moins lourde que le traitement à l'aide d'une boucle **Pour**.

Exos résolus

1 Appliquer un programme

Soit f la fonction définie par $f(x)=0{,}01x^3+0{,}1x^2+x-5$ sur l'intervalle $[0\,;8]$. On admet que le théorème des valeurs intermédiaires permet de montrer que l'équation $f(x)=0$ admet une unique solution α dans l'intervalle $[0\,;8]$.
On considère le programme en langage Python suivant :

> **Info**
> Voir le chapitre **5** pour plus de détail sur le théorème des valeurs intermédiaires.

```
def dichotomie(eps):
    a=0
    b=8
    while b-a>eps:
        m=(a+b)/2
        if 0.01*m**3+0.1*m**2+m-5>0:
            b=m
        else:
            a=m
    return(a,b)
```

a. Déterminer le résultat affiché si on saisit : dichotomie(0.1).

RÉSOLUTION

Les variables a et b sont initialisées à 0 et 8. Comme $8-0$ est supérieur à eps (qui vaut 0,1), on applique les instructions de la partie while. La variable m prend la valeur (0+8)/2 soit 4. Le test effectué après if consiste à vérifier si $f(m)$ est positif. C'est bien le cas ici car $f(4)=1{,}24$. La variable b prend donc la valeur 4. On a maintenant :

$b-a=4-0=4.$

On applique à nouveau les instructions de la boucle while et on continue ainsi de suite.

> **Attention !**
> Il faut respecter scrupuleusement l'ordre des instructions. Lorsqu'il faut utiliser la valeur d'une variable dans un calcul, on utilise exclusivement la dernière valeur prise par cette variable.

On peut résumer les résultats dans le tableau suivant :

a	b	b-a	Condition b-a>0,01	m	f(m)
0	8	8	Vraie	4	1,24
0	4	4	Vraie	2	−2,52
2	4	2	Vraie	3	−0,83
3	4	1	Vraie	3,5	0,15375
3	3,5	0,5	Vraie	3,25	−0,35046875
3,25	3,5	0,25	Vraie	3,375	−0,10150391
3,375	3,5	0,125	Vraie	3,4375	0,02532959
3,375	3,4375	0,0625	Fausse		

Finalement, le résultat affiché est (3.375, 3.4375).

b. Que permet d'obtenir ce programme ?

RÉSOLUTION

Cet algorithme (dit de dichotomie) permet d'obtenir un encadrement de α d'amplitude inférieure à eps.

> **Info**
> Le mot *dichotomie* vient du grec et signifie « division, coupe ». À chaque étape, l'amplitude de l'intervalle obtenu est divisée par 2. pour plus de renseignements, voir l'exercice **4** du chapitre **5**.

2 Calculer une somme avec un programme

Écrire une fonction Python qui, étant donné un entier n, calcule la somme :

$$S(n)=\sum_{k=0}^{n}2^k\binom{n}{k}=2^0\times\binom{n}{0}+2^1\times\binom{n}{1}+\cdots+2^n\times\binom{n}{n}.$$

RÉSOLUTION

On utilise une variable S pour calculer la somme voulue.
On commence par donner la valeur 0 à S.
On lui ajoute ensuite $2^0\binom{n}{0}$.

▶ S prend la valeur : $S+2^0\binom{n}{0}=0+2^0\binom{n}{0}=2^0\binom{n}{0}$.

On lui ajoute ensuite $2^1\binom{n}{1}$.

▶ S prend la valeur $S+2^1\binom{n}{1}=2^0\binom{n}{0}+2^1\binom{n}{1}$.

On lui ajoute ensuite $2^2\binom{n}{2}$.

▶ S prend la valeur $S+2^2\binom{n}{2}=2^0\binom{n}{0}+2^1\binom{n}{1}+2^2\binom{n}{2}$.

> **Info**
> Dans le langage Python, le calcul du coefficient binomial $\binom{n}{k}$ est accessible dans la bibliothèque **lycee** avec la commande **binomial(n,k)**.

On continue ainsi jusqu'au dernier terme de la somme, à savoir $2^n\binom{n}{n}$. Finalement, la fonction Python s'écrit :

```
from lycee import *
def somme(n):
    S=0
    for k in range(0,n+1):
        S=S+2**k*binomial(n,k)
    return(S)
```

> **Astuce**
> L'indice k va bien de 0 jusque n. Cette somme contient $n+1$ termes. On écrit donc : **for k in range(0,n+1)**.

> **Remarque**
> Avec ce programme, on peut conjecturer que $S(n)=3^n$ pour tout entier naturel n.
> Cette formule peut se démontrer par récurrence.

3 Générer une liste

a. Écrire une fonction Python qui, étant donné une liste L de réels, renvoie la liste des carrés des éléments de L en procédant par ajouts successifs.

RÉSOLUTION

On donne un nom à la liste qu'on veut construire (ici ListeY).
On initialise cette liste à [ ] (la liste vide).
On parcourt tous les éléments de la liste initiale avec une boucle **Pour** et on utilise la méthode append pour construire la liste par ajouts successifs.
On retourne ensuite la liste ainsi construite.
Voici le programme de la fonction attendu :

```
def carrés(L):
    ListeY=[]
    for x in L:
        ListeY.append(x**2)
    return(ListeY)
```

b. Reprendre la question précédente en procédant par compréhension.

RÉSOLUTION

Voici le programme de la fonction en procédant par compréhension :

```
def carrés(L):
    return([x**2 for x in L])
```

On notera l'efficacité et la sobriété de ce programme par rapport au précédent.

c. Générer par compréhension les deux listes suivantes : L1=[10, 11, 12, 13, 14, 15, 16, 17, 18, 19, 20] et L2=[1, 2, 4, 8, 16, 32, 64, 128, 256, 512].

RÉSOLUTION

Pour L1, il suffit de faire apparaître les nombres de la forme $10+k$ pour k variant de 0 à 10 (soit un total de 11 valeurs).
Cette liste s'obtient donc avec la commande :

L1=[10+k for k in range(0,11)]

Pour L2, on reconnaît les dix premières puissances de 2.
Cette liste s'obtient donc avec la commande :

L2=[2**k for k in range(0,10)].

D'autres réponses sont possibles.

4 Simuler une expérience aléatoire

On lance trois dés bien équilibrés et on s'intéresse à la somme des nombres obtenus.

a. Créer la liste issues de toutes les issues possibles.

RÉSOLUTION

Dans cette expérience, on peut obtenir chacun des entiers de 3 à 18 : le 3 s'obtient en faisant trois 1, et le 18 s'obtient en faisant trois 6.
La liste issues est générée par issues=list(range(3,19)).

b. Créer une liste L de 1 000 simulations de cette expérience aléatoire.

> **À noter**
> Dans la bibliothèque **random**, on dispose de l'instruction **randint(min,max)** qui renvoie un entier pseudo-aléatoire de façon équiprobable dans l'intervalle [min ; max].

RÉSOLUTION

Tirer un dé consiste à choisir au hasard un entier entre 1 et 6. On a donc :
L=[randint(1,6)+randint(1,6)+randint(1,6) for x in range(0,1000)].

c. Créer la liste freq des fréquences d'apparition de chacune des issues possibles dans la liste L.

RÉSOLUTION

Si besoin, on se reporte au cours où sont listées différentes méthodes sur les listes. La commande L.count(x) permet de compter le nombre d'éléments de la liste L égaux à x.
On génère donc la liste freq par compréhension à partir de la liste issues à l'aide de la méthode count.
La commande permettant de générer la liste freq est donc :

freq=[L.count(x)/1000 for x in issues].

d. On note f_i la fréquence d'apparition de l'entier i dans les résultats obtenus par simulation. Compléter les instructions du programme ci-dessous afin de calculer la somme $m=\sum_{i=3}^{i=18} i\times f_i=3f_3+4f_4+\cdots+18f_{18}$.

```
m=0
for i in range(0,16):
        m=...
```

> **Astuce**
> Les listes **issues** et **freq** contiennent bien 16 éléments, numérotés de 0 à 15. C'est pourquoi la boucle pour s'effectue ici sur **range(0,16)**.

RÉSOLUTION

L'instruction manquante est m=m+issues[i]*freq[i].

> **À noter**
> Voir aussi l'exercice résolu **2** pour le calcul de sommes.

e. Interpréter les résultats obtenus avec ces simulations.

RÉSOLUTION

On note X la variable aléatoire égale à la somme des résultats obtenus après le lancer des trois dés.
Les instructions de la question précédente permettent d'obtenir une estimation de l'espérance de X.
Après plusieurs simulations, on peut penser que $E(X)\approx 10,5$.

> **Astuce**
> Voir le chapitre **14** pour des compléments sur l'étude de cette situation.

MATHS

FORMULAIRE

Identités remarquables

$(a+b)^2 = a^2 + 2ab + b^2$

$(a-b)^2 = a^2 - 2ab + b^2$

$(a+b)^3 = a^3 + 3a^2b + 3ab^2 + b^3$

$(a-b)(a+b) = a^2 - b^2$

$(a-b)^3 = a^3 - 3a^2b + 3ab^2 - b^3$

$(a+b+c)^2 = a^2 + b^2 + c^2 + 2ab + 2ac + 2bc$

Équations du second degré

On considère l'équation $ax^2 + bx + c = 0$.

Discriminant : $\Delta = b^2 - 4ac$.

- Si $\Delta < 0$: pas de solution réelle.
- Si $\Delta = 0$: une seule solution : $x_0 = \frac{-b}{2a}$.
- Si $\Delta > 0$: deux solutions :

$$x_1 = \frac{-b-\sqrt{\Delta}}{2a} \text{ et } x_2 = \frac{-b+\sqrt{\Delta}}{2a}.$$

Propriétés de la fonction exponentielle

$e^0 = 1$ $\quad e^{a+b} = e^a e^b$ $\quad e^{a-b} = \frac{e^a}{e^b}$

$e^{-a} = \frac{1}{e^a}$ $\quad e^a e^{-a} = 1$ $\quad e^{na} = \left(e^a\right)^n$, avec $n \in \mathbb{Z}$.

Suites

Suites arithmétiques

$u_{n+1} = u_n + r$ et $u_n = u_0 + nr = u_1 + (n-1)r$

Somme de n termes consécutifs :

$$S = \frac{\left(1^{\text{er}} \text{ terme} + \text{dernier terme}\right) \times n}{2}$$

Suites géométriques

$u_{n+1} = u_n \times q$ et $u_n = u_0 \times q^n = u_1 \times q^{n-1}$

$1 + q + q^2 + \cdots + q^n = \frac{1-q^{n+1}}{1-q}$.

Somme de n termes consécutifs : $S = 1^{\text{er}} \text{ terme} \times \frac{1-q^n}{1-q}$

Si $q \in]-1\,;1[$, alors $\lim\limits_{n\to+\infty} q^n = 0$.

Si $q > 1$, alors $\lim\limits_{n\to+\infty} q^n = +\infty$.

Limites de fonctions

- $\lim\limits_{x\to0^+} \frac{1}{x} = +\infty$ et $\lim\limits_{x\to0^-} \frac{1}{x} = -\infty$.

  $\lim\limits_{x\to+\infty} \frac{1}{x} = \lim\limits_{x\to-\infty} \frac{1}{x} = 0$

- Soit n un entier naturel non nul.

  $\lim\limits_{x\to+\infty} x^n = +\infty$

  $\lim\limits_{x\to-\infty} x^n = -\infty$ si n est impair ; $\lim\limits_{x\to-\infty} x^n = +\infty$ si n est pair.

- $\lim\limits_{x\to+\infty} e^x = +\infty$ $\quad \lim\limits_{x\to-\infty} e^x = 0$

  $\lim\limits_{x\to+\infty} \frac{e^x}{x^n} = +\infty$ $\quad \lim\limits_{x\to+\infty} \frac{x^n}{e^x} = 0$ $\quad \lim\limits_{x\to-\infty} x^n e^x = 0$

- $\lim\limits_{x\to+\infty} \ln(x) = +\infty$ $\quad \lim\limits_{x\to0} \ln(x) = -\infty$

  $\lim\limits_{x\to+\infty} \frac{\ln(x)}{x^n} = 0$ $\quad \lim\limits_{x\to0} x^n \ln(x) = 0$

Dérivées

Dérivées des fonctions usuelles

Fonction	Ensemble de dérivabilité	Dérivées
k	$\mathbb{R}$	0
ax, $a \in \mathbb{R}$	$\mathbb{R}$	a
x^n $(n \in \mathbb{N}^*)$	$\mathbb{R}$	nx^{n-1}
$\frac{1}{x}$	$\mathbb{R}^*$	$\frac{-1}{x^2}$
$\sqrt{x}$	$]0\,;+\infty[$	$\frac{1}{2\sqrt{x}}$
$\sin(x)$	$\mathbb{R}$	$\cos(x)$
$\cos(x)$	$\mathbb{R}$	$-\sin(x)$
e^x	$\mathbb{R}$	e^x
$\ln(x)$	$]0\,;+\infty[$	$\frac{1}{x}$

Opérations sur les dérivées

$(u+v)' = u' + v'$ $\quad (\lambda u)' = \lambda u'$

$(uv)' = u'v + uv'$ $\quad \left(\frac{1}{v}\right)' = \frac{-v'}{v^2}$

$\left(\frac{u}{v}\right)' = \frac{u'v - uv'}{v^2}$ $\quad (v \circ u)' = (v' \circ u) \times u'$

$\left(u^n\right)' = nu'u^{n-1}$ $\quad \left(\sqrt{u}\right)' = \frac{u'}{2\sqrt{u}}$

$\left(e^u\right)' = u'e^u$ $\quad (\ln(u))' = \frac{u'}{u}$ (avec $u > 0$)

Propriétés algébriques du logarithme népérien

$\ln\left(e^x\right) = x$ pour tout réel x.

$e^{\ln(x)} = x$ pour tout réel $x > 0$.

$\ln(1) = 0$ et $\ln(e) = 1$.

$\ln(ab) = \ln(a) + \ln(b)$

$\ln\left(\frac{a}{b}\right) = \ln(a) - \ln(b)$ $\quad \ln\left(\frac{1}{b}\right) = -\ln(b)$

$\ln\left(a^n\right) = n\ln(a)$ $\quad \ln\left(\sqrt{a}\right) = \frac{1}{2}\ln(a)$

Fonctions trigonométriques

$-1 \leq \cos(x) \leq 1$ et $-1 \leq \sin(x) \leq 1$

$\cos^2(x) + \sin^2(x) = 1$

$\cos(x + 2\pi) = \cos(x)$

$\cos(-x) = \cos(x)$

$\sin(x + 2\pi) = \sin(x)$

$\sin(-x) = -\sin(x)$

x	0	$\frac{\pi}{6}$	$\frac{\pi}{4}$	$\frac{\pi}{3}$	$\frac{\pi}{2}$	π
cos(x)	1	$\frac{\sqrt{3}}{2}$	$\frac{\sqrt{2}}{2}$	$\frac{1}{2}$	0	−1
sin(x)	0	$\frac{1}{2}$	$\frac{\sqrt{2}}{2}$	$\frac{\sqrt{3}}{2}$	1	0

Primitives et équations différentielles

Fonction f	Primitive F	Intervalle
a	ax	$\mathbb{R}$
x	$\frac{1}{2}x^2$	$\mathbb{R}$
$x^n\ (n \neq -1)$	$\frac{1}{n+1}x^{n+1}$	$\mathbb{R}$
$\frac{1}{\sqrt{x}}$	$2\sqrt{x}$	$]0\ ;+\infty[$
$\frac{1}{x}$	$\ln(x)$	$]0\ ;+\infty[$
e^x	e^x	$\mathbb{R}$
$\sin(x)$	$-\cos(x)$	$\mathbb{R}$
$\cos(x)$	$\sin(x)$	$\mathbb{R}$

Fonction f	Primitive F
$u'u^n$, $n \in \mathbb{Z}$ et $n \neq -1$	$\frac{1}{n+1}u^{n+1}$
$\frac{u'}{\sqrt{u}}$, $u > 0$ sur I	$2\sqrt{u}$
$\frac{u'}{u}$, $u > 0$ sur I	$\ln(u)$
$u'e^u$	e^u
in$(ax+b)$	$\frac{-1}{a}\cos(ax+b)$
s$(ax+b)$	$\frac{1}{a}\sin(ax+b)$

ons de $y' = ay$ sont les fonctions définies sur $\mathbb{R}$ e^{ax}, $\lambda \in \mathbb{R}$.

tégral

- $\int_a^b f(x)\,dx = [F(x)]_a^b = F(b) - F(a)$
- **Intégration par parties**

$$\int_a^b u(x)v'(x)\,dx = [u(x)v(x)]_a^b - \int_a^b u'(x)v(x)\,dx$$

- Valeur moyenne de f sur $[a\ ;b]$

$$\mu = \frac{1}{b-a}\int_a^b f(x)\,dx$$

Combinatoire

- **Factorielle :** $n! = 1 \times 2 \times 3 \times \cdots \times n$ et $n! = n \times (n-1)!$
- **Combinaisons :** $\binom{n}{p} = \frac{n!}{p!(n-p)!}$
- **Formule de symétrie :** $\binom{n}{n-p} = \binom{n}{p}$
- **Formule de Pascal :** $\binom{n-1}{p-1} + \binom{n-1}{p} = \binom{n}{p}$
- **Nombre de parties d'un ensemble à n éléments**

$$\binom{n}{0} + \binom{n}{1} + \binom{n}{2} + \cdots + \binom{n}{n} = 2^n$$

Géométrie vectorielle

- **Coordonnées de $\overrightarrow{AB}$:** $\begin{pmatrix} x_B - x_A \\ y_B - y_A \\ z_B - z_A \end{pmatrix}$
- **Coordonnées du milieu de [AB]**

$$\left(\frac{x_A + x_B}{2}\ ;\ \frac{y_A + y_B}{2}\ ;\ \frac{z_A + z_B}{2}\right)$$

- **Longueur du segment [AB]**

$$AB = \sqrt{(x_B - x_A)^2 + (y_B - y_A)^2 + (z_B - z_A)^2}$$

- **Produit scalaire**

$\vec{u}\cdot\vec{v} = \|\vec{u}\| \times \|\vec{v}\| \times \cos(\widehat{BAC}) = AB \times AC \times \cos(\widehat{BAC})$

$\vec{u}\cdot\vec{v} = xx' + yy' + zz'$

$\|\vec{u}\| = \sqrt{x^2 + y^2 + z^2}$

$\vec{u}\cdot\vec{v} = \frac{1}{2}\left(\|\vec{u}+\vec{v}\|^2 - \|\vec{u}\|^2 - \|\vec{v}\|^2\right)$

$\vec{u}\cdot\vec{v} = \frac{1}{2}\left(\|\vec{u}\|^2 + \|\vec{v}\|^2 - \|\vec{u}-\vec{v}\|^2\right)$

Probabilités

- **Probabilités de base**

$P(A \cup B) = P(A) + P(B) - P(A \cap B)$ $\quad P(\overline{A}) = 1 - P(A)$

$P_A(B) = \frac{P(A \cap B)}{P(A)}$ $\quad P(A \cap B) = P(A) \times P_A(B)$

Formule des probabilités totales

Si B, C et D forment une partition de l'univers, alors :

$$P(A) = P(A \cap B) + P(A \cap C) + P(A \cap D).$$

Conditions d'indépendance

$P_A(B) = P(B)$ ou $P(A \cap B) = P(A) \times P(B)$

- **Variables aléatoires**

$E(X) = \sum_{k=1}^{k=n} x_k p_k$, où $p_k = P(X = k)$.

$V(X) = \sum_{k=1}^{k=n} p_k(x_k - E(X))^2$ et $\sigma(X) = \sqrt{V(X)}$.

$E(X + Y) = E(X) + E(Y)$

$E(aX) = aE(X)$ et $V(aX) = a^2V(X)$

Si X et Y sont deux variables aléatoires indépendantes, alors :

$$V(X + Y) = V(X) + V(Y).$$

- **Loi binomiale**

Si X suit la loi $\mathscr{B}(n\ ;p)$ alors $P(X = k) = \binom{n}{k} p^k q^{n-k}$ où $q = 1 - p$.

$E(X) = np\ ;\ V(X) = npq\ ;\ \sigma(X) = \sqrt{npq}$.

Concentration

- **Inégalité de Bienaymé-Tchebychev :** $P(|X - \mu| \geq \delta) \leq \frac{V}{\delta^2}$
- **Loi des grands nombres :** $\lim_{n \to +\infty} P(|M_n - \mu| < \varepsilon) = 1$

MATHS

1 Page 136

1 Soit $\mathcal{P}_n$ la propriété à démontrer.
▶ *Initialisation :* On a $2^0-1=1-1=0=u_0$ donc $\mathcal{P}_0$ est vraie.
▶ *Hérédité :* On suppose que $\mathcal{P}_k$ est vraie pour un certain entier k.
Autrement dit, on a $u_k=2^k-1$.
Ainsi, on a $u_{k+1}=2u_k+1=2(2^k-1)+1=2\times2^k-2+1=2^{k+1}-1$.
Autrement dit, $\mathcal{P}_{k+1}$ est vraie.
▶ *Conclusion :* La propriété $\mathcal{P}_n$ est vraie pour $n=0$ et est héréditaire donc elle est vraie pour tout entier naturel.

2 a. $u_1=1$, $u_2=3$, $u_3=5$, $u_4=7$, $u_5=9$, et $v_1=1$, $v_2=4$, $v_3=9$, $v_4=16$ et $v_5=25$.
b. Pour tout entier $n\geq1$ on note $\mathcal{P}_n$ la propriété « $v_n=n^2$ ».
▶ *Initialisation :* On a $1^2=1=v_1$ donc $\mathcal{P}_1$ est vraie.
▶ *Hérédité :* On suppose que $\mathcal{P}_k$ est vraie pour un certain entier k.
Autrement dit, on a $v_k=k^2$. Ainsi, on a :
$v_{k+1}=v_k+u_{k+1}=v_k+(2(k+1)-1)=v_k+2k+2-1$
$=v_k+2k+1=k^2+2k+1=(k+1)^2$.
Autrement dit, $\mathcal{P}_{k+1}$ est vraie.
▶ *Conclusion :* La propriété $\mathcal{P}_n$ est vraie pour $n=1$ et est héréditaire donc elle est vraie pour tout entier $n\geq1$. Dit autrement, la somme des n premiers entiers impairs est égale à n^2.

3 a. Pour tout entier naturel n, on note $\mathcal{P}_n$ la propriété à démontrer.
▶ *Initialisation :* On a $T_0=\frac{1}{2}\times0\times(0+1)=0$ donc $\mathcal{P}_0$ est vraie.
▶ *Hérédité :* On suppose que $\mathcal{P}_k$ est vraie pour un certain entier k.
Autrement dit, on a $T_k=\sum_{j=0}^{j=k} j$. On a alors :

$$T_{k+1}-T_k=\frac{1}{2}(k+1)(k+2)-\frac{1}{2}k(k+1)$$
$$=\frac{1}{2}(k+1)(k+2-k)=\frac{1}{2}(k+1)\times2=k+1.$$

On a donc $T_{k+1}=T_k+(k+1)=\sum_{j=0}^{j=k} j+(k+1)=\sum_{j=0}^{j=k+1} j$.
Autrement dit, $\mathcal{P}_{k+1}$ est vraie.
▶ *Conclusion :* La propriété $\mathcal{P}_n$ est vraie pour $n=0$ et est héréditaire donc elle est vraie pour tout entier naturel n.

b. ▶ *Initialisation :* $\mathcal{P}_0$ est vraie : $S_0=\frac{1}{6}\times0\times(0+1)(2\times0+1)=0^2$.
▶ *Hérédité :* On suppose que $\mathcal{P}_k$ est vraie pour un certain entier k.
Autrement dit, on a $S_n=\sum_{j=0}^{j=k} j^2$. On a alors :

$$S_{k+1}-S_k=\frac{1}{6}(k+1)(k+2)(2(k+1)+1)-\frac{1}{6}k(k+1)(2k+1)$$
$$=\frac{1}{6}(k+1)(k+2)(2k+3)-\frac{1}{6}k(k+1)(2k+1)$$
$$=\frac{1}{6}(k+1)((k+2)(2k+3)-k(2k+1))$$
$$=\frac{1}{6}(k+1)(6k+6)=\frac{1}{6}(k+1)\times6\times(k+1)=(k+1)^2.$$

On a donc $S_{k+1}=S_k+(k+1)^2=\sum_{j=0}^{j=k} j^2+(k+1)^2=\sum_{j=0}^{j=k+1} j^2$.
Autrement dit, $\mathcal{P}_{k+1}$ est vraie.
▶ *Conclusion :* La propriété $\mathcal{P}_n$ est vraie pour $n=0$ et est héréditaire donc elle est vraie pour tout entier naturel n.

c. Pour tout entier naturel n, on note $\mathcal{P}_n$ la propriété à démontrer.
▶ *Initialisation :* On a $\mathcal{C}_0=T_0^{\,2}=0^2=0^3$ donc $\mathcal{P}_0$ est vraie.
▶ *Hérédité :* On suppose que $\mathcal{P}_k$ est vraie pour un certain entier k.
Autrement dit, on a $C_k=\sum_{j=0}^{j=k} j^3$. On a alors :

$$C_{k+1}-C_k=T_{k+1}^{\,2}-T_k^{\,2}=\left(\frac{1}{2}(k+1)(k+2)\right)^2-\left(\frac{1}{2}k(k+1)\right)^2$$
$$=\frac{1}{4}(k+1)^2(k+2)^2-\frac{1}{4}k^2(k+1)^2$$
$$=\frac{1}{4}(k+1)^2\left((k+2)^2-k^2\right)=\frac{1}{4}(k+1)^2\left(k^2+4k+4-k^2\right)$$
$$=\frac{1}{4}(k+1)^2(4k+4)=\frac{1}{4}(k+1)^2\times4\times(k+1)=(k+1)^3.$$

On a donc $C_{k+1}=C_k+(k+1)^3=\sum_{j=0}^{j=k} j^3+(k+1)^3=\sum_{j=0}^{j=k+1} j^3$.
Autrement dit, $\mathcal{P}_{k+1}$ est vraie.
▶ *Conclusion :* La propriété $\mathcal{P}_n$ est vraie pour $n=0$ et est héréditaire donc elle est vraie pour tout entier naturel n.

4 On a $u_n=\dfrac{2n^2+3n+4}{3n^2+2n+1}=\dfrac{n^2\left(2+\frac{3}{n}+\frac{4}{n^2}\right)}{n^2\left(3+\frac{2}{n}+\frac{1}{n^2}\right)}=\dfrac{2+\frac{3}{n}+\frac{4}{n^2}}{1+\frac{2}{n}+\frac{1}{n^2}}$.

On a $\lim\limits_{n\to+\infty}\left(2+\frac{3}{n}+\frac{4}{n^2}\right)=2$ et $\lim\limits_{n\to+\infty}\left(1+\frac{2}{n}+\frac{1}{n^2}\right)=1$ donc,
par quotient des limites, $\lim\limits_{n\to+\infty}u_n=2$.

5 a. On a $u_n=\dfrac{3^n-1}{3^n+1}=\dfrac{3^n\left(1-\frac{1}{3^n}\right)}{3^n\left(1+\frac{1}{3^n}\right)}=\dfrac{1-\left(\frac{1}{3}\right)^n}{1+\left(\frac{1}{3}\right)^n}$.

Comme $\frac{1}{3}\in]-1\,;1[$, $\lim\limits_{n\to+\infty}\left(\frac{1}{3}\right)^n=0$ et $\lim\limits_{n\to+\infty}u_n=\dfrac{1-0}{1+0}=1$.

b. On a $v_n=\dfrac{2^n+3}{5^n+4}=\dfrac{2^n\times\left(1+\frac{3}{2^n}\right)}{5^n\times\left(1+\frac{4}{5^n}\right)}=\left(\frac{2}{5}\right)^n\times\dfrac{1+\frac{3}{2^n}}{1+\frac{4}{5^n}}$.

Comme $\frac{2}{5}\in]-1\,;1[$, $\lim\limits_{n\to+\infty}\left(\frac{2}{5}\right)^n=0$.
Comme $2>1$ et $5>1$, on a aussi $\lim\limits_{n\to+\infty}2^n=+\infty$ et $\lim\limits_{n\to+\infty}5^n=+\infty$.
Il s'en suit que $\lim\limits_{n\to+\infty}\frac{3}{2^n}=0$ et $\lim\limits_{n\to+\infty}\frac{4}{5^n}=0$.
Finalement, on a $\lim\limits_{n\to+\infty}v_n=0\times\dfrac{1-0}{1-0}=0$.

6 a. Pour tout entier naturel n par :
$u_n=n+1+(-1)^n\geq n+1-1=n$.
Comme $\lim\limits_{n\to+\infty}n=+\infty$, on a donc $\lim\limits_{n\to+\infty}u_n=+\infty$.
Cette suite n'est pas croissante car ces premiers termes sont 2, 1, 4, 3, 6, 5, 8, 7, 10, 9… Le fait que u_0 soit plus grand que u_1 met en défaut la définition de suite croissante qui indique que $u_{n+1}\geq u_n$ pour tout entier naturel n.
b. Pour tout entier naturel n par $2-0{,}5^n\leq u_n\leq2+0{,}5^n$.
Comme $0{,}5\in]-1\,;1[$, $\lim\limits_{n\to+\infty}(2-0{,}5^n)=\lim\limits_{n\to+\infty}(2+0{,}5^n)=2$.
D'après le théorème des gendarmes, on a donc $\lim\limits_{n\to+\infty}u_n=2$.

7 a. $u_1=0{,}4u_0+1=1$; $u_2=0{,}4u_1+1=1{,}4$
et $u_3=0{,}4u_2+1=1{,}56$.
b. Pour tout entier naturel n, on note $\mathcal{P}_n$ la propriété à démontrer.
▶ *Initialisation :* On a $u_0\leq u_1\leq2$ donc $\mathcal{P}_0$ est vraie.
▶ *Hérédité :* On suppose que $\mathcal{P}_k$ est vraie pour un certain entier k.
Autrement dit, on a : $u_k\leq u_{k+1}\leq2$. On a alors :

$u_k \leq u_{k+1} \leq 2 \Rightarrow 0{,}4u_k \leq 0{,}4u_{k+1} \leq 0{,}8$
$\Rightarrow 0{,}4u_k + 1 \leq 0{,}4u_{k+1} + 1 \leq 1{,}8$
$\Rightarrow u_{k+1} \leq u_{k+2} \leq 2$ (car $1{,}8 \leq 2$).

Autrement dit, $\mathcal{P}_{k+1}$ est vraie.

▶ *Conclusion :* La propriété $\mathcal{P}_n$ est vraie pour $n = 0$ et est héréditaire donc elle est vraie pour tout entier naturel n.

c. On a $u_n \leq u_{n+1} \leq 2$ pour tout entier naturel n. Cela signifie que (u_n) est croissante et majorée donc elle converge.
Notons ℓ sa limite. On a $\lim\limits_{n\to+\infty} u_{n+1} = \ell$ et, par opérations sur les limites, on a aussi $\lim\limits_{n\to+\infty} (0{,}4u_n + 1) = 0{,}4\ell + 1$.

On a donc $\ell = 0{,}4\ell + 1$, d'où $0{,}6\ell = 1$ et donc $\ell = \dfrac{1}{0{,}6} = \dfrac{5}{3}$.

8 **A.** On a $T_1 = T_0 - 0{,}1T_0^2 = 0{,}819$ puis $T_2 = T_1 - 0{,}1T_1^2 \approx 0{,}7519$ puis $T_3 = T_2 - 0{,}1T_2^2 \approx 0{,}6954$ et enfin $T_4 = T_3 - 0{,}1T_3^2 \approx 0{,}6470$.
L'estimation à 0,4 n'est pas conforme au modèle.

B. a. Pour tout réel x de $[0 ; 1]$, on a $f'(x) = 1 - 0{,}2x$. Sur l'intervalle $[0 ; 1]$ cette dérivée est positive car f' est une fonction affine décroissante qui vaut 0,8 en 1. On en déduit donc que f est croissante sur $[0 ; 1]$.

b. Pour tout entier naturel n, on note que $\mathcal{P}_n$ la propriété à démontrer.

▶ *Initialisation :* On a $0 \leq T_{0+1} \leq T_0 \leq 1$ donc $\mathcal{P}_0$ est vraie.

▶ *Hérédité :* On suppose que $\mathcal{P}_k$ est vraie pour un certain entier k.
Autrement dit, on a : $0 \leq T_{k+1} \leq T_k \leq 1$.
Comme f est croissante sur $[0 ; 1]$, on a :
$0 \leq T_{k+1} \leq T_k \leq 1 \Rightarrow f(0) \leq f(T_{k+1}) \leq f(T_k) \leq f(1)$
$\Rightarrow 0 \leq T_{k+2} \leq T_{k+1} \leq 0{,}9 \leq 1$.
Autrement dit, $\mathcal{P}_{k+1}$ est vraie.

▶ *Conclusion :* La propriété $\mathcal{P}_n$ est vraie pour $n = 0$ et est héréditaire donc elle est vraie pour tout entier naturel n.

c. On a montré à la question précédente que (T_n) est décroissante et minorée (par 0) donc elle converge.

d. On peut dresser un tableau de valeurs à la calculatrice. On obtient alors $T_{14} \approx 0{,}38$ donc l'affirmation est conforme au modèle.

Remarque : on peut calculer la limite ℓ de la suite (T_n). Par opération sur les limites, ce réel vérifie l'équation : $\ell = \ell^2 - 0{,}1\ell$ dont les solutions sont 0 et 1,1. On en déduit alors que $\ell = 0$.

9 **a.** Pour tout entier naturel $n \geq 1$, on a :

$$\frac{1}{n} - \frac{1}{n+1} = \frac{n+1}{n(n+1)} - \frac{n}{n(n+1)} = \frac{n+1-n}{n(n+1)} = \frac{1}{n(n+1)} > \frac{1}{(n+1)^2}.$$

b. Pour tout entier $n \geq 1$, on note $\mathcal{P}_n$ la propriété à démontrer.

▶ *Initialisation :* On a $u_1 = \dfrac{1}{1^2} = 1$ et $2 - \dfrac{1}{1} = 1$ donc $\mathcal{P}_1$ est vraie.

▶ *Hérédité :* On suppose que $\mathcal{P}_k$ est vraie pour un certain entier k.

Autrement dit, on a : $u_k \leq 2 - \dfrac{1}{k}$. On a donc :

$$u_{k+1} = u_k + \frac{1}{(k+1)^2} \leq 2 - \frac{1}{k} + \frac{1}{(k+1)^2} \quad \text{(car } \mathcal{P}_k \text{ est vraie)}$$
$$\leq 2 - \frac{1}{k} + \frac{1}{k} - \frac{1}{k+1} \quad \text{(d'après la question 1)}$$
$$\leq 2 - \frac{1}{k+1}.$$

Autrement dit, $\mathcal{P}_{k+1}$ est vraie.

▶ *Conclusion :* La propriété $\mathcal{P}_n$ est vraie pour $n = 1$ et est héréditaire donc elle est vraie pour tout entier naturel $n \geq 1$.

c. Pour tout entier naturel $n \geq 1$, $u_{n+1} - u_n = \dfrac{1}{(n+1)^2} > 0$ donc (u_n) est croissante. On a démontré à la question **b** que (u_n) est majorée par 2. (u_n) est croissante et majorée donc elle converge.

10 **A. a.** Si un rectangle d'aire a a un côté qui mesure u_n, alors l'autre côté mesure $\dfrac{a}{u_n}$ (l'aire du rectangle est ainsi égale à $u_n \times \dfrac{a}{u_n} = a$). Le réel u_{n+1} est égal à la moyenne de ces deux côtés, donc on a bien :

$$u_{n+1} = \frac{1}{2}\left(u_n + \frac{a}{u_n}\right).$$

b. Pour tout réel x strictement positif, on a :

$$f'(x) = \frac{1}{2}\left(1 - \frac{a}{x^2}\right) = \frac{1}{2} \times \frac{x^2 - a}{x^2} = \frac{x^2 - a}{2x^2}.$$

La dérivée de f est donc du signe de $x^2 - a$.
Les racines de ce polynôme sont $\sqrt{a}$ et $-\sqrt{a}$ (cette dernière racine n'étant pas dans l'ensemble sur lequel on étudie la fonction).
f' est donc négative sur $]0 ; \sqrt{a}]$ et positive sur $[\sqrt{a} ; +\infty[$.
f est donc décroissante sur $]0 ; \sqrt{a}]$ et croissante sur $[\sqrt{a} ; +\infty[$.

c. Remarquons que $f\left(\sqrt{a}\right) = \dfrac{1}{2}\left(\sqrt{a} + \dfrac{a}{\sqrt{a}}\right) = \dfrac{1}{2}\left(\sqrt{a} + \sqrt{a}\right) = \sqrt{a}$.

On a aussi : $f(a) = \dfrac{1}{2}\left(a + \dfrac{a}{a}\right) = \dfrac{1}{2}(a+1) = \dfrac{1}{2}a + \dfrac{1}{2}$.

Or $a > 1$ donc $\dfrac{1}{2}a > \dfrac{1}{2}$ et donc $f(a) < \dfrac{1}{2}a + \dfrac{1}{2}a = a$.

Pour tout entier naturel n, on note $\mathcal{P}_n$ la propriété :

« $\sqrt{a} \leq u_{n+1} \leq u_n \leq a$. »

Démontrons cette propriété par récurrence.

▶ *Initialisation :* On a $u_1 = f(u_0) = f(a) \leq a = u_0$.
On a donc bien $\sqrt{a} \leq u_1 \leq u_0 \leq a$ donc $\mathcal{P}_0$ est vraie.

▶ *Hérédité :* On suppose que $\mathcal{P}_k$ est vraie pour un certain entier k.
Autrement dit, on a $\sqrt{a} \leq u_{k+1} \leq u_k \leq a$.
Comme f est croissante sur $[\sqrt{a} ; +\infty[$, on a :

$\sqrt{a} \leq u_{k+1} \leq u_k \leq a \Rightarrow f\left(\sqrt{a}\right) \leq f(u_{k+1}) \leq f(u_k) \leq f(a$
$\Rightarrow \sqrt{a} \leq u_{k+2} \leq u_{k+1} \leq a$

d'après la remarque faite au début de cette question.
Autrement dit, $\mathcal{P}_{k+1}$ est vraie.

▶ *Conclusion :* La propriété $\mathcal{P}_n$ est vraie pour $n = 0$ et est héréditaire donc elle est vraie pour tout entier naturel n.
On a donc démontré que la suite (u_n) est décroissante et minorée par $\sqrt{a}$ donc elle converge.
Notons ℓ sa limite. On sait donc que $\ell \geq \sqrt{a}$.
On a $\lim\limits_{n\to+\infty} u_{n+1} = \ell$. Par opérations sur les limites, on a aussi :

$$\lim_{n\to+\infty} \frac{1}{2}\left(u_n + \frac{a}{u_n}\right) = \frac{1}{2}\left(\ell + \frac{a}{\ell}\right).$$

$$\text{On a donc } \ell = \frac{1}{2}\left(\ell + \frac{a}{\ell}\right) \Leftrightarrow 2\ell = \ell + \frac{a}{\ell}$$
$$\Leftrightarrow 2\ell^2 = \ell^2 + a$$
$$\Leftrightarrow \ell^2 = a.$$

Comme on a vu que $\ell \geq \sqrt{a}$, on a donc $\ell = \sqrt{a}$.

d. Avec $a = 2$, on a $u_0 = 2$, puis $u_1 = \dfrac{3}{2} = 1{,}5$, $u_2 = \dfrac{17}{12} \approx 1{,}41667$,

$u_3 = \dfrac{577}{408} \approx 1{,}414215686$ et $u_4 = \dfrac{655\,857}{470\,832} \approx 1{,}414213562$.

La calculatrice donne $\sqrt{2} \approx 1{,}414213562$.

En 4 étapes, on a donc au moins 9 décimales exactes (et même 11 en fait) !

MATHS

d. Voici un programme Python qui convient.

```
def Héron(a):
    u=a
    for k in range (0,4):
        u= (u+a/u)/2
    return(u)
```

L'instruction for k in range(0,4) » peut être changée par : for k in range(1,5) car la variable k n'intervient pas dans le calcul qui suit, elle ne sert qu'à compter le nombre de fois où on exécute l'instruction de la ligne **4**.
La qualité de ce programme peut être améliorée en choisissant mieux la valeur de départ. Héron recommande la racine du carré parfait le plus proche de a.

11 a. Soit A un nombre réel quelconque.
Si (u_n) n'est pas majorée, il existe un entier m tel que $u_m \geq A$.
Si (u_n) est aussi croissante, alors on a $u_n \geq u_m \geq A$ pour tout entier $n \geq m$. Autrement dit, on a $\lim\limits_{n\to+\infty} u_n = +\infty$.
La réponse est non, on peut considérer la suite définie par $u_n = (-1)^n \times n$. Elle prend pour valeurs successives :
0, –1, 2, –3, 4, –5, 6, –7, 8, –9, 10, –11, 12, –13, 14...
Elle n'est pas bornée et n'a pas de limite.

b. Soit A un réel quelconque. Comme $\lim\limits_{n\to+\infty} u_n = +\infty$, il existe un entier m tel que $u_n \geq A$ pour tout entier $n \geq m$.
On a alors $v_n \geq u_n \geq A$ pour tout entier $n \geq m$.
Autrement dit, $\lim\limits_{n\to+\infty} v_n = +\infty$.

12 a. Pour tout entier $n \geq 2$, on note $\mathcal{P}_n$ la propriété à démontrer.
▶ *Initialisation :* $(1+x)^2 = 1+2x+x^2 > 1+2x$ donc $\mathcal{P}_1$ est vraie.
▶ *Hérédité :* On suppose que $\mathcal{P}_k$ est vraie pour un certain entier k.
Autrement dit, on a : $(1+x)^k > 1+kx$. On a alors :

$$\begin{aligned}(1+x)^{k+1} &= (1+x)^k(1+x)\\ &> (1+kx)(1+x) \text{ (car } \mathcal{P}_k \text{ est vraie)}\\ &> 1+x+kx+kx^2\\ &> 1+(k+1)x+kx^2\\ &> 1+(k+1)x \text{ car } kx^2 \text{ est positif.}\end{aligned}$$

Autrement dit, $\mathcal{P}_{k+1}$ est vraie.
▶ *Conclusion :* La propriété $\mathcal{P}_n$ est vraie pour $n=2$ et est héréditaire donc elle est vraie pour tout entier naturel $n \geq 2$.

b. Si $q > 1$, alors $q = 1+x$ pour un certain réel x positif.
On a donc $q^n = (1+x)^n > 1+nx$ d'après l'inégalité de Bernoulli.
Comme $\lim\limits_{n\to+\infty}(1+nx) = +\infty$, on a $\lim\limits_{n\to+\infty} q^n = +\infty$.

2 Page 141

1 On a $\lim\limits_{x\to-\infty} f(x) = 2$, donc $\mathcal{C}_f$ a une asymptote horizontale d'équation $y=2$. On a $\lim\limits_{x\to-2^-} f(x) = \lim\limits_{x\to-2^+} f(x) = -\infty$, donc $\mathcal{C}_f$ a une asymptote verticale d'équation $x=-2$.
Enfin, on a $\lim\limits_{x\to+\infty} f(x) = -\infty$.
On a $\lim\limits_{x\to-\infty} g(x) = -2$, donc $\mathcal{C}_g$ a une asymptote horizontale d'équation $y=-2$. On a $\lim\limits_{x\to-1^-} g(x) = -\infty$ et $\lim\limits_{x\to-1^+} g(x) = +\infty$, donc $\mathcal{C}_g$ a une asymptote verticale d'équation $x=-1$.
Enfin, on a $\lim\limits_{x\to+\infty} g(x) = 2$, donc $\mathcal{C}_g$ a une asymptote horizontale d'équation $y=2$.

2 a. $\lim\limits_{x\to+\infty}(3x^2+2x+1) = \lim\limits_{x\to+\infty} 3x^2 = +\infty$

b. $\lim\limits_{x\to+\infty}(3x^2-2x+1) = \lim\limits_{x\to+\infty} 3x^2 = +\infty$

Remarque : On peut aussi factoriser par le terme de plus haut degré mais cette méthode est un peu plus longue.

c. $\lim\limits_{x\to-\infty} \dfrac{x^2-5x+3}{x^3+2x+8} = \lim\limits_{x\to-\infty} \dfrac{x^2}{x^3} = \lim\limits_{x\to-\infty} \dfrac{1}{x} = 0$

d. $\lim\limits_{x\to+\infty} \dfrac{3x^2-5x+3}{4x^2+7x-1} = \lim\limits_{x\to+\infty} \dfrac{3x^2}{4x^2} = \dfrac{3}{4}$

3 a. $\lim\limits_{x\to+\infty}\left(e^x + \dfrac{2}{x}\right) = \underbrace{\lim\limits_{x\to+\infty} e^x}_{+\infty} + \underbrace{\lim\limits_{x\to+\infty} \dfrac{2}{x}}_{0} = +\infty$

b. $\lim\limits_{x\to-\infty}\left(e^x - x^3 - 2x\right) = \underbrace{\lim\limits_{x\to-\infty} e^x}_{0} - \underbrace{\lim\limits_{x\to-\infty} x^3}_{-\infty} - \underbrace{\lim\limits_{x\to-\infty} 2x}_{-\infty} = +\infty$

c. On a : $e^x - x^3 - 2x = e^x\left(1 - \dfrac{x^3}{e^x} - 2\dfrac{x}{e^x}\right)$

Or, $\lim\limits_{x\to+\infty} e^x = +\infty$, $\lim\limits_{x\to+\infty} \dfrac{x^3}{e^x} = 0$ et $\lim\limits_{x\to+\infty} \dfrac{x}{e^x} = 0$
On a donc $\lim\limits_{x\to+\infty}(e^x - x^3 - 2x) = +\infty$.

d. $\lim\limits_{x\to-\infty} \dfrac{e^x+6}{e^x+2} = \dfrac{\lim\limits_{x\to-\infty} e^x + 6}{\lim\limits_{x\to-\infty} e^x + 2} = \dfrac{6}{2} = 3.$

e. On a : $\dfrac{e^x+6}{e^x+2} = \dfrac{e^x\left(1+\dfrac{6}{e^x}\right)}{e^x\left(1+\dfrac{2}{e^x}\right)} = \dfrac{1+\dfrac{6}{e^x}}{1+\dfrac{2}{e^x}}.$

Ainsi, $\lim\limits_{x\to+\infty} \dfrac{e^x+6}{e^x+2} = \dfrac{\lim\limits_{x\to+\infty}\left(1+\dfrac{6}{e^x}\right)}{\lim\limits_{x\to+\infty}\left(1+\dfrac{2}{e^x}\right)} = \dfrac{1}{1} = 1$

f. On a $e^{3x} - e^{2x} = e^{3x}\left(\dfrac{e^{3x}}{e^{3x}} - \dfrac{e^{2x}}{e^{3x}}\right) = e^{3x}\left(1 - e^{-x}\right)$

Ainsi, $\lim\limits_{x\to+\infty}\left(e^{3x} - e^{2x}\right) = \underbrace{\lim\limits_{x\to+\infty} e^{3x}}_{+\infty} \times \underbrace{\lim\limits_{x\to+\infty}\left(1 - e^{-x}\right)}_{1} = +\infty$

Remarque : $\lim\limits_{x\to+\infty} e^{-x} = \lim\limits_{x\to+\infty} \dfrac{1}{e^x} = 0$

Ce résultat est utilisé suffisamment fréquemment pour être utilisé sans le justifier à chaque fois.

4 a. $\lim\limits_{x\to0^+}\left(4+\dfrac{5}{x}\right) = +\infty$ et $\lim\limits_{X\to+\infty} \sqrt{X} = +\infty$ donc $\lim\limits_{x\to0^+} \sqrt{4+\dfrac{5}{x}} = +\infty.$

b. $\lim\limits_{x\to+\infty}\left(4+\dfrac{5}{x}\right) = 4$ et $\lim\limits_{X\to4} \sqrt{X} = 2$ donc $\lim\limits_{x\to+\infty} \sqrt{4+\dfrac{5}{x}} = 2.$

c. $\lim\limits_{x\to+\infty}(-2x+3) = -\infty$ et $\lim\limits_{X\to-\infty} e^X = 0$ donc $\lim\limits_{x\to+\infty} e^{-2x+3} = 0.$

d. $\lim\limits_{x\to0^+} \dfrac{1}{x} = +\infty$ et $\lim\limits_{X\to+\infty} \dfrac{e^X}{X} = +\infty$ donc $\lim\limits_{x\to0^+} xe^{\frac{1}{x}} = \lim\limits_{x\to0^+} \dfrac{e^{\frac{1}{x}}}{\dfrac{1}{x}} = +\infty.$

Rappel : Multiplier par x revient à diviser par son inverse.

5 On peut calculer des images par f de grandes valeurs de x ou faire apparaître la courbe de f à l'écran d'une calculatrice pour conjecturer que $\lim\limits_{x\to+\infty} f(x)$ vaut environ 2,25. Par ailleurs, on a :

$$f(x) = \frac{x^2+5x}{2x+1} - \frac{1}{2}x = \frac{x^2+5x}{2x+1} - \frac{\frac{1}{2}x(2x+1)}{2x+1}$$

$$= \frac{x^2+5x}{2x+1} - \frac{x^2+\frac{1}{2}x}{2x+1} = \frac{4{,}5x}{2x+1}.$$

On a donc $\lim\limits_{x\to+\infty} f(x) = \lim\limits_{x\to+\infty} \frac{4{,}5x}{2x} = \frac{4{,}5}{2} = 2{,}25$ en ne gardant que les termes de plus haut degré.

Attention : Il faut bien se ramener à un quotient de polynômes (de degré 1 ici) avant d'appliquer la règle des plus hauts degrés.

6 a. $\lim\limits_{x\to2^+}(x-2)=0^+$ donc $\lim\limits_{x\to2^+}\frac{4}{x-2}=+\infty$.

b. $\lim\limits_{x\to2^-}(x-2)=0^-$ donc $\lim\limits_{x\to2^-}\frac{4}{x-2}=-\infty$.

c. $\lim\limits_{x\to1}(x-1)=0$ et $\lim\limits_{X\to0}X^2=0^+$ donc $\lim\limits_{x\to1}(x-1)^2=0^+$.

On a donc $\lim\limits_{x\to1}\frac{2}{(x-1)^2}=+\infty$.

d. $\lim\limits_{x\to3^+}(2x-8)=-2$ et $\lim\limits_{x\to3^+}(x-3)=0^+$ donc $\lim\limits_{x\to3^+}\frac{2x-8}{x-3}=-\infty$.

7 a. On résout l'équation du second degré $x^2+x-6=0$.
On a $a=1$, $b=1$ et $c=-6$, donc $\Delta=b^2-4ac=25$.
Le discriminant est positif donc il y a deux solutions :

$$x_1=\frac{-b-\sqrt{\Delta}}{2a}=-3 \text{ et } x_2=\frac{-b+\sqrt{\Delta}}{2a}=2.$$

Comme on ne peut pas effectuer de division par 0, on a :
$J=]-\infty\,;-3[\,\cup\,]-3\,;2[\,\cup\,]2\,;+\infty[=\mathbb{R}\backslash\{-3\,;2\}$.

b. D'après la question précédente on a :

x	$-\infty$		-3		2		$+\infty$
Signe de x^2+x-6		+	0	−	0	+	

Rappel : Un polynôme ax^2+bx+c est du signe de a à « l'extérieur des racines ».

On a $\lim\limits_{x\to-\infty}\frac{x}{x^2+x-6}=\lim\limits_{x\to-\infty}\frac{x}{x^2}=\lim\limits_{x\to-\infty}\frac{1}{x}=0$.

On a aussi $\lim\limits_{x\to-3^-}\frac{x}{x^2+x-6}=\frac{-3}{\underbrace{\lim\limits_{x\to-3^-}(x^2+x-6)}_{0^+}}=-\infty$.

De même, on a $\lim\limits_{x\to-3^+}\frac{x}{x^2+x-6}=\frac{-3}{\underbrace{\lim\limits_{x\to-3^+}(x^2+x-6)}_{0^-}}=+\infty$.

De même, on a $\lim\limits_{x\to2^-}f(x)=-\infty$, $\lim\limits_{x\to2^+}f(x)=+\infty$ et $\lim\limits_{x\to+\infty}f(x)=0$.

On en déduit que la courbe représentative de f a trois asymptotes : l'axe des abscisses en $-\infty$ et $+\infty$ et les droites d'équations $x=-3$ et $x=2$.

8 a. $\lim\limits_{x\to0^+}\frac{1}{x}=+\infty$ et $\lim\limits_{X\to+\infty}e^X=+\infty$ donc $\lim\limits_{x\to0^+}e^{\frac{1}{x}}=+\infty$.

On a donc $\lim\limits_{x\to0^+}f(x)=\underbrace{\lim\limits_{x\to0^+}\frac{1}{x^2}}_{+\infty}\times\underbrace{\lim\limits_{x\to0^+}e^{\frac{1}{x}}}_{+\infty}=+\infty$.

b. $\lim\limits_{x\to+\infty}\frac{1}{x}=0$ et $\lim\limits_{X\to0}e^X=1$ donc $\lim\limits_{x\to+\infty}e^{\frac{1}{x}}=1$.

On a donc $\lim\limits_{x\to+\infty}f(x)=\underbrace{\lim\limits_{x\to+\infty}\frac{1}{x^2}}_{0}\times\underbrace{\lim\limits_{x\to+\infty}e^{\frac{1}{x}}}_{1}=0$.

c. $\mathscr{C}$ a pour asymptote l'axe des abscisses (en $+\infty$) et l'axe des ordonnées (en 0).

9 a. $\lim\limits_{x\to+\infty}x^2=+\infty$ donc, par comparaison, $\lim\limits_{x\to+\infty}f(x)=+\infty$.

b. $\lim\limits_{x\to-\infty}x^3=-\infty$ donc, par comparaison, $\lim\limits_{x\to-\infty}f(x)=-\infty$.

c. $\lim\limits_{x\to+\infty}\left(2-\frac{1}{x}\right)=2$ et $\lim\limits_{x\to+\infty}\frac{2x^2+3}{x^2+1}=\lim\limits_{x\to+\infty}\frac{2x^2}{x^2}=2$.

D'après le théorème des gendarmes, on a donc $\lim\limits_{x\to+\infty}f(x)=2$.

10 a. Soit x un réel strictement positif.
On a $x\leq x+1\Rightarrow x^2\leq x(x+1)\Rightarrow\sqrt{x^2}\leq\sqrt{x(x+1)}$.
On a donc bien $x\leq\sqrt{x(x+1)}$.
On a $x\leq x+1\Rightarrow x(x+1)\leq(x+1)^2\Rightarrow\sqrt{x(x+1)}\leq\sqrt{(x+1)^2}$.
On a donc bien $\sqrt{x(x+1)}\leq x+1$.

b. Pour tout x strictement positif on a : $\frac{x}{x^2}\leq\frac{\sqrt{x(x+1)}}{x^2}\leq\frac{x+1}{x^2}$.

Or $\lim\limits_{x\to+\infty}\frac{x}{x^2}=\lim\limits_{x\to+\infty}\frac{1}{x}=0$ et $\lim\limits_{x\to+\infty}\frac{x+1}{x^2}=\lim\limits_{x\to+\infty}\frac{x}{x^2}=\lim\limits_{x\to+\infty}\frac{1}{x}=0$ donc, d'après le théorème des gendarmes, $\lim\limits_{x\to+\infty}f(x)=0$.

11 A. a. Pour tout réel x, on a $h'(x)=e^x-1$. On a :
$e^x-1>0\Leftrightarrow e^x>1$
$\Leftrightarrow x>0$.
On en déduit que h' est positive sur $]0\,;+\infty[$ et négative sinon.
Il s'en suit que h est décroissante sur $]-\infty\,;0]$ et croissante sur $[0\,;+\infty[$.
Cette fonction atteint donc son minimum en 0 et il vaut $h(0)=e^0-0=1$. On en déduit que h est strictement positive.
Pour tout réel x, on a donc $e^x-x>0$, soit $e^x>x$.

b. $\lim\limits_{x\to+\infty}x=+\infty$ donc, par comparaison, $\lim\limits_{x\to+\infty}e^x=+\infty$.

On a $\lim\limits_{x\to-\infty}e^x=\lim\limits_{x\to-\infty}\frac{1}{e^{-x}}$.

Or $\lim\limits_{x\to-\infty}(-x)=+\infty$ et $\lim\limits_{X\to+\infty}e^X=+\infty$ donc $\lim\limits_{x\to-\infty}e^{-x}=+\infty$.

Il s'en suit alors que $\lim\limits_{x\to-\infty}e^x=0$.

B. a. Pour tout réel x, on a : $g'(x)=e^x-\frac{1}{2}\times2x=e^x-x=h(x)$.

On a déjà vu que h est strictement positive donc g est strictement croissante sur $\mathbb{R}$.

b. On a $g(0)=e^0-\frac{1}{2}\times0^2=1$ et g est strictement croissante donc g est strictement positive sur $[0\,;+\infty[$.
Pour tout x strictement positif, on a donc :

$g(x)>0\Leftrightarrow e^x-\frac{1}{2}x^2>0\Leftrightarrow e^x>\frac{1}{2}x^2$.

c. Pour tout réel strictement positif, on a :

$e^x>\frac{1}{2}x^2\Leftrightarrow\frac{e^x}{x}>\frac{1}{2}x$ en divisant par x de chaque côté.

Or $\lim\limits_{x\to+\infty}\frac{1}{2}x=+\infty$ donc, par comparaison, $\lim\limits_{x\to+\infty}\frac{e^x}{x}=+\infty$.

C. On peut penser que $\lim\limits_{x\to+\infty}\frac{e^x}{x^n}=+\infty$ pour tout entier naturel n.

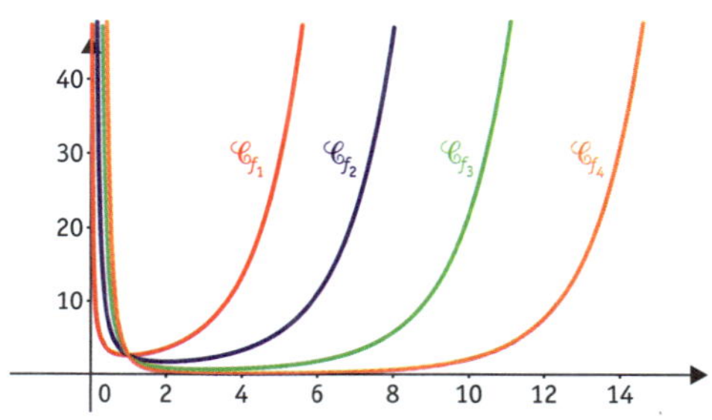

On a $\left(\frac{1}{n}\times\frac{e^{\frac{x}{n}}}{\frac{x}{n}}\right)^n=\frac{\left(e^{\frac{x}{n}}\right)^n}{\left(n\times\frac{x}{n}\right)^n}=\frac{e^{\frac{x}{n}\times n}}{x^n}=\frac{e^x}{x^n}=f_n(x)$.

On a $\lim\limits_{x\to+\infty}\dfrac{x}{n}=+\infty$ et $\lim\limits_{X\to+\infty}\dfrac{e^X}{X}=+\infty$ donc $\lim\limits_{x\to+\infty}\dfrac{e^{\frac{x}{n}}}{\frac{x}{n}}=+\infty$.

On en déduit que $\lim\limits_{x\to+\infty}\dfrac{1}{n}\times\dfrac{e^{\frac{x}{n}}}{\frac{x}{n}}=+\infty$ puis que $\lim\limits_{x\to+\infty}\left(\dfrac{1}{n}\times\dfrac{e^{\frac{x}{n}}}{\frac{x}{n}}\right)^n=+\infty$.

La conjecture est exacte : $\lim\limits_{x\to+\infty}\dfrac{e^x}{x^n}=+\infty$.

3 Page 144

1 a. On lit les coefficients directeurs des tangentes. On a alors $f'(-3)=4$, $f'(-1)=-3$, $f'(2)=0{,}5$, $f'(6)=1{,}5$, $f'(8)=0$ et $f'(11)=0$. On a aussi $f(-3)=-1$ et $f(6)=2$.

b. T_{-3} a pour équation réduite :
$y=f'(-3)(x-(-3))+f(-3)\Leftrightarrow y=4(x+3)-1$
$\Leftrightarrow y=4x+11.$

T_6 a pour équation réduite :
$y=f'(6)(x-6)+f(6)\Leftrightarrow y=1{,}5(x-6)+2$
$\Leftrightarrow 1{,}5x-7.$

2 a. On note f la fonction carré. On a donc $f(x)=x^2$ et $f'(x)=2x$.
La tangente étudiée a donc pour équation réduite :
$y=f'(1)(x-1)+f(1)\Leftrightarrow y=2(x-1)+1$
$\Leftrightarrow y=2x-1.$

b. On note f la fonction inverse. On a $f(x)=\dfrac{1}{x}$ et $f'(x)=\dfrac{-1}{x^2}$.
La tangente étudiée a donc pour équation réduite :
$y=f'(1)(x-1)+f(1)\Leftrightarrow y=-1(x-1)+1$
$\Leftrightarrow y=-x+2.$

c. On a $\exp'(x)=\exp(x)=e^x$.
La tangente étudiée a donc pour équation réduite :
$y=\exp'(0)(x-0)+\exp(0)\Leftrightarrow y=x+1.$

3 a. f est de la forme $u\times v$ avec $u(x)=7x-3$ et $v(x)=e^x$.
On a donc $u'(x)=7$ et $v'(x)=e^x$. Ainsi, on a :
$f'(x)=7e^x+(7x-3)e^x=(7+7x-3)e^x=(4+7x)e^x.$

b. g est de la forme $\dfrac{u}{v}$ avec $u(x)=3x+2$ et $v(x)=5-2x$.
On a $u'(x)=3$ et $v'(x)=-2$. On a alors :
$$g'(x)=\frac{3(5-2x)-(3x+2)\times(-2)}{(5-2x)^2}=\frac{15-6x+6x+4}{(5-2x)^2}=\frac{19}{(5-2x)^2}.$$

c. h est de la forme $\dfrac{1}{v}$ avec $v(x)=3-4x$. On a $v'(x)=-4$ donc :
$$h'(x)=\frac{-v'(x)}{(v(x))^2}=\frac{4}{(3-4x)^2}.$$

d. s est de la forme $\dfrac{u}{v}$ avec $u(x)=e^x$ et $v(x)=e^x-4$.
On a $u'(x)=e^x$ et $v'(x)=e^x$. On a alors :
$$s'(x)=\frac{e^x\left(e^x-4\right)-e^x\times e^x}{\left(e^x-4\right)^2}=\frac{e^xe^x-4e^x-e^xe^x}{\left(e^x-4\right)^2}=\frac{-4e^x}{\left(e^x-4\right)^2}.$$

4 $\dfrac{f(0+h)-f(0)}{h}=\dfrac{h\sqrt{h}-0}{h}=\sqrt{h}$, donc $\lim\limits_{h\to0}\dfrac{f(0+h)-f(0)}{h}=0.$
La fonction f est donc dérivable en 0 et $f'(0)=0$.

5 a. On note f la fonction valeur absolue.
Pour x strictement positif, on a $f(x)=x$, donc f est dérivable et $f'(x)=1$. Pour x strictement négatif, on a $f(x)=-x$ et donc f est dérivable et $f'(x)=-1$.
$\dfrac{f(0+h)-f(0)}{h}=\dfrac{|h|}{h}=1$ si h est positif et -1 si h est négatif.
Le taux d'accroissement de f entre 0 et $0+h$ n'a donc pas de limite quand h tend vers 0. Autrement dit, f n'est pas dérivable en 0.

b. $\dfrac{g(0+h)-g(0)}{h}=\dfrac{h|h|-0}{h}=|h|$ donc $\lim\limits_{h\to0}\dfrac{g(0+h)-g(0)}{h}=0.$
La fonction g est bien dérivable en 0 et $g'(0)=0$.
Remarque :
Le produit de fonctions non dérivables peut être dérivable !

6 On a $\exp'(0)=\exp(0)=1$.
On a donc $\lim\limits_{h\to0}\dfrac{e^{0+h}-e^0}{h}=1$ d'où $\lim\limits_{x\to0}\dfrac{e^x-1}{x}=1.$

7 a. $u\circ v(x)=u(v(x))=u\left(\dfrac{x+2}{x+3}\right)=\dfrac{1}{\frac{x+2}{x+3}}=\dfrac{x+3}{x+2}.$

$v\circ u(x)=v(u(x))=v\left(\dfrac{1}{x}\right)=\dfrac{\frac{1}{x}+2}{\frac{1}{x}+3}=\dfrac{1+2x}{1+3x}$

(en multipliant numérateur et dénominateur par x).

b. $f(g(x))=ax^2+b$ et $g(f(x))=(ax+b)^2=a^2x^2+2abx+b^2$.

Ainsi, on a $f(g(x))=g(f(x))\Leftrightarrow\begin{cases}a=a^2\\0=2ab\\b=b^2\end{cases}\Leftrightarrow\begin{cases}a=0\text{ ou }a=1\\a=0\text{ ou }b=0\\b=0\text{ ou }b=1\end{cases}.$

Finalement, les solutions sont $(a\,;b)=(0\,;0)$, $(0\,;1)$ ou $(1\,;0)$.
Autrement dit, $f(x)=0$ ou $f(x)=1$ ou $f(x)=x$.

8 A. a. On utilise la formule $(e^u)'=u'e^u$ avec $u(x)=4-2x$.
$f'(x)=-2e^{4-2x}$

b. On utilise la formule $\left(\sqrt{u}\right)'=\dfrac{u'}{2\sqrt{u}}$ avec $u(x)=1+4e^x$.
$$g'(x)=\frac{4e^x}{2\sqrt{1+4e^x}}=\frac{2e^x}{\sqrt{1+4e^x}}.$$

c. h est de la forme $u\times v$ avec $u(x)=3x+1$ et $v(x)=e^{-2x}$.
On a $u'(x)=3$ et $v'(x)=-2e^{-2x}$ donc :
$h'(x)=3\times e^{-2x}+(3x+1)\times(-2)e^{-2x}=(3+(3x+1)\times(-2))e^{-2x}$
$=(3-6x-2)e^{-2x}=(1-6x)e^{-2x}.$

d. On utilise la formule $(u^n)'=nu'u^{n-1}$ avec $u(x)=x^2+x+1$.
$s'(x)=3(2x+1)(x^2+x+1)^2$.

B. t est de la forme $u\times v$ avec $u(x)=x^2$ et $v(x)=(x+1)^8$.
On a $u'(x)=2x$ et $v'(x)=8\times1\times(x+1)^{8-1}=8(x+1)^7$. Ainsi :
$t'(x)=2x(x+1)^8+x^2\times8(x+1)^7$
$=2x(x+1)(x+1)^7+8x^2(x+1)^7$
$=(2x(x+1)+8x^2)(x+1)^7=(2x^2+2x+8x^2)(x+1)^7$
$=(10x^2+2x)(x+1)^7=2x(5x+1)(x+1)^7.$

9 a. f est de la forme $\dfrac{u}{v}$ avec $u(x)=x-1$ et $v(x)=1+x^2$.
On a $u'(x)=1$ et $v'(x)=2x$. Ainsi, on a :
$$f'(x)=\frac{1\times\left(1+x^2\right)-(x-1)\times2x}{\left(1+x^2\right)^2}=\frac{1+x^2-2x^2+2x}{\left(1+x^2\right)^2}=\frac{1+2x-x^2}{\left(1+x^2\right)^2}.$$

b. $g'(x)=2x\times f'(x^2)=\dfrac{2x\left(1+2x^2-x^4\right)}{\left(1+x^4\right)^2}$

c. $h'(x)=\dfrac{1}{2\sqrt{x}}\times f'(\sqrt{x})=\dfrac{1+2\sqrt{x}-x}{2\sqrt{x}\,(1+x)^2}$

d. $s'(x)=2f'(x)f(x)=2\times\dfrac{1+2x-x^2}{\left(1+x^2\right)^2}\times\dfrac{1-x}{1+x^2}$
$$=\frac{2\left(1+2x-x^2\right)(1-x)}{\left(1+x^2\right)^3}$$

10 a. Comme M appartient à Γ, il a pour coordonnées $(x\,;x^2)$.

$\mathrm{AM}=\sqrt{(x_\mathrm{M}-x_\mathrm{A})^2+(y_\mathrm{M}-y_\mathrm{A})^2}=\sqrt{x^2+(x^2-2)^2}$

$=\sqrt{x^2+(x^4-4x^2+4)}=\sqrt{x^4-3x^2+4}$

b. Le problème revient à chercher le minimum de la fonction f définie sur $\mathbb{R}$ par $f(x)=\sqrt{x^4-3x^2+4}$.

On a $f'(x)=\dfrac{4x^3-6x}{2\sqrt{x^4-3x^2+4}}=\dfrac{2x^3-3x}{\sqrt{x^4-3x^2+4}}=\dfrac{x(2x^2-3)}{\sqrt{x^4-3x^2+4}}$.

On résout l'équation de degré 2 suivante :

$2x^2-3=0\Leftrightarrow 2x^2=3$

$\Leftrightarrow x^2=\dfrac{3}{2}$

$\Leftrightarrow x=\sqrt{\dfrac{3}{2}}$ ou $x=-\sqrt{\dfrac{3}{2}}$.

On a alors le tableau suivant :

x	$-\infty$		$-\sqrt{\frac{3}{2}}$		0		$\sqrt{\frac{3}{2}}$		$+\infty$
Signe de x		$-$		$-$	0	$+$		$+$	
Signe de $2x^2-3$		$+$	0	$-$		$-$	0	$+$	
Signe de $\sqrt{x^4-3x^2+4}$		$+$		$+$		$+$		$+$	
Signe de $f'(x)$		$-$	0	$+$	0	$-$	0	$+$	
Variations de f		↘		↗		↘		↗	

Le point A étant situé sur l'axe de symétrie de la parabole, le minimum cherché est bien atteint deux fois et les coordonnées des points cherchés sont $\left(-\sqrt{\dfrac{3}{2}}\,;\dfrac{3}{2}\right)$ et $\left(\sqrt{\dfrac{3}{2}}\,;\dfrac{3}{2}\right)$.

11 A. Pour la proposition $\mathscr{P}$:

▶ *Initialisation* : Pour $n=2$, la proposition est vraie car on a alors $f(x)=x^2$ et on a donc bien $f'(x)=2x=2x^{2-1}$.

▶ *Hérédité* : Supposons que la propriété est vraie pour un entier k supérieur ou égal à 2.

On note $f(x)=x^{k+1}=x^k\times x$. Cette fonction f est un produit de fonctions dérivables sur $\mathbb{R}$ et est donc dérivable sur $\mathbb{R}$.

On pose $u(x)=x^k$ et $v(x)=x$. Par hypothèse de récurrence, on a $u'(x)=kx^{k-1}$ et $v'(x)=1$. On a donc :

$f'(x)=u'(x)v(x)+u(x)v'(x)=kx^{k-1}\times x+x^k\times 1=kx^k+x^k=(k+1)x^k$.

La propriété est donc héréditaire.

▶ *Conclusion* : La propriété est vraie pour $n=2$ et est héréditaire donc elle est vraie pour tout entier n supérieur ou égal à 2.

Pour la proposition $\mathscr{Q}$:

Si on choisit $u(x)=2x$ et $n=2$, on a alors $f(x)=(2x)^2=4x^2$.

On a donc $f'(x)=8x$ alors que $nu^{n-1}(x)=2u(x)=4x$.

La proposition $\mathscr{Q}$ est donc fausse.

À noter : Pour démontrer qu'une proposition est fausse, on peut donner un contre-exemple.

B. a. $h'(x)=\cos'(x)g'(\cos(x))=-\sin(x)\dfrac{1}{\sqrt{1-\cos^2(x)}}=\dfrac{-\sin(x)}{\sqrt{\sin^2(x)}}$.

Rappel : Pour tout réel x, $\cos^2(x)+\sin^2(x)=1$.

Comme $x\in]-\pi\,;0[$, $\sin(x)<0$ et donc $\sqrt{\sin^2(x)}=-\sin(x)$.

On a donc bien $h'(x)=\dfrac{-\sin(x)}{-\sin(x)}=1$.

Rappel : Si x est négatif, $\sqrt{x^2}=-x$.

Par exemple, $\sqrt{(-2)^2}=\sqrt{4}=2=-(-2)$

Comme $h'(x)=1$, on a $h(x)=x+k$ où k est une constante.

b. On a : $h\left(-\dfrac{\pi}{2}\right)=g\left(\cos\left(-\dfrac{\pi}{2}\right)\right)=g(0)=0$.

On a donc aussi $-\dfrac{\pi}{2}+k=0$, soit $k=\dfrac{\pi}{2}$.

Finalement, on a $h(x)=x+\dfrac{\pi}{2}$.

Info : Pour en savoir plus sur la recherche de fonctions dont on connaît la dérivée, voir le chapitre **8**.

4 Page 148

1 a. Cette affirmation est vraie car, sur cet intervalle, $\mathscr{C}$ est au-dessus de ses tangentes (et en dessous de ses cordes).

b. Cette affirmation est vraie, car f est croissante sur cet intervalle.

c. Cette affirmation est vraie, car f est convexe sur cet intervalle.

d. Cette affirmation est fausse, car f est concave sur cet intervalle. On voit sur le graphique que $\mathscr{C}$ est en dessous de ses tangentes (et au-dessus de ses cordes).

e. Cette affirmation est vraie. En ce point, f change de convexité, $\mathscr{C}$ traverse sa tangente.

2 On constate que la dérivée, donnée par la courbe $\mathscr{C}$, est négative puis positive, de nouveau négative, puis positive, et enfin négative. La fonction f est donc décroissante, puis croissante, décroissante, croissante et décroissante.

La seule courbe qui convient est la courbe 3.

On constate également que f' est croissante, décroissante, croissante puis décroissante. Ainsi, f'' est positive, négative, positive puis négative. Seule la courbe 1 peut représenter f''.

3 Attention, la courbe donnée est celle de la dérivée seconde !

a. Cette affirmation est fausse, car f'' est positive sur $[-4\,;8]$.

b. Cette affirmation est vraie, car f'' est positive sur $[-4\,;8]$.

c. Cette affirmation est vraie, car la courbe donnée est située au-dessus de l'axe des abscisses sur cet intervalle.

d. Cette affirmation est vraie, car f'' s'annule et change de signe en 8.

4 Attention, la courbe donnée est celle de la dérivée !

a. Cette affirmation est vraie, car on voit graphiquement que f' est croissante sur $[1\,;5]$.

b. Cette affirmation est fausse, car on voit graphiquement que f' est décroissante sur $[-1\,;0]$.

c. Cette affirmation est fausse, car f' est décroissante sur $[7\,;9]$.

d. Cette affirmation est fausse, car f' ne change pas de sens de variation en ce point. Il faudrait que f'' s'annule et change de signe, et non f'. En revanche, comme f' s'annule et change de signe en 9, f atteint un extremum (un maximum).

5 a. $f'(x)=3x^2-1{,}8x-66$ et $f''(x)=6x-1{,}8$.

b. Pour étudier les variations de f, on étudie le signe de f'.

On a ici un polynôme de degré 2 avec $a=3$, $b=-1{,}8$ et $c=-66$.

Le discriminant est donné par : $\Delta=b^2-4ac=795{,}24$.

La dérivée a donc deux racines :

$$x_1=\frac{-b-\sqrt{\Delta}}{2a}=-4{,}4 \text{ et } x_2=\frac{-b+\sqrt{\Delta}}{2a}=5.$$

On en déduit le tableau suivant :

x	$-\infty$		$-4{,}4$		5		$+\infty$
Signe de $f'(x)$		$+$	0	$-$	0	$+$	
Variations de f		↗	$190{,}792$	↘	$-224{,}5$	↗	

MATHS

Pour étudier la convexité de f, on étudie le signe de f''.

$f''(x) \geq 0 \Leftrightarrow 6x - 1{,}8 \geq 0 \Leftrightarrow 6x \geq 1{,}8 \Leftrightarrow x \geq \frac{1{,}8}{6} = 0{,}3$

On a donc le tableau suivant :

x	$-\infty$	0,3	$+\infty$
Signe de $f''(x)$	$-$	0	$+$
Convexité de f	concave		convexe

c. La dérivée seconde de f s'annule et change de signe en 0,3. La courbe représentative de f a donc un point d'inflexion de coordonnées $(0{,}3\,;f(0{,}3)) = (0{,}3\,;-16{,}854)$.

6 A. a. Pour tout réel x, on a :

$f'(x) = 3 \times 5x^4 - 10 \times 4x^3 = 15x^4 - 40x^3$.

b. Pour tout réel x, on a :

$f''(x) = 15 \times 4x^3 - 40 \times 3x^2 = 60x^3 - 120x^2 = 60x^2(x-2)$.

B. Pour étudier la convexité de f, on étudie le signe de f''.

x	$-\infty$	0		2	$+\infty$
Signe de $60x^2$	$+$	0	$+$		$+$
Signe de $x-2$	$-$		$-$	0	$+$
Signe de $f''(x)$	$-$	0	$-$	0	$+$
Concavité de f	concave		concave		convexe

C. La dérivée seconde de f s'annule et change de signe en 2. La courbe représentative de f a donc un point d'inflexion de coordonnées $(2\,;f(2)) = (2\,;-64)$.

Il n'y a pas de point d'inflexion en 0, car la dérivée seconde s'y annule sans changer de signe.

7 A. f est de la forme $u \times v$ avec $u(x) = x+1$ et $v(x) = e^x$.

On a donc $u'(x) = 1$ et $v'(x) = e^x$ et il s'en suit que :

$f'(x) = u'(x)v(x) + u(x)v'(x) = 1 \times e^x + (x+1)e^x$
$= (1 + (x+1)) \times e^x = (x+2)e^x$.

De même, f' est de la forme $u \times v$ avec $u(x) = x+2$ et $v(x) = e^x$.

On a donc $u'(x) = 1$ et $v'(x) = e^x$ et il s'en suit que :

$f''(x) = u'(x)v(x) + u(x)v'(x) = 1 \times e^x + (x+2)e^x$
$= (1 + (x+2)) \times e^x = (x+3)e^x$.

B. Pour étudier les variations de f, on étudie le signe de f'.

x	$-\infty$	-2	$+\infty$
Signe de $x+2$	$-$	0	$+$
Signe de e^x	$+$		$+$
Signe de $f'(x)$	$-$	0	$+$
Variations de f	↘	$-e^{-2}$	↗

Pour étudier la convexité de f, on étudie le signe de f''.

x	$-\infty$	-3	$+\infty$
Signe de $x+3$	$-$	0	$+$
Signe de ex	$+$		$+$
Signe de $f''(x)$	$-$	0	$+$
Convexité de f	concave		convexe

C. f'' s'annule et change de signe en -3 donc $\mathscr{C}$ a un point d'inflexion M de coordonnées $(-3\,;f(-3)) = (-3\,;-2e^{-3})$.

D. a. La tangente T à $\mathscr{C}$ en M a pour équation :

$y = f'(-3)(x-(-3)) + f(-3) \Leftrightarrow y = -e^{-3}(x+3) - 2e^{-3}$
$\Leftrightarrow y = -e^{-3}x - 3e^{-3} - 2e^{-3}$
$\Leftrightarrow y = -e^{-3}x - 5e^{-3}$.

b. Comme M est un point d'inflexion et que f est concave puis convexe, on peut dire que T est au-dessus de $\mathscr{C}$ sur $]-\infty\,;-3[$ et en dessous de $\mathscr{C}$ sur $]-3\,;+\infty[$.

E. Voici la figure attendue. Pour tracer une droite, il suffit de placer deux points ; pour tracer une courbe, on peut placer plusieurs points en calculant des images (à l'aide de la calculatrice).

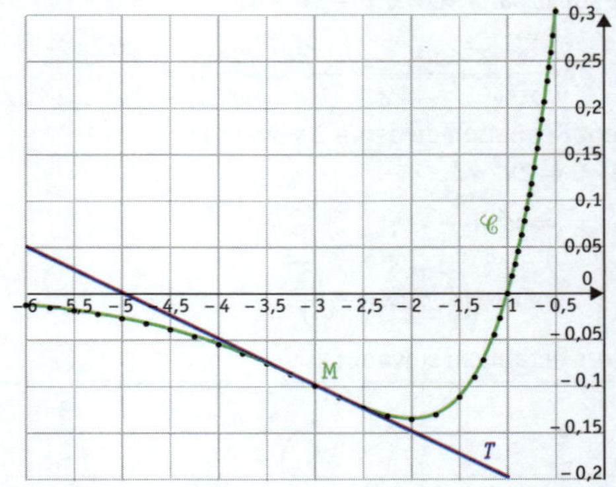

8 « Si $f''(0) = 0$, alors la courbe $\mathscr{C}_f$ de f admet un point d'inflexion au point d'abscisse 0. » Cette réciproque est fausse.

On peut par exemple considérer la fonction f définie par $f(x) = x^4$.

On a $f'(x) = 4x^3$ et $f''(x) = 12x^2$.

La dérivée seconde étant positive, la fonction f est convexe.

Ainsi, même si $f''(0) = 0$, la courbe $\mathscr{C}_f$ n'a pas de point d'inflexion car f ne change pas de convexité.

9 A. a. L'équation de la tangente étudiée a pour équation :

$y = \sin'(0)(x-0) + \sin(0) \Leftrightarrow y = \cos(0)x + 0$
$\Leftrightarrow y = x$.

Rappel : $\sin(0) = 0$ et $\cos(0) = 1$.

b. La fonction sinus étant positive sur $[0\,;\pi]$, sa dérivée seconde y est donc négative.

Ainsi, la fonction sinus est concave sur $[0\,;\pi]$.

c. Sur $[0\,;\pi]$, la courbe de la fonction sinus est sous ses tangentes car la fonction sinus est concave.

On en déduit donc que sur $[0\,;\pi]$, on a $\sin(x) \leq x$.

B. a. Pour tout réel x de $[0\,;\pi]$, on a :

$g'(x) = \cos(x) - 1 + \frac{1}{6} \times 3x^2 = \cos(x) - 1 + \frac{1}{2}x^2$

et $g''(x) = -\sin(x) + \frac{1}{2} \times 2x = -\sin(x) + x$.

b. D'après le résultat de la question **1. c**, on a $\sin(x) \leq x$ et donc $0 \leq -\sin(x) + x$ pour tout réel x de $[0\,;\pi]$.

Il s'en suit que g'' est positive et que g' est donc croissante sur $[0\,;\pi]$.

c. On a $g'(0) = \cos(0) - 1 + \frac{1}{2} \times 0^2 = 0$.

Comme g' est croissante sur $[0\,;\pi]$ et que $g'(0) = 0$, g' est positive sur $[0\,;\pi]$. Il s'en suit que g est croissante sur $[0\,;\pi]$.

d. On a $g(0) = \sin(0) - 0 + \frac{1}{6} \times 0^3 = 0$.

Comme g est croissante sur $[0\,;\pi]$ et que $g(0) = 0$, g est positive sur $[0\,;\pi]$.

C. D'après les résultats des questions **A. c** et **B. d**, on a l'encadrement $x - \frac{1}{6}x^3 \leq \sin(x) \leq x$ pour tout réel x de $[0\,;\pi]$.

Cela se vérifie graphiquement sur la figure ci-après.

On notera en particulier la précision de l'encadrement pour de petites valeurs de x (les trois courbes semblent quasiment confondues !)

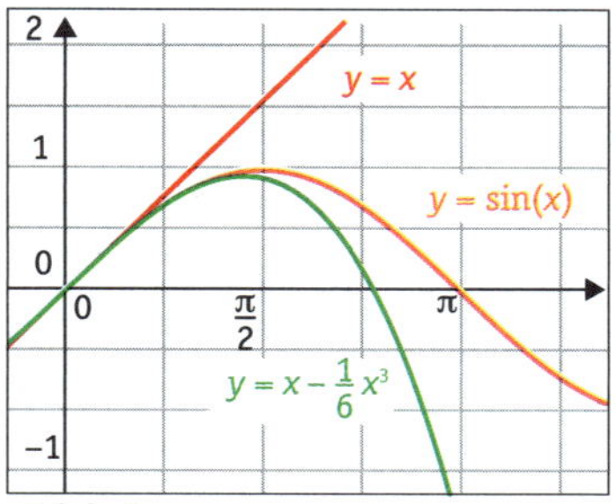

10 Soit a un réel de I.
La tangente T à la courbe $\mathscr{C}$ représentative de f en son point d'abscisse a a pour équation $y = f'(a)(x-a)+f(a)$.
Pour étudier la position relative de T et $\mathscr{C}$, on étudie le signe de la fonction g définie sur I par $g(x)=f(x)-(f'(a)(x-a)+f(a))$.
Pour tout réel x de I, on a $g'(x)=f'(x)-f'(a)$.
On a donc aussi $g''(x)=f''(x)$.
Comme f'' est positive, on en déduit que g'' est positive puis que g' est croissante sur I.
Comme $g'(a)=f'(a)-f'(a)=0$, on en déduit alors que g' est négative puis positive et change de signe en a.
La fonction g admet donc un minimum en a. Or, on a :
$g(a)=f(a)-(f'(a)(a-a)+f(a))=f(a)-(0+f(a))=0$.
On en déduit donc que la fonction g est positive sur I.
Autrement dit, $\mathscr{C}$ est au-dessus de T.
Le raisonnement peut être résumé dans le tableau ci-dessous.

x		a	
Signe de $g''(x)$	+		+
Variations de g'	↗	0	↗
Signe de $g'(x)$	–	0	+
Variations de g	↘	0	↗

5 Page 152

1 a. Sur $]-\infty\,;2]$, f est affine donc il suffit de calculer deux images pour pouvoir tracer la demi-droite représentative de f sur cet intervalle.
On a, par exemple, $f(0)=3-0,5\times 0=3$ et $f(2)=3-0,5\times 2=2$ donc on peut placer les points de coordonnées $(0\,;\,3)$ et $(2\,;2)$.
On procède de même sur $]2\,;+\infty[$.

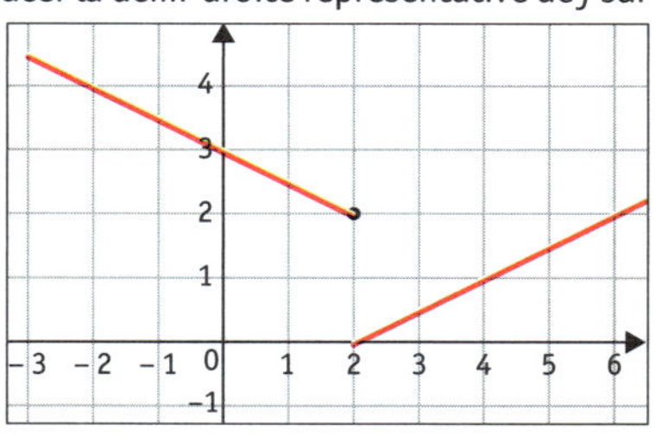

b. On a $\lim\limits_{x\to 2^+} f(x)=0{,}5\times 2-1=0$ et $f(2)=2\neq 0$. La fonction f n'est donc pas continue en 2, donc pas continue sur $\mathbb{R}$. En revanche, elle est bien continue partout ailleurs car sur $]-\infty\,;2[$ et sur $]2\,;+\infty[$, f est affine.

2 a. Pour tout réel x, on a $f'(x)=3x^2-6x$.
On résout $f'(x)=0$ qui est une équation du second degré.
On pose $a=3$, $b=-6$ et $c=0$. On a $\Delta=b^2-4ac=36$.
Le discriminant est positif, donc il y a deux solutions :

$$x_1=\frac{-b-\sqrt{\Delta}}{2a}=0 \text{ et } x_2=\frac{-b+\sqrt{\Delta}}{2a}=2.$$

Par ailleurs, $\lim\limits_{x\to+\infty} f(x)=\lim\limits_{x\to+\infty} x^3=+\infty$ et $\lim\limits_{x\to-\infty} f(x)=\lim\limits_{x\to-\infty} x^3=-\infty$.
On a aussi :
$f(0)=0^3-3\times 0^2-6=-6$ et $f(2)=2^3-3\times 2^2-6=-10$.
Finalement, on a le tableau de variations suivant :

x	$-\infty$		0		2		$+\infty$
Signe de $f'(x)$		+	0	–	0	+	
Variations de f	$-\infty$	↗	–6	↘	–10	↗	$+\infty$

b. Sur $]-\infty\,;2]$, le maximum de f vaut –6 donc l'équation $f(x)=0$ n'a pas de solution dans $]-\infty\,;2]$.
Sur $[2\,;+\infty[$, f est continue et strictement croissante et 0 est compris entre $f(2)=-10$ et $\lim\limits_{n\to+\infty} f(x)=+\infty$ donc, d'après le théorème des valeurs intermédiaires, l'équation $f(x)=0$ a une unique solution α dans $[3\,;+\infty[$.
Remarque : Ici, il ne faut pas mentionner le théorème des valeurs intermédiaires sur $]-\infty\,;2]$. L'absence de solution n'a rien à voir avec une question de continuité.
c. On dresse un tableau de valeurs de f à la calculatrice avec un pas de 0,001. Si le nombre de valeurs à calculer est trop grand pour la calculatrice, ou si la recherche est trop longue, on peut commencer avec un pas plus large. Par exemple, avec un pas de 1, on observe que α est compris entre 3 et 4. Puis avec un pas de 0,01, on voit que α est compris entre 3,49 et 3,50. Enfin, avec un pas de 0,001, on voit que α est compris entre 3,492 et 3,493.

3 A. $B(x)=R(x)-C(x)$
$=1{,}5x-(0{,}02x^3-0{,}36x^2+2{,}7x+1)$
$=1{,}5x-0{,}02x^3+0{,}36x^2-2{,}7x-1$
$=-0{,}02x^3+0{,}36x^2-1{,}2x-1$

B. a. Pour tout réel x de $[0\,;15]$, on a
$B'(x)=-0{,}02\times 3x^2+0{,}36\times 2x-1{,}2=-0{,}06x^2+0{,}72x-1{,}2$.
b. On résout l'équation du second degré $B'(x)=0$.
On a $a=-0{,}06$, $b=0{,}72$ et $c=-1{,}2$ donc $\Delta=b^2-4ac=0{,}2304$.
Le discriminant est positif, donc il y a deux racines :

$$x_1=\frac{-0{,}72-\sqrt{0{,}2304}}{2\times(-0{,}06)}=10 \text{ et } x_2=\frac{-0{,}72+\sqrt{0{,}2304}}{2\times(-0{,}06)}=2.$$

On a donc le tableau ci-dessous :

x	0		2		10		12
Signe de $B'(x)$		–	0	+	0	–	
Variations de B	–1	↘	–2,12	↗	3	↘	–5,5

C. Sur $[0\,;2]$, le maximum de la fonction B est égal à -1, donc l'équation $B(x)=0$ n'a pas de solution dans cet intervalle.
Sur $[2\,;10]$, B est continue, strictement croissante, et 0 est compris entre $B(2)$ et $B(10)$ donc, d'après le théorème des valeurs intermédiaires, l'équation $B(x)=0$ admet une unique solution α dans l'intervalle $[2\,;10]$.
Sur $[10\,;15]$, B est continue, strictement décroissante, et 0 est compris entre $B(15)$ et $B(10)$ donc, d'après le théorème des valeurs intermédiaires, l'équation $B(x)=0$ admet une unique solution β dans l'intervalle $[1\,;8]$.
L'équation $B(x)=0$ admet donc bien exactement deux solutions dans l'intervalle $[0\,;15]$.

D. a. On peut compléter un tableau comme ci-dessous.

x	0	1	2	3	4	5	6
x	–1	–1,86	–2,12	–1,9	–1,32	–0,5	0,44

Affichage : 5 et 6.

MATHS

L'algorithme permet d'obtenir un encadrement d'amplitude 1 du nombre α.

b. Voici une version modifiée du programme.

```
x=10
y=3
while y>0:
    x=x+0.001
    y=-0.02*x**3+0.36*x**2-1.2*x-1
print(x-0.001,x)
```

On commence le « balayage » des valeurs à partir de $x=10$ car on sait que la solution β se trouve dans l'intervalle $[10 ; 15]$.
On modifie la condition de la boucle car cette fois-ci, la fonction est décroissante ; en 10 elle est positive et elle prend des valeurs négatives sur $[\beta ; 15]$.
On modifie également le pas pour obtenir la précision voulue.

c. On dresse un tableau de valeurs de la fonction B à la calculatrice avec un pas de 0,001. On trouve alors que $\alpha \in [5{,}539 ; 5{,}54]$.
Au besoin, on peut commencer la recherche avec un pas plus grand puis réduire la plage.

E. a. D'après les résultats précédents, l'entreprise est bénéficiaire si elle produit entre α et β tonnes de sauce tomate, c'est-à-dire entre 5 540 et 11 146 kilogrammes de sauce tomate.
Remarque : en 5,539 et 11,147, la fonction B est négative.

b. Le bénéfice maximal de l'entreprise s'élève à 30 000 € (et il est atteint pour une production de 10 tonnes de sauce tomate).

4 A. La fonction cube est continue et strictement croissante sur $\mathbb{R}$, donc la fonction f aussi.
De plus, 0 est compris entre $f(1)=1^3-2=-1$ et $f(2)=2^3-2=6$.
D'après le théorème des valeurs intermédiaires, l'équation $f(x)=0$ admet donc une unique solution α située dans l'intervalle $[1 ; 2]$.

B. a. On a $m=\dfrac{a+b}{2}$.

b. Comme $f(a)<0$, on en déduit que f change de signe sur l'intervalle $[a ; m]$.
Le théorème des valeurs intermédiaires s'applique à nouveau et on en déduit que α est dans $[a ; m]$.

c. Le même raisonnement permet d'établir que α est dans $[m ; b]$.

d. Voici le programme complété.

```
def dichotomie(eps):
    a=1
    b=2
    while b-a>eps:
        m=(a+b)/2
        if m**3-2>0:
            b=m
        else:
            a=m
    return(a,b)
```

5 a. On a $f'(x)=3x^2$.
Ainsi, la tangente au point d'abscisse a a pour équation :

$$y=f'(a)(x-a)+f(a) \Leftrightarrow y=3a^2(x-a)+a^3-2$$
$$\Leftrightarrow y=3a^2x-3a^3+a^3-2$$
$$\Leftrightarrow y=3a^2x-2a^3-2.$$

b. L'abscisse du point d'intersection de la tangente au point d'abscisse a avec l'axe des abscisses est la solution de l'équation suivante :

$$3a^2x-2a^3-2=0 \Leftrightarrow 3a^2x=2a^3+2$$
$$\Leftrightarrow x=\frac{2a^3+2}{3a^2}.$$

On a donc bien $x_{n+1}=\dfrac{2x_n^{\ 3}+2}{3x_n^{\ 2}}$.

c. `x=(2*L[k]**3+2)/(3*L[k]**2)`

d. On obtient le résultat suivant :
[2, 1.5, 1.2962962962962963, 1.2609322247417485, 1.2599218605659261, 1.2599210498953948, 1.259921049894873, 1.2599210498948732]

Remarque : On note que le résultat converge très vite avec la méthode de Newton.

D'ailleurs, une calculatrice donne $\sqrt[3]{2}\approx 1{,}25992105$.
La méthode de dichotomie est beaucoup plus lente. Pour obtenir un résultat aussi précis que celui obtenu ci-dessus, il faudrait... une cinquantaine d'itérations !

6 A. On a $u_1=\sqrt{u_0+3}=\sqrt{3}\approx 1{,}73$; $u_2=\sqrt{u_1+3}=\sqrt{\sqrt{3}+3}\approx 2{,}18$ et $u_3=\sqrt{u_2+3}=\sqrt{\sqrt{\sqrt{3}+3}+3}\approx 2{,}27$.

B. a. Pour tout entier naturel n, on note $\mathcal{P}_n$: « $u_n \leq u_{n+1} \leq 3$ ».
▶ *Initialisation :* On a bien $u_0 \leq u_1 \leq 3$, donc $\mathcal{P}_0$ est vraie.
▶ *Hérédité :* Supposons que $\mathcal{P}_k$ est vraie pour un certain entier k.
On a donc : $u_k \leq u_{k+1} \leq 3$.

$$u_k \leq u_{k+1} \leq 3 \Rightarrow u_k+3 \leq u_{k+1}+3 \leq 6$$
$$\Rightarrow \sqrt{u_k+3} \leq \sqrt{u_{k+1}+3} \leq \sqrt{6}$$
$$\Rightarrow u_{k+1} \leq u_{k+2} \leq 3 \text{ car } \sqrt{6} \leq 3.$$

Autrement dit, $\mathcal{P}_{k+1}$ est vraie.
La propriété est donc héréditaire.
▶ *Conclusion :* $\mathcal{P}_0$ est vraie et la propriété est héréditaire, donc $\mathcal{P}_n$ est vraie pour tout entier naturel n.

b. La suite (u_n) est croissante et majorée, donc elle converge.

c. Soit f la fonction qui à tout réel de $[-3 ; +\infty[$ associe $\sqrt{x+3}$.
f est continue sur $I=[-3 ; +\infty[$ et la limite ℓ de (u_n) appartient à I donc on a $\ell=\lim\limits_{n\to+\infty} u_n=\lim\limits_{n\to+\infty} u_{n+1}=\lim\limits_{n\to+\infty} f(u_n)=f(\ell)$.

$$\ell=f(\ell) \Leftrightarrow \ell=\sqrt{\ell+3} \Leftrightarrow \ell^2=\ell+3 \text{ et } \ell+3\geq 0$$
$$\Leftrightarrow \ell^2-\ell-3=0 \text{ et } \ell+3\geq 0.$$

On a $a=1$, $b=-1$ et $c=-3$, d'où $\Delta=b^2-4ac=13>0$.
Il y a deux solutions envisageables :

$$\ell_1=\frac{-b-\sqrt{\Delta}}{2a}=\frac{1-\sqrt{13}}{2} \text{ et } \ell_2=\frac{-b+\sqrt{\Delta}}{2a}=\frac{1+\sqrt{13}}{2}.$$

Comme ℓ est positif, on a $\ell=\dfrac{1+\sqrt{13}}{2}\approx 2{,}303$.

7 a. On a $u_1=\sqrt{u_0^{\ 2}+2}=\sqrt{2}\approx 1{,}41$; $u_2=\sqrt{u_1^{\ 2}+2}=\sqrt{4}=2$ et $u_3=\sqrt{u_2^{\ 2}+3}=\sqrt{6}\approx 2{,}45$.

b. Soit f la fonction définie sur $\mathbb{R}$ par $f(x)=\sqrt{x^2+2}$. Pour tout entier naturel n, on a $u_{n+1}=f(u_n)$. Comme f est continue sur $\mathbb{R}$, on a $\ell=\lim\limits_{n\to+\infty} u_n=\lim\limits_{n\to+\infty} u_{n+1}=\lim\limits_{n\to+\infty} f(u_n)=f(\ell)$
Autrement dit, ℓ est solution de l'équation $x=\sqrt{x^2+2}$.

c. Si la suite converge, alors $\ell=\sqrt{\ell^2+2}$ et donc $\ell^2=\ell^2+2$ d'où $0=2$. La suite (u_n) ne converge donc pas.

8 a. $\dfrac{f(a+h)-f(a)}{\not h}\times \not h+f(a)=f(a+h)-f(a)+f(a)=f(a+h)$

b. Comme f est dérivable en a, on a $\lim\limits_{h\to 0}\dfrac{f(a+h)-f(a)}{h}=f'(a)$.
On a donc :

$$\lim_{h\to 0} f(a+h)=\lim_{h\to 0}\left(\frac{f(a+h)-f(a)}{h}\times h-f(a)\right)$$
$$=\lim_{h\to 0}\frac{f(a+h)-f(a)}{h}\times\lim_{h\to 0} h-f(a)$$
$$=f'(a)\times 0-f(a)=f(a).$$

Autrement dit, f est continue en a.

Attention : La réciproque n'est pas vraie ! La fonction valeur absolue est continue en 0 mais n'y est pas dérivable.

6 Page 157

1 $A=6\ln(2)-\ln(8)+\ln(4)=\ln\left(2^6\right)-\ln(8)+\ln(4)$

$=\ln\left(\frac{2^6}{8}\right)+\ln(4)=\ln\left(\frac{2^6}{8}\times 4\right)=\ln(32)$

$B=\ln\left(\sqrt{3}-1\right)+\ln\left(\sqrt{3}+1\right)=\ln\left(\left(\sqrt{3}-1\right)\left(\sqrt{3}+1\right)\right)$

$=\ln\left(\left(\sqrt{3}\right)^2-1^2\right)=\ln(3-1)=\ln(2)$

2 $A=\ln\left(e^2\right)-\ln\left(e^7\right)+\ln\left(\frac{1}{e}\right)=2-7-\ln(e)=2-7-1=-6$

$B=\ln\left(e\sqrt{e}\right)+\ln\left(\frac{1}{\sqrt{e}}\right)=\ln\left(e\sqrt{e}\times\frac{1}{\sqrt{e}}\right)=\ln(e)=1$

3 $A=\ln(8)=\ln(2^3)=3\ln(2)$

$B=\ln(32)=\ln(2^5)=5\ln(2)$

$C=-2\ln(0,5)=-2\ln\left(\frac{1}{2}\right)=-2\times\left(-\ln(2)\right)=2\ln(2)$

$D=\ln(64e^3)=\ln(64)+\ln(e^3)=\ln(2^6)+3=6\ln(2)+3$

4

$\sum_{k=1}^{k=99}\ln\left(\frac{k}{k+1}\right)=\sum_{k=1}^{k=99}\left(\ln(k)-\ln(k+1)\right)$

$=\ln(1)-\cancel{\ln(2)}+\cancel{\ln(2)}-\cancel{\ln(3)}+\cdots+\cancel{\ln(99)}-\ln(100)$

$=\ln(1)-\ln(100)=0-\ln(100)=-\ln(100)$

5 T^2 et d^3 sont proportionnels, donc il existe une constante k telle que $d^3=kT^2$. On a alors :

$d^3=kT^2\Leftrightarrow\ln\left(d^3\right)=\ln\left(kT^2\right)$

$\Leftrightarrow 3\ln(d)=\ln(k)+2\ln(T)$

$\Leftrightarrow \ln(d)=\frac{2}{3}\ln(T)+\frac{\ln(k)}{3}$

Autrement dit, quelle que soit la planète considérée dans le système, le point de coordonnées $(\ln T\,;\ln d)$ appartient à la droite d'équation réduite $y=\frac{2}{3}x+\frac{\ln(k)}{3}$.

6 $(E_1)\Leftrightarrow e^x=7\Leftrightarrow x=\ln(7)$.

$(E_2)\Leftrightarrow e^{2x-8}=4\Leftrightarrow 2x-8=\ln(4)$

$\Leftrightarrow 2x=\ln(4)+8\Leftrightarrow x=\frac{1}{2}\ln(4)+\frac{8}{2}=\ln(2)+4$

$(E_3)\Leftrightarrow 4e^{-x}-1=0\Leftrightarrow 4e^{-x}=1$

$\Leftrightarrow e^{-x}=\frac{1}{4}\Leftrightarrow -x=\ln\left(\frac{1}{4}\right)\Leftrightarrow x=-\ln\left(\frac{1}{4}\right)=\ln(4)$

$(E_4)\Leftrightarrow \ln(x)=3\Leftrightarrow x=e^3$

$(E_5)\Leftrightarrow 2\ln(x)-1=0\Leftrightarrow 2\ln(x)=1$

$\Leftrightarrow \ln(x)=0,5\Leftrightarrow x=e^{0,5}$

$(E_6)\Leftrightarrow 3\ln(2x)=12\Leftrightarrow \ln(2x)=4$

$\Leftrightarrow 2x=e^4\Leftrightarrow x=\frac{1}{2}e^4$

7 $(E_1)\Leftrightarrow \ln(3-x)=2\Leftrightarrow 3-x=e^2$

$\Leftrightarrow -x=e^2-3\Leftrightarrow x=3-e^2$

$(E_2)\Leftrightarrow \ln(x^2-8)=0\Leftrightarrow x^2-8=e^0$

$\Leftrightarrow x^2=e^0+8=9\Leftrightarrow x=3$ ou $x=-3$.

$(E_3)\Leftrightarrow \ln(5x)=\ln(x^2)\Leftrightarrow 5x=x^2$ et $5x>0$ et $x^2>0$.

$\Leftrightarrow 5x-x^2=0$ et $x>0\Leftrightarrow x(5-x)=0$ et $x>0$.

$\Leftrightarrow x=0$ ou $x=5$ et $x>0\Leftrightarrow x=5$.

$(E_4)\Leftrightarrow \ln(3x)=\ln(x^2-4)$

$\Leftrightarrow 3x=x^2-4$ et $3x>0$ et $x^2-4>0$

$\Leftrightarrow x^2-3x-4=0$ et $x>0$ et $x^2>4$.

On résout l'équation $x^2-3x-4=0$. On a $a=1$, $b=-3$ et $c=-4$. Ainsi, $\Delta=b^2-4ac=25>0$. Il y a donc deux solutions potentielles : $x_1=\frac{-b-\sqrt{\Delta}}{2a}=-1$ et $x_2=\frac{-b+\sqrt{\Delta}}{2a}=4$.

Par ailleurs, l'inéquation $x^2>4$ a pour ensemble de solutions $]-\infty\,;-2[\cup]2\,;+\infty[$.

Finalement, la seule solution de (E_4) est 4.

8 $(I_1)\Leftrightarrow e^{2-x}\leq 5\Leftrightarrow 2-x\leq\ln(5)\Leftrightarrow 2-\ln(5)\leq x$

$\Leftrightarrow x\in[2-\ln(5)\,;+\infty[$

$(I_2)\Leftrightarrow 2e^{0,5x}-14>0\Leftrightarrow 2e^{0,5x}>14\Leftrightarrow e^{0,5x}>7$

$\Leftrightarrow 0,5x>\ln(7)\Leftrightarrow x>2\ln(7)\Leftrightarrow x\in]2\ln(7)\,;+\infty[$

$(I_3)\Leftrightarrow \ln(x)<1\Leftrightarrow x<e^1$ et $x>0\Leftrightarrow x\in]0\,;e[$

$(I_4)\Leftrightarrow \ln(6-2x)>0\Leftrightarrow 6-2x>e^0$ et $6-2x>0$

$\Leftrightarrow -2x>-5$ et $6>2x$

$\Leftrightarrow x<2,5$ et $3>x\Leftrightarrow x<2,5$

$\Leftrightarrow x\in]-\infty\,;2,5[$

$(I_5)\Leftrightarrow 2-\ln(x+1)>0\Leftrightarrow 2>\ln(x+1)$

$\Leftrightarrow e^2>x+1$ et $x+1>0\Leftrightarrow e^2-1>x$ et $x>-1$

$\Leftrightarrow x\in]-1\,;e^2-1[$.

$(I_6)\Leftrightarrow \ln(x^2-x)\leq\ln(2x)$

$\Leftrightarrow x^2-x\leq 2x$ et $x^2-x>0$ et $2x>0$.

On a $x^2-x\leq 2x\Leftrightarrow x^2-3x\leq 0$.

Les solutions de l'équation $x^2-3x=0$ sont 0 et 3.

On a donc $x^2-3x\leq 0\Leftrightarrow 0\leq x\leq 3$.

Les solutions de l'équation $x^2-x=0$ sont 0 et 1.

On a donc aussi $x^2-x>0\Leftrightarrow x<0$ ou $x>1$.

Enfin, on a aussi $2x>0\Rightarrow x>0$.

Finalement, $(I_6)\Leftrightarrow 0\leq x\leq 3$ et ($x<0$ ou $x>1$) et $x>0$

$\Leftrightarrow 1<x\leq 3\Leftrightarrow x\in]1\,;3]$.

9 **A.** On a $a=1$, $b=3$ et $c=-10$. On a donc $\Delta=b^2-4ac=49$.

Les racines de P sont donc :

$x_1=\frac{-b-\sqrt{\Delta}}{2a}=-5$ et $x_2=\frac{-b+\sqrt{\Delta}}{2a}=2$.

B. a. $(\ln(x))^2+3\ln(x)-10=0\Leftrightarrow X^2+3X-10=0$ et $X=\ln(x)$

$\Leftrightarrow (X=-5$ ou $X=2)$ et $X=\ln(x)$ d'après **A.**

$\Leftrightarrow \ln(x)=-5$ ou $\ln(x)=2$

$\Leftrightarrow x=e^{-5}$ ou $x=e^2$.

b. $e^x+3-10e^{-x}=0\Leftrightarrow e^x(e^x+3-10e^{-x})=0\times e^x$

$\Leftrightarrow (e^x)^2+3e^x-10=0$

$\Leftrightarrow X^2+3X-10=0$ et $X=e^x$

$\Leftrightarrow e^x=-5$ ou $e^x=2$

$\Leftrightarrow e^x=2$ (car $e^x>0$ pour tout réel x)

$\Leftrightarrow x=\ln(2)$.

10 On résout $g(t)=3\times g(0)\Leftrightarrow 10^6e^{0,25t}=3\times 10^6e^{0,25\times 0}$

$\Leftrightarrow e^{0,25t}=3\Leftrightarrow 0,25t=\ln(3)$

$\Leftrightarrow t=4\ln(3)$.

Il faut donc attendre $60\times 4\ln(3)\approx 264$ minutes (soit 4 h 24 min).

11 $(E_1)\Leftrightarrow x^{12}=2\Leftrightarrow \ln\left(x^{12}\right)=\ln(2)$

$\Leftrightarrow 12\ln(x)=\ln(2)\Leftrightarrow \ln(x)=\frac{\ln(2)}{12}$

$\Leftrightarrow x=e^{\frac{\ln(2)}{12}}\approx 1,0595$

$(E_2)\Leftrightarrow (1+x)^{12}=1,25\Leftrightarrow \ln\left((1+x)^{12}\right)=\ln(1,25)$

$\Leftrightarrow 12\ln(1+x)=\ln(1,25)\Leftrightarrow \ln(1+x)=\frac{\ln(1,25)}{12}$

$\Leftrightarrow 1+x=e^{\frac{\ln(1,25)}{12}}\Leftrightarrow x=e^{\frac{\ln(1,25)}{12}}-1\approx 0,0188$

$(E_3)\Leftrightarrow (1+x)^6=0,7\Leftrightarrow \ln\left((1+x)^6\right)=\ln(0,7)$

$\Leftrightarrow 6\ln(1+x)=\ln(0,7)\Leftrightarrow \ln(1+x)=\frac{\ln(0,7)}{6}$

$\Leftrightarrow 1+x=e^{\frac{\ln(0,7)}{6}}\Leftrightarrow x=e^{\frac{\ln(0,7)}{6}}-1\approx -0,0577$

12 $(I_1)\Leftrightarrow 1,3^n\geq 2\times 10^6\Leftrightarrow \ln\left(1,3^n\right)\geq\ln\left(2\times 10^6\right)$

$\Leftrightarrow n\ln(1,3)\geq\ln\left(2\times 10^6\right)$

$\Leftrightarrow n\geq\frac{\ln\left(2\times 10^6\right)}{\ln(1,3)}\approx 55,3\Leftrightarrow n\geq 56$

MATHS

$(I_2) \Leftrightarrow 0{,}8^n < 10^{-5} \Leftrightarrow \ln(0{,}8^n) < \ln(10^{-5})$

$\Leftrightarrow n\ln(0{,}8) < \ln(10^{-5})$

$\Leftrightarrow n > \dfrac{\ln(10^{-5})}{\ln(0{,}8)}$ car $\ln(0{,}8)$ est négatif

$\Leftrightarrow n \geq 52$ car $\dfrac{\ln(10^{-5})}{\ln(0{,}8)} \approx 51{,}6$.

$(I_3) \Leftrightarrow 300 \times 0{,}82^n \geq 0{,}9 \Leftrightarrow 0{,}82^n \geq 0{,}003$

$\Leftrightarrow \ln(0{,}82^n) \geq \ln(0{,}003) \Leftrightarrow n\ln(0{,}82) \geq \ln(0{,}003)$

$\Leftrightarrow n \leq \dfrac{\ln(0{,}003)}{\ln(0{,}82)}$ car $\ln(0{,}82)$ est négatif

$\Leftrightarrow n \leq 29$ car $\dfrac{\ln(0{,}003)}{\ln(0{,}82)} \approx 29{,}3$.

13 a. Le coefficient multiplicateur global est égal à $\dfrac{2\,967}{2\,226}$.

On cherche donc un taux t tel que :

$(1+t)^4 = \dfrac{2\,967}{2\,226} \Leftrightarrow \ln\left((1+t)^4\right) = \ln\dfrac{2\,967}{2\,226}$

$\Leftrightarrow 4\ln(1+t) = \ln\dfrac{2\,967}{2\,226}$

$\Leftrightarrow \ln(1+t) = \dfrac{1}{4}\ln\dfrac{2\,967}{2\,226}$

$\Leftrightarrow 1+t = e^{\frac{1}{4}\ln\frac{2\,967}{2\,226}} \Leftrightarrow t = e^{\frac{1}{4}\ln\frac{2\,967}{2\,226}} - 1 \approx +\,7{,}45\ \%$

Le taux d'évolution annuel moyen cherché est d'environ 7,45 %.

b. On note t le taux moyen trouvé à la question précédente.

On cherche n tel que $(1+t)^n \geq 100\,000$.

$2\,967(1+t)^n \geq 100\,000 \Leftrightarrow \ln\left((1+t)^n\right) \geq \ln\left(\dfrac{100\,000}{2\,967}\right)$

$\Leftrightarrow n\ln(1+t) \geq \ln\left(\dfrac{100\,000}{2\,967}\right)$

$\Leftrightarrow n \geq \dfrac{\ln\left(\dfrac{100\,000}{2\,967}\right)}{\ln(1+t)} \approx 48{,}97$

Il faut donc attendre au moins 49 années, ce qui correspond à l'année 2067.

14 On résout l'inéquation (I) : $10\,000 \times (1 - 11\ \%)^n \leq 5$.

$(I) \Leftrightarrow 0{,}89^n \leq 0{,}0005 \Leftrightarrow \ln(0{,}89^n) \leq \ln(0{,}0005)$

$\Leftrightarrow n\ln(0{,}89) \leq \ln(0{,}0005) \Leftrightarrow n \geq \dfrac{\ln(0{,}0005)}{\ln(0{,}89)}$

Or $\dfrac{\ln(0{,}0005)}{\ln(0{,}89)} \approx 65{,}2$ donc Toto doit attendre au moins 66 années.

15 a. $\lim\limits_{x\to+\infty} f(x) = \lim\limits_{x\to+\infty} x\left(1 - \dfrac{\ln(x)}{x}\right) = \underbrace{\lim\limits_{x\to+\infty} x}_{+\infty} \times \underbrace{\lim\limits_{x\to+\infty}\left(1 - \dfrac{\ln(x)}{x}\right)}_{1-0} = +\infty$

Pour tout x de I, $f'(x) = 1 - \dfrac{1}{x} = \dfrac{x}{x} - \dfrac{1}{x} = \dfrac{x-1}{x}$. On a donc :

x	0		1		+∞
Signe de x − 1		−	0	+	
Signe de x		+		+	
Signe de $f'(x)$		−	0	+	
Variations de f	+∞	↘	1	↗	+∞

b. On a $\lim\limits_{x\to1^-} x = 1$ et $\lim\limits_{x\to1^-} \ln(x) = 0^+$, donc $\lim\limits_{x\to1^-} f(x) = +\infty$.

D'après le cours, $\lim\limits_{x\to+\infty} f(x) = +\infty$.

La fonction f est de la forme $\dfrac{u}{v}$ avec $u(x) = x$ et $v(x) = \ln(x)$.

Pour tout x de I, on a :

$f'(x) = \dfrac{u'(x)v(x) - u(x)v'(x)}{(v(x))^2} = \dfrac{1 \times \ln(x) - x \times \dfrac{1}{x}}{(\ln(x))^2} = \dfrac{\ln(x) - 1}{(\ln(x))^2}$.

On a $\ln(x) - 1 > 0 \Leftrightarrow \ln(x) > 1 \Leftrightarrow x > e$. Ainsi, on a :

x	1		e		+∞
Signe de ln(x) − 1		−	0	+	
Signe de (ln(x))²		+		+	
Signe de $f'(x)$		−	0	+	
Variations de f	+∞	↘	e	↗	+∞

c. $\lim\limits_{x\to0} f(x) = \underbrace{\lim\limits_{x\to0}(3x-2)}_{-2} - 2\underbrace{\lim\limits_{x\to0} x\ln(x)}_{0} = -2 - 2\times0 = -2$.

Pour tout x de I, on a $f(x) = x\left(3 - \dfrac{2}{x} - 2\ln(x)\right)$.

On a $\lim\limits_{x\to+\infty}\left(3 - \dfrac{2}{x} - 2\ln(x)\right) = 3 - \underbrace{\lim\limits_{x\to+\infty}\dfrac{2}{x}}_{0} - 2\underbrace{\lim\limits_{x\to+\infty}\ln(x)}_{+\infty} = -\infty$ et on a aussi $\lim\limits_{x\to+\infty} x = +\infty$, donc $\lim\limits_{x\to+\infty} f(x) = -\infty$.

En utilisant la formule de dérivation d'un produit pour le dernier terme de la somme définissant f, on a, pour tout x de I :

$f'(x) = 3 - 0 - 2\left(1 \times \ln(x) + x \times \dfrac{1}{x}\right) = 3 - 2(\ln(x) + 1)$

$= 3 - 2\ln(x) - 2 = 1 - 2\ln(x)$.

On a $1 - 2\ln(x) < 0 \Leftrightarrow 1 < 2\ln(x) \Leftrightarrow 0{,}5 < \ln(x) \Leftrightarrow e^{0,5} < x$.

On a aussi $f(e^{0,5}) = 3e^{0,5} - 2 - 2e^{0,5}\ln(e^{0,5})$

$= 3e^{0,5} - 2 - 2e^{0,5} \times 0{,}5 = 2e^{0,5} - 2$.

x	0		$e^{0,5}$		+∞
Signe de $f'(x)$		+	0	−	
Variations de f	2	↗	$2e^{0,5} - 2$	↘	−∞

16 a. $\lim\limits_{x\to-\infty}(6-2x) = +\infty$ et $\lim\limits_{X\to+\infty}\ln(X) = +\infty$ donc $\lim\limits_{x\to+\infty} f(x) = +\infty$.

$\lim\limits_{x\to3}(6-2x) = 0$ et $\lim\limits_{X\to0}\ln(X) = -\infty$ donc $\lim\limits_{x\to3} f(x) = -\infty$.

Pour tout x de I, on a $f'(x) = \dfrac{-2}{6-2x} < 0$ car $6 - 2x > 0$ sur I.

On a donc le tableau suivant :

x	−∞		3
Variations de f	+∞	↘	−∞

b. Le logarithme népérien n'étant défini que sur $]0\,;+\infty[$, la fonction f n'est définie que là où $\ln(x)$ est strictement positif, c'est-à-dire sur $I =]-1\,;+\infty[$.

$\lim\limits_{x\to1}\ln(x) = 0$ et $\lim\limits_{X\to0}\ln(X) = -\infty$ donc $\lim\limits_{x\to1} f(x) = -\infty$.

$\lim\limits_{x\to+\infty}\ln(x) = +\infty$ et $\lim\limits_{X\to+\infty}\ln(X) = +\infty$ donc $\lim\limits_{x\to+\infty} f(x) = +\infty$.

Pour tout x de I, $f'(x) = \dfrac{\frac{1}{x}}{\ln(x)} = \dfrac{1}{x\ln(x)} > 0$ car $\ln(x) > 0$ sur I.

On a donc le tableau suivant :

x	1		+∞
Variations de f	−∞	↗	+∞

Remarque : La croissance de cette fonction est extrêmement lente ! Ainsi, $f(10^{1\,000\,000\,000}) \approx 21{,}6$ mais on a bien $\lim\limits_{x \to +\infty} f(x) = +\infty$!

c. $\lim\limits_{x \to -1} \dfrac{x+1}{x+2} = 0$ et $\lim\limits_{X \to 0} \ln(X) = -\infty$ donc $\lim\limits_{x \to -1} f(x) = -\infty$.

$\lim\limits_{x \to +\infty} \dfrac{x+1}{x-2} = \lim\limits_{x \to +\infty} \dfrac{x}{x} = 1$ et $\lim\limits_{X \to 1} \ln(X) = 0$ donc $\lim\limits_{x \to +\infty} f(x) = 0$.

Pour tout réel x de I, on a $x+1>0$ et $x+2>0$, donc on peut écrire $f(x) = \ln(x+1) - \ln(x+2)$. Il s'en suit que :

$$f'(x) = \frac{1}{x+1} - \frac{1}{x+2} = \frac{x+2}{(x+1)(x+2)} - \frac{x+1}{(x+1)(x+2)}$$
$$= \frac{x+2-(x+1)}{(x+1)(x+2)} = \frac{x+2-x-1}{(x+1)(x+2)} = \frac{1}{(x+1)(x+2)}.$$

La dérivée de f est donc strictement positive sur I et on a :

x	-1	$+\infty$
Variations de f	$-\infty$ ↗	0

17 **a.** On pose $u(x) = x+1$ et $v(x) = \ln(x)$. On a donc :

$$f'(x) = 2x - (u'(x)v(x) + u(x)v'(x))$$
$$= 2x - \left(1 \times \ln(x) + (x+1) \times \frac{1}{x}\right)$$
$$= 2x - \left(\ln(x) + 1 + \frac{1}{x}\right) = 2x - \ln(x) - 1 - \frac{1}{x}.$$

$$f''(x) = 2 - \frac{1}{x} + \frac{1}{x^2} = \frac{2x^2}{x^2} - \frac{x}{x^2} + \frac{1}{x^2} = \frac{2x^2 - x + 1}{x^2}.$$

b. On étudie le signe de f''. Le numérateur est un polynôme du second degré. Son discriminant vaut : $(-1)^2 - 4 \times 2 \times 1 = -7$. Il est négatif donc il est du signe du coefficient dominant (ici 2), c'est-à-dire positif. Le dénominateur est aussi positif.
f'' est strictement positive, donc f est convexe sur $]0 ; +\infty[$.

c. $f'(1) = 2 \times 1 - \ln(1) - 1 - \dfrac{1}{1} = 2 - 0 - 1 - 1 = 0$

f'' est strictement positive, donc f' est strictement croissante. Comme $f'(1) = 0$, on a alors :

x	0		1		$+\infty$
Signe de $f'(x)$		$-$	0	$+$	
Variations de f		↘	1	↗	

18 On pose $u(x) = x$ et $v(x) = 1 - \ln(x)$. On a $u'(x) = 1$ et $v'(x) = -\dfrac{1}{x}$.
Ainsi, pour tout x de $]0 ; +\infty[$, on a :

$$f'(x) = 1(1 - \ln(x)) + x \times \frac{-1}{x} = 1 - \ln(x) - 1 = -\ln(x).$$

On a donc $f''(x) = -\dfrac{1}{x} < 0$, donc f est concave sur $]0 ; +\infty[$.

On en déduit que $\mathscr{C}_f$ est située en dessous de T.

19 **A. a.** L'équation réduite de T est :

$$y = \ln'(1)(x-1) + \ln(1) \Leftrightarrow y = \frac{1}{1}(x-1) + 0$$
$$\Leftrightarrow y = x - 1.$$

b. La courbe de la fonction ln et sa tangente T sont très proches l'une de l'autre au voisinage du point de coordonnées (1 ; 0).
Pour x assez proche de 1, on a donc $\ln(x) \approx x - 1$.

B. a. Pour tout entier naturel n, on note $\mathscr{P}_n$: « $1 \leq u_{n+1} \leq u_n$ ».

▶ *Initialisation :* On a bien $1 \leq \sqrt{u_0} \leq u_0$ donc $\mathscr{P}_0$ est vraie.

Rappel : Pour tout réel $x \geq 1$, on a $1 \leq \sqrt{x} \leq x$.

▶ *Hérédité :* Supposons que P_k est vraie : $1 \leq u_{k+1} \leq u_k$.
Comme la fonction racine carrée est croissante sur $]0 ; +\infty[$, on a $1 \leq u_{k+1} \leq u_k \Rightarrow \sqrt{1} \leq \sqrt{u_{k+1}} \leq \sqrt{u_k}$
$\Rightarrow 1 \leq u_{k+2} \leq u_{k+1}$.

Autrement dit, $\mathscr{P}_{k+1}$ est vraie.

▶ *Conclusion :* La propriété $\mathscr{P}_n$ est vraie pour $n = 0$ et est héréditaire, donc elle est vraie pour tout entier naturel.

b. D'après le résultat précédent, (u_n) est décroissante et minorée donc elle converge. De plus, on a :

$$\lim_{n \to +\infty} u_n = \lim_{n \to +\infty} u_{n+1} = \lim_{n \to +\infty} \sqrt{u_n}$$
$$= \sqrt{\lim_{n \to +\infty} u_n} \text{ car la fonction racine carrée est continue.}$$

Ainsi, la limite de (u_n) est solution de l'équation $x = \sqrt{x}$.
On en déduit que cette limite vaut 0 ou 1.
Comme la suite (u_n) est minorée par 1, on a donc $\lim\limits_{n \to +\infty} u_n = 1$.

C. a. Pour tout entier naturel n, on note $\mathscr{P}_n$: « $\ln(u_n) = \dfrac{1}{2^n} \ln(u_0)$ ».

▶ *Initialisation :* $\dfrac{1}{2^0} \ln(u_0) = \dfrac{1}{1} \ln(u_0) = \ln(u_0)$ donc $\mathscr{P}_0$ est vraie.

▶ *Hérédité :* Supposons que $\mathscr{P}_k$ est vraie : $\ln(u_k) = \dfrac{1}{2^k} \ln(u_0)$.

On a alors $\ln(u_{k+1}) = \ln\left(\sqrt{u_k}\right) = \dfrac{1}{2} \ln(u_k)$

$$= \frac{1}{2} \times \frac{1}{2^k} \ln(u_k) = \frac{1}{2^{k+1}} \ln(u_k).$$

Autrement dit, $\mathscr{P}_{k+1}$ est vraie.

▶ *Conclusion :* La propriété $\mathscr{P}_n$ est vraie pour $n = 0$ et est héréditaire donc elle est vraie pour tout entier naturel.

b. Si l'entier n est assez grand, u_n est aussi proche que l'on veut de 1 car $\lim\limits_{n \to +\infty} u_n = 1$.

D'après la question **A. b.**, on a alors $\ln(u_n) \approx u_n - 1$.

On en déduit que $\dfrac{1}{2^n} \ln(u_0) \approx u_n - 1$, puis que $\ln(u_0) \approx 2^n(u_n - 1)$.

c. L'algorithme consiste donc à appliquer un certain nombre de fois n la fonction racine carrée à la valeur initiale (jusqu'à obtenir la précision voulue avec eps), puis à utiliser l'approximation obtenue à la question précédente : $\ln(u_0) \approx 2^n(u_n - 1)$.
La variable n du programme permet de compter combien de fois on applique la fonction racine carrée.

```python
from math import*
def lnBriggs (x,eps):
    n=0
    while x-1>eps:
        x=sqrt(x)
        n=n+1
    return(2**n*(x-1),n)
```

20 **a.** On peut donc penser que $\lim\limits_{n \to +\infty} u_n \approx 2{,}718$ voire que $\lim\limits_{n \to +\infty} u_n = \mathrm{e}$.

b. On a $\ln'(x) = \dfrac{1}{x}$.

On a donc $\lim\limits_{h \to 0} \dfrac{\ln(1+h)}{h} = \lim\limits_{h \to 0} \dfrac{\ln(1+h) - \ln(1)}{h} = \ln'(1) = \dfrac{1}{1} = 1$.

Rappel : Par définition, $f'(a) = \lim\limits_{h \to \infty} \dfrac{f(a+h) - f(a)}{h}$.

c. On a $v_n = \ln(u_n) = \ln\left(\left(1 + \dfrac{x}{n}\right)^n\right) = n \ln\left(1 + \dfrac{x}{n}\right) = x \times \dfrac{\ln\left(1 + \dfrac{x}{n}\right)}{\dfrac{x}{n}}$.

MATHS

On a $\lim\limits_{n\to+\infty}\dfrac{x}{n}=0$ et $\lim\limits_{X\to0}\dfrac{\ln(1+X)}{X}=1$ donc $\lim\limits_{n\to+\infty}\dfrac{\ln\left(1+\dfrac{x}{n}\right)}{\dfrac{x}{n}}=1$.

On en déduit que $\lim\limits_{n\to+\infty}v_n=x$.

On a $\lim\limits_{n\to+\infty}v_n=x$ et $\lim\limits_{X\to x}e^X=e^x$, car la fonction exponentielle est continue sur $\mathbb{R}$. Ainsi, $\lim\limits_{n\to+\infty}u_n=\lim\limits_{n\to+\infty}e^{v_n}=e^x$.

21 **A.** On a $\log(1)=\dfrac{\ln(1)}{\ln(10)}=\dfrac{0}{\ln(10)}=0$; $\log(10)=\dfrac{\ln(10)}{\ln(10)}=1$ et

$\log(10^n)=\dfrac{\ln(10^n)}{\ln(10)}=\dfrac{n\ln(10)}{\ln(10)}=n$.

B. $\log(x)=y\Leftrightarrow\dfrac{\ln(x)}{\ln(10)}=y$

$\Leftrightarrow\ln(x)=y\ln(10)$

$\Leftrightarrow x=e^{y\ln(10)}=\left(e^{\ln(10)}\right)^y=10^y$

C. a. $d(P_0)=10(\log(P_0)-\log(P_0))=0$.
Le seuil d'audibilité de l'oreille humaine est de 0 dB.
b. $d(10^{-1})=10(\log(10^{-1})-\log(P_0))=10(-1-(-12))=110$ dB.
L'intensité sonore de l'orchestre dépasse (largement) les 90 dB, donc il faut prémunir les musiciens de tout risque auditif.
D. a. Soit P la puissance sonore de l'aspirateur.
$d(P)=80\Leftrightarrow10(\log(P)-\log(P_0))=80$
$\Leftrightarrow\log(P)-\log(P_0)=8$
$\Leftrightarrow\log(P)=8+\log(P_0)$
$\Leftrightarrow\log(P)=8+\log(10^{-12})=8-12=-4$
$\Leftrightarrow P=10^{-4}\ \text{W}\cdot\text{m}^{-2}$
b. $d(2\times10^{-4})=10\left(\log(2\times10^{-4})-\log(10^{-12})\right)$

$=10\left(\dfrac{\ln(2\times10^{-4})}{\ln(10)}-(-12)\right)\approx83{,}01$

L'intensité sonore s'est donc élevée d'environ 3,01 dB.

22 **a.** Voir exercice **15**, question **b**.
b. f est strictement croissante sur $[e\,;+\infty[$, donc on a :

$f(2020)<f(2021)\Rightarrow\dfrac{2020}{\ln(2020)}<\dfrac{2021}{\ln(2021)}$

$\Rightarrow2020\ln(2021)<2021\ln(2020)$

$\Rightarrow e^{2020\ln(2021)}<e^{2021\ln(2020)}$

$\Rightarrow\left(e^{\ln(2021)}\right)^{2020}<\left(e^{\ln(2020)}\right)^{2021}$

$\Rightarrow2021^{2020}<2020^{2021}$.

7 Page 162

1 **a.** En lisant les valeurs remarquables du cercle trigonométrique, on constate que les solutions de l'équation $\cos(x)=-\dfrac{1}{2}$ dans $[-\pi\,;\pi]$ sont $-\dfrac{2\pi}{3}$ et $\dfrac{2\pi}{3}$.

b. On a $2\cos(x)=\sqrt{3}\Leftrightarrow\cos(x)=\dfrac{\sqrt{3}}{2}$.

Par lecture du cercle trigonométrique, on constate que les solutions de cette équation dans $[-\pi\,;\pi]$ sont $-\dfrac{\pi}{6}$ et $\dfrac{\pi}{6}$.

c. $2\cos(x)+\sqrt{3}=0\Leftrightarrow2\cos(x)=-\sqrt{3}$

$\Leftrightarrow\cos(x)=-\dfrac{\sqrt{3}}{2}$

Par lecture du cercle trigonométrique, on constate que les solutions de cette équation dans $[-\pi\,;\pi]$ sont $-\dfrac{5\pi}{6}$ et $\dfrac{5\pi}{6}$.

d. Par lecture du cercle trigonométrique, on constate que les solutions de l'équation $\sin(x)=-\dfrac{\sqrt{2}}{2}$ dans $[-\pi\,;\pi]$ sont $-\dfrac{3\pi}{4}$ et $\dfrac{-\pi}{4}$.

e. $2\sin(x)-1=0\Leftrightarrow2\sin(x)=1$

$\Leftrightarrow\sin(x)=\dfrac{1}{2}$

Par lecture du cercle trigonométrique, on constate que les solutions de cette équation dans $[-\pi\,;\pi]$ sont $\dfrac{\pi}{6}$ et $\dfrac{5\pi}{6}$.

f. $3\cos(x)-4=0\Leftrightarrow3\cos(x)=4$

$\Leftrightarrow\cos(x)=\dfrac{4}{3}$

Or, pour tout réel x, on a $-1\leq\cos(x)\leq1$.
Cette équation n'a donc pas de solutions.

2 **a.** $2\cos(x)-1\geq0\Leftrightarrow2\cos(x)\geq1$

$\Leftrightarrow\cos(x)\geq\dfrac{1}{2}$

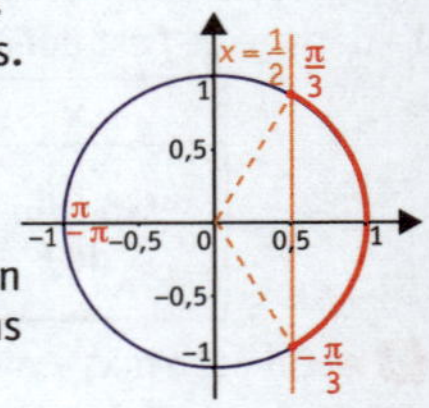

Par lecture du cercle trigonométrique, on en déduit que l'ensemble des solutions cherché est $\left[-\dfrac{\pi}{3}\,;\dfrac{\pi}{3}\right]$.

b. $\sqrt{3}-2\cos(x)\geq0\Leftrightarrow\sqrt{3}\geq2\cos(x)$

$\Leftrightarrow\dfrac{\sqrt{3}}{2}\geq\cos(x)$

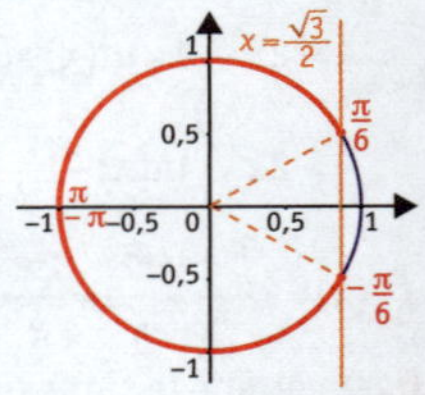

Par lecture du cercle trigonométrique, on en déduit que l'ensemble des solutions cherché est $\left[-\pi\,;-\dfrac{\pi}{6}\right]\cup\left[\dfrac{\pi}{6}\,;\pi\right]$.

c. Par lecture du cercle trigonométrique, on constate que l'ensemble des solutions dans $[-\pi\,;\pi]$ de l'équation $\cos(x)\geq\cos\left(\dfrac{\pi}{5}\right)$ est $\left[-\dfrac{\pi}{5}\,;\dfrac{\pi}{5}\right]$.

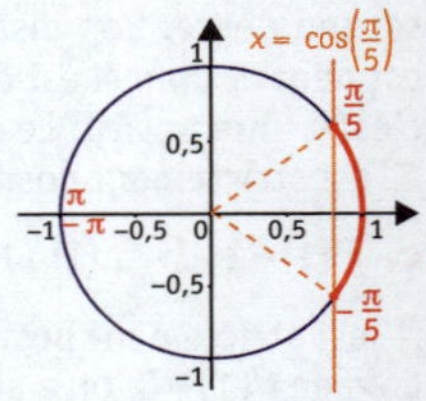

d. Pour résoudre l'inéquation $\sin(x)\cos(x)\geq0$, on dresse un tableau de signes.

x	$-\pi$		$-\frac{\pi}{2}$		0		$\frac{\pi}{2}$		π
Signe de sin(x)		−	‖	−	0	+	‖	+	
Signe de cos(x)		−	0	+	‖	+	0	−	
Signe de sin(x)cos(x)		+	0	−	0	+	0	−	

L'ensemble des solutions cherché est $\left[-\pi\,;-\dfrac{\pi}{2}\right]\cup\left[0\,;\dfrac{\pi}{2}\right]$.

3 **a.** $f'(x)=3-\cos(x)$
b. f est de la forme $u\times v$ avec $u(x)=x$ et $v(x)=\cos(x)$.
On a donc $u'(x)=1$ et $v'(x)=-\sin(x)$. Il s'en suit que :
$f'(x)=1\times\cos(x)+x\times(-\sin(x))=\cos(x)-x\sin(x)$.
c. f est de la forme $u\times v$ avec $u(x)=x^2$ et $v(x)=\sin(x)$.
On a donc $u'(x)=2x$ et $v'(x)=\cos(x)$. Il s'en suit que :
$f'(x)=2x\times\sin(x)+x^2\times\cos(x)=2x\sin(x)+x^2\cos(x)$.
d. f est de la forme u^2 avec $u(x)=\sin(x)$. On a donc :
$f'(x)=2u'(x)u(x)=2\cos(x)\sin(x)$.
Rappel : La dérivée de u^n est $nu'u^{n-1}$ (voir chapitre **3**).
e. On reconnaît une fonction composée $u\circ v$ avec $u(x)=\cos(x)$ et $v(x)=5-12x$. On a donc :

$f'(x)=\dfrac{1}{3}\times v'(x)\times u'(v(x))=\dfrac{1}{3}\times(-12)\times(-\sin(5-12x))$

$=4\sin(5-12x)$.

f. On reconnaît une fonction composée $u \circ v$ avec $u(x) = \sin(x)$ et $v(x) = \frac{1}{x}$. On a donc $f'(x) = v'(x) \times u'(v(x)) = -\frac{1}{x^2} \times \cos\left(\frac{1}{x}\right)$.

g. f est de la forme $\frac{u}{v}$ avec $u(x) = \sin(x)$ et $v(x) = x$.

On a donc $u'(x) = \cos(x)$ et $v'(x) = 1$. Il s'en suit que :

$f'(x) = \frac{\cos(x) \times x - \sin(x) \times 1}{x^2} = \frac{x\cos(x) - \sin(x)}{x^2}$.

h. f est de la forme $u \times v$ avec $u(x) = \cos(x)$ et $v(x) = e^x$.
On a donc $u'(x) = -\sin(x)$ et $v'(x) = e^x$. Il s'en suit que :
$f'(x) = -\sin(x) \times e^x + \cos(x) \times e^x = (\cos(x) - \sin(x))e^x$.

4 a. On reconnaît une forme $u \times v$ avec $u(x) = x$ et $v(x) = \sin(x)$ dans le deuxième terme de $f(x)$.
On a donc $u'(x) = 1$, $v'(x) = \cos(x)$ et :
$f'(x) = -\sin(x) + 1 \times \sin(x) + x \times \cos(x) = x\cos(x)$.

b. Pour déterminer les variations de f, on étudie le signe de f'.

x	0		$\frac{\pi}{2}$		$\frac{3\pi}{2}$		2π
Signe de x	0	+	|	+	|	+	
Signe de $\cos(x)$		+	0	−	0	+	
Signe de $f'(x)$	0	+	0	−	0	+	
Variations de f	1	↗	$\frac{\pi}{2}$	↘	$-\frac{3\pi}{2}$	↗	1

5 a. $f'(x) = -\sin(x) + \frac{2x}{2} = -\sin(x) + x$ et $f''(x) = -\cos(x) + 1$.

b. On a $f'(0) = -\sin(0) + 0 = 0$.
Par ailleurs, $f''(x) = -\cos(x) + 1$, donc f'' est positive. On en déduit que f' est croissante. Comme de plus $f'(0) = 0$, on en déduit que f' est négative sur $]-\infty\,;0]$ et positive sur $[0\,;+\infty[$.
Rappel : Pour tout réel x, on a $-1 \leq \cos(x) \leq 1$.

c. Le signe de f' donne les variations de f.

x	$-\infty$		0		$+\infty$
Signe de $f'(x)$		−	0	+	
Variations de f		↘	0	↗	

d. On constate que, pour tout réel x, on a $f(x) \geq 0$.

Autrement dit, on a $\cos(x) - 1 + \frac{x^2}{2} \geq 0$ et donc $\cos(x) \geq 1 - \frac{x^2}{2}$.

Pour tout réel x, on a donc $1 - \frac{x^2}{2} \leq \cos(x) \leq 1$.

e. Voici une illustration graphique de l'encadrement obtenu.

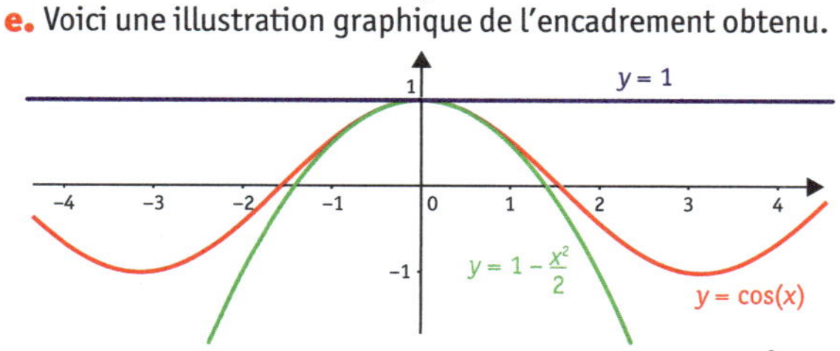

On constate d'ailleurs que $\cos(x)$ est très proche de $1 - \frac{x^2}{2}$ pour des valeurs de x proches de 0.

6 A. a. f est de la forme $u \times v$ avec $u(x) = \cos(x)$ et $v(x) = e^{-x}$.
On a donc $u'(x) = -\sin(x)$ et $v'(x) = -e^{-x}$. Ainsi :
$f'(x) = -\sin(x)e^{-x} + \cos(x) \times (-e^{-x}) = (-\sin(x) - \cos(x))e^{-x}$.

b. f' est de la forme $u \times v$ avec $u(x) = -\sin(x) - \cos(x)$ et $v(x) = e^{-x}$.

On a donc $u'(x) = -\cos(x) + \sin(x)$ et $v'(x) = -e^{-x}$. Ainsi :

$f''(x) = (-\cos(x) + \sin(x))e^{-x} + (-\sin(x) - \cos(x)) \times (-e^{-x})$
$= (-\cos(x) + \sin(x) + \sin(x) + \cos(x))e^{-x}$
$= 2\sin(x)e^{-x}$.

B. $f'\left(\frac{3\pi}{4}\right) = \left(-\sin\left(\frac{3\pi}{4}\right) - \cos\left(\frac{3\pi}{4}\right)\right)e^{-\frac{3\pi}{4}} = \left(-\frac{\sqrt{2}}{2} - \frac{-\sqrt{2}}{2}\right)e^{-\frac{3\pi}{4}} = 0$

$f'\left(\frac{7\pi}{4}\right) = \left(-\sin\left(\frac{7\pi}{4}\right) - \cos\left(\frac{7\pi}{4}\right)\right)e^{-\frac{7\pi}{4}} = \left(-\frac{-\sqrt{2}}{2} - \frac{\sqrt{2}}{2}\right)e^{-\frac{7\pi}{4}} = 0$

C. On a le tableau ci-dessous.

x	0		$\frac{3\pi}{4}$		π		$\frac{7\pi}{4}$		2π
Signe de $\sin(x)$		+	|	+	0	−	|	−	
Signe de e^{-x}		+	|	+	|	+	|	+	
Signe de $f''(x)$		+	|	+	0	−	|	−	
Variations de f'		↗	0	↗		↘	0	↘	
Signe de $f'(x)$		−	0		+		0	−	
Variations de f		↗		↘		↘		↗	
Convexité de f	convexe					concave			

7 A. Sur la figure qui suit, on constate que $\alpha \approx 2{,}8$ et $\beta \approx 6{,}1$.

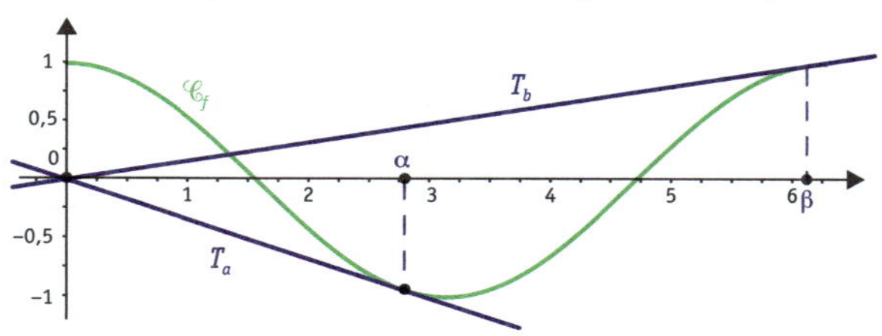

B. a. L'équation de la tangente à $\mathscr{C}_f$ au point d'abscisse a est :
$y = g'(a)(x-a) + g(a) \Leftrightarrow y = -\sin(a)(x-a) + \cos a$
$\Leftrightarrow y = -\sin(a)x + a\sin(a) + \cos(a)$.

b. T_α et T_β passent par l'origine, donc leur ordonnée à l'origine est égale à 0.
Dans la question précédente, on a vu que l'ordonnée à l'origine de la tangente à $\mathscr{C}_f$ au point d'abscisse a est : $a\sin(a) + \cos(a)$.
On en déduit que α et β sont bien des solutions de l'équation :

$$x\sin x + \cos x = 0.$$

C. a. g est de la forme $u \times v$ avec $u(x) = x$ et $v(x) = \sin x$.
On a alors $u'(x) = 1$ et $v'(x) = \cos x$. On en déduit que :

$$g'(x) = 1 \times \sin x + x\cos - \sin x = x\cos x.$$

b. Voici le tableau attendu.

x	0		$\frac{\pi}{2}$		$\frac{3\pi}{2}$		2π
Signe de x		+	|	+	|	+	
Signe de $\cos(x)$		+	0	−	0	+	
Signe de $g'(x)$		+	0	−	0	+	
Variations de g	1	↗	$\frac{\pi}{2}$	↘	$-\frac{3\pi}{2}$	↗	1

D. a. La fonction g est continue sur $[0\,;\,2\pi]$, elle est strictement décroissante sur $\left[\frac{\pi}{2}\,;\,\frac{3\pi}{2}\right]$ et 0 est compris entre $g\left(\frac{3\pi}{2}\right)$ et $g\left(\frac{\pi}{2}\right)$ donc, d'après le théorème des valeurs intermédiaires, l'équation $g(x)=0$ admet bien une unique solution dans l'intervalle $\left[\frac{\pi}{2}\,;\,\frac{3\pi}{2}\right]$. De même, g est strictement croissante sur $\left[\frac{3\pi}{2}\,;\,2\pi\right]$ et 0 est compris entre $g\left(\frac{3\pi}{2}\right)$ et $g(2\pi)$ donc, d'après le théorème des valeurs intermédiaires, l'équation $g(x)=0$ admet bien une unique solution dans l'intervalle $\left[\frac{3\pi}{2}\,;\,2\pi\right]$. Comme de plus, g est strictement positive sur $\left[0\,;\,\frac{\pi}{2}\right]$, l'équation $g(x)=0$ admet exactement deux solutions dans l'intervalle $[0\,;\,2\pi]$.

b. En dressant un tableau de valeurs de g à la calculatrice avec un pas de 0,01, on trouve que α est compris entre 2,79 et 2,80 et que β est compris entre 6,12 et 6,13.

E. a. On peut remplir un tableau à la main comme ci-dessous.

		a	b
Initialisation	m	1,5708	4,7124
Étape 1	3,1416	1,5708	3,1416
Étape 2	2,3562	2,3562	3,1416
Étape 3	2,7489	2,7489	3,1416
Étape 4	2,9453	2,7489	2,9453
Valeurs finales de a et b : 2,7489 et 2,9453.			

b. Plus n est grand, plus l'encadrement obtenu est précis. En effet, à chaque étape, l'écart entre les deux bornes qui encadrent α est divisé par 2.

c. Initialement, l'amplitude de l'encadrement est de π. À chaque étape, cette amplitude est divisée par 2 donc, au bout de n étapes, elle est de $\frac{\pi}{2^n}$. En dressant un tableau de valeurs de cette expression à la calculatrice avec un pas de 1, on trouve que la plus petite valeur de n à saisir pour obtenir un encadrement d'amplitude 0,001 est $n=12$.

8 a. Pour tout réel x, on a $\cos(x)+x^2 \geq x^2-1$.
Or $\lim\limits_{x\to+\infty}(x^2-1)=+\infty$ donc $\lim\limits_{x\to+\infty}(\cos(x)+x^2)=+\infty$.

b. Pour tout réel x, on a $-1\leq\sin(x)\leq 1$.
On a donc aussi $-e^{-x}\leq\sin(x)e^{-x}\leq e^{-x}$.
Or, $\lim\limits_{x\to+\infty}e^{-x}=\lim\limits_{x\to+\infty}\frac{1}{e^x}=0$ donc, d'après le théorème des gendarmes, $\lim\limits_{x\to+\infty}\sin(x)e^{-x}=0$.

9 a. $\tan(0)=\frac{\sin(0)}{\cos(0)}=\frac{0}{1}=0$; $\tan\left(\frac{\pi}{6}\right)=\frac{\sin\left(\frac{\pi}{6}\right)}{\cos\left(\frac{\pi}{6}\right)}=\frac{\frac{1}{2}}{\frac{\sqrt{3}}{2}}=\frac{1}{\sqrt{3}}=\frac{\sqrt{3}}{3}$;

$\tan\left(\frac{\pi}{4}\right)=\frac{\sin\left(\frac{\pi}{4}\right)}{\cos\left(\frac{\pi}{4}\right)}=\frac{\frac{\sqrt{2}}{2}}{\frac{\sqrt{2}}{2}}=1$; $\tan\left(\frac{\pi}{3}\right)=\frac{\sin\left(\frac{\pi}{3}\right)}{\cos\left(\frac{\pi}{3}\right)}=\frac{\frac{\sqrt{3}}{2}}{\frac{1}{2}}=\sqrt{3}$.

b. La fonction tangente est définie partout où le cosinus ne s'annule pas, c'est-à-dire pour toute valeur réelle différente de $\frac{\pi}{2}+k\pi$ où $k\in\mathbb{Z}$.

c. $\tan(-x)=\frac{\sin(-x)}{\cos(-x)}=\frac{-\sin(x)}{\cos(x)}=-\tan(x)$, donc la fonction tangente est impaire.

d. $\tan(x+\pi)=\frac{\sin(x+\pi)}{\cos(x+\pi)}=\frac{-\sin(x)}{-\cos(x)}=\frac{\sin(x)}{\cos(x)}=\tan(x)$, donc la fonction tangente est périodique de période π.

e. La fonction tangente est de la forme $\frac{u}{v}$ avec $u(x)=\sin(x)$ et $v(x)=\cos(x)$. On a alors $u'(x)=\cos(x)$, $v'(x)=-\sin(x)$ et :

$$\tan'(x)=\frac{u'(x)v(x)-u(x)v'(x)}{(v(x))^2}=\frac{\cos(x)\cos(x)-\sin(x)\times(-\sin(x))}{\cos^2(x)}$$
$$=\frac{\cos^2(x)+\sin^2(x)}{\cos^2(x)}=\frac{1}{\cos^2(x)}$$

Rappel : Pour tout réel x, $\cos^2(x)+\sin^2(x)=1$.

On a aussi $\tan'(x)=\frac{\cos^2(x)+\sin^2(x)}{\cos^2(x)}=\frac{\cos^2(x)}{\cos^2(x)}+\frac{\sin^2(x)}{\cos^2(x)}$
$$=1+\left(\frac{\sin(x)}{\cos(x)}\right)^2=1+\tan^2(x).$$

f. La fonction tangente est strictement croissante sur $\left]-\frac{\pi}{2}\,;\,\frac{\pi}{2}\right[$ car sa dérivée y est strictement positive.
On a $\lim\limits_{x\to\frac{\pi}{2}}\sin(x)=1$ et $\lim\limits_{x\to\frac{\pi}{2}^-}\cos(x)=0^+$ donc, par quotient des limites, $\lim\limits_{x\to\frac{\pi}{2}^-}\tan(x)=\lim\limits_{x\to\frac{\pi}{2}^-}\frac{\sin(x)}{\cos(x)}=+\infty$.
On a aussi $\lim\limits_{x\to-\frac{\pi}{2}^+}\tan(x)=-\infty$ car la fonction tangente est impaire.
On a donc le tableau ci-dessous.

x	$-\frac{\pi}{2}$	0	$\frac{\pi}{2}$
Variations de tan	$-\infty$ ↗	0	↗ $+\infty$

g. La tangente à la courbe de la fonction tangente en son point d'abscisse 0 a pour équation :
$y=\tan'(0)(x-0)+\tan(0) \Leftrightarrow y=(1+\tan^2(0))(x-0)+\tan(0)$
$\Leftrightarrow y=x.$

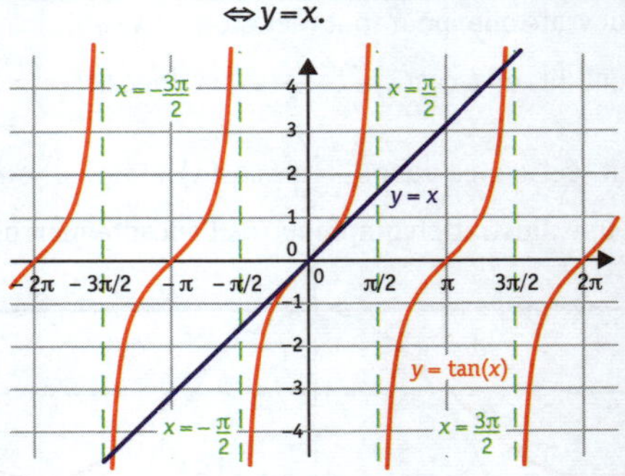

8 Page 166

1 A. a. $F(x)=4\times\frac{1}{4}x^4-2\times\frac{1}{2}x^2+x=x^4-x^2+x$

b. $G(x)=7\times\frac{1}{2}x^2-e^x=\frac{7}{2}x^2-e^x$

c. $H(x)=3\ln(x)-2\times\frac{-1}{2x^2}=3\ln(x)+\frac{1}{x^2}$

d. $R(x)=3\times2\sqrt{x}+3e^{x}-x=6\sqrt{x}+3e^{x}-x$

e. $S(x)=3\times\dfrac{1}{0,5}e^{0,5x-2}+2x=6e^{0,5x-2}+2x$

f. $T(x)=3\times(-\cos(x))=-3\cos(x)$

g. $U(x)=\dfrac{1}{2}\sin\left(2x-\dfrac{\pi}{6}\right)$

h. $V(x)=\dfrac{1}{3}\times\dfrac{1}{3}\sin(3x+1)=\dfrac{1}{9}\sin(3x+1)$

B. Les primitives de s sont de la forme $S(x)=6e^{0,5x-2}+2x+k$.

On a $S(4)=0 \Leftrightarrow 6e^{0,5\times4-2}+2\times4+k=0$

$\Leftrightarrow 6+8+k=0$

$\Leftrightarrow k=-14.$

La primitive cherchée est définie par $S(x)=6e^{0,5x-2}+2x-14$.

2 A. a. f est de la forme $u'u$ avec $u(x)=\sin(x)$.

Une primitive de f est donc donnée par $F(x)=\dfrac{1}{2}\sin^2(x)$.

b. $g(x)=(3x+2)^7=\dfrac{1}{3}\times3(3x+2)^7$. On reconnaît une forme $u'u^n$.

Une primitive de g est $G(x)=\dfrac{1}{3}\times\dfrac{1}{8}(3x+2)^8=\dfrac{1}{24}(3x+2)^8$.

c. h est de la forme $\dfrac{u'}{u^3}$ avec $u(x)=x^2+1$.

Une primitive de h est donnée par : $H(x)=\dfrac{-1}{2(x^2+1)^2}$.

d. $r(x)=\dfrac{1}{\sqrt{4x-2}}=\dfrac{1}{4}\times\dfrac{4}{\sqrt{4x-2}}$. On reconnaît une forme $\dfrac{u'}{\sqrt{u}}$.

Une primitive de r est : $R(x)=\dfrac{1}{4}\times2\sqrt{4x-2}=\dfrac{1}{2}\sqrt{4x-2}$.

e. $s(x)=xe^{x^2}=\dfrac{1}{2}\times2xe^{x^2}$. On reconnaît une forme $u'e^u$.

Une primitive de s est donnée par $S(x)=\dfrac{1}{2}e^{x^2}$.

f. $t(x)=\dfrac{3}{e^x}=3e^{-x}$

t admet donc pour primitive $T(x)=3\times\dfrac{1}{-1}e^{-x}=-3e^{-x}$.

g. v est de la forme $\dfrac{u'}{u}$ avec $u(x)=\sin(x)+2$ et u est positive sur $\mathbb{R}$. Une primitive de v est donc $V(x)=\ln(\sin(x)+2)$.

h. $w(x)=\dfrac{\ln(x)}{x}=\dfrac{1}{x}\times\ln(x)$. On reconnaît une forme $u'u$, où u est la fonction ln. Ainsi, une primitive de w est $W(x)=\dfrac{1}{2}(\ln(x))^2$.

B. Les primitives de s sont de la forme $S(x)=\dfrac{1}{2}e^{x^2}+k$.

On a $S(0)=0 \Leftrightarrow \dfrac{1}{2}e^{0^2}+k=0$

$\Leftrightarrow k=-\dfrac{1}{2}.$

La primitive cherchée est définie par $S(x)=\dfrac{1}{2}e^{x^2}-\dfrac{1}{2}$.

3 a. f est de la forme uv avec $u(x)=x$ et $v(x)=\ln(x)$.

On a donc $f'(x)=1\times\ln(x)+x\times\dfrac{1}{x}=\ln(x)+1$.

Rappel : $(uv)'=u'v+uv'$

b. Soit L la fonction définie sur $]0\,;+\infty[$ par $L(x)=f(x)-x$.

D'après la question **a**, on a : $L'(x)=f'(x)-1=\ln(x)+1-1$

$=\ln(x).$

Toutes les primitives de ln sont donc de la forme $F(x)=L(x)+k$.

Par ailleurs, $F(1)=0 \Leftrightarrow 1\times\ln(1)-1+k=0$

$\Leftrightarrow k=1.$

Rappel : $\ln(1)=0$

La primitive cherchée est définie par $F(x)=x\ln(x)-x+1$.

4 Soient F et G les fonctions définies sur $\mathbb{R}$ par :

$F(x)=\cos^2(x)$ et $G(x)=3-\sin^2(x)$.

a. $F(0)=1$ et $G(0)=3$ donc F et G ne sont pas égales.

b. $G(x)-F(x)=3-\sin^2(x)-\cos^2(x)=3-1=2$ pour tout réel x.

Rappel : $\cos^2(x)+\sin^2(x)=1$ pour tout réel x.

Ainsi, F et G ne diffèrent que d'une constante donc ce sont des primitives d'une même fonction.

5 On a $F'=f$ donc le signe de f donne les variations de F.

Ainsi, comme f est négative, positive puis négative, F est décroissante, croissante puis décroissante. Seule $\mathscr{C}_2$ convient.

6 a. $(E_1) \Leftrightarrow y'=3y$. Les solutions de (E_1) sont les fonctions de la forme $y(x)=\lambda e^{3x}$, avec λ un réel.

$(E_2) \Leftrightarrow y'=-2y$. Les solutions de (E_2) sont les fonctions de la forme $y(x)=\lambda e^{-2x}$, avec λ un réel.

$(E_3) \Leftrightarrow y'=0,5y$. Les solutions de (E_3) sont les fonctions de la forme $y(x)=\lambda e^{0,5x}$, avec λ un réel.

b. $y(0)=5 \Leftrightarrow \lambda e^{0,5\times0}=5$

$\Leftrightarrow \lambda=5$

La solution cherchée est définie sur $\mathbb{R}$ par $y(x)=5e^{0,5x}$.

c. On a $y(x)=\lambda e^{-2x}$ donc $y'(x)=-2\lambda e^{-2x}$. Comme la fonction exponentielle est positive sur $\mathbb{R}$, on en déduit que cette dérivée est du signe opposé de λ. Ainsi, si λ est strictement négatif, y est une fonction strictement croissante ; si $\lambda=0$, y est une fonction constante (égale à 0) et si λ est strictement positif, alors y est une fonction strictement décroissante.

d. Comme $\lim\limits_{x\to+\infty}(-2x)=-\infty$ et que $\lim\limits_{x\to-\infty}e^x=0$, on a $\lim\limits_{x\to+\infty}\lambda e^{-2x}=0$.

7 a. $(E) \Leftrightarrow S'=-0,0152S$. Toutes les solutions de (E) sont de la forme $y(x)=\lambda e^{-0,0152x}$ avec λ une constante réelle.

L'aire de la section de base est 125^2 donc $S(0)=125^2$.

$S(0)=125^2 \Leftrightarrow \lambda e^{-0,0152\times0}=125^2$

$\Leftrightarrow \lambda=125^2=15\,625.$

Finalement, $S(x)=15\,625e^{-0,0152x}$.

b. La section de la tour Eiffel à 309 mètres d'altitude est $S(309)$ donc la largeur de cette section carrée est égale à $\sqrt{S(309)}$ soit environ 11,94 m.

c. $S(x)=\dfrac{1}{2}\times15\,625 \Leftrightarrow 15\,625e^{-0,0152x}=\dfrac{1}{2}\times15\,625$

$\Leftrightarrow e^{-0,0152x}=\dfrac{1}{2}$

$\Leftrightarrow -0,0152x=\ln\left(\dfrac{1}{2}\right)$

$\Leftrightarrow x=-\dfrac{1}{0,0152}\ln\left(\dfrac{1}{2}\right)\approx45,6$

La hauteur cherchée est d'environ 45,6 m.

8 a. Si h est constante, alors $h'=0$.

Ainsi, comme h est solution de (E) on doit avoir $0=k(h-20)$ et donc h est constante égale à 20.

b. $y-h$ solution de $(E_0) \Leftrightarrow (y-h)'=k(y-h)$

$\Leftrightarrow y'-h'=k(y-20)$

$\Leftrightarrow y'=k(y-20)$ car $h'=0$.

c. Les solutions de (E_0) sont de la forme $f(x)=\lambda e^{kt}$ où λ est une constante réelle. Les solutions de (E) sont donc de la forme $y(t)=\lambda e^{kt}+20$. Comme $y(0)=180$, on a $\lambda e^{k\times0}+20=180$ et donc $\lambda=160$. Finalement, on a : $y(t)=160e^{kt}+20$.

d. Entre 15 h 30 et 16 h 00, il s'est écoulée une demi-heure.

$y(0,5)=60 \Leftrightarrow 160e^{0,5k}+20=60$

$\Leftrightarrow 160e^{0,5k}=40$

$\Leftrightarrow e^{0,5k}=\dfrac{1}{4}$

$\Leftrightarrow 0,5k=\ln\left(\dfrac{1}{4}\right)$

$\Leftrightarrow k=2\ln\left(\dfrac{1}{4}\right)=-2\ln(4)=-2\ln(4^2)=-\ln(16)$

Rappel : $\ln\left(\frac{1}{a}\right)=-\ln(a)$ et $\ln\left(a^n\right)=n\ln(a)$ pour tout réel a strictement positif et tout entier naturel n.

e. $y(t)=30 \Leftrightarrow 160e^{-\ln(16)t}+20=30$

$\Leftrightarrow 160e^{-\ln(16)t}=10$

$\Leftrightarrow e^{-\ln(16)t}=\frac{1}{16}$

$\Leftrightarrow -\ln(16)t=\ln\left(\frac{1}{16}\right)=-\ln(16)$

$\Leftrightarrow t=1$

La dégustation sera idéale à 16h30 !

9 a. Pour tout réel x, on a $h'(x)=-2\times 0{,}5e^{0{,}5x}=-e^{0{,}5x}$ et $2h(x)+f(x)=2\times(-2e^{0{,}5x})+3e^{0{,}5x}=-4e^{0{,}5x}+3e^{0{,}5x}=-e^{0{,}5x}$.
On a donc bien $h'=2h+f$: h est une solution de (E).

b. $y-h$ est solution de $(E_0) \Leftrightarrow (y-h)'=2(y-h)$

$\Leftrightarrow y'-h'=2y-2h$

$\Leftrightarrow y'=2y+h'-2h$

$\Leftrightarrow y'=2y+2h+f-2h$ car h est-solution de (E)

$\Leftrightarrow y'=2y+f$

$\Leftrightarrow y$ est solution de (E).

c. Les solutions de (E_0) sont de la forme $f(x)=\lambda e^{2x}$ où λ est une constante réelle. Les solutions de (E) sont donc de la forme $y(x)=\lambda e^{2x}+h(x)=\lambda e^{2x}-2e^{0{,}5x}$. Par ailleurs, on a :

$y(0)=0 \Leftrightarrow \lambda e^{2\times 0}-2e^{0{,}5\times 0}=0$

$\Leftrightarrow \lambda-2=0$

$\Leftrightarrow \lambda=2.$

La solution cherchée est définie sur $\mathbb{R}$ par $y(x)=2e^{2x}-2e^{0{,}5x}$.

10 a. On utilise le fait que N est solution de (E).

$$f'=\frac{-N'}{N^2}=\frac{-0{,}4N(1-0{,}0001N)}{N^2}=\frac{-0{,}4(1-0{,}0001N)}{N}$$

$$=\frac{-0{,}4}{N}+\frac{0{,}4\times 0{,}0001N}{N}=-0{,}4\times\frac{1}{N}+4\times 10^{-5}=4\times 10^{-5}-0{,}4f$$

f est donc bien solution de (E′) : $y'=4\times 10^{-5}-0{,}4y$.

b. Si h est constante, alors $h'=0$. Ainsi, comme h est solution de (E′) on doit avoir $0=4\times 10^{-5}-0{,}4h$. Donc h est constante égale à $\frac{4\times 10^{-5}}{0{,}4}=0{,}0001$.

c. $y-h$ solution de $(E_0') \Leftrightarrow (y-h)'=-0{,}4(y-h)$

$\Leftrightarrow y'-h'=-0{,}4(y-0{,}0001)$

$\Leftrightarrow y'=-0{,}4(y-0{,}0001)$ car $h'=0$

$\Leftrightarrow y'=4\times 10^{-5}-0{,}4y$

$\Leftrightarrow y$ est solution de (E).

d. Les solutions de (E_0') sont de la forme $y(t)=\lambda e^{-0{,}4t}$ où λ est une constante réelle. Les solutions de (E′) sont donc de la forme $y(t)=\lambda e^{-0{,}4t}+h(t)=\lambda e^{-0{,}4t}+0{,}0001$.

On a donc $N(t)=\frac{1}{\lambda e^{-0{,}4t}+0{,}0001}$.

Par ailleurs, on a $N(0)=1\,000 \Leftrightarrow \frac{1}{\lambda e^{-0{,}4\times 0}+0{,}0001}=1\,000$

$\Leftrightarrow \frac{1}{\lambda+0{,}0001}=1\,000$

$\Leftrightarrow \lambda+0{,}0001=0{,}001$

$\Leftrightarrow \lambda=0{,}001-0{,}0001=9\times 10^{-4}$

Finalement, on a $N(t)=\frac{1}{9\times 10^{-4}\times e^{-0{,}4t}+0{,}0001}=\frac{10\,000}{1+9e^{-0{,}4t}}$

e. $N(10)=\frac{10\,000}{1+9e^{-0{,}4\times 10}}\approx 8585$

Au bout de 10 heures, il y a environ 8 585 bactéries.

f. Pour tout réel positif t, on a :

$$N'(t)=\frac{-10\,000\times 9\times\left(-0{,}4e^{-0{,}4t}\right)}{\left(1+9e^{-0{,}4t}\right)^2}=\frac{36\,000e^{-0{,}4t}}{\left(1+9e^{-0{,}4t}\right)^2}>0.$$

La fonction N est donc strictement croissante sur $[0\,;+\infty[$.

On a $\lim\limits_{t\to+\infty}(-0{,}4t)=-\infty$ et $\lim\limits_{t\to-\infty}e^t=0$ donc $\lim\limits_{t\to+\infty}e^{-0{,}4t}=0$.

On a donc $\lim\limits_{t\to+\infty}N(t)=\frac{10\,000}{1+9\times 0}=10\,000$.

9 Page 171

1 On peut découper le domaine compris entre la courbe et l'axe des abscisses en un trapèze, un rectangle et un triangle comme dans la figure ci-contre.

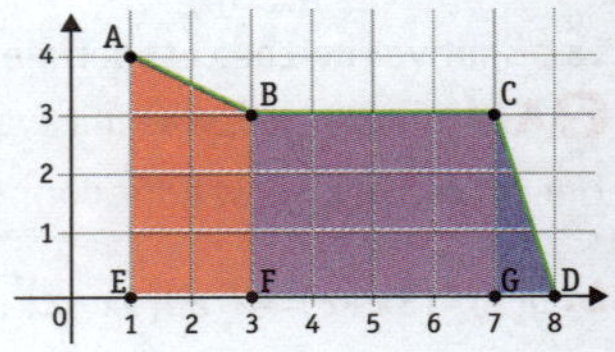

Ainsi, on a :

$$\int_1^8 f(x)\,dx=\frac{(3+4)\times 2}{2}+3\times 4+\frac{3\times 1}{2}=20{,}5 \text{ u.a.}$$

2 On peut approcher le domaine compris entre la courbe représentative de f et l'axe des abscisses par des polygones simples. Dans la figure ci-contre, on voit qu'on a :

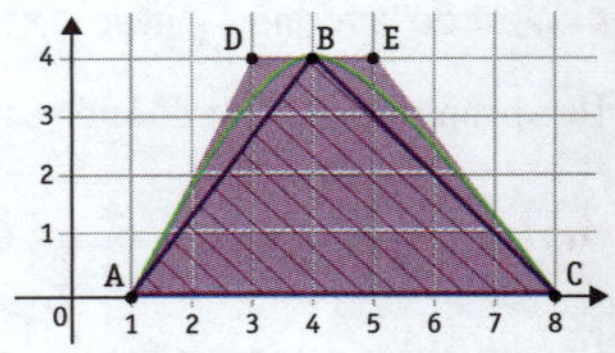

$\text{Aire}(ABC)<\int_1^8 f(x)\,dx<\text{Aire}(ACED)$.

Comme $\text{Aire}(ABC)=\frac{7\times 4}{2}=14$ et $\text{Aire}(ACED)=\frac{(7+2)\times 4}{2}=18$, on en déduit que l'intégrale étudiée est donc comprise entre 14 et 18.

3

a. $I=\int_0^3 x^2\,dx=\left[\frac{1}{3}x^3\right]_0^3=\frac{1}{3}\times 3^3-\frac{1}{3}\times 0=9$

b. $J=\int_0^1 e^{2x}\,dx=\left[\frac{1}{2}e^{2x}\right]_0^1=\frac{1}{2}e^2-\frac{1}{2}e^0=\frac{e^2-1}{2}$

c. $K=\int_1^2\frac{1}{x}\,dx=\left[\ln(x)\right]_1^2=\ln(2)-\ln(1)=\ln(2)$

d. $L=\int_0^\pi \sin x\,dx=\left[-\cos(x)\right]_0^\pi=-\cos(\pi)-(-\cos(0))=-(-1)+1=2$

e. $M=\int_1^3\frac{t^4+2}{t^2}\,dt=\int_1^3\left(\frac{t^4}{t^2}+\frac{2}{t^2}\right)dt=\int_1^3\left(t^2+\frac{2}{t^2}\right)dt$

$=\left[\frac{1}{3}t^3-\frac{2}{t}\right]_1^3=\frac{1}{3}\times 3^3-\frac{2}{3}-\left(\frac{1}{3}\times 1^3-\frac{2}{1}\right)=10$

f. $N=\int_0^{\frac{\pi}{2}}\cos\left(2t-\frac{\pi}{4}\right)dt=\left[\frac{1}{2}\sin\left(2t-\frac{\pi}{4}\right)\right]_0^{\frac{\pi}{2}}$

$=\frac{1}{2}\sin\left(2\times\frac{\pi}{2}-\frac{\pi}{4}\right)-\frac{1}{2}\sin\left(2\times 0-\frac{\pi}{4}\right)$

$=\frac{1}{2}\sin\left(\frac{3\pi}{4}\right)-\frac{1}{2}\sin\left(-\frac{\pi}{4}\right)=\frac{1}{2}\times\frac{\sqrt{2}}{2}+\frac{1}{2}\times\frac{\sqrt{2}}{2}=\frac{\sqrt{2}}{2}$

g. $R=\int_0^{\frac{\pi}{2}}2\cos(x)\sin(x)\,dx=\left[\sin^2(x)\right]_0^{\frac{\pi}{2}}=\sin^2\left(\frac{\pi}{2}\right)-\sin^2(0)=1$

h. $S=\int_0^1\frac{e^x}{e^x+1}\,dx=\left[\ln\left(e^x+1\right)\right]_0^1=\ln(e+1)-\ln(2)$

4 Pour l'intégrale I, on pose $u(x)=x$ et $v'(x)=e^x$.
On a alors $u'(x)=1$ et $v(x)=e^x$. Il s'en suit que :

$$I=\int_0^1 xe^x\,dx=\left[xe^x\right]_0^1-\int_0^1 1\times e^x\,dx=\left[xe^x\right]_0^1-\left[e^x\right]_0^1$$
$$=1\times e^1-0\times e^0-\left(e^1-e^0\right)=e-0-e+1=1.$$

Pour l'intégrale J, on pose $u(x)=2-x$ et $v'(x)=e^{-x}$.
On a alors $u'(x)=-1$ et $v(x)=-e^{-x}$. Il s'en suit que :

$$J=\int_0^2(2-x)e^{-x}\,dx=\left[(2-x)\times\left(-e^{-x}\right)\right]_0^2-\int_0^2-1\times\left(-e^{-x}\right)dx$$
$$=\left[-(2-x)e^{-x}\right]_0^2-\int_0^2 e^{-x}dx=\left[-(2-x)e^{-x}\right]_0^2-\left[-e^{-x}\right]_0^2$$
$$=-(2-2)e^{-2}+(2-0)e^0-\left(-e^{-2}+e^0\right)=2+e^{-2}-1=1+e^{-2}.$$

Pour l'intégrale K, on pose $u(x)=x$ et $v'(x)=\sin(x)$.
On a alors $u'(x)=1$ et $v(x)=-\cos(x)$. Il s'en suit que :

$$K=\int_0^\pi x\sin(x)dx=\left[-x\cos(x)\right]_0^\pi+\int_0^\pi\cos(x)dx$$
$$=\left[-x\cos(x)\right]_0^\pi+\left[\sin(x)\right]_0^\pi$$
$$=-\pi\cos(\pi)+0\times\cos(0)+\sin(\pi)-\sin(0)=\pi.$$

Pour l'intégrale L, on pose $u(t)=t$ et $v'(x)=2e^{-2t}$.
On a alors $u'(x)=1$ et $v(x)=-e^{-2t}$. Il s'en suit que :

$$L=\int_0^1 t\times 2e^{-2t}\,dt=\left[-te^{-2t}\right]_0^1+\int_0^1 e^{-2t}\,dt$$
$$=\left[-te^{-2t}\right]_0^1+\left[-\frac{1}{2}e^{-2t}\right]_0^1=-e^{-2}+0-\frac{1}{2}e^{-2}+\frac{1}{2}=\frac{1-3e^{-2}}{2}.$$

5 On pose $u(x)=\ln(x)$ et $v'(x)=1$.
On a alors $u'(x)=\frac{1}{x}$ et $v(x)=x$. Il s'en suit que :

$$\int_1^e\ln(x)\,dx=\left[x\ln(x)\right]_1^e-\int_1^e x\times\frac{1}{x}\,dx=\left[x\ln(x)\right]_1^e-\left[x\right]_1^e$$
$$=e\ln(e)-1\times\ln(1)-(e-1)=e-0-e+1=1.$$

6 L'aire du domaine coloriée est de :

$$\int_{-1}^2 x^2\,dx=\left[\frac{1}{3}x^3\right]_{-1}^2=\frac{1}{3}\times2^3-\frac{1}{3}\times(-1)^3=3\text{ cm}^2.$$

7 L'aire du domaine coloriée est de :

$$\int_0^{\frac{\pi}{2}}\sin(x)dx=\left[-\cos(x)\right]_0^{\frac{\pi}{2}}=-\cos\left(\frac{\pi}{2}\right)+\cos(0)=1\text{ cm}^2.$$

8 En tenant compte du signe de la fonction cube, l'aire du domaine colorié est donnée par :

$$\int_0^3 x^3\,dx-\int_{-2}^0 x^3\,dx=\left[\frac{x^4}{4}\right]_0^3-\left[\frac{x^4}{4}\right]_{-2}^0=\frac{3^4}{4}-\frac{0^4}{4}-\left(\frac{0^4}{4}-\frac{(-2)^4}{4}\right)$$
$$=24{,}25\text{ u.a.}$$

Ici, une unité d'aire a pour aire $1\times0{,}1=0{,}1\text{ cm}^2$.

L'aire du domaine colorié est donc de $24{,}25\times0{,}1\text{ cm}^2=2{,}425\text{ cm}^2$ (ou encore $242{,}5\text{ mm}^2$).

9 Pour calculer l'aire comprise entre les droites d'équations $x=a$ et $x=b$ et les courbes de deux fonctions continues f et g sur un intervalle $[a\,;b]$ telles que $g(x)\leq f(x)$ pour tout réel x de $[a\,;b]$, il suffit de calculer $\int_a^b(f(x)-g(x))dx$.

Dans ce cas, l'aire A du domaine colorié est égale à :

$$A=\int_{\frac{\pi}{4}}^{\frac{5\pi}{4}}(\sin(x)-\cos(x))\,dx=\left[-\cos(x)-\sin(x)\right]_{\frac{\pi}{4}}^{\frac{5\pi}{4}}$$
$$=-\cos\left(\frac{5\pi}{4}\right)-\sin\left(\frac{5\pi}{4}\right)+\cos\left(\frac{\pi}{4}\right)+\sin\left(\frac{\pi}{4}\right)$$

$$A=\frac{\sqrt{2}}{2}+\frac{\sqrt{2}}{2}+\frac{\sqrt{2}}{2}+\frac{\sqrt{2}}{2}=2\sqrt{2}\text{ u.a.}$$

10 **a.** On découpe l'intervalle $[0\,;a]$ en n sous-intervalles de même longueur. Chaque sous-intervalle a donc une longueur de $\frac{a}{n}$.

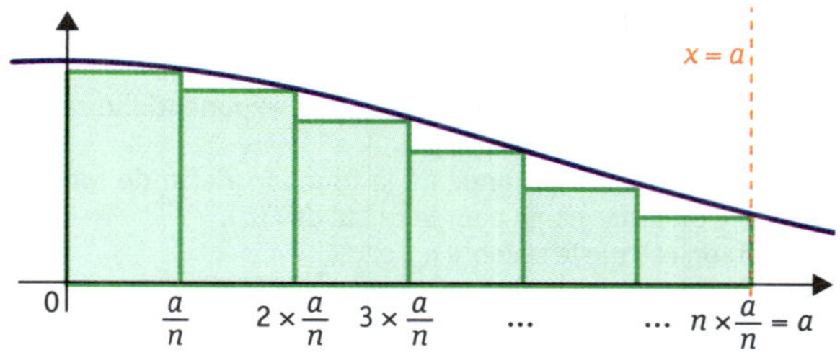

La hauteur du premier rectangle est égale à $f\left(\frac{a}{n}\right)$ et donc son aire est égale à $\frac{a}{n}\times f\left(\frac{a}{n}\right)$.

La hauteur du deuxième rectangle est égale à $f\left(2\times\frac{a}{n}\right)$ et donc son aire est égale à $\frac{a}{n}\times f\left(2\times\frac{a}{n}\right)$.

De même l'aire du dernier rectangle est égale à $\frac{a}{n}\times f\left(n\times\frac{a}{n}\right)$.

Finalement, on a :

$$u_n=\frac{a}{n}\times f\left(\frac{a}{n}\right)+\frac{a}{n}\times f\left(2\times\frac{a}{n}\right)+\frac{a}{n}\times f\left(3\times\frac{a}{n}\right)+\cdots+\frac{a}{n}\times f\left(n\times\frac{a}{n}\right)$$
$$=\frac{a}{n}\times\left(f\left(\frac{a}{n}\right)+f\left(2\times\frac{a}{n}\right)+f\left(3\times\frac{a}{n}\right)+\cdots+f\left(n\times\frac{a}{n}\right)\right)$$
$$=\frac{a}{n}\sum_{k=1}^{k=n}f\left(k\times\frac{a}{n}\right).$$

b.

$$v_n-u_n=\frac{a}{n}\sum_{k=1}^{k=n}f\left((k-1)\times\frac{a}{n}\right)-\frac{a}{n}\sum_{k=1}^{k=n}f\left(k\times\frac{a}{n}\right)$$
$$=\frac{a}{n}\left(\sum_{k=1}^{k=n}f\left((k-1)\times\frac{a}{n}\right)-\sum_{k=1}^{k=n}f\left(k\times\frac{a}{n}\right)\right)$$
$$=\frac{a}{n}\left(f\left(0\times\frac{a}{n}\right)+f\left(1\times\frac{a}{n}\right)+f\left(2\times\frac{a}{n}\right)+\cdots+f\left((n-1)\times\frac{a}{n}\right)\right.$$
$$\left.-f\left(1\times\frac{a}{n}\right)-f\left(2\times\frac{a}{n}\right)-f\left(3\times\frac{a}{n}\right)-\cdots-f\left(n\times\frac{a}{n}\right)\right)$$
$$=\frac{a}{n}\left(f\left(0\times\frac{a}{n}\right)-f\left(n\times\frac{a}{n}\right)\right)=\frac{a}{n}(f(0)-f(a))$$
$$=\frac{a}{n}\left(e^{-0,5\times0^2}-e^{-0,5\times a^2}\right)=\frac{a}{n}\left(1-e^{-0,5a^2}\right)$$

Ainsi, on a $\lim\limits_{n\to+\infty}(v_n-u_n)=\lim\limits_{n\to+\infty}\frac{a}{n}\times\left(1-e^{-0,5a^2}\right)=0.$

c. On a $\frac{a}{n}\left(1-e^{-0,5a^2}\right)<10^{-2}\Leftrightarrow 100a\left(1-e^{-0,5a^2}\right)<n$ (on a multiplié par n et divisé par 10^{-2} chaque membre de l'inéquation).
Ainsi, $n_a=[100a(1-e^{-0,5a^2})]+1$ où $\lfloor x\rfloor$ désigne la partie entière du nombre réel x.

MATHS

d. Voici une réponse possible :

```
1 from math import*
2 def f(x):
3     return(e**(-0.5*x**2))
4
5 def F(a):
6     na=floor(100*(1-f(a)))+1
7     dx=a/na
8     L=[f(k*dx) for k in range(1,na+1)]
9     return(dx*sum(L))
```

La ligne **1** permet d'utiliser la fonction exponentielle disponible dans la bibliothèque math.
Lignes **2** et **3**, on a programmé la fonction f afin de faciliter l'écriture du programme pour le calcul de $F(a)$.
Ligne **6**, on calcule le nombre n_a.
Ligne **8**, on calcule toutes les images par f utiles au calcul de u_{n_a}.
Ligne **9**, on renvoie la valeur de $u_{n_a}=\frac{a}{n_a}\sum_{k=1}^{k=n_a} f\left(k\times\frac{a}{n_a}\right)$.

11 La quantité moyenne μ de médicament présente dans l'organisme au cours des six heures suivant son ingestion est donnée par la valeur moyenne de f sur l'intervalle [0 ; 6].
Elle est donc égale à :

$$\mu=\frac{1}{6-0}\int_0^6 1000\mathrm{e}^{-2t}\,\mathrm{d}t=\frac{1}{6}\left[1000\times\frac{-1}{2}\mathrm{e}^{-2t}\right]_0^6$$

$$=\frac{1}{6}\left(1000\times\frac{-1}{2}\mathrm{e}^{-2\times6}-1000\times\frac{-1}{2}\mathrm{e}^{-2\times0}\right)\approx 83\text{ mg}.$$

12 a. La proportion de consommateurs au lancement du produit est donnée par $f(0)=\frac{1}{1+99\mathrm{e}^{-0,4\times0}}=\frac{1}{1+99}=0{,}01$, soit 1 %.

La proportion de consommateurs au bout de 30 années est donnée par $f(30)=\frac{1}{1+99\mathrm{e}^{-0,4\times30}}\approx0{,}999$, soit environ 99,99 %.

b. $f(t)=\frac{1}{1+99\mathrm{e}^{-0,4t}}=\frac{1\times\mathrm{e}^{0,4t}}{(1+99\mathrm{e}^{-0,4t})\mathrm{e}^{0,4t}}=\frac{\mathrm{e}^{0,4t}}{\mathrm{e}^{0,4t}+99\mathrm{e}^{-0,4t}\mathrm{e}^{0,4t}}$

$$=\frac{\mathrm{e}^{0,4t}}{\mathrm{e}^{0,4t}+99\mathrm{e}^{-0,4t+0,4t}}=\frac{\mathrm{e}^{0,4t}}{\mathrm{e}^{0,4t}+99\mathrm{e}^{0}}=\frac{\mathrm{e}^{0,4t}}{\mathrm{e}^{0,4t}+99}.$$

Pour calculer la proportion moyenne de consommateurs sur les 30 premières années, il suffit de calculer la valeur moyenne μ de f sur l'intervalle [0 ; 30] :

$$\mu=\frac{1}{30-0}\int_0^{30}\frac{\mathrm{e}^{0,4t}}{\mathrm{e}^{0,4t}+99}\,\mathrm{d}t=\frac{1}{30}\left[\frac{1}{0,4}\ln\left(\mathrm{e}^{0,4t}+99\right)\right]_0^{30}$$

$$=\frac{1}{30\times0,4}\left(\ln\left(\mathrm{e}^{0,4\times30}+99\right)-\ln\left(\mathrm{e}^{0,4\times0}+99\right)\right)\approx61{,}63\ \%.$$

13 a. L'aire du domaine compris entre les deux axes, la droite d'équation $x=1$ et la courbe $\mathscr{C}_n$ semble diminuer quand n grandit donc (I_n) semble décroissante. De plus $\mathscr{C}_n$ semble se rapprocher de la droite d'équation $y=x$. Ainsi, on peut penser que I_n tend vers l'aire du triangle mauve dans la figure ci-contre, autrement dit on peut penser que :

$$\lim_{n\to+\infty} I_n=\frac{1}{2}.$$

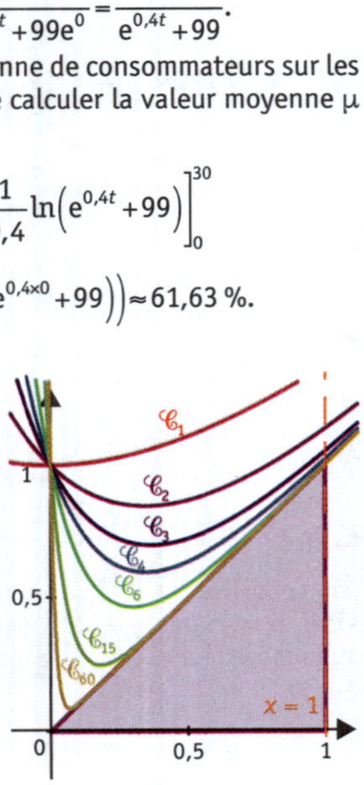

b. Pour tout entier naturel n, on a :

$$I_{n+1}-I_n=\int_0^1\left(x+\mathrm{e}^{-(n+1)x}\right)\mathrm{d}x-\int_0^1\left(x+\mathrm{e}^{-nx}\right)\mathrm{d}x$$

$$=\int_0^1\left(x+\mathrm{e}^{-(n+1)x}-x-\mathrm{e}^{-nx}\right)\mathrm{d}x=\int_0^1\left(\mathrm{e}^{-(n+1)x}-\mathrm{e}^{-nx}\right)\mathrm{d}x$$

$$=\int_0^1\left(\mathrm{e}^{-nx-x}-\mathrm{e}^{-nx}\right)\mathrm{d}x=\int_0^1\left(\mathrm{e}^{-nx}\mathrm{e}^{-x}-\mathrm{e}^{-nx}\right)\mathrm{d}x$$

$$=\int_0^1\mathrm{e}^{-nx}\left(\mathrm{e}^{-x}-1\right)\mathrm{d}x.$$

Or, pour tout réel x compris entre 0 et 1, on a $\mathrm{e}^{-nx}>0$ et $\mathrm{e}^{-x}-1\leq0$ donc $I_{n+1}-I_n\leq0$. Autrement dit (I_n) est décroissante.
Par ailleurs, on a :

$$I_n=\int_0^1\left(x+\mathrm{e}^{-nx}\right)\mathrm{d}x=\left[\frac{1}{2}x^2-\frac{1}{n}\mathrm{e}^{-nx}\right]_0^1$$

$$=\frac{1}{2}\times1^2-\frac{1}{n}\mathrm{e}^{-n\times1}-\left(\frac{1}{2}\times0^2-\frac{1}{n}\mathrm{e}^{-n\times0}\right)$$

$$=\frac{1}{2}-\frac{1}{n}\mathrm{e}^{-n}+\frac{1}{n}.$$

Or on a $\lim_{n\to+\infty}\frac{1}{n}=0$ et $\lim_{n\to+\infty}\mathrm{e}^{-n}=\lim_{n\to+\infty}\frac{1}{\mathrm{e}^n}=0$.

On en déduit donc que $\lim_{n\to+\infty}I_n=\frac{1}{2}-0+0=\frac{1}{2}$.

14 a. La fonction inverse est décroissante sur $[n\,;n+1]$ donc, pour tout réel x de cet intervalle, on a $\frac{1}{n+1}\leq\frac{1}{x}\leq\frac{1}{n}$.

Il s'en suit que $\int_n^{n+1}\frac{1}{n+1}\,\mathrm{d}x\leq\int_n^{n+1}\frac{1}{x}\,\mathrm{d}x\leq\int_n^{n+1}\frac{1}{n}\,\mathrm{d}x$.

Par ailleurs, on a :

$$\int_n^{n+1}\frac{1}{n+1}\,\mathrm{d}x=\frac{1}{n+1}\int_n^{n+1}1\,\mathrm{d}x=\frac{1}{n+1}[x]_n^{n+1}=\frac{1}{n+1}(n+1-n)=\frac{1}{n+1}.$$

De même, on a $\int_n^{n+1}\frac{1}{n}\,\mathrm{d}x=\frac{1}{n}$. On en déduit le résultat attendu.

Comme $\lim_{n\to+\infty}\frac{1}{n+1}=\lim_{n\to+\infty}\frac{1}{n}=0$, on a aussi $\lim_{n\to+\infty}I_n=0$ d'après le théorème des gendarmes.

Remarque : Si on pense à la représentation graphique d'une fonction constante, on remarque que, de façon générale,

$$\int_a^b k\,\mathrm{d}x=k(b-a).$$

b. $I_n=\int_n^{n+1}\frac{1}{x}\,\mathrm{d}x=[\ln(x)]_n^{n+1}=\ln(n+1)-\ln(n)=\ln\left(\frac{n+1}{n}\right)$

On a $\lim_{n\to+\infty}\frac{n}{n+1}=\lim_{n\to+\infty}\frac{n}{n}=1$ et $\lim_{X\to1}\ln(X)=\ln(1)=0$

donc on a bien $\lim_{n\to+\infty}I_n=\lim_{n\to+\infty}\ln\left(\frac{n}{n+1}\right)=0$.

15 a. L'ensemble des possessions des 50 % les plus pauvres ne représente que 8 % du patrimoine total donc la courbe de Lorenz passe par le point de coordonnées (0,5 ; 0,08).
1 % des Français les plus riches concentrent 17 % des richesses donc 99 % des Français les plus pauvres possèdent 83 % des richesses. La courbe de Lorenz passe donc par le point de coordonnées (0,99 ; 0,83).

b. L'aire du triangle OAB est égale à $\frac{\text{OA}\times\text{AB}}{2}=\frac{1}{2}$ u.a.

L'aire du domaine compris entre l'axe des abscisses, $\mathscr{C}_f$ et la droite d'équation $x=1$ est donnée par $\int_0^1 f(x)\mathrm{d}x$.

L'aire du domaine colorié est donc égale à $\frac{1}{2}-\int_0^1 f(x)\mathrm{d}x$.

Ainsi, $G=\dfrac{\frac{1}{2}-\int_0^1 f(x)\mathrm{d}x}{\frac{1}{2}}=2\left(\frac{1}{2}-\int_0^1 f(x)\mathrm{d}x\right)$

$=1-2\int_0^1 f(x)\ \mathrm{d}x.$

c. Si un pays est parfaitement inégalitaire, les plus pauvres ne possèdent rien et toutes les richesses se concentrent dans les mains d'une seule personne. On pourrait modéliser cela par une fonction (discontinue) nulle sur $[0\,;\,1[$ et qui vaut 1 en 1. Le domaine colorié serait alors le triangle OAB en entier et donc $G=1$. *A contrario*, si un pays est parfaitement égalitaire, les richesses sont équitablement réparties et donc la courbe de Lorenz est le segment [OB]. Le domaine colorié est donc réduit au segment [OB] et $G=0$.

d. On a bien $f_n(0)=0,3\times 0+0,7\times 0^n=0$ d'une part et $f_n(1)=0,3\times 1+0,7\times 1^n=0,3+0,7=1$ d'autre part.

Pour tout réel x de $[0\,;\,1]$, on a $x^n\leq x$ et donc on a bien : $f_n(x)=0,3x+0,7x^n\leq 0,3x+0,7x=x.$

Pour tout réel x de $[0\,;\,1]$, on a : $f_n'(x)=0,3+0,7nx^{n-1}\geq 0.$
f_n est donc croissante sur $[0\,;\,1]$.

Pour tout réel x de $[0\,;\,1]$, on a : $f_n''(x)=0,7n(n-1)x^{n-2}\geq 0.$
f_n est donc convexe sur $[0\,;\,1]$.

e. $G_n=1-2\int_0^1\left(0,3x+0,7x^n\right)\mathrm{d}x=1-2\left[0,15x^2+\dfrac{0,7}{n+1}x^{n+1}\right]_0^1$

$=1-2\left(0,15\times 1^2+\dfrac{0,7}{n+1}\times 1^{n+1}-\left(0,15\times 0^2+\dfrac{0,7}{n+1}\times 0^{n+1}\right)\right)$

$=1-2\left(0,15+\dfrac{0,7}{n+1}\right)=1-0,3-\dfrac{1,4}{n+1}=0,7-\dfrac{1,4}{n+1}$

Ainsi, $\lim\limits_{n\to+\infty} G_n=0,7-\lim\limits_{n\to+\infty}\dfrac{1,4}{n+1}=0,7-0=0,7.$

f. $G_n=0,63\ \Leftrightarrow 0,7-\dfrac{1,4}{n+1}=0,63$

$\Leftrightarrow -\dfrac{1,4}{n+1}=-0,07$

$\Leftrightarrow n+1=\dfrac{1,4}{0,07}=20$

$\Leftrightarrow n=19$

Si ce modèle était valide, le cas de l'Afrique du Sud correspondrait à l'entier $n=19$.

16 a. $G(x+h)-G(x)=\int_a^{x+h} f(t)\ \mathrm{d}t-\int_a^x f(t)\ \mathrm{d}t=\int_x^{x+h} f(t)\ \mathrm{d}t$

Comme f est croissante, on a $f(x)\leq f(t)\leq f(x+h)$ pour tout réel t de l'intervalle $[x\,;\,x+h]$ et on a donc :

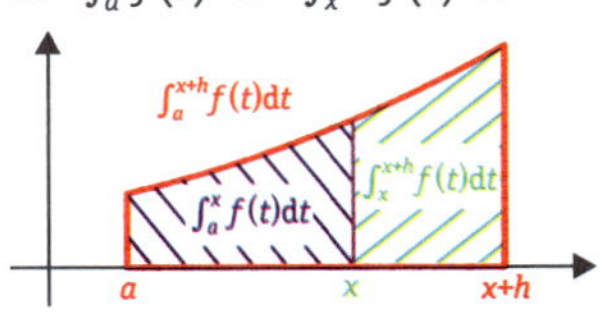

$\int_x^{x+h} f(x)\ \mathrm{d}t\leq\int_x^{x+h} f(t)\ \mathrm{d}t\leq\int_x^{x+h} f(x+h)\ \mathrm{d}t$

ce qui s'écrit aussi : $hf(x)\leq\int_x^{x+h} f(t)\ \mathrm{d}t\leq hf(x+h).$

Graphiquement, l'inégalité demandée indique juste que l'aire du rectangle ABCD est inférieure à l'aire du domaine colorié qui est elle-même inférieure à l'aire du rectangle ABEF.

b. En divisant par h les membres de l'inégalité précédente, on a $f(x)\leq\dfrac{G(x+h)-G(x)}{h}\leq f(x+h).$

Comme f est continue en x, on a $\lim\limits_{h\to 0} f(x+h)=f(x).$

D'après le théorème des gendarmes, on a donc bien :

$$\lim_{h\to 0^+}\frac{G(x+h)-G(x)}{h}=f(x).$$

c. $\lim\limits_{h\to 0^+}\dfrac{G(x+h)-G(x)}{h}=f(x)$ et $\lim\limits_{h\to 0^-}\dfrac{G(x+h)-G(x)}{h}=f(x)$

Autrement dit, on a $\lim\limits_{h\to 0}\dfrac{G(x+h)-G(x)}{h}=f(x).$

La fonction G est donc dérivable en x et que $G'(x)=f(x)$.
Ainsi, G est une primitive de f sur $[a\,;\,b]$.

d. Soit F une primitive de f sur $[a\,;\,b]$. Il existe alors une constante k telle que, pour tout réel x de $[a\,;\,b]$, $F(x)=G(x)+k$.
On a alors :

$F(b)-F(a)=G(b)+k-\left(G(a)+k\right)=G(b)+k-G(a)-k$

$=G(b)-G(a)=\int_a^b f(x)\ \mathrm{d}x-\underbrace{\int_a^a f(x)\ \mathrm{d}x}_{=0}=\int_a^b f(x)\ \mathrm{d}x.$

17 a. $(uv)'=u'v+uv'$

b. D'après la formule précédente, on a : $uv'=(uv)'-u'v.$
Les fonctions uv', $(uv)'$ et $u'v$ sont continues sur $[a\,;\,b]$ donc on a l'égalité suivante :

$\int_a^b(uv')(x)\mathrm{d}x=\int_a^b\left((uv)'-(u'v)\right)(x)\mathrm{d}x.$

Par linéarité de l'intégrale, on a donc :

$\int_a^b(uv')(x)\ \mathrm{d}x=\int_a^b(uv)'(x)\ \mathrm{d}x-\int_a^b(u'v)(x)\ \mathrm{d}x.$

Comme uv est une primitive de $(uv)'$, on a aussi :

$\int_a^b(uv)'(x)\mathrm{d}x=\left[(uv)(x)\right]_a^b.$

Les deux dernières égalités donnent alors bien la formule d'intégration par parties :

$\int_a^b u(x)v'(x)\ \mathrm{d}x=\left[u(x)v(x)\right]_a^b-\int_a^b u'(x)v(x)\mathrm{d}x.$

10 Page 176

1 a. Le nombre de mains possibles est $\binom{56}{9}=7\,575\,968\,400.$

b. On a 56 choix possibles pour la carte pivot.
Pour chaque carte pivot, on a $\binom{7}{4}$ choix pour les autres cartes de la même couleur et $\binom{6}{4}$ pour les autres cartes de la même valeur.

En tout, il y a donc $56\times\binom{7}{4}\times\binom{6}{4}=29\,400$ mains permettant d'atteindre l'objectif du jeu.

c. Pour une couleur fixée, on a $\binom{8}{5}$ choix de cartes de cette couleur et $\binom{56-8}{4}$ choix pour les autres cartes (d'une autre couleur).

Comme il y a 7 couleurs différentes, le nombre total de mains contenant exactement 5 cartes de la même couleur est :

$7\times\binom{8}{5}\times\binom{48}{4}=76\,275\,360.$

Le même raisonnement montre que le nombre de mains contenant exactement 6 cartes de la même couleur est :

$7\times\binom{8}{6}\times\binom{48}{3}=3\,390\,016.$

De même, pour des mains d'exactement 7 ou 8 cartes d'une même couleur, on a :

$7\times\binom{8}{7}\times\binom{48}{2}=63\,168$ et $7\times\binom{8}{8}\times\binom{48}{1}=336.$

Le nombre total de mains contenant au moins 5 cartes d'une même couleur est :

$76\,275\,360+3\,390\,016+63\,168+336=79\,728\,880.$

2 a. On a 6 choix pour chaque dé et $3!=6$ choix pour disposer les dés. En tout, cela permet de créer $6^3\times 3!=1\,296$ *strips*.

b. Pour construire un *strip* de trois cases, il faut déjà choisir trois des 4 dés, puis appliquer le raisonnement précédent. Cela permet donc de créer $\binom{4}{3}\times 6^3\times 3!=5\,184$ *strips*.

Pour un *strip* de quatre cases, le raisonnement précédent donne un total de $6^4 \times 4! = 31\,104$ *strips*.

3 a. Un plus court chemin menant de A à C peut être représenté par un mot constitué de 5 b (pour un indiquer un déplacement vers le bas du plan) et 7 d (pour indiquer un déplacement vers la droite du plan).

Il suffit donc de compter le nombre de façons de placer 5 b dans un mot de 12 lettres ; cela donne $\binom{12}{5} = 792$ possibilités.

b. Sur le même principe, il y a $\binom{6}{3} = 20$ plus courts chemins allant de A à B et $\binom{6}{2} = 15$ plus courts chemins allant de B à C.

En tout, il y a donc $20 \times 15 = 300$ plus courts chemins de A à C passant par B.

4 ▶ *Quinte flush* : Il y a 4 choix possibles pour la couleur et 9 choix possibles pour la valeur de la carte la plus basse. Il y a donc en tout $4 \times 9 = 36$ *quintes flush* possibles.

▶ *Carré* : Il y a 13 choix possibles pour la valeur et il reste $52 - 4 = 48$ choix pour la cinquième carte. Il y a donc en tout $13 \times 48 = 624$ *carrés*.

▶ *Couleur* : Il y a 4 choix possibles pour la couleur. Il y a ensuite $\binom{13}{5}$ choix de 5 cartes dans cette couleur, mais il faut retirer les *quintes flush*. Il y a donc en tout $4 \times \binom{13}{5} - 36 = 5\,112$ mains d'une seule couleur.

▶ *Full* : Il y a 13 choix possibles pour les 3 cartes de même valeur et $\binom{4}{3}$ façons de les choisir. Il y a ensuite 12 choix possibles pour les 2 cartes de même valeur et $\binom{4}{2}$ façons de les choisir.

En tout, il y a donc $13 \times \binom{4}{3} \times 12 \times \binom{4}{2} = 3\,744$ *fulls*.

Il y a moins de *fulls* que de couleurs ! C'est l'anomalie du jeu.

▶ *Quinte* : Il y a 9 choix possibles pour la carte la plus basse et 4 choix possibles pour chacune des 5 cartes mais il faut retirer les *quintes flush*. En tout, il y a donc $9 \times 4^5 - 36 = 9\,180$ *quintes*.

▶ *Brelan* : Il y a 13 choix possibles pour les 3 cartes et $\binom{4}{3}$ façons de les choisir. Il reste à choisir 2 cartes parmi les 48 autres et il ne faut pas compter les *fulls*.

En tout, il y a donc $13 \times \binom{4}{3} \times \binom{48}{2} - 3\,744 = 54\,912$ *brelans*.

5 a. Pour « ANANAS », on a $\binom{6}{3}$ façons de choisir les emplacements des A. Il reste donc ensuite $\binom{3}{2}$ façons de choisir les emplacements de N puis une seule place pour le S. En tout, il y a donc $\binom{6}{3} \times \binom{3}{2} \times 1 = 60$ anagrammes du mot « ANANAS ».

b. Le même raisonnement en considérant dans l'ordre les lettres S, I, P et M donne $\binom{11}{4} \times \binom{7}{4} \times \binom{3}{2} \times 1 = 34\,650$ anagrammes du mot « MISSISSIPPI ».

6 a. Les sous-ensembles de E_2 sont : $\varnothing$, $\{a\}$, $\{b\}$ et $\{a\,;b\}$.
Les sous-ensembles de E_3 sont : $\varnothing$, $\{a\}$, $\{b\}$, $\{c\}$, $\{a\,;b\}$, $\{a\,;c\}$, $\{b\,;c\}$ et $\{a\,;b\,;c\}$.

Histoire des maths : La notation $\varnothing$ pour désigner l'ensemble vide (inspiré de l'alphabet norvégien) a été introduite par André Weil (1906-1998) lors des travaux de reconstruction générale des mathématiques menées entrepris par le groupe Bourbaki à partir des années 30.

b. Un ensemble à 1 élément a 2 parties, un ensemble à 2 éléments à 4 parties, un ensemble à 3 éléments à 8 parties. On peut penser qu'un ensemble à n éléments à 2^n parties.

c. Soit $\mathcal{P}_n$ la propriété : « Un ensemble à n éléments à 2^n parties. »

▶ *Initialisation :* On a déjà vu que $\mathcal{P}_1$ est vraie.

▶ *Hérédité :* Soit k un entier tel que $\mathcal{P}_k$ est vraie.

Considérons un ensemble E à $k+1$ éléments et nommons a un de ses éléments.

Considérer une partie de E qui ne contient pas a revient à considérer une partie d'un ensemble ayant k éléments (c'est l'ensemble E privé de a). Il y en a 2^k.

Toutes les parties de E contenant a s'obtiennent comme l'union disjointe de $\{a\}$ et d'une partie de E privé de a. Il y a donc 2^k parties de E contenant a.

En tout, le nombre de parties de E est donc : $2^k + 2^k = 2 \times 2^k = 2^{k+1}$.

Autrement dit, $\mathcal{P}_{k+1}$ est vraie.

▶ *Conclusion :* La propriété $\mathcal{P}_n$ est vraie pour $n = 1$ et est héréditaire donc elle est vraie pour tout entier naturel non nul.

Remarque : la propriété est vraie aussi pour $n = 0$.

d. Pour compter le nombre de parties d'un ensemble à n éléments, on peut considérer la partie n'ayant aucun élément, les parties ayant un seul élément, les parties ayant 2 éléments, jusqu'à la partie ayant n éléments. On constate ainsi que le nombre de parties d'un ensemble à n éléments est :

$$\binom{n}{0} + \binom{n}{1} + \binom{n}{2} + \cdots + \binom{n}{n}.$$

Le résultat de la question précédente permet alors d'établir l'égalité attendue.

e. Soit $\mathcal{P}_n$ la propriété : « Un $\binom{n}{0} + \binom{n}{1} + \binom{n}{2} + \cdots + \binom{n}{n} = 2^n$. »

▶ *Initialisation :* On a $\binom{0}{0} = 1 = 2^0$ donc $\mathcal{P}_0$ est vraie.

▶ *Hérédité :* Soit k un entier tel que $\mathcal{P}_k$ est vraie.

En utilisant la formule de Pascal, on a $\binom{k+1}{1} = \binom{k}{0} + \binom{k}{1}$,

$\binom{k+1}{2} = \binom{k}{1} + \binom{k}{2}$, … , $\binom{k+1}{k} = \binom{k}{k-1} + \binom{k}{k}$.

Par ailleurs, on a aussi $\binom{k+1}{0} = 1 = \binom{k}{0}$ et $\binom{k+1}{k+1} = 1 = \binom{k}{k}$.

Ainsi, on peut écrire que $\binom{k+1}{0} + \binom{k+1}{1} + \binom{k+1}{2} + \cdots + \binom{k+1}{k+1}$ est égal à :

$$\binom{k}{0} + \binom{k}{0} + \binom{k}{1} + \binom{k}{1} + \binom{k}{2} + \cdots + \binom{k}{k-1} + \binom{k}{k} + \binom{k}{k}.$$

Chaque coefficient binomial apparaît deux fois dans cette expression donc, d'après l'hypothèse de récurrence, elle est égale à $2 \times 2^k = 2^{k+1}$. Autrement dit, $\mathcal{P}_{k+1}$ est vraie.

▶ *Conclusion :* La propriété $\mathcal{P}_n$ est vraie pour $n = 0$ et est héréditaire donc elle est vraie pour tout entier naturel.

7 a. À la ligne **2**, L devient [0,1,4,6,4,1].

Astuce : L.append(a) permet d'ajouter l'élément a à la fin de la liste L.

À la ligne **3**, on construit une liste par compréhension.
Le premier coefficient vaut : L[0]+L[1] = 0 + 1 = 1.
Le deuxième coefficient vaut : L[1]+L[2] = 1 + 4 = 5.
Le troisième coefficient vaut : L[2]+L[3] = 4 + 6 = 10.
Le quatrième coefficient vaut : L[3]+L[4] = 6 + 4 = 10.
Le cinquième coefficient vaut : L[4]+L[5] = 4 + 1 = 5.
Ainsi, L2 vaut [1,5,10,10,5].
À la ligne **4**, L2 devient [1,5,10,10,5,1] et c'est le résultat renvoyé par le programme.

b. Le programme de la question précédente reprend le principe du triangle de Pascal et, connaissant une ligne de ce triangle, permet de calculer la suivante. Le programme étudié se complète donc comme suit.

```
def coeff_bin(n,k):
    L=[1,1]
    for i in range(1,n):
        L=ligne_suivante(L)
    return(L[k])
```

11 Page 180

1 A. a. Voir la figure ci-dessous.

b. $\overrightarrow{UC}=\overrightarrow{AB}=\overrightarrow{CE}=\overrightarrow{DF}=\overrightarrow{HG}$

B. Voir la figure ci-dessous.

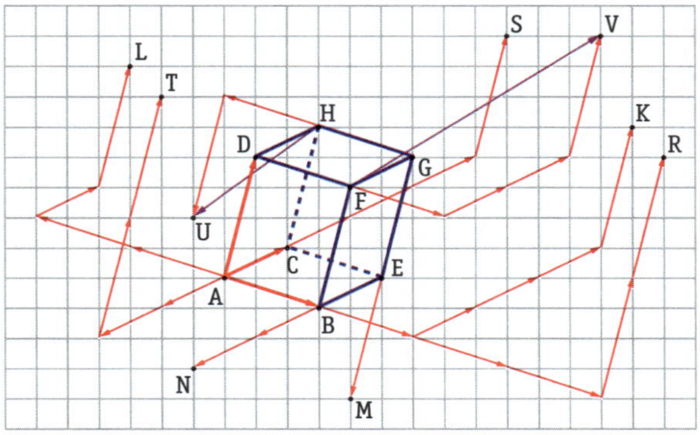

2

a. $\overrightarrow{EM}=\frac{1}{2}\overrightarrow{EF}$ **b.** $\overrightarrow{HE}=-2\overrightarrow{BJ}$

c. $\overrightarrow{DG}=\overrightarrow{DC}+\overrightarrow{DH}$ **d.** $\overrightarrow{AH}=\overrightarrow{AD}+\overrightarrow{CG}$

e. $\overrightarrow{BN}=\overrightarrow{DH}+\overrightarrow{QK}$ **f.** $\overrightarrow{AO}=\overrightarrow{AD}+\frac{1}{2}\overrightarrow{AB}+\overrightarrow{AE}$

g. $\overrightarrow{KF}=\frac{1}{2}\overrightarrow{AB}-\overrightarrow{BC}+\overrightarrow{AE}$ **h.** $\overrightarrow{KP}=\overrightarrow{BN}-\frac{1}{2}\overrightarrow{EF}+\overrightarrow{HE}$

i. $\overrightarrow{BR}=\frac{1}{2}\overrightarrow{GH}+\overrightarrow{BF}+\frac{1}{2}\overrightarrow{AD}$ **j.** $\overrightarrow{AN}=2\overrightarrow{LO}+\frac{1}{2}\overrightarrow{HE}-\overrightarrow{AE}$

Remarque : L'ordre dans lequel on considère les vecteurs sur la figure n'a pas d'importance. Cela permet parfois de ne pas sortir de la figure étudiée et peut en faciliter la lecture.

3 a. On a $\overrightarrow{DK}=\overrightarrow{AI}$ et $\overrightarrow{EH}=\overrightarrow{AD}$ donc $\overrightarrow{DK}$, $\overrightarrow{EH}$ et $\overrightarrow{AC}$ sont trois vecteurs du plan (ABC). Ils sont donc coplanaires.
b. $\overrightarrow{KH}=\overrightarrow{JR}$, donc $\overrightarrow{PN}$, $\overrightarrow{KH}$ et $\overrightarrow{PJ}$ sont trois vecteurs du plan (PNJ). Ils sont donc coplanaires.
c. $\overrightarrow{CG}=\overrightarrow{AE}$ donc $\overrightarrow{AP}$ et $\overrightarrow{CG}$ sont deux vecteurs du plan (ADE). Or $\overrightarrow{DN}$ n'est pas un vecteur de ce plan, donc les trois vecteurs considérés ne sont pas coplanaires.
d. $\overrightarrow{IG}=\overrightarrow{IF}+\overrightarrow{FG}=\overrightarrow{LR}+2\overrightarrow{EP}$ donc $\overrightarrow{IG}$, $\overrightarrow{LR}$ et $\overrightarrow{EP}$ sont colinéaires.

4 a. (EH) et (BC) sont strictement parallèles.
b. (EI) et (GJ) sont sécantes. Leur point d'intersection est en dehors du cube, sur la droite (BF).
c. (EFC) et (ABD) sont sécants suivant la droite (CD).
d. (POJ) et (ACG) sont sécants. Leur droite d'intersection passe par les milieux de [AE] et [CG].

5 A. a. (CE) et (DF) sont sécantes.
b. (BE) et (LM) sont non coplanaires.
c. (DEH) et (AKM) sont sécants.
d. (CE) et (ADH) sont sécants.
e. (CFG) et (AEH) sont strictement parallèles.
f. (LK) et (EHG) sont strictement parallèles.
B. a. $(HGL)\cap(BCF)=(GL)$
b. $(CGF)\cap(ADC)=(BC)$
c. $(DC)\cap(AEH)=D$
d. $(ABC)\cap(FG)=\varnothing$

6 A. a. $\overrightarrow{AB}$ a pour coordonnées $\begin{pmatrix}x_B-x_A\\y_B-y_A\\z_B-z_A\end{pmatrix}=\begin{pmatrix}11-3\\7-9\\4-1\end{pmatrix}=\begin{pmatrix}8\\-2\\3\end{pmatrix}$.

De même, les coordonnées de $\overrightarrow{AC}$ et $\overrightarrow{AD}$ sont $\begin{pmatrix}24\\-6\\9\end{pmatrix}$ et $\begin{pmatrix}4\\-1\\2\end{pmatrix}$.

b. $\overrightarrow{AB}$ et $\overrightarrow{AC}$ sont colinéaires car on a $\overrightarrow{AC}=3\overrightarrow{AB}$.
Les points A, B et C sont donc alignés.
c. On cherche un réel k tel que $\overrightarrow{AB}=k\overrightarrow{AD}$.

On aurait alors : $\begin{cases}8=4k\\-2=-k\\3=2k\end{cases}$.

La première ligne donne $k=2$ mais la troisième donne $k=1{,}5$.
Les vecteurs $\overrightarrow{AB}$ et $\overrightarrow{AD}$ ne sont pas colinéaires donc les points A, B et D ne sont pas alignés.

B. a. $\overrightarrow{AE}$ a pour coordonnées $\begin{pmatrix}x_E-x_A\\y_E-y_A\\z_E-z_A\end{pmatrix}=\begin{pmatrix}16\\-4\\7\end{pmatrix}$.

b. Les coordonnées de $\overrightarrow{AB}+2\overrightarrow{AD}$ sont $\begin{pmatrix}8\\-2\\3\end{pmatrix}+2\times\begin{pmatrix}4\\-1\\2\end{pmatrix}=\begin{pmatrix}16\\-4\\7\end{pmatrix}$.

c. On a bien $\overrightarrow{AE}=\overrightarrow{AB}+2\overrightarrow{AD}$.
On en déduit que les points A, B, D et E sont coplanaires.

$\overrightarrow{BD}$ et $\overrightarrow{EC}$ ont pour coordonnées $\begin{pmatrix}-4\\1\\-1\end{pmatrix}$ et $\begin{pmatrix}8\\-2\\2\end{pmatrix}$.

On a $\overrightarrow{EC}=-2\overrightarrow{BD}$ donc $\overrightarrow{BD}$ et $\overrightarrow{EC}$ sont colinéaires.
Il s'en suit que les droites (BD) et (EC) sont parallèles.

7 A. a. d_1 et d_2 sont parallèles donc elles sont dirigées par les mêmes vecteurs.
b. Soient $(\vec{u}, \vec{v_1})$ une base de $\mathcal{P}_1$ et $(\vec{u}, \vec{v_2})$ une base de $\mathcal{P}_2$.
Comme Δ est une droite de $\mathcal{P}_1$, il existe deux réels α et β tels que $\vec{w}=\alpha\vec{u}+\beta\vec{v_1}$. De même, comme Δ est une droite de $\mathcal{P}_2$, il existe deux réels a et b tels que $\vec{w}=a\vec{u}+b\vec{v_2}$.
Par ailleurs, $\mathcal{P}_1$ et $\mathcal{P}_2$ sont deux plans sécants, donc $(\vec{u}, \vec{v_1}, \vec{v_2})$ forme une base de l'espace. L'expression de $\vec{w}$ dans cette base étant unique, on déduit de $\vec{w}=\alpha\vec{u}+\beta\vec{v_1}=a\vec{u}+b\vec{v_2}$ que $a=\alpha$, $\beta=0$ et $b=0$. Autrement dit, $\vec{w}=\alpha\vec{u}$.
Les vecteurs $\vec{u}$ et $\vec{w}$ sont colinéaires, donc Δ est parallèle à d_1.
B. a. Les droites (CD) et (SB) sont non coplanaires ; (AC) et (BD) sont sécantes.
b. Les plans (SAC) et (SDB) sont sécants. Le point S appartient à ces deux plans. Il en est de même du point E, intersection des droites (AB) et (CD) qui sont des droites respectives de (SAB) et (SCD). L'intersection cherchée est donc la droite (ES).
c. Les droites (AD) et (BC) sont parallèles. Les plans (SAD) et (SBC) sont sécants et contiennent respectivement les droites (AD) et (BC). Le théorème du toit indique donc que la droite d'intersection des plans (SAD) et (SBC) est la parallèle à (AD) passant par S.

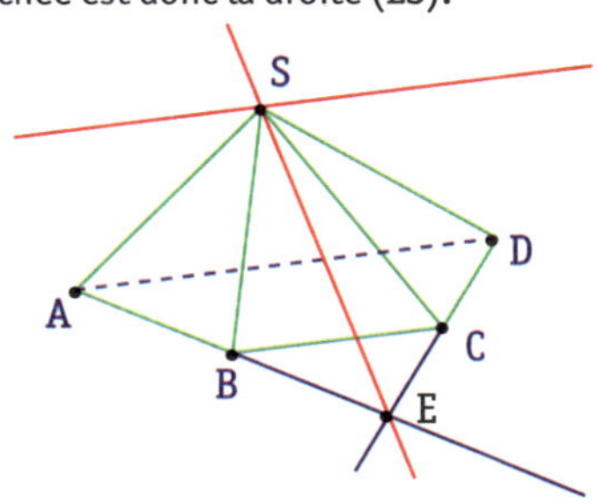

Remarque : Afin de tracer la parallèle à une droite passant par un point donné on peut dessiner un parallélogramme. Par exemple, pour tracer la parallèle à (AD) passant par S, on reporte au compas la longueur AD en partant de S et la longueur AS en partant de D.

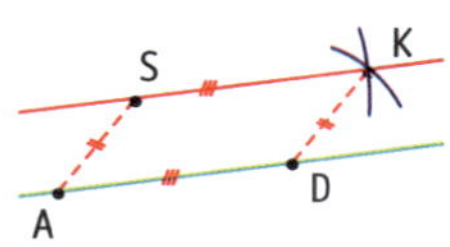

Si on note K le point d'intersection des deux arcs de cercles tracés, le quadrilatère ADKS est un parallélogramme et la parallèle à (AD) passant par S est donc la droite (SK).

8

A. a. $\vec{0}=\overrightarrow{GA}+\overrightarrow{GB}+\overrightarrow{GC} \Leftrightarrow \vec{0}=\overrightarrow{GA}+\overrightarrow{GB}+\overrightarrow{GC}$

$\Leftrightarrow \vec{0}=\overrightarrow{GA}+\overrightarrow{GA}+\overrightarrow{AB}+\overrightarrow{GA}+\overrightarrow{AC}$

$\Leftrightarrow \vec{0}=3\overrightarrow{GA}+\overrightarrow{AB}+\overrightarrow{AC}$

$\Leftrightarrow 3\overrightarrow{AG}=\overrightarrow{AB}+\overrightarrow{AC}$

$\Leftrightarrow \overrightarrow{AG}=\frac{1}{3}\overrightarrow{AB}+\frac{1}{3}\overrightarrow{AC}$

b. K est le milieu de [AD], donc on a $\overrightarrow{KA}=-\frac{1}{2}\overrightarrow{AD}$. Ainsi :

$\overrightarrow{KG}=\overrightarrow{KA}+\overrightarrow{AG}$

$=-\frac{1}{2}\overrightarrow{AD}+\frac{1}{3}\overrightarrow{AB}+\frac{1}{3}\overrightarrow{AC}$

$=\frac{1}{3}\overrightarrow{AB}+\frac{1}{3}\overrightarrow{AC}-\frac{1}{2}\overrightarrow{AD}$.

BDCE est un parallélogramme, donc $\overrightarrow{BE}=\overrightarrow{DC}$. Ainsi :

$\overrightarrow{KE}=\overrightarrow{KA}+\overrightarrow{AB}+\overrightarrow{BE}$

$=-\frac{1}{2}\overrightarrow{AD}+\overrightarrow{AB}+\overrightarrow{DC}$

$=-\frac{1}{2}\overrightarrow{AD}+\overrightarrow{AB}+\overrightarrow{DA}+\overrightarrow{AC}$ d'après la relation de Chasles

$=\frac{1}{2}\overrightarrow{AD}+\overrightarrow{AB}-\overrightarrow{AB}+\overrightarrow{AC}$

$=\overrightarrow{AB}+\overrightarrow{AC}-\frac{3}{2}\overrightarrow{AD}$.

c. Voir la figure ci-dessous.

B. $\overrightarrow{KE}=3\overrightarrow{KG}$, donc $\overrightarrow{KG}$ et $\overrightarrow{KE}$ sont colinéaires.
Il s'en suit que K, E et G sont alignés.

C. Voir la figure ci-dessous. Attention aux pointillés !

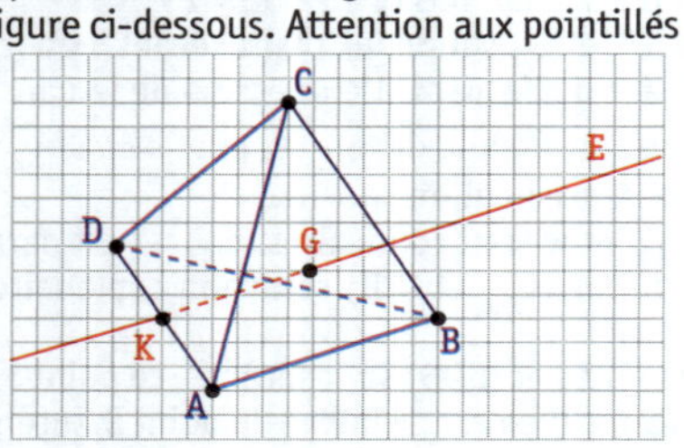

12 Page 184

1 A. Le triangle CDK est rectangle en C donc, d'après le théorème de Pythagore, on a $DK^2=DC^2+CK^2=2^2+1^2=5$
d'où $DK=\sqrt{5}$.
De même, les triangles CKB et CBD sont rectangles en C et on a :

$$BK=\sqrt{5} \text{ et } BD=2\sqrt{2}.$$

B. a. $\overrightarrow{BD}\cdot\overrightarrow{BC}=BD\times BC\times\cos(\widehat{CBD})=2\sqrt{2}\times 2\times\cos\left(\frac{\pi}{4}\right)=4$

$\overrightarrow{BD}\cdot\overrightarrow{CK}=0$ car $\overrightarrow{BD}$ et $\overrightarrow{CK}$ sont orthogonaux.

Remarque : On peut aussi obtenir ce résultat à l'aide d'un calcul sur les coordonnées en se plaçant dans un repère orthonormé.

b. $\overrightarrow{BD}\cdot\overrightarrow{BK}=\overrightarrow{BD}\cdot(\overrightarrow{BC}+\overrightarrow{CK})=\overrightarrow{BD}\cdot\overrightarrow{BC}+\overrightarrow{BD}\cdot\overrightarrow{CK}=4+0=4$

C. On a $\overrightarrow{BD}\cdot\overrightarrow{BK}=4 \Leftrightarrow BD\times BK\times\cos(\widehat{DBK})=4$

$\Leftrightarrow 2\sqrt{2}\times\sqrt{5}\times\cos(\widehat{DBK})=4$

$\Leftrightarrow \cos(\widehat{DBK})=\frac{4}{2\sqrt{10}}=\frac{2}{\sqrt{10}}$.

On en déduit que $\widehat{DBK}\approx 50{,}8°\approx 0{,}89$ rad.

2 a. $\overrightarrow{AB}\cdot\overrightarrow{AC}=AB\times AC\times\cos(\widehat{CAB})=a\times a\times\cos\left(\frac{\pi}{3}\right)=\frac{1}{2}a^2$.

De même, on a $\overrightarrow{AB}\cdot\overrightarrow{AD}=\frac{1}{2}a^2$. Ainsi, on a donc :

$\overrightarrow{AB}\cdot\overrightarrow{CD}=\overrightarrow{AB}\cdot(\overrightarrow{CA}+\overrightarrow{AD})=\overrightarrow{AB}\cdot\overrightarrow{CA}+\overrightarrow{AB}\cdot\overrightarrow{AD}$
$=-\overrightarrow{AB}\cdot\overrightarrow{AC}+\overrightarrow{AB}\cdot\overrightarrow{AD}=0$.

b. Les vecteurs $\overrightarrow{AB}$ et $\overrightarrow{CD}$ sont orthogonaux, donc les droites (AB) et (CD) sont orthogonales.

3 Les vecteurs $\overrightarrow{AB}$, $\overrightarrow{BC}$ et $\overrightarrow{CD}$ ont pour coordonnées respectives :

$$\begin{pmatrix}x_B-x_A\\y_B-y_A\\z_B-z_A\end{pmatrix}=\begin{pmatrix}2\\-1\\3\end{pmatrix}, \begin{pmatrix}x_C-x_B\\y_C-y_B\\z_C-z_B\end{pmatrix}=\begin{pmatrix}2\\4\\0\end{pmatrix} \text{ et } \begin{pmatrix}x_D-x_C\\y_D-y_C\\z_D-z_C\end{pmatrix}=\begin{pmatrix}6\\-3\\1\end{pmatrix}.$$

a. $\overrightarrow{AB}\cdot\overrightarrow{BC}=2\times2-1\times4+3\times0=0$ donc $\overrightarrow{AB}$ et $\overrightarrow{BC}$ sont orthogonaux et donc (AB) et (BC) sont orthogonales.

b. De même, on a $\overrightarrow{BC}\cdot\overrightarrow{CD}=2\times6+4\times(-3)+0\times1=0$.

c. Soient $\mathcal{P}_1$ et $\mathcal{P}_2$ les plans perpendiculaires à (BC) en B et en C. Ces deux plans sont donc strictement parallèles.
(AB) est une droite de $\mathcal{P}_1$ et (CD) est une droite de $\mathcal{P}_2$ donc ces deux droites ne peuvent pas être sécantes.
S'il existe un réel k tel que $\overrightarrow{CD}=k\overrightarrow{AB}$, alors les coordonnées indiquent que $2k=6$, $-k=-3$ et $3k=1$. Ceci n'est pas possible car on aurait $k=3$ et $k=\frac{1}{3}$. Les vecteurs $\overrightarrow{AB}$ et $\overrightarrow{CD}$ ne sont donc pas colinéaires et les droites (AB) et (CD) ne sont pas parallèles.
(AB) et (CD) ne sont ni parallèles ni sécantes, donc elles sont non coplanaires.

d. $\overrightarrow{AB}\cdot\overrightarrow{CD}=2\times6+(-1)\times(-3)+3\times1=18\neq0$, donc $\overrightarrow{AB}\cdot\overrightarrow{CD}$ ne sont pas orthogonaux. Ainsi, (CD) et (ABC) sont sécants mais non orthogonaux.

4 En considérant les triangles rectangles ADI et BFI, qui ont les mêmes dimensions, on s'aperçoit que I est à égale distance de D et F. De la même façon, on peut montrer que J, L, L, M et N sont à égale distance de D et F.
Les points I, J, K, L, M et N sont donc coplanaires car ils appartiennent tous au plan médiateur de [DF].

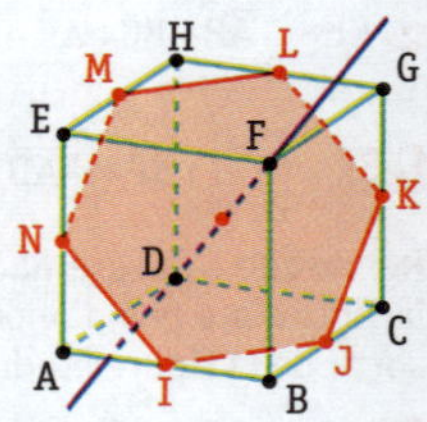

5 Soit M un point de $\mathcal{P}$ différent de H. Le triangle AHM est donc rectangle en H et d'après le théorème de Pythagore, on a $AM^2=AH^2+HM^2$.
On en déduit que $AM^2>AH^2$ et donc que $AM>AH$. Le point H est donc bien le point de $\mathcal{P}$ le plus proche de A.

6 a. $V_{OABC}=\frac{1}{3}\times A_{OAB}\times OC=\frac{1}{3}\times\frac{OA\times OB}{2}\times75=\frac{1}{3}\times\frac{60\times100}{2}\times75$
$=75\,000\text{ cm}^3$

b. $\overrightarrow{AH}$, $\overrightarrow{AB}$ et $\overrightarrow{AC}$ ont pour coordonnées respectives :

$$\begin{pmatrix}x_H-x_A\\y_H-y_A\\z_H-z_A\end{pmatrix}=\begin{pmatrix}-30\\18\\24\end{pmatrix}, \begin{pmatrix}x_B-x_A\\y_B-y_A\\z_B-z_A\end{pmatrix}=\begin{pmatrix}-60\\100\\0\end{pmatrix} \text{ et } \begin{pmatrix}x_C-x_A\\y_C-y_A\\z_C-z_A\end{pmatrix}=\begin{pmatrix}-60\\0\\75\end{pmatrix}.$$

On a bien :

$$0{,}18\begin{pmatrix}-60\\100\\0\end{pmatrix}+0{,}32\begin{pmatrix}-60\\0\\75\end{pmatrix}=\begin{pmatrix}-0{,}18\times60-0{,}32\times60\\0{,}18\times100+0{,}32\times0\\0{,}18\times0+0{,}32\times75\end{pmatrix}=\begin{pmatrix}-30\\18\\24\end{pmatrix}.$$

Les points A, B, C et H sont donc coplanaires.
Dit autrement, H est un point du plan (ABC).

c. $\overrightarrow{OH}$ a pour coordonnées $\begin{pmatrix}x_H-x_0\\y_H-y_0\\z_H-z_0\end{pmatrix}=\begin{pmatrix}30\\18\\24\end{pmatrix}$

On a $\overrightarrow{OH}\cdot\overrightarrow{AB}=30\times(-60)+18\times100+24\times0=0$.

On a aussi $\overrightarrow{OH}\cdot\overrightarrow{AC}=30\times(-60)+18\times0+24\times75=0$.
$\overrightarrow{OH}$ est orthogonal à deux vecteurs non colinéaires de (ABC) et H est un point de ce plan, donc H est bien le projeté orthogonal de O sur le plan (ABC).

d. $OH = \|\overrightarrow{OH}\| = \sqrt{30^2+18^2+24^2} = 30\sqrt{2}$ cm

On a alors :

$V_{OABC} = \frac{1}{3}A_{ABC} \times OH \Leftrightarrow 75\,000 = \frac{1}{3}A_{ABC} \times 30\sqrt{2}$

$\Leftrightarrow A_{ABC} = 75\,000 \times 3 \times \frac{1}{30\sqrt{2}} = \frac{7500}{\sqrt{2}}$ cm².

e. $A_{OAB}{}^2 + A_{OAC}{}^2 + A_{OBC}{}^2 = \left(\frac{60\times100}{2}\right)^2 + \left(\frac{60\times75}{2}\right)^2 + \left(\frac{75\times100}{2}\right)^2$

$= 28\,125\,000$

L'égalité est bien vérifiée car $A_{ABC}{}^2 = \left(\frac{7\,500}{\sqrt{2}}\right)^2 = 28\,125\,000$.

7 **A. a.** Lorsque M est en A, N est confondu avec O.
En effet, (COK) est perpendiculaire à (OK).
b. Lorsque M est en C, N est confondu avec B.
En effet, (CK) et (AB) sont perpendiculaires et donc (AB) est une droite du plan perpendiculaire à (CK) passant par K.
B. A, M et C sont alignés donc $\overrightarrow{AM}$ et $\overrightarrow{AC}$ sont colinéaires.
Il existe donc un réel λ tel que $\overrightarrow{AM} = \lambda\overrightarrow{AC}$.
C. On va montrer que N et L $(0\,;\lambda\,;0)$ sont confondus.
L et B ont tous les deux une abscisse et une cote nulles donc ils sont tous les deux sur l'axe des ordonnées.
De plus, comme M appartient à [AC], λ est compris entre 0 et 1 donc L est bien un point de l'arête [OB].
Il reste à montrer que L est dans le plan perpendiculaire à (KM) passant par K. Pour cela, il suffit de montrer que les vecteurs $\overrightarrow{KL}$ et $\overrightarrow{KM}$ sont orthogonaux.
K a pour coordonnées :

$\left(\frac{x_A+x_B}{2}\,;\frac{y_A+y_B}{2}\,;\frac{z_A+z_B}{2}\right) = \left(\frac{1}{2}\,;\frac{1}{2}\,;0\right)$.

On a aussi $\overrightarrow{AM} = \lambda\overrightarrow{AC} \Leftrightarrow \begin{pmatrix} x_M - x_A \\ y_M - y_A \\ z_M - z_A \end{pmatrix} = \begin{pmatrix} \lambda(x_C - x_A) \\ \lambda(y_C - y_A) \\ \lambda(z_C - z_A) \end{pmatrix}$

$\Leftrightarrow \begin{pmatrix} x_M - 1 \\ y_M \\ z_M \end{pmatrix} = \begin{pmatrix} \lambda(0-1) \\ \lambda(0-0) \\ \lambda(1-0) \end{pmatrix} \Leftrightarrow \begin{pmatrix} x_M \\ y_M \\ z_M \end{pmatrix} = \begin{pmatrix} 1-\lambda \\ 0 \\ \lambda \end{pmatrix}$

$\overrightarrow{KL}$ et $\overrightarrow{KM}$ ont donc pour coordonnées respectives :

$\begin{pmatrix} x_L - x_K \\ y_L - y_K \\ z_L - z_K \end{pmatrix} = \begin{pmatrix} -0{,}5 \\ \lambda-0{,}5 \\ 0 \end{pmatrix}$ et $\begin{pmatrix} x_M - x_K \\ y_M - y_K \\ z_M - z_K \end{pmatrix} = \begin{pmatrix} 1-\lambda-0{,}5 \\ 0-0{,}5 \\ \lambda-0 \end{pmatrix} = \begin{pmatrix} 0{,}5-\lambda \\ -0{,}5 \\ \lambda \end{pmatrix}$

On a ainsi $\overrightarrow{KL}\cdot\overrightarrow{KM} = -0{,}5(0{,}5-\lambda) + (\lambda-0{,}5)\times(-0{,}5) + 0\times\lambda$
$= -0{,}25 + 0{,}5\lambda - 0{,}5\lambda + 0{,}25 + 0 = 0$.

$\overrightarrow{KL}$ et $\overrightarrow{KM}$ sont bien orthogonaux et on a le résultat attendu.

D. a. $f(\lambda) = MN^2 = (x_M - x_N)^2 + (y_M - y_N)^2 + (z_M - z_N)^2$
$= (1-\lambda-0)^2 + (0-\lambda)^2 + (\lambda-0)^2$
$= (1-\lambda)^2 + \lambda^2 + \lambda^2 = 1 - 2\lambda + \lambda^2 + \lambda^2 + \lambda^2$
$= 3\lambda^2 - 2\lambda + 1$

b. f est une fonction polynôme du second degré avec $a=3$, $b=-2$ et $c=1$. Comme a est positif, cette fonction admet un maximum et il est atteint en $\frac{-b}{2a} = \frac{-(-2)}{2\times3} = \frac{1}{3}$.
La distance MN est donc minimale si le point N a pour coordonnées $\left(0\,;\frac{1}{3}\,;0\right)$.

On a $f\left(\frac{1}{3}\right) = 3\times\left(\frac{1}{3}\right)^2 - 2\times\frac{1}{3} + 1 = \frac{2}{3}$ donc ce minimum vaut $\sqrt{\frac{2}{3}}$.

Remarque : On peut aussi étudier la fonction f en la dérivant.

8 **a.** On a $MA^2 - MB^2 = (\overrightarrow{MA}+\overrightarrow{MB})\cdot(\overrightarrow{MA}-\overrightarrow{MB})$.
Or, on a $\overrightarrow{MA}+\overrightarrow{MB} = \overrightarrow{MI}+\overrightarrow{IA}+\overrightarrow{MI}+\overrightarrow{IB} = 2\overrightarrow{MI}$ car, comme I est le milieu de [AB], $\overrightarrow{IA}+\overrightarrow{IB} = \vec{0}$.
On a aussi $\overrightarrow{MA}-\overrightarrow{MB} = \overrightarrow{MA}+\overrightarrow{BM} = \overrightarrow{BM}+\overrightarrow{MA} = \overrightarrow{BA}$.
Il s'en suit que $MA^2 - MB^2 = 30 \Leftrightarrow 2\overrightarrow{MI}\cdot\overrightarrow{BA} = 30$
$\Leftrightarrow 2\overrightarrow{IM}\cdot\overrightarrow{AB} = 30$
$\Leftrightarrow \overrightarrow{IM}\cdot\overrightarrow{AB} = 15$.

b. On a $AB = \sqrt{(x_B - x_A)^2 + (y_B - y_A)^2 + (z_B - z_A)^2}$
$= \sqrt{(2-1)^2 + (3-5)^2 + (9-4)^2} = \sqrt{30}$.

Soit $\mathcal{P}$ le plan perpendiculaire à (AB) passant par B.
On a $M \in \mathcal{P} \Leftrightarrow \overrightarrow{BM}\cdot\overrightarrow{AB} = 0$
$\Leftrightarrow (\overrightarrow{BI}+\overrightarrow{IM})\cdot\overrightarrow{AB} = 0$
$\Leftrightarrow \overrightarrow{BI}\cdot\overrightarrow{AB} + \overrightarrow{IM}\cdot\overrightarrow{AB} = 0$
$\Leftrightarrow -\frac{1}{2}\overrightarrow{AB}\cdot\overrightarrow{AB} + \overrightarrow{IM}\cdot\overrightarrow{AB} = 0$
$\Leftrightarrow \overrightarrow{IM}\cdot\overrightarrow{AB} = \frac{1}{2}AB^2 = \frac{1}{2}\times30 = 15$
$\Leftrightarrow M \in E$.

13 Page 189

1 **a.** d passe par le point A(4 ; 7 ; 12) et est dirigée par $\vec{v}\begin{pmatrix} 3 \\ -5 \\ 1 \end{pmatrix}$.

b. On a $\begin{cases} -5 = 4+3k \\ 22 = 7-5k \\ 9 = 12+k \end{cases} \Leftrightarrow \begin{cases} -9 = 3k \\ 15 = -5k \\ -3 = k \end{cases} \Leftrightarrow k = -3$ donc d passe par B.

On a $\begin{cases} 3 = 4+3k \\ 26 = 7-5k \\ 5 = 12+k \end{cases} \Leftrightarrow \begin{cases} -1 = 3k \\ 19 = -5k \\ -7 = k \end{cases} \Leftrightarrow \begin{cases} -1 = 3k \\ -3{,}8 = k \\ -7 = k \end{cases}$
ce qui est impossible donc C n'est pas un point de la droite d.

c. On a $\vec{u} = k\vec{v} \Leftrightarrow \begin{cases} 7{,}2 = 3k \\ -12 = -5k \\ 2{,}4 = k \end{cases} \Leftrightarrow k = 2{,}4$. On a donc $\vec{u} = 2{,}4\vec{v}$;
$\vec{u}$ et $\vec{v}$ sont colinéaires donc $\vec{u}$ dirige aussi d.

d. $\overrightarrow{BC}$ a pour coordonnées $\begin{pmatrix} x_C - x_B \\ y_C - y_B \\ z_C - z_B \end{pmatrix} = \begin{pmatrix} 3-(-5) \\ 26-22 \\ 5-9 \end{pmatrix} = \begin{pmatrix} 8 \\ 4 \\ -4 \end{pmatrix}$.

(BC) admet pour représentation paramétrique :

$\begin{cases} x = x_B + 8k \\ y = y_B + 4k \\ z = z_B - 4k \end{cases} \Leftrightarrow \begin{cases} x = -5+8k \\ y = 22+4k,\ k \in \mathbb{R}. \\ z = 9-4k \end{cases}$

e. $\overrightarrow{BC}\cdot\vec{v} = 8\times3 + 4\times(-5) - 4\times1 = 0$ donc $\overrightarrow{BC}$ et $\vec{v}$ sont orthogonaux et donc (BC) et d sont orthogonales.

2 **a.** $\mathcal{P}$ a pour vecteur normal $\vec{n}\begin{pmatrix} 3 \\ -1 \\ 2 \end{pmatrix}$.

b. $3x_A - y_A + 2z_A + 4 = 3\times0 - 8 + 2\times2 + 4 = 0$ donc $\mathcal{P}$ passe par A.
$3x_B - y_B + 2z_B + 4 = 3\times3 - 2 + 2\times1 + 4 = 13 \neq 0$, donc B n'appartient pas à $\mathcal{P}$.

c. $\vec{n} = k\vec{u} \Leftrightarrow \begin{cases} 3 = 4k \\ -1 = 6k \\ 2 = -3k \end{cases} \Leftrightarrow \begin{cases} 0{,}75 = k \\ -1 = 6\times0{,}75 = 4{,}5 \\ 2 = -3k \end{cases}$ donc $\vec{n}$ et $\vec{u}$ ne sont pas colinéaires. Le vecteur $\vec{u}$ n'est donc pas normal à $\mathcal{P}$.

d. Notons $\mathcal{P}'$ le plan considéré. Il a pour vecteur normal $\overrightarrow{AB}$ qui a pour coordonnées $\begin{pmatrix} x_B - x_A \\ y_B - y_A \\ z_B - z_A \end{pmatrix} = \begin{pmatrix} 3-0 \\ 2-8 \\ 1-2 \end{pmatrix} = \begin{pmatrix} 3 \\ -6 \\ -1 \end{pmatrix}$.

$\mathcal{P}'$ a une équation cartésienne de la forme $3x - 6y - z + d = 0$ et :
$A \in \mathcal{P}' \Leftrightarrow 3x_A - 6y_A - z_A + d = 0$
$\Leftrightarrow 3\times0 - 6\times8 - 2 + d = 0 \Leftrightarrow d = 50$.
$\mathcal{P}'$ a pour équation cartésienne $3x - 6y - z + 50 = 0$.

3 a. La droite d a pour vecteur directeur $\vec{v}\begin{pmatrix}6\\3\\2\end{pmatrix}$.

b. $\mathcal{P}$ a pour vecteur normal $\vec{v}$ et a donc une équation cartésienne de la forme $6x+3y+2z+d=0$. On a alors :

$$A\in\mathcal{P} \Leftrightarrow 6x_A+3y_A+2z_A+d=0$$
$$\Leftrightarrow 6\times2+3\times8+2\times19+d=0 \Leftrightarrow d=-74$$

$\mathcal{P}$ a pour équation cartésienne $6x+3y+2z-74=0$.

c. H est l'intersection du plan $\mathcal{P}$ et de la droite d.

d passe par H donc il existe un réel t tel que $\begin{cases}x_H=5+6t\\y_H=4+3t\\z_H=9+2t\end{cases}$.

On a $H\in\mathcal{P} \Leftrightarrow 6x_H+3y_H+2z_H-74=0$

$$\Leftrightarrow 6(5+6t)+3(4+3t)+2(9+2t)-74=0$$
$$\Leftrightarrow 30+36t+12+9t+18+4t-74=0$$
$$\Leftrightarrow 49t=14 \Leftrightarrow t=\frac{2}{7}.$$

Ainsi, $x_H=5+6\times\frac{2}{7}=\frac{47}{7}$, $y_H=4+3\times\frac{2}{7}=\frac{34}{7}$ et $z_H=9+2\times\frac{2}{7}=\frac{67}{7}$.

H a donc pour coordonnées $\left(\frac{47}{7}\,;\,\frac{34}{7}\,;\,\frac{67}{7}\right)$.

d. La distance de A à d est :

$$AH=\sqrt{(x_H-x_A)^2+(y_H-y_A)^2+(z_H-z_A)^2}$$
$$=\sqrt{\left(\frac{47}{7}-2\right)^2+\left(\frac{34}{7}-8\right)^2+\left(\frac{67}{7}-19\right)^2}=11.$$

4 a. Le plan $\mathcal{P}$ a pour vecteur normal $\vec{n}\begin{pmatrix}1\\-4\\8\end{pmatrix}$.

b. d est dirigée par $\vec{n}$ et passe par A donc elle a pour représentation paramétrique $\begin{cases}x=x_A+k\\y=y_A-4k\\z=z_A+8k\end{cases} \Leftrightarrow \begin{cases}x=4+k\\y=8-4k\\z=17+8k\end{cases}$, avec $k\in\mathbb{R}$.

c. H est l'intersection du plan $\mathcal{P}$ et de la droite d.

d passe par H donc il existe un réel t tel que $\begin{cases}x_H=4+k\\y_H=8-4k\\z_H=17+8k\end{cases}$.

On a $H\in\mathcal{P} \Leftrightarrow x_H-4y_H+8z_H+54=0$

$$\Leftrightarrow (4+k)-4(8-4k)+8(17+8k)+54=0$$
$$\Leftrightarrow 4+k-32+16k+136+64k+54=0$$
$$\Leftrightarrow 81k=-162 \Leftrightarrow k=-2.$$

Ainsi, $x_H=4-2=2$, $y_H=8-4\times(-2)=16$ et $z_H=17+8\times(-2)=1$.
H a donc pour coordonnées $(2\,;\,16\,;\,1)$.

d. La distance de A à $\mathcal{P}$ est :

$$AH=\sqrt{(x_H-x_A)^2+(y_H-y_A)^2+(z_H-z_A)^2}$$
$$=\sqrt{(2-4)^2+(16-8)^2+(1-17)^2}=18.$$

5 A. $\overrightarrow{CD}$ a pour coordonnées $\begin{pmatrix}x_D-x_C\\y_D-y_C\\z_D-z_C\end{pmatrix}=\begin{pmatrix}4-0\\3-3\\-2-2\end{pmatrix}=\begin{pmatrix}4\\0\\-4\end{pmatrix}$.

La droite (CD) a pour représentation paramétrique :

$$\begin{cases}x=x_C+4k\\y=y_C+0\times k\\z=z_C-4k\end{cases} \Leftrightarrow \begin{cases}x=4k\\y=3\\z=2-4k\end{cases}, \text{ avec } k\in\mathbb{R}.$$

B. a. Soit M le point de (CD) de paramètre k.
La distance BM est minimale quand BM^2 est minimal et on a :

$$BM^2=(x_M-x_B)^2+(y_M-y_B)^2+(z_M-z_B)^2$$
$$=(4k-4)^2+(3+1)^2+(2-4k)^2$$
$$=16k^2-32k+16+16+4-16k+16k^2$$
$$=32k^2-48k+36.$$

On reconnaît une expression polynômiale du second degré avec : $a=32$, $b=-48$ et $c=36$.

Le minimum est atteint en $\frac{-b}{2a}=\frac{48}{2\times32}=0{,}75$.

Les coordonnées du point M pour lequel la distance BM est minimale s'obtiennent en remplaçant k par 0,75 dans l'équation paramétrique de (CD) et on trouve alors $M(3\,;\,3\,;\,-1)$.

b. $\overrightarrow{BH}$ a pour coordonnées $\begin{pmatrix}x_H-x_B\\y_H-y_B\\z_H-z_B\end{pmatrix}=\begin{pmatrix}3-4\\3-(-1)\\-1-0\end{pmatrix}=\begin{pmatrix}-1\\4\\-1\end{pmatrix}$.

$\overrightarrow{BH}\cdot\overrightarrow{CD}=-1\times4+4\times0-1\times(-4)=0$ donc (BH) et (CD) sont orthogonales.
Comme H appartient à (CD), ces droites sont bien perpendiculaires.

c. On a $CD=\|\overrightarrow{CD}\|=\sqrt{4^2+0^2+(-4)^2}=\sqrt{32}$ cm.

On a aussi $BH=\|\overrightarrow{BH}\|=\sqrt{(-1)^2+4^2+(-1)^2}=\sqrt{18}$ cm.

On a donc $\mathcal{A}_{BCD}=\frac{1}{2}\times CD\times BH=\frac{1}{2}\times\sqrt{32}\times\sqrt{18}=12\text{ cm}^2$.

C. a. $\overrightarrow{BC}$ a pour coordonnées $\begin{pmatrix}x_C-x_B\\y_C-y_B\\z_C-z_B\end{pmatrix}=\begin{pmatrix}0-4\\3-(-1)\\2-0\end{pmatrix}=\begin{pmatrix}-4\\4\\2\end{pmatrix}$.

$\overrightarrow{BC}\cdot\vec{n}=-4\times2+4\times1+2\times2=0$ et $\overrightarrow{CD}\cdot\vec{n}=4\times2+0\times1-4\times2=0$ donc $\vec{n}$ est orthogonal à deux vecteurs non colinéaires de (BCD).
Le vecteur $\vec{n}$ est donc bien normal au plan (BCD).

b. Comme $\vec{n}$ est normal au plan (BCD), celui-ci a une équation cartésienne de la forme $2x+y+2z+d=0$.

$$B\in(BCD) \Leftrightarrow 2x_B+y_B+2z_B+d=0$$
$$\Leftrightarrow 2\times4+(-1)+2\times0+d=0$$
$$\Leftrightarrow d=-7$$

(BCD) a donc pour équation $2x+y+2z-7=0$.

c. Δ est dirigée par $\vec{n}$ et passe par A donc elle a pour représentation paramétrique :

$$\begin{cases}x=x_A+2k\\y=y_A+k\\z=z_A+2k\end{cases} \Leftrightarrow \begin{cases}x=2+2k\\y=1+k\\z=4+2k\end{cases}, \text{ avec } k\in\mathbb{R}.$$

d. Δ passe par I, donc il existe un réel k tel que $\begin{cases}x_I=2+2k\\y_I=1+k\\z_I=4+2k\end{cases}$.

$$I\in(BCD) \Leftrightarrow 2x_I+y_i+2z_I-7=0$$
$$\Leftrightarrow 2(2+2k)+(1+k)+2(4+2k)-7=0$$
$$\Leftrightarrow 4+4k+1+k+8+4k-7=0$$
$$\Leftrightarrow 9k=-6 \Leftrightarrow k=-\frac{2}{3}$$

Ainsi, $x_I=2+2\times\frac{-2}{3}=\frac{2}{3}$, $y_I=1+\frac{-2}{3}=\frac{1}{3}$ et $z_I=4+2\times\frac{-2}{3}=\frac{8}{3}$.

I a donc pour coordonnées $\left(\frac{2}{3}\,;\,\frac{1}{3}\,;\,\frac{8}{3}\right)$.

Remarque : On pouvait aussi vérifier que les coordonnées proposées étaient bien celles d'un point de Δ et d'un point de (BCD).

D. D'après les questions précédentes, (AI) est la hauteur de ABCD issue de A.

On a $AI=\sqrt{(x_I-x_A)^2+(y_I-y_A)^2+(z_I-z_A)^2}$

$$=\sqrt{\left(\frac{2}{3}-2\right)^2+\left(\frac{1}{3}-1\right)^2+\left(\frac{8}{3}-4\right)^2}=2\text{ cm}.$$

On a donc $V_{ABCD}=\frac{1}{3}\times\mathcal{A}_{BCD}\times AI=\frac{1}{3}\times12\times2=8\text{ cm}^3$.

6 **a.** $\vec{u}\cdot\left(\vec{u}\wedge\vec{v}\right)=x\left(yz'-y'z\right)+y\left(-xz'+x'z\right)+z\left(xy'-x'y\right)$
$=xyz'-xy'z-xyz'+x'yz+xy'z-x'yz=0$

De même, on a $\vec{v}\cdot\left(\vec{u}\wedge\vec{v}\right)=0$.

b. $\overrightarrow{AB}$ et $\overrightarrow{AC}$ ont pour coordonnées $\begin{pmatrix}2\\3\\4\end{pmatrix}$ et $\begin{pmatrix}5\\0\\7\end{pmatrix}$.

$$\overrightarrow{AB}\wedge\overrightarrow{AC}=\begin{pmatrix}3\times7-0\times4\\-2\times7+5\times4\\2\times0-5\times3\end{pmatrix}=\begin{pmatrix}21\\6\\-15\end{pmatrix}.$$

$\overrightarrow{AB}\wedge\overrightarrow{AC}\neq\vec{0}$ donc $\overrightarrow{AB}$ et $\overrightarrow{AC}$ ne sont pas colinéaires et donc A, B et C définissent un plan car ils ne sont pas alignés.

c. (ABC) a une équation de la forme $21x+6y-15z+d=0$.

$$\begin{aligned}A\in(ABC)&\Leftrightarrow 21x_A+6y_A-15z_A+d=0\\&\Leftrightarrow 21\times0+6\times1-15\times3+d=0\\&\Leftrightarrow d=39\end{aligned}$$

(ABC) admet donc pour équation $21x+6y-15z+39=0$.

14 Page 192

1 **a.** On note M l'événement « la région est bordée par la mer méditerranée ». Voici l'arbre représentant la situation.

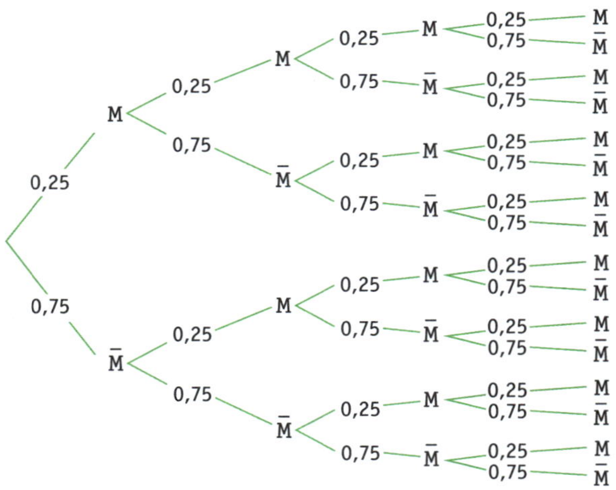

b. Il y a 6 chemins pour lesquels l'événement M est réalisé deux fois et la probabilité d'une telle issue est $0,25^2\times0,75^2$.
Il y a 4 chemins pour lesquels l'événement M est réalisé trois fois et la probabilité d'une telle issue est $0,25^3\times0,75$.
Il y a un seul chemin pour lequel l'événement M est réalisé quatre fois et la probabilité d'une telle issue est $0,25^4$.
Finalement, la probabilité cherchée est égale à :

$$6\times0,25^2\times0,75^2+4\times0,25^3\times0,75+0,25^4\approx0,262.$$

2 **a.** $P(X=40)\approx0,140$
b. $P(X\leq35)\approx0,061$
c. $P(X\geq45)=1-P(X\leq44)\approx0,048$
d. $P(35\leq X\leq45)=P(X\leq45)-P(X\leq34)\approx0,951$

3 **a.** X suit la loi binomiale de paramètre $n=20$ et $p=1-0,1=0,9$.
b. $E(X)=np=20\times0,9=18$
Nicole peut s'attendre à une moyenne de 18 appels publicitaires sur 20 appels reçus.

c. La probabilité que Nicole reçoive moins de 15 appels publicitaires est $P(X\leq14)\approx0,011$.
La probabilité que Nicole reçoive au moins 18 appels publicitaires est $P(X\geq18)=1-P(X\leq17)\approx0,677$.
La probabilité que Nicole reçoive entre 15 et 18 appels publicitaires est $P(15\leq X\leq18)=P(X\leq18)-P(X\leq14)\approx0,597$.

4 On cherche le plus petit entier m tel que $P(X\geq m)<0,9$.
On a $P(X\geq m)=1-P(X\leq m-1)$.
On dresse un tableau de valeurs en saisissant :
`1-BinomialCD(x-1,20,0.65)` sur Casio
`1-binomFRép(20,0.65,X-1)` sur Texas Instruments.
On trouve alors que l'entier cherché est 11, car on a :
$P(X\geq10)\approx0,9468$ et $P(X\geq11)\approx0,8782$.

5 **a.** La probabilité que Marie gagne au moins deux manches sur trois est $P(Y_3\leq1)\approx0,282$.
La probabilité que Marie gagne au moins cinq manches sur neuf est $P(Y_9\leq4)\approx0,172$.
b. Pour gagner une partie à n manches (où n est impair), il faut en gagner au moins $\dfrac{n+1}{2}$.

On cherche le plus petit entier n tel que $P\left(Y_n\geq\dfrac{n+1}{2}\right)>0,95$.

On a $P\left(Y_n\geq\dfrac{n+1}{2}\right)=1-P\left(Y_n\leq\dfrac{n+1}{2}-1\right)$.

On dresse un tableau de valeurs en saisissant l'expression :
`1-BinomialCD((x+1)÷2-1,x,0.65)` sur Casio
`1-binomFRép(X/,0.65,(X+1)/2-1)` sur Texas Instruments.
On commence à la valeur $n=1$ et on choisit un pas de 2 (car on ne considère que des parties ayant un nombre impair de manches).
On trouve alors que la partie doit compter au moins 29 manches.

6 On a $P(X<a)=P(X\leq a-1)$. On dresse alors un tableau de valeurs en saisissant l'expression `BinomialCD(x-1,50,0.8)` sur Casio ou l'expression `binomFRép(50,0.8,X-1)` sur Texas Instruments.
On trouve alors $a=34$. (On rappelle que 2,5 % = 0,025).
On a $P(X>b)=1-P(X\leq b)$. En dressant à nouveau un tableau de valeurs, on trouve $b=45$. Finalement, $I=[34\ ;45]$.

7 **a.** On rappelle que les deux valeurs prises par X sont 1 (avec une probabilité p) et 0 (avec une probabilité $q=1-p$).

$E(X)=0\times q+1\times p=p$

$$\begin{aligned}V(X)&=(0-p)^2\times q+(1-p)^2\times p=p^2q+q^2p\\&=pq(p+q)=pq\ \text{ car } p+q=1.\end{aligned}$$

b. $E(X)=E(X_1)+E(X_2)+\cdots+E(X_n)=\underbrace{p+p+\cdots+p}_{n\text{ fois}}=np$

$V(X)=V(X_1)+V(X_2)+\cdots+V(X_n)=\underbrace{pq+pq+\cdots+pq}_{n\text{ fois}}=npq$

$\sigma(X)=\sqrt{V(X)}=\sqrt{npq}$

c. On a $k\dbinom{n}{k}=k\times\dfrac{n!}{k!(n-k)!}=\dfrac{n!}{(k-1)!(n-k)!}$.

On a aussi $n\dbinom{k-1}{n-1}=n\times\dfrac{(n-1)!}{(k-1)!((n-1)-(k-1))!}$
$=\dfrac{n\times(n-1)!}{(k-1)!(n-1-k+1)!}=\dfrac{n!}{(k-1)!(n-k)!}$.

On a donc bien $k\dbinom{n}{k}=n\dbinom{k-1}{n-1}$.

Calculons maintenant l'espérance de X. On a :

$$E(X)=\sum_{k=0}^{k=n} kP(X=k)=\sum_{k=0}^{k=n} k\binom{n}{k}p^k q^{n-k}$$

$$=\sum_{k=1}^{k=n} k\binom{n}{k}p^k q^{n-k} \quad \left(\text{car } 0\times\binom{n}{0}p^0q^{n-0}=0\right)$$

$$=\sum_{k=1}^{k=n} n\binom{n-1}{k-1}p^k q^{n-k} \quad \text{(d'après le résultat démontré juste avant)}$$

$$=n\sum_{k=1}^{k=n}\binom{n-1}{k-1}p^k q^{n-k} \quad \text{(en factorisant la somme par } n\text{)}$$

$$=n\sum_{i+1=1}^{i+1=n}\binom{n-1}{i+1-1}p^{i+1}q^{n-(i+1)} \quad \text{(en posant } k=i+1\text{)}$$

$$=n\sum_{i=0}^{i=n-1}\binom{n-1}{i}p^{i+1}q^{n-i-1}$$

$$=n\sum_{i=0}^{i=n-1}\binom{n-1}{i}p\times p^i q^{(n-1)-i} \quad (\text{car } p^{i+1}=p\times p^i)$$

$$=np\sum_{i=0}^{i=n-1}\binom{n-1}{i}p^i q^{(n-1)-i} \quad \text{(en factorisant la somme par } p\text{)}$$

$$=np(p+q)^{n-1} \quad \text{(d'après la formule du binôme)}$$

$$=np\times 1^{n-1}=np \quad (\text{car } p+q=1)$$

8 a. Z peut prendre les valeurs 1, 2, 3 et 4.

$P(Z=1)=P((X=0)\cap(Y=1))=0{,}5\times0{,}4=0{,}2$

$P(Z=2)=P((X=0)\cap(Y=2))+P((X=1)\cap(Y=1))$
$=0{,}5\times0{,}6+0{,}3\times0{,}4=0{,}42$

$P(Z=3)=P((X=1)\cap(Y=2))+P((X=2)\cap(Y=1))$
$=0{,}3\times0{,}6+0{,}2\times0{,}4=0{,}26$

$P(Z=4)=P((X=2)\cap(Y=2))=0{,}2\times0{,}6=0{,}12$

b. $E(Z)=1\times P(Z=1)+2\times P(Z=2)+3\times P(Z=3)+4\times P(Z=4)$
$=1\times0{,}2+2\times0{,}42+3\times0{,}26+4\times0{,}12=2{,}3$

$$V(Z)=\sum_{k=1}^{k=4}(k-E(Z))^2\times P(Z=k)$$
$$=(1-2{,}3)^2\times0{,}2+(2-2{,}3)^2\times0{,}42+(3-2{,}3)^2\times0{,}26+(4-2{,}3)^2\times0{,}12$$
$$=0{,}85$$

c. $E(X)=0\times0{,}5+1\times0{,}3+2\times0{,}2=0{,}7$

$V(X)=(0-0{,}7)^2\times0{,}5+(1-0{,}7)^2\times0{,}3+(2-0{,}7)^2\times0{,}2=0{,}61$

$E(Y)=1\times0{,}4+2\times0{,}6=1{,}6$

$V(X)=(1-1{,}6)^2\times0{,}4+(2-1{,}6)^2\times0{,}6=0{,}24$

On a bien $E(X)+E(Y)=0{,}7+1{,}6=2{,}3=E(Z)=E(X+Y)$ et on a aussi $V(X)+V(Y)=0{,}61+0{,}24=0{,}85=V(Z)=V(X+Y)$.

9 a. $E(X_1)=1\times\frac{1}{6}+2\times\frac{1}{6}+3\times\frac{1}{6}+4\times\frac{1}{6}+5\times\frac{1}{6}+6\times\frac{1}{6}=3{,}5$

$$V(X_1)=(1-3{,}5)^2\times\frac{1}{6}+(2-3{,}5)^2\times\frac{1}{6}+(3-3{,}5)^2\times\frac{1}{6}+(4-3{,}5)^2\times\frac{1}{6}+(5-3{,}5)^2\times\frac{1}{6}+(6-3{,}5)^2\times\frac{1}{6}$$
$$=\frac{35}{12}\approx2{,}92$$

De même, on obtient $E(X_2)=6{,}5$ et $V(X_2)=\frac{143}{12}\approx11{,}92$.

b. $E(S)=E(X_1)+E(X_2)=10$.

Comme les variables X_1 et X_2 sont indépendantes, on a :

$V(S)=V(X_1)+V(X_2)=\frac{89}{6}\approx14{,}83$.

c. $E(M)=E\left(\frac{1}{2}S\right)=\frac{1}{2}E(S)=5$

$V(M)=V\left(\frac{1}{2}S\right)=\left(\frac{1}{2}\right)^2V(S)=\frac{89}{24}\approx3{,}71$.

10 a. X suit la loi binomiale de paramètres n et $p=1-0{,}1=0{,}9$.

b. Avec $n=210$, on calcule $P(X\leq199)\approx0{,}996$.

c. On cherche le plus grand entier n tel que $P(X\leq200)\geq0{,}999$.
On dresse un tableau de valeurs à la calculatrice en saisissant l'expression `BinomialCD(200,x,0.9)` sur Casio ou l'expression `binomFRép(X,0.9,200)` sur Texas Instruments.
On peut commencer à $n=200$ car, dans ce cas, on sait que chaque client aura une chambre.
Le nombre maximum de réservations à accepter est alors de 209 (pour $n=209$, on obtient une probabilité d'environ 0,9992 et pour $n=210$, on obtient une probabilité d'environ 0,9981).

d. On note X la variable qui suit la loi binomiale $\mathcal{B}(n\,;p)$.
On cherche le plus grand entier n tel que $P(X\leq k)\geq t$.
Les lignes **3** et **4** du programme indiquent que pour $n=k$, on est sûr que chaque client aura une chambre.
Ligne **5** : la condition indique qu'il faut cesser le calcul lorsque la probabilité $P(X\leq k)$ est strictement inférieure à t.
Ligne **7** : la probabilité $P(X\leq k)$ est calculée en appliquant la formule $P(X\leq k)=\sum_{i=0}^{i=k}\binom{n}{i}p^i(1-p)^{n-i}$. Voici le programme complété :

```
from lycee import*
def maxireserv(k,p,t):
    n=k
    proba=1
    while proba>=t:
        n=n+1
        proba=sum([binomial(n,i)*p**i*(1-p)**(n-i) for i in range(0,k+1)])
    return(n-1)
```

15 Page 195

1 a. $P(95<X<105)=P(95-100<X-100<105-100)$
$=P(-5<X-100<5)=P(|X-100|<5)$
$=1-P(|X-100|\geq5)$

En appliquant l'inégalité de Bienaymé-Tchebychev, on a donc :

$P(95<X<105)\geq1-\frac{V(X)}{5^2}=1-\frac{5^2}{5^2}=0$ (heureusement).

$P(90<X<110)=P(90-100<X-100<110-100)$
$=P(-10<X-100<10)=P(|X-100|<10)$
$=1-P(|X-100|\geq10)$

En appliquant l'inégalité de Bienaymé-Tchebychev, on a donc :

$P(90<X<110)\geq1-\frac{V(X)}{10^2}=1-\frac{5^2}{10^2}=0{,}75$.

$P(85<X<115)=P(85-100<X-100<115-100)$
$=P(-15<X-100<15)=P(|X-100|<15)$
$=1-P(|X-100|\geq15)$

En appliquant l'inégalité de Bienaymé-Tchebychev, on a donc :

$P(85<X<115)\geq1-\frac{V(X)}{15^2}=1-\frac{5^2}{15^2}=\frac{8}{9}\approx0{,}89$.

b. Soit k un réel strictement positif. On a :

$$\begin{aligned}P(\mu-k\sigma<X<\mu+k\sigma)&=P(-k\sigma<X-\mu<k\sigma)\\&=P(|X-\mu|<k\sigma)\\&=1-P(|X-\mu|\geq k\sigma)\\&=1-\frac{\sigma^2}{(k\sigma)^2}=1-\frac{1}{k^2}.\end{aligned}$$

2 a. Soit X la variable aléatoire égale au résultat du lancer du dé. On note M_n la variable aléatoire moyenne d'un échantillon de taille n de la variable aléatoire X. On a alors :

$$E(M_n)=E(X)=\frac{1}{6}\times1+\frac{1}{6}\times2+\frac{1}{6}\times3+\frac{1}{6}\times4+\frac{1}{6}\times5+\frac{1}{6}\times6=3{,}5.$$

Le résultat moyen attendu est de 3,5.

b. On calcule d'abord la variance de X :

$$V(X)=\frac{1}{6}\times(1-3{,}5)^2+\frac{1}{6}\times(2-3{,}5)^2+\frac{1}{6}\times(3-3{,}5)^2+\frac{1}{6}\times(4-3{,}5)^2+\frac{1}{6}\times(5-3{,}5)^2+\frac{1}{6}\times(6-3{,}5)^2=\frac{35}{12}.$$

On a $V(M_n)=\frac{1}{n}V(X)=\frac{35}{12n}$.

Par ailleurs :

$$\begin{aligned}P(3{,}4<M_n<3{,}6)&=P(3{,}4-3{,}5<M_n-3{,}5<3{,}6-3{,}5)\\&=P(-0{,}1<M_n-3{,}5<0{,}1)\\&=P(|M_n-3{,}5|<0{,}1)\\&=1-P(|M_n-3{,}5|\geq0{,}1).\end{aligned}$$

L'inégalité de Bienaymé-Tchebychev donne alors :

$$P(3{,}4<M_n<3{,}6)\geq1-\frac{V(M_n)}{0{,}1^2}.$$

On a alors
$$\begin{aligned}1-\frac{V(M_n)}{0{,}1^2}\geq0{,}95&\Leftrightarrow0{,}05\geq\frac{V(M_n)}{0{,}1^2}\\&\Leftrightarrow0{,}05\times0{,}1^2\geq V(M_n)\\&\Leftrightarrow0{,}05\times0{,}1^2\geq\frac{35}{12n}\\&\Leftrightarrow n\geq\frac{35}{12\times0{,}05\times0{,}1^2}\approx5\,833{,}3.\end{aligned}$$

L'objectif sera donc atteint avec plus de 5 834 lancers.

3 a. $E(S)=n\mu=4\times60=240$

$V(S)=nV=4\times9=36$

$\sigma(S)=\sqrt{n}\times\sigma=\sqrt{4}\times\sqrt{9}=6$

b. $E(M)=\mu=60$

$V(M)=\frac{V}{n}=\frac{9}{4}=2{,}25$

$\sigma(M)=\frac{\sigma}{\sqrt{n}}=\frac{\sqrt{9}}{\sqrt{4}}=1{,}5$

4 A. a. $V=\sum_{k=1}^{k=n}p_k(x_k-\mu)^2$ où $p_k=P(X=k)$.

b. Avec les notations de l'énoncé, on a $P(|X-\mu|\geq\delta)=\sum_{k=1}^{k=m}p_k$.

c. Pour tout entier k compris entre 1 et m, on a $|x_k-\mu|\geq\delta>0$ donc on a $(x_k-\mu)^2\geq\delta^2$. On en déduit alors que :

$$V=\sum_{k=1}^{k=n}p_k(x_k-\mu)^2\geq\sum_{k=1}^{k=m}p_k\delta^2\geq\delta^2\sum_{k=1}^{k=m}p_k\geq\delta^2P(|X-\mu|\geq\delta).$$

On en déduit donc que $\frac{V}{\delta^2}\geq P(|X-\mu|\geq\delta)$.

B. a. On a $E(M_n)=E(X)=\mu$ et $V(M_n)=\frac{1}{n}V(X)=\frac{1}{n}V$.

En appliquant l'inégalité de Bienaymé-Tchebychev à M_n, on a :

$$P(|M_n-\mu|\geq\delta)\leq\frac{\frac{1}{n}V}{\delta^2}=\frac{V}{n\delta^2}.$$

b. $$\begin{aligned}P(|M_n-\mu|<\varepsilon)&=1-P(|M_n-\mu|\geq\varepsilon)\\&\geq1-\frac{V}{n\varepsilon^2}\end{aligned}$$

Comme $P(|M_n-\mu|<\varepsilon)$ est une probabilité, elle est majorée par 1.

On a donc $1-\frac{V}{n\varepsilon^2}\leq P(|M_n-\mu|<\varepsilon)\leq1$.

Par ailleurs, $\lim_{n\to+\infty}\left(1-\frac{V}{n\varepsilon^2}\right)=1$ donc, d'après le théorème des gendarmes, on a bien $\lim_{n\to+\infty}P(|M_n-\mu|<\varepsilon)=1$.

1

MÉTHODE DE L'EXAMEN

L'explication de texte

Cours

1 La prise de connaissance du texte

a. Comprendre le sens implicite du texte

▶ La première étape, et sûrement la plus importante, est la **lecture attentive et répétée** du texte. Il convient de s'en imprégner, si l'on veut éviter les contresens et saisir ce qu'il dévoile en filigrane.

▶ Partez du principe que le texte que vous expliquez est un classique qui a traversé les siècles, a été étudié et analysé par de très nombreux philosophes ou spécialistes. Votre lecture doit être bienveillante et modeste, dans le sens où il vous faut faire confiance à l'auteur et considérer que si vous relevez une incohérence dans le texte, c'est que celle-ci est sans doute due à une lecture trop rapide qui vous aura mené à une compréhension erronée.

b. Identifier la structure argumentative du texte

▶ Votre dernière lecture doit être pratique. Munissez-vous d'un crayon de papier et **découpez le texte en identifiant les différentes étapes argumentatives** pour faire ressortir sa structure. Pour ce faire, fiez-vous aux **passages à la ligne**, qui constituent les premiers repaires faciles à identifier. En leur absence et même leur présence, vous devez continuer votre exploration du texte en identifiant les **connecteurs logiques**, à savoir les conjonctions (mais, cependant, et, ou, etc.), qui marquent une séparation, alternative, opposition ou des perspectives différentes. Méfiez-vous, tout de même, la présence de conjonctions ne signifie pas nécessairement un changement de partie ou de thèse, car certaines ne possèdent qu'une fonction stylistique et n'ont aucune incidence sur le contenu du texte.

▶ Sachez enfin que ces connecteurs n'ont pas uniquement un rôle logique ou formel aidant à structurer le texte, mais lui donnent également une orientation et donc un sens précis. Le texte peut être polémique, argumentatif ou démonstratif, il est nécessairement structuré selon sa **typologie**, qu'il convient de repérer.

2 La rédaction de votre devoir

a. La rédaction de l'introduction

▶ Pour cet exercice, s'il n'y a pas de formes imposées, il y a des exigences qui s'appuient simplement sur le texte lui-même. Vous pouvez commencer votre introduction en indiquant, en une phrase, le **thème général** du texte, à savoir ce sur quoi il porte et qui correspond, en toute logique, à l'un des thèmes à votre programme. Il peut arriver qu'un texte porte sur deux thèmes ou sur leur relation.

▶ Puis, développez plus longuement l'idée générale du texte, ou bien la **thèse** qu'y soutient l'auteur. Cette étape est cruciale, car vous montrez au correcteur votre compréhension globale du texte. Il s'agit donc ici de dégager clairement, dans un petit paragraphe, ce qui a justifié aux yeux de l'auteur l'écriture de son texte. Parfois, il n'y a pas de véritable thèse, mais un **problème posé** ou une difficulté exposée.

▶ Enfin, finissez votre introduction en révélant la **structure du texte**, à savoir les différents moments (ou parties) de ce dernier. En précisant le début et la fin de chaque moment (de [...] jusqu'à [...]), résumez ce que contient chaque partie. N'hésitez pas à aller à la ligne pour distinguer chaque moment et révéler clairement la structure du texte.

b. Les différentes parties de votre explication de texte

▶ **C'est le texte qui importe avant tout et légitime la structure de votre devoir**, et non votre approche personnelle comme cela est le cas pour une dissertation. Aussi, organisez votre devoir en fonction du texte lui-même. Si vous avez repéré trois moments dans le texte, votre devoir sera constitué, en toute logique, de trois parties. N'hésitez pas à aller à la ligne entre chacune, afin de clarifier votre démarche, cela permettra au lecteur-correcteur de vous suivre plus facilement, en se rapportant constamment au texte lui-même, qu'il aura à ses côtés et qui, comme vous, lui permettra d'avoir un fil conducteur.

▶ Pour résumer, cet exercice se présente de la manière suivante : à la suite de l'introduction, laissez quelques lignes, puis débutez l'explication en allant également à la ligne à la fin de chaque moment. Une fois l'explication achevée, vous pouvez commencer la conclusion critique.

>>

>> ▶ Sachez, toutefois, qu'un texte est rarement composé de plus de deux ou trois parties, à cause d'une contrainte temporelle, l'épreuve ne durant que quatre heures. Cela ne signifie pas que le texte soit structuré artificiellement de parties de longueurs semblables, de même que leurs contenus soient de même importance. **Une seule phrase peut constituer à elle seule un moment essentiel du texte** et doit alors être analysée en détails.

▶ Vous pouvez naturellement **citer le texte** pour valoriser votre argumentation et la rendre plus vivante. Il faut le faire de manière subtile, en intégrant les citations dans l'une de vos phrases pour que celle-ci ne semble pas tomber comme un cheveu sur la soupe. Il ne faut donc pas commencer une phrase par une citation, l'ensemble ressemblerait à une succession de citations et couperait la dynamique, à la fois du texte et de votre explication. Évidemment, il ne faut pas citer tout le texte, seulement des extraits. Les citations doivent donc être brèves, ne jamais constituer une phrase entière et se faire linéairement, à savoir de manière progressive au sein de votre devoir. Si la lecture comme l'explication est progressive, l'insertion des citations l'est aussi.

c. La conclusion : une étape cruciale

▶ S'il n'y a pas de méthode officielle à sa rédaction la conclusion est l'objet d'une **longue réflexion critique sur la thèse** défendue par l'auteur. C'est donc le moment où vous allez montrer que vous avez bien compris le texte lui-même dans toute sa portée philosophique et que vous êtes capable de développer une opinion personnelle, critique et argumentée sur sa thèse. Il faut comprendre le terme critique au sens étymologique de discernement, et non au sens commun d'opposition.

▶ Il s'agit d'abord d'être lucide sur la thèse de l'auteur, en mettant en évidence son **intérêt philosophique actuel ou universel.** Vous pouvez aussi, dans cette conclusion, affirmer votre désaccord avec l'auteur, défendre une thèse opposée et montrer ainsi votre indépendance d'esprit. Pour ce faire, nous vous encourageons tout de même à être assez prudent au moins dans la forme. Pour s'opposer à une thèse, il faut d'abord être certain d'en avoir bien compris toutes les subtilités. Mal comprendre une thèse, la déformer ou la simplifier pour la contredire, c'est faire preuve d'un manque de modestie.

▶ Si vous êtes malgré tout certain d'avoir compris la thèse de l'auteur et que vous souhaitez la réfuter, il est préférable d'utiliser le conditionnel (« On pourrait peut-être objecter ou rétorquer à l'auteur... »). Vous pouvez aussi utiliser les thèses d'autres auteurs, afin d'appuyer et de légitimer vos critiques. Méfiez-vous tout de même de ne pas opposer artificiellement deux auteurs. Il est assez rare que sur un point précis, il existe une opposition radicale entre deux auteurs, il y a davantage des perspectives ou des conceptions différentes du monde.

Exercice

★★ 4 heures Type Bac

Sujet : Expliquez le texte suivant. La connaissance de la doctrine de l'auteur n'est pas requise. Il faut et il suffit que l'explication rende compte par la compréhension précise du texte, du problème dont il est question.

> Ce sont des voleurs, dit-on, et des filous.
> – Qu'est-ce que cela signifie : « des voleurs et des filous » ? Qu'ils ont erré sur les questions de bien et de mal. Faut-il donc s'irriter contre eux, ou les plaindre ? Mais montre-leur l'erreur et tu verras comme ils se détournent de leurs fautes. S'ils ne la voient pas, ils n'ont rien à préférer à leur propre opinion.
> – Alors ce voleur, cet adultère, ne devraient-ils pas être mis à mort ?
> – Nullement, mais exprime-toi plutôt ainsi : « Cet homme qui est dans l'erreur, qui se trompe sur les matières les plus importantes, qui a perdu la vue, non pas la vue qui permet de distinguer le blanc et le noir, ne devrait-il pas être mis à mort ? ». Si tu parles de la sorte, tu comprendras combien ce que tu as dit est inhumain et cela revient en somme à ceci : « Mais cet aveugle, mais ce sourd ne devraient-ils pas être mis à mort ? ». Si le plus grand dommage à subir, c'est la perte des biens les plus importants, et si rien n'est plus important pour tout homme que la droiture de sa personne, quand quelqu'un en est privé, pourquoi donc s'irriter contre lui ?

Entretiens, 1, XVIII, Épictète.

bordas Flash PAGE **Flashez ici pour accéder au corrigé complet.**

La dissertation

Cours

1 Le choix et l'analyse du sujet

a. Choisir le sujet

▶ Le jour de l'épreuve, vous aurez le choix entre deux sujets de dissertation. À la suite de la **lecture attentive** (environ un quart d'heure) de chaque sujet, vous devez opérer un choix ferme et définitif, sans retour en arrière.

▶ Si le choix d'un sujet est toujours subjectif, il ne doit pas être fait en fonction d'une histoire personnelle ou encore d'opinions arrêtées et définitives. Le choix du sujet doit s'appuyer sur des **connaissances objectives** et une **culture philosophique**. Vous choisirez donc le sujet sans présupposés, mais pas sans connaissances sur le thème.

b. Comprendre le sujet

▶ Commencez par noter au brouillon toutes les idées qui vous viennent, les **références** ou les **auteurs** auxquels il vous fait penser. Néanmoins, il ne faut pas immédiatement répondre à la question posée.

▶ Il faut d'abord chercher dans la formulation du sujet le **concept**, mot ou expression qui servira de fil conducteur à votre dissertation, à ne pas confondre avec le thème du sujet (par exemple, la liberté). C'est davantage à partir de la formulation de la question (Faut-il... ? À quoi sert... ?) et de ses différents sens possibles qu'il faut construire la structure du devoir.

▶ Une fois cernée l'expression ou le mot central du sujet (falloir, servir, etc.), cherchez des **termes ou expressions synonymes** ou proches et des termes opposées (servir : utile/inutile, par intérêt/gratuitement, sans valeur/indispensable, etc.) que vous allez regrouper et qui vont vous permettre de constituer vos parties.

2 Les différents types de plans

Il n'existe pas un type de plan imposé, simplement des **exigences de construction et de cohérence de la pensée.** Une réflexion qui ne serait qu'une succession d'idées mises bout à bout ne constituerait pas une thèse. Le choix du plan est lié intrinsèquement au sujet posé.

a. Le plan progressif

Ce type de plan propose un **approfondissement de la thèse**, allant du plus simple à l'universel, en passant par le général. Il s'agit d'élever votre réflexion en la faisant accéder à une vision universelle du sujet, de type cartésien ou kantien, à savoir non liée à une société définie ou à une situation historique précise. Ce type de plan n'est pas fréquent, mais peut se justifier et s'imposer selon le sujet.

b. Le plan dialectique

Ce type de plan est sans doute le plus utilisé. Si vous le choisissez, c'est cependant d'abord parce que le sujet implique légitimement et non artificiellement des thèses opposées. Les deux premières parties (**thèse** et **antithèse**) s'opposent et une troisième, qui dépasser cette opposition (**synthèse**). Cette troisième partie ne fait pas l'union artificielle des deux premières thèses. C'est une véritable thèse que vous défendez en dernier ressort, celle que vous considérez comme la plus solide ou justifiée.

3 L'introduction

a. Dégager une problématique

Il ne faut pas confondre les questions soulevées par le sujet, voire les problèmes qu'il implique et la problématique, l'**axe central**, qui structure votre dissertation et lui donne sa cohérence, bien que des réponses différentes et opposées y soient apportées.

b. Structurer l'introduction

▶ L'introduction ne dévoile pas l'argumentation, elle doit montrer la **portée du sujet**, ce que sous-entend la question posée, sa portée philosophique. Pour ce faire, il va falloir que vous arriviez à dégager un certain nombre de questions auxquelles vous répondrez dans vos différentes thèses. Il faut **poser au moins trois questions** (qui peuvent être à la fin de votre introduction) auxquelles vous apporterez une réponse dans chacune des parties.

4 La structure de la dissertation

a. Élaborer les parties

▶ En règle générale, une dissertation de philosophie du baccalauréat est organisée en **trois parties de longueur égale.** Votre devoir peut cependant contenir plus de parties (4, voire 5), mais pas moins, afin d'éviter une approche schématique oui/non, pour/contre.

▶ La **dernière partie** est celle que vous considérez comme la plus fondamentale, qui doit emporter la conviction du lecteur-correcteur. Afin de ne pas improviser cette dernière partie à la dernière minute, elle doit être élaborée ou au moins ébauchée dès la construction de votre plan au brouillon.

b. Soigner les transitions

La transition permet de **passer d'une partie à l'autre** en présentant une objection à la thèse qui vient d'être exposée et en montrant la nécessité de la thèse qui suit. Elle intervient à la fin (pas entre les parties ni au début d'une partie) de

>>

chacune des deux premières parties (si votre devoir en contient trois), la dernière en est dispensée. Afin de rendre votre devoir plus vivant et aussi de montrer que vous êtes capable de vous interroger sur votre propre démarche, vos transitions peuvent prendre la forme de questions-objections auxquelles vous répondrez dans la partie suivante.

5 Comment illustrer son argumentation ?

a. Exemples et citations

▶ Il n'est pas nécessaire que les exemples soient **nombreux** (1 ou 2 par partie), mais qu'ils soient **de qualité** et qu'ils fassent clairement référence à ce dont vous parlez. Pour autant, il ne faut surtout pas donner à l'exemple le rôle de preuve. Un exemple ne fait qu'illustrer une argumentation, mettre en évidence qu'elle n'est pas détachée du réel. Un devoir ne doit jamais être constitué uniquement d'une succession d'exemples.

▶ Les citations ne sont pas indispensables et leur absence dans votre devoir n'est en aucun cas blâmable. Il est même recommandé de ne pas trop en abuser. Enfin, évitez de réinventer une citation oubliée ou même d'attribuer de manière hasardeuse une citation à un auteur dont vous ne seriez pas sûr. Malgré tout, si l'absence de citations n'est pas condamnable, leur présence ne l'est évidemment pas non plus, surtout lorsqu'elles sont pertinentes et bien amenées. À l'image de l'exemple, elle n'est pas une preuve indéniable, mais davantage un moyen de montrer que vous n'êtes pas seul à défendre une idée. Dès lors, vous pouvez amener votre citation subtilement en l'intégrant à l'une de vos phrases, en veillant à indiquer entre parenthèses l'auteur et l'ouvrage.

b. Les références à privilégier

▶ Les références **philosophique**, **littéraire**, **artistique** et **historique** sont à privilégier. Évitez les références techniques trop précises dans un domaine restreint et les références liées à l'actualité politique par prudence élémentaire.

▶ La référence aux auteurs à la pensée d'un auteur doit vous permettre d'**approfondir votre argumentation**, voire de l'orienter, mais ne peut en aucun cas se substituer à elle et être présentée comme une vérité indiscutable. Si vous faites référence à un auteur, gardez à l'esprit que sa pensée doit vous aider à mener votre propre réflexion.

c. Peut-on donner son avis personnel ?

Votre opinion est requise par la réflexion philosophique elle-même. Simplement, il va falloir l'appuyer sur des connaissances, une culture pour qu'elle ne soit pas une affirmation gratuite ou orgueilleuse se présentant comme indiscutable.

6 La conclusion

▶ Vous pouvez commencer par préciser que vous en arrivez à votre conclusion (« pour finir,... », etc.), puis **rappeler rapidement votre démarche**, c'est-à-dire vos différentes thèses. Ce petit doit permettre au lecteur d'avoir un regard synthétique, clair et rapide sur votre devoir.

▶ Une fois le rappel des différentes argumentations effectué (5-6 lignes maximum), **reprenez la dernière thèse plus longuement** pour répondre pleinement à votre problématique. Une fois cet exercice achevé, votre devoir est complètement fini et il est inutile d'ajouter un nouveau questionnement en guise d'élargissement du sujet.

PHILOSOPHIE

Exercice

★★★ 4 heures Type Bac

Sujet : Pense-t-on par soi-même?

Flash PAGE **Flashez ici pour accéder au corrigé complet.**

1 NOTIONS

La conscience

Cours

1 La conscience, élément constitutif de l'homme

▶ On distingue la conscience spontanée ou directe, premier niveau de conscience, et la conscience réfléchie, qui revient sur elle-même comme un miroir et permet d'évaluer sa conduite. C'est la conscientisation qui permet de passer d'un niveau de conscience à l'autre. La pensée véritable est ainsi toujours consciente d'elle-même, menée par un Je conscient.

Edmund Husserl (1859-1938)

▶ Selon **E. Husserl**, la conscience est par essence « intentionnalité », ouverte à l'infinie variété du monde. Toute conscience correspond ainsi à une manière singulière, personnelle, de saisir la réalité.

▶ Pour **F. Hegel**, la conscience est ce qui distingue l'homme de l'animal. **S. Freud** pense, au contraire, qu'il est possible de retrouver les rudiments d'une conscience morale chez certains animaux, sans que cette dernière soit pour autant semblable à celle de l'être humain.

Citation

« Ce qui élève l'homme par rapport à l'animal, c'est la conscience qu'il a d'être un animal. Et du fait qu'il sait qu'il est un animal, il cesse de l'être. » F Hegel.

▶ La question de la conscience renvoie à celle de la moralité et de la responsabilité, qu'il est parfois difficile d'attribuer à tout homme. La loi du 22 juillet 1992 prévoit que « n'est pas pénalement responsable la personne qui était atteinte, au moment des faits d'un trouble psychique ou neuropsychique ». Par ailleurs, cette conscience morale dépend principalement de prescriptions, qui peuvent varier en fonction des époques, des cultures ou des sociétés.

▶ Pour autant, selon **Aristote**, c'est parce qu'il a une conscience qu'un homme est à la fois libre et responsable de ses actes. Si nous sommes jugés irresponsables d'un crime, alors cela implique que nous ne sommes pas libres.

2 La conscience comme capacité d'unification du réel et de recherche de sens

▶ Pour **R. Descartes**, l'âme est le siège de notre pensée, ou conscience, à savoir de « ce que nous percevons immédiatement par nous-même » (*Les principes de la philosophie*). La conscience qui doute amène à l'évidence de l'existence d'un *cogito* (je pense). Descartes distingue par ailleurs le moi psychologique, individuel et en constante interaction avec le corps, et le moi métaphysique ou transcendantal, qui n'est pas lié au corps.

▶ Dans sa lignée, **E. Kant** affirme l'existence du moi métaphysique, qui transcende les origines individuelles et témoigne d'une capacité universelle à penser, condition nécessaire à toute activité théorique et pratique. Pour **F. Nietzsche** au contraire, « le vrai cogito est un cogito corporel ».

3 Conséquences existentielles de l'usage de la conscience

▶ **J. P. Sartre** tire les conséquences des distinctions cartésiennes. Selon lui, les individus se cachent souvent derrière des excuses sociales, familiales, psychologiques (moi psychologique), et préfèrent jouer un rôle social pour n'avoir pas à assumer pleinement leur liberté de choix, leur capacité à changer et à réinventer leur vie (moi transcendantal). L'excuse apparaît comme rassurante, mais illusoire, car elle ne permet pas de se reconnaître comme l'auteur de sa propre vie.

▶ Dans la troisième partie du *Discours de la méthode*, **R. Descartes** illustre, par la célèbre métaphore des voyageurs égarés dans une forêt, l'obligation cruciale de prendre une décision ferme quant au chemin à suivre s'ils veulent survivre au sein d'un environnement hostile. L'absolue nécessité du choix donne ainsi du sens à la vie. Il nous est ainsi impossible d'échapper à notre responsabilité fondamentale en se dissimulant derrière des déterminismes sociaux ou familiaux.

Citation

« Est transcendantal dans le sujet ce qui rend possible *a priori* sa manière d'être au monde. »
E. Kant, *Critique de la raison pure.*

4 Prendre la conscience de soi-même

▶ Le rapport à autrui forme notre conscience. **F. Hegel**, dans la *Phénoménologie de l'esprit*, montre que ce que l'être humain souhaite par-dessus tout, c'est être reconnu comme l'égal de l'autre et non pas rabaissé ou simplement objectivé (considéré comme un objet). Ainsi, à des degrés divers, le jugement d'autrui joue un rôle sur la conscience et l'image que nous avons de nous-même.

▶ Dans *Réflexions sur la question juive*, **J. P. Sartre** met en lumière le fait que l'antisémitisme est « un choix libre et total de soi-même ». La conscience n'est ainsi pas seulement un >>

instrument de connaissance, elle permet aux êtres humains d'élever leur humanité ou au contraire de l'abaisser.

▶ On pourrait croire que la capacité d'introspection (*introspicere*, regarder à l'intérieur) place l'homme dans une situation privilégiée de transparence interne. Une telle approche ne prend pas en compte l'ambiguïté fondamentale de nos relations et de nos sentiments. Dans *Le nœud de vipères*, **H. Bazin** montre comment un vieil homme passe de la haine à l'amour des membres de sa famille après le décès de sa femme. Notre conscience peut ainsi se tromper sur la signification profonde de nos sentiments.

▶ De plus, la conscience de soi est toujours rétrospective, elle ne peut en effet s'observer au moment exact où elle est troublée par l'action ou les sentiments, ce qui suppose une reconstruction du passé, avec ce que cela suppose d'imperfections, de transformations.

▶ La conscience de soi peut ainsi être considérée comme toujours en devenir. S'il nous est possible de connaître imparfaitement notre moi d'hier, il paraît difficile de connaître notre moi actuel qui désire, choisit, s'invente à tout moment un avenir et change perpétuellement.

EN PERSPECTIVES

Auteurs

Descartes – Kant– Nietzsche – Husserl –Sartre – Freud – Aristote

Notions liées

Liberté – devoir – inconscient – justice – temps – bonheur

La conscience

1. L'existence humaine et la culture

- La conscience n'est jamais figée et toujours ouverte sur le réel.
- Descartes distingue le moi psychologique, lié à notre propre histoire, et le moi métaphysique qui permet de s'ouvrir et de penser le monde.
- Il est difficile d'assumer notre moi métaphysique (ou transcendantal) car il illustre notre liberté absolue.
- C'est par le regard de l'autre que je prends conscience de moi-même.

2. La morale et la politique

- C'est parce qu'il a une conscience que l'homme est moralement responsable.
- Si, dans le domaine théorique, on peut en rester au doute, dans l'action, il faut choisir.

3. La connaissance

- Il existe deux degrés de conscience : la conscience spontanée et la conscience réfléchie.
- C'est par la démarche du doute radical que Descartes arrive à la certitude de la conscience. Jamais un individu n'aura une connaissance parfaite de lui-même par sa seule conscience.

PHILOSOPHIE

Exercice

Perspective 1.
Paul Valéry illustre le rôle de la conscience en usant d'une métaphore politique.

★★ 2 heures **Type Bac** **Dissertation.**

Sujet : Peut-on dire avec Valéry que « la conscience règne mais ne gouverne pas » ?

a. Rédigez l'introduction en dégageant la problématique que soulève le sujet.

b. Élaborez un plan en trois parties, puis posez brièvement vos arguments en veillant aux transitions.

2 NOTIONS
L'inconscient

Cours

La question de l'inconscient renvoie à celle de l'identité du sujet et interroge la liberté de penser et d'agir.

1 L'inconscient psychique, social et culturel

▶ Dans *Nouveaux Essais sur l'entendement humain*, **G.-W. Leibniz** parle de phénomènes qu'il qualifie d'inconscients. Il s'agit de petites perceptions, qui, bien qu'imperceptibles, nous animent. Ainsi, le bruit de la mer que nous entendons est celui des vagues dans leur globalité, par lequel nous percevons inconsciemment chaque gouttelette d'eau.

▶ **F. Nietzsche** s'interroge, dans la *Généalogie de la morale*, sur les causes cachées ou non avouées des principes et interdits moraux. Ces dernières proviendraient de la difficulté des faibles à assumer leur désir de puissance, difficulté qui les pousserait à restreindre les désirs des autres en les encadrant par des règles morales.

▶ **K. Marx**, de son côté, explique que les conditions matérielles conditionnent inconsciemment un homme en façonnant sa conception du monde, ses relations sociales et morales. La classe sociale dominante impose des représentations sociales et politiques afin de faire inconsciemment accepter des relations de domination à la communauté.

▶ Enfin, **C. Lévi-Strauss** montre que chaque homme est structuré par un inconscient culturel qui détermine ses comportements et ses sentiments.

Citations

« Ce n'est donc pas la conscience des hommes qui détermine leur être ; c'est inversement leur être social qui détermine leur conscience. »

Marx, Préface de la *Contribution à la critique de l'économie politique*.

2 L'hypothèse de l'inconscient psychique selon Freud

▶ Dans *Métapsychologie*, **S. Freud** démontre que son hypothèse de l'inconscient est nécessaire, car il explique certains phénomènes comme les rêves et les actes manqués, légitime, car il permet une meilleure compréhension de l'homme, et vraie, car l'expérience prouve son existence.

Sigmund Freud (1856-1939)

▶ Le psychisme humain est soumis au principe de plaisir et au principe de réalité. La réalité limite ou empêche la réalisation des plaisirs recherchés par l'homme. Les pulsions du ça (désirs inconscients) aspirent à des satisfactions qui ne peuvent être obtenues immédiatement, ce qui peut causer des dommages psychiques. Le moi est une instance psychique qui agit comme intermédiaire entre les prétentions du ça et les oppositions qu'il rencontre.

▶ Les désirs qui ne peuvent se réaliser sont refoulés dans l'inconscient et se manifestent par les rêves, les actes manqués et les névroses.

▶ Lors du travail de psychanalyse, qui permet de réduire l'écart entre notre identité apparente (conscience) et notre identité réelle (inconscient), le patient effectue un travail d'anamnèse (évocation volontaire du passé) pour faire émerger les exigences du ça. Le thérapeute aide le patient à déjouer la censure du surmoi (interdits moraux intériorisés depuis l'enfance et transmis par les parents), qui peut bloquer l'expression des désirs enfouis.

▶ La cure psychanalytique doit permettre de se libérer des conflits douloureux et d'atteindre une compréhension plus juste de soi-même et de ses actions. Pour autant, notre inconscient ne cessera jamais de fonctionner. Aussi le travail de maîtrise et d'interprétation du je (sujet) est toujours à renouveler.

3 Prolongement et critique de l'inconscient freudien

▶ À la suite de Freud, **J. Lacan**, dans son *Séminaire*, démontre que l'inconscient est structuré comme un langage. La psychanalyse intervient ainsi sur le patient par la langue, le ça étant comme une parole censurée qu'il faut tenter de retrouver.

▶ Le philosophe rationaliste **Alain**, dans une perspective morale, considère l'inconscient comme une « tromperie objective », qui enlèverait à l'homme tout contrôle de lui-même, masquant ainsi sa responsabilité d'être pensant. Pour Alain c'est au contraire la raison, la volonté et aussi la lucidité qui expriment notre humanité.

▶ Dans *L'Être et le Néant*, **J.-P. Sartre** déclare que « l'inconscient est la mauvaise foi chosifiée ». L'inconscient porterait ainsi atteinte à la liberté en expliquant ou en excusant toutes les bonnes et mauvaises actions, comme si notre conscience était le résultat de quelque chose d'extérieur à elle.

EN PERSPECTIVES

Auteurs

Leibniz – Freud – Nietzsche
Lacan – Marx – Alain
Lévi-Strauss – Sartre

Notions liées

Liberté – conscience
devoir – bonheur
justice – langage

L'inconscient

1. L'existence humaine et la culture

- Il y a un inconscient culturel qui structure nos sentiments et nos comportements (Lévi-Strauss).
- Tout homme doit vivre avec les principes de plaisir et de réalité (Freud).
- La cure analytique vise à l'émancipation par la connaissance de soi (Freud).
- La notion d'inconscient implique une approche antihumaniste de l'homme (Alain).
- L'inconscient serait une expression de la mauvaise foi (Sartre).

2. La morale et la politique

- Les conditions sociales et matérielles inégales conditionnent inconsciemment les conceptions politiques des hommes (Marx).

3. La connaissance

- Certains phénomènes sont imperceptibles, car très faibles (inconscients) et pourtant connus parce qu'assemblés (Leibniz).
- L'hypothèse de l'inconscient psychique est nécessaire, légitime et vraie (Freud)
- L'inconscient se manifeste par les rêves, les actes manqués et les névroses (Freud).
- La psychanalyse permet à l'homme de mieux se connaître (Freud).
- Le langage permet de donner du sens à notre identité et par conséquent à notre inconscient (Lacan).

PHILOSOPHIE

Exercice

★ 30 min **Type Bac** **Explication de texte.**

a. Indiquez le thème de ce texte.

b. Indiquez son articulation.

Perspective 3.
Pour aborder ce texte, il nous faut appréhender tous les éléments caractéristiques de l'inconscient psychique.

Une violente répression d'instincts puissants exercée de l'extérieur n'apporte jamais pour résultat l'extinction ou la domination de ceux-ci, mais occasionne un refoulement qui installe la propension à entrer ultérieurement dans la névrose. La psychanalyse a souvent eu l'occasion d'apprendre à quel point la sévérité indubitablement sans discernement de l'éducation participe à la production de la maladie nerveuse, ou au prix de quel préjudice de la capacité d'agir et de la capacité de jouir la normalité exigée est acquise. Elle peut aussi enseigner quelle précieuse contribution à la formation du caractère fournissent ces instincts asociaux et pervers de l'enfant, s'ils ne sont pas soumis au refoulement, mais sont écartés par le processus dénommé sublimation de leurs buts primitifs vers des buts plus précieux. Nos meilleures vertus sont nées comme formations réactionnelles et sublimations sur l'humus de nos plus mauvaises dispositions. L'éducation devrait se garder soigneusement de combler ses sources de forces fécondes et se borner à favoriser les processus par lesquels ces énergies sont conduites vers le bon chemin.

Freud, *L'inquiétante étrangeté*, 1919. Tiré de Freud, « L'intérêt de la psychanalyse », dans *Œuvres complètes – Résultats, idées, problèmes*, traduction P-L Assoun, 1991, (c) PUF.

Cours

1 Des approches objectives et scientifiques du temps

▶ Dès la haute Antiquité, l'homme subdivise l'année solaire en unités de temps. Il élabore ensuite des instruments de plus en plus précis (gnomon, sablier, horloge mécanique, puis électrique, etc.) pour mesurer le temps et le maîtriser. En 1967, la création des horloges atomiques aboutit à l'adoption d'un nouvel étalon de temps : une seconde correspond à la durée de 9 192 631 770 périodes de l'onde électromagnétique émise et absorbée par un atome de césium 133, lorsque ce dernier passe d'un niveau d'énergie à un autre.

Citation

« Le temps absolu, vrai et mathématique, en lui-même et de sa propre nature, coule uniformément sans relation à rien d'extérieur. »
Newton, *Principes mathématiques de philosophie naturelle*.

▶ Selon **I. Newton**, l'univers est conçu tel un mécanisme réglé comme une horloge. Le temps est un absolu qui s'écoule indépendamment des choses, mais sert de référence pour mesure le mouvement des corps. Il n'appartient ni au monde sensible et matériel, ni à notre esprit. Dans cette conception, le sens du temps est réversible.

▶ Au XIXe siècle, les expériences de **S. Carnot** sur des machines à vapeur prouvent que la transformation de la chaleur en énergie mécanique est limitée par son irréversibilité, le transfert de chaleur s'effectuant toujours du chaud vers le froid. Ce processus signifie qu'il y a bien ce qu'on appelle une « flèche du temps ».

▶ Selon la théorie de la relativité restreinte formulée par **A. Einstein** en 1905, le temps est relatif. Cette théorie n'a pas d'effets apparents à l'échelle humaine, mais à l'échelle de l'univers, si un événement se déroule à une vitesse proche de celle de la lumière (300 000 km/h), sa durée sera perçue de manière différente selon la position de l'observateur.

▶ Plus tard, la théorie du chaos, la physique quantique, la physique des particules vont apporter un nouveau regard sur le temps en proposant une approche particulière de la réversibilité et de la prévisibilité des événements, ainsi qu'un renouvellement de la perception du temps.

2 Comment vivons-nous le temps ? L'approche des sciences humaines

▶ Les anthropologues **M. Mauss** et **B. Malinowski** remarquent que les sociétés d'une même époque ne conçoivent pas le temps de la même manière. Les calendriers ne sont ainsi pas identiques selon les religions ou les conceptions politiques (calendrier républicain par exemple).

▶ Pour le sociologue **É. Durkheim**, il y a un temps social dominant pour chaque époque, qui agit sur chaque individu et l'influence. À l'inverse, pour **M. Halbwachs**, il existe une « multiplicité, [une] diversité et [une] hétérogénéité des temps sociaux ».

À savoir

- Pour le calendrier chrétien, nous nous situons en 2020.
- Selon le calendrier musulman, nous serions en 1441 (du 01/09/2019 au 19/08/2020).
- Selon le calendrier hébraïque, nous serions entrés dans la 5 780 année (depuis le 30/09/2019).

▶ Le temps peut par ailleurs être considéré comme celui de l'activité des hommes. Au XIXe siècle, il est ainsi segmenté par la division du travail, puis au XXe siècle par la consommation. Aujourd'hui, on assiste à un paradoxe : plus les individus travaillent, moins ils ont de temps pour en profiter.

▶ Le pédopsychologue **J. Piaget** démontre que la perception de l'écoulement du temps n'est pas immédiate mais requiert un apprentissage. Ainsi, un jeune enfant vit d'abord dans l'immédiateté, et progressivement il parvient à se projeter dans l'avenir et à appréhender le temps qui passe.

▶ Pour **E. Kant**, le temps est une « idéalité transcendantale ». Chaque être humain le perçoit avec ses propres singularités, mais il possède un caractère transcendantal car il préexiste à notre expérience, et il est idéal dans la mesure où il n'est pas un être réel.

3 Le temps est-il une succession d'instants ?

▶ Cité dans la *Physique* d'Aristote, **Zénon de Zélée** montre que notre conception d'un temps découpé en une suite d'instants séparés peut aboutir à des paradoxes. Dans le paradoxe d'Achille, ce dernier fait la course avec une tortue, à qui il laisse de l'avance car il court plus vite. Chaque fois qu'il atteint l'endroit où la tortue est arrivée avant lui, cette dernière a elle aussi avancé. Vu sous cet angle théorique, il ne la rattrapera jamais.

▶ Néanmoins, selon **Aristote**, il ne faut pas confondre le temps découpé en micro-unités et le résultat de l'addition de ces micro-unités, qui correspondrait à la somme totale finie : une minute découpée en secondes, milli, micro, nanosecondes, etc., reste une minute. Le temps reste une donnée objective.

▶ Selon **H. Bergson**, le temps réel est la durée, « donnée immédiate de la conscience », qui ne se mesure pas scientifiquement mais est éprouvée intuitivement. Si le temps spatialisé, celui des horloges est nécessaire pour organiser la vie sociale, seule la durée correspond au temps réel vécu. Ce temps est indécomposable et toujours nouveau. Seule la durée possède une qualité : celle que l'on donne à ce que l'on fait. >>

▶ Dans la même perspective, pour **E. Husserl**, dans la *Phénoménologie de la conscience intime du temps*, c'est l'intentionnalité de notre conscience qui donne vie à la temporalité de nos existences.

3 L'existence et le temps

▶ Pour **F. Nietzsche**, certains hommes envient l'animal attaché au « piquet de l'instant », qui ne croule sous le poids ni du passé ni de l'avenir. Ils vivent sans fantaisie, ni originalité, le choix de l'oubli pouvant apparaître comme une condition au bonheur.

▶ Dans *Être et Temps*, **M. Heidegger** décrit au contraire l'homme comme un *Dasein*, un « être là », qui, par sa conscience de la mort, sait qu'il existe, au sens d'*ex-sistere* (se tenir hors de soi) dans le temps. L'anticipation de la mort nous maintient dans la possibilité d'être nous-mêmes, et l'angoisse qu'elle provoque exige d'être à la hauteur de sa liberté et d'être soi jusqu'à la fin.

Martin Heidegger (1889-1976)

EN PERSPECTIVES

Le temps

Auteurs

Newton– Einstein – Nietzsche
Durkheim – Kant – Zénon
Saint Augustin – Aristote
Bergson – Mauss – Heidegger
Husserl – Malinowski
Halbwachs

Notions liées

science – conscience
liberté – nature

1. L'existence humaine et la culture

- La conception du temps varie selon les cultures et sociétés.
- Le temps est une forme a priori de notre sensibilité qui fait que notre rapport au monde est singulier.
- Le temps ne se mesure pas : il est une durée vécue.
- La mort donne du sens au temps, et par conséquent à notre existence.

2. La morale et la politique

- Le temps social régit les activités des individus.
- Le travail détruit le temps de liberté (en dehors du travail) dont les individus disposent, mais paradoxalement, s'ils en viennent à perdre leur travail, ils ne pourront pas non plus profiter de leur liberté, car ils n'en auront pas les moyens.
- Les hommes ont le devoir moral envers eux-mêmes de devenir ce qu'ils sont et d'être à la hauteur de leur liberté.

3. La connaissance

- La mesure du temps varie selon les époques et les moyens techniques.
- Selon les théories scientifiques, le temps peut être réversible ou non.
- Avec Einstein, le temps devient relatif à notre perception.
- Notre appréhension évidente du temps en instants successifs aboutit à des paradoxes théoriques qui peuvent, malgré tout être résolus.

Exercice

★★ 1 heure Type Bac **Dissertation.**

Sujet : La conscience est-elle dans le temps ou le temps est-il dans la conscience ?

a. Faites un travail préparatoire en analysant les termes du sujet.

b. Exposez en quelques lignes votre argumentation selon un plan dialectique.

Perspectives 1 et 2.
Afin d'aborder le sujet, il nous faut à la fois, appréhender le concept de temps selon sa dimension objective et selon sa dimension subjective, celle liée à la perception de la conscience et qui détermine en grande partie l'existence humaine.

Le langage

Cours

1 La science du langage

▶ Depuis **F. de Saussure**, la langue est abordée comme un système dont on analyse les relations. Le langage devient un fait social, il est ce patrimoine commun qui introduit d'emblée l'expression intime dans un monde de sociabilité.

▶ D'après la linguistique moderne, le langage est systématiquement structuré selon une double articulation :
– le monème, c'est-à-dire l'unité minimale de sens (« travaillons » est constitué de « travail », désignant l'action, et de « -ons », désignant les acteurs) ;
– et le phonème, c'est-à-dire l'unité minimale de son.

2 Le langage humain provient d'une convention

▶ Dans son dialogue *Cratyle*, **Platon** montre que les mots sont des conventions pour désigner ou identifier les ressemblances ou dissemblances entre les phénomènes, et ce faisant généraliser des propriétés mettant en ordre la réalité. La désignation langagière est ainsi le premier stade de l'objectivité pour un enfant.

▶ Pour **É. Benveniste**, le langage n'est pas naturel car les animaux en sont dépourvus. Par exemple, les abeilles émettent des signaux visant à une action, ce signal étant un élément du monde physique, tout comme l'action qu'il annonce. Le langage, au contraire, peut se faire métalangage, objet d'analyse en ce qu'il exprime une pensée complexe.

3 Le langage traduit-il parfaitement notre pensée ?

▶ Selon **H. Bergson**, il y a un un ineffable, objet d'intuition, que les mots déforment. En ce sens, si les mots ne sont pas toujours fidèles à nos pensées, ils le sont encore moins à nos émotions.

▶ Pour **G. W. Leibniz**, le langage est un obstacle à la recherche de la vérité, car les mots ou expressions utilisés sont souvent inappropriés ou non conformes à la rigueur grammaticale. Pour y remédier, il imagine un langage logico-mathématique. Le langage informatique en est l'apogée, mais il ne remplace pas le langage ordinaire, car il fonctionne sans référence individuelle.

Citations

« Nous échouons à traduire entièrement ce que notre âme ressent. »
H. Bergson, *Essai sur les données immédiates de la pensée*.

« Il faut ramener le désordre rhétorique de la parole usuelle aux signes communs de la rigueur logique »
G. W. Leibniz, *Nouveaux essais sur l'entendement humain*.

▶ La transparence totale du langage peut être source de violence. Ainsi, pour **La Rochefoucauld**, « le malentendu est la condition de la sociabilité ». C'est par ailleurs tout l'art de la diplomatie que de savoir dire les choses sans vexer son interlocuteur afin d'éviter les conflits.

▶ Le sens mystérieux, équivoque, incertain des mots constitue une condition à l'inventivité, une matière pour la littérature ou la poésie. La capacité infinie de l'homme à utiliser des symboles pour penser le monde, à créer de nouveaux mots ou expressions, exprime sa liberté, tandis que l'imperfection du langage oblige à préciser ses pensées et à mieux décrire ses émotions.

Citations

« La maladie des mots, c'est ce qui fait leur santé. »
M. Blanchot, *L'entretien infini*.

« L'impropriété des termes permet de nouvelles formulations de l'humain, parmi des signes trop desséchés ».
Francis Ponge.

▶ Le langage est également la condition du surgissement de la pensée. Ce faisant, il la fait accéder à la conscience et devenir objet de réflexion. Ainsi, pour **Hegel**, « c'est dans les mots que nous pensons ».

4 Le langage est nécessaire à la recherche de la vérité et du pouvoir

▶ Le langage est aussi ce par quoi nous subissons ou exerçons le pouvoir sur autrui. **Platon** excluait ainsi la rhétorique dans l'organisation de la vie morale et politique, considérant que seule la vérité suffit à convaincre. Observant les sophistes, il constatait que la rhétorique cherche à se confondre avec la vérité pour abuser l'interlocuteur ou le peuple.

Mot-clé

La **rhétorique** (du grec *rhêtorikê tekhnê*, technique, art oratoire) se caractérise comme étant l'art de l'éloquence, de bien parler, de persuader en usant avec subtilité du langage.

▶ Le dialogue socratique, au contraire, ne vise pas à la détention de la vérité mais à sa recherche. L'art de la maïeutique (art d'accoucher les esprits) implique ainsi une position neutre de l'interlocuteurs. La contradiction ou l'impasse (aporie) issue du dialogue amène au doute, préférable à une certitude personnelle non fondée.

▶ Pour autant, la rhétorique peut aussi être l'alliée de la philosophie si l'acte de parler avec éloquence permet de dire la vérité. Elle peut devenir bonne ou mauvaise selon les intentions du locuteur et la lucidité de l'interlocuteur.

Citations

« La rhétorique est le plus vieil ennemi et le plus vieil allié de la philosophie »
Montaigne, *Essais*

EN PERSPECTIVES

Auteurs

Saussure – Platon – Benveniste
Hegel – Bergson – Montaigne
Leibniz – Blanchot
La Rochefoucauld – Ponge

Notions liées

vérité – raison – art
liberté

Le temps

1. L'existence humaine et la culture

- Le langage est un fait social et provient d'une convention humaine.
- Le langage est impuissant à traduire la complexité de notre intériorité.
- L'imperfection du langage est aussi ce qui fait sa richesse.
- La manière dont nous exprimons notre pensée est intimement liée à la qualité de notre langage.
- Il ne peut y avoir de pensée sans langage.

2. La morale et la politique

- Les sophistes utilisent le langage pour dominer et asseoir un certain pouvoir.
- La rhétorique peut être utilisée à bon escient.
- La maïeutique socratique permet de prendre conscience de l'inconsistance de certaines théories.

3. La connaissance

- Le langage peut être étudié comme un système structuré à partir de monèmes et de phonèmes.
- Les animaux émettent des signaux qui permettent d'établir une adéquation naturelle entre l'objet et le son : ils communiquent seulement.
- Les dialogues socratiques ne cherchent pas à persuader ni à dominer, mais visent uniquement l'émergence de connaissances pour la recherche de la vérité.

PHILOSOPHIE

Exercice

★ 30 min **Type Bac** **Explication de texte.**

Perspective 1.
Dans ce texte, Wittgenstein avance l'idée que le langage est un élément purement social, dès lors il s'interroge, quant à la pertinence de ce type de langage à exprimer l'intériorité humaine.

Rédigez la conclusion critique de ce texte en essayant de montrer ce que Wittgenstein remet fortement en cause ici.

Mais combien de sortes de phrases existe-t-il ? L'affirmation, l'interrogation, le commandement peut-être ? Il en est d'innombrables sortes ; il est d'innombrables et diverses sortes d'utilisation de tout ce que nous nommons « signes », « mots », « phrases ». Et cette diversité, cette multiplicité n'est rien de stable, ni de donné une fois pour toutes ; mais de nouveaux types de langage, de nouveaux jeux de langage naissent, pourrions-nous dire, tandis que d'autres vieillissent et tombent en l'oubli. (Nous trouverions une image approximative de ceci dans les changements des mathématiques).
Le mot « jeu de langage » doit faire ressortir ici que le parler du langage fait partie d'une activité ou d'une forme de vie.
Représentez-vous la multiplicité des jeux de langage au moyen des exemples suivants :
Commander, et agir d'après des commandements.
Décrire un objet d'après son aspect, ou d'après des mesures prises.
Reconstituer un objet d'après une description (dessin).
Rapporter un événement.
Faire des conjectures au sujet d'un événement.
Former une hypothèse et l'examiner.
Représenter les résultats d'une expérimentation par des tables et des diagrammes.
Inventer une histoire ; et lire.
Jouer au théâtre.
Chanter des « rondes ».
Deviner des énigmes.
Faire un mot d'esprit ; raconter.
Résoudre un problème d'arithmétique pratique.
Traduire d'une langue dans une autre.
Solliciter, remercier, maudire, saluer, prier.

Wittgenstein (1889-1951)

WITTGENSTEIN, *Investigations philosophiques*, § 23, 1953. Traduction Pierre Klossowski, 1961 © Gallimard

5 NOTIONS
Le travail

Cours

1 L'homme se distingue de l'animal

▶ La capacité de l'homme à se représenter une fin (un plan de maison) et à organiser ses actions d'après cette représentation distingue le travail humain des activités instinctives des animaux (construction d'un nid par exemple).

▶ L'homme anticipe ce qu'il va faire, peut modifier et imaginer des projets à l'infini. À l'inverse, les ruches des abeilles sont toujours identiques. Parce qu'il est une activité consciente, le travail repose sur un savoir-faire qui peut être transmis, changé, amélioré. L'évolution des techniques change les méthodes de travail et implique l'apparition et la disparition de professions.

2 Par son travail l'homme construit son humanité

▶ Notre conception morale du travail puise sa source dans la culture judéo-chrétienne. Selon la *Genèse*, en goûtant au fruit interdit de la connaissance, Adam et Ève provoquent la malédiction divine et l'apparition du travail comme une condamnation. La participation première et heureuse dans l'Éden à prolonger la création divine se transforme ainsi en un terrible effort.

▶ Selon **Hegel**, le travail est un moyen de libération. À travers sa dialectique du maître et de l'esclave, il illustre comment, grâce à son travail, l'homme se libère de sa servitude. En travaillant à produire des œuvres (maisons, institutions politiques, livres, etc.), l'homme devient son propre maître, ne subit plus passivement la nature et participe activement à son histoire.

À savoir

Selon la **dialectique du maître et de l'esclave**, la mort distingue ceux qui, la craignant, choisissent de se soumettre à la force naturelle (esclaves), et ceux qui sont prêts à perdre leur vie pour devenir maîtres des premiers. Le travail auquel est soumis l'esclave renverse ce premier rapport. Parce qu'il doit satisfaire au mieux les attentes de son maître, l'esclave se transforme et prend conscience de ses capacités. Ainsi, le devenir historique a pour agent véritable l'esclave travailleur et non le maître guerrier. Grâce à son travail, l'homme se libère de sa servitude.

3 De la perversion des besoins naturels à l'aliénation des travailleurs

▶ **Aristote**, en distinguant la valeur d'usage (utilité d'un bien) et la valeur d'échange (relative à un autre bien), montre la nécessité de l'argent pour les échanges de produits d'inégales valeurs. La chrématistique (art d'acquérir des richesses) doit cependant être considérée comme un simple moyen pour acquérir des choses utiles à notre survie (économie domestique) et non comme une fin en soi ou source de profit. Le mauvais usage de l'argent annule la liberté des individus, qui en deviennent dépendant, et pervertit les relations sociales.

▶ Si **K. Marx** rejoint Hegel sur l'aspect créateur et libérateur du travail, l'exploitation de l'homme par l'homme et l'organisation technique du travail sont aussi ce qui à ses yeux engendre l'aliénation. La division du travail a pour effet d'engendrer un homme inutile pour lui-même, inapte à faire usage de ses capacités.

Karl Marx (1818-1883)

Mot-clé

L'**aliénation** correspond au fait de perdre ou de céder un droit ou un bien naturel. Dans ce cas précis, l'aliénation concerne les travailleurs privés des bénéfices de leur force de travail. Le temps passé à travailler est en effet soustrait au temps consacré à la culture, à la réflexion, au rêve, à la critique de la société et de ses injustices.

4 Travail et loisir, deux idéologies ?

▶ Pour **F. Nietzsche**, le lien entre le travail et l'argent conduit immanquablement à un asservissement, puisque les hommes travaillent sans limite pour gagner plus sans s'interroger sur la valeur de ce comportement. Derrière la morale des sociétés marchandes se cache une peur de l'individuel et de l'indépendance des hommes, car en imposant des contraintes, le travail socialisé est « la meilleure des polices ».

▶ Le stoïcien **Sénèque** faisait déjà en son temps (Ier siècle av. J.-C.) l'éloge de la sagesse des *otiosi* vivant à l'écart des *occupati* absorbés par les affaires publiques, afin de penser et de travailler sans aucune contrainte, produisant, créant ce qu'ils désirent et connaissant la valeur relative des biens matériels.

▶ Pour le sociologue **H. Marcuse**, dans *L'homme unidimensionnel*, la société du XXe siècle a façonné de « nouvelles formes de contrôle des individus ». L'intégration sociale ne se résume plus seulement au

Citation

« La plus laborieuse des époques, la nôtre, ne sait pas quoi faire de son labeur et de son argent, si ce n'est toujours plus d'argent, toujours plus de labeur »

F. Nietzsche, *Le Gai Savoir*.

« Les *occupati* croient qu'ils ont à faire. Les *otiosi*, les sages, savent qu'ils ont à être ».

Sénèque

travail, elle s'effectue également via les loisirs, les besoins et désirs des consommateurs : « se détendre, s'amuser, agir et consommer conformément à la publicité, aimer et haïr ce que les autres aiment ou haïssent. »

5 Revaloriser le travail

▶ Le travail permet à un individu d'être reconnu socialement. Il est la preuve que la société admet l'utilité et la valeur d'un individu et de son activité. Le fait, pour les femmes, d'exercer un métier leur a ainsi permis de ne plus être réduites à la seule fonction de mère, d'acquérir des droits sociaux, politiques. Dans la même logique, certains retraités n'exerçant plus de travail peuvent se sentir dévalorisés.

▶ **B. de Jouvenel** a démontré que la véritable raison du rejet du travail est sa réduction à sa rentabilité, qui élimine tout plaisir. Par voie de conséquence, le plaisir est logiquement associé au loisir. Contre cela, il faut changer le rapport de l'homme au travail en l'organisant de telle façon que l'épanouissement de soi et le plaisir y trouvent une place essentielle. Il convient donc de « mieux travailler pour mieux vivre ».

Citation

« Les usines si puissantes apportent les moyens du rêve, les pires qui existent, parce que les usines du rêve ne sont pas là pour grandir les hommes, elles sont là tout simplement pour gagner de l'argent. ».

A. Malraux, Discours à la maison de la Culture d'Amiens, 1966.

En perspectives

Auteurs

Aristote – Sénèque – Marx
Nietzsche – Hegel – Marcuse
Jouvenel

Notions liées

liberté – technique
conscience
bonheur

Le travail

1. L'existence humaine et la culture

- Le travail est spécifique à l'homme (Aristote).
- Le travail libère l'homme de son état de nature.
- Le travail devient aliénant, lorsqu'il sert une classe sociale supérieure dont le but est de faire du profit aux dépens des travailleurs (Marx).
- On peut revaloriser le travail en le réconciliant avec la notion de plaisir (Jouvenel).

2. La morale et la politique

- Les hommes construisent et rêvent leur humanité en produisant des œuvres, sources de leur travail.
- Le travail devient moral, lorsque la rémunération pour celui-ci ne sert que les besoins vitaux des hommes.
- À l'inverse, l'art d'acquérir des richesses uniquement pour le plaisir de posséder de l'argent et des biens est immoral.
- Le travail socialisé montre une peur de l'individuel et de l'indépendance des hommes.

3. La connaissance

- La connaissance de l'histoire de l'humanité nous aide à comprendre l'évolution du travail et de ses conceptions. Celles-ci ont toujours été liées à la valeur donnée à la vie des hommes.

Exercice

★★ 45 min **Type Bac** **Dissertation.**

Sujet : Le travail rend-il libre ?

Élaborez un plan en trois parties, puis résumez vos arguments.

Perspectives 1 et 2.
Pour que nous puissions nous sentir libres d'exercer le travail qui nous convient,
il faut des instances politiques garantes de cette liberté.

PHILOSOPHIE

6 NOTIONS
La technique

Cours

Pour appréhender la notion de technique, il convient d'en comprendre la portée morale, ontologique et métaphysique.

1 La technique, la science et l'artisanat

- La technique est une activité méthodique visant à la fabrication et à l'entretien d'objets matériels. Elle est liée à la fois à la connaissance (théorie), car elle implique une représentation préalable d'opérations à effectuer pour obtenir un effet, et à l'action (production), soumise à un principe d'efficacité économique et de rendement, qui ne doit pas être confondu avec un savoir pur comme les mathématiques par exemple.

- L'artisanat est empirique et implique un savoir-faire qui peut se transmettre de génération en génération. C'est d'ailleurs ce qui distingue en partie l'artisanat du bricolage car, comme le met en lumière **C. Lévi-Strauss**, le bricoleur n'a pas de véritable méthode mais se « débrouille » avec les outils qu'il a.

2 La rationalité technique et la permanence de l'outil

- La rationalité technique ne se préoccupe pas de la finalité bonne ou mauvaise d'un outil. Cela n'empêche pas les hommes de s'interroger et de contrôler le bien-fondé moral de l'usage des techniques. S'ils pensent le contraire, c'est qu'il se laisse abuser par l'outil.

- Un outil est caractérisé par sa permanence : il est fabriqué pour remplir une certaine fonction et peut être utilisé plusieurs fois. Sa fabrication suppose que l'homme soit capable d'anticiper la fin recherchée et de différer la satisfaction de ses besoins immédiats.

3 La technique transforme l'homme

Marcel Mauss (1872-1950)

- Dans *Sociologie et Anthropologie*, **M. Mauss** consacre un chapitre aux techniques du corps pour parler de nos gestes quotidiens assignés à un but, notre corps étant considéré comme un instrument pour agir sur le monde.

- La technique conditionne nos comportements, nos attitudes, nos habitudes, notre façon d'habiter l'espace. La télévision, les ordinateurs et les téléphones portables ont par exemple bouleversé nos relations, notre manière d'évaluer les distances et l'intimité.

- Selon **G. Tarde**, dans *Les Lois de l'imitation*, la technique a tendance à neutraliser et à uniformiser nos comportements, notre manière de penser. La langue notamment, s'appauvrit de plus en plus, ce qui a en retour un impact sur notre manière de penser.

- Selon **M. Heidegger**, la technique répond en apparence seulement à nos interrogations morales et existentielles. Ces dernières étant préjugées, déjà réglées par la technique, l'usager n'a plus qu'à consommer sans s'interroger sur ses besoins, désirs ou valeurs.

- L'histoire nous rappelle l'usage dangereux de la technique par l'homme (bombe atomique par exemple). Les biotechnologies nous permettront peut-être demain de sélectionner des gènes pour créer un être considéré comme parfait, conséquence d'une idéologie de la normalité et du refus des écarts ou de l'originalité.

4 La technique est nécessaire à l'homme

- L'idée d'asservissement à la technique peut être nuancée. L'homme a en effet nécessairement recours à la technique pour aménager son territoire, créer des infrastructures ou concevoir des maisons tout en respectant son environnement.

- L'intelligence artificielle, souvent présentée dans la littérature de science-fiction comme un élément de domination de l'homme, pourrait au contraire nous sauver la vie. Des chercheurs finlandais ont ainsi mis au point une intelligence artificielle capable de prédire les arrêts cardiaques à 90 %.

- Pour **N. Grimaldi**, dans *Le désir et le temps*, « la technique est la vocation de toute conscience humaine ». L'insatisfaction de la conscience face à la nature engendre une « procédure de conflit » (**O. Spengler**, *L'homme et la technique*). La technique, la capacité de l'homme à envisager autrement le réel, à imaginer un objet absent, sous-tendent ainsi la liberté de sa conscience.

- Enfin, le problème de la technique est aussi celui du désir existentiel de l'hommes d'ouvrir l'existant à autre chose que lui-même dans une logique métaphysique faustienne.

Citations

« La technique elle-même exige une intelligence instantanée et pratique, ni réfléchie ni profonde (...) un esprit philosophique devient dangereux et inadéquat. »
L. Flam, *La philosophie au tournant de notre temps*, 1970.

À savoir

Faust est un personnage réel du XVIe siècle devenu un héros légendaire. Il souhaite découvrir les secrets de l'Univers. N'y parvenant pas, il sombre dans le désespoir et vend son âme au diable, Méphistophélès.

EN PERSPECTIVES

Auteurs
Lévi-Strauss – Mauss – Tarde
Flam – Heidegger – Grimaldi
Spengler

Notions liées
art – nature – science
travail – conscience
liberté

La technique

1. L'existence humaine et la culture

- La technique transforme l'existence de l'homme.
- La technique peut asservir l'être humain.
- Tout conditionnement technique n'est pas asservissement.
- La technique est l'expression des désirs humains et parfois de leur médiocrité.

2. La morale et la politique

- La technique ne fixe pas de fins morale ou politique.

3. La connaissance

- La technique se distingue de la science et de l'artisanat.

Exercice

★ 1 heure Type Bac **Explication de texte.**

Rédigez l'introduction de l'explication de ce texte.

> Je crains bien que la transformation moderne des moyens de production n'ait, jusqu'ici, accru la part de l'automatisme. La notion de travail, grandeur aisément mesurable, valeur purement quantitative, s'est substituée à la notion d'ouvrage ou d'œuvre à mesure que le rendement a été plus recherché et que la machine a conquis plus d'emplois, au point de faire, en quelque sorte, reculer l'œuvre devant elle. Mais le travail est un moyen de vivre et rien de plus. L'œuvre est une raison de vivre et ce n'est pas la même chose. D'ailleurs, le développement d'entreprises immenses et d'une complexité extrême entraîne nécessairement une diminution réciproque de la personnalité des hommes qu'elles emploient, jusqu'aux environs du sommet. Au sommet, l'initiative, l'invention, le vouloir se concentrent ; en ce point, le travail redevient œuvre. Ne semble-t-il pas que l'organisation politique, en plus d'un pays, tende à se façonner sur ce type créé par l'industrie à grande puissance ? Ce qu'on nomme aujourd'hui dictature revient à un essai de traiter la fabrication continue de « l'ordre social » selon le modèle qui s'est imposé aux vastes exploitations et sociétés de production dont je parlais. Tous ces mécanismes exigent une précision extrême et une surveillance permanente des écarts individuels. Quelles que soient les différences nominales et idéales, elles ne peuvent exister que par une simplification des individus qui permette de les orienter identiquement dans le champ des forces de l'État ; et il importe que cette modification agisse jusque dans la profondeur affective et intellectuelle de chacun d'eux. Il faut donc que les sentiments, les impulsions soient livrés, comme tout usinés, à la consommation des esprits et à la nutrition des âmes, par un être central. Le « psychisme supérieur » et la plénitude des puissances de l'action sont réservés à celui-ci. Il est l'unique homme complet de sa nation, et donc, dans notre temps, une manière de demi-dieu. Parfois il manifeste par un acte symbolique qu'il assume en sa personne les principes de tous les métiers, prend la pioche, ensemence, pointe un canon, conduit une machine, paraît aussi en prince des athlètes […]. Les avantages, les bienfaits, les vides, les dangers de ces régimes sont évidents ; il suffit de se rendre sensible à tel ou tel aspect de ce qu'on observe pour admirer ou abhorrer passionnément.

Paul Valéry, *Cahiers*, 1894.

Perspectives 1 et 2.
Dans un premier temps, Valéry démontre que l'organisation technique du travail sert de modèle à l'organisation politique de nos sociétés : ces structures hiérarchiques entraînent des conséquences sur l'existence des hommes et sur leur rapport plus ou moins positif au monde.

7

NOTIONS

L'art

Cours

▶ L'art est la mise en œuvre d'un idéal représentatif d'une époque à l'aide d'un matériau sensible comme la couleur (peinture), la pierre (sculpture) ou le son (musique).

▶ Dans l'Antiquité, l'art représente l'ordre de l'Univers. Par la suite, l'art religieux représente les attributs de Dieu ou des dieux. À partir du XVIIe siècle, les artistes s'adressent à la fois à la sensibilité et à la raison humaines. L'artiste passe de médiateur entre les hommes et le divin à génie capable de toucher à ce qu'il y a de plus élevé en l'homme.

▶ L'œuvre devient chef-d'œuvre lorsqu'elle acquiert une valeur universelle et dépasse son époque et son lieu de création.

1 L'art, une imitation de la nature ?

▶ Dans le livre X de *La République*, **Platon** explique que la nature est la plus grande des artistes, la représentation même de la perfection. L'artiste est un faussaire de la réalité, son travail s'apparente à une simple imitation, ou *mimèsis*, qui ne permet aucunement d'atteindre l'essence de l'objet représenté.

▶ Dans sa *Poétique*, **Aristote** considère au contraire la *mimèsis* comme premier moyen d'accès à la connaissance des objets. Il écrit ainsi que « les premières connaissances que [l'être humain] acquiert, il les doit à l'imitation, et tout le monde goûte les imitations. »

▶ **P. Ricœur**, « Si nous continuons à traduire *mimèsis* par imitation, il faut entendre tout le contraire du décalque d'un réel préexistant et parler d'imitation créatrice. »

Définition

Selon Platon (uniquement), l'**imitation**, ou ***mimèsis***, s'apparente à un simulacre. Il s'agit d'une copie de l'apparence du modèle et non pas d'une copie qui reprendrait les mêmes proportions que le modèle et se situerait donc dans une continuité entre le modèle et l'image.

2 L'art, une tentative de restituer la perfection de la nature

▶ La beauté résulte de la perfection des œuvres naturelles, perfection que l'artiste tente d'imiter par sa précision, à ne pas confondre avec l'exactitude de la copie. La précision se situe entre l'esquisse et le tableau finalisé. L'artiste travaille alors jusqu'à ce que l'on ne voie plus les traces de son travail, ce qui donne l'impression de facilité naturelle.

▶ L'art, par ailleurs, saisit le mouvement de la vie sans le figer Une copie arrête la nature à un instant précis, comme un arrêt de ce mouvement.

3 L'art, une création spirituelle et un regard attentif sur le monde

Hegel (1770-1831)

▶ Selon **Hegel**, l'art même le plus réaliste est toujours transfiguratif. L'artiste utilise en effet l'apparence, mais « il le fait [...] dès l'instant où elle sert à éveiller en nous le sentiment et la conscience de quelque chose de plus élevé » (*Introduction à l'esthétique*). L'intérêt d'une grande œuvre, c'est l'originalité ou la pénétration du regard de l'artiste sur le monde et sa capacité à en déceler la réalité cachée.

▶ Dans son ouvrage *L'évolution créatrice*, **H. Bergson** exprime l'idée que l'art se situe à l'origine de notre monde. Il est un regard naïf, enfantin, primitif, amenant une expérience fondatrice, poussant chaque homme à rechercher la naissance des choses.

Citation

« L'art ne reproduit pas le visible, il rend visible. »
P. Klee, *Théorie de l'art moderne*.

▶ L'artiste est ainsi un médiateur, un guide qui nous aide à regarder la réalité au-delà des apparences trompeuses, et mettant aussi en lumière, comme le faisait le cinéaste **J. Renoir**, l'illusion, voire la fausseté des valeurs sociales.

4 Plaisir du jugement esthétique et universalité du jugement

▶ La particularité du plaisir esthétique, selon **E. Kant**, est qu'il consiste en un « libre jeu de nos facultés » que sont l'imagination, la sensibilité et l'entendement, c'est-à-dire leur accord pendant la contemplation.

▶ Le plaisir esthétique qui en ressort demande une forme d'éducation, car n'est pas beau ce qui simplement plaît, est agréable ou encore émouvant. Le jugement esthétique se doit d'être à la fois personnel, comme tout jugement, et prétendre >>

>> à l'universalité, comprise ici comme idéal et non comme unanimité, car « il n'existe pas de jugement esthétique qui pourrait légitimement prétendre à l'assentiment de tous » (*Critique de la faculté de juger*).

▶ On ne pourra jamais démontrer la qualité esthétique d'une œuvre mais seulement la montrer, la justifier par une compétence fondée sur la connaissance (histoire de l'art, formation musicale ou littéraire, etc.). Finalement, les goûts esthétiques d'un individu en disent souvent plus sur son histoire et sa culture personnelles que sur les œuvres elles-mêmes.

5 L'art et les valeurs morales

▶ Il convient de séparer l'art et le moralisme, si l'on ne veut pas développer un art de bons sentiments, détaché de la réalité du monde. Les artistes n'ont pas de messages à distribuer, mais une vision complexe du monde à exprimer.

▶ Cela ne veut pas dire pour autant qu'aucune valeur morale n'existe dans l'art. En pouvant, grâce à l'art, combattre sa nature et ses instincts, un homme élève ses goûts et entre spirituellement en accord avec tout homme, à savoir avec ce que l'humanité a de plus élevé.

EN PERSPECTIVES

PHILOSOPHIE

Auteurs
Platon – Aristote – Ricœur
Kant – Hegel – Bergson
Klee

Notions liées
nature – travail
conscience
liberté

L'art

1. L'existence humaine et la culture
- L'art est une création spirituelle et un regard attentif et singulier sur le monde.
- Le plaisir et le jugement esthétique sont propres à chacun.
- Le jugement de goût suppose une éducation

2. La morale et la politique
- L'art ne connaît aucune morale, son but n'est pas de délivrer des messages.
- L'art permet tout de même une élévation morale de l'humanité.

3. La connaissance
- Une reproduction fidèle de la nature ne peut retranscrire l'essence même de cette nature et nous apporter une connaissance pleine et entière de cette dernière.
- L'art n'est pas la réalité : il transmet le regard singulier de l'artiste sur le monde.

Exercice

★ 1 heure Type Bac **Dissertation.**

Sujet : Dans le domaine esthétique, est-il légitime de dire : « À chacun son goût » ?
Faites l'introduction de ce sujet très classique en montrant qu'elles seraient vos trois thèses.

Perspective 1.
Méfiez-vous des lieux communs car ce sujet s'y prête fortement ! Le sujet oblige à s'interroger sur la qualité d'un jugement esthétique et la culture nécessaire pour le former, voire l'améliorer. Le goût esthétique est un indice du niveau culturel d'un peuple et aussi de ce que les hommes considèrent comme essentiel pour leur existence.

La religion

Cours

1 La religion comme fait social universel

▶ La religion est d'abord un phénomène social organisé qui semble, selon **H. Bergson**, être commun à toutes les sociétés humaines. Elle est ainsi à la fois *religio*, lien, et *religiosus*, soin particulier à faire quelque chose, ce qui renvoie à l'idée de déférence devant le divin.

Citation

« La religion est un système de croyances et de pratiques relatives à des choses sacrées qui unissent en une même communauté morale tous ceux qui y adhèrent. »

É. Durkheim, *Les formes élémentaires de la vie religieuse.*

▶ Sous cet angle, la religion assure la permanence de dogmes, le respect de règles de conduite, et d'un culte (liturgie, cérémonies, rites) impliquant une unité spirituelle entre ses membres et entre ses membres et le divin.

2 Religion et mysticisme

▶ Selon **E. Benveniste**, « religion » pourrait également provenir du latin *re-legere* signifiant « relire », « revoir avec soin », « redoubler d'attention et d'application », ce qui renvoie davantage à une forme de sagesse, un mode de vie éclairée par une éthique.

Citation

« Le mysticisme a un contenu original puisé directement à la source même de la religion, indépendant de ce que la religion doit à la tradition, à la théologie, aux églises »

H. Bergson, *Les deux sources de la morale et de la religion.*

▶ Aussi la religion est-elle aussi une expérience personnelle. Cette seconde signification amène **H. Bergson** à penser le mysticisme comme antérieur à l'organisation structurée des religions monothéistes, les mystiques étant pour lui des modèles pour pratiquants.

3 La croyance en une réalité absolue

▶ Les périodes de rite impliquent un temps et un espace spécifiques (autels, temples pour les offrandes par exemple), qui se distinguent du temps et de l'espace profanes. En tant qu'acte de commémoration d'un événement originel (baptême par exemple), le rite symbolise les grandes étapes de la vie d'un homme et d'une communauté (naissance, entrée dans l'âge adulte, mort).

▶ Le sentiment religieux est à distinguer des croyances. Conceptualisé par le théologien **R. Otto** dans *Le Sacré* sous le terme de numineux (*numen*, la divinité), il s'agit d'une pure émotion supposant une situation d'effroi face à une puissance cosmique, invisible et dominatrice (*mysterium tremendu*), qui engendre malgré tout adoration et vénération (*mysterium fascinans*).

▶ La croyance en Dieu s'appuie ainsi sur trois composantes : la fascination pour un absolu inaccessible, la crainte du jugement divin, et le respect de la toute-puissance divine.

4 Preuves et critiques de l'existence de Dieu

▶ L'organisation parfaite du vivant aurait été créée d'après une intentionnalité ordonnatrice, une cause intelligente : Dieu. Pour **Voltaire**, la présence du mal sous ses formes physique et morale remet en cause cette intentionnalité.

▶ La contingence de l'Univers, qui, à première vue, ne possède aucune raison d'être, ne nous permet pas d'en saisir la cause. C'est pourquoi **Thomas d'Aquin** affirme que la cause première ne peut être que Dieu, car selon lui, seule une première cause nécessaire et inconditionnée peut expliquer ce qui paraît contingent.

▶ La preuve ontologique de l'existence de Dieu, d'abord développée par **Saint Anselme**, est reprise par **R. Descartes** dans la cinquième des *Méditations Métaphysiques*. L'idée de perfection ne peut venir que d'un être ayant toutes les qualités de bonté, puissance, immortalité. L'existence de Dieu est donc nécessairement comprise dans son essence ou définition. Selon **E. Kant**, cette preuve est illégitime, car l'existence ne peut se déduire d'une idée et un être parfait ne sera jamais aussi véritable que de le voir se tenir devant soi.

5 L'expérience religieuse : illusion ou valeur suprême ?

Blaise Pascal (1623-1662)

▶ Pour **B. Pascal**, l'existence de Dieu ne se prouve pas mais s'éprouve. Sans Dieu, l'existence est absurde. La mort, par exemple, est un phénomène auquel seule la destinée humaine et l'immortalité de l'âme donnent un sens. **Voltaire** estime cyniquement que si « Dieu n'existait pas, il faudrait l'inventer » pour s'assurer du respect de la morale et des lois. Pour **S. Freud**, ce besoin de croire permet de lutter contre la dureté de la vie et la crainte de la mort. Pour **K. Marx**, « la religion est l'opium du peuple » lui permettant de supporter sa condition sociale.

▶ **L. Feuerbach** montre que par sa foi en Dieu, l'homme abaisse ses propres capacités, les propriétés divines (toute puissance, bonté, etc.) n'étant que des qualités humaines. **F. Nietzsche**, enfin, lorsqu'il déclare dans le *Gai savoir* que « Dieu est mort », affirme que l'idéal pour l'homme est de se suffire à lui-même et non d'inventer une réalité fictionnelle l'empêchant d'accomplir son humanité.

EN PERSPECTIVES

Auteurs

Durkheim – Bergson – Pascal
Descartes – Kant – Freud
Feuerbach – Nietzsche – Otto

Notions liées

justice – vérité
conscience – temps
liberté – nature

La religion

1. L'existence humaine et la culture

- La religion est d'abord un fait social et culturel.
- Toute religion suppose des rites qui donnent du sens à l'existence des croyants
- Une religion suppose une réalité transcendante dont on peut voir des signes dans notre monde.
- Toute croyance religieuse s'appuie sur une fascination, une crainte et un respect.
- Dieu donne du sens à l'existence humaine.
Les hommes ont créé les dieux par faiblesse.

2. La morale et la politique

- L'existence d'un dieu justicier justifie la morale.

3. La connaissance

- Il y a eu au moins trois types de preuves de l'existence de Dieu.
- Selon Pascal, Dieu ne se prouve pas mais s'éprouve.

Exercice

★ 30 min **Type Bac** **Explication de texte.**

Réalisez l'introduction de l'explication de ce texte, en veillant également à respecter les étapes de composition d'une introduction.

> Ainsi je suis en contradiction avec vous lorsque, poursuivant vos déductions, vous dites que l'homme ne saurait absolument pas se passer de la consolation que lui apporte l'illusion religieuse, que, sans elle, il ne supporterait pas le poids de la vie, la réalité cruelle. Oui, cela est vrai de l'homme à qui vous avez instillé dès l'enfance le doux – ou doux et amer – poison. Mais de l'autre, qui a été élevé dans la sobriété ? Peut-être celui qui ne souffre d'aucune névrose n'a-t-il pas besoin d'ivresse pour étourdir celle-ci. Sans aucun doute l'homme alors se trouvera dans une situation difficile ; il sera contraint de s'avouer toute sa détresse, sa petitesse dans l'ensemble de l'univers ; il ne sera plus le centre de la création, l'objet des tendres soins d'une Providence bénévole. Il se trouvera dans la même situation qu'un enfant qui a quitté la maison paternelle, où il se sentait si bien et où il avait chaud. Mais le stade de l'infantilisme n'est-il pas destiné à être dépassé ? L'homme ne peut pas éternellement demeurer un enfant, il lui faut enfin s'aventurer dans l'univers hostile. On peut appeler cela « l'éducation en vue de la réalité » ; ai-je besoin de vous dire que mon unique dessein, en écrivant cette étude, est d'attirer l'attention sur la nécessité qui s'impose de réaliser ce progrès ?

Sigmund Freud, *L'Avenir d'une illusion*, 1927 , traduction de Marie Bonaparte, © PUF, 1971.

Perspective 1.
Le texte, extrait d'un ouvrage de Freud, suppose de dépasser le stade de l'infantilisation dans lequel la religion plonge les hommes, afin que ces derniers prennent pleinement en main leur existence.

9

NOTIONS

La nature

Cours

Si pour les philosophes de la Grèce antique, la nature correspondait à un ordre global du monde dont l'homme faisait partie, à la fin de Moyen-Âge commence à se développer une opposition entre la nature et l'homme, ce dernier souhaitant non seulement en connaître les lois, mais également en maîtriser les mécanismes. Dès lors, l'homme tente de s'affranchir de son état de nature en développant des concepts innovants et en allant vers toujours plus de progrès et d'évolution. Pour certains philosophes, cette démarche s'apparente à une forme de régression, à une façon pour l'homme d'oublier ses origines naturelles ou animales.

1 De la nature à l'illusion naturaliste

▶ Pour **Aristote**, la nature (*phusis* en grec), appelée « essence », désigne en premier lieu la poussée des plantes et serait un principe de mouvement et de repos : les êtres naturels obéissent à un mouvement spontané, croissent, se déplacent et disparaissent. Cette essence vitale est à l'origine de l'autonomie locomotrice des animaux et de leur croissance, ce qui leur attribue une forme définie de leur naissance jusqu'à leur mort.

Citation

« La nature est un principe et une cause de mouvement et de repos pour la chose en laquelle elle réside immédiatement, par essence et non par accident. »

ARISTOTE, *Physique*.

▶ Pour **Descartes**, la physique s'organise selon un mécanisme technique, dont Dieu est l'artisan parfait ayant fixé les lois de la nature. Dès le Ier siècle av. J.-C., la connaissance des lois physiques apparaissait à **Lucrèce** comme un moyen de compréhension de la réalité. Dans cette perspective, Descartes affirme que seul l'homme possède la capacité de maîtriser la nature.

▶ Si l'homme est un être naturel, la nature humaine désignerait ce qui est commun à tous. À l'inverse, on parle de la nature d'un individu pour dire sa singularité. Selon les théories comportementalistes ou behavioristes, fondées par **J. B. Watson**, tout comportement n'est que réaction à une stimulation extérieure (expérience du chien de Pavlov) pouvant être orienté, conditionné, dressé. À sa suite, **B. F. Skinner** propose une éducation fondée sur le conditionnement du comportement. Pour qu'un enfant apprenne les valeurs de sa communauté, il suffit de les lui faire aimer grâce à des récompenses.

▶ La nature n'est cependant pas une norme satisfaisante pour penser le comportement humain. Les stoïciens nous rappellent que l'usage de notre raison nous permet d'exercer librement notre jugement. Par ailleurs, la tendance anthropomorphique à comparer qualités humaines et comportements animaux n'est pas pertinente sur un plan épistémologique (étude critique des sciences).

À savoir

L'**expérience du chien de Pavlov** : le médecin et psychologue Ivan Pavlov associe de façon systématique le repas d'un chien à un signal sonore. Au bout d'un certain temps, il constate que le signal seul suffit à provoquer la salivation de l'animal, même s'il n'est pas suivi d'un repas. Il en conclut qu'il a pu conditionner le comportement de salivation.

2 Une nature idéalisée

▶ L'éloge de la nature s'accompagne souvent de la nostalgie d'une nature dans laquelle l'homme aurait vécu heureux sans aucun artifice, nostalgie pourtant illusoire. La nature est, en effet, rarement « naturelle » car l'intervention de l'homme y est présente partout. Le retour à la nature revient souvent à découvrir une ancienne culture dissimulée : les vestiges du travail, de la technique, des activités humaines. Paradoxalement, la campagne apparaît davantage comme le résultat historique de la culture des hommes.

▶ L'humanité ne peut se résumer au processus biologique. L'homme peut s'émanciper, voire se révolter contre sa nature, accédant aux sphères de la culture, du droit et de la moralité. La nature, au contraire, est amorale. Comme l'exprime **Spinoza**, il est dans la nature des gros poissons de manger les petits, sa dangerosité est seulement l'expression de son instinct et non d'une volonté de faire le mal.

3 Une nature humaine définitive ?

▶ Le XIXe siècle a vu naître des théories raciales s'appuyant sur la distinction entre l'inné et l'acquis. Dans son ouvrage *De l'inégalité des races*, **A. de Gobineau** établit une corrélation entre le niveau de culture des peuples et le patrimoine génétique des individus, ou race pour justifier l'inégalité entre les hommes et légitimer la domination de certains peuples. Cette théorie, moralement condamnable, repose sur une erreur de raisonnement, les différences de culture étant considérées d'emblée comme des déficiences.

▶ Au XXe siècle, des recherches ont montré que des enfants vivant dans un foyer familial violent subissent une altéra-

Citation

« Comme tout organisme vivant, l'être humain est génétiquement programmé mais il est programmé pour apprendre. Tout un éventail de possibilités est offert par la nature au moment de la naissance. Ce qui est actualisé se construit peu à peu pendant la vie par l'interaction avec le milieu. »

F. JACOB, *Le jeu des possibles*.

>> tion de leur ADN. C'est leur vie sociale qui a déformé le génome de ces enfants, et non celui-ci qui aurait déterminé irrémédiablement leur vie. Notre capacité universelle à donner du sens au monde ne s'actualise pas spontanément, elle a besoin pour s'épanouir du support de la culture.

4 De la nature à la culture

▶ Pour **J. J Rousseau**, l'état de nature est une hypothèse permettant de poser le naturel et le culturel (ou le dénaturé) face à face, alors que dans la réalité ils sont imbriqués. La nature est un état d'innocence dans lequel l'homme n'est ni bon ni mauvais (état d'indifférenciation, sans valeur). Il sert de critère neutre pour juger l'évolution de l'homme et sa culture, qui est artifice, désordre, violence.

▶ En étudiant les structures des relations familiales, **C. Lévi-Strauss** montre qu'elles concernent à la fois des relations naturelles et culturelles. La prohibition de l'inceste est tout à fait remarquable pour comprendre cette intrusion du culturel dans ce qui semble naturel. La cause de cet interdit ne se situe pas dans l'instinct. On ne peut pas non plus invoquer les dangers des croisements endogamiques, puisque l'homme, dit primitif, ne connaît pas les lois de la génétique moderne. La véritable raison est l'utilité première de l'échange entre les peuples, de s'allier aux autres par le biais d'unions matrimoniales pour la survie du groupe. La prohibition de l'inceste est au croisement de la nature et de la culture et permet le passage de l'une à l'autre. Ainsi, en instituant une règle, la culture permet d'éviter le hasard de la nature.

Claude Lévi-Strauss (1908-2009)

EN PERSPECTIVES

L'art

Auteurs
Aristote – Descartes
Lucrce – Gobineau –
Rousseau – Lévi-Strauss

Notions liées
art – technique
liberté – science

1. L'existence humaine et la culture
- L'approche behavioriste considère que l'éducation peut être conditionnée.
- La nature humaine est un ensemble de capacités s'actualisant différemment selon les cultures.
- La nature n'a jamais été un paradis.
- La nature comme modèle théorique permet de comprendre l'évolution de l'homme et de sa culture (Rousseau).
- Les structures familiales sont à la fois naturelles et culturelles (Lévi-Strauss).

2. La morale et la politique
- La nature est amorale et le monde animal ne reconnaît aucune valeur.
- Les théories raciales sont à la fois fausses et dangereuses.

3. La connaissance
- Les êtres naturels sont mus par le principe du mouvement et du repos (Aristote).
- La nature est organisée selon des lois physiques.
- On peut tenter de comprendre les êtres vivants par leur comportement.
- Une comparaison homme-animal n'est pas satisfaisante épistémologiquement.

Exercice

★★ 1 h 30 Type Bac **Dissertation.**

Sujet : La nature est-elle un modèle ?

Élaborez une argumentation en trois parties, puis résumez brièvement votre argumentation.

Perspective 3.
Pour répondre au sujet, il est nécessaire de se fonder sur l'ensemble des théories philosophiques qui définissent l'état de nature de l'homme et analysent l'articulation entre nature et culture.

PHILOSOPHIE

Cours

1 Les propriétés de la connaissance scientifique

▶ La connaissance scientifique fait, avant tout, appel à la raison et repose sur une exigence d'objectivité, elle implique de s'écarter de tout ce qui relève du personnel et de l'opinion. La science étudie des phénomènes (ce qui apparaît) et non des choses que nous percevons grâce à nos sensations. Les phénomènes scientifiques sont interchangeables, ils font l'objet d'une mesure, d'une quantification et sont décrits à l'aide de concepts uniques, qui les soustrait à l'ambiguïté du langage ordinaire.

▶ Expliquer scientifiquement un phénomène, c'est attester de son existence en mettant en évidence ses causes et ses effets. Si l'expérimentation d'un phénomène scientifique ne permet pas d'en retirer une loi universelle, aucune autre conclusion ne pourra être déduite. Les rapports de causalité universels nous permettent par ailleurs de d'anticiper l'avenir par la déduction d'un effet.

Citation

« L'opinion pense mal, d'ailleurs elle ne pense pas : elle traduit des besoins en connaissance [...]. On ne peut rien fonder sur l'opinion, il faut d'abord la détruire, elle est le premier obstacle à surmonter. » G. Bachelard, *La formation de l'esprit scientifique*.

2 Quelles sont les conditions d'une démarche scientifique ?

▶ **G. Bachelard**, relève trois obstacles épistémologiques à une démarche scientifique :

Gaston Bachelard (1884-1962)

– l'anthropomorphisme, qui consiste à projeter des propriétés humaines sur les animaux ou les choses de la nature ;
– l' empirisme naïf, qui part du principe que l'apparence des choses reflète leurs propriétés réelles (obstacle substantialiste, qui assimile l'apparence à l'essence ou à la substance) ;
– le langage, qui amène à prendre des métaphores pour des explications et des images pour des concepts.

▶ L'approche scientifique suppose une catharsis, à savoir une purification intellectuelle et affective. Toute approche scientifique implique en effet, selon **A. Koyré**, « de distinguer le monde de la vie et le monde de la science ».

▶ Par ailleurs, il ne suffit pas d'observer un phénomène pour le comprendre, il faut que l'observateur puisse l'interpréter à la lumière de ses connaissances. Selon la formule de **G. Canguilhem** « le fait n'est pas ce dont la science est faite mais ce que fait la science en se faisant. »

3 L'approche scientifique du monde

▶ Selon **E. Kant**, dans toute démarche scientifique, la raison intervient à la fois sur les principes de pensée (catégories de l'entendement) et sur les questionnements. Si l'expérience fait émerger de nouvelles connaissances, il faut en effet des connaissances *a priori* prêtes à accueillir une observation pour lui donner un sens.

Citation

« Comment est-il possible que les mathématiques, qui sont un produit de la pensée humaine et sont indépendantes de toute expérience, puissent s'adapter d'une si admirable manière aux objets de la réalité ? La raison humaine serait-elle capable, sans avoir recours à l'expérience, de découvrir par la pensée seule les propriétés des objets réels ? » A. Einstein.

▶ **J. Locke**, au contraire, affirme que la connaissance vient de l'expérience seule. L'induction (conclure des lois à partir d'observations de faits) ne peut cependant être garante de véracité. Par exemple, on a longtemps observé que les cygnes étaient blancs et on en a conclu que tous l'étaient. Or, certains sont noirs.

▶ Pour valider une théorie scientifique, il est nécessaire de chercher à la réfuter, à en démontrer les anomalies ou insuffisances. Si l'hypothèse expérimentée résiste à la réfutation, elle est validée (au moins pour un temps). Cette méthode est la meilleure façon de se prémunir des illusions et des croyances.

Citation

« Toute mise à l'épreuve véritable d'une théorie par des tests constitue une tentative pour en démontrer la fausseté ou pour la réfuter. » K. Popper

4 La science peut-elle rendre compte de la réalité du monde ?

Bien que cela ne soit pas son objet, la science fait émerger des questions métaphysiques sur la réalité.

▶ La loi de la gravitation universelle démontrée par **Newton** n'a par exemple pas été invalidée par la physique quantique, qui démontre pourtant qu'au niveau microscopique, les lois de la physique classique ne s'appliquent plus. Ainsi, deux conceptions scientifiques légitimes de la réalité cohabitent

▶ L'expérience des fentes de **T. Young** nous montre par ailleurs que le monde quantique est celui des possibilités infinies : >>

>> des particules de matière sont projetées à travers deux fentes sur un panneau qui recueille les impacts. L'expérience est menée selon deux contextes expérimentaux. En fonction des contextes, les impacts montrent que les particules se comportent soit comme une onde, soit comme des particules.

▶ Les tests expérimentaux portent sur le rapport entre l'hypothèse théorique et le dispositif expérimental. Ainsi, pour **W. Heisenberg**, les conditions de l'expérience modifient en permanence la réalité étudiée. Le réel de la science n'existe jamais en dehors du laboratoire.

EN PERSPECTIVES

Auteurs

Platon – Bachelard – Kant – Koyré – Popper – Canguilhem – Einstein – Young – Heisenberg

Notions liées

raison – technique – vérité

La conscience

1. L'existence humaine et la culture

- L'approche scientifique suppose une purification intellectuelle et affective. Avoir un esprit scientifique implique de dissocier le travail analytique de l'opinion.
- L'esprit humain possède des structures a priori qui permettent de comprendre un phénomène scientifique (Kant).
- La science soulève des questions métaphysiques.
- La physique quantique, de par ses phénomènes déconcertants, nous amène à envisager que nous avons une perception incomplète de notre réalité.

2. La moral et la politique

Les questions morales et philosophiques, voire religieuses, obligent à passer de la question scientifique « comment ? » au « pourquoi ? »

3. La connaissance

- La connaissance scientifique implique une exigence d'objectivité.
- La science classique est rationnelle, elle étudie les phénomènes et dégage des rapports universels et nécessaires.
- Pour mettre en place les conditions nécessaires à toute démarche scientifique, il convient d'écarter les obstacles épistémologiques.
- Seule l'expérience permet de faire émerger des connaissances scientifiques (Locke).

PHILOSOPHIE

Exercice

Perspectives 1 et 3.
Ce texte met en garde contre une valorisation trop excessive des connaissances humaines et replace à sa juste place la vision singulière de l'artiste sur le monde.

★★ 1h30 Type Bac **Explication de texte.**

Rédigez la conclusion de cette explication de texte. Vous y montrerez l'intérêt de l'approche de l'auteur.

> Quelle est l'attitude du savant face au monde ? Celle de l'ingéniosité, de l'habileté. Il s'agit toujours pour lui de manipuler les choses, de monter des dispositifs efficaces, d'inviter la nature à répondre à ses questions. Galilée l'a résumé d'un mot : l'essayeur. Homme de l'artifice, le savant est un activiste [...]. Aussi évacue-t-il ce qui fait l'opacité des choses, ce que Galilée appelait les qualités : simple résidu pour lui, c'est pourtant le tissu même de notre présence au monde, c'est également ce qui hante l'artiste. Car l'artiste n'est pas d'abord celui qui s'exile du monde, celui qui se réfugie dans les palais abrités de l'imaginaire. Qu'au contraire l'imaginaire soit comme la doublure du réel, l'invisible l'envers charnel du visible, et surgit la puissance de l'art : pouvoir de révélation de ce qui se dérobe à nous sous la proximité de la possession, pouvoir de restitution d'une vision sur les choses et nous-mêmes. L'artiste ne quitte pas les apparences, il veut rendre leur densité [...]. Si pour le savant le monde doit être disponible, grâce à l'artiste il devient habitable.

MERLEAU-PONTY, *L'œil et l'esprit*, 1964. © Gallimard.

Cours

1 À l'origine de la philosophie : une quête de la vérité

Platon
(vers 427-vers 347 av. J.-C.)

▶ Dans le mythe d'Er le Pamphylien, qui clôture le Livre X de *La République* de **Platon**, les âmes, après avoir choisi le modèle de leur vie à venir boivent l'eau du fleuve Léthé pour oublier leur vie précédente. L'enjeu de ce mythe est l'alètheia (la vérité), dont l'accès passe par la réminiscence (ressouvenance des connaissances contemplées dans l'au-delà).

▶ Bien orienté, l'homme procède, par la quête philosophique, à la redécouverte de savoirs déjà appris. Dans son dialogue entre Socrate et Ménon, Platon démontre ainsi que les hommes, peu importe leur statut social, possèdent un savoir intuitif, à approfondir pour parvenir à la connaissance véritable.

À savoir

Dans *Le Ménon*, Socrate est amené à faire une leçon de géométrie à un esclave pour faire la démonstration que « la vérité de toute chose est en nous » et qu'il suffit de s'en souvenir pour la trouver.

2 Du paraître à l'être

▶ Dans l'allégorie de la caverne (Livre VII de *La République*), **Platon** montre qu'il y aurait une coexistence entre le monde des apparences sensibles et perpétuellement changeantes et le monde des Idées immuables et éternelles. Aussi la vérité est-elle d'abord une interrogation ontologique, c'est-à-dire une réflexion sur l'être des choses (*ontos*, être).

▶ L'être est mesure et condition du vrai, par delà le changement. De même, lorsqu'un être humain vieillit, son corps subit un changement, mais cela n'altère par son être, élément constitutif de la stabilité de son identité singulière.

À savoir

Dans le mythe de la caverne, Platon compare la situation de l'homme avec celle de prisonniers enchaînés dans une caverne à qui on aurait fait croire que les ombres de marionnettes projetés sur le mur en face constituent la réalité. Or, la véritable réalité n'est accessible qu'en se détournant des apparences sensibles pour accéder, grâce à l'éducation, au monde des Idées.

3 Les conditions formelles d'un discours véritable

▶ La distinction entre être et paraître est à la base du principe de non-contradiction décrit par **Aristote** dans sa *Métaphysique*, selon lequel « il est impossible que le même attribut appartienne et n'appartienne pas en même temps au même sujet et sous le même rapport ». Ce principe permet notamment de réfuter un discours incohérent et affirme que la vérité ne peut être tout et son contraire.

▶ Lorsque le sophiste **Protagoras** affirme que « l'homme est la mesure de toutes choses », il prétend que « ce qui paraît à chacun est la réalité même ». Autrement dit, toute opinion non seulement serait bonne, mais deux opinions contraires le seraient également. Dans ce contexte, le concept de vérité n'aurait pas lieu d'exister.

▶ Cependant, **Épicure**, puis **Lucrèce**, prétendent, que nos sens ou impressions (*phantasiai*), qui prennent aussi en compte nos rêves et nos visions, « ne se trompent jamais ». Aussi supposent-ils que nos perceptions sont le reflet de la réalité. Dès lors, ce ne sont pas nos perceptions qui sont fausses mais nos opinions sur celles-ci.

4 La vérité est une idée innée

▶ **R. Descartes**, s'inspirant de Platon, décrit la vérité comme « en droit antérieure à son acceptation », c'est-à-dire à sa reconnaissance. Ce faisant, il s'appuie également sur la définition médiévale selon laquelle la vérité est l'adéquation de la chose et de l'intellect ou de l'esprit (*veritas est adoequatio rei et intellectus*). Le vrai nous apparaît ainsi par « la lumière naturelle ou intuition de l'esprit », entendue comme connaissance rationnelle et immédiate.

▶ De ce fait, la première vérité est celle du *cogito* (je pense), qui échappe au doute le plus radical. Quand bien même mes pensées ne seraient qu'erreurs ou illusions, c'est bien en elle que résident le vrai et le critère du vrai. C'est dans l'intuition de l'évidence des idées claires et distinctes que Descartes situe le critère du vrai.

5 Le scepticisme : la question du critère de la vérité

▶ Depuis les Grecs jusqu'à **Hume** en passant par **Montaigne**, les sceptiques ont tous considéré qu'il n'y avait aucun critère suffisamment fort permettant d'affirmer une vérité, ce doute ne concernant que le domaine théorique et non la *praxis* (qui se rapporte à l'action). Ne pas pouvoir affirmer une vérité ne signifie cependant pas que toutes les thèses sont défendables, mais que certaines sont meilleures que d'autres sans être pour autant définitivement vraies.

▶ Le sceptique, comme l'indique l'étymologie grecque *skeptike* (chercher, observer) est ainsi celui qui cherche activement la vérité. Ce qui compte davantage que la possession de la vérité, c'est la manière de la quérir. Le sceptique réserve donc son jugement, tout en poursuivant sa quête de vérité

6 Une idée pragmatique de la vérité

▶ Pour le pragmatique, seule l'application d'une théorie, sa réussite expérimentale, sont critères de vérité. Ainsi, pour **W. James**, dans *Le Pragmatisme*, « posséder des pensées vraies, c'est, à proprement parler, posséder de précieux instruments pour l'action. » Ainsi, toute affirmation est une hypothèse dont la vérité se découvre.

▶ En ce sens, une théorie est un instrument de recherche et la vérité se définit par la totalité de ses conséquences (théorique, affective, sociale, etc.). Le vrai est ce qui satisfait l'ensemble des besoins humains et l'utilité devient le seul critère pour les valeurs humaines. Il ne s'agit donc pas de juger ce qui est ou a été, mais de tenter d'appréhender le devenir et d'agir en conséquence.

EN PERSPECTIVES

Auteurs
Platon – Aristote – Épicure
Lucrèce – Descartes
Montaigne – Hume – James

Notions liées
science – religion
langage – raison

La vérité

1. L'existence humaine et la culture
- Le premier désir de la philosophie est une quête de la vérité.
- Nous sommes tous égaux face à cette recherche de vérité.
- Toute opinion n'est pas légitime.
- Nos perceptions sont le reflet de la réalité, car elles ne sauraient engendrer un faux témoignage.
- Selon Descartes, la vérité est une idée innée : nous cherchons à reconnaître des idées dont nous avons une connaissance intuitive.

2. La morale et la politique
- On peut avoir une conception pragmatique de la vérité.

3. La connaissance
- La recherche de la vérité suppose de détourner le regard des apparences sensibles.
- Il n'y a pas de vérité sans identités stables.
- La cohérence de la pensée est indispensable pour parvenir à la vérité.
- Il faut douter pour espérer accéder à la vérité.
- Le sceptique n'a pas de critère certain lui permettant d'affirmer une vérité, mais il continue à chercher.

PHILOSOPHIE

Exercice

★★ 3 heure **Type Bac** **Dissertation.**
Sujet : Faut-il aimer la vérité ?
Rédigez le développement de cette dissertation.

Perspective 3.
Le verbe « aimer » suppose que la notion de vérité n'est pas neutre et qu'elle revêt une importance cruciale pour le sens qu'un homme donne à son existence et sur le contenu qu'il juge fondamental pour sa propre culture.

12 NOTIONS La raison

Cours

1 Le Discours de la Méthode : la raison nous guide vers le bon chemin (Descartes)

René Descartes (1596-1650)

▶ Dans le *Discours de la Méthode*, **R. Descartes** définit la raison comme « la puissance de bien juger et de discerner le vrai d'avec le faux ». La raison coïncide avec le bon sens qui serait « la chose la mieux partagée du monde ». Plusieurs conditions sont cependant nécessaires pour en faire bon usage :

– Ne pas assimiler l'intelligibilité et la vérité. La cohérence, l'efficacité, le consensus ne sont pas des critères de vérité, et pour **F. Nietzsche**, « une chose qui convainc n'est pas vraie pour autant, elle est seulement convaincante ».

– Distinguer l'exigence ou désir de vérité et l'existence de la vérité. L'exigence de vérité est une qualité subjective qui nous invite à dépasser notre ignorance pour connaître le monde, d'où l'affirmation de **Socrate** : « Je sais que je ne sais rien ».

– Élaborer des mises en ordre vérifiables et accepter de voir ses thèses rejetées.

▶ La méthode cartésienne enjoint les hommes de se prémunir contre la précipitation et la présomption, qui risqueraient de les égarer sur le mauvais chemin de la vie. Descartes propose quatre préceptes pour y parvenir :

– Le principe d'évidence : éliminer le probable au profit du clair et du distinct.

– Le principe d'analyse : décomposer un phénomène en éléments plus simples et examiner la manière dont les éléments se combinent.

– Le principe d'ordre : les pensées suivent un cheminement argumentatif allant du plus simple au plus complexe.

– Le principe de révision : vérifier les étapes de la déduction avant d'achever la démonstration.

2 Les attributs d'une connaissance rationnelle

▶ Toute rationalité prétend à l'objectivité, ce qui signifie qu'elle doit rompre avec tout enracinement dans l'histoire personnelle du sujet qui cherche à connaître.

▶ Une connaissance rationnelle doit prétendre à l'universalité. Elle suppose l'élaboration d'une méthode pouvant être comprise et reprise par tous. La rationalité se soumet à un contrôle intersubjectif : on s'appuie sur des raisonnements fondés sur des concepts univoques et des règles de déduction universelles et nécessaires.

▶ La raison demande des efforts de lucidité et une distance critique. Elle ne doit pas prôner le scientisme (foi aveugle en la science) mais un « rationalisme ouvert » (**G. Bachelard**), à savoir non dogmatique, capable d'autocritique.

3 Les différents types de rationalité

▶ La rationalité technique est l'usage calculé et systématique de moyens en vue d'une fin. Le souci qui l'anime est la volonté de trouver des moyens performants pour atteindre un but. L'efficacité est donc le critère déterminant de ce type de rationalité.

▶ La rationalité scientifique est une discipline de la pensée qui se soumet uniquement à l'objectivité et aux principes logiques de la pensée. Elle s'appuie sur des démonstrations expérimentales, porte sur des portions délimitées de la réalité et, comme l'a démontré **K. Popper**, ne prétend pas à une conception globale du monde, à l'opposé d'une idéologie qui est toujours globalisante, voire totalitaire.

▶ La rationalité philosophique n'a vocation ni au calcul, ni à l'efficacité ni même à la découverte. Elle cherche d'abord à évaluer les opinions, à écarter les préjugés et les illusions en opérant une clarification de nos pensées. Elle suppose une exigence de lucidité et de rigueur, et vise une autonomie de nos pensées et de nos actions.

▶ La rationalité morale suppose d'agir de façon désintéressée. Pour **E. Kant**, l'homme utilise parfois sa raison pour satisfaire instinctivement ses besoins, pensant ainsi accéder au bonheur, et ce en dépit de l'exigence d'universalité de la raison. Ce n'est pas par le degré de son intelligence que l'homme se distingue de l'animal mais par sa capacité à se donner des principes d'action ayant une valeur universelle.

4 Raison et sentiments

▶ Selon **Hegel**, l'intelligibilité rationnelle est le reflet de l'ordre du monde et ce qui semble irrationnel (hasard, désordre, passions) ne l'est qu'en apparence. Cependant, en physique, **W. Heisenberg** a mis en lumière qu'il existe une limite au-delà de laquelle ne peut aller la précision de toutes mesures fournies par les instruments conçus par l'homme.

▶ Dans le livre IV de son *Éthique*, **Spinoza** décrit les affects comme pouvant engendrer des comportements contraires à la raison. Aussi pour la conquérir faut-il lutter contre ses propres affects négatifs en les opposant à des affects positifs plus puissants. Il s'agit d'un processus de rationalisation des affects, qui nous permet d'accéder au bonheur par un contrôle de nos passions.

▶ Pour **B. Pascal**, il faut veiller à ne pas faire de la raison l'unique source de la vérité, mais accepter avec humilité l'origine mystérieuse, voire divine de cette dernière, et

>> conserver une part d'instinct dans son élucidation. Pascal nous pousse ainsi à écarter deux approches en apparence contraires : le scepticisme aboutissant logiquement au doute, et l'orgueil stoïcien d'une raison « superbe » ne s'apercevant pas des limites humaines.

Citation

« Nous connaissons la vérité non seulement par la raison, mais encore par le cœur. [...] C'est de cette dernière sorte que nous connaissons les premiers principes et c'est en vain que le raisonnement, qui n'y a point de part, essaie de les combattre ».

B. PASCAL, *Pensées*.

EN PERSPECTIVES

Auteurs

Descartes – Pascal – Hegel – Kant – Nietzsche – Bachelard – Spinoza – Popper

Notions liées

science – religion – vérité

La raison

1. L'existence humaine et la culture

- Chaque homme peut s'orienter vers le chemin qui lui correspond en prenant son temps et en adoptant une attitude méthodique.
- Il convient de distinguer le désir de vérité avec le fait de posséder la vérité.
- Une conception rationnelle du monde peut être ouverte et critique.
- La rationalité peut être technique, scientifique, philosophique.
- Nous pouvons maîtriser nos affects ou passions par la raison, et ainsi tendre vers plus de sagesse. Il faut veiller à ne pas uniquement s'en remettre à la raison dans notre quête de vérité et savoir écouter notre intuition.

2. La moral et la politique

- Une démarche rationnelle peut être reconnue et contrôlée.
- La morale suppose aussi des principes et un comportement rationnels.

3. La connaissance

- La raison est d'abord une capacité à bien juger et à avoir une réflexion ordonnée.
- Une connaissance rationnelle est objective, méthodique et critique vis-à-vis d'elle-même.
- Un rationalisme absolu est réducteur et discutable sur le plan épistémologique.

PHILOSOPHIE

Exercice

★ 45 min **Type Bac** **Explication de texte.**

Pour quelles raisons pouvons-nous affirmer que la thèse de Nietzsche est paradoxale ?

Perspectives 1 et 3.
Pour les philosophes de la Grèce antique, chaque homme utiliserait sa raison pour enrichir ses connaissances, et ainsi se défaire de la superstition qui les plongerait dans des illusions rassurantes. Toutefois, si cette approche se présente comme universelle, elle peut ne pas correspondre à la psychologie de tous les hommes.

> Je me suis demandé [...] ce que le peuple entend au fond par connaissance ; que cherche-t-il quand il la demande ? Rien que ceci : ramener quelque chose d'étranger à quelque chose de connu. Nous, philosophes, que mettons-nous de plus dans ce mot ? Le connu, c'est-à-dire les choses auxquelles nous sommes habitués, de telle sorte que nous ne nous en étonnons plus ; nous y mettons notre menu quotidien, une règle quelconque qui nous mène, tout ce qui nous est familier [...] Eh quoi ? Notre besoin de connaître n'est-il pas justement notre besoin de familier ? Le désir de trouver, parmi tout ce qui nous est étranger, inhabituel, énigmatique, quelque chose qui ne nous inquiète plus ? Ne serait-ce pas l'instinct de la peur qui nous commanderait de connaître ? Le ravissement qui accompagne l'acquisition de la connaissance ne serait-il pas la volupté de la sécurité retrouvée ?

F. NIETZSCHE, *Le gai savoir*, 1882 ,Folio, traduction Pierre Klossowski, 1996. © Gallimard

L'État

Cours

Toute réflexion sur l'État impose de s'interroger sur les hommes et les femmes exerçant le pouvoir, ainsi que sur le peuple qui légitime leur pouvoir par le vote, et qui oublie bien souvent sa souveraineté.

1 Qu'est-ce que l'État ?

▶ L'État est une entité invisible, impersonnelle et sans chair. Pourtant, il est incarné par des symboles et des représentants exerçant un pouvoir, dont la nature varie en fonction du type de régime en place (démocratie, monarchie ou dictature), mais qui repose toujours sur un rapport hiérarchique entre gouvernants et gouvernés. Nous avons l'obligation légale de respecter l'autorité de l'État.

▶ **B. Pascal** distingue à ce propos les « grandeurs d'établissement », instituées par les hommes pour organiser la société, et les « grandeurs naturelles », ou qualités des individus. Il convient de distinguer l'homme et la fonction, en respectant celle-ci et en méprisant celui qui ne s'en rend pas digne.

▶ Dans son ouvrage *Le savant et le politique*, **M. Weber** a identifié différentes formes de pouvoir :
– le pouvoir traditionnel, qui cherche sa justification dans la filiation.
– le pouvoir charismatique, fondé sur « la grâce personnelle et extraordinaire d'un individu ».
– le pouvoir légal (celui de l'État), qui se fonde sur le statut juridique de l'autorité politique et sur l'idée que ceux qui exercent le pouvoir seraient doués d'une compétence dans ce domaine.

▶ Pour que l'État apparaisse, il faut aussi des conditions pratiques d'existence, à savoir un territoire, avec des frontières délimitant son exercice et à l'intérieur desquelles son pouvoir est reconnu comme unique. Chaque organisation correspond à l'histoire de chaque pays et de la conscience des peuples de leur identité collective, qui fait naître le concept de nation.

▶ Le mot nation signifie étymologiquement « nature » ou « naissance ». Il revêt un caractère biologique, conception développée par les nazis à travers le concept de « race », tout autre race n'étant qu'un corps étranger à éliminer, car représentant un danger biologique pour l'unité du groupe.

▶ Dans une perspective rationnelle et légaliste, la nation est « un corps d'associés vivant sous une loi commune et représentée par une même législature » (**Sieyès**, *Qu'est-ce que le tiers-état ?*). Elle correspond à une unité spirituelle d'individus libres ayant la volonté de faire cause commune et recherchant un bien à partager et non des intérêts particuliers et se distingue ainsi du nationalisme.

Citation

« Le patriotisme, c'est l'amour des siens ; le nationalisme, c'est la haine des autres. »
Romain Gary, *Éducation européenne.*

2 Les fondements de l'État

▶ **N. Machiavel** démontre que la prise et l'exercice du pouvoir sont affaire de technique. Dans *Le Prince*, il explique ainsi que ce dernier doit être habile, rusé (renard), voire cruel (lion) selon les situations. Il distingue ainsi politique et morale. Toutefois, dans les *Discours sur la première décade de Tite-Live* (1513-1520), il souligne que pour ne pas devenir tyrannique, le prince doit tenir compte des intérêts de l'État et de la souveraineté du peuple.

Nicolas Machiavel (1469-1527)

▶ Les philosophes du contrat s'interrogent quant à eux sur la source instituant la légitimité de l'État. **T. Hobbes**, dans le *Léviathan*, décrit un contrat de soumission, par lequel l'homme cède volontairement sa liberté, afin de sortir d'un état de nature où « l'homme est un loup pour l'homme » et d'accéder à la paix civile. **J.-J. Rousseau**, à l'inverse, prône un contrat d'association préservant la liberté et l'égalité des hommes. Néanmoins, pour que le droit soit respecté, il faut des consciences éclairées, les hommes éduqués.

Citation

« Un peuple libre obéit, mais il ne sert pas, [...] il obéit aux lois mais il n'obéit qu'aux lois, et c'est par la force des lois qu'il n'obéit pas aux hommes. »
J. J. Rousseau, *Lettres écrites de la montagne.*

3 L'État républicain

▶ Pour **K. Marx**, la liberté et l'égalité restent des principes formels qui n'empêchent pas les inégalités sociales et économiques d'exister et de croître. Les « bourgeois », en attribuant aux « prolétaires » le statut de citoyens, leur donnent l'illusion d'acquérir de nouveaux droits, alors même que le but est de renforcer les privilèges économiques.

▶ Selon **A. de Tocqueville**, la « passion de l'égalité » peut cependant se révéler dangereuse pour la démocratie et la liberté. L'égalitarisme amène à un monde uniforme, dans lequel les différences sont vouées à disparaître. Au nom de >>

l'égalité, l'État peut contraindre les hommes à nier leurs différences pour ne devenir qu'une seule entité sans singularité. Ainsi, pour **F. Hölderlin**, « ce qui fait de l'État un enfer, c'est que l'homme essaie d'en faire un paradis ».

▶ La devise de l'État républicain « Liberté, Égalité, Fraternité » n'est pas un fait mais une exigence à avoir envers soi. Chacun a sa conception des trois termes, ce qui implique des oppositions, voire des affrontements nourrissant l'esprit démocratique. L'État n'a pas pour fonction d'imposer ces trois principes, mais doit tout faire pour garantir leur existence.

▶ Il faut donc se méfier de toute conception irénique (qui se focalise sur ce qui rapproche en minimisant les conflits) de l'État visant le bonheur de chacun. Le bonheur correspond à une idée subjective, qui concerne la vie privée, personnelle et qui ne peut donc intéresser qu'un État totalitaire voulant tout régir et tout savoir de chacun.

Citation

« Quand dans un État, vous ne percevez le bruit d'aucun conflit, vous pouvez être sûr que la liberté n'y est pas. »

MONTESQUIEU, *Grandeur et décadence des Romains*, VIII.

EN PERSPECTIVES

Auteurs

Pascal – Hobbes– Weber– Rousseau – Marx
Sieyès– Montesquieu – Machiavel – Tocqueville

Notions liées

liberté – justice – bonheur
nature – devoir

L'État

1. L'existence humaine et la culture

- L'homme a la tête de l'État peut ne pas s'en montrer digne, il faut distinguer l'homme et la fonction (Pascal).
- Les hommes signent un contrat de soumission avec l'État pour que ce dernier assure leur protection (Hobbes)
- À l'inverse, selon Rousseau, les hommes peuvent signer un contrat d'association leur garantissant leur liberté des droits.

2. La moral et la politique

- L'État est représenté par divers administrations.
- La forme de pouvoir choisie est en adéquation avec l'histoire de la nation.
- L'association contractuelle d'individus permet d'intégrer et d'accepter les différences.
- Pour gouverner efficacement, il faut faire fi de la morale (Machiavel).
- Pour Marx, l'État républicain est une tromperie objective.
- La passion de l'égalité peut conduire à un égalitarisme dangereux.

3. La connaissance

- Il existe différentes formes de pouvoir : le pouvoir légal et le pouvoir légal, charismatique et traditionnel (Weber).
- Une conception mystique et naturaliste de l'État peut engendrer des régimes totalitaires.
- La devise de l'État républicain est un idéal vers lequel tendre, pas une obligation imposée par l'État (Montesquieu).

Exercice

★★ 2h30 Type Bac **Dissertation.**

Sujet : L'État rend-il libre ?

Élaborez un plan en trois parties, puis résumez votre argumentation, en soignant vos transitions.

Perspective 2.
L'État est fondé sur un contrat social qui permet la protection des plus faibles et la disparition de l'état de nature. Toutefois, toute société, même démocratique, peut connaître des dérives.

14

NOTIONS

La justice

Cours

1 La justice comme institution sociale

▶ Selon **E. Kant**, « l'insociable sociabilité » des hommes, ruse de la nature pour parvenir à ses fins (développement de toutes les potentialités humaines) est à l'origine de rapports nécessairement conflictuels. La justice est l'institution régulatrice de ces rapports.

▶ Le droit est aussi un art du partage s'exerçant par le biais d'un juge indépendant. La puissance de la parole du juge vient de la reconnaissance par tous de son rôle d'arbitre, et non du fait que sa parole serait l'expression d'un pouvoir magique ou d'une intention divine.

▶ La justice s'incarne dans des règles de réciprocité. Si un sujet est titulaire d'un droit, tout autre sujet dans la même situation aura le même, et les autres sujets leur sont redevables du devoir correspondant, la transgression impliquant une réparation symétrique.

▶ L'équilibre entre les pouvoirs exécutif et législatif est établi comme principe de toute société démocratique. Les parlementaires votent les lois, le droit veille à leur application et à leur interprétation. Il est dans un rapport d'extériorité avec le pouvoir politique, car il s'applique également aux gouvernants.

▶ Le droit agit comme une législation externe au sujet agissant et s'appuie sur la force publique, alors que la morale suppose une législation interne au sujet agissant, qui s'oblige lui-même à bien agir.

À retenir

Les fondements du droit peuvent s'expliquer par plusieurs critères.

- – La norme transcendante (Platon) : la justice du monde des Idées est un idéal de justice parfaite et universelle.
- La raison humaine (les Lumières) : le droit est l'expression de la capacité de l'être humain à se situer du point de vue de la rationalité et de l'universalité.
- La volonté générale (Rousseau) : les règles juridiques expriment la volonté générale définie par le contrat social, dont les causes et effets sont la liberté et l'égalité.
- La paix civile (Épicure) : il est dans l'intérêt de chacun de respecter les lois pour jouir de la sécurité et de la tranquillité dans une société apaisée.
- La nature (Calliclès) : il est naturel de se soumettre au plus fort qui dicte sa loi, puisque la nature fonde toute justice.
- L'intérêt d'une classe sociale (Marx) : le droit positif n'a aucune légitimité, il n'est que l'expression des intérêts de la classe sociale dominante.

2 Du citoyen juste à la justice envers le citoyen

▶ Pour **Aristote**, et plus tard pour **T. Hobbes**, le citoyen juste est celui qui respecte les lois et la répartition des biens, sans chercher à obtenir plus que ce qu'il doit posséder. La justice est morale, car il est moral de souhaiter une société où les biens sont répartis de manière égalitaire.

Aristote (384-322 av. J.-C.)

Citation

« Que chacun soit considéré comme égal par nature à chacun »
T. Hobbes, *Du citoyen*, III.

▶ Afin que la justice s'emploie à être juste envers les hommes, il lui faut les traiter avec équité. Les droits subjectifs dits naturels (droit à la santé, à l'éducation, au logement, etc.) sont ainsi assurés par le droit objectif (lois), les droits subjectifs précédant et orientant le contenu des lois.

3 Quel type d'égalité est le plus juste ?

▶ La justice distributive s'appuie sur le constat que les hommes sont inégaux. Être juste consiste à donner à chacun ce qui est conforme à sa condition ou à son mérite. La justice vise une certaine harmonie fondée sur la proportionnalité entre les individus.

▶ La justice commutative reconnaît l'inégalité naturelle, mais cette dernière ne légitime ni l'inégalité institutionnelle, ni l'égalité proportionnelle, car :
– chacun peut choisir, user de sa raison et de sa liberté (non déterminées par l'origine) ;
– l'égalité proportionnelle est rarement acceptée et ne permet pas la paix sociale (exemple des révoltes).

4 De la justice légale (prônant l'égalité) à la justice morale

▶ **B. Pascal**, dans ses *Pensées*, constate l'impossibilité de définir la justice morale par l'observation des valeurs et des droits existants dans les différents pays. Il affirme ainsi que « la coutume fait toute l'équité par cette seule raison qu'elle est reçue ». Les conceptions juridiques des pays sont le résultat de leur histoire.

▶ Selon **K. Marx**, la justice morale ne relève pas du droit, car ce dernier est une illusion vitale permettant la domination de >>

classe sous couvert de cohésion sociale et d'intérêt général. Or, comme l'a montré **J.J Rousseau**, dans sons ouvrage *Du contrat social*, ce droit est mieux protégé que par la force, cette dernière pouvant être renversée par une force supérieure (perfidie, meurtre).

▶ Le respect de la loi n'est pas la preuve d'un désir d'égalité ou de moralité. Dans son allégorie de l'anneau de Gygès, **Platon** se demande ainsi si l'obéissance aux lois n'est pas souvent motivée par la lâcheté, la puérilité, ou encore la peur des sanctions.

▶ L'égalité est le critère fondamental de la légalité. Les lois favorisant un ordre juste et accepté sont celles qui se rapprochent le plus de l'impératif pratique kantien (cf. devoir) et c'est sans conteste l'égalité indistincte qui l'exprime vraiment.

EN PERSPECTIVES

Auteurs

Aristote– Platon– Pascal– Kant – Rousseau– Hobbes– Marx

Notions liées

science – religion – vérité

La justice

1. L'existence humaine et la culture

- Il n'y a pas de justice morale universelle.
- La justice morale devrait orienter le droit.

2. La moral et la politique

- Le droit est garant de la cohésion sociale.
- Il y a une séparation des pouvoirs dans les régimes démocratiques.
- Les origines du fondement du droit sont liées à la valeur du droit et s'appuient sur des concepts philosophiques et politiques.
- Un citoyen juste respecte les lois.
- Distinguer les droits subjectifs et objectifs.
- Distinguer les justices distributive et commutative.
- Le droit n'est pas la morale.

3. La connaissance

- L'une des origines du droit est la science juridique, à savoir une science humaine permettant de mieux connaître et comprendre le fonctionnement du droit et les principes qui le renouvellent sans cesse.

Exercice

★ 30 min Type Bac **Explication de texte.**

Faites l'introduction de l'explication de ce texte.

> **Perspective 2.**
> Il faut faire le lien entre le droit et l'idéal moral de justice.

Mais il y a loin de ces équilibres mécaniquement atteints, toujours provisoires comme celui de la balance aux mains de la justice antique, à une justice telle que la nôtre, celle des « droits de l'homme » qui n'évoque plus des idées de relation ou de mesure, mais au contraire d'incommensurabilité et d'absolu. Cette justice ne comporterait une représentation complète qu'« à l'infini », comme disent les mathématiciens ; elle ne se formule précisément et catégoriquement à un moment déterminé, que par des interdictions ; mais, dans ce qu'elle a de positif, elle procède par des créations successives, dont chacune est une réalisation plus complète de la personnalité, et par conséquent de l'humanité. Cette réalisation n'est possible que par l'intermédiaire des lois ; elle implique le consentement de la société. En vain d'ailleurs on prétendrait qu'elle se fait d'elle-même, peu à peu, en vertu de l'état d'âme de la société à une certaine période de son histoire. C'est un bond en avant, qui ne s'exécute que si la société s'est décidée à tenter une expérience ; il faut pour cela qu'elle se soit laissé convaincre ou tout au moins ébranler ; et le branle a toujours été donné par quelqu'un.

Bergson, *Les Deux Sources de la morale et de la religion*, 1932.

15 NOTIONS

Le devoir

Cours

1 Le respect des interdits originels

▶ Le meurtre est, selon **S. Freud**, l'un des deux interdits fondateurs de nos sociétés et son origine se situe dans les valeurs judéo-chrétiennes. Avec les Grecs et les Romains, la vie humaine n'avait pas de valeur en elle-même, la dignité était limitée aux seuls citoyens. Avec le christianisme, le non-respect de cet interdit n'est pas seulement une remise en cause de la légalité, il constitue au sens propre un crime contre l'humanité.

Citation

« Ce qui fait que l'homicide est aujourd'hui prohibé sous la menace des peines les plus fortes dont disposent nos codes, c'est que la personne humaine est l'objet d'un respect religieux qui, jadis, s'attachait à tout autres choses »

E. Durkheim, Leçons de sociologie.

▶ Le second interdit fondateur de nos sociétés est l'inceste. **C. Lévi-Strauss** montre que la raison de cette interdiction n'est à l'origine ni naturelle ni liée à une connaissance des dangers des croisements endogamiques, mais trouve sa source dans l'utilité première de l'échange, base de l'institution matrimoniale, qui est une condition de survie du groupe. Le devoir de respecter cet interdit est lié à la nécessité d'une ouverture du groupe social à l'altérité. Par ailleurs, l'inceste empêchant de se positionner en tant que maillon dans la chaîne des générations, le respect de son interdit est un devoir universel fondateur de l'humanité.

2 Le devoir comme obligation sociale et politique

▶ Dans les sociétés archaïques, l'échange est présenté par **M. Mauss** comme un « fait social total » engageant la totalité de l'être. Au sein des sociétés archaïques, les droits, les biens et même les personnes circulent selon un mécanisme continu de prestations et de contre-prestations. Ce système revêt un caractère obligatoire aussi bien pour le don, que pour le contre-don, tout manquement à ce devoir entraînant guerre et dissension. L'obligation de recevoir n'est pas moins contraignante, car il est impossible de refuser un don. Enfin, le devoir de rendre le don est absolument impératif car qui ne s'y soumet pas perd son rang et sa condition d'homme libre. Il y a de fait un triple devoir : donner, accepter de recevoir, rendre. Ce que l'on donne s'apparente à une partie de soi-même, et on peut affirmer que l'échange archaïque ressemble à un sacrifice.

▶ En 1961, lors du procès du criminel nazi Adolf Eichmann, **H. Arendt** couvre l'événement pour le *New Yorker*. Ce procès illustre comment l'obéissance conçue comme devoir absolu engendre absence d'interrogation quant aux fins visées, et permet de supporter, voire de cautionner des actes immoraux. Lorsque le groupe prévaut sur l'individu, celui-ci a tendance à obéir et à respecter plus facilement les ordres, car la responsabilité des actes commis ne repose pas uniquement sur lui. Ce paramètre joue un rôle central dans le processus de déresponsabilisation des individus. Le principe de répartition des tâches, le sentiment de n'être qu'un rouage administratif et le fait de ne jamais voir les victimes ont ainsi pu rendre possible des exterminations de masse par des fonctionnaires consciencieux, nommés « les tueurs de bureau ».

Hannah Arendt (1906-1975)

▶ Selon **T. Hobbes**, dans le *Léviathan*, ce qui légitime le respect des lois au sein d'un État démocratique est l'assurance que ce dernier saura préserver la vie et la sécurité de tous ses citoyens. Si l'état de nature est un « état de guerre de chacun contre chacun » où l'homme est « un loup pour l'homme » (Plaute), l'homme devient un demi-dieu lorsqu'apparaît une société où chacun est un citoyen protégé. Dans cette perspective, comme le démontre **J.- J. Rousseau**, la loi libère les hommes des rapports de force et implique que les citoyens vivent librement dans le cadre de lois votées démocratiquement.

▶ C'est pourquoi, toute forme de désobéissance semble intolérable dans un État légitimement institué. Néanmoins, le principe de désobéissance civile, théorisé par **H. D. Thoreau**, n'est pas un droit reconnu au sein d'un système démocratique, même s'il peut se justifier par des valeurs que l'on estime supérieures (voir Antigone). Si cet État contrevient à la protection de la vie de ses citoyens en privilégiant ses seuls intérêts, la rébellion devient justifiée selon Hobbes.

Info

Antigone est un personnage de fiction issu de la tragédie grecque, qui s'oppose à son souverain en enterrant son frère à qui on refuse toute sépulture digne de ce nom.

3 Agir selon le devoir moral (Kant)

▶ Un homme doit être en mesure de ne pas attendre l'injonction d'une règle venant de l'extérieur (loi civile ou règle sociale), et de s'octroyer à lui-même une maxime (principe subjectif) rationnelle ayant une valeur universelle. Pour >>

qu'un devoir apparaisse comme véritablement moral, il est nécessaire, selon **E. Kant**, que la volonté de l'accomplir soit l'unique source de l'action humaine. La volonté déterminée par elle-même est la volonté déterminée par la loi morale qui découle de la raison. Ainsi, « la majesté du devoir », c'est la possibilité de nous considérer comme indépendants de tout déterminisme, de toute nécessité physique et toute injonction sociale : il s'agit d'une action libre.

▶ Par sa dimension nouménale, c'est-à-dire par son caractère intelligible, le sujet moral agit librement à partir des lois de sa seule raison. L'impératif catégorique (loi morale) impose au sujet moral d'agir comme un sujet universel. À l'inverse, l'impératif ou devoir hypothétique n'a rien de moral et peut même apparaître comme immoral, il n'est qu'une condition pratique pour atteindre un but (si je veux quelque chose, je dois faire cela). Le devoir moral est un impératif indiscutable (« tu dois »), universalisable (tout homme devrait en faire autant) et désintéressé.

Citation

« Agis uniquement d'après la maxime qui fait que tu peux vouloir en même temps qu'elle devienne une loi universelle ».
E. Kant, *Fondements de la métaphysique des mœurs*.

EN PERSPECTIVES

Auteurs

Freud — Arendt — Durkheim — Hobbes — Lévi-Strauss — Kant — Mauss — Plaute — Rousseau — Thoreau

Notions liées

justice — bonheur — conscience — État — liberté

Le devoir

1. L'existence humaine et la culture

- Le meurtre et la prohibition de l'inceste sont les deux interdits fondamentaux de toute société.

2. La moral et la politique

- Le devoir peut être une obligation sociale et politique.
- L'obéissance à des ordres immoraux peut être malheureusement comprise comme des devoirs catégoriques.
- Les devoirs du citoyen sont légitimes au sein d'une société démocratique.
- Les lois votées démocratiquement libèrent l'homme d'un état de nature où prévalent les rapports de force.
- Le devoir moral est la plus haute expression de la liberté humaine.
- Ne pas confondre un acte conforme à un devoir (extérieur ou imposé) et un acte fait par devoir qui, lui, est moral.

3. La connaissance

- Il nous faut avoir connaissance des lois du pays dans lequel nous vivons pour les respecter

PHILOSOPHIE

Exercice

★ 30 min Type Bac **Dissertation.**

Sujet : Le devoir est-il libérateur ?

Résumez vos trois thèses, en veillant à bien conclure chacune de vos argumentations.

Perspective 2.
Ce sujet oblige à s'interroger, à la fois sur les causes et les conséquences (parfois morales et toujours existentielles) d'un devoir, mais également sur son importance dans la culture et l'histoire des hommes ; sans oublier sa portée éminemment politique lorsqu'il concerne la collectivité.

La liberté

Cours

1 Notre liberté ne connaît pas de limites (Descartes)

▶ Dans ses *Méditations métaphysiques*, **R. Descartes** affirme que la volonté humaine est infinie. À l'inverse, notre entendement est limité et n'est donc pas capable d'expliquer notre volonté, qui le dépasse. S'il essaie de la saisir en la fragmentant, comme il le ferait d'un problème théorique, il s'éloigne de toute possibilité de la comprendre, car cette dernière, parce qu'elle est infinie, est indivisible.

▶ Ce décalage entre volonté infinie et entendement limité est à l'origine d'erreurs. Notre volonté peut refuser la vérité, malgré ce que l'entendement lui présente. Cette erreur est ainsi la preuve de notre liberté. À l'inverse, un animal ne peut aller à l'encontre de son instinct, grâce auquel il peut accomplir des prodiges (toile d'araignée) sans erreur. C'est ce qui illustre paradoxalement son absence de liberté. Seul un être capable d'exprimer sa liberté de conscience peut se tromper.

▶ Descartes décrit par ailleurs le doute systématique comme une puissance infinie de résistance et une façon pour l'homme d'exercer sa liberté de penser. Aucune manipulation (malin génie), aucune illusion, aucune séduction idéologique, ne seront jamais assez puissantes pour égaler et surpasser la liberté d'un esprit qui doute.

▶ Notre libre arbitre exprime un pouvoir absolu de décision, qui s'éprouve dans le choix. Descartes utilise la métaphore des promeneurs égarés dans une forêt pour illustrer la situation des hommes devant choisir les valeurs qui doivent les guider. Ne pas prendre de direction est un choix menant à la mort, la liberté d'indifférence étant, pour l'auteur, le plus bas degré de liberté.

2 Notre liberté est illusoire car nos choix sont déterminés

▶ Pour **P. Bourdieu**, lorsque nous croyons faire nos choix librement, ces derniers sont influencés par nos origines sociales et notre éducation. L'apparent libre choix des études supérieures ou d'une profession, nos goûts esthétiques (musique, cinéma, théâtre, etc.) seraient le produit d'un déterminisme social (habitus de classes).

▶ Selon **Spinoza**, l'orgueil pousse l'homme à se croire « dans la nature comme un empire dans un empire » (*Éthique*, III), comme si sa volonté était toute-puissante. Pourtant, on peut fort bien consentir à quelque chose par nécessité, par faiblesse et non par choix délibéré. Par exemple, on peut travailler uniquement par nécessité vitale et sociale. Ainsi, pour **Freud**, ce que nous estimons être un choix libre n'est que le résultat d'un principe de réalité qui restreint nos possibilités.

3 Les déterminismes n'éliminent pas notre liberté

▶ Un déterminisme est une relation plus ou moins nécessaire entre une cause et un effet. Il permet d'exercer notre liberté : puisque si nous avons connaissance d'une cause, nous pouvons essayer d'en modifier les effets. Le déterminisme s'oppose en cela au fatalisme, sous l'angle duquel nous subissons notre destin et sommes incapables de le changer.

▶ Dans le domaine intellectuel, l'approche déterministe est obligée de laisser place à la liberté du penseur, sous peine de faire émerger des contradictions insurmontables. Si tout était déterminé, un scientifique ne pourrait justifier l'existence de ses théories. L'enseignement reçu par Einstein et ses rencontres ont ainsi joué dans l'élaboration de sa théorie, et sa liberté de penser a permis d'en saisir les enjeux.

4 Plus notre esprit est éclairé, plus nous sommes libres

▶ Grâce à son entendement, l'homme peut orienter sa liberté dans la recherche de la vérité et du bien. Si l'erreur est signe de liberté, ce n'est cependant qu'une preuve négative de celle-ci et il faut incontestablement lui préférer un jugement valide. La modestie et l'honnêteté du scientifique qui préfère se taire que d'affirmer une chose fausse expriment ainsi son exigence intellectuelle et sa liberté de conscience.

▶ Il serait par ailleurs naïf de penser que nous pouvons agir sans raison. L'acte gratuit décrit par **A. Gide** dans *Les caves du Vatican*, n'est autre que l'acte d'un faible : son personnage tue un vieillard pour se prouver qu'il est libre, alors que son acte révèle son impuissance à savoir pourquoi il agit et devient un prétexte inconscient. Ainsi, tout acte est d'autant plus libre que le sujet agissant en a conscience et l'assume lucidement.

5 Aucune valeur morale n'est possible sans liberté fondatrice

▶ S'il ne peut y avoir de liberté sans responsabilité, l'inverse est également vrai. La responsabilité suppose un choix volontairement assumé. Il n'y aurait en effet ni morale ni justice, ni devoir, ni droit pour un être dont les actes seraient complètement déterminés et lui échapperaient nécessairement.

▶ Pour **E. Kant**, la possibilité de respecter une loi morale détache l'homme de sa nature et montre sa liberté. >>

>> Toutefois, il n'y a pas d'évidence pour une volonté morale, ce qui suppose exigence envers soi. Chaque situation exprime la qualité morale de nos décisions, pour que la liberté ne soit pas uniquement de principe mais effective, sachant qu'une seule action morale n'est jamais suffisante : c'est toute la vie d'un homme qui doit être bonne.

Emmanuel Kant (1724-1804)

EN PERSPECTIVES

Auteurs
Descartes — Kant — Spinoza — Bourdieu — Freud — Gide

Notions liées
conscience — nature — devoir — État — art

La liberté

1. L'existence humaine et la culture
- La volonté des hommes est infinie, mais leur entendement est limité (Descartes).
- Le fait de douter est une preuve de la liberté humaine (Descartes).
- Le libre arbitre permet aux hommes de choisir.
- Nos choix sont influencés par des déterminismes sociaux (Bourdieu).
- Nos choix doivent faire face à un principe de réalité (Freud).
- Toute action peut avoir une cause ignorée, inconsciente.

2. La moral et la politique
- La liberté implique d'être responsable.
- Aucune valeur morale n'est possible sans une liberté fondatrice (Kant).

3. La connaissance
- La limite de l'entendement humain est source d'erreurs.
- Le déterminisme n'est pas le fatalisme, il nous permet de choisir, car nous avons connaissance de la cause et pouvons en modifier les effets.
- Toute pensée suppose la liberté du penseur.
- Lorsque notre volonté est éclairée, elle renforce notre liberté.

PHILOSOPHIE

Exercice

★★★ 1 h **Type Bac** **Explication de texte.**

Rédigez la conclusion critique de l'explication de ce texte.

> L'homme qui n'est soumis à aucune entrave est libre, lui qui a toutes choses sous la main, à son gré. Mais celui que l'on peut entraver ou contraindre, à qui l'on peut faire obstacle, celui que l'on peut, malgré lui, jeter dans quelque difficulté, celui-là est esclave. Et quel est l'homme qui est affranchi de toute entrave ? Celui qui ne désire rien de ce qui lui est étranger. Et quelles choses nous sont étrangères ? Celles qu'il ne dépend de nous ni d'avoir, ni de n'avoir pas, ni d'avoir avec telles ou telles qualités, ou en telles conditions. Donc le corps nous est étranger, ses membres nous sont étrangers, la fortune[1] nous est étrangère. Si, par conséquent, tu t'attaches à quelqu'une de ces choses comme à un objet personnel, tu recevras le châtiment que mérite celui qui désire ce qui lui est étranger. Telle est la route qui conduit à la liberté ; la seule qui délivre de l'esclavage.

1. La fortune : le hasard.

ÉPICTÈTE, *Manuel*, 125 av. J.-C. traduction R. Muller, 2015. (c) Éditions Vrin.

Perspective 1.
Le texte d'Épictète appelle à la sagesse en suggérant de désirer les choses que nous avons la possibilité de désirer, au risque de devenir esclave de notre désir.

Le bonheur

Cours

1 Le bonheur comme souverain bien (Aristote)

▶ Selon **Aristote**, toute l'activité humaine ne vise que le bonheur, mais seul le sage, qui a pour ambition d'élever son esprit, représente le bonheur le plus élevé, à savoir le plus louable pour l'humanité, qui poursuit aucun intérêt extérieur et n'utilise pas son intelligence pour dominer les autres. Le sage est dans la contemplation. Sa démarche est ancrée dans le divin.

▶ Si la vie pratique et politique est inférieure à la vie contemplative, elle est aussi une condition nécessaire au bonheur de l'érudit. L'étude désintéressée n'est possible que dans une société d'ordre et de paix. Il y a donc un lien nécessaire entre la société et la vie contemplative, entre la communauté et la solitude du penseur, entre la paix sociale et le bonheur du contemplatif. C'est pourquoi, pour **A. Camus**, le sage est « solitaire et solidaire ensemble ». L'activité intellectuelle est à la fois une participation modeste à ce que l'humanité a de plus élevé et exercice personnel.

Citation

« Ce qui est propre à l'homme, c'est donc la vie de l'esprit, puisque l'esprit constitue essentiellement l'homme. Une telle vie est également parfaitement heureuse ».

Aristote, *Éthique à Nicomaque*.

2 Le bonheur dans l'acceptation active du monde (les stoïciens)

▶ Pour les stoïciens, être heureux signifie désirer les choses telles qu'elles sont. Ce consentement ne doit pas être pris comme une résignation, mais comme la prise de conscience que le bonheur dépend du seul jugement et de la volonté. Les stoïciens estiment qu'il n'y a pas de bonheur possible sans vertu (accomplissement parfait d'une fonction naturelle ou pratique). La vertu d'un homme, ce qui le distingue des animaux, est de faire bon usage de sa raison pour bien penser et bien agir.

▶ Pour les stoïciens, nous possédons une liberté intérieure qui s'appuie sur le bon usage des représentations (idées sur le monde) s'offrant à notre esprit, qui ne dépendent pas de nous (par exemple, le temps qu'il fait). Au lieu de subir ces représentations, il s'agit de les accepter et de les juger librement. Mon assentiment est libre et peut me rendre heureux. Personne ne peut m'y contraindre. **J. P Sartre** expliquera plus tard que le tortionnaire s'acharne d'autant plus sur le corps de sa victime qu'il voudrait lui enlever totalement cette capacité intérieure.

3 *Lettre à Ménécée* d'Épicure, la philosophie comme médecine de l'âme

▶ Pour **Épicure**, le bonheur est le sésame à posséder : « lorsqu'il est à nous, nous avons tout, et quand il nous manque, nous faisons tout pour l'avoir ». L'épicurisme est une invitation à faire un usage raisonnable de notre pensée pour identifier ce qui nous rend heureux, et ce qui nous permettra d'atteindre l'ataraxie (absence de troubles pour l'âme). La philosophie n'est qu'une étape vers la découverte du plaisir.

▶ Toutefois, si la philosophie enseigne l'apprentissage du plaisir, elle nous apprend avant tout à faire un bon usage de ce dernier. Pour cela, il faut essayer de se contenter de peu de choses. L'absence d'excès amène à une juste mesure du plaisir. Le plaisir devient constitutif de la stabilité de l'âme.

4 Le bonheur n'est qu'un idéal de l'imagination (Kant)

▶ En opposition aux conceptions eudémonistes du bonheur (le bonheur considéré comme but universel), **E. Kant** montre que ce dernier ne peut être défini et appliqué de manière identique pour tous. Chaque homme n'aspire pas à la même chose, et il n'est pas certain que le bonheur puisse être l'unique résultat de notre volonté. Les contingences de l'existence ne permettent pas de le conquérir pleinement : nous sommes toujours sur le point de l'obtenir, mais celui-ci se dérobe. Il est « un idéal, non de la raison mais de l'imagination » (*Fondements de la métaphysique des mœurs*).

▶ Si la vertu est une qualité appartenant à la volonté morale, le bonheur est régi par les lois de la nature. Aussi, être vertueux n'engendre aucune promesse de bonheur. Cependant, vertu et bonheur ne sont pas incompatibles. Ainsi, il ne faut pas rechercher le bonheur par pur égoïsme, au risque de devenir « un salaud heureux » (J.-P. Sartre). Pour Kant, en agissant selon la vertu, un homme peut ressentir un certain contentement à se sentir digne de son humanité.

5 La vie comme création joyeuse (Bergson)

▶ Pour **Bergson** la création au sens large engendre la joie, parce qu'elle est cause et conséquence d'elle-même et n'a aucun besoin d'être justifiée. La joie est associée à la vie comme création incessante de soi. Si la naissance est déjà une création, continuer à inventer,

Henri Bergson (1859-1941)

>>

à imaginer sa vie, c'est poursuivre ce que Bergson appelle un « élan vital ». La joie est en elle-même créatrice, ouverture à l'autre, au monde, capacité infinie à le comprendre, à le transformer. Lorsqu'un homme est lui-même, lorsqu'il met en œuvre son humanité, sa vie peut devenir joyeuse. Il n'a alors nul besoin de trouver des substituts à la joie.

▶ Quand il n'y a pas de joie, il y a parfois des petits plaisirs, et ces derniers sont souvent mesquins et destructeurs car indifférents aux autres, s'appuyant simplement sur des besoins naturels qui cessent une fois comblés. Un désir, au contraire, ne connaît pas de limite et demande toujours à se renouveler, à se diversifier et ce, grâce aux désirs des autres. Une âme joyeuse est donc créatrice de joie. Bergson ne limite pas sa réflexion à la création artistique, il l'étend à la vie entière et donne la possibilité à chacun de s'épanouir dans la création.

Citation

« si [...], dans tous les domaines, le triomphe de la vie est la création, ne devons-nous pas supposer que la vie humaine a sa raison d'être dans une création qui peut, à la différence de celle de l'artiste et du savant, se poursuivre à tout moment chez tous les hommes ? »

H. Bergson, *L'énergie spirituelle*.

En perspectives

Auteurs

Aristote – Les stoïciens – Épicure – Kant – Bergson – Sartre

Notions liées

désir — art – nature – liberté – temps – devoir

Le bonheur

1. L'existence humaine et la culture

- Le sage aristotélicien est un modèle spirituel de bonheur.
- Le bonheur dépend de mon jugement sur la réalité.
- Le bonheur peut être envisagé comme un plaisir sobre provenant d'un désir naturel.
- La vie comme création de soi engendre la joie : cette dernière n'est pas réductible à un simple plaisir.

2. La moral et la politique

Le bonheur se distingue de la morale.

3. La connaissance

Le savoir désintéressé rend heureux.

Exercice

★★ 1 h Type Bac **Dissertation.**

Sujet : Le bonheur est-il un but politique ?

Résumez votre argumentation sous trois angles (thèses) d'approche et rédigez une rapide transition entre les deux premières thèses.

Perspective 2.
Le sujet suppose que la politique n'aurait comme but que le bonheur, et cela apparaîtrait comme un impératif moral. Or la politique est à distinguer de la morale.

• absolu, relatif

absolu : sans lien, qui existe indépendamment de toute condition, en dehors de toute relation, qui ne dépend de rien. **relatif :** qui implique une relation, un rapport (qui est relatif à, qui a rapport à), qui dépend d'autre chose.

• abstrait, concret

abstrait : tiré ou extrait d'un être ou d'un objet (propriété, qualité) par une opération intellectuelle qui permet de la considérer à part. **concret :** désigne un être ou un objet réel.

• en acte, en puissance

en acte : qui existe effectivement, qui est accompli ou déjà réalisé. **en puissance :** virtuellement, potentiellement, qui existe à l'état de possibilité ou de virtualité.

• analyse, synthèse

analyse : opération intellectuelle par laquelle on décompose un objet en ses éléments constitutifs pour parvenir à sa connaissance. Décomposition d'un tout en ses parties (du complexe au simple). **synthèse :** opération intellectuelle de (re)composition d'un tout à partir de ses parties (du simple au complexe).

• concept, image, métaphore

concept : idée, abstraction ayant une portée générale, permettant d'approfondir des notions, de les différencier et de les articuler entre elles. **image** : figure de style servant de support pour exprimer une idée neuve ou expliciter une idée. **métaphore** : figure rhétorique désignant une réalité par un terme pouvant correspondre à un autre, en raison d'une analogie entre les deux notions.

• contingent, nécessaire

contingent : qui peut être ou ne pas être, qui peut arriver ou ne pas arriver. **nécessaire** : qui ne peut être autrement que tel que cela est ; qui est inéluctable, qui ne peut pas ne pas se produire.

• croire, savoir

croire : tenir quelque chose pour vrai en l'absence de garanties certaines et objectives. **savoir :** tenir quelque chose pour vrai avec pour garantie objective la connaissance de la chose.

• essentiel, accidentel

essentiel : qui appartient ou est relatif à l'essence, à la nature d'une chose ou d'un être. **accidentel :** qui peut appartenir ou ne pas appartenir à une chose ou un être, lui arriver ou ne pas lui arriver

• exemple, preuve

exemple : personne ou acte considéré comme modèle pouvant servir de référence à une conduite ; cas antérieur semblable ou comparable à ce dont il s'agit ; citation ou exemple philosophiques pouvant illustrer une thèse ou un concept. **preuve :** ce qui sert à attester qu'un phénomène est vrai, ce qui sert d'exemple probant.

• expliquer, comprendre

expliquer : rendre intelligible par la connaissance des causes, selon un raisonnement causal. **comprendre :** rendre intelligible par la saisie du sens, de la signification.

• en fait, en droit

en fait : effectif, conforme aux faits observés ; **en droit :** légitime ou conforme à la loi, pouvant être remplacé par légitimement, légalement.

• formel, matériel

formel : relatif à la forme ; **matériel :** relatif au contenu, à l'objet (à la matière). (en logique) Le formel se dit de la forme logique du raisonnement ; si le raisonnement est correct, on dit qu'il est valide (vérité formelle). La vérité matérielle (ou vérité tout court) concerne le contenu d'un raisonnement (l'éléphant est plus grand que l'âne).

• genre, espère, individu

genre : division fondée sur un ou plusieurs caractères communs rassemblant un ensemble d'êtres vivants ; concept de classification situé entre la famille et l'espèce, groupant des espèces très voisines. **espèce :** division fondée sur un ou plusieurs caractères communs rassemblant un ensemble d'êtres vivants et permettant de les distinguer à l'intérieur d'un même genre. **individu :** chaque spécimen vivant d'une espèce animale ou végétale.

• hypothèse, conséquence, conclusion

hypothèse : possibilité d'explication ; supposition, tentative d'explication. **conséquence :** ce qui découle d'un phénomène ou d'une proposition. **conclusion :** conséquence suite à un raisonnement.

• idéal, réel

idéal : modèle de perfection dans un domaine, qui sert de norme pour juger le réel ; ce qu'il y a de mieux ; but élevé ; (philos.) modèle de perfection permettant d'orienter l'action. **réel :** qui existe effectivement ; pour Platon (réalisme des idées) : les idées existent indépendamment des sujets qui les (re)découvrent.

• identité, égalité, différence

identité : qui fait qu'une chose est exactement de même nature qu'une autre (équivaut à l'égalité mathématique) ; ensemble de caractères permanents ou fondamentaux spécifiques à un individu ou un groupe d'individus, permettant de les caractériser. **égalité :** rapport entre les choses qui sont égales ; principe moral, juridique et politique selon lequel tous les hommes, malgré leurs différences, doivent être considérés comme égaux en dignité (égale dignité ou égalité morale) et en droits (égalité civile, politique et sociale). **différence :** ce qui distingue une chose, une personne d'une autre.

• impossible, possible

impossible : caractère de ce qui contredit l'ordre logique ou physique. **possible :** ce qui peut correspondre à la réalité.

• intuitif, discursif

intuitif : qui procède de l'intuition, sans l'aide du raisonnement. L'intuition sensible est la saisie directe du réel ou d'une vérité par les sens. L'intuition rationnelle ou intellectuelle est la saisie immédiate du réel ou d'une vérité par l'intellect ou la raison. **discursif :** qui repose sur le raisonnement, qui exige la médiation d'un raisonnement pour être établi ou connu.

• légal, légitime

légal : conforme aux règles juridiques, à la loi, à la justice au sens du droit existant. **légitime :** conforme aux exigences de l'idée de justice, d'équité, de morale et de raison.

• médiat, immédiat

médiat : intermédiaire ou qui suppose un intermédiaire (le discursif est médiat). **immédiat :** sans intermédiaire, directement (l'intuitif est immédiat).

• objectif, subjectif, intersubjectif

objectif : qui ne fait pas intervenir d'éléments affectifs ou personnels dans ses jugements, dont les jugements sont fondés objectivement. **subjectif :** individuel, susceptible de varier en fonction de la personnalité de chacun (ne pouvant valoir pour tous). On dit qu'un propos est subjectif s'il est influencé par la personnalité du sujet et non de l'objet. **intersubjectif :** relatif à autrui, suppose la capacité de prendre en considération la pensée d'autrui pour l'intégrer à son propre jugement.

• obligation, contrainte

obligation : lien moral ou juridique par lequel une personne est tenue ou se sent tenue de faire ou de ne pas faire quelque chose (syn. devoir). **contrainte :** violence ou pression morale ou physique, exercée sur quelqu'un pour le forcer à agir (ou l'en empêcher). L'obligation vient de soi (on se sent obligé) : on obéit librement à l'obligation (on pourrait décider de ne pas obéir), mais on cède à la contrainte (contraint et forcé).

• origine, fondement

origine : source, provenance d'un phénomène, d'une idée, d'une personne, d'un groupe (l'origine de la vie, d'une guerre ou d'un préjugé). **fondement :** recherche du fondement, du ou des principes (raisons ultimes) sur lesquels il est possible de faire reposer une thèse, une théorie.

• persuader, convaincre

persuader : amener (qqn) à croire, à faire, à vouloir quelque chose non par la raison (ou de bonnes raisons) mais par divers procédés de persuasion ; **convaincre :** amener (qqn) par le biais d'un raisonnement, de preuves ou d'une argumentation rationnelle à reconnaître la vérité, l'exactitude d'un fait ou sa nécessité.

• principe, cause, fin

principe : qui est premier, fondement ; proposition servant de point de départ à un raisonnement. **cause :** ce par quoi une chose existe, qui produit quelque chose (causes antécédentes ou matérielles) ; ce pourquoi on fait quelque chose, raison, motif. **fin :** but, objectif vers lequel on tend, ce pourquoi on fait quelque chose, raison, motif (cause finale).

• public, privé

public : qui concerne le peuple, relatif à la nation, à l'État ; **privé :** propre à chaque individu, le public n'y est pas admis.

• ressemblance, analogie

ressemblance : rapport entre deux ou plusieurs objets ayant certains éléments communs. **analogie :** rapport de ressemblance établi par l'intelligence ou l'imagination entre deux ou plusieurs objets différents.

• théorie, pratique

théorie : ensemble de propositions cohérentes liées à un domaine déterminé de phénomènes, visant à comprendre, expliquer, interpréter ou prédire des phénomènes. **pratique :** activités visant à des résultats concrets, mise en application de manière concrète d'une théorie.

• transcendant, immanent

transcendant : qui est au-delà du domaine où on se place et d'une autre nature, qui est radicalement extérieur ; (pour Kant) qui est au-delà de toute expérience possible et qui échappe donc à toute vérification empirique. **immanent :** contenu dans un être, inhérent à sa nature, qui résulte de la nature même de cet être.

• universel, particulier, général, singulier

universel : qui vaut pour tous en tout lieu et en tout temps. **particulier :** propre à une personne ou une chose, à un seul groupe. **général :** qui s'applique à un ensemble de personnes, de choses (idées générales) ou qui concerne l'ensemble d'un groupe (intérêt général, grève générale). **singulier :** qui ne vaut que pour un individu, une seule chose.

• vrai, probable, certain

vrai : en conformité avec le réel. **probable :** qui a l'apparence de la réalité, que nous pouvons raisonnablement supposer. **certain :** qui possède une réalité effective, qui est assuré de se produire.

je me teste !

1 Qu'est-ce que la conscience ?
- ▢ **a.** Un savoir
- ▢ **b.** Une expérience
- ▢ **c.** Un objet.

2 Lorsque Descartes dit « cogito, ergo sum », le « je » ou moi est :
- ▢ **a.** psychologique (ou empirique).
- ▢ **b.** métaphysique (ou transcendantal).
- ▢ **c.** personnel.

3 Selon Freud, l'hypothèse de l'inconscient est :
- ▢ **a.** indispensable, scientifique et cohérente.
- ▢ **b.** contestable, fausse et illusoire.
- ▢ **c.** légitime, nécessaire est vraie.

4 L'erreur classique selon Bergson est de confondre le temps et :
- ▢ **a.** la mort.
- ▢ **b.** l'espace
- ▢ **c.** la nature.

5 Quelles sont les deux dimensions du Dasein ?
- ▢ **a.** La mort.
- ▢ **b.** La peur.
- ▢ **c.** L'angoisse.

6 Quel penseur est le précurseur de la linguistique moderne ?
- ▢ **a.** Benveniste.
- ▢ **b.** Saussure.
- ▢ **c.** Chomsky

7 Selon Aristote, il y a une bonne et une mauvaise :
- ▢ **a.** production.
- ▢ **b.** économie.
- ▢ **c.** chrématistique.

8 Selon Nietzsche, le travail dans nos sociétés est :
- ▢ **a.** utile
- ▢ **b.** libérateur.
- ▢ **c.** la meilleure des police.

9 Quelle est l'exigence première de toute technique ?
- ▢ **a.** La rentabilité.
- ▢ **b.** L'efficacité.
- ▢ **c.** L'économie.

10 Les Grecs distinguaient l'imitation et :
- ▢ **a.** l'imagination.
- ▢ **b.** la copie.
- ▢ **c.** la mémoire.

11 Pour Kant, le plaisir esthétique vient du libre jeu de :
- ▢ **a.** notre imagination.
- ▢ **b.** nos facultés.
- ▢ **c.** notre sensibilité.

12 Selon Pascal, Dieu ne se prouve pas mais :
- ▢ **a.** se conçoit.
- ▢ **b.** s'invente.
- ▢ **c.** s'éprouve.

13 Pour Aristote, la nature est un principe de :
- ▢ **a.** mouvement.
- ▢ **b.** force.
- ▢ **c.** repos.

14 Qu'est-ce qui, selon Lévi-Strauss, permet le passage de la nature vers la culture ?
- ▢ **a.** L'intelligence.
- ▢ **b.** La norme.
- ▢ **c.** L'éducation.

15 Qu'est-ce que l'épistémologie ?
- ▢ **a.** L'étude du vivant.
- ▢ **b.** Une partie de la physique.
- ▢ **c.** L'étude de la science et de sa démarche.

16 Qui a écrit : « L'homme est la mesure de toutes choses » ?
- ▢ **a.** Socrate.
- ▢ **b.** Montaigne.
- ▢ **c.** Protagoras.

je me teste !

17 **Quel est le critère de vérité pour les pragmatistes ?**
- ☐ **a.** La cohérence.
- ☐ **b.** L'universalité.
- ☐ **c.** L'utilité.

18 **Selon Kant, pour quelles raisons les hommes n'usent pas de manière appropriée de leur raison ?**
- ☐ **a.** Parce qu'ils veulent seulement satisfaire leurs besoins.
- ☐ **b.** Parce qu'ils vivent dans l'oisiveté.
- ☐ **c.** Parce qu'ils manquent de courage.

19 **Quel est le premier précepte de la méthode cartésienne ?**
- ☐ **a.** Le principe de vérité.
- ☐ **b.** Le principe d'évidence.
- ☐ **c.** Le principe de raison.

20 **Selon Weber, les origines du pouvoir peuvent se trouver dans la tradition, la loi et :**
- ☐ **a.** la force.
- ☐ **b.** le charisme.
- ☐ **c.** la naïveté.

21 **Pour Rousseau, comment doit être le contrat social ?**
- ☐ **a.** D'association.
- ☐ **b.** De protection.
- ☐ **c.** De soumission.

22 **Qui parle de « l'insociable sociabilité » ?**
- ☐ **a.** Bergson.
- ☐ **b.** Kant.
- ☐ **c.** Aristote.

23 **La justice distributive se distingue de :**
- ☐ **a.** la force des faibles.
- ☐ **b.** la domination des forts.
- ☐ **c.** la justice commutative.

24 **Quelle est, selon Hobbes, la première raison justifiant la création d'un État ?**
- ☐ **a.** Le bonheur du plus grand nombre.
- ☐ **b.** La sécurité de tous.
- ☐ **c.** La liberté pour chacun.

25 **Quel philosophe a théorisé la désobéissance civile ?**
- ☐ **a.** Thoreau.
- ☐ **b.** Rousseau.
- ☐ **c.** Hobbes.

26 **Selon Descartes, notre volonté est :**
- ☐ **a.** infinie.
- ☐ **b.** belle.
- ☐ **c.** indivisible.

27 **Comment Épicure nomme-t-il l'absence de trouble ou d'excès ?**
- ☐ **a.** La piété.
- ☐ **b.** La félicité.
- ☐ **c.** L'ataraxie.

28 **Pour Bergson, la joie accompagne :**
- ☐ **a.** La création.
- ☐ **b.** La quiétude.
- ☐ **c.** Les intérêts.

PHILOSOPHIE

Réponses !

1 : a et b – **2** : b – **3** : c – **4** : b – **5** : a et c – **6** : b – **7** : c – **8** : c – **9** : b – **10** : b – **11** : b – **12** : c – **13** : a et c – **14** : b – **15** : c – **16** : c – **17** : c – **18** : – **19** : b – **20** : b – **21** : a – **22** : b – **23** : c – **24** : b – **25** : a – **26** : a et c – **27** : c – **28** : a

1 Page 235

a. Introduction

Valéry a recours à une métaphore politique pour penser le rôle de notre conscience dans la conduite de notre vie. À l'instar d'une monarchie constitutionnelle dans laquelle le souverain ne connaît pas la réalité du pouvoir en n'étant qu'un simple porte-parole de décisions auxquelles il n'a pas pris part, la conscience s'apparenterait à une instance accompagnant notre conduite, mais ne la guiderait pas. Il va s'agir d'évaluer la pertinence de cette métaphore pour comprendre toute la portée de la notion de conscience. La conscience a-t-elle tout pouvoir ? Qu'est-ce qui s'impose à notre conscience et qui l'influence irrémédiablement ? Pouvons-nous reprendre possession de notre conscience pour faire des choix éclairés ?

b. Plan argumentatif

I – La conscience : une instance au pouvoir limité

Si la conscience règne en étant bien constitutive de l'homme, rien ne nous prémunit contre l'idée qu'elle ne serait qu'un représentant « fantoche » d'un pouvoir qui lui échapperait et sur lequel elle n'aurait aucune prise véritable. Une autre instance gouvernerait notre vie, exercerait une influence déterminante sur nous et empêcherait de faire de la conscience le centre autonome de nos décisions. Certes, c'est bien la conscience qui décide, mais elle ne maîtrise pas toujours les raisons véritables de ses choix. Ainsi, la notion d'inconscient montre le décalage entre l'identité réfléchie du moi et l'identité réelle de soi.

II – Comprendre ce qui s'impose à soi pour tenter d'en contrôler les effets

Si la conscience ne dirige ni ses propres productions ni la conduite qui en découle, il nous est impossible de parler de règne de la conscience. Si règne il y a, il faut alors supposer que la conscience doive assumer des choix dont elle n'a pas eu l'initiative. Il est vrai que nous n'avons pas choisi de naître et d'être ce que nous sommes, tant du point de vue de notre caractère que de notre éducation. Mais nous pouvons assumer complètement ce que nous sommes devenus, continuer à vivre et à agir sans refuser ce qui nous a été transmis. Comme l'explique clairement Spinoza, comprendre ce qui s'impose à soi permet d'en contrôler, voire d'en modifier les effets.

III – La prise de décision, preuve d'une gouvernance de la conscience

Dans sa vie quotidienne, l'être conscient fait des expériences qui affectent son être tout entier, est capable de s'adapter au réel, montre un pouvoir de réflexion créatrice, est libre de se déterminer par le choix de ses propres fins. Dans l'action, surtout dans les moments où des choix cruciaux doivent être faits pour soi ou les autres, la conscience est souvent seule et ne peut se cacher derrière des excuses pour ne pas agir. Selon Sartre (après Descartes), ne pas décider, c'est décider de ne rien faire et c'est donc un choix, celui de la peur et de la faiblesse. Il s'agit là d'un choix irrationnel exprimant un faible degré de liberté, se laissant volontairement aller à accepter ce qui est. Il y a donc une certaine autonomie de la conscience dont la métaphore de Valéry ne rend pas compte. On peut peut-être accorder à Valéry l'idée d'une conscience seconde mais sûrement pas secondaire.

2 Page 237

a. Le thème du texte est celui de l'inconscient même si le mot n'apparaît pas. La psychanalyse apparaît selon Freud comme une aide précieuse pour l'éducation en permettant l'orientation des désirs inconscients des enfants, au lieu de les réprimer.

b. Freud **commence** son texte (du début jusqu'à « (...) dans la névrose ») par affirmer que l'interdiction ou la répression des instincts ne les supprime nullement et ne peut qu'engendrer des conséquences néfastes pour le futur adulte. **Puis**, la deuxième argumentation (de « La psychanalyse (...) », jusqu'à « (...) nos plus mauvaises dispositions ») montre le rôle éducatif de la psychanalyse, celle-ci permettant, en effet, d'orienter et d'élever les désirs en formant le caractère de l'enfant. **Pour finir**, (de « L'éducation devrait (...) » jusqu'à la fin), Freud généralise la fonction de la psychanalyse à l'éducation, cette dernière ne devant pas étouffer les potentialités des enfants mais au contraire les transformer en vertus positives.

3 Page 239

a. Analyse de l'énoncé du sujet. La conscience est-elle dans le temps ou le temps est-il dans la conscience ?

– « dans » : à l'intérieur de (registre spatial) ou inclusion, lien intrinsèque.

– « temps » : temps comme donnée objective (le devenir) ou élément subjectif de la conscience (durée).

– « ou » : cette disjonction introduit une alternative entre deux propositions incompatibles. Si l'on trouve des arguments en faveur des deux propositions, la cohérence n'est maintenue que si les termes sont employés dans des sens différents.

b. Articulation de l'argumentation.

[Thèse] La conscience est dans le devenir. Chaque homme évolue dans un milieu objectif qui est soumis au changement, il subit alors son irréversibilité. Ainsi que le dit Aristote, il y a une transcendance du devenir sur la conscience, car qu'on le veuille ou non, le monde change et nous aussi. L'homme doit faire avec un monde qu'il n'a pas choisi, qui change et qui est irréversible. Il y a donc une transcendance du devenir sur la conscience et c'est une forme d'impuissance car l'absence de liberté est une impuissance.

[Antithèse] Le temps se trouve dans la conscience car il est la forme même d'existence de la conscience. Ainsi, selon le philosophe Husserl, le temps est immanent à la conscience et ils se constituent réciproquement. La conscience est par essence temporalité car le temps est le mode de présence à soi de la conscience. Pour l'homme, être au monde, c'est exister sur le mode du pour-soi et se constituer comme projet. L'homme est donc tributaire de son passé et a besoin de son avenir pour se réaliser.. C'est donc bien dans le projet au sens de se projeter vers le passé ou l'avenir que se loge le temps et, comme tout projet est expression du désir, l'expérience du désir est celle du temps.

[Synthèse] Le « ou » est donc inclusif au sens où les deux propositions sont compatibles, ne s'excluent pas si on ne met pas la même signification à « temps » et « dans ». Il y a du temps uniquement parce qu'il y a une réalité en devenir, mais ce devenir n'est du temps que par la conscience. Pour autant, le devenir est bien une condition extérieure qui s'impose à la conscience car que je le veuille ou pas mon corps vieillit et les choses se dégradent même si le temps est un produit de la conscience. « La distension de l'âme » (Saint Augustin) est peut-être une façon d'éprouver notre impuissance, mais c'est aussi la condition de possibilité pour dépasser cette impuissance. C'est donc à la fois l'expérience d'une fêlure de la conscience et la possibilité de relier les moments qui passent : c'est par la conscience que je fais l'expérience de la continuité psychique du temps vécu.

4 Page 241

Conclusion critique

Wittgenstein appréhende ici le langage comme un instrument essentiellement social permettant de remplir une infinité de fonctions. Mais s'il relève d'une activité sociale, on peut alors se demander si un langage privé est possible. Tout l'objet de ce texte est précisément de montrer qu'un tel langage ne peut exister. D'abord, un individu utilisant ce type de langage ne serait absolument pas compris de qui que ce soit et vivrait sans doute dans un monde refermé sur lui-même. Par ailleurs, rien ne permettrait d'assurer qu'un tel individu respecte vraiment les règles de son langage ou s'il fait semblant de les respecter. Sans critère objectif clair, on ne pourrait rien lui reprocher et il pourrait faire un usage délirant du langage, ce qui détruirait toute pertinence de celui-ci. C'est un peu comme si l'on supprimait l'orthographe, à savoir toute règle du bon usage de l'écriture. Chacun pouvant écrire comme il le souhaite, à terme l'écriture disparaîtrait : elle ne serait plus comprise par personne, même pas par celui qui écrit. Si le langage est donc bien dans ce texte comparé à un jeu aux multiples possibilités, les mots ou énoncés ne prennent de la valeur que dans le cadre strict du jeu social et comme dans tout jeu, ils prennent sens que grâce à des règles et dans un contexte précis. Bergson émet une critique d'un langage objectif déformant notre intériorité. Pour lui, le langage est d'abord un point d'appui et ce qui soulève un problème à ses yeux, c'est de ne pas remettre en question les idées toutes faites que nous livre le langage commun qui n'est que le reflet de la société. Néanmoins, il ne s'agit nullement pour Bergson de rejeter le langage ordinaire mais plutôt de dépasser son caractère automatique, fixe car il sait que « le langage a été l'instrument par excellence de libération, en dépit de l'automatisme qu'il inflige ultérieurement à la pensée » (*Mélanges*, Bergson). Ainsi, le rapprochement paradoxal entre Bergson et Wittgenstein permet de mieux discerner toute la richesse et la portée du texte de ce dernier, car il oblige non seulement à s'interroger sur l'usage du langage, mais il pose le problème de ses conditions d'existence.

5 Page 243

I. Le travail est une condition de la survie des hommes.

Le travail est d'abord une nécessité vitale car jamais l'homme n'a vécu en symbiose avec la nature lui permettant de vivre sans rien faire. Mais cette nécessité apparaît comme une chance et une possibilité de mettre en œuvre sa liberté en imprimant le réel de son esprit. Selon Hegel, en travaillant selon ses compétences, ses valeurs ou son inspiration sur la réalité, l'homme se forme lui-même et accroît sa liberté. En transformant la réalité, en créant des œuvres, il s'éloigne de la nature et transforme sa propre nature en élaborant des valeurs, telles que le droit et la morale. Ces valeurs expriment la volonté des hommes de construire un monde humain dans lequel leur liberté est guidée. En agissant et produisant des œuvres, l'homme fait alors son histoire et l'oriente plus lucidement que par des actes de violence comme les guerres. En travaillant à mettre en forme le monde, l'homme se construit donc librement lui-même et ce faisant, il se fait, s'améliore sans cesse en donnant un contenu spirituel à sa liberté.

II. Le travail suppose des rapports hiérarchiques entre les hommes.

Mais le travail est aussi et souvent ce qui relie les hommes et institue des rapports de pouvoir avec ceux qui dominent les autres en réduisant leur force de travail à un simple coût. Loin de libérer les hommes, le travail oblige ceux qui doivent l'accepter pour vivre à se soumettre aux conditions qui leur sont imposées. En son temps, l'ingénieur Taylor (1856-1915) affirmait qu'il fallait associer le savoir et le pouvoir. Les ouvriers ne devaient surtout pas avoir trop de connaissances dans l'organisation de leur métier car ils auraient le désir de l'organiser librement à partir de leurs compétences. Il convenait donc de confier le pouvoir aux seuls ingénieurs et décideurs afin que les ouvriers ne puissent pas se l'accaparer. Aujourd'hui, ce sont les méthodes managériales qui servent à ôter l'autonomie des ouvriers et à leur faire accepter les rapports de domination au sein des entreprises. Les idéologies changent, mais se présentent toujours comme des techniques neutres alors qu'elles sont très efficaces pour utiliser un pouvoir sur les plus faibles.

III. L'homme, en choisissant son travail, élève ses qualités et son rôle social.

En choisissant lucidement un travail dans lequel il peut s'épanouir, un homme peut élever ses qualités et avoir un rôle social essentiel. En ce sens, on peut dire que ce n'est pas le travail lui-même qui est aliénant, mais la misère qui oblige à accepter n'importe quelles conditions de travail, avec les relations de soumissions que cela implique. Un travail choisi et assumé avec plaisir peut, au contraire, aider un homme à développer ses qualités et à faire bon usage de sa liberté. Autrement dit, le travail imposé par des hommes s'en servant comme un outil de domination porte par principe atteinte à la liberté des travailleurs. Ceux-ci doivent alors résolument tout faire pour la conquérir car elle ne se donne jamais. Ils doivent exiger que ce travail ne soit plus imposé d'en haut mais vécu comme un loisir librement choisi même s'il suppose des efforts. Si chaque métier implique par principe des efforts, c'est seulement leur caractère imposé et pour des intérêts peu louables qui les rendent insupportables. Lorsqu'ils sont choisis, épanouissants et justifiés, ils sont alors librement acceptés et exercés. Nous n'avons plus alors affaire à un simple travail mais à une vie heureuse et libre.

6 Page 245

[Thème du texte] Le thème de ce texte est la relation étroite entre le travail et son organisation technique, la structure hiérarchique de celle-ci pouvant être reproduite dans le domaine politique. **[Idée générale de l'auteur]** Paul Valéry explique en quel sens le travail, parce qu'il ne vise pas la création d'œuvres, ces dernières étant réservées aux seuls dirigeants, se présente sous une forme pyramidale pouvant servir de modèle à un État non démocratique avec ceux qui inventent et ceux qui obéissent. La technique n'est donc pas neutre, elle peut viser des fins politiques et être utilisée par un régime totalitaire pour affirmer son pouvoir sur les individus.

[Structure du texte] Le texte s'articule en deux moments :

– Dans un premier temps (du début jusqu'à « [...] le travail redevient œuvre. »), Valéry explique la notion d'œuvre, en soulignant que cette dernière est essentielle puisqu'elle implique qu'une activité humaine possède une valeur en elle-même. Lorsqu'elle disparaît, que la technique la remplace, c'est la vie entière qui s'en trouve changée car le travail apparaît et l'homme y perd une part de lui-même.

– Dans un second temps (jusqu'à la fin), l'auteur explique que l'organisation politique des États a pris pour modèle la structure hiérarchique de l'industrie. Les conséquences s'observent dans ce que Valéry nomme « la profondeur affective et intellectuelle » de tous les hommes. L'esprit, mais aussi le corps, les sentiments des hommes sont fortement influencés par cette organisation technique.

7 Page 247

À cause de leur constitution, de leur sensibilité et de leur culture différentes, les hommes ont de fait des goûts qui ne sont pas similaires dans tous les domaines esthétiques. On peut même dire que la richesse de l'art s'appuie sur la diversité des goûts des spectateurs sans que jamais un goût fasse l'unanimité. Plus encore, cette infinie diversité empêche la constitution d'un goût officiel qui limiterait le plaisir de chacun. Mais si de fait tous les goûts sont dans la nature, il est loin d'être certains qu'ils soient tous justifiés ou même bons. Si dans le domaine des sciences, il est admis que certains jugements peuvent être faux, il n'y a pas de raison que dans le domaine esthétique on ne puisse exiger si ce n'est la même objectivité au moins le dépassement d'une simple opinion. La diversité n'indique pas nécessairement la qualité et on peut même dire que pour former son goût esthétique, il faut comme le préconisait Bachelard dans le domaine scientifique, commencer par surmonter les obstacles à une vision esthétique du monde. En matière esthétique nos propres goûts sont bien souvent des préjugés empêchant de découvrir de nouvelles formes d'art et même de bien regarder ce que l'on voit quotidiennement. Ne peut-on constater la faiblesse de certains jugements de goût ? Ne faut-il pas d'abord combattre ses propres préjugés et leur affirmation prétentieuse si l'on veut découvrir l'infinie variété du monde et de l'art ? N'est-ce pas alors en cultivant et éduquant nos goûts qu'on pourra élever leur qualité ?

8 Page 249

[Thème] Le texte a pour thème la religion et l'origine fondamentale de la croyance religieuse.

[Idée générale] Freud se demande si l'homme est condamné à croire en Dieu ou si au contraire il peut se passer de la religion pour gagner en maturité psychologique et en autonomie.

[Structure du texte] L'argumentation de Freud peut être découpé en trois moments :

Dans un premier temps (du début jusqu'à « la réalité cruelle »), Freud contredit son interlocuteur sur le fait de savoir si l'homme peut se passer de la religion face à la dure réalité. Puis (de « Oui, cela est vrai... » jusqu'à « ... où il avait chaud »), Freud analyse l'origine du besoin de l'homme de croire et montre les conséquences difficiles, mais nécessaires de sa propre prise en charge existentielle. Enfin (de « Mais le stade de l'infantilisme » jusqu'à la fin), l'auteur conclut en laissant sous-entendre que sa défense de l'athéisme est confortée par la logique interne du développement de l'homme qui suppose qu'à un moment celui-ci doive affronter lucidement la réalité s'il veut progresser.

9 Page 251

I. La perfection de la nature inspire les artistes

L'histoire de l'art illustre amplement le fait que la nature a pu servir de modèle aux artistes, en s'appuyant sur la conception grecque d'une nature parfaite dans son principe et qu'il s'agit d'imiter en lui donnant cette impression de mouvement. Aussi est-elle un modèle parce qu'elle est parfaite et complète, et l'artiste travaille jusqu'à ce qu'on ne voit plus les marques de son intervention comme si elle était une production de la nature ayant son principe en elle-même. Le concept de perfection peut être interprété comme une vision idéalisée de la nature, ou comme un modèle à atteindre. Sur ce point, la preuve de Dieu par la finalité est un exemple d'approche théorique conduisant à idéaliser la nature et à en faire aussi un modèle ordonné parfait. Dans ces deux approches, on trouve la vision d'une nature bien faite et que nous pouvons considérer comme un modèle à imiter ou à suivre.

II. La nature et le règne animal sont amoraux

Néanmoins, la nature n'est pas totalement parfaite, et ce, notamment sur le plan moral. Le monde animal est, en effet, celui de la violence et de l'absence de toute moralité. Lorsque Calliclès fait l'éloge de la nature, c'est pour légitimer un système politique justifiant la domination des plus forts sur les faibles. La nature est le règne de la violence, de l'inégalité, des injustices morales et physiques pouvant malheureusement servir de modèle justifiant l'inégalité des hommes (Gobineau). Ainsi, la nature peut être utilisée pour justifier une transposition politique des rapports de force naturels entre prédateurs et proies.

III. La nature peut être un modèle idéalisé pour l'homme qui essaie de parfaire son humanité

Pourtant, la nature a été vue comme une hypothèse rationnelle, porteuse de sens, par Rousseau. Il y voyait, en effet, un modèle permettant de mieux comprendre et de mieux juger l'évolution de l'homme. La nature peut alors être comparée au jardin d'Éden, avant qu'Ève et Adam croquent la pomme et découvrent leur humanité avec les bonnes et mauvaises choses qui l'accompagnent. La nature n'est donc qu'un modèle d'innocence et ne doit pas être perçue comme une réalité historique. Ce modèle permet alors de s'interroger sur l'idéal que les êtres humains peuvent chercher à atteindre pour parfaire leur humanité.

10 Page 253

Conclusion

Ce texte nous rappelle la multiplicité des expériences humaines et la complexité de notre rapport au monde. Ainsi, il nous met en garde contre l'appauvrissement que constituerait une valorisation exclusive d'un rapport scientifique et technique au monde. Sous cet angle, ce texte réhabilite l'art dans une société conquise par les valeurs scientifiques et techniques. Son refus du scientisme et même du rationalisme dogmatique nous invite à réfléchir sur les limites et dangers d'un projet visant à faire de la science une sorte de double maniable et exclusif de l'univers, c'est-à-dire ayant une explication pour tous les phénomènes et une réponse à toutes les questions que se pose l'homme. Pour autant, on peut s'interroger sur la valorisation de l'artiste au détriment du savant. N'est-ce pas verser dans un dogmatisme inversé tout aussi néfaste ? L'essor des sciences et de la technique est aussi l'essor de notre liberté car cela nous permet de nous libérer des déterminismes et de rendre le monde plus conforme à nos désirs. Sous cet angle, la science et les techniques rendent aussi le monde plus habitable et pas seulement plus disponible. D'ailleurs en opposant la science à l'art, Merleau-Ponty semble victime de l'illusion qu'il veut combattre, l'assimilation du réel au réel du savant. Il faudrait sans doute prôner la complémentarité des diverses expériences humaines en circonscrivant leurs limites et leurs valeurs respectives. L'homme est indivisible et c'est une simplification abusive et non pertinente que de diviser son esprit en une part de rationalité consacrée à la science et à l'utilitaire, et une autre ordonnée autour de l'art, de l'imaginaire et du désir.

11 Page 255

I. Il faut aimer la vérité envers et contre tous.

Si l'on part de l'idée selon laquelle la pensée ne peut s'exercer qu'à condition de refuser les illusions, les faux-semblants, l'amour de la vérité en est la condition car la vérité correspond à la partie rationnelle de l'homme. C'est en ce sens que l'on peut comprendre le sens du verbe « falloir » indiquer dans le sujet : c'est en effet un devoir pour un homme d'aimer la vérité car cela fait appel à sa rationalité et cet amour va le distinguer d'un animal. Le véritable amour n'est alors possible que s'il s'appuie sur une ignorance reconnue comme telle. On comprend mieux l'affirmation de Socrate : « Je sais que je ne sais rien ! ». On aime vraiment ce qu'on ne possède pas ; dans le cas contraire on ne fait que s'aimer soi-même, ce qui dans le domaine de la connaissance aboutit au dogmatisme (des certitudes non interrogées). Il faut alors aimer la vérité malgré ceux qui réussissent socialement et s'en moquent. Ainsi, le prisonnier libéré de la caverne dans l'allégorie platonicienne et revenant expliquer à ses congénères qu'ils vivent dans une illusion constante, passe pour un fou tant il est vrai que les hommes préfèrent vivre avec des certitudes illusoires mais rassurantes. L'amour de la vérité peut donc souvent se pratiquer envers et contre tous : elle est par principe universelle, même si elle peut n'être défendue que par un seul homme. **[Transition]** Malheureusement certains ont même aimé la vérité au point de l'imposer aux autres en la réduisant à leurs seules valeurs culturelles. Le besoin d'identités stables n'est-il pas la vraie cause de cet amour de la vérité ?

II. L'impossibilité d'accéder à une connaissance définitivement vraie.

Les sceptiques ont toujours été dubitatifs sur l'existence d'un critère suffisamment fort permettant d'affirmer des vérités dans le domaine de la connaissance. La volonté humaine veut rendre le monde connaissable en créant l'illusion de l'être et de la stabilité. Pourtant, rien ne semble correspondre dans la réalité à nos concepts qui supposent l'existence de choses et leur identité. Alors l'amour de la vérité n'est que l'amour d'une stabilité qui n'existe pas et donc d'une illusion. C'est une illusion vitale pour continuer à chercher, mais cela reste une illusion et la vérité semble cantonner aux mondes des apparences dont on ne peut détourner le regard. La valorisation du vrai n'est alors qu'une opinion comme une autre, fondée sur un élément non-déterminé, instable dont le principe de non-contradiction aristotélicien montrerait le caractère illégitime. Toutes les connaissances reposent sur de semblables opinions qui n'expriment pas un amour désintéressé de la vérité mais plutôt un besoin vital de se rassurer et d'exprimer notre volonté de puissance. C'est donc un besoin pour l'homme d'aimer la vérité en fixant des identités stables, car grâce à cette illusion de connaissance, il peut continuer à vivre rassuré en ayant des réponses à ses questions métaphysiques. Les hommes préfèrent se bercer d'illusions pour continuer à conquérir le monde et à croire au progrès. En ce sens, la vérité est peut-être la mère des illusions. **[Transition]** Mais ne faut-il pas distinguer l'amour et la vérité pour montrer qu'ils ne sont pas du même ordre ? La vérité est dans l'accord juste entre la réalité et l'esprit, alors que l'amour est purement subjectif. Est-il alors nécessaire d'aimer la vérité pour la rechercher ? Une telle passion ne serait-elle pas non seulement un obstacle à une recherche objective mais une façon de dissimuler une recherche de pouvoir ?

III. Il faut aimer la recherche de la vérité, et non pas seulement la vérité.

Lorsqu'un sophiste demande à Socrate l'intérêt qu'il y a à chercher la vérité, son interrogation est essentielle et implique une justification de la recherche de la vérité car l'argument de Ménon est destiné, s'il reste sans réponse, à engourdir toute recherche : « Laquelle des choses qu'en effet tu ignores, prendras-tu comme objet de ta recherche ? Et si même, par chance, tu tombais dessus, comment saurais-tu que c'est elle puisque tu ne la connais pas ? ». Les questions se rejoignent, expriment le bon sens et sont d'emblée embarrassantes car elles remettent en cause à la fois la vérité et sa recherche. En effet, peut-on aimer et rechercher une vérité qu'on ne connaît pas ? La réponse de Socrate démontre en quoi la recherche a par elle-même une valeur. Reconnaître son ignorance et tenter de la combler par un effort de recherche permet à un homme de ne pas s'enfermer dans des certitudes et croire ainsi détenir la vérité. Il ne faut pas inverser l'ordre de la pensée. Il faut aimer la recherche et la mener lucidement pour non pas nécessairement trouver la vérité, mais progresser dans sa démarche et s'apercevoir de ce que l'on ignorait. La thèse de Socrate vise donc à montrer la valeur en soi de la recherche et à combattre une approche utilitaire de la pensée qui n'aurait d'intérêt que dans son résultat. Derrière leur amour affiché de la vérité et leur rejet d'une recherche progressive comme celle que leur demande Socrate dans chaque dialogue, les sophistes cachent un désir de succès. L'amour de la vérité est en ce sens souvent un leurre destiné à cacher une volonté d'imposer sa vérité, son pouvoir.

12 Page 257

Dans ce texte, Nietzsche exprime l'idée que les hommes en général, y compris les philosophes, désirent connaître pour se rassurer et que seule la peur semble les guider dans leur quête de savoirs. Cela apparaît comme paradoxal car depuis les philosophes grecs, on estime, à l'inverse, que la mise en acte de la raison a pour cause le refus des certitudes frileuses, des illusions rassurantes. Aussi pense-t-on que les hommes ont le désir de savoir, parce qu'ils ne peuvent admettre de ne pas comprendre et se satisfaire de la crainte, et par conséquent de la superstition engendrées par l'ignorance (Lucrèce). Il s'agit donc d'une démarche raisonnée. Nietzsche adopte, dans ce cas précis, la perspective inverse en prétendant que c'est la peur qui guide les hommes dans leur désir de connaître et non leur raison. C'est pourquoi, il ne serait pas question d'ouvrir l'esprit des hommes par une connaissance salvatrice qui leur ôterait des certitudes infondées et des préjugés, mais bien d'un savoir au service de leur quotidien, pour lequel les hommes souhaitent de nouvelles certitudes rassurantes. Il n'y aurait aucun désir d'un savoir universel, mais seulement le besoin d'édicter des règles rationnelles afin de retrouver la confiance et la certitude de l'enfance. Le savoir n'est donc pas désintéressé, mais répond à un besoin psychologique de trouver un réconfort.

13 Page 259

I. L'État est le résultat de la disparition de l'état de nature et des rapports de force.
L'État est le résultat du passage de l'état de nature à l'état civil où, sous le règne pacifié des lois, l'homme est à la fois libre et responsable de ses actes. L'État apparaît donc comme le fondateur et le garant d'une société stable, apaisée, unifiée permettant l'usage légitime de la liberté de tous grâce aux lois qu'il pose et dont il oblige au respect. En ce sens, quelle que soit la forme de l'État, en imposant un ordre pour tous, il est préférable au maintien d'un état de nature qui est, selon Hobbes, une situation de violence continuelle où les individus craignent les plus forts. **[Transition]** Pour autant, l'existence d'un Etat ne suffit pas à garantir la liberté de tous. Tout État, en s'appuyant sur un pouvoir régalien, n'a-t-il pas même une tendance à réduire les libertés ?

II. Un État, même démocratique, peut se renfermer sur lui-même en prônant des valeurs nationalistes
Un État peut se renfermer sur lui-même et pratiquer l'ostracisme. Commençant par s'opposer aux autres États, ce genre de régime politique va logiquement craindre la liberté de chaque citoyen. Toute contestation libre d'abord définie comme une faute deviendra vite un crime d'État. L'État peut aussi prôner l'égalité et supprimer progressivement les libertés individuelles, au nom de la sécurité de tous ou de leur bien-être, conduisant alors à une forme de « tyrannie de la majorité » (Tocqueville). Cela peut même amener un État absolu n'ayant pour valeur que la sécurité, l'ordre et supprimant les libertés. **[Transition]** Mais tout État n'est-il pas le résultat de l'action ou de la conscience politiques des citoyens qui sont à l'origine de son existence?

III. Les citoyens sont les garants du maintien de leurs libertés individuelles
L'État ne rend pas libre, ce sont bien les citoyens qui chaque jour garantissent les valeurs démocratiques et le respect des libertés de tous, notamment des minorités. Les citoyens doivent être exigeants et garder un esprit critique sur leurs gouvernants. La liberté n'est pas un don octroyé par l'État, il n'en est que le garant, mais elle n'est effective que si les citoyens la veulent c'est-à-dire s'ils sont des acteurs informés et lucides. Ils doivent donc être vigilants sur le respect du droit, exigeants sur les valeurs de liberté mises en pratique par les pouvoirs publics car leur indifférence les rend sinon complices, au moins en partie responsables des pertes des droits et libertés.

14 Page 261

Introduction
[Thème général] Ce texte a pour thème central la difficile relation entre le droit et l'idéal moral de justice. **[Thèse soutenue par l'auteur]** Pour Bergson, ce qui représente la morale est la justice conçue comme réalisation de l'humanité. Le droit réglemente le fonctionnement de la vie sociale alors que la morale aborde les actions des hommes et analyse leurs effets sous l'angle des qualités humaines et de valeurs transcendantes. Par le biais du droit, la société poursuit une fin qui lui est intrinsèque, elle maintient son existence et son bon fonctionnement, à savoir le bien de l'homme en tant qu'homme. Cette fin peut apparaître comme ultérieure à la mise en place des lois et du droit, toutefois, pour Bergson, elle en constitue la justification ultime.

[Structure du texte] Le texte dessine deux moments distincts :
– Dans un premier temps (des lignes 1 à 10 jusqu'à « ...de l'humanité »), Bergson souligne la différence essentielle entre la justice antique et la nôtre qui vise la réalisation d'une certaine idée de l'homme.
– Puis (de la ligne 10 jusqu'à la fin du texte), l'auteur nous explique dans quelles mesures les lois admises par tous rendent possible et justifient la réalisation de cet idéal moral.

15 Page 263

I. Le devoir d'obéir à la loi civile libère les citoyens des rapports de force (Rousseau)
Le devoir de respecter les lois de son pays rend chacun libre de faire ce qu'il veut dans les limites fixées par ces lois. Comme le montre clairement Rousseau, la loi en étant la même pour tous, libère des rapports de force intersubjectifs. Il est, en effet, du devoir de chacun sans exception de la respecter. Chacun peut alors vivre librement dans le cadre des lois qui fixent les droits de tous et obligent à leur respect. Les citoyens d'un pays demeurent libres en droits tant qu'ils respectent leurs devoirs c'est-à-dire obéissent aux lois.

II. Le respect d'un devoir peut être une forme de déresponsabilisation (Hannah Arendt)
L'aspect contraignant des lois peut engendrer des effets pervers lorsqu'elles sont mises au service d'un pouvoir ne recherchant pas le bien commun. L'histoire nous montre que les lois peuvent être détournées pour servir un pouvoir belliqueux et autoritaire cherchant à transformer le respect juste de la légalité en devoir passif d'obéissance à des règles qui se confondent avec des ordres. Obéir à des ordres présentés

comme des lois entraîne la disparition de toute forme de responsabilité. Certains se cachent derrière le fait d'avoir fait leur devoir (sans se soucier des conséquences liberticides et immorales), à l'instar du criminel nazi Adolf Eichmann. En ce sens, le devoir est un abandon de soi qui peut être jouissif : il engendre le plaisir rassurant de se soumettre sans avoir à s'interroger sur les raisons de cette obéissance. C'est donc une démission de toute responsabilité, un abaissement volontaire et dangereux de sa liberté de conscience.

III. Le devoir moral est par principe libérateur, puisque le sujet en est la cause et l'exécutant (Kant)
Le devoir moral, est quant à lui, libérateur car il suppose par essence la liberté de celui qui le respecte : c'est librement que l'individu obéit à une loi qu'il pose lui-même et qui a une valeur universelle. Agir par devoir, c'est alors respecter une maxime que l'on affirme et que l'on applique dans le même temps. Auteur et acteur, le sujet est donc libre de faire son devoir, son action étant universalisable, puisqu'elle peut être appliquée par tout homme libre. Ce n'est alors pas un simple devoir conforme à une loi politique et circonscrite à son seul pays, mais une loi morale, qui par son caractère universel, montre sa valeur et s'adresse à tout homme, peu importe son origine sociale ou sa nationalité. Agissant strictement par devoir, un tel homme se soumet librement à une loi rationnelle qui élève son humanité.

16 Page 265

Conclusion
La conception de la liberté d'Épictète peut surprendre tant elle s'oppose à notre vision qui postule que tout est possible et réalisable pour celui qui le désire. Les Grecs s'interrogeaient déjà sur la cause de cette démesure. Epictète montre l'illusion d'une liberté reposant sur la simple possibilité pour un homme d'avoir ce qu'il n'a pas. Il va alors expliquer qu'une telle approche repose sur une conception fallacieuse de la liberté qui conduit à une dépendance totale aux choses et aux êtres. L'objet que l'homme recherche pour affirmer sa liberté n'est qu'un leurre sur lequel son désir s'épuise. Le désir insatiable de possessions n'est qu'une fuite constante de soi qui indique la peur d'assumer sa propre liberté. La radicale différence entre l'avoir et l'être suppose, au contraire, le refus de l'apparence et la défense de sa propre identité. Finalement, la véritable liberté ne consiste pas à désirer ce qu'on n'a pas car c'est déjà avouer sa propre faiblesse, mais à assumer ce que l'on est. À partir de là, on peut même dire que tout dépend de moi, puisque mon jugement sur toute chose m'est toujours propre et est la preuve de ma liberté de penser.

17 Page 267

I. Le bonheur pour tous est un but politique louable
Pendant la Révolution, Saint Just proclamait que « le bonheur [était] une idée neuve en Europe ». Il voulait alors montrer que la démocratie naissante était sur le point d'amener un bonheur à tous et qu'il n'était plus réservé aux puissants. Ce droit au bonheur signifie que tout homme doit pouvoir vivre en ayant ses besoins primaires assurés. Il est une œuvre de justice sociale que l'État se doit d'appliquer et de respecter. **[Transition]** Toutefois, le risque n'est-il pas que l'État veuille imposer à tous sa propre vision du bonheur?

II. Les risques d'une définition politique du bonheur
Il faut toujours se méfier des politiques qui promettent le bonheur pour chacun et dont l'objectif ne se circonscrit pas seulement au bien commun et à la prospérité du peuple. Ces deux derniers concepts sont politiques parce qu'ils engagent la vie de la communauté tout entière. Néanmoins, le bonheur est une idée subjective dont la validité est limitée à la vie personnelle. Vouloir faire le bonheur des hommes implique, comme l'ont montré les régimes totalitaires, la volonté d'imposer sa propre conception du bonheur. **[Transition]** Est-ce à dire que l'État et le bonheur doivent être radicalement distingués et que leurs champs d'application respectifs doivent demeurer sans lien ?

III. L'État doit seulement garantir les libertés individuelles et tout faire pour que chacun puisse vivre heureux
La constitution américaine contient le mot « bonheur » et le pose comme principe au même titre que la liberté individuelle. Cela ne signifie pas que les américains vivent sous un régime autoritaire. En effet, le bonheur lorsqu'il devient une valeur politique doit se limiter aux strictes conditions matérielles de vie des individus et ne pas aller au-delà. L'État ne doit surtout pas être le fondateur ou propagateur du bonheur, mais simplement devenir son garant en permettant à chacun de vivre comme il l'entend. La sécurité nécessaire de tous et d'abord des plus faibles ne doit alors pas être un prétexte à la réduction des libertés fondamentales.

1

MÉTHODE

Réponse à une question problématisée

Cours

1 Présentation de l'épreuve

▶ Cet exercice est proposé en histoire ou en géographie en 1re partie de l'épreuve.

▶ Il faut consacrer 1 heure (la moitié du temps de l'épreuve) pour réaliser cette réponse, qui compte pour la moitié des points (10 points sur les 20 points de l'épreuve). La question problématisée porte sur le programme d'histoire et de géographie de la classe de terminale.

▶ Cette épreuve a pour objectif d'évaluer les capacités du candidat à analyser le sujet proposé, à mobiliser des connaissances, à les sélectionner et à les organiser pour répondre à la question problématisée.

À savoir

En terminale générale il y a une épreuve commune de contrôle continu (E3C) dans l'année. Comme en 1re, elle dure 2 heures et comporte deux parties. La 1re est une réponse à une question problématisée et la 2de une analyse de document ou la réalisation d'une production graphique.

2 Réaliser une réponse à une question problématisée

a. Comprendre la question problématisée

▶ Pour comprendre le sujet il est nécessaire de définir les termes qui le composent. Pour cela, il est indispensable de lire attentivement le libellé de la question. Il ne faut pas se précipiter et commencer à rédiger immédiatement, même si vous pensez bien maîtriser cette question.

▶ Un travail d'analyse de la question problématisée doit être fait au brouillon avant de commencer à rédiger. À cet effet, il est nécessaire de réécrire la question sur une feuille et d'identifier les mots clé en les entourant ou en les soulignant. Ensuite, il faut définir ces termes ou expression.

▶ Que ce soit en histoire ou en géographie, il est impératif de préciser les limites chronologiques et spatiales du sujet de façon à éviter le hors sujet. Il faut porter une attention particulière aux mots de liaisons (et, dans, ou), qui peuvent être essentiels pour le traitement de la question. Par exemple « et » invite à comparer deux éléments et non à les traiter l'un après l'autre.

b. Mobiliser ses connaissances

▶ Une fois le sujet analysé, il est nécessaire de mobiliser ses connaissances. Au brouillon, inscrire les idées et les connaissances que le sujet suscite. Établir les liens possibles entre les différents éléments relevés (causes, conséquences, manifestations, etc.).

▶ Il est impératif de mobiliser des exemples précis pour étayer l'argumentation. Si le sujet ne vous inspire pas, il ne faut pas paniquer. On a toujours des connaissances, il suffit de mobiliser des éléments simples (date, lieux, personnages historiques, espaces géographiques, acteurs, etc.) qui vont ensuite appeler des aspects plus complexes.

c. Organiser la réponse

▶ C'est la problématique, fournie par la question, qui conduit la réflexion et permet d'organiser la réponse. En effet, il faudra répondre à cette question par étapes, dans les différentes parties du plan. Il est primordial de bâtir un plan au brouillon avant de se lancer dans la rédaction.

▶ Utilisez la feuille de brouillon sur laquelle vous avez inscrit vos connaissances et rassemblez-les en deux ou trois thèmes majeurs. Numérotez les parties (I, II, III, etc.) et donnez-leur des titres explicites. Dans chaque partie, précisez les arguments et indiquez l'idée et les exemples qui serviront à étayer la démonstration. Les titres des parties ne doivent pas apparaître sur la copie. Ils sont transformés en phrases de façon à indiquer au correcteur l'idée générale de la partie.

d. Rédiger la réponse

▶ La première phase de l'introduction consiste à accrocher le lecteur et justifier le fait de s'interroger sur ce sujet. Pour cela vous pouvez utiliser un fait historique ou une citation pour un sujet d'histoire. Des statistiques ou des événements d'actualité pour un sujet de géographie.

▶ Dans un second temps, présentez le sens de la question en définissant ses termes. Pour cela, il faut utiliser le travail fait au brouillon au début de l'épreuve. C'est la partie la plus longue de l'introduction. Il ne s'agit pas de définir les termes les uns après les autres, il faut les mettre en relation pour aboutir logiquement à poser la problématique. Enfin, vous annoncez le plan, de la façon la plus habile possible.

>>

▶ Chaque partie du développement est constituée d'un paragraphe. Chaque paragraphe débute par une phrase qui annonce l'idée générale. Ensuite il faut développer vos différents arguments en rédigeant vos exemples. Il ne s'agit pas de l'évoquer en deux mots entre parenthèse (*exemple : la mer de Chine méridionale*), mais de rédiger deux ou trois phrases qui viennent étayer la démonstration.

▶ La conclusion doit répondre à la problématique formulée dès l'introduction et ouvrir sur d'autres perspectives.

e. L'expression écrite

▶ La qualité de l'expression écrite est primordiale. Il faut pour cela :
– privilégier les phrases courtes et simples ;
– utiliser des connecteurs logiques ;
– choisir les termes adaptés à l'idée ;
– rédiger l'ensemble de la réponse en bannissant les tirets, les abréviations, les ratures, la multiplication des parenthèses.

▶ Il faut consacrer un temps à la relecture du travail, pour éviter les fautes d'orthographe, de conjugaison et de syntaxe.

3 Les différents types de plan

a. En histoire

▶ Le plan chronologique est le plus utilisé. Ce plan est à mettre en œuvre avec des sujets qui proposent d'étudier une évolution à partir d'une date ou sur une période. Dans ce cas, il faut être capable de préciser des bornes chronologiques, des césures, qui permettent de découper la période en parties cohérentes. Par exemple un sujet sur les phases de le Seconde Guerre mondiale de 1939 à 1945 peut donner lieu à trois parties : 1939-1941, les victoires de l'Axe ; 1941-1942, le basculement du rapport de force ; 1943-1945, la victoire des Alliés.

▶ Le plan thématique permet de traiter un sujet selon différents aspects. Pour un sujet sur le bilan de la Seconde Guerre mondiale, une partie sur le bilan humain, une autre sur le bilan matériel, une autre le bilan moral.

▶ Le plan explicatif permet d'exposer les causes, les faits et les conséquences d'un grand événement. Par exemple, ce plan peut être utilisé pour un sujet sur la crise de 1929.

b. En géographie

▶ Le plan scalaire est le plan géographique par excellence. On étudie un phénomène géographique à différentes échelles, par exemple de l'échelle locale à l'échelle mondiale, une partie par échelle d'analyse. Par exemple, pour un sujet sur l'inégale intégration des territoires dans la mondialisation, on peut consacrer une partie à l'échelle mondiale et continentale, une autre à l'échelle des États et une dernière à l'échelle locale d'une métropole.

▶ Le plan thématique peut être utilisé en géographie. Par exemple, pour un sujet sur les mers et océans vecteurs essentiels de la mondialisation, on peut consacrer une partie sur les ressources, une sur son rôle dans les échanges mondiaux et une dernière sur l'inégale intégration des mers et océans. À l'intérieur de chaque partie, il est souhaitable de faire une analyse scalaire.

▶ Le plan explicatif permet de décrire un phénomène, de l'expliquer et de le localiser. Dans cette dernière partie, on aboutit à une typologie des espaces. Par exemple, pour un sujet sur l'Union européenne, un espace plus ou moins ouvert sur le monde, la première partie présente l'UE et son ouverture mondiale, la deuxième aborde les facteurs de cette ouverture et la dernière indique que l'espace européen est inégalement ouvert.

Exercice

★★★ 1 heure **Type Bac** **Répondre à une question problématisée.**

Sujet : Quel est le bilan de la Seconde Guerre mondiale ?

bordas Flash PAGE **Flashez ici pour accéder au corrigé complet.**

Analyse de document(s)

Cours

1 Présentation de l'épreuve

▶ Cet exercice peut être proposé en histoire ou en géographie en 2e partie de l'épreuve. Il consiste à produire une réponse développée qui analyse de manière argumentée un ou deux document(s) pour répondre à la consigne proposée.

▶ Il faut consacrer 1 heure (la moitié du temps de l'épreuve) pour réaliser cette analyse, elle compte pour la moitié des points (10 points sur les 20 points de l'épreuve). L'analyse porte sur le programme d'histoire et de géographie de la classe de terminale.

▶ Cette épreuve a pour objectif d'évaluer les capacités du candidat à analyser un ou deux documents, à mobiliser des connaissances, à les sélectionner et à les organiser pour traiter la consigne.

2 Réaliser l'analyse de document

a. Comprendre la consigne

L'analyse de(s) document(s) est accompagnée d'une consigne, qui suggère une problématique. La première étape de l'exercice consiste à comprendre la consigne et à déterminer en fonction de quelle problématique il faut étudier le ou les document(s). Pour cela il faut réécrire la consigne sur un brouillon et identifier les mots-clés, les limites chronologiques et spatiales.

b. Étudier le(s) document(s)

▶ Le document est au cœur de la réponse. Il faut donc consacrer du temps à sa lecture et sa compréhension. La nature des documents proposés est variée : publicité, loi, extrait d'ouvrage scientifique, photographie, affiche, « Une » de journal, statistiques, carte, etc.

▶ Au brouillon, présenter le(s) document(s) : nature, auteur, contexte, destinataire et thème. Pour des documents en histoire, insistez particulièrement sur le contexte historique de leur production. Pour des documents en géographie, portez un intérêt particulier aux échelles, aux espaces et aux acteurs qui sont abordés.

▶ Ensuite il faut extraire les informations du document qui apportent une réponse à la problématique posée par la consigne, et les compléter par des connaissances personnelles (définitions, explications, dates, faits, etc.).

▶ Pour cela, vous pouvez élaborer un tableau avec deux colonnes, une avec les éléments du ou des documents, et l'autre avec les éléments issus de vos connaissances. Pour chaque élément relevé dans les documents, vous devez avoir un élément pour expliquer ou préciser.

▶ Si deux documents sont proposés à l'analyse, il s'agit alors, de montrer quel lien les unit. Ils peuvent :
– se compléter (l'un des documents apporte des informations qui permettent de mieux comprendre et étudier l'autre document) ;
– s'opposer (ils posent deux regards différents sur un même espace géographique) ;
– comparer deux situations géographiques à des échelles différentes.

▶ Deux erreurs sont à éviter :
– répondre à la consigne en oubliant le(s) document(s) proposé(s) ;
– étudier le(s) document(s) sans répondre explicitement à la consigne.

c. Organiser la réponse

À partir du travail précédent, regrouper les informations dans 2 ou 3 thèmes. Ils vont constituer les parties de la réponse.

d. Rédiger la réponse

▶ Faire une introduction pour présenter le ou les document(s) et la consigne qui sert à élaborer la problématique. Pour cela utiliser le travail fait au brouillon précédemment. Il est possible d'indiquer son plan.

▶ Rédiger le développement à l'aide du plan. Chaque partie fait l'objet d'un paragraphe et développe des arguments. Chacun est composé de connaissances et d'éléments extraits des documents (citations, descriptions, localisations, etc.).

▶ Rédiger une conclusion pour répondre à la problématique.

e. L'expression écrite

▶ La qualité de l'expression écrite est primordiale. Il faut pour cela :
– privilégier les phrases courtes et simples ;
– utiliser des connecteurs logiques ;
– choisir les termes adaptés à l'idée ;
– rédiger l'ensemble de la réponse en bannissant les tirets, les abréviations, les ratures, la multiplication des parenthèses.

▶ Il faut consacrer un temps à la relecture du travail, pour éviter les fautes d'orthographe, de conjugaison et de syntaxe.

▶ N'écrivez pas « le document parle », « montre... », préférez « à la lecture des données », « selon les données... ». De même pour un texte, ce n'est pas le texte qui « parle », « dit », etc., mais l'auteur qui avance, indique, déclare, explique, etc.

Exercice

★★★ 1 heure Type Bac **Analyse de documents en histoire.**

En analysant et croisant les documents, vous montrerez les méthodes communes au nazisme et au stalinisme, puis vous préciserez ce qui les différencie.

Doc. 1 La Grande Terreur en URSS

L'ordre « secret » de lancement de l'opération koulak, le 2 juillet 1937, est considéré comme le début de la Grande Terreur de 1937-1938.

Il est remarqué qu'une grande partie des ex-koulaks et criminels, exilés dans les régions du Nord et de la Sibérie, et rentrés par la suite, à l'issue de leur peine, chez eux, sont les principaux instigateurs des crimes antisoviétiques aussi bien dans les kolkhozes, les sovkhozes[1] que dans les transports et certaines branches de l'industrie. Le Comité central propose à tous les secrétaires régionaux et républicains du Parti, ainsi qu'à tous les responsables régionaux du NKVD de ficher tous les koulaks et criminels retournés chez eux afin que les plus hostiles d'entre eux puissent être immédiatement arrêtés et fusillés à l'issue d'une procédure administrative simplifiée devant une troïka[2], les autres moins actifs, mais néanmoins hostiles, étant exilés dans des régions éloignées du pays sur l'ordre du NKVD. Le Comité central vous invite, dans un délai de cinq jours, à lui proposer la composition des troïkis, le nombre d'éléments à fusiller ainsi que le nombre d'éléments à exiler.

Le Secrétaire du Comité central, J. Staline.

Nicolas Werth, *L'ivrogne et la marchande de fleurs*, Paris, Tallandier, 2009, p.75.

1. Les kolkhozes et les sovkhozes sont des fermes collectives.
2. Une troïka désigne entre 1937 et 1938, un organisme du NKVD chargé de poursuivre les individus considérés comme antisoviétiques.

Doc. 2 La nuit de Cristal en Allemagne

Vitrines d'une imprimerie appartenant à des Juifs détruites pendant la nuit de Cristal à Berlin. 9-10 novembre 1938.

Flashez ici pour accéder au corrigé complet.

3

MÉTHODE

Réalisation d'une production graphique

Cours

1 Présentation de l'épreuve

▶ Cet exercice peut être proposé en géographie en 2e partie de l'épreuve. Il consiste à produire une production graphique, le plus souvent un croquis cartographique ou un schéma d'organisation spatiale.

▶ Il faut consacrer 1 heure (la moitié du temps de l'épreuve) pour réaliser cette production, elle compte pour la moitié des points (10 points sur les 20 points de l'épreuve). La production porte sur le programme de géographie de la classe de terminale.

▶ Cette épreuve a pour objectif d'évaluer les capacités du candidat à localiser les phénomènes, à mobiliser des connaissances, à organiser une légende et à utiliser un langage cartographique adapté.

▶ Pour un croquis, l'exercice comprend un titre, un texte qui présente une situation géographique et un fond de carte.

▶ Dans le cas d'une autre production graphique, les consignes et les données servant à l'élaboration de cette production sont fournies avec l'exercice.

2 Réaliser la production graphique

a. Comprendre la consigne

Il faut lire attentivement le titre et le texte pour identifier le sujet et la partie du cours auquel il se rattache. Comme pour les exercices précédents, il faut définir et identifier les mots-clés du titre (limites géographiques). Le texte doit être lu à plusieurs reprises de façon à relever, au brouillon, les informations importantes et leurs localisations.

b. Élaborer la légende

▶ À partir de la liste d'informations relevées, les classer dans deux ou trois thèmes, qui formeront les parties de la légende. Il est possible de faire des sous-parties (intertitres) dans chacune des parties.

▶ Une fois la légende organisée, il faut attribuer à chaque idée de la légende un figuré, qui servira à la localiser sur le croquis. Le figuré doit être adapté à l'information qui va être cartographiée. Par exemple la dimension et l'intensité des couleurs doivent être proportionnelles à l'importance du phénomène étudié.

▶ En fonction de l'information à cartographier il faudra choisir parmi trois types de figurés :
– de surface (aplat de couleurs, hachures) pour représenter l'intensité et l'extension d'un phénomène (zone de piraterie, principale puissance maritime) ;
– ponctuels (point, carré, triangle, etc.), pour représenter la localisation d'un phénomène ou d'un site (port, métropole, etc.) ;
– linéaires (lignes, flèches, tirets, etc.), pour indiquer des limites, des réseaux, des flux, des dynamiques, etc. (routes maritimes, façade maritime).

▶ Par convention les couleurs chaudes (jaune, orange, rouge) sont utilisées pour représenter des informations « positives » ou dynamiques et les couleurs froides pour des informations « négatives », des déclins.

c. Faire la réalisation graphique

Il est conseillé de commencer par les figurés de surface, puis d'ajouter les figurés ponctuels et linéaires, et de finir par inscrire les noms de lieux (nomenclature). Les crayons de couleur sont indispensables pour réaliser les aplats de couleur. Les feutres fins servent pour les hachures, la nomenclature, les figurés linéaires et ponctuels.

d. Une production graphique réussie

▶ La production doit-être lisible et esthétique, réalisée avec soin. Elle est démonstrative, c'est-à-dire qu'elle répond au sujet. Elle doit être précise, notamment pour les localisations.

▶ Chaque production doit comprendre un titre, une nomenclature, c'est-à-dire les noms des éléments présents (villes, fleuves, États, etc.) et ceux qui permettent de situer les phénomènes représentés (mer, océans, etc.).

e. Cas particulier du schéma

▶ La réalisation d'un schéma cartographique reprend la même méthode et les mêmes éléments que pour un croquis. Il comporte une légende, un titre et une nomenclature.

▶ À la différence du croquis, vous devez réaliser les contours de l'espace concerné, aucun fond de carte n'est fourni. Dans ce cas, les contours sont très simplifiés. Ils peuvent même être des formes géométriques, hexagone pour la France, rectangle horizontal pour les États-Unis, un cercle pour le territoire d'une métropole, etc.

Exercice

★★★ 1 heure **Type Bac** **Production graphique.**

À partir du texte, réalisez un croquis sur le sujet : « Le détroit de Malacca : un point de passage majeur et stratégique. »

Doc. 1 Le détroit de Malacca

Le détroit de Malacca se situe en Asie du Sud-Est. C'est une longue bande de mer entourée par la péninsule Malaise à l'est, l'île indonésienne de Sumatra à l'ouest et la cité-État de Singapour, qui est le 3e port mondial pour le trafic de conteneurs au sud. Le détroit de Malacca relie l'océan indien au nord à la mer de Chine méridionale au sud.

Ce détroit est emprunté par une des routes maritimes les plus importantes au monde. Elle se trouve au carrefour des lignes transocéaniques entre l'Océan Indien et le Pacifique. Cet axe relie l'Europe et le Moyen-Orient à l'ouest à l'Asie et l'Amérique à l'est. Le détroit de Malacca est une artère vitale pour de nombreux États qui dépendent du commerce maritime. Ainsi, 90 % du commerce chinois emprunte cette route.

Le trafic très élevé de plus de 200 navires par jour et l'étroitesse du passage, notamment dans sa partie sud, font du détroit un goulet d'étranglement, qui risque, en cas d'incident, d'interrompre ou de ralentir le trafic maritime. Le détroit est aussi le lieu d'une importante piraterie. En effet, des groupes de petites embarcations indonésiennes ou malaises s'attaquent aux bateaux de commerce pour les détourner ou les piller.

Ce passage stratégique attire la convoitise des grandes puissances. Les États-Unis et la Chine exercent une présence militaire importante dans la région. Les États-Unis disposent d'une base aux Philippines et sont présents à Singapour et en Thaïlande. La Chine renforce sa présence dans la région, en installant des bases maritimes au nord du Détroit au Myanmar (Birmanie) et au sud en mer de Chine méridionale.

Doc. 2 Fond de carte à compléter

Flash PAGE Flashez ici pour accéder au corrigé complet.

L'impact de la crise de 1929 : déséquilibres économiques et sociaux

Cours

La crise, née aux États-Unis en 1929, s'étend à tout le monde capitaliste : en quoi marque-t-elle un tournant dans les domaines non seulement économique et social, mais aussi politique et idéologique ?

1 La Grande Dépression, une crise économique sans précédent

a. De la crise étatsunienne à la crise mondiale

▶ Dès 1925, la spéculation boursière fait gonfler la valeur des actions par rapport à la santé réelle des entreprises. Or, à partir du 24 octobre 1929, le cours des actions s'effondre : c'est le krach boursier de Wall Street.

▶ Les États-Unis rapatrient alors les capitaux investis à l'étranger et limitent leurs importations : la crise se répercute ainsi dans le monde (Europe, Amérique latine).

Ouverture

La crise en Amérique latine : les États latino-américains vivent de l'exportation de produits agricoles. Quand les États-Unis limitent leurs importations, ces produits perdent leurs débouchés et leurs prix s'effondrent. Touchés par la crise, plusieurs de ces pays voient la mise en place de dictatures dès 1930.

b. Une conséquence immédiate : le chômage de masse

▶ Les faillites industrielles et bancaires s'enchaînent : en 1932, la production industrielle mondiale a perdu 40 % par rapport à 1929.

▶ Le chômage explose : en 1932, 40 millions de chômeurs dans le monde industrialisé sont plongés dans la misère. Le niveau de vie s'effondre.

Des chômeurs attendent une aide alimentaire organisée à Chicago par Al Capone en 1930.

c. L'échec des solutions traditionnelles

▶ Les gouvernements commencent par se conformer au « laissez-faire » libéral (les déséquilibres économiques se corrigeront tous seuls), ce qui aggrave la crise (baisse des prix et des salaires).

▶ Certains États se tournent vers le protectionnisme (comme le repli sur les empires coloniaux), ce qui restreint encore les échanges. Ces échecs remettent en question les analyses traditionnelles.

2 Les conséquences politiques de la crise : le nouveau rôle de l'État

a. Une critique croissante du libéralisme économique traditionnel

▶ Face à ce qui semble être une crise profonde du capitalisme, certains proposent une troisième voie entre capitalisme et communisme, comme le Belge **Henri de Man** avec le recours à la planification (intervention de l'État pour orienter la production économique au gré des besoins collectifs).

▶ Certains économistes, comme le Britannique **J. M. Keynes**, valorisent l'intervention économique de l'État, contredisant les théories libérales dominantes, et inspirent ainsi certains gouvernements (Grande-Bretagne, États-Unis).

b. Une tentative de renouveau aux États-Unis : le *New Deal*

▶ En 1932, **Franklin D. Roosevelt** est élu président avec un programme d'aides sociales, de réforme bancaire et de grands investissements (industrie, agriculture) inspiré en partie de Keynes : le *New Deal* (« Nouvelle donne »). Lancé entre 1933 et 1938, il s'agit de réinjecter de l'argent public dans le circuit économique pour relancer la consommation.

▶ Ce programme, plus pragmatique qu'idéologique, donne des résultats réels mais limités. Il contribue cependant à donner une légitimité à l'interventionnisme économique de l'État.

c. Entre crise de la démocratie et progrès sociaux

▶ La démocratie libérale est de plus en plus contestée, car jugée inefficace face à la crise.

Ouverture

Les accords Matignon (7 juin 1936) : ces accords de hausse des salaires montrent le choix de la négociation entre patronat et syndicats plutôt que de la tension, après la victoire du Front populaire. Ils montrent aussi le nouveau rôle d'arbitre joué par l'État dans la vie économique et sociale.

La revendication d'un État fort peut conduire à l'installation de régimes autoritaires : en Allemagne, **Hitler**, profitant du mécontentement de la population, confisque le pouvoir en 1933.

▶ Dans les démocraties occidentales, l'État s'engage dans la gestion des conditions de vie de la population : c'est le début d'une démocratie sociale. Ainsi, en France, les tensions liées à la crise poussent les partis de gauche à l'union : ce Front populaire parvient au pouvoir en 1936 et tente d'améliorer la vie des salariés (accords Matignon).

Savoir-faire

Réaliser une carte mentale

Une **carte mentale** montre sous forme graphique la façon dont votre esprit se représente les divers éléments d'une situation. Elle peut être réalisée à partir d'un document, mais aussi à partir de votre cours pour en faciliter la révision, puis la mémorisation.

▶ **Relevez les éléments essentiels :** ils constitueront les points clés de votre carte. Commencez par placer la notion essentielle au centre. Les notions liées se placeront tout autour : celles-ci auront leurs propres éléments liés si besoin et ainsi de suite.

▶ **Choisissez un type de représentation** pour chaque élément clé : un rectangle, un cercle, etc.

▶ **Définissez les types de relation** qui relient chaque élément (les divers points de la carte mentale ne sont pas forcément reliés à tous les autres) et **représentez-les** par une flèche, un trait, un cadre, etc.

Astuce

Soyez logique dans vos **choix figuratifs** : utilisez le même type de figuré ou les mêmes couleurs pour représenter des phénomènes comparables.

Exercices

1 ★★ 20 min **À partir des informations tirées du texte, réalisez une carte mentale montrant les facteurs de déclenchement de la crise de 1929, ses aspects et ses conséquences aux États-Unis et dans le monde.**

Le développement de la crise économique aux États-Unis

« En octobre 1929, une violente tempête s'abattit brusquement sur Wall Street. L'intervention des groupes financiers les plus puissants ne réussit pas à arrêter une avalanche de ventes dues à l'affolement général. [...] La spéculation sur les [actions] s'était étendue à la nation tout entière, encouragée par les prêts que même les banques les plus célèbres consentaient aisément : il s'était développé en outre un vaste système d'achat [à crédit] de maisons, de mobilier, de voitures et d'innombrables autres articles d'usage courant et de confort domestique. Tout cela s'écroula d'un coup [...]. Vingt mille banques locales suspendirent leurs paiements. Les instruments d'échange de biens et de services entre les individus s'effondrèrent [...].

De 1929 à 1932, l'effondrement du marché entraîna une implacable chute des prix, qui détermina une baisse de la production suivie d'un chômage généralisé. Les conséquences de cette désorganisation économique s'étendirent au monde entier. Le chômage et la baisse de la production amenèrent une réduction générale du commerce. Des restrictions douanières furent partout imposées afin de protéger les marchés intérieurs. [...] La ruine et le chômage se généralisèrent d'une extrémité à l'autre du globe. »

Winston Churchill, *Mémoires de guerre*, t. 1 (1919-1941), trad. fr. François Kersaudy, Tallandier, 2009, coll. Texto, 2020.

2 ★★ 30 min **Initiez-vous au commentaire de document.**

La Grande-Bretagne face à la crise économique

« Le commerce extérieur est réorienté en partie vers l'empire, quoique de nombreux accords bilatéraux garantissent des débouchés à certains produits britanniques en contrepartie d'achats spécifiés. [...] Si la gestion de l'assurance-chômage avait conduit en 1931 le gouvernement [...] à diminuer de 10% les chiches paiements de l'allocation chômage (« *dole* »), cette mesure est supprimée en 1934, et la protection sociale développe un système de pensions et retraites [...]. Il y a donc un plancher à la contraction de la consommation, d'autant plus qu'une série de dispositions prises de 1930 à 1935 ont grandement stimulé la construction de logement individuels standardisés, donnant lieu à un véritable « boom » de l'immobilier [...]. De même, à partir de 1937, une généralisation des congés payés permit l'ouverture de « camps de vacances » au bord de la mer et le développement des loisirs de masse. Ce dynamisme de la consommation fut caractéristique du redressement anglais, à l'opposé du mythe « noir » d'une Angleterre miséreuse, parfois présenté. »

Bernard Gazier, *La crise de 1929*, PUF, collection « Que sais-je », 1983.

a. Quelles sont les premières mesures mises en place par la Grande-Bretagne face à la crise ? Est-ce efficace d'après vos connaissances ?

b. Montrez que les réformes mises en œuvre s'inspirent ensuite des théories proches de celles de Keynes pour relancer l'économie.

HISTOIRE

Les régimes totalitaires

Cours

Dans l'entre-deux-guerres, trois dictatures d'un nouveau genre s'imposent en Europe : communisme, fascisme et nazisme. En quoi ces régimes bouleversent-ils les équilibres politiques européens ?

1 Des système politiques et idéologiques d'un nouveau genre

a. Des projets idéologiques anti-libéraux

▶ Les totalitarismes se mettent en place avec l'installation de partis uniques dans des contextes de crise globale : en 1917 en Russie (qui devient peu après URSS), en 1922 en Italie et en 1933 en Allemagne.

▶ Opposés à la démocratie libérale, ils veulent créer un « homme nouveau », mais selon des objectifs différents : destruction du capitalisme (communisme en URSS), supériorité d'un État tout-puissant (fascisme en Italie) ou défense d'une race prétendue supérieure (nazisme en Allemagne).

b. Des systèmes fondés sur une violence extrême

▶ De redoutables polices politiques sont créées (NKVD en URSS, SS en Allemagne nazie) : les opposants sont poussés à l'exil, internés dans des camps (dès 1933 en Allemagne) ou exécutés (Grande Terreur en URSS).

▶ Des groupes sociaux ou politiques sont persécutés comme ennemis de l'intérieur : c'est le cas des juifs allemands, face à l'antisémitisme nazi, notamment lors de la Nuit de cristal (1938).

Ouverture

La **Grande Terreur** en URSS (1937-1938) : vague d'arrestations et d'exécutions ordonnée par Staline contre ses opposants présumés en URSS, y compris à l'intérieur du Parti communiste. On compte 750 000 victimes.

Ouverture

La **Nuit de cristal** (9-10 novembre 1938) : vague de persécutions contre les juifs allemands et leurs biens. Censé venger l'assassinat d'un diplomate allemand, cet épisode préparé en fait de longue date par les nazis fait une centaine de morts.

c. Une volonté d'encadrement total de la société

▶ Le parti unique contrôle la vie quotidienne par les associations professionnelles, mouvements de jeunesse (les Komsomol en URSS), associations culturelles, etc. Les médias modernes (radio, cinéma) sont mis au service d'une propagande intense et la vie économique est placée sous l'influence de l'État.

▶ Le culte du chef est mis en avant : **Staline** en URSS dès 1928, **Mussolini** en Italie, **Hitler** (le Führer) en Allemagne. Mais en réalité, les décisions concrètes découlent souvent d'initiatives diverses, venues de services ou d'échelons parfois mal coordonnés qui poussent à la surenchère.

▶ Les populations restent dans l'ensemble passives (la résistance est limitée car difficile), mais n'adhèrent pas entièrement au projet totalitaire. Malgré certains progrès (industrialisation en URSS), les inégalités se creusent et le régime doit parfois négocier avec les structures traditionnelles (comme l'Église catholique en Italie).

2 Des conséquences dramatiques sur l'ordre européen

a. L'URSS mise au ban de la diplomatie européenne

Même si Staline opte pour la consolidation intérieure de l'URSS plutôt que pour son expansion, les Occidentaux redoutent une contagion communiste.

b. La guerre civile espagnole, un révélateur des équilibres géopolitiques

▶ Rejeté par les démocraties occidentales pour sa politique d'expansion aggressive (guerre d'Éthiopie en 1935), Mussolini se rapproche de l'Allemagne nazie.

▶ La guerre civile espagnole (1936-1939) est l'occasion pour l'Allemagne et l'Italie de coopérer en soutien aux nationalistes du général Franco, tandis que l'URSS n'intervient que timidement du côté républicain.

Une de *La Tribuna illustrata* du 3 octobre 1937 : visite de Mussolini en Allemagne.

c. La multiplication des agressions allemandes

▶ Hitler veut conquérir un « espace vital » aux dépens des peuples slaves. Développant l'armée allemande, il remilitarise la Rhénanie (1936) malgré le traité de Versailles, puis annexe l'Autriche (1938).

▶ Encouragé par la passivité franco-britannique (conférence de Munich, 1938), il dépèce la Tchécoslovaquie (1939) puis, assuré de la neutralité soviétique, attaque la Pologne (1er septembre 1939). La France et le Royaume-Uni déclarent alors la guerre à l'Allemagne : c'est le début de la Seconde Guerre mondiale.

Savoir-faire

Procéder à l'analyse critique d'un document

▶ **L'analyse d'un document** suppose de prendre du recul par rapport à ce qui est dit ou montré. Vous devez vérifier :

– **La nature :** document public ou privé, texte de loi, article de presse, œuvre artistique ou commerciale, etc. Est-il objectif ou partiel ?

– **L'auteur :** ses compétences sur la question évoquée, son engagement politique, ses fonctions au moment où il produit le document. Est-il neutre par rapport aux thèmes abordés ?

– **Le contexte :** ce qui se passe au moment où le document est produit en influence-t-il le contenu ?

Astuce

Commencez par vérifier la source avant d'analyser le contenu du document pour ne pas vous laisser influencer.

▶ **Exemple :**

La Grande Terreur en URSS vue par un militant communiste français en 1939

« En vérité, les procès se déroulèrent de façon parfaitement régulière, selon les lois qui régissent l'URSS. Tous les accusés ont avoué leurs forfaits devant le tribunal, ils ont expliqué comment ils en étaient arrivés au sabotage, à l'espionnage, au crime. [...] Non, les accusés de Moscou qui ont reconnu avoir servi les pires ennemis du peuple à l'instigation de leur maître Trotski [1], étaient tous coupables. L'URSS les a châtiés ; elle a eu raison. Ce n'est pas à des antifascistes français qu'il appartient de condamner un rigoureux, mais juste verdict. »

Henri Le Brun, « URSS, 1938 », *Almanach ouvrier-paysan* (publié par le Parti communiste français), 1939, p. 270-280.

1. Ancien dirigeant soviétique mais opposant à Staline et exilé depuis 1929.

– **Nature :** article, publié dans un journal du Parti communiste français qui n'est probablement pas neutre (défense de l'URSS auprès des lecteurs français).

– **Auteur :** Henri Le Brun, membre du Parti communiste français. Il est probablement favorable à Staline.

– **Contexte :** en 1939, l'URSS est un régime totalitaire fondé sur la propagande et la violence politique.

– **Bilan critique :** il faut se méfier du contenu du texte. Sa lecture le confirme : l'URSS est présentée exclusivement positivement (à critiquer).

HISTOIRE

Exercices

1 ★ 10 min **Présentez les différences entre l'URSS et l'Allemagne nazie, dans le domaine idéologique comme dans le domaine de la politique extérieure.**

2 ★★ 20 min **Réfléchissez à la fiabilité d'un document à analyser.**

Une présentation de l'idéologie fasciste

« Pour le fasciste, tout est dans l'État, rien d'humain ou de spirituel n'existe en dehors de l'État. Dans ce sens, le fascisme est totalitaire, et l'État fasciste, synthèse et unité de toute valeur, interprète, développe et donne puissance à la vie tout entière du peuple.
Ni groupements (partis politiques, associations, syndicats, classes), ni individus en dehors de l'État. [...] Le fascisme nie [...] que [le] nombre puisse gouverner grâce à une consultation périodique. Il affirme l'inégalité ineffaçable, féconde, bienfaisante des hommes, qu'il n'est pas possible de niveler grâce à un fait mécanique et extérieur comme le suffrage universel. On peut définir les régimes démocratiques comme ceux qui donnent au peuple, de temps, en temps, l'illusion de la souveraineté. »

Benito Mussolini, « Fascisme », *Enciclopedia Italiana*, 1932.

(Signé par Mussolini, l'article a en réalité été écrit par un philosophe et dirigeant fasciste, Giovanni Gentile).

Un document peut être fiable sur la réalité des faits évoqués, mais pas neutre dans la façon de les présenter.

a. Quels sont la nature et le contexte du document ? En quoi ces éléments sont-ils contradictoires du point de vue de la confiance à accorder au document ?

b. Présentez les auteurs. Quel avantage et quel inconvénient cela présente-t-il pour analyser le fascisme ?

c. Quel est le système politique critiqué ici par le fascisme ? Peut-on faire confiance à ces critiques ? Expliquez.

La Seconde Guerre mondiale (1939-1945)

Cours

Née de l'expansionnisme nazi, la Seconde Guerre mondiale marque un tournant dans l'histoire du XXe siècle : en quoi cette guerre a-t-elle été exceptionnelle ?

1 Un conflit d'une ampleur et d'une violence inédites

a. De la guerre européenne à la guerre mondiale (1939-1942)

▶ Entre 1939 et 1940, les forces de l'Axe (l'Allemagne et ses alliés) connaissent des succès qui soumettent rapidement l'Europe. Seul le Royaume-Uni poursuit la lutte malgré les bombardements en s'appuyant sur son Empire.

▶ En 1941, le conflit s'étend. Hitler attaque l'URSS en juin, lançant une guerre d'anéantissement à l'est. Les États-Unis, attaqués à Pearl Harbor par le Japon allié de l'Allemagne, entrent en guerre en décembre.

Ouverture

L'arme atomique : les États-Unis en décident l'usage pour hâter la capitulation japonaise. Deux bombes sont larguées sur Hiroshima et Nagasaki, les 6 et 9 août 1945, faisant environ 250 000 victimes.

b. Le recul progressif des forces de l'Axe (1942-1945)

▶ Autour des États-Unis, du Royaume-Uni et de l'URSS, la Grande Alliance progresse dès 1942 : débarquement en Afrique du Nord, en Italie (1943), échec allemand devant Stalingrad (1942-1943).

▶ Les avancées décisives ont lieu en juin 1944 : débarquements anglo-saxons à l'ouest (Normandie, Provence) ; opération Bagration menée par l'URSS à l'est ; reconquêtes en Asie. L'Allemagne doit capituler en mai 1945 et le Japon en septembre 1945.

c. Une guerre totale qui accélère la politique exterminatrice nazie

▶ Les populations civiles sont directement concernées par la guerre, ciblées par la propagande, victimes des privations et impliquées dans les combats (actes de résistance, victimes de bombardements, etc.).

▶ Contre les juifs d'Europe de l'Est, le régime nazi passe peu à peu des persécutions au génocide organisé : confinement dans des ghettos insalubres en 1940, puis massacres dès 1941 par des troupes d'extermination, les *Einsatzgruppen* (« Shoah par balles »).

▶ En janvier 1942, une « solution finale » est décidée par les responsables nazis (conférence de Wannsee) : des camps d'extermination sont construits en Europe de l'est (Treblinka ou Auschwitz) pour une mise à mort massive des Juifs, mais aussi des Tsiganes de toute l'Europe.

2 Une France divisée par la Seconde Guerre mondiale

a. De la défaite à la collaboration

▶ Après la « drôle de guerre », longue période d'inaction militaire, la « guerre éclair » allemande met en déroute l'armée française. Le gouvernement français dirigé par le **maréchal Pétain** accepte un armistice le 17 juin. La France, qui cesse officiellement les combats, est divisée (*cf.* carte).

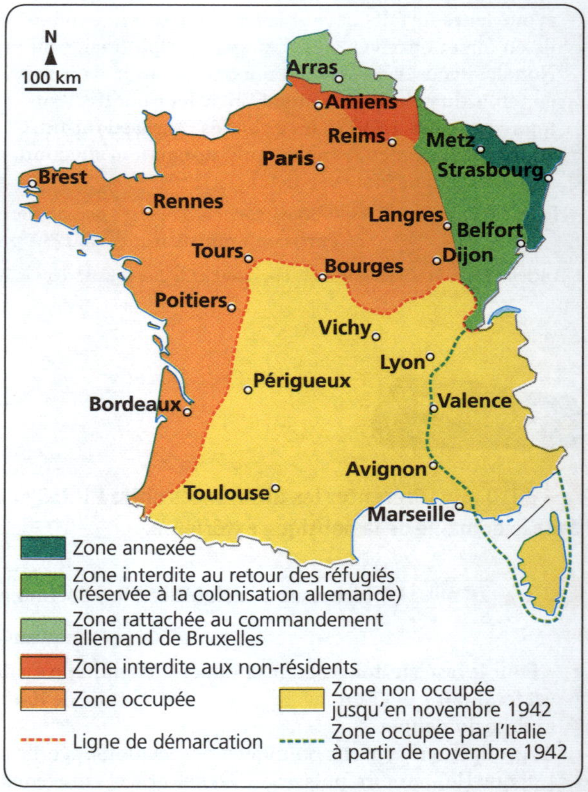

La France occupée (1940-1944)

▶ À partir de juillet 1940, Pétain organise alors en zone sud un nouveau régime dirigé depuis **Vichy**, qui lance une politique antisémite et anti-républicaine et propose la collaboration avec l'Allemagne nazie.

b. L'essor des mouvements de résistance

▶ Le 18 juin 1940, le **général De Gaulle** lance depuis Londres un appel à continuer les combats. Il crée ainsi la France libre avec le soutien du Premier ministre britannique **Churchill**. >>

Ouverture

La **France libre** : le terme désigne dès 1940 les forces françaises organisées hors du territoire national pour continuer le combat militaire contre l'Allemagne nazie.

▶ Sur le sol français, la population cherche surtout à échapper aux difficultés quotidiennes. Mais des réseaux de résistance apparaissent, contre l'occupant allemand ou le régime de Vichy. Ces réseaux sont unifiés à partir de 1943 sous l'autorité de De Gaulle et du Conseil national de la Résistance (CNR).

c. Vers la libération

▶ Un temps séduite par Pétain, l'opinion se détourne du régime de Vichy à partir de 1942, face à la collaboration croissante avec l'Allemagne (mise en place du Service du travail obligatoire [STO] en 1942) et aux persécutions antisémites (rafle du Vél d'Hiv de juillet 1942).

▶ Malgré la repression allemande et vichyste, la résistance gagne du terrain : grâce aux débarquements alliés de 1944, le territoire est libéré peu à peu. Le CNR devient le Gouvernement provisoire de la République française (GPRF) et remplace le régime de Vichy dont les principaux responsables sont jugés et parfois exécutés.

Savoir-faire

Analyser une image de propagande

Commencez par une analyse critique de l'image (*cf.* Savoir-faire chapitre 2). Vous pouvez arriver à l'hypothèse que celle-ci non seulement n'est pas neutre, mais cherche même directement à influencer le lecteur : c'est le cas lorsque le message va dans un seul sens et de façon excessive (exagération, violence). Vous avez affaire alors à une **image de propagande.** Dans ce cas-là :

a. Repérer le message diffusé par l'image

Appuyez-vous sur l'**analyse de l'image** elle-même mais aussi, s'il y a un texte (slogan, légende), sur les **mots employés.**

b. Présenter le point de vue explicite ou implicite qui est mis en avant

Expliquez-le à l'aide de vos connaissances et montrez en quoi il s'agit d'un **mensonge** pur et simple ou plutôt d'une **exagération** ou d'une **déformation des faits.**

HISTOIRE

Exercices

1 ★ 15 min **Construisez une carte mentale résumant le déroulement de la Seconde Guerre mondiale.**

Utilisez les grandes dates charnières pour construire les formes clés qui vous aideront à mémoriser les phases essentielles.

N'oubliez pas les éléments de complément pour expliquer chaque étape (événements majeurs) : vous pouvez faire des recherches personnelles pour enrichir votre carte mentale.

2 ★★ 25 min **Analysez le point de vue d'une affiche de propagande.**

a. Présentez le document et les précautions à prendre (utilisez le Savoir-faire du chapitre 2) : a-t-on affaire à une image de propagande ?

b. Analysez tout d'abord uniquement l'image : qui est le personnage et quelle est sa posture ? Que veut-on faire passer ainsi ?

c. Analysez ensuite le texte : à quelle situation fait-il référence ? En quoi complète-t-il l'image ?

d. En quoi cette affiche traduit-elle le culte du chef que l'on trouve dans un régime autoritaire ?

Affiche représentant le maréchal Pétain, diffusée par le gouvernement de Vichy (vers octobre 1940).

Fragilités des démocraties, totalitarismes et Seconde Guerre mondiale

Impact de la crise de 1929

Grande Dépression

Recul de la production, chômage de masse et repli commercial (protectionnisme)

Nouvelles conceptions économiques

Crise de confiance dans le libéralisme : recherche d'un nouveau rôle économique pour l'État (planification / keynésianisme)

Conséquences politiques

Critique de la démocratie libérale :
- recherche d'une démocratie sociale
- affirmation de régimes autoritaires

Régimes totalitaires

Idéologies anti-libérales

- Parti unique et réduction des libertés publiques
- Communisme : suppression du capitalisme
- Fascisme : fusion du peuple dans l'État
- Nazisme : domination de la race aryenne

Volonté de contrôle total de la société

Systèmes de répression féroce, propagande et culte du chef (vie quotidienne sous contrôle et persécution massive contre des groupes désignés comme ennemis)

Poids militaire et diplomatique inégal

- Italie, Allemagne : politique extérieure expansionniste
- URSS : longtemps tenue à l'écart des relations diplomatiques (menace idéologique)

Seconde Guerre mondiale

Domination des forces de l'Axe (1940-1941)

- Expansion allemande à l'ouest puis contre l'URSS et expansion japonaise (Pearl Harbor)
- La Grande-Bretagne poursuit la lutte
- En France : occupation, régime de Vichy et collaboration avec le nazisme

Retournement des équilibres (1942-1943)

- Formation de la Grande-Alliance (États-Unis, Grande-Bretagne, URSS) : débarquements anglo-saxons (Afrique, Italie) et échec allemand devant Stalingrad
- En France : renforcement et unification de la résistance intérieure et de la France libre

Domination des forces alliées (1944-1945)

- Débarquement de Normandie et opération Bagration : capitulation allemande
- Bombardements nucléaires sur Hiroshima et Nagasaki : capitulation japonaise
- En France : libération du territoire et retour à la République (GPRF)

Une guerre totale

- Implication des civils (propagande, résistance, etc.)
- Génocide nazi contre les juifs et les tziganes

je me teste !

1 **De quel phénomène le krach d'octobre 1929 est-il le résultat ?**
- ▢ **a.** La Première Guerre mondiale.
- ▢ **b.** La limitation brutale des échanges commerciaux mondiaux.
- ▢ **c.** Une phase de spéculation boursière qui s'achève par une brutale crise de confiance.

2 **Quel économiste anglais propose de renforcer l'intervention économique de l'État ?**
- ▢ **a.** John M. Keynes.
- ▢ **b.** Franklin D. Roosevelt.
- ▢ **c.** Henri de Man.

3 **Dans quel État la démocratie disparaît-elle des suites de la crise économique de 1929 ?**
- ▢ **a.** Les États-Unis à partir de 1932.
- ▢ **b.** L'Allemagne à partir de 1933.
- ▢ **c.** La France à partir de 1936.

4 **Quelle idéologie a pour objectif principal la suppression du système capitaliste ?**
- ▢ **a.** Le fascisme.
- ▢ **b.** Le nazisme.
- ▢ **c.** Le communisme.

5 **Dans quel pays se produit la Nuit de cristal (1938) ?**
- ▢ **a.** L'Allemagne.
- ▢ **b.** L'Italie.
- ▢ **c.** L'URSS.

6 **Quel événement marque le début de la Seconde Guerre mondiale en Europe ?**
- ▢ **a.** L'annexion de l'Autriche par l'Allemagne nazie.
- ▢ **b.** L'attaque de la Pologne par l'Allemagne nazie.
- ▢ **c.** L'attaque de la France par l'Allemagne nazie.

7 **Quel événement marque le premier échec militaire majeur de l'Allemagne nazie ?**
- ▢ **a.** Le Blitzkrieg.
- ▢ **b.** La bataille de Stalingrad.
- ▢ **c.** Le débarquement de Normandie.

8 **Que décident les responsables nazis lors de la conférence de Wannsee ?**
- ▢ **a.** La mise à mort des juifs par enfermement dans des ghettos.
- ▢ **b.** La mise à mort des juifs par balles.
- ▢ **c.** La mise à mort des juifs dans des camps d'extermination.

9 **Quand les combats de la Seconde Guerre mondiale prennent-ils fin définitivement ?**
- ▢ **a.** En mai 1945.
- ▢ **b.** En août 1945.
- ▢ **c.** En septembre 1945.

10 **Quel militaire dirige le régime de Vichy ?**
- ▢ **a.** Le général Pétain.
- ▢ **b.** Le maréchal Pétain.
- ▢ **c.** Le général De Gaulle.

Réponses !

1 : c – **2** : a – **3** : b – **4** : c – **5** : a – **6** : b – **7** : b – **8** : c – **9** : c – **10** : b

La fin de la Seconde Guerre mondiale et les débuts du nouvel ordre mondial

Cours

1 Un bilan humain, matériel et moral désastreux

▶ La Seconde Guerre mondiale a provoqué la mort de plus de 50 millions de personnes. L'Europe a particulièrement souffert. L'URSS enregistre la plus forte saignée au point de vue des pertes militaires avec 7,5 millions de soldats sacrifiés. Les États-Unis, entrés assez tardivement dans la guerre, perdent 298 000 soldats. Mais ce sont les civils qui, proportionnellement, payent le plus lourd tribut. Cela est dû notamment aux bombardements, aux déportations et au génocide perpétré à l'encontre des Juifs et des Tziganes (5,1 millions de victimes).

▶ Les destructions matérielles sont massives. En Europe comme en Asie, de nombreuses infrastructures ferroviaires et routières sont devenues inutilisables, des industries ont été réduites à néant et des villes comme Caen ou Dresde ne sont plus qu'un champ de ruines. Au Japon, Hiroshima et Nagasaki ont été rasées suite à l'emploi par les Américains de la bombe atomique : l'humanité comprend qu'elle a les moyens de se réduire elle-même à néant.

▶ La révélation des crimes contre l'humanité commis par les nazis lors de la Shoah accroissent le traumatisme moral qui s'abat sur le monde entier au sortir de la guerre. 22 hauts dirigeants du IIIe Reich sont condamnés lors du procès de Nuremberg en 1946 par un tribunal international. La même année, de grands criminels de guerre japonais sont jugés par le tribunal militaire de Tokyo.

2 Les bases d'un nouvel ordre économique et social

▶ Si l'économie des États-Unis a été stimulée par la guerre, de nombreux États sont très endettés. En France, le déficit des finances publiques s'élève à 70 % en 1944, tandis que le franc a perdu les 4/5e de sa valeur de 1939. L'intervention de l'État dans les domaines économique et social apparaît nécessaire pour éviter de nouvelles crises potentiellement génératrices de conflits : l'État-providence s'affirme au Royaume-Uni après 1945. C'est ce que prévoit aussi le programme défini le 15 mars 1944 par le Conseil national de la résistance (CNR).

Ouverture

Le Conseil national de la résistance (CNR) se fixe pour but d'établir un « ordre social plus juste » dans la France d'après-guerre. Ses préconisations sont appliquées : nationalisation des grandes usines, rétablissement des droits au travail et au repos, reconstitution d'un syndicalisme indépendant, création de la Sécurité sociale et garantie d'une retraite pour les vieux travailleurs.

▶ Au niveau international, les Alliés sont convaincus que les désordres monétaires des années 1930 ont provoqué la guerre. En juillet 1944, la conférence de Bretton Woods dessine les grandes lignes du système financier international d'après-guerre. 45 pays acceptent de coopérer pour maintenir l'équilibre du système monétaire mondial, qui s'organise autour du dollar, ce qui consacre la suprématie des États-Unis. Les accords de Bretton Woods créent le Fonds monétaire international (FMI) chargé de veiller à la stabilité su système. Il siège à Washington.

Mot-clé

L'État-providence est une forme d'organisation sociale dans laquelle l'État prétend assurer directement ou indirectement le bien-être des citoyens en jouant un rôle central de régulation de l'économie et de redistribution des richesses et des revenus, pour la protection et la justice sociale.

3 Assurer la sécurité dans le monde : la mission de l'ONU

▶ Afin de maintenir durablement la paix, les 51 pays vainqueurs de l'Axe signent la charte des Nations Unies à San Francisco le 26 juin 1945 qui donne le jour à l'Organisation des Nations Unies (ONU). Cette organisation compte de nombreux organes, visant le développement économique et social : Unicef, OMS, CNUCED, BIRD, etc. Elle repose sur deux piliers : l'Assemblée générale et le Conseil de sécurité.

▶ L'Assemblée générale regroupe l'ensemble des pays membres de l'ONU, qui disposent tous d'une voix. Elle se réunit au moins une fois par an et vote des recommandations et des résolutions, qui sont censées être respectées.

Drapeau des Nation Unies

▶ Le Conseil de sécurité peut siéger à tout moment en cas de crise grave. Il est composé de 11 États membres, dont 5 permanents (États-Unis, URSS, Chine, France, Royaume-Uni), qui disposent d'un droit de veto sur les décisions adoptées à la majorité simple. Un secrétaire général élu est chargé de faire exécuter les résolutions.

4 De nouvelles menaces sur la paix

▶ Après la capitulation allemande, la Grande Alliance se craquèle. Les États-Unis, première puissance économique et financière, détiennent le monopole de l'arme nucléaire. >>

L'URSS, quant à elle, sort de la guerre ruinée mais sa participation décisive à la victoire lui confère un prestige considérable dans le monde. Les États-Unis possèdent une sphère d'influence en Europe de l'ouest, l'URSS domine l'Europe de l'est. En 1946, **Winston Churchill** évoque un « rideau de fer » les séparant pour traduire la tension existant entre elles en Europe.

Winston CHURCHILL, Parliament Square, statue d'Ivor Roberts-Jones.

▶ En 1947, le président américain **Harry Truman** énonce clairement sa volonté de contenir l'expansion du modèle communiste. Il propose dans ce but un programme d'aide économique à tous les pays européens. C'est le plan Marshall. Ce programme est rejeté par tous les pays européens dominés par l'URSS, qui resserre son emprise en Tchécoslovaquie.

Ouverture

La Tchécoslovaquie est la proie, en février 1948, de manœuvres politiques destinées à consolider définitivement l'influence soviétique. À la suite du « coup de Prague », un régime communiste se met en place durablement. La situation se durcit à l'est du rideau de fer.

▶ Le Moyen-Orient devient un foyer de tensions durable. Des Juifs sionistes se sont établis en Palestine, notamment des rescapés de la Shoah. Les Arabes déjà présents sur ce territoire rejettent le plan de partition de la Palestine proposé par l'ONU en 1947, planifiant la création d'un État juif, d'un État arabe, Jérusalem demeurant sous contrôle international. En février 1948, le mandat britannique prend fin en Palestine et l'État d'Israël est proclamé : une guerre éclate avec plusieurs États arabes, qui essuient une défaite en 1949. Israël s'est taillé un territoire plus important que celui prévu par le plan de 1947 et s'affirme comme une puissance militaire majeure dans la région.

Savoir-faire

Identifier et expliciter les dates et acteurs des grands événements

▶ Il est absolument nécessaire de **mémoriser les grands événements** du programme en les associant aux **acteurs** qui jouent un rôle dans leur déroulement et aux **dates** auxquelles ils prennent place.

▶ L'identification et la contextualisation d'une date, d'un acteur et d'un événement permet de soutenir son argumentation lors de la réponse à une **question problématisée**, ou de procéder à l'essentiel de l'**analyse d'un document ou d'une image.**

▶ Pour cette seconde épreuve, on peut par exemple se poser les questions suivantes :
- À quel événement cette image ou ce document fait-elle ou fait-il allusion ?
- Quand a-t-il eu lieu ? (Rappeler le contexte historique.)
- À quels acteurs l'image ou le document fait-elle ou fait-il allusion ?
- En quoi cet événement met-il fin ou ouvre-t-il une nouvelle ère ?

HISTOIRE

Exercice

★ 15 min **Type Bac** **Analysez ce texte.**

En identifiant l'événement, la date et les acteurs auxquels renvoie ce texte, vous aurez procédé à l'essentiel de son analyse.

Nouveau gouvernement tchécoslovaque

PRAGUE, le 26 fév. La crise gouvernementale en Tchécoslovaquie s'est achevée hier soir avec la constitution d'un cabinet majoritairement communiste dirigé par le Premier ministre Gottwald. [...] Les canons de fusil de la police de sécurité du ministère de l'Intérieur communiste constituaient depuis lundi matin une menace évidente, qui laissait entrevoir les méthodes que Gottwald était prêt à utiliser pour imposer ses revendications par la force si nécessaire. [...] Les observateurs étrangers à Londres sont conscients que le président Beneš a certes préservé l'enveloppe externe de la démocratie, mais que la résolution de la crise équivaut dans la pratique à une victoire des communistes.

« Nouveau gouvernement tchécoslovaque », *Luxemburger Wort*, 26 février 1948.

Une nouvelle donne géopolitique : bipolarisation et émergence du tiers-monde

Cours

1 Deux blocs face à face

▶ La question de Berlin est au cœur de la rivalité entre les États-Unis et l'URSS au lendemain de la Seconde Guerre mondiale. La capitale allemande se trouve dans la zone est du pays, régie par l'URSS, mais est elle-même divisée en deux blocs, dont l'un est sous domination occidentale. Les Soviétiques organisent le blocus terrestre de Berlin-ouest à partir de juin 1948, mais les Américains continuent de ravitailler l'enclave par voie aérienne. L'échec de cette opération précipite la division de l'Allemagne entre République fédérale d'Allemagne (RFA) à l'ouest et République démocratique allemande (RDA) à l'est.

▶ Les deux superpuissances se dotent chacun d'un dispositif d'alliances militaires : l'Organisation du traité de l'Atlantique Nord (OTAN) regroupe le camp occidental, tandis que le pacte de Varsovie cimente le camp communiste. Ce dernier s'enrichit en 1949 d'un nouveau membre : la Chine.

À savoir

La Chine de Mao : la Chine devient communiste après une révolution opérée sous la conduite de Mao. Ce pays ne tarde pas à suivre sa propre voie avec sa politique du Grand Bond en avant destinée à stimuler la production par la collectivisation de l'agriculture. Cette orientation menant le pays à la famine est critiquée par l'URSS, qui refuse que la Chine se dote de l'arme nucléaire. Les relations entre les deux pays se rompent dans les années 1960.

2 Le risque d'une guerre nucléaire

▶ Le monde se polarise dès lors autour des deux Grands, tous deux porteurs d'un modèle idéologique à prétention universelle : la démocratie libérale et le capitalisme pour les Américains, la dictature du prolétariat et le communisme pour les Soviétiques. États-Unis et URSS sont au centre de deux blocs en capacité de déclencher une guerre nucléaire, les Soviétiques possédant l'arme atomique à partir de 1949. Une confrontation directe déboucherait sur une destruction mutuelle. Elle est évitée en déplaçant l'affrontement sur des territoires périphériques en employant des armes conventionnelles (ex : guerre de Corée, 1950-1953).

▶ En Europe, le dialogue semble devenu impossible lorsqu'en 1961 l'URSS fait ériger un mur empêchant toute communication entre Berlin-ouest et Berlin-est. Un an plus tard, la crise des missiles à Cuba mène le monde entier au bord du gouffre. Depuis 1959, la plus grande île des Antilles est devenue communiste suite à la révolution menée par **Fidel Castro**. En octobre 1962, les Américains repèrent que des rampes de lancement pour missiles à moyenne portée, pouvant donc atteindre leur territoire, sont en cours d'installation par les Soviétiques. Le président **J.-F. Kennedy** exige le retrait immédiat de ces dispositifs militaires, faute de quoi il se réserve le droit d'employer l'arme atomique. Le leader de l'URSS, **N. Khrouchtchev**, ouvert à la négociation, finit par démanteler les rampes de lancement.

3 L'émergence du tiers-monde, entre décolonisation et guerre froide

▶ Après la crise de Cuba, les deux Grands inaugurent une période de détente en s'efforçant de multiplier les contacts. Dans un contexte d'équilibre de la terreur, les tensions subsistent mais elles se déplacent dans le tiers-monde, qui s'affirme politiquement. En effet, de nombreux pays d'Asie, d'Afrique et d'Amérique latine proclament leur indépendance et déclarent, lors de la conférence de Belgrade en 1961, qu'ils ne veulent s'affilier à aucun de deux blocs et rester neutres pour former un troisième bloc. Mais cette position est très difficile à tenir, car la pauvreté de la plupart de ces pays les amène à accepter l'aide économique proposée par l'un des deux Grands.

▶ Le Moyen-Orient, riche en pétrole et voie de passage stratégique, devient un terrain d'affrontement entre l'Est et l'Ouest. C'est le cas de l'Égypte dirigée par **Nasser**, qui nationalise le canal de Suez en 1956, ce qui entraîne un conflit avec le Royaume-Uni et la France. L'URSS entame alors une coopération avec l'Égypte tout en soutenant le nationalisme arabe et la cause palestinienne, notamment l'Organisation de libération de la Palestine (OLP) fondée en 1964. Israël, poste avancé du camp occidental, déclenche une « attaque préventive » pour faire face aux menaces que font planer sur lui ses voisins arabes : la guerre des Six Jours de 1967 permet à l'État hébreu de quadrupler la surface de son territoire et de renforcer ses liens avec les États-Unis.

4 La guerre du Viêtnam et l'année 1968

▶ En 1968, les Américains s'enlisent au Viêtnam : face à un ennemi invisible qui mène une guérilla, et malgré leur supériorité aérienne, ils n'emportent pas la victoire. Aux États-Unis, une grande partie de la jeunesse se révolte contre sa participation à un conflit perçu avant tout comme un massacre de civils par armes chimiques. Dans d'autres pays, des étudiants manifestent (Mexique, France).

>> La fracture raciale s'accroît aussi en Amérique (assassinat de Martin Luther King, émeutes dans les ghettos noirs). Une vague de contestation déferle sur tout l'Occident, prenant différentes formes (participation à des concerts, mouvement hippie rejetant les valeurs traditionnelles, affrontements parfois violents avec la police. Elle se fait aussi jour en 1968 dans le bloc de l'Est. Mais la tentative de libéralisation du régime prônée par le parti communiste tchécoslovaque est réprimée par l'irruption des chars soviétiques dans la capitale, lors du Printemps de Prague.

Ouverture

La **guerre du Vietnam** : après une guerre commencée en 1946, où la France lutte contre le Viêt-Minh d'Hô-Chi-Minh soutenu par le camp communiste, les accords de Genève marquent en 1954 l'indépendance de l'Indochine. Le Viêtnam est séparé en deux zones par le 17e parallèle. L'influence communiste, nette dans la partie nord, pourrait s'étendre à la partie sud. Pour l'éviter, les États-Unis s'engagent massivement dans une guerre au Viêtnam à partir de 1965.

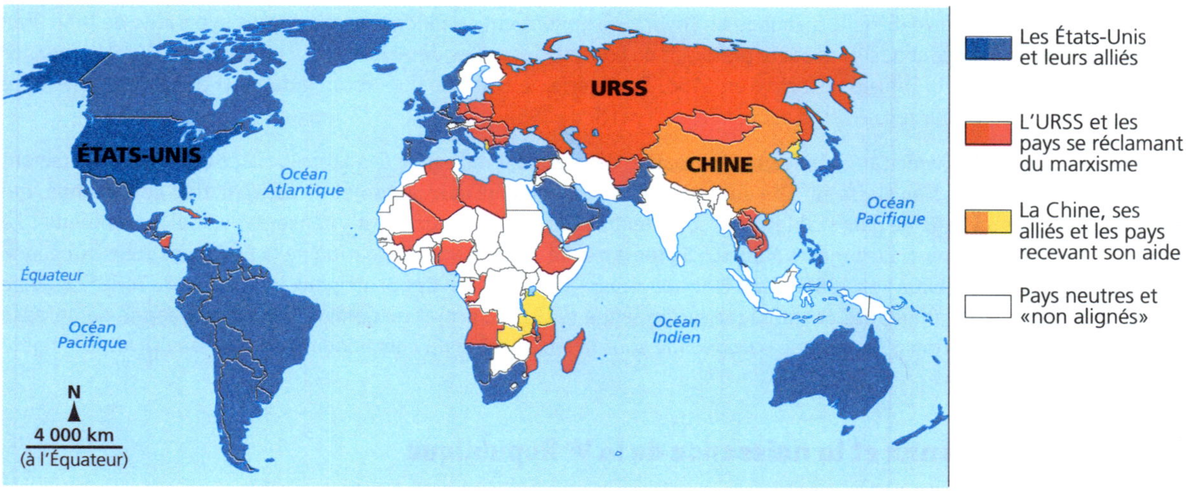

La structuration des blocs durant les années 1970

Savoir-faire

Employer les notions et le lexique acquis en histoire

- Afin d'apporter des réponses précises et montrer que l'on maîtrise son sujet, il est nécessaire d'employer des mots de vocabulaire spécifiques (lexique), renvoyant à des **idées** (notions) ou à des **faits historiques précis** en lien avec la thématique à traiter.
- Lors de l'apprentissage des mots et expressions décrivant les situations historiques étudiées, bien s'assurer d'en maîtriser la **définition** afin de les utiliser de façon pertinente.
- Exemple de lexique à utiliser pour parler de mai 68 :

Mai 68
guerre du Viêtnam
parti communiste – révoltes étudiantes
ghettos
mouvement hippie
fracture raciale
Printemps de Prague

Exercice

★ 15 min Type Bac **Répondre à une question problématisée.**

Sujet : Quels événements ébranlent le monde en 1968 ? Sont-ils tous de même nature ?

Rédigez une réponse à cette question en mettant en relief le caractère simultané des révoltes qui parcourent le monde durant l'année 1968, tout en relevant la diversité des formes qu'elles revêtent.

Efforcez-vous d'employer les idées et les faits historiques proposés dans le Savoir-faire.

La France, une nouvelle place dans le monde

Cours

1 La IVe République doit relever de nombreux défis

▶ La République est rétablie en France en octobre 1946. La IVe République est un régime parlementaire assez instable, car une majorité claire ne se dégage pas forcément de l'Assemblée nationale. Le président du Conseil ne reste souvent en fonction que quelques mois et a peu de pouvoirs.

▶ En plus de la reconstruction et de la modernisation du pays, la France doit faire face aux difficultés de la décolonisation. À partir de 1946, une guerre difficile s'engage en Indochine qui obtient son indépendance après la bataille de Diên Biên Phu. Les accords de Genève sont signés par le président du Conseil **Pierre Mendès-France**, qui prépare aussi l'indépendance pacifique du Maroc et de la Tunisie, effective en 1956. En Algérie, le Front de libération national (FLN) entame une lutte armée contre la France pour recouvrer sa souveraineté à partir de 1954.

▶ Libérée par les Anglo-Américains, la France fait partie de la zone d'influence des États-Unis et bénéficie pleinement de l'aide économique du plan Marshall. Elle adhère à l'OTAN et s'engage dans le projet de construction européenne, qui représente à la fois un gage de paix stable sur le continent et l'assurance pour elle d'y conserver une place éminente. Le ministre français des Affaires Étrangères **Maurice Schuman** est à l'origine de la création de la Communauté européenne du charbon et de l'acier (CECA) en 1951 ; **Jean Monnet** apparaît comme l'un des principaux initiateurs du Traité de Rome de 1957 qui fonde la Communauté économique européenne (CEE). Le projet de Communauté européenne de défense (CED), prévoyant la création d'une armée européenne sous la supervision du commandant en chef de l'OTAN, est rejeté par le Parlement en 1954.

2 La crise algérienne et la naissance de la Ve République

▶ La IVe République ne parvient pas à régler le conflit en Algérie opposant indépendantistes algériens et soldats français. Un million de pieds-noirs vivent dans la colonie française face à neuf millions de musulmans, dont une partie, les harkis, soutient l'armée française. Contestant le pouvoir en place, un groupe de partisans du maintien de l'Algérie française s'empare de bâtiments administratifs à Alger pour faire sécession le 13 mai 1958.

▶ Le1er juin 1958, le **général de Gaulle** se fait investir président du Conseil. Il charge les députés de préparer une nouvelle Constitution ouvrant la voie à la Ve République. Certains députés, tel Pierre Mendès-France, sont hostiles au texte constitutionnel proposé mais la population française l'approuve par référendum. En septembre 1958 de Gaulle devient le premier président de la Ve République. En 1962, il instaure le suffrage universel pour l'élection du président, ce qui lui donne encore plus de pouvoir.

Affiche en faveur du oui à la Constitution de la Ve République au référendum du 28 septembre 1958

Ouverture

La Constitution de 1958 est le texte fondateur de la Ve République. De Gaulle met en œuvre sa vision d'un régime privilégiant le pouvoir exécutif, en contraste avec le système parlementaire de la IVe République. Ainsi, le gouvernement n'est plus investi par l'Assemblée nationale, il est désigné par le chef de l'État. De plus, il partage l'initiative des lois avec le Parlement.

>> ▶ De Gaulle règle le problème algérien en négociant l'indépendance du pays, proclamée par les accords d'Évian en 1962 et approuvée par référendum. Cet affrontement, qui a duré huit ans reste un épisode toujours difficile à aborder. En France, les mémoires communautaires se sont réveillées dans les années 1980-1990, ce qui a conduit l'État à reconnaître la réalité de la guerre, tandis que l'usage de la torture continue de faire débat. En Algérie, la mémoire officielle écrite après l'indépendance reste la seule autorisée, car elle cimente l'unité nationale.

3 Indépendance nationale et modernisation de la France

▶ Les débuts de la Ve République coïncident avec la « politique de grandeur » souhaitée par de Gaulle, tendant à rendre à la France sa splendeur passée. De grands projets industriels sont lancés et l'équilibre financier est rétabli par une politique de dévaluation, la création du nouveau franc et une hausse des impôts.

▶ Si l'alliance avec les États-Unis est maintenue, la France sort du commandement intégré de l'OTAN en 1966. De Gaulle veut que la France recouvre une véritable indépendance sur la scène internationale. Dotée de l'arme nucléaire en 1960, elle mène une politique d'ouverture vers les pays communistes (reconnaissance de la Chine, visite dans les pays de l'est).

▶ La construction européenne se poursuit, même si de Gaulle s'oppose à l'entrée du Royaume-Uni, qui ne sera effective qu'en 1973. Les bonnes relations entretenues avec le chancelier Adenauer débouchent sur la signature du traité de l'Élysée en 1963, qui renforce le rapprochement franco-allemand.

Savoir-faire

Mettre un événement ou une figure historique en perspective

▶ Pour bien cerner un événement ou une figure historique, il est indispensable de les replacer dans une dimension temporelle permettant de prendre en compte leurs multiples dimensions.

▶ Dans le cadre de l'**analyse d'un document**, on peut ainsi se poser les questions suivantes :
Dans quel **contexte** l'événement décrit ou illustré prend-il place ?
Le **passé** d'un ou des acteurs traités dans le document permet-il de rendre ses actes ou l'événement décrit plus intelligibles ?

HISTOIRE

Exercice

★ 25 min **Type Bac** **Analyse de texte.**

a. Dans quel contexte politique Pierre Mendès-France s'exprime-t-il ?

d. Quel régime politique Pierre Mendès-France incarne-t-il ? Quel système défend-t-il ?

c. À quel passé du général de Gaulle Pierre Mendès-France fait-il référence ? Pourquoi malgré ce passé s'oppose-t-il à lui ?

d. D'après vos connaissances, par quelle décision politique s'est terminé le débat auquel prend part Mendès-France ? À quoi cela a-t-il abouti au point de vue institutionnel ?

La IVe République périt de ses propres fautes. Ce régime disparaît parce qu'il n'a pas su résoudre les problèmes auxquels il était confronté. (...) Le « système » que le général de Gaulle a si souvent critiqué et qui méritait, en effet, bien des critiques, a échoué. Mais ce n'est pas la République, ce n'est même pas le système parlementaire qui méritent d'être condamnés. Seul, le mauvais usage qui en a été fait nous a réduits à l'impuissance et nous a conduits à tant de déconvenues. (...)
Quoiqu'il en coûte aux sentiments que j'éprouve pour la personne et pour le passé du général de Gaulle, je ne voterai pas en faveur de son investiture ; et il n'en sera ni surpris, ni offensé. (...) je ne puis admettre de donner un vote contraint par l'insurrection et la menace d'un coup de force militaire. (...)

Extraits du discours de Pierre Mendès-France lors du débat d'investiture du général de Gaulle le 1er juin 1958. *Journal officiel des débats de l'Assemblée nationale*

Pour analyser de manière approfondie ce texte, il est utile de mettre en perspective l'événement qu'il évoque et les deux figures historiques de premier plan qui y prennent part. Servez-vous de vos connaissances pour savoir par quelle décision politique s'est terminé ce débat auquel prend part Mendès-France et à quoi il a abouti au point de vue institutionnel.

La multiplication des acteurs internationaux dans un monde bipolaire (de 1945 au début des années 1970)

Le lourd bilan de la Seconde Guerre mondiale

Bilan humain
50 millions de morts civils et militaires

Bilan matériel
- Infrastructures routières, industries, villes ruinées.
- 2 villes japonaises rasées par la bombe atomique.

Bilan moral difficile à assumer
Bombe atomique, génocides.

Les bases du nouvel ordre mondial

Assurer la paix mondiale
Création de l'ONU. L'Assemblée Générale et le Conseil de sécurité font face aux crises internationales.

Rétablir l'équilibre financier
Accords de Bretton Woods : création du FMI, le dollar domine les monnaies mondiales.

Affirmation de l'État-providence
En France et au Royaume-Uni

La guerre froide déstabilise la paix mondiale

Risque d'une guerre nucléaire
- Crise de Cuba (1962).
- L'arme atomique sert d'outil de dissuasion (équilibre de la terreur).

Moyen-Orient
- Création de l'État d'Israël (1948).
- Guerre des Six Jours (1967).

Guerre du Viêtnam
- Reflète les rivalités entre l'Est et l'Ouest.
- Pays séparé en deux zones d'influence : communiste au nord, américaine au sud.

La décolonisation fait émerger de nouveaux États

Non-alignement
Conférence de Belgrade, 1961 : de nombreux États décolonisés choisissent de ne pas s'aligner sur les deux blocs.

Indépendance
- 1950-1960 : en Asie et en Afrique.
- 1962, accords d'Évian : l'Algérie prend son indépendance après une guerre de 8 ans.

je me teste !

1 **Quel pays a connu les pertes militaires les plus lourdes durant la Seconde Guerre mondiale ?**
- a. Les Etats-Unis.
- b. L'URSS.
- c. La Chine.

2 **À combien s'élève le nombre de victimes du génocide des Juifs ?**
- a. 2,3 millions.
- b. 5,1 millions.
- c. 10,9 millions.

3 **Dans quelle ville se tient le procès où 22 hauts dirigeants nazis sont jugés et condamnés ?**
- a. Berlin.
- b. Munich.
- c. Nuremberg.

4 **Qu'est-ce que l'État-providence ?**
- a. Un État intervenant dans les domaines économique et social.
- b. Un État qui protège ses citoyens contre la guerre.
- c. Un État qui accorde le suffrage universel.

5 **Quel texte donne naissance aux Nations Unies en 1945 ?**
- a. La charte de San Francisco.
- b. Le traité de l'Atlantique.
- c. Les accords de Bretton Woods.

6 **Quels sont les membres permanents du Conseil de sécurité de l'ONU ?**
- a. L'URSS, les États-Unis, l'Allemagne, la Chine, la France.
- b. L'URSS, la Chine, le Japon, la France, le Royaume-Uni.
- c. L'URSS, la Chine, les États-Unis, la France, le Royaume-Uni.

7 **En quelle année est proclamée la création d'Israël ?**
- a. 1947. b. 1948. c. 1949.

8 **Quel pays devient communiste suite à une révolution en 1949 ?**
- a. La Tchécoslovaquie.
- b. Cuba.
- c. La Chine.

9 **Quel est le leader soviétique qui a négocié avec Kennedy lors de la crise des missiles de Cuba ?**
- a. Khrouchtchev.
- b. Brejnev.
- c. Gorbatchev.

10 **Qu'a décidé le dirigeant égyptien Nasser en 1956 ?**
- a. Créer la Ligue arabe.
- b. Déclarer la guerre à Israël.
- c. Nationaliser le canal de Suez.

11 **Quel type de conflit correspond à la guerre du Viêtnam ?**
- a. Une guerre d'indépendance typique de la décolonisation.
- b. Une lutte menée par le Viêtnam pour agrandir son territoire.
- c. Un conflit mené par les États-Unis pour endiguer le communisme.

12 **Quel projet relatif à la construction européenne est rejeté par la IVe République ?**
- a. La CECA. b. La CEE. c. La CED.

13 **Quel équilibre institutionnel prévoit la Constitution de la Ve République ?**
- a. Le législatif a plus de pouvoir que l'exécutif.
- b. L'exécutif a plus de pouvoir que le législatif.
- c. Législatif et exécutif ont des pouvoirs équivalents.

14 **Quelles sont les bornes chronologiques correspondant au début et à la fin de la guerre d'Algérie ?**
- a. 1945-1958.
- b. 1958-1966.
- c. 1954-1962.

15 **En 1966, pourquoi la France quitte-t-elle le commandement intégré de l'OTAN ?**
- a. Pour intégrer le bloc de l'Est.
- b. Pour montrer qu'elle reste indépendante.
- c. Pour pouvoir se doter de l'arme nucléaire.

Réponses !

1 : b - **2** : b - **3** : c - **4** : a - **5** : a - **6** : c -
7 : b - **8** : c - **9** : a - **10** : c - **11** : c -
12 : c - **13** : b - **14** : c - **15** : b

La modification des grands équilibres économiques et politiques mondiaux

Cours

1 Des bouleversements économiques consécutifs aux chocs pétroliers

▶ En octobre 1973, l'attaque de l'Égypte et de la Syrie contre Israël tourne court. Les pays arabes faisant partie de l'Organisation des pays exportateurs de pétrole (OPEP) montrent leur force en faisant tripler le prix du baril de pétrole. Le choc sur les économies des pays industriels est énorme : la production, très dépendante du pétrole comme source d'énergie, chute brutalement dès 1974, de même que les taux de profit et les investissements. Le chômage et les prix grimpent. L'Occident connaît toujours une croissance économique positive, mais son rythme est considérablement ralenti par rapport à la période des Trente Glorieuses.

▶ Le monde doit affronter en 1979 les conséquences d'un nouveau choc pétrolier qui éclate dans le contexte de la révolution iranienne, suivie de la guerre entre l'Iran et l'Irak. En raison des bouleversements affectant l'un des principaux pays producteurs de pétrole, le prix du baril fait plus que doubler. L'Occident s'enfonce dans la stagflation (faible croissance de l'économie combinée à l'inflation) et son chômage est désormais structurel. Les pays en développement qui n'ont pas de ressources pétrolières sont aussi touchés. Leur croissance est sensiblement freinée par le coût d'une énergie devenue chère.

À retenir

La **révolution islamique d'Iran** : depuis le début des années 1970, le régime monarchique du Shah, allié des États-Unis, est contesté dans un pays qui se modernise. Des religieux chiites menés par l'ayatollah Khomeiny, appellent à l'avènement d'un nouveau pouvoir fondé sur les principes de l'islam.
Le Shah est destitué au début de l'année 1979. Une « République islamique » est mise en place : elle s'appuie sur l'autorité d'un clergé formé de mollahs et d'une milice armée. Toute trace d'occidentalisation des mœurs est éradiquée. Le nouveau régime iranien inspire de nombreux courants se réclamant du fondamentalisme islamique qui rejettent l'Occident.

▶ La fin du plein emploi augmentant les dépenses de l'État-providence en même temps qu'il réduit ses ressources conduit dans les années 1980 au triomphe de la doctrine néolibérale aux États-Unis, par laquelle **Ronald Reagan** assouplit les règlementations encadrant le développement industriel. C'est la dérégulation : l'État se met en retrait, les mécanismes du marché jouant librement. La Chine, quant à elle, se modernise économiquement sous la direction de **Deng Xiao Ping**, qui réhabilite le profit, permet l'émergence d'un secteur privé et l'ouverture de zones économiques spéciales (ZES) ouvertes aux investissements étrangers. Le pays expérimente ainsi une autre forme de capitalisme, où l'État reste omniprésent.

2 Démocratisation de l'Europe méridionale et élargissements de la CEE

▶ Alors que le Portugal s'efforce de maintenir sa domination sur l'Angola, le Mozambique, la Guinée-Bissau, un groupe de jeunes officiers réussit à renverser le régime dictatorial de **Marcelo Caetano**, successeur de Salazar. Le 24 avril 1974, le Mouvement des forces armées (MFA) mène un coup d'État pacifique : aucun coup de feu n'est tiré, des œillets sont même symboliquement glissés dans les canons. C'est la révolution des Œillets. Le pays met fin à ses guerres coloniales et restaure la démocratie.

▶ La crise chypriote entraîne, en Grèce, la chute du régime dictatorial des colonels. En juillet 1974, les troupes turques prennent possession de la partie nord de l'île de Chypre. **Konstantin Karamanlis** est nommé Premier ministre d'un gouvernement d'union nationale pour faire baisser la tension avec la Turquie. Il en profite pour initier une transition vers une démocratie pluraliste. Des élections le confirment dans ses fonctions puis un plébiscite abolit la monarchie au profit de la République. Une nouvelle constitution est rédigée en 1975.

▶ La mort du **général Franco**, en novembre 1975, annonce la fin de la dictature en Espagne. Proclamé roi, **Juan Carlos**, que Franco a désigné comme son successeur, libéralise peu à peu le pays. En 1977, tous les partis d'opposition, y compris le parti communiste, participent aux premières élections libres depuis 1936. En 1978, une nouvelle Constitution affirme l'orientation démocratique du pays, approuvée par la majorité de la population. Le 23 février 1981, des militaires nostalgiques de l'ancien régime fomentent une tentative de coup d'État qui reste sans lendemain.

▶ L'adhésion de la Grèce à la CEE en 1981 suivie de celle de l'Espagne et du Portugal en 1986 fait passer le nombre des membres du marché commun de 9 à 10, puis à 12. Ces trois pays présentent de nombreux retards économiques : faiblesse du PIB, chômage élevé, poids très élevé du secteur primaire, industrie peu développée. Mais leur intégration au sein de la CEE scelle durablement leur basculement en démocratie. En raison de leur pauvreté relative, Grèce, Espagne et Portugal bénéficient d'importantes aides communautaires et voient leur économie progresser même si des disparités régionales se creusent.

3 L'effondrement du bloc soviétique

▶ **Mikhaïl Gorbatchev**, nouveau secrétaire général du Parti nommé en 1985, veut régénérer le système communiste. Il souhaite ressusciter l'esprit d'initiative en autorisant les entreprises privées individuelles dans le cadre de la politique de Perestroïka (« reconstruction »). Le commerce extérieur est peu à peu libéré, la création de sociétés mixtes avec des capitaux étrangers autorisée. Mais les difficultés se multiplient dans le pays et Gorbatchev doit renoncer à une transition rapide vers une économie de marché.

▶ D'un point de vue politique, la censure est supprimée et de nombreux dissidents sont libérés : c'est la Glasnost (« transparence »). Un nouveau parlement est mis sur pied et Gorbatchev est élu Président de l'URSS, le « rôle dirigeant du Parti » ayant été aboli. Mais la possibilité laissée aux démocraties populaires d'Europe centrale de se doter de gouvernements réformateurs favorise leur émancipation de la tutelle soviétique. Face à la fissuration du bloc de l'Est qui se déroule en 1989, Gorbatchev refuse d'employer la force.

Boris Eltsine et Mikhaïl Gorbatchev devant le Parlement russe, 23 août 1991.

▶ Face au désir d'indépendance vis-à-vis de l'URSS manifesté par les pays baltes, Gorbatchev organise en mars 1991 un référendum sur le maintien de l'URSS. Mais 9 républiques sur 15 y participent, la Lituanie, l'Estonie, la Lettonie, l'Arménie, la Géorgie et la Moldavie se proclamant souveraines. En juin 1991, la Russie elle-même se dote d'un président élu au suffrage universel, **Boris Eltsine**, dont la légitimité est bien supérieure à celle de Gorbatchev. Un putsch fomenté par des communistes conservateurs précipite la dissolution de l'URSS, remplacée par la CEI en décembre 1991.

Ouverture

L'année 1989 voit se dérouler des événements géopolitiques majeurs dans le monde. L'Armée Rouge se retire définitivement d'Afghanistan (février) : la domination soviétique est un échec, elle est rejetée par les démocraties populaires d'Europe centrale. La chute du mur de Berlin (9 novembre) symbolise le triomphe du bloc de l'Ouest face au bloc de l'Est. Lors d'une rencontre avec Gorbatchev, le président américain Bush déclare que la guerre froide est terminée. Mais le communisme tient bon en Chine où la révolte des étudiants et du peuple réclamant plus de liberté a été réprimée dans le sang, place Tian-an-Men (juin).

HISTOIRE

Savoir-faire

Mettre en relation des faits politiques et économiques se déroulant à des moments et dans des endroits différents du monde

Dans l'histoire, tous les événements sont étroitement intriqués. Par rapport à un fait majeur, ils peuvent s'analyser comme étant des **causes** ou des **effets**, selon qu'ils se déroulent en amont ou en aval. Il est donc nécessaire de maîtriser leur date. Il est possible qu'ils se déroulent à des endroits très éloignés les uns des autres, par exemple lorsqu'il s'agit d'un fait d'importance mondiale ; il faut alors les **localiser** pour montrer les **interactions** qui se nouent entre des événements d'apparence très éloignés.

Exercice

★★ 15 min Type Bac **Réponse à une question problématisée.**

Sujet : Quels sont les causes et les effets des chocs pétroliers survenus dans les années 1970 ?

Rédigez une réponse à cette question en insistant sur les origines géopolitiques des chocs pétroliers de 1973 et de 1979, puis dégagez leurs conséquences sur les économies des pays d'Occident et du Tiers-Monde.

Après avoir défini ce qu'est un choc pétrolier, indiquez et localisez les événements géopolitiques qui ont déclenché celui de 1973 et celui de 1979 ; puis décrivez ce que ces deux chocs ont provoqué comme difficultés économiques en Occident et dans les pays en développement. Vous pouvez souligner les éventuels points communs entre les origines et les conséquences de ces deux chocs.

Un tournant social, politique et culturel de la France de 1974 à 1988

Cours

1 Des réformes qui transforment la société

▶ La France connaît dans les années 1970 une libéralisation de la société dans le domaine des mœurs. En 1974, l'Assemblée nationale abaisse l'âge de la majorité civile de 21 à 18 ans. Le tout nouveau président **Valéry Giscard d'Estaing** tient ainsi la promesse qu'il avait faite aux jeunes lors de sa campagne. 2,4 millions de Français s'émancipent alors de leurs parents, qui n'ont plus ni autorité ni responsabilité sur eux, et obtiennent le droit de vote.

▶ En 1974, Giscard crée un secrétariat d'État à la Condition féminine pour favoriser l'accès des femmes à des postes de responsabilité et pour lutter contre les discriminations qui les frappent, mais ses moyens d'action sont très limités. L'influence du Mouvement de libération des femmes (MLF) n'est pas étrangère à l'intérêt porté par le pouvoir à cette question. Les femmes, de plus en plus indépendantes, occupant souvent un travail salarié et ayant droit à la contraception depuis la loi Neuwirth de 1967, deviennent pour certaines féministes.

Mot-clé

Féministe : personne qui lutte pour l'amélioration et l'extension du rôle et des droits des femmes dans la société.

Ouverture

La **loi autorisant l'interruption volontaire de grossesse (IVG)** est un tournant dans l'évolution du droit des femmes. C'est la ministre de la Santé, Simone Veil, qui défend devant les députés le projet de loi dépénalisant l'IVG. Le vote suscite d'âpres débats. Le droit à l'avortement, autorisé dans un délai de grossesse inférieur ou égal à 10 semaines, est adopté en janvier 1975, grâce essentiellement aux voix de gauche et du centre. Cette loi, jamais remise en cause, fait toujours l'objet de certaines contestations dans la société.

2 De nouvelles questions animent la scène politique

▶ La crise économique, qui sévit en France depuis 1973, favorise l'arrivée à l'Élysée du socialiste **François Mitterrand** en mai 1981. Après une longue période où la droite a été au pouvoir en France, cette alternance politique augure de nombreux changements.

▶ Les femmes ont encore des combats à mener dans les domaines de la famille et du travail. En 1975, le divorce par consentement mutuel est instauré. En 1983, la loi Roudy œuvre pour l'égalité professionnelle entre les femmes et les hommes : toutes les entreprises de plus de 50 salariés ayant signé un contrat avec l'État doivent s'efforcer d'assurer une parité entre hommes et femmes en matière d'embauche, de promotion, de conditions de travail et de rémunération. Mais les progrès restent modestes. La question du droit des femmes devient récurrente en politique.

Ouverture

L'abolition de la peine de mort en 1981 est une question qui a fortement agité l'opinion publique. Pendant sa campagne électorale, Mitterrand s'était ouvertement déclaré contre la peine de mort au risque de perdre des voix. En août 1981, le Conseil des ministres approuve le projet de loi abolissant la peine de mort, qui est défendu avec passion par l'avocat Robert Badinter. L'Assemblée Nationale vote en septembre 1981 l'abolition, avec 363 voix pour, 117 contre. Cela représente une inflexion humaniste du système judiciaire français qui, en septembre 1977, avait fait guillotiner le dernier condamné à mort.

▶ Durant les Trente Glorieuses, la France a eu recours à une forte immigration pour répondre à ses besoins de main-d'œuvre. Mais avec la crise économique cette politique est remise en cause. Après avoir mis fin à l'immigration pour motif économique en juillet 1974, l'État autorise le regroupement familial (autorisation pour la famille d'un immigré restée dans le pays d'origine de s'installer en France). Une loi de 1980 rend plus strictes les conditions d'entrée sur le territoire et autorise expulsions et reconduites à la frontière des clandestins. La gauche assouplit ces dispositions en 1981 avant que la droite ne les rétablisse en 1986. Le Front National (FN) émerge en s'emparant du thème de l'immigration, qu'il lie avec l'accroissement du chômage afin d'attiser des sentiments xénophobes.

▶ Dans le même temps, de nombreux immigrés ou enfants d'immigrés sont victimes de ce chômage et de discriminations. Ils aspirent à une véritable intégration. Une marche pour l'égalité et contre le racisme (« marche des Beurs ») rassemblant environ 100 000 personnes est organisée fin 1983 à la suite de la victoire du FN aux municipales à Dreux.

▶ La question du Sida agite l'opinion publique dans les années 1980. En 1983, le virus est isolé, le sang et le sexe sont les deux voies de transmission identifiées. Les seringues sont en vente libre à partir de 1986

Mots-clés

- **Intégration** : processus par lequel des immigrés trouvent leur place dans la société d'accueil, participent à la vie sociale et civique.
- **Immigré** : personne qui vient d'un pays étranger. Un immigré peut avoir la nationalité française.

Affiche de la marche pour l'égalité, 1983

pour éviter la contamination entre toxicomanes et l'usage du préservatif est préconisé. Les chercheurs mettent au point l'AZT, un traitement porteur d'espoir. Dans le même temps, des doses de sang infecté par le VIH sont transfusées par négligence à des patients hémophiles. La société reste globalement sourde aux souffrances des malades ou stigmatise la communauté la plus touchée, les homosexuels masculins. Il faudra le militantisme d'une association comme Act Up-Paris pour faire évoluer les consciences.

3 Un pays en mutation culturelle

▶ Le mouvement de démocratisation de l'enseignement secondaire se poursuit. L'objectif de conduire 80 % d'une classe d'âge au niveau du baccalauréat est formulé en 1985 par le ministre de l'Éducation nationale **Jean-Pierre Chevènement**. Cela conduit à une élévation du taux d'accès aux classes terminales du second cycle général, professionnel ou technologique.

▶ Quant à l'enseignement supérieur, il continue sa voie vers la massification. Le projet de loi présenté en 1986 par le ministre **Alain Devaquet**, prévoyant la possibilité de sélectionner les étudiants à l'entrée des universités et mettant celles-ci en concurrence est abandonné. Les Français, en moyenne plus éduqués, se tournent plus facilement vers des pratiques culturelles diverses.

▶ L'État défend le principe de l'exception culturelle face à la domination des productions américaines s'imposant notamment sur les écrans de cinéma. Il aspire à promouvoir la culture auprès du plus grand nombre, soutient des expositions attirant les foules et finance l'aménagement du Grand Louvre, la création de l'Opéra Bastille, du musée d'Orsay. Le 21 juin 1982, le ministre de la Culture **Jack Lang** donne le coup d'envoi de la première édition de la Fête de la musique. En 1984, il lance ce qui deviendra par la suite les Journées du patrimoine. Les collectivités locales subventionnent de leur côté festivals, médiathèques, animations de rues, etc.

▶ En 1974, 82 % des ménages français possèdent un téléviseur (contre 40 % en 1965). C'est l'année où l'Office de radiodiffusion-télévision française (ORTF) laisse la place à plusieurs sociétés dont TF1, A2, FR3 et Radio France. Toutes restent sous monopole d'État. De 1984 à 1986, trois chaînes de télévision privées sont lancées : Canal+, La Cinq et TV6 (devenue M6). En 1987, TF1 est privatisée. Avec l'accès possible à un réseau câblé, le choix de programmes s'élargit. Mais la course à l'audience dépouille souvent les émissions de toute ambition culturelle. L'offre radiophonique s'enrichit également. Les radios libres voient le jour sur la bande FM où le monopole d'État prend fin. Leur existence participe d'une grande libéralisation des médias.

HISTOIRE

Savoir-faire

Identifier et nommer les périodes historiques, les continuités et ruptures chronologiques

Il est difficile de comprendre une évolution historique sans la relier à des acteurs qu'il faut savoir identifier et nommer. Leur action se déploie dans le temps de manière régulière et continue mais connaît parfois des ruptures plus ou moins brutales.

Les présidents de la Ve République	
1959-1969	Charles de Gaulle.
1969-1974	Georges Pompidou
1974-1981	Valéry Giscard d'Estaing
1981-1995	François Mitterrand
1995-2007	Jacques Chirac
2007-2012	Nicolas Sarkozy
2012-2017	François Hollande
2017-	Emmanuel Macron

Exercice

★★ 10 min Type Bac **Analyse de document.**

Identifiez les présidents de la Ve République nommés dans le texte et expliquez leur politique culturelle, en soulignant les permanences et les changements de cette politique dans le temps.

> [...] la dénomination « grands chantiers présidentiels » comprend tout projet architectural décidé et « souvent directement piloté par les présidents successifs de la Ve République ». Le musée national d'Art moderne-Centre Pompidou est considéré comme étant le tout premier du genre. Inauguré en 1977, l'établissement est né de la volonté du deuxième président de la Ve République. Georges Pompidou [...] souhaitait [..] offrir un lieu où découvrir et comprendre l'art moderne et contemporain. Son successeur Valéry Giscard d'Estaing a, quant à lui, lancé la construction de trois chantiers (ceux du musée d'Orsay, de l'Institut du monde arabe et de la Cité des sciences de la Villette) [...]. Le « président-bâtisseur » le plus prolifique reste cependant François Mitterrand. En plus d'avoir mené à bien les chantiers de son prédécesseur, la paternité du Grand Louvre, de la Bibliothèque nationale de France, de l'Opéra Bastille et de la Grande Arche de La Défense lui revient. [Par la suite, les grands chantiers cessent en raison d'un] changement de paradigme de la politique culturelle [qui] se concentre désormais davantage sur la démocratisation et décentralisation de l'offre culturelle ainsi que sur le soutien à la création.

Marine Vazzoler, Que disent les « grands travaux » des présidents de la politique culturelle française ?, *The Art Newspaper*, 28 septembre 2017.

Surlignez le nom des présidents de la République nommés dans le texte et mettez-les en correspondance avec les grands chantiers culturels que chacun a mené. Dégagez les évolutions qui se dessinent au fil du temps, en expliquant pourquoi, après Mitterrand, un terme a été mis à la politique des grands chantiers.

Les remises en cause économique, politique et sociale des années 1970 à 1991

Dans le monde

Deux chocs pétroliers qui provoquent une crise économique mondiale

- **Causes**
  - 1973 : guerre de l'Égypte et de la Syrie contre Israël.
  - 1979: révolution islamique en Iran, puis guerre entre l'Iran et l'Irak.
- **Impact**
  - Augmentation du prix du pétrole.
  - Augmentation des coûts de production.
  - Augmentation des prix de vente des marchandises.
- **Conséquences**
  - Pays occidentaux : chômage structurel, inflation continue et croissance ralentie (stagflation).
  - Pays en voie de développement : ralentissement du rythme de la croissance.

Évolution démocratique et intégration économique en Europe

- **Fin des dictatures en Europe du sud**
  - 1974 : fin du régime des colonels en Grèce, révolution des Œillets au Portugal.
  - 1975 : mort de Franco, restauration de la République en Espagne.
- **Intégration de pays d'Europe dans la CEE**
  - 1981 : Grèce.
  - 1986 : Espagne et Portugal.

La fin de la guerre froide

- **Dislocation du bloc soviétique**
  - Les démocraties populaires d'Europe centrale rejettent la tutelle soviétique.
  - 09/11/1989 : chute du mur de Berlin.
- **Effondrement de l'URSS**
  - Échec de la Perestroïka de Gorbatchev
  - Nomination d'un président de l'URSS .
  - Plusieurs républiques soviétiques proclament leur indépendance.
  - Élection d'un président de la Russie
  - 1991 : éclatement de l'URSS et naissance de la CEI.

En France

Une société qui se modernise

- **Politique en faveur de la jeunesse**
  - L'âge de la majorité passe de 21 ans à 18 ans.
  - Démocratisation de l'enseignement. Secondaire et supérieur.
- **Plus de droit pour les femmes**
  - 1974 : création d'un secrétariat d'État à la Condition féminine.
  - 1975 : loi Veil.
  - 1983 : loi Roudy.

De nouvelles questions politiques

- **L'immigration**
  - Fin de l'immigration de travail, autorisation du regroupement familial.
  - Le FN remporte des victoires électorales.
  - 1983 : marche pour l'égalité.
- **Le Sida**
  - Difficile reconnaissance de la souffrance des malades.
  - Mise à disposition gratuite de seringues et incitation à utiliser des préservatifs.
  - Militantisme d'Act Up.

Nouvelles orientations culturelles

- **Culture ouverte au plus grand nombre**
  - Fête de la musique, journées du patrimoine, festivals, etc.
  - Grandes structures culturelles : Grand Louvre, musée d'Orsay, Opéra Bastille
- **Libéralisation des médias**
  - 1974 : disparition de l'ORTF, naissance de TF1, A2, FR3, Radio France.
  - 1981 : apparition de radios libres sur la bande FM.
  - 1984-1986 : création de chaînes privées (Canal +, la Cinq, TV6), privatisation de TF1.

je me teste !

1 Quand a lieu le premier choc pétrolier ?
- a. 1971.
- b. 1973.
- c. 1979.

2 Dans quel contexte a lieu le deuxième choc pétrolier ?
- a. Une guerre des États arabes contre Israël.
- b. Le retrait des troupes soviétiques d'Afghanistan.
- c. La révolution islamique d'Iran.

3 Qui prend le pouvoir en Iran lors de la révolution de 1979 ?
- a. Le Shah d'Iran.
- b. Deng Xiao Ping.
- c. L'ayatollah Khomeiny.

4 Quelle politique symbolise bien la volonté de la Chine de se tourner vers le capitalisme dans les années 1980 ?
- a. l'affaiblissement de l'État-providence.
- b. la création de ZES.
- c. le renforcement du secteur primaire.

5 Quelle est l'année de la révolution des Œillets au Portugal ?
- a. 1974.
- b. 1975.
- c. 1986.

6 Quel événement a déclenché le processus menant à la fin de la dictature des colonels en Grèce en 1974 ?
- a. Un coup d'État militaire.
- b. L'invasion d'une partie de Chypre par la Grèce.
- c. L'invasion d'une partie de Chypre par la Turquie.

7 Quels sont les pays d'Europe méridionale qui ont adhéré à la CEE en 1986 ?
- a. La Grèce et le Portugal.
- b. Le Portugal et l'Espagne.
- c. L'Espagne et la Grèce.

8 Par quelle structure politique l'URSS a-t-elle été remplacée en 1991 ?
- a. L'OPEP.
- b. La CEE.
- c. La CEI.

9 Quel était l'âge de la majorité en France avant 1974 ?
- a. 23 ans.
- b. 21 ans.
- c. 19 ans.

10 La loi dépénalisant l'IVG date de :
- a. 1974.
- b. 1975.
- c. 1981.

11 Quelle loi incite les entreprises à assurer une parité entre hommes et femmes en matière d'embauche et de rémunération ?
- a. La loi Veil.
- b. La loi Roudy.
- c. La loi Lang.

12 Quel parti politique émerge dans les années 1980 en faisant de l'immigration l'un de ses thèmes favoris ?
- a. Le RPR.
- b. Le PS.
- c. Le FN.

13 Quelle manifestation symbolise la volonté d'une véritable intégration de la part des immigrés en France ?
- a. La marche pour l'égalité et contre le racisme.
- b. La fête des immigrés de France.
- c. La journée pour l'intégration des immigrés.

14 En quelle année le virus du SIDA est-il identifié ?
- a. 1981.
- b. 1983.
- c. 1986.

15 La disparition de l'ORTF a eu, entre autres, pour conséquence :
- a. La création de Canal+.
- b. La création de Radio France.
- c. La privatisation de TF1.

HISTOIRE

Réponses !

1 : b - **2** : c - **3** : c - **4** : b - **5** : a - **6** : c - **7** : b - **8** : c - **9** : b - **10** : b - **11** : b - **12** : c - **13** : a - **14** : b - **15** : b

Nouveaux rapports de puissance et enjeux mondiaux

Cours

1 Depuis la fin de la guerre froide, un monde instable

a. D'un monde unipolaire à un monde multipolaire

▶ Après l'effondrement du bloc communiste, l'hyperpuissance américaine semble sans conteste : à l'échelle mondiale, les États-Unis dominent dans les domaines politique, économique, technologique et culturel. Ils deviennent alors les « gendarmes du monde » intervenant, par exemple, avec le président **George Bush** père, lors de la première guerre du Golfe, en 1990, à la suite de l'invasion du Koweït par l'Irak où ils prennent la tête d'une coalition internationale. Il en est de même avec son successeur, **Bill Clinton**, qui négocie en 1993 les accords d'Oslo, un plan de paix entre Israël et les Palestiniens.

▶ Toutefois d'autres pôles s'affirment progressivement. C'est notamment le cas de l'Union européenne (UE), effective en 1992. À partir des années 2000, dans le cadre d'une économie mondialisée, les pays émergents, et notamment les BRICS (Brazil, Russia, India, China, South Africa), cherchent à concurrencer la domination américaine. Le Brésil, l'Inde et surtout la Chine sont devenus incontournables puisqu'ils concentrent de nombreux espaces productifs. L'Afrique du Sud, divisée par l'Apartheid jusqu'en 1991 et donc exclue des relations internationales, est parvenue depuis à s'imposer comme la première puissance sur le continent africain. Quant à la Russie, sous l'impulsion du président **Vladimir Poutine**, elle cherche à retrouver sa puissance à la fois politique et économique.

Citation

« Aujourd'hui, la majorité des Sud-Africains, noirs comme blancs, reconnaissent que l'Apartheid n'a aucun avenir. Ce système doit être aboli d'un commun accord afin de reconstruire la paix et la sécurité. »

Nelson Mandela, extrait de son premier discours après 27 ans de prison, 13 février 1990.

b. Les nouvelles formes de conflits depuis les années 1990

▶ Si les conflits interétatiques sont en diminution, à l'inverse, les conflits intraétatiques se multiplient. Par exemple, à partir de 1991, les nations qui composent la Yougoslavie proclament successivement leur indépendance. La Slovénie, puis la Croatie, la Bosnie-Herzégovine, la Serbie et la Macédoine multiplient les guerres civiles pour des raisons territoriales, ethniques et religieuses. Cela débouche sur des crimes de masse comme celui de 8 000 Bosniaques musulmans tués par des Serbes de Bosnie à Srebrenica en juillet 1995. Au même moment ou presque, en 1994, au Rwanda, on parle même d'un génocide : les Hutu exterminent de manière intentionnelle et systématique plus de 800 000 Tutsi.

▶ Le 11 septembre 2001 marque un tournant : le territoire américain est frappé par des attentats islamistes faisant près de 3 000 morts. Cet usage de la violence et de la terreur a pour objectif de déstabiliser le nouvel ordre mondial et, en particulier, la domination des puissances occidentales et leurs intérêts partout dans le monde. Depuis deux décennies, le terrorisme prend ainsi de l'ampleur afin de frapper les opinions publiques, notamment en Europe (Espagne, Royaume-Uni, Allemagne, Belgique, France). Le terrorisme est donc une forme de guerre asymétrique : les ennemis utilisent leurs points forts face aux points faibles des États qu'ils combattent. En réponse, les États-Unis multiplient les interventions militaires souvent unilatérales au Proche et Moyen-Orient comme en Irak entre 2003 et 2011.

Citation

« Aujourd'hui, nos concitoyens, notre mode de vie, notre liberté même ont été attaqués dans une série d'actes terroristes meurtriers et délibérés. »

George W. Bush, président des États-Unis, 11 septembre 2001.

2 Les conditions et les enjeux de la coopération internationale

a. L'effort pour mettre en place une gouvernance mondiale

▶ Après sa marginalisation lors de la guerre froide, l'Organisation des Nations Unies (ONU) cherche à prendre toute sa place dans le nouvel équilibre mondial. Ainsi, face à la résurgence des crimes de masse et des génocides dans les années 1990, cette organisation intergouvernementale met en place une justice internationale avec pour objectif de poursuivre les responsables de crimes de guerre et surtout de crimes contre l'humanité. En 1993, le Conseil de sécurité de l'ONU, avec à sa tête les cinq membres permanents (Chine, États-Unis, France, Royaume-Uni et Russie), instaure le premier tribunal pénal international (TPI) pour juger les responsables de ces crimes en ex-Yougoslavie. Un an plus tard, un autre TPI est mis en place pour le Rwanda.

▶ Par ailleurs, d'autres organisations intergouvernementales s'organisent ou se renforcent. L'Organisation mondiale du commerce (OMC), créée en 1995, cherche à instaurer des règles dans les échanges entre les 164 pays membres. Dans un autre registre, le Fonds monétaire international (FMI), créé >>

>> après la Seconde Guerre mondiale, voit son rôle s'accentuer lors des crises financières des années 2000 et 2010. Enfin, et surtout, la mise en place du G20 à partir de 1999 cherche à prendre en considération la nouvelle hiérarchie des puissances puisqu'aux traditionnels pays riches et développés du G7 (Allemagne, Canada, États-Unis, France, Italie, Japon, Royaume-Uni) s'ajoutent les pays émergents (dont les BRICS).

b. Les défis contemporains

▶ Même si leurs effets se mesurent souvent à l'échelle locale, le réchauffement climatique et la gestion des ressources naturelles sont des problèmes mondiaux. En 1992, la Conférence des Nations unies sur l'environnement et le développement est organisée au Brésil. Ce « sommet de Rio » précise la notion de développement durable. Dès lors, se décline à travers diverses actions (ex. : Agenda 21) une transition à la fois environnementale, économique et sociale discutée notamment lors de conférences internationales comme la COP 21 à Paris en 2015. Malgré le retrait des États-Unis, 195 pays se sont engagés à mettre en œuvre cet accord.

▶ Avec des flux de mobilité en forte croissance dans le contexte de la mondialisation, la question des migrations est devenue essentielle. Elle l'est d'autant plus qu'une partie des migrants sont des réfugiés. Ces derniers ont un statut juridique établi par la *Convention de Genève* en 1951. Or, la lutte contre l'immigration illégale a tendance à renforcer les frontières notamment à la suite de la crise migratoire en Europe depuis 2015. Le *Pacte mondial sur les migrations*, signé en 2018 à Marrakech et négocié par l'ONU, cherche à mettre en place un droit international à la mobilité, mais il n'a pas de caractère coercitif.

Savoir-faire

Utiliser l'échelle appropriée pour étudier un phénomène

Tout phénomène se lit à une échelle chronologique (à un moment donné) et à une échelle spatiale (dans un lieu donné). Son analyse, souvent de manière multiscalaire, est donc une contextualisation dans le temps et sur un territoire. Elle est essentielle dans une réflexion géo-historique.

Exercice

★★ 45 min En analysant le document, vous montrerez comment, depuis les années 1990, le monde d'après-guerre froide est devenu multipolaire. Puis, vous mettrez en perspective les conséquences qui en découlent.

Le monde en 2020 : un désordre mondial

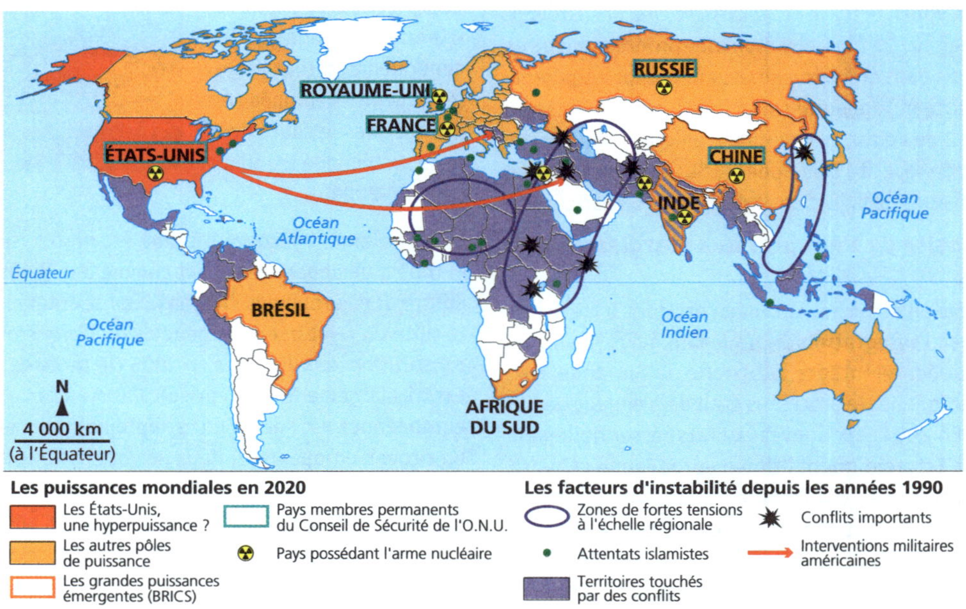

La construction européenne entre élargissement, approfondissement et remises en question

Cours

1 Le passage de la Commission économique européenne à l'UE

a. L'approfondissement de la construction européenne : le *traité de Maastricht* (1992)

▶ En 1989, la chute du mur de Berlin marque la fin de la guerre froide. Cela modifie profondément la géopolitique européenne. Outre la réunification de l'Allemagne en 1990, les pays européens de l'ancien bloc communiste aspirent à rejoindre la construction européenne. Sous l'impulsion de **François Mitterrand**, président de la République française, et d'**Helmut Kohl**, chancelier de la République fédérale d'Allemagne, les douze pays membres de la CEE réfléchissent à une nouvelle organisation : le cadre institutionnel de la CEE, né du *traité de Rome* en 1957, n'est plus adapté d'autant que le projet d'une monnaie unique est déjà initié depuis le milieu des années 1980. Il faut donc réformer pour intégrer.

Citation

« Cette réalisation est donc un atout majeur pour le renforcement de l'Union européenne, un élément décisif dans l'élaboration et la mise en œuvre du marché unique, un pas supplémentaire pour le rapprochement entre les peuples eux-mêmes. »

François Mitterrand, au sujet de la construction du tunnel sous la Manche, 6 mai 1994.

▶ L'Union européenne va plus loin que la CEE car elle n'est pas seulement une simple association commerciale régionale. Elle peut se définir comme une association économique et politique supranationale car ses pays membres délèguent une partie de leurs compétences régaliennes à des institutions européennes. Ainsi, le *traité de Maastricht* crée une citoyenneté européenne. De plus, il y a un approfondissement de la coopération dans trois domaines, aussi appelés piliers : la Communauté européenne (avec notamment la mise en place en 2002 de l'euro, une monnaie unique), la politique étrangère et de sécurité commune (PESC) et la coopération dans les domaines de la justice et des affaires intérieures.

b. La nécessité de s'adapter aux élargissements successifs

▶ Cette évolution du projet européen est donc à mettre en parallèle avec l'intégration de nouveaux pays. En 1995, l'Union européenne intègre l'Autriche, la Finlande et la Suède pour lesquelles le processus était déjà engagé depuis longtemps. En 2004, dix nouveaux États, essentiellement d'Europe de l'Est, rejoignent l'Union européenne : Chypre, l'Estonie, la Hongrie, la Lettonie, la Lituanie, Malte, la Pologne, la République tchèque, la Slovaquie et la Slovénie. En 2007, la Bulgarie et la Roumanie y adhèrent à leur tour. En 2013, la Croatie devient le 28e pays membre de l'UE.

▶ Le système de gouvernance mis en place en 1992 montre pourtant très vite ses limites. Le *traité d'Amsterdam* qui entre en vigueur en 1999 et le *traité de Nice* qui entre en vigueur en 2003 se devaient de simplifier le fonctionnement des institutions européennes. En 2005, une synthèse est proposée dans le cadre d'un *traité établissant une constitution pour l'Europe*. Mais ce texte, voulant établir une confédération européenne, est rejeté par référendum en France et aux Pays-Bas. À défaut, en 2009, les États européens mettent en œuvre le *traité de Lisbonne* qui se veut une solution pérenne mais toujours complexe à la crise de gouvernance de l'Union européenne.

2 Les difficultés de l'Union européenne

a. Une construction européenne en crise(s)

▶ Il y a tout d'abord des questions liées à la zone euro. Seuls 19 pays membres de l'Union européenne utilisent cette monnaie unique. Ainsi, le Danemark, le Royaume-Uni, la Suède n'ont pas souhaité y adhérer. D'autres pays comme la Hongrie ou la Roumanie sont en attente. En effet, pour pouvoir l'adopter, il faut respecter cinq critères de convergence (ex. : un déficit public inférieur à 3 % du PIB) prescrits dans le *traité de Maastricht*. C'est d'ailleurs pour avoir menti quant au respect de ces critères que la Grèce entre en crise en 2010 avant d'entraîner d'autres pays européens (Chypre, Espagne, Irlande, Portugal). Plus généralement, tout le système financier européen est affecté dans le cadre de la crise systémique mondiale de 2007-2009.

Citations

« L'Europe se fera par la monnaie ou ne se fera pas. »

Jacques Rueff, haut-fonctionnaire et économiste français, 1949.

« L'euro ne remplacera jamais le dollar et sera toujours une illusion technocratique ».

Milton Friedman, économiste américain, prix Nobel d'économie, 2002.

▶ Par ailleurs, l'euroscepticisme est grandissant. L'Union européenne apparaît souvent comme une Europe des États contre une Europe des citoyens. Ce fut notamment le cas à la suite du rejet par deux peuples du *traité établissant une constitution pour l'Europe* en 2005 (le *traité de Lisbonne* en est très largement une reprise). L'abstention aux élections européennes est également symptomatique : en moyenne, un citoyen européen sur deux ne vote pas à cette occasion. À l'occasion des élections de 2019, les partis nationalistes et souverainistes ont quant à eux progressé. Enfin, le Brexit, voté au Royaume-Uni en 2016 et effectif en 2020, peut être considéré comme l'acmé de cette europhobie.

>>

b. Les défis à relever

Si l'Union européenne est un pôle économique et commercial majeur à l'échelle mondiale, cela n'est pas le cas dans les domaines politique et diplomatique. Malgré sa participation à plusieurs institutions internationales (G7, G20), elle ne parvient pas à parler d'une seule voix. Ainsi, face à l'éclatement par des guerres de l'ex-Yougoslavie entre 1991 et 2001, les grandes puissances européennes ont des intérêts divergents : la France et le Royaume-Uni soutiennent plutôt la Serbie tandis que l'Allemagne plaide davantage pour la Croatie. Il en est de même lors de la seconde guerre du Golfe lancée en 2003 par les États-Unis contre l'Irak : le Royaume-Uni, l'Espagne, l'Italie ou encore la Pologne affichent leur soutien transatlantique tandis que la France ou l'Allemagne se veulent un axe pacifique.

À l'interne, les gouvernements doivent réconcilier leurs peuples avec l'UE. Les institutions européennes sont accusées d'être technocratiques et éloignées des préoccupations quotidiennes des Européens. Il est vrai que 20 % des lois françaises sont des transpositions en droit français de directives européennes. Ainsi, deux visions de la construction européenne se font face : une Europe des coopérations et une Europe fédéraliste. La première s'est traduite par des projets industriels comme Airbus, Ariane ou des projets universitaires comme Erasmus. La seconde, mise en œuvre depuis 1992, semble davantage en échec.

Savoir-faire

Identifier et expliciter les dates et acteurs des grands événements

Un événement, ici historique, se veut un point de rupture avec un « avant » et un « après ». Il peut ainsi faire l'objet d'un récit, celui d'un fait avec ses causes et ses conséquences, mais aussi avec ses protagonistes (personnes, États, organisations, opinion publique, etc.).

Exercice

★★ 45 min **En analysant le document, vous mettrez tout d'abord en évidence que la construction européenne est une dynamique, puis vous montrerez que cette Europe semble être en panne.**

Pierre Kroll, caricature publiée dans le journal belge *Le Soir*, 6 janvier 2007.

HISTOIRE

La République française

Cours

1 La Vᵉ République, un régime stable qui s'adapte

a. Des évolutions constitutionnelles

▶ Depuis 1958, la Constitution a été révisée à 24 reprises avec une accélération du rythme à partir des années 1990. En effet, entre 1992 et 2008, la loi fondamentale a été amendée 19 fois. À plusieurs reprises, cela consistait à mettre en adéquation la gouvernance en France et les évolutions institutionnelles de la construction européenne. Plus généralement, les réformes de la République témoignent aussi d'un effort pour mettre en place une gouvernance mondiale face aux défis contemporains avec la reconnaissance de la Cour pénale internationale (1999) ou la constitutionnalisation de la *Charte de l'Environnement* (2004).

▶ Mais l'évolution de la constitution la plus importante est sans aucun doute, en lieu et place du septennat, l'instauration du quinquennat à la suite d'un référendum voulu par **Jacques Chirac** en 2000. Cette réduction du mandat présidentiel à cinq ans se veut être un moyen de limiter le risque de cohabitation puisque le chef de l'État aligne son temps d'exercice du pouvoir sur celui des députés. D'autres modifications ont également cherché à moderniser la fonction présidentielle comme **Nicolas Sarkozy**, en 2008, avec la limitation à deux mandats consécutifs.

b. Des principes fondamentaux réaffirmés : l'exemple de la laïcité

▶ Selon sa Constitution, la France est une République laïque. Cela signifie que la République française respecte la liberté de conscience et toutes les croyances de manière égale mais sans en reconnaître aucune. Cette neutralité de l'État rejette toutes les formes de discrimination en raison de son sexe, de son origine ou de sa religion. Toutefois, ce principe est réinterrogé à partir de la fin des années 1980. Ainsi, le regard en France sur la religion musulmane change d'autant plus que l'islamisme politique progresse à l'échelle mondiale. Ici, la religion ne relève plus de la liberté de conscience mais d'une identité communautariste accusée de vouloir se séparer de l'universalisme républicain.

▶ Cette crise est particulièrement prégnante dans le domaine scolaire. Des polémiques souvent très médiatisées mettent en exergue le cas de jeunes filles de religion musulmane exclues de leurs établissements scolaires pour le port d'un « voile islamique ». En 2004, une loi sur les signes religieux dans les écoles publiques est votée. Sans interdire le port de signes religieux discrets, elle interdit leur manifestation ostensible dans les établissements scolaires. En 2013, une *Charte de la laïcité à l'école* vient confirmer ce principe républicain plus que centenaire.

2 La République face aux transformations de la société française

a. Une mutation de la gouvernance : l'approfondissement de la décentralisation

▶ Initiée au début des années 1980 par le président **François Mitterrand**, la décentralisation peut se définir comme un transfert de certaines compétences de l'État centralisé vers ses territoires de proximité que sont les communes, les départements et les régions. Elle se veut un moyen de rapprocher les citoyens de la décision dans une période où l'action politique est de plus en plus discréditée. Depuis cet « Acte I », ces collectivités territoriales ont progressivement acquis une autonomie juridique et financière. En 2003, avec **Jacques Chirac**, la décentralisation devient un principe constitutionnel. Cet « Acte II » est suivi d'un « Acte III » voulu en 2015 par **François Hollande** avec la réduction du nombre de régions métropolitaines (de 22 à 13) et la *loi portant la nouvelle organisation territoriale de la République* (loi NOTRe) qui définit notamment le rôle des intercommunalités.

Citation

« La décentralisation, ce n'est pas qu'une démarche administrative, pas uniquement un dispositif institutionnel. C'est un souffle, un élan, pour l'unité de la République, sa cohésion, l'efficacité de son action. Pour être plus forte, la République a besoin de renforcer ses territoires. »

Manuel Valls, Premier ministre, 29 octobre 2014.

▶ Tableau de synthèse des collectivités territoriales en France

Nom de la collectivité territoriale (nombre en 2019)	Commune (34 968)	Département métropolitain (95)	Région métropolitaine (13)
Assemblée délibérative (composition)	Conseil municipal (conseillers municipaux)	Conseil départemental (conseillers départementaux)	Conseil régional (conseillers régionaux)
Élections au suffrage universel direct	Élections municipales (tous les 6 ans)	Élections départementales (tous les 6 ans)	Élections régionales (tous les 6 ans)
Personne élue par l'assemblée délibérative	Maire	Président du Conseil départemental	Président du Conseil régional
Quelques exemples de compétences	Construction et rénovation des écoles primaires Transports urbains Police municipale	Construction et rénovation des collèges Action sociale (ex. : RSA) SDIS	Construction et rénovation des lycées TER Apprentissage

b. Les combats pour l'égalité

Dans les années 1990, la place des femmes reste encore extrêmement minoritaire tant dans les institutions gouvernementales que parlementaires. Initialement porté par les mouvements féministes, ce combat pour l'introduction de la **parité hommes/femmes en politique** devient aussi celui de la République. Cela contribue, en 1999, à la **révision de la Constitution** et, en 2000, au vote de la *loi sur la parité*. Cette dernière, se veut à la fois incitative et contraignante. Par exemple, un parti politique doit présenter autant d'hommes que de femmes lors des élections sous peine de pénalités financières. Toutefois, son application donne des **résultats mitigés** selon les assemblées : par exemple, près de 40 % de femmes ont été élues député en 2017 alors qu'au Parlement européen la parité est atteinte pour la France aux élections de 2019.

Citation

« La parité, c'est un instrument d'égalité. Il n'y a pas à la justifier philosophiquement puisque c'est un moyen. Le principe, c'est l'égalité entre les hommes et les femmes. »

Déclaration de Geneviève Fraisse (philosophe) à l'Assemblée nationale, 11 décembre 1998.

L'égalité des droits passe aussi par l'**égalité civile**. En témoigne l'évolution du mariage et, plus généralement, de la vie de couple. Instauré en 1999, le **PACS** (pacte civil de solidarité) est un contrat conclu entre deux personnes majeures de sexe différent ou de même sexe pour organiser leur vie commune. Néanmoins, le PACS est différent du mariage notamment pour les questions liées à la filiation, à l'adoption et à la succession. C'est pourquoi il ne permet pas une égalité en droits, d'où le vote de la **loi dite du « mariage pour tous »** en 2013. La France devient alors le 9e pays européen et le 14e pays au monde à autoriser le mariage homosexuel.

Savoir-faire

Savoir lire, comprendre et critiquer une série statistique

L'analyse de chiffres ne consiste pas à les commenter les uns à la suite des autres. Il faut tout d'abord mettre en évidence des tendances générales sur la période concernée. Puis, il faut expliquer des spécificités par ligne ou par colonne grâce à des connaissances factuelles.

Exercice

★★ 45 min **En analysant le document, vous démontrez que les évolutions constitutionnelles de la République française ne parviennent pas toujours à s'adapter aux évolutions de la société.**

Évolution de l'abstention aux différents scrutins en France depuis le milieu des années 1990

Année \ Scrutins	Présidentiel (1)	Législatif (1)	Municipal (1)	Départemental (1 et 2)	Régional (1)	Européen	Référendaire
1995	20,98		31,30				
1997		30,55					
1998				42,39	42,03		
1999						53,24	
2000							69,81
2001			33,28	39,13			
2002	24,34	37,63					
2004				34,80	36,75	57,24	
2005							30,63
2007	16,13	39,80					
2008			34,13	39,82			
2009						59,37	
2010					51,22		
2011				55,45			
2012	20,08	43,69					
2014			37,16			57,57	
2015				49,92	45,84		
2017	23,83	54,33					
2019						49,88	

(1) Moyenne des deux tours
(2) Jusqu'en 2015, les élections départementales se nomment élections cantonales avec des renouvellements par moitié.

HISTOIRE

SYNTHÈSE

Le monde, l'Europe et la France depuis les années 1990, entre coopérations et conflits

Nouveaux rapports de puissance et enjeux mondiaux

La fin de la guerre froide (1989-1991)

La mise en place d'une gouvernance mondiale?
- La réaffirmation du **rôle de l'ONU** (ex. : création du TPI)
- La création ou le renforcement d'**institutions intergouvernementales** (ex. : OMC, G20)
- Les **défis** qui restent à relever (ex. : réchauffement climatique, réfugiés)

Un monde multipolaire
- Les **États-Unis**, une hyperpuissance
- L'affirmation de l'**Union européenne**
- Les **pays émergents**, de nouvelles puissances dont les BRICS

Une diversité de conflits
- De moins en moins de conflits **interétatiques**
- La multiplication des **guerres civiles**, des **crimes de masse** et des **génocides**
- L'expansion du **terrorisme islamiste**

La construction européenne entre élargissement, approfondissement et remises en question

Le *traité de Maastricht* (Union européenne, 1992)

Une Europe en crises (depuis les années 2000)
- Une crise de la gouvernance
- Une crise de la zone euro
- Une montée de l'euroscepticisme (Brexit)

L'approfondissement
- La mise en place d'une **citoyenneté européenne**
- La création d'une monnaie unique, l'**euro** (2002)
- Le renforcement des **politiques supranationales** (ex. : PESC)

L'élargissement
- L'intégration de **nouveaux pays** (1995, 2004, 2007, 2013)

La République française

La Ve République, un régime stable

Par la réaffirmation de grands principes républicains
- La **laïcité** en 2004

Par des évolutions institutionnelles dans la gouvernance
- Le passage du septennat au **quinquennat** présidentiel en 2000
- L'approfondissement de la **décentralisation** dans les années 2000 et 2010
- Les adaptations constitutionnelles à la construction européenne

Par la prise en compte des évolutions de la société
- La **parité hommes/femmes** en politique depuis les années 2000
- Du PACS (1999) au **« mariage pour tous »** (2013)

je me teste !

1 **Quels pays émergents sont nommés par l'acronyme anglosaxon « BRICS » ?**

- ☐ **a.** Brazil, Russia, Indonesia, China, South Africa.
- ☐ **b.** Brazil, Rwanda, India, China, South Africa.
- ☐ **c.** Brazil, Russia, India, China, South Africa.

2 **Qu'est-ce que le « G20 » ?**

- ☐ **a.** Le groupe des 20 pays les plus peuplés au monde.
- ☐ **b.** Le groupe des principaux pays industrialisés et émergents.
- ☐ **c.** Le groupe des principaux pays émergents.

3 **Comment peut-on définir un génocide ?**

- ☐ **a.** Un crime de masse.
- ☐ **b.** Une extermination de manière intentionnelle et systématique d'un peuple.
- ☐ **c.** Une guerre civile.

4 **Par qui est mis en place une justice internationale dans les années 1990 ?**

☐ **a.** L'ONU. ☐ **b.** L'OMC. ☐ **c.** Le FMI.

5 **Pourquoi peut-on dire que le terrorisme islamiste est une forme de guerre asymétrique ?**

- ☐ **a.** Il oppose deux États.
- ☐ **b.** Il oppose un État à un ennemi identifié mais non visible militairement.
- ☐ **c.** Il oppose un État à un peuple.

6 **Comment se nomme le traité qui crée l'Union européenne en 1992 ?**

- ☐ **a.** Le traité de Rome.
- ☐ **b.** Le traité de Maastricht.
- ☐ **c.** Le traité de Lisbonne.

7 **En quelle année est mise en circulation l'euro, la monnaie unique européenne ?**

☐ **a.** 1992. ☐ **b.** 1999. ☐ **c.** 2002.

8 **Après le départ du Royaume-Uni, combien de pays membres compte l'Union européenne ?**

☐ **a.** 27. ☐ **b.** 28. ☐ **c.** 30.

9 **Quel pays de la zone euro est entré en crise financière en 2010 ?**

☐ **a.** La Grèce. ☐ **b.** L'Irlande. ☐ **c.** L'Italie.

10 **Qu'est-ce que l'euroscepticisme ?**

- ☐ **a.** La méfiance vis-à-vis de la construction européenne.
- ☐ **b.** La mise en place d'une Europe fédéraliste.
- ☐ **c.** Le nom d'un programme supranational européen.

11 **En quoi la révision constitutionnelle de 2000 en France marque-t-elle une évolution de la fonction présidentielle ?**

- ☐ **a.** Le président de la République ne peut pas se présenter plus de deux fois de manière consécutive.
- ☐ **b.** Le président de la République est élu pour cinq ans, et non plus pour sept ans.
- ☐ **c.** Le président de la République peut dorénavant s'exprimer devant le Congrès.

12 **Qu'est-ce que le principe constitutionnel de laïcité en France ?**

- ☐ **a.** L'interdiction des religions.
- ☐ **b.** Une forme d'athéisme.
- ☐ **c.** La neutralité de l'État.

13 **Comment peut-on définir le processus de décentralisation en France ?**

- ☐ **a.** Le transfert de compétences de l'État vers les collectivités territoriales.
- ☐ **b.** La déconcentration de services de l'État dans les communes, les départements et les régions.
- ☐ **c.** Le renforcement des pouvoirs de l'État.

14 **Quel est l'objectif de la parité en France ?**

- ☐ **a.** Défavoriser par la loi l'accès des hommes aux fonctions politiques.
- ☐ **b.** Favoriser par la loi l'égalité juridique.
- ☐ **c.** Favoriser par la loi l'égal accès des hommes et des femmes aux fonctions politiques.

15 **De quand date la loi dite du « mariage pour tous » en France ?**

☐ **a.** 2013. ☐ **b.** 2004. ☐ **c.** 1999.

Réponses !

1 : c - **2** : b - **3** : b - **4** : a - **5** : b - **6** : b - **7** : c - **8** : a - **9** : a - **10** : a - **11** : b - **12** : c - **13** : a - **14** : c - **15** : a

HISTOIRE

Mers et océans : vecteurs essentiels de la mondialisation

Cours

1 Les mers et océans vecteurs des flux matériels, immatériels et humains

a. Le mode de transport privilégié de la mondialisation

▶ Les mers et océans mettent en relation les différents espaces terrestres du monde. Le transport maritime est le mode qui permet de transporter des marchandises en grande quantité et à moindre coût sur de très longues distances. Les mers et océans assurent environ 90 % du trafic de marchandises dans le monde en volume. En 20 ans, les flux de marchandises transportées par la mer ont doublé pour atteindre, en 2018, 11 milliards de tonnes.

À savoir

Il existe 5 océans (Atlantique, Pacifique, Indien, Arctique et Austral) et un peu moins de 100 mers dans le monde, qui couvrent 71 % de la surface terrestre.

▶ La flotte mondiale compte environ 50 000 navires de commerce, spécialisés en fonction de la nature de la cargaison : porte-conteneurs, rouliers, pétroliers, méthaniers, etc. On distingue deux catégories de marchandises, celles circulant en vrac (céréales, charbon, minerais, hydrocarbures, etc.) et celles circulant dans des conteneurs (produits textiles, produits manufacturés, etc.).

▶ Les espaces maritimes sont également parcourus par de très nombreux câbles. Environ 430 câbles sous-marins sont en service actuellement. Ces câbles, déposés au fond des mers et océans par des navires câbliers, assurent 99 % des flux de communications intercontinentales (téléphonie, Internet).

b. Les mers et océans et la circulation des hommes

▶ Les mers et océans servent aussi aux mobilités humaines. Ils permettent de relier le continent et une île avec des ferrys. Ils sont de plus en plus utilisés pour transporter des touristes pour des croisières avec d'immenses paquebots.

c. Ports, routes maritimes et seuils

▶ De nombreuses routes maritimes parcourent les mers et océans de la planète. Les plus importantes routes maritimes relient les grands centres de la mondialisation, qui correspondent aux principales aires de puissances : l'Amérique du Nord, l'Europe et l'Asie orientale. Elles concentrent les flux et les principaux ports.

▶ Les ports servent à charger et décharger les cargaisons. Quelques ports assurent l'essentiel du trafic mondial, 25 ports assurent 50 % des flux mondiaux. Sur les 10 premiers ports mondiaux, 9 sont asiatiques et 7 chinois. En effet, le Pacifique est devenu le centre de gravité du commerce maritime mondial devant l'Atlantique.

▶ Les routes maritimes empruntent des seuils. Ils constituent des passages stratégiques du transport maritime. Ces seuils peuvent provoquer des goulets d'étranglement, car le passage des navires est ralenti par la densité du trafic voire interrompu suite à un incident (collision, tensions géopolitiques).

À savoir

Les seuils sont des points de passage qui relient deux espaces maritimes différents. Ce sont soit des détroits, c'est à dire d'étroits passages maritimes naturels entre deux terres comme le détroit de Malacca, soit des canaux creusés par l'homme pour réduire les routes maritimes comme le canal de Suez.

2 Les mers et océans, des espaces riches en ressources

a. Les ressources halieutiques et biochimiques

▶ Les ressources halieutiques, qui sont liées à la pêche, sont un enjeu majeur pour l'alimentation mondiale. Les mers et océans nourrissent un quart de l'humanité. La pêche est également une activité économique importante qui crée des richesses et des emplois. Selon la FAO, chaque travailleur en mer crée 4 à 5 emplois à terre. Les quantités pêchées ont été multipliées par 5 en 50 ans.

▶ Aujourd'hui, les mers et océans sont menacés par la surpêche et partout les stocks d'espèces diminuent. Les techniques de pêche industrielle ont un effet destructeur sur les écosystèmes maritimes. Des solutions alternatives, comme l'aquaculture se développent. La mer a également un potentiel biochimique très important mais méconnu, qui permet déjà d'utiliser 5 000 molécules dans différents domaines comme la santé. Par exemple des anticancéreux inspirés du milieu marin ont été développés par des laboratoires.

b. Les ressources énergétiques et minérales

▶ Le fond et le sous-sol des mers et océans abritent des gisements de matières premières. Actuellement, l'exploitation d'hydrocarbures offshore (au large) représente le tiers de la production mondiale et environ un tiers des réserves découvertes. Avec l'augmentation de la demande et les progrès techniques des gisements de plus en plus profonds peuvent-être exploités.

▶ Les fonds marins représentent également une part très importante des réserves de minerais. Elles prennent la forme de nodules polymétalliques (galet composé de plusieurs métaux) déposés au fond des principaux océans. Enfin, les espaces maritimes ont d'importantes potentialités en matière de production d'énergies renouvelables en exploitant les courants, les marées, les vents, la chaleur.

Savoir-faire

Nommer et localiser les grands repères géographiques

a. Que sont les grands repères géographiques ?

▶ Il existe une grande variété de repères géographiques. Ce sont soit des **lieux**, soit des **espaces** qui ont un intérêt particulier. On peut distinguer des **repères physiques** (continents, océans, fleuves, grands reliefs, principales zones climatiques, etc.) ; des **repères liés à la présence humaine** (foyers de peuplement, métropoles, États, régions, etc.) ; ou encore des **repères liés aux activités humaines** (port, espaces touristiques, espaces agricoles, etc.).

▶ Nommer les repères, c'est les identifier mettre en évidence les éléments distinctifs d'un lieu ou d'un espace. Ce qui permet de le singulariser, de le différencier. La localisation des repères peur se faire sur une **carte** ou dans un développement.

b. Pourquoi maîtriser les grands repères géographiques ?

Ces repères sont indispensables pour **se situer dans l'espace**, pour **avoir une meilleure connaissance des territoires.** Ils ont également une importance pour réussir les exercices de géographie. Les repères servent à la **réalisation de croquis**, à donner des exemples dans une **réponse problématisée** et à comprendre les documents proposés en **analyse**.

c. Comment maîtriser les grands repères géographiques ?

L'apprentissage des repères est réalisé au fur et à mesure de la scolarité. C'est un **processus cumulatif**. On peut améliorer sa maîtrise des repères en observant attentivement les cartes qui accompagnent les cours. En refaisant certaines cartes sous forme de **schémas simplifiés.** À chaque fois qu'un lieu ou un espace est abordé, il faut rechercher sa localisation si elle n'est pas indiquée. Ainsi, progressivement, on peut se constituer une **banque de repères** chapitre par chapitre. Il est possible d'utiliser des ressources pour mieux appréhender les repères : atlas, les sites *Google Earth*, *géoportail*, *Espace mondial* (atlas de Sciences-Po), etc.

Exercice

★ 10 min Type Bac **Placez sur le planisphère les repères indiqués ci-dessous :**

a. Localisez 5 ports importants : Rotterdam, Shanghai, Singapour, Nouvelle Orléans, Nagoya.

b. Inscrivez le nom des océans suivants : Océan Atlantique, Océan Pacifique, Océan Indien.

c. Tracez la principale route maritime planétaire.

d. Placez le détroit de Gibraltar, détroit de Malacca, détroit d'Ormuz, détroit de Béring, le canal de Suez, le canal de Panama.

Si vous ne savez pas localiser les repères, utilisez les ressources proposées dans le savoir-faire.

GÉOGRAPHIE

Mers et océans : entre appropriation, protection et liberté de circulation

Cours

1 Les mers et océans, appropriation et conflits

a. La territorialisation des mers et océans

En 1982, après 10 ans de négociation, la conférence des Nations unies de Montego Bay (Jamaïque) aboutit à la signature d'une convention. La convention des Nations unies sur le droit de la mer (CNUDM) définit les régimes juridiques des espaces maritimes. À ce jour, 133 pays sur 193 l'ont signée. En simplifiant, il existe trois types d'espaces maritimes différents :

– La mer territoriale ou eaux territoriales s'étend de la côte jusqu'à une distance maximale de 12 milles nautiques (22 km). Dans cet espace, l'État côtier exerce une souveraineté totale.

– La zone économique exclusive (ZEE) est une zone comprise entre la côte et au maximum 200 milles nautiques (370 km) mer territoriale comprise. Dans sa ZEE, un État côtier peut exercer une souveraineté et une exploitation des eaux, des sols et du sous-sol marins. Il est possible d'étendre une ZEE du plateau continental (partie la moins profonde de la mer et la plus riche en ressources).

– Les espaces maritimes internationaux ou eaux internationales, correspondent aux eaux situées au-delà des 200 milles nautiques. La règle est le principe de liberté (de pêche, de navigation, de recherche, etc.) Cependant des conventions internationales sont établies pour protéger certaines espèces menacées (baleine, thon, etc.).

b. Une appropriation source de tensions et de conflits

▶ Actuellement, 70 litiges dans le monde concernent le tracé de la ZEE ou son extension. En effet, les États ont la volonté de s'approprier les ressources des mers et des fonds marins, comme en mer de Chine méridionale.

▶ Les litiges peuvent être réglés par la Cour internationale de justice (CIJ). Depuis 1996, un tribunal spécifique (Tribunal international du droit de la mer) créé par la convention de Montego Bay est officiellement entré en fonction.

À savoir

La mer de Chine méridionale est un espace maritime de 3,5 millions de km² bordé par le Viêtnam à l'ouest, la Malaisie, l'Indonésie et Singapour au sud, les Philippines et Brunei à l'est et Taïwan et la Chine au nord. Les huit États côtiers de la mer de Chine méridionale revendiquent chacun une partie de l'espace maritime ou bien encore les îles Spratleys ou Paracels. La Chine estime que cette mer est historiquement sa propriété. Elle occupe les 2/3 de sa superficie au détriment des autres États riverains.

2 L'importance géostratégique des mers et océans

a. Les mers et océans comme vecteurs de la puissance militaire

▶ Les mers et océans sont le moyen par lequel un État peut projeter sa puissance militaire. Les porte-avions et les sous-marins nucléaires sont les équipements qui permettent cette capacité à intervenir loin de son territoire, sur n'importe quel point du globe. Dans ce domaine, les États-Unis ont une avance considérable. Ils possèdent 18 sous-marins nucléaires, 11 porte-avions et disposent de flottes présentes sur toutes les mers et océans du globe.

▶ La Chine, la France, la Russie, le Royaume-Uni, l'Inde, le Japon sont des puissances maritimes militaires de second rang. Elles possèdent un moins grand nombre de sous-marins nucléaires et de porte-avions.

b. Assurer la sécurité des mers et océans

▶ Les puissances maritimes contrôlent et surveillent les principales routes maritimes pour assurer la liberté de circulation et garantir la sécurité des navires de commerce. Certains espaces maritimes comme le golfe arabo-persique, proches de zones de conflits et d'instabilité font l'objet d'une présence militaire permanente et sont au cœur des enjeux actuels.

▶ Avec l'essor du commerce maritime, les actes de piraterie se multiplient. Trois zones principales concentrent l'essentiel des attaques : l'Asie du Sud-est, le golfe d'Aden et le golfe de Guinée. Les navires sont interceptés pillés ou détournés pour obtenir une rançon.

▶ Les mers et océans sont aussi le lieu de trafics. Ils sont le support des flux de drogues et de migrants clandestins.

c. La protection des mers et océans

▶ Les mers et océans sont des espaces de plus en plus pollués par les activités humaines. L'essentiel de la pollution provient des activités terrestres et des déchets produits sur les continents. Cette pollution ainsi que la surpêche sont responsables d'une diminution des ressources. Régulièrement des marées noires souillent les littoraux comme en 2010, avec l'explosion d'une plateforme pétrolière dans le golfe du Mexique provoquant la pire marée noire de l'histoire des États-Unis.

▶ L'Organisation maritime internationale, créée en 1948 dans le cadre de l'ONU, regroupe 172 États. Elle tente, grâce à des conventions, de préserver les milieux marins et d'assurer la sécurité en mer. Toutefois, cette agence a peu de pouvoir face aux enjeux économiques et commerciaux.

Savoir-faire

Transposer un texte en croquis

L'exercice du croquis consiste à passer d'un texte à une **production cartographique**, c'est-à-dire en localisant les phénomènes présentés dans le texte. Cet exercice, qui peut être proposé en seconde partie de l'épreuve commune de contrôle continu (E3C), comprend un **titre**, un **texte** qui présente une situation géographique et un **fond de carte.**

a. Comprendre le sujet

Il faut lire attentivement le sujet et le texte pour identifier les **limites géographiques** et la **nature** du sujet. Au brouillon, relever les informations importantes et leurs localisations.

b. Réaliser la légende

▶ À partir de la liste d'informations relevées au brouillon, il faut les classer dans deux ou trois thèmes, qui formeront les **parties de la légende.**

▶ Le nombre d'informations est volontairement limité, rarement plus d'une dizaine, un trop grand nombre d'informations peut réduire la lisibilité de la production graphique. Pour chaque idée de la légende, il faut choisir un **figuré.**

c. Réalisation graphique

Il est préférable de commencer par les figurés **de surface** puis ajouter les figurés **ponctuels** et **linéaires.**

À savoir

Un **croquis** réussi doit-être lisible et esthétique. Il doit-être démonstratif, c'est-à-dire répondre au sujet. Il doit être précis, notamment pour les localisations. Le croquis doit comprendre un titre et une nomenclature, c'est-à-dire les noms des éléments présents (villes, fleuves, États, etc.) et ceux qui permettent de situer les phénomènes représentés (mer, océans, etc.).

Exercice

★★★ 1 heure Type Bac **À partir du texte proposé, réalisez un croquis sur le sujet : « Les tensions en mer de Chine méridionale ».**

a. Lisez attentivement le texte et relever au brouillon les informations qui permettent de traiter le sujet.

b. Construisez la légende

c. Réalisez le croquis

Doc. 1 La mer de Chine, une mer très convoitée

La mer de Chine méridionale est un espace maritime bordé par le Viêtnam à l'ouest, la Malaisie, l'Indonésie et Singapour au sud, les Philippines et Brunei à l'est, et Taiwan et la Chine au nord. Les 8 États côtiers de la mer de Chine méridionale revendiquent chacun une partie de l'espace maritime ou ses îlots. La Chine estime qu'elle a des droits historiques sur la plus grande partie de cette mer. À la fin de la Seconde Guerre mondiale, elle délimite l'espace maritime qu'elle revendique par une ligne en 9 traits. L'espace ainsi délimité représente environ les deux tiers de la mer de Chine. Des tensions existent à propos des îles Paracels, occupées par la Chine, mais revendiquées par le Viêtnam et Taïwan. C'est également le cas des îles Spratleys, sous autorité chinoise mais réclamées par les Philippines, Brunei, la Malaisie, Taïwan et le Viêtnam. Les ressources de la Mer de Chine Méridionale, sont particulièrement importantes. La pêche et la présence de réserves d'hydrocarbures sont des éléments qui renforcent les convoitises. La situation stratégique de la mer de Chine méridionale sur la principale route maritime mondiale augmente encore les revendications.

Doc. 2 Fond de carte

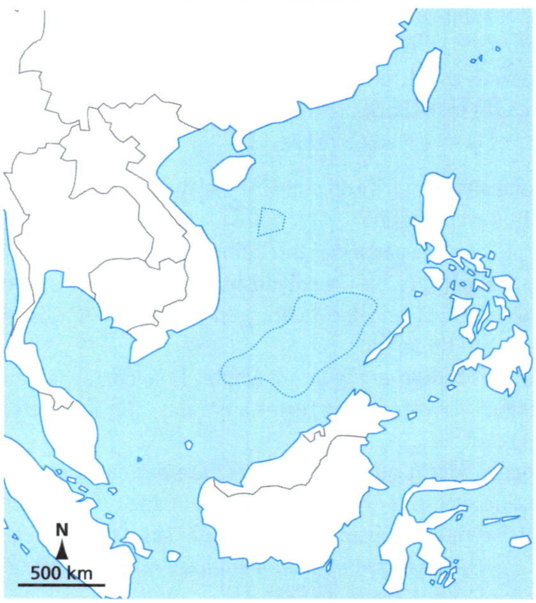

GÉOGRAPHIE

La France : une puissance maritime ?

Cours

1 Le deuxième domaine maritime mondial

a. Un domaine maritime hérité du passé colonial

▶ La France a une superficie terrestre de 640 000 km² (France métropolitaine et territoires d'outre-mer), soit 0,43 % des terres du globe. Cependant, elle dispose de 18 500 km de côtes et d'un domaine maritime de 11 millions de km². Le domaine maritime français se compose des eaux territoriales et surtout d'une vaste zone économique exclusive. C'est le deuxième domaine maritime mondial derrière les États-Unis et devant l'Australie.

▶ L'importance du domaine maritime est liée à l'histoire coloniale de la France et aux territoires qui sont restés français après la décolonisation : les 5 départements et régions d'outre-mer (DROM) et les collectivités d'outre-mer (COM).

▶ En 2015, la France a agrandi son domaine maritime d'environ 500 000 km², soit une étendue équivalente à la superficie de la métropole. Cet agrandissement est lié à l'extension de la ZEE autour de la Martinique et de la Guadeloupe, de la Guyane, de la Nouvelle-Calédonie et des îles Kerguelen. La France pourrait encore étendre ce domaine d'environ un million de km², notamment autour de Saint-Pierre-et-Miquelon, où le sous-sol marin pourrait abriter des ressources en hydrocarbures.

b. Une présence dans tous les océans

▶ Le domaine maritime de la France métropolitaine, Corse comprise, représente 345 000 km², soit 3 % du domaine maritime total. Le territoire métropolitain ouvre sur 4 façades maritimes : la mer du Nord, la Manche, l'Atlantique et la mer Méditerranée.

▶ L'immense majorité du domaine maritime français (97 %) se situe en outre-mer.
– La plus grande partie des territoires maritimes se trouvent dans le Pacifique avec la Polynésie, qui représente près de 40 % de la ZEE française, la Nouvelle-Calédonie, Wallis-et-Futuna et Clipperton.
– L'océan Indien est le 2ᵉ ensemble. Il se compose de la Réunion, Mayotte et des terres australes (îles Kerguelen, îles Crozet, etc.)
– L'océan Atlantique et la mer des Caraïbes complètent le domaine avec les Antilles (Martinique, Guadeloupe, etc.) et Saint-Pierre-et-Miquelon à proximité des côtes canadiennes.
– La terre Adélie permet également à la France d'avoir une présence dans l'océan Austral.

2 Les mers et océans, un enjeu pour la France

a. Un enjeu économique

▶ L'économie bleue, c'est-à-dire les activités liées à la mer, représente 14 % du PIB français et emploie environ 800 000 personnes. Les secteurs les plus importants sont le tourisme balnéaire, la pêche, l'industrie nautique, la construction et les activités navales.

▶ Bien que la construction navale ait fortement déclinée avec la concurrence de l'Asie. Certains chantiers navals restent compétitifs. A Saint Nazaire, les chantiers se sont recentrés dans la construction de navires de croisière de très grandes tailles. A Cherbourg l'arsenal produit des navires militaires notamment une nouvelle génération de sous-marins.

▶ Les activités touristiques et de loisir présentent également un très grand intérêt économique. À titre d'exemple, Marseille est devenue une escale pour les bateaux de croisière qui sillonnent l'ouest de la Méditerranée.

▶ La France ne dispose pas de très grands ports, car les volumes traités sont faibles par rapport aux concurrents européens (Anvers, Rotterdam, Hambourg, etc.) ou asiatiques. Toutefois, il existe 11 grands ports en France. Le Havre et Marseille, les deux premiers ports français, sont respectivement aux 56ᵉ et 107ᵉ rangs mondiaux en 2018.

À savoir
- Le port du Havre est le premier port français pour le traitement des conteneurs.
- Le port de Marseille arrive au premier rang quand on comptabilise l'ensemble des marchandises traitées (hydrocarbures, minerais et conteneurs).

▶ La flotte de commerce française compte environ 1 200 navires. Le groupe CMA CGM, basé à Marseille, est la troisième compagnie mondiale de transport maritime.

▶ La flotte de pêche représente un peu plus de 7 000 navires produisant 640 000 tonnes/an de prises et emploie 50 000 personnes. Ce secteur connaît d'importantes difficultés économiques.

▶ D'autres ressources maritimes non exploitées existent, sur les fonds marins notamment des champs de nodules polymétalliques en Polynésie.

b. Un enjeu stratégique

▶ L'extension du domaine maritime et sa présence sur les trois principaux océans permettent à la France d'avoir >>

>> une présence planétaire et de pouvoir intervenir loin de son territoire. En plus de ses territoires d'outre-mer, la France dispose de bases navales installées dans d'autres pays. La plus ancienne à Djibouti, au sud de la mer Rouge, lui permet de surveiller une des routes maritimes les plus importantes au monde, qui relie la mer Méditerranée à l'océan Indien. Une seconde plus récente à Abu Dabi, dans le golfe persique, se situe dans une région stratégique haut lieu de production d'hydrocarbures.

▶ La France dispose d'une marine de guerre moderne et opérationnelle. Elle possède plusieurs sous-marins atomiques et un porte-avion, qui sont des éléments essentiels pour projeter sa puissance loin de son territoire. Les forces navales françaises assurent des missions variées : surveillance du domaine maritime et de ses ressources, sécurisation des routes maritimes vitales à son économie, protection des infrastructures françaises sensibles (ports, centrale nucléaires, etc.), intervention sur des théâtres d'opération extérieure.

Savoir-faire

Savoir lire, comprendre et critiquer une photographie

▶ **Présenter et localiser** la photographie : préciser le territoire présent sur la photo (situation dans le pays ou le continent), l'objet de la photo, le type de photographie (au sol, aérienne oblique, aérienne verticale), la date et l'auteur s'ils sont précisés.

▶ **Prendre connaissance** de la consigne, pour comprendre la manière dont la photo doit-être exploitée.

▶ **Observer et prélever** les informations qui permettent de traiter la consigne. Relever dans la photo des éléments précis en utilisant les différents plans (1er plan, arrière-plan, etc.) ou ensembles.

▶ **Expliquer** les informations prélevées en fournissant des éléments du cours et des connaissances. Dégager l'intérêt du phénomène abordé et mettre en évidence les limites de la photo.

Exercice

★★ 30 min Type Bac **Analysez le document à partir de la consigne suivante : « À l'aide de la photographie, présentez les activités et l'organisation du port du Havre. »**

a. Identifiez les mots-clés de la consigne.

b. Observez le document et relevez sur le document les informations qui permettent de traiter la consigne.

c. Réalisez un plan détaillé sous forme de tableau.

Doc. 1 Vue aérienne du port du Havre

GÉOGRAPHIE

SYNTHÈSE

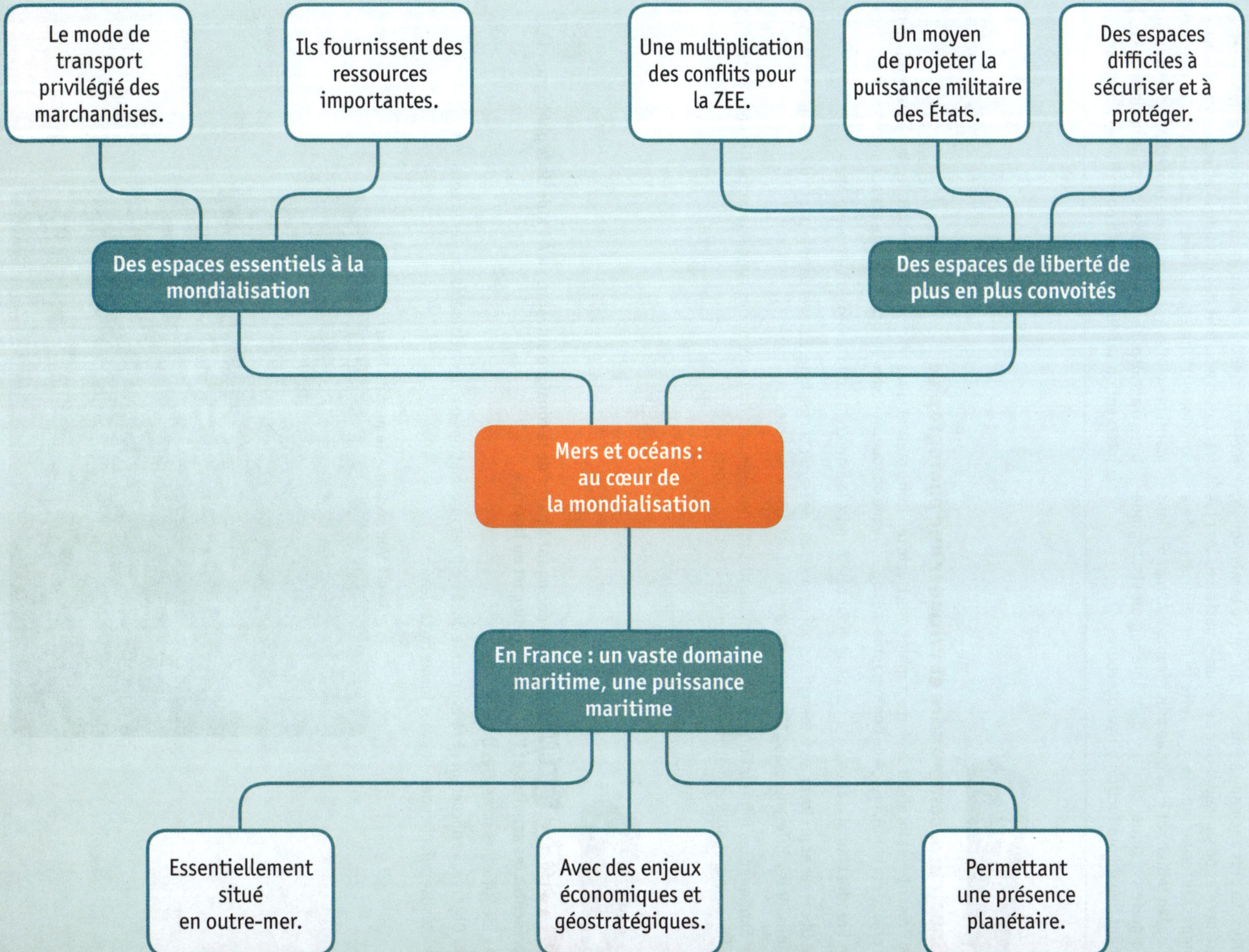

Mers et océans : au cœur de la mondialisation
Des espaces essentiels à la mondialisation
Le mode de transport privilégié des marchandises.
Ils fournissent des ressources importantes.
Des espaces de liberté de plus en plus convoités
Une multiplication des conflits pour la ZEE.
Un moyen de projeter la puissance militaire des États.
Des espaces difficiles à sécuriser et à protéger.
En France : un vaste domaine maritime, une puissance maritime
Essentiellement situé en outre-mer.
Avec des enjeux économiques et géostratégiques.
Permettant une présence planétaire.

je me teste !

1 Quelle est la part des mers et océan à la surface de la terre ?

- ☐ **a.** 61 %.
- ☐ **b.** 71 %.
- ☐ **c.** 81 %.

2 Combien compte-t-on d'océans dans le monde ?

☐ **a.** 3. ☐ **b.** 4. ☐ **c.** 5.

3 Quelle est la part du trafic de marchandises réalisée par les mers et océans ?

- ☐ **a.** 70 %.
- ☐ **b.** 80 %.
- ☐ **c.** 90 %.

4 Quel pays compte 7 ports parmi les 10 premiers ports mondiaux ?

- ☐ **a.** La Chine.
- ☐ **b.** Les États-Unis.
- ☐ **c.** Le Japon.

5 Lequel de ces seuils maritimes n'est pas un détroit ?

- ☐ **a.** Gibraltar.
- ☐ **b.** Malacca.
- ☐ **c.** Panama.

6 Quelle est la part de la population mondiale qui dépend des ressources halieutiques pour sa nourriture ?

☐ **a.** 1/4. ☐ **b.** 1/3. ☐ **c.** 1/2.

7 Quand a eu lieu la conférence des Nations unies de Montego Bay ?

- ☐ **a.** 1972.
- ☐ **b.** 1982.
- ☐ **c.** 1992.

8 Quel type d'espace maritime est créé par la conférence des Nations unies de Montego Bay ?

- ☐ **a.** Eaux territoriales.
- ☐ **b.** ZEE.
- ☐ **c.** Eaux internationales.

9 À quelle distance de la côte la limite de la ZEE est-elle fixée ?

- ☐ **a.** 20 milles nautiques.
- ☐ **b.** 200 milles nautiques.
- ☐ **c.** 2000 milles nautiques.

10 Quelle est la 1re puissance militaire maritime ?

- ☐ **a.** La France.
- ☐ **b.** La Chine.
- ☐ **c.** Les États-Unis.

11 Lequel de ces espaces maritimes concentre le plus d'attaques de piraterie ?

- ☐ **a.** Le golfe d'Aden.
- ☐ **b.** Le golfe Persique.
- ☐ **c.** Le golfe du Mexique.

12 Quelle est la superficie du domaine maritime français ?

- ☐ **a.** 1 million de km^2.
- ☐ **b.** 11 million de km^2.
- ☐ **c.** 22 million de km^2.

13 Quel océan abrite la part la plus importante du domaine maritime français ?

- ☐ **a.** L'océan Pacifique.
- ☐ **b.** L'océan Atlantique.
- ☐ **c.** L'océan Indien.

14 Quel est le 1er port français pour le traitement des conteneurs ?

- ☐ **a.** Marseille.
- ☐ **b.** Le Havre.
- ☐ **c.** Saint-Nazaire.

15 Lequel de ces trois États n'accueille pas de base navale de la marine française ?

- ☐ **a.** Côte d'Ivoire.
- ☐ **b.** Djibouti.
- ☐ **c.** Abu Dabi.

Réponses !

1 : b - **2** : c - **3** : c - **4** : a - **5** : c - **6** : a
7 : b - **8** : b - **9** : b - **10** : c - **11** : a - **12** : b
13 : a - **14** : b - **15** : a.

4

Des territoires inégalement intégrés dans la mondialisation

Cours

1 À l'échelle planétaire, une modification des centres d'impulsion de la mondialisation

a. Les pays développés dominants mais en perte de vitesse

▶ D'un point de vue économique, les pays développés assurent une part importante du commerce mondial, sont à l'origine de nombreuses innovations, contrôlent les trois principales monnaies mondiales (dollar, euro, yen) et la majorité des firmes transnationales.

▶ D'un point de vue politique, ils président et accueillent les grandes institutions internationales (OMC, ONU, FMI, Banque mondiale, etc.) et forment de puissantes associations régionales comme l'UE.

▶ Toutefois, leur puissance diminue. Ainsi, ils ne produisent plus que 45 % de la richesse mondiale, alors qu'ils en assuraient près de 60 % avant 2004.

À savoir

Les pays développés comprennent des pays anciennement développés : Europe de l'Ouest, Amérique du Nord, Australie, Nouvelle Zélande, Japon ; et les nouveaux pays industrialisés (NPI) : Corée du Sud, Taiwan et Singapour.

b. Le poids grandissant des pays émergents

▶ Les pays émergents, une trentaine d'États, s'affirment comme nouveaux centres d'impulsion et connaissent une croissance économique soutenue et une amélioration de leur niveau de développement. Ils bénéficient des investissements (IDE) et des délocalisations industrielles des pays développés. Ils exportent des produits agricoles, énergétiques et manufacturés.

▶ Parmi eux, les BRICS (Brésil, Russie, Inde, Chine, Afrique du Sud) font figure de puissances émergentes et produisent environ 30 % du PIB mondial. Pour intégrer les pays émergents à la gouvernance mondiale, le G20, forum qui réunit les 19 pays développés et émergents les plus puissants du monde plus l'UE, a été créé en 1999 et renforcé en 2008.

2 À l'échelle régionale et locale, les territoires très intégrés à la mondialisation

a. Les centres urbains

▶ Les métropoles et en particulier les villes mondiales (une trentaine) polarisent l'essentiel des flux matériels, immatériels et humains. Elles concentrent les activités tertiaires supérieures, les infrastructures de transport et de communication et les centres de décision. Elles fonctionnent en réseau et constituent l'archipel métropolitain mondial (AMM).

Étude de cas

En Russie, les villes sont les territoires les mieux intégrés à la mondialisation. Ainsi, Moscou produit un tiers de la richesse Russe. C'est la métropole la plus dynamique du pays. Elle compte 12 millions d'habitants et concentre les pouvoirs politique et économique. La 2e métropole de Russie, Saint Pétersbourg, se développe rapidement. Elle est devenue un centre touristique et culturel majeur.

▶ Dans certaines régions, de vastes ensembles urbains composés de plusieurs métropoles, étendus sur plusieurs centaines de kilomètres, peuplés de plusieurs dizaines de millions d'habitants et au rayonnement planétaire se sont développées : les mégalopoles. Il en existe trois principales : la mégalopolis au nord-est des États-Unis, la mégalopole européenne et la mégalopole japonaise.

Le centre des affaires de Moscou, un territoire connecté à la mondialisation

b. Les interfaces

▶ La mondialisation a renforcé le phénomène de littoralisation des activités et des hommes. Il existe trois façades maritimes ou interfaces littorales principales : l'Amérique du nord-est, l'Europe du nord-ouest et l'Asie orientale.

▶ Les frontières sont des interfaces terrestres. Elles limitent des territoires, permettent des différences de réglementation et de niveau de développement, constituent des lieux d'échanges et d'activités économiques (frontière entre les États-Unis le Mexique par exemple).

c. Des territoires avec une forte spécialisation

Certains territoires se spécialisent dans un secteur et exploitent leurs avantages pour s'intégrer dans la mondialisation. C'est le cas des paradis fiscaux, des zones franches, des technopoles (Silicon Valley), de certains espaces agricoles (vignobles, grandes exploitations) ou de certaines destinations touristiques.

3 Les territoires moins intégrés ou en marge de la mondialisation

a. Une faible intégration en raison de contraintes géographiques

Des territoires sont peu intégrés à la mondialisation, car ils sont isolés, en raison de leur enclavement (absence d'accès à la mer). Dans certains États, même très bien intégrés à la mondialisation, des territoires sont en marge en raison de la distance et la faiblesse de réseaux de communication (zones de montagnes, espaces ruraux, zones de forêt, etc.).

b. Une faible intégration pour des raisons économiques

La pauvreté limite les échanges et la présence des acteurs économiques. Les pays les moins avancés (PMA) par exemple ont un très faible accès à la mondialisation. À l'échelle des villes, les métropoles sont confrontées à la ségrégation socio spatiale (ghetto dans les pays développés, bidonvilles dans les pays en développement).

À savoir

Les pays les moins avancés (PMA), actuellement au nombre de 47, ont été définis en 1971 par l'ONU. Ils cumulent toutes les difficultés et disposent des indicateurs de développement les plus mauvais.

c. Une marginalisation pour des raisons politiques

▶ Quelques États recherchent un isolement politique (Corée du Nord). D'autres, en raison des conflits, sont de fait exclus des échanges mondiaux par les acteurs économiques et les organismes internationaux qui estiment que la sécurité est insuffisante pour développer des activités (Afghanistan, Syrie).

▶ Dans d'autres cas, des espaces naturels considérés comme fragiles sont volontairement mis à l'écart de la mondialisation pour les protéger En 1991, protocole de Madrid interdit ainsi l'exploitation et les activités militaires en Antarctique.

Savoir-faire

Réaliser des productions cartographiques dans le cadre d'une analyse

▶ Il est possible dans l'exercice de **réponse à une question problématisée** en géographie d'intégrer une production cartographique pour venir appuyer une analyse et préciser la localisation de phénomènes spatialisés.

▶ Aucun fond de carte n'est fourni, il faut **tracer les contours** du territoire qu'on veut représenter **schématiquement,** sans viser la précision des localisations mais en présentant les structures, les dynamiques, l'organisation d'un territoire.

▶ La production cartographique doit-être **lisible** et proprement réalisée. Elle sert à montrer sa capacité à **localiser** et **identifier** des espaces géographiques et à **synthétiser** des informations.

▶ La production cartographique s'intègre **dans le développement** de la réponse à la question problématisée, à la suite du paragraphe concerné **ou à la fin de la réponse** si elle sert de synthèse.

▶ Sa réalisation suit la même méthode que celle du croquis. Il faut **sélectionner** les informations les plus importantes, les **organiser** dans deux ou trois thèmes, qui formeront les parties de la légende, choisir des **figurés** pour chaque information, enfin **dessiner les contours** de l'espace concerné et placer les figurés.

À savoir

La production cartographique répond aux mêmes exigences que le croquis. Elle comprend un titre, une légende organisée et une nomenclature.

GÉOGRAPHIE

Exercice

★★ 20 min **Type Bac** **À partir du cours, réalisez une production cartographique qui porte sur « Les centres d'impulsion de la mondialisation dans le monde ».**

a. Tracez sur une feuille les contours simplifiés du planisphère en vous inspirant de l'exemple proposé ci-dessous.

b. Relevez dans le cours les informations et organisez la légende.

c. Réalisez la production graphique.

d. Complétez la nomenclature.

Dans la production cartographique, vous pouvez organiser la légende en regroupant les centres d'impulsion par thème.

Coopérations, tensions et régulations aux échelles mondiale, régionale et locale

Cours

1 Des formes de coopération variées

a. Une coopération internationale dans le cadre de l'ONU

L'Organisation des Nations Unies (ONU), créée le 26 juin 1945 (charte de San Francisco), est la principale structure de coopération planétaire pour maintenir la paix et la sécurité, favoriser la coopération internationale et harmoniser les efforts des nations dans des objectifs communs, à travers 15 agences spécialisées dans des domaines précis : la santé (OMS), la culture et l'éducation (Unesco), l'enfance (Unicef), etc.

Siège de l'ONU à New York

À savoir

- L'ONU siège à New York et compte aujourd'hui 193 États membres.
- Le Fonds monétaire international siège à Washington et regroupe 189 pays.

b. Les associations régionales

▶ Les États se regroupent également par continent, sous-continent ou région, constituant ainsi de simples forums de discussion ou des structures disposant de pouvoirs supranationaux L'Organisation des États américains (OEA), créée en 1948, regroupe les 35 États indépendants d'Amérique.

▶ L'Union européenne (27 États membres), l'Accord États-Unis — Mexique — Canada (AEUMC, ex ALENA), le Mercosur (5 États d'Amérique du Sud), l'ASEAN (10 États d'Asie du Sud-Est), constituent les principales associations régionales, avant tout zones de libre-échange, mais aussi de régulation des problèmes politiques, environnementaux, judiciaires, etc.

c. Les groupes et sommets informels

En 1964, le G77 (groupe des 77) est créé dans le cadre de l'ONU par des pays en développement pour promouvoir leurs intérêts économiques et politiques. En 1975, les 7 premières puissances industrielles (États-Unis, Japon, Allemagne, France, Royaume-Uni, Italie et Canada) fondent le G7. Depuis 1999, le G20 intègre les pays émergents. Ces groupes se retrouvent tous les ans pour aborder les grands problèmes planétaires et définir des politiques communes.

2 Les tensions

a. Des tensions économiques

▶ La Chine et d'autres pays émergents sont accusés par les pays développés d'avoir des coûts de production très faibles (réglementations sociale ou environnementale réduites ou inexistantes). À l'inverse, les pays en développement accusent les pays développés d'aider leurs entreprises et leurs agriculteurs par des subventions, ce qui introduit une concurrence déloyale.

▶ Dans le domaine commercial, La « guerre de la banane » a opposé l'Europe aux pays d'Amérique latine et aux États-Unis de 1993 à 2009. Depuis 2018, la Chine et les États-Unis taxent chacun les produits de l'autre.

b. Des tensions géopolitiques

▶ Les guerres intra ou interétatiques génèrent des tensions internationales en fonction des intérêts et des alliances. Dans la guerre civile syrienne, la Russie est l'alliée du régime de Bachar el Assad, la Turquie s'y oppose et les occidentaux veulent combattre les groupes djihadistes et arment les Kurdes syriens opposés au régime et ennemis des Turcs.

▶ Les tensions internationales et la pauvreté favorisent les mobilités humaines. Les populations fuient les régions pauvres ou en crise et se dirigent vers les régions plus stables et plus riches. La fermeture des frontières est adoptée par certains États pour éviter les migrations clandestines (mur de D. Trump).

3 La régulation de la mondialisation

a. La régulation économique

▶ Deux institutions internationales, créées en 1944, sont chargées d'encadrer le système financier mondial. Le Fonds monétaire international (FMI) assure la stabilité du système monétaire international et la gestion des crises monétaires et financières (intervention en Grèce en 2010). La Banque mondiale accorde des prêts aux pays en développement.

▶ La réduction des obstacles au libre-échange et l'arbitrage des différends commerciaux entre États est le résultat de la politique menée par L'Organisation mondiale du commerce (OMC), ex-Accord général sur les tarifs douaniers (GATT, de 1945 à 1995). Aujourd'hui, l'OMC dont le siège est à Genève compte 164 États membres.

b. La régulation géopolitique

La régulation géopolitique est notamment du ressort du Conseil de sécurité de l'ONU, composé de 5 membres perma-

>> nents disposant d'un droit de veto (États-Unis, Russie, Chine, Royaume-Uni et France) et de 10 membres renouvelés tous les 2 ans. Le Conseil de sécurité peut décider des sanctions, voire autoriser l'emploi de la force pour maintenir ou rétablir la paix et la sécurité internationales. L'application de ses décisions n'est pas toujours suivie dans les faits.

c. La régulation environnementale

En 1972, le Programme des nations unies pour l'environnement (PNUE) est créé et le 1er sommet de la Terre, qui se réunit tous les 10 ans, est organisé à Stockholm par L'ONU. Depuis le sommet de Rio (Brésil) en 1992, la question climatique est devenue centrale. En 1995, la communauté internationale instaure la Conférence des parties (COP), qui se réunit tous les ans pour limiter le réchauffement climatique (limitation à 2 degrés depuis la COP 21 de Paris en 2015). Toutefois, les mesures sont toujours insuffisantes pour réduire les gaz à effet de serre (GES) et les États-Unis ont quitté la COP en 2017.

Savoir-faire

Mettre en œuvre l'analyse à différentes échelles (multiscalaire) en géographie

▶ Le terme « échelle » est polysémique. En géographie, il signifie le **rapport entre un espace réel et sa représentation sur une carte.** Cette échelle peut-être plus ou moins grande. Plus elle est grande, plus l'espace représenté est de petite dimension (échelle locale) plus elle est petite plus cet espace est vaste (échelle planétaire).

▶ Les échelles s'emboîtent les unes dans les autres en allant **de la plus grande à la plus petite ou inversement** (ville, région, pays, continent, monde).

▶ L'analyse multiscalaire sert à bâtir un **plan de réponse à une question problématisée**, chaque partie abordant l'analyse du phénomène à une échelle différente. Elle peut également aider au moment de l'**analyse de document**, en identifiant les différentes échelles abordées par l'auteur.

À savoir

Il existe deux manières de représenter une échelle sur une carte ou un croquis. Une échelle graphique très visuelle (un segment sur la carte représente une distance dans la réalité) ou une échelle arithmétique, qui est exprimée par un rapport 1/200 000 (1 cm sur la carte représente 200 000 cm sur le terrain).

GÉOGRAPHIE

Exercice

★★ 30 min Type Bac **À partir du texte proposé, proposez un tableau d'analyse multiscalaire.**

a. Lisez attentivement le texte et relevez au brouillon les différentes implications de la politique arctique de la Chine.

b. Classez ces informations dans un tableau en fonction de l'échelle d'analyse.

L'intérêt des Chinois pour l'Arctique

Le changement climatique renforce aujourd'hui la convoitise pour les régions polaires. La Chine veut s'implanter durablement en Arctique et profiter de ces nouvelles potentialités. Le projet de nouvelle route de la soie, qui doit relier l'Empire du milieu à ses principaux clients, comporte un tracé qui emprunte la route maritime de l'Arctique. Il faut dire que le passage maritime du Nord-Est qui permet de relier l'Europe à l'Asie en longeant les côtes russes, raccourcit les liaisons maritimes de 5 à 7000 kms et d'une à deux semaines. Cette région est également convoitée par Pékin pour ses importantes ressources, notamment énergétiques. Le gouvernement chinois multiplie les investissements et les accords de coopération avec certains États Arctiques. C'est le cas de la petite ville Norvégienne de Kirkenes qui pourrait profiter de la politique Arctique de la Chine et devenir un des grands ports de nord de l'Europe. Cette bourgade de Laponie à la frontière avec la Russie serait un des centres névralgique des routes commerciales chinoises. Les marchandises en provenance d'Asie seraient déchargées avant de rejoindre le reste de l'Europe par la route ou par le rail. En effet, plusieurs projets sont lancés ou envisagés pour désenclaver le nord de l'Europe et la relier au cœur du continent. C'est notamment le cas du projet ferroviaire Rail Baltica, qui reliera les pays baltes à Varsovie et pourrait permettre, à termes, de relier Hambourg à Kirkenes en 24 heures, au lieu de quatre jours et demi en bateau actuellement.

Cependant, cette présence chinoise dans l'Arctique ne réjouit pas tous les États de la région. Lors du dernier Conseil de l'Arctique qui s'est tenue en Finlande, Mike Pompéo, secrétaire d'État américain, a manifesté son inquiétude à propos du renforcement de la présence chinoise dans la zone. Il craint « que l'océan Arctique se transforme en une nouvelle mer de Chine du Sud, grouillant d'activités militaires et de revendications territoriales rivales ». Pour lui, la Chine n'a aucun droit sur l'Arctique.

La France : un rayonnement international différencié et une inégale attractivité dans la mondialisation

Cours

1 Le rayonnement international de la France

a. Une des premières puissances économiques mondiales

▶ Le PIB de la France s'élève à 2 775 milliards de dollars en 2018, ce qui la situe au sixième rang mondial. Cette richesse est produite par une économie diversifiée et ouverte sur le monde. Tout d'abord, la France dispose d'une agriculture puissante, au 1er rang européen (production estimée à 73 milliards d'euros en 2019). Si l'agriculture ne représente que 3,5 % du PIB français, elle alimente des industries agro-alimentaires (Danone, Lactalis), qui contribuent aux exportations françaises.

À savoir

Le rayonnement économique de la France est lié à des firmes transnationales dynamiques (FTN) : Total (hydrocarbures), BNP Paribas (secteur bancaire), Axa (assurance), Carrefour (grande distribution), LVMH (industrie du luxe), L'Oréal (cosmétique), Renault et PSA (automobile), Airbus (aéronautique), Veolia (environnement), etc. Au total, on compte 29 FTN françaises dans les 500 premières FTN mondiales.

▶ Ensuite, l'industrie française, qui subit de profondes transformations (délocalisations des productions les moins rentables), reste très compétitive dans certains domaines (aéronautique, spatial, pharmacie, construction navale, secteur du luxe, etc.).

▶ Enfin, le secteur des services (banques, assurances, transports, commerce, tourisme) domine l'activité économique française. Il exporte et permet un important excédent.

b. Une influence géopolitique réelle

▶ La France dispose d'une puissance militaire importante. Elle possède depuis 1960 l'arme nucléaire. Ses dépenses militaires la placent au 5e rang. Elle entretient une armée de métier bien équipée, qui participe à plusieurs opérations extérieures (Mali, Syrie, Irak, etc.). Les bases françaises implantées dans les DROM, les COM et dans plusieurs pays (Sénégal, Côte d'Ivoire, Tchad, Gabon, Djibouti et Abou Dhabi) permettent d'intervenir rapidement sur de nombreux territoires.

▶ La diplomatie française est influente, elle s'appuie sur un réseau d'ambassades et de consulats étendu, le deuxième au monde derrière celui des États-Unis. Elle fait également partie des 5 membres permanents du Conseil de sécurité de l'ONU et dispose à ce titre d'un droit de veto. Plusieurs organisations internationales ont leur siège en France : l'Unesco et l'OCDE à Paris.

c. Le rayonnement culturel de la France

En 2019, pour la seconde fois, la France occupe la 1re place en matière de soft power. Le rayonnement de la France est notamment lié à la francophonie. Le français est une langue internationale et officielle dans plusieurs organisations (ONU, Union européenne, Comité international olympique). Aujourd'hui, c'est la cinquième langue la plus parlée au monde (274 millions de locuteurs, essentiellement en Afrique). L'Organisation internationale de la francophonie (OIF), ainsi que l'Alliance française, promeuvent la langue française et les valeurs de la France. La France entretient un réseau d'environ 500 établissements scolaires à l'étranger et des médias internationaux francophones (radio RFI, TV5 Monde, France 24.

À savoir

Le soft power ou puissance douce est la capacité d'un État à jouer un rôle dans le monde sans utiliser de méthode contraignante.

2 Une inégale attractivité de la France dans la mondialisation

a. Un territoire attractif

▶ La qualité des infrastructures, le niveau de formation de la main-d'œuvre, la qualité de la recherche et sa situation en Europe font de la France un territoire attractif pour les entreprises étrangères. En 2018, plus de 28 000 entreprises étrangères sont installées et emploient 2,2 millions de salariés. Depuis 2016, les investissements directs étrangers (IDE) dans l'hexagone augmentent régulièrement. La France est au 2e rang européen derrière l'Allemagne, avec 1 323 projets d'investissements étrangers réalisés en 2018.

▶ La France est également une importante destination touristique (90 millions de touristes en 2018), ce qui la place au

Le musée du Louvre (Paris) est le plus fréquenté au monde, avec 9,6 millions de visiteurs en 2019, dont 75 % d'étrangers.

>> 1er rang des pays pour le nombre de touristes. Cette attractivité est liée par la diversité de l'offre touristique : tourisme balnéaire et hivernal, culturel (festivals, patrimoine, mode, gastronomie, etc.).

▶ En 2018, la France a accordé 255 000 titres de séjours, et 120 000 demandes de statuts de réfugiés ont été déposées. Elle reste attractive pour les étudiants étrangers (343 400 en 2018, +4,5 % par rapport à 2017).

b. Une inégale attractivité du territoire

▶ Économiquement, l'Île-de-France attire la part la plus importante des IDE. La région profite notamment du Brexit et du redéploiement d'activités d'entreprises installées à Londres. Elle est devenue en 2018 la première destination mondiale des investissements en recherche et développement (R&D). Politiquement, elle accueille le siège de l'OCDE et l'Unesco, culturellement, elle organise de grands évènements internationaux (jeux Olympiques de 2024). C'est également, la 1re région de salons et de congrès en Europe.

▶ Les autres métropoles françaises (Lille, Lyon, Toulouse, Marseille, Nantes, Strasbourg) attirent d'importants IDE (installation de sièges sociaux de compagnies étrangères). Les territoires frontaliers constituent des espaces attractifs, notamment le Nord-est (proximité de l'Allemagne, du Luxembourg et de la Suisse).

Savoir-faire

Savoir lire, comprendre et critiquer une carte

a. Présenter la carte

Repérer le territoire représenté et son échelle (planisphère, continent, État, région), la nature de la carte (analytique, par anamorphose, synthèse), le titre, l'ancienneté des données et leur source, éventuellement l'auteur et les destinataires.

b. Lire la légende

Relever la nature des données : quantitative (taux de chômage, PIB) ou qualitative (aéroport, mégalopole), les figurés utilisés (ponctuels, de surface ou linéaires), l'organisation de la légende.

c. Observer le contenu de la carte

Partir du plus général au plus précis. Par exemple pour une carte de la présence de l'armée française dans le monde, relever l'inégale répartition des troupes françaises à l'échelle planétaire, puis localiser les zones qui accueillent les effectifs les plus significatifs et celles où les troupes françaises ne sont pas.

d. Expliquer la carte

Tout d'abord, définir les données présentées. Par exemple, pour une carte sur les investissements directs étrangers (IDE), définir cet indicateur. Ensuite, il faut apporter des éléments factuels pour comprendre les localisations. Par exemple, l'importance des IDE dans le Nord-est de la France s'explique par la proximité de pays européens qui investissent en France Allemagne et Suisse.

e. Critiquer la carte

Mettre en évidence l'objectif de l'auteur. La critique peut être externe c'est-à-dire porter sur le mode de représentation (choix des figurés, des couleurs) ou interne (nature des données, des seuils retenus, des sources).

GÉOGRAPHIE

Exercice

★★ 30 min Type Bac

En analysant la carte de l'Alliance française, vous montrerez le rayonnement du français dans le monde et ses limites.

a. Présentez la carte.

b. Lisez la légende et précisez les différents éléments.

c. Analysez la carte et répondez à la consigne.

Les alliances françaises dans le monde

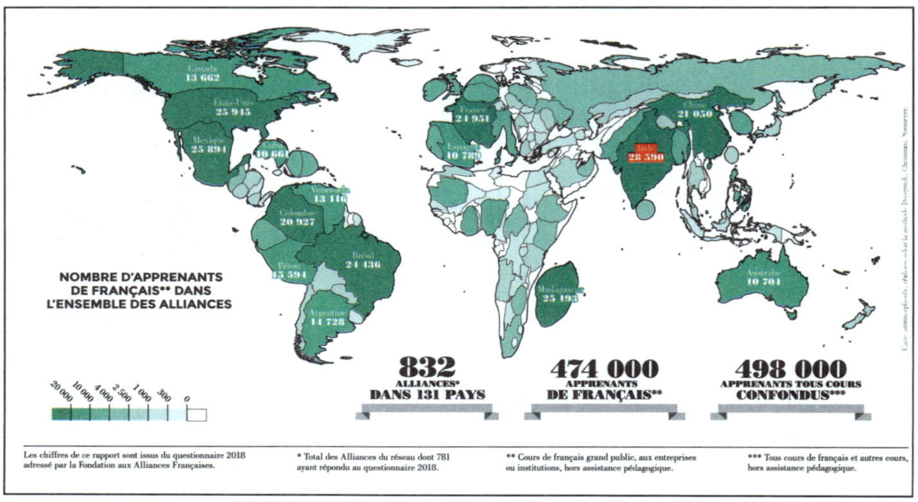

© Alliance française, *Le journal data*, 2018.

SYNTHÈSE

Dynamiques territoriales, coopérations et tensions

Une inégale intégration des territoires dans la mondialisation

Des territoires très intégrés à toutes les échelles
- Échelle planétaire : pays développés, pays émergents.
- Échelles régionale et nationale : interfaces, villes mondiales, mégalopoles, etc.
- Échelle locale : territoires fortement spécialisés.

Des territoires peu intégrés ou en marge
- Échelle planétaire : pays en développement et PMA.
- Échelle régionale et nationale : territoires en guerre, zones enclavées.
- Échelle locale : quartiers pauvre, espaces protégés.

Coopérations, tensions et régulations aux échelles mondiale, régionale et locale

- Coopération internationale : ONU, association régionale (ex : UE), groupes (ex G20)
- Des tensions internationales : économiques et géopolitiques
- Une régulation : économiques (ex : FMI, OMC), politique (Conseil de sécurité de l'ONU), environnementale (Sommet de la Terre, COP)

La France

Un rayonnement international différencié
- Un rayonnement économique : économie diversifiée, FTN.
- Un rayonnement géopolitique : puissance militaire, rôle diplomatique.
- Un rayonnement culturel : le rôle du français, francophonie.

Une inégale attractivité dans la mondialisation
- Forte attractivité pour les entreprises étrangères, les touristes, les migrants.
- Des territoires plus attractifs que d'autres : Ile de France, grandes métropoles, territoires frontaliers.

je me teste !

1 **À quelle catégorie de pays la France appartient-elle ?**
- [ ] **a.** Pays en développement
- [ ] **b.** Pays développés.
- [ ] **c.** Pays émergents.

2 **Quelle est la part de la richesse mondiale assurée par les pays développés en 2019 ?**
- [ ] **a.** 45 %.
- [ ] **b.** 55 %.
- [ ] **c.** 65 %.

3 **Quel pays est désigné par un « S » dans l'acronyme BRICS ?**
- [ ] **a.** Suède.
- [ ] **b.** Somalie.
- [ ] **c.** Afrique du Sud.

4 **Quelle est la part du PIB réalisée par les BRICS ?**
- [ ] **a.** 15 %. [ ] **b.** 30 %. [ ] **c.** 45 %

5 **Quand le G20 a-t-il été créé ?**
- [ ] **a.** 1975.
- [ ] **b.** 1999.
- [ ] **c.** 2008.

6 **Comment s'appellent les grands centres urbains qui dominent la mondialisation ?**
- [ ] **a.** Les villes internationales.
- [ ] **b.** Les mégalopoles.
- [ ] **c.** Les villes mondiales.

7 **Qu'est-ce que l'enclavement ?**
- [ ] **a.** Un territoire sans accès à la mer.
- [ ] **b.** Un territoire isolé.
- [ ] **c.** Un territoire dont les frontières sont fermées.

8 **Sur quel continent trouve-t-on le plus grand nombre de PMA dans le monde ?**
- [ ] **a.** Amérique.
- [ ] **b.** Asie.
- [ ] **c.** Afrique.

9 **Laquelle de ces associations régionales regroupe des pays d'Amérique du Sud ?**
- [ ] **a.** ASEAN.
- [ ] **b.** AEUMC.
- [ ] **c.** MERCOSUR.

10 **Quel organisme est chargé de régler les conflits commerciaux ?**
- [ ] **a.** ONU.
- [ ] **b.** FMI.
- [ ] **c.** OMC.

11 **Combien de membres le conseil de sécurité de l'ONU compte-t-il ?**
- [ ] **a.** 5.
- [ ] **b.** 10.
- [ ] **c.** 15.

12 **Où s'est déroulé le 1er sommet de la Terre organisé par l'ONU en 1972 ?**
- [ ] **a.** Stockholm.
- [ ] **b.** Rio de Janeiro.
- [ ] **c.** Paris.

13 **Combien de FTN françaises se classent dans les 500 premières FTN mondiales ?**
- [ ] **a.** 19.
- [ ] **b.** 29.
- [ ] **c.** 39.

14 **Quel continent compte le plus grand nombre de locuteurs français ?**
- [ ] **a.** Europe.
- [ ] **b.** Afrique.
- [ ] **c.** Amérique.

15 **Quel rang la France occupe-t-elle au classement mondial des pays accueillant le plus de touristes étrangers ?**
- [ ] **a.** 1er. [ ] **b.** 2e. [ ] **c.** 3e.

Réponses !

1 : b - **2** : a - **3** : c - **4** : b - **5** : b - **6** : c
7 : a - **8** : c - **9** : c - **10** : c - **11** : c - **12** : a.
13 : b - **14** : b - **15** : a.

Des politiques européennes entre compétitivité et cohésion des territoires

Cours

1 L'Union européenne, une grande diversité de territoires

a. Un espace globalement riche et développé malgré des différences importantes

▶ À l'échelle mondiale, l'Union européenne peut être considérée comme un pôle de puissance au PIB important et à l'IDH élevé.

Attention

Il ne faut pas confondre le PIB (produit intérieur brut) qui mesure l'ensemble des richesses produites dans un pays et l'IDH (indice de développement humain).
Le second est un indice statistique (entre 1 et 0) qui se calcule à partir de trois critères : le PIB par habitant, l'espérance de vie à la naissance et le taux de scolarisation.

▶ Mais les États membres ont des situations très différentes. Ainsi, selon Eurostat, en 2017, la richesse par habitant est 12 fois moins élevée en Bulgarie qu'au Luxembourg, les deux extrêmes. Plus généralement, les États d'Europe centrale et orientale sont moins intégrés dans les domaines économiques et sociaux que les États d'Europe de l'Ouest. Cela s'explique bien souvent par leur modèle de développement particulier entre la fin de la Seconde Guerre mondiale et la chute du bloc communiste à la fin des années 1980.

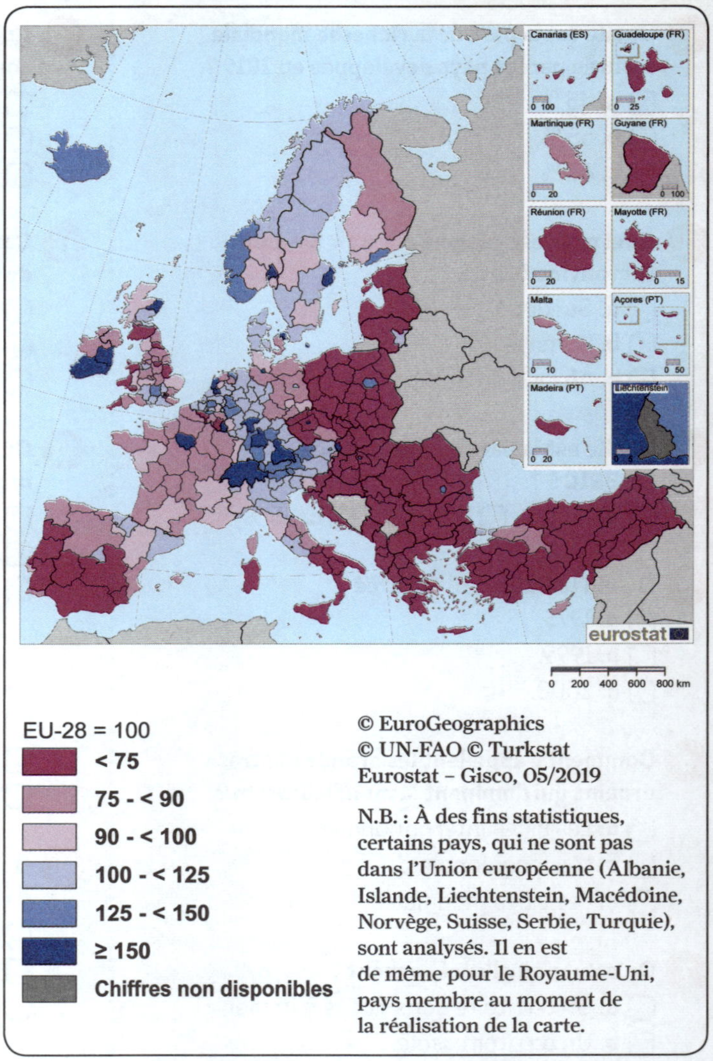

Carte des inégalités de richesse (PIB par habitant) dans l'Union européenne, Eurostat, chiffres de 2017.

b. Des inégalités socio-spatiales à l'échelle régionale

▶ C'est le cas de l'Allemagne, par exemple, qui est pourtant la première puissance continentale. Ses territoires sont inégalement intégrés dans la mondialisation. En effet, la réunification n'a pas gommé les différences économiques. Ainsi, l'Allemagne de l'Est concentre très peu d'activités industrielles et de production. On les retrouve plutôt à l'Ouest, dans la vallée du Rhin, et, au Sud, en Bavière. De plus, Berlin est certes la capitale politique, mais les principales métropoles sont Munich, Cologne, Francfort-sur-le-Main (où se trouve d'ailleurs le siège de la Banque centrale européenne) et le port d'Hambourg.

▶ Les contrastes peuvent ainsi se lire à l'intérieur des États : un tiers des régions européennes concentre les deux tiers du PIB européen. Outre la mégalopole européenne, les régions les plus riches sont donc généralement les métropoles et, en particulier, les capitales et leurs périphéries. À l'inverse, les zones rurales, les bassins industriels en reconversion et les territoires ultramarins sont très en retard. Ils cumulent les mauvais indicateurs comme un taux de chômage plus important, une espérance de vie à la naissance plus faible, un niveau d'études supérieures moins élevé ou encore un accès à Internet plus difficile.

2 Les objectifs des politiques européennes

a. La réduction des inégalités territoriales

▶ Afin de lutter contre ses disparités internes, l'Union européenne a développé des politiques communautaires. La plus ancienne est la politique agricole commune (PAC). Mise en place à partir des années 1960, elle a permis d'assurer la sécurité alimentaire du continent et de moderniser son agriculture. Elle représente encore de nos jours le principal poste de dépenses du budget européen même s'il a tendance à se réduire. Mais la PAC est de plus en plus contestée car les agriculteurs souhaiteraient davantage vivre de leurs productions que des aides européennes. De plus, elle profite davantage aux pays riches de l'Union européenne : la France est d'ailleurs l'État membre qui en bénéficie le plus.

▶ Plus généralement, afin d'assurer une unité économique et sociale entre les pays membres, l'Union européenne a également mis en place une politique de cohésion territoriale à partir des années 1970. Elle consiste en des aides financières appelées Fonds structurels européens comme le FEDER (Fonds européen de développement régional) qui cofinance des projets avec les États et les collectivités territoriales ou le FSE (Fonds social européen) qui contribue à l'insertion professionnelle des chômeurs.

b. La valorisation des atouts des territoires des États membres

▶ En tant qu'acteur du développement des territoires, l'Union européenne peut aussi contribuer à leur ouverture, à leur solidarité et à leur compétitivité. C'est notamment le cas avec la politique des transports qui se décide souvent au niveau européen car elle doit faciliter et garantir la libre circulation des personnes, des marchandises, des services et des capitaux. Elle doit aussi contribuer au désenclavement des régions périphériques et améliorer ainsi les communications entre les régions européennes. Enfin, il s'agit de favoriser la mise en œuvre de mobilités durables. Le réseau transeuropéen de transport (RTE-T) a ainsi pour objectif de développer des infrastructures multimodales.

▶ Une agglomération industrielle ou technologique peut également être valorisée. En France, c'est par exemple le cas de Grenoble dans la région Auvergne-Rhône-Alpes. Des programmes européens y financent des projets tournés vers l'innovation et la transition énergétique dans le cadre d'un cluster, c'est-à-dire un pôle de compétitivité regroupant des entreprises, des laboratoires de recherche et des établissements de formation.

GÉOGRAPHIE

Savoir-faire

Identifier les contraintes et les ressources d'une situation géographique

Contraintes et ressources sont souvent liées. Une contrainte est un élément qui limite une activité humaine. Elle peut être naturelle mais pas seulement. Une contrainte peut toutefois devenir une ressource si elle est mise en valeur et si elle correspond à un besoin.

Exercice

★★ 45 min **En analysant le document, vous mettrez en évidence les difficultés rencontrées par certaines régions de l'Union européenne, puis l'action de l'Union européenne sur ses territoires.**

Les régions ultrapériphériques – Régions d'Europe, d'atouts et d'opportunités

> Le traité sur le fonctionnement de l'Union européenne (TFUE) reconnaît à travers ses articles 349 et 355, nommément la Guadeloupe, la Guyane française, la Martinique, la Réunion, Saint-Barthélemy, Saint-Martin, les Açores, Madère et les Canaries comme des régions faisant partie intégrante de l'Union européenne à travers le statut de régions ultrapériphériques (RUP).
> Ce statut de RUP reconnaît les spécificités qui leur sont propres par rapport au reste de l'UE et qui ont une incidence sur leur développement économique : éloignement, insularité, relief et climat difficile et dépendance vis-à-vis de quelques productions (sucre, bananes ...). Néanmoins ces régions possèdent également des potentialités et des atouts majeurs pour leur rayonnement propre et pour celui de l'Europe : laboratoires privilégiés pour étudier et lutter contre les effets du changement climatique, biodiversité et écosystèmes marins remarquables, potentiel majeur pour le développement des énergies renouvelables, recherche agroenvironnementale de pointe, etc.

Les régions ultrapériphériques – Régions d'Europe, d'atouts et d'opportunités, Commission européenne, direction générale de la politique régionale. © Union européenne, 2010.

8

L'UNION EUROPÉENNE DANS LA MONDIALISATION : DES DYNAMIQUES COMPLEXES

L'Union européenne, un espace plus ou moins ouvert sur le monde

Cours

1 L'Union européenne, un espace très intégré à la mondialisation

a. Le premier pôle commercial au monde

▶ L'Union européenne est aujourd'hui considérée comme la première puissance commerciale du monde, devant la Chine et les États-Unis. Elle exporte et importe dans le monde entier, essentiellement avec les États-Unis, la Chine, la Russie, la Suisse, la Turquie et le Japon. On retrouve ici la hiérarchie des territoires engendrée par la mondialisation puisque les principaux partenaires sont ceux de la « Nouvelle Triade » et des pays émergents. Par ailleurs, parmi les États membres, c'est l'Allemagne qui arrive largement en tête avec près du tiers des exportations européennes et une balance commerciale positive.

▶ Il convient néanmoins de noter que le départ du Royaume-Uni de l'Union européenne en 2020 a et aura des conséquences sur ces données statistiques qu'il est encore difficile de mesurer. Par exemple, en tant que deuxième puissance économique européenne derrière l'Allemagne, son PIB pesait plus de 15 % du total communautaire.

b. Des atouts non négligeables

▶ L'Union européenne est un espace productif majeur. Son agriculture, très productiviste, est la deuxième au monde. Il en est de même dans le secteur industriel pour lequel elle dispose d'une grande variété de productions (et de firmes transnationales parmi les plus importantes au monde) comme le raffinage des hydrocarbures (Royal Dutch Shell, Total), l'automobile (Volkswagen), l'aéronautique (Airbus) ou encore le nucléaire (Areva).

▶ Des facteurs culturels peuvent également participer à son rayonnement à l'échelle mondiale. Ainsi, le continent européen est la première zone touristique au monde. De plus, l'anglais, l'espagnol, le français et le portugais sont parmi les langues les plus parlées au monde.

2 Des tensions externes et internes

a. L'exemple des frontières : entre effacement et renforcement

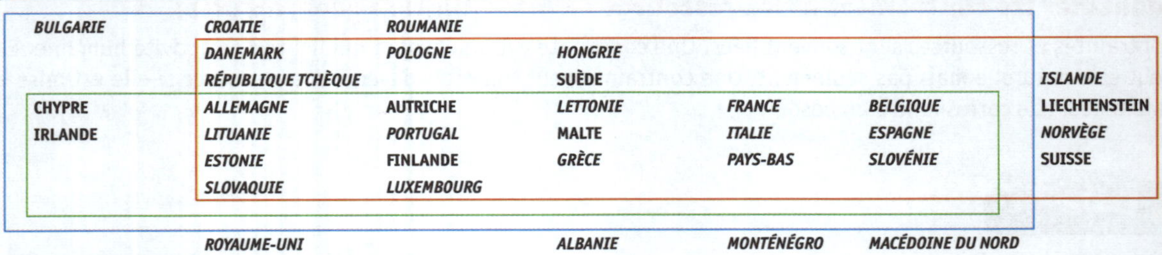

Dans le cadre bleu, les pays membres de l'Union européenne.
Dans le cadre rouge, les pays membres de l'espace Schengen.
Dans le cadre vert, les pays membres de la zone euro. Les micro-États européens (Andorre, Monaco, Saint-Marin, Vatican) utilisent l'euro avec l'accord de l'UE.
En lettres italiques, les pays européens membres de l'OTAN.

Une Europe à géométrie variable ou à plusieurs vitesses ?

▶ Depuis 1992 et le *traité de Maastricht*, l'Union européenne forme un marché unique. La suppression des taxes douanières entre les États membres a permis une intensification des échanges intra-européens : dans cet espace sans frontières, chacun peut librement vendre, acheter ou investir. Il ne faut toutefois pas le confondre avec la zone euro puisque seuls 19 des 27 États de l'Union européenne ont adopté cette monnaie commune et unique. Depuis 1995, il existe également l'espace Schengen qui permet une libre circulation des personnes. Mais il ne recouvre pas non plus les frontières de l'Union européenne : il compte 26 pays, dont 4 qui ne sont pas membres de l'Union européenne (Islande, Liechtenstein, Norvège, Suisse).

▶ Face à cette ouverture des frontières intérieures, on assiste dans le même temps à une consolidation des frontières extérieures. Ainsi, les entrées dans l'espace Schengen sont très contrôlées. Afin de limiter les migrations clandestines, les frontières sont physiquement consolidées par des murs, des barbelés, des systèmes de surveillance. D'autre part, l'Agence européenne de garde-frontières et de garde-côtes, Frontex, a été mise en place en 2005.

b. Des défis à relever

▶ Dans le domaine politique et militaire, l'Union européenne peine à parler d'une seule voix malgré l'instauration d'une politique de sécurité et de défense commune (PSDC) et l'existence d'un Eurocorps, embryon d'une armée européenne. En effet, quand des troupes européennes interviennent, elles le font le plus souvent dans le cadre de l'OTAN. D'ailleurs, les États-Unis n'ont pas hésité à intégrer à leur Alliance atlantique d'anciens pays du bloc de l'Est (Hongrie, Pologne, République tchèque). De plus, bien souvent, les intérêts des États membres divergent. Par exemple, lors du déclenchement de la guerre en Irak en 2003, l'Espagne ou l'Italie soutiennent les États-Unis alors que l'Allemagne ou la France non.

▶ Dans le domaine fiscal, les disparités entre les États membres sont très importantes. Ainsi, les recettes fiscales varient d'un État à l'autre avec parfois un objectif de dumping fiscal et social comme en Irlande où le taux d'imposition des entreprises est plus faible d'où des délocalisations. Or, la fiscalité n'est pas une compétence européenne sauf si elle remet en cause les libertés inhérentes au marché unique. De plus, la question de l'harmonisation nécessite une unanimité des pays membres. On peut aussi le constater à travers l'incapacité à mettre en œuvre depuis 2011 un projet de taxe sur les transactions financières.

▶ Il en est de même pour les questions migratoires où deux camps s'opposent. D'un côté, l'Allemagne, la Croatie, la Finlande, la France, l'Irlande, la Lituanie, le Luxembourg et le Portugal se sont mis d'accord en 2019 sur un « mécanisme de solidarité » dans la répartition des migrants sauvés en Méditerranée. De l'autre, on trouve les pays du groupe de Visegrád (la Hongrie, la Pologne, la République tchèque et la Slovaquie) qui se sont opposés au principe même des quotas dès 2015.

Savoir-faire

S'approprier un questionnement historique et géographique

Il s'agit ici de s'initier aux méthodes de travail d'un historien ou d'un géographe. Cela peut passer par des mots interrogatifs (quand, où, qui, comment, pourquoi...) afin de cerner un phénomène dans sa complexité. Le raisonnement se veut donc surtout déductif et critique.

GÉOGRAPHIE

Exercice

★★ 45 min **En analysant les documents, vous montrerez les différents aspects, parfois contradictoires, des frontières de l'Union européenne.**

À la frontière entre la Serbie et la Hongrie (septembre 2015).

À la frontière entre l'Espagne et le Portugal (novembre 2018).

La France : les dynamiques différenciées des territoires transfrontaliers

Cours

1 De l'espace frontalier au territoire transfrontalier

▶ Un espace frontalier peut se définir comme la partie d'un État à la limite d'une frontière avec un autre État. À ce titre, on peut dire que la France métropolitaine possède des espaces frontaliers terrestres avec huit autres États : la Belgique, le Luxembourg, l'Allemagne, la Suisse, l'Italie, Monaco, l'Espagne et Andorre. On peut y ajouter, en outre-mer, la Guyane, qui a des frontières avec le Suriname et surtout avec le Brésil. Cela représente près de 25 millions de personnes dont l'emploi se trouve à moins d'une heure de voiture du pôle français ou étranger.

▶ L'espace frontalier est donc double, de part et d'autre de la frontière. La construction européenne avec le marché unique et l'espace Schengen a intensifié les échanges et les flux jusqu'à créer des territoires transfrontaliers. En effet, les populations et les États concernés se sont appropriés ces espaces qui sont devenus moteurs de l'intégration européenne. Ils peuvent correspondre à une zone, à une agglomération urbaine voire à une région administrative.

▶ L'objectif de l'Union européenne est d'apporter aux régions transfrontalières un cadre institutionnel qui permet de surmonter des obstacles liés aux inégalités socio-économiques, aux différences de législation (fiscalité, droit du travail) entre la France et ses États voisins. Financés essentiellement par le FEDER, ce sont précisément les programmes de coopération territoriale européenne transfrontaliers (Interreg A) qui peuvent donner naissance à des eurorégions (à l'échelle régionale transfrontalière) et à des eurodistricts (à l'échelle d'une agglomération transfrontalière).

2 Les territoires transfrontaliers français dans le cadre de l'Union européenne

Ainsi la France a participé, entre 2014 et 2020, à 9 projets métropolitains et 5 projets ultramarins aux objectifs variés :
– le programme « POCTEFA » entre la France, l'Espagne et Andorre, pour l'intégration économique et sociale ;
– le programme « Rhin supérieur » entre la France et l'Allemagne, pour le développement d'une région économique intégrée ;
– le programme « Italie – France maritime » entre les littoraux français et italiens, pour l'accessibilité et la valorisation des ressources naturelles et culturelles ;
– le programme « ALCOTRA » entre la France et l'Italie, pour améliorer la qualité de vie des populations ;
– le programme « Deux-mers » entre le Royaume-Uni, la France, la Belgique et les Pays-Bas, pour unifier les régions littorales de la Manche et de la Mer du Nord ;
– le programme « France – Suisse », pour développer le partenariat dans l'arc jurassien ;
– le programme « France – Wallonie – Flandres » entre la France et la Belgique, pour améliorer et soutenir la collaboration transfrontalière ;
– le programme « France (Manche) – Angleterre », pour faire émerger un espace de citoyenneté commune à l'identité spécifique ;
– le programme « Grande Région » entre la France, le Luxembourg, la Belgique et l'Allemagne, pour favoriser les projets locaux et régionaux entre les différents acteurs de ses territoires ;
– le programme « Mayotte – Comores – Madagascar », pour utiliser les ressources de manière responsable et préserver la biodiversité ;
– le programme « Saint-Martin », pour assurer à la population de l'île franco-néerlandaise les infrastructures de base et une gestion des risques majeurs ;
– le programme « Caraïbes » entre la Guadeloupe, la Guyane, la Martinique, Saint-Barthélemy et Saint-Martin ;
– le programme « Amazonie » entre la Guyane, le Brésil, le Suriname et le Guyana, pour cofinancer des projets d'innovation, de cohésion sociale et de développement durable ;
– le programme « Océan indien » entre l'île de la Réunion, les Comores, Madagascar, l'île Maurice et les Seychelles.

3 Typologie des dynamiques différenciées des territoires transfrontaliers pour la France

Ces programmes favorisent sans aucun doute les recompositions spatiales avec des échanges structurés et durables. Pour la France, comme ailleurs, cela ne signifie pas que tous les territoires transfrontaliers en profitent de la même manière. Il peut y avoir des relations inégales, de réciprocité voire très peu de relations.

a. L'intégration par polarisation

C'est notamment le cas pour le programme « Grande Région » qui favorise la concentration des flux transfrontaliers humains et financiers vers un pôle, un centre, en l'occurrence ici le Luxembourg (principe du dominant/dominé). On estime que près d'un travailleur frontalier sur deux au Luxembourg serait un Français. Cela s'explique notamment par des salaires plus élevés, des offres d'emplois plus attractives et plus nombreuses qu'en Lorraine, bassin industriel en reconversion.

b. L'intégration par osmose

C'est par exemple le cas pour le programme « France – Wallonie – Flandres » qui a permis l'émergence d'une vaste Eurométropole, Lille – Courtrai – Tournai, la plus grande métropole transfrontalière de l'Union européenne. Même si c'est la capitale des Hauts-de-France, le centre métropolitain principal, les flux sont bidirectionnels dans une logique de complémentarité en trois tiers : le travail et les études, les achats et les services, les loisirs et les autres activités.

c. L'intégration par spécialisation

Nous pouvons ici citer le programme « POCTEFA ». Sur le plateau de Cerdagne, zone faiblement peuplée entre le département français des Pyrénées-Orientales et la province de Catalogne, un hôpital commun transfrontalier a ouvert en 2014 côté espagnol. Dans le même temps, de manière autonome, sans lien de cause à effet, à Perpignan, des projets européens essayent de renforcer l'attractivité à la fois économique, universitaire et touristique de l'agglomération.

Savoir-faire

Procéder à l'analyse critique d'un document selon une approche historique ou géographique

La critique est d'abord externe car il s'agit de s'interroger sur la provenance du document (source, auteur, date, contexte) et des altérations qu'il a pu connaître. Quant à la critique interne, elle s'intéresse au contenu du document, à son argumentation et à ses destinataires.

Exercice

★★ 45 min

En analysant les documents, vous montrerez comment un territoire transfrontalier est révélateur de la mondialisation mais aussi des inégalités territoriales qui en découlent.

Doc. 1 L'Eurodistrict Strasbourg-Ortenau

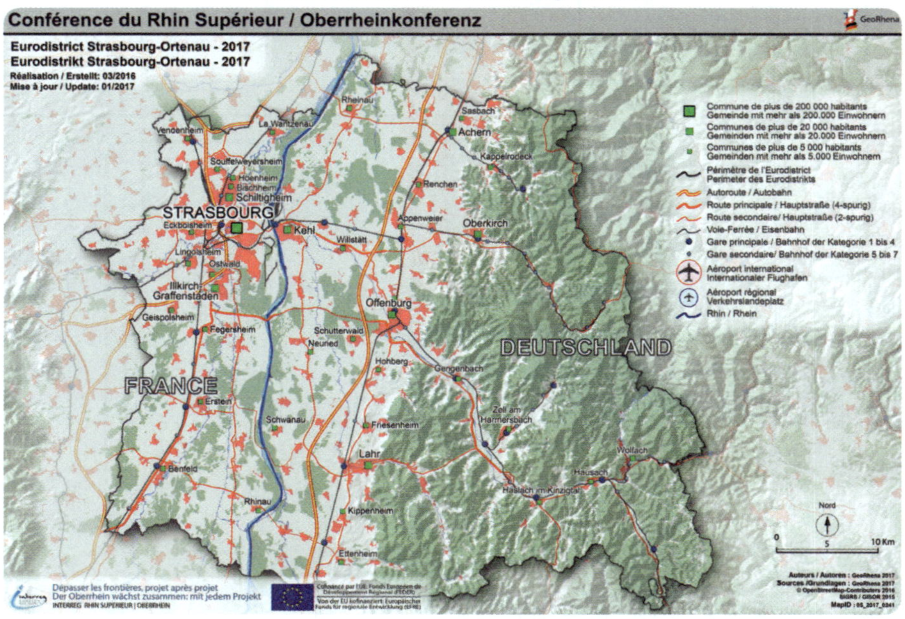

GeoRhena / Eurodistrict Strasbourg-Ortenau 2017

Doc. 2 Strasbourg – Kehl : une relation privilégiée

Par des projets concrets et proches du citoyen, Strasbourg et Kehl développent une coopération dense à tous les niveaux pour favoriser l'émergence d'une agglomération transfrontalière.
Travailleurs frontaliers, consommateurs, résidents, étudiants et apprentis mais aussi simples touristes : de nombreux flux relient les villes de Strasbourg et de Kehl. Malgré une population et des poids économiques très différents (Strasbourg compte 279 000 habitants et Kehl 35 000 dont près de 2 200 résidents français), les deux villes ont développé de longue date une coopération transfrontalière ambitieuse répondant aux besoins des populations qui vivent l'Europe au quotidien.

www.strasbourg.eu

GÉOGRAPHIE

SYNTHÈSE

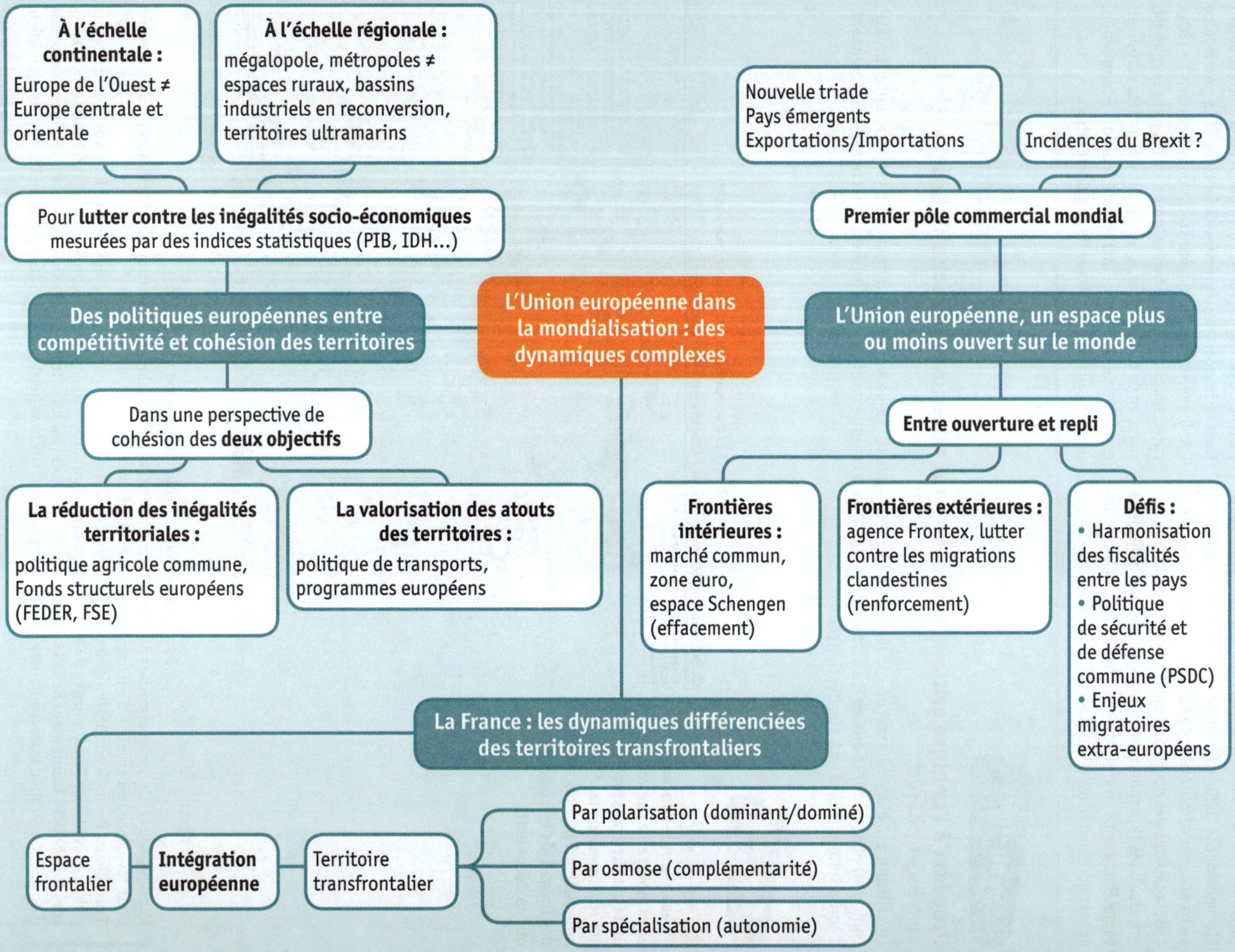
L'Union européenne dans la mondialisation : des dynamiques complexes
Des politiques européennes entre compétitivité et cohésion des territoires
Pour lutter contre les inégalités socio-économiques mesurées par des indices statistiques (PIB, IDH...)
À l'échelle continentale : Europe de l'Ouest ≠ Europe centrale et orientale
À l'échelle régionale : mégalopole, métropoles ≠ espaces ruraux, bassins industriels en reconversion, territoires ultramarins
Dans une perspective de cohésion des deux objectifs
La réduction des inégalités territoriales : politique agricole commune, Fonds structurels européens (FEDER, FSE)
La valorisation des atouts des territoires : politique de transports, programmes européens
L'Union européenne, un espace plus ou moins ouvert sur le monde
Premier pôle commercial mondial
Nouvelle triade
Pays émergents
Exportations/Importations
Incidences du Brexit ?
Entre ouverture et repli
Frontières intérieures : marché commun, zone euro, espace Schengen (effacement)
Frontières extérieures : agence Frontex, lutter contre les migrations clandestines (renforcement)
Défis :
• Harmonisation des fiscalités entre les pays
• Politique de sécurité et de défense commune (PSDC)
• Enjeux migratoires extra-européens
La France : les dynamiques différenciées des territoires transfrontaliers
Espace frontalier
Intégration européenne
Territoire transfrontalier
Par polarisation (dominant/dominé)
Par osmose (complémentarité)
Par spécialisation (autonomie)

je me teste !

1 **Où se situent les territoires les plus intégrés dans l'Union européenne ?**

- ▢ **a.** En Europe de l'Ouest.
- ▢ **b.** En Europe centrale et orientale.
- ▢ **c.** Dans les territoires ultramarins.

2 **À l'échelle régionale, quels sont les territoires les plus intégrés ?**

- ▢ **a.** Les métropoles et les régions capitales.
- ▢ **b.** Les zones rurales.
- ▢ **c.** Les bassins industriels en reconversion.

3 **Quel est l'objectif principal des politiques communautaires européennes ?**

- ▢ **a.** Unifier les politiques fiscales.
- ▢ **b.** Favoriser les territoires déjà fortement mondialisés.
- ▢ **c.** Lutter contre les disparités socio-économiques internes.

4 **Qu'est-ce que la PAC ?**

- ▢ **a.** La politique administrative commune.
- ▢ **b.** La politique agricole commune.
- ▢ **c.** La politique agricole concertée.

5 **Comment se nomment les deux principaux Fonds structurels européens ?**

- ▢ **a.** Le FEDER et le RTE-T.
- ▢ **b.** Le FEDER et le FSE.
- ▢ **c.** Le RTE-T et le FSE.

6 **En comptant le Royaume-Uni, quelle place occupe l'Union européenne dans le commerce mondial ?**

- ▢ **a.** La première.
- ▢ **b.** La deuxième.
- ▢ **c.** La troisième.

7 **Qu'est-ce que le marché unique européen ?**

- ▢ **a.** Un espace de libre circulation des marchandises.
- ▢ **b.** Un espace de libre circulation des capitaux.
- ▢ **c.** Un espace de libre circulation des marchandises et des capitaux.

8 **En 2020, combien de pays membres de l'Union européenne font partie de la zone euro ?**

▢ **a.** 12. ▢ **b.** 19. ▢ **c.** 27.

9 **Comment peut-on définir l'espace Schengen ?**

- ▢ **a.** La libre circulation des personnes dans tous les pays membres de l'Union européenne.
- ▢ **b.** La libre circulation des personnes dans certains pays membres de l'Union européenne.
- ▢ **c.** La libre circulation des personnes dans certains pays membres de l'Union européenne et quelques autres.

10 **Quel nom donne-t-on à l'Agence européenne en charge de la surveillance des frontières européennes ?**

- ▢ **a.** Eurocorps.
- ▢ **b.** PSDC.
- ▢ **c.** Frontex.

11 **Avec combien d'États européens la France a-t-elle une frontière commune ?**

- ▢ **a.** 6.
- ▢ **b.** 8.
- ▢ **c.** 10.

12 **Par quel nom désigne-t-on les programmes de coopération territoriale européenne transfrontaliers ?**

- ▢ **a.** Eurorégions.
- ▢ **b.** Eurodistricts.
- ▢ **c.** Interreg A.

13 **Que permet un territoire transfrontalier ?**

- ▢ **a.** Un développement égal des deux côtés de la frontière.
- ▢ **b.** Une augmentation des flux.
- ▢ **c.** Une concentration des activités productives.

Réponses

1 : a - **2** : a - **3** : c - **4** : b - **5** : b - **6** : a -
7 : c - **8** : b - **9** : c - **10** : c - **11** : b -
12 : c - **13** : b

Les lignes de force du territoire français

Cours

1 Les facteurs d'intégration européenne et mondiale du territoire français

a. L'intégration par la métropolisation

▶ Le territoire français est organisé selon un modèle centre/périphérie. Ainsi, les métropoles jouent un rôle majeur car elles sont attractives et prennent les décisions. Elles concentrent la population, la richesse mais surtout des activités économiques, financières, culturelles, scientifiques et politiques dans les territoires urbains les plus dynamiques. Elles représentent plus de la moitié du PIB français et regroupent plus de 90 % des fonctions métropolitaines supérieures. Mais les métropoles sont inégalement réparties sur le territoire. Hormis Paris et Lyon, les plus dynamiques se localisent en général sur les littoraux ou les régions frontalières.

▶ Toutefois, Paris est la seule ville mondiale en France. Ses fonctions de commandement et son poids démographique lui permettent d'avoir une influence mondiale. Cette macrocéphalie parisienne peut se mesurer de diverses manières. D'un point de vue économique, le « Grand Paris » fournit plus du tiers de la richesse produite en France. D'un point de vue démographique, le deuxième pôle urbain, Lyon, est six fois moins peuplé que l'agglomération parisienne. D'un point de vue touristique, sur les 90 millions de touristes étrangers accueillis en France en 2018, plus de 50 millions ont visité la capitale.

b. L'intégration par les réseaux

▶ Les transports organisent le territoire. Ils sont à la fois liés à des aménités environnementales et à une action volontariste des autorités françaises. L'axe PLM (Paris, Lyon, Marseille) est sans aucun doute le plus structurant. Facilité par l'existence de vallées, ce couloir de circulation majeure combine les voies fluviales (Seine, Rhône), les axes autoroutiers et les lignes ferroviaires à grande vitesse. Il débouche d'une part sur le port du Havre/Rouen dans la Manche et d'autre part, sur le port de Fos-sur-Mer/Marseille en Méditerranée. Cette ouverture littorale participe grandement à l'intégration de la France à la mondialisation des échanges. Il faut ajouter également le rôle de grands tunnels (alpins, pyrénéens ou sous la Manche) qui connectent la France avec ses voisins européens.

À savoir

En géographie, il faut éviter le **déterminisme** : « La nature propose, l'Homme dispose ». Par exemple, la présence d'atouts naturels favorables (**aménités**) peut faciliter des aménagements mais ne les conditionnent pas nécessairement.

▶ Ce sont donc les métropoles qui profitent le plus de ces transports. Elles bénéficient d'une meilleure accessibilité à la fois par des gares, des ports et des aéroports. Ces nœuds de transports sont également des hubs car ils permettent une répartition des personnes et des marchandises de manière multimodale sur des territoires plus vastes. Toutefois, les métropoles sont avant tout reliées à Paris, ce qui renforce ici aussi son poids métropolitain aux échelles nationale, européenne et mondiale. Il ne faut pas non plus négliger le rôle grandissant des réseaux immatériels avec le développement des technologies de l'information et de la communication (Internet).

2 Une accentuation des contrastes entre les territoires

▶ On estime la population française à 67 millions en 2020. Mais son augmentation constante qui fait figure d'exeption en Europe n'est pas homogène sur le territoire. La population jeune se situe plutôt au Nord et à l'Est, ainsi qu'en Outre-mer. L'accroissement naturel est beaucoup plus faible, nul voire négatif au Centre et au Sud d'où, mécaniquement, un vieillissement de la population.

▶ Il en est de même dans les dynamiques du peuplement. On peut ici opposer une France du plein à une France du vide avec un double déséquilibre induit par les facteurs d'intégration européenne et mondiale du territoire français. D'une part, il y a le « Grand Paris » et le reste de la France : 2 % du territoire métropolitain concentre 20 % de la population. D'autre part, on peut opposer les régions littorales ou métropolisées aux vieilles régions industrielles en reconversion. C'est pourquoi le solde migratoire est négatif notamment pour le Nord-Est, tandis que les Midis sont attractifs.

▶ Les inégalités territoriales sont aussi liées aux transformations du système productif. Si la France est considérée comme la 5e ou 6e puissance industrielle mondiale, il n'en demeure pas moins qu'elle est dans ce domaine fragile et incomplète. La désindustrialisation de certaines régions sidérurgiques ou textiles s'effectue souvent au bénéfice d'une littoralisation des activités liées à l'approvisionnement mondial en matières premières et ressources énergétiques, ou d'une métropolisation des activités liées à de nouvelles formes d'industrie (technopôles) ou à une tertiarisation de l'économie.

▶ Enfin, à une échelle locale, il convient de distinguer les dynamiques des espaces urbains de celles des espaces ruraux. Ces derniers sont en transition et connaissent une fragmentation. Les espaces périurbains ont des liens forts et directs avec la ville tandis que les espaces hyper-ruraux apparaissent comme plus oubliés, plus pauvres, plus isolés. Toutefois, dans le même temps, la France est une grande puissance agricole européenne et un grand exportateur à l'échelle mondiale grâce à la modernisation importante de ce secteur depuis la fin de la Seconde Guerre mondiale.

Savoir-faire

Savoir lire, comprendre et apprécier une carte

▶ Une **carte** est une représentation du globe terrestre, ou d'une partie de celui-ci, sur une surface plane. Elle permet de localiser, d'analyser mais elle n'est jamais objective. Comme tout document, elle donne donc à voir un point de vue qui peut être critiqué.

▶ Outre la précision de sa source, une carte doit donc répondre à des **normes** :
- un **titre**,
- une **échelle**,
- une **orientation**,
- une **légende organisée**.

Exercice

★★ 45 min **En analysant le document, vous montrerez que les transports sont un facteur essentiel d'explication des dynamiques actuelles de peuplement de la France.**

Axes et pôles des réseaux de transport en France

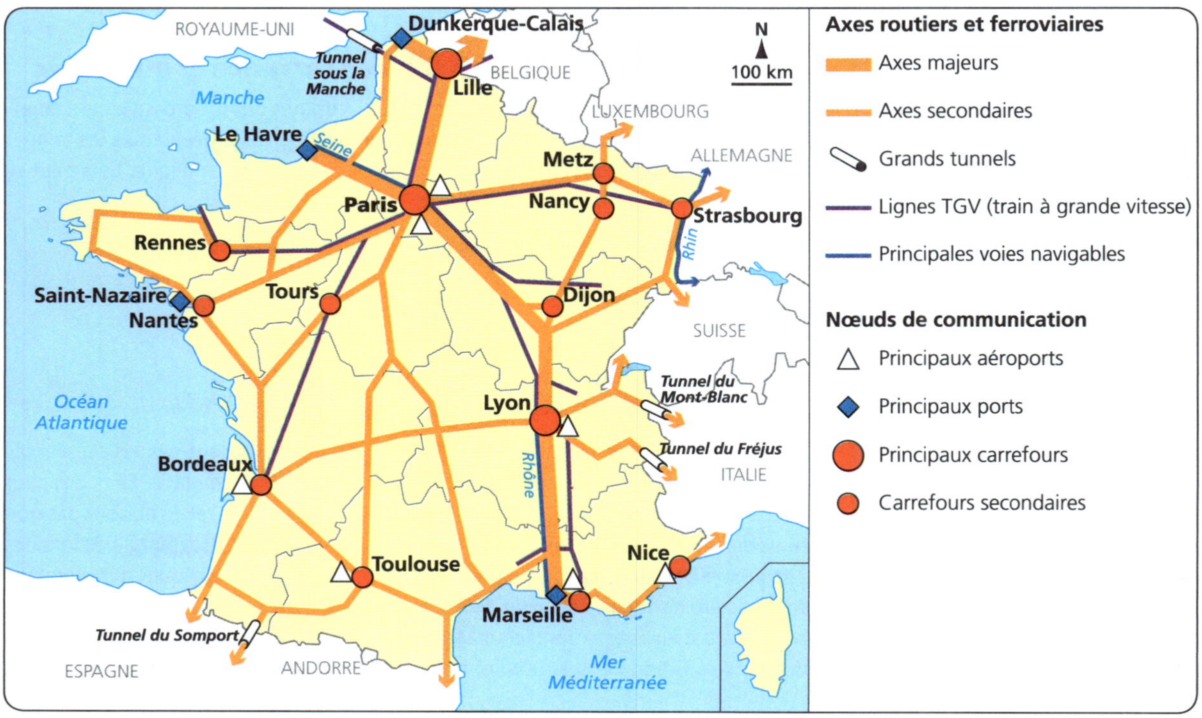

GÉOGRAPHIE

Des recompositions territoriales à toutes les échelles, entre attractivité, concurrence et inégalités

Cours

1 À l'échelle mondiale, des territoires français entre attractivité et concurrence

▶ Les FTN (firmes transnationales) sont les acteurs majeurs de la mondialisation. En effet, leur puissance repose sur leur capacité à mettre des territoires en concurrence. L'économie française est ouverte sur le monde : elle est la 10e destination mondiale des flux d'IDE (investissements directs à l'étranger) et la première destination européenne (avec 10 % des flux destinés à l'Union européenne). Dans le même temps, les intérêts français dans le monde ne sont pas négligeables : la France demeure le troisième investisseur mondial (IDE sortants), derrière les États-Unis et la Chine.

▶ Cela a des répercussions sur les recompositions du territoire français. Des systèmes productifs très compétitifs se sont développés. Ce sont essentiellement des pôles de compétitivité qui associent, sur un territoire donné, des entreprises, des centres de recherche et des universités afin de développer des productions innovantes. On en trouve dans toutes les régions et dans tous les domaines, tels que la santé (« Lyonbiopôle ») ou les transports (« i-Trans » dans les Hauts-de-France). Mais cela accentue souvent la fragmentation socio-spatiale au sein des espaces urbains, ou entre les espaces urbains et les espaces ruraux.

2 À l'échelle européenne, des territoires français entre concurrence et inégalités

▶ L'Union européenne est l'acteur structurant de l'économie française puisque cette dernière représente 20 % de la production industrielle du continent et y réalise 60 % de ses exportations. Dans de nombreux domaines, la France a choisi l'échelle européenne pour se développer. C'est par exemple le cas avec l'aéronautique (Airbus), l'industrie spatiale (EADS) ou la finance (Euronext). Il en est de même avec les aides de la politique agricole commune qui profitent encore abondamment aux agriculteurs français.

▶ Par sa position géographique, la France peut être considérée comme une interface entre l'Europe du Nord et l'Europe du Sud. Toutefois, les élargissements successifs à l'Est de l'Union européenne ont pour conséquence de faire basculer le centre de gravité vers l'Europe médiane. Dès lors, les politiques européennes prennent en France tout leur sens avec leur double objectif : rendre les territoires plus compétitifs, comme avec les aides à la réalisation de la ligne ferroviaire Lyon-Turin, et réduire les inégalités territoriales avec les fonds structurels.

3 À l'échelle française, des territoires entre attractivité, concurrence et inégalités

▶ En France, à côté du rôle traditionnel et centralisateur de l'État, des collectivités territoriales ont progressivement émergées. Elles sont devenues des acteurs de l'aménagement des territoires par la décentralisation, engagée depuis les années 1980. Cette politique vise à assurer l'égalité des territoires tout en favorisant le développement économique. Cela peut se concevoir comme un emboitement d'échelles :

État (1)
Régions (18)
Départements (101)
Intercommunalités (9 711)
Communes (34 968)

▶ Si les communes sont le territoire de proximité préféré et identifié des Français, elles ne possèdent pas les ressources financières nécessaires à leur développement. C'est pourquoi les intercommunalités ont été mises en place. Elles ont pour objectif de faire des économies d'échelle et de mettre en œuvre des aménagements locaux. Toutefois, elles ne sont pas non plus à l'échelle qui correspond aux mutations de l'économie française. Il en va de même pour les départements. Dès lors, les régions apparaissent comme le territoire de proximité le plus pertinent pour faire la liaison entre les logiques d'intégration européenne et mondiale et la cohésion du territoire national. Cela peut être les régions du découpage administratif (13 en métropole et 5 ultramarines). Mais on pourrait aussi envisager un découpage en six ensembles régionaux correspondant à des logiques territoriales plus géographiques : le « Grand Paris », le Nord et l'Est, Lyon et ses périphéries, les Midis, l'Arc atlantique et l'Outre-mer.

Savoir-faire

Savoir appliquer une méthode pour l'étude de la région de votre lycée

L'objectif de ce dernier travail de l'année est de mobiliser les connaissances acquises sur la France en les appliquant à une autre échelle d'analyse plus pertinente, à savoir votre **territoire de proximité régionale** afin de mettre en évidence les **divers aspects de son attractivité.**

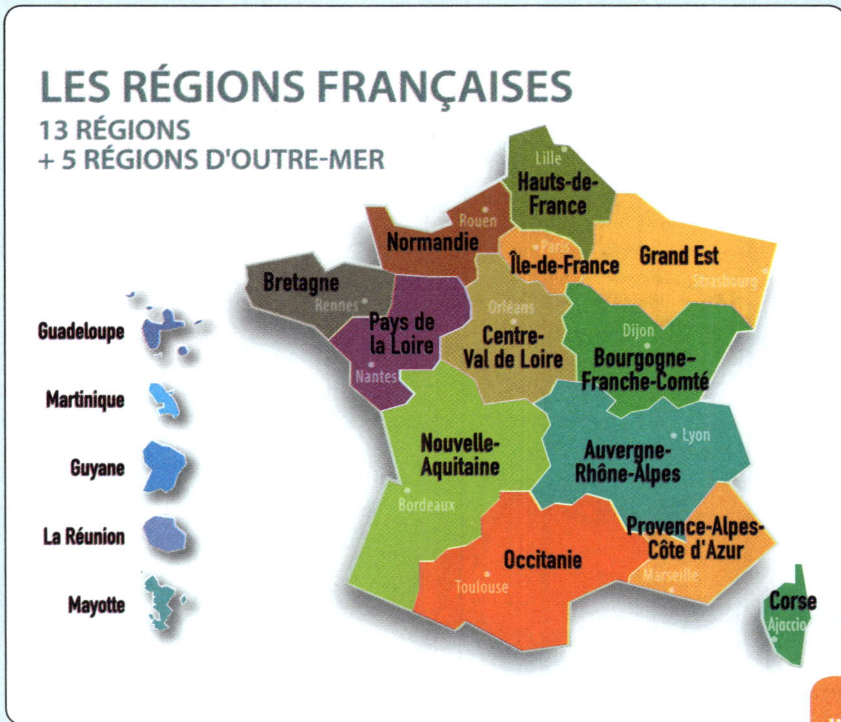

a. Quels questionnements ?

▶ **Situation de ma région en France, en Europe et dans le monde :**
- caractéristiques spécifiques de ma région (géographie, histoire),
- attractivité de ma région (points forts),
- fragilité de ma région (points faibles face aux autres).

▶ **Dynamiques et disparités du territoire de ma région :**
- typologie des espaces (centre, périphéries intégrées, périphéries en marge),
- fonctions des espaces (productifs, mise en valeur, protection),
- lignes de force (infrastructures, organisation spatiale).

▶ **Recompositions dans le cadre des intégrations européenne et mondiale :**
- politiques menées pour rendre la région attractive,
- acteurs des politiques régionales.

b. Quels documents ?

▶ **Collecte des informations :**
- dans mon manuel de classe,
- dans les cours travaillés durant l'année, notamment ce thème conclusif,
- sur Internet : sites institutionnels (préfecture, région), sites statistiques (INSEE à l'échelle française, EUROSTAT à l'échelle européenne).

▶ **Documents cartographiques :**
- atlas géographiques,
- site Internet GEOPORTAIL.

GÉOGRAPHIE

Exercice

★★★ 60 min **À l'aide de la méthode et du corrigé pour la région Hauts-de-France, procédez à l'analyse de la région de votre lycée.**

Les territoires français et leur intégration dans l'Union européenne et la mondialisation

je me teste !

1 **Quels sont les territoires décisionnaires en France ?**

- ☐ **a.** Les espaces ruraux.
- ☐ **b.** Les métropoles.
- ☐ **c.** Les littoraux.

2 **Pourquoi parle-t-on de macrocéphalie parisienne ?**

- ☐ **a.** Car c'est la capitale.
- ☐ **b.** Car elle a une influence mondiale.
- ☐ **c.** Car elle est bien plus peuplée et bien plus riche que toutes les autres métropoles françaises.

3 **Quel est l'axe majeur qui structure le territoire français ?**

- ☐ **a.** PLM.
- ☐ **b.** TGV.
- ☐ **c.** LGV.

4 **Quels sont les éléments qui déterminent la constitution d'un réseau de transport ?**

- ☐ **a.** L'environnement naturel.
- ☐ **b.** La politique d'aménagement du territoire.
- ☐ **c.** Les conditions naturelles et la politique d'aménagement du territoire.

5 **Qu'est-ce qu'un hub ?**

- ☐ **a.** Un aéroport.
- ☐ **b.** Un ensemble de moyens de transport et de réseaux connectés.
- ☐ **c.** Un réseau Internet.

6 **Où en France la population est-elle plutôt jeune ?**

- ☐ **a.** Sur les littoraux.
- ☐ **b.** À l'Ouest et au Sud.
- ☐ **c.** Au Nord-Est et en Outre-mer.

7 **Où la population est-elle plutôt vieillissante en France ?**

- ☐ **a.** Dans le Centre et au Sud.
- ☐ **b.** En Outre-mer.
- ☐ **c.** Au Nord-Est.

8 **Comment se nomment les entreprises qui structurent un territoire dans le cadre de la mondialisation ?**

- ☐ **a.** Les FTN.
- ☐ **b.** Les PME.
- ☐ **c.** Les TPE.

9 **Quels sont les acteurs publics de l'intégration européenne et mondiale de la France ?**

- ☐ **a.** L'État.
- ☐ **b.** L'État et l'Union européenne.
- ☐ **c.** L'État, l'Union européenne et les collectivités territoriales.

10 **Combien la France compte-t-elle au total de régions administratives ?**

- ☐ **a.** 6.
- ☐ **b.** 13.
- ☐ **c.** 18.

Réponses !

1 : b - **2** : c - **3** : a - **4** : c - **5** : b - **6** : c - **7** : a - **8** : a - **9** : c - **10** : c

HISTOIRE

1 Page 285

1

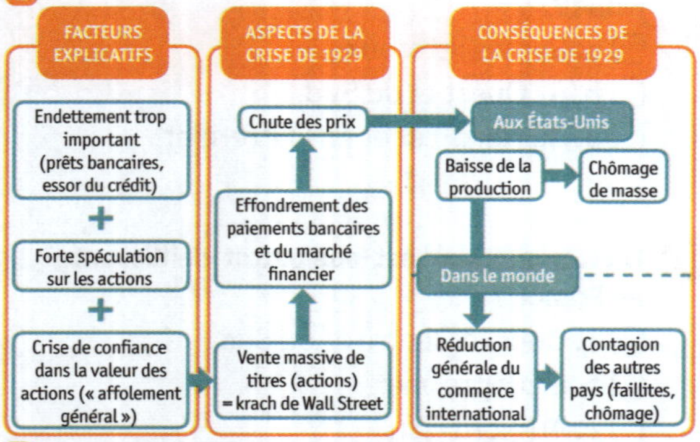

2 **a.** Face à la crise de 1929, la Grande-Bretagne a d'abord mis en œuvre une politique restrictive. Le texte évoque en effet un repli sur l'empire colonial vers lequel « le commerce extérieur est réorienté en partie ». De plus, le gouvernement met d'abord en place une politique de réduction des dépenses : entre 1931 et 1934, il réduit les revenus de l'assurance-chômage de 10 %. On peut ajouter que cette politique de restriction budgétaire aggrave les effets de la crise (misère sociale).

b. Mais ensuite, les réformes mises en œuvre s'inspirent des théories de Keynes pour relancer l'économie. Le document en donne en effet trois exemples. D'abord, qu'à partir de 1934, la protection sociale est développée (rétablissement d'allocations chômage plus élevées, système de pensions et de retraites). De plus, « une série de dispositions prises de 1930 à 1935 » permet la multiplication de logements individuels. Enfin, en 1937 le gouvernement généralise les congés payés. Il s'agit bien d'interventions de l'État (donc une pratique keynésienne) qui permettent de soutenir la consommation et donc de limiter les effets négatifs de la crise (l'auteur parle en effet de « redressement anglais »).

2 Page 287

1 Malgré des points communs, l'URSS et l'Allemagne nazie présentent des différences. C'est le cas tout d'abord, dans le domaine idéologique : alors que l'idéologie communiste en URSS a un objectif d'égalité entre travailleurs (suppression du système capitaliste), le nazisme repose sur une idéologie fondamentalement raciste (inégalités des races, notamment rejet des juifs mais aussi des tziganes, par exemple). Les différences s'observent aussi dans leur situation internationale : alors que l'URSS jour un rôle secondaire jusqu'au pacte germano-soviétique de 1939, l'Allemagne nazie se lance dans une politique de remilitarisation et d'expansion européenne agressive dès 1934.

2 **a.** Le document présenté est un article tiré d'une encyclopédie italienne, parue en 1932. Par sa nature, ce document pourrait donc sembler fiable, puisqu'il s'agit d'une encyclopédie, dont le but est de réunir des connaissances rigoureuses présentées par des spécialistes. Or, en 1932, le contexte italien est celui de la dictature fasciste : le pays est sous le contrôle d'une idéologie totalitaire qui cherche à influencer la population par la propagande. On peut donc se demander si le contenu de cette encyclopédie ne serait pas influencé par le fascisme alors au pouvoir.

b. L'analyse des auteurs de l'article confirme la première supposition. En effet, l'article est signé par Mussolini qui est le chef du parti fasciste et le dirigeant du régime totalitaire. Même si celui-ci n'a fait que signer l'article, ce dernier a été rédigé par un militant fasciste, Giovanni Gentile. L'avantage est que ce point de vue sera particulièrement utile pour comprendre le fascisme puisqu'il est validé par Mussolini lui-même : c'est une source très utile. Mais l'inconvénient c'est que la source ne sera absolument pas neutre : le texte donnera forcément un point de vue favorable sur le fascisme, et il faut donc s'en méfier et savoir la critiquer pour l'utiliser.

c. L'article montre une forte critique contre la démocratie : il rejette en effet le « suffrage universel » utilisé à travers « une consultation périodique » et « les régimes démocratiques » en niant que « [le] nombre puisse gouverner ». Mais cette critique n'est pas objective puisque les fascistes sont opposés à la démocratie par principe. Les arguments ne sont donc pas pertinents : par exemple, l'article estime que la démocratie ne donne que « l'illusion de la souveraineté ». Or, le système fasciste n'est pas meilleur de ce point de vue puisqu'il estime donner « la puissance à la vie tout entière du peuple ». Ce système valorise « l'inégalité [...] des hommes » et repose sur la violence, la censure et la propagande, ce qui ne garantit pas l'expression libre de la souveraineté.

3 Page 289

1

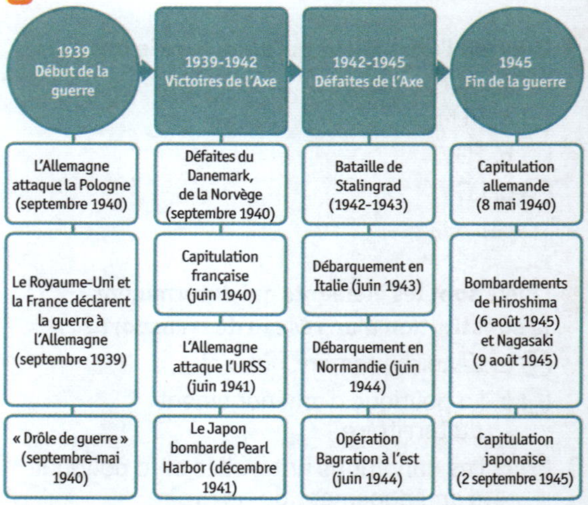

2 **a.** Le document est une image diffusée par le gouvernement français en 1941. Or, le contexte est celui de la défaite française face à l'Allemagne : le pouvoir appartient au maréchal Pétain qui impose un régime autoritaire. Puisque le document provient du gouvernement de Vichy, il n'est pas neutre : il est très possible qu'il s'agisse d'un document de propagande.

b. Le personnage représenté est le maréchal Pétain, qui est alors le chef du gouvernement de Vichy. Il est représenté tourné vers le spectateur, sa main droite le pointant du doigt. Il s'agit ainsi d'impliquer fortement la personne qui regarde l'affiche. Sa main gauche est posée sur un bureau, le poing fermé : c'est un symbole de force. Le but est donc de créer une confiance du spectateur pour le personnage qui doit inspirer un lien direct et la confiance dans sa force.

c. Le texte fait référence au contexte de la défaite et de l'occupation de la France par l'Allemagne. En effet, il conteste l'idée que les Français seraient « trahis » ou « abandonnés » : au moment où Pétain vient d'accepter l'armistice et engage une politique de collaboration avec l'Allemagne nazie, il s'agit donc de convaincre que ces choix ne sont pas une trahison du pays. L'appel aux « Français », écrit en rouge et en grandes majuscules complète bien l'image qui cherche à impliquer le spectateur.

d. Cette affiche traduit le culte du chef dans la mesure où elle insiste sur l'image exclusive du chef du régime, le maréchal Pétain, qui est représenté seul ici et occupe la moitié de l'image. De plus, les mots employés en guise de slogan sont mis dans la bouche de Pétain lui-même : tout est représenté comme partant de lui. Ces mots insistent sur la « confiance » à avoir dans le personnage, seule justification à l'obéissance au chef.

4 Page 293

Ce texte renvoie au « coup de Prague ». Cet événement s'est déroulé en février 1948 comme nous le rappelle la date du texte. Une manœuvre politique pilotée par l'URSS aboutit à l'installation, en Tchécoslovaquie, pays du bloc de l'est, d'un régime où le parti communiste est dominant. Le remplacement du gouvernement républicain s'est déroulé sous la pression militaire (« les canons de fusil de la police de sécurité du ministère de l'Intérieur communiste constituaient depuis lundi matin une menace évidente »). Le démocrate Edvard Beneš doit céder les rênes du pouvoir au communiste Gottwald, nommé Premier ministre ; il reste quelque temps président de la République, ce qui permet de sauver les apparences.

5 Page 295

Durant l'année 1968, en Occident comme dans le bloc de l'est, souffle un vent de contestation contre les pouvoirs en place. Mais les causes et l'expression de cette contestation sont très différentes selon les pays. Ainsi la **guerre du Vietnam** est-elle à la source d'une vague de révolte au sein d'une partie de la jeunesse américaine qui refuse de participer ou de cautionner un conflit qui implique le massacre de très nombreux civils. Le **mouvement hippie** qui se répand en Occident chez les jeunes rejette d'une manière générale les valeurs traditionnelles. Dans certains pays occidentaux, comme la France ou le Mexique, des **révoltes étudiantes** contre les gouvernements en place conduisent parfois à des affrontements violents avec la police. Une autre forme de contestation éclate en 1968 aux États-Unis en raison de la **fracture raciale** divisant la société : Martin Luther King, leader de la revendication pour les droits civiques en faveur de la communauté noire américaine, est assassiné et des émeutes ravagent les **ghettos**. En Tchécoslovaquie dominée par l'URSS, une aspiration à davantage de liberté est écrasée par l'intervention des chars soviétiques dans la capitale : le **Parti Communiste** tchécoslovaque doit renoncer à son désir de libéraliser le pays lors du « **Printemps de Prague** ».

6 Page 297

a. Lorsque Pierre Mendès-France s'exprime, les députés de l'Assemblée Nationale s'apprêtent à voter pour ou contre la désignation (ou investiture) du général de Gaulle comme nouveau président du Conseil de la IVe République. **b.** Pierre Mendès-France incarne le régime de la IVe République, ayant été lui-même plusieurs fois ministre et président du Conseil. Il défend le système parlementaire caractéristique de la IVe République. **c.** Pierre Mendès-France fait allusion au passé de résistant du général de Gaulle. Malgré le respect qu'il porte à l'homme de l'appel du 18 juin, Mendès-France s'oppose à son investiture car il sait que de Gaulle veut instaurer une nouvelle République. **d.** Le débat auquel a pris part Pierre Mendès-France s'est terminé par l'investiture du général de Gaulle. Cette décision aboutit à la mise en place de la Ve République après approbation d'une nouvelle constitution par référendum.

7 Page 301

Le monde a subi deux chocs pétroliers dans le courant de la décennie 1970. Un choc pétrolier correspond à une modification brutale de l'offre de pétrole consistant en une augmentation très importante de son prix, ce qui implique inévitablement d'importantes répercussions sur l'évolution économique des pays consommateurs. Le pétrole constitue en effet l'une des énergies utilisées couramment dans le monde industriel. Le premier choc pétrolier trouve sa source dans la guerre du Kippour de 1973 : l'Égypte et la Syrie attaquent Israël qui repousse rapidement ces deux voisins arabes, lesquels peuvent néanmoins compter sur la solidarité des pays de l'OPEP (Organisation des Pays Producteurs de Pétrole). En effet, celle-ci, à titre de représailles, triple les prix du pétrole, ce qui impacte fortement les économies des pays d'Occident, où la production baisse et le chômage augmente. Certes, ces pays capitalistes continuent de connaître une croissance positive mais celle-ci est amoindrie par rapport à la période précédente des Trente Glorieuses.

En 1979, un second choc pétrolier vient mettre encore plus à mal les économies occidentales mais aussi celles des pays en développement non producteurs de pétrole. En effet, en 1979, la révolution qui chasse le Shah d'Iran met au pouvoir un régime islamique qui se proclame ennemi de l'Occident et qui entame en 1980 une guerre avec son voisin irakien. L'Iran étant un des principaux pays producteur de pétrole, il décide de doubler le prix du pétrole, ce qui a pour conséquence de maintenir la faible croissance de l'économie des pays occidentaux, touchés également par une forte inflation. Cette situation, nommée stagflation, se double d'un fort taux de chômage, devenu structurel. Dans le monde entier, la croissance économique est freinée de manière sensible en raison de l'augmentation du coût de l'or noir.

8 Page 303

Dans les années 1970 et 1980, la France mène une véritable politique culturelle passant par l'ouverture de grandes structures dont le prestige rejaillit sur leur principal promoteur, à savoir le chef de l'État au pouvoir lors de la décision de leur édification. **Georges Pompidou** a été président de la République entre 1969 et 1974 : il est à l'origine de la construction du musée national d'Art moderne-Centre Pompidou, particulièrement novateur. Son successeur, **Valéry Giscard d'Estaing**, qui dirige la France entre 1974 et 1981, a lancé quant à lui trois grands chantiers : celui du Musée d'Orsay, celui de l'Institut du Monde Arabe et celui de la Cité des sciences de La Villette. Mais c'est **François Mitterrand**, qui a effectué deux septennats (1981-1995), qui apparaît comme le chef d'État français qui aura mis en route le plus de chantiers culturels : son nom reste en effet notamment attaché à la rénovation du Grand Louvre, à la construction de l'Opéra Bastille et de la Grande Arche de la Défense. Depuis, les présidents de la V° République (**Jacques Chirac, Nicolas Sarkozy, François Hollande, Emmanuel Macron**) ne se sont plus autant distingués dans le domaine des grands chantiers culturels. En effet, au lieu de se concentrer sur quelques projets-phares enracinés généralement dans la capitale, l'accent est davantage mis sur la multiplication des offres culturelles sur l'ensemble du territoire national ainsi que sur le soutien à la création, dans le cadre d'une politique marquée par la décentralisation. Le but étant d'assurer une démocratisation culturelle maximale.

9 Page 307

Dans une première partie, on peut mettre en avant le processus d'élargissement. Dans l'illustration qui évoque 1957, donc le *Traité de Rome*, on voit les six pays fondateurs (Allemagne, Belgique, France, Italie, Luxembourg, Pays-Bas). Dans l'illustration qui évoque 2007, on constate que la construction européenne s'est ouverte à de nouveaux États et que le processus s'est accéléré, après la fin de la guerre froide et à la suite du *Traité de Maastricht* en 1992. Ainsi, l'Union européenne comprend en 2007 27 pays.
Dans une seconde partie, la double caricature permet de mettre en évidence les contradictions entre cet élargissement et l'approfondissement. En effet, la mise en place d'une gouvernance supranationale nécessite une coordination réelle entre les pays membres. Or, ce n'est pas toujours le cas : ici la serveuse est confrontée à des langues et à des choix de boissons différents, ce qui n'était pas le cas en 1957. Le refus de la *Constitution européenne* en 2004 peut aussi apparaître comme une cause de cette situation.
Ce document montre donc bien que l'Union européenne marque un événement historique avec un « avant » et un « après ».

10 Page 309

Dans une première partie, à l'aide de la légende, on peut remarquer qu'il existe une typologie des puissances qui reprend celle du chapitre. En effet, la puissance dans le monde est partagée entre plusieurs pôles : les États-Unis (dans tous les domaines), l'Union européenne (plutôt dans le domaine économique et commercial) et enfin des pays émergents dont les BRICS. Toutefois, il n'y a pas d'unité géographique ou temporelle pour ces derniers. En effet, la Russie et la Chine sont des puissances politiques anciennes (arme nucléaire, conseil de sécurité de l'ONU) alors que le Brésil et l'Afrique du Sud sont devenus plus récemment des usines du monde et des fournisseurs de matières premières.
Dans une seconde partie, il faut démontrer que cette diversité crée un désordre mondial qui favorise les tensions. Les États-Unis ne sont plus nécessairement les « gendarmes du monde » même s'ils interviennent (ex-Yougoslavie dans les années 1990, Irak dans les années 2000). De plus, de nouveaux ennemis invisibles ont fait leur apparition dans le cadre de guerres asymétriques avec le terrorisme islamiste. Enfin, les populations civiles sont de plus en plus touchées par des crimes de guerre ou des génocides (ex. Rwanda, 1994).

11 Page 311

Dans un premier temps, on constate que l'abstention, c'est-à-dire le fait de ne pas aller voter, augmente en France quelque soit l'élection depuis le début des années 1990. Toutefois, selon l'élection concernée, on peut établir des différences remarquables. L'élection présidentielle est celle où l'abstention est la moins forte (en moyenne, autour des 20%) : cela s'explique par le rôle essentiel du président de la République dans les institutions de la Ve République. Cela n'empêche pas des exceptions : ainsi, le référendum de 2000 sur le passage du septennat au quinquennat est celui où l'abstention fut la plus forte. Le vote reste également important aux élections municipales (en moyenne, les 2/3) : le maire apparaît comme l'élu de proximité préféré des Français.
Dans un second temps, on peut s'interroger sur la contradiction apparente entre la montée de l'abstention et les évolutions constitutionnelles. Par exemple, malgré l'approfondissement de la décentralisation, les élections départementales et régionales n'enregistrent pas de dynamiques dans le vote, au contraire même (près de 50% d'abstention en moyenne). Il en est de même des référendums liés à la construction européenne, ce qui démontre aussi une forme d'euroscepticisme en France. Enfin, la prise en compte de revendications de la société civile (parité, mariage homosexuel) ne se retrouve pas dans l'engagement civique.

GÉOGRAPHIE

1 Page 315

2 Page 317

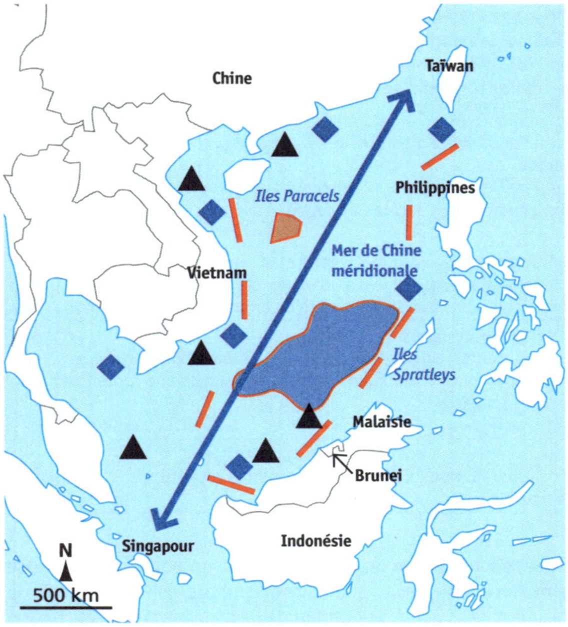

La mer de Chine méridionale, une mer très convoitée

1. Une mer au cœur d'enjeux divers

Chine État bordier de la mer de Chine

- Ressources halieutiques
- Ressources en hydrocarbures exploitées ou identifiées.
- Route maritime majeure

2. L'opposition à la politique chinoise d'appropriation

- « Ligne des 9 traits » qui délimite l'espace maritime revendiqué par la Chine.
- Iles Paracels occupées par la Chine, revendiquées par le Vietnam et Taïwan
- Iles Spratleys, sous autorité chinoise mais revendiquées par les Philippines, Brunei, la Malaisie, Taïwan et le Viêtnam

3 Page 319

Parties de la réponse	Éléments du document	Connaissance à apporter
Les activités du port du Havre	– Une activité portuaire liée aux conteneurs : porte conteneur compagnie MSC, portique de manutention des conteneurs et zone de stockage. – Une activité portuaire liée aux hydrocarbures : navires à quai ; cuves de stockage. – Une activité portuaire liée aux céréales : silos de stockage en béton – Une activité portuaire de croisière : un paquebot à quai.	– Le conteneur, des marchandises manufacturées. Le Havre est le 1er port de conteneurs en France. **Les activités du port du Havre** – Les hydrocarbures, des importations pour alimenter l'économie française. – Les céréales des marchandises en vrac. Des exportations de blé et maïs. Importation de soja depuis le Brésil – Un port d'embarquement pour des croisières vers le nord de l'Europe ou d'escale. En 2018, 145 paquebots et 419 000 passagers ont été accueillis. → Des activités portuaires diversifiées.
L'organisation du port du Havre.	– 1er plan port de conteneur. – 2e plan port pétrolier – 3e plan port de croisière – Arrière-plan ville du Havre.	– Port 2000, partie du port la plus récente, qui permet d'accueillir les plus gros navires. Une zone logistique avec des équipements importants. – Port pétrolier à l'écart – Terminal de croisière proche de la ville. Permet au passager de faire une escale dans la ville.

4 Page 323

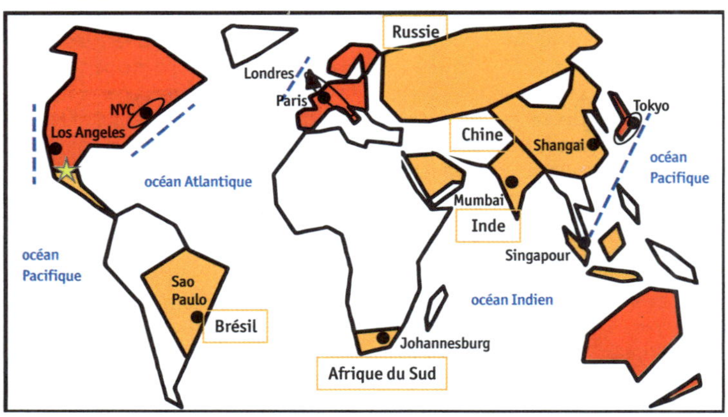

Les centres d'impulsion de la mondialisation dans le monde

1. Des États au centre de la mondialisation

- Pays développés
- Pays émergents
- Brésil Dont les BRICS

2. Les centres d'impulsion urbains

- Ville mondiale
- Mégalopoles

3. Les interfaces

- Frontière active
- Façade maritime

5 Page 325

	Éléments du texte
Échelle locale (Kirkenes Norvège)	– Kirkenes « pourrait profiter de la politique Arctique de la Chine et devenir un des grands ports de nord de l'Europe ». – Kirkenes serait « un des centres névralgique des routes commerciales chinoises »
Échelle nationale (Chine)	– « La Chine veut s'implanter durablement en Arctique « – « Le projet de nouvelle route de la soie, qui doit relier l'Empire du milieu à ses principaux clients, comporte un tracé qui emprunte la route maritime de l'Arctique. – Pékin est intéressé par l'arctique « pour ses importantes ressources, notamment énergétiques. » – « Le gouvernement chinois multiplie les investissements et les accords de coopération avec certains États Arctiques ».
Échelle continentale (Europe)	– « Plusieurs projets sont lancés ou envisagés pour désenclaver le nord de l'Europe et la relier au cœur du continent ». – « le projet ferroviaire Rail Baltica » permettra de relier « les pays baltes à Varsovie et pourrait permettre, à termes, de relier Hambourg à Kirkenes en 24 heures, au lieu de quatre jours et demi en bateau actuellement ».
Échelle régionale (arctique)	– La « présence chinoise dans l'Arctique ne réjouit pas tous les États de la région » – L'Amérique a « manifesté son inquiétude à propos du renforcement de la présence chinoise dans la zone. » – Les États-Unis refusent « que l'océan Arctique se transforme en une nouvelle mer de Chine du Sud, grouillant d'activités militaires et de revendications territoriales rivales » – Pour les États-Unis « la Chine n'a aucun droit sur l'Arctique ».
Échelle planétaire	– « Le changement climatique renforce aujourd'hui la convoitise pour les régions polaires. » – « Le passage maritime du Nord-Est qui permet de relier l'Europe à l'Asie en longeant les côtes russes, raccourcit les liaisons maritimes de 5 à 7000 kms et d'une à deux semaines. »

6 Page 327

a. Ce document est une carte produite par la fondation Alliance française. C'est une organisation française chargée de promouvoir le français et la culture française dans le monde. Cette carte a été éditée en 2018 et elle présente le nombre d'apprenants de français inscrits dans les l'ensemble des Alliances. C'est un planisphère par anamorphose, c'est-à-dire que la superficie des pays est proportionnelle au nombre d'apprenants. **b.** La légende comprend une seule donnée, un dégradé de couleurs vertes qui indique le nombre d'apprenants par pays. Plus la couleur est foncée plus le nombre est important. Il y a trois autres indications chiffrées mais elles ne figurent pas sur la carte. **c.** Tout d'abord, la carte proposée par l'Alliance française permet d'aborder le rayonnement du français dans le monde En effet, ce document nous apprend que l'Alliance française est présente dans 131 États dans le monde sur 193 soit plus des deux tiers. Cette organisation de promotion du français et de la culture française est implantée sur tous les continents, en particulier en Amérique, en Europe et en Asie. Par exemple, 9 des 15 États ayant le plus d'apprenants de français dans le monde se trouvent sur le continent américain. Toutefois, c'est en Inde que le nombre d'apprenant est le plus important. De plus, l'Alliance française dispose d'un important réseau de 832 alliances, qui permet dans certains pays d'avoir plusieurs centres disséminés sur leur territoire. Enfin, les cours dispensés par les Alliances permettent quasiment à 500 000 individus d'apprendre le français en 2018. Cela témoigne de l'intérêt de certaines populations pour le français. En effet, cette langue est un outil de communication international et permet une meilleure intégration dans la mondialisation pour les individus qui la maîtrise. Elle exerce un attrait. Cependant, cette carte produite par la fondation Alliance française permet de montrer les limites du rayonnement du français dans le monde. Effectivement, dans un tiers des États du monde, l'Alliance française n'est pas installée. Ces États apparaissent en blanc sur la carte. Ils sont majoritairement en Afrique (Algérie, Libye, etc.) au Moyen-Orient et en Asie centrale (Oman, Iran, etc.). De plus, à l'échelle du monde le nombre d'apprenants est plutôt réduit. En effet, l'Alliance française permet à 28 590 Indiens d'apprendre le français dans un État qui compte 1,3 milliard d'habitants majoritairement anglophones. De surcroît, la carte n'indique pas l'évolution de ce chiffre, s'il progresse ou diminue. Enfin, on observe la faiblesse du nombre d'apprenants en Afrique, alors même que c'est le continent dans lequel le nombre de locuteurs français est le plus important. Le manque d'infrastructures, le coût des cours ou la concurrence d'autres langues peuvent en partie expliquer le faible rayonnement de l'Alliance française en Afrique.

7 Page 331

Dans une première partie, il faut donc mettre en évidence les difficultés des régions ultramarines périphériques (RUP) afin de les définir. Elles sont dépendantes d'un certain nombre de contraintes géographiques comme l'éloignement du continent européen, l'insularité, la dépendance vis-à-vis des territoires métropolitains qui sont donc les centres de décision. À cela s'ajoutent la multiplication des risques naturels dans un contexte global de réchauffement climatique. Cela a des répercussions socio-économiques : ce sont, en général, les territoires de l'Union européenne où le niveau de richesse (PIB) et le niveau de développement (IDH) sont les plus faibles.
L'objectif principal de l'Union européenne dans ces territoires est donc de transformer ces contraintes en atouts et ainsi de lutter contre les disparités internes. Ainsi, le caractère « exotique » des paysages peut être valorisé par le tourisme, de même que la biodiversité naturelle. Il en est de même avec les conditions climatiques pour développer les énergies renouvelables (éoliennes, panneaux photovoltaïques). Dans ces perspectives, les fonds structurels européens avec le FEDER peuvent participer, avec les États d'appartenance, à la construction d'aménagements portuaires et aéroportuaires. Quant au FSE, il peut aussi aider des actifs à se réinsérer dans les domaines d'activités comme l'agriculture et sa modernisation (ex. bananes bio).

8 Page 333

Tout d'abord, on peut constater qu'une frontière marque une rupture plus ou moins visible dans le territoire. Sur la première photo, on constate l'existence d'un mur (provisoire) et de forces de police hongroises pour empêcher des migrants de rentrer sur le territoire hongrois, donc de l'Union européenne, par la Serbie. Ce document met donc en évidence la fermeture des frontières

voulue par certains pays membres, surtout situés en Europe centrale et orientale, dans le contexte de la crise migratoire que connaît l'Europe depuis 2015. À l'échelle européenne, pour contrôler les frontières extérieures de cet espace, il existe pourtant une agence appelée Frontex mais au champ d'action limité par le manque de concertation entre les pays membres.
Mais, dans le même temps, l'Union européenne cherche à faire disparaître les frontières. Sur le document 1 d'ailleurs, on voit très bien que le « blocage » n'est pas inscrit dans le paysage : il existe une route qui témoigne des flux de marchandises et de personnes. Cela est encore plus évident dans le document 2. La frontière semble inexistante entre le Portugal et l'Espagne. À l'exception du panneau routier, rien n'indique le changement d'État. Par exemple, le poste de douane n'est plus en activité. Cela est lié à la mise en place à la fois du Marché unique avec le *Traité de Maastricht* en 1992 et de l'Espace Schengen en 1995.

9 Page 335

D'une part, ces deux documents d'origine institutionnelle nous présentent un territoire transfrontalier à deux échelles : une région et une agglomération. Ils tendent à démontrer une intensification des flux humains (travailleurs frontaliers, consommateurs, résidents, étudiants et apprentis, touristes) mais aussi indirectement des flux de marchandises (Rhin et voies fluviales, gares et voies ferrées, aéroports, routes et autoroutes). Un territoire transfrontalier est donc ici un moteur de la construction européenne. Il participe sans aucun doute au développement économique d'une région.
D'autre part, la comparaison de ces deux documents permet de nuancer ou de confirmer le propos. Ainsi, la carte est issue du programme Interreg et indique un financement avec le FEDER. Or, l'un des objectifs des fonds structurels européens est bien de lutter contre les inégalités socio-économiques. On peut les percevoir, dans le texte, où le poids économique de Strasbourg est indiqué comme supérieur à celui de sa « ville-jumelle » allemande de Kehl ou, sur la carte, en comparant la taille des deux aéroports. Quant au poids démographique différent, on peut toutefois le voir dans les deux documents. Il y a donc une polarisation du territoire transfrontalier au profit de Strasbourg qui s'explique également par son statut de ville européenne.

10 Page 339

D'un côté, les réseaux de transport facilitent certaines dynamiques de peuplement du territoire français. Tout d'abord, ils mettent en évidence la macrocéphalie de la région parisienne puisque les grands axes notamment routiers convergent vers la capitale. Cela est confirmé par l'axe structurant PLM. Cette sur-représentation de Paris est également confortée par les lignes TGV. En réduisant les temps de parcours, les grandes métropoles de province peuvent ainsi devenir une « banlieue » parisienne comme Lille (1 heure) ou Lyon (2 heures). Cela renforce donc aussi la métropolisation puisque, par définition, ce sont les grandes villes qui sont desservies. Enfin, les transports mettent également en évidence l'importance de la littoralisation des activités et des zones frontalières qui sont parmi les plus peuplées et les plus attractives du territoire français. Les tunnels permettent de renforcer l'intégration de la France à l'Union européenne, tout comme les principaux ports et aéroports renforcent l'intégration à la mondialisation.
Toutefois, les transports renforcent l'enclavement ou la marginalisation de certains territoires. La carte met en évidence ce phénomène géographique, mais en creux. Ces territoires sont souvent des espaces ruraux de moins en moins peuplés où les axes de communication sont peu développés. Ces espaces isolés ne sont donc pas attractifs pour les populations qui veulent accéder à la formation, à l'emploi ou à des services, d'où un cercle vicieux. L'ensemble démographique le plus en déclin couvre alors une zone qui peut correspondre plus ou moins au Massif central ; et cela se retrouve par l'absence de nœuds de communication importants dans cet espace. De plus, l'échelle de cette carte ne permet pas de mettre en évidence la fragmentation socio-spatiale des espaces urbains représentés. En effet, les banlieusards sont très dépendants de la voiture et des transports en commun. Or, cet enjeu n'est pas analysable ici.

11 Page 341

Dans la région Hauts-de-France, il y a 6 millions d'habitants : c'est la troisième région la plus peuplée de France. D'un point de vue économique, elle est souvent associée à la désindustrialisation avec les mines fermées et les friches industrielles. Son taux de chômage en 2019 est à 10,8 % de la population active, soit deux points supérieurs à la moyenne nationale. Le taux de pauvreté est de 18,3 %, 2e taux national derrière l'Île-de-France. Le taux de formation est également inférieur à la moyenne nationale : par exemple, un tiers des jeunes sortent du système scolaire sans diplôme.
Pour autant, la main d'œuvre est qualifiée. Cela permet notamment une reconversion industrielle, certes inachevée, de certains bassins avec deux mono-activités principales : l'automobile (Toyota, Renault, Peugeot-Citroën) et le ferroviaire (Alstom, Bombardier). Toutefois, le système productif se modernise avec le développement de pôles de compétitivité dans ce domaine, tel que les transports terrestres et logistiques avec « i-Trans ». Souvent, ces pôles se situent à proximité ou autour de métropoles. Outre Lille, on peut citer Lens-Douai, Valenciennes, Amiens, Calais-Dunkerque, Beauvais et Compiègne. Il ne faut pas non plus négliger l'importance du secteur agricole surtout céréalier, plutôt dans le Pas-de-Calais, mais aussi au sud de la région (ancienne Picardie).
En situation de carrefour européen, dans un triangle situé entre Londres, Bruxelles et Paris qui regroupe plus de 100 millions de personnes, la région profite du dynamisme transfrontalier. Cela se retrouve dans l'organisation des réseaux de transports avec des autoroutes parmi les plus fréquentées d'Europe (l'A1), les lignes ferroviaires à grande vitesse (TGV, Eurostar, Thalys), des aménagements structurants comme le tunnel sous la Manche ou le canal Seine-Nord-Europe en voie de finalisation.
L'organisation spatiale de la région met en évidence une double métropolisation. D'une part, l'Eurométropole lilloise polarise les activités, ce qui fait d'Euralille le troisième quartier d'affaires français. D'autre part, l'attractivité parisienne reste incontournable pour les zones septentrionales de la région (Beauvais, Compiègne, voire Amiens). Entre les deux, des périphéries plus ou moins intégrées se dessinent, mais dont il est difficile de mettre en évidence une identité géographique.

L'évolution de l'atmosphère et de la vie terrestre

Cours

1 Atmosphère primitive et traces de vie

▶ La formation de la croute continentale terrestre est estimée à 4,6 Ga (Ga ou giga année = 10^9 ans). La cessation du bombardement météorique provoque une baisse de la température, permettant ainsi la condensation de la vapeur d'eau. Cette eau liquide entretient le mécanisme de refroidissement, qui aboutit à la formation de l'hydrosphère vers −4,2 Ga.

▶ Des estimations sur la vitesse de refroidissement de la croûte continentale donne une date de – 4,6 Ga à la formation de la Terre. La première roche a été datée de – 4 Ga. C'est le dégazage du manteau qui est à l'origine de l'atmosphère terrestre primitive, réductrice. L'étude des météorites confirme une enveloppe gazeuse formée de CO_2, d'H_2O et de N_2.

▶ La fin du bombardement météoritique provoque une baisse de la température, jusqu'à la condensation de la vapeur d'eau. Ce mécanisme accélère le refroidissement de notre planète : l'hydrosphère se forme vers – 4,2 Ga.

2 Des relations étroites entre l'atmosphère et le vivant

▶ Les premières formes de vie sont apparues dans les océans car les UV, nocifs en surface, sont arrêtés par l'eau. Dans ce milieu réducteur, les procaryotes anaérobiques se développent avant – 3,8 Ga.

▶ Un accroissement en C^{12} dans les sédiments archéens datés de – 3,7 Ga prouve la présence de microorganismes photosynthétiques. Des microfossiles de cyanobactéries (bactéries photosynthétiques), responsables de formations carbonatées, les stromatolithes, confirment leur présence. De telles formations existent toujours.

▶ Le rejet d'O_2 par photosynthèse oxyde le milieu aqueux, comme le montre le passage progressif de fer réduit Fe^{2+} soluble dans l'eau à des fers oxydés Fe^{3+} entre – 2,2 et – 1,9 Ga. D'abord les sédiments marins sont oxydés, quand il n'y a plus de possibilité de fixer cet O_2, celui-ci s'accumule dans l'eau. Lorsque le taux de solubilité est arrivé à saturation, l'O_2 s'échappe dans l'atmosphère. Les organismes au métabolisme respiratoire se développent au détriment de ceux qui n'utilisent pas le dioxygène. Vers – 1,5 Ga, des êtres eucaryotes commencent à apparaître.

▶ L'action des UV sur l'O_2 est à l'origine de la formation de la couche d'ozone, à environ 30 km d'altitude. Cette couche d'ozone protège la surface terrestre des effets mutagène des UV. Grâce à cela, la vie commence à s'installer sur Terre vers – 440 Ma (Ma ou million d'années = 10^6 ans).

▶ Il y a 500 Ma environ, la concentration atmosphérique actuelle de 21 % en O_2 a été atteinte. Le CO_2 dominant dans l'atmosphère terrestre primitive, a été dissout dans les eaux et intégré dans les roches carbonatées et chez les êtres vivants.

Évolution de l'atmosphère terrestre au cours des temps géologiques

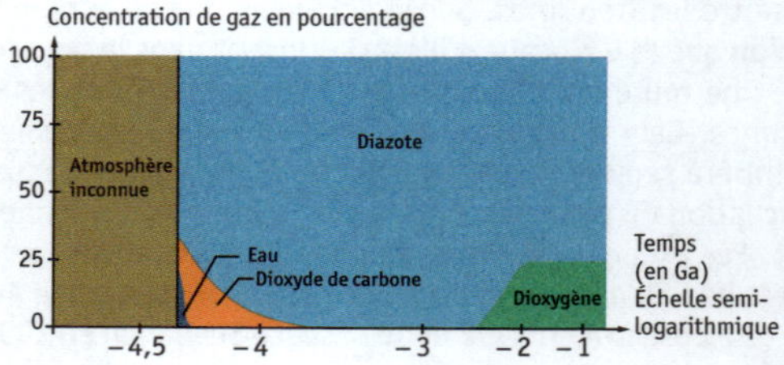

3 Un équilibre fragile

a. Les réservoirs de carbone

▶ La lithosphère est le plus important des réservoirs de carbone. Le stockage se fait sous forme de roches sédimentaires ($CaCO_3$ et $MgCO_3$) et de roches carbonées fossiles (charbon, pétrole...). En surface, issu de la dégradation de la matière organique, il y a l'humus.

▶ L'eau des océans permet de solubiliser le CO_2 atmosphérique. Mais des relargages vers l'atmosphère ont lieu, en fonction de la température de l'eau (augmentation si réchauffement climatique).

▶ La biosphère est un grand réservoir grâce aux végétaux.

▶ De concentration modeste, le dernier réservoir est l'atmosphère.

b. Des échanges entre réservoirs

▶ Les échanges annuels de carbone entre ces réservoirs sont des flux.

▶ La quantité de carbone mise en jeu dans ces flux varie beaucoup selon le mécanisme qui l'engendre. Ainsi, il y a des flux rapides comme la respiration ou la photosynthèse entre la biosphère et soit l'atmosphère, soit l'hydrosphère. D'autres sont plus lents, comme l'altération de la lithosphère par les agents atmosphériques. Enfin, certains sont très lents comme la formation de roches carbonées à partir de la biosphère, la fossilisation.

▶ Si ces échanges préservent des taux constants, le cycle du carbone est équilibré. Mais actuellement, par ses actions, l'homme agit en déséquilibrant ce cycle. Ainsi, les combustibles fossiles stockés depuis des millions d'années sont libérés dans l'atmosphère. Leur flux de formation est si lent par rapport à leur exploitation, qu'on considère que ces sources ne sont pas renouvelables, même si les réserves sont énormes.

À savoir

On parle de source pour un producteur de l'élémen concerné. Ainsi, par sa photosynthèse, un végéta chlorophyllien est une source d'oxygène. De même, un feu de forêt est une source de carbone Un puits est un lieu où arrive la matière : un animal qui respire est un puits d'oxygène. Lorsque la matière séjourne dans un lieu, on qualifie ce site de réservoir.

Pour aller plus loin

À partir de 1985, les satellites indiquent une réduction de 50 % de l'ozone en Antarctique, qualifiée de trou dans la couche d'ozone. Sa superficie est maximale en 2006. En 2019, le trou dans la couche d'ozone n'a jamais été aussi faible et sa décroissance est régulière.

Méthode

Analyser un schéma sur le cycle du carbone

a. Localisez les réservoirs et les flux entre ces réservoirs.

Il y a 4 réservoirs : l'atmosphère, la biosphère, l'hydrosphère et la lithosphère. Respiration et fermentation permettent de récupérer de l'énergie ; la photosynthèse assure l'autotrophie par synthèse de matières organiques à partir de matières minérales. Dans l'eau, le CO_2 se dissout mais peut être relargué dans l'atmosphère. Le volcanisme émet du dioxyde de carbone comme l'altération des roches par l'eau. Par la sédimentation, le carbone retourne à la lithosphère (coquilles, squelettes, carbonates). La décomposition assure le retour à l'état minéral de la matière organique et la fossilisation conserve des traces de cette matière organique transformée.

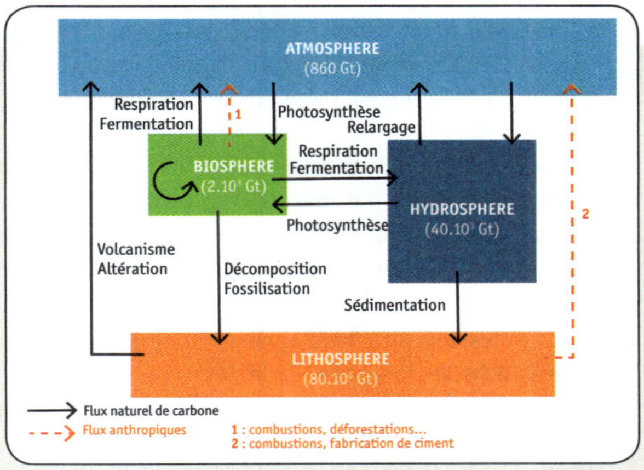

Le cycle du carbone

b. Retrouvez les flux naturels et les flux anthropiques.

Par les actions humaines (anthropiques), ce cycle est perturbé avec un retour vers l'atmosphère (pointillés). Les autres flèches sont des processus naturels.

c. Si des valeurs chiffrées sont proposées (en Gt, 1 giga tonne de carbone = 10^9 tonnes), on peut comparer les stocks, les vitesses des flux, les quantités concernées.

Lors de ces comparaisons chiffrées, donnez des ordres de grandeur (flux x fois plus fort, réservoir y fois plus faible...).

Exercices

1 ★ 10 min **Pour chaque affirmation, dire si elle est vrai ou fausse. Si la proposition est fausse, justifier.**

a. La vie s'est installée sur Terre dans une atmosphère réductrice.

b. La lithosphère est le réservoir de carbone le plus important sur Terre.

c. Une plante chlorophyllienne respire la nuit et fait la photosynthèse le jour.

d. Sans dioxygène dans l'atmosphère, la vie n'aurait pas pu s'installer sur la terre ferme.

2 ★★★ 30 min **À partir des documents et de ses connaissances, expliquer ce qui a pu permettre le passage progressif d'une atmosphère avec moins de 0,2% de dioxygène avant – 2,2 Ga à 3% de dioxygène après 1,9 Ga.**

Doc. 1

– L'uraninite est une roche continentale. C'est un minerai d'uranium stable dans un – milieu réducteur, sans oxygène. En présence de dioxygène, il devient très soluble.

– D'origine marine, le fer rubané est une alternance de couches rouge brique de fer oxydé ferrique Fe^{3+} qui précipite en présence d'oxygène et de fer gris vert, réduit donc ferreux Fe^{2+}.

– Les couches rouges correspondent à des sédiments continentaux riches en oxydes de fer Fe^{3+}.

Décrire le document et utiliser les indices fournis pour répondre au problème à résoudre.

Doc. 2 Les marqueurs géologiques de la grande oxydation vers – 2 Ga

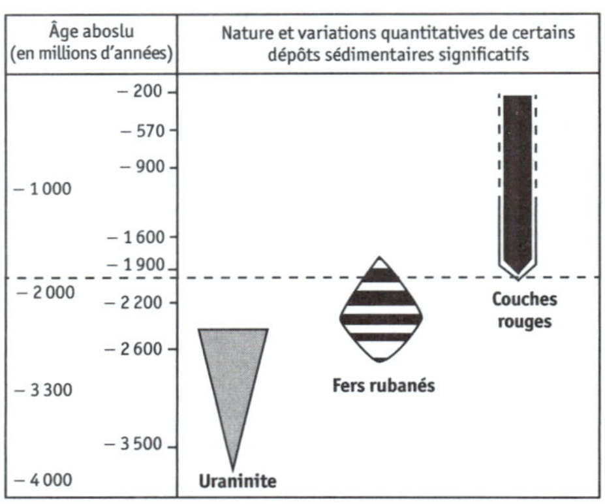

ENS. SCIENTIFIQUE

Les variations climatiques

Cours

1 Météorologie et climatologie

▶ Une étude météorologique dépasse rarement la semaine. Elle se définit au niveau local, en s'appuyant surtout sur la prédiction de la température, de l'ensoleillement donc de la nébulosité et des précipitations. Ceci est rendu possible par les données de stations de mesure au sol, de satellites, de ballons-sondes. Des mesures des vents, des pressions atmosphériques ainsi que l'exploitation de modèles informatiques permettent de limiter les erreurs prédictives.

▶ Le climat s'étudie sur une durée longue, après des observations de plusieurs dizaines d'années, sur de grandes surfaces voire à l'échelle planétaire. Parmi les valeurs moyennes qui rentrent en compte, avant tout, il y a la répartition annuelle de l'ensoleillement et de la pluviosité. On étudie aussi les grandes associations végétales et animales ou biomes, et leurs variations à long terme. Au cours des temps géologiques, les climats ont changé. Ils sont soumis aux variations de l'orbite terrestre et aux modifications de la circulation des courants océaniques et atmosphériques lié à des phénomènes géologiques (tectonique des plaques...).

2 Connaissances des climats du passé

a. Des repères de très lointains changements

▶ En appliquant le principe d'actualisme qui énonce que des événements anciens ressemblant à des événements actuels ont les mêmes causes et les mêmes effets, on pense qu'entre – 145 et – 66 Ma, au Crétacé, le climat était plus chaud qu'aujourd'hui.

▶ En pétrologie, la richesse des évaporites, des bauxites, des charbons indique des conditions tropicales.

▶ L'importance des dépôts de calcaire (craie / crétacé) confirme une très forte teneur en CO_2 atmosphérique qui favorise la précipitation des carbonates : $CO_2 + Ca(OH)_2$ (hydroxyde de calcium) → $CaCO_3$ (calcaire) + H_2O.

▶ L'effet de serre de cette époque a fait disparaître les calottes polaires et le niveau des mers est monté.

▶ La faune dominante des dinosaures est associée à une végétation luxuriante qui s'adapte bien à ce climat. On explique ces modifications de la biosphère par une tectonique des plaques très active.

Variation du δ ¹⁸O en fonction de la température annuelle moyenne

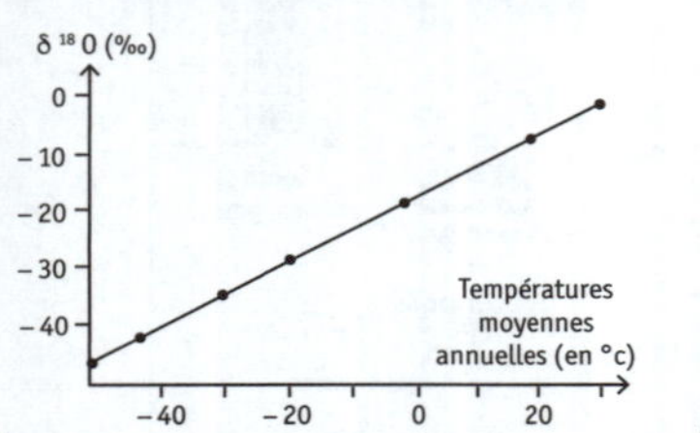

▶ L'albédo est le rapport entre le rayonnement solaire reçu et réfléchi par une surface. La valeur va de 1 si la surface est totalement réfléchissante à 0 pour une surface totalement absorbante. Sur un glacier, l'albédo proche de 1 fait que les températures restent basses car le rayonnement solaire est très réfléchi. Au Crétacé, l'albédo est beaucoup plus faible car le climat est chaud et les glaciers sont rares. Les océans, en recouvrant les continents, favorisent une baisse de l'albédo donc un réchauffement.

b. Des repères de modifications climatiques depuis 800 000 ans

▶ Un glacier laisse des traces d'érosion dans le paysage : vallée en auge (U), moraines (débris rocheux striés, transportés par les glaciers) et tillites (moraines consolidées), roches erratiques (blocs rocheux isolés, de nature géologique différente des roches environnantes). La présence de ces traces indique que la région a connu un climat très froid.

▶ Les cristaux de glace piègent l'air de l'époque de leur formation. Grâce à ces bulles, on peut connaître l'évolution de la composition de l'atmosphère, dont les gaz à effet de serre, au cours de ces 800 000 dernières années. Leur évolution confirme les changements climatiques révélés par d'autres observations.

▶ Dans les carottes de glace, on dose aussi un isotope de l'oxygène, le ^{18}O. Plus il fait froid, plus le rapport δ 180/160 est faible. Ces mesures confirment les changements climatiques récents avec une périodicité d'environ 10 000 ans.

▶ Les fossiles aussi témoignent du climat du lieu de dépôt. Ainsi, chaque végétal possède un pollen aux formes caractéristiques. Chaque pollen fossile est donc un bioindicateur du climat. C'est le cas également de la coquille calcaire de certains foraminifères, animaux planctoniques, qui ont des exigences climatiques précises. L'un des intérêts de ces microfossiles c'est qu'ils sont nombreux donc une étude statistique est faisable et la précision est excellente.

3 Les modifications récentes

Variation du CO_2 atmosphérique mesuré puis estimé au cours du temps

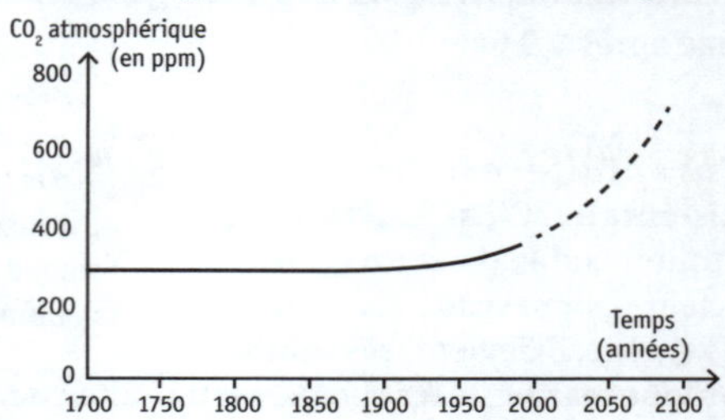

▶ La surface de la Terre absorbe l'énergie lumineuse et s'échauffe. Elle réémet alors un rayonnement infrarouge. Ce dernier peut à son tour être absorbé par certains gaz de l'atmosphère, les

>> gaz à effet de serre. Ces gaz réchauffent l'air et le sol en absorbant le rayonnement infrarouge émis par la Terre.

▶ Depuis la fin du XIXe siècle, la concentration atmosphérique des gaz à effet de serre (CO_2, CH_4, N_2O et O_3) augmente et cette augmentation s'accélère depuis 1970.

▶ L'équilibre radiatif est perturbé malgré un stockage de carbone dans les océans, dans la biosphère et dans les sols. L'augmentation de la température terrestre moyenne provoque une dilatation des océans, une fonte des glaciers (donc un albédo qui baisse). Ceci entraîne un dégel partiel du permafrost, sol gelé en permanence, ce qui libère du CH_4. D'autres rétroactions positives favorisent cette hausse des températures comme l'acidification des océans limitant leur rôle amortisseur dans la dissolution du carbone. Ainsi, ces modifications anthropiques influencent les conditions de vie de notre planète.

Pour aller plus loin

Au début de l'année 2020, l'épidémie de coronavirus a provoqué une forte chute des transports aériens, une baisse mondiale des activités industrielles (dont celles de la Chine) et donc une baisse de plus de 30 % du CO_2 rejeté dans l'atmosphère. Mais il ne faut pas souhaiter une catastrophe pour réveiller l'humanité.

Méthode

Exploiter un diagramme pollinique pour visualiser un changement climatique

▶ Un diagramme pollinique fait figurer, sur l'axe des abscisses, le pourcentage de pollens récoltés dans un prélèvement (comptage) et, en ordonnée, l'âge du prélèvement.

▶ Grâce au principe de l'actualisme, on rapporte le pollen aux conditions de vie de l'espèce aujourd'hui, ce qui permet de déduire le climat de l'époque.

▶ Une analyse pollinique correspond à un lieu précis et n'illustre en rien les changements climatiques au niveau global. Il faut plusieurs arguments dans plusieurs endroits très éloignés, dans plusieurs milieux, pour s'autoriser à certaines conclusions.

Diagramme pollinique à Rogers Lake, aux USA, dans le Connecticut

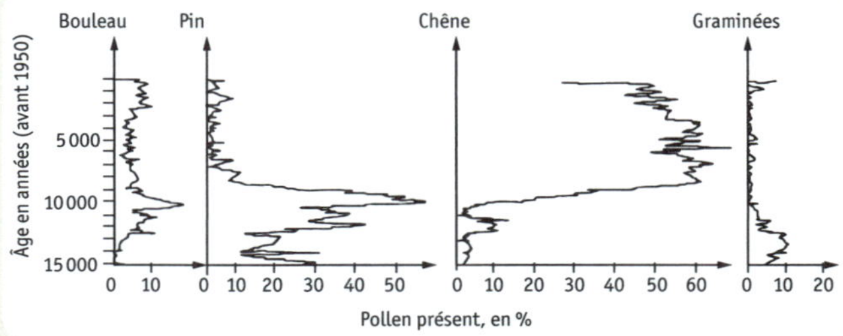

▶ Se méfier des microfossiles qui peuvent être transportés sur de longues distances par le vent, les courants marins... Pour les pollens, c'est le nombre très important de fossiles et leurs proportions qui permet de tirer des conclusions.

▶ Un document peut proposer plusieurs pollens non indicateurs car peu variables en fonction du climat. Il faut choisir les espèces indicatrices.

ENS. SCIENTIFIQUE

Exercices

1 ★ 10 min **Répondre aux questions suivantes :**

a. En quoi le $\delta^{18}O$ de l'eau de la glace permet-t-il d'avoir une approche des climats du passé ?

b. Pourquoi la fonte du permafrost agit-elle sur le réchauffement atmosphérique ?

2 ★★ 30 min Type Bac **Le tableau suivant indique les préférences thermiques de quelques végétaux actuels.**

a. Comment expliquer l'absence d'arbres dans le bas du prélèvement sur le diagramme pollinique ci-dessus ?

b. À partir du tableau des préférences thermiques et du diagramme pollinique aux USA, tirer toutes les conclusions qui s'imposent des variations climatiques.

c. Comment interpréter ces variations ?

Préférences \ Espèces actuelles	Graminées	Pin	Bouleau	Chêne
Entre +5 et -10 °C	✗	✗	✗	
Entre +3 et +18 °C	✗	✗	✗	✗

Cours

1 Modèles numériques et analyse du climat

▶ De nombreux paramètres interviennent dans l'évolution des climats : l'effet de serre, la puissance solaire reçue et absorbée, la température, l'albédo (pouvoir réfléchissant d'une surface), l'humidité de l'air, la pression atmosphérique...

▶ La mise en équations des mécanismes essentiels qui agissent sur le système Terre permet de construire des modèles numériques dont les résultats sont comparés avec les données actuelles mais également avec les paléoclimats. Ils ont permis d'anticiper les évolutions des dernières décennies. Actuellement, ils estiment les variations climatiques globales et locales à venir sur des décennies ou des siècles.

Info

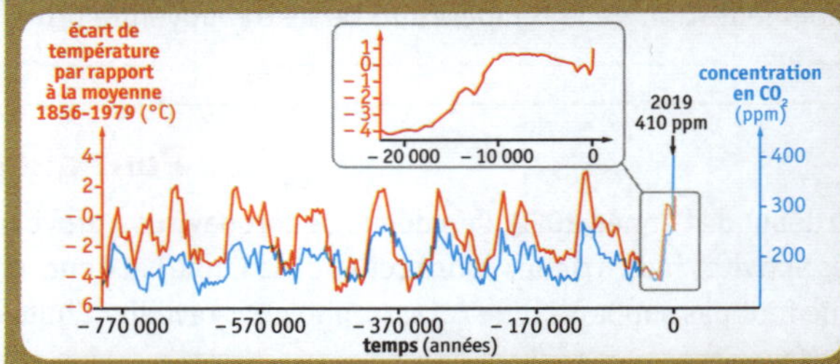

Comparaison de l'évolution de la température et de la concentration en CO_2 depuis les 800 000 dernières années.

▶ L'étude de l'évolution du CO_2 atmosphérique durant le dernier million d'années montre un lien clair avec les variations de la température à la surface de la Terre. Par exemple, la brusque augmentation actuelle du CO_2 bien visible sur le document ci-contre (410 ppm en 2019) a entraîné une augmentation de 1 °C (voir le zoom sur la courbe rouge).

2 L'activité humaine, conséquence de l'augmentation de la température sur Terre

▶ Les observations réalisées sur le terrain combinées aux éléments théoriques et les modélisations numériques montrent clairement l'influence de l'Homme, depuis la révolution industrielle, sur l'augmentation de la température et donc l'évolution des climats.

▶ Les gaz à effet de serre (GES) d'origine humaine en sont les principales causes, et notamment :
– le CO_2 produit par la combustion d'énergies fossiles (pétrole, gaz, charbon), la déforestation, la production de ciment ;
– le CH_4 produit par les fuites de gaz naturel, la fermentation dans les décharges, certaines activités agricoles (fermentation liée à la digestion des animaux, déjections des animaux, culture du riz).
– le N_2O (protoxyde d'azote) issu des déjections animales et de l'utilisation des engrais.

Contribution des différents gaz à effet de serre aux émissions globales en 2010 (IPCC - 2014)

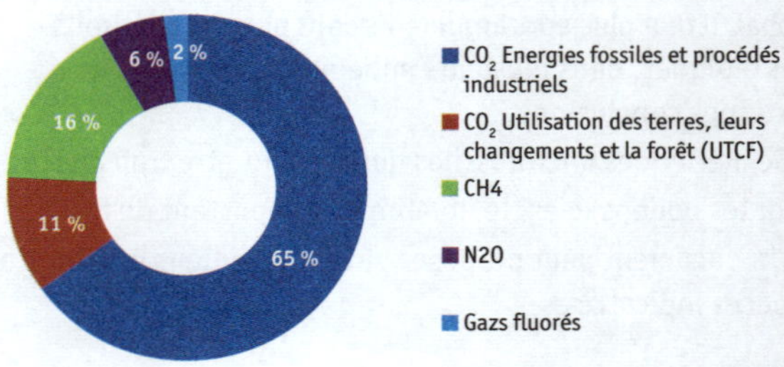

3 Les prévisions des modèles

▶ En fonction de l'évolution de l'émission des GES dans l'atmosphère, les modèles s'accordent à prévoir :
– une augmentation de 1,5 à 5 °C de la température moyenne entre 2017 et la fin du XXIe siècle ;
– une élévation du niveau moyen des océans entre le début du XXIe siècle et 2100 pouvant atteindre le mètre ;
– des modifications des régimes de pluie et des événements climatiques extrêmes ;
– une acidification des océans ;
– un impact majeur sur les écosystèmes terrestres et marins.

Pour aller plus loin

Dans le futur, la biodiversité risque d'être profondément bouleversée. La désertification, les inondations, l'exploitation intensive de la planète, vont bouleverser les écosystèmes en entraînant la disparition, la migration, la modification de la répartition de nombreuses espèces végétales et animales. Les mangroves et barrières de corail vont dépérir. En parallèle, les ressources agricoles et en eau potable vont diminuer, le développement de maladies infectieuses augmenter...

Méthode

Analyser les résultats de projections climatiques

Pour analyser les résultats de projections, il faut comparer les prédictions données par le modèle aux données actuelles et passées.

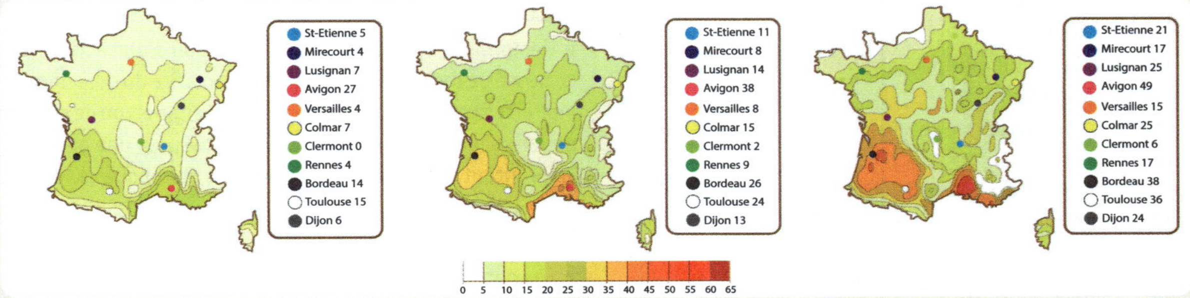

Moyenne des valeurs : 1971 - 2000 | **2020 – 2050** | **2070 - 2100**

Ici, la projection prévoit l'évolution du nombre de jours échaudants (dont la température maximale est supérieure à 25 °C) au printemps (avril-mai-juin). À titre indicatif, les valeurs sont données pour certaines villes.

Futur proche : au niveau du nombre de jours échaudants au printemps, le scénario montre une augmentation significative de l'ordre de 10 jours.

Futur lointain : accroissement important du nombre de jours échaudants au printemps, avec plusieurs régions, au sud-ouest et au sud-est, présentant des jours échaudants sur quasiment la moitié de la période printanière (49 jours par exemple à Avignon). Ces résultats peuvent ensuite être exploités pour étudier par exemple les conséquences de ces prévisions sur un écosystème ou sur les cultures, par exemple...

Exercices

1 ★ 10 min **Préciser, si la projection sur l'évolution du nombre de jours échaudants (voir documents « Méthode » ci-dessus) s'avère exacte, quelles peuvent en être les conséquences :**

a. sur la date des vendanges dans le sud-est de la France ;

b. sur la répartition en France du chêne vert.

Justifier.

Aires de répartition potentielle du chêne vert actuelle (à gauche) et à la fin du XXIe siècle (à droite)

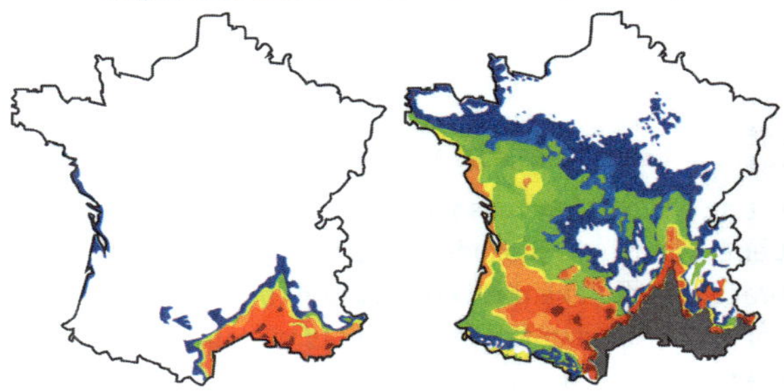

2 ★★ 15 min **Lors de son retour de migration vers la France, l'hirondelle rustique remonte en fonction de la température. Dès que la zone où elle passera l'été dépasse 10 °C, elle est visible. À cette température les insectes commencent à voler et elles peuvent donc se nourrir.**

a. Expliquer l'évolution linéaire (correspond à une moyenne) de la date d'arrivée des hirondelles rustiques en France.

b. Préciser à quoi peuvent être dus les écarts de dates, par rapport à la moyenne, de 2000 et 2007.

Évolution de l'arrivée des hirondelles au cours du temps

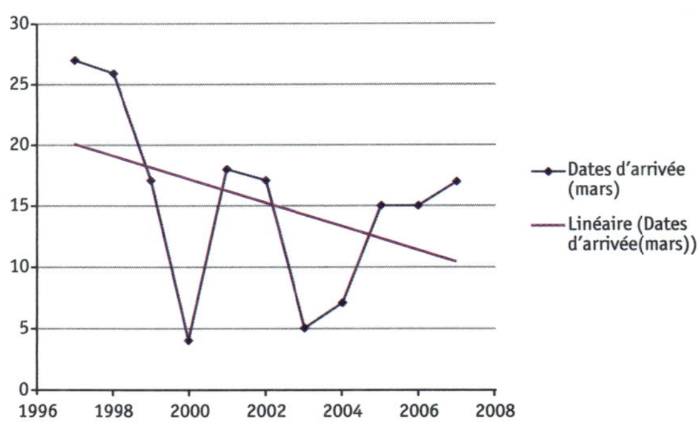

ENS. SCIENTIFIQUE

Énergie, choix de développement et futur climatique

Cours

1 Les sources et utilisations de l'énergie dans le monde

▶ Les **sources** d'énergies primaires sur Terre sont diverses. Elles sont disponibles :

– sous forme de stock : énergies fossiles, uranium pour le nucléaire ;

– sous forme de flux : flux radiatif solaire pour l'éolien et le photovoltaïque, flux géothermique (chaleur de la Terre).

▶ Elles sont toutefois essentiellement issues du pétrole, du charbon et du gaz, **combustibles fossiles** qui sont non renouvelables.

▶ Elles sont utilisées essentiellement pour l'industrie, le transport et l'habitat et dans une moindre mesure pour l'agriculture. Leur consommation a doublée durant les 40 dernières années.

La consommation mondiale d'énergie en 2017

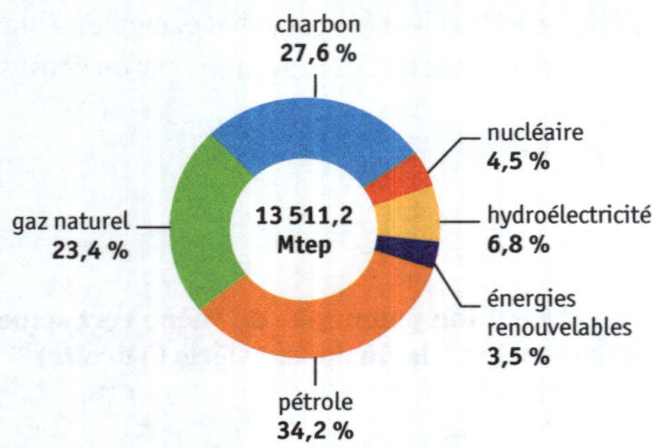

2 La combustion des carburants

▶ Une **combustion** consomme un combustible et du dioxygène, rejette du dioxyde de carbone et de l'eau tout en produisant de l'énergie. Cette réaction chimique est rarement complète et émet d'autres produits tels que du protoxyde d'azote (N_2O), de l'ozone (O_3), des suies et des produits soufrés qui sont polluants.

▶ La combustion, en rejetant des **particules fines**, affecte la qualité de l'air. Elle augmente l'**effet de serre**, à l'origine du réchauffement climatique, en produisant du notamment du CO_2.

▶ L'**empreinte carbone** d'une personne ou d'une activité est la masse de dioxyde de carbone CO_2 produite directement ou indirectement par sa consommation d'énergie et/ou de matière première. Elle est par exemple plus faible pour une personne empruntant les transports en communs plutôt que sa voiture.

3 Les conséquences de la pollution

▶ Les conséquences sur la **santé** peuvent être immédiates (irritations, crises d'asthme) ou à long terme (développement de pathologies respiratoires et cardio-vasculaires, baisse de la fertilité, perturbation des défenses immunitaires, du système nerveux). Une diminution des taux de particules fines dans l'air améliorerait notre espérance de vie et diminuerait la mortalité.

▶ Des **scénarios** évaluent les changements liés à notre surconsommation d'énergie. Des projections prévoient une augmentation importante du niveau de la mer suite à la fonte de la banquise et des glaciers. Les **conséquences** sur les écosystèmes (diminution de la taille des populations, chute de la biodiversité) et les conditions de vie des habitants (disparition des habitats côtiers actuels), notamment les plus fragiles, seraient importantes. Les projections fournies permettent de définir les aléas et peuvent orienter les prises de décision.

▶ La **transition écologique** est le passage de notre mode actuel de production et de consommation vers un modèle répondant aux enjeux suivants : le changement climatique, la rareté des ressources, la diminution de la biodiversité et l'augmentation des risques sanitaires et environnementaux.

▶ Les principaux objectifs de cette transition sont :

– la diminution de notre empreinte carbone en privilégiant les énergies renouvelables et en diminuant notre consommation d'énergie ;

– une meilleure gestion et répartition des ressources ;

– la protection des écosystèmes.

Pour aller plus loin

La consommation d'énergie est très inégalement répartie selon la richesse des pays mais aussi des individus. L'impact de chacun sur notre environnement peut donc être très variable.

Méthode

Calculer la masse de dioxyde de carbone produite par unité d'énergie dégagée par un combustible

Le calcul se déroule en deux étapes :

▶ Calcul de la masse de dioxyde de carbone dégagée par la combustion d'un gramme de combustible.

Il faut calculer le nombre de molécules dans un gramme de combustible et utiliser l'équation de combustion pour en déduire le nombre de molécules de dioxyde de carbone formées, puis la masse correspondante.

Exemple : combustion du méthane : $CH_4 + 2\ O_2 \rightarrow CO_2 + 2\ H_2O$

Masses atomiques : $mC = 1{,}99 \times 10^{-23}$ g, $mO = 2{,}66 \times 10^{-23}$ g, $mH = 1{,}67 \times 10^{-24}$ g.

La masse d'une molécule de méthane CH_4 est :

$mC + 4\ mH = 1{,}99 \times 10^{-23} + 4 \times 1{,}67 \times 10^{-24} = 2{,}658 \times 10^{-23}$ g

Dans un gramme de méthane, il y a : $\dfrac{1}{2{,}658 \times 10 - 23} = 3{,}76 \cdot 10^{22}$ molécules de méthane.

D'après l'équation, une molécule de méthane produit une molécule de CO_2, il y a donc $3{,}76 \cdot 10^{22}$ molécules de CO_2 produites.

La masse d'une molécule de CO_2 est : $mC + 2\ mO = 1{,}99 \times 10^{-23} + 2 \times 2{,}66 \times 10^{-23} = 7{,}31 \cdot 10^{-23}$ g

La masse de CO_2 produite est de : $7{,}31 \cdot 10^{-23} \times 3{,}76 \cdot 10^{22} = 2{,}75$ g de CO_2 produit.

▶ Calcul de la masse de CO_2 produite par kilojoule.

L'énergie massique (quantité d'énergie contenue par unité de masse) de combustion Em du méthane est de 50 kj/g.

Pour produire 50 kj, la combustion du méthane émet 2,75 g de CO_2.

Pour produire 1 kj : $\dfrac{2{,}75}{50} = 0{,}055$g

La combustion du méthane émet 0,055g de CO_2 par kj produit.

Exercices

1 ★★ 10 min **Calculer la masse de dioxyde de carbone dégagé par la combustion d'un gramme d'octane.**

L'octane est un combustible liquide dont la réaction de combustion est la suivante :

$2\ C_8H_{18} + 25\ O_2 \rightarrow 16\ CO_2 + 18\ H_2O$

octane + dioxygène → dioxyde de carbone + eau

2 ★★★ 20 min **En 2017, la production d'électricité en France était de 529,4 Tw/h.**

a. Définir ce qu'est une énergie renouvelable.

b. Relever dans le schéma les énergies non renouvelables en justifiant son choix.

c. Calculer en tonnes les économies de pétrole réalisées par la France grâce à ses énergies renouvelables en une année (365 jours).

La production française d'électricité en 2017

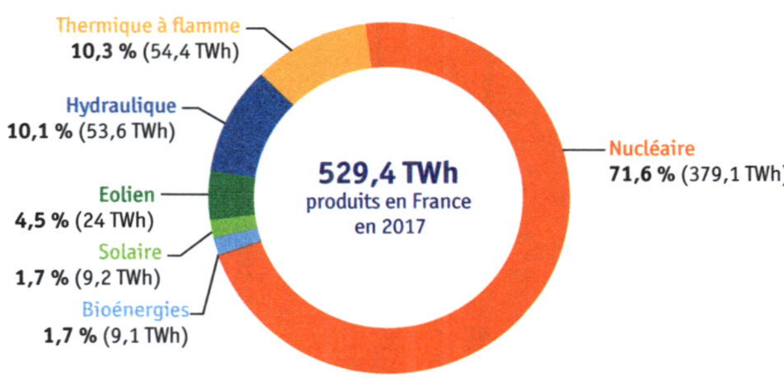

ENS. SCIENTIFIQUE

SYNTHÈSE

Science, climat et société

L'atmosphère terrestre et la vie
- 4,6 milliards d'années : atmosphère primitive composée de N_2, CO_2 et H_2O
- 2,4 milliards d'années : accumulation d'O_2 dans l'atmosphère = photosynthèse dans les océans
  - Formation de la couche d'ozone, protégeant des UV mutagènes, favorable à la vie sur terre
  - Cycle du carbone : exemple, piégeage du CO_2 par les végétaux lors de la photosynthèse
    - Formation des combustibles fossiles
- 500 millions à actuel : 78 % de N_2 et 21 % de O_2 et traces d'autres gaz

La complexité du système climatique
- Climat = température, hygrométries, pression, pluviométrie
- Effet de serre : augmentation de l'absorption de la chaleur par les GES
- Augmentation de la température : modification des climats

Quel climat pour le futur ?
- Etude de l'évolution des paramètres
- Construction de modèles numériques = analyse du climat
- Prévisions des modèles :
  - Augmentation de la température
  - Elévation du niveau des mers
  - Evénements climatiques extrêmes
  - Acidification des océans
  - Bouleversement des écosystèmes

Énergies, choix de développement et futur climatique
- Énergies fossiles : pétrole, gaz, charbon
  - Gaz à effet de serre (GES) : CO_2, N_2O, CH_4, ozone
  - Particules fines
- Energies renouvelables : soleil, vent, géothermie
- Contrôler et diminuer les variations des paramètres
- Protection des écosystèmes
- Gestion raisonnée des ressources
- Diminution de l'empreinte carbone
- Transition écologique

je me teste !

1 L'atmosphère actuelle... :

- **a.** est quasiment identique à celle d'il y a 500 millions d'années.
- **b.** contient environ 21 % de N_2 et 78 % de O_2.
- **c.** contient du dioxygène issu du dégazage de la planète.
- **d.** est issu de la photosynthèse réalisée par les cyanobactéries.

2 Le pétrole est une énergie non renouvelable :

- **a.** Car les conditions nécessaires à sa formation n'existent plus actuellement.
- **b.** Car il ne se renouvelle pas suffisamment vite pour que ses stocks se reconstituent.
- **c.** Car c'est un réservoir de carbone dont le flux est équilibré.
- **d.** Car ses réserves sont inépuisables.

3 Un climat... :

- **a.** est défini par un ensemble de moyennes de grandeurs atmosphériques observées sur l'ensemble de la surface de la Terre.
- **b.** est défini par deux grandeurs qui sont le degré d'hygrométrie et la pluviométrie.
- **c.** est étudié par un météorologue.
- **d.** peut changer à long terme.

4 La température à la surface de la Terre est amplifiée par :

- **a.** Le dégel du permafrost qui entraîne une absorption plus importante des rayons infrarouges.
- **b.** Une augmentation de la libération de dioxygène.
- **c.** L'augmentation de l'albédo terrestre suite à la fonte des glaces.
- **d.** L'augmentation de la vapeur d'eau dans l'atmosphère.

5 Les modèles numériques... :

- **a.** permettent de prévoir les climats du passé ou paléoclimats.
- **b.** utilisent différents paramètres comme l'albédo, la température, l'humidité de l'air.
- **c.** permettent de prévoir les économies réalisables en Tonne équivalent pétrole.
- **d.** prévoient une diminution du niveau des océans.

6 L'augmentation du CO_2 atmosphérique... :

- **a.** est principalement due à des causes naturelles.
- **b.** est à l'origine de l'effet de serre, cause principale de la diminution de la température sur Terre.
- **c.** est due à l'utilisation des énergies fossiles (pétrole, gaz, charbon, uranium).
- **d.** entraîne une augmentation de la température en absorbant les rayonnements infrarouges.

7 Les sources d'énergies sous forme de flux sont :

- **a.** Le soleil, la géothermie et l'uranium.
- **b.** Le plus souvent des énergies fossiles.
- **c.** Non renouvelables.
- **d.** Plus écologiques que celles qui sont sous forme de stock.

8 L'empreinte carbone d'une personne... :

- **a.** est la masse de CO_2 consommée par une personne pour sa production d'énergie et/ou de matière première.
- **b.** augmente lorsqu'elle empreinte le bus plutôt que sa voiture pour se déplacer.
- **c.** augmente fortement lorsqu'elle utilise du gaz (énergie fossile) plutôt que du bois (renouvelable) pour cuisiner.
- **d.** diminue si elle se déplace à bicyclette plutôt qu'en autobus.

9 L'un des objectifs de la transition écologique est :

- **a.** La diminution de notre empreinte carbone en privilégiant les énergies non renouvelables et en diminuant notre consommation d'énergie.
- **b.** La diminution de notre empreinte carbone en privilégiant les énergies de flux et en diminuant notre consommation d'énergie.
- **c.** La diminution de notre empreinte carbone en privilégiant les énergies renouvelables et en diminuant nos économies d'énergie.
- **d.** La diminution de notre empreinte carbone en privilégiant les énergies de stock et en diminuant nos économies d'énergie.

Réponses !

1 : a - 2 : b - 3 : d - 4 : d - 5 : b - 6 : d - 7 : d - 8 : d - 9 : a

5 Deux siècles d'énergie électrique

Cours

1 Conversion d'énergie mécanique en énergie électrique : les alternateurs

▶ C'est un dispositif électrique qui fournit à ses bornes une tension variable et alternative (c'est-à-dire alternativement positive puis négative). Un alternateur est toujours constitué de deux éléments essentiels :

– une partie fixe, le stator ;
– une partie mobile, le rotor.

Info

Un électroaimant est formé d'une bobine. Quand un courant parcourt la bobine, un champ magnétique est créé. La bobine acquiert alors les propriétés d'un aimant.

▶ En général, le stator est une bobine de fil de cuivre. Le rotor est une source de champ magnétique (un aimant ou un électroaimant).

▶ Un alternateur permet d'obtenir de l'énergie électrique à partir d'un mouvement, il convertit donc une énergie mécanique en énergie électrique. Le **déplacement** de l'aimant, donc de son champ magnétique, **induit** une tension aux bornes de la bobine. C'est le phénomène d'induction électromagnétique **découvert par Faraday au XVIIIe siècle et modélisé au** XIXe siècle **par James Clerk Maxwell**, un physicien écossais, avec quatre équations qui sont aujourd'hui des lois fondamentales de la physique.

▶ Le rendement d'un alternateur, noté h, est une grandeur sans dimension qui reflète son efficacité énergétique. C'est le rapport entre la puissance électrique produite et la puissance mécanique utilisée. En raison des pertes inévitables, il est nécessairement inférieur à 1.

$$\eta = \frac{P_{électrique}}{P_{mécanique}}$$

2 Conversion d'énergie radiative en énergie électrique : les capteurs photovoltaïques

a. Nécessité d'une vision quantique

▶ Un gaz excité émet de la lumière dont le spectre est composé de raies colorées sur fond noir, c'est un spectre de raies d'émission. Les raies sont caractéristiques de l'élément chimique qui émet la lumière.

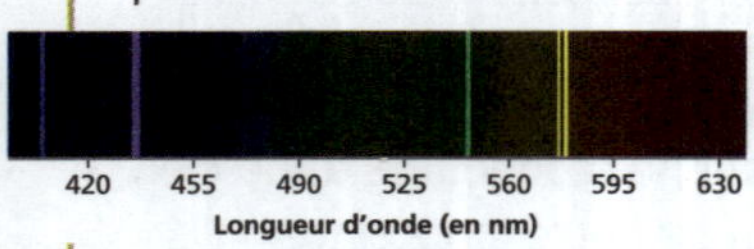

C'est la mécanique quantique qui parviendra au XXe siècle à expliquer l'origine de ces spectres de raies : les électrons des atomes se répartissent sur des couches électroniques. Ils n'ont accès qu'à certains niveaux d'énergie ; en d'autres termes, leur énergie est quantifiée. Les sauts électroniques d'un niveau d'énergie à un autre entraînent l'émission ou l'absorption de photons d'énergie bien précise ayant une longueur d'onde bien particulière. L'ensemble de ces longueurs d'onde constitue le spectre de raies de l'atome.

▶ **Antoine Becquerel** a découvert, en **1839,** l'effet photovoltaïque : quand un matériau semi-conducteur est exposé à un rayonnement solaire suffisant, des électrons sont arrachés, générant alors un courant électrique continu. Afin d'expliquer l'effet photoélectrique, **Einstein** postule en 1905 que la lumière est constituée de particules individuelles quantiques : des photons. Seuls les photons ayant une énergie suffisante sont capables d'arracher des électrons.

b. Choix du matériau semi-conducteur pour un capteur photovoltaïque

Le soleil émet de la lumière dont le spectre est présenté ci-dessous. La comparaison entre le spectre d'absorption d'un matériau semi-conducteur et le spectre solaire permet de déterminer s'il est envisageable de l'utiliser pour fabriquer un capteur photovoltaïque. Les cellules photovoltaïques les plus répandues sont constituées de silicium cristallin. Un capteur photovoltaïque absorbe l'énergie radiative (énergie de rayonnement) et la convertit en énergie électrique.

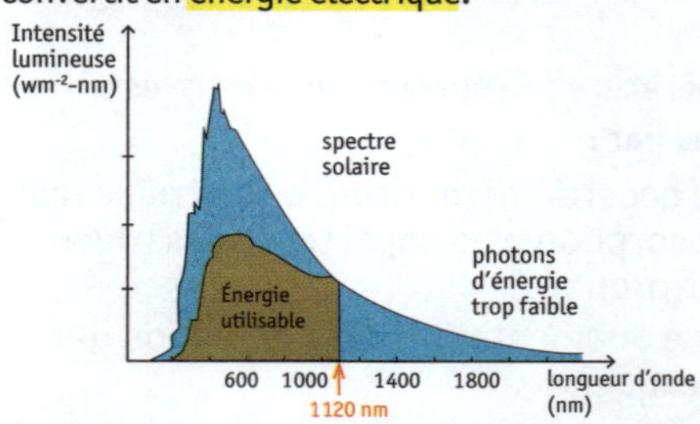

Énergie utilisable dans le spectre solaire pour un capteur au silicium monocristallin

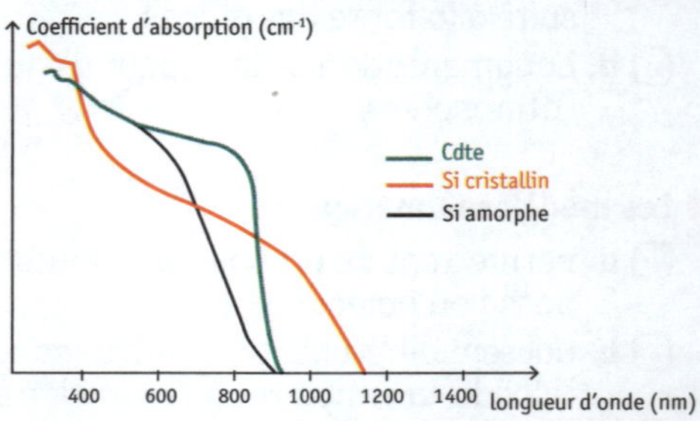

Pour aller plus loin

Depuis 2014, en France, le recyclage des panneaux photovoltaïques est une obligation légale. Les panneaux constitués de silicium représentent 80 % du marché et sont recyclables à 85 %.

Méthode

1 Reconnaître les éléments principaux d'un alternateur de bicyclette

Complétez le schéma avec les termes : axe, aimant, bobine, rotor, stator, galet, bornes.

RÉSOLUTION

La bobine (e) est fixe, il s'agit du stator (f). L'aimant (c) est mobile, c'est le rotor (d). Il est relié à l'axe (b) tournant.

Aux bornes (g) de la bobine apparaît une tension. Le galet (a) est entraîné par la rotation de la roue de vélo.

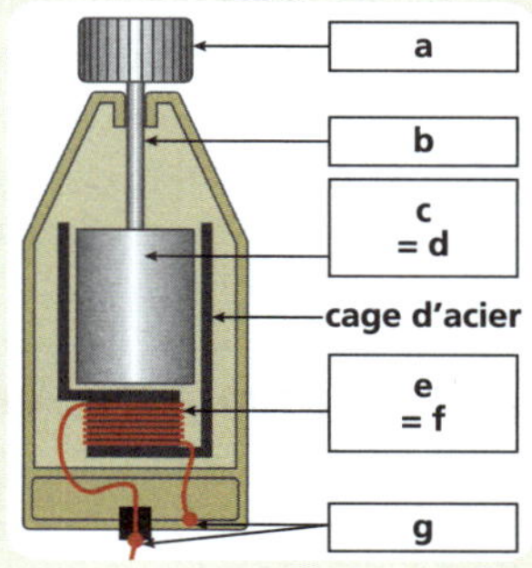

2 Tracer la caractéristique $I(U)$ d'une cellule photovoltaïque et exploiter cette représentation pour déterminer la résistance d'utilisation maximisant la puissance électrique délivrée

On fait varier l'intensité I du courant.

U(V)	4,78	4,70	4,51	4,20	3,78	3,41	2,41	1,64
I(mA)	0,59	0,77	1,11	1,38	1,48	1,52	1,57	1,60

On dispose par ailleurs de la courbe $P = f(U)$ de la cellule photovoltaïque.

– Tracez la caractéristique courant-tension $I = f(U)$ et en déduire la résistance de la cellule photovoltaïque.

La caractéristique de la cellule est la suivante :

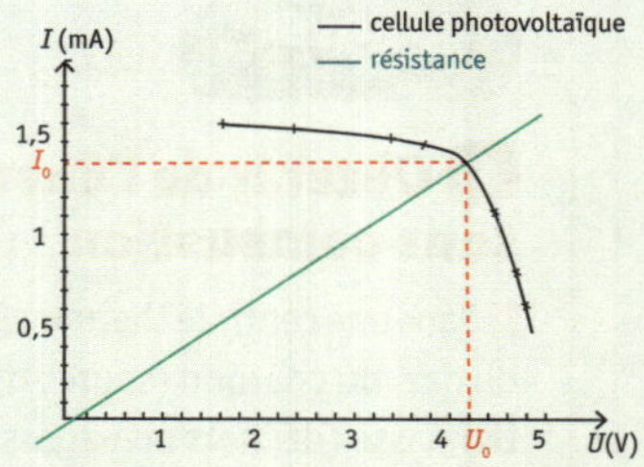

– Utilisez la courbe $P = f(U)$ pour déterminer graphiquement la puissance maximale et la tension correspondante :

$P_{max} = 5,80$ mW

pour $U_0 = 4,20$ V.

– Utilisez le second graphique $I = f(U)$ pour déterminer l'intensité correspondante :

$I_0 = 1,38$ mA.

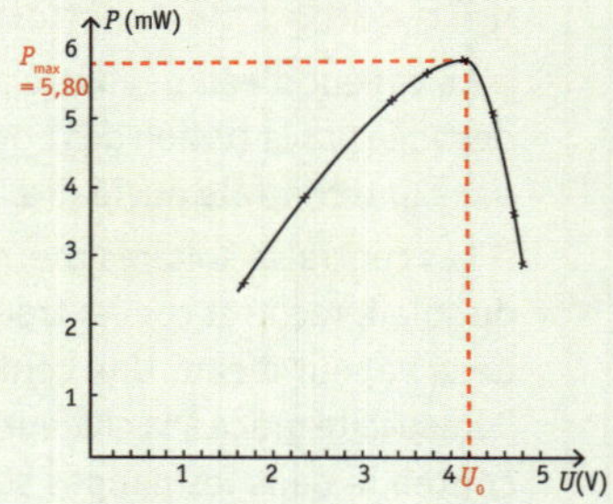

– À partir de la loi d'Ohm, connaissant I et U on peut déterminer R : $U = R \times I$ donc

$$R = \frac{U}{I}$$

$$R = \frac{4,20}{1,38.10^{-3}} = 3,0 \times 10^3\ \Omega.$$

– Conclure : La puissance délivrée est maximale pour une résistance d'utilisation de $3,0 \times 10^3$ dms.

Exercices

1 ★ 10 min **Un alternateur de voiture convertit de l'énergie mécanique en énergie électrique. La puissance mécanique de 1720 W, la puissance électrique est de 1170 W.**

a. Calculer le rendement de l'alternateur η.

b. Calculer la puissance perdue P_p.

2 ★★★ 20 min Type Bac

Des panneaux photovoltaïques ont été installés sur un voilier afin de l'alimenter en énergie. On donne la caractéristique intensité – tension d'un panneau pour un rayonnement de puissance $P_{rayonnement} = 1000\ W \cdot m^{-2}$.

a. Déterminer graphiquement l'intensité du courant de court-circuit noté I_{CC} : c'est le courant qui traverse la cellule lorsque la tension à ses bornes est nulle.

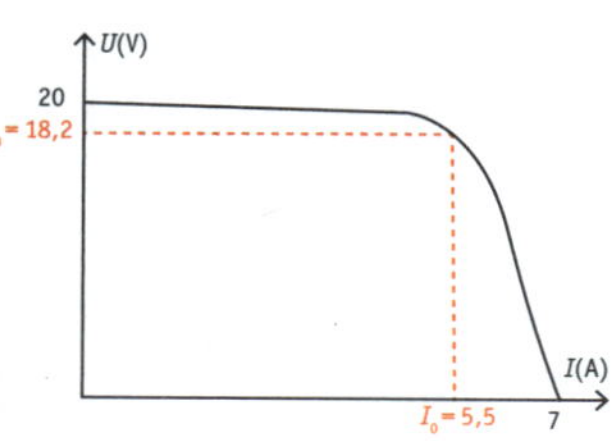

b. Déterminer graphiquement la valeur de la tension à vide U_{CO} du panneau solaire ; il s'agit de la tension aux bornes du panneau lorsque celui-ci est en circuit ouvert, c'est-à-dire le courant le traversant est nul.

c. Sachant que les valeurs U_0 et I_0 indiquées sur le graphique correspondent au point de fonctionnement pour lesquels la puissance fournie par le panneau photovoltaïque est maximale, calculer la puissance maximale P_{max} du panneau photovoltaïque pour les conditions de rayonnement indiquées.

d. L'énergie électrique nécessaire par jour à bord du voilier est $E_{jour} = 4,00$ kW · h. L'énergie $E_{panneau}$ produite par un panneau pour une journée proposant 5 heures d'un rayonnement supposé équivalent à 1 000 W · m^{-2} est donnée par la relation $E_{panneau} = P_{max} \times \Delta t$ avec P_{max} en Watts (W), $E_{panneau}$ en Watts-heure (Wh), Δt en heures. En déduire le nombre de panneaux devant être installés sur le bateau.

e. Quels paramètres peuvent influer sur l'énergie produite par ces panneaux solaires photovoltaïques ?

Puissance électrique aux bornes d'un générateur :
$P_e = U \times I$
P_e en Watts, U en Volts (V) et I en ampères (A)

ENS. SCIENTIFIQUE

Les atouts de l'électricité

Cours

1 Obtenir de l'énergie électrique sans combustion

▶ Dans une centrale thermique à flamme, la combustion du fioul, du gaz, du charbon (source d'énergies fossiles) ou encore de la biomasse (déchets ménagers ou végétaux) permet de produire de la vapeur d'eau qui met en rotation une turbine reliée à un alternateur. Il existe cependant d'autres modes de production d'énergie électrique qui ne nécessitent pas de combustion.

a. La conversion d'énergie mécanique

▶ La vapeur d'eau peut être produite en utilisant la chaleur dégagée pas la fission des noyaux d'uranium 235, c'est le cas dans une centrale nucléaire.

▶ Les centrales solaires thermiques se servent de la chaleur du soleil, reçue et concentrée par des miroirs, pour produire de la vapeur d'eau. Une centrale géothermique produit de l'électricité grâce à la chaleur de la terre qui transforme l'eau contenue dans les nappes souterraine en vapeur. Dans les deux cas, cette vapeur sous pression fait tourner une turbine qui entraîne un alternateur. Mais d'autres sources d'énergie mécanique peuvent actionner les turbines : l'eau (dans les barrages hydroélectriques), le vent (dans les éoliennes), les courants marins ou des marées (dans les hydroliennes).

b. La conversion d'énergie radiative

▶ La production directe d'électricité à partir de l'énergie radiative reçue du soleil est effectuée par des panneaux photovoltaïques.

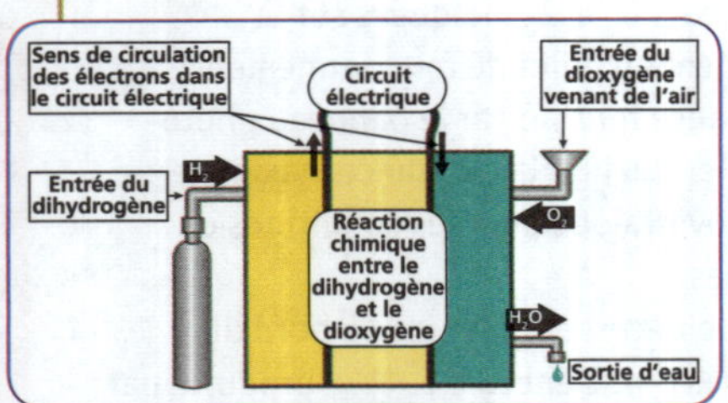

Principe de fonctionnement d'une pile à hydrogène

c. La conversion électrochimique

▶ Lorsqu'une pile fonctionne, il se produit une transformation chimique. Une partie de l'énergie chimique des réactifs est convertie en énergie électrique.

d. L'impact de ces méthodes sur l'environnement

▶ Si ces méthodes pour obtenir de l'énergie électrique sans combustion ont l'avantage de ne pas produire directement de dioxyde de carbone, elles ont néanmoins des impacts sur l'environnement, la biodiversité, et présentent des risques spécifiques : déchets nucléaires, nuisances sonores, pollution chimique…

2 Le stockage de l'énergie électrique

▶ L'électricité doit pouvoir être stockée afin d'ajuster production et consommation énergétiques, et de faire face à d'éventuelles pénuries. L'électricité ne se stocke pas directement, mais elle peut être convertie en d'autres formes qui sont stockables : il s'agit d'un stockage indirect.

a. Sous forme chimique

▶ Un accumulateur est un dispositif qui emmagasine de l'énergie sous forme chimique pour le restituer ultérieurement sous forme électrique.

▶ Le dihydrogène n'existe pas à l'état brut dans la nature, il est produit industriellement en apportant de l'énergie. Il peut être stocké avant d'être utilisé.

b. Sous forme potentielle

▶ L'eau en haut d'une chute ou celle retenue dans un barrage possède de l'énergie potentielle de pesanteur du fait de son altitude. Une station de transfert d'énergie par pompage comprend un lac supérieur et une retenue d'eau inférieure. En période de faible demande d'électricité, l'usine fait fonctionner des pompes qui remontent l'eau. En période de forte demande d'électricité, l'eau redescend en passant par la turbine et l'usine produit de l'énergie électrique.

c. Sous forme électromagnétique (super-capacités)

▶ Les supercondensateurs convertissent l'énergie électrique en énergie électromagnétique.

Méthode

1 Calculer le rendement global d'un système de conversion d'énergie

Le barrage d'Aussois, en Savoie, forme une retenue d'eau de 4 millions de m^3, qui permet de stocker l'énergie de l'eau sous forme d'énergie potentielle : $E_p = 3{,}4 \times 10^{13}$ J. Lorsque les vannes sont ouvertes, l'eau subit une chute de 861 m et fait tourner une turbine qui actionne un alternateur. L'énergie électrique produite si la retenue d'eau est entièrement vidée est $E_{él} = 2{,}3 \times 10^{13}$ J. Calculer le rendement global de cette centrale.

▶ Donner l'expression générale du rendement :

$$\eta = \frac{Exploitable}{Eentrée}$$

L'énergie exploitable est ici l'énergie électrique et l'énergie d'entrée est l'énergie potentielle de l'eau donc $\eta = \frac{E\acute{e}l}{Ep}$.

▶ Faire l'application numérique : $\eta = \frac{2{,}3 \times 1013}{3{,}4 \times 1013} = \frac{2{,}3}{3{,}4} = 0{,}68$.

On peut en conclure que le rendement de cette centrale est de 68%.

2 Analyser un document présentant les conséquences de l'utilisation de ressources géologiques

▶ L'appellation de terres rares recouvre les éléments situés entre le numéro atomique 57 (lanthane) et le numéro 71 (lutétium) de la table périodique des éléments ainsi que le scandium et l'yttrium.

▶ L'une des applications les plus réputées des terres rares est liée à leurs propriétés magnétiques. Celles-ci ont permis de développer des aimants permanents très performants utilisés notamment dans les éoliennes. Cependant, les conditions d'exploitation et de production des terres rares sont sujettes à controverse car elles font appel à des procédés complexes et polluants : rejets d'acides, de bases, de solvants, de métaux lourds ou de déchets radioactifs et utilisation de quantités importantes d'eau. Les normes environnementales, les coûts de production élevés et les faibles concentrations en métaux rares de certains gisements ont conduit des pays industrialisés à abandonner progressivement cette production. Ils ont laissé le monopole à la Chine qui produit actuellement plus de 90 % des terres rares.

a. Dans le domaine de l'éolien, des terres rares (le néodyme en particulier) sont parfois utilisées. Dans quelle partie d'une éolienne trouve-t-on des terres rares ? Quel est l'intérêt ?

▶ Les terres rares se trouvent dans les **aimants**. Ils sont très puissants.

b. Quels sont les inconvénients posés par l'exploitation des terres rares ?

▶ Le **bilan écologique** de l'extraction des métaux rares est mauvais. La concentration de ces métaux rares dans la roche est si faible que les extraire nécessite d'employer des quantités importantes de réactifs chimiques **toxiques, corrosifs (acides ou bases)**. En Chine à proximité des gisements, l'eau, l'air et les sols sont **pollués**. Des **quantités importantes d'eau** sont également nécessaires.

Exercices

1 ★ 5 min Justifier la nécessité de stocker l'énergie produite par les éoliennes.

2 ★★★ 30 min Type Bac Afin d'assurer leur autonomie électrique, les voiliers peuvent s'équiper d'éoliennes à axe horizontal et d'hydrogénérateurs. L'éolienne est placée sur le pont du voilier. Son rotor est mis en rotation par le vent et il est couplé à un alternateur qui produit ainsi de l'électricité. L'hydrogénérateur est une hélice immergée placée à l'arrière et mise en mouvement par le déplacement du voilier. Cette hélice, comme pour l'éolienne, est reliée à un alternateur pour produire de l'électricité.

a. Compléter les chaînes de conversion en utilisant certaines des propositions suivantes : électrique, chimique, nucléaire, mécanique, vent, voilier en mouvement.

Chaîne de conversion « éolienne vers batterie »

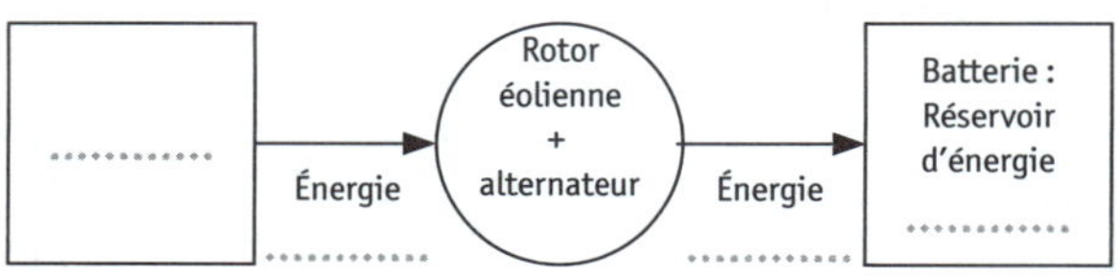

Chaîne de conversion « hydrogénérateur vers batterie »

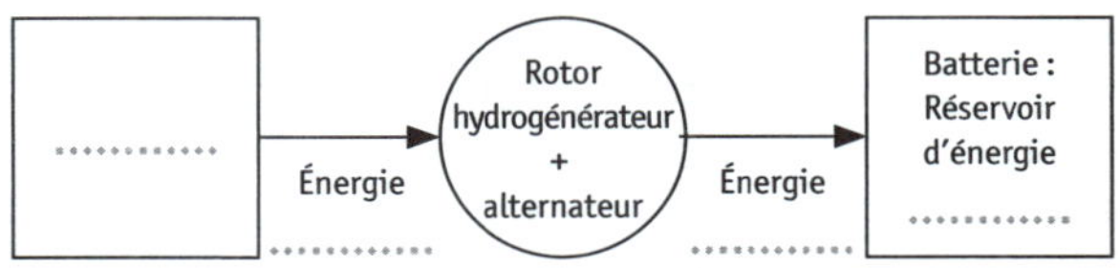

b. En analysant le document ci-dessous, quelle première conclusion peut-on faire sur le choix entre l'utilisation d'une éolienne ou d'un hydro générateur ?

Relevé comparatif des puissances fournies par une éolienne et un hydrogénérateurplacés sur un monocoque de 18 mètres lors d'une course transatlantique

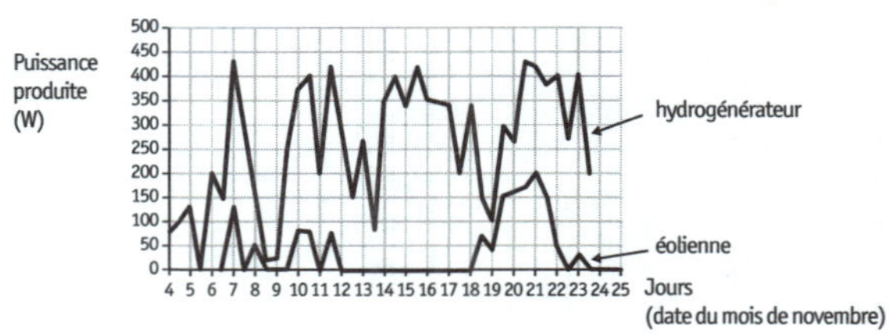

c. L'énergie nécessaire par jour à bord du voilier est $E_{jour} = 4{,}00$ kW · h. Estimer l'ordre de grandeur de la puissance moyenne que peut fournir un hydrogénérateur et montrer que celui-ci permet de couvrir les besoins énergétiques journaliers sur le voilier.

Optimisation du transport de l'électricité

Cours

1 Les lignes haute tension

▶ Le transport de l'électricité est assuré par un ensemble de lignes électriques. En France, le réseau de grand transport utilise des lignes à très haute tension (entre 225 000 et 400 000 volts) et à haute tension (entre 63 000 et 90 000 volts). Mais ces tensions élevées ne sont adaptées ni à la production de l'électricité, ni à sa consommation. Elles nécessitent donc des dispositifs capables d'augmenter ou d'abaisser la tension : des transformateurs. Le réseau de distribution utilise exclusivement des lignes à moyenne tension (20 000 volts) et à basse tension (230 volts).

▶ Une ligne électrique à haute tension peut être modélisée de manière simple par un circuit électrique composé d'un conducteur ohmique, de résistance R.

Conducteur ohmique

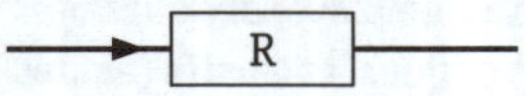

▶ La résistance R d'un cable électrique de longueur L, de section S et de résistivité r est $R = \rho \times \dfrac{L}{S}$

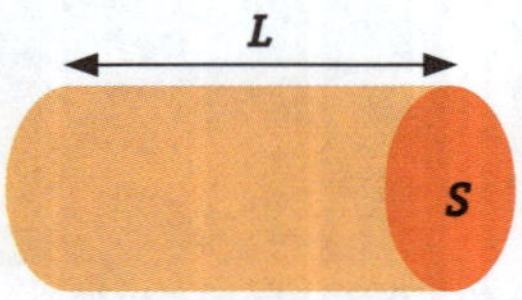

L la longueur du conducteur exprimée en m.
S la surface en m² appelée section ;
ρ est la résistivité du matériau exprimée en Ω·m.

On peut déduire de cette relation que :
– plus la longueur L du cable augmente, plus la résistance R est grande.
– plus la section S est grande, plus la résistance R est faible.
– plus la résistivité ρ du matériau est grande, plus la résistance R est grande.

▶ Au cours du transport, une partie de l'énergie électrique, dissipée dans l'environnement par effet Joule, ne parvient pas à l'utilisateur.

Rappel

On appelle « effet Joule » le dégagement de chaleur qui accompagne le passage d'un courant électrique dans un matériau conducteur lui opposant une résistance. L'effet Joule correspond à la transformation d'énergie électrique en énergie thermique.

▶ La puissance dissipée par effet Joule dans la ligne électrique est $P_J = R \times I^2$. Pour diminuer cette perte, il faut minimiser I. Or la puissance électrique est égale au produit de la tension par l'intensité du courant : $P = U \times I$. Si on veut diminuer I, à puissance constante, il faut augmenter la tension U. C'est pourquoi on utilise des lignes à haute tension pour le transport de l'électricité.

Info

Le réseau électrique en France est parcouru par du courant alternatif.

2 Le réseau électrique

▶ Un réseau de distribution électrique comporte de nombreuses sources et de nombreux destinataires ou cibles destinatrices. On peut modéliser un réseau par un graphe orienté dont les arêtes représentent les lignes électriques et donc les sommets représentent les sources de distribution, les cibles destinatrices (les consommateurs) et les nœuds intermédiaires du réseau.

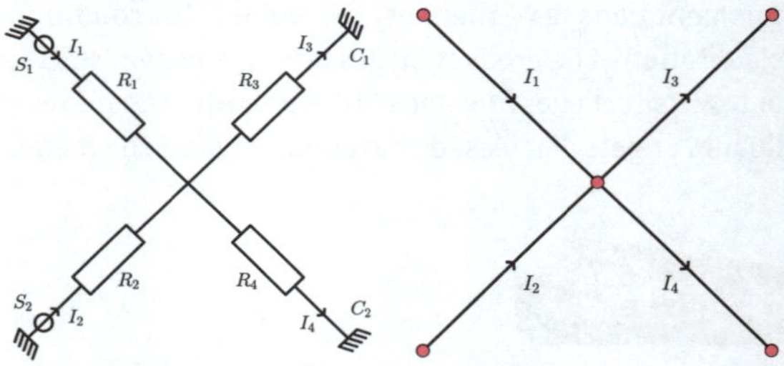

Un réseau comprenant deux sources distributrices S_1 et S_2, un nœud intermédiaire N, et deux cibles destinatrices C_1 et C_2 et son graphe orienté associé.

Rappel

Dans un circuit électrique comportant des dérivations, un point au niveau duquel sont connectés au moins trois fils de connexion est appelé un nœud.

▶ Dans ce modèle, l'objectif est de minimiser les pertes par effet Joule sur l'ensemble du réseau sous les contraintes suivantes :
– l'intensité totale sortant d'une source est limitée par la puissance maximale distribuée.
– la somme des intensités des courants qui arrivent à un nœud est égale à la somme des intensités des courants qui en repartent : c'est la loi des nœuds.
– l'intensité totale arrivant à chaque cible est imposée par la puissance qui y est utilisée.

Rappel

La résolution exacte des problèmes d'optimisation sous contraintes est souvent très difficile et constitue un secteur de recherche important.

Méthode

Résoudre un problème de minimisation des pertes par effet Joule

On considère le circuit électrique de la partie cours où $R_1 = 0{,}2\ \Omega$, $R_2 = 0{,}3\ \Omega$, $R_3 = R_4 = 0{,}1\ \Omega$, $I_3 = 3$ A et $I_4 = 7$ A. Les sources S_1 et S_2 fournissent chacune 7 ampères au maximum. **Le but est de déterminer les intensités I_1 et I_2 de façon à ce que la puissance dissipée par effet Joule P_J soit la plus faible possible.**

a. Montrez que $I_2 = 10 - I_1$.

RÉSOLUTION

D'après la loi des nœuds, on a $I_1 + I_2 = I_3 + I_4 = 3 + 7 = 10$.
On a donc bien $I_1 = 10 - 1$.

b. Montrez que $3\text{A} \leq I_1 \leq 7\text{A}$.

RÉSOLUTION

Les sources fournissant au maximum 7 ampères, $I_1 \leq 7$A et $I_2 \leq 7$A.
Comme $I_2 = 10 - 1$ on a $10 - I_1 \leq 7$ ce qui équivaut à $-I_1 \leq -3$ et donc $-I_1 \geq -3$. Finalement, on a $3\text{A} \leq I_1 \leq 7\text{A}$.

c. Montrez que $P_J = 0{,}5I_1 - 6I_1 + 35{,}8$.

RÉSOLUTION

$$P_J = R_1I_1^2 + R_2I_2^2 + R_3I_3^2 + R_4I_4^2$$
$$= 0{,}2I_1^2 + 0{,}3(10 - I_1)^2 + 0{,}1\times3^2 + 0{,}1\times7^2$$
$$= 0{,}2I_1^2 + 0{,}3(100 - 20I_1 + I_1^2) + 5{,}8$$
$$= 0{,}2I_1^2 + 30 - 6I_1 + 0{,}3I_1^2 + 5{,}8$$
$$= 0{,}5I_1^2 - 6I_1 + 35{,}8$$

Rappel

$(a - b)^2 = a^2 - 2ab + b^2$

d. On donne ci-contre un extrait d'un tableau de valeurs obtenu à la calculatrice.

Conjecturez la valeur de I_1 répondant au problème puis démontrer cette conjecture.

I_1 (A)	P_J (W)
3	22,3
3,5	20,925
4	19,8
4,5	18,925
5	18,3
5,5	17,925
6	17,8
6,5	17,925
7	18,3

RÉSOLUTION

Le minimum de la puissance dissipée semble être atteint pour $I_1 = 6$ A et valoir 17,8 W. On a :

$$P - 17{,}8 = 0{,}5I_1^2 - 6I_1 + 35{,}8 - 17{,}8 = 0{,}5I_1^2 - 6I_1 + 18$$
$$= 0{,}5\left(I_1^2 - \frac{6}{0{,}5}I_1 + \frac{18}{0{,}5}\right) = 0{,}5\left(I_1^2 - 12I_1 + 18\right)$$
$$= 0{,}5\left(I_1^2 - 2\times6I_1 + 6^2\right) = 0{,}5\left(I_1 - 6\right) \geq 0.$$

Comme $P = 17{,}8$ est positif, P est supérieur à 17,8 W.
La conjecture est donc bien exacte. On a aussi $I_2 = 10 - 6 = 4$ A.

info

Pour les élèves ayant suivi l'enseignement de spécialité mathématiques en 1re, il est possible d'utiliser ici les propriétés des polynômes du second degré ou la dérivation.

Exercices

1 ★ 5 min **Le graphe représente un circuit électrique comprenant deux sources, trois cibles et deux nœuds et où les arêtes sont pondérées par les intensités du courant.**

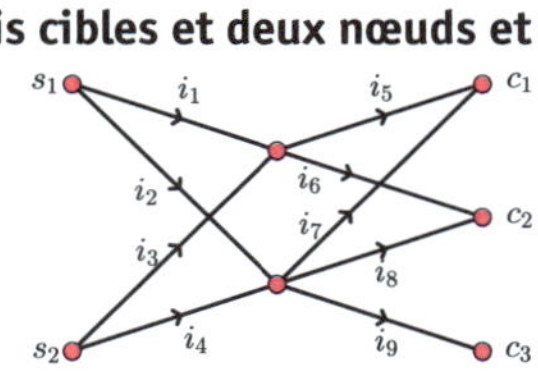

Traduire les différentes contraintes par des égalités ou des inégalités.

2 ★★ 15 min **La résistance d'un câble de longueur 1,0 km est $r = 1{,}1\ \Omega$.**

a. Pour une tension efficace $U = 230$ V, calculer l'intensité nécessaire pour alimenter un sèche-linge de puissance $P = 2{,}8$ kW.

b. En déduire la puissance dissipée par effet Joule dans le câble de 1 km de long qui alimente l'appareil précédent.

c. Refaire les calculs précédents avec une tension de 1,5 kV.

d. Justifier le choix d'EDF de faire circuler le courant sous très haute tension (400 kV) pour les longues distances.

3 ★★ 20 min **On considère une ligne haute tension de longueur 600 m, dans laquelle le conducteur est un câble électrique composé de cuivre de section 1200 mm².**

a. Calculer la résistance r de ce conducteur.

b. Calculer la masse du câble.

c. Le cuivre est le plus souvent remplacé par un conducteur en aluminium. Quelle doit être la section du câble en aluminium afin qu'il présente la même résistance que le câble en cuivre ?

d. Calculer sa masse.

e. Pour conclure, citer deux avantages que présente l'aluminium par rapport au cuivre dans un câble électrique, surtout s'il est aérien.

	cuivre	aluminium
Résistivité r (W·m) à 300 K	$1{,}7 \times 10^{-8}$	$2{,}8 \times 10^{-8}$
Masse volumique (g·cm⁻³)	9,0	2,8
Prix de 1 kg (euros)	4,56	1,49

4 ★★ 20 min Type Bac

Dans le circuit électrique modélisé par le graphe ci-dessous, la résistance du câble sortant de la source S_1 est de 0,5 Ω et celle des autres est de 1 Ω. Les sources S_1 et S_2 fournissent 50 ampères maximum chacune.

Jean-Michel pense que la puissance dissipée par effet Joule minimale est de 3200 W. A-t-il raison ?
Dans la négative, déterminer cette puissance dissipée minimale.

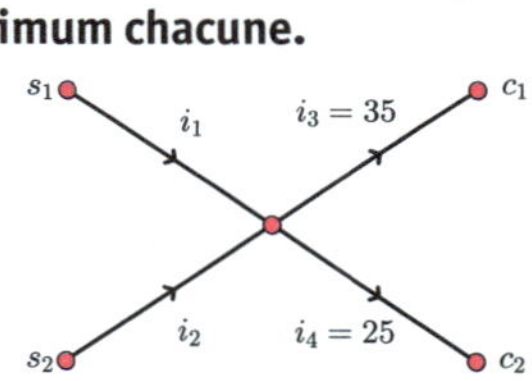

ENS. SCIENTIFIQUE

Choix énergétiques et impacts sur les sociétés

Cours

1 Le mix énergétique

▶ Les choix énergétiques doivent tenir compte de nombreux critères et paramètres. Il faut d'abord évaluer les besoins, puis faire le bilan des ressources disponibles afin de les mettre en adéquation.

▶ Les impacts climatiques, écologiques, sanitaires, agricoles sont pris en compte, ainsi que les conséquences économiques et sociales (création d'emploi par exemple).

▶ Les risques liés aux choix énergétiques effectués doivent être identifiés, évalués, traités.

▶ L'analyse de tous ces éléments conduit le plus souvent à une recherche de diversification des ressources énergétiques, que ce soit au niveau local ou national. Cette diversification est appelée mix énergétique.

2 Les impacts du choix du nucléaire en France

▶ Dès les années 1960, la France a fait le choix du « tout nucléaire ». Le nucléaire permet d'économiser les ressources fossiles de la planète tel que le pétrole, le gaz, le charbon et émet très peu de CO_2. En effet, l'énergie ne provient pas d'une réaction de combustion, mais de la fission d'un noyau d'uranium 235 selon une réaction d'équation :

$^{235}_{92}U + ^{1}_{0}n \rightarrow ^{94}_{38}Sr + ^{139}_{54}Xe + 3^{1}_{0}n$ où $^{1}_{0}n$ est le symbole d'un neutron.

Un gramme d'uranium 235 fournit la même énergie que 3,5 tonnes de charbon.

Rappel

Le temps de demi-vie est la durée nécessaire pour que la moitié des noyaux d'un échantillon radioactif se soient désintégrés.

▶ Cependant, l'industrie nucléaire présente des risques spécifiques, liés aux substances radioactives qu'elle utilise. Les accidents ont des conséquences majeures (exemples de Tchernobyl en 1986 ou Fukushima en 2001). De plus, ce mode de production d'électricité nécessite d'extraire le minerai contenant de l'uranium (en général dans des gisements à ciel ouvert), de l'enrichir en uranium 235, et cela n'est pas sans impact environnemental. Les déchets nucléaires contiennent des noyaux radioactifs ayant des temps de demi-vie pouvant être très longs (16 millions d'année pour l'iode 129 par exemple). Ces déchets doivent être conditionnés, transportés, stockés dans des conditions garantissant, dans le temps, la protection de l'homme et de l'environnement.

3 La transition écologique des sociétés

▶ La transition écologique des sociétés repose d'une part sur la créativité scientifique et technologique. Le dihydrogène, par exemple, apporte de nouvelles solutions pour stocker l'électricité, se déplacer plus proprement. Le recours au dihydrogène s'articule en deux étapes :
– La production de dihydrogène. Le procédé d'électrolyse permet de produire de l'hydrogène par décomposition de la molécule d'eau à partir d'un courant électrique.
– L'utilisation du dihydrogène. Lorsque cela est nécessaire, on peut produire de l'électricité pour alimenter un moteur ou tout autre usage électrique à partir d'une pile à hydrogène.

▶ La transition écologique repose également sur l'évolution des comportements individuels et collectifs. Elle nous invite à repenser notre modèle de consommation, de déplacement. Le consommateur apparaît comme l'un des acteurs décisifs du développement durable, à la fois parce que ses modes de consommation ont des effets environnementaux, mais aussi parce qu'il peut, par ses achats, orienter les activités en amont vers des processus moins néfastes pour l'environnement.

Pour aller plus loin

D'ici 2025, en France, RTE (réseau de transport d'électricité) prévoit une accélération du rythme de développement des énergies renouvelables et du mix électrique en raison des fermetures de la centrale nucléaire de Fessenheim et de quatre centrales à charbon.

Méthode

1 Évaluer l'empreinte carbone de l'électricité en France

La production d'électricité génère l'émission de dioxyde de carbone CO_2, et ce même s'il n'y a pas de combustion. En effet, il faut tenir compte des émissions de CO_2 liées à la mise à disposition de l'énergie primaire à la centrale électrique (lors de l'extraction, de la transformation, du transport...) et des émissions engendrées par la construction des infrastructures. Calculez la masse de dioxyde de carbone générée par la production de 1 kWh d'électricité en France.

Doc. 1 Masse « en équivalent CO_2 » d'un kWh électrique selon le mode de production

	Masse en g de CO_2 émis par kWh d'électricité produite
Nucléaire	10
Gaz	406
charbon	1 038
fioul	704
Eolien	9
Photovoltaïque	56
Hydroélectrique	13
Biomasse	230

Doc. 2 Production d'électricité en France en 2018

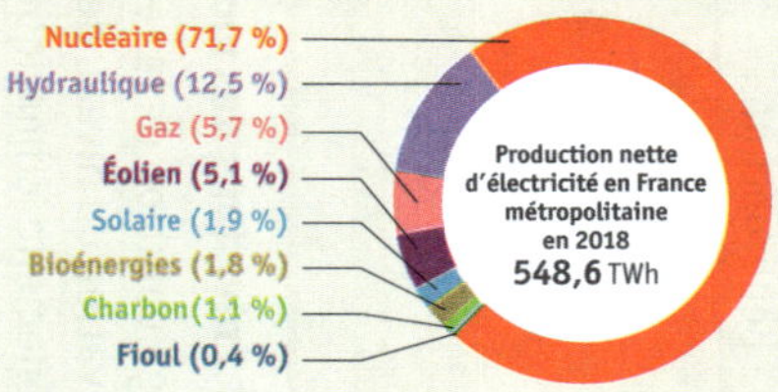

En utilisant les données provenant des deux documents, calculez la masse de CO_2 émise par chaque mode de production et tout additionner : $10 \times 71{,}7 + 406 \times 5{,}7 + 1\,038 \times 1{,}1 + 704 \times 0{,}4 + 9 \times 5{,}1 + 56 \times 1{,}9 + 13 \times 12{,}5 + 230 \times 1{,}8 = 5183$ g de CO_2 pour 100 kWh soit 52 g de CO_2 par kWh.

2 Analyser les impacts de choix énergétiques

En Allemagne, la production de 1 kWh d'électricité est responsable de l'émission de 459 g de CO_2. À l'aide des documents et de vos connaissances, expliquez la différence constatée par rapport à la France.

Doc. 3 Production d'électricité en Allemagne en 2018

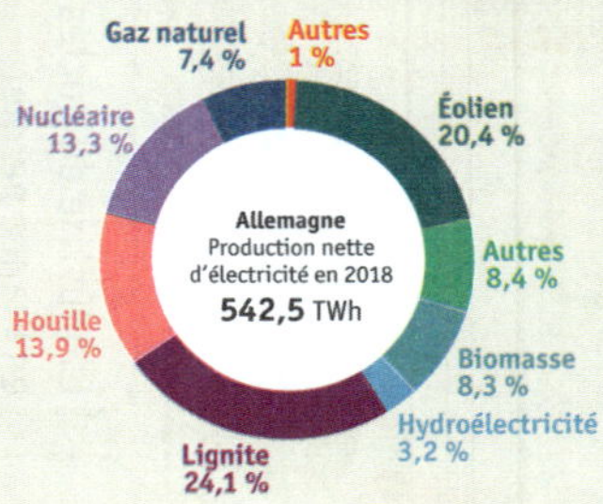

À savoir

La lignite et la houille sont différentes sortes de charbon.

À l'aide du document 1, remarquez que la source d'énergie largement privilégiée en France pour produire de l'électricité est l'énergie nucléaire, suivie de l'énergie hydroélectrique. Ces deux modes de production d'électricité sans combustion n'émettent que très peu de CO_2.

En Allemagne (doc. 3), presque la moitié de la production électrique provient toujours du charbon et du gaz (24,1 + 13,9 + 7,4 = 45,4 %). La moyenne d'émission de CO_2 en France est donc plus faible qu'en Allemagne.

ENS. SCIENTIFIQUE

Exercice

★★ 20 min Type Bac

La première centrale solaire thermodynamique d'Amérique du Sud a été officiellement inaugurée en 2019. Elle a été construite au cœur du désert d'Atacama au Chili. Elle est constituée de 10 600 héliostats, des miroirs plans mobiles qui réfléchissent et concentrent les rayons du soleil vers une tour centrale, culminant à 250 mètres de haut. La concentration des rayons chauffe un fluide caloporteur (des sels fondus). Ce sel fondu atteint des températures supérieures à 500 °C pour ensuite transférer cette chaleur à de l'eau (grâce à des échangeurs thermiques) afin de produire de la vapeur à haute pression et générer de l'électricité. Mais cette chaleur peut aussi être stockée dans les sels pour une utilisation ultérieure, ce qui permet la production d'électricité même en l'absence de soleil. Sa puissance est de 110 MW.

a. Pourquoi avoir installé cette centrale solaire dans le désert de l'Atacama ?

b. Pourquoi les héliostats sont-ils mobiles ?

c. Expliquer comment cette centrale peut continuer à fonctionner même la nuit.

d. Elle est complétée par une centrale photovoltaïque plus conventionnelle de 110 MW également, grâce à 392 000 panneaux solaires. Donner des différences et des points communs entre la centrale solaire thermique et la centrale solaire photovoltaïque.

Le futur des énergies

Deux siècles d'énergie électrique

Depuis le XIXe siècle
L'alternateur, transforme l'énergie mécanique (de l'eau, de la vapeur d'eau ou du vent) en énergie électrique.

Depuis le XXe siècle
Les capteurs photovoltaïques, absorbent l'énergie radiative et la convertissent en énergie électrique. Le matériau le plus utilisé pour ces capteurs est le silicium cristallin.

Optimisation du transport de l'électricité

Les lignes haute tension transportent l'électricité, mais nécessitent des transformateurs pour abaisser la tension que le réseau de distribution.

- Le réseau électrique comporte des sources et des cibles.
- Le réseau doit minimiser les pertes par effet Joule.

Les atouts de l'électricité

L'énergie électrique sans combustion est possible grâce à :
- la conversion d'énergie mécanique (centrales nucléaire, solaire ou géothermique) ;
- la conversion d'énergie radiative (panneaux photovoltaïques) ;
- la conversion d'énergie chimique (pile).

Le stockage de l'énergie peut se faire :
- sous forme chimique (accumulateur) ;
- sous forme potentielle (chute d'eau, barrage,…) ;
- sous forme électromagnétique (bobines supraconductrices).

Impacts négatifs sur l'environnement

Prévisions des modèles :
- Augmentation de la température
- Élévation du niveau des mers
- Événements climatiques extrêmes
- Acidification des océans
- Bouleversement des écosystèmes

Choix énergétiques et impacts sur les sociétés

- Les choix énergétiques doivent prendre en compte les impacts et les risques.
- Les États diversifient les sources, c'est le mix énergétique.

L'industrie du nucléaire en France permet d'économiser les ressources fossiles mais comporte des risques spécifiques (substances radioactives, déchets nucléaires…).

La transition écologique est nécessaire et repose sur :
- la créativité scientifique et technologique (dihydrogène) ;
- l'évolution des comportements individuels et collectifs.

je me teste !

1 **Un alternateur permet de… :**

- ▢ **a.** transformer une énergie électrique en une énergie mécanique.
- ▢ **b.** transformer une énergie mécanique en une énergie électrique.
- ▢ **c.** fournit une tension variable et alternative.

2 **La source d'énergie qui émet le moins de gaz à effet de serre par kWh produit est :**

- ▢ **a.** Le charbon.
- ▢ **b.** Le gaz naturel.
- ▢ **c.** Le nucléaire.

3 **Une énergie intermittente est une énergie :**

- ▢ **a.** Dont les ressources ne sont pas illimitées.
- ▢ **b.** Qu'on ne peut pas stocker.
- ▢ **c.** Pour laquelle les sources ne sont pas disponibles en permanence.

4 **Le rendement d'une turbine est de 84 % et le rendement d'un alternateur est 90 %. Le rendement global de l'ensemble turbine - alternateur est de :**

- ▢ **a.** 87 %.
- ▢ **b.** 84 %.
- ▢ **c.** 76 %

5 **Les cheminées des centrales nucléaires rejettent :**

- ▢ **a.** De la vapeur d'eau.
- ▢ **b.** Du dioxyde de carbone.
- ▢ **c.** Des produits de fission de l'uranium.

6 **L'énergie dans une centrale nucléaire est obtenue grâce à une réaction de :**

- ▢ **a.** Fusion nucléaire.
- ▢ **b.** Combustion nucléaire.
- ▢ **c.** Fission nucléaire.

7 **Quel est le principal problème de l'énergie nucléaire ?**

- ▢ **a.** Les déchets.
- ▢ **b.** Les rejets de CO_2 dans l'atmosphère.
- ▢ **c.** L'épuisement des ressources d'uranium.
- ▢ **d.** Le coût élevée du kWh.

8 **L'énergie est produite grâce au phénomène d'induction électromagnétique dans :**

- ▢ **a.** Dans une centrale photovoltaïque.
- ▢ **b.** Dans une centrale nucléaire.
- ▢ **c.** Dans une éolienne.

9 **L'électricité d'origine éolienne… :**

- ▢ **a.** est une énergie intermittente.
- ▢ **b.** est une énergie renouvelable.
- ▢ **c.** a un bilan carbone nul si l'on considère uniquement son fonctionnement.
- ▢ **d.** peut avoir localement un impact environnemental négatif.

10 **Le silicium… :**

- ▢ **a.** est un matériau semi-conducteur.
- ▢ **b.** peut être utilisé pour fabriquer un aimant.
- ▢ **c.** peut être utilisé pour fabriquer une cellule photovoltaïque.

11 **Les pertes par effet Joule sont… :**

- ▢ **a.** nulles dans les lignes électriques à basse tension.
- ▢ **b.** plus importantes dans les lignes électriques à basse tension.
- ▢ **c.** plus importantes dans les lignes électriques à haute tension.

12 **D'après la loi des nœuds, l'intensité totale du courant électrique entrant dans chaque nœud intermédiaire d'un réseau de distribution est :**

- ▢ **a.** Égale à l'intensité totale du courant qui en sort.
- ▢ **b.** Nulle.
- ▢ **c.** Inférieure à l'intensité totale du courant qui en sort.

Réponses !

1 : b - **2** : c - **3** : c - **4** : c - **5** : a - **6** : c - **7** : a - **8** : b, c - **9** : a, b, c, d - **10** : a, c - **11** : b - **12** : a

La biodiversité et son évolution

Cours

1 Mesurer la biodiversité

▶ Les techniques d'échantillonnages permettent d'estimer la biodiversité dans un milieu en y mesurant le nombre d'espèces présentes. On peut ainsi évaluer l'abondance d'une population, d'une espèce ou du nombre d'espèces appartenant à un même taxon.

▶ La technique de « capture-marquage-recapture » consiste à capturer un échantillon d'animaux, à les marquer puis, dans un second temps, dans le même lieu, à recapturer un autre échantillon de ces animaux. Elle suppose que la proportion d'individus marqués d'un échantillon de départ est identique dans l'échantillon de recapture et dans la population totale. On peut ainsi déterminer son effectif N par le calcul de la quatrième proportionnelle.

▶ En utilisant un intervalle de confiance, l'effectif d'une population peut aussi être déterminé à partir d'un seul échantillon. Plus la taille de l'échantillon est grande, plus l'estimation sera précise.

À retenir

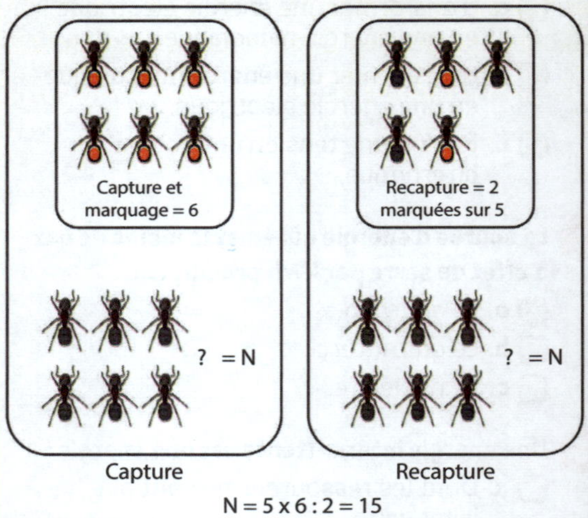

La technique de "capture-marquage-recapture »

2 La stabilité génétique d'une population

▶ Le modèle de l'équilibre d'Hardy-Weinberg stipule que la fréquence des allèles au sein d'une population importante, d'effectif fermé, est stable.

▶ Des écarts existent entre les fréquences calculées et la réalité. Ils sont dus aux mécanismes évolutifs tels que les mutations, la sélection, la dérive génétique, les migrations, qui modifient cette stabilité génétique.

Rappel

Génotype	Fréquence
$a^+//a^+$	p^2
$a//a$	q^2
$a^+//a$	$2pq$

Le modèle d'Hardy-Weinberg

Fréquence des génotypes d'un gène dans une population (a^+ et a, deux allèles du gène de fréquences respectives p et q). La somme de ces fréquences est égale à 1.

3 L'action de l'Homme sur la biodiversité

▶ L'Homme interagit de manière négative avec sa planète :
– en polluant son atmosphère (pollution liée entre autres à la combustion des énergies fossiles) ce qui entraîne une modification profonde des climats et en polluant les sols ;
– en surexploitant les espèces pour son alimentation et son industrie ;
– en important des espèces invasives...

▶ Ses activités ont de graves conséquences sur la biodiversité : forte diminution des populations animales et végétales, extinction d'espèces, destruction d'écosystèmes...

▶ En fragmentant certains écosystèmes tels que les forêts tropicales, l'Homme divise la taille des populations des espèces qui les habitent. Cela entraîne, par dérive génétique, un appauvrissement de la diversité de ces populations et peut accélérer leur disparition.

▶ Mieux connaître et gérer les écosystèmes permettra de prendre des mesures adéquates (limitation de la consommation de certaines ressources, sanctuarisation de certaines zones...) et d'y préserver la biodiversité.

Pour aller plus loin

On estime le nombre d'espèces animales et végétales sur Terre à environ 8 millions et seulement 1,7 million ont été décrites et nommées. Il semblerait toutefois que le nombre d'espèces de microorganismes soit beaucoup plus élevé que prévu. En fonction des études, on parle de 100 millions à 1 000 milliards d'espèces.

Méthode

Calculer un intervalle de confiance

Un **intervalle de confiance** permet de déterminer la marge d'erreur d'un échantillon, afin d'estimer ce qu'aurait été le résultat réel, en l'encadrant dans une fourchette.

Pour un niveau de confiance de 95 %, si l'effectif de l'échantillon est de n et la fréquence du caractère étudié de f, l'intervalle, exprimé en % est situé entre

$$f - \frac{1}{\sqrt{n}} \text{ et } f + \frac{1}{\sqrt{n}}$$

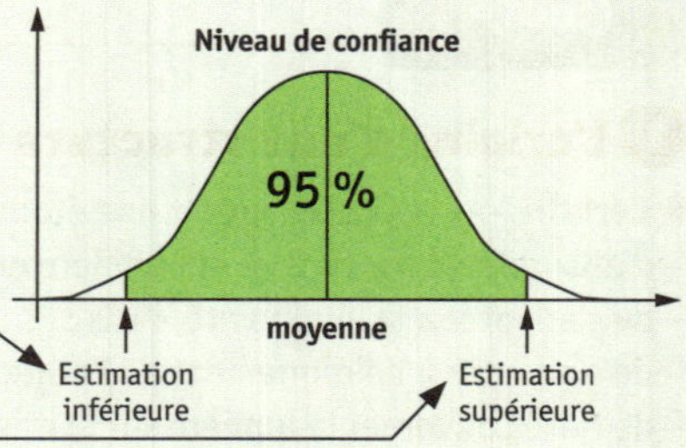

Exercices

1 ★★ 15 min **On constate, dans une forêt exploitée où domine le plus souvent une seule espèce d'arbre, que la biodiversité des champignons est plus faible que dans une forêt non exploitée. Préciser pourquoi un amateur de champignon privilégiera pour sa recherche les forêts non exploitées.**

Les forêts exploitées présentent le plus souvent une seule espèce d'arbre majoritaire. Les bois sont nettoyés ce qui diminue fortement le nombre de micro-habitats (bois morts, souches d'arbres...) de certaines espèces. Leur sol souffre du passage des machines ce qui ne permet pas une bonne stabilisation des espèces.

Une mycorhize est une symbiose (association à bénéfices réciproques) entre une plante et un champignon. En général, une plante, un arbre par exemple, s'associe avec un champignon bien spécifique.

Réseaux mycorhiziens en forêt

2 ★★ 10 min

La loque américaine est une maladie bactérienne largement répandue dans les ruches. Elle est considérée comme l'une des plus graves maladies des abeilles et cause d'importantes pertes économiques aux apiculteurs.

Sur 1 213 abeilles prélevées dans une ruche, 158 sont porteuses de cette maladie.
Estimer l'intervalle de confiance pour un niveau de confiance de 95 %.

3 ★★★ 15 min **Chez l'Homme, il existe d'autres systèmes sanguins que le système A, B, O. Le système MN en est un. On a compté dans une population d'aborigènes d'Australie le nombre d'individus porteurs des différents génotypes possibles.**

Génotypes	MM	MN	NN
Aborigènes porteurs du génotype	79	138	61

a. Calculer la fréquence de chacun des allèles.

b. Préciser si la répartition des différents génotypes dans la population d'aborigène est conforme au modèle de Hardy-Weinberg.

c. Nommer deux mécanismes pouvant provoquer une modification de l'équilibre de Hardy-Weinberg et expliquer comment.

ENS. SCIENTIFIQUE

L'évolution comme grille de lecture du monde

Cours

1 L'origine d'une structure anatomique : l'œil

▶ Certains organes présentent une étonnante complexité. L'œil humain possède des structures sophistiquées permettant :
- d'absorber et transformer la lumière en message nerveux, la rétine ;
- de s'adapter à la luminosité, l'iris ;
- de s'adapter à l'éloignement de l'objet regardé, le cristallin ;
- de faire converger la lumière sur le cristallin, la cornée.

Ces adaptations évolutives permettent à l'œil humain d'être en concordance avec le rôle qu'il joue.

▶ Ces organes peuvent aussi présenter des particularités surprenantes qui n'optimisent pas son fonctionnement :
- Les photorécepteurs de la rétine sont situés vers l'intérieur de l'œil et les neurones véhiculant l'information forment plusieurs couches qui la recouvrent. La lumière est donc obligée de traverser l'ensemble avant de stimuler les cellules réceptrices.
- Pour aller vers le nerf optique, les prolongements des cellules nerveuses se rassemblent en un point de la rétine où il ne peut pas y avoir de photorécepteurs ce qui forme une tache aveugle.

▶ Les mutations de l'ADN liées au hasard, en subissant l'action de la sélection naturelle lorsqu'elles sont avantageuses, sont à l'origine des structures anatomiques plus ou moins complexes formant les êtres vivants.

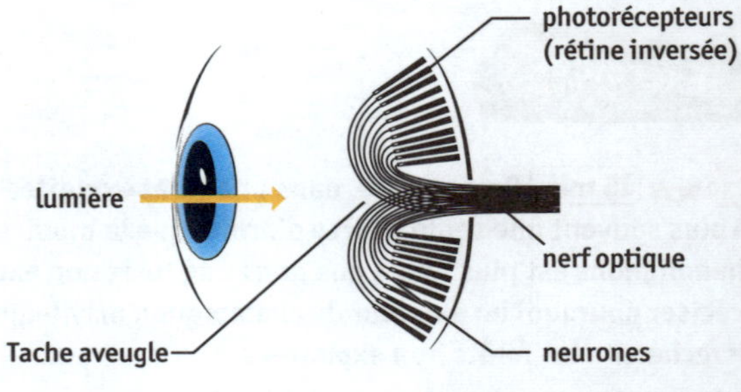

L'œil humain

2 Des caractères anatomiques hérités de leur histoire évolutive

▶ De nombreuses caractéristiques anatomiques présentent des « accidents » d'adaptation s'avérant inutiles ou gênants mais qui sont relatifs à leur évolution. Ils peuvent être liés à :
- des contraintes historiques : apparu chez un vertébré ancestral dépourvu de cou, le nerf innervant le larynx passait sous la crosse aortique. Avec l'apparition du cou chez certains vertébrés, il n'a pu « rebrousser chemin » et doit faire un détour important chez certains animaux (4 mètres chez la girafe, par exemple).
- des contraintes de construction : mis en place très tôt lors du développement embryonnaire, les tétons sont présents chez l'homme alors qu'il n'allaite pas.
- des compromis sélectifs : pour marcher, il faut un bassin étroit, mais pour accoucher il doit être large. La largeur du bassin chez la femme est issue de ces deux pressions de sélection opposées.
- des régressions en cours : la taille de notre mâchoire est en diminution. Les dents de sagesse deviennent de trop. Environ 20 % de la population n'en posséderait pas, ce qui devient un avantage.

3 Une sélection artificielle par l'Homme involontaire et risquée

▶ Les antibiotiques deviennent de moins en moins efficaces. Les bactéries qu'ils sont censés détruire développent, à la suite de mutations, des adaptations les rendant résistantes.

▶ L'utilisation intensive en agriculture de produits phytosanitaires, permettant d'éliminer plantes et ravageurs indésirables, crée une sélection naturelle des plus résistants. Cela a un impact important sur la biodiversité et son évolution.

Pour aller plus loin

Certaines théories concernant l'histoire évolutive de caractères sont parfois critiquables et peuvent être l'objet d'une étude épistémologique en philosophie. Par exemple, de nombreuses théories existent pour expliquer le rapport entre les difficultés pour accoucher chez la femme et la largeur de son bassin.

Méthode

Comprendre une résistance

▶ Les antibiotiques permettent d'éliminer les bactéries à l'origine de maladies. Utilisés à grande échelle pour soigner l'Homme mais aussi les animaux d'élevages, leur prescription trop importante a entraîné des résistances.

▶ Les bactéries peuvent muter très rapidement au sein d'une même population. Si elles sont soumises à un antibiotique, certaines, dont le **hasard** des **mutations** va permettre de développer une **résistance**, vont subir l'action de la **sélection naturelle** et survivre. Au cours du temps, l'utilisation régulière d'un même antibiotique va permettre une augmentation de la résistance au sein de la population de bactéries, il deviendra moins efficace et les doses prescrites de plus en plus fortes.

▶ Le mécanisme est le même pour les plantes et les ravageurs (insectes, champignons...) vis-à-vis des produits phytosanitaires (herbicides, insecticides...).

Exercices

1 ★★ 20 min **La structure de l'œil humain présente deux principales contraintes diminuant son « efficacité ».**

a. Rappeler les deux contraintes anatomiques que présente l'œil humain et leurs conséquences.

b. Légender le schéma de l'œil humain et de la pieuvre.

c. Expliquer, en utilisant les schémas, pourquoi l'œil de la pieuvre ne présente pas ces contraintes.

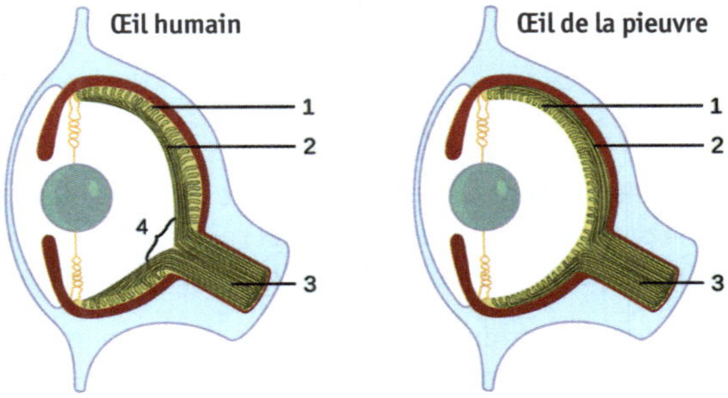

Anatomie de l'œil

2 ★★★ 30 min **Des populations différentes de moustiques sont exposées à des doses croissantes d'un insecticide, la perméthrine. Le taux de mortalité de 3 populations A, B et C de moustiques est mesuré en fonction de la dose d'insecticide qu'elles reçoivent.**

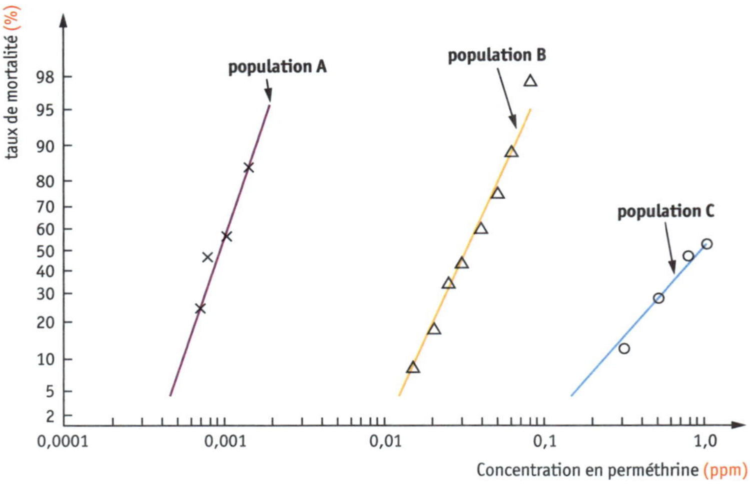

a. Préciser comment chacune des populations résiste à l'insecticide. Justifier sa réponse.

b. Compléter le texte suivant :

« La population ... se situe dans une région infestée de moustique qui a régulièrement été traitée à la perméthrine. La population ... est en bordure de cette région. La population ... provient d'une zone qui n'a jamais été traitée avec cet insecticide ». À l'aide des connaissances, justifier les choix.

L'évolution humaine

Cours

1 Homo sapiens, un primate apparenté aux grands singes

▶ Les espèces sont classées entre elles en fonction des caractères morpho-anatomiques qu'elles partagent et de leur proximité génétique :
– des innovations évolutives sont à l'origine de l'apparition de caractères morphologiques dérivés qui sont utilisés par les scientifiques, pour ce classement. Plus deux espèces vont avoir de caractères dérivés communs, plus elles seront apparentées et plus leur ancêtre commun sera récent.
– au cours du temps, pour un même gène, suite aux mutations, des différences s'accumulent entre les espèces. Plus les différences sont faibles, plus l'ancêtre commun entre deux espèces est proche.

▶ La présence des caractères dérivés « ongle » et « pouce opposable » permet de classer l'Homme parmi les primates. La présence d'un coccyx (pas de queue) l'apparente aux grands singes. Les analyses génétiques montrent une similitude de 98,79 % avec le chimpanzé avec qui Homo sapiens partage donc l'ancêtre commun le plus proche (daté entre 8 et 10 millions d'années).

2 L'histoire de nos origines

▶ La lignée humaine regroupe toutes les espèces fossiles (Australopithèques, Homos...) présentant principalement une bipédie permanente. Un trou occipital centré, un bassin large et étroit, une colonne vertébrale à plusieurs courbures sont certains des critères anatomiques preuves d'une bipédie.

▶ Les représentants du genre Homo possèdent en plus une aptitude à la course, un développement cérébral important et une mâchoire en V. Les trois principales espèces sont Homo habilis (2,4 à 1,5 millions d'années), Homo erectus (1,9 à 0,1 million d'années) et Homo sapiens (- 300 000 à aujourd'hui).

3 Notre histoire récente

▶ Homo sapiens est le seul représentant actuel du genre Homo, mais il a cohabité avec deux autre espèces : les Néandertaliens (- 130 000 à - 40 000 ans) en Europe et dans la partie ouest de l'Asie, et les Dénisoviens (? à – 40 000 ans) dans la partie est de l'Asie.

▶ La possibilité d'extraire et d'analyser de l'ADN de ces fossiles récents (Homo denisovensis dont on ne connait qu'une molaire et une phalange doit sa découverte et son classement à cette seule analyse) a permis la construction de leur arbre phylogénétique mais aussi de montrer qu'un métissage entre ces espèces a probablement eu lieu.

▶ Des caractères non génétiques sont aussi utilisés pour réaliser notre phylogénie : fabrications d'outils, apparition de l'art et du langage, étude du microbiote...

Rappel

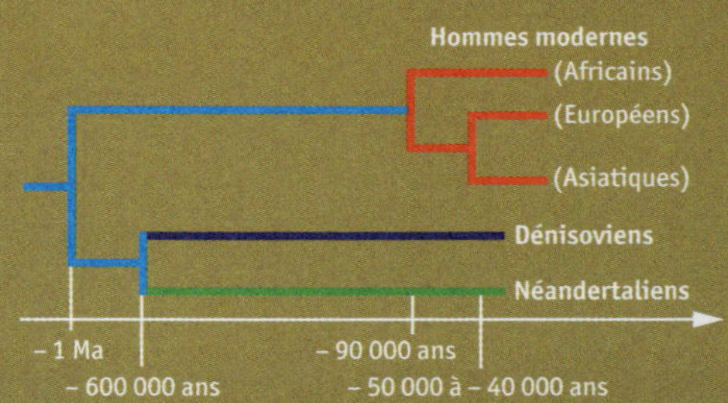

Arbre phylogénétique des représentants les plus récents du genre Homo, construit à partir de la comparaison de leur génome

Pour aller plus loin

La reconstitution de l'histoire de l'évolution de l'Homme est délicate car continuellement remise en cause par de nouvelles découvertes. C'est le cas, par exemple, des fossiles d'Australopithecus sediba découverts en 2008 et 2013 en Afrique du sud, qui présente des caractéristiques d'Australopithèque mais aussi d'Homo (dents de petites taille, bassin large...) ; et d'Homo naledi qui présente des caractéristiques d'Homo mais aussi d'Australopithèque (petit cerveau de 500 cm^3, articulation de la hanche d'Australopithèque...).

Méthode

Réaliser un arbre phylogénétique

Un arbre phylogénétique peut être réalisé à partir :

– de données anatomiques présentées le plus souvent dans un tableau de données. Sa construction est basée sur le partage de caractères dérivés. Deux espèces partageant un même caractère dérivé possèdent un ancêtre commun plus proche ;

	Espèce A	Espèce B	Espèce C
Caractère 1	État ancestral	État ancestral	État ancestral
Caractère 2	État ancestral	État dérive	État dérivé
Caractère 3	État ancestral	État ancestral	État dérivé

Données anatomiques

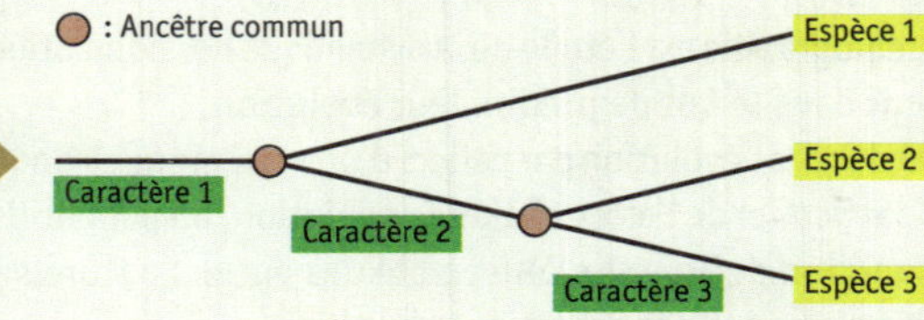

Arbre phylogénétique

– de données génétiques : la comparaison de séquences d'ADN d'un même gène permet de construire une matrice des distances dans laquelle figurent les différences entre les espèces étudiées. Son exploitation permet de tracer l'arbre.

Exercices

1 ★★ 10 min **À partir de la comparaison des trois crânes, expliquer pourquoi l'Australopithèque appartient à la lignée humaine mais pas au genre Homo.**

Plus le trou occipital est centré, meilleure est l'adaptation à la marche.

Chimpanzé
Capacité crânienne moyenne :
400 cm³

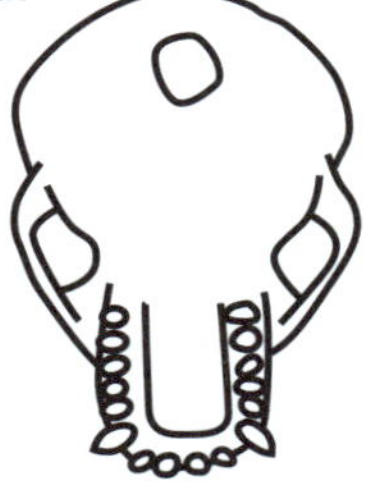

Australopithèque
Capacité crânienne moyenne :
450 cm³

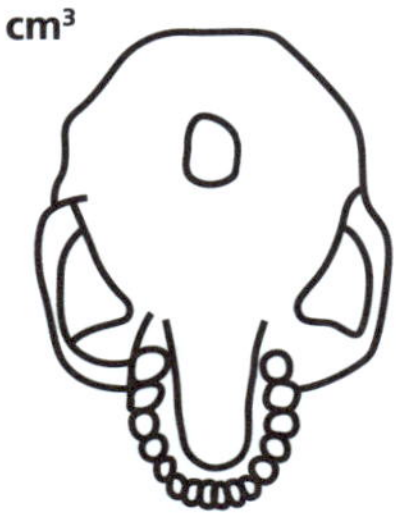

Homme
Capacité crânienne moyenne :
1400 cm³

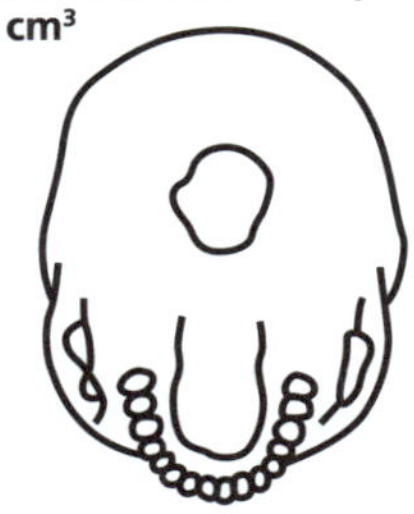

2 ★★★ 30 min **Construire un arbre phylogénétique**

a. Donner les caractères dérivés qui sont les critères d'appartenance aux primates.

b. Construire l'arbre phylogénétique à partir des données anatomiques (doc. 1). Justifier en rappelant quel est le principe de construction d'un arbre phylogénétique à partir de données anatomiques.

c. Construire à l'aide de la matrice des distances (doc. 2) l'arbre phylogénétique des animaux proposés. Justifier la réponse.

d. Préciser quel est l'apport des données génétiques.

Doc. 1 Quelques données anatomiques

	Terminaisons des doigts	Pouce	Queue	Orbites	Narines
Tarsier	Ongles	Opposable	Présente	Ouvertes	Ecartées
Macaque	Ongles	Opposable	Présente	Fermées	Rapprochées
Gorille	Ongles	Opposable	Présente	Fermées	Rapprochées
Chimpanzé	Ongles	Opposable	Présente	Fermées	Rapprochées
Homme	Ongles	Opposable	Présente	Fermées	Rapprochées

Doc. 2 Matrice des distances : elle présente le nombre de bases différentes au sein d'un même gène

	Homme	Chimpanzé	Gorille	Macaque	Tarsier
Homme	0	65	68	117	135
Chimpanzé		0	64	121	141
Gorille			0	116	137
Macaque				0	140
Tarsier					0

ENS. SCIENTIFIQUE

12 UNE HISTOIRE DU VIVANT
Les modèles démographiques

Cours

1 Démographie et modélisation mathématique

▶ La démographie est l'étude de la dynamique des populations, souvent dans le but de prédire leur évolution.
▶ Pour décrire l'évolution par paliers d'un système quelconque, et en particulier de l'effectif d'une population, on peut utiliser une fonction définie sur l'ensemble des entiers naturels $\mathbb{N}$. On dit qu'une telle fonction est une suite.
▶ L'image de l'entier n par la suite u est noté $u(n)$ ou encore u_n. On dit que $u(n)$ est le terme de rang n (ou d'indice n) de la suite u.
▶ On appelle variation absolue de la suite u la différence $u(n+1)-u(n)$.
▶ On appelle variation relative, ou taux d'accroissement, ou encore taux de variation de la suite u le quotient $\dfrac{u(n+1)-u(n)}{u(n)}$.

2 Le modèle linéaire

▶ Une suite u est arithmétique si la variation absolue est constante pour tout entier naturel n. La valeur constante de la variation absolue entre deux paliers consécutifs est la raison r de la suite. Ainsi, on a : $u(n+1)=u(n)+r$.
▶ Si u est une suite arithmétique de raison r, alors on a, pour tout entier naturel n, $u(n)=u(0)+nr$.
▶ Dans ce cas, les points de coordonnées $(n\,;u(n))$ sont alignés sur une droite.
▶ Dans la réalité, on utilise ce modèle pour un phénomène dont la variation absolue observée est presque constante. On peut alors ajuster le nuage de point représentant l'évolution de ce phénomène par une droite. On parle alors de modèle linéaire.
▶ Ce modèle est souvent peu adapté pour représenter l'évolution d'une population mais il peut s'avérer réaliste pour l'évolution de certaines ressources, notamment alimentaires.

Rappel

Augmenter une quantité de t % revient à la multiplier par $1+t$ %. Diminuer une quantité de t % revient à la multiplier par $1-t$ %.

3 Le modèle de Malthus

▶ Une suite u est dite géométrique si le quotient $\dfrac{u(n+1)}{u(n)}$ est constant pour tout entier naturel n. Ce quotient q est la raison de la suite. Ainsi, on a $u(n+1)=u(n)\times q$.

Biographie

C'est en 1798 que le pasteur chargé des nécessiteux **Thomas Malthus (1766-1834)** publie son *Essai sur le principe de population*. Il y présente un modèle démographique exponentiel et émet l'hypothèse d'une croissance arithmétique des ressources, ce qui aboutirait à des pénuries et nécessite donc la recherche de solutions.

▶ Si u est une suite géométrique de raison q, alors on a, pour tout entier naturel n, $u(n)=u(0)\times q^n$.
▶ On dit qu'une suite u varie de manière exponentielle (ou géométrique) en fonction de n si la variation absolue $u(n+1)-u(n)$ est proportionnelle à sa valeur courante $u(n)$. Dans ce cas, sa variation relative est constante et la suite u est géométrique.
▶ Le modèle démographique de Malthus est un modèle exponentiel. Selon ce modèle, la population finit par s'éteindre si le taux de mortalité est supérieur au taux de natalité et croît vers l'infini si le taux de natalité est supérieur au taux de mortalité.
▶ Ce modèle est souvent efficace sur une échelle de temps courte mais s'avère faux sur le long terme car beaucoup d'autres paramètres entrent en jeu (limitation des ressources, conditions sanitaires, conflits, etc.)

Info

Lors de l'épidémie de Covid-19 de 2020, on a pu observer dans chaque pays que le nombre de décès suivait un modèle exponentiel sur les premiers jours de propagation du virus.

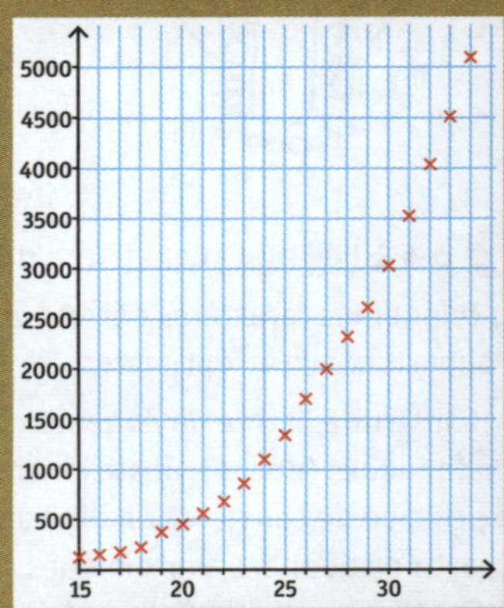

Cumul quotidien des décès attribués au Covid-19 en France à l'hôpital à partir du 15 mars 2020.

Pour aller plus loin

En 2020, la population humaine comptait un peu plus de 7,5 milliards d'individus. Des modèles démographiques récents prévoient qu'elle en comptera environ 10 milliards en 2050. Ces prévisions, même incertaines, jouent un rôle fondamental pour des questions d'ordres économiques, humanitaires ou sanitaires comme la gestion des ressources en eau potable, par exemple.

Méthode

1 Exploiter un modèle linéaire

Le tableau ci-dessous donne la production de patates douces du Gabon en tonnes.

Année	2010	2011	2012	2013	2014	2015	2016	2017	2018
Production	3219	3345	3500	3700	3907	3816	3963	4097	4215

a. Représentez les donnés par un nuage de points. Quel modèle semble pertinent pour représenter cette situation ?

RÉSOLUTION

Les points semblent presque alignés donc on peut utiliser un modèle linéaire (ou une suite arithmétique).

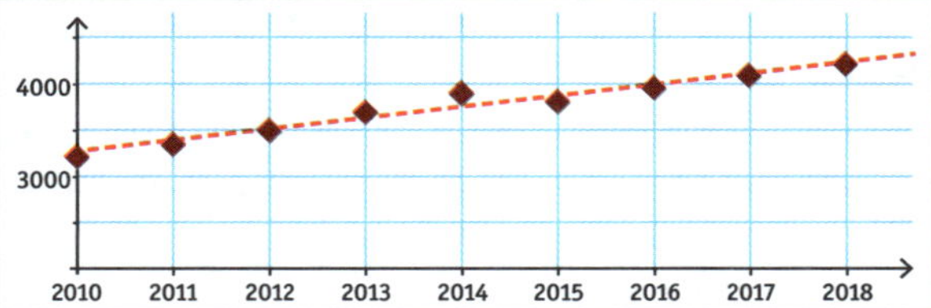

b. Déterminez l'équation d'une droite d'ajustement de ce nuage de point et en déduire une prédiction de la quantité de patates douces produite au Gabon en 2030 selon ce modèle.

RÉSOLUTION

On peut obtenir une équation d'une droite d'ajustement à l'aide de la calculatrice.

Sur Casio : On saisit les données dans le menu `STAT`, on appuie sur `CALC`, on procède aux réglages si besoin dans `SET`, puis on appuie sur `REG`, `X`, et `ax+b`.

Sur TI : On appuie sur `stats`, `EDIT`, `Modifier...` puis on saisit les données. On appuie ensuite sur `stats`, `CALC`, `RégLin(ax+b)` et on effectue les réglages si besoin.

On trouve alors comme équation $y = 121{,}37x - 240\,681$.

On peut estimer que la production de patates douces au Gabon en 2030 sera de : $121{,}37 \times 2030 - 240\,681 = 5\,700$ tonnes.

2 Exploiter un modèle exponentiel

De 1900 à 1910, la population du Japon est passée de 44,8 à 50,7 millions d'habitants. On estime que le taux d'accroissement de la population japonaise est resté identique jusqu'en 1980.

a. Calculez le taux d'évolution de la population japonaise de 1900 à 1910 à 0,01 % près.

RÉSOLUTION

Le taux d'évolution t est $\dfrac{50{,}7 - 44{,}8}{44{,}8} \approx 0{,}1317$,

soit $+13{,}17$ %.

b. On modélise la croissance de la population japonaise par une suite géométrique telle que $u(n) = 44{,}8$ et $u(1) = 50{,}7$.

Donnez l'expression de $u(n)$ en fonction de n et déterminez l'effectif de la population japonaise en 1980 selon ce modèle.

RÉSOLUTION

La raison q de la suite est égale à $\dfrac{50{,}7}{44{,}8} \approx 1{,}1317$.

On a $u(n) = u(0) \times q^n$ donc on a :

$$u(8) = 44{,}8 \times \left(\frac{50{,}7}{44{,}8}\right)^8 \approx 120{,}5.$$

> **Info**
> On a aussi $q = 1 + t$ %.

Selon ce modèle, le Japon comptait 120,5 millions d'habitants en 1980.

Exercices

1 ★ 10 min **Dans chaque cas, calculer la valeur de $u(n)$.**

a. u est arithmétique de raison 3, $u(0) = 120$ et $n = 12$.

b. u est géométrique de raison 1,04, $u(0) = 200$ et $n = 30$.

c. u est géométrique de raison 0,92, $u(0) = 800$ et $n = 45$.

2 ★★ 20 min **Le graphique ci-contre donne le nombre d'habitants du Nigéria (en millions) depuis 1960.**

a. Expliquer pourquoi la situation semble suivre un modèle géométrique plutôt qu'arithmétique.

b. On suppose que la suite u est géométrique. Déterminer une valeur approchée à 10^{-4} près de la raison q de la suite géométrique u.

c. Si ce modèle reste valide, en quelle année la population nigériane aura doublé sa population de 2020 ? La population aura-t-elle quintuplé avant la fin du XXIe siècle ?

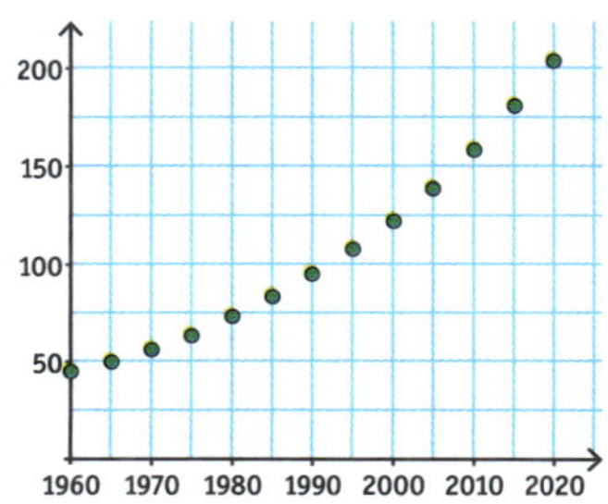

On note $u(n)$ la population du Nigéria en 1960 + n en millions d'habitants.

On estime que $u(0) = 45{,}1$ et $u(60) = 204{,}4$

L'intelligence artificielle

Cours

1 Machines et programmes

a. Aperçu historique

▶ Les origines de l'informatique sont anciennes. Dès la fin du XVIIe siècle, Gottfried Leibniz défend l'existence d'une langue formelle universelle permettant de transcrire tous les discours rationnels et tente d'imaginer des machines pouvant résoudre des problèmes de façon mécanisée. Après Blaise Pascal en 1642, il conçoit également une machine à calculer en 1673.

▶ Jusqu'au début du XXe siècle, les machines construites permettent de traiter des tâches prédéterminées. Ces machines (comme les métiers à tisser), utilisent souvent des cartes perforées.

▶ En 1936, **Alan Turing** est le premier à proposer un concept de machine universelle. Cette idée est mise en œuvre par **John Von Neumann** en 1945.

Biographie

Alan Turing (1912-1954) est un mathématicien britannique, pionnier de l'informatique, qui est aussi connu pour avoir joué un rôle majeur dans le déchiffrement des transmissions codées nazies contribuant ainsi à raccourcir la Seconde Guerre mondiale. Condamné à suivre un traitement chimique en raison de son homosexualité, il se suicide par empoisonnement. Il a été réhabilité par la reine Élisabeth II en 2013.

b. Organisation d'un ordinateur

▶ L'organisation générale d'un ordinateur, connue sous le nom d'architecture de Von Neumann, n'a pas changé depuis la fin des années 1940. Elle est composée d'un processeur et d'une mémoire.

▶ Un programme décrit des calculs à effectuer sur des données. Il est codé dans la mémoire au même titre que les autres données.

▶ Le chargement d'un programme entraîne la création d'un processus dans le système d'exploitation et l'exécution du programme.

▶ La mémoire est composée de milliards de dispositifs électroniques permettant de maintenir deux états (souvent représentés par 0 ou 1). Cette unité de mémoire à deux états est un bit.

▶ Un octet est un mot de 8 bits. Chaque bit pouvant prendre deux valeurs, un octet permet de coder $2^8 = 256$ valeurs différentes.

Unité	Valeur en octets	Ordre de grandeur approximatif
Ko : kilooctet	1 000	fichier texte
Mo : mégaoctet	1 000 000	fichier image
Go : gigaoctet	1 000 000 000	fichier vidéo
To : téraoctet	10^{12}	capacité d'un disque dur
Po : pétaoctet	10^{15}	

2 Intelligence artificielle, apprentissage automatique et inférence bayésienne

▶ D'après Yann Le Cun (prix Turing 2019), l'intelligence artificielle est un ensemble de techniques permettant à des machines d'accomplir des tâches et de résoudre des problèmes normalement réservés aux humain et à certains animaux.

▶ L'IA peut viser à reproduire des activités humaines comme : reconnaître ou localiser un objet dans une image, jouer à un jeu de stratégie, conduire une voiture, traduire des textes, établir un diagnostic, prévoir des comportements de consommateurs, etc.

▶ L'apprentissage automatique ou apprentissage machine est une branche commune de l'IA et des statistiques. Il consiste en des programmes capables d'ajuster leur comportement à des données d'entraînement.

▶ Par exemple, pour apprendre à une machine à reconnaître une image de chat, on lui fournit un grand nombre d'images en lui indiquant si elles représentent un chat ou non : c'est la phase d'apprentissage. Une fois la machine entraînée, on lui demande si une nouvelle image est celle d'un chat ou non : c'est la phase d'inférence. Il convient à cette étape de distinguer les corrélations avérées des simples coïncidences. Là où moins d'une dizaine d'images suffisent à un enfant pour effectuer cette tâche, il en faut plusieurs milliers pour une machine.

▶ L'apprentissage automatique repose sur le traitement de très grandes quantités de données ; c'est ce que l'on appelle le *big data*.

▶ La qualité des données d'entraînement est essentielle pour éviter que des biais se retrouvent amplifiés dans les résultats.

▶ L'inférence bayésienne est une méthode de calcul des probabilités des causes à partir des probabilités de leurs effets. Elle est utilisée en apprentissage automatique pour détecter des anomalies à partir d'un test imparfait. Cela peut être utile pour établir un diagnostic médical par exemple.

▶ Dans le cas d'un test médical, on appelle sensibilité du test la probabilité S_e qu'une personne malade réagisse positivement au test et spécificité du test la probabilité S_p qu'une personne non malade réagisse négativement au test. La valeur prédictive positive d'un test dans une population donnée est la probabilité VPP qu'un individu de cette population qui réagit positivement au test soit effectivement malade.

▶ On a la formule de Bayes : $\text{VPP} = \frac{pS_e}{pS_e + (1-p)(1-S_p)}$ où p est la probabilité qu'une personne de la population soit malade.

Pour aller plus loin

Le traitement et la possession de nombreuses données personnelles par des entreprises ou des États dans le cadre de l'IA posent de grands problèmes éthiques. Il en va de même dans le domaine du diagnostic médical. Si l'IA devient un décideur effectif dans ce domaine, à la place d'un radiologue par exemple, se pose alors la question de la responsabilité en cas d'erreur. Est-ce celle du médecin ayant utilisé l'IA qui est engagée ou bien celle des concepteurs ? De même, la conception de véhicules autonomes est à l'origine de dilemmes pour lesquels aucune réponse tranchée ne fait consensus aujourd'hui.

Méthode

Exploiter un tableau de contingence

Dans une certaine population, on estime qu'une maladie touche une personne sur 1 000. On crée un test pour la dépister. La sensibilité du test est de 99 % et sa spécificité est de 98 %.

a. Dressez un tableau de contingence résumant la situation pour une population de 100 000 personnes ayant passé le test.

RÉSOLUTION

La maladie touche une personne sur 1 000 donc il y a 100 malades parmi les 100 000 personnes. Parmi ces 100 malades, 99 réagissent positivement au test. Parmi les 99 900 personnes qui ne sont pas malades, 98 %, soit 97 902, réagissent négativement au test.

	Test positif	Test négatif	Total
Malades	99	1	100
Non malades	1 998	97 902	99 900
Total	2 097	97 903	100 000

b. Calculez la valeur prédictive positive du test.

RÉSOLUTION

La formule de Bayes, donne : $\text{VPP} = \dfrac{pS_e}{pS_e + (1-p)(1-S_p)}$.

Ici, on a : $\text{VPP} = \dfrac{0{,}001 \times 0{,}99}{0{,}001 \times 0{,}99 + (1-0{,}001)(1-0{,}98)} \approx 4{,}7\ \%$.

Avec les résultats du tableau, il suffit de calculer : $\dfrac{99}{2\,097} \approx 0{,}047 \approx 4{,}7\ \%$.

Exercices

1 ★ 10 min **En 2018, Joy Buolamwini, chercheuse en informatique au MIT (*Massachusetts Institute of Technology*) s'est intéressée aux logiciels de reconnaissance faciale car elle avait constaté que certains d'entre eux ne fonctionnaient pas bien pour elle. Après de nombreux tests, elle a montré que ces logiciels faisant appel à des techniques d'intelligence artificielle fonctionnaient moins bien avec des femmes noires.**

a. Peut-on dire que l'intelligence artificielle utilisée ici est raciste ou sexiste ? Expliquer.

b. Comment limiter ces biais à l'avenir ?

2 ★★ 20 min **Un test salivaire permet de détecter des porteurs du VIH. Sur 10 000 patients infectés, 9 803 ont un test positif. Sur 100 000 personnes non infectées, 260 ont un test positif.**

a. Calculer la sensibilité et la spécificité de ce test.

b. Les proportions respectives de porteurs du VIH au Lesotho et au Brésil sont de 25 % et 0,60 %.
À l'aide d'un tableau, calculer la valeur prédictive positive de ce test dans ces deux pays.

c. Calculer la valeur prédictive négative de ce test au Brésil, c'est-à-dire la probabilité qu'un individu réagissant négativement au test soit sain.

3 ★★ 10 min **Lors de la Seconde Guerre mondiale, les militaires américains remarquèrent que les impacts de balles sur les avions qui rentraient de mission n'étaient pas distribués uniformément. Les résultats sont donnés dans le tableau ci-dessous.**

Partie de l'avion	Nombre d'impacts par mètre carré
Moteur	12
Fuselage	18,6
Réservoirs et circuit de carburant	16,7
Autres parties	19,4

Les militaires souhaitaient obtenir une protection acceptable avec un minimum de blindage. Où fallait-il poser le blindage en priorité ?

La résolution de ce problème est due à Abraham Wald, un mathématicien juif ayant fui les persécutions nazies.

ENS. SCIENTIFIQUE

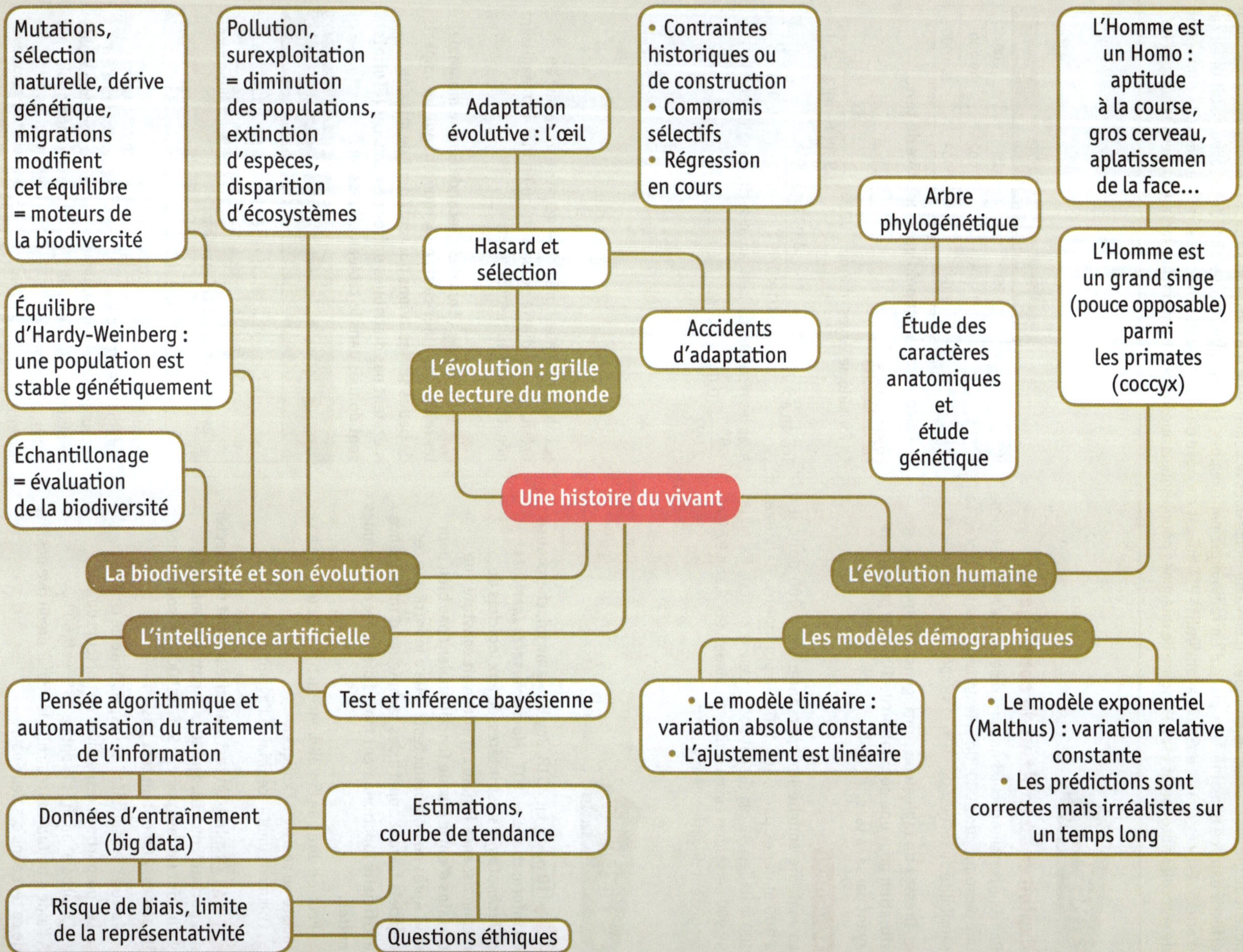
Une histoire du vivant
La biodiversité et son évolution
Mutations, sélection naturelle, dérive génétique, migrations modifient cet équilibre = moteurs de la biodiversité
Équilibre d'Hardy-Weinberg : une population est stable génétiquement
Échantillonage = évaluation de la biodiversité
Pollution, surexploitation = diminution des populations, extinction d'espèces, disparition d'écosystèmes
L'évolution : grille de lecture du monde
Hasard et sélection
Adaptation évolutive : l'œil
Accidents d'adaptation
• Contraintes historiques ou de construction
• Compromis sélectifs
• Régression en cours
L'évolution humaine
Étude des caractères anatomiques et étude génétique
Arbre phylogénétique
L'Homme est un grand singe (pouce opposable) parmi les primates (coccyx)
L'Homme est un Homo : aptitude à la course, gros cerveau, aplatissemen de la face…
L'intelligence artificielle
Pensée algorithmique et automatisation du traitement de l'information
Données d'entraînement (big data)
Risque de biais, limite de la représentativité
Test et inférence bayésienne
Estimations, courbe de tendance
Questions éthiques
Les modèles démographiques
• Le modèle linéaire : variation absolue constante
• L'ajustement est linéaire
• Le modèle exponentiel (Malthus) : variation relative constante
• Les prédictions sont correctes mais irréalistes sur un temps long

je me teste !

1 Dans les conditions de l'application de la loi de Hardy et Weinberg, si p est la fréquence de l'allèle A et q est la fréquence de l'allèle B… :

- ☐ **a.** la fréquence des homozygotes AA est q^2.
- ☐ **b.** la fréquence des homozygotes AA est pq.
- ☐ **c.** la fréquence des homozygotes AA est p^2.

2 Parmi les propositions suivantes, indiquer celle qui fait partie des conditions d'application de la loi de Hardy et Weinberg :

- ☐ **a.** L'absence de mutation.
- ☐ **b.** La faible population de l'échantillon.
- ☐ **c.** La sélection naturelle.

3 Parmi ces propositions, laquelle est un exemple de régression en cours :

- ☐ **a.** L'augmentation de la largeur du bassin.
- ☐ **b.** La présence des dents de sagesse.
- ☐ **c.** La disparition des dents de sagesse.

4 La présence de tétons chez l'homme est :

- ☐ **a.** Un compromis sélectif.
- ☐ **b.** Une contrainte de construction.
- ☐ **c.** Une régression en cours.

5 La résistance d'une bactérie à un antibiotique… :

- ☐ **a.** est due au hasard.
- ☐ **b.** est due à la sélection naturelle d'une mutation favorable.
- ☐ **c.** est due à une mutation provoquée par l'antibiotique.

6 Homo sapiens… :

- ☐ **a.** est le seul représentant du genre Homo.
- ☐ **b.** appartient au genre Homo car il possède une aptitude à la course, un développement cérébral important et une mâchoire en V.
- ☐ **c.** est apparenté aux grands singes car il ne possède pas de coccyx.

7 La probabilité qu'une personne malade réagisse positivement à un test médical est :

- ☐ **a.** La sensibilité du test.
- ☐ **b.** La fiabilité du test.
- ☐ **c.** La valeur prédictive positive du test.

8 Le seul facteur qui n'intervient pas sur la valeur prédictive positive d'un test médical est :

- ☐ **a.** Sa sensibilité.
- ☐ **b.** Sa spécificité.
- ☐ **c.** La taille de la population.

9 Le tableau ci-dessous donne l'évolution de la population d'éléphants dans le parc Kruger en Afrique du Sud.

Année	1923	1930	1939	1945	1950
Effectif	13	29	450	980	3010

On peut affirmer que l'évolution de cette population… :

- ☐ **a.** suit un modèle linéaire et la droite d'ajustement associée a pour équation $y = 95x - 183069$.
- ☐ **b.** suit un modèle exponentiel.
- ☐ **c.** ne suit ni un modèle linéaire, ni un modèle exponentiel.

10 Parmi les affirmations suivantes, laquelle est fausse ?

- ☐ **a.** Un modèle exponentiel décrit une hausse spectaculaire.
- ☐ **b.** On peut appliquer un modèle exponentiel si la variation relative est quasiment constante.
- ☐ **c.** Le modèle de Malthus est un modèle exponentiel.

11 Parmi les affirmations suivantes, laquelle est vraie ?

- ☐ **a.** Augmenter une quantité de 0,5 % consiste à la multiplier par 1,05.
- ☐ **b.** Si u est une suite géométrique de raison 1,2 telle que $u(0) = 100$, alors $u(15) = 118$.
- ☐ **c.** Deux baisses successives de 10 % équivalent à une baisse globale de 19 %.

12 L'architecture moderne des ordinateurs est le fruit des travaux de :

- ☐ **a.** Gottfried Leibniz et Charles Babbage.
- ☐ **b.** Alan Turing et John von Neumann.
- ☐ **c.** Yann Le Cun et Elon Musk.

13 Parmi les affirmations suivantes, laquelle est fausse ?

- ☐ **a.** Les biais dans les données d'entrée peuvent être amplifiés en sortie.
- ☐ **b.** L'apprentissage machine est souvent plus efficace que le cerveau humain.
- ☐ **c.** L'apprentissage machine repose sur des corrélations.

Réponses !

1 : c - **2** : a - **3** : c - **4** : b - **5** : b - **6** : b - **7** : a - **8** : c - **9** : b - **10** : a - **11** : c - **12** : b - **13** : b

1 Page 351

1 Propositions exactes b et c. (a) La vie s'est installée sur Terre (atmosphère) dans une atmosphère oxydante. (c) Une plante chlorophyllienne respire de jour comme de nuit mais éclairée elle fait une photosynthèse dont les échanges gazeux camouflent les échanges respiratoires. (d) Ce qui importe c'est la couche d'ozone qui empêche les UV de détruire les êtres vivants sur la terre ferme (dans l'eau, la vie est protégée de ces UV).

2 Aujourd'hui, l'atmosphère contient 21% d'O_2. Comment celle-ci s'est-elle formée ? La présence d'uraninite depuis plus de 3,5 Ga indique que l'atmosphère terrestre était réductrice. Sa disparition vers – 2,4 Ga montre que celle-ci est devenue oxydante. Comment est-ce possible ? Les dépôts marins de fer rubané de – 2,8 à – 1,8 Ga indique que du dioxygène apparait progressivement dans l'eau. Ainsi, l'activité photosynthétique des cyanobactéries (dont les stromatolithes fossilisés sont une preuve de leur existence) oxyde l'eau. Le dioxygène dégagé est fixé par le fer. Quand tout le fer est oxydé et que le dioxygène ne peut plus se dissoudre dans l'eau, il s'échappe dans l'atmosphère, arrêtant ainsi la formation d'uraninite. Les couches rouges de sédiments terrestres oxydés à partir de – 2 Ga confirme la présence de dioxygène atmosphérique. Donc, c'est la photosynthèse qui est à l'origine de la formation de notre atmosphère oxydante.

2 Page 353

1

a. L'isotope 16 de l'oxygène se déposant plus lentement que l'isotope 18, le $\delta^{18}O$ permet d'apprécier la température relative de l'environnement de l'époque du dépôt de neige.

b. En fondant, le permafrost libère beaucoup de méthane, gaz à effet de serre, responsable, comme le CO_2, du réchauffement climatique.

2

a. L'absence d'arbres dans le bas du prélèvement (vers 13 000 ans) témoigne de températures très froides où dominent les graminées.

b. Vers 10 000 ans, l'installation dominante du pin et du bouleau indique un réchauffement climatique puis vers 8 000 ans, la dominance du chêne confirme ce réchauffement. Le pin semble plus exigeant au froid que le bouleau puisqu'il disparaît pratiquement à partir de 7 000 ans, contrairement au bouleau.

c. Ces variations correspondent à des modifications climatiques naturelles, dont l'homme n'est pas responsable.

3 Page 355

1

a. Plus il va y avoir de jours échaudants durant le printemps, plus l'année risque d'être chaude. On voit sur la carte que dans le sud-est, ce nombre augmentera fortement (une vingtaine de jours en plus prévus pour 2070 – 2100). La chaleur va accélérer la croissance des cultures et les vendanges vont donc être plus précoces. C'est d'ailleurs ce que l'on a déjà constaté depuis plusieurs décennies. On estime qu'elles se déroulent en moyenne 18 jours plus tôt qu'il y a 40 ans.

b. Le chêne vert est une espèce qui nécessite un climat chaud et sec d'après sa répartition actuelle qui est essentiellement méditerranéenne. On peut voir que les cartes actuelles et futures de sa répartition sont calquées sur celles de l'évolution du nombre de jours échaudants au printemps. Cette augmentation du nombre de jour échaudants qui visualise un réchauffement plus global va être, selon les prévisions, à l'origine d'une augmentation de l'aire de répartition du chêne vert en France (on peut donc supposer que cela correspondra donc aussi à la future extension du climat méditerranéen en France).

2

a. Entre 1997 et 2007, on observe une arrivée en France de plus en plus précoce des hirondelles rustiques : arrivée moyenne le 20 mars en 1998 et le 10 mars en 2008. La température moyenne de 10 °C était donc atteinte au 20 mars en 1998 et le 10 mars en 2008. Cette migration plus précoce des hirondelles visualise des hivers plus cléments dont la température remonte plus tôt au dessus de 10°C, ce qui est une preuve du réchauffement climatique.

b. En 2000, l'arrivée des hirondelles est extrêmement précoce (le 4 mars). La valeur des 10 °C a donc été atteinte très tôt dans l'année preuve d'un hiver très doux. En 2007, au contraire, l'arrivée tardive (17 mars) montre un hiver plus rigoureux.

4 Page 357

1 La masse d'une molécule d'octane C_8H_{18} est :

$$8\ mC + 18\ mH = 8 \times 1{,}99 \times 10^{-23} + 18 \times 1{,}67 \times 10^{-24}$$
$$= 15{,}92 \times 10^{-23} + 30{,}06 \times 10^{-24}$$
$$= 18{,}926 \times 10^{-23}\ g$$

Dans un gramme d'octane, il y a : $\frac{1}{18{,}926 \times 10 - 23} = 5{,}28 \cdot 10^{21}$ molécules d'octane.

D'après l'équation, une molécule d'octane produit 8 molécules de CO_2, il y a donc
$8 \times 5{,}28 \cdot 10^{21} = 42{,}24 \cdot 10^{21}$ molécules de CO_2 produites.
La masse d'une molécule de CO_2 est :
$mC + 2\ mO = 1{,}99 \times 10^{-23} + 2 \times 2{,}66 \times 10^{-23} = 7{,}31 \cdot 10^{-23}$ g
La masse de CO_2 produite est de :
$7{,}31 \cdot 10^{-23} \times 42{,}24 \cdot 10^{21} = 3{,}09$ g de CO_2 produit.

2

a. Une énergie renouvelable est une source d'énergie qui se renouvelle assez rapidement et donc qui ne s'épuise pas. Le plus souvent, elle ne pollue pas. Ce sont ici l'éolien, l'hydraulique et le solaire qui ne polluent pas, mais également les bioénergies (bois, bioéthanol...) qui elles sont polluantes car leur production d'énergie est issue d'une combustion.

b. Le nucléaire et le thermique à flamme sont des énergies non renouvelables car elles utilisent des stocks prélevés dans le sol et donc non renouvelés. Pétrole, gaz naturel et charbon pour le thermique à flamme, uranium pour le nucléaire.

c. Calcul de la quantité de pétrole économisée en une journée :
Éolien 24 TWh + Hydraulique 53,6 TWh + Solaire 9,2 TWh + Bioénergies 9,1 TWh = 95,9 TWh
95,9 TWh = $95{,}9 \cdot 10^{12}$ Wh = $95{,}9 \cdot 10^{9}$ KWh
Un an = 365 × 24 = 8760 heures
8760 × $95{,}9 \cdot 10^{9}$ = $840{,}01 \cdot 10^{12}$ KWh économisés soit $840{,}01 \cdot 10^{12} \times 3{,}60 \cdot 10^{6} = 3024{,}04 \cdot 10^{18}$ Joules
En équivalent pétrole :
= $722{,}28 \times 10^{8}$ TEP (tonne équivalent pétrole)

5 Page 361

1

a. $\eta = \dfrac{P_{\text{électique}}}{P_{\text{mécanique}}} = \dfrac{1170}{1720} = 0{,}68$ soit un rendement de 68 %.

b. $P_P = P_{\text{mécanique}} - P_{\text{électrique}} = 1720 - 1170 = 550$ W

c.

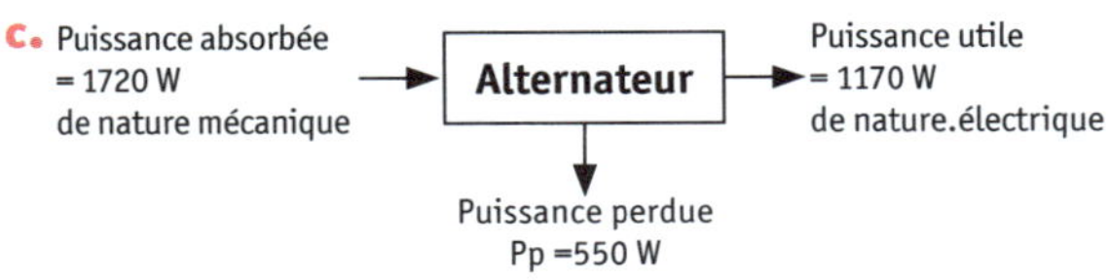

2

a. Par lecture graphique : $Icc = 7$ A.

b. Par lecture graphique : $U_C o = 20$ V.

c. $P_{max} = U_0 \times I_0 = 18{,}2 \times 5{,}5 = 100$ W.

d. L'énergie fournie vaut
E (W·h) = P (W) × Δt (h) = 100 × 5 = 500 W·h.
Le nombre de panneaux nécessaire sera :
4000 / 500 = 8 panneaux.

e. L'énergie produite par les panneaux dépend de l'ensoleillement (donc de la situation géographique), de leur inclinaison, de leur « âge » (le rendement des panneaux solaires diminue avec le temps)...

6 Page 363

1 L'un des inconvénients majeurs de l'énergie éolienne est son intermittence due au caractère irrégulier du vent. Si l'électricité produite par les éoliennes dans les périodes de faible consommation (la nuit et week-end) est stockée, elle peut ensuite être restituée pendant les périodes où le vent sera plus faible.

2 a. Chaine de conversion « éolienne vers batterie »

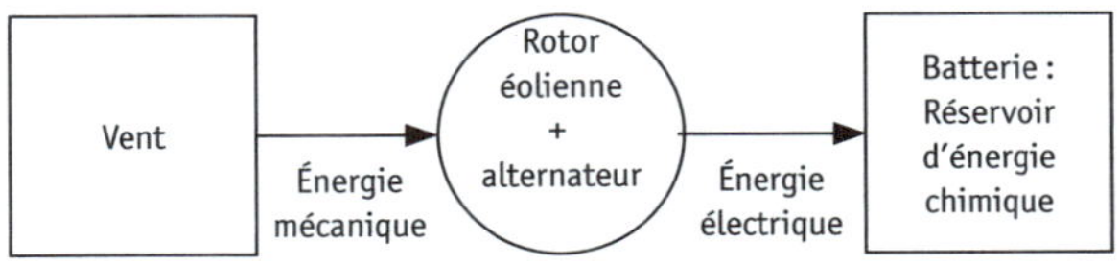

Chaine de conversion « hydrogénérateur vers batterie »

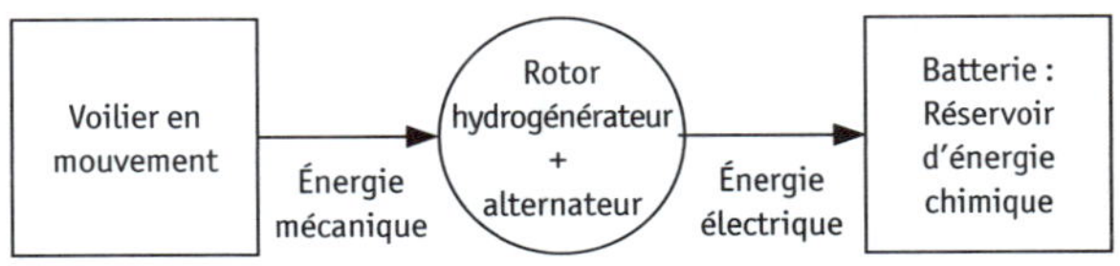

b. D'après ce document, la puissance produite par l'hydrogénérateur est supérieure à celle produite par une éolienne.
c. D'après ce document, on peut estimer que la puissance moyenne fournie par l'hydrogénérateur est d'environ 250 W par jour. Donc en une journée, on peut, en moyenne, récupérer une énergie $E_{moy} = 250 \times 24 = 6{,}0 \times 10^{3}$ W·h = 6,0 kW·h. Ce qui couvre les besoins journaliers en énergie qui sont de 4,00 kW·h. **d.** Les batteries du type lithium-ion ont une densité énergétique environ 10 fois plus grande qu'une batterie au plomb. Cela signifie que, pour une même capacité de stockage, la batterie lithium ion sera environ 10 fois plus légère, ce qui justifie l'intérêt de son utilisation sur le voilier. La batterie lithium-ion a également une durée de vie plus longue et un rendement plus important (99 % contre 75 %), ce qui signifie que les pertes dans la batterie sont moins importantes, le voilier disposera de plus d'énergie disponible à surface de panneau identique. Son coût élevé est le seul inconvénient.

7 Page 365

1 Les contraintes de production imposent :

$$i_1 + i_2 \leq s_1 \text{ et } i_3 + i_4 \leq s_2.$$

La loi des nœuds impose :

$$i_1 + i_3 = i_5 + i_6 \text{ et } i_2 + i_4 = i_7 + i_8 + i_9.$$

Les besoins des cibles imposent :

$$i_5 + i_7 = c_1,\ i_6 + i_8 = c_2 \text{ et } i_9 = c_3.$$

2

a. D'après la relation $P = U \times I$, on a $I = \dfrac{P}{U} = \dfrac{2{,}8 \cdot 10^3}{230} = 12$ A.

b. $P_J = r \times I^2 = 1{,}1 \times 12^2 = 1{,}6 \times 10^2$ J.

c. Pour une tension de 1,5 kV, $I = \dfrac{P}{U} = \dfrac{2{,}8 \cdot 10^3}{1{,}5 \cdot 10^3} = 1{,}9$ A.

$P_J = r \times I^2 = 1{,}1 \times 1{,}9^2 = 4{,}0$ J.

d. Plus la tension est élevée, plus les pertes par effet Joule sont faibles.

3

a. La résistance r de ce conducteur est donnée par la relation : $r = \rho \times \dfrac{L}{S}$. Avec $\rho = 1{,}7 \times 10^{-8}$ Ω·m, $L = 600$ m, et $S = 1\,200$ mm² $= 0{,}0012$ m² donc $r = 1{,}7 \times 10^{-8} \times \dfrac{600}{0{,}0012}$ $= 8{,}5 \times 10^{-3}$ Ω.

b. La masse du câble en cuivre que l'on notera m_{Cu} est obtenue à l'aide de la masse volumique du cuivre :

$$m_{Cu} = \mu_{Cu} \times V = \mu_{Cu} \times L \times S.$$

$L = 600$ m, $S = 0{,}0012$ m² et $p = 9{,}0 \times 10^3$ kg·m⁻³ soit $m_{Cu} = 9{,}0 \times 10^3 \times 600 \times 0{,}0012 = 6{,}5 \times 10^3$ kg.

c. On remplace le cuivre par un câble en aluminium de même résistance. On impose donc $r = 8{,}5 \times 10^{-3}$ Ω et on recherche S.

$S = \rho \times \dfrac{L}{r} = 2{,}8 \times 10^{-8} \times \dfrac{600}{8{,}5 \times 10^{-3}} = 2{,}0 \times 10^{-3}$ m² (2 000 mm²).

Le câble en aluminium devra avoir une section plus importante que le câble en cuivre.

d. La masse du câble en aluminium est : $m_{Al} = \mu_{Al} \times V = \mu_{Al} \times L \times S = 2{,}8 \times 10^3 \times 600 \times 2{,}0 \times 10^{-3} = 3{,}4 \times 10^3$ kg.

e. Pour une résistance équivalente (donc une conductance équivalente), un câble en aluminium est plus léger qu'un câble en cuivre. L'aluminium est également moins cher.

4 D'après la loi des nœuds, on a $i_1 + i_2 = i_3 + i_4$. On a donc $i_2 = 60 - i_1$. Les contraintes aux sources imposent $i_1 \leq 50$ A et $i_2 \leq 50$ A, soit $i_1 \geq 10$ A. En posant $i_1 = i_2 = 30$ A, toutes les conditions sont vérifiées et on a :

$$P = r_1 \times i_1^2 + r_2 \times i_2^2 + r_3 \times i_3^2 + r_4 \times i_4^2$$

$P = 0{,}5 \times 30^2 + 1 \times 30^2 + 1 \times 35^2 + 1 \times 25^2 = 3\,200.$

Cependant, en posant $i_1 = 40$ A et $i_2 = 20$ A, on a :

$P = 0{,}5 \times 40^2 + 1 \times 20^2 + 1 \times 35^2 + 1 \times 25^2 = 3\,050.$

Ces valeurs peuvent être trouvées par tâtonnement. Jean-Michel a donc tort et on peut démontrer que la valeur $i_1 = 40$ A est en fait optimale. En effet, on a :

$$\begin{aligned} P &= 0{,}5 \times i_1^2 + 1 \times (60 - i_1)^2 + 1 \times 35^2 + 1 \times 25^2 \\ &= 0{,}5\,i_1^2 + 3\,600 - 120\,i_1 + i_1^2 + 1\,850 \\ &= 0{,}5\,i_1^2 - 120\,i_1 + 5\,450. \end{aligned}$$

On peut alors constater que P est supérieur ou égal à 3 050 W car :

$$\begin{aligned} P - 3\,050 &= 1{,}5\,i_1^2 - 120\,i_1 + 5\,450 - 3\,050 \\ &= 1{,}5\,i_1^2 - 120\,i_1 + 2\,400 \\ &= 1{,}5\,(i_1^2 - 80\,i_1 + 1\,600) = 1{,}5\,(i_1 - 40)^2 \geq 0. \end{aligned}$$

Si vous avez suivi l'enseignement de spécialité mathématiques en 1re, vous pouvez recourir aux propriétés des polynômes du second degré : le minimum est atteint en $\dfrac{-b}{2a} = \dfrac{120}{2 \times 1{,}5} = 40.$

8 Page 367

1

a. Le rayonnement solaire est très élevé dans le désert de l'Atacama. C'est une zone plate, sans ombrage, à près de 1200 mètres d'altitude, ce qui augmente l'exposition solaire, et le soleil brille presque tous les jours.

b. Les héliostats sont orientables en fonction de la position du soleil dans le ciel.

c. Lorsqu'on n'a pas besoin de beaucoup d'énergie, on peut stocker les sels chauds fondus pour une utilisation ultérieure, la nuit par exemple.

d. Ces deux centrales ont la même puissance, elles convertissent toutes les deux de l'énergie solaire en énergie électrique. Dans la centrale photovoltaïque, la conversion est directe par l'intermédiaire d'un matériau semi conducteur comme le silicium. Dans la centrale solaire thermique, le courant est produit par un alternateur couplé à une turbine entrainée par de la vapeur d'eau. La centrale photovoltaïque ne fonctionne pas la nuit.

9 Page 371

1 Le plus souvent, un champignon est en mycorhize avec un type d'arbre bien spécifique. Donc, plus il y aura de variétés d'arbres dans une forêt, plus il y aura de variétés de champignons ; ce qui est le cas dans une forêt non exploitée. De plus, certains champignons vivent sur les bois morts, les souches d'arbres, éléments qui sont absents dans les forêts exploitées qui sont régulièrement nettoyées. Enfin, le passage des engins empêche une bonne stabilisation des espèces (par exemple, les fleurs du schéma) qui en ne s'implantant pas ne permet pas le développement des champignons avec lesquels elles réalisent une mycorhize. Pour toutes ces raisons, un amateur de champignons privilégiera pour sa recherche de champignons les forêts non exploitées.

2 On sait que pour un niveau de confiance de 95 %, si l'effectif de l'échantillon est de $n = 1\,213$, la fréquence

du caractère étudié de $f = \frac{158}{1213} = 0{,}13$.

L'intervalle, exprimé en % est situé entre :

$f - \frac{1}{\sqrt{n}} = 0{,}13 - \frac{1}{\sqrt{1213}} = 0{,}13 - 0{,}068 = 0{,}062$ soit 6,2% et $f + \frac{1}{\sqrt{n}}$

$= 0{,}13 + \frac{1}{\sqrt{1213}} = 0{,}13 + 0{,}068 = 0{,}198$ soit 19,8%

Dans une ruche, entre 6,2 % et 19,8 % des abeilles sont atteintes de la maladie.

3

a. Calcul des fréquences alléliques
$p = (2 \times 79) + 138 / (2 \times 278) = 0{,}532$
$q = 1 - q = 0{,}468$

b. Calcul des effectifs génotypiques attendus
P = population totale = 278
$MM = p^2 \times P = 0{,}532^2 \times 278 = 78{,}8$
$MN = 2pq \times P = 0{,}532 \times 0{,}468 \times 278 = 138{,}7$
$NN = q^2 \times P = 0{,}468^2 \times 278 = 60{,}8$
Les résultats sont conformes.

c. Les mutations, car en créant de nouveaux allèles elles modifient la fréquence des allèles déjà présents. La sélection naturelle, car elle augmente la fréquence des allèles favorables et diminue celle des défavorables.

10 Page 373

1

a. Les deux contraintes sont :
– l'inversion de la rétine : les photorécepteurs de la rétine sont situés vers l'intérieur de l'œil et les neurones véhiculant l'information forment plusieurs couches qui la recouvrent. La lumière est donc obligée de traverser l'ensemble avant de stimuler les cellules réceptrices.
– La tache aveugle : pour aller vers le nerf optique, les prolongements des cellules nerveuses se rassemblent en un point de la rétine où il ne peut pas y avoir de photorécepteurs ce qui forme une tache aveugle.

b. Œil humain
1 : rétine
2 : neurones et leurs fibres nerveuses
3 : nerf optique
4 : tache aveugle.

Œil de pieuvre
1 : neurones et leurs fibres nerveuses
2 : rétine
3 : nerf optique.

c. Chez la pieuvre, on peut voir sur le schéma que la rétine est normale. Ses cellules ne sont pas recouvertes par les neurones et seront donc en contact direct avec la lumière. La conséquence de cette organisation est que les neurones sont derrière la rétine et il n'y aura donc pas de tache aveugle au niveau du nerf optique.

2

a. On peut considérer que plus la concentration en perméthrine nécessaire à la disparition de la quasi-totalité de la population est importante, plus cette population est résistante à l'insecticide. La destruction de 98 % de la population A nécessite une concentration d'environ 0,002 ppm de perméthrine et environ 0,1 ppm pour la B. Avec une concentration de 1 ppm, 50 % seulement de la population est détruite. La population C est donc la plus résistante et la A la moins résistante.

b. « La population C se situe dans une région infestée de moustique qui a régulièrement été traitée à la perméthrine. La population B est en bordure de cette région. La population A provient d'une zone qui n'a jamais été traitée avec cet insecticide ». Les individus de la population C ayant été régulièrement traités ont subi la sélection naturelle. Ceux porteurs d'allèles permettant une meilleure résistance à l'insecticide ont été sélectionnés. Le nombre d'individus résistants va donc augmenter au cours des générations et il faudra des doses de plus en plus importantes pour les éliminer. La population B, étant en bordure de la zone traitée, la sélection naturelle va s'exercer plus faiblement car lors de chaque traitement tous les individus ne seront pas forcement toucher par l'insecticide et une partie de la population ne subira pas la sélection naturelle. La dose nécessaire à l'élimination de cette population sera plus faible. N'étant pas traitée, la population A ne subira pas la sélection naturelle et ne va donc pas acquérir de résistance à l'insecticide dont de faibles doses seront nécessaires pour l'éliminer

11 Page 375

1 L'Australopithèque appartient à la ligné humaine car son trou occipital se recentre (bipédie) contrairement à celui du chimpanzé qui est vers l'arrière et sa mâchoire est en V contrairement à celle du chimpanzé qui est en U. Il n'appartient pas au genre Homo car il possède un petit volume crânien (450 cm³).

2

a. Les caractères dérivés « ongle » et « pouce opposable » sont les critères d'appartenance aux primates.

b. On utilise pour faire cet arbre les caractères dérivés qui sont issus d'innovations évolutives. Plus deux espèces vont avoir de caractères dérivés communs, plus elles seront apparentées et plus leur ancêtre commun sera récent.

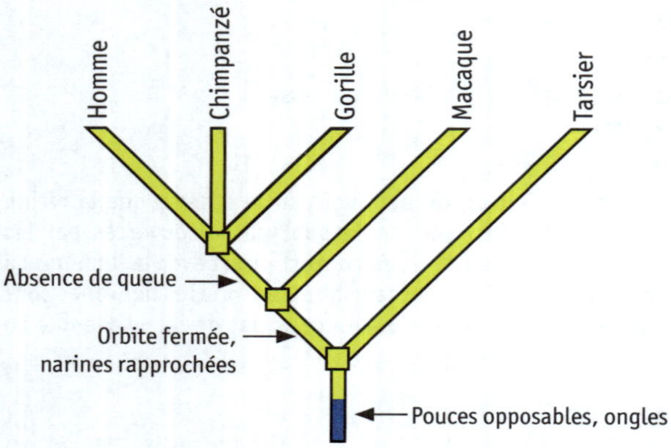

c. Au cours du temps, pour un même gène, le nombre de mutations augmentent entre deux espèces. Ainsi, plus ce nombre est important, plus leur ancêtre commun est éloigné. Par exemple, il y a plus de différence entre le gorille et l'Homme qu'entre le chimpanzé et l'Homme. Le gorille est donc plus éloigné de l'Homme que ne l'est chimpanzé.

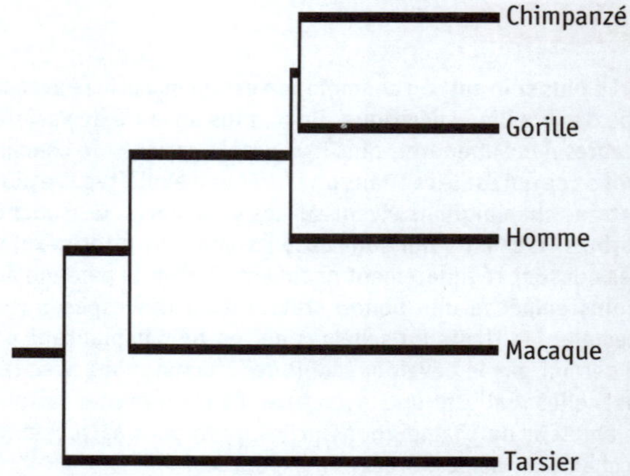

d. Les critères génétiques permettent ici d'affiner la classification. Avec les seuls critères anatomiques nous n'arrivions pas à classer l'Homme, le chimpanzé et le gorille les uns par rapport aux autres, alors que la comparaison de leur ADN le permet.

12 Page 377

1

a. $u(12) = u(0) + 12 \times 3 = 120 + 12 \times 3 = 156$.

b. $u(30) = u(0) \times 1,04^{30} = 200 \times 1,04^{30} \approx 648,7$.

c. $u(45) = u(0) \times 0,92^{45} = 800 \times 0,92^{45} \approx 18,8$.

2

a. Les points ne sont pas alignés et la variation absolue est de plus en plus forte. On peut donc pencher pour un modèle géométrique.

b. On a $u(60) = u(0) \times q^{60}$ donc $q^{60} = \dfrac{u(60)}{u(0)} = \dfrac{204,4}{45,1}$.

Ainsi, on a : $q = \sqrt[60]{\dfrac{204,4}{45,1}} = \left(\dfrac{204,4}{45,1}\right)^{\frac{1}{60}} \approx 1,0255$.

c. On cherche le plus petit entier n tel que u(n) soit supérieur au double de u(60), soit environ 408,8. On peut dresser un tableau de valeurs à la calculatrice en saisissant l'expression $Y = 45,1 \times 1,0255^x$ ou bien mener une recherche par tâtonnements. On trouve alors

$u(87) \approx 403,3$ et $u(88) \approx 413,5$.

Selon ce modèle, la population aura doublé en

$1960 + 88 = 2048$.

De même, on peut constater qu'en 2084, on a

$u(124) \approx 1023,8 > 5 \times u(60)$.

Selon ce modèle, la population aura quintuplé avant la fin du siècle. Même si ce modèle est particulièrement pertinent entre 1960 et 2020, il a sans doute une durée de validité restreinte et bien des facteurs peuvent influer sur les prévisions.

13 Page 379

1

a. On ne peut pas dire que l'intelligence artificielle en jeu ici est raciste ou sexiste : une intelligence artificielle ne pense pas. Ses réponses ne sont souvent que le reflet des données dont elle dispose. Les concepteurs de ces logiciels ont sans doute fourni sans mauvaises intentions des données proches de leur environnement habituel et les entreprises dans lesquelles ils travaillent compte plus d'hommes que de femmes et plus de personnes blanches que de personnes de couleur.

b. Connaissant les biais observés, on peut tenter de modifier les données de base ou indiquer au logiciel comment mieux les traiter mais cela reste compliqué car d'autres biais peuvent apparaître ou subsister. L'idéal est de diversifier le profil des personnes qui conçoivent les intelligences artificielles en employant une population la plus représentative possible de la population susceptible d'utiliser l'intelligence artificielle en question.

2

a. La sensibilité de ce test est : $S_e = \dfrac{9\,803}{10\,000} = 98,03\ \%$.

Sur 100 000 personnes non infectées, 260 on un test positif donc 99 740 ont un test négatif.

La spécificité de ce test est : $S_p = \dfrac{99\,740}{100\,000} = 99,74\ \%$.

b. Voici le tableau de contingences correspondant si on prend une population d'un million de personnes (par exemple).

	Test positif	Test négatif	Total
Malades	245 075	4 925	250 000
Non malades	1 950	748 050	750 000
Total	247 025	752 975	1 000 000

On a $\text{VPP} = \dfrac{245\,075}{247\,025} \approx 99,21\ \%$.

c. Voici le tableau de contingences correspondant si on prend une population d'un million de personnes (par exemple).

	Test positif	Test négatif	Total
Malades	5 881,8	118,2	6 000
Non malades	2 584,4	991 415,6	994 000
Total	8 466,2	991 533,8	1 000 000

On a $\text{VPP} = \dfrac{5\,881,8}{8\,466,2} \approx 69,47\ \%$.

d. On a $\text{VPN} = \dfrac{991\,415,6}{991\,533,8} \approx 99,99\ \%$.

3 L'étude présentée est porteuse d'un biais : elle ne porte que sur les avions qui sont revenus. Les endroits fortement impactés sur ces appareils ne semblent donc pas remettre fondamentalement en cause la réussite de leur mission. Ce sont les avions principalement touchés à d'autres endroits qui ne sont pas revenus. Il faut donc blinder le moteur en priorité.

Identités et échanges

Méthode

1 Préparer le contenu de l'épreuve orale

▶ Même si le support de l'expression orale sera un document inconnu (iconographie ou citation), la **qualité de la présentation** dépendra de la **préparation en amont**, notamment l'anticipation des enjeux liés à la thématique et du lexique utile.

▶ Pour chaque axe, il est souhaitable de réaliser une **synthèse des enjeux et problématiques** possibles (partir de ce qui a été vu en première et en terminale et élargir la réflexion).

▶ Pour chacun, recenser les **arguments et contre-arguments**, ainsi que le **lexique transférable utile.** Avoir anticipé les idées essentielles et le vocabulaire pour les exprimer lève un obstacle essentiel le jour J. Il est possible de procéder par **carte mentale.**

Globalisation & greater interactions between the countries

- short term
  - *Gap year*
  - *Au pairs & temporary work permits*
  - *Student Exchange programmes*
- long term
  - *Immigration & mass tourism*
  - *Economic competition*
  - *Development of the U.S. soft power*

▶ Vocabulaire utile :
– pour parler des entreprises : *to relocate, to adapt, to compete*, etc. ;
– pour parler des individus : *to mix and interact, enriching experience, homesick*, etc.

2 S'entraîner à la présentation orale

▶ Une des difficultés majeures consiste en l'improvisation ou l'absence de temps de préparation le jour J. L'angoisse que peut générer cette modalité de l'épreuve ne peut être levée que par un **entraînement régulier**.

▶ On peut se procurer pour chaque axe un certain nombre d'images ou de citations (Internet est une mine). Il faut **prendre l'habitude de parler à haute voix** de façon cohérente, le plus longtemps possible et à partir de ces **supports** (voir au chapitre suivant la méthodologie de la présentation du document : description - analyse).

Cours

1 Enjeux

▶ *To what extent has the world become americanised?*
▶ *Is globalisation threatening local identities?*
▶ *Does mass tourism endanger indigenous communities?*

Info

In 1979, a photograph was taken of Leonid Brezhnev (then Soviet leader) kissing Erich Honecker (communist East German president and ally).
This "fraternal kiss" between the two Cold War-era communist leaders was immortalised in a famous piece of graffiti on the Berlin Wall, which the mural representing D. Trump kissing V. Putin implicitly hints at.

Make Everything Great Again is a street art mural representing Donald Trump kissing Vladimir Putin, on the wall of a restaurant in Lithuania. It was made by artists Dominykas Čečkauskas and Mindaugas Bonanu in 2016.

>>

>> 2 Grammaire

a. Verbes prépositionnels : généralités

▶ De nombreux verbes en anglais sont transitifs indirects, c'est-à-dire qu'ils s'emploient avec une préposition ; c'est parfois également le cas en français, comme *depend on something* = dépendre de quelque chose. Parfois, au contraire, cela correspond à des verbes transitifs directs en français.
Ex. : *look at something* = regarder quelque chose ; *listen to someone* = écouter quelqu'un
Inversement, des verbes transitifs directs en anglais peuvent correspondre à des verbes transitifs indirects en français.
Ex. : *to obey somebody* = obéir à quelqu'un

Mots clés

- *be in fierce /fɪəs/ competition with somebody = challenge somebody*
- *exert /ɪɡˈzɜːt/ one's power over somebody = spread one's influence on somebody*
- *flock into a country = arrive as a massive group*
- *a homogeneous /ˌhɒməˈdʒiːniəs/ population = group of similar people*
- *interact /ˌɪntərˈækt/ with locals = socialise /ˈsəʊʃəlaɪz/ with the residents*
- *preserve /prɪˈzɜːv/ indigeneous /ɪnˈdɪdʒənəs/ traditions = keep local habits*
- *suppress local identities = eliminate singularities*

▶ Le sens de base des verbes et des prépositions est souvent maintenu (*over* → sur, *at* → à, *for* → pour, *with* → avec, etc.) et la préposition est rattachée au syntagme nominal qu'elle introduit (on peut reprendre son souffle entre le verbe et la préposition, mais pas entre la préposition et son complément). Ce sont les deux points principaux qui différencient les verbes prépositionnels des *phrasal verbs* dont la particule, collée au verbe, modifie le sens complet de ce dernier (voir le chapitre 3 pour plus d'informations).
Ex. : Le *phrasal verb* « *to give up* » ne veut pas dire « donner vers le haut », mais « laisser tomber ».
Si un complément est ajouté, la pause se fait entre la particule et le complément.
Ex. : *to give up / smoking*

b. Ordre des mots avec un verbe prépositionnel

▶ Dans une phrase affirmative ou négative, la préposition suit normalement le verbe et précède le complément.
Ex. : *Economically-speaking, many countries depend on the U.S.*

▶ À la forme interrogative, il ne faut pas oublier cette préposition, souvent en fin d'énoncé.
Ex. : *Which country do they depend on* ?

▶ Dans les propositions subordonnées relatives qui portent sur le complément prépositionnel, la préposition peut se placer soit avant le pronom relatif en *wh-* (*which* pour un antécédent inanimé et *whom* pour un antécédent animé), soit en fin de phrase.
Ex. : *The multiplication of culture clashes, [which people don't like talking about] / [about which people don't like talking], is worrying.*

Exercices

1 ★ 5 min Rapprochez la citation suivante de l'enjeu principal qu'elle exprime (à sélectionner parmi les propositions ci-dessous) et justifiez.

Citation : "*Globalisation will make our societies more creative and prosperous, but also more vulnerable*", Lord Robertson, a Scottish diplomat.

a. *cultural homogenisation and American imperialism*
b. *culture mix and defense of indigenous cultures*
c. *economic benefits and threats to local identities*

2 ★ 5 min Complétez les blancs en utilisant la bonne préposition.

a. Tourists usually look .... exotic places, which are more and more difficult to find.
b. Because of globalisation, most of the countries in the world depend .... one another.
c. Not everybody benefits .... the global economy.
d. Some illegal immigrants are caught by the police as they are moving .... the border.

3 ★★ 5 min Type Bac
Reliez le document iconographique à la notion « Identités et Échanges » et expliquez sans temps de préparation.

ANGLAIS

Espace privé et espace public

Méthode

1 Comprendre un document oral

Flasher cette page avec l'application Bordas Flash Page pour écouter l'enregistrement. Titre : ***"Equal Pay For Equal Play; The U.S. Women's Soccer Team Tackles Its Next Quest."***

▶ Avant l'écoute : faire des **hypothèses** à partir du titre et de la source, donnés sur le sujet.

▶ S'il s'agit d'une vidéo, s'appuyer sur les **images** (le nom des intervenants est parfois écrit). Les **bruits de fond** peuvent vous aider à déterminer le contexte.

▶ Indiquer les **changements d'intervenants** s'il y en a plusieurs (mettre A au début, puis si quelqu'un d'autre intervient B, C, etc.). Essayer de saisir leur identité soit en notant leur nom, soit en notant leur profession ; cela facilitera la restitution et permettra d'attribuer les propos de façon précise à une personne particulière.

▶ Noter les **mots transparents, répétés** ou **faciles** à comprendre pour saisir le sens général du document. Le **repérage des syllabes accentuées** permet de retrouver les **mots clés**, mots lexicaux nécessaires à la bonne compréhension du message. Comme le montrent les télégrammes, la présence de quelques mots (adjectifs – noms – verbes – adverbes) suffit à rendre compte d'un long message.
Ex. : *Singapore = move easily public space → privately-owned public space (POPS). Boundary = blurred → deeply integrated POPS (pedestrian pathways, stations, parks) = characteristic of city-state.*

▶ Pour la **prise de notes** : ne pas hésiter à utiliser des **abréviations** (tronquer les mots : *system* → *syst*, ou ne garder que des consonnes : *government* → *gvt*).
La syllabe finale peut aussi être abrégée : terminaison en *-tion* → -°, comme *communicat°*, ou mot terminé en *-ment* → -^{t}, comme *improvem^{t}*.
S'entraîner à utiliser des **symboles** ou signes mathématiques pour gagner du temps : augmenter = ↗ et femmes, hommes = ♀♂.
L'essentiel est d'être **efficace dans la prise de notes** : ne pas copier des phrases entières mais se focaliser sur les informations en elles-mêmes.
Ex. : L'information suivante *"co-housing is expected to grow strongly in the forthcoming years"* figurera simplement comme : *"co-housg = ++↗ in future"*.

▶ À l'issue de la 1re écoute, **relire ses notes** et essayer de les **organiser** : indiquer plus précisément ce que l'on sait des **différents interlocuteurs** et identifier les **informations manquantes** à saisir lors de la **2e et 3e écoute**. En présence de **listes incomplètes** par exemple, dans le cas où seuls les premiers éléments de la liste ont pu être pris en notes faute de temps : **mettre des tirets** devant les informations manquantes pour indiquer où focaliser son attention lors des écoutes suivantes.

2 Restituer le sens en français

▶ Avoir conscience des **trois niveaux de restitution** :
– la **situation d'énonciation** (Qui parle ? Quels sont les rapports entre les intervenants, s'il y en a plusieurs ? Où est (sont)-il (s) ?) ;
– la **finalité** (Quelle est la nature du document ? Son objectif ? Sa cible ? Exprime-t-il un point de vue subjectif ou une réalité neutre ?) ;
– le **contenu informatif** (il s'agit de toutes les informations factuelles) et l'**organisation générale** du message (présentation d'un problème, de ses causes puis de ses conséquences ; expression d'un point de vue puis d'arguments pour le justifier, etc.).

▶ En LVA, rendre compte de l'**implicite** : le ton de l'intervenant ou des propos saccadés peuvent trahir une **émotion**, un débit rapide peut révéler une certaine excitation ou un danger, etc.

Cours

Info

• The 1995 Declaration and Platform for Action (taken at the Fourth World Conference on Women in Beijing, China) is the most visionary agenda for the empowerment of women and girls.
Since then, UN Women and Generation Equality have worked to make these targets a reality.

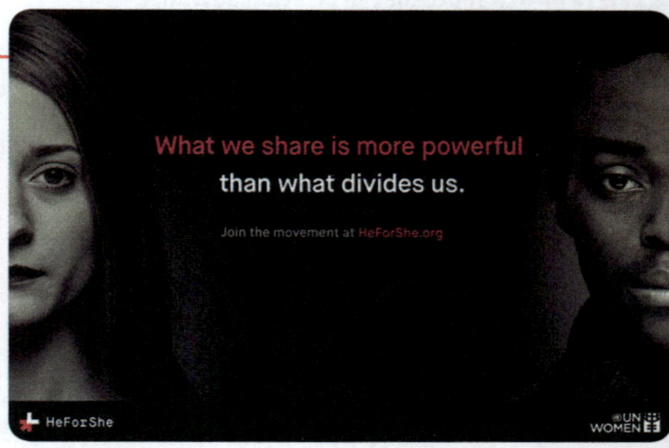

The campaign "He for She" launched by the United Nations in September 2014 promotes global gender equality.

1 Enjeux

▶ *To what extent have new trends (social media – co-housing – new work arrangements) changed our vision of privacy?*
▶ *Is gender equality a reality?*
▶ *Have new work arrangements influenced people's private lives?*

Mots clés

- *achieve work-life balance /ˌwɜːk laɪf ˈbæləns/ = have a harmonious combination of work, family and leisure*
- *break the glass ceiling /ˌɡlɑːs ˈsiːlɪŋ/ = to overcome invisible obstacles*
- *hold back from equal participation = prevent /prɪˈvent/ from participating equally*
- *measures to alleviate /əˈliːvieɪt/ work constraints = flexible work arrangements /əˈreɪndʒmənts/*
- *tackle gender /ˈdʒendə(r)/ inequality = try to promote gender equality*

2 Grammaire

a. Used to et would

▶ Pour parler d'une action récurrente dans le passé (qui en vient presque à caractériser le sujet), il faut employer *would*.
Ex. : *In the 19th century, the disabled **would accept** to be excluded from mainstream society without questioning it.*

▶ Pour parler d'une habitude qui avait lieu dans le passé mais qui a cessé aujourd'hui, il faut employer *used to* + infinitif (à la forme négative : *did not use to* + infinitif).
Ex. : *Gay politicians **used to hide** their true selves in public = they **did not use to reveal** their sexual orientation in public.*

▶ Attention à ne pas confondre cette structure avec l'emploi de *get used to* ou *be used to* + V-*ing*. Cette forme peut s'employer à tous les temps pour exprimer une habitude.
Ex. : *In the future, people will have to **get used to working** from home **and having** flextime work arrangements.*

b. Marqueurs de temps et évolution

▶ Une action est souvent circonscrite à un moment précis (… *ago* ou *last*… permettent d'exprimer un instant passé) ou à une période (*for* peut exprimer une durée alors que *during* exprime un cadre pendant lequel une action a eu lieu).
Ex. : *He came out **during the holidays, a few years ago**. He admitted that he had been in a relationship with a man **for two years**.*

▶ Pour exprimer une évolution plus générale, plusieurs expressions sont utiles. Elles s'utilisent souvent avec un verbe au *present perfect*, puisqu'elles expriment une action qui a commencé dans le passé mais qui se prolonge aujourd'hui.
Ex. : ***Over the years** / **Over time** / **Throughout history**, people have traditionally traded privacy for fame, wealth or convenience.*

Exercices

1 ★ 5 min Complétez les blancs suivants en utilisant la forme infinitive ou V-*ing* du verbe.

a. Some people like "life bloggers" are used to [publicise / publicising] intimate details about their days.
b. My grandparents used to [say / saying] that privacy should be protected at all costs as it is the basis of our freedom.
c. Young people have got used to [flock / flocking] to social networks and [upload / uploading] homemade videos by the millions.
d. People used to [prefer / preferring] living in individual houses. Now more and more opt for communal facilities and co-housing.

2 ★★ 10 min Traduisez les phrases suivantes.

a. Auparavant, les femmes se mariaient pour fonder une famille et s'occuper de leurs enfants.
b. Depuis des années, de jeunes adolescentes choisissent des carrières scientifiques et obtiennent des emplois très qualifiés dans les industries de pointe (= *state-of-the-art industries*).
c. Pendant des années, les gens ne mélangeaient pas leur vie privée et leur travail. Ils quittaient leur maison tous les matins pour aller au bureau et rentraient tous les soirs pour retrouver leur famille.
d. Ne t'inquiète pas ! Tu vas t'habituer à vivre autrement.

3 ★★★ 15 min Type Bac
Écoutez trois fois le document audio sur bordas Flash PAGE, et restituez-en le sens en français.

ANGLAIS

Art et pouvoir

Méthode

1 Décrire un document iconographique

▶ Suivre une **méthodologie rigoureuse** vous permettra d'avoir toujours quelque chose à dire, même sur un document inconnu comme ce sera le cas lors de l'épreuve orale.

▶ Commencer par **présenter** le document (**nature**, **source**, **auteur**, **date**).

Ex. : *This document is a… It was made / released in… by…*

▶ Savoir identifier les **différents types** de document iconographique – *a graph* (*a pie chart, a line graph, a bar graph*, etc.), *a representation of a painting, a mural, a poster, an ad* (*= advert or advertisement*), *an infographic, a cartoon, a photograph, a picture*, etc. Indiquer aussi correctement la **date** : *in* + le mois et/ou l'année, mais *on* + un jour.

Ex. : *in 2020, in January 2020, on January 1st*

▶ Poursuivre par une **description générale** ou la présentation des éléments évidents, pour aller vers une **description plus minutieuse** du document (aborder la **composition**, les **couleurs**, les **différents plans**, les **angles de vue**, etc.).

Ex. : *In the background, … In the foreground, … The colours which are used are rather bright, which expresses hope and enthusiasm.*

2 Analyser un document iconographique

▶ Cette présentation débouchera sur la formulation d'**hypothèses** et d'une **analyse critique** des éléments représentés ou des choix de l'artiste. Le candidat n'est pas censé avoir une connaissance encyclopédique des œuvres, mais il doit **savoir se poser les bonnes questions** et proposer des réponses pertinentes ou des pistes de réflexion.

Ex. : *The use of straight lines suggests… The choice of dim colours expresses… The fact that the picture looks very realistic may emphasise…*

▶ Penser à émettre des hypothèses quant aux **intentions de l'artiste**, en s'appuyant sur des éléments concrets de l'image puis en suggérant des pistes d'interprétation.

Ex. : *The message the artist probably wanted to convey is… What he certainly intended to highlight is… This choice is deliberate and may suggest that…*

▶ La dernière étape de la présentation repose sur les **rapprochements** à faire entre le **document** proposé et l'**axe traité.** Il est possible de faire référence à d'autres documents, non pour éviter de parler de celui qui est proposé, mais pour en soulever les caractéristiques intrinsèques.

Ex. : *I think that this document is quite relevant to express the political role of art, because… It makes me think of another artwork we have studied in class, which is… They both express… but contrary to the other document, the image under study here shows…*

Cours

1 Enjeux

▶ *To what extent should art be used as a tool to convey a political message?*

▶ *Should art remain independent from people's reality?*

Info

Modernism, the collection of artistic movements which spread from the late 19th century to the first part of the 20th century, is based on a desire to break away from traditional social institutions. The rejection of God and centralised political power later influenced major artworks.

Napalm is a powerful print which was made by Banksy in 2004 to denounce American commercialism and imperialism. It reinvented the internationally known photograph from the Vietnam War entitled *The Terror of War*, taken in 1972.

>> **2 Grammaire**

a. Les verbes à particule ou *phrasal verbs* : présentation

▶ De nombreux verbes en anglais se combinent avec une particule adverbiale pour produire un verbe dont le sens s'écarte souvent radicalement de la simple combinaison du sens du verbe et de celui de la particule.
Ex. : *to put off* = remettre à plus tard

▶ Ces verbes sont souvent plus courants dans la langue orale et appartiennent à un registre plus informel que leur équivalent d'origine latine.
Ex. : *to give out* = *to distribute* ; *to go on* = *to continue*

▶ Certains de ces verbes sont intransitifs (*to grow apart* = se disputer), d'autres sont transitifs directs (*to let someone down* = laisser tomber quelqu'un) ; d'autres encore se construisent avec un autre complément prépositionnel.
Ex. : *to get on with someone* = bien s'entendre avec quelqu'un ; *to put up with someone* = supporter quelqu'un, ou *to make up for something* = compenser quelque chose

▶ Parfois, le même verbe peut avoir plusieurs constructions en conservant le même sens (*to give up* = abandonner et *to give something up* = abondonner quelque chose). Dans d'autres cas, le sens est différent entre le verbe intransitif (*to make up* = se maquiller ou se réconcilier selon le contexte), et le verbe transitif (*to make up a story* = inventer une histoire).

▶ Contrairement au cas des verbes prépositionnels, la particule des *phrasal verbs* forme un bloc avec le verbe, et est accentuée (voir le 1er chapitre pour plus d'informations).

Mots clés

- *convey a message* /ˈmesɪdʒ/ = *express an idea*
- *counterculture* /ˈkaʊntəkʌltʃə(r)/ = *nonconformist* /ˌnɒnkənˈfɔːmɪst/
- *denounce politicians' abuse* /əˈbjuːs/ *of power*
- *hold an art exhibition* /ˌeksɪˈbɪʃn/ = *display* /dɪˈspleɪ/ *a collection of artworks*
- *isolated from everyday life* = *cut off from reality*
- *a specially commissioned artwork* /ˈɑːtwɜːk/ = *a work of art ordered by someone in power*
- *take on* = *accept (a political role)*
- *a tool for self-expression* /ˌself ɪkˈspreʃn/ = *a means of expression*

b. Les verbes à particule : ordre des mots

▶ Lorsque le verbe est transitif direct, le complément peut souvent se mettre soit entre le verbe et la particule, soit après la particule. En revanche, si le complément est un pronom personnel, il doit se placer avant la particule adverbiale.
Ex. : *In the past, some monarchs* ***backed up*** *artists* = *they backed them up.*

▶ Si le complément est assez long, la particule se met plutôt avant.
Ex. : *The artist* ***gave away*** *all the money he had been offered by the prince.*

Exercices

1 ★ 5 min **Rapprochez la citation suivante du document visuel ci-contre et expliquez la différence de point de vue.**

Citation : *"I don't really believe in political art. I feel in my heart the purpose of art transcends cultural and class and politics"*, Sean Lennon, son of Yoko Ono and John Lennon.

2 ★ 5 min **Traduisez les phrases suivantes en utilisant un verbe à particule. Utilisez le verbe entre parenthèses.**

a. Certains artistes ne sont pas soutenus par les autorités locales. (*to back*)
b. Des personnes au pouvoir inventent parfois des histoires pour discréditer les artistes qui les critiquent. (*to make*)
c. L'exposition a été annulée à cause des manifestations violentes qui sont prévues dans les semaines à venir. (*to call*)
d. Le président ne s'entend pas très bien avec des artistes qui lui témoignent peu de respect dans leurs œuvres. (*to get*)

3 ★★ 5 min Type Bac
Entraînez-vous pour la présentation orale : décrivez et analysez le document sans temps de préparation.

ANGLAIS

Citoyenneté et mondes virtuels

Méthode

1 Exprimer ses idées et les justifier

▶ Avant de **donner un point de vue**, il est possible d'utiliser des **structures explicites** comme *to me..., I (do) believe..., personally I think..., in my opinion..., to my mind...*, etc. Ces dernières annoncent clairement le caractère **subjectif** de votre affirmation.

▶ Toute prise de position doit être **argumentée** et **justifiée** par une **mise en contexte** ou des **exemples.** L'essentiel dans cette épreuve n'est pas l'opinion du candidat, mais la **qualité de son argumentation** et la façon dont toute prise de position est justifiée.
Ex. : *Personally, I think hashtag activism alone is not really making a change in people's lives. Indeed, I do believe it is a superficial form of activism, not powerful enough to change our laws. At best it can raise awareness, influence politicians and encourage them to make the relevant decisions. This is what actually happened with the hashtag #MeToo.*

2 Interagir de façon efficace

▶ Pour se **donner le temps de réfléchir**, penser à **formuler la question** à laquelle on s'apprête à répondre. En phase d'interaction, il peut être intéressant aussi de **reprendre la question de l'examinateur** au style indirect.
Ex. : *You are asking me if social media is giving people more control over their lives or not? It is a real question, now that we spend so much time online.*

▶ Lors de la phase d'interaction avec l'examinateur, il faut savoir saisir les perches qui sont lancées et ne pas nécessairement rester sur ses positions. Il est tout à fait acceptable de **reconnaître une erreur**, ou de souligner le caractère un peu contestable d'une affirmation auparavant énoncée. Il suffit parfois de **mettre cette idée en perspective** pour la justifier partiellement, ou d'expliquer le contexte particulier dans lequel elle reste valable. Si l'examinateur revient sur un point, il est stérile de simplement répéter ce qui a été dit, et il faut accepter soit de reprendre son idée et d'en montrer les limites, soit de trouver de nouveaux arguments plus convaincants. Il faut donc veiller à bien rester **ouvert aux suggestions de l'examinateur.**

▶ Autant que faire se peut, essayer d'établir une conversation aussi naturelle que possible, qui se rapproche davantage d'un échange d'idées plutôt que d'un interrogatoire. Inutile donc d'être sur la défensive, ou de se laisser déstabiliser si l'examinateur exprime son désaccord ; le prendre comme une occasion de préciser, développer, améliorer une idée, et non comme une remise en cause radicale. Il n'y a d'ailleurs pas toujours de bonne réponse à certaines questions, mais il y a des façons plus ou moins adaptées de réagir.

Cours

1 Enjeux

▶ *Is social media empowering ordinary citizens?*
▶ *To what extent has social media changed the way people interact?*
▶ *Is hashtag activism strong enough to counter traditional forms of power?*

Info

The term "hashtag activism" appeared for the first time in The Guardian *in 2011 about Occupy Wall Street protests. It now refers to Internet activism.*
"Clicktivism" is another term expressing the use of social media and the Internet to advance social issues.

The now international activist movement Black Lives Matter began in 2013 with the use of the hashtag #BlackLivesMatter. It denounces systemic racism towards black people in the U.S. and has given a voice to ordinary citizens and even the underprivileged.

2 Grammaire

a. Forme interrogative directe et indirecte

▶ Le schéma de base d'une question, lorsque le mot interrogatif n'est pas le sujet, est le suivant :

(Mot interrogatif)	Auxiliaire	Sujet	Verbe et complément
(*Where*)	*Did*	*the activists*	*meet before the march?*

Il convient d'employer l'auxiliaire avant le sujet, et le verbe ensuite (éventuellement un mot interrogatif en premier). Au présent simple, il faut utiliser l'auxiliaire *do / does* et au prétérit l'auxiliaire *did*.

▶ Lorsque le mot interrogatif est le sujet, il est directement suivi du verbe conjugué.
Ex. : *Who started the movement?*

Mots clés

- *beneficial* /ˌbenɪˈfɪʃl/ *to somebody* ≠ *detrimental* /ˌdetrɪˈmentl/
- *daily interaction* = *exchange* /ɪksˈtʃeɪndʒ/ *on a day-to-day* /ˌdeɪ tə ˈdeɪ/ *basis*
- *defy* /dɪˈfaɪ/ *people in power* = *refuse to obey them*
- *empower* /ɪmˈpaʊə(r)/ *citizens* = *give people more authority and control over their lives*
- *interact* /ˌɪntərˈækt/ *with your peers* = *be in contact with people your age*
- *social media* /ˌsəʊʃl ˈmiːdiə/ = réseaux sociaux
- *take part in grassroots* /ˌɡrɑːsˈruːts/ *movements* = *be a member of an association with ordinary people*

▶ Au style indirect, toutes les questions reprennent l'ordre des mots d'une phrase affirmative soit :
(mot interrogatif) – sujet – verbe conjugué – complément.
Ex. : *I don't know where the activists met before the march and who started the movement.*

b. *Question-tags*

▶ Le *tag* est composé d'un des auxiliaires (*be*, *do* ou *have*) en fonction de la phrase principale et est suivi du sujet, souvent sous la forme d'un pronom personnel. On reprend le même auxiliaire que celui de la phrase principale ; au présent simple, ce sera *do / does* et au prétérit *did*. Si la phrase est affirmative, le *tag* sera à la forme négative et réciproquement.
Ex. : *Many young students in Florida have joined the #WhatIf movement,* ***haven't they?***

▶ Ces structures permettent de transformer une affirmation en une question pour inviter l'interlocuteur à réagir. Prononcé avec une intonation montante, le *tag* demande une réelle confirmation à l'interlocuteur. En revanche, un *tag* prononcé avec une intonation descendante n'attend pas de réelle réponse.

Exercices

1 ★ 5 min Utilisez la photographie ci-contre pour avancer quatre opinions personnelles, en variant la formulation.

2 ★★ 10 min Posez les questions en lien avec éléments soulignés. Ensuite, reformulez-les au style indirect en utilisant l'amorce *I don't know...*

a. The rise of digital media or online activism may shift <u>the traditional balance of power</u>.

b. <u>The development of a cyberspace</u> has given ordinary citizens a remarkable platform.

c. This digital era called the Information Age offers <u>new challenges</u>.

d. Everybody has access to information <u>on social media</u>.

3 ★★★ 10 min Type Bac
Imaginez un contre-argument exprimant les limites des réseaux sociaux, et comment y réagir.

ANGLAIS

Méthode

Document A

The bell that measures time is ringing. Time here is measured by bells, as once in nunneries. As in a nunnery too, there are few mirrors.

I get up out of the chair, advance my feet into the sunlight, in their red shoes, flat-heeled to save the spine and not for dancing. The red gloves are lying on the bed. I pick them up, pull them onto my hands, finger by finger. Everything except the wings around my face is red: the colour of blood, which defines us. The skirt is ankle-length, full, gathered to a flat yoke that extends over the breasts, the sleeves are full. The white wings too are prescribed issue; they are to keep us from seeing, but also from being seen. I never looked good in red, it's not my colour. I pick up the shopping basket, put it over my arm. The door of the room – not my room, I refuse to say *my* – is not locked. In fact, it doesn't shut properly. I go out into the polished hallway, which has a runner down the centre, dusty pink. Like a path through the forest, like a carpet for royalty, it shows me the way.

[...] There remains a mirror, on the hall wall. If I turn my head so that the white wings framing my face direct my vision towards it, I can see it as I go down the stairs, round, convex, a pier-glass, like the eye of a fish, and myself in it like a distorted shadow, a parody of something, some fairy tale figure in a red cloak, descending towards a moment of carelessness that is the same as danger. A Sister, dipped in blood.

Extract from *The Handmaid's Tale*, chapter II, Margaret Atwood, 1985

Document B

Margaret Atwood: *The Handmaid's Tale* feels real in 2019, but the solution won't come from novels

The crimson cloaks and white bonnets of Margaret Atwood's dystopian feminist classic *The Handmaid's Tale* have become a distinctive feature of Trump's America. They've been worn by protestors outside state legislatures across the country, as elected officials attempt to enact laws limiting women's reproductive rights.

Let's face it, there are few costumes in classic or contemporary literature that will immediately tell everybody exactly why you're there. But for the unfamiliar, the cloaks are invariably accompanied by posters with slogans like "The Handmaid's Tale is not an instruction manual" and "Make Margaret Atwood fiction again".

[...] *The Handmaid's Tale* describes a toxic world in which misogyny and environmental degradation has turned the US into a totalitarian theocracy. The fictional republic of Gilead has enforced a system of gender-based violence, enslaving the few women capable of bearing children to serve as "handmaidens" to the ruling class.

[...] Atwood's books paint a speculative or parallel reality. But she is careful to point out that they are also of their own historic moment. They contain nothing that has not already become part of what James Joyce once called the "nightmare of history" – no technology, no atrocity, "nothing goes on that has not already gone on", she says.

Newspaper extract from *The Conversation*, Camilla Nelson, 4 marzo 2019

1 Effectuer les premiers repérages

▶ La compréhension de l'écrit peut prendre appui sur deux textes. Dans ce cas, avant de commencer la lecture, regarder le **paratexte** ou les **sources des deux documents** pour saisir leur **nature** et leur **contexte.** La **finalité des documents** en découle : un article de presse traitera souvent de l'actualité, l'objectif étant informatif. En revanche, un extrait de roman, étant une œuvre fictive, n'offrira pas le même rapport à la réalité, à moins qu'il ne se veuille prémonitoire ou préventif.

▶ La **date de publication** permet de situer chaque document l'un par rapport à l'autre. Ici, l'article de presse a été écrit après le roman et en offre une critique, à plus de 30 ans d'intervalle. Il est essentiel de comprendre ce décalage.

▶ Lors de la lecture de chaque document, saisir **le (les) personnage(s)** mentionnés, leurs **relations**, les **lieux** et les **actions** (considérer les verbes et les temps auxquels ils sont conjugués pour en saisir la chronologie). Une fois le repérage de base effectué et les différents éléments mis en relation, l'étape suivante repose sur l'explication de l'**implicite** (l'état d'esprit / les sentiments / les intentions des personnages et de l'auteur notamment).

2 Comparer les perspectives et restituer le sens

▶ Les documents (lorsqu'il y en a deux) ont été choisis pour offrir une **vision différente sur une thématique commune.** L'enjeu de l'épreuve de compréhension de l'écrit est de mettre à jour leurs similitudes et leurs différences.

▶ Dans le cas d'un extrait littéraire, le type de narrateur est important (*first-person / third-person narrative*) puisqu'il a une incidence sur le **point de vue,** qu'il conviendra de comparer d'un document à l'autre également.

▶ Maîtriser les **structures** adaptées pour exprimer les **points communs** et les **différences.**

Ex. : *Both documents reveal... Document A and document B share the same... Like document A, document B...*

Ex. : *Contrary to document A, document B... Document A shows... On the contrary, document B...*

Cours

1 Enjeux

- *To what extent do fiction and reality interact?*
- *What should we learn from dystopian movies?*

Mots clés

- *act as a* **cautionary** /ˈkɔːʃənəri/ *tale = a* **story** *giving a* **warning**
- *be out of touch* /tʌtʃ/ *with the real world = be* **disconnected** /ˌdɪskəˈnektɪd/ *from reality*
- *blur the lines between fiction and reality = make the* **difference** *less* **distinct**
- *head in the wrong* **direction** *= go the wrong way*
- *run a* **potential** *risk* = encourir potentiellement un risque
- *pose a threat* /θret/ *to = represent a danger* /ˈdeɪndʒə(r)/ *for*

2 Grammaire

a. Expression du futur avec *will*

- Utiliser *will* + base verbale pour renvoyer de façon neutre au futur. L'expression *be going to* exprime plutôt un futur dont le présent de la situation d'énonciation porte les signes.
Ex. : *The surveillance state* ***will*** *reduce our freedom, as shown in G. Orwell's novel* 1984.

- Pour envisager l'action en cours de développement, dans le futur, employer *will* + *be* + V-*ing*.
Ex. : *In the future, people* ***will*** *still* ***be working*** *when they reach 70.*

- Utiliser *will* + *have* + participe passé pour se concentrer sur le résultat d'une action au futur.
Ex. : *As we can see in many dystopian novels, everybody* ***will have lost*** *their hopes before adulthood.*

b. Subordonnées avec *if* et *when*

- Pour exprimer une condition pleinement réalisable, employer *if* + un verbe au présent, et *will* dans la proposition principale.
Ex. : ***If you imagine*** *the worst-case scenario, you* ***will*** *hopefully avoid it.*

The Handmaid's Tale (La Servante écarlate), Série TV, Saison 3, 2019

Info

There is a rich tradition of dystopian tales, some of the most famous writers being Ray Bradbury in the U.S., Margaret Atwood in Canada, and George Orwell or Aldous Huxley in the U.K. The TV drama series adapted from Margaret Atwood's 1985 novel, The Handmaid's Tale*, won numerous awards. The third season was released in June 2019.*

- Pour réaliser une projection dans l'avenir, il est possible de recourir à une subordonnée de temps introduite par *when, as soon as*, etc. Attention à bien employer un présent simple dans la subordonnée, là où le français utilise le futur.
Ex. : *Individuals* ***will be*** *powerless* ***when*** *dictatorial government* ***take over*** (= quand un gouvernement dictatorial prendra le contrôle).

ANGLAIS

Exercices

1 ★ 5 min **Rapprochez le poster d'une des deux problématiques proposées dans la partie « Enjeux », et justifiez le lien.**

2 ★★★ 15 min Type Bac **Comparez la vision de la réalité offerte par chacun des documents A et B.**

Innovations scientifiques et responsabilité

Méthode

1 Connaître les différents formats d'expression

▶ Pour aborder sereinement l'épreuve d'expression écrite, connaître les **caractéristiques des principaux formats d'expression guidée** comme :

– l'**article de presse** : penser à un titre accrocheur, une date et un nom de journal, des informations factuelles présentées sous forme de paragraphes ;

– le **blog** : souvent plus informel, avec un titre accrocheur, des paragraphes et parfois des sous-titres. À la fin, penser à encourager le lecteur à vous suivre ou à laisser des commentaires (*a call to action*) ;

Ex. : *Like what you've read? Subscribe to our blog / newsletter* ou *Leave your comments*.

– le **discours** : penser à convaincre et à adapter le registre de langue à l'auditoire ; les figures de style seront utiles, comme la répétition, l'alternance de phrases longues et courtes et une progression dans ce qui est dit pour clore sur un message fort.

▶ La façon de présenter les messages de correspondance, comme les lettres ou les courriers électroniques, est à connaître :

– les **lettres** : penser à l'en-tête en haut à droite (adresse de la personne qui écrit sans son nom, et date en dessous sans le lieu) et maîtriser les formules de salutation comme celles de clôture, selon les registres (formel ou informel) ;

Ex. : *Dear sir or madam* → *Yours faithfully; Dear Peter* → *Best wishes*

– les **courriers électroniques** : respecter la présentation : expéditeur – destinataire – objet avant de rédiger le message. Il faut également respecter les registres de langue en fonction du destinataire et connaître les formules-types.

Ex. : *Look forward to hearing from you. Take care. XXX*

▶ Les **sujets de discussion** doivent se présenter sous la forme d'une très courte **introduction**, d'un développement en plusieurs **paragraphes**, et d'une courte **conclusion** qui devrait se terminer par une **ouverture.** Les idées doivent être ordonnées, la **progression** clairement marquée par des **liens logiques**, et les **arguments** explicités par des **exemples.**

2 Registres de langue

▶ Il convient de **respecter le registre de langue attendu**, formel ou informel. La syntaxe et le vocabulaire en dépendent :

Style formel / neutre	Style informel
Phrases complètes Ex. : *I have just received your mail. I'll speak to you soon.*	**Phrases tronquées**, sans sujet Ex. : *Got your mail. Speak soon.*
Formes pleines des verbes Ex. : *We are sorry to hear that you have been made redundant* (= licencié).	**Formes contractées** Ex. : *Sorry you've lost your job.*
Vocabulaire assez **soutenu** Ex. : *He went out to spend some time with his friends.*	**Vocabulaire** informel et **courant** Ex. : *He's hanging out with his mates.*

Cours

1 Enjeux

▶ *To what extent can scientists solve the climate crisis?*
▶ *Should we promote scientific progress at all costs?*
▶ *Should scientific progress respect ethical considerations?*

Info

The double helix structure of DNA was discovered in 1953. It was a turning-point in the history of science and gave rise to modern molecular biology.

Recent developments in genetic engineering are both very promising and scary.

2 Grammaire

a. Expressions lexicales de probabilité

▶ On peut exprimer la probabilité par des adverbes comme *perhaps, maybe, possibly, presumably* ou *probably* (probabilité moyenne). *Maybe* est plus familier que *perhaps*, et tous deux se placent en tête de phrase.
Ex. : ***Perhaps*** *gene editing will bring a solution to all cancers.*

▶ L'expression *be likely to* indique qu'une action a des chances de se produire. Bien noter la structure différente du français :
Ex. : *In the future, police officers* ***are likely to*** *resort to facial recognition more often than today.* (= Il y a des chances qu'à l'avenir, les officiers de police aient recours à la reconnaissance faciale plus souvent qu'aujourd'hui.)

Mots clés

- *blame someone for something = hold responsible*
- *carry out some research /rɪˈsɜːtʃ/ / experiment /ɪkˈsperɪmənt/ = complete it*
- *cross the line / threshold /ˈθreʃhəʊld/ = go beyond a point*
- *improve people's standard of living /ˌstændəd əv ˈlɪvɪŋ/ = make conditions better*
- *infringe upon people's privacy /ˈprɪvəsi/* or */ˈpraɪvəsi/ = limit somebody's legal rights*
- *overdependent /ˌəʊvərdɪˈpendənt/ = addicted to something*
- *solve global issues /ˈɪʃuːz/ = find an answer to a general problem*

▶ Pour indiquer une forte probabilité, il est possible d'employer :
– des adverbes comme *certainly* ou *surely* ;
– des locutions adverbiales comme *in all likelihood, as likely as not, for certain, for sure* ou *no doubt* ;
– des structures verbales comme *be sure to* ou *be certain to*.
Ex. : *Biologists* ***are sure to*** *find a cure to all deadly diseases.*

b. Modaux et expression de la probabilité

▶ Certains modaux sont susceptibles d'être utilisés pour exprimer un degré de probabilité, *must* exprimant le plus probable ou une action quasi certaine, *may* une probabilité moyenne et *might* une faible probabilité.
Ex. : *Uncontrolled technological progress* ***may*** *have caused irreversible damage.*

▶ Il est possible d'estimer le degré de probabilité d'une action présente, passée ou future :
– modal + base verbale = action présente ou future ;
Ex. : *The development of technology* ***might imply*** *more controversial challenges in the future.*
– modal + *be* + V-*ing* = action en cours dans le présent ;
Ex. : *They* ***must be working*** *on AI.*
– modal + *have* + participe passé = action passée.
Ex. : *Medical, scientific and technological progress* ***may have changed*** *our society for the better.*

▶ La forte probabilité qu'une action n'ait pas eu lieu s'exprime par le modal *cannot* (ou *can't*). Cela peut se traduire par : « Il est impossible que… ».
Ex. : *European researchers* ***can't*** *have already cloned a baby.*

Exercices

1 ★ 5 min **Sélectionnez dans la liste suivante les deux mots qui seront utiles à l'analyse de l'image du cours et justifiez votre choix.**

to store in databases – gene manipulation – to track someone – to resort to AI – biometric data – to use an algorithm – to infringe upon people's privacy – a biotech plant – DNA

2 ★ 10 min **Reformulez les idées suivantes en utilisant un registre informel.**

a. You can phone the laboratory to get more details about your next medical examination.

b. Scientists would work rather efficiently on this project if they were given the right information.

c. I hope I will see you in the coming days.

d. Yours truly.

3 ★★★ 20 min Type Bac **Choisissez un titre parmi les suivants et écrivez un article.**

a. Plant genes modified to fight pollution

b. Drone-assisted tree planting

c. Mutant enzyme to degrade plastic

ANGLAIS

Diversité et inclusion

Méthode

1 Analyser une infographie

▶ Considérer le **titre** et la **légende** du document pour en comprendre le sens et l'information principale.

Ex. : *The graph below shows the share of the U.S. population which each racial and ethnic group is expected to represent over the next 25 years, between 2015 and 2045.*

▶ Déterminer les **informations essentielles** ou les **grandes tendances** en premier avant de considérer éventuellement ce qui relève davantage du détail.

Ex. : *The graph confirms the importance of racial minorities as the primary demographic engine of the nation's future growth. The Whites remain the single largest racial group in the U.S. but their proportion in the overall population is expected to decrease. The U.S. should become "minority white" in 2045 as the Whites should represent 49.7% of the whole population. On the contrary, the proportion of people of Hispanic origin should grow quickly over the next 25 years.*

▶ Une fois les informations factuelles dégagées, essayer d'en rendre compte et de **trouver des explications**.

Ex. : *The arrival of new immigrants like Asians or Hispanics may be a reason, but also the higher birth rate of these groups compared to White people. Indeed, the decline of the proportion of white people in the whole population of the U.S. is driven by falling birth rates and a rising number of deaths over time as the population ages.*

2 Analyser une citation

▶ Dégager les **mots essentiels** de la citation et la reformuler avec ses **propres mots**.

Ex. : *"We need to help students and parents cherish and preserve the ethnic and cultural diversity that nourishes and strengthens this community – and this nation", Latino American civil rights activist Cesar Chavez.*

→ *Racial diversity is the backbone of the American society and should be encouraged.*

→ *People belonging to a racial of ethnic minority group should be proud of their origins, be they young (students) or older (their parents).*

→ *Means to help people keep their differences and specific identity should be promoted by the U.S. society as a whole.*

▶ Mettre cette **citation en perspective** : donner des arguments pour **expliquer la vision** proposée, donner des **exemples concrets**, la rattacher à un **contexte** culturel ou une aire géographique, étendre sa **portée**, la placer dans le champ de la **thématique au programme**, lui opposer des **contre-arguments** ou en soulever les **limites**, etc.

Ex. : *The idea that "ethnic and cultural diversity nourishes this nation" (= the American nation) is supported by official projections of the Census Bureau. Indeed, Hispanic people are the largest minority in the U.S. today, and the proportion of people of Hispanic origins nationwide is still expected to grow.*

Cours

1 Enjeux

▶ *Has our society become more racially-integrated?*

▶ *To what extent are minority groups better recognised in our society?*

▶ *Has people's workplace become more diversified?*

Info

In 2014, Latinos outnumbered Whites in California.
According to the latest census in 2011, White Britons now represent less than 50% of the overall population in London.

U.S. population will become increasingly diverse

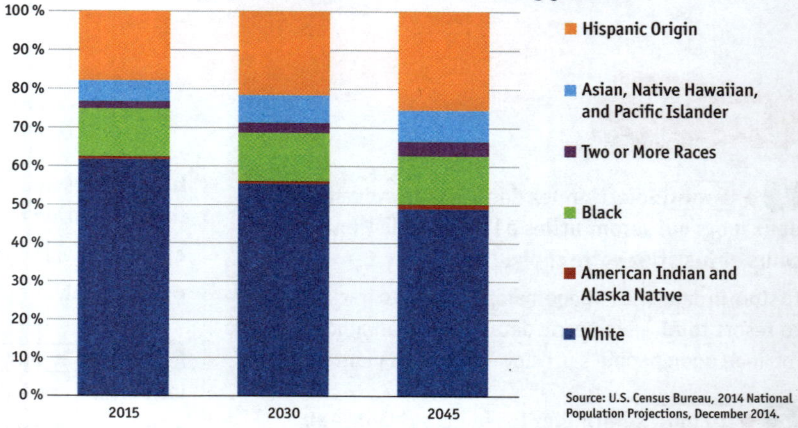

Source: U.S. Census Bureau, 2014 National Population Projections, December 2014.

While the nation's racial and ethnic diversity is expected to grow, Whites should still remain the single largest racial or ethnic group in the U.S. as a whole. However, the white share of the population should be declining as Hispanic and Asian populations keep growing.

2 Grammaire

a. Comparatif et superlatif

▶ Alors que le comparatif permet de mettre en rapport deux éléments, le superlatif situe cet élément dans un groupe, pour dire que c'est « le plus... » ou « le moins... ». Il faut alors utiliser la règle des adjectifs dits « courts » ou « longs » pour savoir s'il faut ajouter le suffixe *-er* (comparatif) / *-est* (superlatif) apposé à l'adjectif, ou utiliser *more* / *less* (comparatif) ou *the most* / *the least* (superlatif) devant.
Ex. : *White people have traditionally been richer and more privileged than African-Americans.*

▶ Rappel de la règle des adjectifs courts et des adjectifs longs : sont considérés comme « courts » les adjectifs d'une syllabe, ou de deux syllabes terminés en *-er*, *-le*, *-ow*, et *-y*.
Ex. : *cleverer, gentler, narrower and easier than before*

Mots clés

- *be biased* /ˈbaɪəst/ *against* = *be prejudiced* /ˈpredʒədɪst/ *against*
- *be discriminated* /dɪˈskrɪmɪneɪtɪd/ *against* = *suffer from discrimination*
- *be on an equal* /ˈiːkwəl/ *footing* /ˈfʊtɪŋ/ = *be treated in the same way*
- *entrenched* /ɪnˈtrentʃt/ *cultural stereotypes* /ˈsteriətaɪps/ = *deep-rooted* /ˌdiːp ˈruːtɪd/ *bias*
- *fully integrated* /ˈɪntɪgreɪtɪd/ *into mainstream society*
- *transcend racial barrier* /ˈbæriə(r)/ = *go beyond race*

▶ Connaître aussi les comparatifs et superlatifs irréguliers qui sont très fréquents (*good* → *better (than...)* → *the best* ; *bad* → *worse (than...)* → *the worst* ; *far* → *farther* / *further (than...)* → *the farthest* / *furthest*).

b. Structures particulières

▶ Attention au comparatif d'infériorité des noms : on emploie *fewer* devant un nom dénombrable au pluriel. Ex. : *fewer rights*
Cependant, on garde *less* devant un nom indénombrable, comme devant un adjectif. Ex. : *less recognition*

▶ Un cas d'emploi particulier mêle ces deux structures de comparatif et de superlatif : l'expression d'une évolution parallèle. Elle peut porter sur un verbe, un nom ou sur un adjectif. Elle se décline ainsi : *the* + comparatif (+ sujet + verbe), *the* + comparatif (+ sujet + verbe).
Ex. : *The more (people), the happier.*

▶ Il est possible de combiner un comparatif de supériorité avec un comparatif d'infériorité introduit par *the less.*
Ex. : *The less I work, the more tired I feel.*

Exercices

1 ★ 5 min **Analysez la citation donnée dans la partie « Méthode » en considérant les éléments suivants.**

– Vision given of diversity (positive / negative?)
– Particular meaning of diversity for the American nation
– Limits of integration today

2 ★★ 10 min **Exprimez une évolution parallèle.**

a. There are more white supremacists today than a few years ago. It is more and more shocking to hear their theories.
b. If a workplace is more integrated, it is more satisfying in terms of racial diversity.
c. Disabled people have an easier life if society adapts to their disability.
d. If a society is more inclusive, it is also fairer.
e. If you study less, you will understand less.

3 ★★ 5 min Type Bac
Analysez la citation suivante :
"There is no room in this country for hyphenated Americanism", Former President Theodore Roosevelt, 1916.

Méthode

1 Utiliser un vocabulaire plus riche

▶ Jouer sur les **synonymes** pour éviter les répétitions. Par exemple, pour exprimer l'idée de célébrer les héros nationaux, différents verbes peuvent être envisagés.
Ex. : *to celebrate, to acclaim, to salute, to praise (to the skies), to pay tribute / your respects*, etc.

▶ Penser aux **expressions idiomatiques** pour rendre la langue plus naturelle et l'exercice moins artificiel.
Ex. : sur le champ sémantique de la mémoire : *to remind someone of something, to recall memories, to remember the good old days, to look back on something, to have no recollection of something*, etc.

▶ Améliorer son expression personnelle passe par l'utilisation d'un **vocabulaire concis.** Éviter les mots généraux comme *thing, people, good, bad, important*, etc. ou l'emploi de *very* + adjectif, et préférer un lexique plus précis.
Ex. : *He was very sad during the very long ceremony* → *he was heart-broken during the endless ceremony.*

▶ Penser aussi aux mots comme les **adjectifs** et **adverbes** qui ne sont pas strictement nécessaires, mais permettent d'enrichir les énoncés.
Ex. : *Veterans Day is something important for the people in the army* → *Veterans Day is a significantly meaningful commemoration for servicemen.*

2 Utiliser des structures plus complexes à l'écrit

▶ Alors que la langue orale privilégie des structures plus simples et plus directes par souci d'efficacité, penser à utiliser des **structures plus complexes à l'écrit.**

▶ **Éviter** de simplement **juxtaposer** des phrases simples ou de les coordonner avec des conjonctions comme *and, or, but.* **Préférer** imbriquer deux phrases simples pour en construire une seule, en recourant à la **subordination** :
– proposition subordonnée relative ;
Ex. : *Our individual memory is a parcel of a collective memory,* ***which is passed on from one generation to the next.***
– proposition subordonnée de cause, but, opposition, paradoxe, etc.
Ex. : *Some commemorations have given rise to controversies,* ***as everybody does not accept to share the official version of history.***

Cours

1 Enjeux

▶ *To what extent is a nation's collective memory a (re)creation of the past?*
▶ *Should we still build memorials and commemorate past events?*

The Vietnam Veterans Memorial Wall in Washington pays tribute to the members of the U.S. armed forces who were killed or missing in action during the Vietnam War. More than 58,000 names are engraved on it.

Info

One of the memorial's most defining characteristics is the fact that the visitors can see their reflection at the same time as the engraved names, connecting the past and the present.

2 Grammaire

a. Les adjectifs composés

▶ Il s'agit d'une combinaison de deux mots au moins, qui est utilisée comme un adjectif. Employés devant le nom, ces mots sont reliés par un tiret. Plusieurs constructions sont possibles :

– adjectif / nom / adverbe + V-*ing* ;

Ex. : *a good-looking place, a thought-provoking exhibition, a never-ending pain*

– adverbe + V-*ed* ;

Le verbe peut être régulier (ex. : *a widely-recognised historian*) ou irrégulier (ex. : *a brightly-lit memorial, a well-known event*).

– nom + nom-*ed* / V-*ed* ;

Ex. : *an iron-fisted leader, a heart-broken soldier*

– adjectif + nom-*ed*.

Ex. : *a narrow-minded revisionist*

Mots clés

- *duty of remembrance* /rɪˈmembrəns/ = *obligation not to forget*
- *national heritage* /ˈherɪtɪdʒ/ *site* = *place recognised for its cultural significance*
- *pass on from one generation to the next* = *transfer from generation to generation*
- *as a tribute to* = *in honour* /ˈɒnə(r)/ *of*
- *pay tribute* /ˈtrɪbjuːt/ *to* = *celebrate*

▶ Il est aussi possible de former un adjectif composé à partir d'un nombre, souvent pour exprimer une distance ou une durée.

Ex. : *a two-hour seminar*

Dans ce cas, puisque l'expression fonctionne comme un adjectif, alors de même, le nom ne prend pas de -*s* ou la marque du pluriel.

b. L'ordre des adjectifs

▶ Lorsque plusieurs adjectifs sont utilisés, il convient de respecter un ordre précis. Un moyen mnémotechnique simple existe pour s'en souvenir : TACOM (taille – âge – couleur – origine – matière).

Ex. : *the largest recently-built stone statue*

Sinon, les adjectifs les plus subjectifs sont employés en premier, et les adjectifs les plus inhérents au plus proche du nom.

Ex. : *an impressive open-air museum*

▶ Même lorsque le complément dont fait partie l'adjectif est assez long (par exemple quand l'adjectif est employé à la forme comparative ou superlative, ou que plusieurs adjectifs sont coordonnés), l'ensemble se place avant le nom.

Ex. : *The most touching and upsetting moment of the ceremony was when the survivors of the conflict gave their speeches.*

Exercices

1 ★ 5 min **Rapprochez la citation suivante de la photo ci-contre et expliquez les enjeux.**

Citation : *The survivor's duty is "to bear witness for the dead and for the living. He has no right to deprive future generations of a past that belongs to our collective memory"*, Elie Wiesel, American writer and Holocaust survivor.

2 ★★ 10 min **Améliorez votre expression écrite en reformulant les phrases suivantes.**

a. People tend to forget. Physical monuments like war memorials or statues preserve our heritage.

b. Our collective memory is evolving. It is created by a given society. This society may promote specific messages and values.

c. A symbolic memorial commemorates the bombing in Oklahoma. It was created in April 2000. It consists in 168 chairs in bronze and stone with translucent bases in glass. Each chair honors a victim individually.

d. Veterans returned home from Vietnam and later died. The Vietnam Veterans Memorial Fund's *In Memory* program honors them.

3 ★★ 10 min Type Bac

Écrivez un paragraphe sur la nécessité de ne pas oublier les conflits du passé.

1 Page 389

1 c. "Prosperous" and "vulnerable" suggest the idea of an economic benefit and a threat. Greater interactions can indeed both give each country new opportunities, a wider audience, but it can also increase their overall dependence and reduce their self-sufficiency.

2 a. for **b.** on **c.** from **d.** across

3 *Éléments de réponse :* • A kiss is a rather intimate form of interaction or exchange. • It suggests a very friendly or peaceful relationship contrasting with the tense relationship these two Great Powers had in the past. • The two presidents stand for their respective nations, each with a marked identity which is here blurred by the same Adidas clothes they are wearing. • A hint at globalisation? Multinational companies selling the same products in every corner of the world? The loss of local identities absorbed by a global americanised culture? • The use of bright colours to represent the president of the U.S. may suggest his supremacy. • He looks like a vampire sucking the blood from the Russian leader = the real winner of this global economy.

2 Page 391

1 a. publicising **b.** say **c.** flocking – uploading **d.** prefer

2 a. Women used to get married to start a family and take care of their children.

b. For years, teenage girls have chosen scientific career paths and have got a highly-skilled job in state-of-the-art industries.

c. For years, people did not mix their private lives and their work. They would leave their house every morning to go to the office and come back at night to spend time with their families.

d. Don't worry! You'll get used to living differently.

3 *Éléments de réponse :* • *Nature du document : reportage informatif de la chaîne de radio nationale* National Public Radio – *cible : auditoire général – intention de communication : informer (éventuellement dénoncer les écarts de revenus entre athlètes hommes et femmes)* • *Intervenants : un homme en studio, l'envoyé spécial sur place Tom Goldman et l'ailier de l'équipe féminine américaine de football, Megan Rapinoe, sacrée Ballon d'or ou meilleure athlète du tournoi* • *Contexte : l'équipe féminine américaine de football vient de gagner son 4ᵉ titre de Championnes du Monde hier mercredi, à Lyon, alors qu'elle est au milieu d'une action judiciaire pour obtenir l'égalité des salaires par rapport à l'équipe nationale masculine* • *Juste après la dure victoire contre les Pays-Bas : passage de la joie (étreinte des joueuses) à l'indignation, avec des chants repris par le public "égalité des salaires, égalité des salaires"* • *Les membres de la FIFA (l'instance dirigeante internationale du football) se sont fait huer → décision d'octroyer un bonus de $4 millions aux filles, contre $38 millions pour les hommes l'an passé* • *Référence à la procédure judiciaire lancée en mars et encore en cours à New York, où Megan Rapinoe représente son équipe contre la fédération de football américaine* • *Elle prend le micro pour témoigner de l'excellence du jeu de son équipe qui n'aurait pas pu donner de meilleur spectacle.*

3 Page 393

1 *Éléments de réponse :* • Sean Lennon's emphasis: on the expressive, emotional, aesthetical component of art. • On the contrary, the visual document under study draws on a particular context (U.S. policies) to denounce it. It is the artist's main purpose.

2 a. Some artists are not backed up by local authorities.

b. Some people in power sometimes make up stories to discredit the artists who are criticising them.

c. The exhibition has been called off because of the violent demonstrations which are expected in the coming weeks.

d. The president does not get on very well with the artists who show him little respect in their artworks.

3 *Éléments de réponse :* • Use of a grey background : impression of sadness • Focal point of the photograph : a naked young girl taken from a well-known photograph representing Vietnamese children fleeing from a napalm blast • Representation of popular characters embodying the most famous American multinational companies (McDonald's and Disney) with a beaming smile while the young girl looks distressed • Youth as a picture of innocence and vulnerability • Attack on the imperialism and consumer culture of the U.S. • Criticism of globalisation and its negative effects on local populations • War as an inhuman act

4 Page 395

1 I think many grassroots movements have challenged our politicians recently. In my opinion, they give ordinary people more power over their lives. I do believe that without the movement #BlackLivesMatter, police brutality against African-Americans in the U.S. wouldn't have been tackled. To me, it has opened up a real debate.

2 a. What may the rise of digital media or online activism shift? → I don't know what the rise of digital media or online activism may shift.

b. What has given ordinary citizens a remarkable platform? → I don't know what has given ordinary citizens a remarkable platform.

c. What does this digital era called the Information Age offer? → I don't know what this digital era called the Information Age offers.

d. Where does everybody access to information? → I don't know where everybody has access to information.

3 *Éléments de réponse :* • A hashtag belongs to the virtual world and will not make any real change in people's lives. • Today, virtual reality is deeply connected to our real life. • What happens online has consequences offline, on our society – there is no boundary. • All politicians, even the ones who are the most powerful already, are now using social media and reacting to other people's messages or campaigns.

5 Page 397

1 *Éléments de réponse :* • Connection between our reality and dystopian novels which are not based on pure fantasy • Anticipation of imminent dangers • Wake-up call = dystopian stories as cautionary tales

2 *Éléments de réponse :* • One document is an extract from the dystopian novel which is under study in the second document (the newspaper article). • The novel = fiction, imaginary story but the article underlines how its characters have transcended their fictitious world to become feminist icons in Trump's America. • Doc A = we follow the footsteps of the heroine (first-person narrative) and adopt her rather negative vision of herself and her situation (lack of individuality or choice → symbolised by their red uniforms making them invisible). • Doc B underlines how Margaret Atwood's characters and more precisely their red cloaks and white bonnets have been turned into real-life symbols, used by activists today to defend women's rights in the U.S.

6 Page 399

1 gene manipulation – DNA. The other expressions deal with other kinds of scientific innovations : facial recognition, social media, artificial intelligence, etc.

2 **a.** Phone the lab for more details about your next check-up.

b. Scientists 'd work pretty efficiently with the right info.

c. See you soon.

d. Love / Best wishes.

3 *Selon la production des élèves. Penser à inclure une date et le nom d'un journal scientifique ou d'une revue, comme par exemple* Science Monitor, Science Daily *ou* New Scientist. *Penser à faire des paragraphes. La 1re phrase doit motiver l'article et justifier sa raison d'être en donnant des informations factuelles. Ex. :* Yesterday, Biocarbon Engineering revealed a huge plan to use their cutting-edge drones to plant thousands of trees at abandoned mines in Australia over the coming weeks.

7 Page 401

1 *Éléments de réponse :* • Positive vision : racial diversity should be preserved • The U.S. called "a nation of immigrants" ; its origin = different waves of immigration from Europe ; immigration as part of American identity ; concept of the "melting-pot" or "salad bowl" • Need to defend those ideals questioned by a growing number of American people ; continuing fight to put an end to racism (see the movement #BlackLivesMatter or associations defending Mexican-Americans for example).

2 **a.** The more white supremacists there are, the more shocking it is to hear their ideas.

b. The more integrated the workplace (is), the more satisfying (it is) in terms of social diversity.

c. The more a society adapts to people's disability, the easier the life of the disabled (is).

d. The more inclusive a society (is), the fairer (it is).

e. The less you study, the less you understand.

3 *Éléments de réponse :* • The concept of a "hyphenated American" refers to the use of a hyphen between the name of an ethnicity and the word "American" in compound nouns (like Mexican-American). • Dual allegiance instead of the unique allegiance to the U.S. promoted by the president • At a time of war in Europe, the U.S. president wanted to reinforce the unity of the American nation, hence his celebration of assimilationist views. • Today the concept of a "hyphenated American" is rather celebrated by some people who are proud of their origin. • Some argue that the American identity is compatible with alternative identities and that the mixture of identities within the United States strengthens the nation rather than weakens it.

8 Page 403

1 *Éléments de réponse :* • Individual memory as belonging to a collective memory • Paying tribute to national heroes seen as a subjective initiative • Commemoration as a moral duty towards younger generations • Testimony as a mark of respect for those who have lost their lives, but also for the living to give meaning to their present life.

2 **a.** Physical monuments like war memorials or statues preserve our heritage for people not to forget. - As people tend to forget, physical monuments like war memorials or statues preserve our heritage.

b. Our collective memory, which is created by a given society according to specific messages and values, is evolving.

c. A symbolic memorial, which was created in April 2000, commemorates the bombing in Oklahoma. It consists in 168 bronze and stone chairs with translucent glass bases, which honor a victim individually.

d. The Vietnam Veterans Memorial Fund's *In Memory* program honors those who died after returning home from Vietnam.

3 *Éléments de réponse :* • *Emploi de phrases complexes avec propositions subordonnées - emploi d'adjectifs et d'adverbes :* When states, political parties, and social groups appeal to collective historical memory, it is usually in order to promote national unity, which is essential, especially in times of crisis. • *Emploi d'expressions idiomatiques :* Remembrance helps bring our diverse communities closer together, and strengthens the bonds of citizenship.

Forme algébrique d'un nombre complexe

Cours

1 Définition algébrique des nombres complexes

▶ On admet l'existence d'un nombre i tel que $i^2 = -1$.

▶ On appelle **nombre complexe** un nombre z de la forme $a + ib$ où a et b sont des nombres réels. L'ensemble des nombres complexes se note $\mathbb{C}$.

▶ Si $z = a + ib$, le réel a est la **partie réelle** de z, notée $\text{Re}(z)$, et le réel b est la **partie imaginaire** de z, notée $\text{Im}(z)$.

Si $\text{Re}(z) = 0$, on dit que z est un **imaginaire pur**.

▶ Deux nombres complexes z et z' sont égaux si, et seulement si, $\text{Re}(z) = \text{Re}(z')$ et $\text{Im}(z) = \text{Im}(z')$.

Remarque

Les nombres « complexes » n'ont rien de compliqué ! On les appelle ainsi car ils sont formés de deux parties (comme un complexe sportif est constitué de plusieurs infrastructures).

2 Opérations sur les nombres complexes

▶ Soient $z = a + ib$ et $z' = a' + ib'$ deux nombres complexes. Les règles de calcul dans $\mathbb{R}$ s'appliquent dans $\mathbb{C}$ et on a :

$$z + z' = (a + a') + i(b + b') ;$$
$$z \times z' = (aa' - bb') + i(ab' + a'b).$$

▶ Les identités remarquables restent valables dans $\mathbb{C}$ et, de façon générale, si a et b sont deux nombres complexes, on a la **formule du binôme de Newton** : $(a+b)^n = \sum_{k=0}^{k=n} \binom{n}{k} a^k b^{n-k}$.

Pour en savoir plus sur les coefficients binomiaux, voir le chapitre **10** de la partie Maths Spécialité.

▶ L'**inverse** d'un nombre complexe non nul z est le nombre complexe z' tel que $zz' = 1$. Comme dans $\mathbb{R}$, on note $z' = \frac{1}{z}$.

▶ Le **conjugué** d'un nombre complexe $z = a + ib$ est le nombre complexe $\overline{z} = a - ib$.

▶ Soient $z = a + ib$ et z' deux nombres complexes. On a les relations suivantes :

$z + \overline{z} = 2\text{Re}(z)$ $\quad z\overline{z} = a^2 + b^2$

$z - \overline{z} = 2\text{Im}(z)$ $\quad \overline{z \times z'} = \overline{z} \times \overline{z'}$

$\overline{z + z'} = \overline{z} + \overline{z'}$ $\quad \overline{(z^n)} = (\overline{z})^n$

$\overline{z - z'} = \overline{z} - \overline{z'}$ $\quad \overline{\left(\frac{z}{z'}\right)} = \frac{\overline{z}}{\overline{z'}}$ (avec $z' \neq 0$)

3 Représentation géométrique

▶ Soit $\mathcal{P}$ le plan muni d'un repère orthonormé $(0 ; \vec{u} ; \vec{v})$.

À tout nombre complexe $z = a + ib$, on peut associer le point M de coordonnées $(a ; b)$ et le vecteur $\vec{w}$ de coordonnées $\begin{pmatrix} a \\ b \end{pmatrix}$.

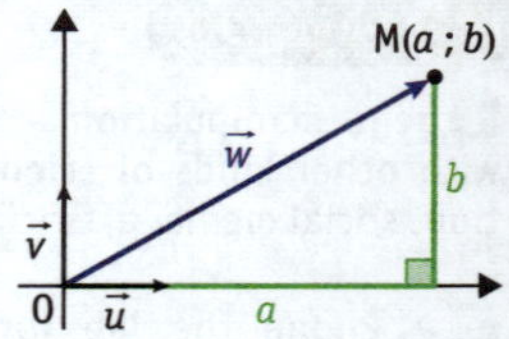

On dit que z est l'**affixe** du point M et du vecteur $\vec{w}$.

M et $\vec{w}$ sont le **point image** et le **vecteur image** de z.

▶ L'axe des abscisses est l'axe des réels et l'axe des ordonnées est l'axe des imaginaires purs.

▶ Les points images de z et $\overline{z}$ sont symétriques l'un de l'autre par rapport à l'axe des réels.

▶ Si les points A et B ont pour affixe z_A et z_B, le vecteur $\overrightarrow{AB}$ a pour affixe $z_B - z_A$.

Info

Le plan complexe est parfois appelé plan d'Argand-Cauchy.

Exos résolus

1 Calculer le quotient de deux nombres complexes

Déterminer la forme algébrique du quotient $\frac{10+5i}{3+4i}$.

RÉSOLUTION

Si $z = a + ib$, alors $z\overline{z} = a^2 + b^2$. On multiplie le numérateur et le dénominateur par le conjugué du dénominateur. Ainsi, on a :

$i^2 = -1$

$$\frac{10+5i}{3+4i} = \frac{(10+5i)(3-4i)}{(3+4i)(3-4i)} = \frac{30 - 40i + 15i - 20i^2}{3^2 + 4^2}$$
$$= \frac{30 - 25i + 20}{9 + 16} = \frac{50 - 25i}{25} = \frac{50}{25} - \frac{25i}{25} = 2 - i.$$

2 Résoudre une équation avec z et $\overline{z}$

Résoudre l'équation $z + 4\overline{z} = 2 + 6i$, où $z \in \mathbb{C}$.

RÉSOLUTION

On pose $z = a + ib$, où a et b sont des nombres réels.

Ainsi : $z + 4\overline{z} = 2 + 6i \Leftrightarrow a + ib + 4(a - ib) = 2 + 6i$

$\Leftrightarrow a + ib + 4a - 4ib = 2 + 6i$

$\Leftrightarrow 5a - 3bi = 2 + 6i$

$\Leftrightarrow 5a = 2$ et $-3b = 6$

$\Leftrightarrow a = \frac{2}{5} = 0{,}4$ et $b = \frac{6}{-3} = -2$

La seule solution est $z = 0{,}4 - 2i$.

Exercices

1 ★ 20 min **Donner la forme algébrique des nombres complexes suivants.**

a. $z_1=(2+\mathrm{i})+(4-3\mathrm{i})$

b. $z_2=(2-\mathrm{i})-(4+\mathrm{i})$

c. $z_3=(2+\mathrm{i})(3-4\mathrm{i})$

d. $z_4=(1+\mathrm{i})(1-\mathrm{i})$

e. $z_5=\left(5-\sqrt{2}\mathrm{i}\right)\left(3-\sqrt{2}\mathrm{i}\right)$

f. $z_6=(4-3\mathrm{i})^2$

2 ★★ 10 min **Donner la forme algébrique des nombres complexes suivants.**

a. $z_1=\dfrac{1+\mathrm{i}}{2+\mathrm{i}}$

b. $z_2=\dfrac{13-13\mathrm{i}}{2-3\mathrm{i}}$

c. $z_3=\dfrac{30+4\mathrm{i}}{3+4\mathrm{i}}$

3 ★★ 10 min **Résoudre les équations suivantes dans $\mathbb{C}$.**

a. $(\mathrm{E}_1): 2\mathrm{i}z-5=-7+6\mathrm{i}$

b. $(\mathrm{E}_2): 2z-3\mathrm{i}z-14=5\mathrm{i}$

4 ★★ 20 min **Résoudre les équations suivantes dans $\mathbb{C}$.**

a. $(\mathrm{E}_1): \overline{z}-2z=3$

b. $(\mathrm{E}_2): \overline{z}=-z$

c. $(\mathrm{E}_3): \overline{z}=-\mathrm{i}z$

5 ★★ 20 min **Soit $\mathcal{P}$ la proposition : « Si z est un nombre réel, alors $\overline{z}^2-z$ est un nombre réel. »**

a. La proposition $\mathcal{P}$ est-elle vraie ?

b. Énoncer la réciproque de la proposition $\mathcal{P}$.

c. La réciproque de $\mathcal{P}$ est-elle vraie ?

6 ★★ 10 min

Utiliser la formule du binôme pour calculer la forme algébrique des nombres complexes suivants.

a. $z_1=(2+\mathrm{i})^3$

b. $z_2=(3+2\mathrm{i})^4$

c. $z_3=(1+\mathrm{i})^5$

7 ★★ 20 min DÉMONSTRATION

Soient z et z' deux nombres complexes.

> On pourra poser $z=a+ib$ et $z'=c+id$.

a. Montrer que $\overline{z\times z'}=\overline{z}\times\overline{z'}$.

b. Montrer que, pour tout entier naturel non nul n, on a :

$$\overline{\left(z^n\right)}=\left(\overline{z}\right)^n.$$

> On peut penser à un raisonnement par récurrence.

8 ★★ 10 min

a. Recopier les figures ci-dessous, puis placer les points A, B, C, D et E d'affixes respectives $z_A=2+\mathrm{i}$, $z_B=-3+2\mathrm{i}$, $z_C=4-3\mathrm{i}$, $z_D=-4$ et $z_E=3\mathrm{i}$.

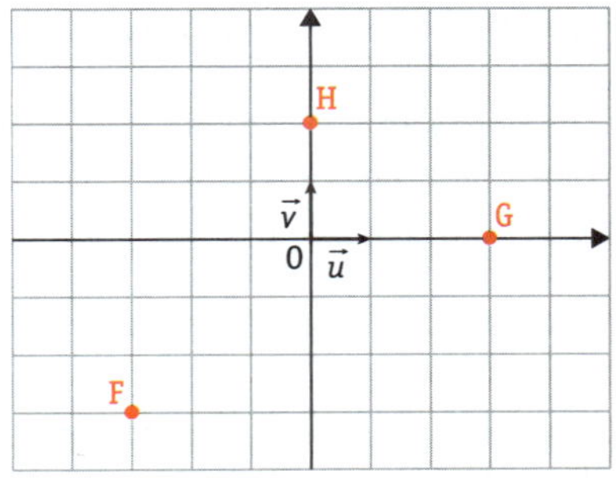

b. Donner l'affixe des points F, G et H.

c. Donner l'affixe des vecteurs $\overrightarrow{FG}$, $\overrightarrow{FC}$, $\overrightarrow{FB}$, et $\overrightarrow{HA}$.

Histoire des maths

L'interprétation géométrique des nombres complexes n'a été introduite qu'en 1797 par **Caspar Wessel**, près de 250 ans après leur première utilisation.
Hélas, l'article de Wessel est passé inaperçu (jusqu'à sa redécouverte en 1897). **Jean-Robert Argand**, rousseauiste et défenseur de la Révolution française, publie indépendamment la même idée en 1806 à compte d'auteur sans mentionner son nom. Son identité ne sera dévoilée que sept ans plus tard...

9 ★ 20 min **Soient A, B, C et D les points du plan complexe d'affixes respectives :**

$$-4+3\mathrm{i}\ ;\ -2\ ;\ 5+2\mathrm{i} \text{ et } 3+5\mathrm{i}.$$

a. Déterminer les affixes des vecteurs $\overrightarrow{AB}$ et $\overrightarrow{DC}$

> On peut faire un schéma pour y voir plus clair.

b. Quelle est la nature du quadrilatère ABCD ?

c. Déterminer l'affixe du point E tel que CEBD soit un parallélogramme.

d. Que représente le point B pour le segment [AE] ?

10 ★★★ 10 min APPROFONDISSEMENT

On rappelle qu'un carré parfait est le carré d'un nombre entier.

a. Vérifier que les entiers $n=20$ et $m=45$ sont tous les deux la somme de deux carrés parfaits.

b. Vérifier que $n\times m$ est la somme de deux carrés parfaits.

> On pourra remarquer que si $z=a+ib$, alors $z\overline{z}=a^2+b^2$.

c. Soient n et m deux entiers égaux à la somme de deux carrés parfaits. Montrer que $n\times m$ est aussi la somme de deux carrés parfaits.

Forme trigonométrique d'un nombre complexe

Cours

1 Module d'un nombre complexe

▶ Soit M un point d'affixe $z = a + ib$ dans le plan complexe muni du repère $(0\,;\vec{u}, \vec{v})$. On appelle **module** de z, noté $|z|$, la longueur OM.
Le théorème de Pythagore permet d'établir que $|z| = \sqrt{a^2 + b^2}$.

▶ Soient $z = a + ib$ et z' deux nombres complexes.
On a $|z|^2 = z\bar{z}$; $|zz'| = |z||z'|$ et $\left|\dfrac{z}{z'}\right| = \dfrac{|z|}{|z'|}$ avec $z' \neq 0$.

▶ Si les points A et B ont pour affixes respectives z_A et z_B, alors $AB = |z_B \;\; z_A|$.

▶ On note $\mathbb{U}$ l'ensemble des **nombres complexes de module 1**. Cet ensemble est **stable** par produit et passage à l'inverse. Cela signifie que si z et z' appartiennent à $\mathbb{U}$, leur produit et leurs inverses aussi. On dit que l'ensemble $\mathbb{U}$, muni de la multiplication, forme un « groupe ».

2 Argument d'un nombre complexe non nul

▶ On se place dans le plan complexe muni d'un repère $(0\,;\mathrm{I}, \mathrm{J})$. Soit z un nombre complexe non nul de point image M.
On appelle **argument** de z, noté $\arg(z)$, une mesure en radians de l'angle $\widehat{\mathrm{IOM}}$. Si θ est un argument de z, tout nombre réel de la forme $\theta + 2k\pi$, où $k \in \mathbb{Z}$, est aussi un argument de z.

Rappel

Dans ce triangle rectangle :
$\cos(\theta) = \dfrac{\text{côté adjacent}}{\text{hypoténuse}} = \dfrac{a}{r}$ et
$\sin(\theta) = \dfrac{\text{côté opposé}}{\text{hypoténuse}} = \dfrac{b}{r}$.

▶ Soient z et z' deux nombres complexes d'arguments respectifs θ et θ'. z et z' sont égaux si, et seulement si, $|z| = |z'|$ et $\theta' = \theta + 2k\pi$, avec $k \in \mathbb{Z}$.

▶ On a $\arg(\bar{z}) = -\arg(z)$ et $\arg(-z) = \arg(z) + \pi$.

Info

$\mathbb{Z}$ désigne l'ensemble des entiers relatifs.

3 Formes trigonométrique et exponentielle d'un nombre complexe

▶ Soit z un nombre complexe non nul de module r et d'argument θ. Une **forme trigonométrique** de z est $z = r(\cos(\theta) + \mathrm{i}\sin(\theta))$.

▶ On note $\mathrm{e}^{\mathrm{i}\theta} = \cos(\theta) + \mathrm{i}\sin(\theta)$.
Une **forme exponentielle** d'un nombre complexe non nul z de module r et d'argument θ est $r\mathrm{e}^{\mathrm{i}\theta}$.

Remarque

On parle souvent de « la » forme exponentielle ou trigonométrique d'un nombre complexe, mais c'est un abus de langage car $r\mathrm{e}^{\mathrm{i}\theta} = r\mathrm{e}^{\mathrm{i}(\theta + 2k\pi)}$ où k est un entier relatif.

▶ Les règles de calcul habituelles avec la fonction exponentielle s'appliquent de la même façon dans le contexte des nombres complexes.
En particulier, on a $\mathrm{e}^{\mathrm{i}a}\mathrm{e}^{\mathrm{i}b} = \mathrm{e}^{\mathrm{i}(a+b)}$.

▶ Soient z et z' deux nombres complexes non nuls. On a :

$$\arg(zz') = \arg(z) + \arg(z') \text{ et } \arg\left(\frac{z}{z'}\right) = \arg(z) - \arg(z').$$

▶ Soient a et b deux nombres réels. On a :

$\cos(a+b) = \cos(a)\cos(b) - \sin(a)\sin(b)$
$\sin(a+b) = \sin(a)\cos(b) + \cos(a)\sin(b)$
$\cos(2a) = \cos^2(a) - \sin^2(a) = 2\cos^2(a) - 1 = 1 - 2\sin^2(a)$
$\sin(2a) = 2\sin(a)\cos(a)$

▶ **Formules d'Euler :**

$$\cos(\theta) = \frac{\mathrm{e}^{\mathrm{i}\theta} + \mathrm{e}^{-\mathrm{i}\theta}}{2} \text{ et } \sin(\theta) = \frac{\mathrm{e}^{\mathrm{i}\theta} - \mathrm{e}^{-\mathrm{i}\theta}}{2\mathrm{i}}.$$

▶ **Formule de Moivre :** En remarquant que $\mathrm{e}^{\mathrm{i}n\theta} = \left(\mathrm{e}^{\mathrm{i}\theta}\right)^n$, on a :

$$\cos(n\theta) + \mathrm{i}\sin(n\theta) = (\cos(\theta) + \mathrm{i}\sin(\theta))^n.$$

Exo résolu

Mettre sous forme exponentielle un nombre complexe donné sous forme algébrique

Mettre sous forme exponentielle le nombre complexe $z = 2\sqrt{3} - 6\mathrm{i}$.

RÉSOLUTION

Le nombre complexe est donné sous forme algébrique.
On a $z = a + ib$ avec $a = 2\sqrt{3}$ et $b = -6$.
On calcule le module r du nombre complexe z :

$$r = |z| = \sqrt{a^2 + b^2} = \sqrt{\left(2\sqrt{3}\right)^2 + (-6)^2} = \sqrt{12 + 36} = \sqrt{48} = 4\sqrt{3}.$$

Soit θ un argument de z. On a alors $\cos(\theta) = \dfrac{a}{r} = \dfrac{2\sqrt{3}}{4\sqrt{3}} = \dfrac{1}{2}$ et

$$\sin(\theta) = \frac{b}{r} = \frac{-6}{4\sqrt{3}} = \frac{-3}{2\sqrt{3}} = \frac{-\sqrt{3} \times \cancel{\sqrt{3}}}{2\cancel{\sqrt{3}}} = -\frac{\sqrt{3}}{2}.$$

On en déduit donc qu'on peut choisir $\theta = -\dfrac{\pi}{3}$.

Finalement, $z = r\mathrm{e}^{\mathrm{i}\theta} = 4\sqrt{3}\mathrm{e}^{-\mathrm{i}\frac{\pi}{3}}$.

Exercices

1 ★ 5 min **Donner les affixes des points A, B, C, D, E et F représentés ci-dessous sous forme exponentielle. On choisira un argument dans l'intervalle $]-\pi\,;\,\pi]$.**

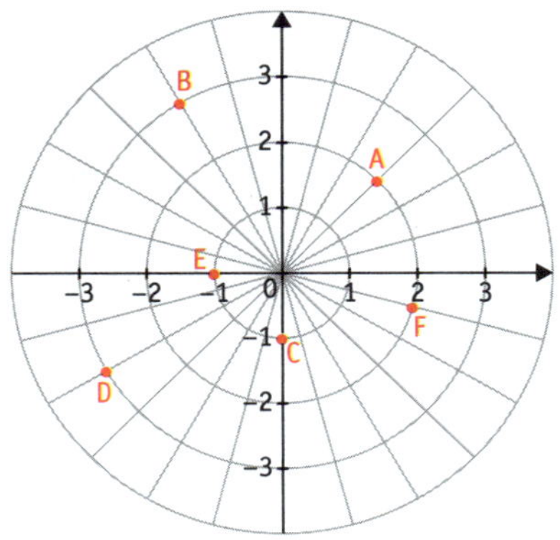

2 ★ 5 min
Écrire sous forme algébrique les nombres suivants.

a. $3e^{i\frac{\pi}{2}}$ **b.** $2e^{-i\frac{\pi}{6}}$
c. $\sqrt{2}e^{i\frac{3\pi}{4}}$ **d.** $4\sqrt{3}e^{i\frac{\pi}{3}}+\sqrt{3}e^{i\pi}$

3 ★★ 20 min **Après avoir calculé son module et un de ses arguments, écrire chacun des nombres complexes suivants sous forme exponentielle.**

a. $3+3i$ **b.** $2-2\sqrt{3}i$ **c.** $-12+4\sqrt{3}i$
d. $\sqrt{2}-\sqrt{2}i$ **e.** $4i$ **f.** -12

4 ★ 10 min **Soient $z_1=2e^{i\frac{\pi}{3}}$ et $z_2=6e^{i\frac{\pi}{4}}$.**
Écrire sous forme exponentielle :

$$z_1z_2\ ;\ \frac{z_2}{z_1}\ ;\ z_1^{12}\ ;\ \overline{z_2}\ \text{et}\ \overline{z_1z_2}^2.$$

5 ★★★ 20 min **Déterminer la forme algébrique des nombres suivants en exploitant la formule de Moivre.**

a. $\left(\sqrt{3}+i\right)^{12}$ **b.** $(2-2i)^7$

Histoire des maths

Abraham de Moivre (1667-1754) est un mathématicien français qui a dû s'installer à Londres suite à la révocation de l'édit de Nantes. Ami de Newton, ses travaux portent sur l'analyse et sur les probabilités. Vers la fin de sa vie, il décréta qu'il devait dormir un quart d'heure de plus chaque nuit ; il mourut dans son sommeil lors de la nuit dépassant les 24 heures…

6 ★★ 10 min DÉMONSTRATION
Retrouver les formules d'addition du sinus et du cosinus en considérant le produit des nombres e^{ia} et e^{ib}.

7 ★★★ 20 min
Soit f la fonction définie sur $\mathbb{R}$ par $f(x)=\cos^3(x)$.
a. À l'aide des formules d'Euler, montrer que, pour tout réel x, on a $f(x)=\frac{1}{4}\cos(3x)+\frac{3}{4}\cos(x)$.
b. En déduire la valeur exacte de $\int_{-\pi/2}^{\pi/2}\cos^3(x)\,dx$.

Pour cet exercice, voir aussi les chapitres **7** et **9** de la partie Maths Spécialité.

8 ★★★ 20 min **Soient z et z' deux éléments de $\mathbb{U}$ donc on note A et B les points images dans le plan complexe. On note $\theta=\arg(z)$ et $\theta'=\arg(z')$.**
a. Montrer que la droite (AB) est parallèle à l'axe des réels si, et seulement si, $zz'=-1$.

Faire un schéma et exprimer θ' en fonction de θ.

b. Montrer que si la droite (AB) n'est pas parallèle à l'axe des réels, alors $\dfrac{z+z'}{1+zz'}$ est un nombre réel.

9 ★★★ 50 min **Soit (z_n) la suite de nombres complexes définie par $z_0=8$ et, pour tout entier naturel n, $z_{n+1}=az_n+2-2i$, où $a=\frac{1}{2}+\frac{1}{2}i$.**
On note M_n le point d'affixe z_n.
a. Dessiner la ligne brisée $M_0M_1M_2M_3M_4M_5M_6$.
b. On pose $v_n=z_n-4$ pour tout entier naturel n.
Montrer que la suite (v_n) est géométrique de raison a.
c. En déduire que $z_n=4+4a^n$ pour tout entier naturel n.
d. Écrire a sous forme exponentielle.
e. On pose $r_n=|z_n-4|$. Calculer $\lim\limits_{n\to+\infty} r_n$.
Interpréter graphiquement le résultat.
f. On note L_n la longueur de la ligne brisée $M_0M_1\ldots M_n$.
Calculer $\lim\limits_{n\to+\infty} L_n$.

10 ★★ 20 min DÉMONSTRATION
Soient $z=a+ib$ et $z'=a'+ib'$ deux nombres complexes écrits sous forme algébrique.
a. Montrer que $|z|^2=z\overline{z}$ et que $|zz'|=|z||z'|$.
b. Montrer que $|z^n|=|z|^n$ pour tout entier naturel n.

11 ★★★ 20 min APPROFONDISSEMENT
Soient z et z' deux nombres complexes.
a. Montrer que $\mathrm{Re}(z)\leq|z|$.
b. En développant $|z+z'|^2$, montrer que $|z+z'|\leq|z|+|z'|$.
Cette inégalité s'appelle l'inégalité triangulaire.
c. À quelle condition a-t-on $|z+z'|=|z|+|z'|$?

Équations polynômiales dans $\mathbb{C}$

Cours

1 Équations du second degré à coefficients réels

▶ On appelle équation du second degré à coefficients réels une équation de la forme $az^2+bz+c=0$ où a, b et c sont des nombres réels et où z est l'inconnue (complexe).

▶ Soit $az^2+bz+c=0$ une équation du second degré.

On appelle discriminant le nombre, noté Δ, égal à b^2-4ac.

Si $\Delta>0$, l'équation a deux solutions réelles :

$$\frac{-b-\sqrt{\Delta}}{2a} \text{ et } \frac{-b+\sqrt{\Delta}}{2a}.$$

Si $\Delta=0$, l'équation a une seule solution : $\dfrac{-b}{2a}$.

Si $\Delta<0$, l'équation a deux solutions complexes conjuguées :

$$\frac{-b-\mathrm{i}\sqrt{|\Delta|}}{2a} \text{ et } \frac{-b+\mathrm{i}\sqrt{|\Delta|}}{2a}.$$

2 Polynômes de degré n

▶ On appelle fonction polynôme une fonction de la forme $P(z)=a_nz^n+a_{n-1}z^{n-1}+\cdots+a_1z+a_0$ où $a_n\neq 0$. On peut considérer un polynôme à coefficients réels ou complexes, et à variable réelle ou complexe. L'entier n est le degré du polynôme et a_n est le coefficient dominant du polynôme P.

▶ Soit $P(z)=a_nz^n+a_{n-1}z^{n-1}+\cdots+a_1z+a_0$ un polynôme. On dit qu'un nombre complexe a est une racine de P si $P(a)=0$.

▶ On admet qu'une fonction polynôme est nulle si, et seulement si, tous ses coefficients sont nuls.

▶ Deux polynômes sont égaux si, et seulement si, leurs coefficients de même degré sont égaux.

▶ Soit a un nombre complexe et soit n un entier naturel non nul.

On a $z^n-a^n=(z-a)\left(z^{n-1}+az^{n-2}+a^2z^{n-3}+\cdots+a^{n-2}z+a^{n-1}\right)$.

▶ Soit P un polynôme de degré n (avec $n\geq 1$) et soit a une racine de P. On peut alors factoriser P par $(z-a)$.

Autrement dit, il existe un polynôme Q de degré $n-1$ tel que $P(z)=(z-a)Q(z)$ pour tout nombre complexe z.

▶ Un polynôme de degré n admet au plus n racines complexes.

Exos résolus

1 Résoudre une équation du second degré à coefficients réels

Résoudre dans $\mathbb{C}$ l'équation (E) : $2z^2-4z+10=0$.

RÉSOLUTION

On a une équation de la forme $az^2+bz+c=0$,, avec $a=2$, $b=-4$ et $c=10$.

On calcule le discriminant :

$$\Delta=b^2-4ac=(-4)^2-4\times2\times10=-64.$$

Le discriminant est négatif, donc l'équation (E) n'a pas de solution réelle mais elle a deux solutions complexes :

$$z_1=\frac{-b-\mathrm{i}\sqrt{|\Delta|}}{2a}=\frac{-(-4)-\mathrm{i}\sqrt{64}}{2\times2}=\frac{4-8\mathrm{i}}{4}=\frac{4}{4}-\frac{8\mathrm{i}}{4}=1-2\mathrm{i}$$

et $z_2=\overline{z_1}=1+2\mathrm{i}$.

2 Résoudre une équation de degré 3 à coefficients réels dont une racine est connue

Soit P le polynôme défini par $P(z)=z^3-7z^2+19z-13$.

a. Trouver une racine évidente a de P.

RÉSOLUTION

Une racine évidente est une racine de P dont l'expression est « simple » comme 0, 1, 2, –1...

Ici, on constate que $P(1)=1^3-7\times1^2+19\times1-13=0$, donc 1 est une racine de P.

b. Factoriser P par $(z-a)$.

RÉSOLUTION

Comme 1 est une racine de P, il existe un polynôme Q de degré 2 tel que $P(z)=(z-1)Q(z)$.

On pose $Q(z)=az^2+bz+c$.

$$P(z)=(z-1)Q(z)\Leftrightarrow P(z)=(z-1)\left(az^2+bz+c\right)$$
$$\Leftrightarrow P(z)=az^3+bz^2+cz-az^2-bz-c.$$

Par identification des coefficients de $P(z)=1z^3-7z^2+19z-13$ et de $az^3+bz^2+cz-az^2-bz-c$, on obtient le système suivant :

$$\begin{cases}a=1\\b-a=-7\\c-b=19\\-c=-13\end{cases}\Leftrightarrow\begin{cases}a=1\\b-1=-7\\c-b=19\\c=13\end{cases}\Leftrightarrow\begin{cases}a=1\\b=-6\\13+6=19\\c=13\end{cases}\Leftrightarrow\begin{cases}a=1\\b=-6\\c=13\end{cases}$$

Ainsi, $P(z)=(z-1)\left(z^2-6z+13\right)$.

c. En déduire toutes les racines complexes de P.

RÉSOLUTION

$P(z)=0 \Leftrightarrow (z-1)(z^2-6z+13)=0$

$\Leftrightarrow z-1=0$ ou $z^2-6z+13=0$.

La première équation donne comme racine 1 (déjà connue) ; il suffit ensuite de résoudre l'équation $z^2-6z+13=0$.

Le discriminant Δ vaut $b^2-4ac=(-6)^2-4\times1\times13=-16$.
Ce discriminant est négatif donc les solutions complexes de l'équation $z^2-6z+13=0$ sont :

$$z_1=\frac{-(-6)-\mathrm{i}\sqrt{16}}{2\times1}=\frac{6-4\mathrm{i}}{2}=3-2\mathrm{i} \text{ et } z_2=\overline{z_1}=3+2\mathrm{i}.$$

Finalement, les racines de P sont 1, $3-2\mathrm{i}$ et $3+2\mathrm{i}$.

Exercices

1 ★ 10 min **Résoudre dans $\mathbb{C}$ les équations suivantes.**

a. $3z^2-6z+12=0$ **b.** $2z^2+5z+4=0$

2 ★ 15 min **Soit P le polynôme défini par :**

$$P(z)=z^3-6z^2+21z-26.$$

a. Montrer que 2 est une racine de P.
b. En déduire une factorisation de P.
c. Déterminer finalement toutes les racines complexes de P.

3 ★★ 15 min **Soit P le polynôme défini par :**

$$P(z)=z^3-8.$$

Factoriser P, puis en déduire toutes les racines de P.

4 ★★ 10 min **Soit P un polynôme de degré 3 à coefficients réels ayant trois racines distinctes, dont une seule racine réelle x_0.**

a. Montrer que les deux racines complexes non réelles sont conjuguées l'une de l'autre.
b. Montrer que les points ayant pour affixe les trois racines de P forment un triangle isocèle.

5 ★★ 30 min **Soit Z un nombre complexe. On appelle racine carrée de Z un nombre complexe z tel que $z^2=Z$.**

A. Montrer que $1-\mathrm{i}$ est une racine carrée de $-2\mathrm{i}$.
En existe-t-il une autre ?
B. Soit $Z=5+12\mathrm{i}$ et soit $z=a+\mathrm{i}b$ une racine carrée de Z.
a. Montrer que $a^2+b^2=13$.
b. En développant $(a+\mathrm{i}b)^2$, déterminer alors toutes les racines carrées de Z.
C. Déterminer les deux racines carrées de $7-24\mathrm{i}$.

6 ★★ 30 min *Cet exercice fait suite au précédent.*
Soit $P(z)=az^2+bz+c$ un polynôme du second degré à coefficients complexes. On admet que les calculs permettant d'établir l'expression des racines d'un polynôme du second degré à coefficients réels restent valides dans le cas complexe et que les racines de P sont les nombres complexes $\frac{-b-\delta}{2a}$ et $\frac{-b+\delta}{2a}$, où δ est une racine carrée de $\Delta=b^2-4ac$.
Résoudre dans $\mathbb{C}$ l'équation $z^2-(5+5\mathrm{i})z-2+11\mathrm{i}=0$.

7 ★★ 10 min **Soit $P(x)=\sum_{k=0}^{k=n}a_kx^k$ un polynôme de degré n à coefficients réels.**
Montrer que si le nombre complexe z est une racine de P, alors $\overline{z}$ est aussi une racine de P.

8 ★★★ 60 min **On considère l'équation (E) :**

$$x^3-6x^2-3x+18=0.$$

A. a. Développer l'identité remarquable $(x-2)^3$.
b. En considérant le début de l'équation (E) comme une identité remarquable, montrer que (E) est équivalente à une équation du type $z^3=pz+q$, où p et q sont des réels.
B. On pose $z=u+v$. Montrer que résoudre (E) revient à trouver deux nombres u et v tels que $u^3+v^3=4$ et $3uv=15$.
C. On pose maintenant $U=u^3$ et $V=v^3$.
Montrer qu'on doit avoir $U+V=4$ et $UV=125$.
D. Développer $(z-U)(z-V)$, puis en déduire les valeurs des nombres complexes U et V.
E. a. Développer $(2+\mathrm{i})^3$.
b. En déduire une solution de l'équation $z^3=pz+q$, puis une solution de (E).
F. Résoudre finalement l'équation (E).

Histoire des maths

La méthode décrite ici peut se généraliser à toute équation de degré 3. On peut en effet toujours se ramener à une équation du type $z^3=pz+q$ dont les solutions sont $j^k\sqrt[3]{\frac{1}{2}\left(q+\sqrt{\frac{\Delta}{27}}\right)}+j^{-k}\sqrt[3]{\frac{1}{2}\left(q-\sqrt{\frac{\Delta}{27}}\right)}$ où $\Delta=27q^2-4p^3$, $j=e^{\mathrm{i}\frac{\pi}{3}}$ et $k=0,1$ ou 2. Ces formules sont le fruit des travaux de **Tartaglia** vers 1535.

9 ★★★ 20 min DÉMONSTRATION
Soit a un nombre complexe et soit $n\in\mathbb{N}^*$.
Montrer que $z^n-a^n=(z-a)(z^{n-1}+az^{n-2}+\cdots+a^{n-2}z+a^{n-1})$.

Si $z\neq0$, on peut considérer la somme $1+q+q^2+\cdots+q^{n-1}$ avec $q=\frac{a}{z}$.

Nombres complexes et géométrie

Cours

1 Module et argument en géométrie

▶ Soient A et B deux points du plan complexe d'affixes z_A et z_B. On a $AB = |z_B - z_A|$.

▶ Soient A, B, et C trois points distincts du plan complexe d'affixes respectives a, b et c.

On a $\left|\dfrac{c-a}{b-a}\right| = \dfrac{AC}{AB}$ et $\arg\left(\dfrac{c-a}{b-a}\right)$ est une mesure de l'angle $\widehat{BAC}$.

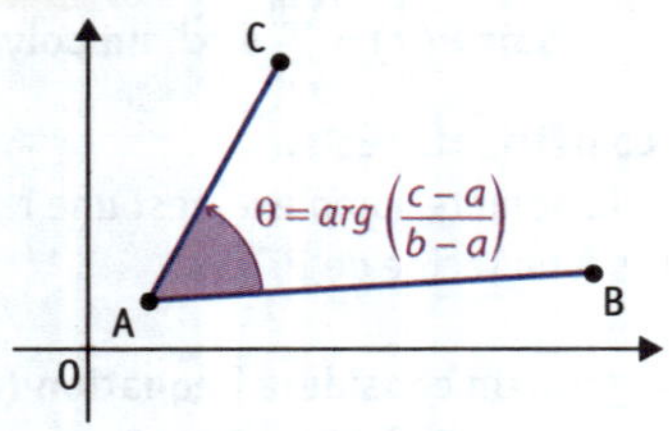

2 Racines *n*-ièmes de l'unité

▶ Soit n un nombre entier non nul.

On appelle **racine n-ième de l'unité** tout nombre complexe z solution de l'équation $z^n = 1$.

▶ On note $\mathbb{U}_n$ l'ensemble des racines n-ièmes de l'unité. Cet ensemble compte exactement n éléments qui sont les complexes $e^{\frac{2ik\pi}{n}}$, où k est un entier variant de 0 à $n-1$.

▶ L'ensemble $\mathbb{U}_n$ est **stable** par produit et passage à l'inverse. Cela signifie que si z et z' appartiennent à $\mathbb{U}_n$, leur produit et leurs inverses aussi.

> **Info**
> On dit que l'ensemble $\mathbb{U}_n$ muni de la multiplication forme un « groupe ».

▶ L'ensemble $\mathbb{U}_n$ est inclus dans l'ensemble $\mathbb{U}$ des nombres complexes de module 1.

▶ Les images des éléments de $\mathbb{U}_n$ forment un polygone régulier à n côtés inscrit dans le cercle trigonométrique et dont un des sommets est le point d'affixe 1.

▶ On note habituellement j le nombre complexe de module 1 et d'argument $\dfrac{2\pi}{3}$: $j = e^{i\frac{2\pi}{3}}$.

Les **racines cubiques de l'unité** sont 1, j et $j^2 = \overline{j}$.

▶ On a $\mathbb{U}_2 = \{1\,;\,-1\}$ et $\mathbb{U}_4 = \{1\,;\,i\,;-1\,;\,-i\}$.

Exos résolus

1 Établir la nature d'un triangle en étudiant un quotient de nombres complexes

On considère dans le plan complexe les points A, B et C d'affixes respectives $z_A = 3 - i$; $z_B = 7 + i$ et $z_C = 1 + 3i$.

Calculer $\dfrac{z_C - z_A}{z_B - z_A}$ et en déduire la nature du triangle ABC.

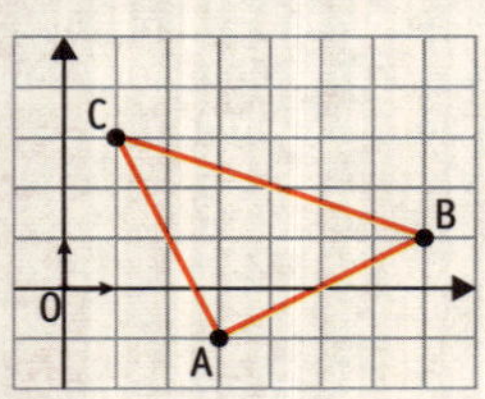

RÉSOLUTION

On a $\dfrac{z_C - z_A}{z_B - z_A} = \dfrac{1+3i-(3-i)}{7+i-(3-i)} = \dfrac{1+3i-3+i}{7+i-3+i} = \dfrac{-2+4i}{4+2i}$

$= \dfrac{(-2+4i)(4-2i)}{(4+2i)(4-2i)} = \dfrac{-8+4i+16i-8i^2}{4^2+2^2}$

$= \dfrac{-8+20i+8}{16+4} = \dfrac{20i}{20} = i.$

On a $\left|\dfrac{z_C - z_A}{z_B - z_A}\right| = |i| = 1.$

Or $\left|\dfrac{z_C - z_A}{z_B - z_A}\right| = \dfrac{|z_C - z_A|}{|z_B - z_A|} = \dfrac{AC}{AB}$

donc $\dfrac{AC}{AB} = 1$ et, ainsi, $AC = AB$.

Autrement dit, ABC est isocèle en A.

On a aussi $\widehat{BAC} = \arg\left(\dfrac{z_C - z_A}{z_B - z_A}\right) = \arg(i) = \dfrac{\pi}{2}.$

Le triangle ABC est donc aussi rectangle en A.

Finalement, ABC est rectangle isocèle en A.

2 Déterminer un ensemble de points

Représenter géométriquement l'ensemble des points M du plan complexe dont l'affixe z vérifie $|z - 1 - 2i| = |z - 5|$.

RÉSOLUTION

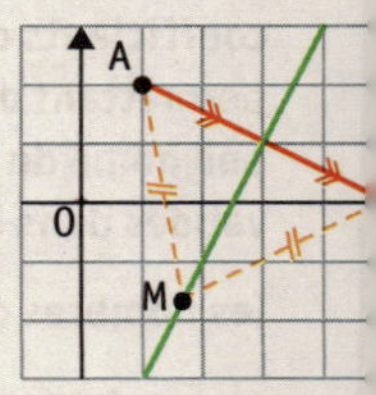

On a $|z - 1 - 2i| = |z - 5|$

$\Leftrightarrow |z - (1+2i)| = |z - 5|$.

En posant $z_A = 1 + 2i$ et $z_B = 5$, on obtient :

$z - 1 - 2i| = |z - 5| \Leftrightarrow |z - z_A| = |z - z_B|$

$\Leftrightarrow AM = BM.$

L'ensemble cherché est donc la médiatrice du segment [AB].

Exercices

1 ★ 10 min **Dans le plan complexe, on considère les points A, B et C d'affixes respectives $a=1-2i$, $b=10+i$ et $c=3+2i$.**

a. Calculer les longueurs AC et AB.

b. Calculer une mesure de l'angle $\widehat{BAC}$.

2 ★ 15 min **Soient A, B et C les points du plan complexe d'affixes $a=3$, $b=5-2i$ et $c=5+2i$.**

a. Calculer $\dfrac{c-a}{b-a}$ et en déduire la nature du triangle ABC.

b. Reprendre la question précédente avec $a=-1+i\sqrt{3}$, $b=-1-i\sqrt{3}$ et $c=2$.

3 ★★ 20 min **Dans chaque cas, décrire géométriquement l'ensemble des points M d'affixe z vérifiant l'égalité donnée.**

a. $|z-3+i|=|z+2|$ **b.** $|z-i|=4$

c. $\left|\dfrac{z-4}{z-2i}\right|=1$ **d.** $\left|\dfrac{z-6}{z-3}\right|=\sqrt{2}$

Pour l'égalité d, on pourra tout mettre au carré et développer en utilisant la formule $|z|^2=z\bar{z}$.

4 ★★ 10 min **On aligne trois carrés identiques comme ci-dessous. Combien vaut $\theta_1+\theta_2+\theta_3$?**

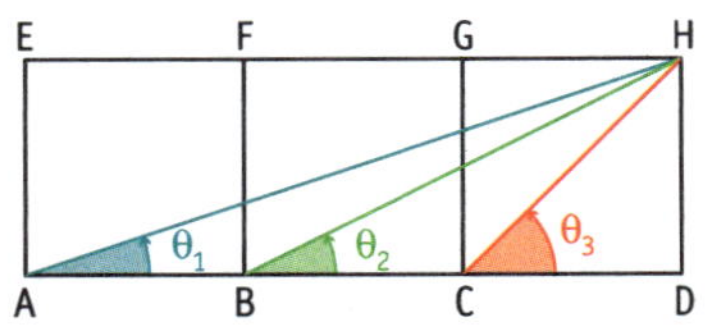

On a $\arg(zz')=\arg(z)+\arg(z')$.

5 ★ 20 min

A. a. Donner les racines cubiques de l'unité sous forme exponentielle.

b. Représenter ces racines sur le cercle trigonométrique.

c. Donner les formes algébriques de ces racines.

B. Reprendre les questions précédentes avec les racines sixièmes et huitièmes de l'unité.

6 ★★★ 30 min **On considère $z=e^{i\theta}$ où $\theta=\dfrac{2\pi}{5}$.**

a. Montrer que $z^4=\bar{z}$ et $z^3=(\bar{z})^2$.

b. En déduire que $z+z^4=2\cos(\theta)$ et $z^2+z^3=2\cos(2\theta)$.

c. Montrer que $(1+z+z^2+z^3+z^4)(1-z)=1-z^5$.

d. En déduire que $1+z+z^2+z^3+z^4=0$.

e. On pose $x=\cos(\theta)$. Montrer que $4x^2+2x-1=0$.

f. En déduire la valeur exacte de $\cos(\theta)$.

$\cos(2\theta)=2\cos^2(\theta)-1$

7 ★★★ 30 min **Soit n un entier naturel supérieur ou égal à 3. On note P le polynôme défini par :**

$$P(z)=1+z+z^2+\cdots+z^{n-1}.$$

On note $z_k=e^{\frac{2ik\pi}{n}}$ les racines n-ièmes de l'unité, où k est un entier variant de 0 à $n-1$.

a. Montrer que toute racine n-ième de l'unité différente de 1 est une racine de P.

En déduire la somme des racines n-ièmes de l'unité.

b. On admet que le résultat précédent permet d'établir que

$$P(z)=(z-z_1)(z-z_2)\cdots(z-z_{n-1}).$$

On note A_k le point d'affixe z_k et u_n le produit des longueurs A_0A_k pour k allant de 1 à $n-1$:

$$u_n=A_0A_1\times A_0A_2\times\cdots\times A_0A_{n-1}.$$

Déduire des questions précédentes une expression simple de u_n.

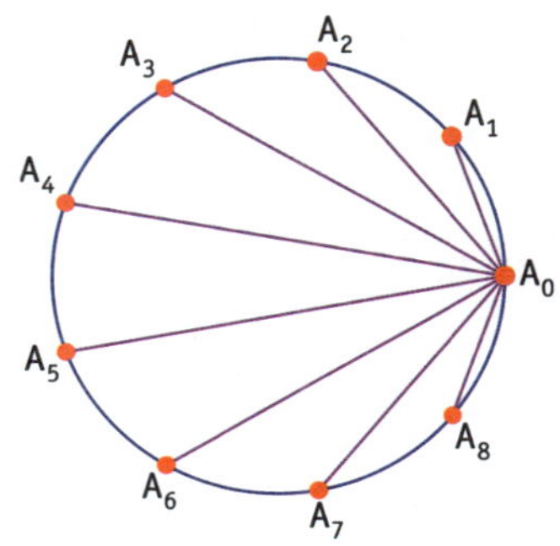

8 ★★★ 30 min **Soit ABCD un quadrilatère et soient P, Q, R et S les milieux des carrés construits sur ses côtés comme indiqué dans la figure ci-dessous. On note en minuscule les affixes respectives des points considérés.**

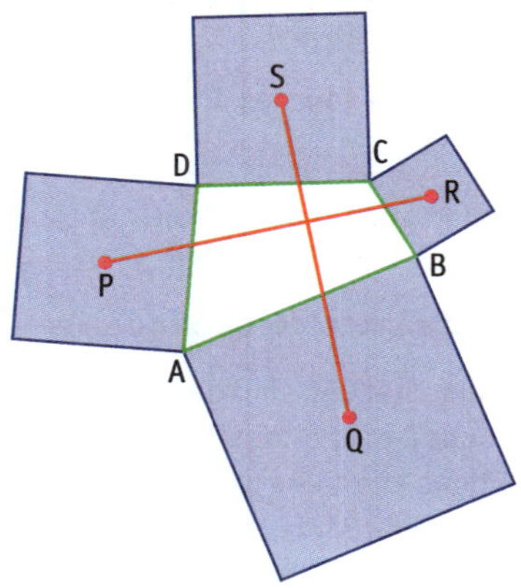

a. Montrer que $q=\dfrac{a-ib}{1-i}$.

De même, on admet qu'on a :

$$r=\frac{b-ic}{1-i},\ s=\frac{c-id}{1-i}\text{ et }p=\frac{d-ia}{1-i}.$$

b. Montrer que les segments [PR] et [QS] sont perpendiculaires et de même longueur.

Divisibilité et congruences

Cours

Rappel

On note $\mathbb{N}$ l'ensemble des entiers naturels et $\mathbb{Z}$ l'ensemble des entiers relatifs.

1 Divisibilité dans $\mathbb{Z}$

▶ On dit que l'entier a divise l'entier b s'il existe un entier k tel que $b = ka$. On note cela $a \mid b$. On dit que a est un diviseur de b ou que b est divisible par a. On dit que b est un multiple de a.
Le seul entier qui a une infinité de diviseurs est 0.

▶ Soient a, b et c trois entiers relatifs.
Si a divise b et si b divise c, alors a divise c.

▶ Soient a et b deux entiers relatifs. Si d divise a et b, alors d divise toute combinaison linéaire de a et b, c'est-à-dire tout entier de la forme $ma + nb$, où m et n sont des entiers.

2 Division euclidienne

▶ Axiome : Tout ensemble non vide d'entiers naturels admet un plus petit élément.

À noter

Un axiome est une proposition non démontrée utilisée comme fondement des raisonnements d'une théorie.

▶ Soit a un entier relatif et soit b un entier naturel non nul. Il existe un unique couple d'entiers $(q\,;r)$ avec $0 \leq r < b$, tel que $a = bq + r$.
Cette écriture s'appelle la division euclidienne de a par b.
Le nombre q est le quotient et le nombre r le reste de cette division.

3 Congruences

▶ Soit n un entier naturel non nul. On dit que l'entier a est congru à b modulo n si $b - a$ est un multiple de n.
On note cela $a \equiv b\ [n]$.

▶ Soit n un entier naturel.
Deux entiers a et b sont congrus modulo n si, et seulement si, ils ont le même reste dans la division euclidienne par n.

▶ Soit n un entier naturel non nul.
Soient a, a', r et r' des entiers tels que $a \equiv r\ [n]$ et $a' \equiv r'\ [n]$.

$a + b \equiv r + r'\ [n]$

$ab \equiv rr'\ [n]$

$a - b \equiv r - r'\ [n]$

$a^k \equiv r^k\ [n]$ pour tout entier naturel k.

Exos résolus

1 Déterminer la liste des diviseurs positifs d'un entier n

Déterminer la liste de tous les diviseurs de 250.

RÉSOLUTION

On teste les entiers dans l'ordre croissant les uns après les autres. Lorsqu'on trouve un diviseur d, on trouve aussi le diviseur $\frac{250}{d}$. On peut s'arrêter dès qu'on a dépassé $\sqrt{250} \approx 15{,}8$.

$250 = 1 \times 250$ donc 1 et 250 sont des diviseurs de 250 ;
$250 = 2 \times 125$ donc 2 et 125 sont des diviseurs de 250 ;
$250 \div 3 \approx 83{,}3$ donc 3 ne divise pas 250 ; il est inutile de tester les autres multiples de 3 inférieurs à $\sqrt{250}$ (6, 9, 12 et 15) ;
$250 = 4 \times 62{,}5$ donc 4 ne divise pas 250 ; il est inutile de tester les autres multiples de 4 inférieurs à $\sqrt{250}$ (8 et 12) ;
$250 = 5 \times 50$ donc 5 et 50 sont des diviseurs de 250 ;
$250 \div 7 \approx 35{,}7$ donc 7 ne divise pas 250 ; il est inutile de tester 14.
$250 = 10 \times 25$ donc 10 et 25 sont des diviseurs de 250 ;
$250 \div 11 \approx 22{,}7$ et $250 \div 13 \approx 19{,}2$ donc 11 et 13 ne divisent pas 250 ;
Les diviseurs de 250 sont donc 1, 2, 5, 10, 25, 50, 125 et 250.

2 Montrer une relation de divisibilité

Montrer que $(2n+1)^2 - 1$ est un multiple de 4, avec $n \in \mathbb{N}$.

RÉSOLUTION

$$(2n+1)^2 - 1 = (2n)^2 + 2 \times 2n \times 1 + 1^2 - 1 = 4n^2 + 4n + 1 - 1$$
$$= 4n^2 + 4n = 4(n^2 + n).$$

Or $n^2 + n$ est un entier.
Donc $(2n+1)^2 - 1$ est bien un multiple de 4.

3 Déterminer le quotient et le reste dans une division euclidienne

Déterminer le quotient et le reste dans la division euclidienne de $a = 25\,101\,811$ par $b = 37$.

RÉSOLUTION

On note q et r le quotient et le reste recherchés.
La calculatrice donne $\frac{25\,101\,811}{37} \approx 678\,427{,}3$
donc $q = 678\,427$.
Or, $a = bq + r$,
donc $r = a - bq = 25\,101\,811 - 678\,427 \times 37$
$= 12$.

4 Utiliser les congruences pour montrer qu'un entier divise une expression donnée

Montrer que pour tout entier naturel n, $2^{6n+2}+3$ est divisible par 7.

RÉSOLUTION

On a $2^6=64$ et $64\equiv 1\ [7]$ car $64=7\times 9+1$.

$2^6\equiv 1\,[7] \Rightarrow \left(2^6\right)^n \equiv 1^n\,[7] \Rightarrow 2^{6n}\equiv 1\,[7]$

$\Rightarrow 2^{6n}\times 2^2 \equiv 1\times 2^2\,[7]$

$\Rightarrow 2^{6n+2}\equiv 4\ [7]$

$\Rightarrow 2^{6n+2}+3\equiv 4+3\ [7]$

$\Rightarrow 2^{6n+2}+3\equiv 0\ [7]$ car $7\equiv 0\ [7]$.

Autrement dit, le reste dans la division euclidienne par 7 de $2^{6n+2}+3$ est nul. Ainsi, $2^{6n+2}+3$ est bien divisible par 7.

Exercices

1 ★ 10 min **a.** Montrer que la somme de trois entiers consécutifs est toujours un multiple de 3.
b. Montrer que la somme de cinq entiers consécutifs est toujours un multiple de 5.
c. La somme de quatre entiers consécutifs est-elle toujours un multiple de 4 ?

2 ★★ 20 min **Déterminer tous les entiers naturels a et b tels que $a^2-b^2=21$.**

3 ★★ 15 min ALGORITHME
On dit qu'un nombre est abondant s'il est inférieur à la somme de ses diviseurs stricts.

Les diviseurs stricts d'un entier sont ses diviseurs positifs autres que lui-même.

a. Montrer que 12 est abondant.
b. Compléter ce programme Python qui définit une fonction renvoyant la liste des diviseurs stricts d'un entier n et détermine ensuite le plus petit entier abondant impair.

```
def diviseurs(n):
    liste_div=[];
    for i in range(1,___):
        if n%i==____:
            liste_div.append(i)
    return(liste_div)

k=1
while ______________________________:
    k=________
print(k)
```

Rappel
a%b donne le reste dans la division euclidienne de a par b.

4 ★ 10 min **Une année est bissextile si elle est multiple de 400 ou si elle est multiple de 4 sans l'être de 100. Ainsi, 2020 et 2000 sont bissextiles, mais pas 1900. Sachant que le 14 juillet 2020 est un mardi, quel jour de la semaine était le 14 juillet 1789 ?**

5 ★★★ 20 min **Pour tout entier naturel $n\neq 0$, on note R_n le nombre constitué de n chiffres 1.**
Ainsi, $R_1=1$, $R_2=11$, $R_3=111$, etc.
Existe-t-il un entier $n\geq 2$ tel que R_n soit un carré ?

On peut regarder le reste dans la division par 4 du carré d'un entier n suivant la parité de n.

6 ★ 5 min
a. Trouver le plus petit entier naturel congru à 99 modulo 4.
b. Trouver le plus petit entier naturel congru à 666 modulo 7.
c. Trouver le plus petit entier naturel congru à −19 modulo 3.

7 ★ 10 min **Soient a et b deux entiers tels que :**
$a\equiv 3\ [17]$ et $b\equiv 16\ [17]$.
Dans chaque cas, trouver un entier n entre 0 et 16 tel que :
a. $a+b\equiv n\ [17]$ **b.** $a-b\equiv n\ [17]$ **c.** $a^2\equiv n\ [17]$
d. $b^{1777}\equiv n\ [17]$ **e.** $ab\equiv n\ [17]$ **f.** $(6a)^{2020}\equiv n\ [17]$

8 ★ 20 min **Certains entiers peuvent s'écrire comme la somme de trois cubes d'entiers relatifs.**
On a, par exemple, $6=2^3+(-1)^3+(-1)^3$.
a. Montrer que 7 et 36 s'écrivent comme la somme de trois cubes.
b. Quels sont les restes possibles dans la division euclidienne par 9 du cube d'un entier ?
c. Montrer que les entiers de la forme $9k+4$ et $9k+5$, où k est un entier, ne peuvent pas être la somme de trois cubes.

Histoire des maths
On conjecture que seuls les nombres congrus à 4 ou 5 modulo 9 ne peuvent pas s'exprimer comme la somme de trois cubes. Cette conjecture a été vérifiée pour tous les entiers naturels inférieurs ou égaux à 100 en 2019, mais la question reste ouverte dans le cas général !

9 ★★ 20 min
a. Déterminer le reste dans la division par 7 de 666^{666}.
b. Écrire la division euclidienne de 6 789 par 4 et en déduire le reste dans la division euclidienne par 15 de 2^{6789}.
c. Déterminer le reste dans la division par 17 de 2^{777}.
d. Sachant que $9\equiv -1\ [10]$, déterminer le chiffre des unités de 3^{1111}.

10 ★★ 20 min **Le but de cet exercice est de donner des critères de divisibilité.**
a. Montrer qu'un entier n est un multiple de 9 si, et seulement si, la somme de ses chiffres est un multiple de 9.
b. De même, établir un critère de divisibilité par 11.

On peut écrire n comme une somme de puissances de 10.

PGCD et applications

Cours

1 PGCD de deux entiers naturels

▶ Soient a et b deux entiers naturels non tous les deux nuls. L'ensemble des diviseurs communs de a et de b admet un plus grand élément appelé plus grand diviseur commun de a et b. On le note souvent $\text{PGCD}(a\,;b)$ et parfois $a \wedge b$.

▶ Soient a et b deux entiers naturels non tous les deux nuls.

$$\text{PGCD}(a\,;b)=\text{PGCD}(b\,;a)\,;\ \text{PGCD}(a\,;0)=a.$$

Si b divise a, alors $\text{PGCD}(a\,;b)=b$.

▶ Soient a et b deux entiers naturels non nuls.

$$\text{PGCD}(a\,;b)=\text{PGCD}(b\,;r)$$

où r est le reste dans la division euclidienne de a par b.

▶ L'algorithme d'Euclide consiste à effectuer la division euclidienne de a par b, puis les divisions euclidiennes successives du diviseur par le reste de la division précédente jusqu'à ce le reste soit nul. Cet algorithme s'arrête toujours et le PGCD de a et b est le dernier reste non nul.

▶ Soient a et b deux entiers naturels non tous les deux nuls. Les diviseurs communs de a et b sont les diviseurs du PGCD de a et b. De plus, si k est un entier naturel non nul, alors :

$$\text{PGCD}(ka\,;kb)=k\times\text{PGCD}(a\,;b).$$

2 Théorème de Bézout

▶ On dit que deux entiers naturels non nuls sont premiers entre eux si leur PGCD vaut 1.

▶ Identité de Bézout : Soient a et b deux entiers non nuls. Il existe deux entiers relatifs u et v tels que $au+bv=\text{PGCD}(a\,;b)$.

▶ Théorème de Bézout : Deux entiers naturel non nuls sont premiers entre eux si, et seulement si, il existe deux entiers relatifs u et v tels que $au+bv=1$.

3 Théorème de Gauss

▶ Théorème de Gauss : Soient a, b et c trois entiers naturel non nuls. Si a divise bc et si a et b sont premiers entre eux, alors a divise c.

▶ Corollaire du théorème de Gauss : Si a et b divisent c et si a et b sont premiers entre eux, alors ab divise c.

Info

Un corollaire est une proposition découlant directement d'un résultat déjà démontré.

Exos résolus

1 Calculer le PGCD de deux entiers

Calculer le PGCD de 28 et 95.

RÉSOLUTION

En suivant l'algorithme d'Euclide, on a :

$95=3\times28+11$

$28=2\times11+6$

$11=1\times6+5$

$6=1\times5+1$

$5=5\times1+0$

Le dernier reste non nul est 1 donc $\text{PGCD}(28\,;95)=1$.

2 Résoudre une équation diophantienne du type $ax+by=c$

Déterminer toutes les solutions entières de l'équation

$$\textbf{(E)} : 28x+95y=1.$$

RÉSOLUTION

(E) est de la forme $ax+by=\text{PGCD}(a\,;b)$. On peut trouver une solution de (E) en « remontant » l'algorithme d'Euclide de l'avant-dernière ligne à la première ligne de calcul. Ainsi, on a :

À noter

C'est l'identité de Bézout qui assure l'existence d'au moins une solution.

$1=6-5$, car $6=1\times5+1$

$1=6-1\times(11-6)$ car $11=1\times6+5$

$1=6-11+6=2\times6-11$

$1=2\times(28-2\times11)-11$ car $28=2\times11+6$

$1=2\times28-4\times11-11=2\times28-5\times11$

$1=2\times28-5\times(95-3\times28)$ car $95=3\times28+11$

$1=2\times28-5\times95+15\times28=17\times28-5\times95.$

Ainsi, $(17\,;-5)$ est une solution de (E).

On a alors $(E)\Leftrightarrow 28x+95y=17\times28-5\times95$

$\Leftrightarrow 28x-17\times28=-95y-5\times95$

$\Leftrightarrow 28(x-17)=95(-y-5)$

28 divise $95(-y-5)$ et 28 et 95 sont premiers entre eux donc, d'après le théorème de Gauss, 28 divise $-y-5$.

Autrement dit, il existe un entier relatif k tel que $-y-5=28k$ et donc $y=-5-28k$. Si $y=-5-28k$, alors on a :

$(E)\Leftrightarrow 28x+95(-5-28k)=1 \Leftrightarrow 28x-475-2\,660k=1$

$\Leftrightarrow 28x=476+2\,660k \Leftrightarrow x=\dfrac{476+2660k}{28}=17+95k.$

On vérifie : $28x+95y=28(17+95k)+95(-5-28k)$

$=476+2660k-475-2660k=1.$

Les solutions de (E) sont donc tous les couples de la forme $(17+95k\,;-5-28k)$, où k est un entier relatif.

Exercices

1 ★ 15 min **Dans chaque cas, calculer le PGCD de a et b.**

a. $a=102$ et $b=84$. **b.** $a=136$ et $b=104$.
c. $a=777$ et $b=903$. **d.** $a=29$ et $b=25$.

2 ★ 15 min **Dans chaque cas, trouver deux entiers u et v vérifiant l'égalité voulue. On pourra s'aider des calculs de l'exercice précédent.**

a. $102u+84v=6$ **b.** $136u+104v=8$
c. $777u+903v=21$ **d.** $29u+25v=3$

3 ★★ 10 min **Soit n un entier naturel. Montrer que les entiers $a=2n+1$ et $b=5n+2$ sont premiers entre eux.**

4 ★★ 20 min **On considère l'équation diophantienne**
(E) : $11x+6y=7$.

a. Trouver une solution particulière de l'équation $11x+6y=1$.
b. En déduire une solution de l'équation (E).
c. Montrer que (E) est équivalente à $11(x+7)=6(14-y)$.
d. Montrer qu'il existe un entier relatif k tel que $y=14-11k$.
e. Résoudre finalement l'équation (E).

5 ★ 10 min **Résoudre l'équation diophantienne**
(E) : $42x+18y=4$.

Une équation diophantienne est une équation à coefficients entiers dont on cherche les solutions entières.

6 ★★ 20 min **Résoudre l'équation $7x=1\,[26]$, où x est un nombre entier.**

7 ★★ 10 min **Soit n un entier naturel. Démontrer que n^3-n est divisible par 6.**

On peut factoriser en appliquer le théorème de Gauss.

8 ★★★ 15 min
Soit n un entier naturel et soit p un entier naturel non nul.

a. Factoriser le plus possible l'expression $n^{p+4}-n^p$.
b. Montrer que si $n\equiv 2\,[5]$ ou $n\equiv 3\,[5]$, alors $n^2+1\equiv 0\,[5]$.
c. Montrer que n^p et n^{p+4} ont le même chiffre des unités.

9 ★★ 30 min **À chaque lettre de l'alphabet est associé un nombre entier comme indiqué ci-dessous.**

A	B	C	D	E	F	G	H	I	J	K	L	M
0	1	2	3	4	5	6	7	8	9	10	11	12

N	O	P	Q	R	S	T	U	V	W	X	Y	Z
13	14	15	16	17	18	19	20	21	22	23	24	25

▶ **On définit un procédé de codage de la façon suivante.**
Étape 1 : à la lettre que l'on veut coder, on associe l'entier x correspondant dans le tableau.
▶ **Étape 2 :** on calcule l'entier naturel x' inférieur ou égal à 25, tel que $x'\equiv 17x+12\,[26]$.
▶ **Étape 3 :** on associe à l'entier x' la lettre correspondante dans le tableau ci-dessus.

a. Coder le mot « MOT » par cette méthode.
b. Calculer le PGCD de 17 et 26.
En déduire qu'il existe deux entiers u et v tels que $17u+26v=1$, puis déterminer un tel couple.
c. Démontrer que $x'\equiv 17x+12\,[26]$ si, et seulement si, $x\equiv -3x'+10\,[26]$.
d. Décoder le mot « KMOGG ».

10 ★★★ 30 min DÉMONSTRATION
On se propose ici de démontrer l'identité de Bézout.
Soient a et b deux entiers naturels non nuls de PGCD g.
Soit E l'ensemble des entiers naturel non nuls de la forme $am+bn$, où m et n sont des entiers relatifs.

a. Montrer que E admet un plus petit élément, qu'on notera d.
b. Montrer que g est inférieur ou égal à d.
c. On note $a=dq+r$ la division euclidienne de a par d. Montrer que d divise a.
d. Montrer finalement qu'il existe deux entiers relatifs u et v tels que $au+bv=1$.

Histoire des maths

La première démonstration du théorème de Bézout est en fait due au poète et mathématicien **Claude-Gaspard Bachet de Méziriac** dans son ouvrage *Problèmes plaisans et délectables qui se font par les nombres* (1612).
On doit cependant à **Étienne Bézout** (1730-1783) une généralisation importante du résultat aux polynômes.

11 ★ 10 min DÉMONSTRATION
On se propose ici de démontrer le théorème de Gauss.
Soient a, b et c trois entiers naturels non nuls.

a. En utilisant l'identité de Bézout, montrer que si a divise bc et si a et b sont premiers entre eux alors a divise c.
b. Déduire du résultat précédent que si a et b divisent c et si a et b sont premiers entre eux, alors ab divise c.

Histoire des maths

L'allemand **Carl Friedrich Gauss** (1777-1855) est sans doute un des plus grands mathématiciens de tous les temps. Il aimait à dire des mathématiques que « les charmes enchanteurs de cette sublime science ne se décèlent dans toute leur beauté qu'à ceux qui ont le courage de l'approfondir ». C'est dans *Disquisitiones arithméticae* (1801) qu'on trouve la première présentation claire des congruences. Cet ouvrage majeur de l'histoire des mathématiques a encore des répercussions sur les recherches les plus modernes, comme celles de Manjul Bhargava, lauréat de la médaille Fields en 2014.

Nombres premiers

Cours

1 Définition et propriétés de base

▶ Un nombre premier est un entier naturel qui ne possède que deux diviseurs positifs : 1 et lui-même.
Un entier naturel $n \geq 2$ qui n'est pas premier est dit composé.

▶ Soit $n \geq 2$ un entier naturel. Le plus petit diviseur de n compris entre 2 et n est premier.

▶ Si n est un entier naturel supérieur ou égal à 2, alors n admet un diviseur premier inférieur ou égal à $\sqrt{n}$.
Dit autrement, si aucun des entiers compris entre 2 et $\sqrt{n}$ ne divise n, alors n est un nombre premier.

▶ Il existe une infinité de nombres premiers. Voici les premiers :

2	3	5	7	11	13	17	19	23	29	31	37
41	43	47	53	59	61	67	71	73	79	83	89
97	101	103	107	109	113	127	131	137	139	149	151

2 Décomposition en facteurs premiers

▶ Théorème de décomposition : Tout nombre naturel $n \geq 2$ est premier ou produit de nombres premiers.
De plus, la décomposition d'un entier naturel n en facteurs premiers est unique.

▶ Un entier naturel d divise un entier naturel n si, et seulement si, les exposants des facteurs premiers de la décomposition de d sont au plus égaux à ceux de la décomposition de n.

Exemples : On a les décompositions en facteurs premiers : $504 = 2^3 \times 3^2 \times 7$, $61\,236 = 2^2 \times 3^7 \times 7$ et $13\,608 = 2^3 \times 3^5 \times 7$.
On constate que 504 divise 13 608, mais pas 61 236.

▶ Soient a et b des entiers naturels au moins égaux à 2. Le PGCD de a et b est égal au produit des facteurs premiers communs de a et b avec, pour chacun d'eux, l'exposant le plus petit de ceux qu'il a dans a et dans b.

Exemple : $\text{PGCD}(61\,236\,;\,13\,608) = 2^2 \times 3^5 \times 7 = 6\,804$.

3 Petit théorème de Fermat

▶ Petit théorème de Fermat : Si p est un nombre premier ne divisant pas l'entier n, alors $n^{p-1} \equiv 1\ [p]$.
Il revient au même de dire que $n^{p-1} - 1$ est divisible par p.

▶ Si p est un nombre premier et n un entier, alors $n^p \equiv n\ [p]$.
Il revient au même de dire que $n^p - n$ est divisible par p.

Histoire des maths

On doit au magistrat **Pierre de Fermat** (1601-1655) de nombreux résultats d'arithmétique. Il a énoncé son « grand théorème » dans la marge d'un livre en précisant que la place lui manquait pour la démonstration. Beaucoup de mathématiciens parmi les plus célèbres s'y sont cassé les dents, et c'est finalement **Andrew Wiles** qui l'a démontré en… 1994 !

Exos résolus

1 Montrer qu'un nombre est premier

Montrer que le nombre 137 est premier.

RÉSOLUTION

On utilise le fait que si aucun des entiers compris entre 2 et $\sqrt{n}$ ne divise n, alors n est un nombre premier. Connaissant les premiers nombres premiers, on peut même se contenter de vérifier si n est divisible par les nombres premiers inférieurs ou égaux à $\sqrt{n}$.
Ici, $\sqrt{137} \approx 11{,}7$.
Or 137 n'est divisible ni par 2, ni par 3, ni par 5, ni par 7, ni par 11.
Ainsi, 137 est bien premier.

À noter

Cette méthode n'est applicable que pour de « petits » nombres.
Vérifier si un très grand nombre est premier ou non reste un problème très difficile dans le cas général.

2 Décomposer un nombre en produit de facteurs premiers

Décomposer 312 en produit de facteurs premiers.

RÉSOLUTION

On détermine le plus petit diviseur premier p du nombre n considéré, puis on recommence avec le quotient de n par p. On répète ce processus jusqu'à obtenir un quotient premier.
Ici, le plus petit diviseur premier de 312 est 2 et $312 \div 2 = 156$.
Le plus petit diviseur premier de 156 est 2 et $156 \div 2 = 78$.
Le plus petit diviseur premier de 78 est 2 et $78 \div 2 = 39$.
Le plus petit diviseur premier de 39 est 3 et $39 \div 3 = 13$.
Comme 13 est premier, on a la décomposition de 312 en facteurs premiers : $312 = 2 \times 2 \times 2 \times 3 \times 13 = 2^3 \times 3 \times 13$.

3 Utiliser le petit théorème de Fermat

Montrer que $n^{13} - n$ est divisible par 26 pour tout $n \in \mathbb{N}$.

RÉSOLUTION

On observe que $26 = 2 \times 13$. Comme 2 et 13 sont premiers entre eux (ils sont tous les deux premiers), le théorème de Gauss indique qu'il suffit de montrer que 2 et 13 divisent $n^{13} - n$ pour conclure.

> **À noter**
>
> Le théorème de Gauss indique que si a et b sont premiers entre eux et divisent c, alors ab divise c.

Si n est pair, n^{13} aussi et donc $n^{13} - n$ est divisible par 2. Si n est impair, n^{13} aussi et donc $n^{13} - n$ est divisible par 2.
Dans tous les cas, $n^{13} - n$ est divisible par 2.
Par ailleurs, 13 est premier donc, d'après le théorème de Fermat, $n^{13} - n$ est divisible par 13. $n^{13} - n$ est divisible par 2 et par 13 donc, d'après le théorème de Gauss, $n^{13} - n$ est divisible par 26.

Exercices

1 ★ 5 min
Décomposer en produit de facteurs premiers 340 et 819.

2 ★ 10 min ALGORITHMIQUE
Compléter le programme de la fonction Python ci-dessous qui, étant donné un entier n, renvoie la liste de ses facteurs premiers avec leur multiplicité.
Par exemple, décomposition(312) renvoie [2,2,2,3,13].

```
def décomposition(n):
    d=___
    L=[]
    while n!=1:
        while __________:
            L.append(___)
            n=____
        d=d+1
    return(L)
```

3 ★ 15 min **Soit $n = 2^3 \times 5^6 \times 11 \times 17^{10} \times 21^5$.**
Quel est le nombre de diviseurs positifs de l'entier n ?

4 ★★ 15 min DÉMONSTRATION
On se propose ici de démontrer qu'il existe une infinité de nombres premiers. On suppose qu'il existe un nombre fini de nombres premiers et on note p le plus grand d'entre eux. Soit N l'entier égal à la somme du produit de tous les nombres premiers de 2 à p et de 1 :

$$N = 2 \times 3 \times 5 \times 7 \ldots \times p + 1.$$

Étudier la divisibilité de N par un nombre premier et conclure.

> **Histoire des maths**
>
> La démonstration proposée ici est celle d'**Euclide**, dans *Les Éléments*. Elle aurait donc au moins 2 300 ans.

5 ★★★ 30 min **Soient a et b des entiers naturels non nuls. On note $N = a^4 + 4b^4$.**
a. En remarquant que $N = a^4 + 4a^2b^2 + 4b^4 - 4a^2b^2$, proposer une expression factorisée de N.

> Penser aux identités remarquables !

b. Montrer que, sauf cas particulier, N n'est pas premier.

> **Histoire des maths**
>
> Le résultat énoncé dans l'exercice 5 est dû à **Sophie Germain** (1776-1831).
> C'est en se faisant passer pour un homme dans ses courriers, qu'elle parvient à communiquer avec les savants de son temps, comme **Gauss** qui la tenait en haute estime. Elle a démontré des cas particuliers du grand théorème de Fermat et ses travaux en ce sens ont actuellement des répercussions dans la construction des monnaies virtuelles comme le Bitcoin.

6 ★★★ 30 min **Pour tout entier naturel n, on appelle n-ième nombre de Mersenne le nombre $M_n = 2n - 1$.**
a. Calculer M_1, M_2, M_3 et M_4.
b. Soit a un entier naturel supérieur ou égal à 2.
Montrer que si $a^n - 1$ est premier, alors $a = 2$.
c. Soit n un entier naturel supérieur ou égal à 2.
Montrer que si d divise n, alors M_d divise M_n.
d. La propriété $\mathcal{P}$: « Si n est premier, alors M_n est premier » est-elle vraie ? et sa réciproque ?

7 ★★ 30 min **À chaque caractère du tableau ci-dessous, on associe un entier compris entre 0 et 28.**

A	B	C	D	E	F	G	H	I	J	K	L	M	N
0	1	2	3	4	5	6	7	8	9	10	11	12	13

O	P	Q	R	S	T	U	V	W	X	Y	Z	.	?	!
14	15	16	17	18	19	20	21	22	23	24	25	26	27	28

Pour coder un message, on associe à chaque entier x correspondant au caractère à coder le reste y dans la division euclidienne de x^3 par 29, puis on associe à y le caractère correspondant.
a. Chiffrer le mot « JEU ».
b. Déterminer deux entiers naturels a et b tels que $3a - 28b = 1$.
c. Montrer que deux caractères différents sont codés par deux caractères différents.
d. Montrer que si $x^3 \equiv y\ [29]$, alors $y^{19} \equiv x\ [29]$.
e. Décoder alors le message « BTDSZ ».

Notion de matrice

Cours

1 Matrices et opérations

▶ Une matrice de taille $n \times m$ est un tableau de nombre à n lignes et m colonnes. Une matrice carrée d'ordre n est un tableau de nombres à n lignes et n colonnes.

Une matrice ligne est une matrice qui n'a qu'une seule ligne.

Une matrice colonne est une matrice qui n'a qu'une seule colonne.

On note $a_{i,j}$ le coefficient de la matrice A situé à la i-ème ligne et à la j-ème colonne.

▶ La somme de deux matrices A et B de même taille est la matrice C dont les coefficients sont donnés par la relation :

$$c_{i,j} = a_{i,j} + b_{i,j}.$$

Exemple : Si $A = \begin{pmatrix} 1 & 3 \\ 2 & 5 \end{pmatrix}$ et $B = \begin{pmatrix} 0 & 4 \\ -1 & 6 \end{pmatrix}$, alors on a :

$$A + B = \begin{pmatrix} 1+0 & 3+4 \\ 2-1 & 5+6 \end{pmatrix} = \begin{pmatrix} 1 & 7 \\ 1 & 11 \end{pmatrix}.$$

▶ Le produit d'une matrice M par un réel k est la matrice de même taille que M dont tous les coefficients ont été multipliés par k.

▶ Le produit d'une matrice ligne par une matrice colonne est obtenu comme dans l'exemple suivant :

$$(1 \quad 2 \quad 3) \times \begin{pmatrix} 4 \\ 5 \\ 6 \end{pmatrix} = (1\times4 + 2\times5 + 3\times6) = (32).$$

On peut généraliser cet exemple à toute matrice ligne et toute matrice colonne ayant le même nombre d'éléments.

▶ Le produit de deux matrices carrées A et B d'ordre n est la matrice carrée d'ordre n notée $A \times B$ (ou AB) dont le coefficient situé à la i-ème ligne et à la j-ème colonne est le produit de la i-ème ligne de A par la j-ème colonne de B.

▶ Si A, B et C sont trois matrices carrées de même taille, alors

$$(AB)C = A(BC).$$

Attention

Le produit de deux matrices n'est pas commutatif. Cela veut dire qu'on n'a pas toujours AB = BA. Il faut donc bien prendre garde à l'ordre dans lequel on multiplie des matrices.

2 Matrice inverse d'une matrice carrée

▶ On appelle matrice identité d'ordre n la matrice notée I_n dont tous les coefficients situés à la i-ème ligne et à la i-ème colonne sont égaux à 1, et dont tous les autres coefficients sont nuls.

Exemples : $I_2 = \begin{pmatrix} 1 & 0 \\ 0 & 1 \end{pmatrix}$ et $I_3 = \begin{pmatrix} 1 & 0 & 0 \\ 0 & 1 & 0 \\ 0 & 0 & 1 \end{pmatrix}$.

▶ Le produit d'une matrice M par la matrice identité est égal à la matrice M.

▶ Soit A une matrice carrée d'ordre n. S'il existe une matrice carrée M d'ordre n telle que $AM = I_n$, alors on dit que M est la matrice inverse de A. On note cela $M = A^{-1}$ et on a $AA^{-1} = A^{-1}A = I_n$.

Remarque

Certaines matrices carrées n'admettent pas de matrice inverse. Lorsqu'une matrice est inversible, son inverse est unique.

▶ Une matrice $A = \begin{pmatrix} a & b \\ c & d \end{pmatrix}$ est inversible si, et seulement si, $ad - bc \neq 0$ et on a $A^{-1} = \dfrac{1}{ad-bc}\begin{pmatrix} d & -b \\ -c & a \end{pmatrix}$.

Le nombre $ad - bc$ est le déterminant de A, noté det(A).

Exos résolus

1 Calculer le produit de deux matrices

Soient $A = \begin{pmatrix} 1 & 4 \\ 2 & 3 \end{pmatrix}$ et $B = \begin{pmatrix} 5 & 8 \\ 6 & 7 \end{pmatrix}$.

Calculer les produits AB et BA.

RÉSOLUTION

Le coefficient $m_{i,j}$ de AB est égal au produit de la ligne i de A par la ligne j de B. Ainsi, on a

$$AB = \begin{pmatrix} 1\times5+4\times6 & 1\times8+4\times7 \\ 2\times5+3\times6 & 2\times8+3\times7 \end{pmatrix} = \begin{pmatrix} 29 & 36 \\ 28 & 37 \end{pmatrix}.$$

Le coefficient $m_{i,j}$ de BA est égal au produit de la ligne i de B par la ligne j de A. Ainsi, on a

$$BA = \begin{pmatrix} 5\times1+8\times2 & 5\times4+8\times3 \\ 6\times1+7\times2 & 6\times4+7\times3 \end{pmatrix} = \begin{pmatrix} 21 & 44 \\ 20 & 45 \end{pmatrix}.$$

2 Résoudre un système linéaire à l'aide des matrices

On considère le système (*S*) : $\begin{cases} 3x+7y=8 \\ 2x+5y=5 \end{cases}$. Résoudre le système (*S*) après l'avoir écrit sous forme matricielle.

RÉSOLUTION

(*S*) équivaut à l'égalité AX = Y où $A = \begin{pmatrix} 3 & 7 \\ 2 & 5 \end{pmatrix}$, $X = \begin{pmatrix} x \\ y \end{pmatrix}$ et $Y = \begin{pmatrix} 8 \\ 5 \end{pmatrix}$.

La matrice A est inversible, car $\det(A) = 3\times5 - 2\times7 = 1 \neq 0$.

On a alors $A^{-1} = \dfrac{1}{\det(A)}\begin{pmatrix} 5 & -7 \\ -2 & 3 \end{pmatrix} = \begin{pmatrix} 5 & -7 \\ -2 & 3 \end{pmatrix}$.

On reprend l'écriture matricielle du système :

$AX = Y \Leftrightarrow A^{-1}AX = A^{-1}Y$

$\Leftrightarrow I_2X = A^{-1}Y$

$\Leftrightarrow X = A^{-1}Y$

$$X = \begin{pmatrix} 5 & -7 \\ -2 & 3 \end{pmatrix} \cdot \begin{pmatrix} 8 \\ 5 \end{pmatrix} = \begin{pmatrix} 5\times8-7\times5 \\ -2\times8+3\times5 \end{pmatrix} = \begin{pmatrix} 5 \\ -1 \end{pmatrix}.$$

La solution du système (S) est donc $x = 5$ et $y = -1$.

Info

Pour des matrices plus grandes, on peut utiliser la calculatrice pour effectuer des produits ou déterminer un inverse.

Exercices

1 ★ 10 min **Soient $A = \begin{pmatrix} 1 & 2 \\ 3 & 4 \end{pmatrix}$, $B = \begin{pmatrix} 0 & 1 \\ 2 & 3 \end{pmatrix}$ et $U = \begin{pmatrix} 2 \\ 4 \end{pmatrix}$.**

a. Calculer AU.
b. Calculer A+B.
c. Calculer AB, A^2 et B^2.
d. Calculer $(A+B)^2$ et $A^2+2AB+B^2$.
Expliquer pourquoi les deux résultats sont différents.

2 ★★ 15 min **Soit $A = \begin{pmatrix} 1 & 0 \\ 1 & 2 \end{pmatrix}$.**

a. Calculer A^2, A^3 et A^4.
b. Conjecturer une expression de A^n en fonction de l'entier n, puis démontrer le résultat par récurrence.

3 ★★ 15 min **Soit $A = \begin{pmatrix} 0 & 4 & 0 \\ 0 & 0 & 0{,}4 \\ 0{,}625 & 0 & 0 \end{pmatrix}$.**

Calculer A^2, A^3 et A^{1789}.

4 ★ 5 min **Soient $A = \begin{pmatrix} 3 & -1 \\ -4 & 1 \end{pmatrix}$ et $B = \begin{pmatrix} -1 & 3 \\ 2 & -6 \end{pmatrix}$.**

a. Déterminer l'inverse de A.
b. La matrice B est-elle inversible ?

5 ★ 10 min **Résoudre par le calcul matriciel les systèmes suivants :**

a. $(S_1) : \begin{cases} 3x+4y=5 \\ 2x+2y=1 \end{cases}$ **b.** $(S_2) : \begin{cases} 3x-4y+2z=-4 \\ x+3y+z=2 \\ 4x-2y+3z=-3 \end{cases}$

6 ★★ 15 min **Michel a décidé de fabriquer un toboggan pour ses petits-enfants selon le schéma ci-dessous. On admet que la courbe allant du point A au point B est la courbe représentative d'une fonction f définie par : $f(x) = ax^3+bx^2+cx+d$.**

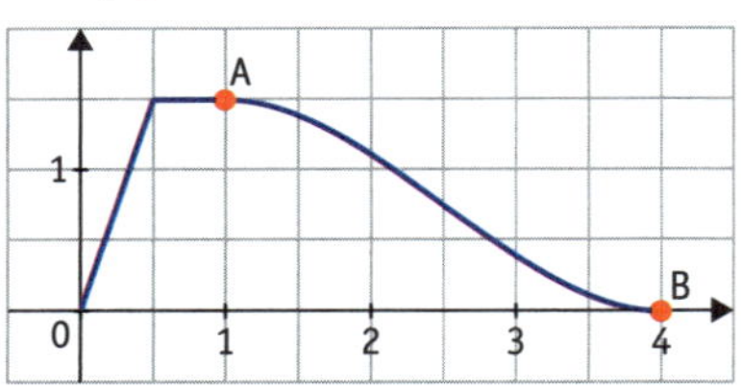

A. a. Donner les coordonnées des points A et B.
b. En déduire deux équations vérifiées par a, b, c et d.
B. Exprimer $f'(x)$ en fonction de a, b et c.
C. a. Déterminer graphiquement les valeurs de $f'(1)$ et $f'(4)$.
b. En déduire deux équations vérifiées par a, b, c et d.
D. Déterminer l'expression algébrique de f à l'aide du calcul matriciel.

7 ★★★ 30 min **Soient $A = \begin{pmatrix} 0{,}5 & -0{,}5 \\ 0{,}5 & 0{,}5 \end{pmatrix}$ et $A = \begin{pmatrix} 1 \\ 0 \end{pmatrix}$.**

On considère la suite matricielle (U_n) telle que :

$$U_0 = \begin{pmatrix} 2 \\ 1 \end{pmatrix} \text{ et } U_{n+1} = AU_n + B.$$

a. Calculer U_1, U_2, U_3 et U_4.
b. Déterminer une matrice X vérifiant X = AX + B.
c. On assimile chaque matrice colonne U_n aux coordonnées d'un point P_n du plan. On obtient alors la figure ci-dessous. Vers quel point semblent se rapprocher les points P_n ?

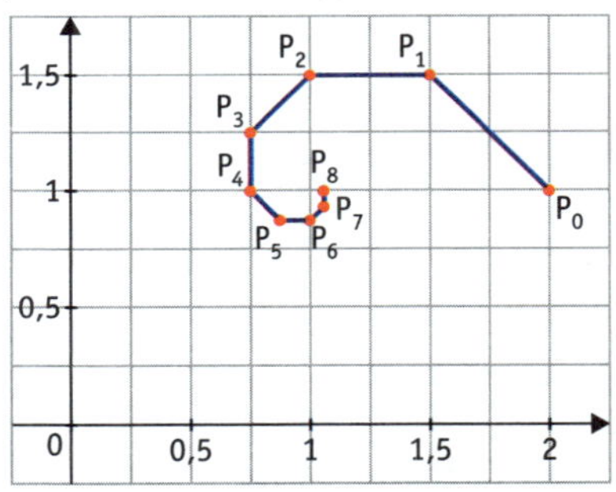

d. On note $(x_n ; y_n)$ les coordonnées de P_n.
Montrer par récurrence que $(x_n-1)^2+(y_n-1)^2 = \frac{1}{2^n}$.
e. Démontrer alors la conjecture faite en **c.**

8 ★★★ 30 min **Soient $A = \begin{pmatrix} 7 & -15 \\ 2 & -4 \end{pmatrix}$ et $P = \begin{pmatrix} 3 & 5 \\ 1 & 2 \end{pmatrix}$.**

a. Montrer que P est inversible et donner son inverse.
b. Calculer $D = P^{-1}AP$.
c. Montrer par récurrence que, pour tout entier naturel n non nul, on a $P^{-1}A^nP = D^n$.
d. En déduire l'expression de A^n en fonction de l'entier naturel non nul n.

Notion de graphe

Cours

1 Vocabulaire des graphes

▶ Un graphe d'ordre n est un ensemble de n sommets, dont certains sont reliés par des arêtes.

▶ Deux sommets reliés par une arête sont dit adjacents.

▶ Une boucle est une arête reliée deux fois au même sommet.

▶ Le degré d'un sommet est le nombre d'arêtes reliées à ce sommet ; les boucles comptent deux fois.

▶ Un graphe simple est un graphe ne contenant pas de boucle et tel que deux arêtes ne relient pas les mêmes sommets.

▶ Un graphe complet est un graphe dont tous les sommets sont adjacents. Le graphe complet d'ordre n est noté K_n.

Exemples : Graphes K_4, K_5 et K_6.

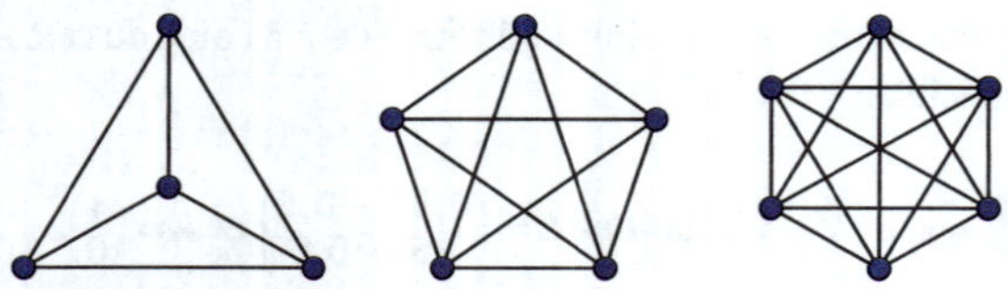

$n=4$ $n=5$ $n=6$

▶ Lemme des poignées de mains : La somme des degrés des sommets d'un graphe est égale au double de son nombre d'arêtes.

▶ Un graphe orienté est un graphe dont les arêtes sont orientées : chaque arête admet une origine et une extrémité.

2 Vocabulaire des chaînes

▶ Une chaîne est une liste ordonnée de sommets telle que chaque sommet est adjacent au suivant.

▶ Une chaîne fermée est une chaîne dont l'origine et l'extrémité sont confondues. Un cycle est une chaîne fermée dont toutes les arêtes sont distinctes.

▶ La longueur d'une chaîne est le nombre d'arêtes qui la composent.

▶ Un graphe est connexe s'il existe une chaîne entre deux sommets quelconques de ce graphe.

À noter

Un graphe connexe est « d'un seul tenant ».

3 Matrice d'adjacence d'un graphe

▶ Soit G un graphe d'ordre n. La matrice d'adjacence associée à G est la matrice carrée d'ordre n, dont le coefficient situé à la i-ème ligne et à la j-ème colonne est égal au nombre d'arêtes allant du sommet i au sommet j.

▶ La matrice d'adjacence d'un graphe d'ordre n non orienté est une matrice symétrique, c'est-à-dire que $a_{i,j}=a_{j,i}$ pour tout entier i et tout entier j compris entre 1 et n.

▶ Soit M la matrice d'adjacence d'un graphe G. Le coefficient situé à la i-ème ligne et à la j-ème colonne de M^n est égal au nombre de chaînes de longueur n allant du sommet i au sommet j.

Exos résolus

1 Exploiter les degrés des sommets d'un graphe

On considère le graphe Γ ci-contre.
Donner le degré de chacun de ses sommets et en déduire son nombre d'arêtes.

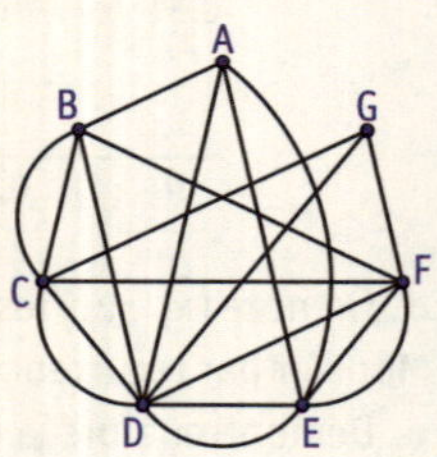

RÉSOLUTION

On peut résumer les résultats dans ce tableau :

Sommet	A	B	C	D	E	F	G
Degré	4	5	6	8	6	6	3

La somme des degrés est égale au double du nombre d'arêtes a.
On a donc $2a=4+5+6+8+6+3=38$.

Ainsi, $a=\frac{38}{2}=19$. Le graphe Γ a donc 19 arêtes.

2 Utiliser une matrice d'adjacence

On considère le graphe G ci-contre.

a. Donner la matrice d'adjacence M de ce graphe.

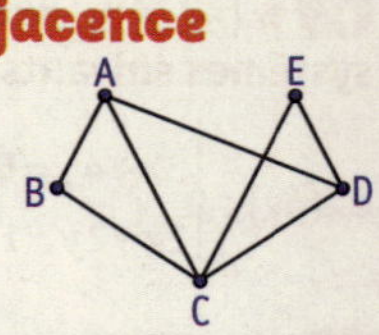

RÉSOLUTION

La matrice d'adjacence associée à G est la matrice carrée d'ordre n, dont le coefficient situé à la i-ème ligne et à la j-ème colonne est égal au nombre d'arêtes allant du sommet i au sommet j. On considère les sommets dans l'ordre alphabétique. Par exemple, $m_{1,3}=1$ car il y a une arête du sommet A vers le sommet B. On a donc :

$$M=\begin{pmatrix} 0 & 1 & 1 & 1 & 0 \\ 1 & 0 & 1 & 0 & 0 \\ 1 & 1 & 0 & 1 & 1 \\ 1 & 0 & 1 & 0 & 1 \\ 0 & 0 & 1 & 1 & 0 \end{pmatrix}.$$

b. Calculer le nombre de chaînes de longueur 4 allant du sommet A au sommet E.

RÉSOLUTION

Le nombre de chaînes de longueur 4 allant du sommet A au sommet E est le coefficient $m_{1,5}$ de la matrice M^4.

On a $M^4 = \begin{pmatrix} 19 & 11 & 19 & 14 & 14 \\ 11 & 11 & 13 & 14 & 9 \\ 19 & 13 & 26 & 19 & 13 \\ 14 & 14 & 19 & 19 & 11 \\ 14 & 9 & 13 & 11 & 11 \end{pmatrix}$.

Il y a donc 14 chaînes de longueur 4 allant du sommet A au sommet E.

Exercices

1 ★ 10 min **On considère le graphe Γ ci-dessous.**

a. Donner l'ordre du graphe Γ.
b. Donner la liste de tous les sommets adjacents à A.
c. Donner la liste des degrés de chacun des sommets de Γ.
En déduire le nombre d'arêtes de Γ.
d. Donner une chaîne de longueur 5 d'origine A et d'extrémité H.
e. Donner un cycle de longueur 6.
f. Le graphe Γ est-il simple ?
g. Le graphe Γ est-il connexe ?

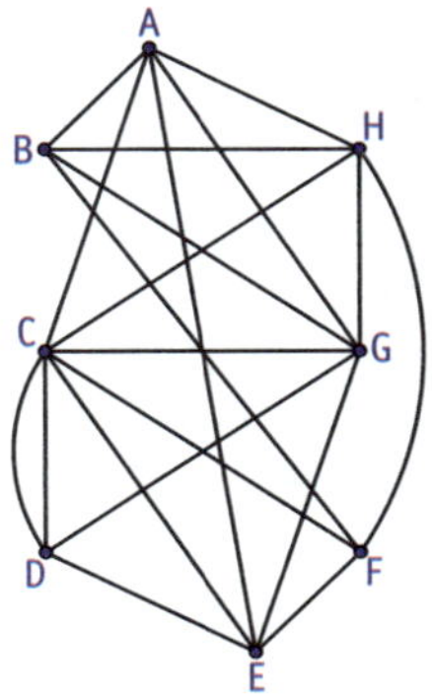

2 ★ 10 min **On rappelle que K_n désigne le graphe complet d'ordre n.**

a. Dessiner K_8 et déterminer son nombre d'arêtes.
b. Démontrer que K_n a $\dfrac{n(n-1)}{2}$ arêtes.

3 ★★ 10 min **Dans chaque cas, indiquer en justifiant s'il existe un graphe simple G vérifiant la condition donnée.**

a. La liste des degrés est : 5, 4, 3, 2, 2, 2.
b. La liste des degrés est : 5, 4, 3, 2, 2, 1.
c. La liste des degrés est : 6, 5, 5, 4, 4, 2.
d. Il y a 6 sommets et 16 arêtes.

4 ★★ 10 min **On considère un groupe de n élèves d'un lycée. Le but est de montrer qu'il y a au moins deux de ces élèves qui ont le même nombre d'amis dans ce groupe. On modélise la situation par un graphe dont les sommets représentent les élèves et les arêtes le lien d'amitié entre deux élèves.**

a. Quels sont les degrés des sommets s'ils ont tous des valeurs différentes ?
b. Considérer alors le sommet de plus haut degré et le sommet de plus bas degré, puis conclure.

5 ★ 10 min **On considère le graphe G ci-dessous.**

a. Donner la matrice d'adjacence M de G.
b. Combien y a-t-il de chaînes de longueur 4 de A à D ? Justifier par le calcul, puis énumérer toutes ces chaînes.

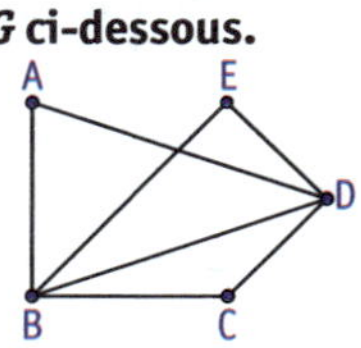

6 ★★★ 15 min DÉMONSTRATION

Soit G un graphe d'ordre 3 de sommets A_1, A_2 et A_3.
On note M la matrice d'adjacence de G.

Démontrer par récurrence que le coefficient situé à la i-ème ligne et à la j-ème colonne de M^n est égal au nombre de chaînes de longueur n allant de A_i à A_j dans le graphe G.

7 ★ 10 min **On dit qu'une chaîne est eulérienne si elle contient exactement une fois chaque arête d'un graphe. Une chaîne eulérienne fermée est un cycle eulérien.**
On admet qu'un graphe connexe admet une chaîne eulérienne si, et seulement si, il a 0 ou 2 sommets de degré impair.
Un graphe connexe admet un cycle eulérien si, et seulement si, il n'a aucun sommet de degré impair.

Le plan de la ville de Königsberg et ses sept ponts est représenté ci-dessous. Est-il possible de se promener dans la ville en empruntant une seule fois chaque pont ?

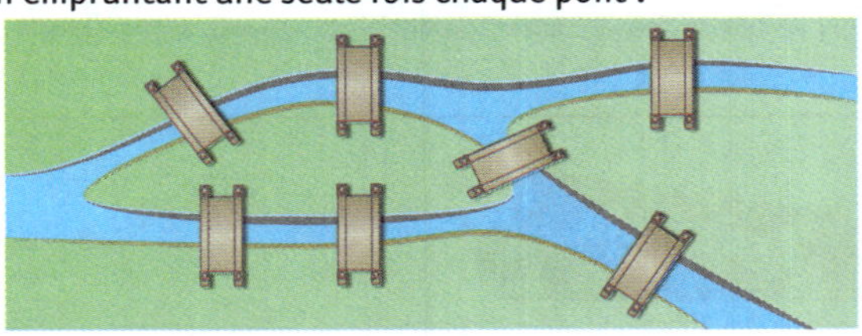

Histoire des maths

Ce problème résolu par **Leonhard Euler** en 1759 est aujourd'hui considéré comme le point de départ de la théorie des graphes. Celle-ci a connu un véritable essor au XXe siècle avec les travaux du mathématicien d'origine hongroise **György Pólya**. Königsberg est aujourd'hui la ville russe de Kaliningrad, entre la Pologne et la Lituanie.

8 ★★ 15 min **Il est possible d'aligner tous les pions d'un jeu de domino portant les chiffres de 0 à 2 en respectant la règle usuelle du jeu.**

0	1	2	2	1	1	2	1	0	0

Est-ce possible avec tous les dominos portant les chiffres de 0 à 6 ? et uniquement ceux de 0 à 5 ?

On peut utiliser les théorèmes d'Euler énoncés dans l'exercice précédent.

Chaînes de Markov

Cours

1 Graphes probabilistes et matrice de transition

▶ On dit qu'un graphe est pondéré si on affecte un nombre positif, appelé poids, à chacune de ses arêtes.

▶ Un graphe est dit orienté si chaque arête à une origine et une extrémité.

▶ Un graphe probabiliste est un graphe orienté et pondéré, tel que la somme des poids des arêtes issues de chaque sommet donné vaut 1.

Un graphe probabiliste permet de modéliser l'évolution d'une situation pouvant changer aléatoirement d'état. Les sommets du graphe sont les différents états possibles. Le poids de l'arête orientée de A vers B est égal à la probabilité de passer de l'état A à l'état B. L'absence d'arête revient à considérer une arête de poids égal à 0.

▶ La matrice de transition d'un graphe probabiliste d'ordre n est la matrice carrée $n \times n$, dont le coefficient situé à la i-ème ligne et à la j-ème colonne est égal au poids de l'arête orientée du sommet i vers le sommet j. La somme des coefficients d'une ligne d'une matrice de transition vaut 1.

Exemple de graphe probabiliste et sa matrice de transition :

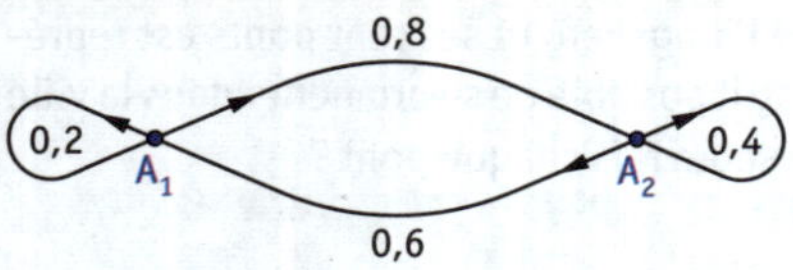

$$P = \begin{pmatrix} 0{,}2 & 0{,}8 \\ 0{,}6 & 0{,}4 \end{pmatrix}$$

2 Chaînes de Markov et propriétés

▶ L'état probabiliste d'un système est une loi de probabilité sur l'ensemble des états possibles. On représente cette loi par une matrice ligne dont le k-ième coefficient est égal à la probabilité que le système soit dans l'état k.

▶ L'état initial, ou distribution initiale, est souvent noté π_0.

▶ Soit P la matrice de transition d'un graphe probabiliste. On note π_0 la distribution initiale et π_n l'état probabiliste à l'étape n. On a alors pour tout entier naturel n :

$$\pi_{n+1} = \pi_n \times P \text{ et } \pi_n = \pi_0 \times P^n.$$

Le coefficient situé à la i-ème ligne et à la j-ème colonne de P^n est la probabilité de passer de l'état i à l'état j en n étapes.

▶ La suite des états probabilistes (π_n) est une chaîne de Markov. L'état probabiliste à l'étape $n+1$ est entièrement déterminé par l'état probabiliste à l'étape n.

▶ On dit qu'un état probabiliste π est un état stable, ou qu'il représente une distribution invariante, s'il vérifie l'égalité :

$$\pi \times P = \pi.$$

▶ Pour tout graphe probabiliste d'ordre 2 ou 3 dont la matrice de transition ne contient pas de 0, l'état probabiliste π_n tend vers un état stable π quand n tend vers $+\infty$.

Cet état stable est indépendant de l'état initial π_0.

À noter

Les coefficients d'une matrice ligne représentant un état probabiliste sont tous compris entre 0 et 1 et leur somme vaut 1.

Exo résolu

Étudier une chaîne de Markov

Joseph joue sur son ordinateur avec un simulateur de vol aérien. Les statistiques enregistrées sur le logiciel permettent d'établir que lorsqu'il réussit un vol, la probabilité qu'il réussisse le suivant est de 55 %, et si son avion s'écrase, la probabilité qu'il échoue encore au prochain vol est de 25 %.

Joseph vient de tester un nouveau plan de vol et a crashé son avion à l'atterrissage.

On note A l'état « l'avion a atterri », E l'état « l'avion s'est écrasé » et π_n l'état probabiliste de l'avion au bout de n vols après cette nouvelle tentative.

a. Représenter la situation par un graphe probabiliste, puis donner sa matrice de transition.

RÉSOLUTION

Voici le graphe probabiliste modélisant la situation.

La somme des poids des arêtes issues d'un même sommet doit être égale à 1.

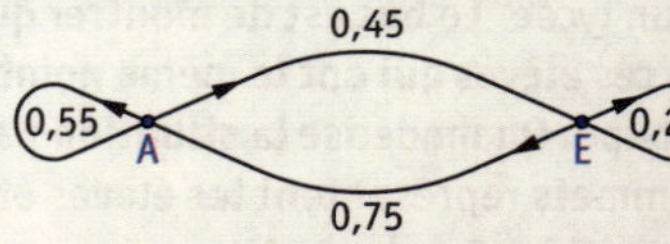

En notant les sommets par ordre alphabétique, la matrice de transition de ce graphe est $P = \begin{pmatrix} 0{,}55 & 0{,}45 \\ 0{,}75 & 0{,}25 \end{pmatrix}$.

b. Donner l'état probabiliste initial π_0, puis en déduire la probabilité que Joseph réussisse sa quatrième simulation de vol.

RÉSOLUTION

On sait que l'avion vient de s'écraser, donc $\pi_0 = (0 \quad 1)$.

On a $\pi_4 = \pi_0 \times P^4 = (0{,}624 \quad 0{,}376)$.

La probabilité que l'avion atterrisse lors de la quatrième simulation de vol est donc de 62,4 %.

c. Déterminer l'état stable π du système étudié.

RÉSOLUTION

On note $\pi = (x \quad y)$ l'état stable du système. On a :

$$\pi = \pi \times P \Leftrightarrow (x \quad y) = (x \quad y) \cdot \begin{pmatrix} 0{,}55 & 0{,}45 \\ 0{,}75 & 0{,}25 \end{pmatrix}$$

$$\Leftrightarrow (x \quad y) = (0{,}55x + 0{,}75y \quad 0{,}45x + 0{,}25y)$$

$$\Leftrightarrow \begin{cases} x = 0{,}55x + 0{,}75y \\ y = 0{,}45x + 0{,}25y \end{cases} \Leftrightarrow \begin{cases} 0 = -0{,}45x + 0{,}75y \\ 0 = 0{,}45x - 0{,}75y \end{cases}$$

$\Leftrightarrow 0 = 0{,}45x - 0{,}75y$ car les deux équations sont équivalentes.

Par ailleurs, on rappelle que $x + y = 1$. Ainsi, $y = 1 - x$ et

$$0{,}45x - 0{,}75y = 0 \Leftrightarrow 0{,}45x - 0{,}75(1 - x) = 0$$
$$\Leftrightarrow 0{,}45x - 0{,}75 + 0{,}75x = 0$$
$$\Leftrightarrow 1{,}2x = 0{,}75$$
$$\Leftrightarrow x = 0{,}625.$$

On en déduit que $y = 1 - x = 1 - 0{,}625 = 0{,}375$.

Ainsi, l'état stable est $\pi = (0{,}625 \quad 0{,}375)$.

Exercices

1 ★ 5 min **Donner le graphe probabiliste associé à la matrice suivante représentée ci-dessous.**

$$P = \begin{pmatrix} 0 & 0{,}6 & 0{,}4 & 0 \\ 0{,}25 & 0 & 0 & 0{,}75 \\ 0 & 0{,}4 & 0{,}2 & 0{,}4 \\ 0{,}3 & 0{,}7 & 0 & 0 \end{pmatrix}$$

2 ★★ 50 min **On étudie le comportement d'un paresseux à l'état naturel. Chaque jour, à la même heure, on regarde s'il dort (état D) ou s'il est éveillé (état E). On a établi que s'il dort un jour donné, la probabilité qu'il soit encore en train de dormir lors de l'observation du lendemain est de 60 %.**
S'il est éveillé, la probabilité qu'il soit encore éveillé lors de l'observation du lendemain est de 20 %.
Aujourd'hui, le paresseux est éveillé.
On note les états dans l'ordre alphabétique et on note π_n l'état probabiliste du paresseux au bout de n jours.

A. a. Donner le graphe probabiliste associé à cette situation.

b. Donner la matrice de transition M associée à ce graphe.

c. Quelle est la probabilité que le paresseux soit en train de dormir dans 4 jours ?

B. Déterminer l'état stable du système.

C. On note maintenant P la matrice $\begin{pmatrix} 1 & -1 \\ 1 & 2 \end{pmatrix}$.

a. Montrer que P est inversible, puis que la matrice $P^{-1}MP$ est égale à une matrice diagonale D.

b. Montrer par récurrence que $M^n = PD^nP^{-1}$ pour tout entier naturel non nul.

c. Déduire du calcul précédent $\lim\limits_{n \to +\infty} \pi_n$.

d. Quel résultat retrouve-t-on ? Interpréter concrètement.

3 ★★ 50 min **Un virus se propage dans une certaine population. Un individu peut se trouver dans trois états différents : immunisé (I), malade (M) ou sain (S), c'est-à-dire ici ni malade, ni immunisé. D'un mois à l'autre, on observe qu'une personne immunisée le reste avec une probabilité de 90 %, sinon elle passe à l'état sain. Une personne saine le reste avec une probabilité de 59 %, sinon elle tombe malade. Enfin, une personne malade le reste avec une probabilité de 10 %, sinon elle devient immunisée.**
On considère une personne initialement saine et on note π_n son état probabiliste au bout de n mois.

A. a. Donner le graphe probabiliste G et la matrice de transition P associés à cette situation. On considérera les sommets par ordre alphabétique.

b. Quelle est la probabilité que la personne considérée soit malade au bout de 4 semaines ?

c. Conjecturer la valeur de l'état stable de cette personne.

d. Vérifier que la conjecture émise est correcte et interpréter le résultat pour l'ensemble de la population considérée.

B. À la vue de ces résultats, les autorités sanitaires décident de lancer une campagne de vaccination.
Dans ces nouvelles conditions, l'évolution d'un malade reste identique, mais une personne immunisée le reste avec une probabilité de 96 % ou devient saine, et une personne saine devient immunisée avec une probabilité de 64 % et tombe malade avec une probabilité de 20 %.

a. Donner le graphe probabiliste Γ et la matrice de transition M associés à cette nouvelle situation.

b. On note $\pi_\infty = (x\ y\ z)$ l'état stable associé à cette situation. Montrer que x, y et z sont solutions du système :

$$(S) : \begin{cases} x + \quad y + \quad z = 1 \\ -0{,}04x + 0{,}9y + 0{,}64z = 0 \\ \quad -0{,}9y + 0{,}2\ z = 0 \end{cases}$$

c. Calculer π_∞.
Cette campagne de vaccination sera-t-elle efficace ?

4 ★★ 50 min DÉMONSTRATION **On considère un système pouvant être à chaque étape dans un état A ou dans un état B et dont l'état à l'étape $n+1$ ne dépend que de l'état à l'étape n.**
On note π_n l'état probabiliste du système à l'étape n.

a. Donner une matrice M telle que $\pi_{n+1} = \pi_n \times M$ avec $n \in \mathbb{N}$.

b. En déduire que $\pi_n = \pi_0 \times M^n$ pour tout entier naturel n non nul.

1 Page 407

1 Il ne faut pas oublier que $i^2=-1$.

a. $z_1=(2+i)+(4-3i)=6-2i$

b. $z_2=(2-i)-(4+i)=2-i-4-i=-2-2i$

c. $z_3=(2+i)(3-4i)=6-8i+3i-4i^2=6-5i+4=10-5i$

d. $z_4=(1+i)(1-i)=1-i+i-i^2=1-i^2=1-(-1)=2$

e. $z_5=(5-\sqrt{2}i)(3-\sqrt{2}i)=15-5\sqrt{2}i-3\sqrt{2}i+\sqrt{2}\times\sqrt{2}\times i^2$
$=15-8\sqrt{2}i+2\times(-1)=13-8\sqrt{2}i$

f. $z_6=(4-3i)^2=4^2-2\times4\times3i+(3i)^2=16-24i+9i^2$
$=16-24i-9=7-24i$

2 a. $z_1=\dfrac{1+i}{2+i}=\dfrac{(1+i)(2-i)}{(2+i)(2-i)}=\dfrac{2-i+2i-i^2}{2^2+1^2}=\dfrac{2+i-(-1)}{4+1}$
$=\dfrac{3+i}{5}=\dfrac{3}{5}+\dfrac{1}{5}i=0{,}6+0{,}2i$

b. $z_2=\dfrac{13-13i}{2-3i}=\dfrac{(13-13i)(2+3i)}{(2-3i)(2+3i)}=\dfrac{26+39i-26i-39i^2}{2^2+3^2}$
$=\dfrac{26+13i+39}{4+9}=\dfrac{65+13i}{13}=\dfrac{65}{13}+\dfrac{13i}{13}=5+i$

c. $z_3=\dfrac{30+4i}{3+4i}=\dfrac{(30+4i)(3-4i)}{(3+4i)(3-4i)}=\dfrac{90-120i+12i-16i^2}{3^2+4^2}$
$=\dfrac{90-108i+16}{9+16}=\dfrac{106-108i}{25}=\dfrac{106}{25}-\dfrac{108}{25}i=4{,}24-4{,}32i.$

3 a. $(E_1)\Leftrightarrow 2iz-5=-7+6i\Leftrightarrow 2iz=-2+6i\Leftrightarrow z=\dfrac{-2+6i}{2i}$
$\Leftrightarrow z=\dfrac{-1+3i}{i}=\dfrac{(-1+3i)\times i}{i\times i}=\dfrac{-i+3i^2}{-1}=\dfrac{-i-3}{-1}=3+i$

b. $(E_2)\Leftrightarrow 2z-3iz-14=5i\Leftrightarrow(2-3i)z=14+5i\Leftrightarrow z=\dfrac{14+5i}{2-3i}$
$\Leftrightarrow z=\dfrac{14+5i}{2-3i}\Leftrightarrow z=\dfrac{(14+5i)(2+3i)}{(2-3i)(2+3i)}=\dfrac{28+42i+10i+15i^2}{2^2+3^2}$
$=\dfrac{28+52i-15}{4+9}=\dfrac{13+52i}{13}=\dfrac{13}{13}+\dfrac{52}{13}i=1+4i$

4 Dans chaque cas, on pose $z=a+ib$.

a. $(E_1)\Leftrightarrow\bar{z}-2z=3\Leftrightarrow a-ib-2(a+ib)=3$
$\Leftrightarrow a-ib-2a-2ib=3\Leftrightarrow -a-3ib=3$
$\Leftrightarrow -a=3$ et $-3ib=0\Leftrightarrow a=-3$ et $b=0$.
La seule solution est $z=-3$.

b. $(E_2)\Leftrightarrow\bar{z}=-z\Leftrightarrow a-ib=-(a+ib)\Leftrightarrow a-ib=-a-ib$
$\Leftrightarrow a=-a$ et $-ib=-ib\Leftrightarrow a=0$.
Les solutions de (E_2) sont les imaginaires purs.

c. $(E_3)\Leftrightarrow\bar{z}=-iz\Leftrightarrow a-ib=-i(a+ib)\Leftrightarrow a-ib=-ia-i^2b$
$\Leftrightarrow a-ib=-ia+b\Leftrightarrow a=b$ et $-ib=-ia\Leftrightarrow a=b$.
Les solutions de (E_3) sont tous les nombres complexes dont la partie réelle est égale à la partie imaginaire.

5 a. Si z est un nombre réel, alors $\text{Im}(z)=0$.
Ainsi, $\bar{z}$ est un nombre réel et donc $\bar{z}^2-z$ aussi.
La proposition $\mathcal{P}$ est vraie.

b. La réciproque de la proposition $\mathcal{P}$ est « Si $\bar{z}^2-z$ est un nombre réel, alors z est un nombre réel. »

c. On pose $z=a+ib$. On a alors :
$\bar{z}^2-z=(a-ib)^2-(a+ib)=a^2-2abi+i^2b^2-a-ib$
$=a^2-2abi-b-a-ib=a^2-b-a-(2ab+b)i.$
Ainsi, $\bar{z}^2-z$ est un nombre réel si, et seulement si, sa partie imaginaire est nulle, c'est-à-dire si, et seulement si, $2ab+b=0$.
Or on a $2ab+b=0\Leftrightarrow(2a+1)b=0\Leftrightarrow 2a+1=0$ ou $b=0$
$\Leftrightarrow 2a=-1$ ou $b=0\Leftrightarrow a=-\dfrac{1}{2}$ ou $b=0$.

La réciproque de $\mathcal{P}$ n'est pas vraie car tout nombre complexe ayant pour partie réelle $-\dfrac{1}{2}$ (et une partie imaginaire quelconque) vérifie aussi l'égalité $\bar{z}^2-z$.

6 a. $z_1=(2+i)^3$
$=\binom{3}{0}2^3i^0+\binom{3}{1}2^2i^1+\binom{3}{2}2^1i^2+\binom{3}{3}2^0i^3$
$=2^3+3\times2^2\times i+3\times2\times i^2+i^3=8+12i-6-i=2+11i$

b.
$z_2=(3+2i)^4=3^4+4\times3^3\times2i+6\times3^2\times(2i)^2+4\times3\times(2i)^3+(2i)^4$
$=81+216i+54\times4i^2+12\times8i^3+16i^4$
$=81+216i-216-96i+16=-119+120i$

c.
$z_3=(1+i)^5=1+5i+10i^2+10i^3+5i^4+i^5=1+5i-10-10i+5+i$
$=-4-4i$

7 a. On a $\overline{z\times z'}=\overline{(a+ib)(c+id)}=\overline{ac+iad+ibc+i^2bd}$
$=\overline{ac+iad+ibc-bd}=\overline{ac-bd+i(ad+bc)}$
$=ac-bd-i(ad+bc).$
On a aussi $\bar{z}\times\overline{z'}=(a-ib)(c-id)=ac-adi-bci+i^2bd$
$=ac-adi-bci-bd=ac-bd-i(ad+bc).$
On a donc bien $\overline{z\times z'}=\bar{z}\times\overline{z'}$.

b. Soit $\mathcal{P}_n$ la propriété $\overline{(z^n)}=(\bar{z})^n$.

▶ *Initialisation :* On a $\overline{(z^1)}=(\bar{z})=(\bar{z})^1$ donc $\mathcal{P}_1$ est vraie.

▶ *Hérédité :* On suppose $\mathcal{P}_k$ vraie pour un certain entier k.
Autrement dit, on a $\overline{(z^k)}=(\bar{z})^k$.
Ainsi, on a $\overline{(z^{k+1})}=\overline{z^k\times z}=\overline{z^k}\times\bar{z}$ d'après la question **a**
$=(\bar{z})^k\times\bar{z}$ car $\mathcal{P}_k$ est vraie
$=(\bar{z})^{k+1}$.
Autrement dit, $\mathcal{P}_{k+1}$ est vraie.

▶ *Conclusion :* La propriété $\mathcal{P}_n$ est vraie pour $n=1$ et est héréditaire, donc elle est vraie pour tout entier naturel non nul.

8 a.

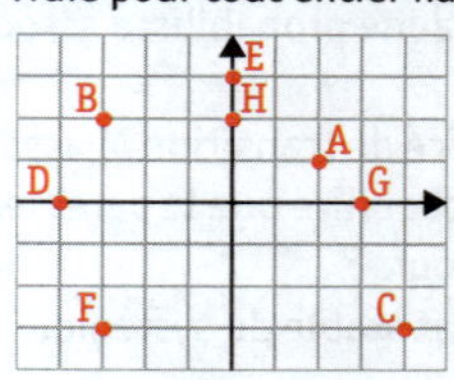

b. $z_F=-3-3i$; $z_G=3$ et $z_H=2i$.

c. $z_{\overrightarrow{FG}}=z_G-z_F=6+3i$; $z_{\overrightarrow{FC}}=z_C-z_F=7$; $z_{\overrightarrow{FB}}=z_B-z_F=5i$ et $z_{\overrightarrow{HA}}=z_A-z_H=2-i$.

9 a. $z_{\overrightarrow{AB}}=z_B-z_A=-2-(-4+3i)=2-3i$
$z_{\overrightarrow{DC}}=z_C-z_D=5+2i-(3+5i)=2-3i$

b. $z_{\overrightarrow{AB}}=z_{\overrightarrow{DC}}$ donc $\overrightarrow{AB}$ et $\overrightarrow{DC}$ sont égaux et, donc, ABCD est un parallélogramme.

c. CEBD est un parallélogramme $\Leftrightarrow\overrightarrow{CE}=\overrightarrow{DB}$
$\Leftrightarrow z_{\overrightarrow{CE}}=z_{\overrightarrow{DB}}$
$\Leftrightarrow z_E-z_C=z_B-z_D$
$\Leftrightarrow z_E=z_B-z_D+z_C$
$\Leftrightarrow z_E=-2-(3+5i)+5+2i$
$=-3i.$

d. On a déjà vu que $\overrightarrow{AB}$ et $\overrightarrow{DC}$ sont égaux. Comme CEBD est un parallélogramme, $\overrightarrow{DC}=\overrightarrow{BE}$. On en déduit que $\overrightarrow{AB}=\overrightarrow{BE}$ et donc que B est le milieu de [AE].

10 a. On a bien $20=16+4=4^2+2^2$ et $45=36+9=6^2+3^2$.

b. On a bien $n\times m=20\times 45=900=30^2+0^2$.

Pour information, on a aussi $900=24^2+18^2$.

c. Si $n=a^2+b^2$, alors $n=z\overline{z}$ avec $z=a+ib$.

Si $m=c^2+d^2$, alors $m=z'\overline{z'}$ avec $z'=c+id$.

On a alors $n\times m=z\overline{z}\times z'\overline{z'}=zz'\times\overline{z}\times\overline{z'}=zz'\times\overline{zz'}$.

Or $zz'\times\overline{zz'}=\mathrm{Re}(zz')^2+\mathrm{Im}(zz')^2$.

Comme les parties réelles et imaginaires de z et z' sont des entiers, il en est de même de celles de zz'.
Ainsi, $n\times m$ est bien la somme de deux carrés parfaits.
Si on poursuit le calcul, on obtient même l'identité suivante :

$$(a^2+b^2)(c^2+d^2)=(ac-bd)^2+(ad+bc)^2.$$

2 Page 409

1 $z_A=2e^{i\frac{\pi}{4}}$; $z_B=3e^{i\frac{2\pi}{3}}$; $z_C=e^{-i\frac{\pi}{2}}$; $z_D=3e^{-i\frac{5\pi}{6}}$; $z_F=2e^{-i\frac{\pi}{12}}$.

2 a. $3e^{i\frac{\pi}{2}}=3\left(\cos\left(\frac{\pi}{2}\right)+i\sin\left(\frac{\pi}{2}\right)\right)=3(0+i)=3i$

b. $2e^{-i\frac{\pi}{6}}=2\left(\cos\left(-\frac{\pi}{6}\right)+i\sin\left(-\frac{\pi}{6}\right)\right)=2\left(\frac{\sqrt{3}}{2}-\frac{1}{2}i\right)=\sqrt{3}-i$

c. $\sqrt{2}e^{i\frac{3\pi}{4}}=\sqrt{2}\left(\cos\left(\frac{3\pi}{4}\right)+i\sin\left(\frac{3\pi}{4}\right)\right)=\sqrt{2}\left(-\frac{\sqrt{2}}{2}+i\frac{\sqrt{2}}{2}\right)=-1+i$

d. $4\sqrt{3}e^{i\frac{\pi}{3}}+\sqrt{3}e^{i\pi}=4\sqrt{3}\left(\cos\left(\frac{\pi}{3}\right)+i\sin\left(\frac{\pi}{3}\right)\right)$

$$+\sqrt{3}(\cos(\pi)+i\sin(\pi))=4\sqrt{3}\left(\frac{1}{2}+i\frac{\sqrt{3}}{2}\right)-\sqrt{3}$$

$$=2\sqrt{3}+6i-\sqrt{3}=\sqrt{3}+6i$$

3 Dans chaque cas, on note z le complexe considéré et θ un argument de z.

a. $|z|=\sqrt{3^2+3^2}=\sqrt{18}=3\sqrt{2}$

Ainsi, on a $\cos(\theta)=\frac{3}{3\sqrt{2}}=\frac{\sqrt{2}}{2}$ et $\sin(\theta)=\frac{3}{3\sqrt{2}}=\frac{\sqrt{2}}{2}$.

On a donc $\theta=\frac{\pi}{4}$ et $z=3\sqrt{2}e^{i\frac{\pi}{4}}$.

b. $|z|=\sqrt{2^2+\left(-2\sqrt{3}\right)^2}=\sqrt{16}=4$

Ainsi, on a $\cos(\theta)=\frac{2}{4}=\frac{1}{2}$ et $\sin(\theta)=\frac{-2\sqrt{3}}{4}=-\frac{\sqrt{3}}{2}$.

On a donc $\theta=-\frac{\pi}{3}$ et $z=4e^{-i\frac{\pi}{3}}$.

c. $|z|=\sqrt{(-12)^2+\left(4\sqrt{3}\right)^2}=\sqrt{192}=8\sqrt{3}$

Ainsi, on a $\cos(\theta)=\frac{-12}{8\sqrt{3}}=-\frac{\sqrt{3}}{2}$ et $\sin(\theta)=\frac{4\sqrt{3}}{8\sqrt{3}}=\frac{1}{2}$.

On a donc $\theta=\frac{5\pi}{6}$ et $z=8\sqrt{3}e^{i\frac{5\pi}{6}}$.

d. $|z|=\sqrt{\left(\sqrt{2}\right)^2+\left(-\sqrt{2}\right)^2}=\sqrt{4}=2$

Ainsi, on a $\cos(\theta)=\frac{\sqrt{2}}{2}$ et $\sin(\theta)=-\frac{\sqrt{2}}{2}$.

On a donc $\theta=-\frac{\pi}{4}$ et $z=2e^{-i\frac{\pi}{4}}$.

e. 4i est un imaginaire pur de partie imaginaire positive, donc $\theta=\frac{\pi}{2}$. Ainsi, $4i=4e^{i\frac{\pi}{2}}$.

f. –12 est un réel négatif donc $\arg(-12)=\pi$ et $-12=12e^{-i\pi}$.

4 $z_1z_2=2e^{i\frac{\pi}{3}}\times 6e^{i\frac{\pi}{4}}=12e^{i\left(\frac{\pi}{3}+\frac{\pi}{4}\right)}=12e^{i\frac{7\pi}{12}}$

$$\frac{z_2}{z_1}=\frac{6e^{i\frac{\pi}{4}}}{2e^{i\frac{\pi}{3}}}=\frac{6}{2}\times e^{i\left(\frac{\pi}{4}-\frac{\pi}{3}\right)}=3e^{-i\frac{\pi}{12}}$$

$$z_1^{12}=\left(2e^{i\frac{\pi}{3}}\right)^{12}=2^{12}e^{i\frac{\pi}{3}\times 12}=4\,096e^{i4\pi}=4\,096\times 1=4\,096$$

$$\overline{z_2}=6e^{-i\frac{\pi}{4}}$$

$$\overline{z_1}z_2^{\,2}=2e^{-i\frac{\pi}{3}}\times\left(6e^{i\frac{\pi}{4}}\right)^2=2\times 6^2\times e^{-i\frac{\pi}{3}}e^{i\frac{\pi}{4}\times 2}$$

$$=72e^{-i\frac{\pi}{3}}e^{i\frac{\pi}{2}}=72e^{i\left(-\frac{\pi}{3}+\frac{\pi}{2}\right)}=72e^{i\frac{\pi}{6}}$$

5 a. $\left(\sqrt{3}+i\right)^{12}=z^{12}$ avec $z=\sqrt{3}+i$.

On note θ un argument de z.

On a $|z|=\sqrt{\left(\sqrt{3}\right)^2+1^2}=2$, donc $\cos(\theta)=\frac{\sqrt{3}}{2}$ et $\sin(\theta)=\frac{1}{2}$.

On peut donc choisir $\theta=\frac{\pi}{6}$ et $z=2\left(\cos\left(\frac{\pi}{6}\right)+i\sin\left(\frac{\pi}{6}\right)\right)$.

D'après la formule de Moivre, on a donc :

$$z^{12}=2^{12}\left(\cos\left(12\times\frac{\pi}{6}\right)+i\sin\left(12\times\frac{\pi}{6}\right)\right)=2^{12}(\cos(2\pi)+i\sin(2\pi))$$

$$=4\,096(1+i\times 0)=4\,096.$$

b. $(2-2i)^7=z^7$ avec $z=2-2i$. On note θ un argument de z.

On a $|z|=\sqrt{2^2+(-2)^2}=2\sqrt{2}$, donc $\cos(\theta)=\frac{2}{2\sqrt{2}}=\frac{\sqrt{2}}{2}$

et $\sin(\theta)=-\frac{2}{2\sqrt{2}}=-\frac{\sqrt{2}}{2}$. On peut donc choisir

$\theta=\frac{-\pi}{4}$ et $z=2\sqrt{2}\left(\cos\left(\frac{-\pi}{4}\right)+i\cos\left(\frac{-\pi}{4}\right)\right)$.

D'après la formule de Moivre, on a donc :

$$z^7=\left(2\sqrt{2}\right)^7\left(\cos\left(7\times\frac{-\pi}{4}\right)+i\sin\left(7\times\frac{-\pi}{4}\right)\right)$$

$$=1\,024\sqrt{2}\left(\frac{\sqrt{2}}{2}+\frac{\sqrt{2}}{2}i\right)=1\,024+1\,024i.$$

6 On a $e^{ia}e^{ib}=e^{i(a+b)}=\cos(a+b)+i\sin(a+b)$.

On a aussi $e^{ia}e^{ib}=(\cos(a)+i\sin(a))(\cos(b)+i\sin(b))$

$$=\cos(a)\cos(b)+i\cos(a)\sin(b)$$

$$+i\sin(a)\cos(b)-\sin(a)\sin(b).$$

En identifiant les parties réelles et imaginaires, on trouve :
$\cos(a+b)=\cos(a)\cos(b)-\sin(a)\sin(b)$ et
$\sin(a+b)=\cos(a)\sin(b)+\sin(a)\cos(b)$.

7 a. $f(x)=\cos^3(x)=\left(\frac{e^{ix}-e^{-ix}}{2}\right)^3$

$$=\frac{\left(e^{ix}\right)^3+3\left(e^{ix}\right)^2e^{-ix}+3e^{ix}\left(e^{-ix}\right)^2+\left(e^{-ix}\right)^3}{2^3}$$

$$=\frac{e^{i3x}+3e^{i2x}e^{-ix}+3e^{ix}e^{-i2x}+e^{-i3x}}{8}$$

$$f(x) = \frac{e^{i3x}+3e^{ix}+3e^{-ix}+e^{-i3x}}{8}$$
$$= \frac{e^{i3x}+e^{-i3x}}{8}+\frac{3e^{ix}+3e^{-ix}}{8}$$
$$= \frac{1}{4}\times\frac{e^{i3x}+e^{-i3x}}{2}+\frac{3}{4}\times\frac{e^{ix}+e^{-ix}}{2}$$
$$= \frac{1}{4}\cos(3x)+\frac{3}{4}\cos(x)$$

b. D'après la réponse à la question **a**, on en déduit que f a pour primitive sur $\mathbb{R}$ la fonction F définie par :

$$F(x)=\frac{1}{4}\times\frac{1}{3}\sin(3x)+\frac{3}{4}\sin(x)=\frac{1}{12}\sin(3x)+\frac{3}{4}\sin(x).$$

Ainsi, on a $\displaystyle\int_{-\frac{\pi}{2}}^{\frac{\pi}{2}}\cos^3(x)\,dx=F\left(\frac{\pi}{2}\right)-F\left(-\frac{\pi}{2}\right)=-\frac{1}{12}\sin\left(\frac{3\pi}{2}\right)$

$$+\frac{3}{4}\sin\left(\frac{\pi}{2}\right)-\left(\frac{1}{12}\sin\left(-\frac{3\pi}{2}\right)+\frac{3}{4}\sin\left(-\frac{\pi}{2}\right)\right)$$
$$=-\frac{1}{12}+\frac{3}{4}-\left(\frac{1}{12}-\frac{3}{4}\right)=\frac{4}{3}.$$

8 a. Un schéma permet de constater que (AB) est parallèle à l'axe des réels si, et seulement si, $\theta'=\pi-\theta$.
On a alors $\theta'=\pi-\theta$ si, et seulement si, $zz'=e^{i\theta}e^{i(\pi-\theta)}=e^{i(\theta+\pi-\theta)}=e^{i\pi}=-1$.

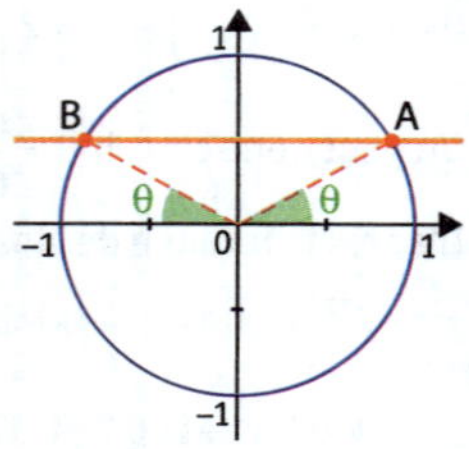

b. Si (AB) n'est pas parallèle à l'axe des abscisses, alors $zz'\neq-1$.
Ainsi, $1+zz'$ est non nul et :

$$\frac{z+z'}{1+zz'}=\frac{(z+z')\left(1+\overline{zz'}\right)}{(1+zz')\left(1+\overline{zz'}\right)}=\frac{z+z\times\overline{zz'}+z'\times\overline{zz'}+z'}{\left|1+\overline{zz'}\right|}$$
$$=\frac{e^{i\theta}+e^{i\theta}\times e^{-i(\theta+\theta')}+e^{i\theta'}\times e^{-i(\theta+\theta')}+e^{i\theta'}}{\left|1+\overline{zz'}\right|}$$
$$=\frac{e^{i\theta}+e^{i\theta}e^{-i\theta-i\theta'}+e^{i\theta'}e^{-i\theta-i\theta'}+e^{i\theta'}}{\left|1+\overline{zz'}\right|}$$
$$=\frac{e^{i\theta}+e^{-i\theta'}+e^{-i\theta}+e^{i\theta'}}{\left|1+\overline{zz'}\right|}=\frac{e^{i\theta}+e^{-i\theta}+e^{i\theta}+e^{-i\theta'}}{\left|1+\overline{zz'}\right|}$$
$$=\frac{2\cos(\theta)+2\cos(\theta')}{\left|1+\overline{zz'}\right|}\in\mathbb{R}.$$

On rappelle que les formules d'Euler donnent $2\cos(\theta)=e^{i\theta}+e^{-i\theta}$.

9 a. Il faut calculer les complexes z_1, z_2, ..., z_6 à l'aide de la relation de récurrence. On trouve successivement $z_1=6+2i$, $z_2=4+2i$, $z_3=3+i$, $z_4=3$, $z_5=3{,}5-0{,}5i$ et $z_6=4-0{,}5i$.

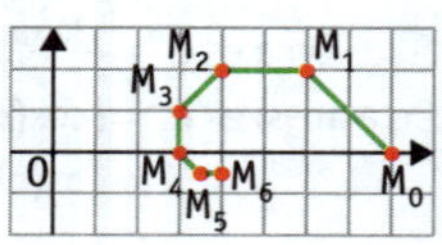

b. Pour tout entier naturel n, on a :
$$v_{n+1}=z_{n+1}-4=az_n+2-2i-4=a(v_n+4)-2-2i$$
$$=av_n+4a-2-2i=av_n+4\left(\frac{1}{2}+\frac{1}{2}i\right)-2-2i$$
$$=av_n+2+2i-2-2i=av_n.$$
(v_n) est donc bien géométrique de raison a.

c. On a $v_0=z_0-4=8-4=4$.
Comme (v_n) est géométrique de raison a, on a $v_n=v_0\times a^n=4a^n$.
Comme $v_n=z_n-4$, on a $z_n=4+v_n=4+4a^n$.

d. Soit θ un argument de a. On a $|a|=\sqrt{\left(\frac{1}{2}\right)^2+\left(\frac{1}{2}\right)^2}=\frac{\sqrt{2}}{2}$.

On a donc $\cos(\theta)=\dfrac{\frac{1}{2}}{\frac{\sqrt{2}}{2}}=\dfrac{\sqrt{2}}{2}$ et $\sin(\theta)=\dfrac{\sqrt{2}}{2}$.

On peut choisir $\theta=\frac{\pi}{4}$ et donc $a=\frac{\sqrt{2}}{2}e^{i\frac{\pi}{4}}$.

e. $r_n=|z_n-4|=|4+4a^n-4|=|4a^n|=4|a|^n$
Comme $-1<|a|<1$, $\lim\limits_{n\to+\infty}r_n=4\times0=0$.
Concrètement, cela signifie que la distance entre M_n et le point d'affixe 4 tend vers 0. Les points M_n viennent s'accumuler de plus en plus près du point d'affixe 4.

f. $L_n=\sum\limits_{k=0}^{n-1}M_kM_{k+1}=\sum\limits_{k=0}^{n-1}|z_{k+1}-z_k|=\sum\limits_{k=0}^{n-1}\left|4a^{k+1}-4a^k\right|$
$$=\sum_{k=0}^{n-1}4\left|a^k(a-1)\right|=4|a-1|\sum_{k=0}^{n-1}|a|^n=4|a-1|\times\frac{1-|a|^n}{1-|a|}.$$

On rappelle que $1+q+q^2+\dots+q^{n-1}=\dfrac{1-q^n}{1-q}$ et que $|a|=\dfrac{\sqrt{2}}{2}$.

On a aussi $|a-1|=\left|-\frac{1}{2}+\frac{1}{2}i\right|=\sqrt{\left(-\frac{1}{2}\right)^2+\left(\frac{1}{2}\right)^2}=\frac{\sqrt{2}}{2}$.

Comme $-1<|a|<1$ on a $\lim\limits_{n\to+\infty}|a|^n=0$.

Finalement, $\lim\limits_{n\to+\infty}L_n=4\times\dfrac{\sqrt{2}}{2}\times\dfrac{1}{1-\frac{\sqrt{2}}{2}}=\dfrac{4\sqrt{2}}{2-\sqrt{2}}$.

Remarque : En multipliant le numérateur et le dénominateur de ce résultat par $2+\sqrt{2}$, on trouve aussi $\lim\limits_{n\to+\infty}L_n=4+4\sqrt{2}$.

10 a. On a $z\overline{z}=(a+ib)(a-ib)$
$$=a^2-iab+iba-i^2b^2=a^2+b^2=|z|^2.$$
Ainsi, on a $|zz'|^2=zz'\times\overline{zz'}=z\times z'\times\overline{z}\times\overline{z'}=(z\overline{z})\left(z'\overline{z'}\right)=|z|^2|z'|^2$.
Comme les modules sont positifs, on a bien $|zz'|=|z||z'|$.

b. Soit $\mathcal{P}_n$ la propriété $|z^n|=|z|^n$

▶ *Initialisation :* On a $|z^0|=1=|z|^0$, donc 3_0 est vraie.

▶ *Hérédité :* On suppose $\mathcal{P}_k$ vraie pour un certain entier k.
Autrement dit, on a $|z^k|=|z|^k$.
Ainsi, d'après la question **a**, on a :
$|z^{k+1}|=|z^k\times z|=|z^k|\times|z|=|z|^k\times|z|=|z|^{k+1}$.
Autrement dit, $\mathcal{P}_{k+1}$ est vraie.

▶ *Conclusion :* La propriété $\mathcal{P}_n$ est vraie pour $n=0$ et est héréditaire, donc elle est vraie pour tout entier naturel.

11 a. $|z|=\sqrt{\mathrm{Re}(z)^2+\mathrm{Im}(z)^2}\geq\sqrt{\mathrm{Re}(z)^2}=\mathrm{Re}(z)$

b. $|z+z'|^2=(z+z')\overline{(z+z')}=(z+z')\left(\overline{z}+\overline{z'}\right)$
$$=z\overline{z}+z\overline{z'}+z'\overline{z}+z'\overline{z'}=|z|^2+z\overline{z'}+\overline{z\overline{z'}}+|z'|^2$$
$$=|z|^2+2\mathrm{Re}\left(z\overline{z'}\right)+|z'|^2$$
$$\leq|z|^2+2\left|z\overline{z'}\right|+|z'|^2 \text{ d'après la question a}$$
$$\leq|z|^2+2|z|\left|\overline{z'}\right|+|z'|^2$$
$$\leq|z|^2+2|z||z'|+|z'|^2$$
$$\leq(|z|+|z'|)^2$$

Comme $|z+z'|\geq 0$, on déduit de $|z+z'|^2 \leq (|z|+|z'|)^2$ que $|z+z'|\leq|z|+|z'|$.

c. Si on reprend le calcul précédent, on a égalité si, et seulement si, $\mathrm{Re}(z\overline{z'})=|z\overline{z'}|$. Cela équivaut à $\mathrm{Im}(z\overline{z'})=0$.

Si on pose $z=a+ib$ et $z'=a+ib'$, on a :

$z\overline{z'}=(a+ib)(a'-ib')=aa'+bb'-iba'-iab'$.

Ainsi, $\mathrm{Im}(z\overline{z'})=0 \Leftrightarrow ba'-ab'=0$.

On reconnaît un produit en croix. Autrement dit, $\mathrm{Im}(z\overline{z'})=0$ si, et seulement si, $z=0$ ou $z'=kz$ où k est un réel.

3 Page 411

1 a. On pose $a=3$, $b=-6$ et $c=12$. On a $\Delta=b^2-4ac=-108$.
Les solutions complexes de l'équation sont donc :

$z_1=\dfrac{-(-6)-i\sqrt{108}}{2\times 3}=\dfrac{6-6\sqrt{3}i}{6}=1-\sqrt{3}i$ et $z_2=\overline{z_1}=1+\sqrt{3}i$.

b. On pose $a=2$, $b=5$ et $c=4$. On a $\Delta=b^2-4ac=-7$.
Les solutions complexes de l'équation sont donc :

$$z_1=\frac{-5-i\sqrt{7}}{2\times 2}=\frac{-5-\sqrt{7}i}{4} \text{ et } z_2=\overline{z_1}=\frac{-5+\sqrt{7}i}{4}.$$

2 a. $P(2)=2^3-6\times 2^2+21\times 2-26=0$, donc 2 est bien une racine de P.

b. On cherche a, b, c tels que $P(z)=(z-2)(az^2+bz+c)$.

On a $(z-2)(az^2+bz+c)=az^3+bz^2+cz-2az^2-2bz-2c$.

Par identification des coefficients, on obtient :

$$\begin{cases} a=1 \\ b-2a=-6 \\ c-2b=21 \\ -2c=-26 \end{cases} \Leftrightarrow \begin{cases} a=1 \\ b-2=-6 \\ c-2b=21 \\ c=13 \end{cases} \Leftrightarrow \begin{cases} a=1 \\ b=-4 \\ 13+8=21 \\ c=13 \end{cases} \Leftrightarrow \begin{cases} a=1 \\ b=-4 \\ c=13 \end{cases}.$$

Ainsi, $P(z)=(z-2)(z^2-4z+13)$.

c. On résout l'équation $z^2-4z+13=0$.

On pose $a=1$, $b=-4$ et $c=13$. On a $\Delta=b^2-4ac=-36$.
Les solutions complexes de cette équation sont donc :

$z_1=\dfrac{-(-4)-i\sqrt{36}}{2\times 1}=\dfrac{4-6i}{2}=2-3i$ et $z_2=\overline{z_1}=2+3i$.

Finalement, les racines de P sont 2, $2-3i$ et $2+3i$.

3 On a $P(z)=z^3-2^3$, donc on peut appliquer la formule du cours : $P(z)=(z-2)(z^2+2z+2^2)=(z-2)(z^2+2z+4)$.
On résout l'équation $z^2+2z+4=0$.
On pose $a=1$, $b=2$ et $c=4$. On a $\Delta=b^2-4ac=-12$.
Les solutions complexes de cette équation sont donc :

$z_1=\dfrac{-2-i\sqrt{12}}{2\times 1}=\dfrac{-2-2\sqrt{3}i}{2}=-1-\sqrt{3}i$ et $z_2=\overline{z_1}=-1+\sqrt{3}i$.

On a $P(z)=0 \Leftrightarrow z-2=0$ ou $z^2+2z+4=0$.

Finalement, les racines de P sont 2, $-1-\sqrt{3}i$ et $-1+\sqrt{3}i$.

4 a. On note $P(z)=az^3+bz^2+cz+d$.
Si z est une racine de P, alors on a $P(z)=0$ et donc :

$$P(\overline{z})=a\overline{z}^3+b\overline{z}^2+c\overline{z}+d=a\overline{z^3}+b\overline{z^2}+c\overline{z}+d$$
$$=\overline{az^3+bz^2+cz+d}=\overline{P(z)}=0.$$

Autrement dit $\overline{z}$ est aussi une racine de P.
Comme P n'a que deux racines complexes non réelles, elles sont donc forcément conjuguées l'une de l'autre.

b. On note z_1 et $\overline{z_1}$ les racines non réelles de P, et B et C sur leurs points images respectifs. On note A le point image de x_0.

On a $AB=|z_1-x_0|=|\overline{z_1-x_0}|=|\overline{z_1}-\overline{x_0}|=|\overline{z_1}-x_0|=AC$ car x_0 est réel. Ainsi, ABC est bien isocèle en A.

5 A. $(1-i)^2=1^2-2i+i^2=1-2i-1=-2i$ donc $1-i$ est bien une racine carrée de $-2i$. Il y en a une autre qui est l'opposé de celle donnée dans l'énoncé : $-(1-i)=-1+i$.

B. a. $a^2+b^2=|z^2|=|Z|=\sqrt{5^2+12^2}=13$

b. On a $(a+ib)^2=a^2+2abi+(ib)^2=a^2-b^2+2abi$.
En identifiant les parties réelles de Z et z^2, on a $a^2-b^2=5$.
Compte tenu du résultat précédent, on a :

$$\begin{cases} a^2+b^2=13 \\ a^2-b^2=5 \end{cases} \Leftrightarrow \begin{cases} a^2+b^2=13 \\ 2a^2=18 \end{cases} \text{(en additionnant les deux lignes)}$$
$$\Leftrightarrow \begin{cases} a^2+b^2=13 \\ a^2=9 \end{cases} \Leftrightarrow \begin{cases} 9+b^2=13 \\ a^2=9 \end{cases} \Leftrightarrow \begin{cases} b^2=4 \\ a^2=9 \end{cases} \Leftrightarrow \begin{cases} b=\pm 2 \\ a=\pm 3 \end{cases}.$$

En identifiant les parties imaginaires de Z et z^2, on a $2ab=12$.
On en déduit que a et b sont forcément de même signe.
Ainsi, on a $z=3+2i$ ou $z=-3-2i$.

C. Soit $z=a+ib$ une racine carrée de Z.

On a $a^2+b^2=|z^2|=|Z|=\sqrt{7^2+(-24)^2}=25$.

On a $(a+ib)^2=a^2+2abi+(ib)^2=a^2-b^2+2abi$.
En identifiant les parties réelles de Z et z^2 on a $a^2-b^2=7$.
Compte tenu du résultat précédent, on a :

$$\begin{cases} a^2+b^2=25 \\ a^2-b^2=7 \end{cases} \Leftrightarrow \begin{cases} a^2+b^2=25 \\ 2a^2=32 \end{cases} \text{(en additionnant les deux lignes)}$$
$$\Leftrightarrow \begin{cases} a^2+b^2=25 \\ a^2=16 \end{cases} \Leftrightarrow \begin{cases} 16+b^2=25 \\ a^2=16 \end{cases} \Leftrightarrow \begin{cases} b^2=9 \\ a^2=16 \end{cases} \Leftrightarrow \begin{cases} b=\pm 3 \\ a=\pm 4 \end{cases}.$$

En identifiant les parties imaginaires de Z et z^2 on a $2ab=-24$.
On en déduit que a et b sont forcément de signe opposé.
Ainsi, on a $z=4-3i$ ou $z=-4+3i$.

6 On a $a=1$, $b=-(5+5i)$ et $c=-2+11i$.

Ainsi, $\Delta=b^2-4ac=8+6i$.
Cherchons une racine carrée $\delta=x+iy$ de Δ.

On a $x^2+y^2=|\delta^2|=|\Delta|=\sqrt{8^2+6^2}=100$.

On a $(x+iy)^2=x^2+2xyi+(iy)^2=x^2-y^2+2xyi$.

En identifiant les parties réelles de Z et z^2 on a $x^2-y^2=8$.

Compte tenu du résultat précédent, on a :

$$\begin{cases} x^2+y^2=10 \\ x^2-y^2=8 \end{cases} \Leftrightarrow \begin{cases} x^2+y^2=10 \\ 2x^2=18 \end{cases} \text{(en additionnant les deux lignes)}$$

$$\Leftrightarrow \begin{cases} x^2+y^2=10 \\ x^2=9 \end{cases} \Leftrightarrow \begin{cases} 9+y^2=10 \\ x^2=9 \end{cases}$$

$$\Leftrightarrow \begin{cases} y^2=1 \\ x^2=9 \end{cases} \Leftrightarrow \begin{cases} y=\pm 1 \\ x=\pm 3 \end{cases}.$$

En identifiant les parties imaginaires de Z et z^2, on a $2xy=6$.
On en déduit que x et y sont de même signe.
Ainsi, on a $\delta=3+i$ ou $\delta=-3-i$.
Dans la suite, on choisira $\delta=3+i$.
Les deux solutions de l'équation considérée sont donc :

$$z_1=\frac{-b-\delta}{2a}=\frac{-(-(5+5i))-(3+i)}{2\times 1}=\frac{5+5i-3-i}{2}=\frac{2+4i}{2}=1+2i \text{ et}$$

$$z_2=\frac{-b+\delta}{2a}=\frac{-(-(5+5i))+(3+i)}{2\times 1}=\frac{5+5i+3+i}{2}=\frac{8+6i}{2}=4+3i.$$

7 Si z est une racine de P, alors $P(z)=0$. On a alors :

$$P(\overline{z})=\sum_{k=0}^{k=n} a_k\overline{z}^k=\sum_{k=0}^{k=n} a_k\overline{z^k}=\sum_{k=0}^{k=n}\overline{a_k z^k}=\overline{\sum_{k=0}^{k=n} a_k z^k}=\overline{P(z)}=0.$$

$\overline{z}$ est donc bien une racine de P.

8 A. a. $(x-2)^3=x^3-3x^2\times 2+3x\times 2^2-2^3=x^3-6x^2+12x-8$.

b. On fait apparaître l'identité remarquable précédente :

$$x^3-6x^2-3x+18=x^3-6x^2+12x-8-12x+8-3x+18$$
$$=(x-2)^3-12x+8-3x+18$$
$$=(x-2)^3-15x+26.$$

On fait apparaître à nouveau $x-2$ en remarquant que $x=x-2+2$:

$$x^3-6x^2-3x+18=(x-2)^3-15x+26$$
$$=(x-2)^3-15(x-2+2)+26$$
$$=(x-2)^3-15(x-2)-30+26$$
$$=(x-2)^3-15(x-2)-4.$$

En posant $z=x-2$, on a donc :
$x^3-6x^2-3x+18=0 \Leftrightarrow z^3-15z-4=0 \Leftrightarrow z^3=15z+4$.

B. $z^3=15z+4 \Leftrightarrow (u+v)^3=15(u+v)+4$

$$\Leftrightarrow u^3+3u^2v+3uv^2+v^3=15(u+v)+4$$
$$\Leftrightarrow u^3+v^3+3uv(u+v)=15(u+v)+4.$$

Par identification, on a donc bien $u^3+v^3=4$ et $3uv=15$.

C. Comme $u^3+v^3=4$, on a bien $U+V=4$.
On a aussi $3uv=15 \Leftrightarrow uv=5 \Leftrightarrow u^3v^3=5^3=125$.
On a donc bien $UV=125$.

D. $(z-U)(z-V)=z^2-Uz-Vz+UV=z^2-(U+V)z+UV$

$$=z^2-4z+125$$

U et V sont des racines de $(z-U)(z-V)$, donc ce sont aussi les racines de $z^2-4z+125$.
On pose $a=1$, $b=-4$ et $c=125$. On a alors $\Delta=b^2-4ac=-484$.
Ce discriminant est négatif ; les racines de $z^2-4z+125$ sont :

$$U=\frac{-b-i\sqrt{484}}{2a}=\frac{4-22i}{2}=2-11i \quad\text{et}\quad V=\overline{U}=2+11i.$$

E. a. $(2+i)^3=2^3+3\times 2^2 i+3\times 2i^2+i^3=8+12i-6-i=2+11i$.

b. On peut donc choisir $v=2+i$ et $u=\overline{v}=2-i$.
On a donc $z=u+v=2-i+2+i=4$.

Comme $z=x-2$, on a $x=z+2=4+2=6$.
On peut vérifier que $6^3-6\times 6^2-3\times 6+18=0$.
On a ainsi trouvé une solution réelle de l'équation grâce... aux nombres complexes !

F. Comme 6 est une racine de $x^3-6x^2-3x+18$, on peut factoriser ce polynôme par $x-6$. On cherche donc a, b et c tels que :

$$x^3-6x^2-3x+18=(x-6)\left(ax^2+bx+c\right).$$

On a $(x-6)\left(ax^2+bx+c\right)=ax^3+bx^2+cx-6ax^2-6bx-6c$.

Par identification des coefficients, on a :

$$\begin{cases} a=1 \\ b-6a=-6 \\ c-6b=-3 \\ -6c=18 \end{cases} \Leftrightarrow \begin{cases} a=1 \\ b-6=-6 \\ c-6b=-3 \\ c=-3 \end{cases} \Leftrightarrow \begin{cases} a=1 \\ b=0 \\ -3-0=-3 \\ c=-3 \end{cases} \Leftrightarrow \begin{cases} a=1 \\ b=0 \\ c=-3 \end{cases}.$$

Ainsi, $x^3-6x^2-3x+18=(x-6)\left(x^2-3\right)$. On a donc :

$$x^3-6x^2-3x+18=0 \Leftrightarrow (x-6)\left(x^2-3\right)=0$$
$$\Leftrightarrow x-6=0 \text{ ou } x^2-3=0$$
$$\Leftrightarrow x=6 \text{ ou } x^2=3$$
$$\Leftrightarrow x=6 \text{ ou } x=\sqrt{3} \text{ ou } x=-\sqrt{3}.$$

9 Si $z=0$ ou si $z=a$, l'égalité est évidente.

On pose $q=\frac{a}{z}$. On a $1+q+q^2+\dots+q^{n-1}=\frac{1-q^n}{1-q}$.

On a donc $1-q^n=(1-q)\left(1+q+q^2+\dots+q^{n-1}\right)$.

Ainsi, $1-\left(\frac{a}{z}\right)^n=\left(1-\frac{a}{z}\right)\left(1+\frac{a}{z}+\left(\frac{a}{z}\right)^2+\dots+\left(\frac{a}{z}\right)^{n-1}\right)$

et on a donc :

$$1-\frac{a^n}{z^n}=\left(1-\frac{a}{z}\right)\left(1+\frac{a}{z}+\frac{a^2}{z^2}+\dots+\frac{a^{n-1}}{z^{n-1}}\right).$$

En multipliant par z^n chaque membre de cette inégalité, on a :

$$z^n-a^n=z^n\left(1-\frac{a}{z}\right)\left(1+\frac{a}{z}+\frac{a^2}{z^2}+\dots+\frac{a^{n-1}}{z^{n-1}}\right)$$
$$=z\left(1-\frac{a}{z}\right)\times z^{n-1}\left(1+\frac{a}{z}+\frac{a^2}{z^2}+\dots+\frac{a^{n-1}}{z^{n-1}}\right)$$
$$=(z-a)\left(z^{n-1}+\frac{a}{z}\times z^{n-1}+\frac{a^2}{z^2}\times z^{n-1}+\dots+\frac{a^{n-1}}{z^{n-1}}\times z^{n-1}\right)$$
$$=(z-a)\left(z^{n-1}+az^{n-2}+a^2z^{n-3}+\dots+a^{n-1}\right).$$

4 Page 413

1 a. $AC=|c-a|=|3+2i-(1-2i)|=|2+4i|=\sqrt{2^2+4^2}=2\sqrt{5}$

$AB=|b-a|=|10+i-(1-2i)|=|9+3i|=\sqrt{9^2+3^2}=3\sqrt{10}$

b. $\frac{c-a}{b-a}=\frac{3+2i-(1-2i)}{10+i-(1-2i)}=\frac{2+4i}{9+3i}=\frac{(2+4i)(9-3i)}{(9+3i)(9-3i)}$

$$=\frac{18-6i+36i+12}{9^2+3^2}=\frac{30+30i}{90}=\frac{1}{3}+\frac{1}{3}i$$

On peut déterminer un argument de ce nombre complexe ou remarquer que, comme ses parties réelles et imaginaires sont égales et positives, il a pour argument $\frac{\pi}{4}$.

On en déduit donc que $\widehat{BAC}=\arg\left(\frac{c-a}{b-a}\right)=\frac{\pi}{4}$.

2 **a.** $\dfrac{c-a}{b-a}=\dfrac{5+2\mathrm{i}-3}{5-2\mathrm{i}-3}=\dfrac{2+2\mathrm{i}}{2-2\mathrm{i}}=\dfrac{(2+2\mathrm{i})(2+2\mathrm{i})}{(2-2\mathrm{i})(2+2\mathrm{i})}=\dfrac{4+8\mathrm{i}-4}{2^2+2^2}=\mathrm{i}$

On a donc $\left|\dfrac{c-a}{b-a}\right|=|\mathrm{i}|=1$ d'où AC = AB.

On a aussi $\arg\left(\dfrac{c-a}{b-a}\right)=\arg(\mathrm{i})=\dfrac{\pi}{2}$ donc $\widehat{BAC}=\dfrac{\pi}{2}$.

ABC est donc rectangle isocèle en A.

b. $\dfrac{c-a}{b-a}=\dfrac{2-\left(-1+\mathrm{i}\sqrt{3}\right)}{-1-\mathrm{i}\sqrt{3}-\left(-1+\mathrm{i}\sqrt{3}\right)}=\dfrac{3-\mathrm{i}\sqrt{3}}{-2\mathrm{i}\sqrt{3}}=\dfrac{\left(3-\mathrm{i}\sqrt{3}\right)\mathrm{i}}{-2\mathrm{i}^2\sqrt{3}}$

$=\dfrac{\sqrt{3}+3\mathrm{i}}{2\sqrt{3}}=\dfrac{1}{2}+\dfrac{\sqrt{3}}{2}\mathrm{i}=\mathrm{e}^{\mathrm{i}\frac{\pi}{3}}$

On a donc $\left|\dfrac{c-a}{b-a}\right|=\left|\mathrm{e}^{\mathrm{i}\frac{\pi}{3}}\right|=1$ d'où AC = AB.

On a aussi $\arg\left(\dfrac{c-a}{b-a}\right)=\arg\left(\mathrm{e}^{\mathrm{i}\frac{\pi}{3}}\right)=\dfrac{\pi}{3}$ donc $\widehat{BAC}=\dfrac{\pi}{3}$.

ABC est donc équilatéral.

3 **a.** On note A et B les points d'affixe $z_A=3-\mathrm{i}$ et $z_B=-2$.

$|z-3+\mathrm{i}|=|z+2| \Leftrightarrow |z-(3-\mathrm{i})|=|z-(-2)|$

$\Leftrightarrow |z-z_A|=|z-z_B|$

$\Leftrightarrow \mathrm{AM}=\mathrm{BM}$.

L'ensemble étudié est la médiatrice du segment [AB].

b. On note C le point d'affixe i. On a $|z-\mathrm{i}|=4 \Leftrightarrow \mathrm{MC}=4$.
L'ensemble étudié est donc le cercle de centre C et de rayon 4.

c. $\left|\dfrac{z-4}{z-2\mathrm{i}}\right|=1 \Leftrightarrow |z-4|=|z-2\mathrm{i}|$

Si on note D et E les points d'affixes 4 et 2i, on a donc l'égalité : DM = EM. Autrement dit, l'ensemble étudié est la médiatrice du segment [DE].

d. $\left|\dfrac{z-6}{z-3}\right|=\sqrt{2} \Leftrightarrow \dfrac{|z-6|}{|z-3|}=\sqrt{2} \Leftrightarrow \dfrac{|z-6|^2}{|z-3|^2}=2 \Leftrightarrow |z-6|^2=2|z-3|^2$

$\Leftrightarrow (z-6)(\overline{z}-6)=2(z-3)(\overline{z}-3)$

$\Leftrightarrow z\overline{z}-6z-6\overline{z}+36=2z\overline{z}-6z-6\overline{z}+18$

$\Leftrightarrow 36=z\overline{z}+18 \Leftrightarrow 18=z\overline{z}$

$\Leftrightarrow 18=|z|^2 \Leftrightarrow |z|=\sqrt{18}=3\sqrt{2}$

L'ensemble étudié est donc le cercle centré en l'origine de rayon $3\sqrt{2}$.

4 On se place dans le plan complexe de façon à avoir $a=0$, $b=1$, $c=2$, $d=3$ et $h=3+\mathrm{i}$. On a alors :

$\theta_1+\theta_2+\theta_3=\arg\left(\dfrac{h-a}{b-a}\right)+\arg\left(\dfrac{h-b}{c-b}\right)+\arg\left(\dfrac{h-c}{d-c}\right)$

$=\arg\left(\dfrac{h-a}{b-a}\times\dfrac{h-b}{c-b}\times\dfrac{h-c}{d-c}\right)$

$=\arg\left(\dfrac{3+\mathrm{i}-0}{1-0}\times\dfrac{3+\mathrm{i}-1}{2-1}\times\dfrac{3+\mathrm{i}-2}{3-2}\right)$

$=\arg\left((3+\mathrm{i})(2+\mathrm{i})(1+\mathrm{i})\right)$

$=\arg\left((6+3\mathrm{i}+2\mathrm{i}-1)(1+\mathrm{i})\right)=\arg\left((5+5\mathrm{i})(1+\mathrm{i})\right)$

$=\arg(5+5\mathrm{i}+5\mathrm{i}-5)=\arg(10\mathrm{i})=\dfrac{\pi}{2}$

car $10i$ est un imaginaire pur.

5 **A. a.** Les racines cubiques de l'unité sont :

$1,\ j=\mathrm{e}^{\frac{2\mathrm{i}\pi}{3}}$ et $j^2=\mathrm{e}^{\frac{4\mathrm{i}\pi}{3}}$.

b.

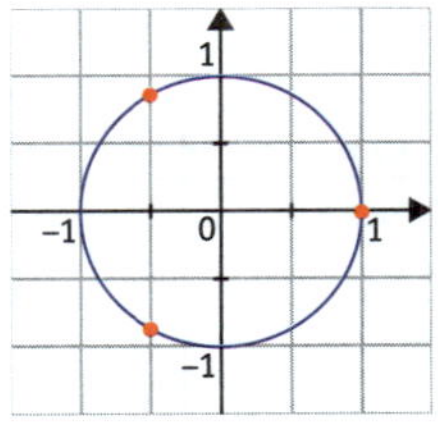

c. $j=\mathrm{e}^{\frac{2\mathrm{i}\pi}{3}}=-\dfrac{1}{2}+\dfrac{\sqrt{3}}{2}\mathrm{i}$ et $j^2=\mathrm{e}^{\frac{4\mathrm{i}\pi}{3}}=-\dfrac{1}{2}-\dfrac{\sqrt{3}}{2}\mathrm{i}$.

B. Les racines sixièmes de l'unité sont 1, $\mathrm{e}^{\frac{2\mathrm{i}\pi}{6}}=\mathrm{e}^{\mathrm{i}\frac{\pi}{3}}=\dfrac{1}{2}+\dfrac{\sqrt{3}}{2}\mathrm{i}$,
$\mathrm{e}^{\frac{4\mathrm{i}\pi}{6}}=\mathrm{e}^{\mathrm{i}\frac{2\pi}{3}}=-\dfrac{1}{2}+\dfrac{\sqrt{3}}{2}\mathrm{i}$, $\mathrm{e}^{\frac{6\mathrm{i}\pi}{6}}=\mathrm{e}^{\mathrm{i}\pi}=-1$, $\mathrm{e}^{\frac{8\mathrm{i}\pi}{6}}=\mathrm{e}^{\mathrm{i}\frac{4\pi}{3}}=-\dfrac{1}{2}-\dfrac{\sqrt{3}}{2}\mathrm{i}$
et $\mathrm{e}^{\frac{10\mathrm{i}\pi}{6}}=\mathrm{e}^{\mathrm{i}\frac{5\pi}{3}}=\dfrac{1}{2}-\dfrac{\sqrt{3}}{2}\mathrm{i}$.

Les racines huitièmes de l'unité sont 1, $\mathrm{e}^{\frac{2\mathrm{i}\pi}{8}}=\mathrm{e}^{\mathrm{i}\frac{\pi}{4}}=\dfrac{\sqrt{2}}{2}+\dfrac{\sqrt{2}}{2}\mathrm{i}$,
$\mathrm{e}^{\frac{4\mathrm{i}\pi}{8}}=\mathrm{e}^{\mathrm{i}\frac{\pi}{2}}=\mathrm{i}$, $\mathrm{e}^{\frac{6\mathrm{i}\pi}{8}}=\mathrm{e}^{\mathrm{i}\frac{3\pi}{4}}=-\dfrac{\sqrt{2}}{2}+\dfrac{\sqrt{2}}{2}\mathrm{i}$, $\mathrm{e}^{\frac{8\mathrm{i}\pi}{8}}=\mathrm{e}^{\mathrm{i}\pi}=-1$,
$\mathrm{e}^{\frac{10\mathrm{i}\pi}{8}}=\mathrm{e}^{\mathrm{i}\frac{5\pi}{4}}=-\dfrac{\sqrt{2}}{2}-\dfrac{\sqrt{2}}{2}\mathrm{i}$, $\mathrm{e}^{\frac{12\mathrm{i}\pi}{8}}=\mathrm{e}^{\mathrm{i}\frac{3\pi}{2}}=-\mathrm{i}$,
et $\mathrm{e}^{\frac{14\mathrm{i}\pi}{8}}=\mathrm{e}^{\mathrm{i}\frac{7\pi}{4}}=\dfrac{\sqrt{2}}{2}-\dfrac{\sqrt{2}}{2}\mathrm{i}$.

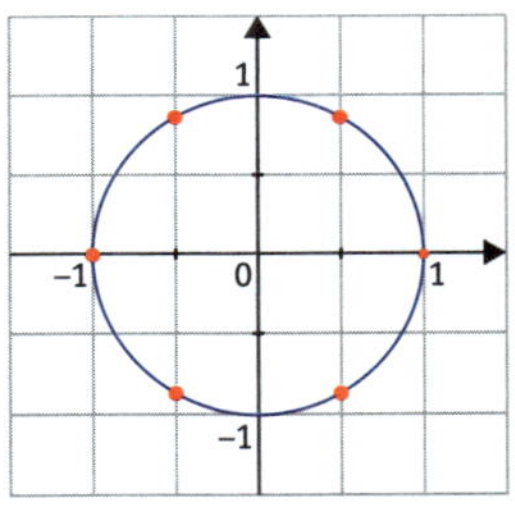

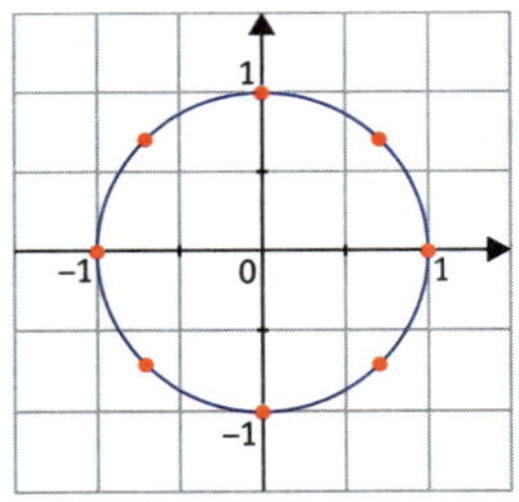

6 **a.** $z^4=\mathrm{e}^{\mathrm{i}\frac{2\pi}{5}\times 4}=\mathrm{e}^{\mathrm{i}\frac{8\pi}{5}}=\mathrm{e}^{\mathrm{i}\left(\frac{8\pi}{5}-2\pi\right)}=\mathrm{e}^{-\mathrm{i}\frac{2\pi}{5}}=\overline{z}$

$z^3=\mathrm{e}^{\mathrm{i}\frac{2\pi}{5}\times 3}=\mathrm{e}^{\mathrm{i}\frac{6\pi}{5}}=\mathrm{e}^{\mathrm{i}\left(\frac{6\pi}{5}-2\pi\right)}=\mathrm{e}^{-\mathrm{i}\frac{4\pi}{5}}=\left(\mathrm{e}^{-\mathrm{i}\frac{2\pi}{5}}\right)^2=\overline{z}^2$

b. $z+z^4=z+\overline{z}=2\mathrm{Re}(z)=2\cos(\theta)$

$z^2+z^3=z^2+\overline{z}^2=2\mathrm{Re}(z^2)=2\cos(2\theta)$

c. $\left(1+z+z^2+z^3+z^4\right)(1-z)$

$=1+z+z^2+z^3+z^4-z-z^2-z^3-z^4-z^5=1-z^5$

d. On a $1-z^5=1-\mathrm{e}^{\mathrm{i}\frac{2\pi}{5}\times 5}=1-\mathrm{e}^{\mathrm{i}2\pi}=1-1=0$. D'après la question précédente, on a donc $1+z+z^2+z^3+z^4=0$ ou $1-z=0$.
Comme $z\neq 1$, on a donc $1+z+z^2+z^3+z^4=0$.

e. $1+z+z^2+z^3+z^4=1+\left(z+z^4\right)+\left(z^2+z^3\right)$

$=1+2\cos(\theta)+2\cos(2\theta)=1+2\cos(\theta)+2\left(2\cos^2(\theta)-1\right)$

$=1+2x+2\left(2x^2-1\right)=1+2x+4x^2-2$.

D'après la question précédente, on a donc bien $4x^2+2x-1=0$.

f. On résout l'équation $4x^2+2x-1=0$.
On a $a=4$, $b=2$ et $c=-1$. Ainsi, $\Delta=b^2-4ac=20$.

Comme le discriminant est positif, l'équation a deux solutions :

$$x_1=\frac{-b-\sqrt{\Delta}}{2a}=\frac{-2-\sqrt{20}}{2\times4}=\frac{-2-2\sqrt{5}}{8}=\frac{-1-\sqrt{5}}{4}\text{ et}$$

$$x_2=\frac{-b+\sqrt{\Delta}}{2a}=\frac{-1+\sqrt{5}}{4}.$$

Comme $\cos\left(\frac{2\pi}{5}\right)>0$, on a $\cos\left(\frac{2\pi}{5}\right)=\frac{-1+\sqrt{5}}{4}$.

7 a. On utilise la formule donnant la somme des termes d'une suite géométrique. On a :

$$P(z_k)=1+z_k+z_k{}^2+\cdots+z_k{}^{n-1}=\frac{1-z_k{}^n}{1-z_k}$$

$$=\frac{1-e^{\frac{2ik\pi}{n}\times n}}{1-z_k}=\frac{1-e^{2ik\pi}}{1-z_k}=\frac{1-1}{1-z_k}=0.$$

Donc z_k est bien une racine de P.

En particulier, on a $P(z_1)=1+z1+z_1^2+z_1^3+\ldots+z_1^{n-1}$

$$=z_0+z_1+z_2+z_3+\ldots+z_{n-1}.$$

La somme des racines n-ièmes de l'unité est donc nulle.

b. $u_n=\mathrm{A_0A_1}\times\mathrm{A_0A_2}\times\cdots\times\mathrm{A_0A}_{n-1}$

$$=|z_1-z_0|\times|z_2-z_0|\times\cdots\times|z_{n-1}-z_0|$$

$$=|1-z_1|\times|1-z_2|\times\cdots\times|1-z_n|$$

$$=\left(\left(1-z_1\right)\times\left(1-z_2\right)\times\cdots\times\left(1-z_n\right)\right)$$

$$=|P(1)|=\left|1+1^2+1^3+\cdots+1^{n-1}\right|$$

$$=|\underbrace{1+1+1+\cdots+1}_{n\text{ fois}}|=|n|=n$$

8 a. Le triangle AQB est rectangle isocèle en Q.

On a donc $\left|\frac{a-q}{b-q}\right|=\frac{|a-q|}{|b-q|}=\frac{\mathrm{QA}}{\mathrm{QB}}=1$ et $\arg\left(\frac{a-q}{b-q}\right)=\widehat{\mathrm{BQA}}=\frac{\pi}{2}$.

On en déduit que $\frac{a-q}{b-q}=\mathrm{i}$. Ainsi, on a :

$$\mathrm{i}=\frac{a-q}{b-q}\Leftrightarrow \mathrm{i}(b-q)=a-q\Leftrightarrow \mathrm{i}b-\mathrm{i}q=a-q$$

$$\Leftrightarrow q-\mathrm{i}q=a-\mathrm{i}b\Leftrightarrow q(1-\mathrm{i})=a-\mathrm{i}b$$

$$\Leftrightarrow q=\frac{a-\mathrm{i}b}{1-\mathrm{i}}$$

b. D'après les résultats de l'énoncé, on a :

$$\frac{s-q}{r-p}=\frac{\frac{c-\mathrm{i}d}{1-\mathrm{i}}-\frac{a-\mathrm{i}b}{1-\mathrm{i}}}{\frac{b-\mathrm{i}c}{1-\mathrm{i}}-\frac{d-\mathrm{i}a}{1-\mathrm{i}}}=\frac{c-\mathrm{i}d-a+\mathrm{i}b}{b-\mathrm{i}c-d+\mathrm{i}a}=\frac{\mathrm{i}(-\mathrm{i}c-d+\mathrm{i}a+b)}{b-\mathrm{i}c-d+\mathrm{i}a}=\mathrm{i}.$$

Ainsi, on a $\arg\left(\frac{s-q}{r-p}\right)=\arg(\mathrm{i})=\frac{\pi}{2}$, donc (PR) et (QS) sont perpendiculaires et $\left|\frac{s-q}{r-p}\right|=\frac{|s-q|}{|r-p|}=\frac{\mathrm{QS}}{\mathrm{PR}}$ et $|\mathrm{i}|=1$ donc QS = PR.

5 Page 415

1 a. Soient n, $n+1$ et $n+2$ trois entiers consécutifs.

On a $n+(n+1)+(n+2)=3n+3=3(n+1)$, donc la somme de trois entiers consécutifs est bien un multiple de 3.

b. Soient $n-2$, $n-1$, n, $n+1$ et $n+2$ cinq entiers consécutifs.

On a $(n-2)+(n-1)+n+(n+1)+(n+2)=5n$ donc la somme de cinq entiers consécutifs est bien un multiple de 5.

c. $1+2+3+4=10$ et 10 n'est pas un multiple de 4, donc la somme de quatre entiers consécutifs n'est pas toujours un multiple de 4.

2 On a $a^2-b^2=21\Leftrightarrow(a+b)(a-b)=21$.

Les seuls diviseurs de 21 sont 1, 3, 7 et 21.

Comme $a+b>a-b$, on a :

$$\begin{cases}a+b=21\\a-b=1\end{cases}\Leftrightarrow\begin{cases}a+b=21\\2a=22\end{cases}\Leftrightarrow\begin{cases}a+b=21\\a=11\end{cases}\Leftrightarrow\begin{cases}b=10\\a=11\end{cases}$$

$$\text{ou}\begin{cases}a+b=7\\a-b=3\end{cases}\Leftrightarrow\begin{cases}a+b=7\\2a=10\end{cases}\Leftrightarrow\begin{cases}a+b=7\\a=5\end{cases}\Leftrightarrow\begin{cases}b=2\\a=5\end{cases}.$$

On peut vérifier : $5^2-2^2=21$ et $11^2-10^2=21$.

3 a. Les diviseurs stricts de 12 sont 1, 2, 3, 4 et 6.

On a bien $1+2+3+4+6=16>12$.

b.

```
1 def diviseurs(n):
2     liste_div=[];
3     for i in range(1,n):
4         if n%i==0:
5             liste_div.append(i)
6     return(liste_div)
7 
8 k=1
9 while sum(diviseurs(k))<k:
10     k=k+2
11 print(k)
```

On teste si chaque entier positif inférieur à n – 1 est un diviseur de n donc, ligne **3**, on écrit range(1,n) (voir chapitre **16** de la partie Maths Spécialité pour des rappels sur l'écriture des boucles For en Python).

Ligne **4** : l'entier i est un diviseur de n si le reste dans la division de n par i est égal à 0.

Ligne **9** : pour chaque entier impair k, on teste si la somme de ses diviseurs stricts lui est supérieure ou non.

Ligne **10** : les entiers impairs s'obtiennent de 2 en 2 en partant de 1.

Le résultat obtenu est 945 (plus rapide qu'à la main !).

4 On cherche le nombre de « 29 février » ayant eu lieu entre le 14/07/1789 et le 14/07/2020. On a $2020-1789=231$ et $231=57\times4+3$. Il y a donc eu 57 années multiples de 4 entre le 1er janvier 1789 et le 1er janvier 2020. Il faut comptabiliser le 29 février de 2020 et retirer les années 1800 et 1900, qui n'étaient pas bissextiles. Finalement, on compte $57+1-2=56$ « 29 février » entre le 14/07/1789 et le 14/07/2020.

Le nombre de jours séparant ces deux dates est donc de $365\times231+56=84\,371$. Une semaine comptant 7 jours, on s'intéresse au reste dans la division par 7 de 84 371.

Or $84\,371=7\times12\,053+0$.

Le 14/07/1789 était donc un mardi, comme le 14/07/2020.

5 Si $n=2k$, alors $n^2=4k^2$.

Si $n=2k+1$, alors $n^2=(2k+1)^2=4k^2+4k+1=4\left(k^2+k\right)+1$.

On constate donc que le reste dans la division du carré d'un nombre entier par 4 vaut 0 ou 1. Or, pour $n\geq2$, on a :

$$R_n=\underbrace{1\cdots1}_{n-2\text{ chiffres}}11=R_{n-2}\times100+11=4\times25R_{n-2}+8+3$$

$$=4\times\left(25R_{n-2}+2\right)+3.$$

Le reste dans la division euclidienne de R_n par 4 vaut 3, donc R_n ne peut pas être un carré.

6 a. $99=4\times24+3$ donc $99\equiv3\ [4]$.

b. $666=7\times95+1$ donc $666\equiv1\ [7]$.

c. $-19=3\times(-7)+2$ donc $-19\equiv2\ [3]$.

7 a. $a+b\equiv3+16\ [17]\equiv19\ [17]\ \equiv2\ [17]$

b. $a-b\equiv3-16\ [17]\equiv-13\ [17]\ \equiv4\ [17]$

c. $a^2 \equiv 3^2\ [17] \equiv 9\ [17]$

d. $b \equiv 16\ [17] \Rightarrow b \equiv (-1)\ [17]$
$\Rightarrow b^{1777} \equiv (-1)^{1777}\ [17]$
$\Rightarrow b^{1777} \equiv -1\ [17] \Rightarrow b^{1777} \equiv 16\ [17]$

e. $ab \equiv 3 \times 16\ [17] \equiv 48\ [17] \equiv 14\ [17]$

f. $a \equiv 3\ [17] \Rightarrow 6a \equiv 18\ [17]$
$\Rightarrow 6a \equiv 1\ [17]$
$\Rightarrow (6a)^{2020} \equiv 1^{2020}\ [17]$

8 a. $7 = 2^3 + (-1)^3 + 0^3$ et $36 = 3^3 + 2^3 + 1^3$.

b. On peut présenter les résultats sous forme de tableau.

n modulo 9	0	1	2	3	4
n^3	0	1	8	27	64
n^3 modulo 9	0	1	–1	0	1

n modulo 9	5	6	7	8	9
n^3	125	216	343	512	729
n^3 modulo 9	–1	0	1	–1	0

Finalement, le cube d'un entier est congru à –1, 0 ou 1 modulo 9.

c. D'après la question précédente, la somme de trois cubes est comprise entre –3 et 3 modulo 9 et ne peut donc pas être égale à 4 ou 5 modulo 9. Les entiers de la forme $9k+4$ et $9k+5$, où k est un entier ne peuvent pas être la somme de trois cubes.

9 a. $666 \equiv 1\ [7] \Rightarrow 666^{666} \equiv 1^{666}\ [7] \Rightarrow 666^{666} \equiv 1\ [7]$

Le reste dans la division euclidienne par 7 de 666^{666} est 1.

b. On a $6789 = 4 \times 1697 + 1$. On a alors :

$2^4 \equiv 16\ [15] \Rightarrow 2^4 \equiv 1\ [15] \Rightarrow \left(2^4\right)^{1697} \equiv 1^{1697}\ [15]$
$\Rightarrow 2^{4\times1697} \equiv 1\ [15] \Rightarrow 2^{4\times1697} \times 2 \equiv 1 \times 2\ [15]$
$\Rightarrow 2^{6789} \equiv 2\ [15]$

Le reste dans la division euclidienne par 15 de 2^{6789} est 2.

c. On a $777 = 4 \times 194 + 1$. On a alors :

$2^4 \equiv 16\ [17] \Rightarrow 2^4 \equiv -1\ [17] \Rightarrow \left(2^4\right)^{194} \equiv (-1)^{194}\ [17]$
$\Rightarrow 2^{4\times194} \equiv 1\ [17] \Rightarrow 2^{4\times194} \times 2 \equiv 1 \times 2\ [17]$
$\Rightarrow 2^{4\times194+1} \equiv 2\ [17] \Rightarrow 2^{777} \equiv 2\ [17]$

Le reste dans la division euclidienne par 17 de 2^{777} est 2.

d. $9 \equiv -1\ [10] \Rightarrow 3^2 \equiv -1\ [10] \Rightarrow \left(3^2\right)^{555} \equiv (-1)^{555}\ [10]$
$\Rightarrow 3^{1010} \equiv -1\ [10] \Rightarrow 3^{1010} \times 3 \equiv -1 \times 3\ [10]$
$\Rightarrow 3^{1111} \equiv -3\ [10] \Rightarrow 3^{1111} \equiv 7\ [10]$.

Le reste dans la division euclidienne par 10 de 3^{1111} est 7 donc le chiffre des unités de 3^{1111} est 7.

10 a. Si n s'écrit $a_m a_{m-1} \cdots a_0$ où $a_0, a_1, \ldots, a_m$ sont des chiffres, on a $n = a_m \times 10^m + \cdots + a_1 \times 10^1 + a_0 \times 10^0$.

Or, on a $10^k \equiv 1^k\ [9] \equiv 1\ [9]$.

On a donc $n = a_m \times 10^m + \cdots + a_1 \times 10^1 + a_0 \times 10^0$
$\equiv a_m \times 1 + \cdots + a_1 \times 1 + a_0 \times 1\ [9]$
$\equiv a_m + \cdots + a_1 + a_0\ [9]$.

Ainsi, n est un multiple de 9 si, et seulement si, la somme de ses chiffres est un multiple de 9.

b. On reprend les mêmes notations. On a $10^k \equiv (-1)^k\ [11]$. Ainsi :

$n = a_m \times 10^m + \cdots + a_2 \times 10^2 + a_1 \times 10^1 + a_0 \times 10^0$
$\equiv a_m \times (-1)^m + \cdots + a_2 \times (-1)^2 + a_1 \times (-1)^1 + a_0 \times (-1)^0\ [11]$
$\equiv a_m \times (-1)^m + \cdots + a_2 - a_1 + a_0\ [11]$.

Ainsi, n est un multiple de 11 si, et seulement si, la somme alternée de ses chiffres est un multiple de 11.
Par exemple, 35 717 est un multiple de 11 car $3-5+7-1+7=11$ est un multiple de 11.

6 Page 417

1 On applique l'algorithme d'Euclide.

a. $102 = 1 \times 84 + 18$
$84 = 4 \times 18 + 12$
$18 = 1 \times 12 + 6$
$12 = 2 \times 6 + 0$
Ainsi, le PGCD de 102 et 84 est 6.

b. $136 = 1 \times 104 + 32$
$104 = 3 \times 32 + 8$
$32 = 4 \times 8 + 0$
Ainsi, le PGCD de 136 et 104 est 8.

c. $903 = 1 \times 777 + 126$ $\quad 777 = 6 \times 126 + 21$ $\quad 126 = 6 \times 21 + 0$
Ainsi, le PGCD de 777 et 903 est 21.

d. $29 = 1 \times 25 + 4$ $\quad 25 = 6 \times 4 + 1$ $\quad 4 = 4 \times 1 + 0$
Ainsi, le PGCD de 29 et 25 vaut 1.

2 Dans chaque cas, on remonte l'algorithme d'Euclide.

a. $6 = 18 - 12$
$= 18 - (84 - 4 \times 18) = 18 - 84 + 4 \times 18 = 5 \times 18 - 84$
$= 5 \times (102 - 84) - 84 = 5 \times 102 - 5 \times 84 - 84 = 5 \times 102 - 6 \times 84$
Ainsi, $u = 5$ et $v = -6$ conviennent.

b. $8 = 104 - 3 \times 32$
$= 104 - 3 \times (136 - 104) = 104 - 3 \times 136 + 3 \times 104$
$= -3 \times 136 + 4 \times 104$. Ainsi, $u = -3$ et $v = 4$ conviennent.

c. $21 = 777 - 6 \times 126$
$= 777 - 6 \times (903 - 777) = 777 - 6 \times 903 + 6 \times 777$
$= 7 \times 777 - 6 \times 903$. Ainsi, $u = 7$ et $v = -6$ conviennent.

d. $1 = 25 - 6 \times 4$
$= 25 - 6 \times (29 - 25) = 25 - 6 \times 29 + 6 \times 25 = 7 \times 25 - 6 \times 29$
On a donc $3 = 3 \times 7 \times 25 - 3 \times 6 \times 29 = 21 \times 25 - 18 \times 29$.
Ainsi, $u = 21$ et $v = -18$ conviennent.

3 $5a - 2b = 5(2n+1) - 2(5n+2) = 10n + 5 - 10n - 4 = 1$
D'après le théorème de Bézout, a et b sont premiers entre eux.

4 a. On peut remonter l'algorithme d'Euclide, ou utilise la calculatrice ou procéder par tâtonnement pour trouver que $(-1\ ;\ 2)$ est une solution de $11x + 6y = 1$.

b. $11 \times (-1) + 6 \times 2 = 1 \Rightarrow 11 \times (-1) \times 7 + 6 \times 2 \times 7 = 7$
$\Rightarrow 11 \times (-7) + 6 \times 14 = 7$
Ainsi, $(-7\ ;\ 14)$ est une solution de (E).

c. (E) $\Leftrightarrow 11x + 6y = 7 \Leftrightarrow 11x + 6y = 11 \times (-7) + 6 \times 14$
$\Leftrightarrow 11x + 11 \times 7 = 6 \times 14 - 6y \Leftrightarrow 11(x+7) = 6(14-y)$

d. D'après la question **a**, 11 et 6 sont premiers entre eux.
De plus 11 divise $6(14-y)$ donc, d'après le théorème de Gauss, 11 divise $14-y$. Il existe donc un entier k tel que $14 - y = 11k$ d'où $y = 14 - 11k$.

e. Si $y = 14 - 11k$, alors on a :
(E) $\Leftrightarrow 11x + 6(14 - 11k) = 7 \Leftrightarrow 11x + 84 - 66k = 7$
$\Leftrightarrow 11x = -77 + 66k \Leftrightarrow x = -7 + 6k$
On vérifie : $11(-7+6k) + 6(14-11k) = -77 + 6k + 84 - 66k = 7$.
Les solutions de (E) sont les couples de la forme $(-7+6k\ ;\ 14-11k)$ où k est un entier relatif.

5 On a $42x + 18y = 4 \Leftrightarrow 3(14x + 6y) = 4$.
Le membre de gauche est divisible par 3 mais pas celui de droite, donc l'équation considérée n'a pas de solution.

6 Si $7x \equiv 1$ [26], alors il existe un entier y tel que $7x = 26y + 1$.
On peut chercher un solution particulière par tâtonnement ou en remontant l'algorithme d'Euclide ou à l'aide d'un tableau de valeurs en remarquant que $x = \dfrac{26y+1}{7}$.
On trouve alors comme solution (15 ; 4).
On a alors $7x \equiv 1\ [26] \Rightarrow 15 \times 7x \equiv 15\ [26] \Rightarrow 105x \equiv 15\ [26]$
$\Rightarrow x \equiv 15\ [26]$ car 105 est congru à 1 modulo 26.
Réciproquement, $x \equiv 15\ [26] \Rightarrow 7x \equiv 7 \times 15\ [26] \Rightarrow 7x \equiv 105\ [26]$
$\Rightarrow 7x \equiv 1\ [26]$.
Ainsi, les solutions cherchés sont les entiers de la forme $26k + 15$ où k est un entier relatif.

7 On a $n^3 - n = n\left(n^2 - 1\right) = n(n-1)(n+1)$.
Ainsi, $n^3 - n$ est le produit de trois entiers consécutifs. Parmi ces trois entiers, il y en a au moins un multiple de 2 et il y en a un multiple de 3. Ainsi, $n^3 - n$ est divisible par 2 et 3, et comme 2 et 3 sont premiers entre eux, $n^3 - n$ est divisible par $2 \times 3 = 6$.

8 **a.** $n^{p+4} - n^p = n^p\left(n^4 - 1\right) = n^p\left(n^2 - 1\right)\left(n^2 + 1\right)$
$= n^p(n-1)(n+1)\left(n^2 + 1\right)$.
b. $n \equiv 2\ [5] \Rightarrow n^2 + 1 \equiv 2^2 + 1\ [5] \Rightarrow n^2 + 1 \equiv 5\ [5] \Rightarrow n^2 + 1 \equiv 0\ [5]$
$n \equiv 3\ [5] \Rightarrow n^2 + 1 \equiv 3^2 + 1\ [5] \Rightarrow n^2 + 1 \equiv 10\ [5] \Rightarrow n^2 + 1 \equiv 0\ [5]$
c. Montrer que n^p et n^{p+4} on le même chiffre des unités revient à montrer que $n^{p+4} - n^p$ est un multiple de 10.
L'un des entiers n ou $n+1$ est pair donc, d'après la question **a**, $n^{p+4} - n^p$ est un multiple de 2. Si n est congru à 0 modulo 5, $n^{p+4} - n^p$ est divisible par 5. Si n est congru 1 à modulo 5, $n-1$ est divisible par 5 et donc $n^{p+4} - n^p$ aussi. Si n est congru à 2 ou 3 modulo 5, alors $n^2 + 1$ est divisible par 5 et donc $n^{p+4} - n^p$ aussi. Enfin, si n est congru à 4 modulo 5, alors $n+1$ est divisible par 5. Finalement, $n^{p+4} - n^p$ est divisible par 2 et 5 qui sont premiers entre eux donc, d'après le théorème de Gauss, $n^{p+4} - n^p$ est divisible par $2 \times 5 = 10$.

9 **a.** M correspond à 12, 12 est associé à 216 qui est congru à 8 modulo 26, donc M est codé par I.
O correspond à 14, 14 est associé à 250 qui est congru à 16 modulo 26, donc O est codé par Q.
T correspond à 19, 19 est associé à 216 qui est congru à 23 modulo 26, donc T est codé par X.
Finalement, « MOT » est codé par « IQX ».
b. On applique l'algorithme d'Euclide :
$26 = 1 \times 17 + 9$
$17 = 1 \times 9 + 8$
$9 = 1 \times 8 + 1$
$8 = 8 \times 1 + 0$.
Le PGCD de 17 et 26 vaut bien 1. D'après le théorème de Bézout, il existe donc deux entiers u et v tels que $17u + 26v = 1$.
En remontant l'algorithme d'Euclide, ou par tâtonnement, ou encore à l'aide d'un tableau de valeurs à la calculatrice, on peut trouver $u = -3$ et $v = 2$.
c. $x' \equiv 17x + 12\ [26] \Rightarrow -3x' \equiv -3 \times (17x + 12)\ [26]$
$\Rightarrow -3x' \equiv -51x - 36\ [26]$
$\Rightarrow -3x' \equiv x - 10\ [26]$
$\Rightarrow -3x' + 10 \equiv x\ [26]$
car $-51 \equiv 1\ [26]$ et $-36 \equiv -10\ [26]$.
Réciproquement, on a :
$x \equiv -3x' + 10\ [26] \Rightarrow 17x \equiv 17(-3x' + 10)\ [26]$
$\Rightarrow 17x \equiv -51x' + 170\ [26]$
$\Rightarrow 17x \equiv x' - 12\ [26]$
$\Rightarrow 17x + 12 \equiv x'\ [26]$
car $-51 \equiv 1\ [26]$ et $170 \equiv -12\ [26]$.
Ainsi, on a bien $x' \equiv 17x + 12\ [26] \Leftrightarrow x' \equiv -3x + 10\ [26]$.
d. K correspond à 10, 10 est associé à $-3 \times 10 + 10 = -20$ qui est congru à 6 modulo 26 donc K code un G.
En procédant de même pour M, O et G, on constate que « KMOGG » code le mot « GAUSS ».

10 **a.** On a $a = a \times 1 + b \times 0$ donc a appartient à E.
E est un ensemble non vide d'entier naturel, donc il admet un plus petit élément.
b. Il existe deux entiers u et v tels que $d = au + bv$, car d est un élément de E. Comme g divise a et b, g divise d et donc $g \leq d$.
c. On a $r = a - dq = a - (au + bv)q = a - auq - bvq = a(1 - uq) - bvq$.
Si r est non nul, alors $r \in$ E. Or $r < d$, donc $r \notin$ E.
On a donc $r = 0$. On en déduit que d divise a.
d. Le même raisonnement que précédemment permet de démontrer que d divise b. Ainsi, d est un diviseur commun de a et b, donc il est inférieur ou égal à g (qui est le plus grand diviseur commun de a et b). On a $g \leq d$ et $d \leq g$, donc $g = d$. On a donc $au + bv = g$.

11 **a.** Si a divise bc alors il existe un entier k tel que $bc = ak$.
Si PGCD(a ; b) = 1, d'après le théorème de Bézout, il existe deux entiers relatifs u et v tels que $au + bv = 1$.
On a donc $c = (au + bv)c = auc + bvc = auc + kav = a(uc + kv)$.
Autrement dit, a divise c.
b. b divise c, donc il existe un entier k tel que $c = kb$. Comme a divise c, a divise kb. Ainsi, comme a divise kb et comme a et b sont premiers entre eux, le théorème de Gauss indique que a divise k. Il existe donc un entier k' tel que $k = k'a$.
On a donc $c = kb = k'ab$ et donc ab divise c.

7 Page 419

1 On applique la méthode décrite dans l'exercice résolu **2**.
On a alors $340 = 2^2 \times 5 \times 17$ et $819 = 3^2 \times 7 \times 13$.

2

```
1 def décomposition(n):
2     d=2
3     L=[]
4     while n!=1:
5         while n%d==0:
6             L.append(d)
7             n=n/d
8         d=d+1
9     return(L)
```

L'algorithme est la traduction en langage Python de la méthode décrite dans l'exercice résolu **2** . 2 est le premier diviseur à tester donc, ligne **2**, d prend la valeur 2. La condition de la ligne **5** s'explique par le fait que d est un diviseur de n si, et seulement si, le reste dans la division euclidienne de n par d vaut 0.

3 Tout diviseur de n est de la forme $2^{a_1} \times 5^{a_2} \times 11^{a_3} \times 17^{a_4} \times 21^{a_5}$ avec $0 \leq a_1 \leq 3$, $0 \leq a_2 \leq 6$, $0 \leq a_3 \leq 1$, $0 \leq a_4 \leq 10$, et $0 \leq a_5 \leq 5$. On a donc 4 choix pour a_1, 7 choix pour a_2, 2 choix pour a_3, 11 choix pour a_4 et 6 choix pour a_5. Le nombre de diviseurs de n est donc égal à $4 \times 7 \times 2 \times 11 \times 6 = 3\,696$.

4 Par construction du nombre N, le reste dans la division euclidienne de N par un nombre premier inférieur ou égal à p est 1. Ainsi, N n'est divisible par aucun de ces nombres premiers. Or tout nombre composé admet un diviseur premier donc N n'est pas composé. Il est donc premier, mais ceci est contradictoire avec le fait que p soit le plus grand nombre premier. On en déduit que le fait de supposer que l'ensemble des nombres premiers est fini est absurde.
Il y a donc une infinité de nombres premiers.

5 **a.** $N=\left(a^4+4a^2b^2+4b^4\right)-4a^2b^2$

$=\left(a^2+2b^2\right)^2-(2ab)^2=\left(a^2+2b^2+2ab\right)\left(a^2+2b^2-2ab\right)$

b. On poursuit le calcul précédent :

$N=\left(a^2+2ab+b^2+b^2\right)\left(a^2-2ab+b^2+b^2\right)$

$=\left((a+b)^2+b^2\right)\left((a-b)^2+b^2\right).$

Le facteur $\left((a+b)^2+b^2\right)$ est strictement supérieur à 1 (car a et b sont non nuls). Le facteur $\left((a-b)^2+b^2\right)$ vaut 1 si, et seulement si, $a-b=0$. Si $a-b=0$, alors $a=b$ et $N=5a^4$.
Ainsi, N est premier si $a=b=1$. Dans le cas contraire, on a trouvé une décomposition de N en deux facteurs strictement supérieurs à 1 donc N n'est pas premier.

6 **a.** $M_1=1$, $M_2=3$, $M_3=7$ et $M_4=15$.

b. On a la formule $1+a+a^2+\dots+a^{n-1}=\dfrac{a^n-1}{a-1}$.

Ainsi, $\left(1+a+a^2+\dots+a^{n-1}\right)(a-1)=a^n-1$.
Si a^n-1 est premier, alors le facteur $a-1$ dans la décomposition précédente vaut 1 et donc $a=2$.

c. Si d divise n, alors il existe un entier k tel que $n=dk$.
On constate alors que :

$$1+2^d+\left(2^d\right)^2+\dots+\left(2^d\right)^{k-1}=\frac{\left(2^d\right)^k-1}{2^d-1}=\frac{2^{dk}-1}{2^d-1}=\frac{2^n-1}{2^d-1}=\frac{M_n}{M_d}.$$

Autrement dit, M_d divise M_n car $1+2^d+\left(2^d\right)^2+\dots+\left(2^d\right)^{k-1}$ est un nombre entier.

d. On a $M_{11}=2^{11}-1=2047=23\times 89$ donc la propriété $\mathcal{P}$ est fausse. On a démontré à la question précédente que si n est composé, alors M_n l'est aussi. Ainsi, si M_n est premier, n aussi.

7 **a.** J correspond à 9 et $9^3=729=25\times 29+4$ donc J est codée par E. De même, E est codée par G et U par Z donc « JEU » donne « EGZ ».

b. On a $3a-28b=1\Leftrightarrow a=\dfrac{1+28b}{3}$. En dressant un tableau de valeur de cette dernière expression avec un pas de 1, on trouve $b=2$ et $a=19$.

c. Soient x et x' deux entiers tels que $x^3\equiv x'^3$ [29]. On a :

$x^3\equiv x'^3[29]\Rightarrow x^{3\times 19}\equiv x'^{3\times 19}[29]\Rightarrow x^{28\times 2+1}\equiv x'^{28\times 2+1}[29]$

$\Rightarrow\left(x^{28}\right)^2x\equiv\left(x'^{28}\right)^2x'[29].$

29 est premier, donc si on choisit x et x' entre 0 et 28, le petit théorème de Fermat indique que $x^{28}\equiv x'^{28}\equiv 1$ [29].

Ainsi, $\left(x^{28}\right)^2x\equiv\left(x'^{28}\right)^2x'[29]\Leftrightarrow x\equiv x'[29]$.

Si x et x' sont choisis entre 0 et 28, on a alors $x=x'$.
On a établi que si deux lettres sont codées par la même lettre alors elles sont identiques. Ainsi, deux lettres différentes sont codées par des lettres différentes.

d. On a $x^3\equiv y$ [29] $\Rightarrow x^{3\times 19}\equiv y^{19}$ [29] $\Rightarrow x^{28\times 2+1}\equiv y^{19}$ [29].

$\Rightarrow\left(x^{28}\right)^2x\equiv y^{19}$ [29].

Or, on a déjà vu que $x^{28}\equiv 1$ [29] donc $y^{19}\equiv x$ [29].

e. B correspond à 1 et $1^{19}\equiv 1$ [29] donc B code un B.

T correspond à 19 et $19^6=1\,622\,271\times 29+22$ donc $19^6\equiv 22$ [29].
On a $22^3=367\times 29+5$ donc $19^{6\times 3}\equiv 22^3\equiv 5$ [29].

Finalement, on a $19^{19}=19^{6\times 3+1}\equiv 5\times 19\equiv 8$ [29]. T code donc un I.
En continuant ainsi, on finit par établir que « BTDSZ » code « BISOU ».

8 Page 421

1 **a.** $AU=\begin{pmatrix}1&2\\3&4\end{pmatrix}\cdot\begin{pmatrix}2\\4\end{pmatrix}=\begin{pmatrix}1\times 2+2\times 4\\3\times 2+4\times 4\end{pmatrix}=\begin{pmatrix}10\\22\end{pmatrix}$

b. $A+B=\begin{pmatrix}1+0&2+1\\3+2&4+3\end{pmatrix}=\begin{pmatrix}1&3\\5&7\end{pmatrix}$

c. $AB=\begin{pmatrix}1\times 0+2\times 2&1\times 1+2\times 3\\3\times 0+4\times 2&3\times 1+4\times 3\end{pmatrix}=\begin{pmatrix}4&7\\8&15\end{pmatrix}$

De même, $A^2=\begin{pmatrix}7&10\\15&22\end{pmatrix}$ et $B^2=\begin{pmatrix}2&3\\6&11\end{pmatrix}$.

d. On a $(A+B)^2=\begin{pmatrix}1&3\\5&7\end{pmatrix}^2=\begin{pmatrix}16&24\\40&64\end{pmatrix}$.

On a $A^2+2AB+B^2=\begin{pmatrix}17&27\\37&63\end{pmatrix}$.

On a aussi $(A+B)^2=(A+B)(A+B)=A^2+AB+BA+B^2$.
Or, le produit de deux matrices n'est pas commutatif (ici, $AB\neq BA$), donc ne peut pas simplifier $AB+BA$ en $2AB$.

2 **a.** $A^2=\begin{pmatrix}1&0\\3&4\end{pmatrix}$; $A^3=\begin{pmatrix}1&0\\7&8\end{pmatrix}$ et $A^4=\begin{pmatrix}1&0\\15&16\end{pmatrix}$.

b. En regardant le coefficient situé à la deuxième ligne et à la deuxième colonne, on reconnaît les puissances de 2.

On peut donc penser que $A^n=\begin{pmatrix}1&0\\2^n-1&2^n\end{pmatrix}$.

Soit $\mathcal{P}_n$ la propriété $A^n=\begin{pmatrix}1&0\\2^n-1&2^n\end{pmatrix}$.

▶ *Initialisation* : On a $\begin{pmatrix}1&0\\2^1-1&2^1\end{pmatrix}=\begin{pmatrix}1&0\\1&2\end{pmatrix}=A$, donc $\mathcal{P}_1$ est vraie.

▶ *Hérédité* : On suppose que $\mathcal{P}_k$ est vraie pour un certain entier k. Autrement dit, on a :

$$A^k=\begin{pmatrix}1&0\\2^k-1&2^k\end{pmatrix}.$$

$A^{k+1}=A^kA$ donc, comme $\mathcal{P}_k$ est vraie, on a :

$A^{k+1}=\begin{pmatrix}1&0\\2^k-1&2^k\end{pmatrix}\cdot\begin{pmatrix}1&0\\1&2\end{pmatrix}$

$=\begin{pmatrix}1\times 1+0\times 1&1\times 0+0\times 2\\(2^k-1)\times 1+2^k&(2^k-1)\times 0-2^k\times 2\end{pmatrix}$

$=\begin{pmatrix}1&0\\2^k-1+2^k&2^k\times 2\end{pmatrix}=\begin{pmatrix}1&0\\2\times 2^k-1&2^{k+1}\end{pmatrix}$

$=\begin{pmatrix}1&0\\2^{k+1}-1&2^{k+1}\end{pmatrix}$.

Autrement dit, $\mathcal{P}_{k+1}$ est vraie.

▶ *Conclusion* : La propriété $\mathcal{P}_n$ est vraie pour $n=1$ et est héréditaire, donc elle est vraie pour tout entier naturel non nul.

3 $A^2=\begin{pmatrix}0&0&1{,}6\\0{,}25&0&0\\0&2{,}5&0\end{pmatrix}$ et $A^3=\begin{pmatrix}1&0&0\\0&1&0\\0&0&1\end{pmatrix}=I_3$.

On utilise ensuite le fait que le cube de A est égal à la matrice identité pour simplifier le calcul de A^{1789}.
On effectue la division euclidienne de 1789 par 3 :
$1789=3\times 596+1$.

$A^{1789}=A^{3\times 596+1}=\left(A^3\right)^{596}\times A=\left(I_3\right)^{596}\times A=I_3\times A=A$

4 **a.** On a $\det(A)=3\times 1-(-4)\times(-1)=3-4=-1\neq 0$, donc A est bien inversible.

On a $A^{-1}=\dfrac{1}{\det(A)}\begin{pmatrix}1&1\\4&3\end{pmatrix}=\dfrac{1}{-1}\begin{pmatrix}1&1\\4&3\end{pmatrix}=\begin{pmatrix}-1&-1\\-4&-3\end{pmatrix}$.

b. On a $\det(B)=(-1)\times(-6)-2\times 3=0$, donc B n'est pas inversible.

5 a. $(S_1) \Leftrightarrow AX=Y$ où $A=\begin{pmatrix}3&4\\2&2\end{pmatrix}$, $X=\begin{pmatrix}x\\y\end{pmatrix}$ et $Y=\begin{pmatrix}5\\1\end{pmatrix}$.

On a donc $X=A^{-1}Y=\begin{pmatrix}3&4\\2&2\end{pmatrix}^{-1}\cdot\begin{pmatrix}5\\1\end{pmatrix}=\begin{pmatrix}-3\\3,5\end{pmatrix}$.

Les solutions de (S_1) sont $x=-3$ et $y=3,5$.

b. $(S_2) \Leftrightarrow AX=Y$ avec $A=\begin{pmatrix}3&-4&2\\1&3&1\\4&-2&3\end{pmatrix}$, $X=\begin{pmatrix}x\\y\\z\end{pmatrix}$ et $Y=\begin{pmatrix}-4\\2\\-3\end{pmatrix}$.

On a donc $X=A^{-1}Y=\begin{pmatrix}2\\1\\-3\end{pmatrix}$.

Les solutions de (S_2) sont $x=2$, $y=1$ et $y=-3$.

6 A. a. Le point A a pour coordonnées (1 ; 1,5).
Cela signifie que $f(1)=1,5$.
Or on a $f(1)=a\times1^3+b\times1^2+c\times1+d=a+b+c+d$.
On a donc $a+b+c+d=1,5$.
Le point B a pour coordonnées (4 ; 0). Cela signifie que $f(4)=0$.
Or, on a $f(4)=a\times4^3+b\times4^2+c\times4+d=64a+16b+4c+d$.
b. On a donc $64a+16b+4c+d=0$.

B. $f'(x)=3ax^2+2bx+c$

C. a. Les tangentes à la courbe représentative de f en 1 et en 4 ont pour coefficient directeur 0 (elles sont horizontales), donc $f'(1)=f'(4)=0$.
b. Par ailleurs, on a $f'(1)=3a\times1^2+2b\times1+c=3a+2b+c$.
Et on a aussi $f'(4)=3a\times4^2+2b\times4+c=48a+8b+c$.
On a donc $3a+2b+c=0$ et $48a+8b+c=0$.

D. Compte-tenu des résultats précédents, on doit résoudre le système (S) $\begin{cases}a+b+c+d=1,5\\64a+16b+4c+d=0\\3a+2b+c+\ =0\\48a+8b+c+\ =0\end{cases}$

Ce système équivaut à $AX=Y$ où $A=\begin{pmatrix}1&1&1&1\\64&16&4&1\\3&2&1&0\\48&8&1&0\end{pmatrix}$,

$X=\begin{pmatrix}a\\b\\c\\d\end{pmatrix}$ et $Y=\begin{pmatrix}1,5\\0\\0\\0\end{pmatrix}$. On a alors $X=A^{-1}Y=\begin{pmatrix}1/9\\-5/6\\4/3\\8/9\end{pmatrix}$.

Finalement, $f(x)=\frac{1}{9}x^3-\frac{5}{6}x^2+\frac{4}{3}x+\frac{8}{9}$.

7 a. $U_1=AU_0+B=\begin{pmatrix}1,5\\1,5\end{pmatrix}$; $U_2=AU_1+B=\begin{pmatrix}1\\1,5\end{pmatrix}$;

$U_3=AU_2+B=\begin{pmatrix}0,75\\1,25\end{pmatrix}$ et $U_4=AU_3+B=\begin{pmatrix}0,75\\1\end{pmatrix}$.

b. $X=AX+B \Leftrightarrow X-AX=B \Leftrightarrow (I_2-A)X=B$

$\Leftrightarrow X=(I_2-A)^{-1}B=\begin{pmatrix}1-0,5&0-(-0,5)\\0-0,5&1-0,5\end{pmatrix}^{-1}\cdot\begin{pmatrix}1\\0\end{pmatrix}$

$\Leftrightarrow X=(I_2-A)^{-1}B=\begin{pmatrix}0,5&0,5\\-0,5&0,5\end{pmatrix}^{-1}\cdot\begin{pmatrix}1\\0\end{pmatrix}=\begin{pmatrix}1\\1\end{pmatrix}$

c. Les points $\mathcal{P}_n$ semblent se rapprocher du point $\mathcal{P}(1 ; 1)$.

d. Soit $\mathcal{P}_n$ la propriété $(x_n-1)^2+(y_n-1)^2=\frac{1}{2^n}$.

▶ *Initialisation* :
On a $(x_0-1)^2+(y_0-1)^2=(2-1)^2+(1-1)^2=1^2+0^2=1=\frac{1}{2^0}$
donc $\mathcal{P}_0$ est vraie.

▶ *Hérédité* : On suppose que $\mathcal{P}_k$ est vraie pour un entier k.
Autrement dit, on a $(x_k-1)^2+(y_k-1)^2=\frac{1}{2^k}$.
On peut noter que :

$(x_k-1)^2+(y_k-1)^2=x_k^{\ 2}-2x_k+1+y_k^{\ 2}-2y_k+1$
$=x_k^{\ 2}+y_k^{\ 2}-2x_k-2y_k+2.$

Comme $U_{k+1}=AU_k+B$, on a :

$\begin{pmatrix}x_{k+1}\\y_{k+1}\end{pmatrix}=\begin{pmatrix}0,5&-0,5\\0,5&0,5\end{pmatrix}\cdot\begin{pmatrix}x_k\\y_k\end{pmatrix}+\begin{pmatrix}2\\1\end{pmatrix}=\begin{pmatrix}0,5x_k-0,5y_k+2\\0,5x_k+0,5y_k+1\end{pmatrix}$.

Ainsi, on a :

$(x_{k+1}-1)^2+(y_{k+1}-1)^2=(0,5x_k-0,5y_k+2-1)^2$
$+(0,5x_k+0,5y_k+1-1)^2$
$=(0,5x_k-0,5y_k+1)^2+(0,5x_k+0,5y_k)^2$
$=0,25x_k^{\ 2}+0,25y_k^{\ 2}+1^2-2\times0,5x_k\times0,5y_k$
$-2\times0,5x_k-2\times0,5y_k$
$+0,25x_k^{\ 2}+0,25y_k^{\ 2}+2\times0,25x_k\times0,25y_k$
$=0,5x_k^{\ 2}+0,5y_k^{\ 2}-x_k-y_k+1$
$=0,5\left(x_k^{\ 2}+y_k^{\ 2}-2x_k-2y_k+2\right)$
$=0,5\left((x_k-1)^2+(y_k-1)^2\right)$
$=0,5\times\frac{1}{2^k}=\frac{1}{2}\times\frac{1}{2^k}=\frac{1}{2^{k+1}}.$

Autrement dit, $\mathcal{P}_{k+1}$ est vraie.

▶ *Conclusion* : La propriété $\mathcal{P}_n$ est vraie pour $n=0$ et est héréditaire, donc elle est vraie pour tout entier naturel.

e. On a $(x_n-1)^2+(y_n-1)^2=\frac{1}{2^n}$ donc $0\leq(x_n-1)^2\leq\frac{1}{2^n}$.
Or, comme $2>1$, $\lim\limits_{n\to+\infty}\frac{1}{2^n}=0$ donc, d'après le théorème des gendarmes, $\lim\limits_{n\to+\infty}(x_n-1)^2=0$. On en déduit que $\lim\limits_{n\to+\infty}x_n=1$.
Le même raisonnement montre que $\lim\limits_{n\to+\infty}y_n=1$.

8 a. $\det(P)=3\times2-1\times5=1\neq0$, donc $\mathcal{P}$ est inversible et on a

$P^{-1}=\frac{1}{\det(P)}\begin{pmatrix}2&-5\\-1&3\end{pmatrix}=\begin{pmatrix}2&-5\\-1&3\end{pmatrix}$.

b. $D=P^{-1}AP=\begin{pmatrix}2&0\\0&1\end{pmatrix}$

c. Soit $\mathcal{P}_n$ la propriété $P^{-1}A^nP=D^n$.

▶ *Initialisation* : On a $P^{-1}A^1P=D^1$ donc $\mathcal{P}_1$ est vraie.

▶ *Hérédité* : On suppose que $\mathcal{P}_k$ est vraie pour un entier k.
Autrement dit, on a $P^{-1}A^kP=D^k$.
On a alors $D^{k+1}=D^k\times D=\left(P^{-1}A^kP\right)\cdot P^{-1}AP$
$=P^{-1}A^k\left(PP^{-1}\right)AP=P^{-1}A^kI_2AP$
$=P^{-1}A^kAP=P^{-1}A^{k+1}P.$
Autrement dit, $\mathcal{P}_{k+1}$ est vraie.

▶ *Conclusion* : La propriété $\mathcal{P}_n$ est vraie pour $n=1$ et est héréditaire, donc elle est vraie pour tout entier naturel non nul.

d. On a $D^n=\begin{pmatrix}2^n&0\\0&1^n\end{pmatrix}=\begin{pmatrix}2^n&0\\0&1\end{pmatrix}$.

À noter : Ce résultat général sur les matrices diagonales peut se démontrer par récurrence.

On a $P^{-1}A^nP=D^n \Leftrightarrow PP^{-1}A^nPP^{-1}$
$\Leftrightarrow PP^{-1}A^nPP^{-1}=PD^nP^{-1}$
$\Leftrightarrow A^n=PD^nP^{-1}.$

On a $PD^n=\begin{pmatrix}3&5\\1&2\end{pmatrix}\cdot\begin{pmatrix}2^n&0\\0&1\end{pmatrix}=\begin{pmatrix}3\times2^n&5\\2^n&2\end{pmatrix}$.

Ainsi, on a $A^n = PD^nP^{-1} = \begin{pmatrix} 3\times2^n & 5 \\ 2^n & 2 \end{pmatrix} \cdot \begin{pmatrix} 2 & -5 \\ -1 & 3 \end{pmatrix}$

$= \begin{pmatrix} 6\times2^n-5 & -15\times2^n+15 \\ 2^{n+1}-2 & -5\times2^n+6 \end{pmatrix}$.

9 Page 423

1 a. Γ est d'ordre 8 (il y a 8 sommets).
b. A est adjacent à B, C, E, G et H.
c. On donne les résultats sous forme de tableau.

Sommet	A	B	C	D	E	F	G	H
Degré	5	4	7	4	5	4	6	5

D'après le lemme des poignées de main, le nombre d'arêtes est égal à la moitié de la somme des degrés, ce qui donne ici :

$$\frac{5+4+7+4+5+4+6+5}{2}=20.$$

d. ABGDCH, par exemple. **e.** ABGFCHA, par exemple.
f. Γ n'est pas simple, car C et D sont reliés par deux arêtes.
g. Γ est connexe, car tous les sommets sont reliés aux autres par une chaîne (la chaîne AHFEDCGB passe même par tous les sommets).

2 a. Chaque sommet de K_8 est de degré 7 donc la somme des degrés de K_8 est égale à $8\times7=56$. D'après le lemme des poignés de mains, le nombre d'arêtes de K_8 est donc égal à $\frac{56}{2}=28$.

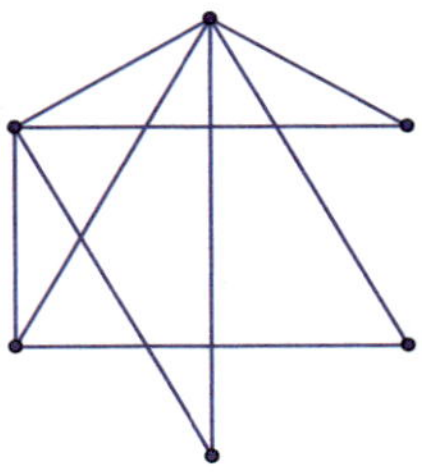

b. Chaque sommet de K_n est adjacent aux $n-1$ autres, donc la somme des degrés de tous les sommets de K_n vaut $n(n-1)$. D'après le lemme des poignés de mains, cette somme est égale au double du nombre d'arêtes, donc K_n a $\frac{n(n-1)}{2}$ arêtes.

3 a. La construction est possible, comme le montre la figure ci-contre.

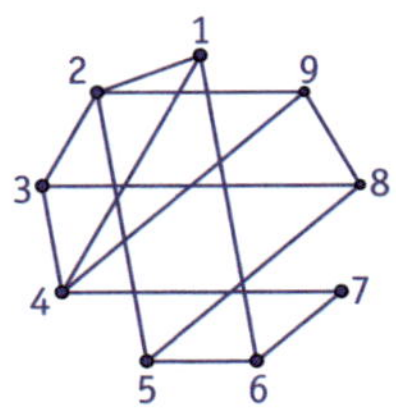

b. La somme des degrés est impaire, alors qu'elle doit être égale au double du nombre d'arêtes, donc la construction est impossible.
c. Le graphe est simple et possède 6 sommets, donc le degré maximal d'un sommet est égal à 5 : la construction est impossible.
d. Le graphe est simple, donc le degré maximal de chaque sommet est égal à 5. Le nombre maximal d'arêtes est donc égal à $\frac{6\times5}{2}=15$ (c'est le cas du graphe complet) : la construction est impossible.

4 a. Il y a n sommets et le graphe est simple, donc chaque sommet est de degré inférieur ou égal à $n-1$. Les valeurs possibles des sommets sont donc exactement les n entiers de 0 à $n-1$.
b. Le sommet de degré $n-1$ est adjacent à tous les autres, y compris celui de degré 0 qui n'est adjacent à aucun autre. Ceci est contradictoire. Les sommets n'ont donc pas tous des degrés différents. Il y a donc au moins deux sommets de même degré, c'est-à-dire deux élèves ayant exactement le même nombre d'amis dans le groupe de n élèves.

5 a. $M=\begin{pmatrix} 0 & 1 & 0 & 1 & 0 \\ 1 & 0 & 1 & 1 & 1 \\ 0 & 1 & 0 & 1 & 0 \\ 1 & 1 & 1 & 0 & 1 \\ 0 & 1 & 0 & 1 & 0 \end{pmatrix}$

b. On a $M^4=\begin{pmatrix} 14 & 13 & 14 & 13 & 14 \\ 13 & 28 & 13 & 27 & 13 \\ 14 & 13 & 14 & 13 & 14 \\ 13 & 27 & 13 & 28 & 13 \\ 14 & 13 & 14 & 13 & 14 \end{pmatrix}$.

Le coefficient $m_{1,4}$ de cette matrice vaut 13, donc il y a 13 chaînes de longueur 4 de A à D. Ces chaînes sont : ABABD, ABCBD, ABDAD, ABDBD, ABDCD, ABDED, ABEBD, ADABD, ADBAD, ADBCD, ADBED, et ADCBD, ADEBD.

6 Soit $\mathcal{P}_n$ la propriété à démontrer.
▶ *Initialisation* : $\mathcal{P}_1$ est vraie par définition de M.
▶ *Hérédité* : On suppose que $\mathcal{P}_k$ est vraie pour un entier k.
Le nombre de chaînes de longueur $k+1$ allant de A_i à A_j se calcule ainsi :
(nombre de chaînes de longueur k de A_i à A_1) $\times$ (nombre d'arêtes de A_1 à A_j) + (nombre de chaînes de longueur k de A_i à A_2) $\times$ (nombre d'arêtes de A_2 à A_j) + (nombre de chaînes de longueur k de A_i à A_3) $\times$ (nombre d'arêtes de A_3 à A_j).
Autrement dit, cela revient à multiplier la i-ème ligne de M^k par la j-ème colonne de M. On obtient donc le coefficient situé à la i-ème ligne et à la j-ème colonne de M^{k+1}.
Autrement dit, $\mathcal{P}_{k+1}$ est vraie.
▶ *Conclusion* : La propriété $\mathcal{P}_n$ est vraie pour $n=1$ et est héréditaire, donc elle est vraie pour tout entier naturel non nul.

7 On modélise la situation par un graphe dans lequel les sommets représentent les zones terrestres et les arêtes les ponts.

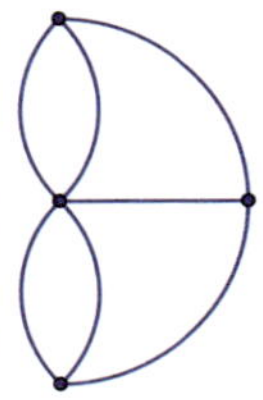

Ce graphe a plus de deux sommets impairs donc, d'après le théorème d'Euler donné dans l'énoncé, il n'y a pas de chaîne eulérienne, c'est-à-dire de chemin passant une fois et une seule par chaque pont.

8 On représente la situation à l'aide d'un graphe dont les sommets sont les chiffres indiqués sur les dominos. Deux sommets sont reliés s'il existe un domino portant les deux numéros considérés. Les dominos double correspondent à des boucles sur le graphe et ne posent pas de problème pour être positionnés. Dans la suite, on considérera donc qu'il n'y a pas de domino double.
Si on prend les dominos avec les chiffres de 0 à 6, le graphe modélisant la situation est le graphe complet d'ordre 7 (il y a 7 numéros différents de 0 à 6). Le jeu consiste à chercher une chaîne eulérienne dans le graphe K_7. Comme tous les sommets de ce graphe sont d'ordre pair (ils sont d'ordre 6), le théorème d'Euler permet d'affirmer qu'il existe bien une telle chaîne.
Pour le cas des dominos avec les chiffres de 0 à 5, on est amené à considérer le graphe K_6 dont les 6 sommets sont d'ordre impair (égal à 5), donc le théorème d'Euler indique que la figure est impossible à réaliser.

10 Page 425

1 Voici le graphe probabiliste associé à la matrice donnée.

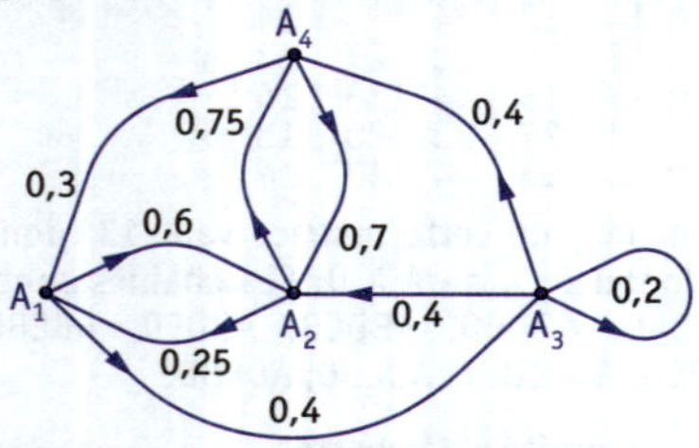

2 A. a. Voici le graphe probabiliste associé à cette situation.

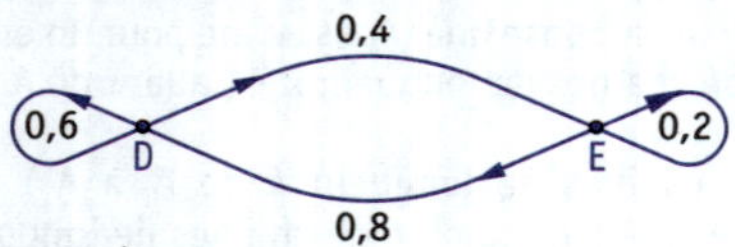

b. $M=\begin{pmatrix}0,6 & 0,4\\ 0,8 & 0,2\end{pmatrix}$

c. Aujourd'hui, le paresseux est éveillé, donc $\pi_0=(0 \quad 1)$.

$\pi_4=\pi_0M^4=(0,6656 \quad 0,3344)$

La probabilité que le paresseux soit en train de dormir dans 4 jours est égale à 0,6656.

B. Soit $\pi_\infty=(x \quad y)$ l'état stable du système. On a :

$\pi_\infty M=\pi_\infty \Leftrightarrow (x \quad y)\cdot\begin{pmatrix}0,6 & 0,4\\ 0,8 & 0,2\end{pmatrix}=(x \quad y)$

$\Leftrightarrow (0,6x+0,8y \quad 0,4x+0,2y)=(x \quad y)$

$\Leftrightarrow \begin{cases} x=0,6x+0,8y\\ y=0,4x+0,2y\end{cases}$

$\Leftrightarrow \begin{cases} 0=-0,4x+0,8y\\ 0=0,4x-0,8y\end{cases}$

$\Leftrightarrow 0=0,4x-0,8y$ car les deux équations sont équivalentes.

Par ailleurs, on rappelle que $x+y=1$. Ainsi, $y=1-x$ et :

$0,4x-0,8y=0 \Leftrightarrow 0,4x-0,8(1-x)=0$

$\Leftrightarrow 0,4x-0,8+0,8x=0$

$\Leftrightarrow 1,2x=0,8 \Leftrightarrow x=\dfrac{0,8}{1,2}=\dfrac{2}{3}$.

On en déduit que $y=1-x=1-\dfrac{2}{3}=\dfrac{1}{3}$.

Ainsi, l'état stable est $\pi_\infty=\begin{pmatrix}\dfrac{2}{3} & \dfrac{1}{3}\end{pmatrix}$.

C. a. On a $\det(P)=1\times2-1\times(-1)=3\neq0$, donc P est inversible.

On a $P^{-1}MP=\begin{pmatrix}1 & 0\\ 0 & -0,2\end{pmatrix}$.

b. Soit $\mathcal{P}_n$ la propriété « $M^n=PD^nP^{-1}$ ».

▶ *Initialisation :* $P^{-1}MP=D \Leftrightarrow PP^{-1}MPP^{-1}=PDP^{-1}$

$\Leftrightarrow I_2MI_2=PDP^{-1}$

$\Leftrightarrow M=PDP^{-1}$.

$\mathcal{P}_1$ est donc vraie.

▶ *Hérédité :* On suppose que $\mathcal{P}_k$ est vraie pour un certain entier k.

Autrement dit, on a $M^k=PD^kP^{-1}$. Ainsi, on a :

$M^{k+1}=M^kM=\left(PD^kP^{-1}\right)\left(PDP^{-1}\right)$ car $\mathcal{P}_k$ est vraie

$=PD^k\left(P^{-1}P\right)DP^{-1}=PD^kI_2DP^{-1}$

$=PD^kDP^{-1}=PD^{k+1}P^{-1}$.

Ainsi, $\mathcal{P}_{k+1}$ est vraie.

▶ *Conclusion :* La propriété $\mathcal{P}_n$ est vraie pour $n=1$ et est héréditaire, donc elle est vraie pour tout entier naturel non nul.

c. Comme D est diagonale, $D^n=\begin{pmatrix}1^n & 0\\ 0 & (-0,2)^n\end{pmatrix}=\begin{pmatrix}1 & 0\\ 0 & (-0,2)^n\end{pmatrix}$.

On a aussi $P^{-1}=\dfrac{1}{\det(P)}\begin{pmatrix}2 & 1\\ -1 & 1\end{pmatrix}=\dfrac{1}{3}\begin{pmatrix}2 & 1\\ -1 & 1\end{pmatrix}$. On a donc :

$\pi_n=\pi_0M^n=\pi_0PD^nP^{-1}$

$=(0 \quad 1)\cdot\begin{pmatrix}1 & -1\\ 1 & 2\end{pmatrix}\cdot\begin{pmatrix}1 & 0\\ 0 & (-0,2)^n\end{pmatrix}\cdot\dfrac{1}{3}\begin{pmatrix}2 & 1\\ -1 & 1\end{pmatrix}$

$=\dfrac{1}{3}(1 \quad 2)\cdot\begin{pmatrix}1 & 0\\ 0 & (-0,2)^n\end{pmatrix}\cdot\begin{pmatrix}2 & 1\\ -1 & 1\end{pmatrix}$

$=\dfrac{1}{3}(1 \quad 2\times(-0,2)^n)\cdot\begin{pmatrix}2 & 1\\ -1 & 1\end{pmatrix}$

$=\dfrac{1}{3}(2-2\times(-0,2)^n \quad 1+2\times(-0,2)^n)$.

Or $-0,2\in\,]-1\,;1[$ donc $\lim\limits_{n\to+\infty}(-0,2)^n=0$.

Ainsi, $\lim\limits_{n\to+\infty}\pi_n=\dfrac{1}{3}(2-2\times0 \quad 1+2\times0)$

$=\dfrac{1}{3}(2 \quad 1)=\begin{pmatrix}\dfrac{2}{3} & \dfrac{1}{3}\end{pmatrix}$.

$=\begin{pmatrix}\dfrac{2}{3} & \dfrac{1}{3}\end{pmatrix}$.

d. On retrouve l'état stable du système.

Sur le long terme, on observera le paresseux en train de dormir en moyenne deux fois sur trois.

3 A. a. Voici le graphe *G*.

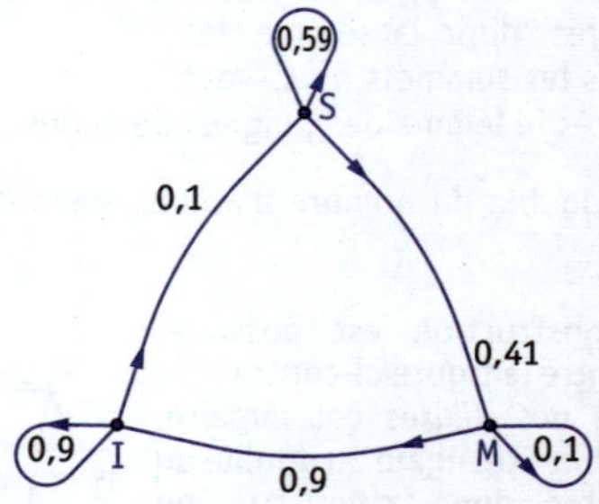

On a $P=\begin{pmatrix}0,9 & 0 & 0,1\\ 0,9 & 0,1 & 0\\ 0 & 0,41 & 0,59\end{pmatrix}$.

b. La personne est initialement saine, donc $\pi_0=(0 \quad 0 \quad 1)$.

On a $\pi_4=\pi_0P^4\approx(0,682 \quad 0,116 \quad 0,202)$.

La probabilité que la personne considérée soit malade au bout de 4 semaines est d'environ 11,6 %.

c. Si on teste pour de grandes valeurs de n (par exemple 10, 20, 50, 100...), on observe une stabilisation vers :

(0,738 0,082 0,18).

d. On a bien :

$(0,738 \quad 0,082 \quad 0,18)\times P=(0,738 \quad 0,082 \quad 0,18)$.

La matrice $(0,738 \quad 0,082 \quad 0,18)$ est bien l'état stable du système. Concrètement, cela signifie qu'à long terme, 73,8 % de la population sera immunisée, 8,2 % de la population sera malade et 18 % de la population sera saine.

B. a. Voici le nouveau graphe probabiliste :

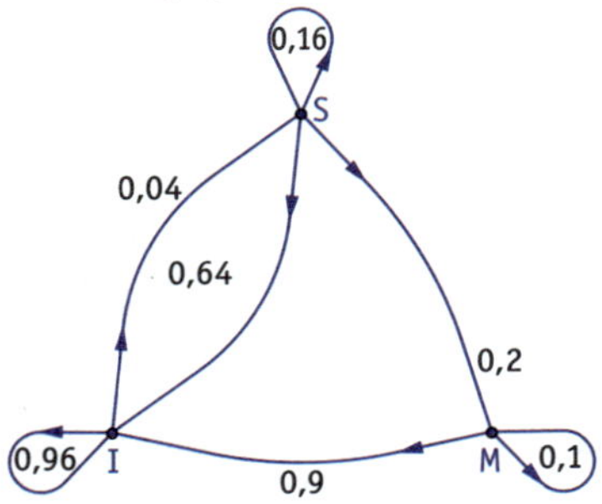

On a $M=\begin{pmatrix}0{,}96 & 0 & 0{,}04\\ 0{,}9 & 0{,}1 & 0\\ 0{,}64 & 0{,}2 & 0{,}16\end{pmatrix}$.

b. On note $\pi_\infty=(x \quad y \quad z)$ l'état stable associé à cette situation. On montre que x, y et z sont solutions du système :

$$(\mathrm{S}) : \begin{cases} x+ \quad y+ \quad z=1\\ -0{,}04x+0{,}9y+0{,}64y=0.\\ -0{,}9+0{,}2z \quad =0\end{cases}$$

$$\pi_\infty=\pi_\infty M \Leftrightarrow (x \quad y \quad z)=(x \quad y \quad z)\cdot\begin{pmatrix}0{,}96 & 0 & 0{,}04\\ 0{,}9 & 0{,}1 & 0\\ 0{,}64 & 0{,}2 & 0{,}16\end{pmatrix}$$

$$\Leftrightarrow (x\;y\;z)=(0{,}96x+0{,}9y+0{,}64z \quad 0{,}1y+0{,}2z \quad 0{,}04x+0{,}16z)$$

$$\Leftrightarrow \begin{cases}x=0{,}96x+0{,}9y+0{,}64z\\ y=0{,}1y+0{,}2z\\ z=0{,}04x+0{,}16z\end{cases}$$

$$\Leftrightarrow \begin{cases}0=-0{,}04x+0{,}9y+0{,}64z\\ 0=-0{,}9y+0{,}2z\\ 0=0{,}04x-0{,}84z\end{cases}$$

Or, dans ce système, la ligne L_3 est égale à $-L_1-L_2$ donc :

$$\pi_\infty=\pi_\infty M \Leftrightarrow \begin{cases}0=-0{,}04x+0{,}9y+0{,}64z\\ 0=-0{,}9y+0{,}2z\end{cases}$$

Comme, de plus, on a $x+y+z=1$ (car π_∞ est un état probabiliste), x, y et z sont bien solutions du système (S).

c. $(S) \Leftrightarrow AX=Y$ où $A=\begin{pmatrix}1 & 1 & 1\\ -0{,}04 & 0{,}9 & 0{,}64\\ 0 & -0{,}9 & 0{,}2\end{pmatrix}$, $X=\begin{pmatrix}x\\ y\\ z\end{pmatrix}$ et $Y=\begin{pmatrix}1\\ 0\\ 0\end{pmatrix}$.

Ainsi, $X=A^{-1}Y=\begin{pmatrix}0{,}945\\ 0{,}01\\ 0{,}045\end{pmatrix}$. On a donc $\pi_\infty=(0{,}945 \;\; 0{,}01 \;\; 0{,}045)$.

La proportion de malades dans la population passe de 8,2 % avant la campagne de vaccination à 1 % après cette campagne. Celle-ci peut donc être jugée efficace.

4 a. Soit A_n l'événement : « le système est dans l'état A à l'étape n » et soit B_n l'événement : « le système est dans l'état B à l'étape n ».

On a alors $\pi_n=\big(P(A_n) \quad P(B_n)\big)$.

On a alors l'arbre de probabilités ci-dessous :

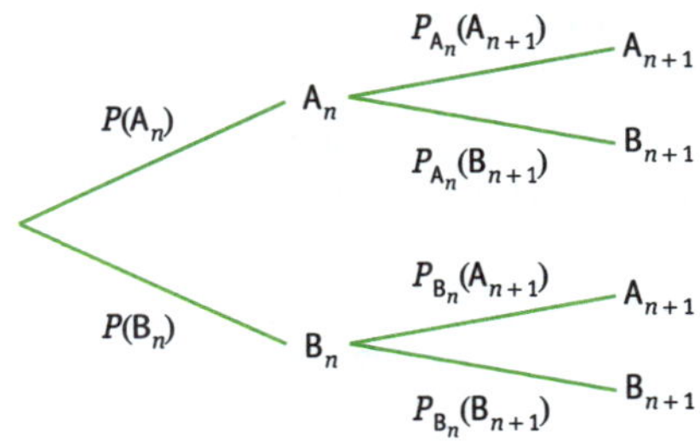

D'après la formule des probabilités totales, on a :

$P(A_{n+1})=P(A_n)\times P_{A_n}(A_{n+1})+P(B_n)\times P_{B_n}(A_{n+1})$ et

$P(B_{n+1})=P(A_n)\times P_{A_n}(B_{n+1})+P(B_n)\times P_{B_n}(B_{n+1})$.

Autrement dit, on a :

$$\pi_{n+1}=\big(P(A_{n+1}) \quad P(B_{n+1})\big)$$

$$=\big(P(A_n) \quad P(B_n)\big)\cdot\begin{pmatrix}P_{A_n}(A_{n+1}) & P_{B_n}(B_{n+1})\\ P_{B_n}(A_{n+1}) & P_{B_n}(B_{n+1})\end{pmatrix}.$$

Comme l'état du système à l'étape $n+1$ ne dépend que de l'état à l'étape n, la matrice $M=\begin{pmatrix}P_{A_n}(A_{n+1}) & P_{B_n}(B_{n+1})\\ P_{B_n}(A_{n+1}) & P_{B_n}(B_{n+1})\end{pmatrix}$ ne dépend en fait pas de l'entier n et on a bien $\pi_{n+1}=\pi_n\times M$ pour tout entier naturel n.

b. Soit $\mathcal{P}_n$ la propriété « $\pi_n=\pi_0\times M^n$. »

▶ *Initialisation :* D'après le résultat de la question précédente, on a $\pi_1=\pi_0\times M=\pi_0\times M^1$ donc $\mathcal{P}_1$ est vraie.

▶ *Hérédité :* On suppose que $\mathcal{P}_k$ est vraie pour un certain entier k. Autrement dit, on a $\pi_k=\pi_0\times M^k$. Ainsi, on a :

$$\pi_{k+1}=\pi_k\times M=\pi_0\times M^k\times M=\pi_0\times M^{k+1}.$$

$\mathcal{P}_{k+1}$ est donc vraie.

▶ *Conclusion :* La propriété $\mathcal{P}_n$ est vraie pour $n=1$ et est héréditaire, donc elle est vraie pour tout entier naturel non nul.

Crédits photographiques

Philosophie : 234 : Ph. © ADOC-PHOTOS ; **236** : BIS / Ph. DR Coll. Archives Larbor ; **238** : Ph. © AKG – images ; **240** : Ph. © ADOC-PHOTOS ; **242** : Bibliothèque nationale de France, Paris. BIS / Ph. Coll. Archives Larbor ; **244** : BIS / Ph. Coll. Archives Larbor ; **246** : Portrait par Jakob Schlesinger. Ph. © akg -images ; **248** : Portrait d'après François Quenel II (1637-1699) Musée du château de Versailles. BIS / Ph. © Archives Nathan ; **250** : Ph. © Philippe Matsas / OPALE Leemage ; **252** : Ph. © KEYSTONE / GAMMA RAPHO ; **254** : Musée du Louvre, Paris. BIS / Ph. H. Josse © Archives Larbor ; **256** : Portrait de Descartes par Frans Hals (1580-1666) Musée du Louvre, Paris. BIS / Ph. Guiley-Lagache © Archives Bordas ; **258** : Portrait de Machiavel par Santi Di Tito (1536-1603) Palazzo Vecchio, Florence. BIS / Ph. Scala © Archives Bordas ; **260** : Ph. © Luisa Ricciarini / LEEMAGE ; **262** : Ph. © The Image Works / ROGER-VIOLLET ; **264** : Gravure de J. Chapman xixe s. Bibliothèque nationale de France, Paris. BIS / Ph. Coll. Archives Larbor ; **266** : Par Jacques-Émile Blanche (1861-1942) Musée national du Château de Versailles, Versailles. BIS / Ph. Charmet © Archives Larbor ; **Histoire : 281** : © Shutterstock / Everett Historical ; **283** : © d-maps ; **284** : © Archives Snark / Photo12 ; **286** : © Mary Evans / Bridgeman images ; **288** : © Légendes cartographie ; **289** : © Collection IM / Kharbine – Tapabor ; **292** : © Shutterstock / Alexandros Michailidis ; **293** : © Shutterstock / Ben Gingell ; **295** : © Légendes cartographie ; **296** : © Bridgeman Images ; **301** : © PIKO / AFP ; **302** : © Coll. Dixmier / Kharbine-Tapabor / D.R. ; **307** : © Légendes cartographie ; **309** : © Kroll ; **Géographie : 315** : © d-maps ; **317** : © d-maps ; **319** : © Duvard/Andia.fr ; **322** : © Shutterstock / Serguey Alimov ; **324** : © Shutterstock / Stuart Monk ; **326** : © Shutterstock / Kiev.Victor ; **327** : © Alliance française ; **333** : bg © Fotosr52 / Shutterstock ; bd © Olivier Guiberteau / Shutterstock ; **335** : © OpenStreetMap - Contributers 2016 ; **339** : © Légendes cartographie ; **341** : © Brad Pict / Adobe stock ; **342** : © Légendes cartographie ; **Anglais : 388** : © Petras Malukas / AFP / DR ; **390** : D.R. ; **392** : © Courtesy of Pest Control Office, Banksy, Napalm, 2004 ; **394** : © Gabriele Holtermann-Gorden / Pacific Press / LightRocket via Getty Images ; **397** : Collection Christophel © MGM Television ; **398** : © Phil Witte / CartoonStock ; **402** : © Geir Olav Lyngfjell / Shutterstock

Édition : Malik Agina, Amandine Chappet, Laura Dherbecourt, Bonnie Euezard, Agnès Jemain, Elsa Jourdan, Flavie Lavallée

Création maquette : Cécile Chaumet

Création couverture : Cécile Gallou

Schémas et cartographie : CB Defretin, Laurent Grolleau, Légendes Cartographie, Sébastien David

Mise en pages : CB Defretin, Ma petite FaB - Laurent Grolleau, Soft Office

Merci à Adèle Godefroy pour la présentation du grand oral.

MIXTE
Papier issu de sources responsables
FSC® C022030

Bordas est un éditeur qui s'engage pour la préservation de l'environnement et utilise du papier issu de forêts gérées de manière responsable et d'autres sources contrôlées.

N° de projet : 10262331 – Dépôt légal : mai 2020
Imprimé en Italie par La Tipografica Varese en juin 2020